D1748948

Hoppe   Gesetz über die Umweltverträglichkeitsprüfung
        Kommentar
     2. Auflage

Gesetz über die Umweltverträglichkeitsprüfung (UVPG)

Kommentar

Herausgegeben von

Professor Dr. Werner Hoppe
Universitätsprofessor em. an der Westfälischen Wilhelms-Universität Münster,
Rechtsanwalt in Berlin

Bearbeitet von

Dr. Wolfgang Appold
Hauptgeschäftsführer der
Ingenieurkammer – Bau NRW

Prof. Dr. Martin Beckmann
Rechtsanwalt und Fachanwalt für
Verwaltungsrecht
Honorarprofessor an der Westfälischen
Wilhelms-Universität Münster

Dr. Karsten Dienes
Rechtsanwalt
Justitiar der RWEpower AG, Essen

Dr. Winfried Haneklaus
Rechtsanwalt
Justitiar des Ruhrverbandes, Essen

Dr. Hermann Paßlick
Leitender Kreisrechtsdirektor

Prof. Dr. Guido Schmidt
Professor an der Fachhochschule für
öffentliche Verwaltung NRW
Lehrbeauftragter für Öffentliches Recht an der
Heinrich-Heine-Universität Düsseldorf

Dr. Jörg Wagner
Ministerialrat im Bundesministerium für
Verkehr, Bau- und Wohnungswesen

2., neu bearbeitete Auflage

Carl Heymanns Verlag KG · Köln · Berlin · Bonn · München

Die Deutsche Bibliothek – CIP-Einheitsaufnahme

Gesetz über die Umweltverträglichkeitsprüfung (UVPG):
Kommentar / herausgegeben von Werner Hoppe. Bearb. von Wolfgang Appold ...
Köln ; Berlin ; Bonn ; München ; Heymanns, 2002

ISBN 3-452-24757-0

Das Werk ist urheberrechtlich geschützt. Die dadurch begründeten Rechte, insbesondere die der Übersetzung, des Nachdrucks, der Entnahme von Abbildungen, der Funksendung, der Wiedergabe auf photomechanischem oder ähnlichem Wege und der Speicherung in Datenverarbeitungsanlagen, bleiben vorbehalten.

Bearbeiter:

§§ 1, 2, 4	Dr. Wolfgang Appold
§§ 11, 12, 18, 20, 21, 22, 23	Prof. Dr. Martin Beckmann
§§ 3, 3 a–f, 21, 22, Anlage 1 und 2	Dr. Karsten Dienes
Vorbem. §§ 5, 6, 18, 24	Dr. Winfried Haneklaus
§§ 17, 19	Dr. Hermann Paßlick
§§ 13, 14	Prof. Dr. Guido Schmidt
§§ 7, 8, 9, 9a, 9b, 10, 15, 16, 17	Dr. Jörg Wagner

Zitiervorschlag:

Bearbeiter, in: Hoppe, UVPG, § Rn.

© Carl Heymanns Verlag KG · Köln · Berlin · Bonn · München 2002
ISBN 3-452-24757-0
Gesamtherstellung: Grafik + Druck, München
Gedruckt auf säurefreiem und alterungsbeständigen Papier

Vorwort

Die Zielsetzung des vorliegenden Kommentars in 2. Auflage hat sich gegenüber der 1. Auflage nicht geändert: Das Werk wendet sich in erster Linie an den Praktiker in Verwaltung und Wirtschaft, in der Rechtsprechung und an alle bei der Handhabung der Umweltverträglichkeitsprüfung beratenden und wissenschaftlich mit dem UVP-Gesetz befassten Berufe. Der Kommentar will eine praxisbezogene Handreichung für den täglichen Gesetzesvollzug auf wissenschaftlicher Grundlage bieten.

Der Kreis der Autoren hat sich erfreulicherweise nicht geändert, obwohl alle an dem Werk Mitwirkenden nicht mehr am Anfang ihrer beruflichen Entwicklung stehen wie bei der 1. Auflage (1995), sondern sich wegen der Belastung ihrer inzwischen eingenommenen beruflichen Position die Zeit für die Kommentierung haben abringen müssen.

Jeder Autor hat seine Teile des Kommentars in wissenschaftlicher Freiheit verfasst; er trägt die alleinige Verantwortung für den Inhalt seiner Ausführungen. Trotz dieser Verantwortlichkeit eines jeden Autors für seine Kommentierung haben Herausgeber und Autoren mit diesem Erläuterungswerk ein in sich stimmiges und widerspruchsfreies Gesamtkonzept verfolgt, soweit notwendig durch Abstimmung unter den Autoren.

Manche Frage, die noch in der 1. Auflage großen Erläuterungsbedarf auslöste, ist inzwischen geklärt, nicht zuletzt durch die Rechtsprechung des Bundesverwaltungsgerichts.

Redaktionsschluss dieser Auflage war der 31.1.2002. Rechtsprechung und Literatur sind bis zu diesem Datum berücksichtigt. Das Gesetz über die Umweltverträglichkeitsprüfung in der Fassung der Bekanntmachung vom 5.9.2001 (BGBl. I S. 2350) ist nach dem Redaktionsschluss zweimal geändert worden, nämlich durch Art. 3 Absatz 9 des Gesetzes vom 25.3.2002 (BGBl. I S. 1193) und durch Artikel 2 des Gesetzes vom 24.6.2002 (BGBl. I S. 1921). Beide Gesetzesänderungen sind beim Abdruck der Gesetzes- und Anlagentexte berücksichtigt worden. Die Änderung vom 25.3.2002 betrifft lediglich die Anlage 2 des UVPG, die hinsichtlich ihrer Verweise auf Vorschriften des BNatSchG an die Novellierung des BNatSchG von März 2002 angepasst worden ist. Die Änderungen des Gesetzes vom 24.6.2002 stehen im Zusammenhang mit der Novellierung des Wasserhaushaltsgesetzes. Sie sind – soweit dies noch möglich war – auch in der jeweiligen Kommentierung berücksichtigt worden.

Münster, im August 2002   *Werner Hoppe*

Inhalt

Vorwort.. V

Abkürzungen.. IX

Gesetzestext.. 1

Vorbemerkungen... 43

Gesetz über die Umweltverträglichkeitsprüfung (UVPG)
§ 1	Zweck des Gesetzes...	61
§ 2	Begriffsbestimmungen..	77
§ 3	Anwendungsbereich...	108
§ 3a	Feststellung der UVP-Pflicht..	116
§ 3b	UVP-Pflicht auf Grund Art, Größe und Leistung der Vorhaben.....	120
§ 3c	UVP-Pflicht im Einzelfall..	135
§ 3d	UVP-Pflicht nach Maßgabe des Landesrechts........................	143
§ 3e	Änderungen und Erweiterungen UVP-pflichtiger Vorhaben...........	145
§ 3f	UVP-pflichtige Entwicklungs- und Erprobungsvorhaben.............	151
§ 4	Vorrang anderer Rechtsvorschriften................................	153
§ 5	Unterrichtung über voraussichtlich beizubringende Unterlagen...	155
§ 6	Unterlagen des Trägers des Vorhabens..............................	168
§ 7	Beteiligung anderer Behörden.......................................	187
§ 8	Grenzüberschreitende Behördenbeteiligung..........................	202
§ 9	Einbeziehung der Öffentlichkeit.....................................	217
§ 9a	Grenzüberschreitende Öffentlichkeitsbeteiligung..................	239
§ 9b	Grenzüberschreitende Behörden- und Öffentlichkeitsbeteiligung bei ausländischen Vorhaben...	246
§ 10	Geheimhaltung und Datenschutz......................................	253
§ 11	Zusammenfassende Darstellung der Umweltauswirkungen............	262
§ 12	Bewertung der Umweltauswirkungen und Berücksichtigung der Bewertung bei der Entscheidung......................................	274
§ 13	Vorbescheid und Teilzulassungen....................................	311
§ 14	Zulassung eines Vorhabens durch mehrere Behörden................	327
§ 15	Linienbestimmung und Genehmigung von Flugplätzen...............	342
§ 16	Raumordnungsverfahren und Zulassungsverfahren....................	363
§ 17	Aufstellung von Bebauungsplänen....................................	402
§ 18	Bergrechtliche Verfahren...	473
§ 19	Flurbereinigungsverfahren...	513
§ 20	Planfeststellung, Plangenehmigung..................................	525
§ 21	Entscheidung, Nebenbestimmungen...................................	537

Inhalt

§ 22	Verfahren	544
§ 23	Bußgeldvorschriften	556
§ 24	Verwaltungsvorschriften	559
§ 25	Übergangsvorschrift	561

Anlage 1 UVPG 567

Anlage 2 UVPG 627

Vorschriften I Richtlinie des Rates vom 27.6.1985 über die Umweltverträglichkeitsprüfung bei bestimmten öffentlichen und privaten Projekten (85/337/EWG) (ABl. Nr. L 175 vom 5.7.1985, S. 40) 633

Vorschriften II Allgemeine Verwaltungsvorschrift zur Ausführung des Gesetzes über die Umweltverträglichkeitsprüfung (UVPVwV) vom 18.9.1995 (GMBl 1995, S. 671) 648

Vorschriften III Neunte Verordnung zur Durchführung des Bundes-Immissionsschutzgesetzes (Verordnung über das Genehmigungsverfahren – 9. BImSchV) vom 29.5.1992 – Auszug – 696

Vorschriften IV Verordnung über das Verfahren bei der Genehmigung von Anlagen nach § 7 des Atomgesetzes (Atomrechtliche Verfahrensverordnung – AtVfV –) vom 18.2.1977 Auszug – . 700

Literatur 707

Sachregister 725

Abkürzungen

a. A.	anderer Ansicht
a. a. O.	am anderen Ort
AbfG	Gesetz über die Vermeidung und Entsorgung von Abfällen (Abfallgesetz) i. d. F. d. Bek. v. 7.7.1972 (BGBl. I S. 873), geänd. durch G v. 27.6.1994 (BGBl. I S. 1440)
abgedr.	abgedruckt
ABl.	Amtsblatt
AblEG	Amtsblatt der Europäischen Gemeinschaft
Abs.	Absatz
Abschn.	Abschnitt
AEG	Allgemeines Eisenbahngesetz v. 27.12.1993 (BGBl. I S. 2378, 2396)
a. F.	alte Fassung
allg.	allgemein(e)
amtl.	amtlich(e)
amtl. Umdr.	amtlicher Umdruck
and.	anderes
Anm.	Anmerkung
AöR	Archiv des öffentlichen Rechts (Zeitschrift)
ARGEBAU	Arbeitsgemeinschaft der für das Bau-, Wohnungs- und Siedlungswesen zuständigen Minister der Länder
Art.	Artikel
AtG	Gesetz über die friedliche Verwendung der Kernenergie und den Schutz gegen ihre Gefahren (Atomgesetz) i. d. F. d. Bek. v. 15.7.1985 (BGBl. I S. 1565), geänd. durch G v. 23.11.1994 (BGBl. I S. 3486), zul. geänd. durch G v. 22.4.2002 (BGBl. I S. 1351)
AtVfV	Atomrechtliche Verfahrensverordnung i. d. F. d. Bek. v. 3.2.1995 (BGBl. I S. 180), geänd. d. G v. 25.3.2002 (BGBl. I S. 1193)
Aufl.	Auflage
ausf.	ausführlich
Ba-Wü	Baden-Württemberg
BAnz.	Bundesanzeiger
BauGB	Baugesetzbuch i. d. F. d. Bek. v. 8.12.1986 (BGBl. I S. 2253), zul. geänd. durch G 23.7.2002 (BGBl. I S. 2850)
BauGB-MaßnG	Maßnahmengesetz zum Baugesetzbuch i. d. F. d. Bek. v. 28.4.1993 (BGBl. I S. 622)
BauO NW	Bauordnung für das Land Nordrhein-Westfalen (Landesbauordnung) v. 1.3.2000 (GV NW S. 256)
BauR	Baurecht (Zeitschrift)
Bay.	Bayern
BayVBl.	Bayerische Verwaltungsblätter (Zeitschrift)

Abkürzungen

BayVGH	Bayerischer Verwaltungsgerichtshof
BBergG	Bundesberggesetz v. 13.8.1990 (BGBl. I S. 1310), zul. geänd. durch G v. 5.10.1994 (BGBl. I S. 2911)
BBergÄndG	Bundesbergänderungsgesetz
BBodSchG	Gesetz zum Schutz vor schädlichen Bodenveränderungen und zur Sanierung von Altlasten (Bundes-Bodenschutz-Gesetz) v. 17.3.1998 (BGBl. I S. 502), zul. geänd. durch G v. 9.9.2001 (BGBl. I S. 2331)
Bd.	Band
BDSG	Bundesdatenschutzgesetz
Bearb.	Bearbeiter
Begr.	Begründung
Bek.	Bekanntmachung
ber.	berichtigt
Beschl.	Beschluß
BesVerwR	Besonderes Verwaltungsrecht
BGBl.	Bundesgesetzblatt
BGH	Bundesgerichtshof
BGHZ	Entscheidungen des Bundesgerichtshofs in Zivilsachen
BImSchG	Gesetz zum Schutz vor schädlichen Umwelteinwirkungen durch Luftverunreinigungen, Geräusche, Erschütterungen und ähnliche Vorgänge (Bundes-Immissionsschutzgesetz) i.d.F. d. Bek. v. 14.5.1990 (BGBl. I S. 880), zul. geänd. durch G v. 29.10.2001 (BGBl. I S. 2785)
4. BImSchV	Vierte Verordnung zur Durchführung des Bundes-Immissionschutzgesetzes v. 24.6.1985 (BGBl. I S. 1586), zul. geänd. durch VO v. 6.5.2002 (BGBl. I S. 1566)
9. BImSchV	Neunte Verordnung zur Durchführung des Bundes-Immissionsschutzgesetzes i.d.F. d. Bek. v. 29.5.1992 (BGBl. I S. 1001), geänd. durch VO v. 24.7.2002 (BGBl. I S. 2833)
BMBau	Bundesministerium für Raumordnung, Bauwesen und Städtebau
BMU	Bundesministerium für Umwelt, Naturschutz und Reaktorsicherheit
BMV	Bundesministerium für Verkehr
BMVg	Bundesministerium für Verteidigung
BNatSchG	Gesetz über Naturschutz und Landschaftspflege (Bundesnaturschutzgesetz) i.d.F. d. Bek. v. 21.9.1998 (BGBl. I S. 2994), zul. geänd. durch Art. 11 G zur Umsetzung der UVP-Änderungsrichtlinie, der IVU-Richtlinie und weiterer EU-Richtlinien zum Umweltrecht v. 27.7.2001 (BGBl. I S. 1950)
BR-Drs.	Bundesratsdrucksache
BReg.	Bundesregierung
BremWG	Bremisches Wassergesetz i.d.F. d. Bek. v. 26.2.1991 (GBl. S. 65), zul. geänd. durch G v. 2.11.1993 (GBl. S. 351)
bspw.	beispielsweise
BT-Drs.	Bundestagsdrucksache

Abkürzungen

BT-Prot.	Bundestagsprotokoll
BVerfG	Bundesverfassungsgericht
BVerfGE	Entscheidungen des Bundesverfassungsgerichts
BVerwG	Bundesverwaltungsgericht
BVerwGE	Entscheidungen des Bundesverwaltungsgerichts
bzgl.	bezüglich
bzw.	beziehungsweise
ca.	circa
dass.	dasselbe
DB	Der Betrieb (Zeitschrift)
DDR	Deutsche Demokratische Republik
ders.	derselbe
d.h.	das heißt
dies.	dieselbe(n)
Dok.	Dokument
DÖV	Die Öffentliche Verwaltung (Zeitschrift)
DtZ	Deutsch-Deutsche Rechts-Zeitschrift
DVBl.	Deutsches Verwaltungsblatt (Zeitschrift)
E	Entscheidung
ebd.	ebenda
ECE-Abkommen	Übereinkommen über die Umweltverträglichkeitsprüfung im grenzüberschreitenden Zusammenhang vom 25.2.1991
EDV	Elektronische Datenverarbeitung
EEA	Einheitliche Europäische Akte vom 28.2.1986 (BGBl. II S. 1102)
EG	Europäische Gemeinschaft
EGV	Vertrag zur Gründung der Europäischen Gemeinschaft (nach Ratifizierung des Maastrichter Vertrages)
Eild. LKT NW	Eildienst Landkreistag Nordrhein-Westfalen (Zeitschrift)
Einl.	Einleitung, Einlassung
Einigungsvertrag	Vertrag zwischen der Bundesrepublik Deutschland und der Deutschen Demokratischen Republik über die Herstellung der Einheit Deutschlands v. 31.8.1990 (BGBl. II S. 885)
EIS	Environment Impact Statement
endg.	endgültig
Erg.Bd.	Ergänzungsband
ET	Energiewirtschaftliche Tagesfragen (Zeitschrift)
etc.	et cetera
EU	Europäische Union
EuGH	Europäischer Gerichtshof
EuGRZ	Europäische Grundrechte-Zeitschrift
EuR	Europarecht (Zeitschrift)
EUV	Vertrag über die Europäische Union vom 7.2.1992 (BGBl. II S. 1253)
EuZW	Europäische Zeitschrift für Wirtschaftsrecht

Abkürzungen

EVertr.	Einigungsvertrag
EWGV	Vertrag zur Gründung der Europäischen Wirtschaftsgemeinschaft vom 25.3.1957 (BGBl. II S. 753, 766)
f., ff.	folgend, folgende Seite(n)
FG	Festgabe
FlurbG	Flurbereinigungsgesetz i.d.F. d. Bek. v. 16.3.1976 (BGBl. I S. 546), zul. geänd. durch G v. 20.12.2001 (BGBl. I S. 3987)
FN	Fußnote
FS	Festschrift
FStrG	Bundesfernstraßengesetz (FStrG) i.d.F. d. Bek. v. 19.4.1994 (BGBl. I S. 854), zul. geänd. d. G v. 27.4.2002 (BGBl. I S. 1467)
Fußn.	Fußnote
G	Gesetz
GBl.	Gesetzblatt
geänd.	geändert
gem.	gemäß
GenTG	Gesetz zur Regelung der Gentechnik (GenTG) v. 16.12.1993 (BGBl. I S. 2066), zul. geänd. durch G v. 19.7.2002 (BGBl. I S. 2674)
GG	Grundgesetz für die Bundesrepublik Deutschland v. 23.5.1949 (BGBl. I S. 1), zul. geänd. durch G v. 26.7.2002 (BGBl. I S. 2862)
ggf.	gegebenenfalls
GMBl	Gemeinsames Ministerialblatt
GuD	Gas- und Dampf(-Kraftwerk)
GV, GVBl.	Gesetz- und Verordnungsblatt
h	Stunde
Hamb.	Hamburg
HbBodSch	Handbuch des Bodenschutzes
HdböffBauR	Handbuch des öffentlichen Baurechts
HdUR	Handwörterbuch des Umweltrechts
HdUVP	Handbuch der Umweltverträglichkeitsprüfung
Hinw.	Hinweis
Hrsg.	Herausgeber
HS	Halbsatz
i.d.F. d. Bek. v.	in der Fassung der Bekanntmachung vom
i.d.R.	in der Regel
i.e.	im einzelnen
insbes.	insbesondere
InvWoBaulG	Gesetz zur Erleichterung von Investitionen und der Ausweisung und Bereitstellung von Wohnbauland (Investitionserleichterungs- und Wohnbaulandgesetz) v. 22.4.1993 (BGBl. I S. 466)
i.S.d.	im Sinne des, der

Abkürzungen

i. ü.	im übrigen
IUR	Informationsdienst Umweltrecht (Zeitschrift)
i. V. m.	in Verbindung mit
IVU-RL	Richtlinie 96/61 EG des Rates vom 24.9.1996 über die integrierte Vermeidung und Verminderung der Umweltverschmutzung (ABl. EG v. 10.10.1996 Nr. L 257/26)
i. w.	im wesentlichen
JuS	Juristische Schulung (Zeitschrift)
JZ	Juristenzeitung (Zeitschrift)
KOM	Kommission
KrW-/AbfG	Gesetz zur Förderung der Kreislaufwirtschaft und Sicherung der umweltverträglichen Beseitigung von Abfällen (Kreislaufwirtschafts- und Abfallgesetz) v. 27.9.1994 (BGBl. I S. 2705), zul. geänd. d. G v. 29.10.2001 (BGBl. I S. 2785)
LAI	Länderausschuß für Immissionsschutz
LaPlaG NW	Landesplanungsgesetz für das Land Nordrhein-Westfalen i. d. F. d. Bek. v. 29.6.1994 (GVBl. NW S. 474, ber. S. 702)
Leits.	Leitsatz
LKV	Landes- und Kommunalverwaltung (Zeitschrift)
LuftVG	Luftverkehrsgesetz v. 14.1.1981 (BGBl. I S. 61), zul. geänd. durch G v. 19.7.2002 (BGBl. I S. 2674)
LWG	Landeswassergesetz
LWG NW	Wassergesetz für das Land Nordrhein-Westfalen i. d. F. d. Bek. v. 9.6.1989 (GV S. 384), zul. geänd. durch G v. 7.3.1995 (GVBl. NW, S. 248)
m.	mit
MBPlG	Gesetz zur Regelung des Planungsverfahrens für Magnetschwebebahnen (Magnetschwebebahnplanungsgesetz) v. 23.11.1994 (BGBl. I S. 3486)
MBl.	Ministerialblatt
MBl. NW	Ministerialblatt NW
MELF	Ministerium für Ernährung, Landwirtschaft und Forschung des Landes Nordrhein-Westfalen
m. H. a.	mit Hinweis auf
m. Nachw.	mit Nachweisen
MURL	Ministerium für Umwelt, Raumordnung und Landwirtschaft des Landes Nordrhein-Westfalen
MW	Megawatt
m. w. N.	mit weiteren Nachweisen
Nachw.	Nachweis
NEPA	National Environmental Policy Act
Nds.	Niedersachsen

Abkürzungen

NdsWG	Niedersächsisches Wassergesetz i. d. F. d. Bek. v. 20.8.1990 (GVBl. S. 371), zul. geänd. durch G v. 26.5.1993 (GVBl. S. 121)
NJW	Neue Juristische Wochenschrift (Zeitschrift)
Nr.	Nummer
NRW	Nordrhein-Westfalen
NuR	Natur und Recht (Zeitschrift)
NVwZ	Neue Zeitschrift für Verwaltungsrecht
NVwZ-RR	Neue Zeitschrift für Verwaltungsrecht-Rechtsprechungsreport
NW	Nordrhein-Westfalen
NWVBl.	Nordrhein-Westfälische Verwaltungsblätter (Zeitschrift)
ÖffBauBoR	Öffentliches Bau- und Bodenrecht, Raumplanungsrecht
ÖffBauR	Öffentliches Baurecht
OVG	Oberverwaltungsgericht
PBefG	Personenbeförderungsgesetz i. d. F. d. Bek. v. 8.8.1990 (BGBl. I S. 1690), zul. geänd. durch G v. 19.7.2002 (BGBl. I S. 2691)
PflSchG	Pflanzenschutzgesetz i. d. F. d. Bek. v. 14.5.1998 (BGBl. I S. 971, 1527, 3512), zul. geänd. durch G v. 20.6.2002 (BGBl. I S. 2076)
PlanvereinfG	Planvereinfachungsgesetz v. 17.12.1993 (BGBl. I S. 2123)
PVS	Politische Vierteljahresschrift (Zeitschrift)
RdL	Recht der Landwirtschaft (Zeitschrift)
RegEntw.	Regierungsentwurf
RhlpfWG	Wassergesetz für das Land Rheinland-Pfalz i. d. F. v. 14.12.1990 (GVBl. 1991 S. 11 B. 575-50) geänd. durch G v. 3.6.1993 (GVBl. S. 314), G v. 14.7.1993 (GVBl. S. 394)
Rh.-Pf.	Rheinland-Pfalz
Rn.	Randnummer(n)
ROG	Raumordungsgesetz v. 18.8.1997 (BGBl. I S. 2081, 2102) zul. geänd. durch G v. 15.12.1997 (BGBl. I S. 2902)
ROLaPlaR	Raumordnungs- und Landesplanungsrecht
RoV	Raumordnungsverordnung v. 13.12.1990 (BGBl. I S. 2766), zul. geänd. durch VO v. 23.11.1994 (BGBl. I S. 3486)
ROV	Raumordnungsverfahren
RS.	Rechtssache
Rspr.	Rechtsprechung
RuL	Raumordnungs- und Landesplanungsrecht
S.	Satz, Seite
s.	siehe
Saarl.	Saarland
Schl.-H.	Schleswig-Holstein
Slg.	Sammlung
s. o.	siehe oben

Abkürzungen

sog.	sogenannte(r)
Sp.	Spalte
SRU	Der Rat von Sachverständigen für Umweltfragen
StrWG NW	Strecken- und Wegegesetz des Landes Nordrhein-Westfalen i.d.F. d. Bek. v. 1.8.1983 (GV S. 306)
st. Rspr.	ständige Rechtsprechung
StuGB	Städte- und Gemeindebund, seit 1992 Stadt und Gemeinde (Zeitschrift)
StuGR	Städte- und Gemeinderat (Zeitschrift)
s.u.	siehe unten
TA Luft	Technische Anleitung zur Reinhaltung der Luft
Tz.	Textziffer
u.a.	unter anderem, und andere
u.ä.	und ähnliches
UGB-AT	Umweltgesetzbuch – Allgemeiner Teil (Professorenentwurf)
UIG	Umweltinformationsgesetz
UI-RL	Umwelt-Informationsrichtlinie
UmweltR	Umweltrecht
Unterabs.	Unterabsatz
UPR	Umwelt- und Planungsrecht (Zeitschrift)
Urt.	Urteil
UTR	Jahrbuch des Umwelt- und Technikrechts
UmwRG	Umweltrahmengesetz der DDR
UVP	Umweltverträglichkeitsprüfung
UVPG	Gesetz über die Umweltverträglichkeitsprüfung i.d.F. d. Bek. v. 5.1.2001 (BGBl. I S. 2350), zul. geänd. d. G v. 24.6.2002 (BGBl. I S. 1921)
UVP-report	UVP-report (Zeitschrift)
UVP-RL	Richtlinie des Rates über die Umweltverträglichkeitsprüfung bei bestimmten öffentlichen und privaten Projekten v. 27.6.1985 (85/337 EWG), ABl. EG Nr. L 175 v. 5.7.1985, S. 40
UVPUmsG	Gesetz zur Umsetzung der Richtlinie des Rates vom 27.6.1985 über die Umweltverträglichkeitsprüfung bei bestimmten privaten und öffentlichen Projekten (85/337/EWG) v. 12.2.1990 (BGBl. I S. 205), unter Berücksichtigung nachträglicher Gesetzesänderungen
UVP-V Bergbau	Verordnung über die Umweltverträglichkeitsprüfung bergbaulicher Vorhaben
UVPVwV	Allgemeine Verwaltungsvorschrift zur Ausführung des Gesetzes über die Umweltverträglichkeitsprüfung (UVPVwV), beschlossen von der Bundesregierung am 17.5.1995
UVS	Umweltverträglichkeitsstudie
v.	vom, von
VBlBW	Verwaltungsblätter für Baden-Württemberg (Zeitschrift)

Abkürzungen

VEP	Vorhaben- und Erschließungsplan
Verf.	Verfasser
VerfGH	Verfassungsgerichtshof
VerwArch	Verwaltungsarchiv (Zeitschrift)
Vf.	Verfahren
VG	Verwaltungsgericht
VGH	Verwaltungsgerichtshof
vgl.	vergleiche
VIZ	Zeitschrift für Vermögens- und Investitionsrecht
VMBl	Ministerialblatt des Bundesministeriums für Verteidigung
VO	Verordnung
Vorb.	Vorbemerkung
VR	Verwaltungsrundschau (Zeitschrift)
VRS	Verkehrsrechtssammlung
VVDStRL	Veröffentlichungen der Vereinigung der Deutschen Staatsrechtslehrer
VwGO	Verwaltungsgerichtsordnung i. d. F. d. Bek. v. 19. 3. 1991 (BGBl. I S. 686), zul. geänd. durch G v. 20. 12. 2001 (BGBl. I S. 3987)
VwR	Verwaltungsrecht
VwV	Verwaltungsvorschrift
VwVfG	Verwaltungsverfahrensgesetz i. d. F. d. Bek. v. 21. 9. 1998 (BGBl. I S. 3050), zul. geänd. durch G v. 21. 6. 2002 (BGBl. I S. 2167)
WaStrG	Bundeswasserstraßengesetz (WaStrG), i. d. F. d. Bek. v. 4. 11. 1998 (BGBl. I S. 3294), zul. geänd. durch G v. 18. 6. 2002 (BGBl. I S. 1914)
WHG	Gesetz zur Ordnung des Wasserhaushalts (Wasserhaushaltsgesetz) i. d. F. d. Bek. v. 12. 11. 1996 (BGBl. I S. 1695), zul. geänd. durch G v. 18. 6. 2002 (BGBl. I S. 1914)
WiVerw.	Wirtschaft und Verwaltung (Zeitschrift)
ZAU	Zeitschrift für Angewandte Umweltforschung
z. B.	zum Beispiel
ZfB	Zeitschrift für Bergrecht
ZfBR	Zeitschrift für Baurecht
ZfU	Zeitschrift für Umweltpolitik und Umweltrecht
ZfW	Zeitschrift für Wasserrecht
ZG	Zeitschrift für Gesetzgebung
Ziff.	Ziffer
zit.	zitiert
ZRP	Zeitschrift für Rechtspolitik
z. T.	zum Teil
ZUFO	Zentrum für Umweltforschung
zul.	zuletzt
ZUR	Zeitschrift für Umweltrecht
z. Zt.	zurzeit

Gesetz über die Umweltverträglichkeitsprüfung (UVPG)[*]

In der Fassung der Bekanntmachung vom 5. September 2001 (BGBl. I S. 2350), geändert durch Art. 16a des Gesetzes vom 15. Dezember 2001 (BGBl. I S. 3762), geändert durch Art. 3 Abs. 9 des Gesetzes vom 25. März 2002 (BGBl. I S. 1193), zuletzt geändert durch Art. 2 des Gesetzes vom 18. Juni 2002 (BGBl. I S. 1921).

Inhaltsübersicht

Teil 1 Umweltverträglichkeitsprüfung in verwaltungsbehördlichen Verfahren

Abschnitt 1 Allgemeine Vorschriften
§ 1 Zweck des Gesetzes
§ 2 Begriffsbestimmungen
§ 3 Anwendungsbereich
§ 3a Feststellung der UVP-Pflicht
§ 3b UVP-Pflicht aufgrund Art, Größe und Leistung der Vorhaben
§ 3c UVP-Pflicht im Einzelfall
§ 3d UVP-Pflicht nach Maßgabe des Landesrechts
§ 3e Änderungen und Erweiterungen UVP-pflichtiger Vorhaben
§ 3f UVP-pflichtige Entwicklungs- und Erprobungsvorhaben
§ 4 Vorrang anderer Rechtsvorschriften

Abschnitt 2 Verfahrensschritte der Umweltverträglichkeitsprüfung
§ 5 Unterrichtung über voraussichtlich beizubringende Unterlagen
§ 6 Unterlagen des Trägers des Vorhabens
§ 7 Beteiligung anderer Behörden
§ 8 Grenzüberschreitende Behördenbeteiligung
§ 9 Einbeziehung der Öffentlichkeit
§ 9a Grenzüberschreitende Öffentlichkeitsbeteiligung
§ 9b Grenzüberschreitende Behörden- und Öffentlichkeitsbeteiligung bei ausländischen Vorhaben
§ 10 Geheimhaltung und Datenschutz
§ 11 Zusammenfassende Darstellung der Umweltauswirkungen
§ 12 Bewertung der Umweltauswirkungen und Berücksichtigung des Ergebnisses bei der Entscheidung
§ 13 Vorbescheid und Teilzulassungen
§ 14 Zulassung eines Vorhabens durch mehrere Behörden

Abschnitt 3 Besondere Verfahrensvorschriften
§ 15 Linienbestimmung und Genehmigung von Flugplätzen
§ 16 Raumordnungsverfahren und Zulassungsverfahren
§ 17 Aufstellung von Bebauungsplänen
§ 18 Bergrechtliche Verfahren
§ 19 Flurbereinigungsverfahren

Teil 2 Vorschriften für bestimmte Leitungsanlagen und andere Anlagen

§ 20 Planfeststellung, Plangenehmigung
§ 21 Entscheidung, Nebenbestimmungen
§ 22 Verfahren
§ 23 Bußgeldvorschriften

Teil 3 Gemeinsame Vorschriften

§ 24 Verwaltungsvorschriften
§ 25 Übergangsvorschrift

Anlage 1 Liste »UVP-pflichtige Vorhaben«
1. Wärmeerzeugung, Bergbau und Energie
2. Steine und Erden, Glas, Keramik, Baustoffe
3. Stahl, Eisen und sonstige Metalle einschließlich Verarbeitung
4. Chemische Erzeugnisse, Arzneimittel, Mineralölraffination und Weiterverarbeitung
5. Oberflächenbehandlung von Kunststoffen
6. Holz, Zellstoff
7. Nahrungs-, Genuss- und Futtermittel, landwirtschaftliche Erzeugnisse
8. Verwertung und Beseitigung von Abfällen und sonstigen Stoffen
9. Lagerung von Stoffen und Zubereitungen
10. Sonstige Industrieanlagen
11. Kernenergie
12. Abfalldeponien

---

[*] Das Gesetz dient der Umsetzung der Richtlinie 97/11/EG des Rates vom 3. März 1997 zur Änderung der Richtlinie 85/337/EWG über die Umweltverträglichkeitsprüfung bei bestimmten öffentlichen und privaten Projekten (ABl. EG Nr. L 73 S. 5) und der Richtlinie 85/337/EWG des Rates vom 27. Juni 1985 über die Umweltverträglichkeitsprüfung bei bestimmten öffentlichen und privaten Projekten (ABl. EG Nr. L 175 S. 40).

13. Wasserwirtschaftliche Vorhaben mit Benutzung oder Ausbau eines Gewässers
14. Verkehrsvorhaben
15. Bergbau
16. Flurbereinigung
17. Forstliche Vorhaben
18. Bauplanungsrechtliche Vorhaben
19. Leitungsanlagen und andere Anlagen

Anlage 2 Kriterien für die Vorprüfung des Einzelfalls

Hinweise
1. Bekanntmachung der Neufassung des Gesetzes über die Umweltverträglichkeitsprüfung vom 5. September 2001, BGBl. 1 S. 2350

Teil 1
Umweltverträglichkeitsprüfung in verwaltungsbehördlichen Verfahren

Abschnitt 1
Allgemeine Vorschriften

§ 1 Zweck des Gesetzes

Zweck dieses Gesetzes ist es sicherzustellen, dass bei bestimmten öffentlichen und privaten Vorhaben zur wirksamen Umweltvorsorge nach einheitlichen Grundsätzen
1. die Auswirkungen auf die Umwelt frühzeitig und umfassend ermittelt, beschrieben und bewertet werden,
2. das Ergebnis der Umweltverträglichkeitsprüfung so früh wie möglich bei allen behördlichen Entscheidungen über die Zulässigkeit berücksichtigt wird.

§ 2 Begriffsbestimmungen

(1) Die Umweltverträglichkeitsprüfung ist ein unselbständiger Teil verwaltungsbehördlicher Verfahren, die der Entscheidung über die Zulässigkeit von Vorhaben dienen. Die Umweltverträglichkeitsprüfung umfasst die Ermittlung, Beschreibung und Bewertung der unmittelbaren und mittelbaren Auswirkungen eines Vorhabens auf
1. Menschen, Tiere und Pflanzen,
2. Boden, Wasser, Luft, Klima und Landschaft,
3. Kulturgüter und sonstige Sachgüter sowie
4. die Wechselwirkung zwischen den vorgenannten Schutzgütern.

Sie wird unter Einbeziehung der Öffentlichkeit durchgeführt. Wird über die Zulässigkeit eines Vorhabens im Rahmen mehrerer Verfahren entschieden, werden die in diesen Verfahren durchgeführten Teilprüfungen zu einer Gesamtbewertung aller Umweltauswirkungen zusammengefasst.

(2) Ein Vorhaben ist
1. nach Maßgabe der Anlage 1
   a) die Errichtung und der Betrieb einer technischen Anlage,
   b) der Bau einer sonstigen Anlage,
   c) die Durchführung einer sonstigen in Natur und Landschaft eingreifenden Maßnahme,
2. die Änderung, einschließlich der Erweiterung,
   a) der Lage, der Beschaffenheit oder des Betriebs einer technischen Anlage,
   b) der Lage oder der Beschaffenheit einer sonstigen Anlage,

c) der Durchführung einer sonstigen in Natur und Landschaft eingreifenden Maßnahme.

(3) Entscheidungen im Sinne des Absatzes 1 Satz 1 sind
1. Bewilligung, Erlaubnis, Genehmigung, Planfeststellungsbeschluss und sonstige behördliche Entscheidungen über die Zulässigkeit von Vorhaben, die in einem Verwaltungsverfahren getroffen werden, mit Ausnahme von Anzeigeverfahren,
2. Linienbestimmungen und Entscheidungen in vorgelagerten Verfahren, die für anschließende Verfahren beachtlich sind,
3. Beschlüsse nach § 10 des Baugesetzbuchs über die Aufstellung, Änderung oder Ergänzung von Bebauungsplänen, durch die die Zulässigkeit von bestimmten Vorhaben im Sinne der Anlage 1 begründet werden soll, sowie Beschlüsse nach § 10 des Baugesetzbuchs über Bebauungspläne, die Planfeststellungsbeschlüsse für Vorhaben im Sinne der Anlage 1 ersetzen.

§ 3 Anwendungsbereich

(1) Dieses Gesetz gilt für die in der Anlage 1 aufgeführten Vorhaben. Die Bundesregierung wird ermächtigt, durch Rechtsverordnung mit Zustimmung des Bundesrates
1. Vorhaben in die Anlage 1 aufzunehmen, die aufgrund ihrer Art, ihrer Größe oder ihres Standortes erhebliche Auswirkungen auf die Umwelt haben können,
2. Vorhaben unter Beachtung der Rechtsakte des Rates oder der Kommission der Europäischen Gemeinschaften aus der Anlage 1 herauszunehmen, die nach den vorliegenden Erkenntnissen keine erheblichen Auswirkungen auf die Umwelt besorgen lassen.

Soweit von der Ermächtigung Gebrauch gemacht wird, ist die Bundesregierung auch ermächtigt, notwendige Folgeänderungen in Bezugnahmen, die in den Vorschriften dieses Gesetzes enthalten sind, auf bestimmte, in der Anlage 1 aufgeführte Vorhaben vorzunehmen. Rechtsverordnungen aufgrund dieser Ermächtigung bedürfen der Zustimmung des Bundestages. Die Zustimmung gilt als erteilt, wenn der Bundestag nicht innerhalb von drei Sitzungswochen nach Eingang der Vorlage der Bundesregierung die Zustimmung verweigert hat.

(2) Soweit zwingende Gründe der Verteidigung oder die Erfüllung zwischenstaatlicher Verpflichtungen es erfordern, kann der Bundesminister der Verteidigung nach Richtlinien, die im Einvernehmen mit dem Bundesminister für Umwelt, Naturschutz und Reaktorsicherheit festzulegen sind, für Vorhaben, die der Landesverteidigung dienen, die Anwendung dieses Gesetzes ausschließen oder Ausnahmen von den Anforderungen dieses Gesetzes zulassen. Dabei ist der Schutz vor erheblichen nachteiligen Umweltauswirkungen zu berücksichtigen. Sonstige Rechtsvorschriften, die das Zulassungsverfahren betreffen, bleiben unberührt. Der Bundesminister der Verteidigung unterrichtet den Bundesminister für Umwelt, Naturschutz und Reaktorsicherheit jährlich über die Anwendung dieses Absatzes.

§ 3a Feststellung der UVP-Pflicht

Die zuständige Behörde stellt auf Antrag des Trägers eines Vorhabens oder anlässlich eines Ersuchens nach § 5, andernfalls nach Beginn des Verfahrens, das der Entscheidung über die Zulässigkeit des Vorhabens dient, auf der Grundlage geeigneter Angaben zum Vorhaben sowie eigener Informationen unverzüglich fest, ob nach den §§ 3 b bis 3 f für das Vorhaben eine Verpflichtung zur Durchführung einer Umweltverträglichkeitsprüfung besteht. Diese Feststellung ist, sofern eine Vorprüfung des Einzelfalls nach § 3 c vorgenommen worden ist, der Öffentlichkeit nach den Bestimmungen des Umweltinformationsgesetzes zugänglich zu machen; soll eine Umweltverträglichkeitsprüfung unterbleiben, ist dies bekannt zu geben. Die Feststellung ist nicht selbständig anfechtbar.

§ 3 b UVP-Pflicht aufgrund Art, Größe und Leistung der Vorhaben

(1) Die Verpflichtung zur Durchführung einer Umweltverträglichkeitsprüfung besteht für ein in der Anlage 1 aufgeführtes Vorhaben, wenn die zur Bestimmung seiner Art genannten Merkmale vorliegen. Sofern Größen- oder Leistungswerte angegeben sind, ist eine Umweltverträglichkeitsprüfung durchzuführen, wenn die Werte erreicht oder überschritten werden.

(2) Die Verpflichtung zur Durchführung einer Umweltverträglichkeitsprüfung besteht auch, wenn mehrere Vorhaben derselben Art, die gleichzeitig von demselben oder mehreren Trägern verwirklicht werden sollen und in einem engen Zusammenhang stehen (kumulierende Vorhaben), zusammen die maßgeblichen Größen- oder Leistungswerte erreichen oder überschreiten. Ein enger Zusammenhang ist gegeben, wenn diese Vorhaben
1. als technische oder sonstige Anlagen auf demselben Betriebs- oder Baugelände liegen und mit gemeinsamen betrieblichen oder baulichen Einrichtungen verbunden sind oder
2. als sonstige in Natur und Landschaft eingreifende Maßnahmen in einem engen räumlichen Zusammenhang stehen

und wenn sie einem vergleichbaren Zweck dienen. Die Sätze 1 und 2 gelten nur für Vorhaben, die für sich jeweils die Werte für die standortbezogene Vorprüfung oder, soweit eine solche nicht vorgesehen ist, die Werte für die allgemeine Vorprüfung nach Anlage 1 Spalte 2 erreichen oder überschreiten.

(3) Wird der maßgebende Größen- oder Leistungswert durch die Änderung oder Erweiterung eines bestehenden, bisher nicht UVP-pflichtigen Vorhabens erstmals erreicht oder überschritten, ist für die Änderung oder Erweiterung eine Umweltverträglichkeitsprüfung unter Berücksichtigung der Umweltauswirkungen des bestehenden, bisher nicht UVP-pflichtigen Vorhabens durchzuführen. Bestehende Vorhaben sind auch kumulierende Vorhaben im Sinne des Absatzes 2 Satz 1. Der in den jeweiligen Anwendungsbereich der Richtlinien 85/337/EWG und 97/11/EG fallende, aber vor Ablauf der jeweiligen Umsetzungsfristen erreichte Bestand bleibt hinsichtlich des Erreichens oder Überschreitens der Größen- oder Leistungswerte unberücksichtigt. Die Sätze 1 bis 3 gelten nicht für die in der Anlage 1 Nr. 18.5, 18.7 und 18.8 aufgeführten Industriezonen und Städtebauprojekte. Satz 1 gilt für die in der Anlage 1 Nr. 14.4 und 14.5 aufgeführten Vorhaben mit der Maßgabe, dass neben einem engen räumlichen Zusammenhang auch ein enger zeitlicher Zusammenhang besteht.

§ 3c UVP-Pflicht im Einzelfall

(1) Sofern in der Anlage 1 für ein Vorhaben eine allgemeine Vorprüfung des Einzelfalls vorgesehen ist, ist eine Umweltverträglichkeitsprüfung durchzuführen, wenn das Vorhaben nach Einschätzung der zuständigen Behörde aufgrund überschlägiger Prüfung unter Berücksichtigung der in der Anlage 2 aufgeführten Kriterien erhebliche nachteilige Umweltauswirkungen haben kann, die nach § 12 zu berücksichtigen wären. Sofern für ein Vorhaben mit geringer Größe oder Leistung eine standortbezogene Vorprüfung des Einzelfalls vorgesehen ist, gilt Gleiches, wenn trotz der geringen Größe oder Leistung des Vorhabens nur aufgrund besonderer örtlicher Gegebenheiten gemäß den in der Anlage 2 Nr. 2 aufgeführten Schutzkriterien erhebliche nachteilige Umweltauswirkungen zu erwarten sind. Bei den Vorprüfungen ist zu berücksichtigen, inwieweit Umweltauswirkungen durch die vom Träger des Vorhabens vorgesehenen Vermeidungs- und Verminderungsmaßnahmen offensichtlich ausgeschlossen werden. Bei der allgemeinen Vorprüfung ist auch zu berücksichtigen, inwieweit Prüfwerte für Größe oder Leistung, die die Vorprüfung eröffnen, überschritten werden. Für das Erreichen oder Überschreiten der Prüfwerte für Größe oder Leistung gilt § 3b Abs. 2 und 3 entsprechend.

(2) a) Die in der Anlage 2 (Kriterien für die Vorprüfung des Einzelfalls) aufgeführten Kriterien sollen durch Rechtsverordnung der Bundesregierung mit Zustimmung des Bundesrates umgehend näher bestimmt werden.
   b) Grundsätze und Verfahren zur Einzelfallprüfung sollen in der Allgemeinen Verwaltungsvorschrift zur Ausführung des Gesetzes über die Umweltverträglichkeitsprüfung näher bestimmt werden.

§ 3d UVP-Pflicht nach Maßgabe des Landesrechts

Die Länder regeln durch Größen- oder Leistungswerte, durch eine allgemeine oder standortbezogene Vorprüfung des Einzelfalls oder durch eine Kombination dieser Verfahren, unter welchen Voraussetzungen eine Umweltverträglichkeitsprüfung durchzuführen ist, soweit in der Anlage 1 für bestimmte Vorhaben eine Verpflichtung zur Durchführung einer Umweltverträglichkeitsprüfung nach Maßgabe des Landesrechts vorgesehen ist.

§ 3e Änderungen und Erweiterungen UVP-pflichtiger Vorhaben

(1) Die Verpflichtung zur Durchführung einer Umweltverträglichkeitsprüfung besteht auch für die Änderung oder Erweiterung eines Vorhabens, für das als solches bereits eine UVP-Pflicht besteht, wenn
1. in der Anlage 1 für Vorhaben der Spalte 1 angegebene Größen- oder Leistungswerte durch die Änderung oder Erweiterung selbst erreicht oder überschritten werden oder
2. eine Vorprüfung des Einzelfalls im Sinne des § 3c Abs. 1 Satz 1 und 3 ergibt, dass die Änderung oder Erweiterung erhebliche nachteilige Umweltauswirkungen haben kann; in die Vorprüfung sind auch frühere Änderungen oder Erweiterungen des UVP-pflichtigen Vorhabens einzubeziehen, für die nach der jeweils geltenden

Fassung dieses Gesetzes keine Umweltverträglichkeitsprüfung durchgeführt worden ist.

(2) Für eine Erweiterung der in der Anlage 1 Nr. 18.1 bis 18.8 sowie für eine Änderung der in der Anlage 1 Nr. 18.8 aufgeführten Vorhaben gilt Absatz 1 Nr. 2 mit der Maßgabe, dass der dort jeweils für den Bau des entsprechenden Vorhabens einschlägige Prüfwert erreicht oder überschritten wird.

§ 3 f UVP-pflichtige Entwicklungs- und Erprobungsvorhaben

(1) Sofern ein in der Anlage 1 Spalte 1 aufgeführtes Vorhaben ausschließlich oder überwiegend der Entwicklung und Erprobung neuer Verfahren oder Erzeugnisse dient (Entwicklungs- und Erprobungsvorhaben) und nicht länger als zwei Jahre durchgeführt wird, kann von einer Umweltverträglichkeitsprüfung abgesehen werden, wenn eine Vorprüfung des Einzelfalls nach § 3 c Abs. 1 Satz 1 unter besonderer Berücksichtigung der Durchführungsdauer ergibt, dass erhebliche nachteilige Umweltauswirkungen des Vorhabens nicht zu besorgen sind.

(2) Für ein in der Anlage 1 Spalte 2 aufgeführtes Vorhaben, das ein Entwicklungs- und Erprobungsvorhaben ist, gilt die allgemeine Regelung des § 3 c Abs. 1.

§ 4 Vorrang anderer Rechtsvorschriften

Dieses Gesetz findet Anwendung, soweit Rechtsvorschriften des Bundes oder der Länder die Prüfung der Umweltverträglichkeit nicht näher bestimmen oder in ihren Anforderungen diesem Gesetz nicht entsprechen. Rechtsvorschriften mit weitergehenden Anforderungen bleiben unberührt.

Abschnitt 2
Verfahrensschritte der Umweltverträglichkeitsprüfung

§ 5 Unterrichtung über voraussichtlich beizubringende Unterlagen

Sofern der Träger eines Vorhabens die zuständige Behörde vor Beginn des Verfahrens, das der Entscheidung über die Zulässigkeit des Vorhabens dient, darum ersucht oder sofern die zuständige Behörde es nach Beginn des Verfahrens für erforderlich hält, unterrichtet diese ihn entsprechend dem Planungsstand des Vorhabens und auf der Grundlage geeigneter Angaben zum Vorhaben frühzeitig über Inhalt und Umfang der voraussichtlich nach § 6 beizubringenden Unterlagen über die Umweltauswirkungen des Vorhabens. Vor der Unterrichtung gibt die zuständige Behörde dem Träger des Vorhabens sowie den nach § 7 zu beteiligenden Behörden Gelegenheit zu einer Besprechung über Inhalt und Umfang der Unterlagen. Die Besprechung soll sich auch auf Gegenstand, Umfang und Methoden der Umweltverträglichkeitsprüfung sowie sonstige für die Durchführung der Umweltverträglichkeitsprüfung erhebliche Fragen erstrecken. Sachverständige und Dritte können hinzugezogen werden. Verfügen die zuständige Behörde oder die zu beteiligenden Behörden über Informationen, die für die Beibringung der Unterlagen nach § 6 zweckdienlich sind, sollen sie diese Informationen dem Träger des Vorhabens zur Verfügung stellen.

§ 6 Unterlagen des Trägers des Vorhabens

(1) Der Träger des Vorhabens hat die entscheidungserheblichen Unterlagen über die Umweltauswirkungen des Vorhabens der zuständigen Behörde zu Beginn des Verfahrens vorzulegen, in dem die Umweltverträglichkeit geprüft wird. Setzt der Beginn des Verfahrens einen schriftlichen Antrag, die Einreichung eines Plans oder eine sonstige Handlung des Trägers des Vorhabens voraus, sind die nach Satz 1 erforderlichen Unterlagen so rechtzeitig vorzulegen, dass sie mit den übrigen Unterlagen ausgelegt werden können.

(2) Inhalt und Umfang der Unterlagen nach Absatz 1 bestimmen sich nach den Rechtsvorschriften, die für die Entscheidung über die Zulässigkeit des Vorhabens maßgebend sind. Die Absätze 3 und 4 sind anzuwenden, soweit die in diesen Absätzen genannten Unterlagen durch Rechtsvorschrift nicht im Einzelnen festgelegt sind.

(3) Die Unterlagen nach Absatz 1 müssen zumindest folgende Angaben enthalten:
1. Beschreibung des Vorhabens mit Angaben über Standort, Art und Umfang sowie Bedarf an Grund und Boden,
2. Beschreibung der Maßnahmen, mit denen erhebliche nachteilige Umweltauswirkungen des Vorhabens vermieden, vermindert oder, soweit möglich, ausgeglichen werden, sowie der Ersatzmaßnahmen bei nicht ausgleichbaren, aber vorrangigen Eingriffen in Natur und Landschaft,
3. Beschreibung der zu erwartenden erheblichen nachteiligen Umweltauswirkungen des Vorhabens unter Berücksichtigung des allgemeinen Kenntnisstandes und der allgemein anerkannten Prüfungsmethoden,
4. Beschreibung der Umwelt und ihrer Bestandteile im Einwirkungsbereich des Vorhabens unter Berücksichtigung des allgemeinen Kenntnisstandes und der allgemein anerkannten Prüfungsmethoden sowie Angaben zur Bevölkerung in diesem Bereich, soweit die Beschreibung und die Angaben zur Feststellung und Bewertung erheblicher nachteiliger Umweltauswirkungen des Vorhabens erforderlich sind und ihre Beibringung für den Träger des Vorhabens zumutbar ist,
5. Übersicht über die wichtigsten, vom Träger des Vorhabens geprüften anderweitigen Lösungsmöglichkeiten und Angabe der wesentlichen Auswahlgründe im Hinblick auf die Umweltauswirkungen des Vorhabens.

Eine allgemein verständliche, nichttechnische Zusammenfassung der Angaben nach Satz 1 ist beizufügen. Die Angaben nach Satz 1 müssen Dritten die Beurteilung ermöglichen, ob und in welchem Umfang sie von den Umweltauswirkungen des Vorhabens betroffen werden können.

(4) Die Unterlagen müssen auch die folgenden Angaben enthalten, soweit sie für die Umweltverträglichkeitsprüfung nach der Art des Vorhabens erforderlich sind:
1. Beschreibung der wichtigsten Merkmale der verwendeten technischen Verfahren,
2. Beschreibung von Art und Umfang der zu erwartenden Emissionen, der Abfälle, des Anfalls von Abwasser, der Nutzung und Gestaltung von Wasser, Boden, Natur und Landschaft sowie Angaben zu sonstigen Folgen des Vorhabens, die zu erheblichen nachteiligen Umweltauswirkungen führen können,
3. Hinweise auf Schwierigkeiten, die bei der Zusammenstellung der Angaben aufgetreten sind, zum Beispiel technische Lücken oder fehlende Kenntnisse.

Die Zusammenfassung nach Absatz 3 Satz 2 muss sich auch auf die in den Nummern 1 und 2 genannten Angaben erstrecken.

(5) Die Absätze 1 bis 4 finden entsprechende Anwendung, wenn die zuständige Behörde für diejenige öffentlich-rechtliche Körperschaft tätig wird, die Träger des Vorhabens ist.

§ 7 Beteiligung anderer Behörden

Die zuständige Behörde unterrichtet die Behörden, deren umweltbezogener Aufgabenbereich durch das Vorhaben berührt wird, über das Vorhaben, übermittelt ihnen die Unterlagen nach § 6 und holt ihre Stellungnahmen ein. § 73 Abs. 3a des Verwaltungsverfahrensgesetzes findet entsprechende Anwendung.

§ 8 Grenzüberschreitende Behördenbeteiligung

(1) Wenn ein Vorhaben erhebliche Auswirkungen auf die in § 2 Abs. 1 Satz 2 genannten Schutzgüter in einem anderen Staat haben kann oder ein solcher anderer Staat darum ersucht, unterrichtet die zuständige Behörde frühzeitig die vom anderen Staat benannte zuständige Behörde anhand von geeigneten Unterlagen über das Vorhaben und bittet innerhalb einer angemessenen Frist um Mitteilung, ob eine Beteiligung erwünscht wird. Wenn der andere Staat keine Behörde benannt hat, ist die oberste für Umweltangelegenheiten zuständige Behörde des anderen Staates zu unterrichten. Wird eine Beteiligung für erforderlich gehalten, gibt die zuständige Behörde der benannten zuständigen Behörde des anderen Staates sowie weiteren von dieser angegebenen Behörden des anderen Staates zum gleichen Zeitpunkt und im gleichen Umfang wie den nach § 7 zu beteiligenden Behörden aufgrund der Unterlagen nach § 6 Gelegenheit zur Stellungnahme. § 73 Abs. 3a des Verwaltungsverfahrensgesetzes findet entsprechende Anwendung.
(2) Soweit erforderlich oder soweit der andere Staat darum ersucht, führen die zuständigen obersten Bundes- und Landesbehörden innerhalb eines vereinbarten, angemessenen Zeitrahmens mit dem anderen Staat Konsultationen insbesondere über die grenzüberschreitenden Umweltauswirkungen des Vorhabens und über die Maßnahmen zu deren Vermeidung oder Verminderung durch.
(3) Die zuständige Behörde übermittelt den beteiligten Behörden des anderen Staates die Zulässigkeitsentscheidung für das Vorhaben oder den ablehnenden Bescheid, jeweils einschließlich der Begründung. Sofern die Voraussetzungen der Grundsätze von Gegenseitigkeit und Gleichwertigkeit erfüllt sind, kann sie eine Übersetzung der Zulässigkeitsentscheidung beifügen.
(4) Weitergehende Regelungen zur Umsetzung völkerrechtlicher Verpflichtungen von Bund und Ländern bleiben unberührt.

§ 9 Einbeziehung der Öffentlichkeit

(1) Die zuständige Behörde hat die Öffentlichkeit zu den Umweltauswirkungen des Vorhabens auf der Grundlage der ausgelegten Unterlagen nach § 6 anzuhören. Das Anhörungsverfahren muss den Anforderungen des § 73 Abs. 3, 4 bis 7 des Verwaltungsverfahrensgesetzes entsprechen. Ändert der Träger des Vorhabens die nach § 6 erforderlichen Unterlagen im Laufe des Verfahrens, so kann von einer erneuten

Anhörung der Öffentlichkeit abgesehen werden, soweit keine zusätzlichen oder anderen erheblichen Umweltauswirkungen zu besorgen sind.

(2) Die zuständige Behörde hat in entsprechender Anwendung des § 74 Abs. 5 Satz 2 des Verwaltungsverfahrensgesetzes die Zulässigkeitsentscheidung oder die Ablehnung des Vorhabens öffentlich bekannt zu machen sowie in entsprechender Anwendung des § 74 Abs. 4 Satz 2 des Verwaltungsverfahrensgesetzes den Bescheid mit Begründung zur Einsicht auszulegen.

(3) Abweichend von den Absätzen 1 und 2 wird die Öffentlichkeit im vorgelagerten Verfahren dadurch einbezogen, dass
1. das Vorhaben öffentlich bekannt gemacht wird,
2. die nach § 6 erforderlichen Unterlagen während eines angemessenen Zeitraums eingesehen werden können,
3. Gelegenheit zur Äußerung gegeben wird,
4. die Öffentlichkeit über die Entscheidung unterrichtet und der Inhalt der Entscheidung mit Begründung der Öffentlichkeit zugänglich gemacht wird.

Rechtsansprüche werden durch die Einbeziehung der Öffentlichkeit nicht begründet; die Verfolgung von Rechten im nachfolgenden Zulassungsverfahren bleibt unberührt.

§ 9a Grenzüberschreitende Öffentlichkeitsbeteiligung

(1) Wenn ein Vorhaben erhebliche Umweltauswirkungen in einem anderen Staat haben kann, können sich dort ansässige Personen am Anhörungsverfahren nach § 9 Abs. 1 und 3 beteiligen. Die zuständige Behörde hat darauf hinzuwirken, dass
1. das Vorhaben in dem anderen Staat auf geeignete Weise bekannt gemacht wird,
2. dabei angegeben wird, bei welcher Behörde im Verfahren nach § 9 Abs. 1 Einwendungen erhoben oder im Verfahren nach § 9 Abs. 3 Gegenäußerungen vorgebracht werden können, und
3. dabei darauf hingewiesen wird, dass im Verfahren nach § 9 Abs. 1 mit Ablauf der Einwendungsfrist alle Einwendungen ausgeschlossen sind, die nicht auf besonderen privatrechtlichen Titeln beruhen.

(2) Die zuständige Behörde kann verlangen, dass ihr der Träger des Vorhabens eine Übersetzung der Zusammenfassung nach § 6 Abs. 3 Satz 2 sowie, soweit erforderlich, weiterer für die grenzüberschreitende Öffentlichkeitsbeteiligung bedeutsamer Angaben zum Vorhaben, insbesondere zu grenzüberschreitenden Umweltauswirkungen, zur Verfügung stellt, sofern im Verhältnis zu dem anderen Staat die Voraussetzungen der Grundsätze von Gegenseitigkeit und Gleichwertigkeit erfüllt sind.

(3) Weitergehende Regelungen zur Umsetzung völkerrechtlicher Verpflichtungen von Bund und Ländern bleiben unberührt.

§ 9b Grenzüberschreitende Behörden- und Öffentlichkeitsbeteiligung bei ausländischen Vorhaben

(1) Wenn ein in einem anderen Staat geplantes Vorhaben erhebliche Umweltauswirkungen in der Bundesrepublik Deutschland haben kann, ersucht die deutsche Behörde, die für ein gleichartiges Vorhaben in Deutschland zuständig wäre, die zuständige Behörde des anderen Staates um Unterlagen über das Vorhaben, insbeson-

dere um eine Beschreibung des Vorhabens und um Angaben über dessen grenzüberschreitende Umweltauswirkungen. Hält sie eine Beteiligung am Zulassungsverfahren für erforderlich, teilt sie dies der zuständigen Behörde des anderen Staates mit und ersucht, soweit erforderlich, um weitere Angaben im Sinne des § 6 Abs. 3 und 4, unterrichtet die Behörden im Sinne des § 7 über die Angaben und weist darauf hin, welcher Behörde des anderen Staates gegebenenfalls innerhalb welcher Frist eine Stellungnahme zugeleitet werden kann, sofern sie nicht die Angabe einer einheitlichen Stellungnahme für angezeigt hält. Die zuständige deutsche Behörde soll die zuständige Behörde des anderen Staates um eine Übersetzung geeigneter Angaben zum Vorhaben, insbesondere zu grenzüberschreitenden Umweltauswirkungen, ersuchen.

(2) Auf der Grundlage der von dem anderen Staat übermittelten Unterlagen macht die zuständige deutsche Behörde das Vorhaben in geeigneter Weise in den voraussichtlich betroffenen Gebieten der Öffentlichkeit bekannt, soweit eine Öffentlichkeitsbeteiligung nach den Vorschriften des übermittelnden Staates erfolgt oder nach diesem Gesetz durchzuführen wäre. Sie weist dabei darauf hin, welcher Behörde des anderen Staates gegebenenfalls innerhalb welcher Frist eine Stellungnahme zugeleitet werden kann, und gibt Gelegenheit, innerhalb angemessener Frist die Unterlagen einzusehen.

(3) § 8 Abs. 2 und 4 sowie § 9a Abs. 3 gelten entsprechend.

§ 10 Geheimhaltung und Datenschutz

Die Rechtsvorschriften über Geheimhaltung und Datenschutz bleiben unberührt.

§ 11 Zusammenfassende Darstellung der Umweltauswirkungen

Die zuständige Behörde erarbeitet auf der Grundlage der Unterlagen nach § 6, der behördlichen Stellungnahmen nach den §§ 7 und 8 sowie der Äußerungen der Öffentlichkeit nach den §§ 9 und 9a eine zusammenfassende Darstellung der Umweltauswirkungen des Vorhabens sowie der Maßnahmen, mit denen erhebliche nachteilige Umweltauswirkungen vermieden, vermindert oder ausgeglichen werden, einschließlich der Ersatzmaßnahmen bei nicht ausgleichbaren, aber vorrangigen Eingriffen in Natur und Landschaft. Die Ergebnisse eigener Ermittlungen sind einzubeziehen. Die zusammenfassende Darstellung ist möglichst innerhalb eines Monats nach Abschluss der Erörterung im Anhörungsverfahren nach § 9 Abs. 1 Satz 2 zu erarbeiten. Die zusammenfassende Darstellung kann in der Begründung der Entscheidung über die Zulässigkeit des Vorhabens erfolgen. Die Begründung enthält erforderlichenfalls die Darstellung der Vermeidungs-, Verminderungs-, Ausgleichs- und Ersatzmaßnahmen.

§ 12 Bewertung der Umweltauswirkungen und Berücksichtigung des Ergebnisses bei der Entscheidung

Die zuständige Behörde bewertet die Umweltauswirkungen des Vorhabens auf der Grundlage der zusammenfassenden Darstellung nach § 11 und berücksichtigt diese Bewertung bei der Entscheidung über die Zulässigkeit des Vorhabens im Hinblick auf eine wirksame Umweltvorsorge im Sinne der §§ 1, 2 Abs. 1 Satz 2 und 4 nach Maßgabe der geltenden Gesetze.

§ 13 Vorbescheid und Teilzulassungen

(1) Vorbescheid und erste Teilgenehmigung oder entsprechende erste Teilzulassungen dürfen nur nach Durchführung einer Umweltverträglichkeitsprüfung erteilt werden. Die Umweltverträglichkeitsprüfung hat sich in diesen Fällen vorläufig auf die nach dem jeweiligen Planungsstand erkennbaren Umweltauswirkungen des Gesamtvorhabens und abschließend auf die Umweltauswirkungen zu erstrecken, die Gegenstand von Vorbescheid oder Teilzulassung sind. Diesem Umfang der Umweltverträglichkeitsprüfung ist bei der Unterrichtung über voraussichtlich beizubringende Unterlagen nach § 5 und bei den Unterlagen nach § 6 Rechnung zu tragen.

(2) Bei weiteren Teilgenehmigungen oder entsprechenden Teilzulassungen soll die Prüfung der Umweltverträglichkeit auf zusätzliche oder andere erhebliche Umweltauswirkungen des Vorhabens beschränkt werden. Absatz 1 gilt entsprechend.

§ 14 Zulassung eines Vorhabens durch mehrere Behörden

(1) Bedarf ein Vorhaben der Zulassung durch mehrere Landesbehörden, so bestimmen die Länder eine federführende Behörde, die zumindest für die Aufgaben nach den §§ 3a, 5 und 8 Abs. 1 und 3 sowie den §§ 9a und 11 zuständig ist. Die Länder können der federführenden Behörde weitere Zuständigkeiten nach den §§ 6, 7 und 9 übertragen. Die federführende Behörde hat ihre Aufgaben im Zusammenwirken zumindest mit den Zulassungsbehörden und der Naturschutzbehörde wahrzunehmen, deren Aufgabenbereich durch das Vorhaben berührt wird. Bedarf ein Vorhaben einer Genehmigung nach dem Atomgesetz sowie einer Zulassung durch eine oder mehrere weitere Behörden, und ist eine der zuständigen Behörden eine Bundesbehörde, ist die atomrechtliche Genehmigungsbehörde federführende Behörde. Sie ist für die Aufgaben nach den §§ 3a, 5 bis 8 Abs. 1 und 3 sowie den §§ 9, 9a und 11 zuständig.

(2) Die Zulassungsbehörden haben auf der Grundlage der zusammenfassenden Darstellung nach § 11 eine Gesamtbewertung der Umweltauswirkungen des Vorhabens vorzunehmen und diese nach § 12 bei den Entscheidungen zu berücksichtigen. Die federführende Behörde hat das Zusammenwirken der Zulassungsbehörden sicherzustellen.

Abschnitt 3
Besondere Verfahrensvorschriften

§ 15 Linienbestimmung und Genehmigung von Flugplätzen

(1) Für die Linienbestimmung nach § 16 Abs. 1 des Bundesfernstraßengesetzes und nach § 13 Abs. 1 des Bundeswasserstraßengesetzes sowie im vorgelagerten Verfahren nach § 6 Abs. 1 des Luftverkehrsgesetzes bei in der Anlage 1 aufgeführten Vorhaben wird die Umweltverträglichkeit nach dem jeweiligen Planungsstand des Vorhabens geprüft. Diese Regelung gilt nicht, wenn in einem Raumordnungsverfahren bereits die Umweltverträglichkeit geprüft wurde und dabei zur Einbeziehung der Öffentlichkeit die Anforderungen der Absätze 2 und 3 erfüllt sind.

(2) Zur Einbeziehung der Öffentlichkeit bei der Linienbestimmung sind die Unterlagen nach § 6 auf Veranlassung der zuständigen Behörde in den Gemeinden, in denen sich das Vorhaben voraussichtlich auswirkt, einen Monat zur Einsicht auszulegen; die Gemeinden haben die Auslegung vorher ortsüblich bekannt zu geben. Jeder kann sich bis zwei Wochen nach Ablauf der Auslegungsfrist äußern. Die Öffentlichkeit ist über die Entscheidung durch ortsübliche Bekanntmachung zu unterrichten. § 9 Abs. 3 Satz 2 gilt entsprechend.

(3) Zur Einbeziehung der Öffentlichkeit im vorgelagerten Verfahren nach § 6 Abs. 1 des Luftverkehrsgesetzes ist Absatz 2 Satz 1 und 2 entsprechend anzuwenden. Im Übrigen bleibt § 9 Abs. 3 unberührt.

(4) Im nachfolgenden Zulassungsverfahren kann die Prüfung der Umweltverträglichkeit auf zusätzliche oder andere erhebliche Umweltauswirkungen des Vorhabens beschränkt werden.

§ 16 Raumordnungsverfahren und Zulassungsverfahren

(1) Im Raumordnungsverfahren oder in einem anderen raumordnerischen Verfahren können die raumbedeutsamen Umweltauswirkungen eines Vorhabens entsprechend dem Planungsstand des Vorhabens ermittelt, beschrieben und bewertet werden.

(2) Im nachfolgenden Zulassungsverfahren hat die zuständige Behörde die im Verfahren nach Absatz 1 ermittelten, beschriebenen und bewerteten Umweltauswirkungen des Vorhabens nach Maßgabe des § 12 bei der Entscheidung über die Zulässigkeit des Vorhabens zu berücksichtigen.

(3) Im nachfolgenden Zulassungsverfahren soll hinsichtlich der im Verfahren nach Absatz 1 ermittelten und beschriebenen Umweltauswirkungen von den Anforderungen der §§ 5 bis 8 und 11 insoweit abgesehen werden, als diese Verfahrensschritte bereits im Verfahren nach Absatz 1 erfolgt sind. Die Anhörung der Öffentlichkeit nach § 9 Abs. 1 und § 9a sowie die Bewertung der Umweltauswirkungen nach § 12 sollen auf zusätzliche oder andere erhebliche Umweltauswirkungen beschränkt werden, sofern die Öffentlichkeit im Verfahren nach Absatz 1 entsprechend den Bestimmungen des § 9 Abs. 3 einbezogen wurde.

§ 17 Aufstellung von Bebauungsplänen

Werden Bebauungspläne im Sinne des § 2 Abs. 3 Nr. 3 aufgestellt, geändert oder ergänzt, wird die Umweltverträglichkeitsprüfung einschließlich der Vorprüfung des Einzelfalls nach § 2 Abs. 1 Satz 1 bis 3 sowie den §§ 3 bis 3f im Aufstellungsverfahren nach den Vorschriften des Baugesetzbuchs durchgeführt. Bei Vorhaben nach den Nummern 18.1 bis 18.8 der Anlage 1 wird die Umweltverträglichkeitsprüfung einschließlich der Vorprüfung des Einzelfalls nur im Aufstellungsverfahren durchgeführt. Wird die Umweltverträglichkeitsprüfung in einem Aufstellungsverfahren und in einem nachfolgenden Zulassungsverfahren durchgeführt, soll die Umweltverträglichkeitsprüfung im nachfolgenden Zulassungsverfahren auf zusätzliche oder andere erhebliche Umweltauswirkungen des Vorhabens beschränkt werden.

§ 18 Bergrechtliche Verfahren

Bei bergbaulichen Vorhaben, die in der Anlage 1 aufgeführt sind, wird die Umweltverträglichkeitsprüfung nach § 2 Abs. 1 Satz 1 bis 3 im Planfeststellungsverfahren nach dem Bundesberggesetz durchgeführt. Die §§ 5 bis 14 finden keine Anwendung.

§ 19 Flurbereinigungsverfahren

Im Planfeststellungsverfahren über einen Wege- und Gewässerplan mit landschaftspflegerischem Begleitplan nach § 41 des Flurbereinigungsgesetzes ist die Öffentlichkeit entsprechend den Bestimmungen des § 9 Abs. 3 einzubeziehen.

Teil 2
Vorschriften für bestimmte Leitungsanlagen und andere Anlagen
(Anlage 1 Nr. 19)

§ 20 Planfeststellung, Plangenehmigung

(1) Vorhaben, die in der Anlage 1 unter den Nummern 19.3 bis 19.9 aufgeführt sind, sowie die Änderung solcher Vorhaben bedürfen der Planfeststellung durch die zuständige Behörde, sofern dafür nach den §§ 3b bis 3f eine Verpflichtung zur Durchführung einer Umweltverträglichkeitsprüfung besteht.

(2) Sofern keine Verpflichtung zur Durchführung einer Umweltverträglichkeitsprüfung besteht, bedarf das Vorhaben der Plangenehmigung. Die Plangenehmigung entfällt in Fällen von unwesentlicher Bedeutung. Diese liegen vor, wenn die Prüfwerte nach § 3c Abs. 1 für Größe und Leistung, die die Vorprüfung eröffnen, nicht erreicht werden oder die Voraussetzungen des § 74 Abs. 7 Satz 2 des Verwaltungsverfahrensgesetzes erfüllt sind; § 3b Abs. 2 und 3 gilt entsprechend. Die Sätze 2 und 3 gelten nicht für Errichtung, Betrieb und Änderung von Rohrleitungsanlagen zum Befördern wassergefährdender Stoffe sowie für die Änderung ihres Betriebs, ausgenommen Änderungen von unwesentlicher Bedeutung.

§ 21 Entscheidung, Nebenbestimmungen

(1) Der Planfeststellungsbeschluss darf nur ergehen, wenn
1. sichergestellt ist, dass das Wohl der Allgemeinheit nicht beeinträchtigt wird, insbesondere
   a) Gefahren für die in § 2 Abs. 1 Satz 2 genannten Schutzgüter nicht hervorgerufen werden können und
   b) Vorsorge gegen die Beeinträchtigung der Schutzgüter, insbesondere durch bauliche, betriebliche oder organisatorische Maßnahmen entsprechend dem Stand der Technik getroffen wird,
2. umweltrechtliche Vorschriften und andere öffentlich-rechtliche Vorschriften dem Vorhaben nicht entgegenstehen,
3. Ziele der Raumordnung beachtet und Grundsätze und sonstige Erfordernisse der Raumordnung berücksichtigt sind,

4. Belange des Arbeitsschutzes gewahrt sind.

(2) Der Planfeststellungsbeschluss kann mit Bedingungen versehen, mit Auflagen verbunden und befristet werden, soweit dies zur Wahrung des Wohls der Allgemeinheit oder zur Erfüllung von öffentlich-rechtlichen Vorschriften, die dem Vorhaben entgegenstehen können, erforderlich ist. Die Aufnahme, Änderung oder Ergänzung von Auflagen über Anforderungen an das Vorhaben ist auch nach dem Ergehen des Planfeststellungsbeschlusses zulässig.

(3) Die Absätze 1 und 2 gelten für die Plangenehmigung entsprechend.

(4) Die Bundesregierung wird ermächtigt, nach Anhörung der beteiligten Kreise durch Rechtsverordnung mit Zustimmung des Bundesrates Vorschriften zur Erfüllung der Voraussetzungen des Absatzes 1 Nr. 1 zu erlassen über
1. die dem Stand der Technik entsprechenden baulichen, betrieblichen oder organisatorischen Maßnahmen zur Vorsorge gegen die Beeinträchtigung der Schutzgüter,
2. Informationspflichten des Trägers eines Vorhabens gegenüber Behörden und Öffentlichkeit,
3. die Überprüfung von Vorhaben durch Sachverständige, Sachverständigenorganisationen und zugelassene Überwachungsstellen sowie über die Anforderungen, die diese Sachverständigen, Sachverständigenorganisationen und zugelassene Überwachungsstellen erfüllen müssen,
4. die Anpassung bestehender Vorhaben an die Anforderungen der geltenden Vorschriften.

In der Rechtsverordnung können Vorschriften über die Einsetzung technischer Ausschüsse getroffen werden. Die Ausschüsse sollen die Bundesregierung oder das Bundesministerium für Umwelt, Naturschutz und Reaktorsicherheit in technischen Fragen beraten. Sie schlagen dem Stand der Technik entsprechende Regeln (technische Regeln) unter Berücksichtigung der für andere Schutzziele vorhandenen Regeln und, soweit dessen Zuständigkeiten berührt sind, in Abstimmung mit dem Technischen Ausschuss für Anlagensicherheit nach § 31a Abs. 1 des Bundes-Immissionsschutzgesetzes vor. In die Ausschüsse sind Vertreter der beteiligten Bundesbehörden und Landesbehörden, der Sachverständigen, Sachverständigenorganisationen und zugelassenen Überwachungsstellen, der Wissenschaft sowie der Hersteller und Betreiber von Leitungsanlagen zu berufen. Technische Regeln können vom Bundesministerium für Umwelt, Naturschutz und Reaktorsicherheit im Bundesanzeiger veröffentlicht werden.

§ 22 Verfahren

Für die Durchführung des Planfeststellungsverfahrens und des Plangenehmigungsverfahrens gelten die §§ 72 bis 78 des Verwaltungsverfahrensgesetzes. Die Bundesregierung wird ermächtigt, durch Rechtsverordnung mit Zustimmung des Bundesrates weitere Einzelheiten des Planfeststellungsverfahrens, insbesondere zu Art und Umfang der Antragsunterlagen, zu regeln.

§ 23 Bußgeldvorschriften

(1) Ordnungswidrig handelt, wer vorsätzlich oder fahrlässig
1. ohne Planfeststellungsbeschluss nach § 20 Abs. 1 oder ohne Plangenehmigung nach § 20 Abs. 2 Satz 1 ein Vorhaben durchführt,
2. einer vollziehbaren Auflage nach § 21 Abs. 2 zuwiderhandelt oder
3. einer Rechtsverordnung nach
   a) § 21 Abs. 4 Satz 1 Nr. 1, 3 oder 4 oder
   b) § 21 Abs. 4 Satz 1 Nr. 2

oder einer vollziehbaren Anordnung aufgrund einer solchen Rechtsverordnung zuwiderhandelt, soweit die Rechtsverordnung für einen bestimmten Tatbestand auf diese Bußgeldvorschrift verweist.

(2) Die Ordnungswidrigkeit kann in den Fällen des Absatzes 1 Nr. 3 Buchstabe b mit einer Geldbuße bis zu zwanzigtausend Euro, in den übrigen Fällen mit einer Geldbuße bis zu fünfzigtausend Euro geahndet werden.

Teil 3
Gemeinsame Vorschriften

§ 24 Verwaltungsvorschriften

Die Bundesregierung erlässt mit Zustimmung des Bundesrates allgemeine Verwaltungsvorschriften über
1. Kriterien und Verfahren, die zu dem in den §§ 1 und 12 genannten Zweck bei der Ermittlung, Beschreibung und Bewertung von Umweltauswirkungen (§ 2 Abs. 1 Satz 2) zugrunde zu legen sind,
2. Grundsätze für die Unterrichtung über voraussichtlich beizubringende Unterlagen nach § 5,
3. Grundsätze für die zusammenfassende Darstellung der Umweltauswirkungen nach § 11 und für die Bewertung nach § 12.

§ 25 Übergangsvorschrift

(1) Verfahren nach § 2 Abs. 1 Satz 1 und Abs. 3, die der Entscheidung über die Zulässigkeit von Vorhaben dienen und die vor dem 3. August 2001 begonnen worden sind, sind nach den Vorschriften dieses Gesetzes zu Ende zu führen. Sofern für ein Vorhaben, das Gegenstand eines solchen Verfahrens ist, die Bestimmungen des Gesetzes zur Umsetzung der UVP-Änderungsrichtlinie, der IVU-Richtlinie und weiterer EG-Richtlinien zum Umweltschutz vom 27. Juli 2001 (BGBl. I S. 1950) die Einrichtung von solchen Verfahren neu oder anders als bislang regeln, sind diese Bestimmungen anzuwenden und ist in diesem Rahmen die Umweltverträglichkeitsprüfung durchzuführen. Wenn im Ausgangsverfahren das Vorhaben vor dem 3. August 2001 bereits öffentlich bekannt gemacht worden ist, findet nur Satz 1 Anwendung.

(2) Abweichend von Absatz 1 finden die Vorschriften dieses Gesetzes in der vor dem 3. August 2001 geltenden Fassung weiterhin Anwendung, wenn

Anlage 1 UVPG

1. der Träger eines Vorhabens einen Antrag auf Zulassung des Vorhabens, der mindestens die Angaben zu Standort, Art und Umfang des Vorhabens enthalten muss, vor dem 14. März 1999 bei der zuständigen Behörde eingereicht hat; weitergehende Vorschriften über die Voraussetzungen für eine wirksame Antragstellung bleiben unberührt; oder
2. in sonstiger Weise ein Verfahren nach § 2 Abs. 1 Satz 1 und Abs. 3 vor dem 14. März 1999 förmlich eingeleitet worden ist; ist mit gesetzlich vorgeschriebenen einzelnen Schritten des Verfahrens noch nicht begonnen worden, können diese auch nach den Vorschriften dieses Gesetzes durchgeführt werden.

Satz 1 gilt auch für ein Vorhaben, das nicht in der Anlage zu § 3 dieses Gesetzes in der in Satz 1 bezeichneten Fassung, aber in dem Anhang II der Richtlinie 85/337/EWG des Rates vom 27. Juni 1985 über die Umweltverträglichkeitsprüfung bei bestimmten öffentlichen und privaten Projekten (ABl. EG Nr. L 175 S. 40) aufgelistet ist, wenn sich aufgrund überschlägiger Prüfung der zuständigen Behörde ergibt, dass das Vorhaben insbesondere aufgrund seiner Art, seiner Größe oder seines Standortes erhebliche nachteilige Umweltauswirkungen haben kann. Absatz 1 Satz 2 und 3 gilt entsprechend.

(3) Abweichend von den Absätzen 1 und 2 sind dieses Gesetz sowie seine bis zum 3. August 2001 geltende Fassung nicht auf Verfahren nach § 2 Abs. 1 Satz 1 und Abs. 3 anwendbar, die vor dem 3. Juli 1988 begonnen worden sind.

(4) Besteht nach den Absätzen 1 und 2 eine Verpflichtung zur Durchführung einer Umweltverträglichkeitsprüfung und ist diese gemäß § 17 im Bebauungsplanverfahren nach den Vorschriften des Baugesetzbuchs durchzuführen, gilt insoweit § 245c des Baugesetzbuchs.

(5) Die Länder haben unverzüglich, spätestens innerhalb von zwei Jahren nach In-Kraft-Treten dieses Gesetzes die dem § 3d entsprechenden Vorschriften zu erlassen oder bestehende Vorschriften anzupassen. Bis zu diesem Zeitpunkt gilt § 3d in den Ländern mit der Maßgabe, dass in den Fällen, in denen in der Anlage 1 für bestimmte Vorhaben eine Verpflichtung zur Durchführung einer Umweltverträglichkeitsprüfung nach Maßgabe des Landesrechts vorgesehen ist, die Umweltverträglichkeitsprüfung nach Vorprüfung des Einzelfalls durchzuführen ist. Soweit die Länder vor Ablauf der in Satz 1 genannten Frist Regelungen hinsichtlich der in § 3d genannten Verfahren erlassen, tritt Satz 2 mit dem In-Kraft-Treten der jeweiligen landesrechtlichen Regelung außer Kraft.

(6) Verfahren zur Errichtung und zum Betrieb sowie zur Änderung von Rohrleitungsanlagen nach Nummer 19.3 der Anlage 1, die vor dem 25. Juni 2002 eingeleitet worden sind, sind nach den Bestimmungen des Gesetzes zur Umsetzung der UVP-Änderungsrichtlinie, der IVU-Richtlinie und weiterer EG-Richtlinien zum Umweltschutz vom 27. Juli 2001 (BGBl. I S. 1950) zu Ende zu führen.

Anlage 1
Liste »UVP-pflichtige Vorhaben«

Nachstehende Vorhaben fallen nach § 3 Abs. 1 Satz 1 in den Anwendungsbereich dieses Gesetzes. Soweit nachstehend eine allgemeine Vorprüfung oder eine standortbezogene Vorprüfung des Einzelfalls vorgesehen ist, nimmt dies Bezug auf die Regelungen des § 3c Abs. 1 Satz 1 und 2. Soweit nachstehend auf eine Maßgabe des Landesrechts verwiesen wird, nimmt dies Bezug auf die Regelung des § 3d.

Anlage 1 UVPG

Legende:

Nr.	=	Nummer des Vorhabens
Vorhaben	=	Art des Vorhabens mit ggf. Größen- oder Leistungswerten nach § 3 b Abs. 1 Satz 2 sowie Prüfwerten für Größe oder Leistung nach § 3 c Abs. 1 Satz 5
X in Spalte 1	=	Vorhaben ist UVP-pflichtig
A in Spalte 2	=	allgemeine Vorprüfung des Einzelfalls: siehe § 3 c Abs. 1 Satz 1
S in Spalte 2	=	standortbezogene Vorprüfung des Einzelfalls: siehe § 3 c Abs. 1 Satz 2
L in Spalte 2	=	UVP-Pflicht nach Maßgabe des Landesrechts: siehe § 3 d

Nr.	Vorhaben	Sp.1	Sp.2
1.	**Wärmeerzeugung, Bergbau und Energie:**		
1.1	Errichtung und Betrieb einer Anlage zur Erzeugung von Strom, Dampf, Warmwasser, Prozeßwärme oder erhitztem Abgas durch den Einsatz von Brennstoffen in einer Verbrennungseinrichtung (wie Kraftwerk, Heizkraftwerk, Heizwerk, Gasturbine, Verbrennungsmotoranlage, sonstige Feuerungsanlage), einschließlich des jeweils zugehörigen Dampfkessels, mit einer Feuerungswärmeleistung von		
1.1.1	mehr als 200 MW,	X	
1.1.2	50 MW bis 200 MW,		A
1.1.3	20 MW bis weniger als 50 MW beim Einsatz von Heizöl EL, Methanol, Ethanol, naturbelassenen Pflanzenölen oder Pflanzenölmethylestern, naturbelassenem Erdgas, Flüssiggas, Gasen der öffentlichen Gasversorgung oder Wasserstoff, ausgenommen Verbrennungsmotoranlagen für Bohranlagen und Notstromaggregate,		S
1.1.4	10 MW bis weniger als 50 MW beim Einsatz von gasförmigen Brennstoffen (insbesondere Koksofengas, Grubengas, Stahlgas, Raffineriegas, Synthesegas, Erdölgas aus der Tertiärförderung von Erdöl, Klärgas, Biogas), ausgenommen die in Nummer 1.1.3 genannten Gase, ausgenommen Verbrennungsmotoranlagen für Bohranlagen und Notstromaggregate,		S
1.1.5	1 MW bis weniger als 50 MW beim Einsatz von Kohle, Koks einschließlich Petrolkoks, Kohlebriketts, Torfbriketts, Brenntorf, naturbelassenem Holz, emulgiertem Naturbitumen, Heizölen, ausgenommen Heizöl EL, ausgenommen Verbrennungsmotoranlagen für Bohranlagen und Notstromaggregate,		S
1.1.6	1 MW bis weniger als 50 MW beim Einsatz anderer als in den Nummern 1.1.3 bis 1.1.5 genannter fester oder flüssiger Brennstoffe,		A
1.1.7	100 KW bis weniger als 1 MW beim Einsatz anderer als in den Nummern 1.1.3 bis 1.1.5 genannter fester oder flüssiger Brennstoffe;		S
1.2	Errichtung und Betrieb einer Verbrennungsmotoranlage zum Antrieb von Arbeitsmaschinen mit einer Feuerungswärmeleistung von		
1.2.1	mehr als 200 MW,	X	

Anlage 1 UVPG

Nr.	Vorhaben	Sp.1	Sp.2
1.2.2	50 MW bis 200 MW beim Einsatz von Heizöl EL, Dieselkraftstoff, Methanol, Ethanol, naturbelassenen Pflanzenölen, Pflanzenölmethylestern oder gasförmigen Brennstoffen (insbesondere Koksofengas, Grubengas, Stahlgas, Raffineriegas, Synthesegas, Erdölgas aus der Tertiärförderung von Erdöl, Klärgas, Biogas, naturbelassenem Erdgas, Flüssiggas, Gasen der öffentlichen Gasversorgung, Wasserstoff),		A
1.2.3	1 MW bis weniger als 50 MW beim Einsatz der in Nummer 1.2.2 genannten Brennstoffe, ausgenommen Verbrennungsmotoranlagen für Bohranlagen;		S
1.3	Errichtung und Betrieb einer Verbrennungsmotoranlage zur Erzeugung von Strom, Dampf, Warmwasser, Prozesswärme oder erhitztem Dampf, ausgenommen Verbrennungsmotoranlagen für Bohranlagen und Notstromaggregate, mit einer Feuerungswärmeleistung von		
1.3.1	1 MW bis weniger als 20 MW beim Einsatz von Heizöl EL, Dieselkraftstoff, Methanol, Ethanol, naturbelassenen Pflanzenölen oder Pflanzenölmethylestern, naturbelassenem Erdgas, Flüssiggas, Gasen der öffentlichen Gasversorgung, Wasserstoff,		S
1.3.2	1 MW bis weniger als 10 MW beim Einsatz von gasförmigen Brennstoffen (insbesondere Koksofengas, Grubengas, Stahlgas, Raffineriegas, Synthesegas, Erdölgas aus der Tertiärförderung von Erdöl, Klärgas, Biogas), ausgenommen die in Nummer 1.3.1 genannten Gase;		S
1.4	Errichtung und Betrieb einer Gasturbinenanlage zum Antrieb von Arbeitsmaschinen mit einer Feuerungswärmeleistung von		
1.4.1	mehr als 200 MW,	X	
1.4.2	50 MW bis 200 MW beim Einsatz von Heizöl EL, Dieselkraftstoff, Methanol, Ethanol, naturbelassenen Pflanzenölen, Pflanzenölmethylestern oder gasförmigen Brennstoffen (insbesondere Koksofengas, Grubengas, Stahlgas, Raffineriegas, Synthesegas, Erdölgas aus der Tertiärförderung von Erdöl, Klärgas, Biogas, naturbelassenem Erdgas, Flüssiggas, Gasen der öffentlichen Gasversorgung, Wasserstoff),		A
1.4.3	1 MW bis weniger als 50 MW beim Einsatz der in Nummer 1.4.2 genannten Brennstoffe, ausgenommen Anlagen mit geschlossenem Kreislauf;		S
1.5	Errichtung und Betrieb einer Gasturbinenanlage zur Erzeugung von Strom, Dampf, Warmwasser, Prozesswärme oder erhitztem Abgas, ausgenommen Anlagen mit geschlossenem Kreislauf, mit einer Feuerungswärmeleistung von		
1.5.1	1 MW bis weniger als 20 MW beim Einsatz von Heizöl EL, Dieselkraftstoff, Methanol, Ethanol, naturbelassenen Pflanzenölen oder Pflanzenölmethylestern, naturbelassenem Erdgas, Flüssiggas, Gasen der öffentlichen Gasversorgung, Wasserstoff,		S

Anlage 1 UVPG

Nr.	Vorhaben	Sp.1	Sp.2
1.5.2	1 MW bis weniger als 10 MW beim Einsatz von gasförmigen Brennstoffen (insbesondere Koksofengas, Grubengas, Stahlgas, Raffineriegas, Synthesegas, Erdölgas aus der Tertiärförderung von Erdöl, Klärgas, Biogas), ausgenommen die in Nummer 1.5.1 genannten Gase;		S
1.6	Errichtung und Betrieb einer Windfarm mit Anlagen in einer Höhe von jeweils mehr als 35 Metern oder einer Leistung von jeweils mehr als 10 KW sowie mit		
1.6.1	20 oder mehr Windkraftanlagen,	X	
1.6.2	6 bis weniger als 20 Windkraftanlagen,		A
1.6.3	3 bis weniger als 6 Windkraftanlagen;		S
1.7	Errichtung und Betrieb einer Anlage zum Brikettieren von Braun- oder Steinkohle;	X	
1.8	Errichtung und Betrieb einer Anlage zur Trockendestillation von Steinkohle oder Braunkohle (z.B. Kokerei, Gaswerk, Schwelerei) mit einem Durchsatz von		
1.8.1	500 t oder mehr je Tag,	X	
1.8.2	weniger als 500 t je Tag, ausgenommen Holzkohlenmeiler;		A
1.9	Errichtung und Betrieb einer Anlage zur Vergasung oder Verflüssigung von Kohle oder bituminösem Schiefer mit einem Durchsatz von		
1.9.1	500 t oder mehr je Tag,	X	
1.9.2	weniger als 500 t je Tag;		A
2.	**Steine und Erden, Glas, Keramik, Baustoffe:**		
2.1	Errichtung und Betrieb eines Steinbruchs mit einer Abbaufläche von		
2.1.1	25 ha oder mehr,	X	
2.1.2	10 ha bis weniger als 25 ha,		A
2.1.3	weniger als 10 ha, soweit Sprengstoffe verwendet werden;		S
2.2	Errichtung und Betrieb einer Anlage zur Herstellung von Zementklinkern oder Zementen mit einer Produktionskapazität von		
2.2.1	1 000 t oder mehr je Tag,	X	
2.2.2	weniger als 1 000 t je Tag;		A
2.3	Errichtung und Betrieb einer Anlage zur Gewinnung von Asbest;	X	
2.4	Errichtung und Betrieb einer Anlage zur Bearbeitung oder Verarbeitung von Asbest oder Asbesterzeugnissen mit		
2.4.1	einer Jahresproduktion von		
2.4.1.1	20 000 t oder mehr Fertigerzeugnissen bei Asbestzementerzeugnissen,	X	

Anlage 1 UVPG

Nr.	Vorhaben	Sp.1	Sp.2
2.4.1.2	50 t oder mehr Fertigerzeugnissen bei Reibungsbelägen,	X	
2.4.2	einem Einsatz von 200 t oder mehr Asbest bei anderen Verwendungszwecken,	X	
2.4.3	einer geringeren Jahresproduktion oder einem geringeren Einsatz als in den vorstehenden Nummern angegeben;		A
2.5	Errichtung und Betrieb einer Anlage zur Herstellung von Glas, auch soweit es aus Altglas hergestellt wird, einschließlich Anlagen zur Herstellung von Glasfasern mit einer Schmelzleistung von		
2.5.1	200 000 t oder mehr je Jahr oder bei Flachglasanlagen, die nach dem Floatglasverfahren betrieben werden, 100 000 t oder mehr je Jahr,	X	
2.5.2	20 t je Tag bis weniger als in der vorstehenden Nummer angegeben,		A
2.5.3	100 kg bis weniger als 20 t je Tag, ausgenommen Anlagen zur Herstellung von Glasfasern, die für medizinische oder fernmeldetechnische Zwecke bestimmt sind;		S
2.6	Errichtung und Betrieb einer Anlage zum Brennen keramischer Erzeugnisse, soweit der Rauminhalt der Brennanlage		
2.6.1	4 m^3 oder mehr und die Besatzdichte 300 kg oder mehr je Kubikmeter Rauminhalt der Brennanlage beträgt,		A
2.6.2	4 m^3 oder mehr oder die Besatzdichte mehr als 100 kg und weniger als 300 kg je Kubikmeter Rauminhalt der Brennanlage beträgt, ausgenommen elektrisch beheizte Brennöfen, die diskontinuierlich und ohne Abluftführung betrieben werden;		S
2.7	Errichtung und Betrieb einer Anlage zum Schmelzen mineralischer Stoffe, einschließlich Anlagen zur Herstellung von Mineralfasern;		A
3.	**Stahl, Eisen und sonstige Metalle einschließlich Verarbeitung:**		
3.1	Errichtung und Betrieb einer Anlage zum Rösten (Erhitzen unter Luftzufuhr zur Überführung in Oxide) oder Sintern (Stückigmachen von feinkörnigen Stoffen durch Erhitzen) von Erzen;	X	
3.2	Errichtung und Betrieb eines integrierten Hüttenwerkes (Anlage zur Gewinnung von Roheisen und zur Weiterverarbeitung zu Rohstahl, bei der sich Gewinnungs- und Weiterverarbeitungseinheiten nebeneinander befinden und in funktioneller Hinsicht miteinander verbunden sind);	X	
3.3	Errichtung und Betrieb einer Anlage zur Herstellung von Roheisen oder Stahl einschließlich Stranggießen, auch soweit Konzentrate oder sekundäre Rohstoffe eingesetzt werden, mit einer Schmelzleistung von		
3.3.1	2,5 t Roheisen oder Stahl je Stunde oder mehr,		A
3.3.2	weniger als 2,5 t Stahl je Stunde;		S

Anlage 1 UVPG

Nr.	Vorhaben	Sp.1	Sp.2
3.4	Errichtung und Betrieb einer Anlage zur Herstellung von Nichteisenrohmetallen aus Erzen, Konzentraten oder sekundären Rohstoffen durch metallurgische, chemische oder elektrolytische Verfahren;	X	
3.5	Errichtung und Betrieb einer Anlage zum Schmelzen, zum Legieren oder zur Raffination von Nichteisenmetallen mit einer Schmelzleistung von		
3.5.1	100 000 t oder mehr je Jahr,	X	
3.5.2	4 t oder mehr je Tag bei Blei und Cadmium oder von 20 t oder mehr je Tag bei sonstigen Nichteisenmetallen, jeweils bis weniger als 100 000 t je Jahr,		A
3.5.3	0,5 t bis weniger als 4 t je Tag bei Blei und Cadmium oder von 2 t bis weniger als 20 t je Tag bei sonstigen Nichteisenmetallen, ausgenommen – Vakuum-Schmelzanlagen, – Schmelzanlagen für Gusslegierungen aus Zinn und Wismut oder aus Feinzink und Aluminium in Verbindung mit Kupfer oder Magnesium, – Schmelzanlagen, die Bestandteil von Druck- oder Kokillengießmaschinen sind oder die ausschließlich im Zusammenhang mit einzelnen Druck- oder Kokillengießmaschinen gießfertige Nichteisenmetalle oder gießfertige Legierungen niederschmelzen, – Schmelzanlagen für Edelmetalle oder für Legierungen, die nur aus Edelmetallen oder aus Edelmetallen und Kupfer bestehen, – Schwalllötbäder und – Heißluftverzinnungsanlagen;		S
3.6	Errichtung und Betrieb einer Anlage zum Warmwalzen von Stahl;		A
3.7	Errichtung und Betrieb einer Eisen-, Temper- oder Stahlgießerei mit einer Produktionsleistung von		
3.7.1	200 000 t Gusseisen oder mehr je Jahr,	X	
3.7.2	20 t Gussteilen oder mehr je Tag,		A
3.7.3	2 t bis weniger als 20 t Gussteilen je Tag;		S
3.8	Errichtung und Betrieb einer Anlage zum Aufbringen von metallischen Schutzschichten auf Metalloberflächen mit Hilfe von schmelzflüssigen Bädern mit einer Verarbeitungsleistung von		
3.8.1	100 000 t Rohgut oder mehr je Jahr,	X	
3.8.2	2 t Rohgut je Stunde bis weniger als 100 000 t Rohgut je Jahr,		A
3.8.3	500 kg bis weniger als 2 t Rohgut je Stunde, ausgenommen Anlagen zum kontinuierlichen Verzinken nach dem Sendzimirverfahren;		S
3.9	Errichtung und Betrieb einer Anlage zur Oberflächenbehandlung von Metallen durch ein elektrolytisches oder chemisches Verfahren mit einem Volumen der Wirkbäder von		
3.9.1	30 m^3 oder mehr,		A

Anlage 1 UVPG

Nr.	Vorhaben	Sp.1	Sp.2
3.9.2	1 m³ bis weniger als 30 m³ bei Anlagen durch Beizen oder Brennen unter Verwendung von Fluss- oder Salpetersäure;		S
3.10	Errichtung und Betrieb einer Anlage, die aus einem oder mehreren maschinell angetriebenen Hämmern oder Fallwerken besteht, wenn die Schlagenergie eines Hammers oder Fallwerkes		
3.10.1	20 Kilojoule oder mehr beträgt,		A
3.10.2	1 Kilojoule bis weniger als 20 Kilojoule beträgt;		S
3.11	Errichtung und Betrieb einer Anlage zur Sprengverformung oder zum Plattieren mit Sprengstoffen bei einem Einsatz von 10 kg Sprengstoff oder mehr je Schuss;		A
3.12	Errichtung und Betrieb einer Schiffswerft		
3.12.1	zum Bau von Seeschiffen mit einer Größe von 100 000 Bruttoregistertonnen,	X	
3.12.2	zur Herstellung oder Reparatur von Schiffskörpern oder Schiffssektionen aus Metall mit einer Länge von 20 m oder mehr, soweit nicht ein Fall der vorstehenden Nummer vorliegt;		A
3.13	Errichtung und Betrieb einer Anlage zum Bau von Schienenfahrzeugen mit einer Produktionsleistung von 600 oder mehr Schienenfahrzeugeinheiten je Jahr (1 Schienenfahrzeugeinheit entspricht 0,5 Lokomotive, 1 Straßenbahn, 1 Wagen eines Triebzuges, 1 Triebkopf, 1 Personenwagen oder 3 Güterwagen);		
3.14	Errichtung und Betrieb einer Anlage für den Bau und die Montage von Kraftfahrzeugen oder einer Anlage für den Bau von Kraftfahrzeugmotoren mit einer Leistung von jeweils 100 000 Stück oder mehr je Jahr;		A
3.15	Errichtung und Betrieb einer Anlage für den Bau und die Instandsetzung von Luftfahrzeugen, soweit je Jahr mehr als 50 Luftfahrzeuge hergestellt oder mehr als 100 Luftfahrzeuge repariert werden können, ausgenommen Wartungsarbeiten;		A
4.	**Chemische Erzeugnisse, Arzneimittel, Mineralölraffination und Weiterverarbeitung:**		

Anlage 1 UVPG

Nr.	Vorhaben	Sp.1	Sp.2
4.1	Errichtung und Betrieb einer integrierten chemischen Anlage (Verbund zur Herstellung von Stoffen oder Stoffgruppen durch chemische Umwandlung im industriellen Umfang, bei dem sich mehrere Einheiten nebeneinander befinden und in funktioneller Hinsicht miteinander verbunden sind und – zur Herstellung von organischen Grundchemikalien, – zur Herstellung von anorganischen Grundchemikalien, – zur Herstellung von phosphor-, stickstoff- oder kaliumhaltigen Düngemitteln (Einnährstoff oder Mehrnährstoff), – zur Herstellung von Ausgangsstoffen für Pflanzenschutzmittel und von Bioziden, – zur Herstellung von Grundarzneimitteln unter Verwendung eines chemischen oder biologischen Verfahrens oder – zur Herstellung von Explosivstoffen dienen), ausgenommen Anlagen zur Erzeugung oder Spaltung von Kernbrennstoffen oder zur Aufarbeitung bestrahlter Kernbrennstoffe nach Nummer 11.1;	X	
4.2	Errichtung und Betrieb einer Anlage zur Herstellung von Stoffen oder Stoffgruppen durch chemische Umwandlung im industriellen Umfang, ausgenommen integrierte chemische Anlagen nach Nummer 4.1, Anlagen nach Nummer 10.1 und Anlagen zur Erzeugung oder Spaltung von Kernbrennstoffen oder zur Aufarbeitung bestrahlter Kernbrennstoffe nach Nummer 11.1;		A
4.3	Errichtung und Betrieb einer Anlage zur Destillation oder Raffination oder sonstigen Weiterverarbeitung von Erdöl in Mineralölraffinerien;	X	
4.4	Errichtung und Betrieb einer Anlage zur Herstellung von Anstrich- oder Beschichtungsstoffen (Lasuren, Firnisse, Lacke, Dispersionsfarben) oder Druckfarben unter Einsatz von 25 t flüchtiger organischer Verbindungen oder mehr je Tag, die bei einer Temperatur von 293,15 Kelvin einen Dampfdruck von mindestens 0,01 Kilopascal haben;		A
5.	**Oberflächenbehandlung von Kunststoffen:**		
5.1	Errichtung und Betrieb einer Anlage zur Oberflächenbehandlung von Kunststoffen durch ein elektrolytisches oder chemisches Verfahren mit einem Volumen der Wirkbäder von 30 m^3 oder mehr;		A
6.	**Holz, Zellstoff:**		
6.1	Errichtung und Betrieb einer Anlage zur Gewinnung von Zellstoff aus Holz, Stroh oder ähnlichen Faserstoffen;	X	
6.2	Errichtung und Betrieb einer Anlage zur Herstellung von Papier oder Pappe mit einer Produktionsleistung von		
6.2.1	200 t oder mehr je Tag,	X	
6.2.2	20 t bis weniger als 200 t je Tag;		A
7.	**Nahrungs-, Genuss- und Futtermittel, landwirtschaftliche Erzeugnisse:**		

Anlage 1 UVPG

Nr.	Vorhaben	Sp.1	Sp.2
7.1	Errichtung und Betrieb einer Anlage zur Intensivhaltung von Hennen mit		
7.1.1	42 000 oder mehr Plätzen,	X	
7.1.2	15 000 bis weniger als 42 000 Plätzen, soweit sie nicht unter Nummer 7.12 fällt;		S
7.2	Errichtung und Betrieb einer Anlage zur Intensivhaltung oder -aufzucht von Junghennen mit		
7.2.1	84 000 oder mehr Plätzen,	X	
7.2.2	30 000 bis weniger als 84 000 Plätzen, soweit sie nicht unter Nummer 7.12 fällt;		S
7.3	Errichtung und Betrieb einer Anlage zur Intensivhaltung oder -aufzucht von Mastgeflügel mit		
7.3.1	84 000 oder mehr Plätzen,	X	
7.3.2	30 000 bis weniger als 84 000 Plätzen, soweit sie nicht unter Nummer 7.12 fällt;		S
7.4	Errichtung und Betrieb einer Anlage zur Intensivhaltung oder -aufzucht von Truthühnern mit		
7.4.1	42 000 oder mehr Plätzen,	X	
7.4.2	15 000 bis weniger als 42 000 Plätzen, soweit sie nicht unter Nummer 7.12 fällt;		S
7.5	Errichtung und Betrieb einer Anlage zur Intensivhaltung oder -aufzucht von Rindern mit		
7.5.1	350 oder mehr Plätzen,	X	
7.5.2	250 bis weniger als 350 Plätzen, soweit sie nicht unter Nummer 7.12 fällt;		S
7.6	Errichtung und Betrieb einer Anlage zur Intensivhaltung oder -aufzucht von Kälbern mit		
7.6.1	1 000 oder mehr Plätzen,	X	
7.6.2	300 bis weniger als 1 000 Plätzen, soweit sie nicht unter Nummer 7.12 fällt;		S
7.7	Errichtung und Betrieb einer Anlage zur Intensivhaltung oder -aufzucht von Mastschweinen (Schweine von 30 kg Lebendgewicht oder mehr) mit		
7.7.1	2 000 oder mehr Plätzen,	X	
7.7.2	1 500 bis weniger als 2 000 Plätzen, soweit sie nicht unter Nummer 7.12 fällt;		S

Anlage 1 UVPG

Nr.	Vorhaben	Sp.1	Sp.2
7.8	Errichtung und Betrieb einer Anlage zur Intensivhaltung oder -aufzucht von Sauen einschließlich dazugehörender Ferkel (Ferkel bis weniger als 30 kg Lebendgewicht) mit		
7.8.1	750 oder mehr Plätzen,	X	
7.8.2	560 bis weniger als 750 Plätzen, soweit sie nicht unter Nummer 7.12 fällt;		S
7.9	Errichtung und Betrieb einer Anlage zur getrennten Intensivaufzucht von Ferkeln (Ferkel von 10 bis weniger als 30 kg Lebendgewicht) mit		
7.9.1	6 000 oder mehr Plätzen,	X	
7.9.2	4 500 bis weniger als 6 000 Plätzen, soweit sie nicht unter Nummer 7.12 fällt;		S
7.10	Errichtung und Betrieb einer Anlage zur Intensivhaltung oder -aufzucht von Pelztieren mit		
7.10.1	1 000 oder mehr Plätzen,	X	
7.10.2	750 bis weniger als 1 000 Plätzen, soweit sie nicht unter Nummer 7.12 fällt;		S
7.11	Errichtung und Betrieb einer Anlage zur Intensivhaltung oder -aufzucht von Tieren in gemischten Beständen, wenn		
7.11.1	die jeweils unter den Nummern 7.1.1, 7.2.1, 7.3.1, 7.4.1, 7.5.1, 7.6.1, 7.7.1, 7.8.1, 7.9.1 und 7.10.1 genannten Platzzahlen nicht erreicht werden, die Summe der Vom-Hundert-Anteile, bis zu denen die Platzzahlen ausgeschöpft werden, aber den Wert von 100 erreicht oder überschreitet,	X	
7.11.2	die jeweils unter den Nummern 7.1.2, 7.2.2, 7.3.2, 7.4.2, 7.5.2, 7.6.2, 7.7.2, 7.8.2, 7.9.2 und 7.10.2 genannten Platzzahlen nicht erreicht werden, die Summe der Vom-Hundert-Anteile, bis zu denen die Platzzahlen ausgeschöpft werden, aber den Wert von 100 erreicht oder überschreitet;		S
7.12	Anlagen zum Halten oder zur Aufzucht von Nutztieren mit Plätzen für 50 Großvieheinheiten oder mehr und mehr als 2 Großvieheinheiten je Hektar der vom Inhaber der Anlage regelmäßig landwirtschaftlich genutzten Fläche oder ohne landwirtschaftlich genutzte Fläche, soweit diese Anlagen nicht unter die Nummern 7.1.1, 7.2.1, 7.3.1, 7.4.1, 7.5.1, 7.6.1, 7.7.1, 7.8.1, 7.9.1 oder 7.10.1 fallen. Eine Großvieheinheit entspricht einem Lebendgewicht von 500 kg je Haltungsperiode;		A
7.13	Errichtung und Betrieb einer Anlage zum Schlachten von Tieren mit einer Leistung von		
7.13.1	50 t Lebendgewicht oder mehr je Tag,		A
7.13.2	0,5 t bis weniger als 50 t Lebendgewicht je Tag bei Geflügel oder 4 t bis weniger als 50 t Lebendgewicht je Tag bei sonstigen Tieren;		S

Anlage 1 UVPG

Nr.	Vorhaben	Sp.1	Sp.2
7.14	Errichtung und Betrieb einer Anlage zur Erzeugung von Speisefetten aus tierischen Rohstoffen, ausgenommen Milch, mit einer Produktionsleistung von		
7.14.1	75 t Fertigerzeugnissen oder mehr je Tag,	A	
7.14.2	weniger als 75 t Fertigerzeugnissen je Tag, ausgenommen Anlagen zur Erzeugung von Speisefetten aus selbstgewonnenen tierischen Fetten in Fleischereien mit einer Leistung von bis zu 200 kg Speisefett je Woche;		S
7.15	Errichtung und Betrieb einer Anlage zum Schmelzen von tierischen Fetten mit einer Produktionsleistung von		
7.15.1	75 t Fertigerzeugnissen oder mehr je Tag,	A	
7.15.2	weniger als 75 t Fertigerzeugnissen je Tag, ausgenommen Anlagen zur Verarbeitung von selbstgewonnenen tierischen Fetten zu Speisefetten in Fleischereien mit einer Leistung von bis zu 200 kg Speisefett je Woche;		S
7.16	Errichtung und Betrieb einer Anlage zur Herstellung von Fleischkonserven mit einer Produktionsleistung von		
7.16.1	75 t Konserven oder mehr je Tag,	A	
7.16.2	1 t bis weniger als 75 t Konserven je Tag;		S
7.17	Errichtung und Betrieb einer Anlage zur Herstellung von Gemüsekonserven mit einer Produktionsleistung von		
7.17.1	300 t Konserven oder mehr je Tag als Vierteljahresdurchschnittswert,	A	
7.17.2	10 t bis weniger als 300 t Konserven je Tag als Vierteljahresdurchschnittswert, ausgenommen Anlagen zum Sterilisieren oder Pasteurisieren dieser Nahrungsmittel in geschlossenen Behältnissen;		S
7.18	Errichtung und Betrieb einer Anlage zur fabrikmäßigen Herstellung von Tierfutter durch Erwärmen der Bestandteile tierischer Herkunft;	A	
7.19	Errichtung und Betrieb einer Anlage zur Beseitigung oder Verwertung von Tierkörpern oder tierischen Abfällen mit einer Verarbeitungsleistung von		
7.19.1	10 t oder mehr je Tag,	A	
7.19.2	weniger als 10 t je Tag;		S
7.20	Errichtung und Betrieb einer Anlage zum Gerben einschließlich Nachgerben von Tierhäuten oder Tierfellen mit einer Verarbeitungsleistung von		
7.20.1	12 t Fertigerzeugnissen oder mehr je Tag,	A	
7.20.2	weniger als 12 t Fertigerzeugnissen je Tag, ausgenommen Anlagen, in denen weniger Tierhäute oder Tierfelle behandelt werden, als beim Schlachten von weniger als 4 t sonstigen Tieren nach Nummer 7.13.2 anfallen;		S

Anlage 1 UVPG

Nr.	Vorhaben	Sp.1	Sp.2
7.21	Errichtung und Betrieb einer Anlage zur Herstellung von Fischmehl oder Fischöl;	X	
7.22	Errichtung und Betrieb einer Anlage zur Herstellung von Braumalz (Mälzerei) mit einer Produktionsleistung von		
7.22.1	300 t Darrmalz oder mehr je Tag als Vierteljahresdurchschnittswert,		A
7.22.2	weniger als 300 t Darrmalz je Tag als Vierteljahresdurchschnittswert;		S
7.23	Errichtung und Betrieb einer Anlage zur Herstellung von Stärkemehlen mit einer Produktionsleistung von		
7.23.1	300 t Stärkemehlen oder mehr je Tag als Vierteljahresdurchschnittswert,		A
7.23.2	1 t bis weniger als 300 t Stärkemehlen je Tag als Vierteljahresdurchschnittswert;		S
7.24	Errichtung und Betrieb einer Anlage zur Erzeugung von Ölen oder Fetten aus pflanzlichen Rohstoffen mit einer Produktionsleistung von		
7.24.1	300 t Fertigerzeugnissen oder mehr je Tag als Vierteljahresdurchschnittswert,		A
7.24.2	weniger als 300 t Fertigerzeugnissen je Tag als Vierteljahresdurchschnittswert mit Hilfe von Extraktionsmitteln, soweit die Menge des eingesetzten Extraktionsmittels 1 t oder mehr je Tag als Vierteljahresdurchschnittswert beträgt;		S
7.25	Errichtung und Betrieb einer Anlage zur Herstellung oder Raffination von Zucker unter Verwendung von Zuckerrüben oder Rohzucker;		A
7.26	Errichtung und Betrieb einer Brauerei mit einem Ausstoß von		
7.26.1	3 000 hl Bier oder mehr je Tag als Vierteljahresdurchschnittswert,		A
7.26.2	200 hl bis weniger als 3 000 hl Bier je Tag als Vierteljahresdurchschnittswert;		S
7.27	Errichtung und Betrieb einer Anlage zur Herstellung von Süßwaren oder Sirup aus tierischen Rohstoffen, ausgenommen Milch, mit einer Produktionsleistung von		
7.27.1	75 t Süßwaren oder Sirup oder mehr je Tag,		A
7.27.2	50 kg bis weniger als 75 t Süßwaren oder Sirup je Tag bei Herstellung von Lakritz;		S
7.28	Errichtung und Betrieb einer Anlage zur Herstellung von Süßwaren oder Sirup aus pflanzlichen Rohstoffen mit einer Produktionsleistung von		
7.28.1	300 t oder mehr Süßwaren oder Sirup je Tag als Vierteljahresdurchschnittswert,		A

Anlage 1 UVPG

Nr.	Vorhaben	Sp.1	Sp.2
7.28.2	50 kg bis weniger als 300 t Süßwaren je Tag bei Herstellung von Kakaomasse aus Rohkakao oder bei thermischer Veredelung von Kakao- oder Schokoladenmasse;		S
7.29	Errichtung und Betrieb einer Anlage zur Behandlung oder Verarbeitung von Milch mit einem Einsatz von		
7.29.1	200 t Milch oder mehr je Tag als Jahresdurchschnittswert,		A
7.29.2	5 t bis weniger als 200 t Milch je Tag als Jahresdurchschnittswert bei Sprühtrocknern zum Trocknen von Milch, von Erzeugnissen aus Milch oder von Milchbestandteilen;		S
8.	**Verwertung und Beseitigung von Abfällen und sonstigen Stoffen:**		
8.1	Errichtung und Betrieb einer Anlage zur Beseitigung oder Verwertung von festen, flüssigen oder in Behältern gefassten gasförmigen Abfällen oder Deponiegas mit brennbaren Bestandteilen durch		
8.1.1	thermische Verfahren, insbesondere Entgasung, Plasmaverfahren, Pyrolyse, Vergasung, Verbrennung oder eine Kombination dieser Verfahren, ausgenommen Fälle der Nummern 8.1.2 und 8.1.4,	X	
8.1.2	Verbrennen von Altöl oder Deponiegas in einer Verbrennungsmotoranlage mit einer Feuerungswärmeleistung von 1 MW oder mehr,		A
8.1.3	Abfackeln von Deponiegas oder anderen gasförmigen Stoffen,		S
8.1.4	Verbrennen von Altöl oder Deponiegas in einer Verbrennungsmotoranlage mit einer Feuerungswärmeleistung von weniger als 1 MW;		S
8.2	Errichtung und Betrieb einer Anlage zur Erzeugung von Strom, Dampf, Warmwasser, Prozesswärme oder erhitztem Abgas durch den Einsatz von gestrichenem, lackiertem oder beschichtetem Holz oder von Sperrholz, Spanplatten, Faserplatten oder sonst verleimtem Holz oder daraus angefallenen Resten, soweit keine Holzschutzmittel aufgetragen oder infolge einer Behandlung enthalten sind oder Beschichtungen nicht aus halogenorganischen Verbindungen bestehen, in einer Verbrennungseinrichtung (wie Kraftwerk, Heizkraftwerk, Heizwerk, sonstige Feuerungsanlage) einschließlich des jeweils zugehörigen Dampfkessels, mit einer Feuerungswärmeleistung von		
8.2.1	50 MW oder mehr,	X	
8.2.2	1 MW bis weniger als 50 MW;		S
8.3	Errichtung und Betrieb einer Anlage zur biologischen Behandlung von besonders überwachungsbedürftigen Abfällen, auf die die Vorschriften des Kreislaufwirtschafts- und Abfallgesetzes Anwendung finden, mit einer Durchsatzleistung von		
8.3.1	10 t Einsatzstoffen oder mehr je Tag,	X	
8.3.2	1 t bis weniger als 10 t Einsatzstoffen je Tag;		S

Anlage 1 UVPG

Nr.	Vorhaben	Sp.1	Sp.2
8.4	Errichtung und Betrieb einer Anlage zur biologischen Behandlung von nicht besonders überwachungsbedürftigen Abfällen, auf die die Vorschriften des Kreislaufwirtschafts- und Abfallgesetzes Anwendung finden, mit einer Durchsatzleistung von		
8.4.1	50 t Einsatzstoffen oder mehr je Tag,		A
8.4.2	10 t bis weniger als 50 t Einsatzstoffen je Tag;		S
8.5	Errichtung und Betrieb einer Anlage zur chemischen Behandlung, insbesondere zur chemischen Emulsionsspaltung, Fällung, Flockung, Neutralisation oder Oxidation, von besonders überwachungsbedürftigen Abfällen, auf die die Vorschriften des Kreislaufwirtschafts- und Abfallgesetzes Anwendung finden;	X	
8.6	Errichtung und Betrieb einer Anlage zur chemischen Behandlung, insbesondere zur chemischen Emulsionsspaltung, Fällung, Flockung, Neutralisation oder Oxidation, von nicht besonders überwachungsbedürftigen Abfällen, auf die die Vorschriften des Kreislaufwirtschafts- und Abfallgesetzes Anwendung finden, mit einer Durchsatzleistung von		
8.6.1	100 t Einsatzstoffen oder mehr je Tag,	X	
8.6.2	50 t bis weniger als 100 t Einsatzstoffen je Tag,		A
8.6.3	10 t bis weniger als 50 t Einsatzstoffen je Tag;		S
8.7	Errichtung und Betrieb einer Anlage zur zeitweiligen Lagerung von Eisen- oder Nichteisenschrotten, einschließlich Autowracks, ausgenommen die zeitweilige Lagerung bis zum Einsammeln auf dem Gelände der Entstehung der Abfälle und Anlagen nach Nummer 8.8, mit		
8.7.1	einer Gesamtlagerfläche von 15 000 m² oder mehr oder einer Gesamtlagerkapazität von 1 500 t Eisen- oder Nichteisenschrotten oder mehr,		A
8.7.2	einer Gesamtlagerfläche von 1 000 m² bis weniger als 15 000 m² oder einer Gesamtlagerkapazität von 100 t bis weniger als 1 500 t Eisen- oder Nichteisenschrotten;		S
8.8	Errichtung und Betrieb einer Anlage zur zeitweiligen Lagerung von besonders überwachungsbedürftigen Schlämmen, auf die die Vorschriften des Kreislaufwirtschafts- und Abfallgesetzes Anwendung finden, mit einer Aufnahmekapazität von 10 t oder mehr je Tag oder einer Gesamtlagerkapazität von 150 t oder mehr;		A
8.9	Errichtung und Betrieb einer Anlage zur Lagerung von Abfällen, auf die die Vorschriften des Kreislaufwirtschafts- und Abfallgesetzes Anwendung finden, soweit in diesen Anlagen Abfälle vor deren Beseitigung oder Verwertung jeweils über einen Zeitraum von mehr als einem Jahr gelagert werden (langfristige Lagerung), bei		
8.9.1	besonders überwachungsbedürftigen Abfällen mit		

Anlage 1 UVPG

Nr.	Vorhaben	Sp.1	Sp.2
8.9.1.1	einer Aufnahmekapazität von 10 t je Tag oder mehr oder einer Gesamtlagerkapazität von 150 t oder mehr,	X	
8.9.1.2	geringeren Kapazitäten als in Nummer 8.9.1.1 angegeben,		A
8.9.2	nicht besonders überwachungsbedürftigen Abfällen mit		
8.9.2.1	einer Aufnahmekapazität von 10 t je Tag oder mehr oder einer Gesamtlagerkapazität von 150 t oder mehr,		A
8.9.2.2	geringeren Kapazitäten als in Nummer 8.9.2.1 angegeben;		S
9.	**Lagerung von Stoffen und Zubereitungen:**		
9.1	Errichtung und Betrieb einer Anlage, die der Lagerung von brennbaren Gasen in Behältern oder von Erzeugnissen, die brennbare Gase z. B. als Treibmittel oder Brenngas in Behältern enthalten, dient, mit einem Fassungsvermögen von		
9.1.1	200 000 t oder mehr,	X	
9.1.2	30 t bis weniger als 200 000 t, soweit es sich nicht um Einzelbehältnisse mit einem Volumen von jeweils nicht mehr als 1 000 cm^3 handelt,		A
9.1.3	30 t bis weniger als 200 000 t, soweit es sich um Einzelbehältnisse mit einem Volumen von jeweils nicht mehr als 1 000 cm^3 handelt,		S
9.1.4	3 t bis weniger als 30 t, soweit es sich um Behältnisse mit einem Volumen von jeweils mehr als 1 000 cm^3 handelt;		S
9.2	Errichtung und Betrieb einer Anlage, die der Lagerung von brennbaren Flüssigkeiten in Behältern dient, mit einem Fassungsvermögen von		
9.2.1	200 000 t oder mehr,	X	
9.2.2	50 000 t bis weniger als 200 000 t,		A
9.2.3	5 000 t bis weniger als 50 000 t bei brennbaren Flüssigkeiten, die einen Flammpunkt unter 294,15 Kelvin haben und deren Siedepunkt bei Normaldruck (101,3 Kilopascal) über 293,15 Kelvin liegt,		S
9.2.4	10 000 t bis weniger als 50 000 t bei sonstigen brennbaren Flüssigkeiten;		S
9.3	Errichtung und Betrieb einer Anlage, die der Lagerung von Chlor dient, mit einem Fassungsvermögen von		
9.3.1	200 000 t oder mehr,	X	
9.3.2	75 t bis weniger als 200 000 t,		A
9.3.3	10 t bis weniger als 75 t;		S
9.4	Errichtung und Betrieb einer Anlage, die der Lagerung von Schwefeldioxid dient, mit einem Fassungsvermögen von		
9.4.1	200 000 t oder mehr,	X	
9.4.2	250 t bis weniger als 200 000 t,		A

Anlage 1 UVPG

Nr.	Vorhaben	Sp.1	Sp.2
9.4.3	20 t bis weniger als 250 t;		S
9.5	Errichtung und Betrieb einer Anlage, die der Lagerung von Ammoniumnitrat oder ammoniumnitrathaltigen Zubereitungen der Gruppe A nach Anhang V Nr. 2 der Gefahrstoffverordnung dient, mit einem Fassungsvermögen von		
9.5.1	200 000 t oder mehr,	X	
9.5.2	500 t bis weniger als 200 000 t,		A
9.5.3	25 t bis weniger als 500 t;		S
9.6	Errichtung und Betrieb einer Anlage, die der Lagerung von ammoniumnitrathaltigen Zubereitungen der Gruppe B nach Anhang V Nr. 2 der Gefahrstoffverordnung dient, mit einem Fassungsvermögen von		
9.6.1	200 000 t oder mehr,	X	
9.6.2	2 500 t bis weniger als 200 000 t,		A
9.6.3	100 t bis weniger als 2 500 t		S
9.7	Errichtung und Betrieb einer Anlage, die der Lagerung von Ammoniak dient, mit einem Fassungsvermögen von		
9.7.1	200 000 t oder mehr,	X	
9.7.2	30 t bis weniger als 200 000 t,		A
9.7.3	3 t bis weniger als 30 t;		S
9.8	Errichtung und Betrieb einer Anlage, die der Lagerung von anderen als den in den Nummern 9.1 bis 9.7 genannten chemischen Erzeugnissen dient, mit einem Fassungsvermögen von		
9.8.1	200 000 t oder mehr,	X	
9.8.2	25 000 t bis weniger als 200 000 t;		A
10.	**Sonstige Industrieanlagen:**		
10.1	Errichtung und Betrieb einer Anlage zur Herstellung, Bearbeitung oder Verarbeitung von explosionsgefährlichen Stoffen im Sinne des Sprengstoffgesetzes, die zur Verwendung als Sprengstoffe, Zündstoffe, Treibstoffe, pyrotechnische Sätze oder zur Herstellung dieser Stoffe bestimmt sind; hierzu gehört auch eine Anlage zum Laden, Entladen oder Delaborieren von Munition oder sonstigen Sprengkörpern, ausgenommen Anlagen im handwerklichen Umfang oder zur Herstellung von Zündhölzern sowie ortsbewegliche Mischladegeräte;	X	
10.2	Errichtung und Betrieb einer Anlage zur Wiedergewinnung oder Vernichtung von explosionsgefährlichen Stoffen im Sinne des Sprengstoffgesetzes;	X	

Anlage 1 UVPG

Nr.	Vorhaben	Sp.1	Sp.2
10.3	Errichtung und Betrieb einer Anlage zum Vulkanisieren von Natur- oder Synthesekautschuk unter Verwendung von Schwefel oder Schwefelverbindungen mit einem Einsatz von		
10.3.1	25 t Kautschuk oder mehr je Stunde,		A
10.3.2	weniger als 25 t Kautschuk je Stunde, ausgenommen Anlagen, in denen weniger als 50 kg Kautschuk je Stunde verarbeitet wird oder ausschließlich vorvulkanisierter Kautschuk eingesetzt wird;		S
10.4	Errichtung und Betrieb einer Anlage zur Vorbehandlung (Waschen, Bleichen, Mercerisieren) oder zum Färben von Fasern oder Textilien mit		
10.4.1	einer Verarbeitungsleistung von 10 t Fasern oder Textilien oder mehr je Tag,		A
10.4.2	einer Färbeleistung von 2 t bis weniger als 10 t Fasern oder Textilien je Tag bei Anlagen zum Färben von Fasern oder Textilien unter Verwendung von Färbebeschleunigern einschließlich Spannrahmenanlagen, ausgenommen Anlagen, die unter erhöhtem Druck betrieben werden,		S
10.4.3	einer Bleichleistung von weniger als 10 t Fasern oder Textilien je Tag bei Anlagen zum Bleichen von Fasern oder Textilien unter Verwendung von Chlor oder Chlorverbindungen;		S
10.5	Errichtung und Betrieb eines Prüfstandes für oder mit Verbrennungsmotoren mit einer Feuerungswärmeleistung von insgesamt		
10.5.1	10 MW oder mehr, ausgenommen Rollenprüfstände,		A
10.5.2	300 KW bis weniger als 10 MW, ausgenommen Rollenprüfstände, die in geschlossenen Räumen betrieben werden, und Anlagen, in denen mit Katalysator oder Dieselrußfilter ausgerüstete Serienmotoren geprüft werden;		S
10.6	Errichtung und Betrieb eines Prüfstandes für oder mit Gasturbinen oder Triebwerken mit einer Feuerungswärmeleistung von insgesamt		
10.6.1	mehr als 200 MW,	X	
10.6.2	100 MW bis 200 MW,		A
10.6.3	weniger als 100 MW;		S
10.7	Errichtung und Betrieb einer ständigen Renn- oder Teststrecke für Kraftfahrzeuge;		A
11.	**Kernenergie:**		

Anlage 1 UVPG

Nr.	Vorhaben	Sp.1	Sp.2
11.1	Errichtung und Betrieb einer ortsfesten Anlage zur Erzeugung oder zur Bearbeitung oder Verarbeitung oder zur Spaltung von Kernbrennstoffen oder zur Aufarbeitung bestrahlter Kernbrennstoffe sowie bei ortsfesten Anlagen zur Spaltung von Kernbrennstoffen die insgesamt geplanten Maßnahmen zur Stilllegung, zum sicheren Einschluss oder zum Abbau der Anlage oder von Anlagenteilen; ausgenommen sind ortsfeste Anlagen zur Spaltung von Kernbrennstoffen, deren Höchstleistung 1 KW thermische Dauerleistung nicht überschreitet; einzelne Maßnahmen zur Stilllegung, zum sicheren Einschluss oder zum Abbau der in Halbsatz 1 bezeichneten Anlagen oder von Anlagenteilen gelten als Änderung im Sinne von § 3 e Abs. 1 Nr. 2;	X	
11.2	Errichtung und Betrieb einer Anlage zur Sicherstellung oder zur Endlagerung radioaktiver Abfälle;	X	
11.3	außerhalb der in den Nummern 11.1 und 11.2 bezeichneten Anlagen Errichtung und Betrieb einer Anlage oder Einrichtung zur Bearbeitung oder Verarbeitung bestrahlter Kernbrennstoffe oder hoch radioaktiver Abfälle oder zu dem ausschließlichen Zweck der für mehr als zehn Jahre geplanten Lagerung bestrahlter Kernbrennstoffe oder radioaktiver Abfälle an einem anderen Ort als dem Ort, an dem diese Stoffe angefallen sind;	X	
11.4	außerhalb der in den Nummern 11.1 und 11.2 bezeichneten Anlagen, soweit nicht Nummer Anwendung findet, Errichtung und Betrieb einer Anlage oder Einrichtung zur Lagerung, Bearbeitung oder Verarbeitung radioaktiver Abfälle, deren Aktivitäten die Werte erreichen oder überschreiten, bei deren Unterschreiten es für den beantragten Umgang nach einer auf Grund des Atomgesetzes erlassenen Rechtsverordnung keiner Vorbereitung der Schadensbekämpfung bei Abweichungen vom bestimmungsgemäßen Betrieb bedarf;		A
12.	**Abfalldeponien:**		
12.1	Errichtung und Betrieb einer Deponie zur Ablagerung von besonders überwachungsbedürftigen Abfällen im Sinne des Kreislaufwirtschafts- und Abfallgesetzes;	X	
12.2	Errichtung und Betrieb einer Deponie zur Ablagerung von nicht besonders überwachungsbedürftigen Abfällen im Sinne des Kreislaufwirtschafts- und Abfallgesetzes, mit Ausnahme der Deponien für Inertabfälle nach Nummer 12.3, mit einer Aufnahmekapazität von		
12.2.1	10 t oder mehr je Tag oder mit einer Gesamtkapazität von 25 000 t oder mehr,	X	
12.2.2	weniger als 10 t je Tag oder mit einer Gesamtkapazität von weniger als 25 000 t;		S
12.3	Errichtung und Betrieb einer Deponie zur Ablagerung von Inertabfällen im Sinne des Kreislaufwirtschafts- und Abfallgesetzes;		A
13.	**Wasserwirtschaftliche Vorhaben mit Benutzung oder Ausbau eines Gewässers:**		

Anlage 1 UVPG

Nr.	Vorhaben	Sp.1	Sp.2
13.1	Errichtung und Betrieb einer Abwasserbehandlungsanlage, die		
13.1.1	für organisch belastetes Abwasser von 9 000 kg/d oder mehr biochemischen Sauerstoffbedarfs in fünf Tagen (roh) oder für anorganisch belastetes Abwasser von 4 500 m³ oder mehr Abwasser in zwei Stunden (ausgenommen Kühlwasser) ausgelegt ist,	X	
13.1.2	für organisch belastetes Abwasser von weniger als 9 000 kg/d biochemischen Sauerstoffbedarfs in fünf Tagen (roh) oder für anorganisch belastetes Abwasser von weniger als 4 500 m³ Abwasser in zwei Stunden (ausgenommen Kühlwasser) ausgelegt ist;		L
13.2	intensive Fischzucht mit Einbringen oder Einleiten von Stoffen in oberirdische Gewässer oder Küstengewässer;		L
13.3	Entnehmen, Zutagefördern oder Zutageleiten von Grundwasser oder Einleiten von Oberflächenwasser zum Zwecke der Grundwasseranreicherung, jeweils mit einem jährlichen Volumen von		
13.3.1	10 Mio. m³ oder mehr Wasser,	X	
13.3.2	weniger als 10 Mio. m³ Wasser;		L
13.4	Tiefbohrung zum Zwecke der Wasserversorgung;		L
13.5	wasserwirtschaftliches Projekt in der Landwirtschaft, einschließlich Bodenbewässerung oder odenentwässerung;		L
13.6	Bau eines Stauwerkes oder einer sonstigen Anlage zur Zurückhaltung oder dauerhaften Speicherung von Wasser, wobei		
13.6.1	10 Mio. m³ oder mehr Wasser zurückgehalten oder gespeichert werden,	X	
13.6.2	weniger als 10 Mio. m³ Wasser zurückgehalten oder gespeichert werden;		L
13.7	Umleitung von Wasser von einem Flusseinzugsgebiet in ein anderes, ausgenommen Transport von Trinkwasser in Rohrleitungsanlagen, mit einem Volumen von		
13.7.1	– 100 Mio. oder mehr m³ Wasser pro Jahr, wenn durch die Umleitung Wassermangel verhindert werden soll, oder – 5 % oder mehr des Durchflusses, wenn der langjährige durchschnittliche Wasserdurchfluss des Flusseinzugsgebiets, dem Wasser entnommen wird, 2 000 Mio. m³ übersteigt,	X	
13.7.2	weniger als den in der vorstehenden Nummer angegebenen Werten;		L
13.8	Flusskanalisierungs- und Stromkorrekturarbeiten;		L
13.9	Bau eines Hafens für die Binnenschifffahrt, wenn der Hafen für Schiffe mit		
13.9.1	mehr als 1 350 t zugänglich ist,	X	
13.9.2	1 350 t oder weniger zugänglich ist;		L

Anlage 1 UVPG

Nr.	Vorhaben	Sp.1	Sp.2
13.10	Bau eines Binnenhafens für die Seeschifffahrt;	X	
13.11	Bau eines mit einem Binnenhafen für die Seeschifffahrt verbundenen Landungssteges zum Laden und Löschen von Schiffen (ausgenommen Fährschiffe), der		
13.11.1	Schiffe mit mehr als 1 350 t aufnehmen kann,	X	
13.11.2	Schiffe mit 1 350 t oder weniger aufnehmen kann;		L
13.12	Bau eines sonstigen Hafens, einschließlich Fischereihafens oder Jachthafens, oder einer infrastrukturellen Hafenanlage;		L
13.13	Bau eines Deiches oder Dammes, der den Hochwasserabfluss beeinflusst;		L
13.14	Bau einer Wasserkraftanlage;		L
13.15	Baggerung in Flüssen oder Seen zur Gewinnung von Mineralien;		L
13.16	sonstige Ausbaumaßnahmen;		L
14.	**Verkehrsvorhaben:**		
14.1	Bau einer Bundeswasserstraße durch		
14.1.1	Vorhaben im Sinne der Nummern 13.6.1 und 13.7.1	X	
14.1.2	Vorhaben im Sinne der Nummern 13.6.2, 13.7.2, 13.8, 13.12 und 13.13 (unabhängig von iner Beeinflussung des Hochwasserabflusses);		A
14.2	Bau einer Bundeswasserstraße, die für Schiffe mit		
14.2.1	mehr als 1 350 t zugänglich ist,	X	
14.2.2	1 350 t oder weniger zugänglich ist;		A
14.3	Bau einer Bundesautobahn oder einer sonstigen Bundesstraße, wenn diese eine Schnellstraße im Sinne der Begriffsbestimmung des Europäischen Übereinkommens über die Hauptstraßen des internationalen Verkehrs vom 15. November 1975 ist;	X	
14.4	Bau einer neuen vier- oder mehrstreifigen Bundesstraße, wenn diese neue Straße eine durchgehende Länge von 5 km oder mehr aufweist;	X	
14.5	Bau einer vier- oder mehrstreifigen Bundesstraße durch Verlegung und/oder Ausbau einer bestehenden Bundesstraße, wenn dieser geänderte Bundesstraßenabschnitt eine durchgehende Länge von 10 km oder mehr aufweist;	X	
14.6	Bau einer sonstigen Bundesstraße;		A
14.7	Bau eines Schienenweges von Eisenbahnen mit den dazugehörenden Betriebsanlagen einschließlich Bahnstromfernleitungen;	X	

Anlage 1 UVPG

Nr.	Vorhaben	Sp.1	Sp.2
14.8	Bau einer sonstigen Betriebsanlage von Eisenbahnen, insbesondere einer intermodalen Umschlagsanlage oder eines Terminals für Eisenbahnen, soweit der Bau nicht Teil des Baus eines Schienenweges nach Nummer 14.7 ist;		A
14.9	Bau einer Magnetschwebebahnstrecke mit den dazugehörenden Betriebsanlagen;	X	
14.10	Bau einer anderen Bahnstrecke für den öffentlichen spurgeführten Verkehr mit den dazugehörenden Betriebsanlagen;		A
14.11	Bau einer Bahnstrecke für Straßenbahnen, Stadtschnellbahnen in Hochlage, Untergrundbahnen oder Hängebahnen im Sinne des Personenbeförderungsgesetzes, jeweils mit den dazugehörenden Betriebsanlagen;		A
14.12	Bau eines Flugplatzes im Sinne der Begriffsbestimmungen des Abkommens von Chicago von 1944 zur Errichtung der Internationalen Zivilluftfahrt-Organisation (Anhang 14) mit einer Start- und Landebahngrundlänge von		
14.12.1	1 500 m oder mehr,	X	
14.12.2	weniger als 1 500 m;		A
15.	**Bergbau:**		
15.1	Bergbauliche Vorhaben einschließlich der zu deren Durchführung erforderlichen betriebsplanpflichtigen Maßnahmen dieser Anlage nur nach Maßgabe der auf Grund des § 57c Nr. 1 des Bundesberggesetzes erlassenen Rechtsverordnung;		
16.	**Flurbereinigung:**		
16.1	Bau der gemeinschaftlichen und öffentlichen Anlagen im Sinne des Flurbereinigungsgesetzes;		A
17.	**Forstliche Vorhaben:**		
17.1	Erstaufforstung im Sinne des Bundeswaldgesetzes mit		
17.1.1	50 ha oder mehr Wald,	X	
17.1.2	weniger als 50 ha Wald;		L
17.2	Rodung von Wald im Sinne des Bundeswaldgesetzes zum Zwecke der Umwandlung in eine andere Nutzungsart mit		
17.2.1	10 ha oder mehr Wald,	X	
17.2.2	weniger als 10 ha Wald;		L
18.	**Bauplanungsrechtliche Vorhaben:**		
18.1	Bau eines Feriendorfes, eines Hotelkomplexes oder einer sonstigen großen Einrichtung für die Ferien- und Fremdenbeherbergung, für den im bisherigen Außenbereich im Sinne des § 35 des Baugesetzbuchs ein Bebauungsplan aufgestellt wird, nur im Aufstellungsverfahren, mit		

Anlage 1 UVPG

Nr.	Vorhaben	Sp.1	Sp.2
18.1.1	einer Bettenzahl von jeweils insgesamt 300 oder mehr oder mit einer Gästezimmerzahl von jeweils insgesamt 200 oder mehr,	X	
18.1.2	einer Bettenzahl von jeweils insgesamt 100 bis weniger als 300 oder mit einer Gästezimmerzahl von jeweils insgesamt 80 bis weniger als 200;		A
18.2	Bau eines ganzjährig betriebenen Campingplatzes, für den im bisherigen Außenbereich im Sinne des § 35 des Baugesetzbuchs ein Bebauungsplan aufgestellt wird, nur im Aufstellungsverfahren, mit einer Stellplatzzahl von		
18.2.1	200 oder mehr,	X	
18.2.2	50 bis weniger als 200;		A
18.3	Bau eines Freizeitparks, für den im bisherigen Außenbereich im Sinne des § 35 des Baugesetzbuchs ein Bebauungsplan aufgestellt wird, nur im Aufstellungsverfahren, mit einer Größe des Plangebiets von		
18.3.1	10 ha oder mehr,	X	
18.3.2	4 ha bis weniger als 10 ha;		A
18.4	Bau eines Parkplatzes, für den im bisherigen Außenbereich im Sinne des § 35 des Baugesetzbuchs ein Bebauungsplan aufgestellt wird, nur im Aufstellungsverfahren, mit einer Größe von		
18.4.1	1 ha oder mehr	X	
18.4.2	0,5 ha bis weniger als 1 ha;		A
18.5	Bau einer Industriezone für Industrieanlagen, für den im bisherigen Außenbereich im Sinne des § 35 des Baugesetzbuchs ein Bebauungsplan aufgestellt wird, nur im Aufstellungsverfahren, mit einer zulässigen Grundfläche im Sinne des § 19 Abs. 2 der Baunutzungsverordnung oder einer festgesetzten Größe der Grundfläche von insgesamt		
18.5.1	100 000 m² oder mehr,	X	
18.5.2	20 000 m² bis weniger als 100 000 m²;		A
18.6	Bau eines Einkaufszentrums, eines großflächigen Einzelhandelsbetriebes oder eines sonstigen großflächigen Handelbetriebes im Sinne des §11 Abs. 3 Satz 1 der Baunutzungsverordnung, für den im bisherigen Außenbereich im Sinne des § 35 des Baugesetzbuchs ein Bebauungsplan aufgestellt wird, nur im Aufstellungsverfahren, mit einer zulässigen Geschossfläche von		
18.6.1	5000 m² oder mehr,	X	
18.6.2	1 200 m² bis weniger als 5 000 m²;		A

Anlage 1 UVPG

Nr.	Vorhaben	Sp.1	Sp.2
18.7	Bau eines Städtebauprojektes für sonstige bauliche Anlagen, für den im bisherigen Außenbereich im Sinne des § 35 des Baugesetzbuchs ein Bebauungsplan aufgestellt wird, nur im Aufstellungsverfahren, mit einer zulässigen Grundfläche im Sinne des § 19 Abs. 2 der Baunutzungsverordnung oder einer festgesetzten Größe der Grundfläche von insgesamt		
18.7.1	100 000 m² oder mehr,	X	
18.7.2	20 000 m² bis weniger als 100 000 m²;		A
18.8	Bau eines Vorhabens der in den Nummern 18.1 bis 18.7 genannten Art, soweit der jeweilige Prüfwert für die Vorprüfung erreicht oder überschritten wird und für den in sonstigen Gebieten ein Bebauungsplan aufgestellt, geändert oder ergänzt wird, nur im Aufstellungsverfahren;		A
18.9	Vorhaben, für das nach Landesrecht zur Umsetzung der Richtlinie 85/337/EWG des Rates über die Umweltverträglichkeitsprüfung bei bestimmten öffentlichen und privaten Projekten (ABl. EG Nr. L 175 S. 40) in der durch die Änderungsrichtlinie 97/11/EG des Rates (ABl. EG Nr. L 73 S. 5) geänderten Fassung eine Umweltverträglichkeitsprüfung vorgesehen ist, sofern dessen Zulässigkeit durch einen Bebauungsplan begründet wird oder ein Bebauungsplan einen Planfeststellungsbeschluss ersetzt.		
19.	**Leitungsanlagen und andere Anlagen:**		
19.1	Errichtung und Betrieb einer Hochspannungsfreileitung im Sinne des Energiewirtschaftsgesetzes mit		
19.1.1	einer Länge von mehr als 15 km und mit einer Nennspannung von 220 kV oder mehr,	X	
19.1.2	einer Länge von mehr als 15 km und mit einer Nennspannung von 110 kV bis zu 220 kV,		A
19.1.3	einer Länge von 5 km bis 15 km und mit einer Nennspannung von 110 kV oder mehr,		A
19.1.4	einer Länge von weniger als 5 km und einer Nennspannung von 110 kV oder mehr;		S
19.2	Errichtung und Betrieb einer Gasversorgungsleitung im Sinne des Energiewirtschaftsgesetzes, ausgenommen Anlagen, die den Bereich eines Werksgeländes nicht überschreiten, mit		
19.2.1	einer Länge von mehr als 40 km und einem Durchmesser von mehr als 800 mm,	X	
19.2.2	einer Länge von mehr als 40 km und einem Durchmesser von 300 mm bis zu 800 mm,		A
19.2.3	Länge von 5 km bis 40 km und einem Durchmesser von mehr als 300 mm,		A

Anlage 1 UVPG

Nr.	Vorhaben	Sp.1	Sp.2
19.2.4	einer Länge von weniger als 5 km und einem Durchmesser von mehr als 300 mm;		S
19.3	Errichtung und Betrieb einer Rohrleitungsanlage zum Befördern wassergefährdender Stoffe im Sinne von § 19a Abs. 2 des Wasserhaushaltsgesetzes, ausgenommen Rohrleitungsanlagen, die – den Bereich eines Werksgeländes nicht überschreiten, – Zubehör einer Anlage zum Umgang mit solchen Stoffen sind oder – Anlagen verbinden, die in engem räumlichen und betrieblichen Zusammenhang miteinander stehen und kurzräumig durch landgebundene öffentliche Verkehrswege getrennt sind, mit		
19.3.1	einer Länge von mehr als 40 km,	X	
19.3.2	einer Länge von 2 km bis 40 km und einem Durchmesser der Rohrleitung von mehr als 150 mm,		A
19.3.3	einer Länge von weniger als 2 km und einem Durchmesser der Rohrleitung von mehr als 150 mm;		S
19.4	Errichtung und Betrieb einer Rohrleitungsanlage, soweit sie nicht unter Nummer 19.3 fällt, zum Befördern von verflüssigten Gasen, ausgenommen Anlagen, die den Bereich eines Werksgeländes nicht überschreiten, mit		
19.4.1	einer Länge von mehr als 40 km und einem Durchmesser der Rohrleitung von mehr als 800 mm,	X	
19.4.2	einer Länge von mehr als 40 km und einem Durchmesser der Rohrleitung von 150 mm bis zu 800 mm,		A
19.4.3	einer Länge von 2 km bis 40 km und einem Durchmesser der Rohrleitung von mehr als 150 mm,		A
19.4.4	einer Länge von weniger als 2 km und einem Durchmesser der Rohrleitung von mehr als 150 mm;		S
19.5	Errichtung und Betrieb einer Rohrleitungsanlage, soweit sie nicht unter Nummer 19.3 oder als Energieanlage im Sinne des Energiewirtschaftsgesetzes unter Nummer 19.2 fällt, zum Befördern von nichtverflüssigten Gasen, ausgenommen Anlagen, die den Bereich eines Werksgeländes nicht überschreiten, mit		
19.5.1	einer Länge von mehr als 40 km und einem Durchmesser der Rohrleitung von mehr als 800 mm,	X	
19.5.2	einer Länge von mehr als 40 km und einem Durchmesser der Rohrleitung von 300 mm bis zu 800 mm,		A
19.5.3	einer Länge von 5 km bis 40 km und einem Durchmesser der Rohrleitung von mehr als 300 mm,		A
19.5.4	einer Länge von weniger als 5 km und einem Durchmesser der Rohrleitung von mehr als 300 mm;		S

Anlage 2 UVPG

Nr.	Vorhaben	Sp.1	Sp.2
19.6	Errichtung und Betrieb einer Rohrleitungsanlage zum Befördern von Stoffen im Sinne von § 3a des Chemikaliengesetzes, soweit sie nicht unter eine der Nummern 19.2 bis 19.5 fällt und ausgenommen Abwasserleitungen sowie Anlagen, die den Bereich eines Werksgeländes nicht überschreiten oder Zubehör einer Anlage zum Lagern solcher Stoffe sind, mit		
19.6.1	einer Länge von mehr als 40 km und einem Durchmesser der Rohrleitung von mehr als 800 mm,	X	
19.6.2	einer Länge von mehr als 40 km und einem Durchmesser der Rohrleitung von 300 mm bis zu 800 mm,		A
19.6.3	einer Länge von 5 km bis 40 km und einem Durchmesser der Rohrleitung von mehr als 300 mm,		A
19.6.4	einer Länge von weniger als 5 km und einem Durchmesser der Rohrleitung von mehr als 300 mm;		S
19.7	Errichtung und Betrieb einer Rohrleitungsanlage zum Befördern von Dampf oder Warmwasser aus einer Anlage nach den Nummern 1 bis 10, die den Bereich des Werksgeländes überschreitet (Dampf- oder Warmwasserpipeline), mit		
19.7.1	einer Länge von 5 km oder mehr außerhalb des Werksgeländes,		A
19.7.2	einer Länge von weniger als 5 km im Außenbereich;		S
19.8	Errichtung und Betrieb einer Rohrleitungsanlage, soweit sie nicht unter Nummer 19.6 fällt, zum Befördern von Wasser, die das Gebiet einer Gemeinde überschreitet (Wasserfernleitung), mit		
19.8.1	einer Länge von 10 km oder mehr,		A
19.8.2	einer Länge von 2 km bis weniger als 10 km;		S
19.9	Errichtung und Betrieb eines künstlichen Wasserspeichers mit		
19.9.1	10 Mio. m³ oder mehr Wasser,	X	
19.9.2	2 Mio. m³ bis weniger als 10 Mio. m³ Wasser,		A
19.9.3	5 000 m³ bis weniger als 2 Mio. m³ Wasser.		S

Anlage 2
Kriterien für die Vorprüfung des Einzelfalls

Nachstehende Kriterien sind anzuwenden, soweit in § 3c Abs. 1 Satz 1 und 2, auch in Verbindung mit § 3e und § 3f, auf Anlage 2 Bezug genommen wird.

1. **Merkmale der Vorhaben**
   Die Merkmale eines Vorhabens sind insbesondere hinsichtlich folgender Kriterien zu beurteilen:

Anlage 2 UVPG

1.1 Größe des Vorhabens,
1.2 Nutzung und Gestaltung von Wasser, Boden, Natur und Landschaft,
1.3 Abfallerzeugung,
1.4 Umweltverschmutzung und Belästigungen,
1.5 Unfallrisiko, insbesondere mit Blick auf verwendete Stoffe und Technologien.
2. **Standort der Vorhaben**
Die ökologische Empfindlichkeit eines Gebiets, das durch ein Vorhaben möglicherweise beeinträchtigt wird, ist insbesondere hinsichtlich folgender Nutzungs- und Schutzkriterien unter Berücksichtigung der Kumulierung mit anderen Vorhaben in ihrem gemeinsamen Einwirkungsbereich zu beurteilen:
2.1 bestehende Nutzung des Gebietes, insbesondere als Fläche für Siedlung und Erholung, für land-, forst- und fischereiwirtschaftliche Nutzungen, für sonstige wirtschaftliche und öffentliche Nutzungen, Verkehr, Ver- und Entsorgung (Nutzungskriterien),
2.2 Reichtum, Qualität und Regenerationsfähigkeit von Wasser, Boden, Natur und Landschaft des Gebietes (Qualitätskriterien),
2.3 Belastbarkeit der Schutzgüter unter besonderer Berücksichtigung folgender Gebiete und von Art und Umfang des ihnen jeweils zugewiesenen Schutzes (Schutzkriterien):
2.3.1 im Bundesanzeiger gemäß § 10 Abs. 5 Nr. 1 des Bundesnaturschutzgesetzes bekannt gemachte Gebiete von gemeinschaftlicher Bedeutung oder europäische Vogelschutzgebiete,
2.3.2 Naturschutzgebiete gemäß § 23 des Bundesnaturschutzgesetzes, soweit nicht bereits von Nummer 2.3.1 erfasst,
2.3.3 Nationalparke gemäß § 24 des Bundesnaturschutzgesetzes, soweit nicht bereits von Nummer 2.3.1 erfasst,
2.3.4 Biosphärenreservate und Landschaftsschutzgebiete gemäß den §§ 25 und 26 des Bundesnaturschutzgesetzes,
2.3.5 gesetzlich geschützte Biotope gemäß § 30 des Bundesnaturschutzgesetzes,
2.3.6 Wasserschutzgebiete gemäß § 19 des Wasserhaushaltsgesetzes oder nach Landeswasserrecht festgesetzte Heilquellenschutzgebiete sowie Überschwemmungsgebiete gemäß § 32 des Wasserhaushaltsgesetzes,
2.3.7 Gebiete, in denen die in den Gemeinschaftsvorschriften festgelegten Umweltqualitätsnormen bereits überschritten sind,
2.3.8 Gebiete mit hoher Bevölkerungsdichte, insbesondere zentrale Orte und Siedlungsschwerpunkte in verdichteten Räumen im Sinne des § 2 Abs. 2 Nr. 2 und 5 des Raumordnungsgesetzes,
2.3.9 in amtlichen Listen oder Karten verzeichnete Denkmale, Denkmalensembles, Bodendenkmale oder Gebiete, die von der durch die Länder bestimmten Denkmalschutzbehörde als archäologisch bedeutende Landschaften eingestuft worden sind.
3. **Merkmale der möglichen Auswirkungen**
Die möglichen erheblichen Auswirkungen eines Vorhabens sind anhand der unter den Nummern 1 und 2 aufgeführten Kriterien zu beurteilen; insbesondere ist Folgendem Rechnung zu tragen:
3.1 dem Ausmaß der Auswirkungen (geographisches Gebiet und betroffene Bevölkerung),

Anlage 2 UVPG

3.2 dem etwaigen grenzüberschreitenden Charakter der Auswirkungen,
3.3 der Schwere und der Komplexität der Auswirkungen,
3.4 der Wahrscheinlichkeit von Auswirkungen,
3.5 der Dauer, Häufigkeit und Reversibilität der Auswirkungen.

Hinweise

1. **Bekanntmachung der Neufassung des Gesetzes über die Umweltverträglichkeitsprüfung vom 5. September 2001, BGBl. I S. 2350**

Aufgrund des Artikels 24 des Gesetzes zur Umsetzung der UVP-Änderungsrichtlinie, der IVU-Richtlinie und weiterer EG-Richtlinien zum Umweltschutz vom 27. Juli 2001 (BGBl. I S. 1950) wird nachstehend der Wortlaut des Gesetzes über die Umweltverträglichkeitsprüfung in der seit dem 3. August 2001 geltenden Fassung bekannt gemacht. Die Neufassung berücksichtigt:

1. das teils am 21. Februar 1990, teils am 1. August 1990 in Kraft getretene Gesetz vom 12. Februar 1990 (BGBl. I S. 205),
2. den am 1. September 1990 in Kraft getretenen Artikel 3 des Gesetzes vom 11. Mai 1990 (BGBl. I S. 870),
3. den am 1. August 1990 in Kraft getretenen Artikel 4 des Gesetzes vom 20. Juni 1990 (BGBl. I S. 1080),
4. den am 1. Mai 1993 in Kraft getretenen Artikel 11 des Gesetzes vom 22. April 1993 (BGBl. I S. 466),
5. den am 24. Dezember 1993 in Kraft getretenen Artikel 9 des Gesetzes vom 17. Dezember 1993 (BGBl. I S. 2123),
6. den am 1. Januar 1994 in Kraft getretenen Artikel 6 Abs. 28 des Gesetzes vom 27. Dezember 1993 (BGBl. I S. 2378),
7. den 6. Oktober 1996 in Kraft getretenen Artikel 3 des Gesetzes vom 27. September 1994 (BGBl. I S. 2705),
8. den am 30. November 1994 in Kraft getretenen Artikel 2 Abs. 1 des Gesetzes vom 23. November 1994 (BGBl. 1 S. 3486),
9. den am 15. Oktober 1996 in Kraft getretenen Artikel 2 des Gesetzes vom 9. Oktober 1996 (BGBl. I S. 1498),
10. den am 1. Januar 1998 in Kraft getretenen Artikel 7 des Gesetzes vom 18. August 1997 (BGBl. I S. 2081),
11. den am 3. August 2001 in Kraft getretenen Artikel 1 des eingangs genannten Gesetzes.

Bonn, den 5. September 2001

*Der Bundesminister
für Umwelt, Naturschutz und Reaktorsicherheit
Jürgen Trittin*

Vorbemerkungen

Übersicht

		Rn.			Rn.
1	Entstehung des UVP-Gesetzes	1	1.3.1	Umsetzungskonzeption des UVPG 1990	18
1.1	Die UVP-Richtlinie der Gemeinschaft	2	1.3.2	Das zum UVPG 1990 führende Gesetzgebungsverfahren	20
1.1.1	Das Grundkonzept der UVP nach der Richtlinie	4	1.3.3	Das zum Artikelgesetz 2001 führende Gesetzgebungsverfahren	21
1.1.2	Verfahrensbezug	7	1.3.4	Umsetzung durch die Länder	22
1.1.3	Projektbezug	9	1.4	Überblick über das UVP-Gesetz	23
1.1.4	Gebot der Frühzeitigkeit	11	1.5	UVPG in der Neufassung 2001	24
1.1.5	Behörden- und Öffentlichkeitsbeteiligung	12	1.6	UVPG und Fachgesetze	25
1.1.6	Prüfungsgegenstand	13	2	Die UVP in der Rechtsprechung des Europäischen Gerichtshofes	26
1.1.7	Prüfungsschritte	14	3	Rechtsschutz	28
1.1.8	Berücksichtigung des UVP-Ergebnisses in der Zulassungsentscheidung	15	3.1	Rechtsschutz des Vorhabenträgers	29
1.2	Wesentlicher Inhalt der UVP-Änderungsrichtlinie	16	3.2	Rechtsschutz Dritter	30
1.3	Umsetzung der UVP-Richtlinie in deutsches Recht	17	4	UVP für Pläne und Programme	31

1 Entstehung des UVP-Gesetzes

Das Gesetz über die Umweltverträglichkeitsprüfung, dessen Bestimmungen im Weiteren kommentiert werden, liegt in der Neufassung vom 5. 9. 2001 vor,[1] die auf **Art. 24 des Gesetzes zur Umsetzung der UVP-Änderungsrichtlinie, der IVU-Richtlinie und weiterer EG-Richtlinien zum Umweltschutz vom 27. 7. 2001 (sog. Artikelgesetz**[2]**)** zurückgeht. Mit diesem Gesetzesvorhaben wurde ein langwieriger und schwieriger Gesetzgebungsprozess zur Umsetzung gemeinschaftsrechtlicher Normen im Bereich des integrativen Umweltschutzes zum Abschluss gebracht. Wie bereits soeft zuvor war es nicht gelungen, das deutsche Umweltrecht innerhalb der maßgeblichen Umsetzungsfristen der UVP-Änderungsrichtlinie[3] (14. 3. 1999) und der IVU-Richtlinie[4] (30. 10. 1999) anzupassen. Damit teilt das Artikelgesetz insbesondere auch das Schicksal des UVP-Gesetzes in seiner Ursprungsfassung aus dem Jahre 1990, das Bestandteil des Gesetzes zur Umsetzung der Richtlinie des Rates vom 27. 6. 1985 über die Umweltverträglich-

1

---

1 Bekanntmachung der Neufassung des Gesetzes über die Umweltverträglichkeitsprüfung (BGBl. I S. 2350).
2 BGBl. I S. 1950.
3 Richtlinie 97/11/EG des Rates v. 3. 3. 1997 zur Änderung der Richtlinie 85/337/EWG über die Umweltverträglichkeitsprüfung bei bestimmten öffentlichen und privaten Projekten, ABlEG Nr. L 73/5 v. 14. 3. 1997.
4 Richtlinie 96/61/EG des Rates v. 24. 9. 1996 über die integrierte Vermeidung und Verminderung der Umweltverschmutzung, ABlEG Nr. L 257/26.

Winfried Haneklaus

Vorbemerkungen 1 Entstehung des UVP-Gesetzes

keitsprüfung bei bestimmten privaten und öffentlichen Projekten (85/337/EWG)[5] war. Die UVP-Richtlinie (85/337/EWG)[6] ist schon damals nicht innerhalb der dreijährigen Frist, sondern erst mit In-Kraft-Treten am 1.8.1990, mithin mit gut zwei Jahren Verspätung in Kraft getreten.

1.1 Die UVP-Richtlinie der Gemeinschaft

2 Die UVP-RL geht zurück auf die frühen umweltpolitischen Aktionsprogramme der Europäischen Gemeinschaften aus den Jahren 1973, 1977 und 1983, mit denen das Vorsorgeprinzip als ein umweltpolitisches Ziel der Gemeinschaften verankert wurde.[7] Danach sind Umweltbelastungen von vornherein zu vermeiden, statt sie erst nachträglich in ihren Auswirkungen zu bekämpfen; ferner sind die möglichen Auswirkungen von größeren Projekten auf die Umwelt bei allen Zulassungsentscheidungen so früh wie möglich zu berücksichtigen. Diesem Vorsorgegebot will die UVP-RL durch die Einführung einer Umweltverträglichkeitsprüfung (UVP) nachkommen. Sie greift dabei auf ausländische Rechtsentwicklungen und Erfahrungen zurück, namentlich auf das amerikanische, aufgrund eines Bundesgesetzes (National Environmental Policy Act – NEPA) eingeführte Environment Impact Statement (EIS).[8]

3 Die UVP-RL verfolgt neben dem Ziel der Einführung eines Verfahrens zur frühzeitigen Abschätzung von Umweltauswirkungen auch die Harmonisierung unterschiedlicher Rechtsvorschriften in den Mitgliedstaaten, um auf diese Weise ungleiche Wettbewerbsbedingungen abzubauen und das Funktionieren des Gemeinsamen Marktes bei der Zulassung bestimmter umweltrelevanter Projekte sicherzustellen. In Ermangelung einer spezifischen Richtlinienkompetenz für den Bereich des Umweltrechts[9] wurde die Richtlinie seinerzeit in ihrer Ursprungsfassung im Hinblick auf das wettbewerbspolitische Ziel auf die Kompetenz zur Angleichung von Rechtsvorschriften in Art. 100 EWGV[10] und im Hinblick auf das Gemeinschaftsziel Umweltschutz auf die Vertragsabrundungskompetenz des Art. 235 EWGV gestützt. Die UVP-Änderungsrichtlinie von 1997 wurde demgegenüber auf die mit Einführung der Einheitlichen Europäischen Akte verfügbare umweltpolitische Kompetenznorm des Art. 130 s Abs. 1 EGV gestützt.[11]

---

5 Ges. v. 12.2.1990 (BGBl. I S. 205), zul. geänd. durch Ges. v. 18.8.1997 (BGBl. I S. 2081).
6 ABlEG Nr. L 175/40 v. 5.7.1985.
7 ABlEG Nr. C 112/1 v. 2.12.1973, ABlEG Nr. C 139/1 v. 13.6.1977) ABlEG Nr. C 46/1 v. 17.2.1983; vgl. auch *Haneklaus*, DVBl. 1990, 1135 ff.
8 Vgl. *Weber*, UVP-Richtlinie, S. 5; *Erbguth/Schink*, UVPG, Einl. Rn. 25; zur Entstehungsgeschichte der Richtlinie i.ü. auch *Cupei*, WiVerw 1985, 63.
9 Die Kompetenz für Umweltpolitik nach Art. 130 r–t EWGV wurde erst mit Wirkung zum 1.7.1987 durch die Einheitliche Europäische Akte vom 17./28.2.1986 in den EWG-Vertrag eingeführt.
10 Vertrag zur Gründung der Europäischen Wirtschaftsgemeinschaft vom 25.3.1957 (BGBl. II S. 753, 766) in der Fassung vor Inkrafttreten des Vertrages über die Europäische Union (EUV) vom 7.2.1992 (BGBl. II S. 1253); für Artikel, die erst mit In-Kraft-Treten des Maastrichter Vertrages in den EWG-Vertrag eingeführt worden sind, wird entsprechend der nunmehr geltenden Diktion die Vertragsabkürzung »EGV« verwendet.
11 In der Fassung des Vertrages von Amsterdam v. 2.10.1997 sind die umweltrechtlichen Kompetenzen nunmehr in Art. 174 ff. EGV geregelt (BGBl. 1998 II S. 386 ber. BGBl. 1999 II S. 146).

1 Entstehung des UVP-Gesetzes *Vorbemerkungen*

1.1.1 Das Grundkonzept der UVP nach der Richtlinie

Die UVP hat nach der Richtlinie die **Funktion eines Verfahrensinstruments zur Entscheidungsvorbereitung im Dienste der Vorsorge**.[12] Die Gemeinschaftsorgane hatten bereits in den siebziger Jahren erkannt, dass Umweltbelange bei der Zulassung von Industrie- oder Infrastrukturvorhaben in den Mitgliedstaaten ganz unterschiedliche Berücksichtigung fanden. Mit der gemeinschaftsweiten Einführung eines einheitlichen Verfahrens sollte erreicht werden, dass in allen Mitgliedstaaten frühzeitig vor einer Entscheidung über die Zulassung eines umweltgefährdenden Vorhabens nach einheitlichen Vorgaben zunächst Klarheit über die voraussichtlichen Folgen des jeweiligen Projektes für die Umwelt gewonnen wird.

4

Als Instrument vorausschauender Vorsorge ist die UVP nach der Richtlinie durch ihren **integrativen und medienübergreifenden Ansatz** gekennzeichnet. Vorgegeben wird damit eine Prüfung der Umweltauswirkungen, die sich nicht (mehr länger) allein auf die Betrachtung von Einzelbelastungen wie z. B. des Wassers oder der Luft beschränkt. Gefordert ist vielmehr eine **Gesamtschau aller Umweltauswirkungen des jeweiligen Vorhabens**, die es ermöglicht, die unmittelbaren und mittelbaren Auswirkungen einschließlich ihrer ökologischen Wechselwirkungen auf Menschen, Tiere, Pflanzen, Boden, Wasser, Luft, Klima, Landschaft, Kultur- und Sachgüter in den Blick zu nehmen. Dieser integrative Ansatz, mit gleicher Konzeption auch verfolgt in der IVU-Richtlinie, fordert somit eine ganzheitliche Betrachtungsweise, mit der der Erkenntnis von der Umwelt als einem komplexen Wirkungsgefüge Rechnung getragen werden soll.

5

Die UVP nach der Richtlinie ist aber nicht nur ein Instrument der Umweltvorsorge. Als **Kooperationsinstrument** dient sie vielmehr auch dazu, die Informationslage der Beteiligten sowie die Akzeptanz für das am Ende ggf. zugelassene Vorhaben zu verbessern. Die UVP lebt von der Zusammenarbeit zwischen dem Projektträger, den beteiligten Behörden und der Öffentlichkeit. Ziel dieser Zusammenarbeit ist es, möglichst vollständige Angaben über die wichtigsten Auswirkungen des Vorhabens auf die Umwelt zu erhalten. Die UVP soll auf diese Weise eine umfassende Gesamtschau dieser Auswirkungen für die anschließende Entscheidung über die Zulässigkeit des Vorhabens ermöglichen.

6

1.1.2 Verfahrensbezug

Die UVP-RL gestaltet die UVP als ein **Verfahrensinstrument** aus. Gem. Art. 2 Abs. 2 UVP-RL kann die UVP »im Rahmen der bestehenden Verfahren zur Genehmigung der Projekte (...) oder, falls solche nicht bestehen, im Rahmen anderer Verfahren oder der Verfahren, die durchzuführen sind, um den Zielen dieser Richtlinie zu entsprechen« durchgeführt werden. Materielle Vorgaben, Prüfungsmaßstäbe oder Methoden gibt die Richtlinie dagegen nicht oder allenfalls sehr rudimentär vor;[13] ihr Bestehen in den Rechtsordnungen der Mitgliedstaaten wird in der Richtlinie vorausgesetzt. In der Neufassung der UVP-Richtlinie wird durch Art. 2 Abs. 2a gleichzeitig ausdrücklich die Möglichkeit eröffnet, die Umweltverträglichkeitsprüfung im selben »einheitlichen« Verfahren abzuwickeln, das auch als Träger für die Anforderungen nach der IVU-Richtlinie dient.

7

---

12 *Cupei*, UVP, S. 107 f.
13 *BVerwG*, v. 16.11.1998 – 6 B 110/98 –, NuR 1999, 507 ff.; v. 10.4.1997 – 4 C 5/96 –, NVwZ 1998, 508 ff.; v. 21.3.1996 – 4 C 1/95 –, NVwZ 1997, 493 f.

Vorbemerkungen   *1 Entstehung des UVP-Gesetzes*

8   Damit ist die UVP in der gemeinschaftsrechtlichen Konzeption als ein **reines Verfahrensinstrument** gekennzeichnet. Die Richtlinie nimmt auch in ihrer heutigen, verschärften Fassung keinen Einfluss auf die materiellen Zulassungsvoraussetzungen des jeweils anwendbaren innerstaatlichen Rechts. Sie beantwortet insbesondere nicht die Frage, wann ein bestimmtes Projekt umweltverträglich oder -unverträglich ist. Sie verlangt auch nicht etwa, dass ein Vorhaben nach Maßgabe bestimmter Standards umweltverträglich zu sein hat, um zugelassen werden zu können. Die UVP-RL gibt vielmehr lediglich vor, in welchen Schritten ein bestimmtes Verfahrensprogramm zur Prüfung von Umweltauswirkungen eines Projekts vor seiner Zulassung zu absolvieren ist. Der Richtlinie liegt damit die – nicht von vornherein abwegige – Vorstellung zugrunde, dass umfassende und in einem frühzeitigen Verfahrensstadium aufgrund eines verselbständigten Prüfungsprogramms gewonnene Erkenntnisse von den möglichen Umweltfolgen eines Vorhabens durchaus eine angemessene Berücksichtigung der Umweltbelange im Rahmen der abschließenden Entscheidung über die Zulassung eines umweltgefährdenden Vorhabens sicherstellen können. Die Gemeinschaft setzt damit letztlich auf die Effekte einer verstärkten Transparenz: auf das eigene Gewicht und das Durchsetzungsvermögen von Umweltbelangen, wenn sie nur erst einmal hinreichend gründlich und für alle Beteiligten sichtbar ermittelt worden sind.[14]

1.1.3 Projektbezug

9   Die UVP findet auf der Ebene der Projektzulassung statt. Unter Projekt versteht die Richtlinie nach Art. 1 Abs. 2 die Errichtung von baulichen und sonstigen Anlagen sowie sonstige Eingriffe in Natur und Landschaft. Auffällig ist hierbei einerseits die Verengung auf den Vorgang der »Errichtung«, jedenfalls vor dem Hintergrund des deutschen Umweltrechts, das unter Vorhaben, die einer Genehmigung bedürfen, regelmäßig mehr als nur die Errichtung, nämlich auch und gerade den Betrieb einer (potenziell umweltgefährdenden) Anlage in der Nacherrichtungsphase versteht; andererseits fällt im Vergleich zum deutschen Vorhabenbegriff auf, dass der Projektbegriff der Richtlinie mit dem Einschluss von Eingriffen in Natur und Landschaft auf den ersten Blick auch Vorgänge zu erfassen scheint, die im deutschen Recht auch unterhalb der Zulassungsebene etwa in Gestalt vorbereitender Pläne in Erscheinung treten. Die UVP erfolgt allerdings im Rahmen des Verfahrens, das zur *Genehmigung* führt. Unter Genehmigung versteht die Richtlinie in Art. 1 Abs. 2 die Entscheidung der zuständigen Behörde(n), die dem Projektträger das Recht zur Durchführung des Projekts verleiht. Damit sind Verfahren oder Instrumente, die zwar ein bestimmtes Projekt oder ein Verfahren zu seiner Zulassung vorbereiten, aber nicht selbst zur abschließenden Gestattung führen (etwa vorbereitende Programme und Pläne), gerade ausgeschlossen. Die Richtlinie gibt im Übrigen die Projekte, für die eine UVP durchzuführen ist, in **Art. 4 UVP-RL i. V. m. den Anhängen I und II der Richtlinie** vor. Eine Durchsicht dieser Anhänge ergibt, dass die Richtlinie nicht nur verschiedene Anlagen und Infrastrukturvorhaben (Verkehrswege, Seehandelshäfen, Flugplätze etc.) als obligatorisch oder fakultativ UVP-pflichtige *Projekte* bestimmt, sondern hierunter auch die Tätigkeiten in entsprechenden Anlagen wie etwa die Verbrennung, Gewinnung, Erzeugung, Behandlung, Herstellung, Veredelung etc. versteht. Daraus erhellt, dass der Projektbegriff der Richtlinie mit dem im deutschen Recht gängigen Vorhabenbegriff, der die Errichtung und den Betrieb bis hin zur Still-

---

14   Zur Informations- und Erkenntnisfunktion der UVP *Erbguth/Schink*, UVPG, Einl. Rn. 7f.

legung einer Anlage erfasst, übereinstimmt. Der Projektbezug der UVP, mit dem das einzelne, konkret zur Zulassung gestellte Vorhaben in den Mittelpunkt der vorzunehmenden Untersuchung gerückt wird, hat Bedeutung vor allem auch für die Frage des Prüfungsumfangs, etwa in Hinblick auf das Erfordernis der Einbeziehung von Projektalternativen, die der Vorhabenträger nicht selbst zur Entscheidung stellt.

Die UVP ist nach der Richtlinie obligatorisch nur bei den in Anhang I aufgeführten Projekten durchzuführen; Anhang II führt dagegen Projekte auf, die einer UVP nicht in jedem Fall zu unterziehen sind. Die UVP-Änderungsrichtlinie hat die Anforderungen an die Handhabung der Anhang-II-Projekte durch die Mitgliedstaaten verschärft und gleichzeitig klargestellt, was auch bereits unter der alten Fassung der UVP-RL Geltung beansprucht hatte, aber von den Mitgliedstaaten teilweise anders gesehen worden war: Nach der Ursprungsfassung waren Anhang-II-Projekte gem. Art. 4 Abs. 2 UVP-RL einer UVP nur dann zu unterziehen sind, »wenn ihre Merkmale nach Auffassung der Mitgliedstaaten dies erfordern«. Die Bundesregierung vertrat in einem von der Kommission gegen die Bundesrepublik Deutschland eingeleiteten Vertragsverletzungsverfahren die Ansicht, durch die positive Bestimmung bestimmter Projekte des Anhang II, die generell einer UVP zu unterziehen sind, habe der Gesetzgeber in zulässiger Weise gleichzeitig auch geregelt, dass alle anderen Projekte, etwa diejenigen, die die im einzelnen festgelegten Schwellenwerte oder Kriterien nicht erreichen, einer UVP nicht bedürfen. Der *EuGH*[15] entschied demgegenüber im Einklang mit der Auffassung der Kommission, dass die Bundesrepublik Deutschland gegen ihre Verpflichtungen aus Art. 2 Abs. 1 und 4 Abs. 2 UVP-RL verstoßen hat, indem sie die Pflicht zur Umweltverträglichkeitsprüfung nicht für alle Projekte vorgesehen hat, die nach dieser Richtlinie einer solchen Prüfung zu unterziehen sind und für die das Genehmigungsverfahren nach dem 3.7.1988 eingeleitet worden ist,[16] und indem sie von der Pflicht zur Umweltverträglichkeitsprüfung ganze Klassen der Anhang II-Projekte von vornherein ausgenommen hat. Art. 4 Abs. 2 UVP-RL regelt nunmehr in seiner Neufassung, in welchem Rahmen die Mitgliedstaaten die Entscheidung zu treffen haben, ob ein Projekt im Sinne von Anhang II einer UVP zu unterziehen ist. Hierfür werden unterschiedliche Wege zur Verfügung gestellt. Danach haben die Mitgliedstaaten für jede Projektart entweder im Wege der Einzelfallprüfung oder durch Festlegung von Schwellenwerten bzw. Kriterien oder durch eine Kombination beider Verfahrensmöglichkeiten zu entscheiden, ob ein bestimmtes Projekt einer UVP zu unterziehen ist. Dabei sind in jedem Fall die Auswahlkriterien nach Anhang III der Richtlinie zu berücksichtigen. Damit ist in Übereinstimmung mit der bereits genannten Rechtsprechung des *EuGH* klargestellt, dass die Mitgliedstaaten nicht befugt sind, eine Projektart des Anhang II vollständig von der UVP-Pflichtigkeit zu befreien.

1.1.4 Gebot der Frühzeitigkeit

Das Gebot der Frühzeitigkeit wird expressis verbis allein im Vorspruch der Richlinie als eine allgemeine, dem Vorsorgeprinzip entstammende umweltpolitische Leitlinie der Gemeinschaft aufgeführt. Danach sind bei allen technischen Planungs- und Entscheidungsprozessen die Auswirkungen auf die Umwelt »**so früh wie möglich**« zu berück-

---

15 *EuGH*, v. 22.10.1998, Rs. C-301/95, Slg. 1998, I-6135.
16 Zur Stichtagsfrage vgl. auch *BVerwG*, v. 21.3.1996 – 4 C 19.94 –, NuR 1996, 589 und krit. hierzu *Erbguth*, NuR 1997, 261 ff.

sichtigen. Die Richtlinienbestimmungen selbst enthalten aber keine Konkretisierung dieser Forderung. Verlangt wird in Art. 2 Abs. 1 UVP-RL lediglich, dass die Untersuchung der Auswirkungen eines Projektes auf die Umwelt »**vor der Erteilung der Genehmigung**« zu erfolgen habe. Diese – selbstverständliche – Regelung belässt den umsetzenden Mitgliedstaaten daher einen relativ großen Gestaltungsspielraum in der Frage, in welchem Stadium des Verfahrens, das zur Genehmigung des Projekts führt, die UVP durchzuführen ist. In der Umsetzungsdiskussion in Deutschland hat das Frühzeitigkeitsgebot, das unter Berufung auf die genannte Passage im Begründungstext des Richtlinienvorspruchs mitunter überstrapaziert worden ist, vor allem Bedeutung im Hinblick auf die Ausgestaltung vertikal oder horizontal gestufter Verfahren gewonnen. So sinnvoll die konsequente Umsetzung des Frühzeitigkeitsgebots auch unter verwaltungs- und naturwissenschaftlichen Aspekten zweifellos ist, ist doch zu konstatieren, dass die Richtlinie mit Rücksicht auf die Vielgestaltigkeit der Entscheidungsverfahren in den unterschiedlichen Rechtsordnungen der Mitgliedstaaten in dieser Hinsicht keine einheitlichen Anforderungen errichtet.

1.1.5 Behörden- und Öffentlichkeitsbeteiligung

12 Ihrer Informationsfunktion wird die UVP durch umfassende Beteiligungsgebote gerecht. Im Rahmen der UVP hat die Beteiligung der in ihrem Aufgabengebiet berührten Behörden (Art. 6 Abs. 1 UVP-RL), der betroffenen Mitgliedstaaten (Art. 7 UVP-RL) sowie der Öffentlichkeit (Art. 6 Abs. 2 UVP-RL) stattzufinden. Der Öffentlichkeit sind der Genehmigungsantrag einschließlich der vom Projektträger vorzulegenden Unterlagen sowie die nach Art. 5 UVP-RL (im sog. Scoping) eingeholten Informationen zugänglich zu machen; darüber hinaus ist ihr Gelegenheit zu geben, sich vor Durchführung des Projekts hierzu zu äußern. Den Mitgliedstaaten obliegt es nach Art. 6 Abs. 3 UVP-RL, im Einzelnen zu bestimmen, wie die Unterrichtung und Anhörung der Öffentlichkeit zu erfolgen hat. Im Übrigen bestimmt Art. 9 UVP-RL, dass der »betroffenen« Öffentlichkeit nach Abschluss des Verfahrens zwingend der Inhalt der Entscheidung und darüber hinaus auch die Entscheidungsgründe sowie erforderlichenfalls die Vermeidungs-, Ausgleichs- und Ersatzmaßnahmen zugänglich gemacht werden müssen. Die UVP-Änderungsrichtlinie führte in Art. 7 zu weitergehenden Anforderungen an die **grenzüberschreitende Behörden- und Öffentlichkeitsbeteiligung**. Insoweit erfolgte eine notwendige Anpassung an das von der EG wie von den Mitgliedstaaten gezeichnete ECE-Übereinkommen v. 25.2.1991[17] über die grenzüberschreitende internationale Zusammenarbeit im Bereich der UVP.

1.1.6 Prüfungsgegenstand

13 Gegenstand der UVP sind nach Art. 3 UVP-RL die unmittelbaren und mittelbaren Auswirkungen eines Projekts auf die Umwelt, wobei die Umwelt gekennzeichnet wird durch die Faktoren Mensch, Fauna, Flora, Boden, Wasser, Luft, Klima, Landschaft, Sachgüter und kulturelles Erbe unter Einschluss der Wechselwirkung zwischen diesen Faktoren. Mit der ausdrücklichen Aufgabenstellung, auch die **Wechselwirkungen** zwischen den genannten Umweltgütern und Umweltmedien zu untersuchen, hat der sog. **integrative, medienübergreifende Ansatz der UVP** in der Richtlinie seinen normativen Ausdruck gefunden. Im Kern dieser Bestimmung geht es darum, die ein-

---

17 ILM 30 (1991), 517.

dimensionale, medienspezifische und durch die immer enger werdenden Forschungsfelder der Wissenschaften geprägte Sicht bei der Prüfung von erheblichen Umweltfolgen menschlicher Tätigkeiten zu überwinden und die Umwelt als ein weites, komplexes Wirkungsgefüge letztlich sämtlicher naturwissenschaftlicher Phänomene zu begreifen, das im Gefolge einer jeden Störung nicht nur Wirkung im unmittelbar betroffenen Einwirkungsbereich zeitigt, sondern sich regelmäßig multikonsekutiv über verschiedenste Pfade des gleichsam netzartig gegliederten Ganzen mit je spezifischen Folgen der betroffenen Faktoren ausbreitet. UVPen mit einer derartig anspruchsvollen Aufgabenstellung müssen, da auf absehbare – und wohl auch auf unabsehbare – Zeit nicht alle ökosystemaren Wirkungszusammenhänge als erforscht gelten können, auf den jeweils aktuellen Stand der Wissenschaften zurückgreifen und dabei lückenhafte, unzureichende Erkenntnisse als naturgegeben hinnehmen. In diesem Verständnis bereitet der integrative Ansatz der UVP keineswegs unüberwindbare Hürden, wie dies mitunter den Anschein hat.

1.1.7 Prüfungsschritte

Die UVP vollzieht sich nach Art. 3 UVP-RL in drei Schritten, der **Identifizierung, Beschreibung und Bewertung** der Umweltauswirkungen. Unter Identifikation ist die Ermittlung als Informationsbeschaffungsvorgang zu verstehen, der alle vorhandenen Erkenntnisquellen auszuschöpfen hat, namentlich die Angaben des Vorhabenträgers, die Stellungnahmen beteiligter Behörden, und die Anregungen, Hinweise und Einwendungen der Öffentlichkeit. Die Hauptlast und Verantwortung in dieser Phase liegt beim Vorhabenträger, der durch seine Angaben das Vorhaben nach Maßgabe der Bestimmungen des Art. 5 UVP-RL schon im Hinblick auf etwaige Umweltauswirkungen zu beschreiben hat. Die Beschreibung als zweiter und die Bewertung als dritter Schritt der UVP liegen dagegen im Verantwortungsbereich der zuständigen Behörde. Ermittlung, Beschreibung und Bewertung kennzeichnen nach der Richtlinie verschiedene Phasen im Ablauf einer UVP, die verfahrensmäßig strikt auseinanderzuhalten sind. Der Anspruch eines exakt zu bestimmenden Grenzverlaufs zwischen ordnender (nach welchen Kriterien?), Wertungen vermeidender, lediglich deskriptiver Zusammenstellung des ermittelten Materials einerseits und seiner anschließenden Bewertung anhand von Maßstäben andererseits ist zwar in methodischer Hinsicht unverzichtbar, dürfte aber in der Praxis nicht immer ohne weiteres einzulösen sein.

1.1.8 Berücksichtigung des UVP-Ergebnisses in der Zulassungsentscheidung

Schwierige Interpretationsfragen wirft Art. 8 UVP-RL mit dem in ihm enthaltenen Berücksichtigungsgebot auf. Zweifel bestehen zunächst schon hinsichtlich der Frage, was Berücksichtigung finden soll, weil die Vorschrift nicht an die Bewertungsphase anknüpft, sondern bestimmt, dass die Ergebnisse der Anhörungen und die nach den Art. 5, 6 und 7 »eingeholten Angaben« im Rahmen des Genehmigungsverfahrens zu berücksichtigen sind. Zu berücksichtigen wäre mithin nach dem Wortlaut der Bestimmung nicht das Ergebnis der UVP, sondern das Material, das vom Projektträger, von den beteiligten Behörden und der Öffentlichkeit in der Ermittlungsphase zusammengetragen worden ist und nur als Grundlage der Beschreibung und Bewertung der Umweltauswirkungen des Projekts zu dienen hat. Eine an ihrem Zweck ausgerichtete Auslegung der Bestimmung ergibt aber, dass Gegenstand des Berücksichtigens nur das nach Abschluß der eigentlichen UVP als Ergebnis Gewonnene sein kann. Die Berücksichtigung dieses

Ergebnisses im Zulassungsverfahren leitet von der UVP in das »eigentliche« auf die Entscheidung gerichtete Zulassungsverfahren über, dessen Gestalt sich unbeeinflusst von der UVP-RL dann wieder allein nach innerstaatlichem Recht richtet. Die UVP tritt hier **in ihrer dienenden Funktion für das jeweilige Zulassungsverfahren** in Erscheinung. Das Gebot, das Ergebnis der UVP im Entscheidungsverfahren zu berücksichtigen, ersetzt oder präjudiziert nicht die Zulassungsentscheidung, führt also nicht etwa dazu, dass die Umweltbelange materiell mit einem bestimmten Gewicht im Sinne eines Voranges o. ä. in den Entscheidungsprozess einzustellen wären, sondern sichert, dass im Rahmen der Entscheidung überhaupt eine Auseinandersetzung mit den Umweltauswirkungen des Vorhabens stattfindet.

1.2 Wesentlicher Inhalt der UVP-Änderungsrichtlinie

16   Die UVP-Änderungsrichtlinie zielt im Wesentlichen auf eine Weiterentwicklung der Richtlinie von 1985 unter Berücksichtigung der mit ihrer Umsetzung und Anwendung gewonnen Erkenntnisse ab.[18] Nach dem 4. Erwägungsgrund der Änderungsrichtlinie sollen die Vorschriften für das Prüfverfahren präzisiert, ergänzt und verbessert werden. Es sind im Kern drei bedeutsame Änderungen auszumachen: die Erweiterung des sachlichen Anwendungsbereichs durch Aufnahme neuer Projektarten in den Anhängen I und II, die Festlegung von verbindlichen Kriterien für den Umgang der Mitgliedstaaten mit den Anhang II-Projekten in einem neuen Anhang III und schließlich eine Erweiterung der grenzüberschreitenden Behörden- und Öffentlichkeitsbeteiligung.[19] Die Projektkataloge der Anhänge I und II wurden erheblich erweitert. Anhang I enthält nun 21 Projektarten (vormals neun), Anhang II führt mit 82 Projektarten zwar nur eine neue ein, erweitert aber zuvor bereits bestehende. Gem. Art. 4 Abs. 2 UVP-RL haben die Mitgliedstaaten die Möglichkeit, entweder durch Einzelfallprüfung oder durch Festlegung von Schwellenwerten und Kriterien oder schließlich durch Kombination dieser beiden Verfahren zu entscheiden, in welchem Fall ein Anhang II-Projekt einer UVP zu unterziehen ist. Gleichzeitig wird klargestellt, dass die Mitgliedstaaten nicht befugt sind, eine Projektart nach Anhang II schlechthin von der UVP-Pflicht zu befreien. Die Entscheidungsverfahren müssen in jedem Fall den in Anhang III festgelegten Auswahlkriterien entsprechen. Die dortigen Kriterien betreffen Merkmale der Projekte, Standortkriterien sowie Merkmale der potenziellen Auswirkungen. Schließlich rechnet Anhang III auch die Kumulierung mit anderen Projekten zu den Kriterien für die Bestimmung der UVP-Pflicht und trägt damit der Rechtsprechung des *EuGH* Rechnung, die bereits zu der UVP-RL 1985 klargestellt hatte, dass die UVP-Pflicht nicht durch künstliche Segmentierung einzelner Elemente unterlaufen werden dürfe.[20]

---

18   Bericht der Kommission über die Durchführung der UVP-Richtlinie, KOM (93) 28 endg. v. 2.4.1993
19   vgl. *Becker*, NVwZ 1997, 1167 ff.; *Peters*, UPR 199, 294 ff.; *ders.*, UPR 2000, 172 ff.; *Staupe*, NVwZ 2000, 508 ff.
20   *EuGH*, v. 21.9.1999, Rs. C-392/96, Slg. 1999, I 5901.

1.3 Umsetzung der UVP-Richtlinie in deutsches Recht

Die UVP-RL stellte die deutschen Gesetzgebungsorgane[21] sowohl nach ihrem erstmaligen In-Kraft-Treten, als auch nach Verabschiedung der Änderungsrichtlinie vor nicht unbeträchtliche Schwierigkeiten, die in der föderalen Struktur Deutschlands,[22] in der bereits vorhandenen Regelungsdichte des deutschen Umweltrechts sowie in der weitreichenden Rechtszersplitterung in diesem Bereich begründet sind. Insbesondere die Entscheidung über die zu wählende Umsetzungkonzeption ließ zunächst lange auf sich warten, da mehrere Modelle hierfür in Betracht kamen. Diskutiert wurden (ursprünglich) die Verabschiedung eines umfassenden UVP-Gesetzes, der Erlass eines Stamm- oder Dachgesetzes mit zentralen Regelungen der Grundzüge und flankierenden Änderungen bestehender Fachgesetze, die Aufnahme der UVP in ein vorhandenes Leitgesetz, etwa des BNatSchG oder des VwVfG sowie schließlich die Änderung und Ergänzung aller betroffenen Fachgesetze. Im Herbst 1987, als bereits mehr als zwei Jahre seit Beginn der dreijährigen Umsetzungsfrist verstrichen waren, entschied der Bundesminister für Umwelt, die Richtlinie durch ein Stammgesetz und einige Änderungen bestehender Vorschriften der Fachgesetze umzusetzen.[23]

1.3.1 Umsetzungskonzeption des UVPG 1990

Nach dem auf dieser Grundlage mit dem Regierungsentwurf verfolgten und später auch gesetzgeberisch verwirklichten Konzept wurde die UVP im Wesentlichen durch ein **Umsetzungsgesetz** in die bestehenden fachgesetzlichen Zulassungsverfahren integriert. Dies entsprach einer Forderung des Deutschen Bundestages, bei der Regelung der UVP von der Einführung eigenständiger neuer Verfahren und Behörden abzusehen. Die Umsetzung der UVP-RL erforderte so einen Eingriff in 16 verschiedene Bundesgesetze. In Art. 1 UVPUmsG ist das sog. **Stammgesetz** verankert, das eigentliche UVP-Gesetz, das die allgemeinen Regelungen für die Durchführung der UVP systematisch aufführt und Gegenstand dieser Kommentierung ist. Es enthält die Begriffsbestimmungen, führt die UVP-pflichtigen Vorhaben auf und regelt das Prüfverfahren, allerdings nur als Mindeststandard unter dem Vorbehalt weitergehender Anforderungen in speziellen fachgesetzlichen Vorschriften des Bundes oder der Länder. Darüber hinaus enthält es Sonderregelungen für Linienbestimmungsverfahren nach dem Bundesfernstraßen- und Bundeswasserstraßengesetz, für Genehmigungsverfahren nach Luftverkehrsgesetz, für Raumordnungsverfahren, für die Bauleitplanung, für bergrechtliche Verfahren sowie für Flurbereinigungsverfahren. Art. 2–12 UVPUmsG enthalten daneben die zahlreichen **Änderungen der Fachgesetze**, nämlich des Bundes-Immissionsschutzgesetzes, des Atomgesetzes, des Abfallgesetzes, des Wasserhaushaltsgesetzes, des Bundesnaturschutzgesetzes, des Bundesfernstraßengesetzes, des Bundeswassergesetzes, des Bundesbahnge-

---

21 Zur Umsetzung der UVP-Richtlinie in den übrigen Staaten der EG vgl. *Erbguth/Schink*, UVPG, Einl. Rn. 29 ff.; *Coenen/Jörissen*, UVP.
22 Zu den Fragen der innerstaatlichen Kompetenzverteilung bei der Umsetzung der UVP-Richtlinie vgl. näher *Erbguth/Schink*, UVPG, Einl. Rn. 49 ff.
23 Zur Umsetzungsdiskussion vgl. *Bartlsperger*, DVBl. 1987, 1 ff.; *Bohne*, ZAU 1990, 341 ff.; *Bunge*, DVBl. 1987, 819 ff.; *Erbguth*, DÖV 1988, 481 ff.; *Der Rat von Sachverständigen für Umweltfragen*, DVBl. 1988, 21 ff.; *Schmidt-Aßmann*, FS für Doehring, 1989, 889 ff.; *Steinberg*, DVBl. 1988, 995 ff.; *Wahl*, DÖV 1988, 86 ff.; *Weber*, UPR 1988, 206 ff.; *Winter*, NuR 1989, 197 ff.

setzes, des Personenbeförderungsgesetzes, des Versuchsanlagengesetzes und des Luftverkehrsgesetzes. Schließlich wurden zur Anpassung des innerstaatlichen Rechts an die Vorgaben der UVP-RL außerhalb des Umsetzungsgesetzes zwei Bundesgesetze unmittelbar geändert: das Raumordnungsgesetz[24] und das Bundesberggesetz.[25]

19 Nach wie vor ergeben sich primär die materiellen und verfahrensmäßigen Anforderungen an ein UVP-pflichtiges Vorhaben aus den jeweils einschlägigen Fachgesetzen. Diese enthalten über die erfolgten Änderungsbestimmungen auch die Regelungen über die UVP. Die Verfahrensbestimmungen der §§ 5–14 UVPG haben dabei grundsätzlich nur subsidiäre Bedeutung als Auffangbestimmungen. Diese Umsetzungskonzeption ist das Ergebnis des Bemühens der Gesetzgebungsorgane, grundlegende Änderungen bestehender Rechts- und Verwaltungsstrukturen zu vermeiden, soweit sich diese in der Vergangenheit als zweckmäßig erwiesen haben und geeignet sind, eine UVP als Verfahrensbestandteil aufzunehmen.

1.3.2 Das zum UVPG 1990 führende Gesetzgebungsverfahren

20 Erste Gesetzesentwürfe zur Umsetzung der UVP-RL wurden erst im Jahre 1988 kurz vor Ablauf der Umsetzungsfrist vorgelegt, und zwar von der Fraktion der Grünen am 19. 2. 1988[26] und dann von der Regierung am 29. 6. 1988.[27] Mit mehr als 60 Änderungsvorschlägen nahm der Bundesrat im September zum Regierungsentwurf Stellung.[28] Einzelne dieser Vorschläge wurden von der Bundesregierung in ihrer Gegenäußerung von Januar 1989 aufgenommen.[29] Nach Durchführung einer öffentlichen Anhörung im April 1989 empfahl der Umweltausschuss des Bundestages den Regierungsentwurf in veränderter Fassung anzunehmen. Auf seine Empfehlung gehen etwa die Formel »im Hinblick auf eine wirksame Umweltvorsorge« in § 12 UVPG sowie die Ausdehnung des Kreises der UVP-pflichtigen Vorhaben zurück.[30] Der Bundestag folgte der Empfehlung des Umweltausschusses am 16. 11. 1989;[31] der Bundesrat stimmte am 21. 12. 1989 zu.[32] Das Gesetz wurde am 12. 2. 1990 unterzeichnet und am 20. 2. 1990 verkündet.

1.3.3 Das zum Artikelgesetz 2001 führende Gesetzgebungsverfahren

21 Die Umsetzung der UVP-Änderungsrichtlinie gestaltete sich in Deutschland von Anfang an als ein äußerst schwieriges Unterfangen, da zunächst die Absicht bestand, diese Richtlinie zusammen mit der **IVU-Richtlinie** im Rahmen des ehrgeizigen Projektes eines Ersten Buches zum **Umweltgesetzbuch (UGB I)** in das nationale Recht zu integrieren. Dieser Ansatz, der bereits frühzeitig kritische Fragen nach der Gesetzgebungskompetenz des Bundes aufgeworfen hatte, zeigte sich am Ende als verfehlt. Im Rahmen der Ressort-

---

24 Gesetz zur Änderung des Raumordnungsgesetzes vom 11. 7. 1989 (BGBl. I S. 1417); zur weiteren Rechtsentwicklung siehe unten § 16 Rn. 9 ff.
25 Gesetz zur Änderung des Bundesberggesetzes vom 12. 2. 1990 (BGBl. I S. 215).
26 BT-Drs. 11/1844.
27 BT-Drs. 11/3919.
28 BT-Drs. 11/3919 S. 34 ff.
29 BT-Drs. 11/3919 S. 47 ff.
30 Vgl. wegen der Einzelheiten BT-Drs. 11/5532.
31 BT-Prot. 11/13397 D ff.
32 BR-Drs. 687/89.

1 Entstehung des UVP-Gesetzes

abstimmung innerhalb der Bundesregierung zum Referentenentwurf[33] des UGB I setzten sich die kompetenzrechtlichen Bedenken durch.[34] Das Projekt wurde verworfen. Nunmehr galt es, unter erheblichem Zeitdruck angesichts der bereits abgelaufenen Umsetzungsfristen für beide Richtlinien ein sog. Artikelgesetz zu verabschieden, mit dem eine ganze Reihe geltender Umwelt- und sonstiger Gesetze geändert werden sollten. Gleichzeitig wurde die Notwendigkeit des Artikelgesetzes zum Anlass genommen, weitere Defizite in der Umsetzung umweltrechtlicher EU-Richtlinien (aus abfallrechtlichen Richtlinien sowie aus der Umweltinformationsrichtlinie) abzubauen. Im November 2000 wurde der Entwurf des Artikelgesetzes von der Bundesregierung dem Bundesrat zugeleitet,[35] etwa zeitgleich wurde die Gesetzesvorlage von den Fraktionen der Regierungskoalition in den Bundestag eingebracht,[36] der den Entwurf am 16.11.2000 an die zuständigen Ausschüsse verwies.[37] Mit ca. 350 Änderungsanträgen seiner Ausschüsse leitete der Bundesrat ein zunächst unverdauliches Paket dem Bundestag zu, bevor er dann am 21.12.2000 eine deutlich reduzierte Stellungnahme nachlieferte, mit der er darauf drängte, dass sich das Artikelgesetz auf die zur Umsetzung der EG-Richtlinien notwendigen Regelungen beschränken solle, der Vollzugsaufwand des Gesetzes minimiert werden müsse und eine Privilegierung ökoauditierter Betriebe stattfinden solle.[38] Die Bundesregierung widersprach dieser Stellungnahme nur unter Hinweis auf das Erfordernis, auch die Rechtsprechung des EuGH zur UVP-Richtlinie beachten und umsetzen zu müssen, sah im übrigen aber die beiden anderen Forderungen in ihrem Entwurf als ausreichend berücksichtigt an.[39] Die Sachverständigen- und Verbändeanhörung, die der BT-Ausschuss für Umwelt, Naturschutz und Reaktorsicherheit durchführte, brachte keine wesentlichen Änderungen des Entwurf des Artikelgesetzes, obwohl vor allem seitens der Industrieverbände vielfältige Kritik geübt worden war.[40] Das Artikelgesetz wurde schließlich am 27.7.2001 ohne wesentliche Änderungen gegenüber dem Regierungsentwurf verabschiedet und trat am 3.8.2001 in Kraft.

1.3.4 Umsetzung durch die Länder

Unter der föderalen Ordnung des Grundgesetzes stehen neben dem Bund auch die Länder in der Pflicht,[41] Richtlinien der EG umzusetzen, soweit die Umsetzung kraft ländereigener Gesetzgebungskompetenzen in ihren Bereich fällt. Im Anwendungsbereich der UVP-RL kommen Länderzuständigkeiten und damit Umsetzungspflichten

22

---

33 Abgedr. in: *Rengeling* (Hrsg.), Auf dem Weg zum UGB I, 1999, 273 ff.; dazu *Schmidt-Preuß*, ebd. 115 ff.; *ders*,. DVBl 1999, 857 ff.
34 Vgl. *Feldmann*, DVBl 2001, 589 ff.; s. a. die Beiträge in *Rengeling* (Hrsg.), Auf dem Weg zum UGB I, 1999; ferner: *Wasielewski*, in: GfU, Dokumentation Sondertagung 1999, S. 8 ff.
35 BR-Drs. 674/00 v. 10.11.2000.
36 BT-Drs. 14/4599 v. 14.11.2000.
37 Plenarprot. 14/133 v. 16.11.2000, S. 12818.
38 BT-Drs. 14/52 v. 31.1.2001, Anl. 2, S. 6.
39 BT-Drs. 14/5204 v. 31.1.2001.
40 Ausschuss-Drs. 14/458
41 Allerdings nicht gemeinschaftsrechtlich, sondern kraft verfassungsrechtlich vermittelter Pflichten, namentlich aus der Pflicht zu bundesfreundlichem Verhalten. Die EG (EU) ist »landesblind«; im Verhältnis zu ihr gibt es nur Mitgliedstaaten, die durch die zentralstaatliche Ebene repräsentiert werden. Zu Kompetenzverschiebungen im Bund-Länder-Verhältnis kann EG-Recht daher nicht führen. Vgl. auch die Vorauflage, Vorbemerkungen Rn. 27.

Vorbemerkungen 1 *Entstehung des UVP-Gesetzes*

in Bezug auf solche Vorhaben in Betracht, deren Zulassung zu regeln (auch) Ländersache ist. Dies ist im Bereich der von Anhang I der UVP-RL erfassten Projekte auch in der geänderten Fassung der UVP-RL nicht der Fall; unter den in Anhang II der UVP-RL aufgeführten Projekten gibt es aber einige, deren Zulassungsverfahrensverfahren sich nach Landesrecht bestimmt (etwa: Abgrabungsvorhaben); für sie besteht Umsetzungsbedarf. Nach der Überleitungsvorschrift des § 25 Abs. 5 UVPG haben die Länder eine dem § 3 d UVPG entsprechende Regelung unverzüglich, spätestens jedoch innerhalb von zwei Jahren nach Inkrafttreten zu erlassen. Bis zu diesem Zeitpunkt gilt die Regelung des § 3 d in den Ländern mit der Maßgabe, dass in den Fällen, in denen in der Anlage 1 des Gesetzes für bestimmte Vorhaben eine Verpflichtung zur Durchführung der UVP nach Landesrecht vorgesehen ist, die UVP nach Vorprüfung im Einzelfall durchzuführen ist. Im Übrigen sind die Länder gehalten, Bundesrahmenrecht vollzugsfähig auszugestalten. Da dem Bund nur Rahmenkompetenzen nach Art. 75 GG für das Wasserhaushaltsgesetz, für das Naturschutzrecht sowie für das Raumordnungsrecht zusteht, erscheint es erforderlich, dass die Länder die entsprechenden Verfahren der UVP-pflichtigen Vorhaben landesrechtlich ausgestalten und so die – wegen der eingeschränkten Kompetenzreichweite – rudimentären Regelungen des Bundes in diesen Bereichen ausfüllen. Schließlich sind die Länder verpflichtet, die nach § 14 UVPG vorgesehene federführende Behörde zu bestimmen und diesbezüglich festzulegen, ob jene Behörden auch die Behörden- und Öffentlichkeitsbeteiligung durchführen sollen.

1.4 Überblick über das UVP-Gesetz

23 Das UVP-Gesetz enthält die wesentlichen und grundlegenden Regelungen, die von einer ganzen Reihe weiterer paralleler Vorschriften in anderen Bundesgesetzen flankiert werden. Es regelt neben der Festlegung der UVP-pflichtigen Vorhaben vor allem die einzelnen Phasen und Schritte des Prüfverfahrens sowie Standort und Stellenwert der UVP im Zulassungsverfahren. Das UVP-Gesetz greift den Verfahrens- und Projektbezug der UVP-RL auf und bestimmt die UVP zum **unselbständigen Teil bestehender verwaltungsbehördlicher Zulassungsverfahren** (§ 2 Abs. 1 Satz 1 UVPG). Vorgeschaltete Programme und Pläne, die nicht unmittelbar auf die Zulassung eines Vorhabens gerichtet sind (z.B. Landschaftspläne, Raumordnungspläne, Abfallwirtschaftspläne), unterliegen grundsätzlich keiner UVP-Pflicht. Durchbrechungen erfährt dieser Grundsatz in den §§ 13, 15, 16 und 17 UVPG wonach Teilzulassungen sowie bestimmte, der Zulassung vorgelagerte Entscheidungen (etwa über einen Standort oder eine Trasse), ebenfalls einer UVP unterliegen. § 3 UVPG bestimmt im Übrigen den Anwendungsbereich des Gesetzes durch den Verweis auf eine abschließende Aufzählung bestimmter Vorhaben in Anlage 1 sowie durch hierauf bezogene Verfahrensregelungen in den §§ 3 b-3 f. Die UVP umfasst nach § 2 Abs. 1 Satz 2 UVPG die **Ermittlung, Beschreibung und Bewertung** der Auswirkungen eines Vorhabens auf Menschen, Tiere, Pflanzen, Boden, Wasser, Luft, Klima, Landschaft, Kultur- und Sachgüter einschließlich der jeweiligen Wechselwirkungen. Wird über die Zulässigkeit eines Vorhabens in mehreren Verfahren entschieden, werden die in diesen Verfahren durchgeführten Teilprüfungen zu einer Gesamtbewertung aller Umweltauswirkungen, einschließlich der Wechselwirkungen, zusammengefasst (§ 2 Abs. 1 Satz 4 UVPG). Hierzu bestimmen die Länder eine sog. federführende Behörde (§ 14 UVPG). § 4 UVPG regelt den grundsätzlichen **Vorrang fachspezifischer Rechtsvorschriften** gegenüber den Regelungen des UVP-Gesetzes.

1 Entstehung des UVP-Gesetzes   *Vorbemerkungen*

Der Verfahrensablauf der UVP ist in den §§ 5–12 geregelt: die Eröffnung des Prüfverfahrens durch die Unterrichtung über voraussichtlich beizubringende Unterlagen in § 5 UVPG, die Mitwirkungspflichten der Projektträger bei der Beschaffung der prüfrelevanten Unterlagen in § 6 UVPG, die Beteiligung der Behörden, deren Aufgabenbereich durch das Vorhaben betroffen wird, in § 7 UVPG, die Regelung der grenzüberschreitenden Behördenbeteiligung in § 8 UVPG, die Einbeziehung der Öffentlichkeit in § 9 UVPG, die grenzüberschreitende Öffentlichkeitsbeteiligung in § 9a UVPG, die grenzüberschreitende Behörden- und Öffentlichkeitsbeteiligung bei ausländischen Vorhaben in § 9b UVPG, Regelungen zu Geheimhaltung und Datenschutz in § 10 UVPG, die zusammenfassende Darstellung der Umweltauswirkungen in § 11 UVPG und schließlich die Bewertung der Umweltauswirkungen als der das UVP-Verfahren abschließende Schritt sowie die Anordnung, dass und in welcher Weise dieses UVP-Ergebnis bei der anschließenden Zulassungsentscheidung zu berücksichtigen ist, beides in § 12 UVPG. § 13 UVPG enthält Bestimmungen, wie die UVP im sog. gestuften Verwaltungsverfahren, also im Rahmen der auf Vorbescheid und Teilgenehmigung gerichteten Verfahren, durchzuführen ist. § 14 UVPG regelt die Einrichtung einer federführenden Behörde (Ländersache), § 15–19 UVPG enthalten Sonderregelungen für verschiedene Verfahren, für das Linienbestimmungsverfahren nach Bundesfernstraßenrecht, für die luftverkehrsrechtliche Genehmigung von Flugplätzen, für das Raumordnungsverfahren, für die Bauleitplanung, für bergrechtliche Verfahren – hier finden die Verfahrensvorschriften des UVP-Gesetzes keine Anwendung, da sie in das Bundesberggesetz integriert wurden – und schließlich für das Flurbereinigungsverfahren. § 20 bis 23 UVPG enthalten Vorschriften für bestimmte Leitungsanlagen und andere Anlagen, für die das Fachrecht keine Zulassungsverfahren als Trägerverfahren der UVP bereithält, § 24 UVPG enthält eine Ermächtigungsgrundlage für Verwaltungsvorschriften, die das Gesetz anwendungsfähig ausgestalten sollen und § 25 UVPG regelt schließlich die Übergangsvorschriften.

1.5 UVPG in der Neufassung 2001

Die UVP ist in der Neufassung des UVPG erheblich gestärkt worden. Von besonderer Bedeutung ist hierbei insbesondere die deutliche **Ausdehnung der UVP-Pflichtigkeit** auf bisher hiervon nicht erfasste Vorhaben. Gem. § 3b Abs. 1 UVPG besteht eine UVP-Pflicht für alle Vorhaben der Anlage 1, wenn die Projektmerkmale erfüllt sind und ggf. bestehende Größen- und Leistungswerte erreicht werden. Anlage 1 enthält zwei Spalten. Alle mit einem »X« gekennzeichneten Vorhaben der Spalte 1 sind zwingend UVP-pflichtig. Die Vorhaben der Spalte 2 sind es dagegen nur, wenn sie sich entweder nach einer allgemeinen oder standortbezogenen Einzelfallprüfung der Behörde als UVP-pflichtig erweisen, wobei Spalte 2 mit »A« bzw. »S« kennzeichnet, ob die Einzelfallprüfung nach allgemeinen oder standortbezogenen Gesichtspunkten zu erfolgen hat. Größen- und Leistungswerte bestimmen bei Spalte-2-Projekten, ob eine UVP-Prüfung definitiv nicht zu erfolgen hat. Werden Vorhaben in der Spalte 2 mit »L« gekennzeichnet, so bestimmt das Landesrecht die UVP-Pflichtigkeit. Die Umsetzung von Art. 4 UVP-RL (neu) ist somit im deutschen Recht dem kombinierten Ansatz gefolgt, der für die Anhang-II-Projekte der Richtlinie eine Einzelfalluntersuchung, eine Entscheidung nach Schwellenwerten oder eben eine Kombination beider Verfahren erlaubt. Im Zusammenhang mit dieser Neuregelung steht das sog. **Screening**, also das Vorprüfungsverfahren nach § 3c UVPG, das von der zuständigen Behörde verlangt, auf der Grundlage einer überschlägigen Prüfung nach den Maßstäben der in Anlage 2 aufgeführten Kriterien eine Einschätzung herbeizuführen, ob das Vorhaben erhebliche nachteilige Umweltauswirkungen haben kann; wird die Umweltrelevanz in diesem Sinne bejaht, ist das Zulassungsverfahren für das betreffende Vorhaben mit integrierter UVP durchzuführen. Weitere Änderungen betreffen die Frage, wann Änderungen oder Erweiterungen von Vorhaben zu einem »Hineinwachsen« in eine UVP-Pflicht führen (§ 3b Abs. 3 UVPG), wann eine Summation schädlicher Auswirkungen durch mehrere im engen Zusammenhang stehende Vorhaben zu berücksichtigen sind (§ 3b Abs. 2 UVPG) sowie die Fortentwicklung des UVP-Verfahrensrechts durch Einführung eines neuen Planfeststellungsverfahrens mit UVP für bestimmte Vorhaben, für die nach alter Rechtslage kein UVP-Trägerverfahren zur Verfügung stand (§§ 20–23 UVPG) sowie durch Änderung der Regelungen über das sog. Scoping (§ 5 UVPG), über die Unterlagenbeibringungslast des Vorhabenträgers (§ 6 UVPG) und über die grenzüberschreitende Behörden- und Öffentlichkeitsbeteiligung (§§ 8, 9a UVPG).[42]

1.6 UVPG und Fachgesetze

25   Art. 2–12 UVPUmsG (1990) enthielten die Anpassungen der betroffenen Bundesgesetze, des Bundes-Immissionsschutzgesetzes, Atomgesetzes, Abfallgesetzes, Wasserhaushaltsgesetzes, Bundesnaturschutzgesetzes, Fernstraßengesetzes, Bundeswasserstraßengesetzes, Bundesbahngesetzes, Personenbeförderungsgesetzes, Versuchsanlagengesetzes und Luftverkehrsgesetzes. Die Regelungen des UVPG wurden durch diese Anpassungen nicht im Einzelnen wiederholt. Die Anpassungen beschränken sich auf das Notwendigste. Sie sollten nur sicherstellen, dass die Umwelt- und Verkehrsplanungsgesetze zwar erkennbar werden lassen, wann ein Vorhaben in ihrem Anwendungsbereich UVP-pflichtig ist, aber im Übrigen auch nach Einführung der UVP aus sich heraus lesbar und verständlich bleiben.[43] Diesem Konzept folgend waren im Artikelgesetz (2001) die fachgesetzlichen Bestimmungen ebenfalls nach den Vorgaben der UVP-Änderungsrichtlinie (und anderer EG-Richtlinien) anzupassen: Art. 2 enthält die Neuregelungen des Bundesimmissionsschutzgesetzes, Art. 3–6 normieren die Änderungen verschiedener BImSchVOen. Art. 7 regelt Änderungen des Wasserhaushaltsgesetzes, Art. 8 die nach der Deponierichtlinie und nach der IVU-Richtlinie erforderlichen Änderungen des Kreislaufwirtschafts- und Abfallgesetzes. Art. 9 und 10 betreffen die UVP im Atomrecht, Art. 11 die UVP im Baugesetzbuch und Art. 12 die UVP im Bundesnaturschutzrecht. Mit Art. 13–19 wurden die Anforderungen der UVP-Änderungsrichtlinie im Verkehrswegerecht umgesetzt, und die Art. 21 und 22 regeln schließlich Änderungen des Umweltinformationsrechts.

2 Die UVP in der Rechtsprechung des Europäischen Gerichtshofes

26   Der *EuGH* musste sich seit Erscheinen der Vorauflage mehrfach mit der Frage auseinander setzen, ob die Mitgliedstaaten die UVP-Richtlinie (1985) EU-konform in ihr nationales

---

42   Wegen der Einzelheiten wird auf die Kommentierung der jeweiligen Vorschriften verwiesen; vgl. auch *Koch/Siebel-Huffmann*, NVwZ 2001, 1081 ff.
43   Vgl. Begr. 11/3919, S. 16 f.

Recht umgesetzt haben. Dabei hat er mit seinen hierzu ergangenen Judikaten einige Kontroversen, die zuvor in der Bundesrepublik von Vertretern der Fachöffentlichkeit wie von Gerichten zu diesem Thema, aber auch allgemein zu Fragen der unmittelbaren Wirkung von Richtlinien und des Rechtsschutzes bei nicht oder unzureichend erfolgter Umsetzung von Richtlinien ausgetragen wurden, obsolet werden lassen und mit der seine Urteile mitunter kennzeichnenden Schlichtheit als höchst akademisch, ja teilweise als unerheblich entlarvt. Als Makulatur erscheint deshalb heute auch ein großer Teil der Ausführungen, die noch in der Vorauflage breiten Raum zur Abhandlung dieses Komplexes eingenommen haben.[44] Folgende Erkenntnisse lassen sich aus der Rechtsprechung des *EuGH* ohne größere Mühe ableiten: Die UVP-Richtlinie – soweit sie nicht ordnungsgemäß umgesetzt worden ist – erfüllt die Voraussetzungen, die der *EuGH* für die **unmittelbare Wirkung von Richtlinien** ausreichen lässt: sie ist inhaltlich unbedingt und hinreichend bestimmt;[45] gleiches hat nach den Maßstäben des *EuGH* auch für die Änderungsrichtlinie zu gelten.[46] Damit unterliegen Behörden und Gerichte der Mitgliedstaaten einer uneingeschränkten Pflicht, die UVP-Richtlinie anzuwenden. Dies gilt auch zu Lasten privater Vorhabenträger, womit sich der hiesige Meinungsstreit hinsichtlich der Frage der horizontalen Wirkung von Richtlinien ebenso erledigt haben dürfte, wie jedenfalls feststeht, dass eine belastende Drittwirkung der unmittelbaren Anwendung einer Richtlinie nicht entgegensteht. Der *EuGH* hat in der Großkrotzenburg-Entscheidung[47] die Frage der unmittelbaren Wirkung einer Richtlinie von der Notwendigkeit der Begünstigung Einzelner und damit von der nach deutschem Recht naheliegenden Voraussetzung einer aus der Richtlinie abzuleitenden subjektiven Rechtsposition abgekoppelt und die Bindung aller staatlichen Stellen an die Pflicht zur Anwendung der Richtlinienbestimmungen allein objektivrechtlich begründet. Nach Ablauf der für die UVP-Änderungsrichtlinie maßgeblichen Umsetzungsfrist haben die meisten Bundesländer auf der Grundlage einer entsprechenden Empfehlung des BMU Umsetzungserlasse für die Übergangszeit geschaffen, um die unmittelbare Anwendung der Änderungsrichtlinie in der Verwaltungspraxis zu vereinheitlichen und zu erleichtern.[48]

Die Frage nach der Anwendbarkeit EG-rechtswidriger Übergangsregelungen ist für die Rechtsfolgen einer gegen die UVP-RL verstoßenden Übergangsregelung des UVPG bereits frühzeitig gestellt worden. Der *EuGH* hat auf einen Vorlagebeschluss des *Bay. VGH* vom 5.11.1992 entschieden, dass die Übergangsregelung in § 22 UVPG jedenfalls insoweit gegen Art. 12 Abs. 1 UVP-RL verstoße, als mit ihr Vorhaben, die nach Ablauf der in Art. 12 Abs. 1 UVP-RL bestimmten Umsetzungsfrist aber vor In-Kraft-Treten des verspätet umgesetzten UVP-Gesetzes eingeleitet wurden, von der UVP-Pflicht ausgenommen werden.[49] Der *EuGH* hat dabei Art. 12 Abs. 1 UVP-RL dahingehend ausgelegt, dass jedenfalls

---

44 Vgl. dort Vorbemerkungen, Rn. 24–42.
45 *EuGH*, v. 11.8.1995 – Rs. C-431/92 (Großkrotzenburg), NVwZ 1996, 369 m. Anm. *Calliess*, NVwZ 1996, 339, im Anschluss an die Costanzo-Entscheidung des *EuGH*, v. 22.6.1989 – Rs. 103/88 –, Slg. 1989, 1839ff.; zuvor schon: *Schink*, NVwZ 1995, 953 (958).
46 *Peters*, UPR 2000, 172; *Staupe*, NVwZ 2000, 508 (510); *Schmidt-Preuß*, NVwZ 200, 252.
47 *EuGH*, v. 11.8.1995 – Rs. C-431/92 –, NVwZ 1996, 369.
48 So z. B.: Gem. Runderlass des Ministeriums für Umwelt, Raumordnung und Landwirtschaft sowie anderer Ministerien des Landes NW v. 27.7.1999, MBl. NW, 1083.
49 *EuGH*, v. 9.8.1994 – Rs. C-396/92 –, DVBl. 1994, 1126; vgl. auch den Vorlagebeschl. des *Bay. VGH* v. 5.11.1992 – 8 A 92.40017 u.a. –, DVBl. 1993, 165.; ferner: *BVerwG*, v. 12.12.1996 – 4 C 29/94 –, NVwZ 1997, 908ff.

alle nach Ablauf der Umsetzungsfrist (3.7.1988) neu eingeleiteten Verfahren UVP-pflichtiger Vorhaben einer UVP hätten unterzogen werden müssen.[50] Mehrfach hatte sich der *EuGH* mit der Frage auseinanderzusetzen, ob ein Mitgliedstaat im Hinblick auf die Anhang II-Projekte den in Art. 2 Abs. 1 und 4 Abs. 2 der UVP-RL eröffneten Ermessensspielraum richtlinienkonform ausgeübt hat.[51] Danach verleihen die genannten Bestimmungen den Mitgliedstaaten weder die Befugnis, bestimmte unter Anhang II fallende Klassen von Projekten von vornherein auszuschließen,[52] noch die Befugnis, Schwellenwerte so festzulegen, dass in der Praxis alle Vorhaben einer Projektart von der UVP-Pflicht ausgenommen wären.[53] In der Irland-Entscheidung[54] stellte der *EuGH* fest, dass der Gestaltungsraum der Mitgliedstaaten überschritten sei, wenn Schwellenwerte für Anhang-II-Projekte nur der Größe nach, nicht aber nach Art und Standort eines Projektes festgelegt würden. Auch Vorhaben geringerer Größe könnten sich nämlich auf Grund ihrer spezifischen Art oder auf Grund ihres Standortes erheblich auf die Umwelt auswirken. Im Lichte dieser Rechtsprechung sind die Neuregelungen im UVPG zur Bestimmung der UVP-Pflichtigkeit von Anhang-II-Vorhaben zu sehen.[55]

3 Rechtsschutz

28 Die UVP ist ein Verfahrensinstrument i. S. des § 44a VwGO. Aus diesem Grunde kann die Verletzung der für sie maßgeblichen Bestimmungen nicht selbständig, vor Abschluss des Zulassungsverfahrens, sondern erst im Rahmen der gerichtlichen Überprüfung der Zulassungsentscheidung gerügt werden. Damit sind zeitnahe Klagen zur Korrektur von Verfahrensfehlern – obwohl ihre Zulassung verfahrensökonomisch sinnvoll wäre – ausgeschlossen. Klage gegen die Zulassungsentscheidung kann im Übrigen nur erheben, wer die Verletzung eines subjektiven Rechts i. S. d. § 42 Abs. 2 VwGO geltend machen kann.[56] Die Frage der drittschützenden Wirkung der UVP-Vorschriften ist jedoch gerade äußerst zweifelhaft.

3.1 Rechtsschutz des Vorhabenträgers

29 Die Klagebefugnis des Vorhabenträgers[57] ist bei einer abschlägigen oder einschränkenden Zulassungsentscheidung problemlos gegeben. Wird die begehrte Zulassung verwehrt, weil der Vorhabenträger der Auffassung ist, sein Vorhaben unterliege nicht der UVP-Pflicht,

---

50 Vgl. dazu in der Vorauflage die Vorbemerkungen, Rn. 35; bestätigt in der Großkrotzenburg-Entscheidung des *EuGH*, v. 11.8.1995 – Rs. C-431/92 –, NVwZ 1996, 369.
51 *EuGH*, v. 24.10.1996 – Rs. C-72/95 –, DVBl. 1997, 40 ff.; v. 22.10.1998 – Rs. C-301/95 –, Slg. 1998, I-6135; v. 16.9.1999 – Rs. C-435/97 –, DVBl. 2000, L 214; v. 21.9.1999 – Rs. C-392/96.
52 *EuGH*, v. 22.10.1998 – Rs. C-301/95 –, Slg. 1998, I-6135; v. 16.9.1999 – Rs. C-435/97 –, DVBl. 2000, L 214.
53 *EuGH*, v. 24.10.1996 – Rs. C-72/95 –, DVBl. 1997, 40 ff.
54 *EuGH*; v. 21.9.1999 – Rs. C-392/96.
55 Vgl. oben Rn. 10.
56 Vgl. zur Schutznormlehre *Hoppe/Beckmann/Kauch*, Umweltrecht, § 11 Rn. 83, 113 ff.; *Beckmann*, DVBl. 1991, 358 (359); *Kloepfer*, Umweltrecht, § 8, Rn 17; *Schoch*, NVwZ 1999, 457 ff.; *Winter*, NVwZ 1999, 467 ff.
57 Vgl. vor allem *Beckmann*, NVwZ 1991, 427 ff.

und weil er dementsprechend darauf verzichtet hat, UVP-Unterlagen vorzulegen, kann ohne weiteres auf Erteilung einer positiven Zulassungsentscheidung geklagt werden. Entsprechendes gilt, wenn zwar die Frage der UVP-Pflicht übereinstimmend beurteilt wird, die Zulassungsbehörde aber überhöhte Anforderungen an das Verfahren, etwa an die Unterlagenbeibringungspflicht des Vorhabenträgers, richtet und dieser nicht bereit ist, dies zu akzeptieren. In diesen Fällen wirkt § 44 a VwGO als Hindernis, möglichst zeitnah im Rahmen des bereits laufenden, aber noch nicht abgeschlossenen Verfahrens gerichtliche Klärung über die Erfordernisse der UVP zu erlangen.

3.2 Rechtsschutz Dritter

Da die UVP nach § 1 UVPG ein Instrument zur Durchsetzung des Vorsorgeprinzips ist, dem nach h. M. **keine drittschützende Wirkung** zukommt,[58] wird allenfalls einzelnen UVP-Vorschriften – etwa über die Öffentlichkeitsbeteiligung[59] – ein dritt- oder nachbarschützender Charakter zugestanden.[60] Nach bisheriger Rechtsprechung verleiht das UVPG keine selbständige Klagebefugnis.[61] Danach hat der einzelne (Nachbar) keinen einklagbaren Anspruch auf Durchführung einer UVP im Rahmen der Zulassung eines UVP-pflichtigen Vorhabens. Den Mangel einer rechtswidrig unterlassenen UVP können aber Eigentümer, deren Flächen von einer Planung unmittelbar in Anspruch genommen werden, im Rahmen einer Anfechtungsklage rügen.[62] Für sie streitet der aus Art. 14 Abs. 3 GG abzuleitende Anspruch auf gesetzmäßige Enteignung. Hierauf gestützt können die Betroffenen die Verletzung des Abwägungsgebotes mit der Begründung geltend machen, die Auswirkungen des jeweiligen Vorhabens auf die Umwelt seien nicht den Anforderungen der §§ 5–12 UVPG entsprechend ermittelt, beschrieben und bewertet und mit dem ihnen zukommenden Gewicht in die Abwägung eingestellt worden. Das Unterbleiben einer UVP führt in diesen Fällen allerdings nicht in jedem Fall zur Aufhebung des Planfeststellungsbeschlusses, sondern nur dann, wenn nicht ausgeschlossen werden kann, dass der Verfahrensfehler zu einem Abwägungsmangel geführt hat. Eine Aufhebung des angefochtenen Planfeststellungsbeschlusses kommt also nur in Betracht, wenn nach den Umständen des jeweiligen Falles die konkrete Möglichkeit besteht, dass ohne den Mangel eine andere Entscheidung der Planungsbehörde ergangen wäre.[63]

30

---

58 Daher ausdr. anders vorgesehen in § 44 UGB-KomE, S. 532.
59 *Erbguth/Schink*, UVPG, Einl. Rn. 118.
60 Vgl. *Jarass*, UVP bei Industrievorhaben, S. 99 ff.; *Erbguth/Schink*, UVPG, Einl. Rn. 117, 119; *Dohle*, NVwZ 1989, 697 (705); *Beckmann*, DVBl. 1991, 358 (361); *Steinberg*, DÖV 1996, 221 (229 ff.).
61 *BayVGH*, v. 26.1.1993 – 8 A 92. 40143 –, NVwZ 1993, 906; *OVG Saarl.*, v. 25.3.1994 – 8 Q 1/94 –, amtl. Umdr. S. 34; offengelassen in Hinblick auf die Bestimmungen der §§ 9 u. 11 UVPG *BVerwG*, v. 30.10.1992 – 4 A 4.92 –, amtl. Umdr. S. 7 ff.
62 *Bay VGH*, v. 5.11.1992 – 8 A 92.40017 u. a. –, DVBl. 1993, 165 f.; *ders.*, v. 5.7.1994 – 8 A 93.40056 u. a. –, DVBl. 1994, 1198 ff.; allg. *Kühling*, Fachplanungsrecht, Rn. 399 ff.
63 Vgl. zusammenfassend zum erforderlichen »Kausalzusammenhang« *BVerwG*, v. 23.2.1994 – 4 B 35.94 –, DVBl. 1994, 763 m. w. Nachw.; ausdrücklich zum Kausalitätserfordernis einer fehlenden UVP *BVerwG* v. 25.1.1996 – 4 C 5.95 – E 100, 388 (390); v. 21.3.1996 – 4 C 19.94 – NuR 1996, 589 mit krit. Anm. von *Erbguth*, NuR 1997, 261 ff.; ferner: *BVerwG*, v. 29.5.2000 – 11 B 65/99 –, juris WBRE 410006955; vgl. insgesamt zur UVP in der Rspr. *Hien*, NVwZ 1997, 422 ff.

4 UVP für Pläne und Programme

31 Die EU-Richtlinie über die Prüfung der Umweltauswirkungen bestimmter Pläne und Programme (2001/42/EG) wurde nach langer Beratung am 27.6.2001 verabschiedet.[64] Sie fordert von den Mitgliedstaaten die Durchführung einer »**Plan-UVP**« bei allen Plänen und Programmen, die von einer nationalen, regionalen oder lokalen Behörde in den Bereichen Landwirtschaft, Forstwirtschaft, Fischerei, Energie, Industrie, Verkehr, Abfallwirtschaft, Wasserwirtschaft, Telekommunikation, Fremdenverkehr, Raumordnung oder Bodennutzung ausgearbeitet werden und damit den planungsrechtlichen Rahmen für die künftige Zulassung der in den Anhängen I und II der UVP-RL aufgeführten Projekte setzen oder bei denen angesichts der voraussichtlichen Auswirkungen auf Gebiete eine Prüfung nach Art. 6 und 7 der FFH-Richtlinie[65] für erforderlich erachtet wird (Art. 3 Abs. 2). Die Plan-UVP ist vor der »Annahme« (förmliche Aufstellung) eines Planes oder Programmes bzw. vor deren Einbringung in ein Gesetzgebungsverfahren im Zuge der Ausarbeitung durchzuführen (Art. 4 Abs. 1). Die voraussichtlichen erheblichen Umweltauswirkungen sowie »vernünftige Alternativen« sind zu ermitteln, zu beschreiben und zu bewerten und in einem **Umweltbericht** zu dokumentieren (Art. 5 Abs. 1); dieser ist sodann Gegenstand einer sehr weit reichenden Öffentlichkeits- und Behördenbeteiligung (Art. 6). Sofern die Durchführung eines Plans oder eines Programms erhebliche Auswirkungen auf die Umwelt eines anderen Mitgliedstaates erwarten lässt, sind die Planungsentwürfe und der Umweltbericht an diesen zu übersenden; auf Wunsch des betroffenen Mitgliedstaates sind grenzüberschreitende Konsultationen zu führen (Art. 7). Den am Konsultationsprozess Beteiligten ist die Annahme des Plans oder Programms mit einer begründenden Erläuterung bekannt zu geben (Art. 9). Die Mitgliedstaaten haben die erheblichen Auswirkungen der Durchführung der Pläne und Programme auf die Umwelt zu überwachen, um frühzeitig unvorhergesehene negative Auswirkungen zu ermitteln und um in der Lage zu sein, in geeigneter Weise Abhilfe zu schaffen (Art. 10). Die Mitgliedstaaten haben die Richtlinie bis zum 21.7.2004 in nationales Recht umzusetzen (Art. 13).[66]

---

64 ABl. L 197 v. 21.7.2001, 30; zur Entstehungsgeschichte ausführlich *Wagner* in der Vorauflage, Vorbemerkungen, Rn. 61 ff.; *Ziekow,* UPR 1999, 287 ff.
65 Richtlinie 92/43/EWG v. 21.5.1992 zur Erhaltung der natürlichen Lebensräume sowie der wildlebenden Tiere und Pflanzen, ABl. L 206 v. 22.7.1992, 7; zul. geänd. durch die Richtlinie 97/62/EG, ABl. L 305 v. 8.11.97, 42.
66 Zu Fragen der Umsetzung in nationales Recht vgl. *Schmidt/Rütz/Bier,* DVBl. 2002, 357 ff.

Teil 1 Umweltverträglichkeitsprüfung in verwaltungsbehördlichen Verfahren

Abschnitt 1 Allgemeine Vorschriften

§ 1 Zweck des Gesetzes

Zweck dieses Gesetzes ist es sicherzustellen, dass bei bestimmten öffentlichen und privaten Vorhaben zur wirksamen Umweltvorsorge nach einheitlichen Grundsätzen
1. die Auswirkungen auf die Umwelt frühzeitig und umfassend ermittelt, beschrieben und bewertet werden,
2. das Ergebnis der Umweltverträglichkeitsprüfung so früh wie möglich bei allen behördlichen Entscheidungen über die Zulässigkeit berücksichtigt wird.

Übersicht		Rn.			Rn.
1	Allgemeines	1	2.3	Einheitliche Grundsätze für die UVP	28
1.1	Funktion der Vorschrift	1	2.4	Gegenstand, Ablauf, Zeitpunkt und Umfang der UVP (Nr. 1)	29
1.2	Gesetzesgeschichte	2			
1.2.1	Innerstaatliche Entstehung	3	2.4.1	Umweltauswirkungen	30
1.2.2	Vorgaben der UVP-Änderungsrichtlinie	4	2.4.2	Prüfschritte	31
			2.4.3	Frühzeitigkeit	32
1.2.3	Vorgaben der IVU-Richtlinie	12	2.4.4	Umfassender Prüfcharakter	34
2	Zweck des Gesetzes	16	2.5	Zusammenhang zwischen UVP-Ergebnis und Zulassungsentscheidung (Nr. 2)	36
2.1	Gegenstand der Prüfung	17			
2.2	Wirksame Umweltvorsorge	18			
2.2.1	Vorsorge als Leitbild der Umweltpolitik	20	2.5.1	Ergebnisorientiertheit der UVP	37
2.2.2	Vorsorge als Prinzip des Umweltrechts	21	2.5.2	Grundsatz der frühestmöglichen Berücksichtigung des UVP-Ergebnisses	38
2.2.3	UVP als wirksames Vorsorgeinstrument	25			

1 Allgemeines

1.1 Funktion der Vorschrift

Die Bestimmung des § 1 folgt der aus den Umweltfachgesetzen[1] bekannten Regelungstechnik, die mit dem jeweiligen Normwerk verfolgten gesetzgeberischen Zwecke in einer einleitenden Vorschrift zum Ausdruck zu bringen. In diesem Sinne erfüllt § 1 die Funktion, die wesentlichen Zielsetzungen des UVPG in einer auf die maßgeblichen

1 Vgl. z.B. §§ 1 BImSchG, 1 KrW-/AbfG, 1 AtG, 1 BBodSchG, 2 PflSchG.

§ 1

Gesichtspunkte reduzierten **Grundnorm** für die Prüfung der Umweltverträglichkeit zusammenzufassen.[2] Die Vorschrift gibt in dieser Eigenschaft bereits erste Anhalts- und Orientierungspunkte für den Ablauf der UVP und setzt Maßstäbe für die Auslegung der nachfolgenden Bestimmungen des Gesetzes und der UVPVwV.[3]

1.2. Gesetzesgeschichte

2   Das am 3.8.2001 in Kraft getretene Artikelgesetz[4] dient in erster Linie der Umsetzung der UVP-Änderungsrichtlinie[5] sowie der IVU-Richtlinie.[6] Darüber hinaus wird im Zusammenhang mit dieser Richtlinie die Deponierichtlinie[7] in deutsches Recht umgesetzt, soweit dies auf gesetzlicher Ebene erforderlich ist. Ein wesentlicher Teil des Artikelgesetzes betrifft die Anpassung an die zwingenden Erfordernisse der UVP-Änderungsrichtlinie. Der Schwerpunkt der Umsetzung dieser EU-Richtlinie bezieht sich auf die Änderungen des in der Neufassung vom 5.9.2001[8] vorliegenden UVPG.

1.2.1 Innerstaatliche Entstehung

3   § 1 hat gegenüber seiner bisherigen Fassung eine Änderung insoweit erfahren, als die UVP-pflichtigen Vorhaben nicht mehr durch den Verweis auf die »Anlage zu § 3« angesprochen werden, sondern mit dem aus der Vollbezeichnung der UVP-Richtlinie bekannten Wortlaut. Der Verweis auf die »Anlage zu § 3« konnte nicht beibehalten werden, weil § 3 i. V. m. der Anlage 1 nur noch den Anwendungsbereich des UVPG regelt und sich die UVP-Pflicht letztlich erst aus den §§ 3a bis 3f ergibt.[9] Die Änderung des UVPG folgt grundsätzlich der bisherigen Konzeption dieses Gesetzes, da auch die UVP-Änderungsrichtlinie inhaltlich der Konzeption der UVP-Richtlinie folgt.[10]

1.2.2 Vorgaben der UVP-Änderungsrichtlinie

4   Die UVP-Änderungsrichtlinie zielt darauf ab, die UVP-Richtlinie unter Berücksichtigung der bei der Anwendung dieser Richtlinie gewonnenen Erfahrungen weiterzuentwickeln. Insbesondere sollen die Vorschriften für das Prüfverfahren deutlicher gefasst, ergänzt und verbessert werden, damit die Richtlinie in zunehmend harmonisierter Weise angewandt wird.[11] Einer Effizienzsteigerung der UVP dienen insbesondere folgende Maßnahmen: Die Regelung über den integrativen Prüfungsansatz wird inhaltlich neu gefasst und strukturiert (Art. 3). Es wird ein Scoping-Verfahren eingeführt, in dem

---

2   So bereits Begr. RegEntw. UVPG, BT-Drs. 11/3919, S. 20.
3   *Schoeneberg*, UVP, Rn. 71; *Bunge*, in: HdUVP, § 1 Rn. 2.
4   BGBl. I S. 1950.
5   Richtlinie 97/11 EG des Rates v. 3.3.1997 zur Änderung der Richtlinie 85/337/EWG über die Umweltverträglichkeitsprüfung bei bestimmten öffentlichen und privaten Projekten, ABlEG Nr. L 73, S. 5.
6   Richtlinie 96/61 EG des Rates v. 24.9.1996 über die integrierte Vermeidung und Verminderung der Umweltverschmutzung, ABlEG Nr. L 257, S. 26.
7   Richtlinie 1999/31 EG des Rates v. 26.4.1999 über Abfalldeponien, ABlEG Nr. L 182, S. 1.
8   BGBl. I S. 2350.
9   BT-Drs. 14/4599, S. 92.
10 BT-Drs. 14/4599, S. 65.
11 Vgl. dazu 4. Erwägungsgrund der UVP-Änderungsrichtlinie.

Zweck des Gesetzes § 1

Projektträger und Zulassungsbehörde eine Abstimmung über die bei Durchführung der UVP notwendigen Untersuchungen unter Einbeziehung der im Genehmigungsverfahren zu beteiligenden Fachbehörden herbeiführen sollen (Art. 5 Abs. 2). Die Verpflichtung zur Berücksichtigung der Ergebnisse der UVP wird präzisiert (Art. 8). Darüber hinaus wird es als erforderlich angesehen, die Liste der Projekte, die erhebliche Auswirkungen auf die Umwelt haben können und die aus diesem Grund einer UVP zu unterziehen sind, zu vervollständigen.[12] Zu diesem Zweck werden die Anhänge I und II der UVP-Richtlinie neu gefasst. Durch Aufnahme zusätzlicher und Erweiterung bestehender Projektarten wird hierbei der Anwendungsbereich der UVP erheblich ausgeweitet.[13]

Anliegen der UVP-Änderungsrichtlinie wie auch bereits der UVP-Richtlinie ist es, in einer dem Vorsorgeprinzip entsprechenden Weise darauf hinzuwirken, dass Umweltbelastungen von vornherein vermieden werden, statt sie erst nachträglich in ihren Auswirkungen zu bekämpfen. Deshalb sind bei allen technischen Planungs- und Entscheidungsprozessen die Auswirkungen auf die Umwelt so früh wie möglich zu berücksichtigen. Zur Verwirklichung dieser Zielsetzung ist ein spezifisches Prüfverfahren (Art. 3) im Hinblick auf bestimmte Projekte (Art. 1, 2 und 4) vorgesehen, das nähere Angaben des Projektträgers (Art. 5 und Anhang IV), die Beteiligung anderer Behörden, der Öffentlichkeit und anderer Mitgliedstaaten am Verfahren (Art. 6 und 7) sowie die Berücksichtigung der eingeholten Angaben im Rahmen des Genehmigungsverfahrens (Art. 8) erfordert. Ein so verstandenes Prüfverfahren dient auch dem Zweck, die unterschiedlichen Rechtsvorschriften, die in den einzelnen Mitgliedstaaten für die UVP gelten und zu ungleichen Wettbewerbsbedingungen führen können, zu harmonisieren.[14]

Gem. Art. 3 UVP-Änderungsrichtlinie identifiziert, beschreibt und bewertet die UVP in geeigneter Weise nach Maßgabe eines jeden Einzelfalles die unmittelbaren und mittelbaren Auswirkungen eines Projekts auf die genannten Umweltgüter einschließlich der Wechselwirkungen. Kennzeichen der UVP im Verständnis der Richtlinie ist danach die Abkehr von der einmedialen Betrachtung der Umweltgüter durch Hinwendung zu einem *medienübergreifenden* oder *integrativen* Umweltgüterschutz.[15] Diese Zielrichtung verfolgt auch das UVPG, das in diesem Zusammenhang deshalb ausdrücklich den *umfassenden* Prüfcharakter der UVP betont (§ 1 Nr. 1).[16] § 1 weicht in seinem Wortlaut zwar insoweit ab, als er nicht von *Identifizieren*, sondern von *Ermitteln* der Umweltauswirkungen spricht. Sachliche Differenzen ergeben sich aus der unterschiedlichen Wortwahl jedoch nicht.[17]

Rechtlich unerheblich ist es ferner, dass das UVPG im Gegensatz zur Richtlinie nicht verlangt, dass die Prüfung der Umweltverträglichkeit *in geeigneter Weise* zu erfolgen hat. Das Tatbestandsmerkmal ist als Vorgabe für die Mitgliedstaaten in dem Sinne zu

---

12 So 6. Erwägungsgrund der UVP-Änderungsrichtlinie.
13 BT-Drs. 14/4599, S. 65.; näher zum Inhalt der UVP-Änderungsrichtlinie oben Vorb. Rn. 16.
14 So ausdrücklich bereits die Präambel der UVP-Richtlinie.
15 Zur Terminologie vgl. bereits *Cupei*, UVP, S. 107; näher dazu § 1 Rn. 13 ff., 34 f. und § 2 Rn. 33 ff.
16 *Bunge*, in: HdUVP, § 1 Rn. 8; vgl. näher dazu § 1 Rn. 34 f. *Bückmann*, in: Dreißigacker/Bückmann, Ökologische Folgenbewertung, S. 129, hält es demgegenüber für zweifelhaft, ob durch dieses Merkmal das europarechtlich Gebotene hinreichend zum Ausdruck gebracht worden ist.
17 Dazu bereits *Püchel*, UVP, S. 41 f.; *Bunge*, in: HdUVP, § 1 Rn. 5, § 2 Rn. 15; *Erbguth/Schink*, UVPG, § 2 Rn. 7.

§ 1

verstehen, dass diese verpflichtet sind, ihre Rechtsgrundlagen für die Prüfung so auszugestalten, dass der Zweck der Richtlinie in effektiver Weise erreicht wird.[18] Folglich kommt es nicht darauf an, ob das Merkmal Eingang in das UVPG gefunden hat; maßgeblich ist vielmehr, dass das Gesetz insgesamt die UVP zu einem wirksamen Prüfverfahren ausgestaltet.[19]

8   Der vorerwähnten Formulierung der Richtlinie wird allerdings insoweit besondere Bedeutung beigemessen, als daraus die Forderung abgeleitet wird, dass die UVP in aller Regel auch *Vorhabenalternativen* zu berücksichtigen habe.[20] Diese Auffassung verweist darauf, dass der Alternativenvergleich als wesentliches Element der UVP angesehen werde.[21] Dem ist allerdings entgegenzuhalten, dass der Text der Richtlinie sich hierüber gerade nicht verhält. Allein in Anhang IV Nr. 2 wird verlangt, dass die nach Art. 5 Abs. 1 vom Vorhabenträger vorzulegenden Unterlagen »(eine) Übersicht über die wichtigsten anderweitigen vom Projektträger geprüften Lösungsmöglichkeiten und Angabe der wesentlichen Auswahlgründe im Hinblick auf die Umweltauswirkungen« enthalten. Daraus erhellt, dass nach Maßgabe der Richtlinie vom Vorhabenträger nur solche Projektalternativen darzustellen sind, die dieser aus eigenem Antrieb erwogen hat und dass dieser nicht verpflichtet ist, alle Varianten seines Vorhabens zu prüfen, zu denen aus objektiver Sicht Anlass bestehen könnte. Mithin ist der Alternativenvergleich kein notwendiger Gegenstand der UVP i.S.d. UVP-Änderungsrichtlinie.[22] Nichts anderes ergibt sich aus den Bestimmungen des UVPG, insbesondere nicht aus § 6 Abs. 3 Nr. 5. Auch nach dieser Vorschrift werden der Katalog der anderweitigen Lösungsmöglichkeiten sowie die Intensität der vorzunehmenden Prüfung durch die vom Projektträger eingebrachten Unterlagen begrenzt. Maßgeblich für eine etwaige Prüfung von Vorhabenalternativen ist danach ausschließlich das jeweils anzuwendende Fachrecht.[23]

9   Die Frage von Planungsalternativen ist damit – wie bisher – nach den Grundsätzen des Abwägungsgebotes zu beantworten.[24] Wenn Alternativlösungen ernsthaft in Betracht kommen, muss die Planungsbehörde sie als Teil des Abwägungsmaterials mit der ihnen zukommenden Bedeutung in die vergleichende Prüfung der von den möglichen Varianten jeweils berührten öffentlichen und privaten Belange unter Einschluss des Gesichtspunktes der Umweltverträglichkeit einbeziehen. Sie ist jedoch nicht verpflichtet, die Variantenprüfung bis zuletzt offen zu halten und alle Alternativen gleichermaßen detailliert und umfassend zu untersuchen; vielmehr ist sie befugt, eine Alternative, die ihr auf der Grundlage einer Grobanalyse als weniger geeignet erscheint, schon in einem

---

18 *Erbguth/Schink*, UVPG, § 2 Rn. 20 und § 1 Rn. 7.
19 Zutreffend *Bunge*, in: HdUVP, § 2 Rn. 19.
20 So *Erbguth/Schink*, UVPG, § 2 Rn. 20; *Bunge*, in: HdUVP, § 2 Rn. 20.
21 Vgl. dazu *Bunge*, DVBl. 1987, 819 (823); *Hoppe/Püchel*, DVBl. 1988, 1 (6); *Püchel*, UVP, S. 91 ff., S. 132 ff.; *Soell/Dirnberger*, NVwZ 1990, 705 (710 ff.); *Steinberg*, NuR 1992, 164 (167 ff.).
22 So zur UVP-Richtlinie bereits *Appold*, Freiraumschutz, S. 103 f., *Hoppe/Appold/Haneklaus*, DVBl. 1992, 1203 (1209); vgl. auch *Jarass*, EG-Richtlinie zur UVP, S. 33.
23 *BVerwG*, Beschl. v.16.8.1995 – 4 B 92/95 –, Buchholz 407.4. § 17 FStrG Nr. 104; *dass.* Urt. v. 25.1.1996 – 4 C 5/95 –, NuR 1996, 466 (468); *Hoppe/Appold/Haneklaus*, DVBl. 1992, 1203 (1210); *Hien*, NVwZ 1997, 422 (427); *Ziekow*, UPR 1999, 287 (288).
24 *BVerwG*, Urt. v. 22.3.1985 – 4 C 15/83 –, BVerwGE 71, 166 (177); *dass.*, Beschl. v. 20.12.1988 – 7 NB 2/88 –, BVerwGE 81, 128 (136); *dass.*, Urt. v. 25.1.1996 – 4 C 5/95, NVwZ 1996, 788; vgl. auch *Hien*, NVwZ 1997, 422 (427).

frühen Verfahrensstadium auszuscheiden und die UVP auf diejenige Variante zu beschränken, die noch ernsthaft in Betracht kommt.²⁵

Das die UVP darüber hinaus kennzeichnende Merkmal der Frühzeitigkeit findet bereits in der Präambel der UVP-Richtlinie Erwähnung. Dort wird unter Bezugnahme auf verschiedene Aktionsprogramme der Europäischen Gemeinschaft betont, dass bei allen technischen Planungs- und Entscheidungsprozessen die Auswirkungen auf die Umwelt so früh wie möglich berücksichtigt werden müssen. Art. 2 Abs. 1 UVP-Änderungsrichtlinie knüpft hieran an, indem er die Pflicht begründet, dass die Prüfung vor der Erteilung der Genehmigung stattfinden müsse. § 1 Nr. 1 entspricht diesen europarechtlichen Anforderungen ohne weiteres.

Zusammenfassend bleibt festzustellen: Wesentliche Änderungen gegenüber der bisherigen Rechtslage sind durch die UVP-Änderungsrichtlinie nicht eingetreten. Die Neufassung der Regelung über den medienübergreifenden Prüfungsansatz geht inhaltlich nicht über die bisherige Verpflichtung hinaus. Art. 3 UVP-Änderungsrichtlinie enthält lediglich eine andere sprachliche Fassung des integrativen Ansatzes, der bei der Prüfung der Umweltauswirkungen eines Vorhabens zugrunde zu legen ist.²⁶ Ein Scoping-Verfahren fand schon nach bisheriger Rechtslage aufgrund und nach Maßgabe des § 5 statt. Die Änderungen durch die UVP-Änderungsrichtlinie sind hier eher semantischer als inhaltlicher Art. Dies gilt schließlich auch für die sprachliche Veränderung des Art. 8 UVP-RL. Die Behördenbeteiligung, deren Durchführung ebenfalls verbessert werden soll, findet in der Bundesrepublik schon jetzt entsprechend den europarechtlichen Anforderungen statt. Erwartungen, die UVP-Änderungsrichtlinie würde für den Projektträger eine Verpflichtung zur Alternativenprüfung bringen,²⁷ haben sich nicht erfüllt. Die Änderungsrichtlinie enthält keine Verpflichtung für den Projektträger, selbst eine Alternativenprüfung durchzuführen. Vielmehr sind im Verfahren nur solche Alternativenprüfungen vorzulegen, die vom Projektträger selbst geprüft worden sind (Art. 5 Abs. 3 4. Spiegelstrich). Eine Änderung des bisherigen EU-Rechts ist damit ebenso wenig eingetreten, wie es Auswirkungen auf das deutsche Recht gegeben hat, das eine Alternativenprüfung nach Maßgabe des Fachrechts verlangt.²⁸

1.2.3 Vorgaben der IVU-Richtlinie

Das Umweltrecht der Europäischen Gemeinschaft stützt sich zunehmend auf das Konzept des *integrierten* Umweltschutzes. Nach Einführung der Umweltverträglichkeitsprüfung und der Umwelt-Audit-Verordnung stellt die IVU-Richtlinie²⁹ einen weiteren Baustein dar. Anliegen der Richtlinie – auf der Grundlage des Fünften Aktionsprogramms der Gemeinschaft für Umweltpolitik³⁰ verabschiedet – ist es, alle Geneh-

---

25 Dazu *Hien*, NVwZ 1997, 422 (427) m.w.N. auf die Rechtsprechung.
26 Zutreffend insoweit *Schink*, NVwZ 1999, 11 (17).
27 Vgl. dazu noch *Schink*, DVBl 1995, 73 (80).
28 Näher dazu § 1 Rn. 8f.
29 Zur IVU-Richtlinie näher *Wasielewski*, in: Dolde (Hrsg.), Umweltrecht im Wandel, S. 213 (216ff.); *Lübbe-Wolff*, NVwZ 1998, 777ff.; *Dolde*, NVwZ 1997, 313ff.; *Steinberg/Koepfer*, DVBl. 1997, 973ff.; vgl. auch bereits Steinberg, NVwZ 1995, 209 (217ff.); *Sellner/Schnutenhaus*, NVwZ 1993, 828ff.; speziell zum integrierten Ansatz der Richtlinie *Becker*, DVBl. 1997, 1167 (1169); *Masing*, DVBl. 1998, 549f.
30 ABlEG 1993, Nr. C 138, 5, 11ff.

§ 1 *Zweck des Gesetzes*

migungsverfahren für den Betrieb der dieser Richtlinie unterworfenen Anlagen in der Europäischen Gemeinschaft neu zu strukturieren und zu gestalten. Dem Anwendungsbereich der IVU-Richtlinie unterliegen die – größeren – Industrieanlagen, die in irgendeiner Weise durch Emissionen die integriert geschützten Umweltgüter Luft, Wasser, Boden beeinträchtigen können. Die Richtlinie stellt selbst – durch die Mitgliedstaaten umzusetzende – bindende Regeln auf, die für die Erteilung oder Versagung der Genehmigung unmittelbar anwendbar sind.

13 Kern der IVU-Richtlinie ist ebenso wie nach der UVP-Änderungsrichtlinie ein integrierter Prüfungsansatz, der auf die integrierte Vermeidung und Verminderung der Umweltverschmutzungen abzielt.[31] Der Begriff »integriert« bezieht sich primär auf den über einzelne Umweltmedien hinausgehenden Umweltschutz. Der Schutz der Umwelt soll sich auf möglichst alle Umweltbelastungen erstrecken. Demgemäß definiert die IVU-Richtlinie die Umweltaspekte, die für die Genehmigung zu berücksichtigen sind, *tendenziell umfassend*. Relevante Umweltverschmutzungen sind nach der Richtlinie die direkt oder indirekt bewirkte Freisetzung von Stoffen, Erschütterungen, Wärme oder Lärm in die Luft, Wasser oder den Boden (Art. 2 Nr. 2 IVU-RL). Gegenstand des Genehmigungsverfahrens sind zugleich der Umgang mit Abfällen (Art. 3 c), die effiziente Nutzung von Energie (Art. 3 d) sowie Verbrauch und Verwendungsart von Rohstoffen (Anhang IV Nr. 9). Erfasst werden schließlich auch die verschiedenen Zustandsebenen einer Anlage wie die Situation etwaiger Unfälle oder die spätere Betriebstillllegung (Art. 3 e und f).

14 In ihrer grundsätzlichen Dimension erfordert die IVU-Richtlinie eine strukturell neue Betrachtungsweise. Idealtypisch soll die Beurteilung von vornherein einheitlich umfassend alle Umweltauswirkungen in ihrer Vernetztheit berücksichtigen.[32] Programmatisch wird gleich in den ersten Erwägungsgründen der Richtlinie darauf verwiesen, dass gegenüber der bisherigen sektoralen Betrachtung heute eine integrierende Sicht auf die Umwelt insgesamt geboten sei. Demgemäß wird in den Vorschriften selbst wiederholt und eindringlich auf ein »hohes Schutzniveau für die Umwelt insgesamt« abgestellt (Art. 1, Art. 2 Nr. 11, Art. 9 Abs. 1, 4, 8). In der Begründung des Kommissionsentwurfs wird dies noch deutlicher zum Ausdruck gebracht. Dort heißt es, dass, weil die Umwelt als »ungeteiltes Ganzes« funktioniere, im Grunde schon das Bestehen von nach Medien getrennten Gesetzen einen integrierten Umweltschutz erschwere.[33] Folglich wird als Ziel nicht nur die koordinierte oder abgestimmte, sondern die gemeinsame Berücksichtigung der verschiedenen Emissionen benannt. Die Richtlinie bezieht sich ausdrücklich auch auf den Ansatz der UVP-Richtlinie, die für bestimmte Projekte eine umfassende Eruierung aller Umweltauswirkungen in einem einheitlichen Bewertungsakt verlangt. Der Anspruch eines solchen Programms reicht weit: Er zielt nicht nur auf eine bloße, möglichst vollständige aneinander gereihte Prüfung einzelner Umweltaspekte, sondern strebt eine besondere Qualität der Zusammenführung dieser Aspekte an. Statt sektoral abgeschichtete Einzelteile zusammenzulegen, muss jeweils ein Gesamtbild der Natur in ihren konkreten Zusammenhängen gezeichnet werden. Diese Zusammenhänge sind dann in ihrer vollen Komplexität zu bewerten.[34]

---

31 Vgl. die Erwägungsgründe 3, 8 und 9 sowie Art. 7 IVU-RL.
32 *Masing*, DVBl. 1998, 549 (550).
33 Abgedruckt in BT-Drs. 12/6952, S. 6,11.
34 *Masing*, DVBl. 1998, 549 (550).

Zweck des Gesetzes § 1

Die europarechtliche Verknüpfung von IVU-Richtlinie und UVP-Richtlinie zeigt sich freilich nicht nur darin, dass diese durch Art. 1 IVU-RL in Bezug genommen wird. Nunmehr nimmt die UVP-Änderungsrichtlinie umgekehrt einen Verweis auf die IVU-Richtlinie vor. Nach dem neu eingeführten Art. 2 Abs. 2a UVP-Änderungsrichtlinie ist es den Mitgliedstaaten anheim gestellt, ein »einheitliches Verfahren für die Erfüllung der Anforderungen der UVP-Richtlinie und der IVU-Richtlinie« vorzusehen. Zwar handelt es sich hierbei rechtlich nur um eine fakultative Verknüpfung. Die rechtspolitische Dimension dürfte jedoch darüber hinausgehen: Sie stellt eine Aufforderung an die Mitgliedstaaten dar, die Verknüpfung auch tatsächlich vorzusehen. Die Verankerung des Art. 2 Abs. 2a trägt einer seit langem erhobenen Forderung des Europäischen Parlaments Rechnung.[35] Eine Aussage über den Inhalt des »einheitlichen Verfahrens« trifft die UVP-Änderungsrichtlinie allerdings nicht. Die wechselbezügliche Verweistechnik beider Richtlinien stellt aber sicher, dass die UVP im IVU-Verfahren nicht »untergeht«. Die Mitgliedstaaten können vorsehen, dass in *einem* Verfahren zunächst die UVP durchgeführt und sodann – integriert – das IVU-Genehmigungsverfahren fortgeführt wird. Dies entspricht im Übrigen auch dem Sinn und Zweck des integrierten Konzepts der IVU-Richtlinie (Art. 7). Die Ergebnisse der UVP müssen im IVU-Genehmigungsverfahren berücksichtigt werden, wenn einer der Tatbestände nach den Genehmigungsvoraussetzungen der IVU-Richtlinie vorliegt.[36]

15

2 Zweck des Gesetzes

Gem. § 1 verfolgt das Gesetz den Zweck, bei bestimmten öffentlichen und privaten Vorhaben zur wirksamen Umweltvorsorge nach einheitlichen Grundsätzen eine frühzeitige und umfassende Ermittlung, Beschreibung und Bewertung der Umweltauswirkungen eines Vorhabens (Nr. 1) sowie eine möglichst frühzeitige Berücksichtigung des UVP-Ergebnisses bei der behördlichen Entscheidung über dessen Zulässigkeit (Nr. 2) zu gewährleisten. Damit soll insbesondere der Erkenntnis Rechnung getragen werden, dass die Prüfung der Umweltverträglichkeit nur dann ein wirkungsvolles Instrument sein kann, wenn es zum Einsatz gelangt, bevor im behördlichen Entscheidungsprozess rechtliche oder faktische Bindungen eingetreten sind.[37]

16

2.1 Gegenstand der Prüfung

§ 1 trifft unter dem Blickwinkel der Zweckbestimmung des Gesetzes die Aussage, dass Gegenstand der UVP **bestimmte öffentliche und private Vorhaben** sind. Als Folgeänderung zu den Änderungen des UVPG in den §§ 3, 3a werden die UVP-pflichtigen Vorhaben nicht mehr durch den Verweis auf die »Anlage zu § 3« angesprochen, sondern durch die Tatbestandsmerkmale, die aus dem Wortlaut des Art. 1 Abs. 1 UVP-RL bekannt sind. Die Formulierung in § 1 a. F. konnte nicht beibehalten werden, weil

17

---

35 So auch der Wirtschafts- und Sozialausschuss (ABlEG 1994 Nr. C 195, S. 19), abgedruckt in: Becker, IVU/IPPC, Anhang 4.2 Erl. Nr. 3.4.
36 *Becker*, NVwZ 1997, 1167 (1170).
37 Begr. RegEntw. UVPG, BT-Drs. 11/3919, S. 20; vgl. näher unter § 1 Rn. 32f.

§ 1

der Anwendungsbereich des Gesetzes nunmehr durch § 3 i. V. m. der Anlage 1 geregelt wird und sich die UVP-Pflicht letztlich erst aus den §§ 3a bis 3f ergibt.[38]

2.2 Wirksame Umweltvorsorge

18 Die Vorschrift des § 1 bestimmt, dass das UVPG zur **wirksamen Umweltvorsorge** bei bestimmten öffentlichen und privaten Vorhaben dient. Damit wird zugleich eine der wichtigsten Intentionen des Gesetzes formuliert. Bereits aus den Erwägungsgründen in der Präambel der UVP-Richtlinie ergibt sich, dass die Prüfung der Umweltverträglichkeit dazu beitragen soll, Umweltbelastungen von vornherein zu vermeiden, statt sie erst nachträglich in ihren Auswirkungen zu bekämpfen.[39] Auch der deutsche Gesetzgeber sieht in dieser Zielsetzung ein zentrales Anliegen der UVP und bringt deshalb den – in § 12 nochmals betonten – Vorsorgecharakter dieses Instruments an hervorgehobener Stelle zum Ausdruck.[40] Das UVPG ist damit als rechtlich verbindliche Ausprägung des Vorsorgeprinzips anzusehen.[41]

19 Über den Inhalt des Vorsorgeprinzips konnte Einigkeit allerdings bisher nicht erzielt werden.[42] Der Vorsorgegedanke ist ein Leitbild der Umwelt*politik* wie auch ein Prinzip des Umwelt*rechts*. Politische Leitidee und Rechtsprinzip liegen auf verschiedenen Ebenen. Sie sind an unterschiedliche Voraussetzungen gebunden und bedienen sich unterschiedlicher Instrumente.[43] So vollzieht sich die Vorsorge als Handlungsmaxime der Umweltpolitik keineswegs nur mit den Mitteln des Rechts. Maßnahmen der Struktur-, Finanz- und Agrarpolitik treten im Interesse der Zielerreichung flankierend hinzu. Als Rechtsprinzip strukturiert der Vorsorgegedanke im Umfang seines Geltungsanspruchs die Rechtsanwendung und -fortbildung und vermag damit auch einen Beitrag zur inneren Harmonisierung und Konkretisierung des Umweltrechts zu leisten.[44]

---

38 BT-Drs. 14/4599, S. 92.
39 Vgl. hierzu auch *Weber/Hellmann*, NJW 1990, 1625, mit Hinweisen auf die Aktionsprogramme der Gemeinschaft.
40 So bereits Begr. RegEntw. UVPG, BT-Drs. 11/3919, S. 20.
41 Vgl. *Schoeneberg*, UVP, Rn. 69; *Becker*, BayVBl. 1990, 353 (354).
42 Zum Vorsorgeprinzip näher *Kutscheidt*, in: Dolde (Hrsg.), Umweltschutz im Wandel, S. 437ff.; *Hoppe/Beckmann/Kauch*, Umweltrecht, § 1 Rn. 127ff. m.w.N.; *Kloepfer*, Umweltrecht, § 3 Rn. 6 m.w.N.; *Rehbinder*, in: FS Sendler, S. 269ff.; *Schmidt*, DÖV 1994, 749ff.
43 *Rehbinder*, Vorsorgeprinzip, S. 3ff.; *Trute*, Vorsorgestrukturen und Luftreinhalteplanung, S. 6.
44 *Trute*, Vorsorgestrukturen und Luftreinhalteplanung, S. 6 m.w. N. Gerade an die Einführung der dem Vorsorgeprinzip verpflichteten UVP war aus innerstaatlicher Sicht die Erwartung geknüpft, den Prozess der Harmonisierung des Umweltrechts in Gang zu setzen; vgl. dazu *Erbguth/Schink*, UVPG, Einl. Rn. 45 unter Hinweis auf Kloepfer/Rehbinder/Schmidt-Aßmann/Kunig, UGB-AT. Zu den Überlegungen für eine Implementation der UVP in das Umweltgesetzbuch *Peters*, NuR 1999, 203ff.; *ders.*, ZUR 1998, 295 (298ff.); *Ladeur*, ZUR 1998, 245 (249f.); zu dem Entwurf der Unabhängigen Sachverständigenkommission für ein Umweltgesetzbuch sowie zu dem Arbeitsentwurf Umweltgesetzbuch – Erstes Buch des BMU vgl. näher *Hoppe/Beckmann/Kauch*, Umweltrecht, § 1 Rn. 176ff.; *Hoppe*, in: Dolde (Hrsg.) Umweltrecht im Wandel, S. 267ff.

Zweck des Gesetzes § 1

2.2.1 Vorsorge als Leitbild der Umweltpolitik

Anknüpfend an das Umweltprogramm von 1971 wird das *politische Vorsorgeprinzip* im Umweltbericht 1976 der Bundesregierung erstmals ausdrücklich formuliert: »Umweltpolitik erschöpft sich nicht in der Abwehr drohender Gefahren und der Beseitigung eingetretener Schäden. Vorsorgende Umweltpolitik verlangt darüber hinaus, dass die Naturgrundlagen geschützt und schonend in Anspruch genommen werden ...«.[45] Zwar werden mit Blick auf die instrumentelle Umsetzung des politischen Prinzips »vorausschauende und gestaltende planerische Maßnahmen« herausgestellt.[46] Eine Operationalisierung für politische Entscheidungen war mit dieser Formulierung jedoch nicht verbunden.[47] In den Leitlinien zur Umweltvorsorge der Bundesregierung von 1986 hat der politische Leitgedanke eine weitere Konkretisierung erfahren. Er wird verstanden als »dynamisches Prinzip zur schrittweisen Minimierung von Umweltrisiken durch Stoffeinträge entsprechend dem technischen Fortschritt und zum Schutz und zur Entwicklung der natürlichen Lebensgrundlagen«.[48] Dies schließt ein, dass im Rahmen des staatlichen Handelns zum Schutz der Umwelt ökologische Gesichtspunkte beachtet werden und Entlastungen in einem Bereich nicht zu Verlagerungen der Umweltbelastungen auf andere Bereiche führen sollen.[49]

20

2.2.2 Vorsorge als Prinzip des Umweltrechts

Als *Prinzip des Umweltrechts* wird der Vorsorgegrundsatz vornehmlich nach Systemvarianten sowie nach seinem systematisch-dogmatischen Stellenwert unterschieden.
Breuer differenziert zwischen zwei Systemvarianten. Danach enthält das Vorsorgeprinzip zunächst eine *planerische* Handlungsdimension.[50] Diese Ausdrucksform des Vorsorgegrundsatzes im Sinne eines ressourcenökonomisch und ökologisch orientierten Umweltschutzes ist sachlich auf die Pflege und gezielte Verteilung der knappen Ressourcen und zeitlich auf die Zukunft gerichtet. Anknüpfend an die allgemeinen Merkmale der Planung geht es bei dieser Systemvariante um einen restriktiven und koordinierten Umweltschutz nach *finalen* Maßstäben und Prioritäten. Eine zweite Erscheinungsform des gefahrenunabhängigen Vorsorgegrundsatzes ist die *gesetzliche* Systemvariante, d.h. der generell-abstrakt gebotene Umweltschutz. In diesem Sinne kann das Gesetz bestimmen, dass zur Vorsorge gegen bestimmte Umweltbelastungen die dem Stand der Technik entsprechenden Maßnahmen unter Beachtung des Grundsatzes der Verhältnismäßigkeit allgemein geboten sind.[51] Neben § 5 Abs. 1 Nr. 2 BImSchG sind insbesondere auch die Prinzipien der Abfallvermeidung und Abfallverwertung gem. § 4 KrW-/AbfG Ausdruck der gesetzlichen Systemvariante des Vorsorgegrundsatzes.

21

---

45 BT-Drs. 7/5684, S. 8.
46 BT-Drs. 7/5684, S. 6.
47 So kritisch *SRU*, BT-Drs. 8/1938, Tz. 1936.
48 Umweltbrief Nr. 33, S. 5, 12.
49 Bundesregierung, Umweltbrief Nr. 33, S. 7.
50 Vgl. dazu bereits *Hoppe*, VVDStRL 38 (1980), 228 ff.
51 *Breuer*, Umweltschutzrecht, in: Schmidt-Aßmann (Hrsg.), BesVerwR, 5. Abschn. Rn. 7 ff.; in diesem Sinne auch *Trute*, Vorsorgestrukturen und Luftreinhalteplanung, S. 29 ff., 54 ff., 112 ff. § 4 UGB-AT schreibt das Vorsorgeprinzip als multifunktionales Gebot fest; vgl. dazu *Kloepfer/Rehbinder/Schmidt-Aßmann/Kunig*, UGB-AT, S. 40 (143).

Wolfgang Appold

§ 1

22 Unter dem Gesichtspunkt des dogmatischen Stellenwerts lassen sich nach *Rehbinder* bei den Prinzipien des Umweltrechts drei Varianten unterscheiden: rechtssatzförmige Prinzipien, Strukturprinzipien und allgemeine Rechtsprinzipien.[52] Das Vorsorgeprinzip als *rechtssatzförmiges Prinzip* stellt einen unmittelbar anwendbaren Maßstab dar und hat damit normative Funktion (Genehmigungsvoraussetzung, Eingriffsermächtigung, Ermächtigung zum Erlass von Rechtsverordnungen oder Verwaltungsvorschriften).[53] Als bloßes *Strukturprinzip* ist der Vorsorgegrundsatz ein Leitgedanke allgemeiner Art, der bestimmten Regelungen zugrunde liegt, darüber hinaus jedoch nicht unmittelbar anwendbar ist. Der Vorsorgegedanke legitimiert in diesem Sinne bspw. die Berücksichtigung des Umweltschutzes in der Planung sowie das Anmelde- und Prüfverfahren für Chemikalien.[54] Schließlich sind *allgemeine Rechtsprinzipien* für das gesamte Umweltrecht oder einzelne Teilgebiete anzuerkennen, die über den in den Regelungen niedergelegten Anwendungsbereich hinaus verallgemeinert werden können und die Rechtsanwendung und -fortbildung allgemein und in dem Sinne steuern, dass eine Auslegung gesetzlicher Vorschriften im Lichte des Prinzips zu erfolgen hat.[55]

23 Die vorherrschende Auffassung im Schrifttum präzisiert den Inhalt des Vorsorgeprinzips vor dem Hintergrund des weitgehend ausdifferenzierten Modells der Gefahrenabwehr.[56] Ausgehend davon, dass unter einer Gefahr die hinreichende Wahrscheinlichkeit des Eintritts einer Beeinträchtigung zu verstehen sei, bedeute Vorsorge die Verschärfung eines der beiden Merkmale des Gefahrenbegriffs. Wenn und soweit Umweltgesetze Vorsorgeanforderungen statuierten, erlaubten sie eine *gefahrenunabhängige* Risikosteuerung einerseits schon »unterhalb der Schädlichkeitsschwelle«, andererseits aber auch bereits »unterhalb der Schwelle praktischer Vorstellbarkeit eines theoretisch möglichen Schadenseintritts«.[57] Gegenüber diesem auf eine quantitative Ausdehnung des Gefahrenmaßstabs hinauslaufenden Verständnis des Vorsorgeprinzips werden zunehmend Bedenken geltend gemacht. Neuere Erklärungsmodelle gehen dahin, Vorsorge als dispositionelle Anlagengefährlichkeit zu begreifen[58] oder diesen Begriff an den Problemen der gerade im Technikrecht oft ungewissen Handlungsgrundlagen und der hohen Sachkomplexität auszurichten.[59]

24 Die höchstrichterliche Rechtsprechung zählt zur Vorsorge alle Maßnahmen, die unabhängig von den geltenden Schädlichkeitsgrenzen das an Umweltqualität durchsetzen sollen, was im Hinblick auf ein vorhandenes Potenzial an Vermeidungstech-

---

52 *Rehbinder*, in: Simonis (Hrsg.), Präventive Umweltpolitik, 1988, S. 129 (130 ff.); *ders.*, in: FS Sendler, S. 269 ff.; vgl. auch *Schmidt*, DÖV 1994, 749 (752 ff.).
53 Vgl. z. B. § 5 Abs. 1 Nr. 2 BImSchG, § 7 Abs. 2 Nr. 3 AtG.
54 So *Rehbinder*, in: FS Sendler, S. 269 (270).
55 *Rehbinder*, in: FS Sendler, S. 269 (270) m. Fn. 3, unter Hinweis auf Tendenzen im Bauplanungsrecht.
56 Überblick hierzu bei *Trute*, Vorsorgestrukturen und Luftreinhalteplanung, S. 39 ff.
57 *Breuer*, DVBl. 1978, 827 (836 f.); vgl. auch *Erbguth*, Rechtssystematische Grundlagen des Umweltrechts, S. 92 ff.; *Rengeling*, Die immissionsschutzrechtliche Vorsorge, S. 63 ff.; *Trute*, Vorsorgestrukturen und Luftreinhalteplanung, S. 40 ff. Zu den fließenden Übergängen zwischen Gefahrenabwehr und Vorsorge vgl. SRU, Sondergutachten 1989 (Altlasten), Tz. 833 ff.
58 So *Darnstädt*, Gefahrenabwehr und Gefahrenvorsorge, S. 53 ff. und 130 ff.
59 *Trute*, Vorsorgestrukturen und Luftreinhalteplanung, S. 52 ff.; *Di Fabio*, NuR 1991, 353 ff.; *Ladeur*, NVwZ 1992, 948 (950); *ders.*, ZfU 1994, 1 ff.

Zweck des Gesetzes § 1

nologie realisierbar erscheint.⁶⁰ Sie knüpft damit an den gefahrenunabhängigen Vorsorgebegriff an, stellt dabei jedoch primär auf die technische Vermeidbarkeit von Umweltgefährdungen ab. Da eine eindeutige Grenze des Vorsorgeprinzips einfachgesetzlich bisher nicht festgelegt ist, muss zur näheren Bestimmung seiner Reichweite auf verfassungsrechtlich begründete Maßstäbe zurückgegriffen werden; namentlich ist dies der Grundsatz der Verhältnismäßigkeit.⁶¹ Die jüngere höchstrichterliche Rechtsprechung lässt vermuten, dass der Gedanke der Risikoproportionalität in Zukunft zentrale Bedeutung für die weitere Ausdifferenzierung der Grenzen des Vorsorgeprinzips gewinnen wird.⁶²

2.2.3 UVP als wirksames Vorsorgeinstrument

Die vorstehenden Erwägungen führen zurück zur Frage der rechtlichen Bedeutung der in § 1 als Zweck des Gesetzes festgeschriebenen wirksamen **Umweltvorsorge**. Dieser Begriff schließt die Abwehr von Gefahren ein, setzt aber das Vorliegen einer Gefahr nicht zwingend voraus.⁶³ Auf dem Hintergrund dieses Verständnisses soll die UVP die zuständige Behörde durch die Bereitstellung optimaler Beurteilungsgrundlagen in die Lage versetzen, eine Entscheidung über die Zulässigkeit des Vorhabens in der Weise zu treffen, dass die Umwelt so wenig wie möglich beeinträchtigt wird. Dieser Zielsetzung dient insbesondere auch die Vorschrift des § 12. Zwar stellt diese Bestimmung keine neuen Entscheidungsmaßstäbe auf, sondern verweist ausdrücklich auf die geltenden Gesetze. Sie verlangt aber doch, dass die bestehenden Maßstäbe im Hinblick auf eine wirksame Umweltvorsorge anzuwenden sind.⁶⁴ Dies bedeutet allerdings nicht, dass es zulässig wäre, unter dem Blickwinkel einer vorsorgeorientierten Bewertung die Auslegung der fachgesetzlichen Zulassungsvoraussetzungen gleichsam um den medienübergreifenden Prüfansatz anzureichern.⁶⁵ Die Rechtsprechung hat einem solchen Vorgehen zu Recht eine klare Absage erteilt.⁶⁶ Bei der UVP handelt es sich um bloßes Verfahrensrecht, und zwar ungeachtet ihrer Vorsorgeorientiertheit. Der rechtliche Stellenwert der Umweltbelange in der Entscheidung wird durch die UVP und das UVPG nicht geändert.⁶⁷

25

---

60 *BVerwG*, Urt. v. 17.2.1984 – 7 C. 8.82 –, BVerwGE 69, 37 (45); speziell zur Risikovorsorge nach § 7 Abs. 2 Nr. 3 AtG vgl. *BVerwG*, Urt. v. 19.12.1985 – 7 C 65.82 –, BVerwGE 72, 300ff. Der Rechtsprechung im Zusammenhang mit Umweltstandards folgend: *SRU*, Umweltgutachten 1987, Tz. 105ff.; *Salzwedel*, in: Nicklisch (Hrsg.), Prävention im Umweltrecht, S. 13 (22); eingehend zum Vorsorgeprinzip in der Rechtsprechung des Bundesverwaltungsgerichts *Rehbinder*, FS Sendler, S. 269ff.
61 *Ossenbühl*, NVwZ 1986, 161 (167f.); *Feldhaus*, UPR 1987, 1 (8); *v. Lersner*, HdUR, Bd. II, Sp. 2706; *Kloepfer/Rehbinder/Schmidt-Aßmann/Kunig*, UGB-AT, S. 140ff.
62 Vgl. dazu *Rehbinder*, FS Sendler, S. 269 (279f.) m.w.N.
63 So ausdrücklich die Begr. RegEntw. UVPG, BT-Drs. 11/3919, S. 20; vgl. auch *Bohne*, ZAU 1990, 340 (346). A.A. aber *Peters*, UPR 1994, 281.
64 Vgl. *Bunge*, in: HdUVP, § 1 Rn. 11f.
65 So aber zuletzt *Heitsch*, NuR 1996, 453 (457) m.w.N.
66 *BVerwG*, Urt. v. 25.1.1996 – 4 C 9/95 –, NVwZ 1996, 788 (790); vgl. auch *Hien*, NVwZ 1997, 422 (425ff.).
67 Vgl. näher dazu § 12 Rn. 65f.; zustimmend *Bunge*, HdUVP, § 1 Rn. 11f.; *Schmidt-Preuß*, DVBl. 1995, 485ff.; *Ladeur*, UPR 1996, 419 (425); vgl. aber auch *Schink*, NuR 1998, 173 (176f.).

§ 1

26 § 1 verbindet seine Aussage über die maßgebliche Regelungsabsicht des Gesetzes mit einer Anforderung an die Wirkungsweise des Prüfverfahrens: Die UVP ist im Interesse einer **wirksamen** Umweltvorsorge durchzuführen. Dies setzt zunächst voraus, dass die Entscheidung über die Zulässigkeit des Vorhabens in einer qualitativ anspruchsvollen Form vorbereitet wird. § 1 Nr. 1 trägt dieser Anforderung Rechnung. Darüber hinaus kann die UVP aber nur dann als effektives Vorsorgeinstrument bezeichnet werden, wenn ihre Ergebnisse dergestalt in den Entscheidungsprozess eingehen, dass sie die Entscheidung in adäquater Weise beeinflussen (können). Dies ist durch § 1 Nr. 2 gewährleistet, wonach das Ergebnis der UVP bei der Entscheidungsfindung zu berücksichtigen ist.[68]

27 Zusammenfassend bleibt im Hinblick auf diesen Teilaspekt der gesetzlichen Zweckbestimmung insoweit festzuhalten:
- Die wirksame Umweltvorsorge umfasst auch die Abwehr von Gefahren, setzt jedoch nicht zwingend das Vorliegen einer Gefahr voraus (gefahrenunabhängiger Vorsorgebegriff). Sie findet ihre Grenze in den durch das Grundgesetz vorgegebenen Maßstäben für jedwedes staatliches Handeln, insbesondere in dem Grundsatz der Verhältnismäßigkeit.
- Die wirksame Umweltvorsorge ist als einer der Hauptzwecke des Gesetzes bei jedem einzelnen Prüfschritt des UVP-Verfahrens zu beachten.
- Die wirksame Umweltvorsorge erfordert die qualitativ anspruchsvolle Aufbereitung der Entscheidungsgrundlagen.

2.3 Einheitliche Grundsätze für die UVP

28 Das UVPG soll nach § 1 ferner sicherstellen, dass die Prüfung der Umweltverträglichkeit nach **einheitlichen Grundsätzen** durchgeführt wird. Der Gesetzgeber knüpft mit dieser Maßgabe an die Erwägungen der UVP-Richtlinie an.[69] Danach dient die Einführung der UVP nicht zuletzt dem Zweck, ungleiche Wettbewerbsbedingungen aufgrund unterschiedlicher Rechtsvorschriften in den Mitgliedstaaten der Europäischen Union zu vermeiden.[70] Dieser auf eine gemeinschaftsweite Rechtsharmonisierung abzielenden Absicht trägt das UVPG dadurch Rechnung, dass es Mindestanforderungen für alle UVP-pflichtigen Vorhaben festlegt und darüber hinaus die Bundesregierung in § 24 ausdrücklich ermächtigt, Inhalt und Ablauf der UVP durch den Erlass von Verwaltungsvorschriften zu konkretisieren.[71]

2.4 Gegenstand, Ablauf, Zeitpunkt und Umfang der UVP (Nr. 1)

29 § 1 Nr. 1 legt den Gegenstand der UVP fest, strukturiert die wesentlichen Schritte im Ablauf der Prüfung und verhält sich über Zeitpunkt und Umfang der notwendigen Untersuchungen.

---

68 Zutreffend *Bunge*, in: HdUVP, § 1 Rn. 13.
69 BT-Drs. 11/3919, S. 20.
70 So die Präambel der UVP-Richtlinie.
71 Vgl. dazu *Bunge*, in: HdUVP, § 1 Rn. 26; *Schoeneberg*, UVP, Rn. 71.

Zweck des Gesetzes § 1

2.4.1 Umweltauswirkungen

Die Vorschrift bestimmt, dass Gegenstand der UVP die Auswirkungen eines Vorhabens auf die **Umwelt** sind. Demgemäß sind nur diejenigen Auswirkungen zu prüfen, die das konkrete Vorhaben auf die *natürliche Umwelt* hat.[72] In Übereinstimmung mit seiner europarechtlichen Grundlage folgt das UVPG damit bspw. nicht dem Begriffsverständnis des anglo-amerikanischen Rechtskreises, das neben der natürlichen und physischen Umgebung des Menschen auch die sonstigen, insbesondere ökonomischen und sozialen Folgen eines Vorhabens umfasst.[73]

30

2.4.2 Prüfschritte

Gem. § 1 Nr. 1 soll das UVPG sicherstellen, dass die Auswirkungen eines Vorhabens auf die Umwelt ermittelt, beschrieben und bewertet werden. Die Begriffe **Ermittlung, Beschreibung** und **Bewertung** markieren die zentralen Schritte im Ablauf der UVP.[74] Indem diese Verfahrensabschnitte in die Zweckbestimmung des Gesetzes einbezogen werden, erhalten sie den Charakter rechtlich unabdingbarer Teilschritte, die im Rahmen der Prüfung nacheinander abzuarbeiten sind. Diese Schrittfolge trägt der Erkenntnis Rechnung, dass ein effizientes UVP-Verfahren ablauforganisatorischer Strukturen bedarf, die Notwendigkeit und Fortgang der gebotenen Einzelmaßnahmen für alle Beteiligten transparent erscheinen lassen.

31

2.4.3 Frühzeitigkeit

Eine weitere wesentliche Zweckbestimmung trifft § 1 Nr. 1 dahin, dass die Auswirkungen eines Vorhabens auf die Umwelt frühzeitig zu untersuchen sind. Der Grundsatz der **Frühzeitigkeit** findet seinen Ausdruck bereits in den Erwägungsgründen der UVP-Richtlinie.[75] Vor dem Hintergrund der europarechtlichen Grundlage war es daher unverzichtbar, dass der deutsche Gesetzgeber bei der Formulierung einer Grundnorm für die UVP auch das Gebot der frühzeitigen Untersuchung verankerte.[76] Damit soll dem Umstand Rechnung getragen werden, dass die UVP nur dann ein wirkungsvolles Instrument sein kann, wenn es Einsatz findet, bevor im Entscheidungsprozess rechtliche oder faktische Bindungen eingetreten sind.[77]

32

Der Grundsatz der Frühzeitigkeit erlangt Bedeutung in mehrfacher Hinsicht: Er soll zunächst sicherstellen, dass die Prüfung der Umweltfolgen eines Vorhabens im Verwaltungsverfahren so rechtzeitig abgeschlossen werden kann, dass deren Ergebnis bei allen behördlichen Entscheidungen über die Zulässigkeit des Vorhabens berücksichtigt wird (§ 1 Nr. 2). Darüber hinaus lässt sich aus dieser Maßgabe die Folgerung ableiten, dass die Prüfung nicht erst auf der Ebene der Zulassungsentscheidung erfolgen darf. Vielmehr ist die UVP bereits in solchen (vorgelagerten) Verfahren durchzuführen, in

33

---

72 *Erbguth/Schink*, UVPG, § 2 Rn. 29; *Schoeneberg*, UVP, Rn. 32; zum Umweltbegriff vgl. *Hoppe/Beckmann/Kauch*, Umweltrecht, § 1 Rn. 1 ff.; *Peters*, UPR 1999, 294 (296).
73 Vgl. dazu *Erbguth/Schink*, UVPG, Einl. Rn. 24 ff.; *Peters*, UVP-Richtlinie, S. 22.
74 *Bohne*, ZfB 1989, 93 (99); *Weber/Hellmann*, NJW 1990, 1625 (1627 f.); *Erbguth/Schink*, UVPG, § 1 Rn. 6 und § 2 Rn. 7 ff.; vgl. näher dazu unten § 2 Rn. 45 ff.
75 Vgl. dazu § 1 Rn. 10.
76 So auch *Püchel*, ZAU 1988, 121 (126); *Erbguth*, NVwZ 1988, 969 (974).
77 Begr. RegEntw. UVPG, BT-Drs. 11/3914, S. 20; vgl. auch *Erbguth/Schink*, UVPG, § 1 Rn. 3; *Schoeneberg*, UVP, Rn. 70.

§ 1

denen die Zulassung eines Vorhabens maßgeblich vorgeprägt wird.[78] Das Gebot der Frühzeitigkeit dürfte aber auch in dem Sinne zu verstehen sein, dass für die Durchführung der einzelnen Untersuchungsschritte (Ermittlung, Beschreibung und Bewertung) ausreichend Zeit zur Verfügung stehen muss.

2.4.4 Umfassender Prüfcharakter

34 Nach § 1 Nr. 1 geht die Zweckbestimmung des Gesetzes ferner dahin, dass die Auswirkungen eines Vorhabens auf die Umwelt **umfassend** ermittelt, beschrieben und bewertet werden. Durch dieses Merkmal wird der in Art. 3 UVP-Änderungsrichtlinie verankerte **medienübergreifende** oder **integrative Charakter** der UVP in allgemeiner Form betont.[79] Der integrative Untersuchungs- und Bewertungsansatz ist das zentrale *materielle* Element der UVP.[80] Der Prüfauftrag beschränkt sich nicht auf die sektorale und separate Untersuchung einzelner Umweltmedien; vielmehr geht es darum, die Umweltauswirkungen *auch* medienübergreifend zu erfassen und dabei auch die Wechselwirkungen einzubeziehen.[81] In Abkehr vom überkommenen sektoralen Schutz einzelner Umweltgüter soll der neuartige Ansatz der UVP im Verständnis der Richtlinie eine Hinwendung zum Schutz komplexer Systeme darstellen, in denen sich *Wechselwirkungen* zwischen den Organismen und der Umwelt abspielen.[82] Da der medienübergreifende oder integrative Charakter der UVP zu den Wesensmerkmalen der UVP-Änderungsrichtlinie zählt, musste dieser Prüfansatz auch Eingang in die Grundnorm des § 1 finden. Konkretisiert wird die Aussage des Gesetzes insbesondere durch § 2 Abs. 1 S. 2, der die Reichweite der Prüfung festlegt.[83]

35 Der umfassende Charakter der Prüfung erscheint freilich nicht ohne weiteres in den Fällen gewährleistet, in denen es für die Zulassung eines Vorhabens mehrerer behördlicher Entscheidungen bedarf. Deshalb sieht § 14 für solche Fälle eine von den Ländern zu bestimmende federführende Behörde mit besonderen Befugnissen vor.[84] Dieser Behörde obliegt es insbesondere, das Zusammenwirken der Zulassungsbehörden bei der Gesamtbewertung der Umweltauswirkungen eines Vorhabens sicherzustellen (§ 14 Abs. 2 S. 2).[85]

---

78 *Bunge*, in: HdUVP, § 1 Rn. 16; *Erbguth/Schink*, UVPG, § 2 Rn. 53 f.; näher dazu unten § 2 Rn. 74 f., § 15 Rn. 2 f. und § 16 Rn. 2 f.
79 BT-Drs. 11/3919, S. 20; vgl. auch *Schoeneberg*, UVP, Rn. 70; *Thorwarth*, ZfW 1991, 73 (77 f.); a. A. und kritisch dazu *Bückmann*, in: Dreißigacker/Bückmann, Ökologische Folgenbewertung, S. 129. *Erbguth/Schink*, UVPG, § 2 Rn. 27, sehen den integrativen Prüfauftrag (erst) in § 2 Abs. 1 S. 2 verortet. Näher zum medienübergreifenden Charakter der UVP unten § 2 Rn. 33 ff.
80 *Cupei*, UVP, S. 133; *Erbguth/Schink*, UVPG, § 2 Rn. 27; *Schoeneberg*, UVP, Rn. 91.
81 So bereits Begr. RegEntw. UVPG, BT-Drs. 11/3919, S. 20.
82 *Erbguth/Schink*, UVPG, § 2 Rn. 28; *Schoeneberg*, UVP, Rn. 91; *Hoppe/Püchel*, DVBl. 1988, 1 (5); SRU, DVBl. 1988, 21 (26); *Winter*, NuR 1989, 197 (202); *Peters*, NuR 1990, 103.
83 Vgl. *Bunge*, in: HdUVP, § 1 Rn. 17.
84 *Bunge*, in: HdUVP, § 1 Rn. 18; *Erbguth/Schink*, UVPG, § 14 Rn. 2.
85 Näher dazu § 14 Rn. 13 ff.

Zweck des Gesetzes § 1

2.5 Zusammenhang zwischen UVP-Ergebnis und Zulassungsentscheidung (Nr. 2)

Vor dem Hintergrund der Art. 3 und 8 UVP-Änderungsrichtlinie ist die Frage nach dem Ablauf der UVP deutlich von der Fragestellung zu trennen, welche Konsequenzen die UVP für das Zulassungsverfahren hat. Das UVPG enthält deshalb in § 1 Nr. 2 grundlegende Regelungen im Hinblick auf den Zusammenhang zwischen dem Ergebnis der UVP und den behördlichen Entscheidungen über die Zulässigkeit von Vorhaben.[86]   36

2.5.1 Ergebnisorientiertheit der UVP

§ 1 geht offensichtlich davon aus, dass die Prüfung der Umweltverträglichkeit zu einem **Ergebnis** führt. Der systematische Zusammenhang, in dem die Vorschriften der Nr. 1 und Nr. 2 stehen, legt es nahe, dass das Gesetz als Ergebnis der UVP diejenigen Erkenntnisse ansieht, die durch die frühzeitige und umfassende Ermittlung, Beschreibung und Bewertung der Auswirkungen eines Vorhabens auf die Umwelt gewonnen worden sind. Dass das Ergebnis der UVP in einer Ja/Nein-Entscheidung bzw. in einem Votum über die Umweltverträglichkeit oder Umweltunverträglichkeit bestehen muss, kann der Bestimmung des § 1 nicht entnommen werden. Wie sich im Rückschluss aus den §§ 11, 12 ergibt, versteht der Gesetzgeber das Ergebnis der UVP allerdings ebenso wenig als wertneutrale Darstellung der Umweltauswirkungen eines Vorhabens. Ersichtlich liegt dem Verfahrensschema der UVP (Ermittlung – Beschreibung – Bewertung – Ergebnis) das Modell einer zunehmenden Reduktion von Komplexität zugrunde. Das in § 1 Nr. 2 vorausgesetzte Ergebnis kann folglich nur in einer durch ein Mindestmaß an Klarheit gekennzeichneten qualitativen Aussage über die Umweltauswirkungen eines Vorhabens bestehen. Diese Aussage ist im Rahmen des Bewertungsvorganges nach § 12 zu treffen.[87]   37

2.5.2 Grundsatz der frühestmöglichen Berücksichtigung des UVP-Ergebnisses

§ 1 Nr. 2 beschreibt die Zweckbestimmung des Gesetzes ferner dahin, dass das Ergebnis der UVP bei allen behördlichen Entscheidungen über die Zulässigkeit des Vorhabens **berücksichtigt** werden muss. Durch das Berücksichtigungsgebot wird der Vorgabe des Art. 8 UVP-Änderungsrichtlinie im Hinblick auf die Verzahnung von UVP und fachgesetzlichem Zulassungsverfahren Rechnung getragen. Bereits die gesetzessystematische Betrachtung des § 1 legt es nahe, dass die Berücksichtigung des Ergebnisses der UVP (Nr. 2) von der Ermittlung, Beschreibung und insbesondere der Bewertung der Umweltauswirkungen (Nr. 1) zu trennen ist.[88] Anders als diese Verfahrensschritte zählt die Berücksichtigung nicht mehr zum UVP-Verfahren; sie ist der Ebene der fachgesetzlichen Zulassungsentscheidung zuzurechnen.[89]   38

Berücksichtigen bedeutet, dass die Behörde das Ergebnis der UVP nicht einfach nur zur Kenntnis nehmen darf.[90] Vielmehr muss sie sich mit diesem inhaltlich auseinander setzen.[91] Die Beurteilung ist im Hinblick auf eine wirksame Umweltvorsorge nach   39

---

86 BT-Drs. 11/3919, S. 20.
87 Eingehend dazu § 12 Rn. 17 ff.
88 Begr. RegEntw. UVPG, BT-Drs. 11/3919, S. 27; vgl. auch *Jarass*, NuR 1991, 201 (206).
89 Vgl. auch *Erbguth/Schink*, UVPG, § 2 Rn. 6; *dies.*, EuZW 1990, 531.
90 In diesem Sinne aber noch *Bleckmann*, WiVerw. 1985, 86 (94).
91 Begr. RegEntw. UVPG, BT-Drs. 11/3919, S. 27; *Schmidt-Aßmann*, FS Doehring, S. 889 (898 f.) m.w.N.; *Bunge*, in: HdUVP, § 1 Rn. 21; *Sachs*, in: Stelkens/Bonk/Sachs, VwVfG, § 63 Rn. 99.

Maßgabe der für das Vorhaben geltenden Rechtsvorschriften vorzunehmen (§ 12). Dies schließt die Möglichkeit ein, bei negativem Ergebnis der Prüfung die Zulassung des Vorhabens zu versagen.[92] Das Berücksichtigungsgebot erlangt damit auch Bedeutung im Rahmen des fachgesetzlichen Zulassungsverfahrens.[93]

40 Nach § 1 Nr. 2 ist das Prüfergebnis bei **allen behördlichen Entscheidungen über die Zulässigkeit** zu berücksichtigen. Der Gesetzgeber bringt dadurch zum Ausdruck, dass die Berücksichtigung nicht erst im Rahmen der letztverbindlichen Entscheidung über die Zulassung des Vorhabens zu erfolgen hat. Vielmehr kommen insoweit bereits vorgelagerte Verfahrensstufen in Betracht, wenn auf dieser Ebene Entscheidungen über einzelne Zulassungsvoraussetzungen getroffen werden.[94] Eine Konkretisierung der in § 1 Nr. 2 erwähnten behördlichen Entscheidungen erfolgt in § 2 Abs. 3.

41 § 1 Nr. 2 bestimmt schließlich, dass das Ergebnis der UVP **so früh wie möglich** bei den genannten Entscheidungen berücksichtigt wird. Dem liegt der Gedanke zugrunde, dass von einer wirkungsvollen UVP nur gesprochen werden kann, wenn ihr Ergebnis in die fachgesetzlichen Zulassungsentscheidungen einbezogen wird, bevor rechtliche oder faktische Bindungen eingetreten sind.[95] Dies entspricht den vorsorgeorientierten Erwägungen, die der UVP-Änderungsrichtlinie zugrunde liegen.[96]

---

92 BT-Drs. 11/3919, S. 27; vgl. auch *Schink/Erbguth*, DVBl. 1991, 413 (414).
93 Zu den daraus resultierenden Problemen vgl. § 12 Rn. 64 ff.
94 Dazu bereits oben § 1 Rn. 33; vgl. auch *Bunge*, in: HdUVP, § 1 Rn. 23.
95 BT-Drs. 11/3919, S. 20; *SRU*, DVBl 1988, 21; vgl. auch *Hoppe/Beckmann/Kauch*, Umweltrecht, § 8 Rn. 73.
96 Vgl. bereits oben § 1 Rn. 5, 18.

§ 2 Begriffsbestimmungen

(1) Die Umweltverträglichkeitsprüfung ist ein unselbständiger Teil verwaltungsbehördlicher Verfahren, die der Entscheidung über die Zulässigkeit von Vorhaben dienen. Die Umweltverträglichkeitsprüfung umfasst die Ermittlung, Beschreibung und Bewertung der unmittelbaren und mittelbaren Auswirkungen eines Vorhabens auf
1. Menschen, Tiere und Pflanzen,
2. Boden, Wasser, Luft, Klima und Landschaft,
3. Kulturgüter und sonstige Sachgüter sowie
4. die Wechselwirkung zwischen den vorgenannten Schutzgütern.

Sie wird unter Einbeziehung der Öffentlichkeit durchgeführt. Wird über die Zulässigkeit eines Vorhabens im Rahmen mehrerer Verfahren entschieden, werden die in diesen Verfahren durchgeführten Teilprüfungen zu einer Gesamtbewertung aller Umweltauswirkungen zusammengefasst.

(2) Ein Vorhaben ist
1. nach Maßgabe der Anlage 1
   a) die Errichtung und der Betrieb einer technischen Anlage,
   b) der Bau einer sonstigen Anlage,
   c) die Durchführung einer sonstigen in Natur und Landschaft eingreifenden Maßnahme,
2. die Änderung, einschließlich der Erweiterung,
   a) der Lage, der Beschaffenheit oder des Betriebs einer technischen Anlage,
   b) der Lage oder der Beschaffenheit einer sonstigen Anlage,
   c) der Durchführung einer sonstigen in Natur und Landschaft eingreifenden Maßnahme.

(3) Entscheidungen im Sinne des Absatzes 1 Satz 1 sind
1. Bewilligung, Erlaubnis, Genehmigung, Planfeststellungsbeschluss und sonstige behördliche Entscheidungen über die Zulässigkeit von Vorhaben, die in einem Verwaltungsverfahren getroffen werden, mit Ausnahme von Anzeigeverfahren,
2. Linienbestimmungen und Entscheidungen in vorgelagerten Verfahren, die für anschließende Verfahren beachtlich sind,
3. Beschlüsse nach § 10 des Baugesetzbuchs über die Aufstellung, Änderung oder Ergänzung von Bebauungsplänen, durch die die Zulässigkeit von bestimmten Vorhaben im Sinne der Anlage 1 begründet werden soll, sowie Beschlüsse nach § 10 des Baugesetzbuchs über Bebauungspläne, die Planfeststellungsbeschlüsse für Vorhaben im Sinne der Anlage 1 ersetzen.

Übersicht		Rn.			Rn.
1	Allgemeines	1	3	Der materielle Gegenstand der	
1.1	Funktion der Vorschrift	1		UVP (Abs. 1 S. 2)	10
1.2	Gesetzesgeschichte	3	3.1	Begriff der (Umwelt-)Aus-	
1.2.1	Innerstaatliche Entstehung	3		wirkungen	11
1.2.2	Vorgaben der UVP-Änderungsrichtlinie	4	3.2	Schutzgüter	16
1.2.3	Vorgaben der IVU-Richtlinie	7	3.2.1	Menschen	17
2	Verfahrensbezogene Integration		3.2.2	Tiere und Pflanzen	19
	der UVP (Abs. 1 S. 1)	8	3.2.3	Boden	21

3.2.4	Wasser	23	3.4.1.2	Grenzen	49
3.2.5	Luft	25	3.4.2	Beschreibung	53
3.2.6	Klima	27	3.4.3	Bewertung	54
3.2.7	Landschaft	29	4	Methoden und Verfahren	61
3.2.8	Kulturgüter und sonstige Sachgüter	31	5	Einbeziehung der Öffentlichkeit (Abs. 1 S. 3)	63
3.3	Medienübergreifender oder integrativer Prüfansatz	33	6	Gesamtbewertung in parallelen Verfahren (Abs. 1 S. 4)	64
3.3.1	Wechselwirkung als naturwissenschaftlicher Begriff	34	7	Begriff des Vorhabens (Abs. 2)	67
3.3.2	Wechselwirkung als Rechtsbegriff	38	8	Begriff der Entscheidung (Abs. 3)	71
			8.1	Zulassungsentscheidungen	72
3.4	Prüfschritte	45	8.2	Vorgelagerte Verfahren	74
3.4.1	Ermittlung	46	8.3	Bauleitplanerische Entscheidungen	77
3.4.1.1	Inhalt und Umfang	47			

1 Allgemeines

1.1 Funktion der Vorschrift

1   Der Regelungstechnik anderer Umweltgesetze[1] folgt das UVPG auch insoweit, als es im Anschluss an die Zweckbestimmung des Gesetzes die maßgeblichen Begriffsbestimmungen vornimmt. Die Vorschrift des § 2 hat die Funktion, die z. T. bereits in § 1 angesprochenen wesentlichen Elemente der UVP einer verbindlichen Legaldefinition zuzuführen und damit einen Bezugspunkt für die Begrifflichkeit der nachfolgenden Regelungen zu schaffen.[2] Darüber hinaus wird durch § 2 der Standort der UVP im deutschen Umweltrecht definiert.[3]

2   Die Begriffsbestimmungen des § 2 Abs. 1 charakterisieren die UVP durch drei Elemente. Danach handelt es sich um
- ein unselbständiges verwaltungsbehördliches Verfahren, das der Entscheidung über die Zulässigkeit eines bestimmten Vorhabens dient
- zur Ermittlung, Beschreibung und Bewertung der unmittelbaren und mittelbaren Auswirkungen des Vorhabens auf die genannten Schutzgüter sowie die Wechselwirkung zwischen diesen Schutzgütern
- unter Einbeziehung der Öffentlichkeit.[4]

§ 2 Abs. 2 legt den Vorhabenbegriff des Gesetzes fest; § 2 Abs. 3 schließlich definiert den Begriff der Entscheidung über die Zulässigkeit von Vorhaben.

---

1   Vgl. z. B. §§ 3 BImSchG, 3 KrW-/AbfG, 2 AtG, 2 Abs. 1 BBodSchG, 2 PflSchG.
2   *Erbguth*, Die Verwaltung 1991, 283 (292).
3   So *Erbguth/Schink*, UVPG, § 2 Rn. 1; *Erbguth*, Eild. LKT NW 1991, 17 (20); *Schoeneberg*, UVP, Rn. 73.
4   Vgl. auch *Erbguth/Schink*, UVPG, § 2 Rn. 1; *Bunge*, HdUR, Bd. II, Sp. 2484; *Schoeneberg*, UVP, Rn. 73.

1.2 Gesetzesgeschichte

1.2.1 Innerstaatliche Entstehung

Die Neuformulierung des § 2 Abs. 1 S. 2 trägt der geänderten Fassung des Art. 3 UVP-RL durch die UVP-Änderungsrichtlinie Rechnung. Der Begriff der Wechselwirkung wurde dort erweitert um das Beziehungsgefüge zwischen *allen* genannten Umweltgütern.[5] § 2 Abs. 2 Nr. 2 dient der Umsetzung von Anhang II Nr. 13 1. Spiegelstrich der UVP-Änderungsrichtlinie, die neben der Änderung von Projekten nach Anhang I auch die Änderung von Projekten nach Anhang II umfasst, die erhebliche nachteilige Auswirkungen auf die Umwelt haben können. Ausdrücklich einbezogen ist auch die Erweiterung von Projekten. Da sich die Änderung einschließlich der Erweiterung auf alle Projekte nach Anhang I und II und nicht nur auf Anlagen bezieht, wird der Wortlaut der Vorschrift insoweit angepasst.[6] Die Neufassung des § 2 Abs. 3 Nr. 3 ist eine Folgeänderung zur Änderung der Bezeichnung der bisherigen Anlage zu § 3.

3

1.2.2 Vorgaben der UVP-Änderungsrichtlinie

Wie bereits die UVP-Richtlinie kennzeichnet auch die UVP-Änderungsrichtlinie große Zurückhaltung im Hinblick auf die Frage der verfahrensrechtlichen Implementation der UVP. Sie überlässt es den Mitgliedstaaten ausdrücklich, diese im Rahmen der bestehenden Verfahren zur Genehmigung der Projekte durchzuführen oder neue Prüfverfahren einzuführen (Art. 2 Abs. 2 UVP-Änderungsrichtlinie). Maßgeblich ist insoweit allein, dass diese Verfahren geeignet sind, den Zielen der Richtlinie zu entsprechen. Die Selbständigkeit des Prüfverfahrens und demgemäß auch die Eigenständigkeit des Prüfergebnisses sind europarechtlich nicht vorgegeben. Dies gilt auch für die Frage, welchen Behörden die Durchführung der UVP zugewiesen sein soll.[7]

4

Nach Art. 3 UVP-Änderungsrichtlinie identifiziert, beschreibt und bewertet die UVP in geeigneter Weise nach Maßgabe eines jeden Einzelfalles die unmittelbaren und mittelbaren Auswirkungen eines Projekts auf die genannten Umweltgüter einschließlich der Wechselwirkungen. Die Differenzierung zwischen *unmittelbaren* und *mittelbaren* Auswirkungen eines Vorhabens wird in § 2 Abs. 1 S. 2 UVPG ausdrücklich aufgegriffen. § 2 a. F. sprach demgegenüber lediglich von Auswirkungen. Ein Verstoß gegen gemeinschaftsrechtliche Umsetzungserfordernisse lag darin allerdings nicht.[8] Nach geltender Rechtslage ist nunmehr freilich unmissverständlich klargestellt, dass auch ferner liegende Auswirkungen in die Prüfung der Umweltverträglichkeit einzubeziehen sind. Rechtlich irrelevant ist es ferner, wenn das UVPG im Unterschied zur Begrifflichkeit der Richtlinie den Terminus *Vorhaben* verwendet. Dieser Begriff hatte ursprünglich auch der UVP-Richtlinie zugrunde gelegen. Er wurde jedoch später zum Zwecke der Angleichung an den Terminus des Projektträgers durch den Begriff des *Projekts* ersetzt.[9] Auch in ihrer

5

---

5 BT-Drs. 14/4599, S. 92.
6 Vgl. BT-Drs. 14/4599, S. 93.
7 Vgl. auch *Bunge*, in: HdUVP, § 2 Rn. 13.
8 So zutreffend Begr. RegEntw. UVPG BT-Drs. 11/3919, S. 47; *Bunge*, in: HdUVP, § 2 Rn. 16; *Erbguth/Schink*, UVPG, § 2 Rn. 18 f.; vgl. auch bereits *Erbguth*, NVwZ 1988, 969 (972).
9 *Cupei*, UVP, S. 110; *Bunge*, in: HdUVP, § 2 Rn. 26.

geänderten Fassung definiert die UVP-Richtlinie das Erfordernis einer UVP weiterhin projektbezogen.[10]

6   Während in der Präambel der UVP-Richtlinie wie auch in Art. 2 Abs. 1 UVP-Änderungsrichtlinie davon die Rede ist, dass die näher bestimmten Projekte vor Erteilung der *Genehmigung* einer UVP zu unterziehen sind, sprechen § 2 Abs. 1 und § 1 Nr. 2 von der *Entscheidung über die Zulässigkeit* von Vorhaben. Sachlich ist dies jedoch irrelevant. Der europarechtliche Begriff der Genehmigung ist in einem weiten Sinne zu verstehen. Er umfasst jede Entscheidung der zuständigen Behörde oder der zuständigen Behörden, aufgrund deren der Projektträger das Recht zur Durchführung des Vorhabens erhält (Art. 1 Abs. 2 UVP-Änderungsrichtlinie). Bedarf es für die Gewährung dieses Rechts im konkreten Fall mehrerer Entscheidungen verschiedener Behörden, so schließt das europarechtliche Begriffsverständnis auch diese Entscheidungen ein.[11]

1.2.3 Vorgaben der IVU-Richtline

7   Materieller Kern der durch das UVPG ebenfalls umzusetzenden IVU-Richtlinie ist ebenso wie nach der UVP-Änderungsrichtlinie ein medienübergreifender Prüfansatz.[12] Die Vorhabengenehmigung nach Maßgabe der IVU-Richtlinie ist dem integrierten Umweltschutz[13] und damit dem Ziel verpflichtet, die unmittelbaren und mittelbaren Auswirkungen eines Vorhabens auf den Menschen, die Umweltgüter und die zwischen diesen bestehenden Wechselwirkungen zu ermitteln und zu bewerten. Für die IVU-Richtlinie ist das Integrationspostulat Programm. So wird als Ziel des integrierten Konzepts der Verminderung der Verschmutzung der Schutz der »Umwelt insgesamt« genannt.[14] Vor allem in Art. 9 Abs. 3 IVU-RL wird erkennbar, dass der mediale Umweltschutz nicht etwa aufgegeben werden, sondern ergänzt werden soll durch die Betrachtung von Verlagerungswirkungen unter »Einbeziehung der Abfallwirtschaft«.[15] Bei der Normierung von Grundpflichten in Art. 3 IVU-RL wird dann das Integrationspostulat erweitert um das Gebot einer effizienten Energienutzung und einer Stilllegungsvorsorge. Diese Bestimmungen haben aber allenfalls einen die Zielsetzung des medialen Umweltschutzes flankierenden Regelungsgehalt. Der Integrationsanspruch der IVU-Richtlinie erscheint daher bei näherer Betrachtung eher bescheiden.[16]

2   Verfahrensbezogene Integration der UVP (Abs. 1 S. 1)

8   In Anknüpfung an Art. 2 Abs. 2 UVP-Änderungsrichtlinie bringt § 2 Abs. 1 S. 1 zum Ausdruck, dass die UVP ein **unselbständiger Teil** der vorhandenen verwaltungsbehörd-

---

10   So zur UVP-Richtlinie *BVerwG*, Urt. v. 14.5.1997 – 11 A 43.96 –, UPR 1997, 413 (415).
11   *Cupei*, UVP, S. 114; *Bunge*, in: HdUVP, § 1 Rn. 6 und § 2 Rn. 31f.
12   Dazu bereits § 1 Rn. 13ff.; vgl. auch *Becker*, DVBl 1997, 588ff.; *Dolde*, NVwZ 1997, 313 (314f.); *Schink*, Bedeutung der UVP, S. 39 (82f.).
13   Zum Begriff oben § 1 Rn. 12.
14   Vgl. 7., 8. und 9. Erwägungsgrund.
15   *Steinberg*, NuR 1999, 192 (195); ähnlich *Preuß*, DVBl. 1998, 864.
16   So zutreffend *Steinberg*, NuR 1999, 192 (195); *Steinberg/Koepfer*, DVBl. 1997, 973 (974f.).

Begriffsbestimmungen § 2

lichen Verfahren ist.[17] Dem UVPG liegt ein Konzept zugrunde, das »... auf die Einführung zusätzlicher bürokratischer Verfahren sowie auf die Schaffung neuer Behörden verzichtet«[18] und die UVP deshalb in die bereits bestehenden fachgesetzlichen Verfahren zu integrieren sucht.[19] Es gibt danach weder ein rechtlich selbständiges UVP-Verfahren noch besondere UVP-Behörden.[20] Allgemeiner Ablauf der umweltrechtlichen Verfahren und Behördenzuständigkeit richten sich deshalb auch nach Inkrafttreten der Änderung des UVPG grundsätzlich nach den einschlägigen fachgesetzlichen Regelungen.[21]

Mit dem Oberbegriff des verwaltungsbehördlichen Verfahrens sind die verschiedenen Verfahrensarten gemeint, für die das UVPG Bedeutung erlangt.[22] Dabei soll es sich nicht nur um Verwaltungsverfahren i. S. d. § 9 VwVfG, sondern auch um verwaltungsinterne Verfahren sowie Normsetzungsverfahren handeln können.[23] Für welche Verfahren das UVPG Bedeutung erlangt, erschließt sich daraus, dass die UVP Teil derjenigen verwaltungsbehördlichen Verfahren ist, die der Entscheidung über die Zulässigkeit von Vorhaben **dienen.** Derartige Verfahren sind zunächst die der Verwirklichung des Vorhabens unmittelbar vorausgehenden Zulassungsverfahren. Erfasst werden auch diejenigen behördlichen Entscheidungsprozesse, die vor Beginn der Zulassungsverfahren im engeren Sinne stattfinden und wegen der von ihnen ausgehenden rechtlichen oder faktischen Bindungen für diese nachfolgenden Verfahren beachtlich sind.[24] Danach unterliegen z. B. Linienbestimmungsverfahren nach § 16 Abs. 1 FStrG[25] oder Entscheidungen über bestimmte Bebauungspläne[26] den Anforderungen des UVPG.

9

3 Der materielle Gegenstand der UVP (Abs. 1 S. 2)

§ 2 Abs. 1 S. 2 beschreibt den **materiellen** Gegenstand der UVP, wie er durch die europarechtliche Grundlage des Art. 3 UVP-Änderungsrichtlinie vorgegeben ist. Inhaltlich geht die Prüfung dahin, die Auswirkungen eines Vorhabens auf die aufgeführten Umweltgüter einschließlich der jeweiligen Wechselwirkungen zu ermitteln, zu beschreiben und zu bewerten. Ein Kennzeichen der UVP ist es dabei, die Einzelbereiche nicht isoliert voneinander zu behandeln, sondern auch bereichsübergreifend zu betrachten.[27] Dieser über die sektorale Betrachtung einzelner Umweltgüter hinausgehende **medien-**

10

---

17 Begr. RegEntw. UVPG, BT-Drs. 11/3919, S. 20; dazu *BVerwG*, Urt. v. 19.5.1998 – 4 C 11/96 –, NVwZ 1999, 528 (531); vgl. auch *Weber/Hellmann*, NJW 1990, 1625 (1627); *Sachs*, in: Stelkens/Bonk/Sachs, VwVfG, § 63 Rn. 53.
18 So ausdrücklich der Beschluss des Deutschen Bundestages v. 25.11.1983 (Plenarprotokoll 10/38 i. V. m. BT-Drs. 10/613, Nr. 4).
19 Begr. RegEntw. UVPG, BT-Drs. 11/3919, S. 15; vgl. auch *Dohle*, NVwZ 1989, 697 (698); *Erbguth/Schink*, UVPG, § 2 Rn. 2; *Jarass*, NuR 1991, 201 (202).
20 Statt vieler *Bohne*, ZfB 1989, 93 (99); *Dienes*, ET 1990, 727 (728).
21 Vgl. bereits *Bohne*, ZfB 1989, 93 (99).
22 BT-Drs. 11/3919, S. 20 f.
23 So BT-Drs. 11/3919, S. 21; vgl. auch *Bunge*, in: HdUVP, S. 2 Rn. 44.
24 BT-Drs. 11/3919, S. 20 f.
25 Eingehend dazu nachfolgend § 15 Rn. 2, 12, 16. Vgl. auch *Erbguth/Schink*, UVPG, § 2 Rn. 3.
26 Dazu § 2 Rn. 77 f. und nachfolgend § 17 Rn. 1 ff.; vgl. auch *Erbguth/Schink*, UVPG, § 2 Rn. 4.
27 So ausdrücklich die Begr. RegEntw. UVPG, BT-Drs. 11/3919, S. 21.

§ 2

übergreifende oder **integrative** Prüfansatz stellt das zentrale materielle Element der UVP dar.[28]

3.1 Begriff der (Umwelt-)Auswirkungen

11 Gegenstand des UVP-Verfahrens sind die Auswirkungen eines Vorhabens auf die Umweltgüter i. S. d. § 2 Abs. 1 S. 2. Der für die UVP maßgebliche Umweltbegriff[29] wird weder im Gesetz noch in der UVPVwV definiert. Demgegenüber legte die Entwurfsfassung der UVPVwV das Begriffsverständnis noch ausdrücklich dahin fest, dass *Umwelt ein durch Wechselbeziehungen verbundenes System aus Menschen, Tieren und Pflanzen, Boden, Wasser, Luft, Klima und Landschaft (ökosystemarer Umweltbegriff)* ist, das auch Kultur- und sonstige Sachgüter einschließt.[30]

12 § 2 enthält keine Legaldefinition des Begriffs der **Auswirkungen** auf die Umwelt. Der Gesetzgeber verzichtete hierauf unter Hinweis auf die rasche technische Entwicklung.[31] Die Terminologie des Gesetzes, das von *Aus*wirkungen spricht, ist insofern bemerkenswert, als andere Umweltgesetze auf den Begriff der Umwelt*ein*wirkungen abstellen.[32] Dass die Begrifflichkeit des UVPG hiervon abweicht, ist in der UVP-Änderungsrichtlinie begründet, die ihrerseits den Begriff der *Aus*wirkungen auf die Umwelt verwendet.[33] Dieser Terminus bringt zum Ausdruck, dass auch – voraussichtliche – Folgen von Einwirkungen in die Prüfung der Umweltverträglichkeit einzubeziehen sind.[34] Die Übernahme der Terminologie in das UVPG verdeutlicht, dass im Rahmen der UVP eine eingehende Prüfung zu erfolgen hat, die über die Anforderungen der an Umwelteinwirkungen anknüpfenden Gesetze hinausgehen soll.[35] Der Inhalt dieses Prüfprogramms wird durch den Katalog der Schutzgüter des § 2 Abs. 1 S. 2 bestimmt. Eine Einschränkung des Tatbestandsmerkmals der Auswirkungen, etwa durch das Kriterium der »Schädlichkeit«[36] enthält das Gesetz nicht. Mithin kommt es im Rahmen der UVP nicht (erst) auf die Schädlichkeit der von einem Vorhaben ausgehenden ökologischen Folgen an; vielmehr soll schlechthin jede Auswirkung auf die Umwelt erfasst werden. Ein Ausblenden von bestimmten kausalen Wirkungsbeziehungen nach Maßgabe wertender Kriterien soll gerade nicht erfolgen. Das Gesetz differenziert folglich nicht zwischen positiven und negativen Wirkungen. Dies bedeutet aber auch: Falls von einem Vorhaben

---

28 *Becker*, NVwZ 1997, 1167 (1170); *Erbguth*, NuR 1997, 261 (265); *Erbguth/Schink*, UVPG, § 2 Rn. 27; *Schoeneberg*, UVP, Rn. 91; *Cupei*, UVP, S. 133; unter dem Blickwinkel der IVU-Richtlinie näher § 1 Rn. 13 ff.; vgl. auch *Ladeur*, ZUR 1998, 245 (247 f.); *Schink*, Bedeutung der UVP, S. 39 (82 f.).
29 Vgl. dazu oben § 1 Rn. 30.
30 Nr. 0.3.1 UVPVwVE v. 4.11.1993; vgl. dazu auch *Peters*, UPR 1999, 294 (296).
31 So Begr. RegEntw. UVPG, BT-Drs. 11/3919, S. 21.
32 So z. B. § 3 Abs. 1 BImSchG; vgl. aber auch § 7 Abs. 2 GenTG, § 6 Abs. 1 PflSchG, wo ebenfalls von *Aus*wirkungen die Rede ist.
33 Vgl. 1. Erwägungsgrund der UVP-Richtlinie sowie Art. 3 UVP-RL.
34 *Cupei*, UVP, S. 109 f. und S. 151 f.; *Püchel*, UVP, S. 88 f.
35 *Püchel*, UVP, S. 89; vgl. allerdings auch *Jarass*, EG-Richtlinie zur UVP, S. 26, der darauf hinweist, dass Auswirkungen auf die Schutzgüter des UVPG unter Berücksichtigung des 11. Erwägungsgrundes der UVP-Richtlinie nicht in jeder Hinsicht zu prüfen seien.
36 So aber z. B. § 3 Abs. 1 BImSchG; vgl. auch § 2 Abs. 3 BBodSchG.

(auch) positive Wirkungen auf die Umwelt ausgehen können, sind diese ebenfalls im UVP-Verfahren zu würdigen.³⁷

Was unter Auswirkungen auf die Umwelt zu verstehen ist, wird untergesetzlich beschrieben, und zwar dahin, dass dieser Begriff Veränderungen der menschlichen Gesundheit oder der physikalischen, chemischen oder biologischen Beschaffenheit einzelner Bestandteile der Umwelt oder der Umwelt insgesamt erfasst, die von einem Vorhaben verursacht werden. Auswirkungen auf die Umwelt können je nach den Umständen des Einzelfalls

– durch Einzelursachen, Ursachenketten oder durch das Zusammenwirken mehrerer Ursachen herbeigeführt werden
– Folgen insbesondere der Errichtung, des bestimmungsgemäßen oder bestimmungswidrigen Betriebes eines Vorhabens, ferner Folgen von Stör- oder Unfällen sein, soweit eine Anlage hierfür auszulegen ist oder hierfür vorsorglich Schutzvorkehrungen vorzusehen sind
– kurz-, mittel- und langfristig auftreten
– ständig oder nur vorübergehend vorhanden sein
– aufhebbar (reversibel) oder nicht aufhebbar (irreversibel) sein und
– positiv oder negativ, d.h. systemfördernd (funktional) oder systembeeinträchtigend (disfunktional), sein.³⁸

Dieses weite Begriffsverständnis eröffnet den Raum für eine im Ansatz umfassende Einbeziehung der Aus- und Einwirkungen, welche von einem Vorhaben auf die Umwelt ausgehen. Angesichts der dem Vorsorgegrundsatz verpflichteten Zielsetzung des Gesetzes liegt es nahe, dass die UVP nicht nur diejenigen Umweltfolgen erfassen soll, die mit mehr oder weniger hoher Wahrscheinlichkeit zu erwarten sind. Gegenstand der Untersuchung sind vielmehr auch die Auswirkungen, die nach den konkreten Umständen des Einzelfalles verursacht werden *können*..³⁹

Auswirkungen auf die Umwelt gehen danach von nahezu jedem Vorhaben aus. Schon die bloße Existenz einer Anlage verdrängt bereits ein Stück Umwelt und stellt damit zumindest irgendeine »Auswirkung« dar. Die Auswirkungen erlangen eine konfliktträchtige Dimension, wenn durch die Errichtung einer Anlage ein für wertvoll gehaltener Bestandteil der Umwelt, etwa ein Biotop, der Lebensraum einer Tierart oder eine seltene Landschaftsformation, betroffen wird. Das Vorhaben kann freilich nicht nur bodenbezogene, sondern zugleich atmosphärebezogene Wirkungen entfalten. Diese bestehen in den aus dem Nachbarrecht bekannten Wirkungen auf Sonneneinfall, Luftzirkulation und Geräuschpegel, ggf. auch in Veränderungen des Mikroklimas und damit möglicher Niederschlagsmengen in der Umgebung. Noch weiter reichen die potenziellen Wirkungen, wenn die Anlage nicht nur gebaut, sondern auch in Betrieb genommen wird. In solchen Fällen vervielfachen sich die Wirkungen auf die Umweltgüter schon deshalb, weil der Betrieb im Unterschied zur Errichtung nicht nur einmal Wirkungen hervorbringt, die dann mehr oder weniger konstant bleiben. Vielmehr entstehen im Betrieb immer wieder neue Wirkungen, die sich im Laufe der Betriebsdauer nicht nur quantitativ

---

37 *Schmidt-Aßmann*, FS Doehring, S. 889 (899), der Entlastungen, die von einem Vorhaben ausgehen, als Wechselwirkungen im Sinne der UVP-Richtlinie beachtet sehen will; kritisch insoweit *Hoppe/Püchel*, DVBl. 1988, 1 (2).
38 Nr. 0.3 UVPVwV.
39 *Bunge*, in: HdUVP, § 2 Rn. 51; *Peters*, UVP-Richtlinie, S. 31f. und S. 51ff.

ständig vermehren. Sie können als Folge ihrer quantitativen Vermehrung zugleich qualitative Steigerungen erfahren: Überschreiten Belastungen eine bestimmte Mindestmenge, so können sie eine neue Qualität annehmen. Stoffe, die in kleinen Mengen unbedenklich sind, überschreiten in größeren Mengen die Toxizitätsgrenze. Jede einzelne Anlage kann für sich allein schon diese Wirkungen auslösen. Diese steigern sich aber noch, wenn mehrere von ihnen oder auch nur die Wirkungen mehrerer von ihnen zusammentreffen.[40]

15 Die hier nur skizzierte Darstellung möglicher Auswirkungen auf die Umwelt macht deutlich: Die Zahl der in das UVP-Verfahren einzubeziehenden Auswirkungen ist potenziell unendlich.[41] Je größer und umfangreicher das Vorhaben, desto weiter können seine Auswirkungen reichen. Ist der Gegenstand der UVP theoretisch potenziell unendlich komplex, so ist es auch das Verfahren der UVP. Allerdings ist dies nur theoretisch so. Praktisch wird die Komplexität des Verfahrens durch die in § 5 geregelten drei Grundpflichten erheblich reduziert: Unterrichtungs- und Vorlagepflichten des Unternehmers gegenüber der Behörde, Erörterungspflichten der zuständigen Behörde und des Unternehmers, Unterrichtungs- und Beibringungspflichten der Behörde gegenüber dem Unternehmer.[42] Zweck dieser Pflichten ist die Erörterung von Gegenstand, Umfang und Methoden der UVP. Die praktische Bedeutung dieses »*Scoping-Verfahrens*«[43] kann kaum überschätzt werden. Es ist letztlich diese frühzeitige Abstimmung zwischen Behörde und Vorhabenträger, welche die potenziell unendliche Komplexität der UVP im Einzelfall strukturiert und auf ein durchführbares Verwaltungsverfahren reduziert.[44]

3.2 Schutzgüter

16 Gem. § 2 Abs. 1 S. 2 umfasst die UVP die Ermittlung, Beschreibung und Bewertung der unmittelbaren und mittelbaren Auswirkungen eines Vorhabens auf **Menschen, Tiere und Pflanzen (Nr. 1), Boden, Wasser, Luft, Klima und Landschaft (Nr. 2), Kulturgüter und sonstige Sachgüter (Nr. 3) sowie die Wechselwirkung zwischen den vorgenannten Schutzgütern (Nr. 4).** Die katalogartige Aufzählung einzelner Umweltgüter unter Einbeziehung der Wechselwirkung unterscheidet die Prüfung der Umweltverträglichkeit nach dem UVPG und der UVP-Änderungsrichtlinie von der UVP im anglo-amerikanischen Rechtskreis.[45]

3.2.1 Menschen

17 Gegenstand der Untersuchung sind zunächst die Auswirkungen, die das Vorhaben auf den **Menschen** hat. Gemeint sind damit Veränderungen der menschlichen Gesundheit, und zwar unabhängig davon, ob sie physisch-organischen Charakter haben oder psychischer Natur sind.[46] Tatbestandsrelevante Auswirkungen sind deshalb auch durch Lärm verursachte Krankheiten.

---

40 Vgl. dazu *Gusy*, UTR 1991, 3 (9) m.w.N.
41 Zutreffend *Gusy*, UTR 1991, 3 (9); *Ladeur*, ZfU, 1994, 1 (8).
42 *Gusy*, UTR 1991, 3 (10).
43 Näher dazu § 5 Rn. 2 ff.
44 So *Gusy*, UTR 1991, 3 (10).
45 Dazu bereits oben § 1 Rn. 30.
46 Vgl. auch Bunge, in: HdUVP, § 2 Rn. 57.

Begriffsbestimmungen § 2

Nicht zu den Auswirkungen auf den Menschen zählen hingegen die ökonomischen und sozialen Folgen eines Vorhabens. Folglich können Gegenstand des Prüfverfahrens auch nicht die gesellschaftlichen Auswirkungen von Umsiedlungsmaßnahmen sein, die durch die Verwirklichung eines flächenintensiven Großvorhabens verursacht sind.[47] Zweifelhaft erscheint, ob auch Auswirkungen auf das subjektive Wohlbefinden des Einzelnen in die UVP einzubeziehen sind.[48] Für eine solche Sichtweise ließe sich immerhin anführen, dass die UVP-Richtlinie ausdrücklich das Ziel verfolgt, zu einer Verbesserung der Lebensqualität beizutragen.[49] Allerdings wäre es praktisch kaum möglich, diesen Gesichtspunkt in rechtlich unbedenklicher Weise in das UVP-Verfahren einzubeziehen. In Anlehnung an den Inhalt des polizeilichen Gefahrenbegriffs[50] kommen daher nicht objektivierbare bloße Belästigungen als Auswirkungen eines Vorhabens auf den Menschen nicht in Betracht.[51]

18

3.2.2 Tiere und Pflanzen

Zu untersuchen sind ferner die Auswirkungen des Vorhabens auf **Tiere und Pflanzen**. Diese Tatbestandsmerkmale erfassen nicht nur einzelne Lebewesen, sondern auch Populationen und Arten, und zwar unabhängig von ihrem Entwicklungsstadium bzw. ihrer Vegetationsphase.[52] Unerheblich ist, ob es sich um wildlebende oder unter der Kontrolle des Menschen gehaltene Tiere und Pflanzen handelt.[53] Es kommt auch nicht darauf an, ob die jeweilige Tier- und Pflanzenart besonders schützenswert ist. Allerdings dürfte die von der UVP-Richtlinie intendierte Erhaltung der Artenvielfalt[54] eine wichtige Auslegungshilfe für das Begriffsverständnis sein.

19

Auswirkungen auf Tiere und Pflanzen stellen zunächst die *unmittelbaren* Beeinträchtigungen der Gesundheit bzw. des biologisch-physiologischen Normalzustandes (Verletzung oder Tötung bzw. Beschädigung oder Zerstörung) dar. Erfasst werden nach dem eindeutigen Wortlaut des Gesetzes darüber hinaus auch *mittelbare* Veränderungen.[55] Zu diesen indirekten Auswirkungen gehören bspw. Schadstoffeinträge in Boden, Wasser oder Luft, Grundwasserabsenkungen oder klimatische Faktoren wie die Verringerung der Luftfeuchtigkeit.[56]

20

3.2.3 Boden

Die Prüfung der Umweltverträglichkeit umfasst auch die Auswirkungen des Vorhabens auf den **Boden**. Das Gesetz definiert dieses Tatbestandsmerkmal nicht. Trotz der unbestrittenen Schutzwürdigkeit des Umweltmediums Boden war dessen Schutz im Gegensatz zu den anderen Medien auf Bundesebene bis zum Jahre 1998 nicht in einem

21

---

47 So aber *Bunge*, in: HdUVP, § 2 Rn. 58.
48 In diesem Sinne wohl *Gassner*, UPR 1990, 361 (363).
49 11. Erwägungsgrund der UVP-Richtlinie.
50 Vgl. dazu nur *Drews/Wacke/Vogel/Martens*, Gefahrenabwehr, S. 221 ff.
51 A. A. *Bunge*, in: HdUVP, § 2 Rn. 57.
52 Vgl. auch *Bunge*, in: HdUVP, § 2 Rn. 61; speziell zur Einbeziehung tierökologischer Belange in die UVP *Kleinschmidt*, LÖLF-Mitteilungen 1991, 46 ff.
53 So ausdrücklich noch Nr. 0.4.2 UVPVwVE v. 19.6.1991.
54 11. Erwägungsgrund der UVP-Richtlinie.
55 Vgl. auch oben § 2 Rn. 13 ff.
56 *Bunge*, in: HdUVP, § 2 Rn. 62, unter Hinweis auf Arbeitsgemeinschaft UVP-Gütesicherung, UVP-Gütesicherung, S. 54 ff. und S. 59 ff.

§ 2 *Begriffsbestimmungen*

eigenständigen Gesetz geregelt. Ein Blick in verschiedene Umweltfachgesetze, in denen der Begriff Verwendung findet, offenbart ein unterschiedliches Verständnis.[57] Mit dem vollständigen Inkrafttreten des Gesetzes zum Schutz vor schädlichen Bodenveränderungen und zur Sanierung von Altlasten (BBodSchG)[58] am 1.3.1999 liegt nunmehr eine bundesgesetzlich verbindliche Begriffsbestimmung vor. § 2 Abs. 1 BBodSchG definiert den Boden als die obere Schicht der Erdkruste, soweit sie Träger der in § 2 Abs. 2 BBodSchG genannten Bodenfunktionen ist, einschließlich der flüssigen Bestandteile (Bodenlösung) und der gasförmigen Bestandteile (Bodenluft), ohne Grundwasser und Gewässerbetten. Der Boden wird damit nicht räumlich, sondern *funktional* definiert.[59] Die Bodenfunktionen werden in § 2 Abs. 2 BBodSchG näher bestimmt. Danach ist der Boden in seinen natürlichen Funktionen (Nr. 1), in seinen Funktionen als Archiv der Natur- und Kulturgeschichte (Nr. 2) sowie in seinen Nutzungsfunktionen (Nr. 3) nachhaltig zu sichern oder wiederherzustellen. Dieses weite, die Bodenfunktionen in ihrer Vielfalt erfassende Begriffsverständnis liegt auch dem Bodenbegriff des UVPG zugrunde.

22 Auswirkungen auf den Boden i. S. d. UVPG sind alle Veränderungen seiner physikalischen, chemischen oder biologischen Eigenschaften, etwa durch Veränderung der Bodenphysik (Abtragung, Erosion, Verdichtung), durch Flächenversiegelung oder stoffliche Einträge.[60] Ganz in diesem Sinne enthält Anhang 1 der UVPVwV Orientierungshilfen zur Bewertung der Auswirkungen auf die stoffliche Bodenbeschaffenheit. Danach ist der Bewertung zugrunde zu legen, dass der Boden in seinen natürlichen Funktionen, in seinen Nutzungsfunktionen und in seiner Leistungsfähigkeit erhalten werden soll. Zum Zwecke der Bewertung ist daher zu prüfen, ob bei der Durchführung eines Vorhabens eine Veränderung der physikalischen, chemischen oder biologischen Beschaffenheit des Bodens auftritt, die eine nachhaltige Beeinträchtigung der natürlichen Bodenfunktionen besorgen lässt, welche unter Berücksichtigung der Nutzungsfunktionen nach Prägung des Gebiets oder den planerischen Festlegungen mit den gesetzlichen Umweltanforderungen nicht zu vereinbaren ist.[61]

3.2.4 Wasser

23 Gegenstand der UVP sind ferner die Auswirkungen des Vorhabens auf das **Wasser**. Das UVP-rechtliche Begriffsverständnis umfasst ohne weiteres den Begriff des Gewässers i. S. des Gewässerschutzrechts, dürfte aber wohl darauf nicht beschränkt sein. Gewässer sind die Teile der Erdoberfläche, die infolge ihrer natürlichen Beschaffenheit oder künstlichen Vorrichtungen nicht nur vorübergehend mit Wasser bedeckt sind, sowie die Teile des Erdinnern, die Wasser enthalten. Erfasst sind damit die Oberflächengewässer wie Meere, Flüsse und Seen sowie das Grundwasser. Zu den Gewässern zählt aber nicht nur das Wasser an sich, sondern auch das Gewässerbett, das Ufer, die Schwebestoffe im Wasser

---

57 Eingehend dazu *Kauch*, Bodenschutz, S. 7 ff. m. w. N.; vgl. auch bereits *Erbguth*, UPR 1984, 241 (242); *Kloepfer*, Umweltrecht, § 14 Rn. 12; *von Mutius*, in: Blume (Hrsg.), HbBodSch, S. 477 (478); *Bunge*, in: HdUVP, § 2 Rn. 63.
58 BGBl. I S. 502.
59 *Hoppe/Beckmann/Kauch*, Umweltrecht, § 27 Rn. 18. Zu dem zugrunde liegenden anthropozentrischen Begriffsverständnis vgl. näher *Peine*, DVBl. 1998, 157 (159); *Kobes*, NVwZ 1998, 786 (788).
60 *Bunge*, in: HdUVP, § 2 Rn. 64. Zum Begriff der schädlichen Bodenveränderungen i. S. d. § 2 Abs. 3 BBodSchG vgl. *Hoppe/Beckmann/Kauch*, Umweltrecht, § 27 Rn. 21 ff.
61 Nr. 1.3.1 Anhang 1 UVPVwV.

oder Geschiebe und Eis.⁶² Ein – oberirdisches – Gewässer, d.h. ein ständig oder zeitweilig in Betten fließendes oder stehendes oder aus Quellen wild abfließendes Wasser (§ 1 Abs. 1 Nr. 1 WHG), verliert diese Eigenschaft nicht, wenn es zeitweise versiegt; es genügt, dass das Wasser in wiederkehrendem Rhythmus – wenn auch unregelmäßig – in einem Bett fließt.⁶³ Unerheblich ist, auf welchem Weg das Wasser in ein Gewässer gelangt.⁶⁴ Deshalb steht auch die teilweise Verrohrung eines Baches der rechtlichen Qualifikation als – oberirdisches – Gewässer nicht entgegen.⁶⁵ Vom Gewässerbegriff nicht erfasst ist hingegen das dem natürlichen Wasserhaushalt entzogene, z.B. in Rohrleitungen oder in anderen Behältnissen enthaltene Wasser.⁶⁶ Nichts anderes gilt im Hinblick auf den UVP-rechtlichen Wasserbegriff, weil eine Betroffenheit des Umweltmediums Wasser in seiner ökosystemaren Vernetztheit in diesen Fällen nicht zu besorgen ist. Etwas anderes dürfte für das in Luft kondensierte oder aus Niederschlägen oder Schneeschmelze wild abfließende Wasser, für das in Pflanzen gebundene Wasser oder die natürliche Bodenfeuchtigkeit unmittelbar unter der Erdoberfläche gelten.⁶⁷

Auswirkungen des Vorhabens auf das Wasser sind nach Maßgabe der UVPVwV dann zu bejahen, wenn sich dessen physikalische, chemische oder biologische Beschaffenheit ändert.⁶⁸ Es handelt sich dabei u.a. um Veränderungen der Wassermenge, der natürlichen Temperatur, der Fließrichtung oder -geschwindigkeit, der stofflichen Zusammensetzung sowie der Schadstoff- oder Nährstoffbelastung.⁶⁹

3.2.5 Luft

Im Rahmen der UVP sind ferner die Auswirkungen des Vorhabens auf die **Luft** zu untersuchen. Unter diesem Begriff versteht das Gesetz das die Atmosphäre der Erde bildende Gasgemisch in seiner vertikalen Ausdehnung über der Erdoberfläche. Bedeutsam für die UVP sind vornehmlich die Auswirkungen eines Vorhabens auf die unteren Luftschichten.⁷⁰

Eine Auswirkung i.S.d. UVPG liegt vor, wenn sich die physikalische, chemische oder biologische Beschaffenheit des Gasgemisches Luft durch das Vorhaben verändert.⁷¹ Derartige Veränderungen werden etwa durch gasförmigen Schadstoffeintrag hervorgerufen. Weitere Ursachen sind Temperatur- und Druckänderungen.⁷² Anhang 1 der UVPVwV hält für die Bewertung der Auswirkungen auf die Luftbeschaffenheit eine Orientierungshilfe bereit. Danach sind für die Bewertung die aufgrund des BImSchG festgelegten Immissionswerte, insbesondere der TA Luft, anzuwenden, soweit es das Fachrecht vorschreibt. In sonstigen Fällen sind die genannten Immissionswerte nach

---

62 Vgl. *Gieseke/Wiedemann/Czychowski*, WHG, § 1 Rn. 10; *Sieder/Zeitler/Dahme/Knopp*, WHG, § 1 Rn. 4.
63 *OVG Schleswig*, Urt. v. 9.5.1996 – 2 L 185/94 –, ZfW 1997, 126 (128).
64 *OVG Münster*, Urt. v. 24.5.1986 – 20 A 454/85 –, ZfW 1987, 122.
65 *BVerwG*, Beschl. v. 29.1.1996 – 4 B 5.96 – , ZfW 1997, 25 ff.
66 *Hoppe/Beckmann/Kauch*, Umweltrecht, § 17 Rn. 2; *Thurn*, Gewässerfunktionen, S. 73, und dort auch zu weiteren Besonderheiten des Gewässerbegriffs.
67 Insoweit eher ablehnend *Hoppe/Beckmann/Kauch*, Umweltrecht, § 17 Rn. 2.
68 Nr. 0.3 UVPVwV.
69 Zutreffend *Bunge*, in: HdUVP, § 2 Rn. 67.
70 Vgl. *Bunge*, in: HdUVP, § 2 Rn. 68.
71 Nr. 0.3 UVPVwV.
72 So *Bunge*, in: HdUVP, § 2 Rn. 69.

Lage des Einzelfalles als Orientierungshilfe zur Bewertung entsprechend heranzuziehen.[73]

3.2.6 Klima

27 Der Begriff **Klima** bezeichnet den für ein begrenztes geographisches Gebiet typischen Ablauf der Witterung in einem gewissen Zeitraum. Nach der räumlichen Ausdehnung des betrachteten Gebietes ist im Allgemeinen zwischen lokalem, regionalem und globalem Klima zu unterscheiden. Die Auswirkungen eines Vorhabens auf das Makroklima lassen sich quantitativ kaum abschätzen. Für das Prüfverfahren im Rahmen der UVP erlangen deshalb vor allem die Auswirkungen des Vorhabens auf das lokale oder regionale Klima Bedeutung.[74]

28 Tatbestandsrelevante Auswirkungen auf das Klima sind z.B. Veränderungen der Lufttemperatur, der Luftfeuchtigkeit, der Windgeschwindigkeit und -richtung sowie der Häufigkeit, Dauer und Intensität von Niederschlägen.[75] Solche Erscheinungen lassen sich freilich zumeist auch als Auswirkungen auf das Umweltmedium Luft qualifizieren.

3.2.7 Landschaft

29 Gegenstand der UVP sind ferner die Auswirkungen eines Vorhabens auf die **Landschaft**. Der Begriff Landschaft hat für das Naturschutzrecht zentrale Bedeutung.[76] Er wird hier als ein durch bestimmte strukturelle und funktionelle Merkmale und eine charakteristische Nutzungsweise individuell geprägter und als Einheit in dieser Merkmalsvielfalt abgrenzbarer Teilraum der Erdoberfläche verstanden. Es lassen sich verschiedene Landschaftstypen unterscheiden, wobei die Bodengestaltung und die Bodenart, der Pflanzenbewuchs und die Gewässer die Hauptmerkmale sind, die die Eigenheit einer Landschaft bestimmen.[77] Landschaft ist aus naturschutzrechtlicher Sicht zum einen *Landschaftsbild* und zum anderen Bestandteil des *Naturhaushalts*, der den Lebensraum für Tiere und Pflanzen bildet. Das UVPG knüpft an dieses Begriffsverständnis an. Dies lässt sich aus Anhang 1 der UVPVwV entnehmen, der im Zusammenhang mit der Bewertung der Ausgleichbarkeit eines Eingriffs in Natur und Landschaft ausdrücklich auch Beeinträchtigungen des Landschaftsbildes und von Landschaftsteilen anspricht.[78]

30 Eine Auswirkung i.S.d. UVPG liegt vor, wenn sich die physikalische, chemische oder biologische Beschaffenheit der Landschaft verändert. Diese ist in ihrer ökologischen Bedeutung betroffen, wenn Lebensräume für Tiere und Pflanzen durch Flächenversiegelung vermindert oder zerstört werden. Auswirkungen auf das Landschaftsbild sind Veränderungen seiner Elemente, die die Wahrnehmung der Landschaft durch den Menschen modifizieren.[79]

---

73 Nr. 1.4 Anhang 1 UVPVwV.
74 Vgl. auch *Bunge*, in: HdUVP, § 2 Rn. 70.
75 *Bunge*, in: HdUVP, § 2 Rn. 71; näher dazu *Baumüller*, in: HdUVP, Kennzahl 2805 (Klima), S. 1 ff.
76 Vgl. z.B. §§ 13 ff., 26 BNatSchG.
77 *Bender/Sparwasser*, Umweltrecht, Rn. 1194.
78 Nr. 1.1.2 Anhang 1 UVPVwV.
79 *Bunge*, in: HdUVP, § 2 Rn. 74.

Begriffsbestimmungen § 2

3.2.8 Kulturgüter und sonstige Sachgüter

§ 2 Abs. 1 S. 2 spricht unter geringfügiger Modifizierung des Wortlauts der Vorschrift a. F. nunmehr von **Kulturgütern und sonstigen Sachgütern (Nr. 3)**. Gleichzeitig werden diese Tatbestandsmerkmale vor die Wechselwirkungen gezogen und damit von diesen erfasst.[80] Nicht ganz eindeutig ist, was unter dem Begriff der Kulturgüter und sonstigen Sachgüter zu verstehen ist. Weder die UVP-Richtlinie in ihrer geänderten Fassung noch die Entstehungsgeschichte des UVPG geben hierüber Aufschluss. Für das Begriffsverständnis ist daher an den *Umweltbegriff* des UVPG anzuknüpfen. Da das Gesetz die natürliche Umwelt als ein komplexes System miteinander vernetzter Faktoren begreift, liegt es nahe, als Kulturgüter und sonstige Sachgüter im Sinne des Gesetzes nur solche anzusehen, die in engem Zusammenhang mit einem der genannten Umweltgüter stehen und insoweit als Bestandteil dieses Gefüges erscheinen.[81] In Anlehnung an Art. 5 Abs. 1 i. V. m. Anhang IV Nr. 3 UVP-Änderungsrichtlinie sind Kulturgüter und sonstige Sachgüter i. S. d. UVPG insbesondere Denkmäler, historische Gebäude, architektonisch oder ingenieurtechnisch wertvolle Bauten, archäologische Schätze sowie kunsthistorisch bedeutsame Gegenstände.[82]

31

Auswirkungen auf Kulturgüter und sonstige Sachgüter sind Änderungen ihrer physikalischen, chemischen oder biologischen Beschaffenheit[83] etwa durch Beschädigung oder Zerstörung. Zweifelhaft erscheint es allerdings, auch schon diesbezügliche Risiken unter den Begriff der Auswirkungen zu fassen.[84]

32

3.3 Medienübergreifender oder integrativer Prüfansatz

§ 2 Abs. 1 S. 2 erstreckt die Prüfung der Auswirkungen eines Vorhabens ausdrücklich *auch* auf die **Wechselwirkung zwischen den vorgenannten Schutzgütern (Nr. 4)**. Dieser **medienübergreifende** oder **integrative** Prüfauftrag der UVP stellt eine Abkehr vom überkommenen sektoralen Schutz einzelner Umweltmedien und eine Hinwendung zum Schutz komplexer Systeme dar, in denen sich Wechselwirkungen zwischen den Organismen und der Umwelt abspielen.[85] Für das Verständnis der UVP erlangt dieses Tatbestandsmerkmal zentrale Bedeutung. Gleichwohl besteht kaum Einigkeit über den Begriffsinhalt.[86]

33

---

80 Vgl. dazu *Becker*, NVwZ 1997, 1167 (1170); *Peters*, UPR 1999, 294 (296).
81 Zutreffend *Erbguth/Schink*, UVPG, § 2 Rn. 34; a. A. *Bunge*, HdUVP, § 2 Rn. 79.
82 Vgl. auch bereits *Cupei*, UVP, S. 134.
83 Nr. 0.3 UVPVwV.
84 So aber *Bunge*, in: HdUVP, § 2 Rn. 80.
85 *Hoppe/Püchel*, DVBl. 1988, 1 (5); *SRU*, DVBl. 1988, 21 (26); *Erbguth/Schink*, UVPG, Einl. Rn. 15f. und § 2 Rn. 28; *Schoeneberg*, UVP, Rn. 91; vgl. auch bereits *Hoppe*, VVDStRL 38 (1980), 211 (238).
86 Instruktiv die Diskussionsbeiträge im Rahmen der Anhörung des *Arbeitskreises für Umweltrecht*, Gebundene Genehmigung oder Quasi-Planfeststellung, S. 9ff., S. 24, S. 43ff., S. 58ff., S. 61f. Der Begriff wird sogar als »schillernd« bezeichnet; vgl. *Vallendar*, UPR 1993, 417 (419) m. Fußn. 31.

3.3.1 Wechselwirkung als naturwissenschaftlicher Begriff

34 Der Begriff der Wechselwirkung entstammt der naturwissenschaftlichen Disziplin der Wirkungsforschung.[87] **Wirkung** bedeutet dabei nicht die bloße Anwesenheit eines Stoffes in einem biologischen System; sie ist vielmehr die Antwort dieses Systems auf einen bestimmten Reiz. Im Zusammenhang mit Umweltschadstoffen ist Wirkung jede Veränderung, die durch einen Stoff nach kurz- oder langdauernder Zufuhr, vorübergehend oder bleibend, messbar, fühlbar oder auf andere Weise erkennbar bei Mensch oder Tier hervorgerufen wird. Dementsprechend liegt eine Wirkung dann vor, wenn in einem Organismus oder in Teilen des Organismus vorübergehend oder dauerhaft Änderungen von normalen physiologischen Prozessen herbeigeführt werden, d. h. wenn sich durch den Stoff das Muster der ständig ablaufenden biochemischen Aktivitäten verändert und diese Änderung beobachtet oder erkannt werden kann.[88] Art und Anzahl von Wirkungen sind in einem komplexen biologischen System theoretisch unendlich, praktisch jedoch begrenzt. Allerdings werden in der Regel nur solche Wirkungen beobachtet, nach denen gesucht wird, während andere, insbesondere bisher unbekannte Wirkungen der Beobachtung entgehen können.

35 Aussagen über Wirkungen auf komplexe biologische Systeme und über deren Zusammenhang mit Stoffen oder über Dosis-Wirkungsbeziehungen oder Wirkungsschwellen und damit auch über Dosisbereiche und Bedingungen, unter denen keine Wirkungen erwartet werden, sind ihrer Natur nach *Wahrscheinlichkeitsaussagen*. Statistische Verfahren stellen eine wesentliche methodische Grundlage zur Ermittlung und Quantifizierung des Zusammenhangs von Stoff und Wirkung dar. Hypothesen, vermutete Ursachen oder Zusammenhänge können mittels statistischer Methoden wahrscheinlich, weniger wahrscheinlich oder unwahrscheinlich gemacht werden. Diese Methoden können jedoch keine Beweise liefern. Lautet das Resultat der statistischen Aufarbeitung eines Untersuchungsergebnisses, dass eine Aussage über die Wirkung eines Stoffes nicht gemacht werden kann, so darf daraus nicht der Schluss gezogen werden, dass keine Wirkung auftrat. Die Aussage ist vielmehr an die Methoden gebunden, mit denen versucht wurde, eine Wirkung zu erfassen und kann sich auch nur auf diese Bedingungen beziehen. Es ist deshalb nicht auszuschließen, dass eine Wirkung auftrat, die jedoch mit den verwendeten Beobachtungsmethoden nicht zu erfassen war.[89]

36 Das Vorerwähnte gilt in besonderer Weise, wenn mehrere Stoffe in einem Organismus entweder direkt oder vermittelt miteinander in Wechselwirkung treten. Es werden dabei Interaktionen ausgelöst, welche die Wirkung der Einzelgrößen modifizieren. Solche **Wechselwirkungen** sind immer dann zu erwarten, wenn die jeweiligen Einflussgrößen am gleichen Einwirkungsort angreifen.[90] Das Zusammenwirken mehrerer Stoffe in einem Organismus ist allerdings nur bedingt vorhersagbar und bedarf deshalb praktisch immer der experimentellen Abklärung. Grundsätzlich können gleichzeitig im Organismus anwesende Stoffe sich gegenseitig in ihren Wirkungen *verstärken*, *abschwächen* oder ihre Wirkungen unabhängig voneinander entfalten, d. h. sich gegenseitig *nicht beeinflussen*.[91] Wegen der zahlreichen Kombinationsmöglichkeiten kann das mögliche

---

87 Überblicke dazu bei *Trute*, Vorsorgestrukturen und Luftreinhalteplanung, S. 42 ff.
88 *SRU*, Umweltgutachten 1987, Tz. 1622 m. w. N.
89 So *SRU*, Umweltgutachten 1987, Tz. 1629 f.
90 *SRU*, Umweltgutachten 1987, Tz. 1461.
91 Vgl. *Beyersmann*, in: Winter (Hrsg.), Grenzwerte, S. 27 (68 f.).

Begriffsbestimmungen § 2

Zusammenwirken mehrerer Stoffe nicht hinreichend abgeschätzt werden. Dies wird notwendigerweise auch vielfach so bleiben, da die Kombinationsmöglichkeiten zu zahlreich sind, als dass sie auch bei größtem Aufwand jemals vollständig untersucht werden könnten.[92]

Naturwissenschaftliche Wissensdefizite und methodische Unsicherheiten bestehen gegenwärtig u. a. in folgenden Bereichen:[93] 37
- Öko- und humantoxische Wirkungen verschiedener Schadstoffe, insbesondere in Bezug auf synergistische und akkumulative Wirkungen
- umfassende Prognose aller von einem geplanten Vorhaben ausgehenden Umweltauswirkungen (z. B. Kenntnis über Art und Mengen aller bei einem Verfahren freigesetzten Stoffe)
- Datenlage über den Zustand der Umwelt vor Durchführung des Vorhabens
- Funktionsweise des betrachteten Ökosystems, insbesondere hinsichtlich der Transport- und Akkumulationsmechanismen freigesetzter Schadstoffe sowie aller Wechselwirkungen zwischen den Teilbereichen der betrachteten Umwelt
- Eintrittswahrscheinlichkeit von Stör- und Unfällen.

3.3.2 *Wechselwirkung als Rechtsbegriff*

Schwierigkeiten bereitet es, Aufschluss über den Inhalt des *Rechtsbegriffs* der Wechselwirkung zu erlangen. Dies verwundert kaum angesichts der Unsicherheiten, die die Naturwissenschaften aufgrund fehlenden Wissens um die komplexen Wirkungszusammenhänge kennzeichnen. 38

Der Rechtsbegriff der Wechselwirkung erkennt die Betrachtungsweise der Ökologie an, dass die einzelnen Umweltgüter nicht isoliert nebeneinander bestehen, sondern dass es Interdependenzen gibt. Wechselwirkungen beschreiben die Umwelt als System. Die Umwelt ist in diesem Sinne nicht nur die Summe der Umweltgüter, sondern eine eigene Größe.[94] Dem trägt das UVPG dadurch Rechnung, dass es in § 2 Abs. 1 S. 2 *auch* Wechselwirkungen zum Gegenstand des Prüfverfahrens erklärt. Nr. 0.6.2.1 Abs. 3 S. 2 UVPVwV stellt in diesem Zusammenhang ausdrücklich klar: »Ein bloßes Aneinanderreihen einzelner Bewertungen der Umweltauswirkungen reicht nicht aus«. Danach darf nicht nur nach den Folgen gefragt werden, die das Vorhaben für ein einzelnes Umweltmedium hat; vielmehr ist **medienübergreifend** oder **integrativ** zu prüfen. 39

Der Wortlaut des Gesetzes (»Auswirkungen eines Vorhabens auf ... sowie die Wechselwirkung zwischen den ... Schutzgütern«) macht deutlich, dass mit diesem Begriff eine – besondere – Kategorie der *Auswirkungen* von Vorhaben auf die Umweltgüter in Bezug genommen wird.[95] Danach sind Gegenstand der UVP auch die Folgen von einzelnen Belastungen, die sich durch ihr Zusammentreffen addieren (*Kumulationseffekte*) oder sich gegenseitig verstärken und damit mehr als die Summe ihrer einzelnen 40

---

92 So ausdrücklich *SRU*, Umweltgutachten 1987, Tz. 1672.
93 Vgl. dazu *Engelhardt*, ZAU 1992, 166 (168); *Schoeneberg*, UVP, Rn. 93.
94 *SRU*, DVBl. 1988, 21 (26); *Wahl*, DVBl. 1988, 86 (87); *Erbguth*, DÖV 1988, 481 (484); *Winter*, NuR 1989, 197 (202); *Peters*, UPR 1990, 133 (134); *Hoppe/Appold*, DVBl. 1991, 1221 (1222).
95 Im Ergebnis übereinstimmend: *Bönker*, Umweltstandards, S. 187; *Kunig*, FS Weyreuther, S. 157 (170); *Vallendar*, UPR 1993, 417 (419); *Ladeur*, ZfU 1994, 1 (6); *Vorwerk*, Die Verwaltung 1996, 241 (246f.); *Schink*, NuR 1998, 173 (174); unter dem Blickwinkel der IVU-Richtlinie *Schäfer*, UPR 1997, 444 (445f.); a. A. aber *Peters*, UVP-Richtlinie, S. 23f.; *ders.*, NuR 1996, 235 (236).

§ 2 *Begriffsbestimmungen*

Wirkung erzeugen (*synergetische Effekte*).[96] Darüber hinaus werden auch *Verlagerungseffekte* bzw. *Problemverschiebungen* von einem Medium in ein anderes aufgrund von Vermeidungs- oder Verminderungsmaßnahmen erfasst.[97] Kann z. B. bei einer emittierenden Anlage durch Einsatz von Filtern eine Reduzierung der Luftverschmutzung erreicht werden, so muss zugleich die Frage gestellt werden, ob eine für Boden und Wasser verträgliche Entsorgung dieser Filter möglich ist.[98] Sind mit einem Vorhaben Bodenverunreinigungen verbunden, muss der Frage nachgegangen werden, ob dadurch eine Beeinträchtigung der Gewässer zu besorgen ist. Dieses weite Verständnis des Begriffs der Wechselwirkungen liegt auch der UVPVwV zugrunde.[99]

41 Der Ansatz, die Umwelt als ein Wirkungsgefüge mit vielfältigen Vernetzungserscheinungen zu begreifen, findet sich freilich nicht erst im UVPG. Das Naturschutzrecht stellt eine Rechtsmaterie dar, die in ihrem zentralen Anliegen seit jeher durch eine umweltgüterübergreifende Sichtweise gekennzeichnet ist. Die Wechselwirkungen sind das Definitionsmerkmal des für das Bundesnaturschutzgesetz maßgeblichen Begriffs des *Naturhaushalts*.[100] Dieser umschreibt das komplexe Wirkungsgefüge aller natürlichen Faktoren wie Boden, Wasser, Luft, Klima, Pflanzen- und Tierwelt, wobei innerhalb und zwischen den belebten und nichtbelebten Anteilen vielfältige Wechselwirkungen zwischen physikalischen, chemischen und biologischen Vorgängen bestehen.[101] Der Begriff Naturhaushalt steht für eine Vielzahl verschiedenster Ökosysteme, die wieder miteinander in Beziehung stehen und sich gegenseitig beeinflussen. Angesichts nur begrenzt verfügbarer Erkenntnisse über ökologische Wirkungszusammenhänge wird allerdings die Empfehlung ausgesprochen, dem Rechtsbegriff des Naturhaushalts und seiner Leistungsfähigkeit mit Vorsicht zu begegnen.[102] Der Begriff wird angesichts seines hohen Komplexitätsgehalts sogar als »kaum justiziabel« bezeichnet.[103]

42 Die Schwierigkeiten, komplexe Wirkungszusammenhänge im Rahmen des UVPG verfahrensrechtlich in den Griff zu bekommen, zeigen sich an ungewöhnlichen Wortschöpfungen, die zur Charakterisierung herangezogen werden. So sollen die Umweltauswirkungen »gesamthaft«, »integrativ«, »multidimensional«, »polysektoral«, »vernetzt«, »sequenziell« etc. ermittelt, beschrieben und bewertet werden, um die »ökologische Relevanz medienübergreifender Belastungsakkumulationen« zu erken-

---

96 *Ladeur*, ZfU 1994, 1 (6); *Schmidt-Aßmann*, FS Doehring, S. 889 (899); *Püchel*, UVP, S. 66; a. A.: *Peters*, UVP-Richtlinie, S. 24 und S. 44; *Bunge*, in: HdUVP, § 2 Rn. 76, die solche Effekte bereits dem Begriff der (mittelbaren) Auswirkung zuordnen.
97 *Hoppe/Püchel*, DVBl. 1988, 1 (5); *Bohne*, in: Tettinger (Hrsg.), S. 13 (45); *Feldmann*, UPR 1991, 127 (131); *Schink*, NVwZ 1991, 991; *Vorwerk*, Die Verwaltung 1996, 241 (247); *Schäfer*, UPR 1997, 444 (445 f.); a. A. *Peters*, UVP-Richtlinie, S. 24, 44; *Bunge*, in: HdUVP, § 2 Rn. 76.
98 *Hoppe/Beckmann/Kauch*, Umweltrecht, § 8 Rn. 72.
99 Vgl. Nr. 0.6.2.1 Abs. 1 S. 3, 1.3.2 Abs. 1 S. 1, 2.3.2 Abs. 1 S. 1 etc. (»unter anderem«); kritisch dazu *Peters*, UVP-Richtlinie, S. 44.
100 *Kolodziejcok/Recken*, BNatSchG, § 1 Rn. 13 ff.; *Meßerschmidt*, BNatSchG, § 1 Rn. 7.
101 So bereits Begr. RegEntw. BNatSchG, BT-Drs. 7/886, S. 28
102 *Kolodziejcok/Recken*, BNatSchG, § 1 Rn. 14.
103 So *VGH München*, Urt. v. 19.10.1993 – 8 A 93.40070 –, NuR 1994, 244 (246), unter Hinweis auf *Berkemann*, NuR 1993, 97 (105); zurückhaltend auch *Schmidt*, DÖV 1994, 749 (755): »Vermutlich sind sie (Ökosysteme) nur gedankliche Konstrukte, basierend auf mythologischen Interessen und auf moralischen Postulaten nach Harmonie mit der Natur …«.

nen.¹⁰⁴ Wenn damit auch der anerkennenswerte Versuch gemacht wird, dem Wirkungsgefüge komplexer Ökosysteme auf der Ebene des (Verfahrens-)Rechts Rechnung zu tragen, so wird in diesem Zusammenhang doch zu Recht auf die Gefahr einer »tendenziellen Selbstüberforderung« der UVP aufmerksam gemacht.¹⁰⁵ »Die Rhetorik von der Gesamthaftigkeit kennzeichnet das Problem, nicht die Lösung«.¹⁰⁶

Auch in den naturwissenschaftlichen Fachdisziplinen ist ökologisches Wissen eher spezialisiert als übergreifend vorhanden. Die umfassende, medienübergreifende und Wechselwirkungen berücksichtigende Ermittlung, Beschreibung und Bewertung von Umweltauswirkungen eines Vorhabens bleibt danach zunächst ein Anspruch, dessen reale Erfüllungschancen in der Praxis erst noch unter Beweis zu stellen sind. Das vergleichsweise statische rechtliche Instrumentarium kann demgegenüber noch weniger problemadäquat reagieren.¹⁰⁷ Die abschließende juristisch-dogmatische Durchdringung des genauen Inhalts des integrativen Prüfungsansatzes steht noch aus.¹⁰⁸ Das Recht hat bis auf weiteres den Tatbestand zur Kenntnis zu nehmen, dass es bislang für den Begriff der Wechselwirkungen i. S. d. UVP-Änderungsrichtlinie und des § 2 Abs. 1 S. 2 UVPG keine naturwissenschaftlich abgeleiteten praktikablen Operationalisierungen gibt.¹⁰⁹ Eine Lösung der Auslegungsproblematik bei dem Rechtsbegriff wird auch nicht dadurch erreicht, den Begriff terminologisch aus dem Wirkungsbegriff herauszunehmen und zu den Umweltmedien zu zählen mit der Folge, dass der Begriff der Wechselwirkungen zum Ausdruck bringen solle, dass die Umwelt als Ökosystem zu schützen sei.¹¹⁰ Im Gegenteil: Die geforderte Verfeinerung in der wirklichkeitsgetreuen Gesamtschau führt zu einer Überdifferenzierung, die Gefahr läuft, in ihr Gegenteil umzuschlagen, nämlich in weitestgehende Entdifferenzierung. Das Recht, das verbindliche Maßstäbe für die ganzheitliche Betrachtung nicht (mehr) vorzugeben vermag, wird überfordert; es verliert seine Fähigkeit zur normativen Steuerung des Verwaltungshandelns und zur materiellen Konfliktentscheidung.¹¹¹ Es erscheint deshalb angezeigt, dem Pathos der Gesamtheitlichkeit die nüchternen Grenzen der Regelungsfähigkeit komplexer Zusammenhänge entgegen zu setzen.¹¹² Der Einschätzung, die UVP sei keine »Wunderwaffe«, die alle bisherigen Aufspaltungen in stufenförmige und sektoral-parallele Verfahren aufheben oder überformen könne,¹¹³ kann vor diesem Hintergrund nur beigepflichtet werden. Die Komplexität der Sachprobleme begründet die Forderung, zugleich aber auch die Grenze für eine vollständige integrale und integrierende Sicht der UVP, auch wenn gerade die

---

104 Vgl. dazu *Schoeneberg*, UVP, Rn. 93 m. w. N.
105 *Wahl*, DVBl. 1988, 86 (87f.); *Schoeneberg*, UVP, Rn. 93.
106 So die treffende Charakterisierung bei *v. d. Daele*, PVS 1993, 219 (226); vgl. auch *Schmidt*, DÖV 1994, 749 (755).
107 So aber die (zu) optimistische Einschätzung von *Erbguth*, DÖV 1988, 481 (482); kritisch auch *Schoeneberg*, UVP, Rn. 94.
108 *Wahl*, FS Sendler, S. 199; *Püchel*, UVP, S. 64 ff.; *Hoppe/Püchel*, DVBl. 1988, 1 ff.; *Wahl*, DVBl. 1988, 86 ff.; *Erbguth*, DÖV 1988, 481 ff.; *SRU*, DVBl. 1988, 21 ff.; *Erbguth/Schink*, UVPG, § 2 Rn. 30; *Cupei*, UVP, S. 133; *Bunge*, UVP, S. 34; *Schoeneberg*, UVP, Rn. 94.
109 *Vorwerk*, Die Verwaltung 1996, 241 (247).
110 In diesem Sinne aber *Peters*, NuR 1996, 235 (236); kritisch dazu *Vorwerk*, Die Verwaltung 1996, 241 (247).
111 *Masing*, DVBl. 1998, 549 (554); vgl. auch *Steinberg*, NuR 1999, 192 (195).
112 So *Masing*, DVBl. 1998, 549 (558).
113 *Wahl*, DVBl. 1988, 86 (87).

Komplexität und Vernetztheit der ökologischen Gegebenheiten der richtige Ansatzpunkt für die UVP ist.[114]

44 Umstritten ist, ob und inwieweit das geltende Umweltfachrecht eine Prüfung der Wechselwirkungen bereits vorschreibt oder eine solche Prüfung zumindest zulässt. Es stellt sich damit nämlich das Problem, ob unter Zugrundelegung dieser Vorschriften eine richtlinienkonforme Bewertung und Berücksichtigung jener besonderen Kategorie von Umweltauswirkungen erfolgen kann oder ob hier ggf. Schutzlücken zu konstatieren sind. Dabei geht es um die Frage der Anwendung des § 12.[115]

3.4 Prüfschritte

45 Gem. § 2 Abs. 1 S. 2 sind die Auswirkungen auf die Umweltgüter zu ermitteln, zu beschreiben und zu bewerten. Diese Begriffe markieren die einzelnen Prüfschritte im Ablauf des *dreiphasigen* Vorganges der UVP und legen zugleich die inhaltliche Seite des Prüfverfahrens fest.

3.4.1 Ermittlung

46 Die **Ermittlung** der Auswirkungen eines Vorhabens auf die Umwelt stellt im Rahmen der UVP den ersten Schritt dar. In Abweichung von der überkommenen Aufgabenzuweisung nach Maßgabe des Amtsermittlungsgrundsatzes (§ 24 VwVfG) obliegt diese Aufgabe zunächst und weitgehend dem Träger des Vorhabens, und zwar unbeschadet der Tatsache, dass die zuständige Behörde gem. § 11 eine zusammenfassende Darstellung der Auswirkungen des Vorhabens auf die in § 2 Abs. 1 S. 2 aufgeführten Schutzgüter zu erarbeiten und damit eine Mitverantwortung für eine quantitativ und qualitativ ausreichende Ermittlung der Umweltauswirkungen hat.

3.4.1.1 Inhalt und Umfang

47 Das Gesetz versteht die Ermittlung als eine *Prognose* über die voraussichtlichen Auswirkungen eines Vorhabens auf die Umwelt. Diese Prognose setzt zunächst voraus, dass verschiedene Fakten bekannt sind: die Konzeption des geplanten Vorhabens, der gegenwärtige Zustand der Umwelt im räumlichen Einwirkungsbereich des Vorhabens, die von dem zu verwirklichenden Vorhaben möglicherweise ausgehenden Folgen für die Umwelt. Diese Informationen reichen allerdings noch nicht aus. Da die Verwirklichung des Projekts in der Zukunft liegt, muss in die Prognose auch die künftige Entwicklung der Umwelt in dem fraglichen geographischen Raum ohne Vorhaben einbezogen werden, soweit diese sich nach Maßgabe konkreter Planungen abschätzen lässt. Die Verknüpfung der Informationen über das Vorhaben und über die Entwicklung der Umwelt ohne das Vorhaben erlaubt eine Aussage über die voraussichtlichen oder möglichen ökologischen Veränderungen.[116]

48 Bei der Ermittlung kann auf vorhandene Untersuchungen, Kataster und Pläne zurückgegriffen werden, sofern diese Grundlagen aktuell sind und den Maßgaben des § 2 Abs. 1

---

114 So *Wahl*, DVBl. 1988, 86 (88), mit dem Hinweis, dass die theoretisch abgeleitete Wünschbarkeit der integrierenden Sicht nicht die praktische Möglichkeit der Bewältigung impliziert; vgl. auch *Schoeneberg*, UVP, Rn. 94.
115 Vgl. näher dazu § 12 Rn. 69ff. und 120ff.
116 *Bunge*, in: HdUVP, § 2 Rn. 47.

Begriffsbestimmungen § 2

S. 2 und des § 11 Rechnung tragen.[117] Grundsätzlich ist nur der aktuelle Ist-Zustand zu ermitteln und zu beschreiben. Sind wirtschaftliche, verkehrliche, technische und sonstige Entwicklungen zu erwarten, die zu einer erheblichen Veränderung des Ist-Zustandes führen können, ist der vorhersehbare Zustand zu beschreiben, wie er sich bis zur Vorhabenverwirklichung darstellen wird.[118]

3.4.1.2 Grenzen

Die Zahl der Auswirkungen, die mit einem Vorhaben verbunden sind, ist potenziell unendlich groß.[119] Praktisch tendiert die UVP dazu, alle Auswirkungen erfassen zu wollen. Dies wird auch durch die Vorschrift des § 1 nahegelegt, wonach die mit dem Vorhaben verbundenen Umweltauswirkungen *umfassend* zu ermitteln, zu beschreiben und zu bewerten sind. Die Funktionsfähigkeit des Prüfverfahrens und der sinnvolle Einsatz des Verwaltungsaufwandes erfordern freilich eine sachangemessene Beschränkung der Ermittlungstätigkeit. Bedenken begegnet es danach nicht, zunächst solche Auswirkungen auszublenden, die *offensichtlich* nicht möglich sind.[120] Dies entspricht auch dem Verständnis der UVP im anglo-amerikanischen Recht. Dort wird das Gebot der vollständigen Ermittlung von Tatsachen, die für die Prüfung der Umweltverträglichkeit relevant sind, pragmatisch durch die Vorgabe eingeschränkt, dass nach den vernünftigerweise vorhersehbaren Auswirkungen zu fragen ist.[121]   49

Beschränkungen ergeben sich darüber hinaus vor allem aus verfahrenssystematischen Erwägungen angesichts der gesetzgeberischen Entscheidung, die UVP in bestehende Verfahren zu integrieren. Die behördliche Sachverhaltsermittlung ist auf solche Umstände begrenzt, die **entscheidungserheblich** sind.[122] Dies ist auch das Verständnis der UVPVwV, die die Ermittlung (und Beschreibung) der Umweltauswirkungen als Feststellung des entscheidungserheblichen Sachverhalts für die Erfüllung umweltbezogener gesetzlicher Zulässigkeitsvoraussetzungen begreift. Gegenstand der Ermittlung (und Beschreibung) sind somit die zulassungsrelevanten Umweltauswirkungen, die insbesondere durch die Errichtung oder den bestimmungsgemäßen Betrieb einer Anlage oder eines sonstigen Vorhabens, ferner durch Betriebsstörungen oder durch Stör- oder Unfälle verursacht werden können, soweit eine Anlage hierfür auszulegen ist oder hierfür vorsorglich Schutzvorkehrungen vorzusehen sind.[123]   50

Die Erfassung der solchermaßen entscheidungserheblichen Auswirkungen auf die Umwelt unterliegt dem *Grundsatz der Verhältnismäßigkeit*, und zwar im Hinblick auf Art, Umfang, Zeit und Auswahl der Mittel. Die Behörde muss das zum richtigen Verständnis der zu ermittelnden Umweltauswirkungen und ihrer Bedeutung erforderliche Datenmaterial erheben. Nach den jeweiligen Umständen bemisst sich im Grundsatz   51

---

117 *Schoeneberg*, UVP, Rn. 84.
118 Nr. 0.5.1.2 UVPVwV.
119 Vgl. bereits oben § 2 Rn. 15.
120 *Püchel*, UVP, S. 42; *Schoeneberg*, UVP, Rn. 84.
121 Vgl. dazu *Ladeur*, ZfU 1994, 1 (9) m.w.N.
122 *Jarass*, UVP bei Industrievorhaben, S. 47 ff.; *Beckmann*, DÖV 1987, 944; *Steinberg*, DVBl. 1990, 1170; *Hoppe/Appold*, DVBl. 1991, 1221 (1223); *Schink*, NuR 1998, 173 (178); kritisch gegenüber diesem Kriterium der Beschränkung: *Erbguth*, Die Verwaltung 1991, 297; *Schink/Erbguth*, DVBl. 1991, 413; *Kühling*, UVP-report 1992, 1 (2); *Schoeneberg*, UVP, Rn. 84 m. Fußn. 20; *Ladeur*, ZfU 1994, 1 (8 f.).
123 Nr. 0.5.1.1 UVPVwV.

auch die gebotene Tiefe der Ermittlung.[124] Je nachhaltiger die möglichen Umweltfolgen eines Vorhabens sein können, desto weiter und intensiver ist den Auswirkungen nachzuspüren. Bedeutung für die Praxis erlangt insbesondere auch die Frage nach dem *Zeithorizont*, für den die Auswirkungen eines Vorhabens zu ermitteln sind. Allgemeingültige Aussagen lassen sich hier freilich kaum treffen. Dieser Gesichtspunkt bedarf deshalb der Klärung bei der Festlegung des Untersuchungsrahmens nach § 5.[125]

52 Nicht selten stößt die Ermittlung von Umweltauswirkungen allerdings auf erkenntnistheoretische Grenzen. Die Erkennbarkeit von Wirkungen setzt nämlich voraus, dass im Wesentlichen bekannt ist, wonach gesucht wird, oder dass zumindest Indikatoren vorhanden sind, die den Systemzustand widerspiegeln, auch wenn die Kausalität von Stoff und Wirkung noch nicht bekannt ist. Fehlt es auch hieran, ist die gesetzliche Forderung nach Ermittlung der Auswirkungen schlechterdings nicht erfüllbar. Dies gilt in Sonderheit für den Nachweis von Wechselwirkungen, weil über ökologische Wirkungszusammenhänge gegenwärtig keine oder nur begrenzt verfügbare Erkenntnisse vorliegen.[126] Die Nichterweislichkeit einer Auswirkung im Rahmen der Ermittlung ist mangels anderweitiger gesetzlicher Regelung deshalb auch nicht geeignet, ein negatives Ergebnis der UVP zu präjudizieren.

3.4.2 Beschreibung

53 Die sich anschließende **Beschreibung** der Umweltauswirkungen ist ein rein deskriptiver Vorgang, der sich in verbaler und/oder zeichnerischer Form vollzieht.[127] Dieser Verfahrensschritt dient der Darstellung der Ermittlungsergebnisse und insoweit auch der Information und Transparenz im Verfahren zugunsten der Öffentlichkeit und der beteiligten Behörden. Schon diese Funktion verdeutlicht, dass sich die Beschreibung jeglicher (Be-)Wertung des Ermittlungsergebnisses zu enthalten hat.[128] Der Projektträger hat die ermittelten und beschriebenen Umweltauswirkungen des Vorhabens, d. h. die entscheidungserheblichen Unterlagen, der zuständigen Behörde zu Beginn des Verfahrens vorzulegen, in dem die Umweltverträglichkeit geprüft wird (§ 6 Abs. 1 S. 1). Auf der Grundlage dieser und anderer Unterlagen erarbeitet die zuständige Behörde eine zusammenfassende Darstellung der Auswirkungen des Vorhabens auf die in § 2 Abs. 1 S. 2 genannten Schutzgüter einschließlich der Wechselwirkungen (§ 11).

3.4.3 Bewertung

54 In einem dritten Schritt vollzieht sich die **Bewertung** der ermittelten und beschriebenen Umweltauswirkungen. Wie sich aus den §§ 6, 11 einerseits und § 12 andererseits ergibt, stellt die Bewertung einen eigenen Abschnitt im Ablauf des Prüfverfahrens dar. Die zuständige Behörde bewertet gemäß § 12 die Auswirkungen des Vorhabens auf die Umwelt auf der Grundlage der zusammenfassenden Darstellung nach § 11 und berücksichtigt diese Bewertung bei der Entscheidung über die Zulässigkeit des Vorhabens im

---

124 Dazu *VGH München*, Urt. v. 24.1.1992, – 8CS 91.01233-35 –, NuR 1992 337 (338); vgl. auch *Schink*, NuR 1998, 173 (178).
125 *Bunge*, in: HdUVP, § 2 Rn. 55.
126 Vgl. näher § 2 Rn. 36 f.
127 Vgl. dazu *Püchel*, UVP, S. 45; *Erbguth/Schink*, UVPG, § 2 Rn. 8; *Schoeneberg*, UVPG, Rn. 87; *Bunge*, in: HdUVP, § 2 Rn. 48.
128 *Erbguth/Schink*, UVPG, § 2 Rn. 8; *Schoeneberg*, UVPG, Rn. 87.

Begriffsbestimmungen § 2

Hinblick auf eine wirksame Umweltvorsorge i.S.d. §§ 1, 2 Abs. 1 S. 2 und 4 nach Maßgabe der geltenden Gesetze. Bei der Bewertung geht es um die Beurteilung, ob und inwieweit die Umweltfolgen hingenommen werden sollen oder nicht.[129] Bewertung ist die Auslegung und die Anwendung der umweltbezogenen Tatbestandsmerkmale der einschlägigen Fachgesetze (gesetzliche Umweltanforderungen) auf den entscheidungserheblichen Sachverhalt.[130]

Das UVPG folgt dem juristisch-deduktiven Bewertungsbegriff.[131] Aus der Gesetzessystematik ergibt sich eine strikte Trennung zwischen *Risikoabschätzung* und *Risikobewertung*.[132] Art und Umfang möglicher Umweltbeeinträchtigungen und deren Eintrittswahrscheinlichkeit sind Gegenstand des Ermittlungsvorgangs und der Beschreibung (Risikoabschätzung), während die beurteilende Einstufung der ermittelten und beschriebenen Folgewirkungen, also die Einschätzung der Erheblichkeit im Sinne der Vernachlässigbarkeit und Tolerierbarkeit möglicher Umweltbeeinträchtigungen, das Bewerten darstellt (Risikobewertung).[133]

55

Der medienübergreifende Ansatz der UVP prägt auch die Struktur des Bewertungsvorgangs. Erforderlich ist zunächst eine Bewertung der Auswirkungen eines Vorhabens auf die einzelnen Umweltgüter. Die mediale Perspektive ist sodann um die Betrachtung der Wechselwirkungen[134] zu ergänzen. Obgleich die Bewertung über die einzelnen Umweltmedien hinaus auch die Wechselwirkungen zwischen den Schutzgütern einzubeziehen hat und insofern gesamthaft sein muss, schreibt das Gesetz nicht notwendig eine Saldierung der Umweltauswirkungen im Rahmen der UVP vor.[135] Es geht vielmehr davon aus, dass bisher keine Verrechnungseinheiten existieren, mit deren Hilfe eine Aufrechnung einzelner Umweltgüter untereinander erfolgen kann.[136] Demnach ist dem integrativen Ansatz des Gesetzes Rechnung getragen, wenn die Bewertung in Kenntnis aller Umweltauswirkungen erfolgt.[137]

56

Eine so verstandene Bewertung erfordert Maßstäbe. Denn Bewerten bedeutet immer auch und zunächst das Anlegen von Wertmaßstäben. Solche Maßstäbe ergeben sich jedoch weder aus der UVP-Richtlinie noch aus dem UVPG. Letzteres nimmt in § 12 vielmehr die Maßstäbe der geltenden Gesetze in Bezug, also Vorgaben außerhalb des UVPG, und verweist im Übrigen auf die §§ 1, 2 Abs. 1 S. 2, 4.[138]

57

---

129 Begr. RegEntw. UVPG, BT-Drs. 11/3919, S. 26 f.
130 Nr. 0.6.1.1 UVPVwV; vgl. auch *Feldmann*, UPR 1991, 127 (129); *Vorwerk*, Die Verwaltung 1998, 241 (249); kritisch: *Dohle*, NVwZ 1989, 697 (705); *Gassner*, UPR 1993, 241 (244); vgl. aber auch unten § 12 Rn. 24 ff.
131 *Bohne*, ZfB 1989, 93 (115 f.); *Böhret/Hofmann*, UVP-Planspiel, S. 88 f. Im Gegensatz dazu steht der naturwissenschaftlich-technische Bewertungsbegriff; vgl. dazu *Erbguth*, Eild. LKT NW 1991, 17 (20) m.w.N.
132 Vgl. auch *Hoppe/Appold*, DVBl. 1991, 1221 (1222) m.w.N.
133 *Bohne*, in: Tettinger (Hrsg.), UVP, S. 13 (41); *Erbguth/Schink*, UVPG, § 2 Rn. 11 a.E.; *Schoeneberg*, UVP, Rn. 88.
134 Zu diesem Rechtsbegriff oben § 2 Rn. 38 ff.
135 Begr. RegEntw. UVPG, BT-Drs. 11/3919, S. 27.
136 Vgl. dazu bereits *SRU*, Umweltgutachten 1978, Tz. 1353.
137 Begr. RegEntw. UVPG, BT-Drs. 11/3919, S. 27.
138 Vgl. oben § 1 Rn. 25; dazu näher *Steinberg*, DVBl. 1990, 1369 (1370); *Dienes*, ET 1990, 727 (732).

§ 2 Begriffsbestimmungen

58 Weitgehend Einigkeit besteht dahin, dass neben sog. *originären*, d. h. im jeweiligen UVP-Verfahren mit Blick auf das anstehende Projekt einzelfallbezogen zu entwickelnden Maßstäben auch *sekundäre* Maßstäbe – seien es solche technisch-naturwissenschaftlicher oder solche planerischer Art[139] – heranzuziehen sind. Zwar spricht Art. 3 UVP-Änderungsrichtlinie von dem Erfordernis des Bewertens nach Maßgabe eines jeden Einzelfalls. Daraus lässt sich jedoch nur ableiten, dass die Bewertung projektbezogen zu erfolgen hat und demzufolge die geeigneten Methoden und Maßstäbe anzuwenden sind, die dem Einzelfall gerecht werden. Nicht aber lässt sich dieser Vorschrift entnehmen, dass für jeden Einzelfall neue, eigene Maßstäbe entwickelt werden müssten und allgemein bestehende Maßstäbe nicht zur Anwendung gelangen könnten. Vielmehr liegt folgende Schlussfolgerung nahe: Da sich die UVP-Richtlinie auch in ihrer geänderten Fassung über die anzuwendenden Bewertungsmaßstäbe – bewusst – ausschweigt, schreibt sie eine originäre Maßstabbildung auch nicht vor, d. h. eine solche sekundärer Art muss erlaubt sein. Europarechtlich reicht mithin grundsätzlich eine Bewertung nach Maßgabe von *Standards* aus. Diese sekundäre Maßstabbildung empfiehlt sich sogar.[140] Die Heranziehung solcher Maßstäbe ist nicht zuletzt aus Gründen der Verfahrenseffizienz geboten, weil sie im Wege der Konkretisierung unbestimmter Rechtsbegriffe den Gesetzeszweck (näher) bestimmt und damit das Ausmaß der – ökologischen – Zielerreichung feststellbar machen kann.[141]

59 Die sekundäre Maßstabbildung muss nicht ausschließlich rechtssatzförmiger Art sein.[142] Fehlt es an konkretisierenden untergesetzlichen Rechtsmaßstäben, muss auf *außerrechtliche* Bewertungskriterien zurückgegriffen werden. Das UVPG nimmt dies nicht nur in Kauf, sondern stellt ausdrücklich darauf ab. Die Bewertung nach § 12 hat vor allem dort einen Sinn, wo die vorhandenen Umweltfachgesetze ohne den Zwischenschritt einer außerrechtlichen Bewertung nicht auskommen.[143]

60 Gegenstand der Diskussion ist weiterhin die Frage, ob für die Bewertung nur rein ökologisch gebildete und festgesetzte Maßstäbe heranzuziehen sind[144] oder ob es ausreicht, wenn diese zwar umweltschutzorientiert sind, aber in Abwägung mit umweltexternen Belangen zustande gekommen sind.[145] Der Rückgriff auf solchermaßen *abge-*

---

139 *Püchel*, UVP, S. 53, 58; *Hoppe/Püchel*, DVBl. 1988, 1 (2); *Erbguth/Schink*, UVPG, § 2 Rn. 13.
140 *Hoppe/Püchel*, DVBl. 1988, 1 (2).
141 *Püchel*, UVP, S. 51; *Erbguth/Schink*, UVPG, § 2 Rn. 12.
142 So aber *Bohne*, in: Tettinger (Hrsg.), UVP, S. 13 (43), unter Hinweis darauf, dass Standards aus dem privaten bzw. wissenschaftlichen Bereich ohne rechtliche Vermittlung durch Rechtsvorschriften allenfalls indizielle Wirkung oder der Charakter von Auslegungshilfen im Rahmen der Einzelfallprüfung zukomme; vgl. dazu auch *Püchel*, UVP, S. 50 f.; *Steinberg*, DVBl. 1990, 1369 (1373); *Lange*, DÖV 1992, 780 (782); *Bönker*, Umweltstandards, S. 179 ff.; *Schoeneberg*, UVP, Rn. 90.
143 *Beckmann*, DVBl. 1993, 1335 (1336); *Schmidt*, DÖV 1994, 749 (755); vgl. auch *Dohle*, NVwZ 1989, 697 (704); *Gassner*, UPR 1993, 241 (242).
144 So *Erbguth/Schink*, UVPG, § 12 Rn. 6 f.; *Schink/Erbguth*, DVBl. 1991, 413 (417); *Peters*, UVP-Richtlinie, S. 50; *ders.;* VBlBW 1995, 5 (6); vgl. auch bereits *Bückmann*, UPR 1988, 361 (361 f.); *Hoppe/Püchel*, DVBl. 1988, 1 (2).
145 In diesem Sinne: *Gassner*, UPR 1990, 361; *Hoppe/Appold*, DVBl. 1991, 1221 (1225); *Bönker*, Umweltstandards, S. 183; *Beckmann*, DVBl. 1993, 1335 (1335); *Vallendar*, UPR 1993, 417 (418 f.); *Schoeneberg*, UVP, Rn. 164.

wogene Standards ist nicht verwehrt, wie die Rückbesinnung auf den Doppelcharakter von Umweltstandards erweist: Standards entfalten einerseits sachverständige Aussagen, andererseits enthalten sie politische Wertungen. Wann z.B. Umwelteinwirkungen »schädlich« i.S.d. § 5 Abs. 1 Nr. 1 BImSchG sind oder was dem »Stand der Technik« gem. § 5 Abs. 1 Nr. 2 BImSchG entspricht, kann zuverlässig nur aufgrund naturwissenschaftlich-technischer Erkenntnisse durch Sachverständige beurteilt werden. Umweltstandards sind aber auch wertende Entscheidungen. Dies gilt vor allem für die *Vorsorgestandards*, die auf eine erwünschte Umweltqualität zielen und sich vordringlich an der technischen Vermeidbarkeit eines Schadstoffausstoßes orientieren. Der Inhalt solcher Standards, d.h. das Maß der erforderlichen Vorsorge, ist notwendig das Ergebnis einer politischen Entscheidung. Aber auch sog. *Schutzstandards*, die sich an bekannten, vermuteten oder geschätzten Schädlichkeitsschwellen orientieren, sind nicht frei von politischen Wertungen. So ist beispielsweise die Festlegung eines Fixpunktes für noch nicht schädliche Immissionswerte neben der Sachverständigenaussage eine politische Entscheidung über das sozialadäquate Restrisiko. Der Staat, der die Verantwortung für die Umweltstandards trägt, kann sich für mehr oder weniger umweltfreundliche Standards entscheiden. Diese Entscheidung ist niemals rein ökologisch. Das gilt auch dann, wenn die staatliche Entscheidung eine Technologie verbietet, weil darin zugleich die Bevorzugung einer anderen Technologie liegt. Ein Weiteres kommt hinzu: Umweltstandards haben einen generellen Geltungsanspruch. Die mit diesen Standards angestrebte Gleichbehandlung verbietet es, das einzelne Zulassungsverfahren zum Instrument der Standardsetzung zu machen. Der Versuch, rein ökologische Umweltstandards den Umweltstandards der Fachgesetze gegenüberzustellen, hat zur Folge, dass diese ihrer generellen Verbindlichkeit beraubt würden. Dass der Staat den Geltungsanspruch der von ihm selbst gesetzten Umweltstandards in Frage stellen wollte, kann der Vorschrift des § 12 nicht entnommen werden. Auch § 24 gibt für diese Ansicht nichts her.[146]

4 Methoden und Verfahren

Zur Erfassung der Umweltrelevanz eines Vorhabens im Rahmen der UVP bedarf es nicht nur inhaltlicher Maßgaben für die Durchführung des Prüfverfahrens. Es gehört dazu auch eine überzeugende Methode, um die ökologischen Veränderungen messen und beurteilen zu können. Das UVPG legt nicht fest, mit Hilfe welcher **Methoden** und **Verfahren** die Auswirkungen eines Vorhabens auf die Umweltgüter zu untersuchen sind. Zu beanstanden ist dies allerdings nicht. Es ist vielmehr die Konsequenz aus der Tatsache, dass auch im Hinblick auf die Ermittlungsmethoden noch viel Ungewissheit besteht.[147]

61

Aussagen zu Methoden und Verfahren enthält die UVPVwV. Während erste Entwurfsfassungen zunächst die in der Konstruktion einfachen und leicht zu handhabenden Methoden wie die Nutzwertanalyse[148] und die Kosten-Nutzen-Analyse und später auch die ökologische Risikoanalyse vorsahen, lässt die UVPVwV geltender Fassung Ausdifferenzierungen je nach Komplexität des Vorhabens und den möglichen Umweltauswirkungen in der Form einer flexiblen Kombination der erwähnten Methoden zu. Zur

62

---

146 So überzeugend *Vallendar*, UPR 1993, 417 (419).
147 *Ladeur*, ZfU 1994, 1 (18 f.).
148 Zu dieser Methode vgl. näher *Bechmann*, in: HdUVP, Kennzeichen 3555, S. 1 ff.

§ 2 *Begriffsbestimmungen*

Ermittlung und allgemeinverständlichen *Beschreibung* der voraussichtlichen Umweltauswirkungen eines Vorhabens können alle im Einzelfall geeigneten und rechtlich zulässigen qualitativen oder quantitativen Verfahren (Methoden) herangezogen werden. Die Annahmen und Randbedingungen, auf denen die Vorhersage der voraussichtlichen Auswirkungen eines Vorhabens auf die Umwelt beruht, sind darzulegen. Soweit für die *Bewertung* von Umweltauswirkungen Bewertungskriterien herangezogen werden, sind die Auswirkungen des Vorhabens nach den Mess- und Berechnungsverfahren zu ermitteln, die für die Anwendung dieser Kriterien vorgegeben sind.[149] Für den Fall der vergleichenden Bewertung verschiedener Vorhaben- oder Trassenvarianten geht die UVPVwV davon aus, dass es zweckmäßig sein kann, auch formalisierte Bewertungsverfahren (z. B. ökologische Risikoanalysen, Nutzwertanalysen, Kosten-Wirksamkeitsanalysen) heranzuziehen, wenn die Ziele im Rahmen dieser Bewertungsverfahren aus den gesetzlichen Umweltanforderungen abgeleitet sind.[150] Diese Flexibilität dürfte kaum Einwänden ausgesetzt sein, weil die anzuwendenden Methoden ihre Konturen erst durch die Praxis werden erlangen müssen.[151]

5 Einbeziehung der Öffentlichkeit (Abs. 1 S. 3)

63 § 2 Abs. 1 S. 3 bezeichnet die **Einbeziehung der Öffentlichkeit** als wesentliches Verfahrenselement der UVP. Die Vorschrift lehnt sich an Art. 6 und 9 i. V. m. den auf diese Bestimmungen Bezug nehmenden Artikeln 3 bis 5 und 8 UVP-RL an.[152] Mit dieser Maßgabe legt das UVPG fest, dass die Öffentlichkeit in jedem Verfahren Gelegenheit zur aktiven Teilnahme erhält. Dies bedeutet, dass die Möglichkeit einzuräumen ist, Informationen über die Angaben des Vorhabenträgers einzuholen und Stellungnahmen abzugeben.[153] Was das Gesetz unter dem Begriff der Öffentlichkeit versteht, ergibt sich im Einzelnen aus § 9. Es ist damit der Personenkreis nach § 73 Abs. 3 und 4 VwVfG gemeint.[154]

6 Gesamtbewertung in parallelen Verfahren (Abs. 1 S. 4)

64 Die Vorschrift des § 2 Abs. 1 S. 4 trifft eine Regelung für den Fall, dass über die Zulässigkeit des Vorhabens **im Rahmen mehrerer Verfahren** entschieden wird. Dabei handelt es sich vor allem um Anlagen i. S. d. §§ 4 BImSchG, 7 AtG, 19 a WHG. Nach dem erklärten Willen des Gesetzgebers ist sicherzustellen, dass der medienübergreifende oder integrative Ansatz der UVP auch im Falle paralleler Zulassungsverfahren verwirklicht wird.[155] Die Ergebnisse der einzelnen Verfahren sollen nicht isoliert nebeneinander stehen, sondern in ihrer Gesamtheit betrachtet werden. Zu diesem Zweck bestimmt § 2 Abs. 1 S. 4, dass die in den parallelen Verfahren durchgeführten Teilprüfungen zu einer

---

149 Nr. 0.5.1.3 UVPVwV.
150 Nr. 0.6.1.3 UVPVwV.
151 Zutreffend *Ladeur*, ZfU 1994, 1 (19).
152 Begr. RegEntw. UVPG, BT-Drs. 11/3919, S. 21.
153 *Bunge*, in: HdUVP, § 2 Rn. 81.
154 Vgl. näher dazu unten § 9 Rn. 10 ff.
155 So die Begr. RegEntw., BT-Drs. 11/3919, S. 21.

Begriffsbestimmungen § 2

Gesamtbewertung aller Umweltauswirkungen einschließlich der Wechselwirkungen zusammenzufassen sind.

Damit geht das UVPG ersichtlich davon aus, dass die fachgesetzlichen Zuständigkeiten unverändert bleiben.[156] Insbesondere ersetzt es nicht die verschiedenen Zulassungsverfahren durch ein einziges Verfahren mit umfassender Konzentrationswirkung.[157] Ebensowenig verlangt das Gesetz, dass anstelle der Teilprüfungen in den einzelnen Verfahren *eine* Gesamtprüfung vor *einer* Behörde durchzuführen ist.[158] Der gebotenen Verfahrensbündelung dient § 14 Abs. 1 S. 1. Danach sind die in den Verfahren ermittelten und beschriebenen Auswirkungen des Vorhabens auf die Umwelt durch eine von den Ländern zu bestimmende *federführende Behörde* zusammengefasst darzustellen.[159] Erst auf der Grundlage dieser Darstellung erfolgt die Gesamtbewertung.[160]

65

Allerdings werden Zweifel geäußert, ob diese Konzeption des UVPG in der Lage ist, die Verwirklichung des medienübergreifenden oder integrativen Ansatzes der UVP-Richtlinie sicherzustellen. Die Bedenken gehen vor allem dahin, dass die bloße – nachträgliche – Zusammenführung von Teilprüfungen zu einer Gesamtbewertung dem Gebot eines gesamtheitlichen Verfahrens nicht Rechnung trage, zumal von vornherein keine umfassende Prüfung vorgenommen werde.[161] Diese Kritik beruht auf der Prämisse, dass die Parallelität sektoral beschränkter Prüfvorgänge nicht mit dem medienübergreifenden Prüfansatz der Richtlinie zu vereinbaren ist.[162] Dem ist jedoch entgegenzuhalten, dass die Richtlinie es den Mitgliedstaaten ausdrücklich gestattet, die UVP im Rahmen der bestehenden Verfahren zur Genehmigung von Projekten durchzuführen.[163] Vor allem aber reicht der Schutzzweck der geltenden Umweltfachgesetze so weit, dass die in parallelen Verfahren durchgeführten Teilprüfungen der Einzelbehörden regelmäßig die Würdigung der relevanten Umweltauswirkungen eines Vorhabens erlauben.[164] Um so mehr ist davon auszugehen, dass in der an diese Teilprüfungen anknüpfenden Gesamtbewertung alle für die UVP maßgeblichen Gesichtspunkte zur Sprache kommen (können).

66

7 Begriff des Vorhabens (Abs. 2)

In Anlehnung an Art. 1 Abs. 2 UVP-Änderungsrichtlinie i. V. m. den Anhängen I und II definiert § 2 Abs. 2 den Begriff des **Vorhabens**. Der Anwendungsbereich der Vorschrift

67

---

156 *Jarass*, NuR 1991, 201 (206); *Bunge*, in: HdUVP, § 2 Rn. 84.
157 Zu dieser Erwägung *Erbguth*, DÖV 1988, 481 (487); *Erbguth/Schink*, UVPG, § 2 Rn. 43.
158 *Bunge*, in: HdUVP, § 2 Rn. 84.
159 Begr. RegEntw., BT-Drs. 11/3919, S. 21; vgl. näher dazu unten § 14 Rn. 13 ff.
160 *Bunge*, in: HdUVP, § 2 Rn. 86.
161 *Erbguth/Schink*, UVPG, § 2 Rn. 44, unter Hinweis auf *Dohle*, NVwZ 1989, 697 (699 und 702 f.) und *Weber*, UVP, S. 363; vgl. auch *Steinberg*, DVBl. 1988, 995 (999 f.).
162 Vgl. *Erbguth/Schink*, UVPG, § 2 Rn. 43; *Erbguth*, Die Verwaltung 1991, 283 (312); *ders.*, DÖV 1988, 481 (487 f.), die deshalb die Ansicht vertreten, dass mit der Einführung des UVPG die Etablierung eines Kontrollerlaubnisverfahrens mit umfassender Konzentrationswirkung geboten gewesen wäre; a. A. *Jarass*, UVP bei Industrievorhaben, S. 34 f.
163 Dazu oben § 2 Rn. 8.
164 So ausdrücklich für das BImSchG *Steinberg*, DVBl. 1990, 1369 (1372).

wird konkretisiert durch die Inbezugnahme der Anlage 1.[165] Daraus erhellt, dass dem UVPG kein eigener Vorhabenbegriff zugrunde liegt. Vielmehr bleibt – vermittelt durch die Anlage 1 – der Anlagen- und Vorhabenbegriff des jeweiligen Fachgesetzes für den Gesetzesvollzug maßgeblich.[166] § 2 Abs. 2 kommt insoweit lediglich der Charakter eines Orientierungsrahmens zu.[167]

68 Vorhaben i. S. d. § 2 Abs. 2 Nr. 1 sind – nach Maßgabe der Anlage 1 – zunächst **die Errichtung und der Betrieb einer technischen Anlage (Buchst. a)** sowie **der Bau einer sonstigen Anlage (Buchst. b)**. Eine Legaldefinition des Begriffs der Anlage enthält das Gesetz nicht. Dies ist darin begründet, dass das Umweltrecht einen einheitlichen Anlagenbegriff bisher nicht kennt.[168] Mithin ist auch insoweit auf das jeweilige fachgesetzliche Begriffsverständnis zurückzugreifen. Die Regelung des Buchst. a setzt voraus, dass es sich um eine technische Anlage handelt, die errichtet und betrieben werden soll. Das Gesetz stellt damit heraus, dass einer UVP nicht lediglich die erstmalige Errichtung einer Anlage unterliegt. Auch der laufende Betrieb einer Anlage kann zu Auswirkungen auf die Umwelt führen, die die Durchführung eines solchen Prüfverfahrens erforderlich machen. Die Prüfpflichtigkeit setzt im Übrigen nicht voraus, dass der Vorhabenträger die Zulassung der Errichtung *und* des Betriebes der Anlage beantragt. Die Teilgenehmigung oder Teilzulassung für die Errichtung der Anlage unterliegt ebenfalls der UVP (§ 13 Abs. 1). Gleiches gilt für weitere Teilgenehmigungen oder Teilzulassungen (§ 13 Abs. 2).[169]

69 Nr. 1 Buchst. b zielt erkennbar darauf ab, etwaige Schutzlücken zu schließen. Gegenüber der Regelung des Buchst. a ist die Bestimmung einerseits weiter, andererseits aber auch enger. Indem sie in den Vorhabenbegriff auch sonstige Anlagen einbezieht, kommt ihr die Bedeutung eines Auffangtatbestandes zu. Der Anwendungsbereich der Norm ist allerdings insoweit inhaltlich begrenzt, als allein auf den »Bau« einer – sonstigen – Anlage abgestellt wird. Die Vorschrift der Nr. 1 erwähnt in Anknüpfung an Art. 1 Abs. 2 UVP-RL auch **die Durchführung einer sonstigen in Natur und Landschaft eingreifenden Maßnahme (Buchst. c)**. Die Funktion der Vorschrift ist trotz Modifizierung im Wortlaut unverändert geblieben, ihr kommt Auffangcharakter zu. Demgemäß werden solche Vorhaben erfasst, die nicht oder nicht eindeutig die Voraussetzungen des Anlagenbegriffs erfüllen.[170]

70 Nach § 2 Abs. 2 Nr. 2 ist ein Vorhaben auch **die Änderung einschließlich der Erweiterung der Lage, der Beschaffenheit oder des Betriebs einer technischen Anlage (Buchst. a), der Lage oder der Beschaffenheit einer sonstigen Anlage (Buchst. b), der Durchführung einer sonstigen in Natur und Landschaft eingreifenden Maßnahme (Buchst. c)**. Bei der Neufassung der Vorschrift – auch soweit diese in den Begriff der

---

165 Zu § 2 Abs. 2 a. F. vgl. Begr. RegEntw. UVPG, BT-Drs. 11/3919, S. 21; *Bunge*, in: HdUVP, § 2 Rn. 89.
166 Vgl. bereits *Kretz*, UPR 1992, 129 (133).
167 Dazu Begr. RegEntw. UVPG, BT-Drs. 11/3919, S. 21.
168 So bereits die Begr. RegEntw. UVPG, BT-Drs. 11/3919, S. 21; *Hoppe/Beckmann/Kauch*, Umweltrecht, § 21 Rn. 36; *Sundermann*, in: HdUR, Bd. I, Sp. 88 ff.; *Bunge*, in: HdUVP, § 2 Rn. 90; vgl. demgegenüber *Kloepfer/Rehbinder/Schmidt-Aßmann/Kunig*, UGB-AT, § 2 Abs. 7.
169 *Bunge*, in: HdUVP, § 2 Rn. 93; vgl. näher dazu unten § 13 Rn. 15 ff. und 41 f.
170 Zutreffend *Bunge*, in: HdUVP, § 2 Rn. 95; zur gleichlautenden Regelung des Art. 1 Abs. 2 UVP-RL vgl. bereits *Cupei*, UVP, S. 113.

Begriffsbestimmungen § 2

Änderung die Durchführung einer sonstigen in Natur und Landschaft eingreifenden Maßnahme (Buchst. c) einbezieht – handelt es sich lediglich um eine Änderung der Begriffsbestimmung, die keine selbständige materiell-rechtliche Bedeutung hat. Die – redaktionelle – Anpassung an die UVP-Änderungsrichtlinie bewirkt auch über die den Anwendungsbereich der UVP bestimmenden Regelungen der Anlage 1 keine praktische Erweiterung des Anwendungsbereichs der UVP. Denn auch bisher schon waren Änderungen und Erweiterungen bei Vorhaben, die sich als »Eingriffe in Natur und Landschaft« im weiteren Sinne darstellen, nach Maßgabe der jeweiligen Vorhabenbezeichnung erfasst.[171] Dies gilt bspw. für die Herstellung, Beseitigung und wesentliche Umgestaltung eines Gewässers[172] oder für Waldumwandlungen. Die Ausgestaltung der Regelung in Buchst. a und b lehnt sich offensichtlich an die Bestimmung des § 16 Abs. 1 S. 1 BImSchG an. Nach dieser Vorschrift bedarf die Änderung der Lage, der Beschaffenheit oder des Betriebs einer genehmigungsbedürftigen Anlage der Genehmigung, wenn durch die Änderung nachteilige Auswirkungen hervorgerufen werden können und diese für die Prüfung nach § 6 Abs. 1 Nr. 1 erheblich sein können (wesentliche Änderungen). Es liegt nahe, dass für das Verständnis der Tatbestände des § 2 Abs. 2 Nr. 2 Buchst. a und b UVPG auch insoweit das fachgesetzliche Begriffsverständnis maßgeblich ist. Danach liegt eine – wesentliche – Änderung dann vor, wenn die Gesamtkonzeption der Anlage Modifikationen erfährt.[173] Die Erheblichkeit einer Umweltauswirkung ist an deren Zumutbarkeit auszurichten.[174]

8 Begriff der Entscheidung (Abs. 3)

§ 2 Abs. 3 knüpft an Abs. 1 S. 1 an und führt den dort bereits erwähnten Begriff der **Entscheidung** einer Legaldefinition zu. Das Gesetz nennt die verschiedenen verwaltungsbehördlichen Verfahren, die der Entscheidung über die Zulässigkeit von Vorhaben dienen und deshalb als Genehmigungen i.S.d. Art. 1 Abs. 2 UVP-Änderungsrichtlinie anzusehen sind.[175] 71

8.1 Zulassungsentscheidungen

Nr. 1 des § 2 Abs. 3 enthält einen Katalog behördlicher Entscheidungsverfahren i.S.d. § 9 VwVfG. Die Aufzählung ist nicht abschließend.[176] Rechtsdogmatisch handelt es sich um Kontrollerlaubnisse, Ausnahmebewilligungen oder Planfeststellungen.[177] *Teilgenehmigungen* oder *Teilzulassungen*[178] erfüllen ebenfalls den Begriff der Entscheidung i.S.d. § 2 Abs. 3 Nr. 1, da sie dem Vorhabenträger das Recht einräumen, einen Teil des 72

---

171 BT-Drs. 14/4599, S. 93.
172 Vgl. bereits Nr. 6 der Anlage zu § 3 a. F.
173 Weitergehend *Bunge*, in: HdUVP, § 2 Rn. 98.
174 Zum Begriff der Erheblichkeit i.S.d. BImSchG vgl. *Kutscheidt*, in: Landmann/Rohmer, BImSchG, § 3 Rn. 14 ff.
175 So bereits die Begr. RegEntw. UVPG, BT-Drs. 11/3919, S. 21.
176 *Bunge*, in: HdUVP, § 2 Rn. 102.
177 *Erbguth/Schink*, UVPG, § 2 Rn. 52; vgl. auch *Bunge*, in: HdUVP, § 2 Rn. 102.
178 Zu diesen Zulassungsentscheidungen eingehend unten § 13 Rn. 15 ff.

Wolfgang Appold

§ 2 *Begriffsbestimmungen*

Vorhabens zu realisieren.[179] Eine solche (eingeschränkte) Befugnis erlangt der Vorhabenträger auch durch die *Zulassung des vorzeitigen Beginns* seines Vorhabens. Es liegt deshalb nahe, auch solche Entscheidungen dem Anwendungsbereich des § 2 Abs. 3 Nr. 1 zu unterstellen.[180]

73 Kraft ausdrücklicher gesetzlicher Anordnung zählen die Anzeigeverfahren *nicht* zu den Entscheidungen i. S. d. § 2 Abs. 3 Nr. 1. Anzeigeverfahren sind ausgenommen, weil es sich dabei nicht um Genehmigungen i. S. d. Art. 1 Abs. 2 UVP-Änderungsrichtlinie handelt.[181] Danach unterlag insbesondere die Investitionskontrolle nach § 4 EnWG a. F. nicht einer Prüfung der Umweltverträglichkeit nach dem UVPG.[182] Gegenüber dieser Ausnahmeklausel wurden im Schrifttum Bedenken geltend gemacht.[183] Die Frage ist in der Zwischenzeit durch das Tätigwerden des Gesetzgebers gegenstandslos geworden. Durch das neue Energiewirtschaftsgesetz – verkündet als Art. 1 des Gesetzes zur Neuregelung des Energierechts vom 24.4.1998.[184] – ist das Anzeigeverfahren nach § 4 EnWG a. F. ersatzlos entfallen.[185] Die in dem EnWG 1998 postulierten Anforderungen des Umweltschutzes stehen in einem bemerkenswerten Kontrast zu deren rechtspraktischer Bedeutung. Skepsis ist schon gegenüber der Formulierung des Gesetzeszwecks geboten. Nach § 1 EnWG 1998 ist der Zweck des Gesetzes eine möglichst sichere, preiswerte und umweltverträgliche leitungsgebundene Versorgung mit Elektrizität und Gas im Interesse der Allgemeinheit. Die scheinbare Legaldefinition der Umweltverträglichkeit in § 2 Abs. 4 EnWG 1998 schafft nicht mehr Klarheit. Danach bedeutet Umweltverträglichkeit, dass die Energieversorgung den Erfordernissen eines rationellen und sparsamen Umgangs mit Energie genügt, eine schonende und dauerhafte Nutzung von Ressourcen gewährleistet ist und die Umwelt möglichst wenig belastet wird. Zutreffend ist bemerkt worden, dass sich Formulierungen dieser Art »eher in der Nähe symbolischer Gesetzgebung« bewegen.[186] Was die staatliche Kontrolle betrifft bedarf nach § 3 Abs. 1 EnWG 1998 nur noch die Aufnahme der Energieversorgung anderer einer behördlichen Genehmigung. Selbst diese Genehmigungspflicht unterliegt jedoch einer Reihe von Ausnahmen. Sie gilt nicht für die Einspeisung in das Netz eines Energieversorgungsunternehmens, für die Versorgung von Abnehmern außerhalb der allgemeinen Versorgung, sofern die Belieferung überwiegend aus Anlagen zur Nutzung erneuerbarer Energien aus Kraft-Wärme-Kopplungsanlagen oder aus Anlagen von Industrieunternehmen zur Deckung des Eigenbedarfs erfolgt, sowie für die Versorgung verbundener Unternehmen (§ 3 Abs. 1 S. 2 EnWG 1998).

---

179 Vgl. auch *Bunge*, in: HdUVP, § 2 Rn. 103.
180 Zutreffend *Bunge*, in: HdUVP, § 2 Rn. 105.
181 Dazu bereits *Erbguth/Schink*, UVPG, § 2 Rn. 52.
182 Vgl. hierzu die Kommentierung der Vorauflage; eingehend *Jarass*, NuR 1991, 201 (204).
183 *Soell/Dirnberger*, NVwZ 1990, 705 (706); *Steinberg*, DVBl. 1988, 995 (997); vgl. auch *Bunge*, in: HdUVP, § 2 Rn. 107.
184 BGBl. 1 S. 730, geändert durch Gesetz vom 26.8.1998, BGBl. I S. 2521.
185 Vgl. *Salje*, UPR 1998, 201 (202); *Breuer*, in: Dolde (Hrsg.) Umweltrecht im Wandel, S. 915 (932).
186 *Rebentisch*, UTR 2000 (Bd. 54), S. 191 ff.

Begriffsbestimmungen § 2

8.2 Vorgelagerte Verfahren

In Anknüpfung an die Zweckbestimmung des § 1 Nr. 1, wonach die Auswirkungen eines Vorhabens auf die Umwelt *frühzeitig* zu erfassen sind,[187] stellt § 2 Abs. 3 Nr. 2 klar, dass UVP-pflichtige Entscheidungen auch in **vorgelagerten Verfahren** fallen können.[188] Als vorgelagerte Verfahren nennt das Gesetz beispielhaft die **Linienbestimmungen**, d.h. Entscheidungen, die über den allgemeinen Trassenverlauf linienförmiger Infrastrukturvorhaben befinden, ohne bereits Einzelheiten festzulegen. Es handelt sich dabei z.B. um die Linienbestimmungen für Bundesfernstraßen (§ 16 Abs. 1 FStrG) und Bundeswasserstraßen (§ 13 Abs. 1 WaStrG), das Genehmigungsverfahren nach § 6 Abs. 1 LuftVG für Flughäfen, die nur aufgrund einer Planfeststellung angelegt oder geändert werden dürfen, sowie um die Linienbestimmung gem. § 9 Abs. 1 Nr. 1 PBefG.[189] 74

Andere behördliche Entscheidungen unterliegen dem Anwendungsbereich des § 2 Abs. 3 Nr. 2, wenn sie **für anschließende Verfahren beachtlich** sind. Beachtlich im Sinne dieser Vorschrift ist eine Entscheidung bereits dann, wenn durch sie die Zulässigkeit eines Vorhabens ganz oder teilweise beurteilt wird und diese Beurteilung abschließend oder für anschließende Verfahren zumindest verwaltungsintern verbindlich ist.[190] Die rechtliche Qualität der Entscheidung ist hierfür nicht maßgeblich.[191] Auch *Raumordnungsverfahren* sind vorgelagerte Verfahren i.S.d. § 2 Abs. 3 Nr. 2.[192] Sie sind Teilfestlegungen innerhalb eines mehrstufigen Planungsprozesses, beziehen sich auf konkrete Vorhaben und haben zumindest faktische Vorfestlegungen zum Inhalt, die bei der eigentlichen Zulassungsentscheidung zu berücksichtigen sind. 75

§ 2 Abs. 3 Nr. 2 steht in engem Zusammenhang mit § 15. Obgleich jene Vorschrift nach ihrem Wortlaut zunächst nahelegen könnte, dass prinzipiell jede präjudizierend wirkende vorgelagerte Entscheidung UVP-pflichtig ist, verweist die Begründung zum UVPG darauf, dass die in Bezug genommenen Rechtsakte in § 15 enumerativ aufgeführt sind.[193] Dies erscheint insofern nicht unbedenklich, als neu geschaffene Verfahren, in denen nach Maßgabe der UVP-Richtlinie eine UVP durchzuführen wäre, nicht ohne weiteres dem Anwendungsbereich des Gesetzes unterliegen. Hier müsste im Zweifelsfalle eine richtlinienkonforme Auslegung des § 2 Abs. 3 Nr. 2 dahin erfolgen, dass eine UVP-Pflicht auch für die nicht in § 15 aufgeführten Entscheidungen besteht. 76

---

187 Näher dazu § 1 Rn. 32f.
188 *Erbguth/Schink*, UVPG, § 2 Rn. 53; *Erbguth*, VerwArch 81 (1990), 327 (332); *Weber/Hellmann*, NJW 1990, 1625 (1629); *Wagner*, DVBl. 1993, 583 (584); *Schoeneberg*, UVP, Rn. 186.
189 Vgl. *Hoppe/Beckmann/Kauch*, Umweltrecht, § 8 Rn. 97.
190 So die Begr. RegEntw. UVPG, BT-Drs. 11/3919, S. 21.
191 *Erbguth/Schink*, UVPG, § 2 Rn. 53; *Bunge*, in: HdUVP, § 2 Rn. 118; vgl. auch *Wagner*, DVBl. 1993, 583 (584).
192 *Hoppe/Beckmann/Kauch*,, Umweltrecht, § 8 Rn. 99; *Wagner*, DVBl. 1993, 583 (584); a.A. *Erbguth/Schink*, UVPG, § 2 Rn. 53, unter Hinweis auf die gesonderte Regelung des Verhältnisses zwischen UVP und Raumordnungsverfahren in § 16 UVPG.
193 BT-Drs. 11/3919, S. 21.

8.3 Bauleitplanerische Entscheidungen

77 § 2 Abs. 3 Nr. 3 enthält Bestimmungen, die sich – in enger Beziehung zu § 17 – mit der UVP im Rahmen der Bauleitplanung befassen. Die Durchführung einer UVP ist in der kommunalen Bauleitplanung grundsätzlich nicht vorgesehen.[194] Dies folgt aus dem Zweck des Prüfverfahrens, nämlich der Ermittlung, Beschreibung und Bewertung der *vorhabenbezogenen* Umweltauswirkungen (§ 1).[195] Der für die UVP notwendige Vorhaben- oder Anlagenbezug liegt beim Bebauungsplan in der Regel nicht vor.[196] Etwas anders gilt im Fall des vorhabenbezogenen Bebauungsplans. Hier ist die Planung wegen ihrer Objekt- und Projektbezogenheit bereits hinreichend konturiert, dass sich die Frage einer Prüfung der Umweltverträglichkeit frühzeitig stellt und deshalb schon im Planungsverfahren beantwortet werden muss. Dies erfolgt durch eine in das Bebauungsplanverfahren *integrierte* UVP.

78 Es ist deshalb folgerichtig, dass die Vorschrift des § 2 Abs. 3 Nr. 3 den Anwendungsbereich des Gesetzes auf vorhabenbezogene Bebauungspläne begrenzt.[197] Dabei nimmt sie insoweit zugleich eine Differenzierung in zwei Fallgruppen vor: Bebauungspläne, durch die die Zulässigkeit von bestimmten Vorhaben im Sinne der Anlage 1 begründet werden soll (zulassungsbeeinflussende[198] Bebauungspläne), und Bebauungspläne, die Planfeststellungsbeschlüsse für Vorhaben im Sinne der Anlage 1 ersetzen (planfeststellungsersetzende Bebauungspläne). Dem Anwendungsbereich des UVPG entzogen sind damit Festsetzungen eines Bebauungsplanes, die eine spätere Standortentscheidung erst vorbereiten (z. B. die Ausweisung von Gewerbeflächen oder Industriegebieten) und die deshalb nur Angebotscharakter haben. Gleiches gilt generell für Flächennutzungspläne aufgrund ihrer für eine UVP zu abstrakten Darstellungen.[199]

79 Die Frage, wie bei Vorliegen eines vorhabenbezogenen Bebauungsplanes die UVP durchzuführen ist, ist damit allerdings noch nicht beantwortet. Zu Recht wird in diesem Zusammenhang konstatiert, dass die neuen gesetzlichen Regelungen eine Fülle von Problemen aufwerfen.[200] Der Gesetzgeber hat sich insbesondere auch mit Blick auf die Rechtsprechung des EuGH wohl für folgende Grundprinzipien entschieden: Es ist zunächst zu differenzieren zwischen Vorhaben, die generell UVP-pflichtig sind, und solchen, bei denen dann eine förmliche UVP durchzuführen ist, wenn eine allgemeine

---

194 *Krautzberger/Runkel*, DVBl. 1993, 453 (456).
195 Vgl. dazu unter Hinweis auf das Verständnis der UVP-Richtlinie *BVerwG*, Urt. v. 14.5.1997 – 11 A 43.96 –, UPR 1997, 413 (415).
196 *Schlarmann/Hildebrandt*, NVwZ 1999, 350 (351); *Erbguth*, NVwZ 1993, 956 (958). Dies könnte sich allerdings ändern, wenn die nach langwierigen Beratungen nunmehr verabschiedete Richtlinie des Rates über die Prüfung der Umweltauswirkungen bestimmter Pläne und Programme (2001/42/EG) in nationales Recht umgesetzt wird; vgl. auch oben Vorb. Rn. 31. Zur Plan- und Programm-UVP vgl. *Schink*, NVwZ 1999, 11 (16); *Ziekow*, UPR 1999, 287 ff. m.w.N.
197 Dazu *VGH Mannheim*, Urt. v. 22.7.1997 – 5 S. 3391/94 –, NuR 1998, 653 (659); vgl. auch bereits *Krautzberger/Runkel*, DVBl. 1993, 453 (456); *Wagner*, DVBl. 1993, 583 (585); *Bunge*, in: HdUVP, § 2 Rn. 136. Zu den Anlässen für die Novellierung vgl. *Krautzberger*, UPR 2001, 1 ff.; *Runkel*, DVBl. 2001, 1377 ff.
198 So die treffende Formulierung bei *Erbguth/Schink*, UVPG, § 17 Rn. 72.
199 *Wagner*, DVBl. 1993, 583 (585); *Stüer*, BauR 2001, 1195 (1202).
200 Eingehend dazu *Kuschnerus*, BauR 2001, 1346 ff.; *Stüer*, BauR 2001, 1195 ff.

Vorprüfung des Einzelfalls (»Screening«) ergibt, dass das Vorhaben erhebliche nachteilige Umweltauswirkungen haben kann. Maßgeblich für die generelle UVP-Pflicht wie auch für die Pflicht zur allgemeinen Vorprüfung des Einzelfalls sind jeweils bestimmte Vorhabenumschreibungen mit näher festgelegten *Schwellenwerten* für die Pflicht zur Vorprüfung (Prüfwerte) bzw. die generelle UVP-Pflicht (Größenwerte).

Danach besteht eine UVP-Pflicht für die in der Anlage 1 aufgeführten Vorhaben, wenn die zur Bestimmung seiner Art genannten Merkmale vorliegen. Sofern in der Anlage 1 Größenwerte angegeben sind, ist eine UVP durchzuführen, wenn die Werte erreicht oder überschritten werden (§ 3 b Abs. 1). Die UVP ist daher bei solchen Vorhaben Pflicht. Es handelt es um Vorhaben, die in der Spalte 1 gekennzeichnet sind. Wird ein solches Vorhaben durch einen Bebauungsplan ausgewiesen, muss eine UVP erfolgen.[201] Diese wird auch nicht auf Grund einer individuellen Prüfung entbehrlich.[202] 80

Vorhaben, die nicht in der Spalte 1 gekennzeichnet sind, unterliegen nach Maßgabe der Ausweisung in Spalte 2 einer Vorprüfung auf ihre UVP-Pflichtigkeit im Einzelfall (§ 3 c).[203] Dabei ist zwischen einer allgemeinen Vorprüfung (Abs. 1 S. 1) und einer standortbezogenen Vorprüfung (Abs. 1 S. 2) zu unterscheiden. Die Art der Vorprüfung ergibt sich aus Spalte 2 der Anlage 1. Die Vorprüfung im Einzelfall ist nach § 3 c Abs. 1 durchzuführen, wenn dies in der Anlage 1 für das jeweilige Vorhaben vorgesehen ist. Dabei ist zu berücksichtigen, inwieweit Umweltauswirkungen durch die vom Träger des Vorhabens vorgesehenen Vermeidungs- und Verminderungsmaßnahmen offensichtlich ausgeschlossen werden (§ 3 c Abs. 1 S. 3). Bei der Vorprüfung im Einzelfall ist eine UVP durchzuführen, wenn das Vorhaben nach Einschätzung der Behörde auf Grund einer überschlägigen Prüfung unter Berücksichtigung der in der Anlage 2 zum UVPG aufgeführten Kriterien erhebliche nachteilige Umweltauswirkungen haben kann, die nach § 12 UVP zu berücksichtigen wären. Der Prüfungsumfang ist damit geringer als im Rahmen der UVP selbst. Es muss lediglich eine Grobprüfung vorgenommen werden, ob eine vertiefende Ermittlung, Beschreibung und Bewertung der Auswirkungen eines Vorhabens auf die in § 2 Abs. 1 S. 2 aufgeführten Umweltgüter wegen der Besorgnis erheblicher nachteiliger Umweltauswirkungen des Vorhabens erforderlich ist. Die einzelnen Kriterien für die Vorprüfung des Einzelfalls sind in der Anlage 2 zum UVPG aufgeführt. Es handelt sich um Merkmale des Vorhabens zur Größe, Nutzung und Gestaltung von Wasser, Boden, Natur und Landschaft, der Abfallerzeugung und der Umweltverschmutzung und Belästigung sowie Umweltrisiken. Beim Standort des Vorhabens geht es um die ökologische Empfindlichkeit des Gebietes, das durch das Vorhaben möglicherweise beeinträchtigt wird. Die möglichen erheblichen Auswirkungen eines Vorhabens sind anhand vorhabenbezogener und standortbezogener Faktoren zu untersuchen. Der Kriterienkatalog in der Anlage 2 zum UVPG ist nicht abschließend.[204] 81

---

201 Eingehend dazu unten § 3 b Rn. 3 ff.
202 *Stüer*, BauR 2001, 1195 (1203); *Kuschnerus*, BauR 2001, 1346 (1347 ff.).
203 Näher dazu nachfolgend § 3 c Rn. 4 ff.
204 *Stüer*, BauR 2001, 1195 (1203 f.).

§ 3 Anwendungsbereich

(1) Dieses Gesetz gilt für die in der Anlage 1 aufgeführten Vorhaben. Die Bundesregierung wird ermächtigt, durch Rechtsverordnung mit Zustimmung des Bundesrates
1. Vorhaben in die Anlage 1 aufzunehmen, die aufgrund ihrer Art, ihrer Größe oder ihres Standortes erhebliche Auswirkungen auf die Umwelt haben können,
2. Vorhaben unter Beachtung der Rechtsakte des Rates oder der Kommission der Europäischen Gemeinschaft aus der Anlage 1 herauszunehmen, die nach den vorliegenden Erkenntnissen keine erheblichen Auswirkungen auf die Umwelt besorgen lassen.

Soweit von der Ermächtigung Gebrauch gemacht wird, ist die Bundesregierung auch ermächtigt, notwendige Folgeänderungen in Bezugnahmen, die in den Vorschriften dieses Gesetzes enthalten sind, auf bestimmte, in der Anlage 1 aufgeführte Vorhaben vorzunehmen. Rechtsverordnungen aufgrund dieser Ermächtigung bedürfen der Zustimmung des Bundestages. Die Zustimmung gilt als erteilt, wenn der Bundestag nicht innerhalb von drei Sitzungswochen nach Eingang der Vorlage der Bundesregierung die Zustimmung verweigert hat.

(2) Soweit zwingende Gründe der Verteidigung oder die Erfüllung zwischenstaatlicher Verpflichtungen es erfordern, kann der Bundesminister der Verteidigung nach Richtlinien, die im Einvernehmen mit dem Bundesminister für Umwelt, Naturschutz und Reaktorsicherheit festzulegen sind, für Vorhaben, die der Landesverteidigung dienen, die Anwendung dieses Gesetzes ausschließen oder Ausnahmen von den Anforderungen dieses Gesetzes zulassen. Dabei ist der Schutz vor erheblichen nachteiligen Umweltauswirkungen zu berücksichtigen. Sonstige Rechtsvorschriften, die das Zulassungsverfahren betreffen, bleiben unberührt. Der Bundesminister der Verteidigung unterrichtet den Bundesminister für Umwelt, Naturschutz und Reaktorsicherheit jährlich über die Anwendung dieses Absatzes.

	Übersicht	Rn.			Rn.
1	Allgemeines zu den §§ 3, 3a–3f	1	2.2.3	Zustimmung des Bundestages (Abs. 1 S. 4)	11
1.1	Neues gesetzliches Konzept der §§ 3, 3a–3f	1	2.2.4	Zustimmungsfiktion (Abs. 1 S. 5)	12
1.2	Gesetzesgeschichte	5	3.	Vorhaben der Landesverteidigung (Abs. 2)	13
1.2.1	Vorgaben der UVP-Änderungsrichtlinie	5	3.1.	Gesetzesgeschichte	13
1.3	Allgemeines zu § 3	6	3.2	Zwei Fallvarianten für Ausschluss (Abs. 2 S. 1)	15
1.3.1	Regelungsgegenstand	6			
1.3.2	Gesetzesgeschichte	7	3.3	Schutz vor erheblichen nachteiligen Umweltauswirkungen (Abs. 2 S. 2)	16
2	Anwendung des Gesetzes auf Vorhaben gem. Anlage 1 (Abs. 1 S. 1)	8	3.4	Sonstige Rechtsvorschriften (Abs. 2 S. 3)	17
2.1.	Anlagenkatalog	8			
2.2	Änderungskompetenz der Bundesregierung (Abs. 1 S. 2 bis 5)	9	3.5	Jährliche Unterrichtungspflicht des Bundesminister der Verteidigung (Abs. 2 S. 4)	18
2.2.1	Kompetenzregelung (Abs. 1 S. 2)	9			
2.2.2	Folgeänderung (Abs. 1 S. 3)	10			

Anwendungsbereich § 3

1 Allgemeines zu den §§ 3, 3a–3f

1.1 Neues gesetzliches Konzept der §§ 3, 3a–3f

Der Neufassung des UVPG aus 2001 liegt ein **geändertes Konzept** zu Grunde, das insbesondere auf die UVP-ÄndRL und Rechtsprechung des EuGH zurückzuführen ist. Die konzeptionelle Neuerung erschließt sich aus einer Gesamtschau des vollständig neugestalteten Anlagenkatalogs (Anlage 1 und 2) und der konkretisierenden Regelungen zum Anwendungsbereich durch die §§ 3a–3f. Galt zurückliegend ausschließlich das *Enumerationsprinzip*, d.h. die Feststellung der UVP-Pflicht nach Maßgabe des abschließend gestalteten Anlagenkatalogs, so ergibt sich durch die §§ 3, 3a–3f nunmehr ein differenziertes und komplexes Regelungsbild. **Neu** eingeführt worden sind insbesondere **fakultative UVP-Verfahren** (§ 3c: UVP-Pflicht im Einzelfall). Außerdem ist verfahrensrechtlich neu geregelt, dass die zuständige Behörde auf der Grundlage geeigneter Angaben zum Vorhaben unverzüglich feststellt, ob nach den §§ 3b–3f die Verpflichtung zur Durchführung einer UVP besteht. Gleichermaßen ist das Unterbleiben der UVP behördlich festzustellen. Für die Praxis ist in erster Linie bedeutsam, dass neben die (bisher alleinige) Kategorie der Bestimmung des Anwendungsbereiches der UVP durch generalisierende Vorgaben (Anlage 1, Spalte 1) die Feststellung der UVP-Pflicht im Einzelfall tritt, und zwar zukünftig in sehr weitem Umfang. Mit einer gewissen Überspitzung ist dazu gesagt worden, dass »die eigentliche Änderung der Richtlinie ... die Ausweitung der UVP-pflichtigen Vorhaben« sei.[1]

1

Die **Basisnorm** stellt § 3 Abs. 1 Satz 1 dar, der bestimmt, dass das UVPG für die in der Anlage 1 aufgeführten Vorhaben gilt. Mit dieser einfachen Regelung hat es aber nicht sein Bewenden. Vielmehr beinhaltet die Anlage 1 nicht nur durch Aufteilung in zwei Spalten, sondern in insgesamt vier Kategorien, eine komplexe Systematik. Das *Enumerationsprinzip* gilt nur noch für die Vorhaben gem. Spalte 1, gekennzeichnet durch ein X. Liegt der Fall eines dort – durch Schwellenwerte – beschriebenen Anlagentyps (z.B. Kraftwerk mit mehr als 200 MW) vor, so ist zwingend eine UVP durchzuführen. Dagegen hat in den gem. Spalte 2 der Anlage 1 aufgelisteten Fällen, soweit gekennzeichnet mit A, eine *allgemeine* Vorprüfung des Einzelfalles zu erfolgen und bei Kennzeichnung durch ein S eine *standortbezogene* Vorprüfung des Einzelfalles. Um genauer zu bestimmen, nach welchen Kriterien in diesen Fällen die Vorprüfung durchzuführen ist und wie die Feststellung der UVP-Pflicht insoweit erfolgt, hat der Gesetzgeber Einzelregelungen gem. § 3a–3f getroffen und Kriterien im Anhang 2 aufgelistet.

2

Zum Verständnis der Neuregelungen muss weiterhin die **neuartige Verzahnung von UVPG und Fachrecht** in den Blick genommen werden. War nach bisherigem Recht die UVP-Pflicht teilweise von *formellen Kriterien des Fachrechts* in der Weise abhängig, dass eine UVP nur dann durchzuführen war, wenn es z.B. der Durchführung eines Planfeststellungsverfahren oder immissionsschutzrechtlichen Verfahrens mit Öffentlichkeitsbeteiligung bedurfte, so hat sich die Abhängigkeit nunmehr umgekehrt. Es bestimmt jetzt allein das UVPG nebst Anlage die UVP-Pflicht, ggf. in Abhängigkeit von der vorherigen Durchführung eines Vorprüfungsverfahrens. Der vorgeschalteten Klärung fachrechtlicher Fragen, also der etwaigen Durchführung eines förmlichen Zulassungsverfahrens, bedarf es zukünftig nicht mehr. Vielmehr ist umgekehrt – als Folge – ein

3

---

1 *Hösch*, NVwZ 2001, 519 (523).

§ 3 Anwendungsbereich

förmliches immissionsschutzrechtliches Genehmigungsverfahren dann durchzuführen, wenn die entsprechenden Vorprüfungen des Einzelfalles oder aber Feststellungen zum Projekt als Teil eines kumulierenden Vorhabens (§ 3 b Abs. 2) oder als Erweiterung eines Vorhabens (§ 3 b Abs. 3) die Notwendigkeit der Durchführung einer UVP ergeben. Diese **Abhängigkeit des Fachrechts vom UVPG** ergibt sich durch Änderung des § 2 Abs. 1 Satz 1 Nr. 1 und 4. BImSchV und rechtfertigt sich dadurch, dass nur das förmliche Verfahren ein geeignetes Trägerverfahren für die Durchführung der UVP darstellt, nicht jedoch das vereinfachte Verfahren, welches ohne diese Sonderregelung zum Zuge kommen würde. Konsequenz dieser Abhängigkeit des Fachrechts vom UVPG, insbesondere seiner Anwendung im Vorprüfungsverfahren ist, dass zunächst u. U. noch nicht feststeht, in welcher formellen Gestalt das Zulassungsverfahren durchzuführen ist.

4   Im Zusammenhang mit der vorgenannten Neukonzeption der materiellen und verfahrensmäßigen Anforderungen an die Feststellung der UVP-Pflicht stehen **weit reichende Erweiterungen und Modifizierungen** der abstrakt-generellen Vorgaben insbesondere gem. **Anlage 1**, die voraussichtlich zu einem beachtlichen **Zuwachs der Verfahren mit UVP** führen werden. Dies gilt bereits für den Katalog der zwingend UVP-pflichtigen Projekte (Spalte 1 der Anlage 1), vor allem aber im Rahmen der Anlagentypen gem. Spalte 2 der Anlage 1. Die zwingend UVP-pflichtigen Projekte sind von bislang neun auf 21 Projektarten erweitert worden. Die stärkste Ausweitung des Anwendungsbereichs des Gesetzes ist mit der Übernahme von Vorhaben aus dem Anhang II der UVP-ÄndRL in die Anlage 1 zum UVPG erfolgt. Der Gesetzgeber wollte den Anforderungen der Richtlinie unter allen Aspekten von Art, Größe und Standort der Vorhaben Rechnung tragen und hat deshalb für die erforderlichen Vorprüfungen niedrige Prüfwerte für Größe oder Leistung festgelegt. Dabei ist hinsichtlich der allgemeinen Vorprüfung zu berücksichtigen, *inwieweit* Prüfwerte für Größe oder Leistung überschritten werden (§ 3 c Abs. 1 S. 4). Da sich nicht generell ausschließen lasse, dass kleine Anlagen, trotz ihrer geringfügigen Umweltauswirkungen, im Einzelfall ausnahmsweise auf Grund der besonderen **örtlichen Gegebenheiten** nachteilige Umweltauswirkungen verursachen könnten, wird die Durchführung einer UVP auch für solche Fälle offengehalten und teilweise eine *standortbezogene* Vorprüfung vorgeschrieben. Insoweit wird lediglich durch untere Prüfwerte für die Größe oder Leistung im Sinne von Bagatellwerten die UVP generalisierend ausgeschlossen.

1.2 Gesetzesgeschichte

1.2.1 Vorgaben der UVP-Änderungsrichtlinie

5   Die **UVP-ÄndRL** hat das zurückliegende System der Aufteilung der Projekte in die Anhänge I und II nicht grundsätzlich verändert. Die Unterscheidung in Projekte gem. Art. 4 Abs. 1 und Abs. 2 ist aufrecht erhalten geblieben. Die im Anhang I enumerativ aufgeführten Projekte, auf die Art. 4 Abs. 1 verweist, sind auch nach der neuen Rechtslage solche, die zwingend der UVP nach den Art. 5 bis 10 unterzogen werden müssen. Für die zweite Kategorie der Projekte gem. **Anhang II** sind die Anforderungen an die mitgliedstaatlichen Vorgaben aber **stringenter** gefasst worden. Während es nach der UVP-RL darauf ankam, ob die Merkmale gem. Anhang II »nach Auffassung der Mitgliedstaaten« die Prüfung gem. den Art. 5 bis 10 erforderten, verweist die UVP-ÄndRL konkretisierend auf die alternative oder kumulative Möglichkeit der Feststellung

Anwendungsbereich § 3

der UVP-Pflicht an Hand einer *Einzelfalluntersuchung* oder festzulegender *Schwellenwerte* bzw. *Kriterien*. Diese Auswahlkriterien bleiben aber den Mitgliedstaaten nicht überlassen, sondern sind im Anhang III verankert im Sinnes eines Grobrasters (Merkmale und Standortaspekte der Projekte sowie Merkmale für die Umweltauswirkungen).

Nach Verabschiedung der UVP-ÄndRL hat der **EuGH** mit Urteil vom 21.09.1999[2] entschieden, dass die Feststellung der UVP-Pflicht in dem betreffenden Fall (Torfabbau) nicht ausschließlich durch die Festsetzung von Schwellenwerten erfolgen dürfe, vielmehr neben der Größe von Projekten, zusätzlich auch ihre Art und ihr Standort zu berücksichtigen seien. Das Gericht nimmt dabei auf den – durch die UVP-ÄndRL unveränderten – Artikel 2 Abs. 1 der UVP-RL Bezug, in dem hinsichtlich der von den Mitgliedstaaten zu treffenden Maßnahmen u.a. auch auf die Umweltauswirkungen bezüglich des *Standortes* des Projektes Bezug genommen wird. Wie auch seitens der Bundesregierung[3] festgestellt wird, sind die Mitgliedstaaten nach diesem EuGH-Urteil in ihrem durch Artikel 4 Abs. 2 der UVP-ÄndRL eingeräumten **Ermessen eingeschränkt**. Es muss sichergestellt sein, dass immer dann, wenn auf Grund von Art, Größe oder Standort eines Vorhabens mit erheblichen Umweltauswirkungen zu rechnen ist, eine UVP stattfindet. Das Urteil erforderte folglich eine Abkehr vom bisherigen Konzept einheitlicher Schwellenwerte, da die Schwellenwerte vernünftigerweise nicht so niedrig festgesetzt werden konnten, dass allen denkbaren Standortgegebenheiten, insbesondere besonders empfindlichen ökologischen Gebieten, Rechnung getragen würde. Außerdem war das Urteil des **EuGH** vom 22.10.1998[4] zu beachten, mit dem ein Verstoß der Bundesrepublik Deutschland gegen Art. 2 Abs. 1 und 4 Abs. 2 der UVP-ÄndRL festgestellt wurde, indem die UVP-Pflicht nicht für alle Projekte vorgesehen war, die nach diesen Vorgaben einer solchen Prüfung zu unterziehen sind und ganze Klassen der in Anhang II der UVP-ÄndRL aufgeführten Projekte von vornherein ausgenommen wurden.

Die Bundesregierung sah sich zur Regelung der UVP-Pflicht von Projekten gem. **Anhang II** vor zwei Alternativen gestellt: Zum einen wäre die Festsetzung von differenzierten Schwellenwerten denkbar gewesen, d.h. neben allgemeinen Schwellenwerten, die auf die Größe oder Leistung einer Vorhabensart abstellen, eine Festsetzung von besonderen Schwellenwerten, die vor allem mögliche standortbezogene Besonderheiten von Vorhabensarten berücksichtigten. Die gesetzliche Festsetzung derartiger differenzierter Schwellenwerte hätte jedoch einen erheblichen Regelungsumfang und Anwendungsprobleme zur Folge gehabt. Um diese Nachteile zu vermeiden, hat sich die Bundesregierung für die Variante der Vorprüfung des Einzelfalls entschieden.

1.3 Allgemeines zu § 3

1.3.1 Regelungsgegenstand

Gem. § 3 Abs. 1 Satz 1 **gilt das Gesetz** für die in der **Anlage 1** aufgeführten **Vorhaben**. Maßgeblich sind somit die Vorhabensbeschreibungen dieser Anlage. Das dem zugrunde

6

---

2 Rs. C-392/96 – Kommission der EG gegen Irland, E 1999, I-5901.
3 BT-Drs. 14/4599, S. 96.
4 V. 22.10.1998 – Rs. C-301/95 – Kommission der EG gegen Bundesrepublik Deutschland, E 1998, I-6154.

§ 3 Anwendungsbereich

liegende Enumerationsprinzip wird aufgeweicht, soweit in Spalte 2 vorhaben- bzw. standortbezogene *Einzelfallprüfungen* vorgesehen sind. Als Vorhaben mit UVP kommen insbesondere Planfeststellungs- und Genehmigungsverfahren in Betracht. Außerdem kann die UVP bereits im Verfahren der Aufstellung von Bebauungsplänen durchzuführen sein (vgl. § 17). Die Beschreibung der UVP-pflichtigen Vorhaben erfolgt primär im Interesse der Rechtsharmonisierung durch Anlehnung an die Rechtsbegriffe des Fachrechts. Bei den Projektbeschreibungen der Anlagen I und II der UVP-ÄndRL handelt es sich zumeist um allgemeine Begriffe. Durch die Umsetzung in der Anlage 1 zum UVPG erfolgt eine erhebliche Begriffsverfeinerung gegenüber der europarechtlichen Terminologie. Ist z.B. gem. Anhang I Ziffer 2. der UVP-ÄndRL von »Wärmekraftwerken und anderen Verbrennungsanlagen mit einer Wärmeleistung von mindestens 300 MW« die Rede, so enthält Nr. 1.1 der Anlage 1 zum UVPG nicht nur den Schlüsselbegriff »Errichtung und Betrieb« der Anlage, sondern beschreibt im Einzelnen die Zwecke der Erzeugung von »Strom, Dampf, Warmwasser, Prozesswärme oder erhitztem Abgas« unter gleichzeitiger Benennung der Verbrennungseinrichtungen, nämlich »Kraftwerk, Heizkraftwerk, Heizwerk, Gasturbine, Verbrennungsmotoranlage, sonstige Feuerungsanlage«.

1.3.2 Gesetzesgeschichte

7 Durch die Ergänzung des § 3 um die §§ 3a–3f wird eine Auffächerung der darauf bezogenen Erläuterungen ermöglicht (s. nachfolgend zu den einzelnen Vorschriften). In der Begründung zum Gesetzesentwurf[5] wird bzgl. § 3 darauf hingewiesen, dass es sich bei der Neufassung des Abs. 1 Satz 1 um eine Änderung handele, die sich aus der **Abgrenzung** gegenüber den **neuen §§ 3a–3f** ergebe. Während früher geregelt war »Der UVP unterliegen Vorhaben …«, wird nunmehr auf den *Anwendungsbereich* des Gesetzes abgestellt. Auf diese Weise – so die Gesetzesbegründung – werde in § 3 klargestellt, welche Vorhabenarten in den Anwendungsbereich des Gesetzes fallen, wohingegen die §§ 3a–3f regelten, für welche konkreten Vorhaben, die *ihrer Art nach* in den Anwendungsbereich des Gesetzes fallen, die Verpflichtung zur Durchführung einer UVP besteht. Dies schließe ein, dass auf Grund der in § 3a vorgesehenen Vorprüfung des Einzelfalls ein konkretes Vorhaben, das seiner Art nach in den Anwendungsbereich des Gesetzes falle, ggf. auch nicht UVP-pflichtig sein könne.

2 Anwendung des Gesetzes auf Vorhaben gem. Anlage 1 (Abs. 1 S. 1)

2.1 Anlagenkatalog

8 Der umfangreiche Katalog von Vorhaben bezieht sich vor allem auf das Gesamtspektrum der Planfeststellungs- und Genehmigungsverfahren mit Öffentlichkeitsbeteiligung. Den Schwerpunkt bilden die nach dem **Immissionsschutzrecht** förmlich genehmigungsbedürftigen Anlagen. Diese stellen – nach wie vor – den praktisch bedeutsamsten Anwendungsbereich des UVPG dar. Der Katalog der Vorhaben ist in 19 Gruppen mit zahlreichen Unterkategorien eingeteilt.

---

5 BT-Drs. 14/4599, S. 93.

Anwendungsbereich § 3

2.2 Änderungskompetenz der Bundesregierung (Abs. 1 S. 2 bis 5)

2.2.1 Kompetenzregelung (Abs. 1 S. 2)

Die dem Anwendungsbereich des UVPG gem. Anlage 1 unterliegenden Vorhaben können kraft gesetzlicher Ermächtigung gem. § 3 Abs. 1 S. 1 von der Bundesregierung im **Verordnungswege** durch Aufnahme neuer Vorhaben **ergänzt** oder aber auch durch Herausnahme von Vorhaben **reduziert** werden. Dabei sind gem. Abs. 1 S. 2 Ziffer 2. die Rechtsakte des Rates oder der Kommission der Europäischen Gemeinschaften zu beachten. Die damit ermöglichten Änderungen durch Rechtsverordnung der Bundesregierung erlauben ein flexibles Anpassen an neue Erkenntnisse ohne förmliches Gesetzgebungsverfahren. Der Hinweis auf die Beachtung des EG-Rechts bei Herausnahme von Vorhaben aus dem Anlagenkatalog ist klarstellender Natur.

9

2.2.2 Folgeänderung (Abs. 1 S. 3)

Abs. 1 **S. 3 ist neu** hinzugefügt worden. Er erstreckt die Verordnungsermächtigung nach Satz 2 auf die notwendigen **Folgeänderungen** in Bezugnahmen, die in den Vorschriften des UVPG enthalten sind, auf bestimmte, in der Anlage 1 aufgeführte Vorhaben. Diese Erweiterung der bisherigen Verordnungsermächtigung wurde erforderlich, da einige neugefasste Vorschriften des UVPG auf bestimmte, in der Anlage 1 aufgeführte Vorhaben Bezug nehmen (vgl. § 3 b Abs. 3 S. 4, 5, § 3 e Abs. 2).[6]

10

2.2.3 Zustimmung des Bundestages (Abs. 1 S. 4)

Abs. 1 S. 4 schreibt vor, dass die Änderungsverordnung gem. Abs. 1 S. 2 der **Zustimmung des Bundestags** bedarf. Damit liegt zwar das Änderungsverfahren nicht (als solches) beim Gesetzgeber, dieser bleibt aber Herr über den von ihm im UVPG festgestellten Katalog der UVP-pflichtigen Vorhaben. Verweigert er die Zustimmung – ganz oder teilweise –, so scheitert das Änderungsvorhaben der Bundesregierung. Die Regelung beruht auf einem Vorschlag des federführenden Bundestagsumweltausschusses, der ihn wie folgt begründet hat:

11

»Es besteht ein legitimes Interesse des Gesetzgebers, dass er sich einen entscheidenden Einfluss auf Erlass und Inhalt der Rechtsverordnung gem. § 3 UVPG vorbehält. Über die Rechtsverordnung gem. § 3 UVPG wird der Anwendungsbereich des UVPG gesteuert. Es ist verfassungsrechtlich anerkannt, dass der Gesetzgeber seine Rechtssetzungskompetenz auf die Exekutive unter dem Vorbehalt seiner Zustimmung zu einer Rechtsverordnung delegieren kann.«[7]

2.2.4 Zustimmungsfiktion (Abs. 1 S. 5)

§ 3 Abs. 1 S. 5 bestimmt, dass die **Zustimmung als erteilt gilt**, wenn der Bundestag nicht innerhalb von drei Sitzungswochen nach Eingang der Vorlage der Bundesregierung die Zustimmung verweigert hat. Die Regelung dient der Verfahrensbeschleunigung und -vereinfachung.

12

---

6 Vgl. dazu auch die Begründung des Gesetzesentwurfs, BT-Drs. 14/4599, S. 93.
7 BT-Drs. 11/5532, S. 37.

3. Vorhaben der Landesverteidigung (Abs. 2)

3.1. Gesetzesgeschichte

13 Zur **Gesetzesgeschichte** des § 3 Abs. 2 ist Folgendes festzuhalten: Der Regierungsentwurf zum UVPG in seiner Erstfassung nahm Vorhaben der Landesverteidigung uneingeschränkt von der UVP aus (dieses Gesetz gilt nicht für die Vorhaben, die der Landesverteidigung dienen). Begründet wurde dies damit, dass die Vorhaben nicht der UVP-RL unterfielen.[8] Verwiesen wurde dabei auf den – durch die UVP-ÄndRL unberührten – Artikel 1 Abs. 4 UVP-RL, der lautet: »Projekte, die zum Zwecke der nationalen Verteidigung dienen, fallen nicht unter diese Richtlinie«. Demgegenüber meinte der Bundesrat:
»Es ist kein Grund ersichtlich, Vorhaben der Landesverteidigung von der Umweltverträglichkeitsprüfung auszunehmen. Die Tatsache, dass Vorhaben, die Zwecken der nationalen Verteidigung dienen, gem. Artikel 1 Abs. 4 vom Anwendungsbereich der EG-Richtlinie ausgenommen sind, ist kein hinreichender Grund, sie generell vom Anwendungsbereich des UVP-Gesetzes auszunehmen. Zum einen ermöglicht die Richtlinie in Artikel 13 strengere Regelungen auch bezüglich des Anwendungsbereichs. Zum anderen können von Vorhaben, die der Landesverteidigung dienen, erhebliche Umweltauswirkungen ausgehen. Deshalb gilt z. B. das Bundes-Immissionsschutzgesetz grundsätzlich auch für derartige Anlagen. Aus Gründen der umweltpolitischen Sachgerechtigkeit ist es daher erforderlich, Anlagen der Landesverteidigung in die Pflicht zur Umweltverträglichkeitsprüfung einzubeziehen.«[9]
Die Bundesregierung erwiderte daraufhin:
»Der Bundesminister der Verteidigung kann in Einzelfällen für Vorhaben, die der Landesverteidigung dienen, die Anwendung dieses Gesetzes ausschließen oder Ausnahmen von den Anforderungen dieses Gesetzes zulassen, so weit dies zwingende Gründe der Verteidigung oder die Erfüllung zwischenstaatlicher Verpflichtungen erfordern. Dabei ist der Schutz vor schädlichen Umweltauswirkungen zu berücksichtigen. Sonstige Rechtsvorschriften, die das Zulassungsverfahren betreffen, bleiben unberührt.«

14 Der federführende **Umweltausschuss** des Bundestages schlug eine dieser Formulierung ähnliche Gesetzesfassung vor, die dann Gesetz wurde. Ergänzend wurde eine jährliche Unterrichtungspflicht des Bundesministers der Verteidigung gegenüber dem Bundesminister für Umwelt, Naturschutz und Reaktorsicherheit eingeführt (§ 3 Abs. 2 S. 4).

3.2 Zwei Fallvarianten für Ausschluss (Abs. 2 S. 1)

15 § 3 Abs. 2 S. 1 unterscheidet zwei Fälle, nämlich a) die Zulassung von **Ausnahmen** und b) den **Ausschluss der Anwendung** des UVPG. Über diese Fälle ist nach Richtlinien des Bundesministeriums der Verteidigung zu entscheiden, die im Einvernehmen mit dem Bundesministerium für Umwelt, Naturschutz und Reaktorsicherheit festzulegen sind. Vorausgesetzt werden

---

8   BT-Drs. 11/3919, S. 22.
9   BT-Drs. 11/3919, S. 22.

Anwendungsbereich § 3

- zwingende Gründe der Verteidigung
- oder die Erfüllung zwischenstaatlicher Verpflichtungen.

3.3 Schutz vor erheblichen nachteiligen Umweltauswirkungen (Abs. 2 S. 2)

Gem. § 3 Abs. 2 S. 2 gilt auch bei Vorhaben der Landesverteidigung, dass der **Schutz vor erheblichen nachteiligen Umweltauswirkungen zu berücksichtigen** ist. Dieser Begriff wurde aus Gründen der Ausgleichung an die Begrifflichkeit der UVP-ÄndRL (anstelle von bisher »Schutz vor schädlichen Umwelteinwirkungen«) gewählt.[10] Das Prüfungsprogramm des UVPG erfährt nur in beschränktem Umfang eine Ausnahme. Maßgeblich ist die Richtlinie des Bundesministeriums für Verteidigung.

16

3.4 Sonstige Rechtsvorschriften (Abs. 2 S. 3)

§ 3 Abs. 2 S. 3 erklärt die **sonstigen Rechtsvorschriften**, die das Zulassungsverfahren betreffen, für **anwendbar**.

17

3.5 Jährliche Unterrichtungspflicht des Bundesminister der Verteidigung (Abs. 2 S. 4)

Gem. § 3 Abs. 2. S. 4 **unterrichtet der Bundesminister der Verteidigung** jährlich über die Anwendung des Abs. 2. Diese Berichte sehen in Form von Auflistungen eine Beschreibung der Fälle vor, in denen Ausnahmen von den Anforderungen des UVPG oder ein Anschluss der Anwendung des UVPG erfolgen

18

---

10 Vgl. die Gesetzesbegründung BT-Drs. 14/4599, S. 94 (Nr. 46).

§ 3a Feststellung der UVP-Pflicht

Die zuständige Behörde stellt auf Antrag des Trägers eines Vorhabens oder anlässlich eines Ersuchens nach § 5, andernfalls nach Beginn des Verfahrens, das der Entscheidung über die Zulässigkeit des Vorhabens dient, auf der Grundlage geeigneter Angaben zum Vorhaben sowie eigener Informationen unverzüglich fest, ob nach den §§ 3b bis 3f für das Vorhaben eine Verpflichtung zur Durchführung einer Umweltverträglichkeitsprüfung besteht. Diese Feststellung ist, sofern eine Vorprüfung des Einzelfalls nach § 3c vorgenommen worden ist, der Öffentlichkeit nach den Bestimmungen des Umweltinformationsgesetzes zugänglich zu machen, soll eine Umweltverträglichkeitsprüfung unterbleiben, ist dies bekannt zu geben. Die Feststellung ist nicht selbstständig anfechtbar.

Übersicht

		Rn.			Rn.
1	Allgemeines	1	2.3	Bekanntgabe des Unterbleibens der UVP (Satz 2, 2. Halbsatz)	7
2	Regelung im Einzelnen	2			
2.1	Behördliche Feststellung der UVP-Pflicht (Abs. 1 Satz 1)	2	2.4	Keine selbstständige Anfechtbarkeit (Satz 3)	8
2.2	Zugänglichmachung der Öffentlichkeit (Satz 2, 1. Halbsatz)	6			

1 Allgemeines

1 Abs. 1 Satz 1 regelt die behördliche **Verpflichtung zur feststellenden Entscheidung** über die UVP-Pflicht. Die Vorschrift beruht auf dem neuen gesetzlichen Konzept der §§ 3, 3a–3f (s. o. zu §§ 3, 3a–3f). § 3c normiert die Voraussetzungen für die Ermittlung der »UVP-Pflicht im Einzelfall« und § 3a die verfahrensbezogenen Einzelheiten der behördlichen Feststellung.

2 Regelung im Einzelnen

2.1 Behördliche Feststellung der UVP-Pflicht (Abs. 1 Satz 1)

2 Die Behörde hat auch bei den Vorhaben *ohne* Vorprüfung des Einzelfalls eine **inzidente Entscheidung** über die UVP-Pflicht zu treffen.[1] Dabei handelt es sich um die – bereits nach altem Recht erforderliche – **Zuordnung** des beantragten Vorhabens zu den typisierenden Beschreibungen der Anlage 1. Die Notwendigkeit der behördlichen Feststellung der UVP-Pflicht besteht insoweit aus Klarstellungsgründen. Anderenfalls wäre der Vorhabenträger im Hinblick auf die weiteren erforderlichen Verfahrensschritte u. U. nicht handlungsfähig.[2]

3 Die Feststellung erfolgt **auf Antrag** des Trägers eines Vorhabens oder anlässlich eines **Ersuchens nach § 5**, anderenfalls **nach Beginn des Verfahrens**, das der Entscheidung

---

[1] Vgl. Gesetzesbegründung BT-Drs. 14/4599, S. 94.
[2] *Feldmann*, DVBl. 2001, 589, 593, erinnert an »zahlreiche Problemfälle in der Vergangenheit«.

über die Zulässigkeit des Vorhabens dient. Der erste Fall (gesonderter Antrag) regelt die *isolierte* feststellende Entscheidung außerhalb des Scoping-Verfahrens (§ 5) und vor Beginn des Zulassungsverfahrens. Anderenfalls wäre nämlich die Beschreibung von drei Varianten, die im Übrigen die Einleitung des Scoping-Verfahrens bzw. Zulassungsverfahren betreffen, nicht verständlich. Die Fallkonstellation wird sein, dass es dem Antragsteller zunächst nur darum geht, die UVP-Pflicht oder aber das Fehlen dieser Pflicht festzustellen, ohne bereits die weitergehenden geeigneten Angaben zum Vorhaben gem. § 5 treffen zu müssen.

Sowohl § 3 a als auch § 5 verlangen »**geeignete Angaben zum Vorhaben**«, ohne dass diesbezüglich Übereinstimmung besteht. § 3 a erfordert *weniger* umfangreiche Unterlagen zum Vorhaben, nämlich (nur) insoweit, als der Behörde die Feststellung der UVP-Pflicht im Einzelfall ermöglicht werden muss. Bei dieser Feststellung geht es insbesondere um die jeweils *relevanten Faktoren* der allgemeinen oder aber standortbezogenen Vorprüfung nach Maßgabe der Kriterien der Anlage 2. Soweit derartige Einzelfallumstände keine Rolle spielen, also bei Vorhaben, die in die Kategorien gem. Anlage 1 Spalte 1 fallen, stehen die näheren Charakteristika der Anlage oder des Standortes – bei der inzidenten Feststellung der Behörde (s.o. Rn. 2) – nicht zur Bewertung an. Relevant ist hier allein der – regelmäßig einfache – Vergleich mit der generalisierenden Beschreibung des Anlagentyps (z.B. »Kraftwerk«), sowohl im Sinne der technischen Beschreibung, als auch hinsichtlich des etwaigen Überschreitens des maßgeblichen Schwellenwertes (z.B. 300 MW). Bei den beiden (unselbstständigen) Fallvarianten der behördlichen Feststellung, anlässlich eines Ersuchens gem. § 5 bzw. nach Beginn des Zulassungsverfahrens, versteht sich die Notwendigkeit vorheriger Feststellung der UVP-Pflicht von selbst: Bei negativer Feststellung würde das Antragsinteresse entfallen. Im Zulassungsverfahren ist die Durchführung der UVP von *verfahrensprägender* Bedeutung. 4

Die behördliche Feststellung hat **unverzüglich** zu erfolgen. Diese Maßgabe entspricht den allgemeinen gesetzgeberischen Beschleunigungsanliegen nach verschiedenen darauf bezogenen Verfahrensnormen (z.B. § 10 Abs. 6a BImSchG, § 71a ff. VwVfG).[3] Nach Meinung der Bundesratsausschüsse (u.a. für Umwelt) wird die UVP damit weiter aufgewertet. Diese Verpflichtung bestehe auch nicht mit Blick auf die UVP-ÄndRL.[4] 5

2.2 Zugänglichmachung der Öffentlichkeit (Satz 2, 1. Halbsatz)

Die Feststellung der UVP-Pflicht ist dann der **Öffentlichkeit zugänglich** zu machen, **wenn** eine Vorprüfung des Einzelfalls gem. § 3c vorgenommen worden ist. Die Regelung setzt die Vorgabe gem. Artikel 4 Abs. 4 UVP-ÄndRL insoweit in ausreichendem Maß um, als die gem. Abs. 2 (Projekte des Anhangs II) getroffenen *Vorprüfungsentscheidungen* der zuständigen Behörde der Öffentlichkeit zugänglich zu machen sind. Erfasst sind somit nicht die Projekte gem. Anhang I der UVP-RL. § 3 a Satz 2, 1. Halbsatz erklärt die Bestimmungen des UIG für maßgeblich. In der Gesetzesbegründung wird auf § 4 UIG verwiesen, dessen Möglichkeiten ausreichen würden.[5] § 4 UIG normiert einen Jedermann-Anspruch auf freien Zugang zu Informationen über die Umwelt bei einer Behörde. 6

---

3 Vgl. zur Beschleunigungsabsicht auch die Gesetzesbegründung, BT-Drs. 14/4599, S. 94.
4 Vgl. BR-Drs. 674/1/00, S. 11 (Nr. 10).
5 Vgl. BT-Drs. 14/4599, S. 94.

§ 3 a Feststellung der UVP-Pflicht

Gem. § 4 Abs. 1 S. 2 UIG ist es der Behörde überlassen, auf Antrag Auskunft zu erteilen, Akteneinsicht zu gewähren oder Informationsträger in sonstiger Weise zur Verfügung zu stellen.

2.3 Bekanntgabe des Unterbleibens der UVP (Satz 2, 2. Halbsatz)

7   Die Gesetzesfassung beruht auf einem Beschluss des Bundestags-Umweltausschusses, der – entgegen dem Gesetzesentwurf – hinsichtlich der Varianten der *positiven* oder *negativen* Entscheidung eine **differenzierende Regelung** getroffen hat.[6] Zur Begründung hat der Ausschuss auf Basis der Änderungsempfehlungen der Ausschüsse des Bundesrates[7] darauf hingewiesen, dass die Feststellung, ob eine UVP durchzuführen ist, keine förmliche Entscheidung der zuständigen Behörde i.S.d. § 35 S. 1 VwVfG sei. Deshalb sei zur Klarstellung, wie vorgeschlagen, zu formulieren. Die UVP-RL i.d. Fassung der Änderungsrichtlinie verlange nur bei Projekten nach Art. 4 Abs. 2 i.V.m. Anhang II die der Öffentlichkeit zugänglich zu machende Feststellung über die UVP-Pflicht. Im Falle abstrakt festgelegter Schwellenwerte oder Kriterien (Art. 4 Abs. 2 S. 1 b der UVP-RL) sei diese Pflicht durch Veröffentlichung der entsprechenden gesetzlichen Regelung erfüllt. Eine **einzelfallbezogene Bekanntgabe** der Feststellung der UVP-Pflicht bedürfe es nur in den Fällen, in denen eine allgemeine oder standortbezogene *Vorprüfung des Einzelfalles* (Art. 4 Abs. 2 S. 1 a der UVP-ÄndRL) zu dem Ergebnis geführt hat, dass **keine** UVP durchzuführen ist. Habe die Vorprüfung ergeben, dass eine UVP durchzuführen ist, sei eine gesonderte Bekanntgabe nicht erforderlich, weil die Öffentlichkeit im weiteren Vorgang des Verfahrens nach § 9 UVPG über dieses Ergebnis ohnehin unterrichtet werde.

Im Gegensatz zum Terminus »zugänglich zu machen« gem. Satz 2, 1. Halbsatz, bedarf es hinsichtlich der Entscheidung des **Unterbleibens** der UVP der **Bekanntgabe**. Dies bedeutet, dass eine (aktive) Veröffentlichung vorzunehmen ist. Art und Weise der Bekanntmachung richtet sich nach Landesrecht. Soweit ein Vergleich mit § 10 Abs. 3 BImSchG angestellt wird, so regelt dieser eine darüber hinausgehende Art der Veröffentlichung. Allerdings kann bei immissionsschutzrechtlichen Genehmigungsverfahren die Veröffentlichung gem. § 3 a Satz 2, 2. Halbsatz UVP mit der öffentlichen Bekanntgabe gem. § 10 Abs. 3 BImSchG verbunden werden.

Klärungsbedürftig kann sein, ob überhaupt eine Entscheidung i.S.d. § 3 a Satz 2, 2. Halbsatz vorliegt. Dies wird man nur dann bejahen können, wenn die behördliche Aussage einen **abschließenden Charakter** haben soll. Entschließt sich der Antragsteller auf Grund der Vorberatung z. B. keinen Antrag einzureichen oder einen modifizierten Antrag, so liegt noch keine derartige Entscheidung vor, die zu veröffentlichen wäre. Der behördlichen Aussage kommt ein abschließender Charakter jedenfalls dann zu, wenn ein vollständiger Genehmigungsantrag eingereicht wurde. U.U. kann der Antragsteller auch ein Interesse dahingehend verfolgen, dass der Entscheidung abschließender Charakter zukommen und die Veröffentlichung erfolgen soll. Einem solchen berechtigten Interesse wird die Behörde im allgemeinen entsprechen können.

---

6   Vgl. BT-Drs. 14/5750, S. 6. Im Gesetzesentwurf war folgende Formulierung vorgesehen: »Diese Entscheidung ist der Öffentlichkeit zugänglich zu machen«.
7   BT-Drs. 674/1/00, Nr. 10 und 11.

Feststellung der UVP-Pflicht § 3 a

Sie wird in diesem Fall allerdings ggf. um die Abgabe einer Kostenübernahmeerklärung durch den Antragsteller nachsuchen.

2.4 Keine selbstständige Anfechtbarkeit (Satz 3)

Die Feststellung über die UVP-Pflicht nach Durchführung einer Vorprüfung des Einzelfalles nach § 3 c ist **nicht selbstständig anfechtbar.** In der Begründung zum Gesetzesentwurf wird insoweit auf § 44 a Satz 1 VwGO hingewiesen.[8] Danach sind Rechtsbehelfe gegen behördliche Verfahrenshandlungen nur gleichzeitig mit den gegen die Sachentscheidung zulässigen Rechtsbehelfen möglich. Um eine solche unselbständige Verfahrensentscheidung (§ 44 a Satz 1) handelt es sich bei § 3 a. Es wird keine Anspruch verfolgt, dem selbständige Bedeutung zukommen könnte. Die UVP ist unselbstständiger Teil von Zulassungsverfahren.

8

---

[8] BT-Drs. 14/4599 S. 94.

§ 3b UVP-Pflicht auf Grund Art, Größe und Leistung der Vorhaben

(1) Die Verpflichtung zur Durchführung einer Umweltverträglichkeitsprüfung besteht für ein in der Anlage 1 aufgeführtes Vorhaben, wenn die zur Bestimmung seiner Art genannten Merkmale vorliegen. Sofern Größen- oder Leistungswerte angegeben sind, ist eine Umweltverträglichkeitsprüfung durchzuführen, wenn die Werte erreicht oder überschritten werden.

(2) Die Verpflichtung zur Durchführung einer Umweltverträglichkeitsprüfung besteht auch, wenn mehrere Vorhaben derselben Art, die gleichzeitig von demselben oder mehreren Trägern verwirklicht werden sollen und in einem engen Zusammenhang stehen (kumulierende Vorhaben), zusammen die maßgeblichen Größen- oder Leistungswerte erreichen oder überschreiten. Ein enger Zusammenhang ist gegeben, wenn diese Vorhaben
1. als technische oder sonstige Anlagen auf demselben Betriebs- oder Baugelände liegen und mit gemeinsamen betrieblichen oder baulichen Einrichtungen verbunden sind oder
2. als sonstige in Natur und Landschaft eingreifende Maßnahmen in einem engen räumlichen Zusammenhang stehen

und wenn sie einem vergleichbaren Zweck dienen. Die Sätze 1 und 2 gelten nur für Vorhaben, die für sich jeweils die Werte für die standortbezogene Vorprüfung oder, soweit eine solche nicht vorgesehen ist, die Werte für die allgemeine Vorprüfung nach Anlage 1 Spalte 2 erreichen oder überschreiten.

(3) Wird der maßgebende Größen- oder Leistungswert durch die Änderung oder Erweiterung eines bestehenden, bisher nicht UVP-pflichtigen Vorhabens erstmals erreicht oder überschritten, ist für die Änderung oder Erweiterung eine Umweltverträglichkeitsprüfung unter Berücksichtigung der Umweltauswirkungen des bestehenden, bisher nicht UVP-pflichtigen Vorhabens durchzuführen. Bestehende Vorhaben sind auch kumulierende Vorhaben im Sinne des Absatzes 2 Satz 1. Der in den jeweiligen Anwendungsbereich der Richtlinie 85/337/EWG und 97/11/EG fallende, aber vor Ablauf der jeweiligen Umsetzungsfristen erreichte Bestand bleibt hinsichtlich des Erreichens oder Überschreitens der Größen- oder Leistungswerte unberücksichtigt. Die Sätze 1 bis 3 gelten nicht für die in der Anlage 1 Nr. 18.5, 18.7 und 18.8 aufgeführten Industriezonen und Städtebauprojekte. Satz 1 gilt für die in der Anlage 1 Nr. 14.4 und 14.5 aufgeführten Vorhaben mit der Maßgabe, dass neben einem engen räumlichen Zusammenhang auch ein enger zeitlicher Zusammenhang besteht.

Übersicht		Rn.			Rn.
1	Allgemeines	1	4.1.1	Vorgaben der UVP-Richtlinie	7
2	Gesetzesgeschichte	2	4.1.2	Innerstaatliche Entstehung	8
3	UVP-Pflicht auf Grund Art, Größe und Leistung der Vorhaben (Abs. 1)	3	4.2	Grundtatbestand der kumulierenden Vorhaben (Abs. 2 S. 1)	10
3.1	UVP-Pflicht nach Maßgabe der Anlage 1 (Abs. 1 Satz 1)	4	4.2.1.	Vorhaben derselben Art	12
			4.2.2	Gleichzeitige Verwirklichung	15
3.2	Maßstab der Größen- oder Leistungswerte (Abs. 1 S. 2)	5	4.2.3	Mehrere Träger des Vorhabens	16
			4.3	Enger Zusammenhang (Abs. 2 S. 2)	19
4	Kumulierende Vorhaben (Abs. 2)	6	4.4	Kumulation nur bei Erreichen der Abschneidewerte (Abs. 2 S. 3)	21
4.1	Gesetzesgeschichte	7			

5	Hineinwachsen in die UVP-Pflicht (Abs. 3)	22	5.4	Einbeziehung der kumulativen Vorhaben (Abs. 3 S. 2)	28
5.1	Allgemeines	22	5.5	Bestandsschutz (Abs. 3 S. 3)	29
5.2	Vorgaben der UVP-Änderungsrichtlinie	23	5.6	Ausnahmen für Industriezonen und Städtebauprojekte	30
5.3	Änderung oder Erweiterung eines bestehenden, bisher nicht UVP-pflichtigen Vorhabens (Abs. 3 S. 1)	25	5.7	Einschränkungen für den Bau von Bundesstraßen (Abs. 3 S. 5)	31

1 Allgemeines

§ 3 b regelt die UVP-Pflicht nach Maßgabe der **abstrakten Kriterien** gem. **Anlage 1**, d. h. entsprechend den dort verankerten *technischen Beschreibungen* und *Wertfestlegungen*. Damit bildet der § 3 b das Gegenstück zu § 3 c, der die Feststellung der UVP-Pflicht im Einzelfall betrifft. Ergänzend enthält § 3 b in seinen Absätzen 2 und 3 Sonderregelungen bezüglich so genannter kumulierender Vorhaben (Abs. 2) und des Hineinwachsens in die UVP-Pflicht (Abs. 3). In beiden Fällen geht es gleichermaßen um die jeweiligen Maßstäbe der Größen- oder Leistungswerte, wie sie im § 3 b Abs. 1 definiert werden.

2 Gesetzesgeschichte

Auf die **Entstehungsgeschichte** wird im Einzelnen, da dort vorrangig relevant, im Zusammenhang mit den Sondertatbeständen der Absätze 2 und 3 eingegangen. Im Gesetzgebungsverfahren ist der Abs. 1 der Vorschrift unverändert geblieben. Dagegen hat es bezüglich der kumulierenden Vorhaben gem. Abs. 2 eine umfangreiche Diskussion in den Ausschüssen der Gesetzgebungskörperschaften gegeben. Aufgrund der Beschlüsse des Bundestags-Umweltausschusses sind u. a. Abs. 2 S. 1 geändert und Abs. 2 S. 3 ergänzt worden.

3 UVP-Pflicht auf Grund Art, Größe und Leistung der Vorhaben (Abs. 1)

Die Regelung gem. Absatz 1 enthält im Satz 1 die maßgebliche Aussage einer **Orientierung** der UVP-Pflicht an der **Anlage 1**. Satz 2 ergänzt diese *Basisnorm*.

3.1 UVP-Pflicht nach Maßgabe der Anlage 1 (Abs. 1 Satz 1)

Die grundlegende Aussage gem. Abs. 1 Satz 1 enthält die allgemeine Vorgabe, wohingegen der konkrete UVP-Tatbestand dem **Katalog der Anlage 1** zu entnehmen ist. Die Verpflichtung zur Durchführung einer UVP besteht hinsichtlich der in Anlage 1 aufgeführten Vorhaben, wenn die zur Bestimmung seiner Art genannten **Merkmale** vorliegen. Nach der Gesetzesbegründung steht diese Neuregelung im Zusammenhang damit, dass die UVP-Pflicht der in der Anlage 1 aufgeführten Vorhaben grundsätzlich nicht mehr an das formale Kriterium eines bestimmten Zulassungsverfahrens anknüpft, sondern an *sachliche* Merkmale eines Vorhabens. Vor dem Hintergrund zahlreicher Beschwerde-, Vorlage- und Vertragsverletzungsverfahren sowie im Hinblick auf den erheblich ausgeweiteten Anwendungsbereich der UVP sei die Steuerungswirksamkeit

§ 3 b *UVP-Pflicht auf Grund Art, Größe und Leistung der Vorhaben*

der formalen Anknüpfung an die in verschiedenen Fachgesetzen geregelten Zulassungsverfahren nicht mehr ausreichend.

Unter »Vorhaben« sind die in Anlage 1 beschriebenen Tatbestände zu verstehen, wobei Gruppen und Unterkategorien auseinander gehalten werden können. Z. B. kann es sich bei einer »Anlage zur Erzeugung von Strom ...« gem. Nr. 1.1 um ein Kraftwerk oder ein Heizkraftwerk handeln. Die zur Bestimmung der *Art des Vorhabens* maßgeblichen Merkmale i. S. d. Abs. 1 Satz 1 sind die **technischen Charakteristika** des Anlagenkatalogs und seiner Tatbestände. Merkmale sind in dem vorgenannten Fall also die prägenden Bestandteile von Anlagen zur Erzeugung von Strom, technisches Kennzeichen der Unterkategorie des Kraftwerks ist die (bloße) Stromerzeugung (ohne Wärmeauskopplung). Die Art des Vorhabens wird auch dadurch bestimmt, dass es sich etwa um eine *»Anlage«* handelt, erkennbar durch die Umschreibung »Errichtung und Betrieb« und nicht um den Bau einer sonstigen Anlage, gekennzeichnet durch »*Bau*«, oder um die Durchführung einer *sonstigen* in Natur und Landschaft eingreifenden *Maßnahme*, gekennzeichnet durch das Fehlen der vorgenannten Begriffe (Beispiel: Nr. 17. – forstliche Vorhaben). Die Terminologie des Anlagenkatalogs ist entsprechend der Vorgabe gem. § 2 Abs. 2 Ziffer 1. dreigeteilt.

3.2 Maßstab der Größen- oder Leistungswerte (Abs. 1 S. 2)

5   Abs. 1 Satz 2 erklärt die in der Anlage 1 aufgeführten **Größen- oder Leistungswerte** für maßgeblich. Da diese Aussage etwas Selbstverständliches beinhaltet, misst die Gesetzesbegründung dem Satz 2 vor allem klarstellenden Charakter bei. Bereits nach früherem Recht bestand die UVP-Pflicht (nur) dann, wenn die betr. Werte erreicht oder überschritten wurden.

4   Kumulierende Vorhaben (Abs. 2)

6   Der Sondertatbestand der **kumulierenden Vorhaben** ist, ungeachtet aller Anlehnungen an fachgesetzliche Definitionen,[1] *neuartig*. Er ist kompliziert gefasst und erschließt sich nur durch Heranziehen – und Auslegen – der mehreren Tatbestandselemente.

Bestimmend für kumulierende Vorhaben ist die gleichzeitige Verwirklichung mehrerer Vorhaben derselben Art. Dabei ist nach der Gesetzesregelung grundsätzlich unbeachtlich, ob diese Vorhaben von demselben oder mehreren Trägern verwirklicht werden sollen. Grundgedanke ist, dass Vorhaben mit den aufgeführten (einschränkenden) Merkmalen sich in ihren Auswirkungen ergänzen und wegen dieser Kumulation zusammen betrachtet/berücksichtigt werden sollen. Der Systematik nach enthält Satz 1 den Grundtatbestand. Satz 2 beinhaltet die Definition des Tatbestandsmerkmals »enger Zusammenhang«. Satz 3 schränkt den Grundtatbestand des Satzes 1 in einer speziellen Weise ein.

---

1   § 1 Abs. 3 der 4. BImSchV.

4.1 Gesetzesgeschichte

4.1.1 Vorgaben der UVP-Richtlinie

Die UVP-ÄndRL erfaßt im **Anhang III Nr. 1., zweiter Anstrich** u. a. das Kriterium der 7
»Kumulierung mit anderen Projekten«. Artikel 4 Abs. 3 enthält dazu die Vorgabe der »Berücksichtigung« wie folgt:
»*Bei der Einzelfalluntersuchung oder der Festlegung von Schwellenwerten bzw. Kriterien im Sinne des Absatzes 2 sind die relevanten Auswahlkriterien des Anhangs III zu berücksichtigen.*«
Das Kriterium einer »Kumulierung mit anderen Projekten« steht somit im Zusammenhang mit den mitgliedstaatlichen Entscheidungen über die Auswahl der beiden Verfahrensmöglichkeiten gem. Artikel 4 Abs. 2 der UVP-ÄndRL (a)) einer **Einzelfalluntersuchung** *oder* (b)) Festlegung von **Schwellenwerten bzw. Kriterien**. Bei *beiden Varianten* ist der Aspekt der »Kumulation« gem. Anhang III zu berücksichtigen. Das Wort »oder« im Art. 4 Abs. 2 der UVP-ÄndRL darf nicht zu einem Missverständnis verleiten, denn die Mitgliedsstaaten können auch *beide* Verfahren anwenden (wie im Falle Deutschlands geschehen) auf Grund ausdrücklicher Maßgabe durch Art. 4 Abs. 2 S. 2 UVP-ÄndRL. Die Umsetzung ist zum einen durch Nr. 2. der Anlage 2 zum UVPG erfolgt (»Berücksichtigung der Kumulierung mit anderen Vorhaben in ihrem gemeinsamen Einwirkungsbereich«) und zum anderen durch § 3 b Abs. 2.

4.1.2 Innerstaatliche Entstehung

Abs. 2 hat seine jetzige Fassung auf Grund **verschiedener Änderungen** durch Beschlüsse 8
des 16. Ausschusses (Umweltausschuss) des Deutschen Bundestages erhalten. U.a. hat der Ausschuss den Begriff der »kumulierenden Vorhaben« geprägt (an Stelle von »gemeinsames Vorhaben« gem. Gesetzentwurf). Außerdem wurde der Begriffsinhalt der »kumulierenden Vorhaben« *erweitert* auf die Fälle der Verwirklichung durch *mehrere Träger*. Weiterhin hat der Ausschuss die Voraussetzung der *gleichzeitigen* Verwirklichung der »kumulierenden Vorhaben« eingefügt. Schließlich ist der Abs. 2 um den *Satz 3* – i. w. in der Gesetz gewordenen Fassung – *ergänzt* worden. Bezüglich der Einbeziehung auch von »kumulierenden Vorhaben« mehrerer Träger ist der Bundestags-Umweltausschuss dem Votum des Umweltausschuss des Bundesrates gefolgt.[2] Eine Auseinandersetzung mit den unterschiedlichen Stimmen der Bundesrats-Ausschüsse findet sich in dem Bericht nicht, vielmehr wird lediglich Folgendes vom Bundestags-Umweltausschuss ausgeführt:[3]

»*Mit der Änderung in § 3 b Abs. 1 Satz 1 wird zunächst klargestellt, dass Vorhaben gleicher Art an einem Standort kumulativ zu betrachten sein können, unabhängig davon, ob sie einem oder mehreren Vorhabenträgern zugeordnet sind. Dies gewährleistet eine vollständige Umsetzung der Vorgaben der UVP-ÄndRL und trägt der Rechtsprechung des Europäischen Gerichtshofes in angemessenem Umfang Rechnung. Die Ergänzung, wonach die kumulierenden Vorhaben »gleichzeitig verwirklicht« werden sollen, dient der Klarstellung und Abgrenzung zu dem in § 3 b Abs. 3 UVPG geregelten Tatbestand der Erweiterung. Nach § 3 b Abs. 2 Satz 3 wird die Kumulation auf Vorhaben beschränkt, die die Prüfwerte für Größe oder Leistung nach Spalte 2 der*

---

2 Empfehlungen, BR-Drs. 674/1/00, S. 15 (Nr. 14.).
3 BT-Drs. 14/5750, S. 127.

§ 3 b UVP-Pflicht auf Grund Art, Größe und Leistung der Vorhaben

Anlage 1 überschreiten (Bagatellschwelle). Hierdurch sowie durch die Folgeänderungen wird sichergestellt, dass die UVP bei kumulierenden Vorhaben im Rahmen eines geeigneten Trägerverfahrens durchgeführt wird.«

9   Der **Bundesrats-Umweltausschuss** hat seinen in die gleiche Richtung gehenden Streichungsvorschlag der Wendung »und desselben Trägers« des Gesetzentwurfs wie folgt begründet:[4]

Die Formulierung im vorliegenden Gesetzentwurf würde im Fall des Zusammentreffens mehrerer kleinerer Vorhaben (z. B. Windenergieanlagen unterschiedlicher Vorhabenträger in einem gemeinsamen Windpark) auch dann von der UVP-Pflicht ausnehmen, wenn erhebliche Auswirkungen auf die Umwelt zu erwarten wären. Das Ziel des Änderungsantrages, in Abs. 2 auf das Kriterium »desselben Trägers« zu verzichten, bedeutet nicht, das im Anlagenzulassungsrecht – grundsätzlich – bestehende Erfordernis der »Betreiber-Identität« zu beseitigen. Es geht lediglich darum, für die Schwellenwertbetrachtung eine dem § 3c Abs. 1 (standortbezogene Vorprüfung des Einzelfalles) entsprechende Vorschriften zu normieren, die bei Anlagen bzw. Vorhaben unterhalb eines Schwellenwertes die Zurechnung der Wirkung der übrigen zusammenhängenden Vorhaben derselben Art unter kumulativer Betrachtung eröffnet, und zwar sowohl im Falle simultanen Vorgehens als auch im Falle sukzessiven Vorgehens unterschiedlicher Betreiber (bzw. Träger). Im Übrigen ist darauf hinzuweisen, dass selbst die Kumulationsregel des § 1 Abs. 3 der 4. BImSchV in fast wortgleicher Fassung lediglich auf »mehrere Anlagen derselben Art« abstellt, also auf das Tatbestandsmerkmal der Betreiber-Identität (»derselbe Träger/Betreiber«) verzichtet. Auch sind in der immissionsschutzrechtlichen Literatur und Rechtsprechung Ausnahmen vom Prinzip der Betreiber-Identität bei »gemeinsamen Anlagen« bekannt (s. w. N. bei Hansmann, Komm. zur 4. BImSchV § 1 RZ 21 ff., 26). Dies ist hier nicht weiter zu vertiefen, da die Änderung eben nicht das Prinzip der Träger-Identität verlässt, sondern lediglich eine »Zurechnungs«-Regelung trifft.

Dieser Empfehlung haben mehrere Bundesrats-Ausschüsse **widersprochen**. Der Wirtschaftsausschuss hat dazu folgende Begründung gegeben:[5]

»Dem Projektträger würde unberechtigt ein Vorhaben Dritter zugerechnet, für das er keine Verantwortung trägt. Es ist auch unklar, wie der Projektträger die Planung und die Abstimmung des Projekts mit dem ihm oft unbekannten Vorhaben eines anderen Trägers gewährleisten soll. Im Übrigen verstößt die Berücksichtigung mehrerer Vorhaben unterschiedlicher Träger gegen die Legaldefinition des Artikel 1 Abs. 2 der UVP-Änderungsrichtlinie, wonach Projektträger nur die Person ist, die die Genehmigung für das Projekt beantragt.«

Der Ausschuss für Städtebau, Wohnungswesen und Raumordnung hat dem Umweltausschuss mit folgender Begründung widersprochen:[6]

»Gegenstand einer Umweltverträglichkeitsprüfung ist nach der UVP-Richtlinie jeweils ein bestimmtes »Projekt« in der deutschen, im UVPG verwendeten Terminologie ein »Vorhaben«. Die UVP-pflichtigen Vorhaben sind definiert in § 2 Abs. 3 UVPG – neu – in Verbindung mit Anlage 1 – neu –. Letztlich bestimmt das jeweils einschlägige Fachrecht, unter welchen Voraussetzungen ein Vorhaben vorliegt. Schon mehrere

---

4 BR-Drs. 674/1/00, S. 16 (Nr. 14.).
5 BR-Drs. 674/1/00, S. 16 (Nr. 14.).
6 BR-Drs. 674/1/00, S. 16 (Nr. 14.).

Aktivitäten ein und desselben Vorhabenträgers hängen entweder so eng zusammen, dass sie nach Maßgabe des Fachrechts ein Vorhaben bilden (vgl. etwa § 1 Abs. 3 der 4. BImSchV), oder aber es ist veranlasst, sie als eigenständige Vorhaben gesondert zu betrachten. Für Vorhaben verschiedener Vorhabenträger kommt hinzu, dass keine rechtliche und tatsächliche Möglichkeit gesehen wird, diese zu einer einheitlichen Umweltverträglichkeitsprüfung zusammenzufassen. Insbesondere in den Bereichen der gebundenen Entscheidung wird der Antragsgegenstand im Trägerverfahren – somit das Vorhaben – im Antrag durch den Antragsteller definiert. Der Behörde steht keine Möglichkeit offen, zwei Antragsteller zu einem gemeinsamen Antrag zu verpflichten und damit – im Sinne der Beschlussempfehlung des UA U – ein »gemeinsames Vorhaben« zur Prüfung zu stellen. Dies ist auch nicht erforderlich, um den europarechtlichen Verpflichtungen aus der UVP-Richtlinie nachzukommen. Weder nach der UVP-Richtlinie noch nach dem »Irland-Urteil« ist vorgesehen oder geboten, mehrere Vorhaben einer – gemeinsamen – Umweltverträglichkeitsprüfung zu unterziehen. Es ist vielmehr (lediglich) dafür Sorge zu tragen, dass ein Projekt nicht in mehrere, den Schwellenwert jeweils unterschreitende, »Projekte« aufgesplittert werden kann (vgl. EuGH, Urteil vom 21.09.2001 Az. C-392/96). Dem ist in der Vorlage durch Definition der Projekte in Anlage 1 und durch die Vorgabe von Kriterien für die Durchführung der Vorprüfung im Einzelfall (Anlage 2, dort insbesondere Ziffer 2« ... unter Berücksichtigung der Kumulierung mit anderen Vorhaben ...«) Rechnung getragen.«

4.2 Grundtatbestand der kumulierenden Vorhaben (Abs. 2 S. 1)

Nachfolgend werden die einzelnen Tatbestandsmerkmale des Grundtatbestandes erläutert, wobei gleichzeitig auf die vorgenannten Streitfragen einzugehen ist. Als »kumulierende Vorhaben« werden Vorhaben verstanden, die aus mehreren Teil-Vorhaben bestehen, wenn diese Vorhaben zusammen die maßgeblichen Größen- oder Leistungswerte erreichen oder überschreiten. Dies gilt aber nur für Vorhaben »**derselben Art**« (dazu nachfolgend 4.2.1), die **gleichzeitig** (dazu nachfolgend 4.2.2) von demselben oder **mehreren Trägern** (dazu nachfolgend 4.2.3) verwirklicht werden sollen und in einem engen Zusammenhang stehen. Der Begriff des »**engen Zusammenhangs**« erfährt eine *Legaldefinition* durch Abs. 2 Satz 2 (dazu nachfolgend 4.3). Ersichtlich lässt sich das Verständnis des komplexen gesetzlichen Tatbestandes nur aus einer *Gesamtschau* der mehreren Tatbestandselemente gewinnen unter gleichzeitiger Einbeziehung der Definition gem. Satz 2. Dort findet sich ein weiteres Tatbestandselement: Das Vorhaben muss »**einem vergleichbaren Zweck dienen**« (dazu nachfolgend 4.3). Wie bereits festgestellt wurde,[7] bringt diese Anhäufung unbestimmter Gesetzesbegriffe Auslegungsprobleme mit sich. Man muss eine solche Häufung von stark konkretisierungsbedürftigen Begriffen auch durchaus kritisch sehen. Dies ändert aber nichts am Klärungsbedarf für den Gesetzesvollzug. Weitergehendes gilt bezüglich der oben genannten Streitfrage zur Einbeziehung auch von Vorhaben mehrerer Träger. Insoweit könnten sich auch *Anwendungsprobleme* ergeben.

Es hat eine Diskussion der Frage stattgefunden, ob der Gesetzgeber mit dieser Regelung über die Anforderungen des **Gemeinschaftsrechts** hinausgegangen ist. Wie

---

7 *Enders/Krings*, DVBl. 2000, 1242, 1247.

§ 3 b *UVP-Pflicht auf Grund Art, Größe und Leistung der Vorhaben*

in der Begründung zum Gesetzentwurf zutreffend festgestellt wird, ist bei dieser Frage zu differenzieren. Zum einen enthält Anlage 2 Nr. 2. UVPG dazu bezüglich der allgemeinen und standortbezogenen *Vorprüfung* (»unter Berücksichtigung der Kumulierung mit anderen Vorhaben in ihrem gemeinsamen Einwirkungsbereich«) eine Regelung. Diese setzt Anhang III Nr. 1., zweiter Anstrich UVP-ÄndRL um, wo die Vorprüfung des Einzelfalles in Rede steht. Nicht erfasst wird damit der andere Sachverhalt des *Erreichens von Schwellenwerten* durch eine Kumulation von Vorhaben. Letzteres ist nach der Gesetzesbegründung Gegenstand von § 3 Abs. 2. Die UVP-ÄndRL regelt den Kumulierungsaspekt (nur) bzgl. der Projekte gem. *Anhang II der Richtlinie* und insoweit bezogen auf beide Verfahren (1) der Einzelfalluntersuchung oder (2) nach festgelegten Schwellenwerten. Die Mitgliedsstaaten können beide Wege gem. Art. 4 Abs. 2 S. 2 UVP-ÄndRL kombinieren, wie auch in Deutschland geschehen. Wird dergestalt kombiniert, kommt auch die Vorgabe gem. Anhang III Nr. 1., 2. Anstrich zur Kumulation zum Zuge, die ganz generell die »Merkmale der Projekte« erfasst. Die gleiche Aussage trifft Art. 4 Abs. 3 der UVP-ÄndRL, indem er die Berücksichtigung der Auswahlkriterien des Anhangs III vorschreibt.[8]

4.2.1. Vorhaben derselben Art

12   Wie der Gesetzesbegründung[9] zu entnehmen ist, konkretisiert Abs. 2, u. a. bzgl. des Begriffs der »Vorhaben derselben Art«, **§ 1 Abs. 3 der 4. BImSchV**. Diese Vorschrift hat folgenden Wortlaut:
»*Die im Anhang bestimmten Voraussetzungen liegen auch vor, wenn mehrere Anlagen derselben Art in einem engen räumlichen und betrieblichen Zusammenhang stehen (gemeinsame Anlagen) und zusammen die maßgebenden Leistungsgrenzen oder Anlagengrößen erreichen oder überschreiten werden. Ein enger räumlicher und betrieblicher Zusammenhang ist gegeben, wenn die Anlagen*
1. auf demselben Betriebsgelände liegen,
2. mit gemeinsamen Betriebseinrichtungen verbunden sind und
3. einem vergleichbaren technischen Zweck dienen«.

13   Wie ersichtlich, lehnt sich der Wortlaut des Abs. 2 in mehrfacher Hinsicht an diese fachgesetzliche Regelung an, ohne dass Wortlautidentität besteht. Was den Begriff »**Vorhaben** *derselben Art*« anbetrifft, so wird dieser mit dem Tatbestand »**Anlagen** *derselben Art*« zur Deckung zu bringen sein. Dies gilt jedenfalls, soweit es um die technischen Anlagen gem. § 2 Abs. 2 Nr. 1 a) geht, die das UVPG als ersten – und praktisch bedeutsamsten Fall – definiert. Für die sonstigen Anlagen und die sonstigen in Natur und Landschaft eingreifenden Maßnahmen gem. § 2 Abs. 2 Nr. 1 b) und c) ist eine gesonderte Betrachtung notwendig. Nach dem Verständnis des § 1 Abs. 3 der 4. BImSchV ist die Frage, ob Anlagen derselben Art gegeben sind, auf Grund einer Betrachtung von **Beschaffenheit und Betriebsweise** *der Anlagen selbst* und nicht des mit ihnen angestrebten weiteren Zwecks zu beantworten. Das Element der *Zweckbestimmung* ist gesondert zu betrachten (s. nachfolgend). Fachgesetzlich unterscheidet § 1 Abs. 3 der 4. BImSchV im Satz 1 zwischen dem Begriff »Anlagen derselben Art« und dem Begriff des »engen räumlichen und betrieblichen Zusammenhangs«, der wiederum

---

8   *Enders/Krings*, DVBl. 200, 1242, 1247 mit Fn. 38 veRn.einen die »europarechtliche Erforderlichkeit«.
9   BT-Drs. 14/4599, S. 94.

u. a. durch das Begriffselement des »vergleichbaren technischen Zwecks« definiert wird (§ 1 Abs. 3 S. 2 Ziffer 3.).

§ 3 b Abs. 2 differenziert in ähnlicher Weise durch die Sätze 1 und 2 zwischen diesen beiden Tatbestandsmerkmalen (»Vorhaben derselben Art« einerseits und »einem vergleichbaren Zweck dienen« andererseits). »Anlagen derselben Art« liegen dann vor, wenn eine **im Wesentlichen gleichartige Anlagentechnik** angewandt wird. Anlagen, die sich in derselben Nummer des Anhangs 1 zum UVPG befinden, sind jedenfalls »Anlagen derselben Art«. Die Voraussetzung einer »im Wesentlichen gleichartigen Anlagentechnik« kann aber u. U. auch dann bejaht werden, wenn diese Voraussetzung der gleichen Nummer des Anlagenkatalogs nicht erfüllt ist. Ebenso wie im Fachrecht Feuerungsanlagen stets als Anlagen derselben Art eingestuft werden, auch wenn unterschiedliche Brennstoffe eingesetzt werden und wenn sie damit teilweise unter Nr. 1.2 und teilweise unter Nr. 1.3 des Anhangs zur 4. BImSchV fallen,[10] so muss Ähnliches für den Vorhabenkatalog gem. Anlage 1 zum UVPG gelten.

Es soll dabei nicht einmal eine Rolle spielen, ob technisch unterschiedliche Brenner oder gar eine in wichtigen Details unterschiedliche Technik (wie z. B. bei der Wirbelschichtfeuerung) eingesetzt wird.[11] Dass alle Arten von Feuerungsanlagen als Anlagen derselben Art anzusehen sind, ergebe sich eindeutig aus der **Entstehungsgeschichte** und dem **Zweck** der Vorschrift. Damit wird auf Vorgängerregelungen der 4. BImSchV im Zuge des Erlasses der 13. BImSchV (Großfeuerungsanlagen) abgehoben.[12] Es stand damals die Befürchtung im Raum, dass die im Rahmen dieser Verordnung maßgebenden Leistungsgrenzen durch die Aufteilung der gewünschten Leistung auf mehrere kleinere Einheiten umgangen werden könnten. Der Verordnungsgeber habe deutlich machen wollen, dass es sowohl für das Genehmigungserfordernis als solches als auch für die Zuordnung zum vereinfachten oder zum förmlichen Verfahren unbeachtlich ist, ob die Emissionsmenge an einem bestimmten Standort von einer Anlage oder von mehreren (Teil-)Anlagen hervorgerufen wird.[13]

Der Gesetzeswortlaut gibt allerdings keine eindeutigen Anhaltspunkte für die Grenzziehung insoweit, als Anlagentechniken unterschiedlicher Art eingesetzt werden. Ob eine Anlage mit Wirbelschichtfeuerung gegenüber einer Feuerungsanlage mit herkömmlicher Technik eine »Anlage derselben Art« darstellt, ist vom Wortlaut her zumindest nicht eindeutig zu beantworten. Die vorstehende Ableitung des Begriffsverständnisses aus der Historie der 13. BImSchV mit der Erwägung, Umgehungen zu verhindern, erscheint recht vage. Ob sich eine in dem vorstehend beschriebenen Sinn restriktive Verwaltungspraxis durchsetzt, bleibt abzuwarten.

Keine Vorhaben (Anlagen) derselben Art liegen jedenfalls vor, wenn Feuerungsanlagen mit anderen Anlagen kumuliert werden, wie Gasturbinenanlagen (Nr. 1.5 der Anlage 1 zum UVPG). In der Praxis werden Grenzfälle vorkommen, die Unsicherheiten mit sich bringen.

---

10 Vgl. *Hansmann*, Umweltrecht, Rn. 21.
11 *Hansmann*, Umweltrecht, Rn. 21.
12 *Hansmann*, Umweltrecht, Rn. 21.
13 Vgl. dazu die Begründung zu § 1 Abs. 3 der 4. BImSchV, BR-Drs. 226/85, S. 42.

4.2.2 Gleichzeitige Verwirklichung

15 Abs. 2 Satz 1 setzt weiterhin voraus, dass die mehreren Vorhaben derselben Art **gleichzeitig** von demselben oder den mehreren Trägern verwirklicht werden sollen. Soweit ersichtlich, ist dieser Begriff der Gleichzeitigkeit, jedenfalls im Vergleich mit dem fachrechtlichen Vorbild des § 1 Abs. 3 der 4. BImSchV, ein **Novum**. Gemeint ist – zunächst allgemein umschrieben – die zeitlich *parallele Vorhabenverwirklichung*. Zur Präzisierung dieses unbestimmten Maßstabes ist allerdings Klarheit darüber zu verschaffen, was genau darunter zu verstehen ist. In der Praxis wird es kaum vorkommen, dass zwei Vorhaben zeitgleich in Gang gesetzt werden bzw. verlaufen. Da sich die förmlichen Genehmigungsverfahren durchaus über einen längeren Zeitraum erstrecken, ist insbesondere klärungsbedürftig, was geschieht, wenn das andere Vorhaben zeitlich nachfolgt, sich verzögert, mangelhaft geleitet wird etc. Das könnte ggf. gravierende verfahrensverzögernde Folgen haben. Wäre andererseits das UVP-Verfahren ohne die kumulative Betrachtung defizitär, hätte dies u. U. einen verfahrensfehlerhaften Abschluss des Zulassungsverfahrens zur Folge.[14]

Zunächst einmal muss gesehen werden, dass sowohl der Zeitpunkt der Antragstellung für ein Zulassungsverfahren als auch das Betreiben dieses Verfahrens einschließlich der Vorlage der notwendigen Unterlange grundsätzlich, zumindest in sehr weitem Umfang, in der freien Entscheidung des Antragstellers liegt. Die zuständige Behörde kann nur begrenzt einwirken und die Verfahren fördern, z. B. indem sie verfahrensdienliche Vorgaben macht oder Hinweise gibt. Von daher muss der ein zügiges Verfahren verfolgende bzw. benötigende Antragsteller vor außerhalb seiner Sphäre liegenden Verzögerungen geschützt werden. Folglich ist der Begriff der Gleichzeitigkeit in jedem Fall **eng auszulegen**. Darunter sind nur solche mehreren Verfahren zu verstehen, die in einem *engen zeitlichen Zusammenhang* beantragt und betrieben werden. Erfolgt – umgekehrt betrachtet – keine *zeitgleiche oder zeitnahe Antragstellung* der mehreren Beteiligten, fehlt es am Merkmal der »Gleichzeitigkeit«.

Die Pflicht zur Vorlage von auf die Kumulation ausgerichteten Antragsunterlagen trifft *jeden Vorhabensträger gesondert*. Es liegt zwar im Sachinteresse und dürfte auch von den Behörden angestrebt werden, dass die beteiligten mehreren Träger des Vorhabens die Unterlagen *gemeinsam erarbeiten*. Dazu können sie aber nicht gezwungen werden. Rechtlich nicht durchsetzbare Verhaltensweisen dürfen nicht unterstellt werden.

Die Erwartung einer Kooperation der Beteiligten mag in einzelnen Fällen verfehlt werden. Realistisch betrachtet dürfte die Zahl der Fälle renitenter Vorhabenträger, die sich weigern, verfahrensfördernd aktiv zu werden, aber klein sein. Eine Hilfe verspricht insbesondere eine gezielte Förderung durch die zuständige Behörde. Diese kann u. a. Fristen zur Vorlage von Unterlagen durch den etwaigen unkooperativen Beteiligten setzen. Fördert der andere Vorhabenträger sein Verfahren anschließend nicht weiter, riskiert er die Antragsablehnung. Sein Vorhaben scheidet für diesen Fall aus der kumulativen Betrachtung aus.

Sollte nach alledem ein Risiko verbleiben, stellt sich für den auf die zügige Durchführung des Verfahrens angewiesenen Vorhabenträger rein tatsächlich die Frage, ob er nicht – zur Risikominimierung – das andere kumulierende Vorhaben nach dem

---

14 Vgl. zur Unbeachtlichkeit von Verfahrensfehlen § 46 VwVfG und die einschlägige Rechtsprechung, u. a. (zur UVP) *BVerwG*, UPR 1994, 264; UPR 1993, 62.

vorhandenen Planungsstand in die Bewertung mit einbezieht. Darin kann in der Tat eine Belastung dieses Antragstellers liegen. Ob eine solche *abdeckende* kumulative Betrachtung überhaupt und mit vertretbarem Aufwand machbar ist, lässt sich nur im Einzelfall beurteilen. Den Kritikern der Novelle 2001 ist im Ergebnis darin zu folgen, dass es Probleme geben *kann*.

4.2.3 Mehrere Träger des Vorhabens

Grundsätzlich bestimmt der Antragssteller mit seinem Genehmigungsantrag den **Antragsgegenstand**, z. B. in Bezug auf ein immissionsschutzrechtlich genehmigungsbedürftiges Vorhaben. Insoweit ist *fachgesetzlich* durch § 1 Abs. 3 der 4. BImSchV *ausgeschlossen*, dass der Antragsteller durch Aufspaltung von Einzelvorhaben die maßgebliche Einteilung der Anlagen ihrer Größe nach durch den Anlagenkatalog zur 4. BImSchV umgeht. Allgemein gilt, dass die größeren/umweltrelevanten Anlagen in die Spalte 1 der Anlage zur 4. BImSchV fallen und die weniger großen Anlagen in die Spalte 2, also entweder förmlich oder im nicht-förmlichen Verfahren zu genehmigen sind. Im Falle mehrerer Anlagen derselben Art, die in einem engen räumlichen und betrieblichen Zusammenhang stehen, bestimmt § 1 Abs. 3 der 4. BImSchV, dass es sich um **eine »gemeinsame Anlage«** handelt, für die damit **einheitlich** die Über- oder Unterschreitung der maßgeblichen Leistungsgrenzen oder Anlagengrößen zu prüfen ist. Der Antragssteller ist nicht in der Lage, für die Teile einer »gemeinsamen Anlage« jeweils gesonderte Anträge zu verfolgen; vielmehr würden derartige mehrere Anträge von der Behörde als einheitlicher Antrag bewertet. Dies wirft dann keine Probleme auf, wenn die mehreren Teilanlagen nur einen Betreiber haben. Ist dies nicht der Fall, und hat auch nicht ausnahmsweise der eine Betreiber auf den anderen einen gesellschaftsrechtlich bestimmenden Einfluss,[15] wäre die Erfüllung der – untrennbar – auf die *Gesamtanlage* bezogenen Pflichten nicht sicherzustellen.[16] Die Gesamtanlage ist nämlich nach der Definition der »gemeinsamen Anlage« gem. § 1 Abs. 3 der 4. BImSchV eine Anlage, die mit *gemeinsamen Betriebseinrichtungen* verbunden ist. Auf derartige gemeinsame Einrichtungen kann nur *ein* Betreiber bestimmenden Einfluss ausüben. Aus diesem Grund wird im Falle des § 1 Abs. 3 der BImSchV im Falle *mehrerer* Betreiber das Tatbestandsmerkmal »auf demselben Betriebsgelände liegen« (§ 1 Abs. 3 S. 2 Nr. 1.) verneint.[17]

16

Die Regelung über die »kumulierenden Vorhaben« gem. Abs. 2 ist in diesem **fachgesetzlichen Zusammenhang** zu sehen. Der Gesetzgeber hat ausdrücklich auch den Fall erfasst, dass die mehreren Vorhaben von mehreren Trägern verwirklicht werden sollen. Dazu gibt es keine amtliche Begründung. Im Gesetzentwurf war dieser Fall noch nicht vorgesehen. Lediglich der Umweltausschuss des Bundesrates hat mit seinen Empfehlungen, die bei mehreren anderen Bundesratsausschüssen erheblichen Widerspruch erfahren haben, zu diesem Problem Überlegungen angestellt.[18] Über diese Ausschussempfehlungen hat das Bundesratsplenum nicht entschieden, vielmehr die Ausschussüberlegungen dem Bundestag als Materialien zur Verwendung im weiteren Gesetzgebungsverfahren zugeleitet. Der Bundestags-Umweltausschuss hat zu seinem Gesetzes-

17

---

15 Dazu *Hansmann*, Umweltrecht, Rn. 26; *BVerwG*, v. 11.2.1977, DVBl. 77, 770.
16 *Hansmann*, Umweltrecht, Rn. 26.
17 *Hansmann*, Umweltrecht, Rn. 26.
18 BR-Drs. 74/1/00, S. 15 (Nr. 14.)

vorschlag (zu Gunsten der Vorstellung des Bundesrats-Umweltausschusses) keine nähere Begründung gegeben.

Wie bereits oben (Rn. 15) dargestellt, kann es im Falle kumulierender Vorhaben und *mehrerer* Vorhabenträger **Vollzugsprobleme** geben, deren Gewicht und erst recht deren Häufigkeit aber nicht überschätzt werden sollte. Die meisten praktischen Schwierigkeiten werden sich durch eine vernünftige Handhabung in dem oben (Rn. 15) beschriebenen Sinne bewältigen lassen. Insbesondere sind kumulierende Vorhaben nur solche, bei denen die Anträge in *engem zeitlichen Zusammenhang* verfolgt werden (Tatbestandsmerkmal der Gleichzeitigkeit). Im Normalfall werden die mehreren Vorhabenträger ein Eigeninteresse daran haben, förderliche Antragsunterlagen einzureichen, d. h. solche, die auch der kumulativen Einwirkung ihres Anlagenbetriebs Rechnung tragen. Dem Streit in den Bundesrats-Ausschüssen liegt wohl eine unterschiedliche Problemsicht zugrunde: Die Befürworter erwarten eine grundsätzlich sachgerechte Erfassung auch dieses »Sonderfalls«; die Gegner sehen sozusagen den »pathologischen Fall« und befürchten Schwierigkeiten und Verzögerungen.

18 In der Literatur[19] wurde der Vorschlag einer **teleologischen Restriktion** unterbreitet. Zur Vermeidung einer uferlosen Interpretation der viel zu unbestimmt formulierten Kumulationsregelung erscheine es allein sachgerecht, diese als **Ausnahmevorschrift** anzuwenden, nämlich im Sinne eines Verbots rechtsmissbräuchlicher Aufsplittung von Projekten, wie von der EuGH-Rechtssprechung aufgezeigt (s. o. § 3 Rn. 6). Dem ist insoweit zu folgen, als namentlich der »Gleichzeitigkeits«-Begriff eine enge Auslegung erfordert.

4.3 Enger Zusammenhang (Abs. 2 S. 2)

19 »Kumulierende Vorhaben« setzen u. a. einen »**engen Zusammenhang**« voraus, der durch *Abs. 2 S. 2* **legal definiert** wird. In Anlehnung an § 1 Abs. 3 der 4. BImSchV wird dabei maßgeblich auf Aspekte des *räumlichen und betrieblichen* Zusammenhangs abgestellt. Es liegt deshalb keine Wortlautidentität vor, weil § 3 b Abs. 2 S. 2 die verschiedenen Arten von UVP-pflichtigen Vorhaben gemäß den Begriffsbestimmungen durch § 2 Abs. 2 Ziffer 1. insgesamt erfassen muss. »Kumulierende Vorhaben« können auch die *sonstigen* in Natur- und Landschaft eingreifenden Maßnahmen sein. In diesem Fall muss lediglich ein enger *räumlicher* Zusammenhang bestehen. Dies wird dann der Fall sein, wenn die Maßnahmen nebeneinander, ohne Unterbrechung durch andere Bodennutzungen relevanten Umfangs, verwirklicht werden. Hinsichtlich der Tatbestandsmerkmale gem. Ziffer 1. »*auf demselben Betriebsgelände*« und »*mit gemeinsamen betrieblichen Einrichtungen verbunden*« kann auf die Kommentierungen zu § 1 Abs. 3 der 4. BImSchV zurückgegriffen werden.[20] Dem Betriebsgelände wird nach der Verkehrsanschauung noch das angrenzende Gelände, wie Zufahrtswege, Begrünung, Abstellflächen etc. zugerechnet. Letztlich kommt es auf eine *Gesamtbeurteilung* aller Umstände an. Gemeinsame Betriebseinrichtungen sind Anlagenteile, Maschinen, Geräte und sonstige technische Vorkehrungen, die für den technischen Betrieb der Anlage Bedeutung haben. Nicht dazu rechnen Verwaltungsgebäude, Kantinen oder sonstige Sozialräume. Beispielsfälle sind Transportbänder, Rohrleitungen, Läger für Roh- oder Brennstoffe,

---

19 *Enders/Krings*, DVBl. 2001, 1242, 1248.
20 Vgl. m. Nachw. *Hansmann* Umweltrecht, Rn. 25, 27.

UVP-Pflicht auf Grund Art, Größe und Leistung der Vorhaben **§ 3 b**

Abgasreinigungseinrichtungen für mehrere (Teil-)Anlagen und die gemeinsame Reststoffaufbereitung im Zusammenhang mit dem Anlagenbetrieb.

Ein »enger Zusammenhang« ist nach der weiteren gesetzlichen Einschränkung gem. Absatz 2 Satz 2 («... und wenn sie ...«) nur dann gegeben, wenn die mehreren »kumulierenden Vorhaben« »einem **vergleichbaren Zweck** dienen«. Dieses Tatbestandsmerkmal findet sich – fast wortlautidentisch – ebenfalls im § 1 Abs. 3 der 4. BImSchV (vgl. Satz 2 Ziffer 3.: »einem vergleichbaren technischen Zweck dienen«). Das Weglassen des Wortes »technischen« im UVPG ist damit zu begründen, dass nicht nur technische Anlagen erfasst werden. Man kann somit von einem *gleichen Begriffsinhalt* bzgl. der technischen Anlagen ausgehen und damit ebenfalls auf die Kommentierungen zur 4. BImSchV zurückgreifen.[21] Zu fragen ist, welchen Zielen der Betrieb der Anlage dient.[22] Dabei ist nicht auf die wirtschaftlichen Ziele des Betreibers, sondern auf den in technischer Hinsicht angestrebten Erfolg (z.B. Energieumwandlung, Herstellung bestimmter Stoffe, Lagerung von Stoffen) abzustellen. Ein Zusammenwirken der einzelnen Anlagen zur Erreichung eines gemeinsamen Zwecks wird nicht vorausgesetzt. Ausreichend ist es, wenn mit allen Anlagen vergleichbare (ähnliche) technische Zwecke verfolgt werden.[23] Dies ist z.B. der Fall, wenn mit einer Feuerungsanlage Prozessdampf für die Produktion und mit einer anderen Feuerungsanlage Warmwasser zur Gebäudeheizung erzeugt wird.[24]

20

Insgesamt gesehen führen die mehreren Tatbestandsmerkmale des § 3 b Abs. 2 zu einer *deutlichen Einengung* des Anwendungsbereiches »kumulierender Vorhaben«.

4.4 Kumulation nur bei Erreichen der Abschneidewerte (Abs. 2 S. 3)

Abs. 2 Satz 3 regelt als **weitere Einschränkung** des Anwendungsbereiches »kumulierender Vorhaben«, dass *jeweils* die Werte für die standortbezogene Vorprüfung bzw. allgemeine Vorprüfung nach Maßgabe der Spalte 2 zur Anlage 1 *erreicht oder überschritten* sein müssen. Diese Voraussetzung ist vom Bundestags-Umweltausschuss eingefügt worden. Nach der Begründung des Ausschusses werde dadurch sichergestellt, dass die UVP bei kumulierenden Vorhaben im Rahmen eines geeigneten Trägerverfahrens durchgeführt wird. Damit sind insbes. die förmlichen Zulassungsverfahren gemeint. Durch das Artikelgesetz vom 2.8.2001[25] ist u.a. auch der § 2 der 4. BImSchV betreffend die Zuordnung zu den Verfahrensarten geändert worden. Im Absatz 1 Nr. 1 betreffend die förmlichen immissionsschutzrechtlichen Genehmigungsverfahren ist hinter dem

21

---

21 *Hansmann*, Umweltrecht Rn. 28.
22 *Hansmann*, Umweltrecht Rn. 28.
23 Insoweit zweifelnd *Engelhardt*, Bundes-Immissionsschutzgesetz, § 1 Rn. 15.
24 Vgl. *Hansmann*, Umweltrecht Rn. 28; er verweist insoweit darauf, dass diese Auslegung bis zum In-Kraft-Treten der Änderungsverordnung vom 28.8.1991 nicht unbestritten war, als der Verordnungswortlaut noch einen »gemeinsamen technischen Zweck« verlangte. Dazu hatte das OVG Münster ausgeführt, dass lediglich vergleichbare technische Zwecke noch keine gemeinsamen technischen Zwecke seien. Da diese Auslegung nicht der ursprünglichen Zielsetzung der Vorschrift entsprach, hat der Bundesrat zur »Klärung des Begriffs der gemeinsamen Anlage« die Ersetzung des Wortes »gemeinsamen« durch das Wort »vergleichbaren« durchgesetzt.
25 BGBl. 2001, S. 1978.

§ 3 b *UVP-Pflicht auf Grund Art, Größe und Leistung der Vorhaben*

Buchstaben b ein Buchstabe c mit Bezugnahme auf die »kumulierenden Vorhaben nach § 3 b Abs. 2« eingefügt worden. Anlagen, die als solche »kumulierende Vorhaben« einer UVP zu unterziehen sind, müssen nach der Neuregelung im *förmlichen* Verfahren des § 10 BImSchG genehmigt werden. Soweit die Prüfwerte für die standortbezogene bzw. allgemeine Vorprüfung gem. Anlage 1 Spalte 2 im Sinne unterer Abschneidewerte unterschritten werden, und zwar für jedes der mehreren kumulierenden Vorhaben, entfällt die Anwendung der Kumulationsvorschrift.

5 Hineinwachsen in die UVP-Pflicht (Abs. 3)

5.1 Allgemeines

22 § 3 b Abs. 3 regelt das »**Hineinwachsen in die UVP-Pflicht**«.[26] Mit diesem Begriff soll der *Unterschied zu § 3 e Abs. 1 Ziff. 1* klarer gefasst werden, der demgegenüber solche Fälle erfasst, in denen bereits ein *UVP-pflichtiges Vorhaben vorliegt*, das *geändert oder erweitert* werden soll. Aus Gründen der Klarstellung hat daher der Bundestags-Umweltausschuss den Gesetzentwurf ergänzt »... eines bestehenden, *bisher nicht UVP-pflichtigen* Vorhabens ...«. Nach *früherem* Recht waren dagegen *Anlagenänderungen* nicht generell vom Vorhabenbegriff eingeschlossen, wie nunmehr gem. § 2 Absatz 2, Ziffer 2. § 3 b Abs. 3 enthält mit insgesamt fünf Sätzen neben der Basisnorm des Satzes 1 eine Erweiterung (Satz 2), aber auch Einschränkungen (Sätze 3 bis 5).

5.2 Vorgaben der UVP-Änderungsrichtlinie

23 Die UVP-ÄndRL wird so interpretiert, dass sie die Durchführung einer UVP *unabhängig* davon erfordere, ob Größen- oder Leistungswerte in Folge der Durchführung eines *neuen* Vorhabens oder in Folge der *Erweiterung* eines bestehenden Vorhabens erstmals erreicht oder überschritten werden.[27] Dies wird aus **Anhang I UVP-ÄndRL** gefolgert, auf den sich **Artikel 4 Abs. 1** UVP-ÄndRL bezieht, der die erfassten Projekte der Anlage generell der UVP-Pflicht unterwirft. Soweit im Anhang Größen- oder Leistungswerte enthalten sind, macht es nach dieser Betrachtungsweise von den Umweltauswirkungen her keinen Unterschied, ob diese in einem einzigen Schritt, durch ein neues Vorhaben, erreicht werden oder aber im Wege eines mehrstufigen Ausbaus. Nach der Begründung des Gesetzentwurfes ist die Erfassung der Fälle des »Hineinwachsens in die UVP-Pflicht« somit vom Sinn und Zweck des Artikel 4 Abs. 1 i. V. m. Anhang I der UVP-ÄndRL getragen.[28]

24 Im Gesetzentwurf ist aus Sicht des Gemeinschaftsrechts weiterhin darauf hingewiesen worden, dass es ein **Unterlaufen der UVP-Pflicht** durch sukzessive Vorhabenserweiterungen zu verhindern gelte (so genannte »Salamitaktik«). Verwiesen wird auf das Urteil des EuGH vom 21. 9. 1999.[29]

---

26 BT-Drs. 14/5750, S. 128, ebenso bereits *Feldmann*, DVBl. 2001, 589, 594.
27 Gesetzesbegründung, BT-Drs. 14/4599, S. 95.
28 Vgl. BT-Drs. 14/5750, S. 127.
29 Rs. C-392/96 – Kommission der EG gegen Irland, E 1999, I-5901.

5.3 Änderung oder Erweiterung eines bestehenden, bisher nicht UVP-pflichtigen Vorhabens (Abs. 3 S. 1)

Erfasst werden (bestimmte) **Änderungen oder Erweiterungen** eines Vorhabens (im Sinne des Hineinwachsens). Insoweit hat der Bundestags-Umweltausschuss gegenüber dem Gesetzentwurf (dort ist nur von der »*Erweiterung*« eines bestehenden Vorhabens die Rede) eine *redaktionelle Änderung* vorgenommen, die auf einen Vorschlag des Umweltausschusses des Bundesrates[30] zurückgeht.[31] Die Begriffe des § 3 b Abs. 3 decken sich nunmehr mit der Terminologie des § 2 Abs. 2 Ziffer 2, der den Vorhabenbegriff erstreckt auf »... die Änderung einschließlich der Erweiterung ...«.

25

Bei dem bestehenden Vorhaben, das geändert oder erweitert wird, muss es sich um ein **bisher nicht UVP-pflichtiges** Vorhaben handeln. In dieser Hinsicht hat der Bundestags-Umweltausschuss die o. g. (Rn. 22) Klarstellung («... bisher nicht UVP-pflichtigen ...«) vorgenommen, um vom Tatbestand des § 3 e abzugrenzen.

26

Durch die Änderung oder Erweiterung dieses bestehenden, bisher nicht UVP-pflichtigen Vorhabens, müssen die gem. Anlage 1 relevanten **Größen oder Leistungswerte** *erstmals erreicht oder überschritten* werden. Rechtsfolge dieses Tatbestandes erstmaliger Überschreitung der Werte ist die UVP-Pflicht hinsichtlich des Änderungsvorhabens. Nach der Gesetzesbegründung bezieht sich die UVP-Pflicht, um den **Bestandsschutz** des bestehenden Vorhabens zu wahren, nicht auf das Gesamtvorhaben, sondern nur auf die Erweiterung.[32] Dabei sollen im Rahmen der UVP sowohl die Umweltauswirkungen der Erweiterung (bzw. Änderung nach der – späteren – Gesetzesfassung) als auch die Umweltauswirkungen des bestehenden Vorhabens zu berücksichtigen sein. Der Antragsgegenstand im Verfahren zur Änderung einer Anlage, nämlich das Änderungsvorhaben, muss nicht deckungsgleich mit dem Prüfungsgegenstand sein. Betrachtet man das immissionsschutzrechtliche Anlagengenehmigungsrecht, so wird u.a. – mit Übertragbarkeit auch auf andere Rechtsbereiche – zwischen qualitativen und quantitativen Änderungen unterschieden.[33] Im Falle von qualitativen Änderungen sind »sämtliche von der Anlage ausgehenden Emissionen« und sonstigen Effekte unmittelbarer Prüfungsgegenstand.[34] Aber auch bei den quantitativen Änderungen sind nicht allein die Emissionen bzw. Immissionen der Änderung bzw. Erweiterung zu prüfen, sondern insbesondere auch die gesamte Vorbelastung, die u.a. durch die bestehende Anlage verursacht wird. Von daher deckt sich die Vorgabe für die UVP-Pflicht gem. § 3 b Abs. 3 S. 1 mit dem fachgesetzlichen Befund, dass Prüfungsgegenstand zunächst die Umweltauswirkungen des Änderungs- bzw. Erweiterungsvorhabens sind, die Umweltauswirkungen des bestehenden Vorhabens aber berücksichtigt werden müssen. Die Ermittlungen und Bewertungen der UVP müssen nach allgemeinen Grundsätzen jedoch nicht weiter gehen als das vom Zulassungsrecht Geforderte.

27

---

30 BR-Drs. 6/74/1/00, S. 17 (Nr. 15.).
31 Vgl. BT-Drs. 14/5750, S. 127.
32 BT-Drs. 14/4599, S. 95.
33 *Jarass*, BImSchG, 4. Aufl., § 16 Rn. 20 im Nachw.
34 *BVerwG*, v. 11.2.1977, DVBl. 1977, 771.

§ 3 b UVP-Pflicht auf Grund Art, Größe und Leistung der Vorhaben

5.4 Einbeziehung der kumulativen Vorhaben (Abs. 3 S. 2)

28 Gemäß Abs. 3 S. 2 können bestehende Vorhaben auch **kumulierende Vorhaben** im Sinne des § 3 Abs. 2 S. 1 sein.

5.5 Bestandsschutz (Abs. 3 S. 3)

29 Gemäß § 3 Abs. 3 S. 3 bleibt der – näher definierte – erreichte **Bestand** der vorhandenen Anlagen hinsichtlich des Erreichens oder Überschreitens der Größen- oder Leistungswerte unberücksichtigt. Bei diesem geschützten Bestand handelt es sich um solche Vorhaben, die nach den UVP-Richtlinien (UVP-RL und UVP-ÄndRL) zum Zeitpunkt des Ablaufs der jeweiligen **Umsetzungsfristen** der Richtlinien noch nicht der Verpflichtung zur Durchführung einer UVP unterlagen. Vorhaben, die diese Kriterien erfüllen, führen – trotz erstmaligen Erreichens oder Überschreitens der Größen- oder Leistungswerte durch das hinzukommende Vorhaben – nicht zur Anwendung des § 3 Abs. 3.

5.6 Ausnahmen für Industriezonen und Städtebauprojekte

30 Gemäß § 3 Abs. 3 S. 4 gilt das »Hineinwachsen in die UVP-Pflicht« nicht für die in der Anlage 1 Nr. 18.5, 18.7 und 18.8 aufgeführten **Industriezonen und Städtebauprojekte**. Nach der Gesetzesbegründung unterscheiden sich diese Vorhaben wesentlich von den sonstigen Vorhaben. Abgehoben wird dabei auf ihren »durch kontinuierliche Weiterentwicklung gekennzeichneten dynamischen Charakter« und den Umstand, dass sie regelmäßig Bestandteile einer längeren Siedlungsgeschichte seien, die sich nicht als nachträglicher Prüfungsgegenstand einer UVP eigneten. Daher passten die Vorschriften der Sätze 1 bis 3 nicht für solche Vorhaben.[35]

5.7 Einschränkungen für den Bau von Bundesstraßen (Abs. 3 S. 5)

31 Gemäß Abs. 3 S. 5 gilt für die in der Anlage 1 Nr. 14.4 und 14.5 aufgeführten Vorhaben Satz 1 mit der Maßgabe, dass neben einem engen räumlichen Zusammenhang auch ein *enger zeitlicher Zusammenhang* bestehen muss. Bei den beiden aufgeführten Vorhaben handelt es sich um den Bau einer neuen, **vier- oder mehrstreifigen Bundesstraße**, wenn diese neue Straße eine durchgehende Länge von 5 km oder mehr aufweist bzw. im Falle der Nr. 14.5 um deren Herstellung durch Verlegung und/oder Ausbau einer bestehenden Bundesstraße, wenn der geänderte Bundesstraßenabschnitt eine durchgehende Länge von 10 km oder mehr aufweist. Nach der Gesetzesbegründung wird mit dieser Sonderregelung dem Umstand Rechnung getragen, dass derartige Vorhaben häufig abschnittsweise durchgeführt werden, wobei zwischen der Durchführung der einzelnen Abschnitte häufig längere Zeitspannen liegen.[36]

---

35 BT-Drs. 14/4599, S. 95; ebenso *Feldmann*, DVBl. 2001, 589, 594.
36 BT-Drs. 14/4599, S. 95.

§ 3 c UVP-Pflicht im Einzelfall

(1) Sofern in der Anlage 1 für ein Vorhaben eine allgemeine Vorprüfung des Einzelfalls vorgesehen ist, ist eine Umweltverträglichkeitsprüfung durchzuführen, wenn das Vorhaben nach Einschätzung der zuständigen Behörde aufgrund überschlägiger Prüfung unter Berücksichtigung der in der Anlage 2 aufgeführten Kriterien erhebliche nachteilige Umweltauswirkungen haben kann, die nach § 12 zu berücksichtigen wären. Sofern für ein Vorhaben mit geringer Größe oder Leistung eine standortbezogene Vorprüfung des Einzelfalls vorgesehen ist, gilt Gleiches, wenn trotz der geringen Größe oder Leistung des Vorhabens nur aufgrund besonderer örtlicher Gegebenheiten gemäß den in der Anlage 2 Nr. 2 aufgeführten Schutzkriterien erhebliche nachteilige Umweltauswirkungen zu erwarten sind. Bei den Vorprüfungen ist zu berücksichtigen, inwieweit Umweltauswirkungen durch die vom Träger des Vorhabens vorgesehenen Vermeidungs- und Verminderungsmaßnahmen offensichtlich ausgeschlossen werden. Bei der allgemeinen Vorprüfung ist auch zu berücksichtigen, inwieweit Prüfwerte für Größe oder Leistung, die die Vorprüfung eröffnen, überschritten werden. Für das Erreichen oder Überschreiten der Prüfwerte für Größe oder Leistung gilt § 3 b Abs. 2 und 3 entsprechend.

(2) a) Die in der Anlage 2 (Kriterien für die Vorprüfung des Einzelfalls) aufgeführten Kriterien sollen durch Rechtsverordnung der Bundesregierung mit Zustimmung des Bundesrates umgehend näher bestimmt werden.

b) Grundsätze und Verfahren zur Einzelfallprüfung sollen in der Allgemeinen Verwaltungsvorschrift zur Ausführung des Gesetzes über die Umweltverträglichkeitsprüfung näher bestimmt werden.

Übersicht		Rn.			Rn.
1	Allgemeines	1	3.4	Berücksichtigung der Überschreitung von Prüfwerten (Abs. 1 S. 4)	11
2	Gesetzesgeschichte	2	3.5	Entsprechende Anwendung des § 3 b Abs. 2 und 3 (Abs. 1 S. 5)	12
2.1	Vorgaben der UVP-ÄndRL	2			
2.2	Innerstaatliche Entstehung	3			
3	Einzelfallprüfung	4	4	Rechtsverordnung der Bundesregierung (Abs. 2 a))	13
3.1	Allgemeine Vorprüfung des Einzelfalles (Abs. 1 S. 1)	6	5	Allgemeine Verwaltungsvorschrift (Abs. 2 b))	14
3.2	Standortbezogene Vorprüfung des Einzelfalles (Abs. 1 S. 2)	8			
3.3	Berücksichtigung von Vermeidungs- und Verminderungsmaßnahmen (Abs. 1 S. 3)	9			

1 Allgemeines

§ 3 c enthält mit seinen Konkretisierungen durch Abs. 1 die wesentlichen *allgemeinen Vorgaben* für die Prüfung, ob eine **UVP-Pflicht im Einzelfall** besteht. Dieses Konzept der Einzelfallfeststellung – sog. *Screening-Verfahren* - ist zentraler **neuer Bestandteil** des UVPG aus 2001. Die Einzelfallprüfung erfolgt in den beiden Varianten der *allgemeinen* Vorprüfung (Abs. 1 S. 1) und der *standortbezogenen Vorprüfung* (Abs. 1 S. 2). Auch im

§ 3 c

Rahmen der Ermittlung der UVP-Pflicht im Einzelfall spielen Größen- und Leistungswerte eine erhebliche Rolle. Bezüglich der allgemeinen Vorprüfung ergeben sich aus Anlage 1 Spalte 2 »Prüfwerte für Größe und Leistung« mit der sich aus Abs. 1 Satz 4 ergebenden Bedeutung. Standortbezogene Vorprüfungen erfolgen zur Feststellung, ob ungeachtet der *geringen* Größe oder Leistung die besonderen örtlichen Gegebenheiten nach den in Anlage 2 Nr. 2 aufgeführten Schutzkriterien die Befürchtung erheblicher nachteiliger Umweltauswirkungen mit sich bringen.

2 Gesetzesgeschichte

2.1 Vorgaben der UVP-ÄndRL

2   Artikel 4 Abs. 2 der UVP-ÄndRL sieht für Projekte des Anhangs II mit der Variante a) **Einzelfalluntersuchungen** vor, wenn die Mitgliedstaaten sich für dieses Verfahren entscheiden, wie im Falle Deutschlands geschehen. Artikel 4 Abs. 3 der UVP-ÄndRL normiert, dass u. a. bei der Einzelfalluntersuchung die relevanten **Auswahlkriterien** des **Anhangs III** zu berücksichtigen sind. Anhang III enthält u. a. Kriterien, welche die »*Merkmale* der Projekte« und den »*Standort* der Projekte« betreffen.

2.2 Innerstaatliche Entstehung

3   § 3 c Abs. 1 ist im Verlaufe des Gesetzgebungsverfahrens unverändert geblieben. Dagegen hat der Bundestags-Umweltausschuss insbesondere den **Abs. 2 abgeändert**, und zwar durch geringe Änderungen, was den (alten) Abs. 2 des Gesetzentwurfs anbetrifft (jetzt Abs. 2 a)), sowie durch Anfügung des (jetzigen) Abs. 2 b). Im (jetzigen) Abs. 2 a) ist (lediglich) der Klammerzusatz hinter Anlage 2 (Kriterien für die Vorprüfung des Einzelfalls) eingefügt worden. An Stelle von »können ... geändert werden« gem. Gesetzentwurf heißt es außerdem nunmehr »*sollen* durch Rechtsverordnung ... *umgehend* näher bestimmt werden«. Der angefügte **Abs. 2 b)** ist neu **hinzugekommen** und tritt neben die allgemeine Ermächtigungsnorm zum Erlass von Verwaltungsvorschriften gem. § 24 (im Teil 3 »Gemeinsame Vorschriften«). Auffallend ist bezüglich § 3 c Abs. 2 b), dass dort, obwohl es sich inhaltlich nur um eine singuläre Ermächtigungsnorm handelt, eine weitergehende Bezeichnung anzutreffen ist: »Allgemeine Verwaltungsvorschrift zur Ausführung des Gesetzes über die Umweltverträglichkeitsprüfung«.[1] Das betont aber wohl die Bedeutung dieser Verwaltungsvorschrift.

3 Einzelfallprüfung

4   Das Konzept der »**Vorprüfung des Einzelfalls**« in den beiden Varianten der *allgemeinen* und der *standortbezogenen* Vorprüfung ist, wie auch die geführten Diskussionen gezeigt haben, von **elementarer Bedeutung**. Dies gilt in quantitativer und qualitativer Hinsicht. Die zufrieden stellende Bewältigung des Verfahrens stellt ein starkes praktisches Anliegen dar. Von dem erheblich ausgeweiteten Anwendungsbereich des UVPG und insbes.

---

1   Außerdem fällt auf, dass § 24 »Verwaltungsvorschriften« (Plural) zum Gegenstand hat, während § 3 c Abs. 2 b) die (Singular) »allgemeine Verwaltungsvorschrift ...« betrifft.

dem Vorfilter der Feststellung der UVP-Pflicht im Einzelfall werden zukünftig sehr viele Vorhaben betroffen sein. Hat der Gesetzgeber mit der Neufassung des UVPG eine Entscheidung zu Gunsten dieser Variante getroffen, so muss es nunmehr gelingen, für das Verfahren Rechtssicherheit, zumindest praktikable Grundsätze zu schaffen, eine Aufgabe, die nicht leicht sein wird. Nur mit Hilfe konkretisierender Vorgaben und der Bereitschaft zur möglichst raschen Umsetzung werden sich Verfahrensverzögerungen vermeiden lassen.

Ob dieses Ziel erreicht wird, hängt nicht zuletzt vom Erlass der Rechtsverordnung der Bundesregierung gem. Abs. 2 a) und der Allgemeinen Verwaltungsvorschrift gem. Abs. 2 b) sowie deren praktischer Handhabung ab. Der gesetzliche Auftrag, dass diese Verordnung **umgehend** erlassen werden muss, verdeutlicht die **besondere Bedeutung**, die dieser Konkretisierung beigemessen wird.

Einzelfallprüfungen können auch bei **Anlagenänderungen** in Betracht kommen, wie sich – mit Bezug auf die beiden einschlägigen Tatbestände der §§ 3b Abs. 3 und 3e – insbesondere aus der Ziffer 2. des § 3e Abs. 1 ergibt. Im Falle von Anlagenänderungen bei *immissionsschutzrechtlichen* Genehmigungsverfahren sind die §§ 15 und 16 BImSchG einschlägig. Das Anzeigeverfahren gemäß § 15 BImSchG ist jedoch deshalb kein Verfahren gemäß § 3 a, da es nicht im Sinne von § 2 Abs. 3, Ziffer 1 der Entscheidung über die Zulässigkeit des Vorhabens dient. Wenn sich allerdings als Ergebnis der Durchführung des Anzeigeverfahrens die Notwendigkeit der Durchführung eines Genehmigungsverfahrens ergibt, ist im Zusammenhang mit § 16 BImSchG die Feststellung der UVP Pflicht gem. § 3 a vorzunehmen. Auch für Anlagenänderungen gilt die allgemeine Voraussetzung, dass die Durchführung einer UVP nur dann erforderlich ist, wenn die Änderung *erhebliche nachteilige Auswirkungen auf die relevanten Schutzgüter* haben kann (vgl. § 2 Abs. 1, 3 Absatz 1). Für das immissionsschutzrechtliche Genehmigungsverfahren regelt diese Voraussetzung § 1 Abs. 3 der 9. BImSchV:

»*Im Verfahren zur Erteilung einer Änderungsgenehmigung einer Anlage nach Anlage 1 des Gesetzes über die Umweltverträglichkeitsprüfung ist eine Umweltverträglichkeitsprüfung nach Abs. 3 durchzuführen, wenn die für eine UVP-pflichtige Anlage in der Anlage 1 des Gesetzes über die Umweltverträglichkeitsprüfung angegebenen Größen- oder Leistungswerte durch eine Änderung oder Erweiterung selbst erreicht oder überschritten werden oder wenn die Änderung oder Erweiterung erhebliche nachteilige Auswirkungen auf in § 1a genannte Schutzgüter haben kann.*«

Soweit § 16 **Abs. 2** BImSchG der zuständigen Behörde vorgibt, dass sie von der *öffentlichen Bekanntmachung* des Vorhabens sowie der *Auslegung* des Antrags und der Unterlagen *absehen soll*, wenn der Träger des Vorhabens dies beantragt und erhebliche nachteilige Auswirkungen auf in § 1 genannte Schutzgüter nicht zu besorgen sind, so ist damit grundsätzlich nichts zu Gunsten oder zu Lasten der Einzelfallprüfung bei Änderungsgenehmigungen entschieden. Es besteht aber offensichtlich ein gewisser Zusammenhang zwischen dieser fachgesetzlichen Vorgabe und § 3c. Die Einzelfallprüfung ist ausschließlich nach den gesetzlichen Voraussetzungen gemäß § 3c durchzuführen und endet mit einer Entscheidung zu Gunsten der Durchführung einer UVP oder gegen die UVP-Pflicht. Muss eine UVP durchgeführt werden, so hat dies zur Folge, dass ein *förmliches* immissionsschutzrechtliches Genehmigungsverfahren gemäß § 10 BImSchG notwendig wird. Dies ergibt sich aus der Regelung über die Zuordnung zu den Verfahrensarten gemäß § 2 Abs. 1 c) der 4. BImSchV (Neufassung 2001). Demgegenüber bestand nach früherer Rechtslage im Falle von Änderungsgenehmigungen gem. Ziffer 1 der Anlage zu § 3 UVPG a. F. die *Voraussetzung* der Durchführung des Änderungsgenehmigungsverfahrens unter *Einbeziehung der Öffentlichkeit*. Nach der geltenden Rechtslage steht dagegen, wie beschrieben, das Fachrecht (Immissionsschutzrecht) in Abhängigkeit zum UVP.

3.1 Allgemeine Vorprüfung des Einzelfalles (Abs. 1 S. 1)

6 Die Regelung gem. Abs. 1 S. 1 definiert die erste Variante der UVP-Pflicht gem. § 3 c, nämlich die **allgemeine Vorprüfung** des Einzelfalls. Für diese Einzelfallfeststellung ergibt sich zumeist ein durch Größen- oder Leistungswerte quantifizierter **Rahmen** aus der **Anlage 1**. Die Fälle der allgemeine Vorprüfung des Einzelfalls sind gekennzeichnet durch den **Buchstaben A** in der Spalte 2. Der Rahmen grenzt nach oben hin an die Wertgrenzen, die in der Spalte 1 (Buchst. X) für die obligatorische UVP festgelegt ist. Im Vergleich mit der *standortbezogenen* Vorprüfung des Einzelfalles liegt der Rahmen für die allgemeine Vorprüfung immer dann im »mittleren Bereich«, wenn es unterhalb dieses Rahmens noch Anlagengrößen für eine in der Spalte 2 mit Buchstabe S gekennzeichnete standortbezogene Vorprüfung des Einzelfalls gibt. Dies ist z. B. der Fall bei Feuerungsanlagen, die ab 200 MW stets UVP-pflichtig sind, zwischen 50 und 200 MW der allgemeinen Vorprüfung des Einzelfalls zu unterziehen sind und darunter liegend, je nach Brennstoff, ab 1 MW (bis 50 MW) standortbezogen zu prüfen sind. Es gibt aber auch Fälle, in denen es lediglich zwei Ebenen gibt und auf der unteren Ebene nur eine allgemeine Vorprüfung des Einzelfalls, z. B. im Falle der Kohleverflüssigungsanlagen (Nr. 1.9, und zwar bei Anlagen von weniger als 500 t/Tag). Im Falle der Vorhaben gem. § 2 Abs. 2 Ziff. 1. b) »Bau einer sonstigen Anlage« findet sich, z. B. im Fall der Flurbereinigung gem. Nr. 16, ausschließlich die Variante der allgemeinen Vorprüfung des Einzelfalles. Bei den »sonstigen in Natur und Landschaft eingreifenden Maßnahmen«, also Vorhaben gem. § 2 Abs. 2 Ziff. 1 c), existieren allein die Fälle (Buchst. X) der stets UVP-pflichtigen Vorhaben, nämlich bei mehr als 50 ha Wald oder aber der Feststellung der UVP-Pflicht nach Landesrecht (Buchst. L) bei Unterschreitung dieses Wertes von 50 ha.

7 Abs. 1 Satz 1 normiert vier Prüfaspekte für die Feststellung der UVP-Pflicht im Einzelfall. Die Prüfung ist als Erstes auf die grundsätzliche Feststellung auszurichten, ob »**erhebliche nachteilige Umweltauswirkungen**« entstehen können. Zum Zweiten ergibt sich, dass die Ermittlung eine **Einschätzung** der zuständigen Behörde verlangt. Dieser Aspekt bedeutet für die praktische Handhabung insbesondere, dass der Behörde insoweit ein Einschätzungsspielraum zur Verfügung steht. Als Drittes sieht Abs. 1 Satz 1 vor, dass die Feststellung »**auf Grund überschlägiger Prüfung**« zu erfolgen hat. Daraus folgt, dass die vom Träger des Vorhabens gem. § 3 a Satz 1 vorzulegenden »geeigneten Angaben« nicht eine Detailprüfung, sondern nur eine überschlägige Vorausschau ermöglichen müssen.[2] Weiterhin bedeutet dies, dass es nur auf die wesentlichen Faktoren ankommen kann und diese mit dementsprechender Gewichtung zu bewerten sind. Insbesondere setzt eine solche Vorausschau keine fachlich aufbereiteten Untersuchungen (mit Einbeziehung von Sachverständigen etc.) voraus. Die nähere Ermittlung der erheblichen nachteiligen Umwelteinwirkungen erfolgt erst mit der UVP. Der vierte

---

[2] Terminologie aus der Begründung zum Gesetzentwurf, BT-Drs. 14/4599, S. 95.

Aspekt betrifft die in der **Anlage 2** aufgeführten **Kriterien**. Diese beinhalten aber weitestgehend nur Leitgedanken bzw. Fragestellungen. Ein solcher Leitgedanke ist z. B. unter Ziffer 1.1 das Kriterium der »Größe des Vorhabens«. Diese Größe kann wiederum an den Werten der Anlage 1 gespiegelt werden. Der eigentliche Vorgang »überschlägiger Prüfung« liegt darin, die **Besonderheiten** des Einzelfalles mit dem Hilfsmittel des Kriterienkatalogs (Anlage 2) zutreffend zu erfassen und unter die maßgebliche Voraussetzung des möglichen Entstehens »erheblicher nachteiliger Umweltauswirkungen« (ja oder nein) zu subsumieren. Von Bedeutung – auch bei dieser Vorprüfung – sind also nur die *erheblichen* Wirkungen, folglich nur diejenigen Aspekte, die bei der Zulassungsentscheidung maßgeblich sind.

3.2 Standortbezogene Vorprüfung des Einzelfalles (Abs. 1 S. 2)

Abs. 1 Satz 2 stellt die **standortbezogene Vorprüfung** des Einzelfalls der allgemeinen Vorprüfung gleich, wenn nach den in der Anlage 2 Nr. 2 aufgeführten **Schutzkriterien** erhebliche nachteilige Umweltauswirkungen zu erwarten sind. Allerdings ist zu beachten, dass im Falle von Vorhaben, die der *standortbezogenen* Einzelfallprüfung unterliegen, im *Regelfall keine* UVP durchzuführen ist. Die Anlage 2 listet für den Standort des Vorhabens (neben Nutzungs- und Qualitätskriterien) in der Nr. 2.3 mit neun Unterpunkten derartige Schutzkriterien auf. Darunter fallen insbesondere die Schutzgebiete nach dem BNatSchG, aber auch sonstige Schutzgebiete, wie z. B. Wasserschutzgebiete nach dem Landeswasserrecht. Einbezogen sind schließlich auch denkmalgeschützte Objekte. Die »überschlägige Prüfung« gem. Abs. 1 Satz 1, die sich gleichermaßen auf die standortbezogene Vorprüfung des Einzelfalles gem. Satz 2 bezieht, setzt folglich die Heranziehung der – vorhandenen – relevanten Unterlagen, z. B. über diese Schutzgebiete, Denkmäler etc., voraus. In aller Regel muss es ausreichen, auf das bei den Behörden vorhandene Material zurückzugreifen. Ist dieses Material gesichtet worden, gilt es in einem zweiten Schritt festzustellen, ob mit den in Rede stehenden Umweltauswirkungen zu rechnen ist. Für die standortbezogene Vorprüfung des Einzelfalls sieht die Anlage 1 Spalte 2 vielfach **Abschneidewerte** nach unten hin vor, so genannte »**Bagatellwerte**«.[3] Der untere Wert schneidet die Einzelfallprüfung ab. Unterhalb der Bagatellwerte wird gesetzlich das Ausbleiben »erheblicher nachteiliger Umweltauswirkungen« unterstellt.

8

3.3 Berücksichtigung von Vermeidungs- und Verminderungsmaßnahmen (Abs. 1 S. 3)

Abs. 1 Satz 3 enthält als spezielle »Berücksichtigungs-Klausel« für die Vorprüfungen gem. Abs. 1 Satz 1 und Satz 2, dass vom Träger des Vorhabens vorgesehene **Vermeidungs- und Verminderungsmaßnahmen** zu berücksichtigen sind. »Umweltauswirkungen« müssen durch diese Maßnahmen »*offensichtlich ausgeschlossen*« werden«. Abgehoben wird darauf, »*inwieweit*« diese Umweltauswirkungen ausgeschlossen werden. Die Wendung »inwieweit« dürfte darauf beruhen, dass regelmäßig Umweltauswirkungen in verschiedenerlei Hinsicht relevant sind. Außerdem ist zu beachten, dass von der Natur der Sache her eine klare Grenzziehung, ob Umweltauswirkungen zu bejahen sind oder nicht, häufig schwierig ist. Es geht darum, relevante von irrelevant kleinen Umwelt-

9

---

3   Begriff gem. Gesetzesbegründung, BT-Drs. 14/4599, S. 97.

§ 3 c *UVP-Pflicht im Einzelfall*

auswirkungen zu trennen. Nach allgemeinen Grundsätzen des Anlagengenehmigungsrechtes sind irrelevant kleine Immissionsbeiträge der Anlage für die Erteilung der Genehmigung nicht von Bedeutung. Da die UVP unselbstständiger Teil verwaltungsbehördlicher Verfahren ist (§ 2 Abs. 1 S. 1), kann für die Feststellungen der UVP-Pflicht im Einzelfall gem. § 3 c nichts Weitergehendes gelten. Solche irrelevant kleinen Wirkungen sind keine erheblichen nachteiligen Umweltauswirkungen, auf die sich die UVP und – gem. überschlägiger Prüfung – die Einzelfallprüfung gem. § 3 c richtet. § 16 Abs. 1 S. 2 BImSchG (betreffend die wesentliche Änderung genehmigungsbedürftiger Anlagen) nimmt die »offensichtlich geringen« nachteiligen Auswirkungen vom Genehmigungsbedarf aus. Änderungen unterhalb dieser Bagatellgrenze lösen keinen Genehmigungsbedarf aus.[4]

10   Bei der Feststellung, **welche** vorgesehenen **Vermeidungs- und Verminderungsmaßnahmen** offensichtlich ausgeschlossen sind, könnten sich in der Praxis deshalb Probleme ergeben, weil bei dieser Vorstufe lediglich *überschlägige Prüfungen* erfolgen müssen und der Vorhabenträger u. U. noch gar keine näheren technischen Planungen vorgenommen hat. Legt er demzufolge als »geeignete Angaben« zum Vorhaben (§ 3 a Satz 1) diesbezüglich keine konkreten Vermeidungs- oder Verminderungstechniken als realistische Planung vor, so muss dies zu seinen Lasten gehen. Im Allgemeinen werden die Vermeidungs- oder Verminderungsmaßnahmen dann ohne weiteres bedeutsam sein, wenn sie als **Stand der Technik** anzusehen sind und von daher nach den Genehmigungsvoraussetzungen (vgl. z. B. §§ 5, 6 BImSchG) vom Betreiber in jedem Fall getroffen werden müssen.

3.4   Berücksichtigung der Überschreitung von Prüfwerten (Abs. 1 S. 4)

11   Gem. Abs. 1 Satz 4 ist bei der allgemeinen Vorprüfung auch zu berücksichtigen, **inwieweit Prüfwerte** für Größe oder Leistung **überschritten** werden. Nach der Begründung zum Gesetzentwurf soll eine UVP »um so eher durchzuführen« sein, »je deutlicher die Prüfwerte überschritten werden«.[5] Außerdem sei relevant, in welchem Maße das Vorhaben Größen- oder Leistungswerten für die zwingende UVP-Pflicht angenähert ist. Je größer die Nähe zum Bereich der zwingenden UVP-Pflicht, umso eher sei anzunehmen, dass das Vorhaben erhebliche nachteilige Umweltauswirkungen haben kann.[6] Diese Aussage ist nachvollziehbar, soweit u. a. das Kriterium der »Größe des Vorhabens« gem. Nr. 1.1 der Anlage 2 in Rede steht. Im Allgemeinen sind größere Anlagen mit höheren Leistungswerten umweltrelevanter als kleinere Anlagen. Dies ergibt die Logik der Abstufung nach Werten und Eingruppierung in die verschiedenen Kategorien ohne weiteres. Zu bedenken ist bei dieser Tendenz-Aussage allerdings, dass die mit der **Grenzziehung** verbundene *kardinale Entscheidung nicht unterlaufen* werden sollte. Damit ist gemeint, dass der Gesetzgeber z. B. Kraftwerke mit 200 MW und weniger, im Extrem also 200 MW, zunächst als nicht-UVP-pflichtig (Aussagegehalt der Spalte 1 der Anlage) eingestuft hat. Dieses generelle Ergebnis darf durch die Heranziehung der Spalte 2 und die dort angeordnete allgemeine Vorprüfung des Einzelfalles nicht konterkariert werden. Nicht pauschal beantworten lässt sich die Frage, was dies bei Betrachtung des

---

4   Vgl. *Jarass*, BImSchG, 4. Auflage, § 16 Rn. 11.
5   BT-Drs. 14/4599, S. 97.
6   BT-Drs. 14/4599, S. 97.

UVP-Pflicht im Einzelfall § 3 c

Beispielsfalls eines Kraftwerkes mit Größen zwischen 50 und 200 MW zur Konsequenz hat. Der Kriterienkatalog der Anlage 2 gibt dazu Gesichtspunkte vor, ist aber so allgemein gehalten, dass bei der Behörde ein **erheblicher Einschätzungsspielraum** verbleibt. Der Spielraum erscheint – ohne einengende Verwaltungsvorschriften – derart groß, dass *Gleichbehandlungsprobleme* offensichtlich sind. Die Verwaltungspraxis der Länder muss in diesem Punkt baldmöglich durch konkretere Vorgaben gesteuert werden.

3.5 Entsprechende Anwendung des § 3 b Abs. 2 und 3 (Abs. 1 S. 5)

Abs. 1 Satz 5 erklärt hinsichtlich des Erreichens oder Überschreitens der Prüfwerte § 3 b Abs. 2 und 3 für entsprechend anwendbar. Die Verweisung bezieht sich auf die »**kumulierenden Vorhaben**« (Abs. 2) und das »**Hineinwachsen in die UVP-Pflicht**« (Abs. 3). Folglich sind in all den Fällen, in denen Prüfwerte für Größe oder Leistung in Rede stehen, die dortigen gesetzlichen Vorgaben zu beachten. Bei der Ermittlung der maßgeblichen Werte sind also Kumulierungen von Vorhaben ebenso zu ermitteln wie das etwaige erstmalige Überschreiten von Prüfwerten. | 12

4   Rechtsverordnung der Bundesregierung (Abs. 2 a))

Abs. 2 a) enthält den Auftrag an die Bundesregierung, durch Rechtsverordnung die in der Anlage 2 aufgeführten **Kriterien umgehend näher zu bestimmen.** Die Rechtsverordnung bedarf der Zustimmung des Bundesrates. Aufschlussreich ist insbesondere das Beiwort »*umgehend*«, das ein entsprechendes dringendes Anliegen des Gesetzgebers ausdrückt. Das Problem ist im Gesetzgebungsverfahren erkannt worden. Der Bundestags-Umweltausschuss hat als federführender Ausschuss dazu Folgendes festgestellt: | 13
»*Es muss sichergestellt werden, dass umgehend Verordnungen erlassen werden, damit die Behörden nach gleichen Bewertungsmaßstäben arbeiten und die Umsetzung der Rechtsverordnung sowie die Anwendung der Ermessensspielräume bundesweit vergleichbar gehandhabt wird (das ›Wie‹ des Verwaltungshandelns muss geklärt/festgelegt werden)«.*[7]
Es wird erwartet, dass die Rechtsverordnung der Bundesregierung nicht mehr in der 2002 endenden Legislaturperiode erlassen wird.

5   Allgemeine Verwaltungsvorschrift (Abs. 2 b))

Einen weiteren *Programmsatz* enthält die Ermächtigungsnorm des Abs. 2 b). Danach sollen »*Grundsätze und Verfahren zur Einzelfallprüfung*« in einer **Allgemeinen Verwaltungsvorschrift** näher bestimmt werden. Für ein derartiges die Verwaltungspraxis unterstützendes und für eine Gleichbehandlung der Vorhabenträger sorgendes Vorschriftenwerk besteht ein dringendes Bedürfnis. Der federführende Bundestags-Umweltausschuss hat insoweit Folgendes festgehalten: | 14
»*Es wird angeregt, im Interesse der bundeseinheitlichen Regelung und der Vollzugstauglichkeit des Prüfungskonzepts der UVP-Pflicht die unbestimmten Rechtsbegriffe für die Einzelfallprüfung in der Anlage 2 (z. B. Größe des Vorhabens, Abfallerzeugung,*

---

7   Vgl. BT-Drs. 14/5750 S. 128.

Umweltverschmutzung und Belästigungen, Wahrscheinlichkeit von Auswirkungen usw.) im Wege der Überarbeitung der UVPVwV zu untersetzen«.[8]

Ders Erlaß dieser Allgemeinen Verwaltungsvorschrift ist bis zur Drucklegung noch nicht erfolgt.

---

8 Vgl. BT-Drs. 14/5750 S. 128.

§ 3 d UVP-Pflicht nach Maßgabe des Landesrechts

Die Länder regeln durch Größen- oder Leistungswerte, durch eine allgemeine oder standortbezogene Vorprüfung des Einzelfalls oder durch eine Kombination dieser Verfahren, unter welchen Voraussetzungen eine Umweltverträglichkeitsprüfung durchzuführen ist, soweit in der Anlage 1 für bestimmte Vorhaben eine Verpflichtung zur Durchführung einer Umweltverträglichkeitsprüfung nach Maßgabe des Landesrechts vorgesehen ist.

Übersicht	Rn.
1 Allgemeines	1
2 Regelungsinhalte	2

1 Allgemeines

Die Vorschrift enthält sowohl einen Regelungsauftrag an die Länder als auch bestimmte Regelungsvorgaben für diese landesgesetzliche Ausfüllung. Die UVP-ÄndRL muss in Deutschland entsprechend der grundgesetzlichen Kompetenzordnung umgesetzt werden, also in den Bereichen Wasserhaushalt sowie Naturschutz- und Landschaftspflege auf der Basis der Rahmengesetzgebungskompetenz des Bundes gem. Art. 75 Abs. 1 S. 1 Nr. 3 und 4 GG. Es handelt sich bei dem Regelungsauftrag gem. § 3 d um eine *Rahmenregelung* in diesem Sinne. Die Landesgesetzgeber haben die Wahl zwischen den gem. Art. 4 Abs. 2 UVP-ÄndRL vorgesehenen Möglichkeiten zur Bestimmung der UVP-Pflicht (Einzelfalluntersuchung oder gemäß Schwellenwerten/Kriterien). Die rahmengesetzliche Vorgabe lässt den Ländern den Regelungsspielraum der Festlegung von Größen- oder Leistungswerten, allgemeinen oder standortbezogenen Vorprüfungen des Einzelfalls oder der Kombination dieser Verfahren. Die maßgebliche bundesgesetzliche Vorgabe ergibt sich aus Anlage 1 Spalte 2, indem dort durch den *Buchstaben L* die landesgesetzliche Normierung der UVP-Pflicht vorgesehen ist. Es handelt sich dabei um die Sachbereiche *»Wasserhaushalt«* sowie *»Naturschutz und Landschaftspflege«*, die im *unteren Größen- oder Leistungsbereich* liegen. Den darüber liegenden Bereich der obligatorischen UVP-Pflicht (insbes. größere wasserwirtschaftliche Vorhaben) erfasst die Anlage 1 Spalte 1 (Buchst. X).

1

2 Regelungsinhalte

Der Regelungsauftrag an die Länder beinhaltet eine materielle und eine zeitliche Komponente. Die zeitliche Komponente ist nicht konkretisiert, ergibt sich aber aus der Natur der Sache. Das geltende Landesrecht, und zwar sowohl die Landes-UVPG als auch die Wasser- und Naturschutzgesetze der Länder, sind *möglichst umgehend* entsprechend dem bundesgesetzlichen Regelungsauftrag und den Vorgaben der Bundesgesetze (UVPG, WHG, BNatSchG) anzupassen. Inhaltlich gibt der § 3 d den Ländern vor, entsprechend dem Rahmen gem. Anlage 1 Spalte 2, Buchstabe L die Umsetzung vorzunehmen. Dabei legt die bundesgesetzliche Regelung nicht fest, *nach welchem*

2

§ 3 d *UVP-Pflicht nach Maßgabe des Landesrechts*

Konzept die Feststellung der UVP-Pflicht durch Landesrecht erfolgen muss. Den Ländern steht offen, Folgendes vorzusehen:
- Größen- oder Leistungswerte,
- allgemeine oder standortbezogene Vorprüfungen des Einzelfalles,
- Kombination der beiden vorgenannten Verfahren.

3   Das Schwergewicht der notwendigen landesgesetzlichen Regelungen betrifft den Sachkomplex »*wasserwirtschaftlichen Vorhaben mit Benutzung oder Ausbau eines Gewässers*« gem. Nr. 13. der Anlage 1 Spalte 2. Dazu gehören insgesamt 15 einzeln aufgelistete Vorhaben unterschiedlichster Art, ergänzt durch den Auffangtatbestand »sonstige Ausbaumaßnahmen« gem. Nr. 13.16. Weiterhin unterfallen § 3 d die beiden Fälle forstlicher Vorhaben gem. Nr. 17. der Anlage 1 Spalte 2, nämlich Erstaufforstung mit weniger 50 ha Wald und Rodung/Waldumwandlung mit weniger als 10 ha Wald. Oberhalb dieser beiden Werte findet nach bundesgesetzlicher Vorgabe zwingend eine UVP statt (Anlage 1 Spalte 1, Buchstabe X).

§ 3e Änderungen und Erweiterungen UVP-pflichtiger Vorhaben

(1) Die Verpflichtung zur Durchführung einer Umweltverträglichkeitsprüfung besteht auch für die Änderung oder Erweiterung eines Vorhabens, für das als solches bereits eine UVP-Pflicht besteht, wenn
1. in der Anlage 1 für Vorhaben der Spalte 1 angegebene Größen- oder Leistungswerte durch die Änderung oder Erweiterung selbst erreicht oder überschritten werden oder
2. eine Vorprüfung des Einzelfalls im Sinne des § 3c Abs. 1 Satz 1 und 3 ergibt, dass die Änderung oder Erweiterung erhebliche nachteilige Umweltauswirkungen haben kann; in die Vorprüfung sind auch frühere Änderungen oder Erweiterungen des UVP-pflichtigen Vorhabens einzubeziehen, für die nach der jeweils geltenden Fassung dieses Gesetzes keine Umweltverträglichkeitsprüfung durchgeführt worden ist.

(2) Für die Erweiterung der in der Anlage 1 Nr. 18.1 bis 18.8 sowie für eine Änderung der in der Anlage 1 Nr. 18.8 aufgeführten Vorhaben gilt Absatz 1 Nr. 2 mit der Maßgabe, dass der dort jeweils für den Bau des entsprechenden Vorhabens einschlägige Prüfwert erreicht oder überschritten wird.

Übersicht		Rn.			Rn.
1	Allgemeines	1	3.1.1	UVP-Pflicht des vorhandenen Vorhabens	8
2	Gesetzesgeschichte	2			
2.1	Vorgaben der UVP-Änderungsrichtlinie	2	3.1.2	UVP-Pflicht des Änderungsvorhabens gem. Abs. 1 Ziffer 1.	10
2.2	Innerstaatliche Entstehung	3	3.1.3	UVP-Pflicht des Änderungsvorhabens gem. Abs. 1 Ziffer 2.	11
3	Regelung im Einzelnen	7			
3.1	UVP-pflichtige Tatbestände (Abs. 1)	7	3.2	Ausnahmetatbestände (Abs. 2)	13

1 Allgemeines

§ 3e Abs. 1 enthält – abweichend von der bisherigen Rechtslage vor der Gesetzesneufassung 2001 – nunmehr eine *einheitliche Regelung* der UVP-Pflicht von **Änderungen und Erweiterungen** eines Vorhabens. Wesentliche Voraussetzung ist, dass das *bestehende Vorhaben* als solches bereits UVP-pflichtig ist. Die Regelung dient der Umsetzung von Anhang II Nr. 13, 1. Anstrich der UVP-ÄndRL, der einheitlich die Änderung oder Erweiterung bestehender Projekte erfasst. Änderungen und Erweiterungen bereits als solcher UVP-pflichtiger Vorhaben lösen gem. § 3e Abs. 1 Ziffer 1 und 2 in zwei Fällen die UVP-Pflicht des Änderungsvorhabens aus: 1

– Die Änderung oder Erweiterung erreicht oder überschreitet selbst die Größen- oder Leistungswerte gem. Anlage 1 Spalte 1,
– Eine Vorprüfung des Einzelfalles gem. § 3c ergibt die Möglichkeit erheblicher nachteiliger Umweltauswirkungen des Änderungsvorhabens.

§ 3e Abs. 2 beinhaltet Ausnahmetatbestände für die aufgeführten Vorhaben.

2 Gesetzesgeschichte

2.1 Vorgaben der UVP-Änderungsrichtlinie

2 Die UVP-ÄndRL enthält gem. **Anhang II Ziffer 13., 1. Anstrich** folgende Vorgabe:
»*Die Änderung oder Erweiterung von bereits genehmigten, durchgeführten oder in der Durchführungsphase befindlichen Projekten des Anhangs I oder II, die erhebliche nachteilige Auswirkungen auf die Umwelt haben können.*«
Die Regelung ist allgemeiner gefasst als das UVPG. Insbesondere erfährt sie durch die Aufteilung in die beiden Tatbestände gem. §§ 3b Abs. 3 und 3e eine **Spezifizierung**. Anhang II Ziffer 13, 1. Anstrich der UVP-ÄndRL unterscheidet nicht zwischen den Fällen des sog. »Hineinwachsens in die UVP-Pflicht« und der UVP-Pflicht für das Änderungsvorhaben als solches. Das EG-Recht ist aber offen für die differenzierende nationale Regelung. Art. 4 Abs. 2 UVP-ÄndRL gibt auch für die Änderungen oder Erweiterungen (Anhang II Ziffer 13, 1. Anstrich) die beiden Varianten der Einzelfalluntersuchung oder entsprechend Schwellenwerten bzw. Kriterien vor. § 3e Abs. 1 *kombiniert* mit den beiden Fällen der Ziffer 1. und 2. diese beiden Alternativen. Art. 4 Abs. 2 S. 2 UVP-ÄndRL gestattet ausdrücklich eine solche Verfahrenskombination.

2.2 Innerstaatliche Entstehung

3 Der Gesetzentwurf hat **mehrere Änderungen** erfahren, und zwar zum einen im Gesetzgebungsverfahren auf Grund von Vorschlägen des Bundestags-Umweltausschusses und zum anderen im Vermittlungsverfahren. Der Bundestags-Umweltausschuss hat im Abs. 1 (vor Nr. 1) die Ergänzung empfohlen:« ... *Vorhabens, für das als solches bereits eine UVP-Pflicht besteht, wenn* ...« Damit solle deutlich herausgestellt werden, dass § 3e Abs. 1 nur solche Fälle regele, in denen bereits ein UVP-pflichtiges Vorhaben vorliegt, das geändert oder erweitert werden soll. Auf diese Weise würde der Unterschied zu § 3b Abs. 3 klarer gefasst. § 3b Abs. 3 regele demgegenüber den Fall, in welchem die Größen- und Leistungswerte durch die Erweiterung eines bestehenden Vorhabens erstmals erreicht oder überschritten werden (sog. »Hineinwachsen in die UVP-Pflicht«).[1] Der Bundestags-Umweltausschuss hat außerdem in Abs. 1 Nr. 1 den Zusatz »*der Spalte 1*« ergänzt. Als Begründung verwies der Bundestags-Umweltausschuss auf Folgendes:[2]
»*Die Ergänzung von § 3e Abs. 1 Nr. 1 dient der Klarstellung und folgt einer Empfehlung der Ausschüsse des Bundesrates (BR-Drs. 674/1/00, Nr. 27). Eine zwingende Verpflichtung zur Durchführung einer Umweltverträglichkeitsprüfung bei Änderungen oder Erweiterungen von UVP-pflichtigen Vorhaben kann nur in den Fällen vorgesehen werden, in denen durch eine Änderung oder Erweiterung Größen- und Leistungswerte selbst erreicht oder überschritten werden, die bei den in der Anlage 1 genannten Vorhaben eine UVP-Pflicht zwingend begründen. In den übrigen Fällen muss es bei der Einzelfallprüfung bleiben*«.

4 Der **Bundestags-Umweltausschuss** hat des Weiteren eine Änderung des Abs. 1 Nr. 2 wie folgt empfohlen:« ... ergibt, dass die Änderung oder Erweiterung *oder das beste-*

---
1 BT-Drs. 14/5750, S. 128.
2 BT-Drs. 14/5750, S. 128.

hende Vorhaben auf Grund der Änderung oder Erweiterung* erhebliche nachteilige Umweltauswirkungen haben kann«. Zur Begründung hat der Bundestags-Umweltausschuss Folgendes erläutert:

»Bei der UVP-Pflicht bei Änderungen oder Erweiterungen eines Vorhabens nach § 3 e Abs. 1 Nr. 2 UVPG ist unklar, ob nur die Erweiterung oder Änderung als solche oder auch das aufgrund der Änderung oder Erweiterung neu entstandene Vorhaben insgesamt darauf zu untersuchen ist, ob eine UVP-Pflicht erforderlich ist. Die erheblichen Umweltauswirkungen können gerade auf dem Zusammenwirken des bestehenden Vorhabens mit der Änderung oder Erweiterung beruhen, z. B. kann der Ausbau eines Stauwerkes für sich genommen mit geringen Umweltauswirkungen verbunden sein, während die insgesamt damit erzielte Aufstauung den für den Erhalt von Flora und Fauna im Gewässer notwendigen Mindestpegel nun unterschreitet. Es entspricht auch der Intention von Anhang II Nr. 13 UVP-Richtlinie, nicht nur die Änderung oder Erweiterung, sondern auch das geänderte oder erweiterte Vorhaben insgesamt zum Gegenstand der Vorprüfung zu machen, denn nach der Richtlinie ist ausschlaggebend, ob das Projekt nach der Änderung oder Erweiterung erhebliche nachteilige Auswirkungen auf die Umwelt haben kann.«

Schließlich hat der Bundestags-Umweltausschuss in Abs. 1 Ziffer 2 die Verweisung auf § 3 c Abs. 1 Satz 3 ergänzt («... im Sinne des § 3 c Abs. 1 Satz 1 **und** 3 ergibt, dass ...«). Durch diese weitere Ergänzung werde sichergestellt, dass auch bei der Feststellung der UVP-Pflicht bei Änderungen und Erweiterungen UVP-pflichtiger Vorhaben im Wege der Vorprüfung berücksichtigt werden könne, ob Umweltauswirkungen durch die vom Träger des Vorhabens vorgesehenen **Vermeidungs- und Verminderungsmaßnahmen** offensichtlich ausgeschlossen werden. Damit werde dem Anliegen der Ausschussempfehlungen des Bundesrates (BR-Drs. 674/1/00, Nr. 29) Rechnung getragen.[3]

Die o. g. Ergänzung des Abs. 1 Nr. 2. um die Wendung »oder das bestehende Vorhaben auf Grund der Änderung oder Erweiterung« gem. dem Gesetzesbeschluss im 1. Durchgang des Gesetzgebungsverfahrens hat wiederum im **Vermittlungsverfahren** eine *Abänderung* wie folgt erfahren[4]:
– Die Einfügung dieser Wendung wurde auf Grund der Beschlussempfehlung des Vermittlungsausschusses wieder *gestrichen,*
– Im Abs. 1 Ziffer 2 wurde ein **Halbsatz angefügt**:
»in die Vorprüfung sind auch frühere Änderungen oder Erweiterungen des UVP-pflichtigen Vorhabens einzubeziehen, für die nach der jeweils geltenden Fassung dieses Gesetzes keine Umweltverträglichkeitsprüfung durchgeführt worden ist«.

Die vorgenannte Ergänzung entspricht dem nunmehr geltenden Gesetzeswortlaut. Eine Begründung zu dieser Streichung/Ergänzung nach dem Vorschlag des Vermittlungsausschusses existiert nicht.

---

3 BT-Drs. 14/5750, S. 128.
4 Beschluss des Vermittlungsausschusses vom 2.6.2001, BT-Drs. 14/6357.

3 Regelung im Einzelnen

3.1 UVP-pflichtige Tatbestände (Abs. 1)

7   Abs. 1 enthält folgende **Voraussetzungen** für die UVP-Pflicht von Änderungen und Erweiterungen bestehender Vorhaben:
– UVP-Pflicht für das *vorhandene Vorhaben*,
– Erfüllung der Voraussetzungen des Abs. 1
  – Ziffer 1 im Falle von **Größen- oder Leistungswerten** gem. Anlage 1 Spalte 1,
  – Ziffer 2 im Falle der Bejahung erheblicher nachteiliger Umweltauswirkungen auf Grund einer **Vorprüfung des Einzelfalls**.

3.1.1 UVP-Pflicht des vorhandenen Vorhabens

8   Erste Voraussetzung zur Bejahung der UVP-Pflicht der Änderungen und Erweiterungen eines vorhandenen Vorhabens ist die **UVP-Pflicht des bestehenden Vorhabens**. Nach dem Gesetzeswortlaut muss dieses Vorhaben *als solches* bereits UVP-pflichtig sein. Darunter fallen auch Vorhaben, für die noch *keine UVP durchgeführt* worden ist, die aber der *UVP-Pflicht unterliegen*. Nach der Gesetzesbegründung ist für diese Frage entscheidend, ob die §§ 3a bis 3f i.V.m. Anlage 1 erfüllt werden.[5] Maßgeblich ist die *heutige Gesetzeslage* mit den erweiterten UVP-Pflichten. Eine andere Auslegung verbietet sich wegen des Wortlauts des Abs. 1 («... UVP-Pflicht *besteht* ...»). Ergibt sich für die vorhandene Anlage bereits nach Anlage 1 Spalte 1 (Buchst. X) die UVP-Pflicht in zwingendem Sinne, so ist die in Rede stehende erste Voraussetzung des § 3e Abs. 1 ohne weiteres erfüllt. Soweit aber für das vorhandene Vorhaben die UVP-Pflicht allein nach Anlage 1 Spalte 2 in Betracht kommt, sind **Einzelfallprüfungen** gem. § 3c vorauszusetzen. Da diese Vorprüfungen des Einzelfalls ergebnisoffen durchgeführt werden, muss des Weiteren entschieden werden, wie das Erfordernis einer *bestehenden* UVP-Pflicht des zu ändernden oder des zu erweiternden Vorhabens zu verstehen ist. Zwei Möglichkeiten sind denkbar:
– das Vorprüfungsverfahren muss tatsächlich mit dem Ergebnis einer Bejahung der UVP-Pflicht durchgeführt worden sein;
– es wird lediglich eine prognostische Entscheidung dahingehend getroffen, ob das Vorprüfungsverfahren ein bejahendes Ergebnis hätte.

Der Gesetzeswortlaut einer bestehenden UVP-Pflicht spricht für die Annahme, dass die Einzelfallprüfung gem. § 3c tatsächlich durchgeführt worden sein muss, mit positivem Ergebnis. Auch nach Sinn und Zweck der Vorschrift ist nichts Durchgreifendes dafür ersichtlich, dass die prognostische Beurteilung, die sicherlich mit Durchführungsschwierigkeiten verbunden wäre, ausreichend sein sollte. Im Ergebnis setzt daher das Tatbestandsmerkmal der bestehenden UVP-Pflicht gem. § 3e Abs. 1 Satz 1 entweder die Erfüllung der Kriterien gem. Anhang 1 Spalte 1 (Buchst. X) voraus oder aber die tatsächliche Durchführung einer Einzelfallprüfung gem. § 3c, soweit Tatbestände gem. Anlage 1 Spalte 2 (Buchst. S oder A) in Rede stehen. Der Großteil der relevanten Anwendungsfälle dürfte im übrigen Fälle betreffen, bei denen die vorhandenen Anlagen bereits nach dem UVPG a.F. (tatsächlich) der UVP unterzogen worden sind.

---

5   BT-Drs. 14/4599, S. 97; ebenso *Feldmann*, DVBl. 2001, 589, 596.

Änderungen und Erweiterungen UVP-pflichtiger Vorhaben § 3 e

Nach dem Gesetzeswortlaut sowie nach der Begründung zum Gesetzentwurf[6] und der Begründung zum Vorschlag des Bundestags-Umweltausschusses[7] stehen § 3 e und § 3 b Abs. 3, der das sog. »Hineinwachsen in die UVP-Pflicht« regelt, zueinander im Verhältnis der **Alternativität**. 9

3.1.2 UVP-Pflicht des Änderungsvorhabens gem. Abs. 1 Ziffer 1

Gem. Abs. 1 Ziffer 1 besteht die UVP-Pflicht für Änderungen und Erweiterungen, wenn »durch die **Änderung oder Erweiterung selbst**« die in Anlage 1 Spalte 1 angegebenen *Größen- oder Leistungswerte* erreicht oder überschritten werden. Dies bedeutet, dass das Änderungsvorhaben, das als solches Verfahrensgegenstand ist, seiner Art und seinem Umfang nach an den Vorgaben der *Anlage 1, Spalte 1, Buchst. X*, zu messen ist. Auslegungsfragen ergeben sich insoweit grundsätzlich ebenso wenig, wie bei der Feststellung der UVP-Pflicht gem. § 3 b Abs. 1. 10

In der Gesetzesbegründung wird darauf hingewiesen, dass die Regelung dem Urteil des EuGH vom 11. 8. 1995 in der Rechtssache Großkrotzenburg[8] Rechnung trage, mit dem dieser entschieden hat, dass die Erweiterung eines bestehenden Vorhabens, die für sich betrachtet bereits den maßgeblichen Schwellenwert nach Anhang I der UVP-RL überschreitet, in jedem Fall UVP-pflichtig ist.

3.1.3 UVP-Pflicht des Änderungsvorhabens gem. Abs. 1 Ziffer 2

Die Feststellung der UVP-Pflicht gem. Abs. 1 Ziffer 2 ist komplexer als diejenige gem. Ziffer 1. Es muss die **Vorprüfung des Einzelfalles** im Sinne des § 3 c Abs. 1 S. 1 und 3 ergeben, dass die Änderung oder Erweiterung *erhebliche nachteilige Umweltauswirkungen haben kann*. Verwiesen wird nicht auf § 3 c Abs. 1 S. 2 betr. die *standortbezogene* Vorprüfung des Einzelfalls. Darin liegt kein Redaktionsversehen. Nach der Gesetzesbegründung lehnt sich die Vorschrift eng an die Regelung des Anhangs II Ziffer 13, 1. Anstrich der UVP-ÄndRL an.[9] Die maßgeblichen Voraussetzungen für die danach allein erforderliche *allgemeine* Vorprüfung des Einzelfalls ergeben sich aus § 3 c Abs. 1 S. 1 i. V. m. Anlage 1 Spalte 2 (Buchstabe A) und Anlage 2. 11

Die *allgemeine* Vorprüfung des Einzelfalls gem. Abs. 1 Ziffer 2 erfährt eine zusätzliche Komponente auf Grund des **Halbsatzes 2**, der durch Vorschläge im *Vermittlungsverfahren* eingefügt worden ist. Es sind danach »auch frühere Änderungen oder Erweiterungen des UVP-pflichtigen Vorhabens einzubeziehen, für die nach der jeweils geltenden Fassung dieses Gesetzes keine UVP durchgeführt worden ist«. Relevant sind danach allein frühere Änderungen oder Erweiterungen des vorhandenen Vorhabens. Der Tatbestand ist nicht identisch mit dem Ergänzungsvorschlag, den der Bundestags-Umweltausschuss im Gesetzgebungsverfahren unterbreitet hat, der aber später wieder gestrichen wurde. Dort wurde auf *die Einheit* des bestehenden Vorhabens mit der Änderung oder Erweiterung abgestellt.[10] Die früheren Änderungen oder Erweiterungen des vorhandenen Vorhabens sind dann in die Vorprüfung einzubeziehen, wenn insoweit 12

---

6 BT-Drs. 14/4599, S. 97.
7 BT-Drs. 14/5750, S. 128.
8 Rs C-431/92, Kommission der EG gegen Bundesrepublik Deutschland, E 1995, I-2189.
9 BT-Drs. 14/4599 S. 98.
10 BT-Drs. 14/5750, S. 128: »... ergibt, dass die Änderung oder Erweiterung *oder das bestehende Vorhaben auf Grund der Änderung oder Erweiterung* ...«

Karsten Dienes 149

§ 3 e   *Änderungen und Erweiterungen UVP-pflichtiger Vorhaben*

noch *keine UVP durchgeführt* worden ist. Dies versteht sich nicht von selbst, denn es können durchaus derartige Fälle von Anlagenänderungen mit UVP vorliegen, die nach dem klaren gesetzlichen Wortlaut aber bei der Vorprüfung gem. § 3 e Abs. 1 Nr. 2 ausscheiden müssen. Abzustellen ist auf das tatsächliche Durchführen der UVP und nicht auf die normative Lage, auch wenn der Wortlaut in diesem Sinne missverstanden werden könnte (»nach der jeweils geltenden Fassung dieses Gesetzes«). Damit wird der Gesetzgeber lediglich zum Ausdruck gebracht haben, dass nach den wechselnden gesetzlichen Grundlagen unterschiedliche behördliche Entscheidungen bzgl. der UVP zu treffen waren.

3.2 Ausnahmetatbestände (Abs. 2)

13   Gemäß Abs. 2 bestehen Ausnahmen für bestimmte Vorhaben des **Bauplanungsrechts**. Es geht erstens um **Erweiterungen** der in der *Anlage 1 Nr. 18.1 bis 18.8* vorgesehenen Vorhaben. Dabei handelt es sich um sämtliche bundesrechtlich geregelten bauplanungsrechtlichen Vorhaben, wie z. B. Feriendörfer, Einkaufszentren, Städtebauprojekte etc. Erfasst werden zweitens **Änderungen** der Vorhaben gem. Anlage 1 Nr. 18.1. Diese betreffen die bauplanungsrechtlichen Vorhaben gem. Nr. 18.1 bis 18.7, soweit die genannten Voraussetzungen erfüllt sind. Der Ausnahmetatbestand des Abs. 2 beinhaltet, dass der jeweils für den Bau des entsprechenden Vorhabens einschlägige *Prüfwert erreicht oder überschritten* werden muss. Diese Werte sind in den Fällen gem. Abs. 2 ausschlaggebend. Zu ermitteln ist, ob die Erweiterungen oder Änderungen zur Erreichung oder Überschreitung der jeweiligen Prüfwerte führen.

§ 3 f UVP-pflichtige Entwicklungs- und Erprobungsvorhaben

(1) Sofern ein in der Anlage 1 Spalte 1 aufgeführtes Vorhaben ausschließlich oder überwiegend der Entwicklung und Erprobung neuer Verfahren oder Erzeugnisse dient (Entwicklungs- und Erprobungsvorhaben) und nicht länger als zwei Jahre durchgeführt wird, kann von einer Umweltverträglichkeitsprüfung abgesehen werden, wenn eine Vorprüfung des Einzelfalls nach § 3 c Abs. 1 Satz 1 unter besonderer Berücksichtigung der Durchführungsdauer ergibt, dass erhebliche nachteilige Umweltauswirkungen des Vorhabens nicht zu besorgen sind.

(2) Für ein in der Anlage 1 Spalte 2 aufgeführtes Vorhaben, das ein Entwicklungs- und Erprobungsvorhaben ist, gilt die allgemeine Regelung des § 3 c Abs. 1

Übersicht		Rn.			Rn.
1	Allgemeines	1	2.2	Entwicklungs- und Erprobungsvorhaben (Abs. 1)	3
2	Regelungen im Einzelnen	2			
2.1	Gesetzesgeschichte	2	2.3	Klarstellung der Anwendung von § 3 c Abs. 1 (Abs. 2)	4

1 Allgemeines

Die Vorschrift ist mit der Fassung 2001 **neu** in das UVPG eingefügt worden. Die gemeinschaftsrechtliche Grundlage befindet sich in Anhang II, Nr. 13., 2. Anstrich der UVP-ÄndRL. Dort ist Folgendes geregelt:

»*Projekte des Anhangs I, die ausschließlich oder überwiegend der Entwicklung und der Erprobung neuer Verfahren oder Erzeugnisse dienen und nicht länger als zwei Jahre betrieben werden.*«

Die Regelung ermöglicht der zuständigen Behörde, in den Fällen von **Entwicklungs- und Erprobungsverfahren** von der *UVP abzusehen*. Die ist aber nur unter den aufgeführten Voraussetzungen möglich und liegt im Behördenermessen.

1

2 Regelungen im Einzelnen

2.1 Gesetzesgeschichte

Der § 3 f hat im Gesetzgebungsverfahren **keine Änderungen** erfahren.

2

2.2 Entwicklungs- und Erprobungsvorhaben (Abs. 1)

Die Regelung enthält zur Ermöglichung eines Absehens von der UVP drei Voraussetzungen:
– Vorhaben gem. Anlage 1 Spalte 1,
– Vorhaben, das ausschließlich oder überwiegend der Entwicklung und Erprobung neuer Verfahren oder Erzeugnisse dient,
– keine längere Durchführung als zwei Jahre.

3

§ 3 f *UVP-pflichtige Entwicklungs- und Erprobungsvorhaben*

Es muss sich als Erstes um ein Vorhaben gem. **Anlage 1 Spalte 1** handeln. Dies ergibt sich daraus, dass nur in den dort genannten Fällen zwingender UVP-Pflicht eine derartige Ausnahmeentscheidung notwendig wird. In den Fällen gem. Anlage 1 Spalte 2 sind ohnehin allgemeine oder standortbezogene Vorprüfungen des Einzelfalls erforderlich.[1] Die zweite Voraussetzung betrifft die eigentliche inhaltliche Umschreibung dessen, was unter »Entwicklungs- und Erprobungsvorhaben« i. S. d. § 3 f Abs. 1 zu verstehen ist. Es muss sich um Vorhaben handeln, die auf die Entwicklung oder Erprobung entweder **neuer Verfahren** oder **neuer Erzeugnisse** ausgerichtet sind. Dabei ist ausreichend, wenn diese Entwicklungs- und Erprobungsabsicht »*ausschließlich oder überwiegend*« verfolgt wird. Darin liegt ein einschränkendes Tatbestandsmerkmal, das auf Grund seiner Unbestimmtheit nur im Einzelfall beurteilt werden kann. Die in Rede stehenden Zwecke sind *dann* überwiegend, wenn sie *im Wesentlichen* verfolgt werden oder, anders formuliert, wenn das **Schwergewicht** des Vorhabens darauf liegt. Die dritte Voraussetzung betrifft eine zeitliche Komponente: Das Vorhaben darf für keine längere Zeit als **zwei Jahre** durchgeführt werden. Rechtsfolge der Bejahung eines dementsprechenden Entwicklungs- und Erprobungsvorhabens ist das Absehen von der Durchführung einer UVP.

Die Entscheidung darüber liegt, wie sich aus dem Wortlaut ergibt (»kann«), im Behördenermessen. Sie ist zusätzlich gelenkt durch weitere Tatbestandsmerkmale, die auf Grund einer *Vorprüfung des Einzelfalls* nach § 3 c Abs. 1 Satz 1 zu bewerten sind. Soweit in dieser Hinsicht die **Durchführungsdauer** eine besondere Berücksichtigung finden soll, ist dies so zu verstehen, dass eine kürzere Betriebsdauer eine geringere Relevanz des Vorhabens und damit tendenziell die Verneinung der UVP-Pflicht nahe legt.

2.3 Klarstellung der Anwendung von § 3 c Abs. 1 (Abs. 2)

4   Abs. 2 hat *klarstellende* Funktion. Im **§ 3 c Abs. 1** wird im Einzelnen geregelt, unter welchen Voraussetzungen allgemeine oder standortbezogene Vorprüfungen des Einzelfalles durchzuführen sind und welche Zielsetzungen gelten.

---

1   Vgl. Gesetzesbegründung, BT-Drs. 14/4599, S. 98.

§ 4 Vorrang anderer Rechtsvorschriften

Dieses Gesetz findet Anwendung, soweit Rechtsvorschriften des Bundes oder der Länder die Prüfung der Umweltverträglichkeit nicht näher bestimmen oder in ihren Anforderungen diesem Gesetz nicht entsprechen. Rechtsvorschriften mit weitergehenden Anforderungen bleiben unberührt.

§ 4 ist als die im Gesetzgebungsverfahren politisch umstrittenste Regelung des UVPG bezeichnet worden.[1] Gleichwohl wurde der Formulierungsvorschlag der Bundesregierung[2] seinerzeit unverändert in das Gesetz übernommen. Die Vorschrift regelt das Verhältnis des UVPG zu anderen Rechtsvorschriften des Bundes und der Länder, die bei der Beurteilung UVP-pflichtiger Vorhaben zur Anwendung gelangen. 1

Die Regelung des § 4 hat zentrale Bedeutung für das UVPG als einer bundesgesetzlichen Normierung über die Mindestanforderungen an die richtlinienkonforme Durchführung der UVP.[3] Danach hat das UVPG Vorrang gegenüber fachspezifischen Rechtsvorschriften zur UVP, soweit diese keine oder nur solche Regelungen enthalten, die den Mindestanforderungen des Gesetzes nicht genügen. Umgekehrt verdrängt das Fachrecht das UVPG, wenn und soweit es gleichlautende oder weitergehende Anforderungen an die Durchführung einer UVP enthält.[4] Die Subsidiarität des UVPG gründet sich auf die grundsätzlich größere Sachnähe fachspezifischer Vorschriften und überkommener Strukturen des deutschen Rechts.[5] Nach dem Grundsatz der Subsidiarität ist zunächst zu prüfen, ob die das Vorhaben erfassenden fachgesetzlichen Rechtsvorschriften UVP-Regelungen enthalten und ob diese Regelungen ggf. das Anspruchsniveau des UVPG erreichen. Die Subsidiaritätsklausel kann die vollständige Verdrängung des UVPG zur Folge haben.[6] Von Fall zu Fall werden deshalb unterschiedliche Regelungswerke die UVP-Vorschriften stellen. Vorrangige fachrechtliche Regelungen liegen bspw. in Gestalt der novellierten 9. BImSchV oder der AtVfV vor.[7] 2

Eine Konkretisierung des Grundsatzes der Subsidiarität enthält die Spezialregelung des § 6 Abs. 2 im Hinblick auf die vom Vorhabenträger für die Durchführung einer UVP vorzulegenden Unterlagen. Voraussetzung für den Vorrang ist, dass die Fachregelungen[8] die in § 6 Abs. 3 und 4 aufgeführten Unterlagen im Einzelnen festlegen. In diesem Fall können keine Anforderungen an den Träger des Vorhabens gestellt werden, die über das Fachrecht hinausgehen.[9] 3

1 *Bohne*, ZAU 1990, 341 (344).
2 Begr. RegEntw. UVPG, BT-Drs. 11/3919, S. 5.
3 *Bohne*, ZfB 1989, 93 (100); ders., ZAU 1990, 341 (344); *Gallas*, in: Landmann/Rohmer, UVPG, Vorb. Rn. 41.
4 Von einem Missgriff sprechen insoweit *Soell/Dirnberger*, NVwZ 1990, 705 (706).
5 So Begr. RegEntw. UVPG, BT-Drs. 11/3919, S. 23.
6 *Sachs*, in: Stelkens/Bonk/Sachs, VwVfG, § 63 Rn. 56.
7 *Hoppe/Beckmann/Kauch*, Umweltrecht, § 8 Rn. 78; *Sachs*, in: Stelkens/Bonk/Sachs, VwVfG, § 63 Rn. 57; vgl. auch *Schink/Erbguth*, DVBl. 1991, 413 (415); *Gallas*, in: Landmann/Rohmer, UVPG, Vorb. Rn. 41.
8 Vgl. z. B. §§ 4–4e der 9. BImSchV.
9 Begr. RegEntw. UVPG, BT-Drs. 11/3919, S. 24; *Jarass*, NuR 1991, 201 (203) m.w.N.; *Gallas*, in: Landmann/Rohmer, UVPG, Vorb. Rn. 42; vgl. näher dazu unten § 6 Rn. 8.

4 Da die fachgesetzlichen UVP-Vorschriften mit den Regelungen des UVPG abzugleichen sind, wird die Auslegung des Fachrechts nach Maßgabe des UVPG erfolgen müssen. Insoweit kommt diesem Gesetz eine *Auslegungsfunktion* für UVP-Begriffe und UVP-Regelungen der Fachgesetze zu.[10] Führt die Interpretation zu dem Ergebnis, dass die fachgesetzlichen Rechtsvorschriften das Anspruchsniveau des UVPG erreichen, bleibt dieses insoweit ohne unmittelbare Relevanz.[11] Der fachgesetzliche Vorrang muss nicht notwendigerweise in Gänze bestehen. Die Überprüfung kann auch zu punktuellen Ergebnissen in dem Sinne führen, dass einzelne Bestimmungen des Fachgesetzes dem UVPG entsprechen oder weitergehende Anforderungen stellen, andere Vorschriften hingegen hinter den Anforderungen des Gesetzes zurückbleiben oder keine Regelung enthalten.[12] In einem solchen Fall besteht der fachgesetzliche Vorrang nur parziell. Das UVPG kommt insoweit lückenfüllend zur Anwendung.[13] Ob sich im Übrigen die an § 4 geknüpfte Erwartung einer Harmonisierung des vorhabenbezogenen Umweltrechts erfüllt,[14] bleibt weiterhin abzuwarten.

---

10 *Bohne*, in: Tettinger (Hrsg.), UVP, S. 13 (22); vgl. auch *Peters*, UVP-Richtlinie, S. 43.
11 Für einen vollständigen Vorrang der Fachgesetze *Dienes*, ET 1990, 727 (731).
12 Begr. RegEntw. UVPG, BT-Drs. 11/3919, S. 23.
13 *Erbguth*, Die Verwaltung 1991, 283 (298 f.); *Erbguth/Schink*, UVPG, § 4 Rn. 4; *Bunge*, in: HdUVP, § 7 Rn. 5 ff.; *Peters*, UVP-Richtlinie, S. 43; *Sachs*, in: Stelkens/Bonk/Sachs, VwVfG, § 63 Rn. 56.
14 In diesem Sinne *Bohne*, in: Tettinger (Hrsg.), UVP, S. 13 (22); *Erbguth/Schink*, UVPG, § 4 Rn. 5; kritisch demgegenüber *Soell/Dirnberger*, NVwZ 1990, 705 (706).

Abschnitt 2 Verfahrensschritte der Umweltverträglichkeitsprüfung

§ 5 Unterrichtung über voraussichtlich beizubringende Unterlagen

Sofern der Träger eines Vorhabens die zuständige Behörde vor Beginn des Verfahrens, das der Entscheidung über die Zulässigkeit des Vorhabens dient, darum ersucht oder sofern die zuständige Behörde es nach Beginn des Verfahrens für erforderlich hält, unterrichtet diese ihn entsprechend dem Planungsstand des Vorhabens und auf der Grundlage geeigneter Angaben zum Vorhaben frühzeitig über Inhalt und Umfang der voraussichtlich nach § 6 beizubringenden Unterlagen über die Umweltauswirkungen des Vorhabens. Vor der Unterrichtung gibt die zuständige Behörde dem Träger des Vorhabens sowie den nach § 7 zu beteiligenden Behörden Gelegenheit zu einer Besprechung über Inhalt und Umfang der Unterlagen. Die Besprechung soll sich auch auf Gegenstand, Umfang und Methoden der Umweltverträglichkeitsprüfung sowie sonstige für die Umweltverträglichkeitsprüfung erhebliche Fragen erstrecken. Sachverständige und Dritte können hinzugezogen werden. Verfügen die zuständige Behörde oder die zu beteiligenden Behörden über Informationen, die für die Beibringung der Unterlagen nach § 6 zweckdienlich sind, sollen sie diese Informationen dem Träger des Vorhabens zur Verfügung stellen.

Übersicht

		Rn.			Rn.
1	Allgemeines	1	2.2	Besprechungsgegenstände	14
1.1	Regelungsgegenstand	1	2.2.1	Gegenstand der UVP	15
1.2	Zweck und Bedeutung	3	2.2.2	Umfang der UVP	16
1.3	Gesetzesgeschichte	5	2.2.3	Methoden der UVP	17
1.4	Anwendungsbereich der Vorschrift	6	2.2.4	Sonstige erhebliche Fragen	18
1.4.1	Ausnahmebereiche	6	2.3	Form der Besprechung	19
1.4.2	Vorrangige Regelungen des Fachrechts	7		Hinzuziehung von Behörden, Sachverständigen und Dritten	20
1.4.3	Verhältnis zu anderen Vorschriften des UVPG	10	4	Unterrichtung über voraussichtlich beizubringende Unterlagen	21
1.5	Zuständige Behörde	11	4.1	Inhalt der Unterrichtung	21
1.6	Verwaltungsvorschriften	12	4.2	Form und Frist	22
2	Scoping-Termin – Besprechung über Inhalt und Umfang der Unterlagen	13	4.3	Rechtsqualität, Maßgeblichkeit des Planungsstands, Schadensersatz	23
2.1	Einleitung des Scoping	13	5	Informationspflicht der Behörden	24

1 Allgemeines

1.1 Regelungsgegenstand

Die Unterrichtung über voraussichtlich beizubringende Unterlagen ist ein dem eigentlichen Zulassungsverfahren vorangestelltes, normativ nur geringfügig durchformtes 1

§ 5 Unterrichtung über voraussichtlich beizubringende Unterlagen

Instrument zur frühzeitigen Abstimmung der Unterlagenbeibringspflicht des Vorhabenträgers nach § 6. Ihr gehen im Regelfall informale »Vorbesprechungen«, »Vorverhandlungen«, »projektbegleitende Gespräche« etc. voraus. Dies entspricht seit jeher gängiger Praxis in umfänglichen Zulassungsverfahren, um einzelne Fragen auch schon klären zu können, bevor mit erheblichem Zeit- und Kostenaufwand die für die förmliche Antragstellung erforderlichen Detailplanungen erstellt werden. § 5 anerkennt das in der Praxis auftretende Bedürfnis nach solchen Abstimmungen, gibt aber gleichzeitig und insoweit unter Preisgabe dessen, was das Informelle an sich kennzeichnet, ein – wenn auch grobmaschiges – Reglement für Inhalt und Ablauf des der UVP vorangestellten Dialogs zwischen Vorhabenträger und zuständiger Behörde vor. Dies rechtfertigt es, von einem »formalisierten Vorverfahren«[1] oder von einer »(Teil-)Formalisierung ansonsten informalen Verwaltungshandelns«[2] zu sprechen.

2 Nach anglo-amerikanischem und niederländischem Vorbild soll durch das Vorgespräch die Reichweite *(scope)* der für ein individuelles Vorhaben voraussichtlich erforderlichen Untersuchungen festgelegt, also ein sog. **Scoping** durchgeführt werden, das auf die behördliche Verpflichtung fokussiert wird, den Vorhabenträger über die voraussichtlich beizubringenden Unterlagen und damit über das für das Untersuchungsprogramm relevante Material zu unterrichten. Ein solches Vorgehen ermöglicht vor förmlicher Antragstellung und damit vor Beginn des eigentlichen Entscheidungsverfahrens eine erste Einschätzung des zu betreibenden Aufwands, um ein bestimmtes Vorhaben im Hinblick auf seine Umweltauswirkungen untersuchen zu können. Die Unterrichtung dient in erster Linie dem Vorhabenträger: Er soll Klarheit über die voraussichtliche Reichweite der Untersuchung seines Vorhabens gewinnen, damit auf möglichst sicherer – nämlich abgestimmter – Grundlage die Zusammenstellung oder Vervollständigung der nach § 6 einzureichenden Unterlagen erfolgen kann. Das Scoping setzt daher voraus, dass sich der Vorhabenträger rechtzeitig vor der geplanten Antragstellung an die zuständige Behörde richtet und sie auf der Grundlage geeigneter Unterlagen über das geplante Vorhaben informiert. Die Vorschrift erlegt der Behörde Beratungs- und Informationspflichten auf, wie S. 5 verdeutlicht, wonach die zuständige Behörde sowie die übrigen nach § 7 zu beteiligenden Behörden im Regelfall (»sollen«) verpflichtet sind, dem Vorhabenträger bei der Zusammenstellung der nach § 6 einzureichenden Unterlagen in bestimmtem Umfang Hilfen zu gewähren. Diese Informationspflicht nach S. 5 der Vorschrift besteht unabhängig von der Durchführung eines Scoping und ist im Regelungszusammenhang mit der Unterlagenbeibringungslast des Vorhabenträgers nach § 6 zu sehen.

1.2 Zweck und Bedeutung

3 Damit ist bereits der Zweck der das umweltrechtliche Kooperationsprinzip konkretisierenden Vorschrift in Umrissen beschrieben: Das Scoping mit abschließender Unterrichtung soll eine **Hilfestellung für den Vorhabenträger** bieten, ihm insbesondere – soweit das nach dem Planungsstand möglich ist – zu einer realistischen Einschätzung über den bestehenden Untersuchungsbedarf verhelfen. Insoweit handelt es sich um eine spezialgesetzliche Regelung der nach allgemeinem Verwaltungsverfahrensrecht bestehenden Auskunfts- und Beratungspflichten (§ 25 VwVfG). Im Übrigen ist die vorgela-

---

1 *Steinberg*, DVBl. 1988, 995 (1000).
2 *Erbguth/Schink*, UVPG, § 5, Rn. 24.

gerte Erörterung des voraussichtlichen Untersuchungsrahmens geeignet, das Zulassungsverfahren von potenziellem Konfliktstoff zu entlasten, die Befassung mit im Einzelfall unerheblichen und damit überflüssigen Angaben über das Vorhaben zu vermeiden und das Verfahren gleich zu Beginn so zu strukturieren, dass die Fülle der für die Durchführung der UVP erforderlichen Informationen im späteren Verfahren Schritt für Schritt verarbeitet werden kann. Damit dient das Scoping der **Vereinfachung, Beschleunigung und Akzeptanz der UVP**.³ Auch wenn die nach S. 1 erfolgende Unterrichtung nur Inhalt und Umfang der *voraussichtlich* beizubringenden Unterlagen festlegt und damit aus der Sicht des Vorhabenträgers keine endgültige Sicherheit im Hinblick auf die Vollständigkeit seiner später einzureichenden Antragsunterlagen gewährleisten kann, bietet das Scoping dem Vorhabenträger doch die Chance, späteren Überraschungen weitgehend vorzubeugen und sich frühzeitig – nämlich vor Abschluss der internen Projektplanung – über die behördlicherseits gestellten Anforderungen an die für die UVP relevanten Unterlagen zu informieren, diese mit ihr zu diskutieren und im Anschluß daran ggf. noch ausstehende Gutachten o. Ä. einzuholen. Ein auf ausreichender Informationsgrundlage und unter Beteiligung der maßgeblichen Fachbehörden durchgeführtes Scoping vermag das Risiko, in einem späteren Verfahrensstadium – und dann mit hohem und kostspieligem Zeitverlust – fehlende Unterlagen nachreichen sowie erneut öffentlich auslegen und (nach-) erörtern zu müssen, erheblich zu vermindern. Ein weiterer Vorteil des Scoping besteht darin, dass Meinungsunterschiede zwischen Antragsteller und UVP-Behörde über den Umfang der nach § 6 einzureichenden Unterlagen schon vor der Beteiligung der Öffentlichkeit und damit noch in einer Phase der Projektplanung ausgetragen werden können, in der ein gegenseitiges Nachgeben möglich erscheint, ohne in der Öffentlichkeit »Gesichtsverluste« erleiden zu müssen; dies setzt freilich voraus, dass von den Möglichkeiten der Drittbeteiligung kein oder nur sparsamer Gebrauch gemacht wird. Das Scoping darf aber andererseits nicht dazu missbraucht werden, hinter verschlossenen Türen die Herabsetzung der gesetzlichen Anforderungen an die UVP zu verabreden oder ihre Durchführung vor der Beteiligung der Öffentlichkeit vorwegzunehmen.

Es liegt in der Logik eines überwiegend im Interesse der Vorhabenträger geschaffenen Verfahrensinstruments, auch ihnen die Entscheidung zu belassen, von der Möglichkeit seines Einsatzes Gebrauch zu machen. Folgerichtig bestimmt die Vorschrift die Durchführung eines Scoping **nicht zur Voraussetzung für die Eröffnung des die UVP enthaltenen Zulassungsverfahrens**. Die Unterrichtung nach § 5 kann zwar – wie seit der Neufassung der Vorschrift durch das Artikelgesetz ausdrücklich klargestellt wird – auch ohne darauf gerichtetes Ersuchen des Vorhabenträgers auf Initiative der zuständigen Behörde stattfinden, aber gem. S. 2 ist dem Vorhabenträger zuvor lediglich Gelegenheit zu einer gemeinsamen Besprechung zu geben. Ein Zwang zur gemeinsamen Besprechung besteht daher nicht; die Unterrichtung kann vielmehr – wie schon nach altem Recht – auch ohne Durchführung eines Scoping-Termins stattfinden.⁴ Der Vorhabenträger ist daher nicht gehindert, entweder von vornherein ohne Erörterung des voraussichtlichen Untersuchungsrahmens Antragsunterlagen i. S. d. § 6 einzureichen,

4

---

3 So auch die UVPVwV in Nr. 0.4.1.
4 *Beckmann*, NVwZ 1991, 427 (428); *Gassner*, UPR 1990, 361 (363); *Bohne*, ZfB 1989, 93 (107); *Jarass*, UVP bei Industrievorhaben, 1987, S. 65; *Schoeneberg*, UVP, Rn. 105; a. A. aber *Jarass*, BImSchG, § 10 Rn. 22.

oder das Scoping abzubrechen, wenn keine Einigung mit der Behörde über den Untersuchungsrahmen erzielt werden kann. Das Verfahren nach § 5 hat somit die Bedeutung eines an den Vorhabenträger gerichteten Angebots. Wird es wahrgenommen, entstehen allein Pflichten der UVP-Behörde. Der Vorhabenträger wird in der Regel – vor allem bei sehr komplexen Verfahren und bei fehlender Erfahrung aus vergleichbaren Verfahren – gut beraten sein, von dem Gesprächsangebot der Behörde Gebrauch zu machen. Reicht er ohne vorangegangene gemeinsame Besprechung den Zulassungsantrag mit Unterlagen nach § 6 ein, kommt eine Unterrichtung über die voraussichtlich beizubringenden Unterlagen nach S. 1 als erste verfahrensleitende Maßnahme der Behörde gleichwohl, nämlich dann in Betracht, wenn sich herausstellt, dass die eingereichten Unterlagen den Anforderungen des § 6 nicht entsprechen. Mit der Unterrichtung können dann die noch beizubringenden Unterlagen nachgefordert werden. Auf diese Weise ist in jedem Fall gesichert, dass der Umfang der Untersuchung in Übereinstimmung mit dem im deutschen Verwaltungsverfahrensrecht herrschenden Untersuchungsgrundsatz (§ 24 VwVfG) von der Behörde bestimmt wird.

1.3 Gesetzesgeschichte

5   Scoping und Unterrichtung waren in der UVP-RL 1985 nicht vorgesehen, insoweit waren die vormaligen Regelungen des UVPG 1990 ohne EG-rechtliches Vorbild. Lediglich S. 4 der Vorschrift in der alten Fassung (jetzt S. 5) ging auf Art. 5 Abs. 3 UVP-RL 1985 zurück, der die Begründung von Informationspflichten aller Behörden, »die über zweckdienliche Informationen verfügen«, vorsah, aber den Mitgliedstaaten die Übernahme dieser Regelung ins nationale Recht freistellte. Die UVP-Änderungsrichtlinie übernahm das Instrument des Scoping in Art. 5 Abs. 2, sodass die Vorschrift im Rahmen der Neufassung des UVPG durch das Artikelgesetz lediglich geringfügig geändert werden musste. Die Änderungen sind eher redaktioneller Natur. S. 1 der neuen Fassung (Unterrichtung) entspricht S. 3 (alt), S. 2 und 3 der neuen Fassung entsprechen der Regelung in Satz S. 1 (alt), S. 4 der neuen Fassung (Hinzuziehung weiterer Stellen) entspricht der Regelung in S. 2 (alt) und S. 5 der neuen Fassung (Informationspflichten der Behörden) entspricht der Regelung nach S. 4 (alt). Die Unterrichtung wurde stärker auf die Unterlagenbeibringungslast des Vorhabenträgers ausgerichtet, während sie vormals auch den »voraussichtlichen Untersuchungsrahmen« zum Gegenstand hatte. Außerdem erfolgte mit der Neufassung die Klarstellung, dass die Unterrichtung auch ohne Antrag des Vorhabenträgers auf Initiative der Behörde erfolgen kann. Schließlich erweiterte die Neufassung den Kreis der informationspflichtigen Behörden.[5]

---

5   Auch hierdurch ist keine wesentliche Rechtsänderung eingetreten, da die beteiligten Behörden nach altem Recht über die Regelungen des Umweltinformationsgesetzes ebenfalls zur Auskunft und Informationserteilung verpflichtet werden konnten; s. Vorauflage, § 5 Rn. 5.

Unterrichtung über voraussichtlich beizubringende Unterlagen § 5

1.4 Anwendungsbereich der Vorschrift

1.4.1 Ausnahmebereiche

Die Vorschrift gilt nicht im **Bauleitplanverfahren** (§ 17)[6] und bei der **Rahmenbetriebsplanzulassung** UVP-pflichtiger Vorhaben des Bergbaus (§ 18);[7] im **Flurbereinigungsverfahren** gilt sie seit In-Kraft-Treten des Artikelgesetzes 2001, da dort § 19 S. 2 UVPG ersatzlos gestrichen worden ist.[8] Sie gilt im **Raumordnungsverfahren** nur dann, wenn das Landes(planungs-)recht ihre Geltung anordnet; dies folgt aus § 16 Abs. 3 S. 1, der angesichts nur begrenzter Gesetzgebungskompetenzen des Bundes nach Art. 75 Nr. 4 GG den Ländern die Entscheidung belässt, das Raumordnungsverfahren in Übereinstimmung mit oder abweichend von den §§ 5 bis 8 und 11 auszugestalten.[9] Im Übrigen kommt eine Anwendung des § 5 auch dann nicht in Betracht, »wenn die zuständige Behörde selbst Träger des Vorhabens ist oder wenn eine Behörde das Vorhaben plant und dabei die Bestimmung des Untersuchungsrahmens selbst vornimmt«.[10] Dies ist im Rahmen der **Linienbestimmung** von Bundesfernstraßen nach § 16 FStrG und Bundeswasserstraßen nach § 13 WaStrG der Fall.

6

1.4.2 Vorrangige Regelungen des Fachrechts

Vorrangige Geltung i. S. d. § 4 beansprucht das Fachrecht gegenüber den Regelungen des § 5 im Zulassungsverfahren bergbaulicher Vorhaben, die der **Planfeststellung nach dem BBergG** bedürfen, sowie **im Anwendungsbereich der 9. BImSchV und der AtVfV.**

7

Nach § 52 Abs. 2a S. 1 BBergG **ist die Aufstellung eines Rahmenbetriebsplans zu verlangen** und für dessen Zulassung ein Planfeststellungsverfahren durchzuführen, wenn ein Vorhaben nach § 57c BBergG UVP-pflichtig ist.[11] Das Verlangen ist ein Verwaltungsakt; es regelt verbindlich, dass für das geplante Vorhaben eine UVP durchzuführen ist. Auf der Grundlage dieses Verlangens soll die Behörde Gegenstand, Umfang und Methoden sowie sonstige Fragen der UVP erörtern.[12] Da das bergrechtliche Planfeststellungsverfahren neuer Art (mit UVP) nach § 52 Abs. 2a S. 1 BBergG mit dem behördlichen Verlangen beginnt, findet das Scoping nicht als dem Zulassungsverfahren vorgelagerter Schritt, sondern im Rahmen seiner Durchführung statt. Ebenso, wie in § 5 S. 2 allgemein vorgesehen, *können* nach § 52 Abs. 2a S. 2 HS. 2 BBergG andere Behörden, Sachverständige und Dritte hinzugezogen werden. In den bergrechtlichen Vorschriften fehlt indessen die Regelung einer die Erörterung abschließenden Unterrichtung über den voraussichtlichen Untersuchungsrahmen. Hat aber eine Erörterung auf der

8

---

6 Vgl. unten § 17 Rn. 81.
7 Vgl. aber die Parallelvorschrift des § 52 Abs. 2a BBergG sowie ausf. § 18 Rn. 31 zu den Besonderheiten der UVP für Vorhaben des Bergbaus *Boldt/Weller*, BBergG Erg.Bd., zu § 52, zu § 57a, zu § 57b, zu § 57c; *Bohne*, ZfB 1989, 93 ff.; *Molkenbur*, ZAU 1992, 207 ff.; *Knöchel*, NWVBl. 1992, 117 ff.
8 Vgl. unten § 19 Rn. 22.
9 *Hoppe/Appold/Haneklaus*, DVBl. 1992, 1203 (1207 f.); vgl. auch unten § 16 Rn. 13, 93.
10 So die Begr. d. RegE zu § 5, BT-Drs. 11/3919, S. 23.
11 Die UVP-pflichtigen Vorhaben des Bergbaus sind in § 1 der auf Grund des § 57c BBergG ergangenen UVP-V Bergbau vom 13. 7. 1990 (BGBl. I S. 1420) aufgeführt; vgl. i. e. die Kommentierung zu § 18.
12 Vgl. dazu i. e. *Boldt/Weller*, BBergG Erg.Bd., zu § 52 Rn. 31 ff.; ferner *Bohne*, ZfB 1989, 93 (107).

Grundlage des behördlichen Verlangens stattgefunden,[13] so ist die Behörde verpflichtet, den Vorhabenträger über das Ergebnis dieser Erörterung in angemessener Form zu unterrichten und ihm so, wie in der allgemeinen Regelung des § 5 S. 3 vorgesehen, den Untersuchungsrahmen für die UVP seines Vorhabens mitzuteilen. Die der Regelung in § 5 S. 4 entsprechende Bestimmung über die behördlichen Pflichten zur Unterstützung des Vorhabenträgers bei der Unterlagenbeschaffung findet sich in § 57a Abs. 3 BBergG.

9 Im Gegensatz zu den Besonderheiten aufweisenden Bestimmungen des Bergrechts, sieht die 9. BImSchV für das **immissionsschutzrechtliche Genehmigungsverfahren** Regelungen des Scoping vor, die mit denen in § 5 weitgehend identisch sind. In Entsprechung der Regelungen des § 5 bestimmt § 2a Abs. 1 der 9. BImSchV, dass die Genehmigungsbehörde die für die Durchführung der UVP erheblichen Fragen mit dem Träger des Vorhabens erörtern soll. Die Unterrichtung über den voraussichtlichen Untersuchungsrahmen findet – ebenso wie dies für die Antragsberatung nach § 2 Abs. 2 der 9. BImSchV gilt – nur statt, wenn dies der Antragsteller begehrt. § 2a Abs. 2 der 9. BImSchV stellt klar, dass die Genehmigungsbehörde nur dann das Scoping durchführt, wenn sie zugleich federführende Behörde i. S. d. § 14 Abs. 1 S. 1 und 2 ist. Entsprechende Regelungen sieht die AtVfV für die **atomrechtlichen Genehmigungsverfahren** vor.[14]

1.4.3 Verhältnis zu anderen Vorschriften des UVPG

10 Das Scoping nach § 5 ist den obligatorischen Verfahrensschritten der UVP vorangestellt, darf deren Inhalte aber nicht vorwegnehmen. Dies gilt mit Blick auf die Beteiligungsregeln der §§ 7 bis 9, 9a und 9b ebenso wie bezogen auf die einzelnen Verfahrensschritte *ermitteln, beschreiben* und *bewerten.* Die Besprechung nach S. 2 soll weder zu einer vorgezogenen Behörden- oder Öffentlichkeitsbeteiligung führen noch einer ersten Begutachtung des Vorhabens im Hinblick auf seine Umweltauswirkungen oder im Hinblick auf seine Zulassungsvoraussetzungen dienen. Besprechung, Unterrichtung und Informationserteilung haben lediglich eine Hilfsfunktion im Hinblick auf die nach § 6 erforderliche Unterlagenbeibringung des Vorhabenträgers.[15] Während § 6 die Aufgabe des Vorhabenträgers, die erforderlichen Unterlagen zur Prüfung der Umweltauswirkungen seines Vorhabens zusammenzustellen, bestimmt, dient § 5 mithin der Vorbereitung dieses Verfahrensschrittes.

1.5 Zuständige Behörde

11 Zuständig für das Scoping nach § 5 ist die zur Zulassung berufene Behörde in den Fällen, in denen das UVP-pflichtige Vorhaben nur einer einzigen Zulassungsentscheidung bedarf. In den Fällen des § 14 (parallele Zulassungsverfahren) führt die – landesrechtlich bestimmte – **federführende Behörde** die Erörterung und Unterrichtung durch. Dies geschieht gem. § 14 Abs. 1 S. 2 »im Zusammenwirken« zumindest mit den übrigen (durch die Federführung verdrängten) Zulassungsbehörden sowie mit der Naturschutzbehörde.[16] Das Zusammenwirken dürfte regelmäßig zur Beteiligung der genannten

---

13 *Bohne*, ZfB 1989, 93 (107), hält die Erörterung für gesetzlich zwingend geboten.
14 Vgl. § 1b AtVfV in der Fassung d. Bek. v. 3.2.1995, zul. geänd. d. Art. 10 Ges. v. 27.7.2001 (BGBl. I S. 1950).
15 Ebenso *Schoeneberg*, UVP, Rn. 108; anders *Nisipeanu*, NVwZ 1993, 319 (321).
16 UVPVwV 0.4.4.

Unterrichtung über voraussichtlich beizubringende Unterlagen § 5

Behörden an der gemeinsamen Besprechung und zur Abstimmung mit ihnen vor der Unterrichtung des Vorhabenträgers führen. Lehnt der Vorhabenträger die Beteiligung (einzelner) dieser Behörden an der Erörterung ab, besteht für die federführende Behörde keine Handhabe gegen diese Verweigerung. Der Vorhabenträger trägt dann aber umgekehrt das Risiko, im förmlichen Zulassungsverfahren mit nachträglichen Anforderungen an seine nach § 6 eingereichten Unterlagen konfrontiert zu werden.

1.6 Verwaltungsvorschriften

Die noch auf der Grundlage des § 20 Nr. 2 UVPG (alt) ergangenen Verwaltungsvorschriften enthalten **allgemeine und vorhabenspezifische Grundsätze für die Unterrichtung** über den voraussichtlichen Untersuchungsrahmen der UVP nach § 5. Auf ihren Inhalt wird im Zusammenhang mit der jeweiligen Problemstellung eingegangen.[17]

12

2 Scoping-Termin – Besprechung über Inhalt und Umfang der Unterlagen

2.1 Einleitung des Scoping

Der Unterrichtung über die voraussichtlich beizubringenden Unterlagen wird im Regelfall eine gemeinsame Besprechung nach S. 2 vorausgehen, wenn auch durch die Neufassung der Vorschrift klargestellt ist, dass ein Scopingtermin nicht zwingend stattfinden muss. Unterbleibt ein Ersuchen des Vorhabenträgers nach S. 1 und entschließt sich die Behörde nach Einleitung des Zulassungsverfahrens von Amts wegen, eine Unterrichtung über die voraussichtlich beizubringenden Unterlagen vorzunehmen, ist dem Vorhabenträger in gleicher Weise Gelegenheit zu der Besprechung der UVP-relevanten Fragen in einem Scopingtermin zu geben wie bei Vorliegen eines Ersuchens durch den Vorhabenträger. Der Vorhabenträger kann dem Gesprächsangebot folgen, er muss es aber nicht. Die Durchführung eines Scoping setzt in jedem Fall die an die zuständige Behörde gerichtete **Mitteilung über das geplante Vorhaben durch den Träger des Vorhabens** voraus.[18] Dieser dem Scoping notwendig vorausgehende Schritt ist an keinerlei Formerfordernisse gebunden. Es empfiehlt sich jedoch, die Mitteilung schriftlich und bereits unter Beifügung geeigneter Unterlagen, die Aufschluss über das geplante Vorhaben geben, vorzunehmen. An diese Unterlagen sind keine besonderen Anforderungen zu stellen. Sie können sich – weit unterhalb der Erfordernisse des § 6 – darauf beschränken, das Vorhaben in groben Zügen (etwa nach Art, Standort, Größe und technischen Merkmalen) zu beschreiben.[19] Insbesondere ist nicht die Vorlage eines in sich geschlossenen Dokuments (»Umweltverträglichkeitsstudie«) über die voraussichtlichen Auswirkungen des Vorhabens erforderlich. Die Unterlagen sind geeignet, wenn auf ihrer Grundlage eine Besprechung der Gegenstände erfolgen kann, die für die UVP relevant sind. Da das Scoping in mehreren Etappen stattfinden kann, spricht nichts dagegen, die Mitteilung bereits vorzulegen, wenn noch keine detaillierteren Angaben i. S. d. § 6 Abs. 3 und 4 gemacht werden können. Soll das Scoping den Sachverstand der zuständigen Behörde sowie der weiteren zu beteiligenden Stellen fruchtbar machen – im

13

---

17 Vgl. i. Ü. *Mayen*, NVwZ 1996, 319 (320 f.); *Spoer*, NJW 1996, 85 (86).
18 UVPVwV 0.4.2.
19 UVPVwV 0.4.4.

Sinne optimaler Ermittlungsergebnisse –, dann macht es gerade keinen Sinn, wenn der Vorhabenträger zunächst von sich aus und ohne Mitteilung zu erstatten ein Planungsbüro beauftragt, das bereits detaillierte Beschreibungen über die Umwelt, über die Auswirkungen und über Vermeidungs- und Verminderungsmaßnahmen des Vorhabens erarbeitet.[20] Unterlagen, die der Behörde selbst zur Verfügung stehen, brauchen nicht eingereicht zu werden. Die Bestimmung des Zeitpunkts der Mitteilung liegt im Belieben des Vorhabenträgers. Zweckmäßigerweise wird sie frühzeitig erfolgen, um das Verfahren voranzutreiben. Erfolgt die Mitteilung erst mit Antragstellung, läuft der Vorhabenträger Gefahr, seine Unterlagen nachbessern und vervollständigen zu müssen.

2.2 Besprechungsgegenstände

14 Nach der ursprünglichen Fassung der Vorschrift waren im Scoping Gegenstand und Umfang der UVP, ihre Methoden sowie sonstige für ihre Durchführung relevante Fragen zu erörtern. Die Neufassung der Vorschrift (Artikelgesetz 2001) erhebt nunmehr **Inhalt und Umfang der voraussichtlich beizubringenden Unterlagen** zu den zentralen Besprechungsthemen (Satz 2); Gegenstand, Umfang und Methoden der UVP sowie sonstige für die UVP erhebliche Fragen sind – nachrangig aufgeführt in Satz 3 – Themen, auf die sich die Besprechung »auch« erstrecken soll. Dies erscheint unter systematischen Gesichtspunkten als missglückt. Erst aus der Besprechung von Gegenstand, Umfang und Methoden der UVP lässt sich der voraussichtliche Untersuchungsrahmen der UVP gewinnen und damit die konkreten Anforderungen an die Unterlagen nach § 6 klären, über die die zuständige Behörde den Vorhabenträger *nach* Durchführung des Scoping-Termins zu unterrichten hat.

2.2.1 Gegenstand der UVP

15 Gegenstand der UVP ist das zur Zulassung stehende **Vorhaben**[21] **mit seinen möglichen Auswirkungen auf die Umwelt**. Für das jeweilige Vorhaben ist daher zu klären, welche Schutzgüter i. S. d. § 2 Abs. 1 Satz 2 (ggf. »wechselwirksam«) durch seine Realisierung betroffen werden können. Nicht zum Gegenstand der UVP zählen Belange, die keinen Bezug zur Umwelt haben. Insbesondere unterliegt der UVP nicht die Frage, ob das Vorhaben genehmigungsfähig oder aus wirtschaftlichen, politischen, sozialen, ethischen oder sonstigen außerökologischen Gründen sinnvoll oder »gerechtfertigt« erscheint. Zweckmäßigerweise sind die mit der Mitteilung über das Vorhaben überreichten Unterlagen bereits an den Umweltmedien ausgerichtet und erlauben auch Rückschlüsse darauf, in welchen Bereichen Umweltauswirkungen nicht oder nicht in erheblichem Maße zu erwarten sind. Umfasst der fachgesetzliche Vorhabenbegriff neben dem Betrieb einer Anlage auch deren Errichtung, sind auch die **Umweltauswirkungen in der Errichtungsphase des Vorhabens** (Baustellenverkehr, Lärmemissionen von Baumaschinen, baustellenbedingte Staubentwicklung, vorübergehende Inanspruchnahme von Was-

---

20 So aber *Nisipeanu*, NVwZ 1993, 319 (322), der »überschlägige Angaben zu den in § 6 Abs. 3 und 4 UVPG abverlangten Informationen« und damit erheblichen Voraufwand fordert, andererseits aber das Scoping als ein Instrument verstanden wissen will, das präjudizierende Entscheidungen und Planungen des Vorhabenträgers sowie daraus resultierende Überraschungseffekte bei den Genehmigungsbehörden verhindern soll.
21 Zum Vorhabenbegriff des UVPG vgl. oben § 2 Rn. 67.

ser, Boden oder anderen natürlichen Ressourcen) mit zu betrachten. Entsprechendes gilt für die **Auswirkungen der Stillegung eines Betriebs**, wenn das jeweilige Zulassungsrecht – wie z.B. in § 5 Abs. 3 BImSchG – Anforderungen an die Stillegung einer Anlage als Voraussetzung für die Errichtungs- und Betriebsgenehmigung ausdrücklich regelt oder, wenn sich – wie in § 57a Abs. 5 BBergG im Verhältnis von planfestgestelltem Rahmenbetriebsplan zum Abschlussbetriebsplan[22] – die Rechtswirkung der Zulassungsentscheidung für das Vorhaben im Sinne »vertikaler« Konzentration[23] auf die nachfolgende Entscheidung über die Einstellung des Betriebs erstreckt. In diesen Fällen sind die Umweltauswirkungen der Stillegung des Betriebs, soweit sie bereits erkennbar sind, im Zulassungsverfahren des UVP-pflichtigen Vorhabens mit zu betrachten. Ist aber die Stillegung einem gesonderten Zulassungsverfahren unterworfen, für das seinerseits eine UVP erforderlich ist, sind die Umweltauswirkungen der Stillegung allein dort relevant (z.B. bei Stilllegung einer kerntechnischen Anlage nach § 7 AtG).

2.2.2 Umfang der UVP

Vom Umfang einer UVP hängt entscheidend ihre Qualität, aber auch der von ihr beanspruchte Zeit- und Kostenaufwand ab. Aus diesem Grunde wird zwischen Vorhabenträgern, Behörden und Dritten im Verlauf des Genehmigungsverfahrens am erbittertsten um den Umfang der jeweils vorzunehmenden Untersuchung einer vom Vorhaben tatsächlich oder nur möglicherweise verursachten Umweltauswirkung gerungen. Dabei geht es im Einzelnen etwa um Fragen nach der räumlichen Ausdehnung des Untersuchungsgebietes, nach dem zeitlichen Horizont, dem Detaillierungsgrad und nach der Eindringtiefe einzelner Untersuchungen, nach der Häufigkeit bestimmter Betrachtungen oder Probenentnahmen sowie nach der ausreichenden Repräsentanz von statistischem Datenmaterial. Im Einzelfall verbergen sich hinter solchen Fragen auch unterschiedliche Auffassungen über die anzuwendenden Methoden. **Maßstäblich für den Umfang der UVP sind die Voraussetzungen der fachgesetzlichen Zulassungstatbestände**, weil das UVPG insoweit keine eigenen Maßstäbe vorhält und das Scoping vor allem der (vorläufigen) Festlegung dessen dient, was der Vorhabenträger an entscheidungserheblichen Unterlagen über die Umweltauswirkungen seines Vorhabens gem. § 6 Abs. 1 zu Beginn des Zulassungsverfahrens vorzulegen hat. Entscheidungserheblich sind allein die Zulassungsvoraussetzungen des Fachrechts, da das UVPG keine materiellen Anforderungen an die Genehmigungsfähigkeit eines Vorhabens stellt, sondern die UVP fachgesetzakzessorisch als unselbstständiges Element des Zulassungsverfahrens ausgestaltet hat. Inhalt und Umfang der Unterlagen nach § 6 Abs. 1 bestimmen sich deshalb gem. § 6 Abs. 2 – vorbehaltlich weitergehender Anforderungen aus § 6 Abs. 3 und 4 – nach den Rechtsvorschriften, die für die Entscheidung über die Zulässigkeit des Vorhabens maßgebend sind. Die Anforderungen des § 6 Abs. 3 und 4 gehen ihrerseits nicht über die fachgesetzlich verankerten Erheblichkeitsschwellen hinaus, wie die Formulierung in Abs. 3 Nr. 2, 3 und 4, Abs. 4 Nr. 2 (»erheblichen nachteiligen Umweltauswirkungen«) belegen.[24]

16

---

[22] Zu den Rechtswirkungen des bergrechtlichen Planfeststellungsbeschlusses für nachfolgende Betriebspläne vgl. *Bohne*, ZfB 1989, 93 (121); *Niermann*, Betriebsplan und Planfeststellung im Bergrecht, S. 246 f.
[23] *Bohne*, ZfB 1989, 93 (121); *Gaentzsch*, FS Sendler, S. 403 (416).
[24] Vgl. i.E. unten § 6 Rn. 10.

2.2.3 Methoden der UVP

17 Als Methoden der UVP sind die naturwissenschaftlichen oder technischen Verfahren zur Ermittlung, Beschreibung und Bewertung von Umweltauswirkungen des Vorhabens zu erörtern. Dabei geht es vor allem um Mess-, Erhebungs- oder Prognoseverfahren, mit denen der Ist-Zustand der Umwelt bestimmt oder die Umweltfolgen des Vorhabens abgeschätzt werden sollen. Für die Beschreibung der zu erwartenden erheblichen Umweltauswirkungen und für die Beschreibung der Umwelt können nur die **allgemein anerkannten Prüfungsmethoden** herangezogen werden (§ 6 Abs. 3 Nr. 4, Abs. 4 Nr. 2).

2.2.4 Sonstige erhebliche Fragen

18 Die Möglichkeit zur Erörterung sonstiger für die Durchführung einer UVP erheblichen Fragen bietet Raum, sich über den weiteren Ablauf des Verfahrens zu verständigen, etwa über den erforderlichen Zeitrahmen einzelner Untersuchungen, über den Umfang eigener Ermittlungen der Behörde, über die Auswahl von Gutachtern oder über den Zugang zu Datensammlungen. Die **Auffangklausel** verdeutlicht, dass zum Gegenstand der Erörterung alle mit der UVP zusammenhängenden Fragen gemacht werden können und nicht nur solche, die im Zusammenhang mit der Unterlagenbeschaffung des Vorhabenträgers von Bedeutung sind.

2.3 Form der Besprechung

19 Die Gestaltung des Scoping-Termins ist nicht gesetzlich ausgestaltet, sondern steht im Verfahrensermessen der Behörde (»einfach, zweckmäßig und zügig«[25]). Der Vorhabenträger kann und sollte seine Vorstellungen vom Ablauf der Bespechung einbringen, insbesondere darauf hinweisen, welche Gegenstände der Besprechung aus seiner Sicht vordringlich sind. Bei umfangreicheren Verfahren wird die Besprechung in mehreren Terminen stattfinden. Dies bietet die Möglichkeit, den Kreis der Beteiligten je nach Tagesordnung unterschiedlich zu ziehen. Da der Vorhabenträger nicht verpflichtet ist, dem Besprechungsangebot der Behörde zu folgen, kann er praktisch bestimmen, welche Behörden, Sachverständige oder Dritte zu welchen Themen hinzugezogen werden sollen.

3 Hinzuziehung von Behörden, Sachverständigen und Dritten

20 Das Recht zur Hinzuziehung anderer Stellen etc. ergibt sich bereits aus der verfahrensleitenden Stellung der zuständigen Behörde. Die Einbeziehung der im weiteren Verfahren nach § 7 ohnehin zu beteiligenden Behörden ist sinnvoll, um zu verhindern, dass bei der Festlegung des Untersuchungsrahmens nur die möglicherweise zu enge fachbezogene Sicht der zuständigen Behörde berücksichtigt wird und die daran ausgerichteten Unterlagen des Vorhabenträgers unvollständig bleiben. Die Beteiligung von Sachverständigen kann sich etwa empfehlen, wenn schon zu diesem Zeitpunkt feststeht, dass der Vorhabenträger die Unterlagen nach § 6 durch ein (bestimmtes) Planungsbüro erstellen lässt. Als Dritte kommen Naturschutzverbände, Standort- und Nachbargemeinden[26] in

---

25 UVPVwV 0.4.3.
26 UVPVwV 0 4.6; in der Parallelvorschrift der 9. BImSchV (§ 2a Abs. 1) werden Standort- und Nachbargemeinden ausdrücklich als Dritte genannt. Ebenso die Regelung in § 1b Abs. 1 AtVfV.

Betracht, betroffene Privatpersonen dagegen weniger, da die Beteiligung Dritter am Scoping keine Rechtsschutzfunktion zu erfüllen hat, sondern ausschließlich der sachgerechten Bestimmung des voraussichtlichen Untersuchungsrahmens dient. Das Scoping darf nicht zu einer vorgezogenen, partiellen Öffentlichkeitsbeteiligung führen,[27] und zwar schon deshalb nicht, weil in Ermangelung förmlicher Beteiligungsregeln (Bekanntmachung, Auslegung von Unterlagen etc.) keine Chancengleichheit im Hinblick auf die Zulassung zum Scoping besteht und die Hinzuziehung ausgesuchter Privatpersonen zumindest den Eindruck erwecken könnte, dass deren Interessen gegenüber den Belangen nicht hinzugezogener Dritter besondere Beachtung finden. Ungeachtet dessen kann (und sollte) im Scoping aber jede Behörde, jeder Verband, jede sonstige Stelle, Einrichtung oder Privatperson beteiligt werden, von der in angemessener Zeit ein sachlicher Beitrag zur Bestimmung des voraussichtlichen Untersuchungsrahmens erwartet werden kann. Die Beteiligung kann in der Form der Einholung schriftlicher Stellungnahmen oder mündlich, dabei themenorientiert auch in wechselnder Besetzung an verschiedenen Verhandlungsterminen erfolgen. Will die zuständige Behörde andere Stellen von dem Vorhaben unterrichten, sollte sie dies mit dem Vorhabenträger abklären, da in dieser frühen Projektphase vor Antragstellung ein berechtigtes Interesse des Vorhabenträgers an vertraulicher Behandlung seines Vorhabens bestehen kann. Um die mündliche Erörterung in einem angemessenen Zeitrahmen zu halten und etwaigen Verzögerungsstrategien einzelner Beteiligter von vornherein Grenzen zu ziehen, sollte die Behörde straff terminieren und für schriftliche Stellungnahmen angemessene Ausschlussfristen setzen.

4 Unterrichtung über voraussichtlich beizubringende Unterlagen

4.1 Inhalt der Unterrichtung

Dem Abschluss der Besprechung folgt die Unterrichtung über Inhalt und Umfang der nach § 6 voraussichtlich beizubringenden Unterlagen. Mit diesem Schritt wird das Scoping beendet. Die Unterrichtung hat als Ergebnis der Erörterung festzuhalten, welche individuellen Anforderungen die in § 6 nur abstrakt-generell umschriebenen Unterlagen des Vorhabenträgers für das konkrete Vorhaben zu erfüllen hat. Die Unterrichtung muss demnach in tatsächlicher Hinsicht **konkrete, auf das Vorhaben bezogene Angaben** enthalten und darf sich nicht auf eine Aufzählung der in § 6 Abs. 3 und 4 aufgeführten Punkte beschränken. Gleichzeitig hat die Unterrichtung in rechtlicher Hinsicht den Rahmen dessen einzuhalten, was nach § 6 dem Vorhabenträger an Beibringungspflichten zulässigerweise abverlangt werden kann. Jenseits dieses rechtlich vorgegebenen Rahmens bestehen keine Bedenken dagegen, die Beibringung zusätzlicher Gutachten oder die Veranlassung weiterer Untersuchungen – etwa hinsichtlich nicht obligatorischer Alternativenprüfungen[28] – anzuregen. Erfolgt die Unterrichtung, ohne dass zuvor eine Besprechung stattgefunden hat, auf der Grundlage eingereichter, aber unvollständiger Antragsunterlagen des Vorhabenträgers, kann sich die Behörde darauf beschränken, die noch fehlenden Unterlagen in Form einer Mängelliste anzumahnen. In diesem Fall hat die Behörde auch ggf. darauf hinzuweisen, dass die Unterlagen noch nicht auslegungsreif

---

27 So zu Recht *Schoeneberg*, UVP, Rn. 108; UVPVwV 0.4.5.
28 Dazu i.E. unten, § 6 Rn. 20.

§ 5 *Unterrichtung über voraussichtlich beizubringende Unterlagen*

sind und der Antrag bis zur Vervollständigung der Unterlagen nicht weiterbearbeitet werden kann. Sie kann für die Nachreichung der Unterlagen angemessene Fristen setzen und darauf hinweisen, dass die Nichtbeachtung zur Ablehnung des Antrags auf Zulassung des Vorhabens führen wird.[29]

4.2 Form und Frist

22 Die Unterrichtung ist nicht an besondere Form- oder Fristvorschriften gebunden. Ein zweckmäßiger und verfahrensfördernder Einsatz dieses Instruments gebietet aber – angesichts der Fülle der mitzuteilenden Einzelheiten – die Schriftform sowie – mit Blick auf die ohnehin lange Verfahrensdauer UVP-pflichtiger Vorhaben – eine zügige Bearbeitung, damit der Vorhabenträger alsbald nach Durchführung des Scoping-Termins den vorläufig festgelegten Untersuchungsrahmen zur Grundlage der Zusammenstellung seiner Antragsunterlagen machen kann.

4.3 Rechtsqualität, Maßgeblichkeit des jeweiligen Planungsstands, Schadensersatz

23 Die Unterrichtung über die voraussichtlich beizubringenden Unterlagen ist nach einhelliger Auffassung **kein Verwaltungsakt**, sondern ein unselbständiger, wegen der Regelung in § 44a VwGO nicht gesondert anfechtbarer, **Verfahrensrealakt**.[30] Der Begriff »Unterrichtung« (im Gegensatz zu »Festlegung« etwa) betont den eingeschränkten Verbindlichkeitsanspruch dieser das Scoping abschließenden Maßnahme. Angesichts dessen, dass das Scoping dem eigentlichen Verwaltungsverfahren mit dort integrierter UVP und umfassender Öffentlichkeitsbeteiligung vorausgeht, muss der Rahmen für weitere Untersuchungen und ergänzende Unterlagen für weitere Erkenntnisse offen gehalten werden, die sich erst mit zunehmender Planungsdichte und fortschreitendem Ermittlungsstand vor allem im Hinblick auf die nach Bekanntmachung und Auslegung der Antragsunterlagen erhobenen und sodann erörterten Einwendungen zu einem endgültigen Bild über die erforderlichen Untersuchungen der Umweltauswirkungen des Vorhabens zusammensetzen. Eine verbindliche Festlegung der Unterlagenbeibringungslast des Vorhabenträgers schon nach der Durchführung eines Scoping-Termins liefe Gefahr, die Anforderungen des UVP-Gesetzes an die umfassende Ermittlung der Umweltauswirkungen zu unterlaufen und Beteiligungsrechte Dritter im eigentlichen Verwaltungsverfahren zu verletzen. Die Unterrichtung erfolgt daher vorbehaltlich weiterer Erkenntnisse als vorläufige Entscheidung der zuständigen Behörde und **vermittelt kein schutzwürdiges Vertrauen des Vorhabenträgers** darauf, in späteren Phasen des Verfahrens nicht mit weiteren Forderungen nach Unterlagenergänzung belegt zu werden. Nachträgliche Erweiterungen des Untersuchungsrahmens sind daher jedenfalls dann ohne Haftungsrisiko der Behörde möglich, wenn sie durch neue, nach Abschluss des Scoping-Verfahrens gewonnene Erkenntnisse gestützt werden. Dies wird seit der Neufassung der Vorschrift (Artikelgesetz 2001) durch die in der Formulierung »**entsprechend dem Planungsstand des Vorhabens**« enthaltene Relativierung der

---

29 Zum Rechtsschutz gegen unberechtigte Unterlagenanforderungen *Beckmann*, NVwZ 1991, 427 (429) und oben Vorbem. Rn. 44.
30 Vgl. nur *Erbguth/Schink*, UVPG, § 5 Rn. 14a; *Schoeneberg*, UVP, Rn. 111.

Unterrichtung ausdrücklich klargestellt. Die Unterrichtung kann nur den jeweiligen Planungsstand berücksichtigen und also nicht weiter gehen, als die internen Planungen des Vorhabenträgers gediehen und im Scoping offen gelegt worden sind; die Unterrichtung hat den zugrunde gelegten Planungsstand umgekehrt aber auch so auszuschöpfen, dass eine spätere Ausdehnung des Untersuchungsrahmens nur durch die Fortschreibung (Differenzierung, Ergänzung oder Änderung) der Projektplanung gerechtfertigt erscheint. Im Übrigen ergibt sich aus § 13 Abs. 1 S. 2 und 3 sowie allgemein aus der strengen Verfahrensakzessorietät der UVP, dass sich der festzulegende Untersuchungsrahmen und die hierfür benötigten Unterlagen im Verfahren auf Erteilung eines Vorbescheids oder einer Teilzulassung entsprechend dem jeweiligen Planungsstand vorläufig auf die erkennbaren Umweltauswirkungen des Gesamtvorhabens zu beschränken hat.[31] Umfang und Tiefe der Betrachtung im Rahmen einer in das Entscheidungsverfahren eingebetteten UVP müssen – selbstverständlich – mit dem auf Teilaspekte des jeweiligen Vorhabens bezogenen Gehalt einer Entscheidung im vertikal gestuften Zulassungsverfahren korrespondieren. Erweist sich umgekehrt eine von der Behörde durch die Unterrichtung veranlaßte Untersuchung im späteren Verfahren als überflüssig, kann dies unter dem Gesichtspunkt fehlerhafter Auskunftserteilung **Schadensersatzansprüche des Vorhabenträgers** ohne Rücksicht auf das Verschulden der Behörde begründen.[32] Der Vorhabenträger sollte im Interesse des späteren Bestands der von ihm begehrten Zulassungsentscheidung von dem Bemühen absehen, auf Einhaltung des durch die Unterrichtung gezogenen Rahmens zu drängen. Angesichts der wegen § 44 a VwGO vor dem Erlass der das Zulassungsverfahren abschließenden Behördenentscheidung praktisch nicht gegebenen Rechtsschutzmöglichkeiten gegen unberechtigte Unterlagenanforderungen empfiehlt es sich regelmäßig im Interesse eines zügigen Verfahrensablaufs, den in der Unterrichtung festgelegten Untersuchungsrahmen zu akzeptieren. Oftmals können auf den ersten Blick überzogen wirkende Anforderungen an den Umfang einer UVP durch die Einschaltung von Planungsbüros entschärft und eingehalten werden.

5 Informationspflicht der zuständigen Behörde

Nach Satz 5 *sollen* die zuständige Behörde und die zu beteiligenden Behörden den Vorhabenträger bei der Beschaffung der nach § 6 erforderlichen Unterlagen unterstützen, indem sie ihm hierfür zweckdienliche Informationen zur Verfügung stellen. Die danach im Regelfall bestehende Informationspflicht der Behörden erstreckt sich ausschließlich auf Informationen, die ihnen selbst zur Verfügung stehen (etwa Karten- und Datenmaterial, Pläne und Gutachten) und nicht dem Geheimhaltungsschutz nach § 10 unterliegen. Nach der in §§ 5 und 6 vorgenommenen Rollenverteilung ist es dagegen nicht Sache der Behörden, eigene Ermittlungen im Hinblick auf die UVP-relevanten Umweltauswirkungen des Vorhabens anzustellen und Gutachten o. Ä. Material von dritter Seite zu beschaffen. Besitzen sie Kenntnisse darüber, wo welche Informationen abgefragt werden können, haben sie den Vorhabenträger darauf hinzuweisen.

24

---

31 Vgl. dazu näher unten § 13 Rn. 43.
32 *Beckmann*, NVwZ 1991, 427 (429).

§ 6   Unterlagen des Trägers des Vorhabens

(1) Der Träger des Vorhabens hat die entscheidungserheblichen Unterlagen über die Umweltauswirkungen des Vorhabens der zuständigen Behörde zu Beginn des Verfahrens vorzulegen, in dem die Umweltverträglichkeit geprüft wird. Setzt der Beginn des Verfahrens einen schriftlichen Antrag, die Einreichung eines Plans oder eine sonstige Handlung des Trägers des Vorhabens voraus, sind die nach Satz 1 erforderlichen Unterlagen so rechtzeitig vorzulegen, dass sie mit den übrigen Unterlagen ausgelegt werden können.

(2) Inhalt und Umfang der Unterlagen nach Absatz 1 bestimmen sich nach den Rechtsvorschriften, die für die Entscheidung über die Zulässigkeit des Vorhabens maßgebend sind. Die Absätze 3 und 4 sind anzuwenden, soweit die in diesen Absätzen genannten Unterlagen durch Rechtsvorschrift nicht im Einzelnen festgelegt sind.

(3) Die Unterlagen nach Absatz 1 müssen zumindest folgende Angaben enthalten:
1. Beschreibung des Vorhabens mit Angaben über Standort, Art und Umfang sowie Bedarf an Grund und Boden,
2. Beschreibung der Maßnahmen, mit denen erhebliche nachteilige Umweltauswirkungen des Vorhabens vermieden, vermindert oder, soweit möglich, ausgeglichen werden, sowie der Ersatzmaßnahmen bei nicht ausgleichbaren aber vorrangigen Eingriffen in Natur und Landschaft,
3. Beschreibung der zu erwartenden erheblichen nachteiligen Umweltauswirkungen des Vorhabens auf die Umwelt unter Berücksichtigung des allgemeinen Kenntnisstandes und der allgemein anerkannten Prüfungsmethoden,
4. Beschreibung der Umwelt und ihrer Bestandteile im Einwirkungsbereich des Vorhabens unter Berücksichtigung des allgemeinen Kenntnisstandes und der allgemein anerkannten Prüfungsmethoden sowie Angaben zur Bevölkerung in diesem Bereich, soweit die Beschreibung und die Angaben zur Feststellung und Bewertung erheblicher nachteiliger Umweltauswirkungen des Vorhabens erforderlich sind und ihre Beibringung für den Träger des Vorhabens zumutbar ist,
5. Übersicht über die wichtigsten, vom Träger des Vorhabens geprüften anderweitigen Lösungsmöglichkeiten und Angabe der wesentlichen Auswahlgründe im Hinblick auf die Umweltauswirkungen des Vorhabens.

Eine allgemein verständliche, nichttechnische Zusammenfassung der Angaben nach Satz 1 ist beizufügen. Die Angaben nach Satz 1 müssen Dritten die Beurteilung ermöglichen, ob und in welchem Umfang sie von den Umweltauswirkungen des Vorhabens betroffen werden können.

(4) Die Unterlagen nach Absatz 1 müssen auch die folgenden Angaben enthalten, soweit sie für die Umweltverträglichkeitsprüfung nach der Art des Vorhabens erforderlich sind:
1. Beschreibung der wichtigsten Merkmale der verwendeten technischen Verfahren,
2. Beschreibung von Art und Umfang der zu erwartenden Emissionen, der Abfälle, des Anfalls von Abwasser, der Nutzung und Gestaltung von Wasser,

Unterlagen des Trägers des Vorhabens § 6

Boden, Natur und Landschaft sowie Angaben zu sonstigen Folgen des Vorhabens, die zu erheblichen nachteiligen Umweltauswirkungen führen können,
3. Hinweise auf Schwierigkeiten, die bei der Zusammenstellung der Angaben aufgetreten sind, zum Beispiel technische Lücken oder fehlende Kenntnisse.
Die Zusammenfassung nach Absatz 3 Satz 2 muss sich auch auf die in den Nummern 1 und 2 genannten Angaben erstrecken.

(5) Die Absätze 1 bis 4 finden entsprechende Anwendung, wenn die zuständige Behörde für diejenige öffentlich-rechtliche Körperschaft tätig wird, die Träger des Vorhabens ist.

Übersicht	Rn.			Rn.
1 Allgemeines	1	3.4	Erhebliche nachteilige Umweltauswirkungen (Nr. 3)	16
1.1 Regelungsgegenstand	1	3.5	Beschreibung der Umwelt und ihrer Bestandteile (Nr. 4)	19
1.2 Zweck und Bedeutung der Vorschrift	2	3.6	Vom Träger des Vorhabens geprüfte anderweitige Lösungsmöglichkeiten	20
1.3 Gesetzesgeschichte	3	3.7	Zusammenfassung der Angaben	21
1.4 Anwendungsbereich der Vorschrift	7	4	Weitergehende Angaben (Absatz 4)	22
1.4.1 Ausnahmebereiche	7	4.1	Allgemeines	22
1.4.2 Vorrangige Regelungen des Fachrechts (Abs. 2)	8	4.2	Wichtigste Merkmale der technischen Verfahren (Nr. 1)	24
1.4.3 Einschränkungen bei Verfahrensstufung	9	4.3	Erhebliche Umweltbeeinträchtigungen (Nr. 2)	25
2 Vorlagepflicht des Vorhabenträgers (Absatz 1)	10	4.4	Hinweise auf Schwierigkeiten (Nr. 4)	26
2.1 Entscheidungserhebliche Unterlagen	10	4.5	Zusammenfassung der Angaben	27
2.2 Zeitpunkt der Vorlage	11	5	Identität zwischen Vorhabenträger und Körperschaft der entscheidenden Behörde (Absatz 5)	28
3 Obligatorische Mindestangaben (Absatz 3)	12			
3.1 Allgemeines	12			
3.2 Merkmale des Vorhabens (Nr. 1)	14			
3.3 Umweltschutzmaßnahmen (Nr. 2)	15			

1 Allgemeines

1.1 Regelungsgegenstand

Die Vorschrift regelt die Pflicht des Vorhabenträgers zur Beibringung der für die Durchführung der UVP erforderlichen Unterlagen. Absatz 1 enthält die pflichtenbegründende Grundnorm, nach der die entscheidungserheblichen Unterlagen über die Umweltauswirkungen vom Vorhabenträger zu Beginn des die UVP aufnehmenden Zulassungsverfahrens der zuständigen Behörde vorzulegen sind. Absatz 2 verweist – als spezialgesetzliche Regelung der in § 4 allgemein angeordneten Subsidiarität des UVP-Gesetzes – für Inhalt und Umfang der Unterlagen auf die entsprechenden Rechtsvorschriften des jeweils einschlägigen Fachrechts und erklärt die Bestimmungen der Absätze 3 und 4 der Vorschrift, aus denen sich die allgemeinen Anforderungen an Inhalt und Umfang der Unterlagen ergeben, zu nachrangig anzuwendenden Auffangklauseln, mit denen die Mitwirkungspflichten des Vorhabenträgers unabhängig von der Art des Vorhabens festgelegt werden. § 6 differenziert – dem Vorbild des Art. 5 der UVP-RL folgend – zwischen Mindestangaben, die der Vorhabenträger generell liefern muss

(Absatz 3), und weitergehenden Angaben, deren Beibringung nicht in jedem Fall obligatorisch ist, sondern nur, soweit dies für die Umweltverträglichkeitsprüfung nach der Art des Vorhabens erforderlich ist, verlangt werden kann (Absatz 4). Absatz 5 regelt schließlich die Konstellation, dass die zuständige Behörde für diejenige öffentlich-rechtliche Körperschaft tätig wird, die Träger des Vorhabens ist; in solchen Fällen sind Absätze 1 bis 4 entsprechend anzuwenden.

1.2 Zweck und Bedeutung der Vorschrift

2 Die Vorschrift ist **Ausdruck des umweltrechtlichen Verursacherprinzips.** Wer ein umweltrelevantes Vorhaben verwirklichen will, hat auch die Informationen zu liefern, die notwendig sind, um die Umweltverträglichkeit des Vorhabens überprüfen zu können. § 6 besitzt damit ganz erhebliche Bedeutung für die Durchführung einer UVP sowie für Verlauf und Ausgang des Zulassungsverfahrens überhaupt; denn Auslegung und Anwendung seiner Bestimmungen entscheiden nicht nur über den UVP-bedingten Zeit- und Finanzbedarf des Trägers eines UVP-pflichtigen Vorhabens, sondern auch über die Qualität des Materials, auf dessen Grundlage die UVP durchzuführen ist. Der Vorhabenträger trägt somit die Verantwortung für die Beschaffenheit und Vollständigkeit des für die UVP entscheidungserheblichen Tatsachenstoffs. Dessen ungeachtet erfordert das innerstaatlich im Verwaltungsverfahren geltende **Amtsermittlungsprinzip** (§ 24 VwVfG), dass die Durchführung der UVP auf der Grundlage der eingereichten Unterlagen und anderer Erkenntnisquellen in der Hand der hierzu berufenen Behörde verbleibt und nicht einem Verfahrensbeteiligten übertragen wird. Es ist deshalb insbesondere nicht Sache des Vorhabenträgers, im Einzelfall die Ermittlungsbreite und -tiefe der UVP selbst zu bestimmen – was bereits die behördliche Unterrichtung über den voraussichtlichen Untersuchungsrahmen nach § 5 S. 3 deutlich werden lässt –, die zusammenfassende Darstellung der Umweltauswirkungen nach § 11 oder die Bewertung der Umweltauswirkungen nach § 12 in eigener Regie vorzunehmen.

1.3 Gesetzesgeschichte

3 Die **Unterlagenbeibringungslast** des Vorhabenträgers findet sich in Art. 5 UVP-RL geregelt. Bereits in ihrer ursprünglichen Fassung unterschied diese Bestimmung nach Mindestangaben, die vom Träger eines UVP-pflichtigen Projektes in jedem Fall vorzulegen waren (Art. 5 Abs. 2 UVP-RL 1985), und weiteren Angaben, die nur bei Hinzutreten besonderer, der Einschätzung der Mitgliedstaaten überantworteter Voraussetzungen, abgeliefert werden mussten (Art. 5 Abs. 1 i. V. m. Anhang III UVP-RL 1985). Danach waren die in Anhang III der UVP-RL 1985 enthaltenen (umfassenden) Angaben nur beizubringen, wenn die Mitgliedstaaten der Auffassung waren, dass die Angaben in einem bestimmten Verfahrensstadium und in Anbetracht besonderer Merkmale eines bestimmten Projekts oder einer bestimmten Art von Projekten und der möglicherweise beeinträchtigten Umwelt *von Bedeutung sind* und, dass die Zusammenstellung der Angaben vom Projektträger unter Berücksichtigung des Kenntnisstandes und der Prüfungsmethoden *billigerweise verlangt werden kann.* Die erhöhte Mitwirkungs- und Darlegungslast musste sich objektiv aus dem jeweiligen Vorhaben und seiner zu erwartenden (gesteigerten, oder jedenfalls nicht unerheblichen) Umweltbeinträch-

tigung rechtfertigen – mithin *für die UVP erforderlich* sein –, und sie musste subjektiv, gemessen am Erkenntnisstand und an den zur Verfügung stehenden Prüfungsmethoden, vom Projektträger billigerweise verlangt werden können, d. h., *zumutbar* sein. Die **UVP-Änderungsrichtlinie** belässt es im Grundsatz bei dieser differenzierten Regelung. Die Mindestangaben, die ein Vorhabenträger vorzulegen hat, sind nunmehr in Art. 5 Abs. 3 UVP-RL aufgeführt, die weitergehenden Anforderungen ergeben sich aus **Anhang IV**. Die Mitgliedstaaten haben danach unverändert nach Erforderlichkeit und Zumutbarkeit zu entscheiden, in welchen Fällen sie weitergehende Unterlagen vom Projektträger fordern. Der Katalog der **Mindestangaben** in Art. 5 Abs. 3 UVP-RL ist dabei **erweitert** worden: Die ursprünglich in Anhang III Nr. 2 der UVP-RL 1985 geregelte Anforderung »Übersicht über die wichtigsten anderweitigen vom Projektträger geprüften Lösungsmöglichkeiten und Angaben der wesentlichen Auswahlgründe im Hinblick auf die Umweltauswirkungen« findet sich heute in Art. 5 Abs. 3 UVP-RL wieder; Unterlagen des Vorhabenträgers über die von ihm vorgenommenen **Alternativenprüfungen** sind damit nach neuer EU-Rechtslage stets vorzulegen.

Die neue Fassung des § 6 Abs. 3 und 4 orientiert sich weitgehend an der UVP-Änderungsrichtlinie. Der Katalog der nach der geänderten UVP-RL **obligatorisch einzureichenden Unterlagen** findet sich in § 6 Abs. 3 UVPG (neu) wieder. Im Einzelnen verlangt die UVP-RL mindestens eine Beschreibung des Projekts nach Standort, Art und Umfang – umgesetzt durch § 6 Abs. 3 Nr. 1 UVPG, der zudem Angaben über den Bedarf an Grund und Boden verlangt –, eine Beschreibung der Maßnahmen, mit denen bedeutende nachteilige Auswirkungen vermieden, eingeschränkt und soweit möglich ausgeglichen werden soll – umgesetzt in § 6 Abs. 3 Nr. 2 UVPG, der zudem Angaben über Ersatzmaßnahmen bei nicht ausgleichbaren Eingriffen in Natur und Landschaft vorsieht –, die notwendigen Angaben zur Feststellung und Beurteilung der Hauptwirkungen, die das Projekt voraussichtlich für die Umwelt haben wird – umgesetzt in § 6 Abs. 3 Nr. 3 UVPG –, die Übersicht über die wichtigsten anderweitigen vom Projektträger geprüften Lösungsmöglichkeiten und Angabe der wesentlichen Auswahlgründe im Hinblick auf die Umweltauswirkungen – umgesetzt in § 6 Abs. 3 Nr. 5 UVPG – und schließlich eine nichttechnische Zusammenfassung der vorgenannten Angaben – umgesetzt in § 6 Abs. 3 S. 2 UVPG.

Liegen nach Auffassung der Mitgliedstaaten im Hinblick auf bestimmte Vorhabenarten die oben beschriebenen Voraussetzungen für eine **gesteigerte Unterlagenbeibringungspflicht des Projektträgers i. S. d. Art. 5 Abs. 1 UVP-RL** vor, so richtet sich der Umfang der vorzulegenden Unterlagen nach Anhang IV der UVP-RL. Die dort enthaltenen Angaben finden sich – soweit sie nicht schon zu den ohnehin *stets* vorzulegenden Mindestangaben nach § 6 Abs. 3 UVPG zählen – in der Liste der Nrn. 1–3 des § 6 Abs. 4 UVPG vollständig wieder: Die Beschreibung der wichtigsten Produktionsprozesse – umgesetzt in § 6 Abs. 4 Nr. 1 UVPG durch den gleichbedeutenden Begriff der »technischen Verfahren« –, die Angaben zu Art und Umfang der erwarteten Rückstände und Emissionen – umgesetzt in § 6 Abs. 4 Nr. 2 UVPG – und schließlich die Angabe etwaiger Schwierigkeiten bei der Zusammenstellung der geforderten Unterlagen – umgesetzt in § 6 Abs. 4 Nr. 3 UVPG. Die Beschreibung der von dem Projekt erheblich beeinträchtigten Umwelt (Bestandsaufnahme) ist seit der Neufassung des UVPG durch das Artikelgesetz in § 6 Abs. 3 Nr. 4 geregelt. In der alten Fassung des UVPG (1990) war diese Angabe in Absatz 4 als weitergehende und damit nicht in jedem Fall obligatorisch beizubringende Unterlage aufgeführt. Diese Neuregelung hat in der Sache jedoch keine

Änderung erbracht, da diese Angaben auch nach neuer Rechtslage nur verlangt werden können, »soweit die Beschreibung und die Angaben zur Feststellung und Bewertung erheblicher nachteiliger Umweltauswirkungen des Vorhabens *erforderlich* sind und ihre Beibringung für den Träger des Vorhabens *zumutbar* ist«. Damit ist die bisherige Systematik, wonach die obligatorischen Angaben in Absatz 3 der Vorschrift und die fakultativen, nämlich von Erfordernis und Zumutbarkeit abhängigen weitergehenden, Angaben in Absatz 4 der Vorschrift geregelt waren, ohne ersichtliche Gründe aufgegeben worden, was der Übersichtlichkeit wenig dient. Im Ergebnis hat dies dazu geführt, dass es nunmehr drei Kategorien von beizubringenden Angaben gibt: die *obligatorischen* Mindestangaben in Absatz 3 Nrn. 1, 2, 3 und 5, die *objektiv erforderlichen weitergehenden Angaben* in Absatz 4 und schließlich die *objektiv erforderlichen und subjektiv zumutbaren Angaben*, in Absatz 3 Nr. 4 der Vorschrift geregelt.[1] Europarechtlich begegnet dies keinen Bedenken, da den Mitgliedstaaten in Artikel 5 Abs. 1 UVP-RL freie Wahl gelassen worden ist, die weitergehenden Angaben von objektiven *und/oder* subjektiven Maßstäben abhängig zu machen.

6 Im Rahmen der ersten Umsetzungsdiskussion im Zusammenhang mit dem UVPG 1990 wurde im Schrifttum entgegen hier vertretener Auffassung angenommen, ein **Alternativenvergleich** – Prüfung von Standort- und Konzeptalternativen für das Vorhaben bis hin zur sog. »Nullvariante« – sei nach Gemeinschaftsrecht notwendiger Bestandteil der UVP.[2] Wortlaut und Entstehungsgeschichte der Richtlinie sprachen indessen gegen diese Annahme.[3] In Anhang III Nr. 2 UVP-RL 1985 wurde lediglich verlangt, dass die nach Art. 5 Abs. 1 vom Vorhabenträger vorzulegenden Unterlagen »gegebenenfalls (eine) Übersicht über die wichtigsten anderweitigen vom Projektträger geprüften Lösungsmöglichkeiten und Angabe der wesentlichen Auswahlgründe im Hinblick auf die Umweltauswirkungen« enthalten. Demgegenüber sah der ursprüngliche Richtlinienvorschlag der Kommission[4] im entsprechenden Zusammenhang mit der »Beschreibung des vorgeschlagenen Vorhabens und gegebenenfalls der vernünftigerweise möglich erscheinenden Alternativen hinsichtlich des Standortes und des Entwurfs des Vorhabens« eine erheblich weiter gehende Regelung vor, die sich jedoch gegenüber den Bedenken einzelner Mitgliedstaaten gerade nicht durchsetzen konnte. Aus dem Vergleich zwischen dem deutlich abgeschwächten Richtlinientext mit dem ursprünglich vorgeschlagenen Entwurf der Kommission wurde deutlich, dass unter der Geltung der Richtlinie vom Vorhabenträger nur solche Projektalternativen darzustellen waren, die er aus eigenem Antrieb – gegebenenfalls – erwogen hatte.[5] Dieser Sicht war vor allem auch deshalb beizupflichten, weil Art. 5 UVP-RL nicht dem Modell einer vorrangigen behördlichen Verfahrensverantwortung – wie sie unter der Geltung des Amtsermittlungsgrundsatzes nach deutschem Recht bestehen würde – gefolgt ist, sondern vielmehr

---

1 Vgl auch. *Feldmann*, DVBl. 2001, 589 (597) zum Regierungsentwurf.
2 So z. B. *Erbguth*, NVwZ 1992, 209 (219).
3 *Hoppe/Appold/Haneklaus*, DVBl. 1992, 1203 (1209 f.); *Appold*, Freiraumschutz durch räumliche Planung, S. 103 f.; *Jarass*, Auslegung und Umsetzung der EG-Richtlinie zur Umweltverträglichkeitsprüfung, S. 33.
4 Vorschlag einer Richtlinie über die Umweltverträglichkeitsprüfung bei bestimmten öffentlichen und privaten Vorhaben vom 11.6.1980, KOM (80) 313 endg., dok. 7972/80 = ENV 106, abgedr. bei *Cupei*, UVP, S. 82 ff.
5 *Appold*, Freiraumschutz durch räumliche Planung, S. 103 f.; *Jarass*, Auslegung und Umsetzung der EG-Richtlinie zur Umweltverträglichkeitsprüfung, S. 33.

Unterlagen des Trägers des Vorhabens § 6

dem Projektträger eine originäre Verantwortung für die Zusammenstellung der prüfungsrelevanten Informationsbasis zugewiesen hat.[6] Diese europarechtlich vorgenommene Rollenverteilung des Art. 5 UVP-RL hätte es dann aber auch nahe gelegt, dem Projektträger die Darlegung von Projektalternativen aufzuerlegen, wenn ihre Prüfung als obligatorischer Gegenstand einer UVP im Sinne der Richtlinie angesehen worden wäre. Dieser auch bereits in der Vorauflage vertretenen Auffassung hat sich auch die Rechtsprechung angeschlossen.[7] Unter der Geltung der UVP-Änderungsrichtlinie ergibt sich kein diesbezüglicher Änderungsbedarf. Der geänderte Richtlinientext hat lediglich zur Streichung des Wortes »gegebenenfalls« geführt. Vorzulegen sind aber nach wie vor nur die vom Vorhabenträger *geprüften* Lösungsmöglichkeiten; haben keine derartigen Prüfungen stattgefunden, läuft die Regelung insoweit leer.

1.4 Anwendungsbereich der Vorschrift

1.4.1 Ausnahmebereiche

Die Vorschrift gilt nicht im **Bauleitplanverfahren** (§ 17)[8] und bei der **Rahmenbetriebsplanzulassung** UVP-pflichtiger Vorhaben des Bergbaus (§ 18).[9] Sie gilt im **Raumordnungsverfahren** nur dann, wenn das Landes(planungs-)recht ihre Geltung anordnet; dies folgt aus § 16 Abs. 3 S. 1, der angesichts nur begrenzter Gesetzgebungskompetenzen des Bundes nach Art. 75 Nr. 4 GG den Ländern die Entscheidung belässt, das Raumordnungsverfahren in Übereinstimmung mit oder abweichend von den §§ 5 bis 8 und 11 auszugestalten.[10] Im Übrigen finden die Regelungen der Abs. 1 bis 4 nur entsprechende Anwendung, wenn die zuständige Behörde für diejenige öffentlich-rechtliche Körperschaft tätig wird, die Träger des Vorhabens ist (Abs. 5).[11]

7

1.4.2 Vorrangige Regelungen des Fachrechts (Absatz 2)

Vorrangige Geltung i. S. d. § 4 beansprucht das Fachrecht gegenüber den Regelungen des § 6 im Zulassungsverfahren **bergbaulicher Vorhaben**, die der Planfeststellung nach dem BBergG bedürfen, sowie im Anwendungsbereich der 9. BImSchV und der AtVfV. § 57a Abs. 2 S. 2 und 3 BBergG regelt i. V. m. § 2 UVP-V Bergbau, welche Angaben die vom Träger eines UVP-pflichtigen Vorhabens des Bergbaus vorzulegenden Unterlagen enthalten müssen. Dabei wird wie in § 6 zwischen notwendigen Mindestangaben und solchen Angaben unterschieden, die nur unter bestimmten Voraussetzungen (Erforderlichkeit, Zumutbarkeit) beizubringen sind.[12] Die Anforderungen an die Antragsunter-

8

---

6 Vgl. hierzu *Schmidt-Aßmann*, FS Doehring, S. 889 (893 ff.).
7 Grundlegend *BVerwG*, v. 14.5.1996 – 7 NB 3/95 –, DVBl. 1997, 48 ff.; v. 17.2.1997 – 4 VP 17.96 –, NuR 1998, 305 (307 f.); krit. hierzu *Schink*, NuR 1998, 173 (177 f.); *Groß*, NVwZ 2001, 513 ff.
8 Vgl. unten § 17 Rn. 82.
9 Vgl. aber die Parallelvorschrift des § 57a Abs. 2 BBergG und dazu unten Rn. 9 sowie ausf. § 18 Rn. 32 ff.; zu den Besonderheiten der UVP für Vorhaben des Bergbaus *Boldt/Weller*, BBergG Erg.Bd., zu § 52, zu § 57a, zu § 57b, zu § 57c; *Bohne*, ZfB 1989, 93 ff.; *Kühne*, UPR 1989, 326 ff.; *Molkenbur*, ZAU 1992, 207 ff.; *Knöchel*, NWVBl. 1992, 117 ff.
10 *Hoppe/Appold/Haneklaus*, DVBl. 1992, 1203 (1207 f.); vgl. auch unten § 16 Rn. 13, 93.
11 Dazu § 6 Rn. 28.
12 Vgl. i. E. die Kommentierung zu § 18.

lagen im **Genehmigungsverfahren nach BImSchG** ergeben sich aus den §§ 4 a–e der 9. BImSchV. Dort sind die Regelungen des § 6 Abs. 3 und 4 im Wesentlichen übernommen und für die Besonderheiten des immissionsschutzrechtlichen Genehmigungsverfahrens präzisiert worden (z. B. Immissionsprognose, Energieeffizienz). Entsprechende Regelungen sieht die **AtVfV** für die **atomrechtlichen Genehmigungsverfahren** vor.[13]

1.4.3 Einschränkungen bei Verfahrensstufung

9 Im Falle von **Vorbescheid** oder **Teilzulassungen** gelten reduzierte, der abschnittsweisen Planung und Verwirklichung des Vorhabens Rechnung tragende Anforderungen an den Umfang der Unterlagen des Vorhabenträgers. Gemäß § 13 Abs. 1 S. 1 dürfen Vorbescheid und erste Teilgenehmigung nur nach Durchführung einer UVP erteilt werden. Nach § 13 Abs. 1 S. 2 hat sich die UVP in diesen Fällen *vorläufig* auf die nach dem jeweiligen Planungsstand erkennbaren Umweltauswirkungen des Gesamtvorhabens und *abschließend* auf solche Umweltauswirkungen zu erstrecken, die Gegenstand von Vorbescheid und Teilzulassung sind. Diese Differenzierung des Prüfungsstoffs hinsichtlich abschließend und vorläufig zu beurteilender Fragen eines Vorhabens entspricht der Unterscheidung zwischen abschließend gestattendem (bei der Teilgenehmigung) bzw. feststellendem (beim Vorbescheid) Teil einer im gestuften Genehmigungsverfahren ergehenden Teilentscheidung einerseits und dem nur vorläufig zu bildenden Urteil über die Genehmigungsfähigkeit des Gesamtvorhabens andererseits. Nach § 13 Abs. 1 S. 3 ist dem eingeschränkten Umfang der UVP im gestuften Verfahren bei den Unterlagen nach § 6 Rechnung zu tragen. Im Rahmen der Erteilung weiterer Teilzulassungen soll sich die UVP gem. § 13 Abs. 2 auf die Betrachtung der bisher noch nicht geprüften Umweltauswirkungen des Vorhabens beschränken; der Vorhabenträger hat hierbei nur die noch fehlenden Unterlagen einzureichen.[14]

2 Vorlagepflicht des Vorhabenträgers (Absatz 1)

2.1 Entscheidungserhebliche Unterlagen

10 Vom Vorhabenträger können nur die *entscheidungserheblichen* Unterlagen über die Umweltauswirkungen seines Vorhabens verlangt werden. Da die UVP gem. § 2 Abs. 1 kein selbständiges Verwaltungsverfahren mit abschließender Sachentscheidung, sondern lediglich unselbständiger Teil des jeweiligen Zulassungsverfahrens ist,[15] können nur solche Unterlagen verlangt werden, die nach Maßgabe des jeweiligen Fachrechts für die Zulassungsentscheidung selbst bedeutsam sind.[16] Dieser schon aus allgemeinen verfahrensrechtlichen Grundsätzen abzuleitende Erheblichkeitszusammenhang zwischen Zulassungsanforderungen und Ermittlungsumfang und -tiefe wird in Absatz 1 besonders hervorgehoben, um klarzustellen, dass sich die Unterlagenbeibringungslast des Vorhabenträgers auch nicht unter UVP-Gesichtspunkten auf Gegenstände erstreckt, deren

---

13 Vgl. § 3 AtVfV in der Fassung v. der Bek. v. 3.2.1995, zul. geänd. d. Art. 10 Ges. v. 27.7.2001 (BGBl I S. 1950).
14 Vgl. i. E. unten § 13 Rn. 43.
15 *BVerwG*, v. 17.2.1997 – 4 VP 17.96 –, NuR 1998, 305 (308).
16 Ebenso *Feldmann*, UPR 1991, 127 (129); a. A.: *Lange*, DÖV 1992, 780 (783); *Winter*, NuR 1989, 197 (202).

Kenntnis keinen Einfluss auf die Zulassungsentscheidung der Behörde nehmen könnte. Dies wird sich indessen kaum einschränkend auf Inhalt und Umfang der beizubringenden Unterlagen auswirken, da die fachgesetzlichen Zulassungstatbestände durch die Verwendung unbestimmter Gesetzesbegriffe, durch Gemeinwohlklauseln, durch die Ermächtigung zur Ausübung von Ermessen oder durch die Einräumung planerischer Gestaltungsfreiheit hinreichend Raum zur umfassenden Ermittlung aller Umweltauswirkungen eines Vorhabens gewähren. Hinzu kommt, dass die denkbaren Auswirkungen eines Vorhabens auf die Umwelt zunächst in oft aufwändigen Untersuchungen ermittelt werden müssen, um die Feststellung zu ermöglichen, ob sie im Sinne der fachgesetzlichen Zulassungsvoraussetzungen erheblich sind. Schließlich bestimmt das UVPG in den als **Auffangtatbeständen** fungierenden § 6 Abs. 3 und 4 selbst, was – notfalls auch über die fachgesetzlichen Anforderungen hinaus – nach einheitlichen Maßstäben bei allen UVP-pflichtigen Vorhaben zu den entscheidungserheblichen Unterlagen i.S.d. Vorschrift zu rechnen ist. Da sich die UVP gem. § 1 des Gesetzes am Vorsorgegrundsatz auszurichten hat,[17] müssen Angaben zu den Auswirkungen des Vorhabens – unabhängig von den Maßstäben der jeweils einschlägigen fachgesetzlichen Zulässigkeitsanforderungen – insbesondere schon unterhalb der Gefahrenschwelle gemacht werden.

2.2 Zeitpunkt der Vorlage

Die entscheidungserheblichen Unterlagen sind der zuständigen Behörde **zu Beginn des Verfahrens**, in dem die Umweltverträglichkeit geprüft wird, vorzulegen (Abs. 1 S. 1). Die Vorschrift ist Ausdruck des in § 1 Nr. 1 enthaltenen allgemeinen Gebots der frühzeitigen Ermittlung der Umweltauswirkungen. Die Unterlagen des Vorhabenträgers sollen der zuständigen Behörde vorliegen, bevor sie das Verwaltungsverfahren mit UVP eröffnet. Die Vorschrift verweist auf die fachgesetzlich geregelten Verfahren der Anlage 1 zu § 3 Abs. 1. Bei ihnen handelt es sich durchgängig um Verfahren, die nicht nach pflichtgemäßem Ermessen (§ 22 S. 1 VwVfG) eingeleitet werden *können*, sondern auf Antragstellung hin (§ 22 S. 2 Nr. 2 VwVfG) oder durch Planeinreichung (§ 73 Abs. 1 S. 1 VwVfG) eröffnet *werden*. Diese Fälle der sog. mitwirkungsbedürftigen Verwaltungsverfahren hebt Absatz 1 S. 2 – angesichts der von der Anlage 1 zu § 3 erfassten Verfahren nicht ganz einsichtig – als besondere Konstellation hervor und ordnet für sie an, dass die nach S. 1 erforderlichen Unterlagen so rechtzeitig vorzulegen sind, dass sie zusammen mit den übrigen (Antrags- oder Plan-) Unterlagen ausgelegt werden können. Daraus folgt, dass die zuständige Behörde die Einbeziehung der Öffentlichkeit nach § 9 so lange zu verweigern hat, bis *alle* nach S. 1 entscheidungserheblichen Unterlagen vom Vorhabenträger eingereicht worden sind. Auf diese Weise wird im Sinne von § 6 Absatz 3 S. 3 sichergestellt, dass sich die Öffentlichkeit frühzeitig ein umfassendes Bild über die Umweltauswirkungen des Vorhabens machen und jedermann entscheiden kann, ob er Einwendungen insoweit erheben will. Dies schließt aber nach der Rechtsprechung nicht aus, dass Mängel der Antragsunterlagen auch nach Auslegung im weiteren Verfahren durch ergänzende Unterlagen ausgeglichen werden können.[18] Öffentlichkeits- und Behördenbeteiligung dienen im Gegenteil gerade dazu, Aufschluss über vom Vorhaben-

11

---

17 Vgl. dazu oben § 1 Rn. 25.
18 *BVerwG*, v. 18.5.1995 – 4 C 4.94 –, NuR 1995, 537 (541).

träger selbst nicht erkannte Umweltauswirkungen und Möglichkeiten ihrer Vermeidung sowie Anstöße für weiteren Untersuchungsbedarf zu erlangen.

3 Obligatorische Mindestangaben (Absatz 3)

3.1 Allgemeines

12 Absatz 3 bestimmt die Angaben, die in den nach Absatz 1 S. 1 vorzulegenden Unterlagen des Vorhabenträgers in jedem Fall enthalten sein müssen (obligatorische Mindestangaben). Es sind dies nach Absatz 3 S. 1 die **Merkmale des Vorhabens (Nr. 1)**, die vorgesehenen **Umweltschutzmaßnahmen (Nr. 2)** sowie die **erheblichen Umweltauswirkungen des Vorhabens (Nr. 3), die Beschreibung der Umwelt (Nr. 4)** sowie die **Übersicht über die vom Vorhabenträger geprüften anderweitigen Lösungsmöglichkeiten und Auswahlgründe (Nr. 5)**. Den Unterlagen ist außerdem gem. Absatz 3 S. 2 eine allgemein verständliche, nichttechnische Zusammenfassung aller vorgenannten Angaben beizufügen.

13 Je nach Art des Vorhabens ist ein mehr oder weniger großer Teil der in Absatz 3 geforderten Mindestangaben mit solchen Angaben identisch, die auch schon vor In-Kraft-Treten des UVP-Gesetzes nach den jeweils geltenden fachgesetzlichen Anforderungen vom Vorhabenträger beizubringen waren und selbstverständlich nach wie vor, das heißt, auch unabhängig von UVP-spezifischen Erfordernissen, mit den Antrags- oder Planunterlagen einzureichen sind. Diese ohnehin erforderlichen Angaben müssen unter dem Blickwinkel des § 6 nicht noch einmal gesondert als »UVP-Unterlagen« o. Ä. zusammengestellt werden. Es reicht vielmehr aus, dass sich die nach Absatz 3 (oder Absatz 4) erforderlichen Angaben in den Antrags- oder Planunterlagen wiederfinden. Insbesondere bedarf es keiner eigenständigen, in sich geschlossenen Darstellung der UVP-relevanten Unterlagen. Eine derartige, in der Praxis häufig freiwillig vom Vorhabenträger vorgelegte »**Umweltverträglichkeitsstudie**« (UVS) oder »**Umweltverträglichkeitsuntersuchung**« (UVU) kann vom Vorhabenträger nicht verlangt werden.[19] Sie ist auch nicht unbedingt sinnvoll,[20] da das Verfahren in diesem Stadium noch in den Anfängen steckt und für weitere Erkenntnisse insbesondere im Verfahren der Öffentlichkeitsbeteiligung offen bleiben muß. Die Anhörung der Öffentlichkeit, die Erörterung der Einwendungen gegen das Vorhaben und die Einholung von Stellungnahmen der verschiedenen Behörden treten als Erkenntnisquellen neben die Unterlagen des Vorhabenträgers, tragen mithin gemeinsam dazu bei, die Umweltauswirkungen eines Vorhabens vor der Entscheidung über seine Zulassung zusammenfassend darstellen und bewerten zu können. Beides – zusammenfassende Darstellung und Bewertung der Umweltauswirkungen nach §§ 11 und 12 – obliegt daher allein der für die Durchführung der UVP zuständigen Behörde, nicht hingegen dem Vorhabenträger. Der erkenntnisfördernden Funktion von Behördenbeteiligung und Anhörung der Öffentlichkeit liefe es zuwider, wenn der Vorhabenträger bereits zu Anfang des Verfahrens seinen Antragsunterlagen eine eigenständige, abgeschlossene UVP-Studie hinzufügte und damit den Eindruck einer voreiligen – ohne Rücksicht auf etwaige Einwände gegen sein Vorhaben vorgenommenen – Bewertung der Umweltauswirkungen erzeugte. Folgerichtig wird ein

---

19 *BVerwG*, v. 17.2.1997 – 4 VP 17.96 –, NuR 1998, 305 (307).
20 A.A. *Jarass*, NuR 1991, 201 (205).

Unterlagen des Trägers des Vorhabens § 6

solches Vorgehen in § 6 auch nicht verlangt. Damit dennoch gewährleistet ist, dass sich die Öffentlichkeit ein Bild von den Umweltauswirkungen des Vorhabens machen kann, ohne sich die einzelnen Angaben mühsam aus einer Vielzahl von – zum Teil für die UVP irrelevanten – Unterlagen und Papieren heraussuchen zu müssen, ist eine allgemein verständliche (nichttechnische) Zusammenfassung der UVP-bezogenen Angaben vorzulegen,[21] aus der die Drittbetroffenheit hervorgeht.

3.2 Merkmale des Vorhabens (Nr. 1)

Zu den allgemeinen Merkmalen i.S. d. Nr. 1 gehören die **Art des Vorhabens**, sein **Standort**, die **Größen- und Lageverhältnisse** seiner baulichen und sonstigen Anlagen, der **Bodenbedarf**, die voraussichtliche **Dauer von Errichtung und Betrieb**, die wesentlichen **technischen Betriebsabläufe**, die Anbindung des Vorhabens an die **vorhandene Infrastruktur**, namentlich an die Verkehrswege, sowie der ggf. zu erwartende Bedarf an **zusätzlichen Infrastrukturmaßnahmen**. Maßgeblich ist der Vorhabenbegriff des jeweiligen Fachgesetzes, da das UVPG keinen eigenständigen, gegenüber dem Fachrecht erweiterten Vorhaben- oder Anlagenbegriff einführt, sondern über § 2 Abs. 2 auf die in der Anlage 1 zu § 3 aufgeführten Vorhaben verweist, die dort anhand ihrer gesetzlichen Zulassungstatbestände identifiziert werden.[22] Umfasst ein Vorhaben nach der Zulassungsnorm neben dem **Betrieb** auch die **Errichtung** der betrieblichen Anlagen (vgl. etwa § 4 BImSchG), ist das Vorhaben auch in seinen Errichtungsphase(n) und -schritten zu beschreiben. Entsprechendes gilt auch hinsichtlich der übrigen nach Abs. 3 Nr. 2–5 obligatorisch und nach Abs. 4 der Vorschrift in Einzelfällen beizubringenden Unterlagen, soweit sie vorhabenbezogen sind. So müssen etwa auch Zahlen zum **Baustellenverkehr** und Angaben zu seinen Auswirkungen auf die UVP-Schutzgüter, ferner Angaben zu temporärer, nur errichtungsbedingter Flächen- oder Gewässerinanspruchnahme, geliefert werden. Entsprechendes gilt für die **Auswirkungen der Stilllegung eines Betriebs**, wenn das jeweilige Zulassungsrecht – wie z.B. in § 5 Abs. 3 BImSchG – Anforderungen an die Stilllegung einer Anlage als Voraussetzung für die Errichtungs- und Betriebsgenehmigung ausdrücklich regelt oder wenn sich – wie in § 57a Abs. 5 BBergG im Verhältnis von planfestgestelltem Rahmenbetriebsplan zum Abschlussbetriebsplan[23] – die Rechtswirkung der Zulassungsentscheidung für das Vorhaben im Sinne »vertikaler« Konzentration[24] auf die nachfolgende Entscheidung über die Einstellung des Betriebs erstreckt. In diesen Fällen sind die Umweltauswirkungen der Stilllegung des Betriebs, soweit sie bereits erkennbar sind, im Zulassungsverfahren des UVP-pflichtigen Vorhabens mit zu ermitteln. Ist die Stilllegung einem gesonderten Zulassungsverfahren unterworfen, für das seinerseits eine UVP erforderlich ist, sind die Umweltauswirkungen der Stilllegung allein dort relevant (z.B. bei Stilllegung einer kerntechnischen Anlage nach § 7 AtG). Nicht in den Rahmen dieses »**Objektsteckbriefes**« gehören indessen Angaben zur »Rechtfertigung« des Vorhabens, etwa die

14

---

21 Dazu § 6 Rn. 21.
22 Vgl. *Kretz*, UPR 1992, 129 (133); *Hoppe/Appold/Haneklaus*, DVBl. 1992, 1203 (1210).
23 Zu den Rechtswirkungen des bergrechtlichen Planfeststellungsbeschlusses für nachfolgende Betriebspläne vgl. *Bohne*, ZfB 1989, 93 (121); *Niermann*, Betriebsplan und Planfeststellung im Bergrecht, S. 246 f.
24 *Bohne*, ZfB 1989, 93 (121); *Gaentzsch*, FS Sendler, S. 403 (416).

§ 6 *Unterlagen des Trägers des Vorhabens*

Darlegung des Bedarfs für ein derartiges Vorhaben nach volkswirtschaftlichen, umweltpolitischen, entsorgungswirtschaftlichen oder ähnlichen Gesichtspunkten. Die UVP hat sich allein auf die Umweltverträglichkeit, nicht hingegen auf die Erforderlichkeit oder Sinnhaftigkeit eines Vorhabens zu beziehen. Erlaubt ist, was das (Fach-)Gesetz zuläßt; das UVP-Gesetz errichtet daneben keine materiellen Schranken für die Zulässigkeit eines Vorhabens. Eine »**Planrechtfertigung**« o. Ä. kann daher nicht aus *UVP-gesetzlicher* Sicht gefordert werden; hiervon unberührt bleibt die Frage, ob ein Vorhaben nach Fachplanungsrecht im Hinblick auf das verfassungsrechtliche Gebot der Gesetzmäßigkeit der Enteignung (Art. 14 Abs. 3 S. 2 GG) einer Planrechtfertigung bedarf und aus diesem Grunde nach der Rspr. des *BVerwG* zu prüfen ist, ob das Vorhaben gemessen an den Zielen des jeweiligen Fachgesetzes »vernünftigerweise geboten« ist.[25]

3.3 Umweltschutzmaßnahmen (Nr. 2)

15 Die Beschreibung der Maßnahmen, mit denen erhebliche Beeinträchtigungen der Umwelt vermieden, vermindert oder soweit möglich ausgeglichen werden, sowie die Beschreibung der Ersatzmaßnahmen bei nicht ausgleichbaren aber vorrangigen Eingriffen in Natur und Landschaft dienen dazu, die verbleibenden erheblichen Beeinträchtigungen und Risiken des Vorhabens für die Umwelt herauszufiltern und der Bewertung zugänglich zu machen. Die Vorschrift orientiert sich an der Stufenfolge der **Eingriffsregelung des § 8 BNatSchG**. Anders als jene Bestimmung konstituiert § 6 Abs. 3 Nr. 3 aber keine entsprechenden Vermeidungs-, Minimierungs-, Ausgleichs- oder Unterlassungspflichten des Vorhabenträgers. Die Vorschrift führt allerdings dazu, dass der Vorhabenträger sich bereits frühzeitig über entsprechende Möglichkeiten zur Vermeidung etc. von Umweltbeeinträchtigungen Gedanken macht. Für die Frage etwa, ob bestimmte erhebliche Umweltbeeinträchtigungen eines Vorhabens vermieden oder vermindert werden können, ist eine wenigstens überschlägige Suche nach umweltschonenderen Alternativen eines Vorhabens oder einzelner Aspekte seiner technischen Verwirklichung sowie die ernsthafte Auseinandersetzung mit ggf. denkbaren Alternativen erforderlich. Die Beschreibung von Ersatzmaßnahmen bei nicht ausgleichbaren, aber *vorrangigen* Eingriffen in Natur und Landschaft verlangt vom Vorhabenträger keine eigene, unter Berücksichtigung aller Belange von Natur und Landschaft zu treffende Abwägung des Eingriffs, wohl aber eine eigene Bewertung des Eingriffs, um gleichwertige Maßnahmen zur Kompensation ermitteln und anbieten zu können.

3.4 Erhebliche nachteilige Umweltauswirkungen (Nr. 3)

16 Die Beschreibung der zu erwartenden erheblichen nachteiligen Umweltauswirkungen des Vorhabens ist für die UVP von größter Bedeutung. Die hierzu vom Vorhabenträger beizubringenden Unterlagen bilden die wesentliche Grundlage für die später erfolgende Darstellung und Bewertung der Umweltauswirkungen. Der Begriff der **Umweltauswirkungen** ist nicht identisch mit dem Immissionsbegriff des BImSchG, sondern erfasst

---

[25] *BVerwG*, v. 14.2.1975 – IV C 21.74 –, BVerwGE 48, 56 (60); v. 22.3.1985 – 4 C 15.83 –, BVerwGE 71, 166 (168 f.); v. 6.12.1985 – 4 C 59.82 – BVerwGE 72, 282 (284); krit. zu dieser Rspr. *Wahl*, NVwZ 1990, 426 (434 f.).

darüber hinaus vor allem auch die **Wirkungen der Immssionen**.[26] Damit ist freilich nicht gesagt, dass das BImSchG keine ausreichende, insbesondere *medienübergreifende* Ermittlung (Beschreibung und Bewertung) der Umweltauswirkungen zuließe.[27] Der umfassende Prüfungsauftrag des UVPG wird dort vielmehr dadurch gelöst, dass in § 5 Abs. 1 Nr. 1 BImSchG neben den Schutz vor schädlichen Umwelteinwirkungen (Immissionen) auch der Schutz vor sonstigen Gefahren, sonstigen erheblichen Nachteilen und sonstigen erheblichen Belästigungen gestellt wird. In gleichem Umfang gewährleistet dies die Vorsorgeverpflichtung nach § 5 Abs. 1 Nr. 2 BImSchG. Damit werden alle Umweltauswirkungen i. S. d. UVPG einschließlich der Wechselwirkungen mitumfasst.[28] Schließlich wird die durch das Artikelgesetz 2001 erfolgte Erweiterung der Betreiberpflichten nach § 5 Abs. 1 BImSchG durch die Ausrichtung auf ein hohes Schutzniveau für die Umwelt insgesamt, mit der das Problem der Belastungsverlagerung gelöst werden sollte, dem medienübergreifenden Ansatz der UVP gerecht.[29]

Eine reine Emissionsbetrachtung, auf deren Grundlage die Immissionen berechnet werden können, reicht zur Erfüllung der durch Nr. 4 errichteten Pflichten nicht aus. Es müssen vielmehr Angaben zu den Folgen der Immissionen für die einzelnen Umweltmedien (menschliche Gesundheit, Beeinträchtigung von Flora und Fauna etc.) beigebracht werden. So reicht es beispielsweise nicht, bei Einleitungen in ein Gewässer etwa nur Angaben über Art und Menge der Schmutzfracht und die Vermischungs- und Verdünnungseffekte im Umkreis der Einleitungsstelle zu machen. Hinzuzutreten haben Angaben über die voraussichtlichen Auswirkungen der eingeleiteten Stoffe auf die im Gewässer anzutreffenden lebenden Organismen sowie auf ihre möglichen Folgen für die menschliche Gesundheit. Dies setzt Erkenntnisse und entsprechende Angaben über die Umwelt und ihre Bestandteile voraus,[30] was die Abgrenzung der Vorschrift von der an engere Voraussetzungen (Erforderlichkeit und Zumutbarkeit) geknüpften Regelung des Absatz 3 Nr. 4 erschwert.[31] Da die UVP nach der Konzeption der §§ 1 und 2 UVPG und der zugrunde liegenden UVP-RL im Übrigen auf vollständige Berücksichtigung aller Schutzgüter (integrativer Ansatz) gerichtet ist, müssen die vom Vorhabenträger beizubringenden Unterlagen nach Absatz 3 Nr. 3 der Bestimmung so umfassende Angaben enthalten, dass festgestellt werden kann, ob einzelne der in § 2 Abs. 1 genannten Schutzgüter durch Auswirkungen des Vorhabens beeinträchtigt werden. Der Vorhabenträger sollte daher nicht auf Angaben zu bestimmten Wirkfaktoren verzichten, nur weil er der Auffassung ist, dass die Auswirkungen dieser Faktoren auf die Umweltgüter unterhalb der Erheblichkeitsschwelle angesiedelt sind. Wenn es nur unerhebliche oder keine Auswirkungen auf bestimmte Schutzgüter gibt, sollte dies ausdrücklich angegeben werden, um deutlich zu machen, dass die in Rede stehenden Wirkfaktoren zwar gesehen, aber am Maßstab einer Erheblichkeitsprüfung als irrelevant ausgeschieden worden sind.

Die erheblichen Umweltauswirkungen müssen **nur unter Berücksichtigung des allgemeinen Kenntnisstandes und der allgemein anerkannten Prüfungsmethoden** beschrieben werden. Diese Einschränkung der Unterlagenbeibringungslast ist Ausdruck

---

26 Zutreffend *Jarass*, Auslegung und Umsetzung der EG-RL zur UVP, S. 47 f.
27 Dazu unten, § 12 Rn. 112.
28 *Ziegler*, NJW 1991, 409; a. A. *Schink/Erbguth*, DVBl. 1991, 413 (418).
29 Krit. dazu *Enders/Krings*, DVBl. 2001, 1389 (1394).
30 So schon die Begr. des UVPGE, BT-Drs. 11/3919, S. 24.
31 Vgl. § 6 Rn. 19.

des Übermaßverbots. Vom Träger des Vorhabens wird keine Grundlagenforschung verlangt, um alle erdenklichen Umweltauswirkungen seines Vorhabens ermitteln und beschreiben zu können. Die Anbindung an den allgemeinen Kenntnisstand schließt es daher aus, den Vorhabenträger ohne vernünftige Anhaltspunkte auf die Suche nach entlegensten und nur theoretisch denkbaren Auswirkungen seines Vorhabens zu schikken. Der allgemeine Kenntnisstand kennzeichnet den **Stand der in Fachkreisen geführten Diskussion.** Das schließt andererseits nicht aus, dass auch Mindermeinungen in der wissenschaftlichen Auseinandersetzung über bestimmte naturwissenschaftliche Prozesse oder Kausalzusammenhänge zu berücksichtigen sind. Die Vorschrift knüpft die Unterlagenbeibringungslast nämlich nicht an den allgemein *anerkannten* Kenntnisstand. Die allgemein anerkannten Meinungen bestimmen indessen den Kreis der bei der Ermittlung von Umweltauswirkungen heranzuziehenden Prüfungsmethoden.

3.5 Beschreibung der Umwelt und ihrer Bestandteile (Nr. 4)

19 Die Beschreibung der Umwelt und ihrer Bestandteile *im Einwirkungsbereich des Vorhabens* hat sich auf die (unmittelbare, benachbarte, in irgend einer Weise tangierte) Umwelt des Vorhabens zu beziehen. Angaben hierzu erfordern also zunächst einmal die **Festlegung eines Untersuchungsradius.** Dieser darf nicht einheitlich für alle Bestandteile der das Vorhaben umgebenden Umwelt festgelegt werden, sondern ist **nach der spezifischen Reichweite der Auswirkungen des Vorhabens auf die einzelnen Umweltfaktoren oder Umweltbestandteile** zu bestimmen. So ist etwa eine Beschreibung des Landschaftsbildes eines Vorhabens nur in Sichtweite des Vorhabens sinnvoll, weil es darüber hinaus von ihm nicht beeinträchtigt werden kann, während der Untersuchungsradius im Hinblick auf vorhandene Siedlungen wegen der möglichen Auswirkungen eines emittierenden Vorhabens auf die menschliche Gesundheit auch weit darüber hinausgehen kann. Dies schließt es aus, dass pauschal in einem einheitlichen km-Radius ein Untersuchungsgebiet festgelegt wird. Zu beschreiben sind umfassend und vollständig **alle die Umwelt des Vorhabens bildenden Faktoren**, namentlich die in § 2 Absatz 1 genannten Schutzgüter, ohne Rücksicht auf die Frage, ob mit (erheblichen) Auswirkungen des Vorhabens auf sie überhaupt zu rechnen ist. Dies macht den Unterschied zu der ebenfalls Umweltanalysen erfordernden, aber auswirkungsorientierten Prüfung nach Absatz 3 Nr. 3 der Bestimmung aus. Es sind ferner auch Angaben zur Bevölkerung zu machen, also insbesondere über die Siedlungsgegebenheiten im Einwirkungsbereich des Vorhabens, aber ggf. auch über nennenswerte Freizeit- und Erholungsfunktionen oder Arbeitsstätten. Alle Angaben nach Absatz 3 Nr. 4 sind nur zu liefern, soweit die Beschreibung und die Angaben zur Feststellung und Bewertung erheblicher nachteiliger Umweltauswirkungen des Vorhabens **erforderlich** sind und ihre Beibringung für den Träger des Vorhabens **zumutbar** ist. Diese Einschränkungen der Unterlagenbeibringungslast sind im Regelungszusammenhang der obligatorischen Mindestangaben des Absatz 3 systemwidrig. Das Erforderlichkeitsmerkmal stellt sicher, dass nicht ohne Bezug zu konkret vom Vorhaben ausgehenden Umwelteinwirkungen eine allumfassende, in jeder erdenklichen Breite und Tiefe angelegte Umweltforschung betrieben werden muss. Die Untersuchung der Umwelt ist aus der Perspektive des Vorhabens und nicht ihrer selbst willen anzustellen. Für das Merkmal der Zumutbarkeit gilt ein

objektivierter Maßstab.³² Eine Unterscheidung nach wirtschaftlicher Leistungsfähigkeit des Vorhabenträgers wäre in Anbetracht des am Gemeinwohl ausgerichteten Untersuchungsziels einer UVP nicht sachgerecht. Objektiv nicht zumutbar ist die Beibringung einzelner Unterlagen für den Vorhabenträger insbesondere dann, wenn der mit ihr verbundene Aufwand in keinem vernünftigen Verhältnis zum voraussichtlich zu erwartenden Erkenntnisgewinn für die UVP steht. Das Gleiche gilt, wenn die Beibringung bestimmter Unterlagen in Rede steht, über die die Behörde bereits verfügt oder an die sie leichter gelangen kann als der Vorhabenträger.

3.6 Vom Träger des Vorhabens geprüfte anderweitige Lösungsmöglichkeiten (Nr. 5)

Die Bestimmung gibt dem Vorhabenträger die Vorlage einer **Übersicht über die von ihm geprüften anderweitigen Lösungsmöglichkeiten und seiner Auswahlgründe im Hinblick auf die Umweltauswirkungen des Vorhabens** auf. Sie ist in ihrem Wortlaut und im Hinblick auf ihre systematische Stellung im Rahmen der Neufassung des UVPG durch das Artikelgesetz geändert worden. Ihr Standort war in der Ursprungsfassung des Gesetzes der Absatz 4 Nr. 3, stand daher im Kontext der nur fakultativ im Rahmen des Erforderlichen und Zumutbaren geregelten Angaben und bezog sich ausdrücklich auf »Vorhabenalternativen«. Durch ihren neuen Standort in Absatz 3 ist die geforderte Übersicht nunmehr in jedem Fall ohne Rücksicht auf die Zumutbarkeit beizubringen, allerdings nach wie vor nur soweit der Vorhabenträger überhaupt anderweitige Lösungsmöglichkeiten im Hinblick auf die Umweltauswirkungen des Vorhabens geprüft hat; in diesen Fällen ist freilich ohnehin nicht ersichtlich, warum die Vorlage vorhandener Unterlagen unzumutbar sein sollte. Der geänderte Wortlaut der Bestimmung – »anderweitige Lösungsmöglichkeiten« statt »Vorhabenalternativen« – ist wenig nachvollziehbar, weil nicht erkennbar wird, was für andere Prüfunterlagen des Vorhabenträgers von der neuen Nomenklatur im Unterschied zur alten Terminologie erfasst werden. Im Ergebnis dürfte daher die Neuregelung keine Veränderungen in der Verwaltungspraxis nach sich ziehen. Für die alte (und nach hier vertretener Auffassung auch für neue) Rechtslage ist im Übrigen durch die Rechtsprechung als geklärt anzusehen, dass die Bestimmung keinerlei Pflichten zur Prüfung von Vorhabenalternativen (oder anderweitigen Lösungsmöglichkeiten) begründet.³³ Der Umstand, dass ein Alternativenvergleich die Bewertung im Rahmen der UVP ganz erheblich erleichtern kann und ein Verzicht hierauf die Gewinnung von Maßstäben für die Beurteilung der Umweltverträglichkeit erschweren wird,³⁴ belegt noch nicht, dass das geltende Recht entsprechende Pflichten begründet. Auch die prinzipielle Eignung³⁵ eines bestimmten behördlichen Entscheidungsverfahrens für den Vergleich von Projektvarianten sagt nichts darüber aus, ob derartige Vergleichsuntersuchungen obligatorisch anzustellen sind. Auszugehen ist

---

32 So auch die Begr. des UVPGE, BT-Drs. 11/3919, S. 24; ferner *Erbguth/Schink*, UVPG, § 6 Rn. 7.
33 Grundlegend *BVerwG*, v. 14.5.1996 – 7 NB 3/95 –, DVBl. 1987, 48 ff.; ferner: v. 17.2.1997 – 4 VP 17.96 –, NuR 1998, 305 (307 f.); krit. dazu *Schink*, NuR 1998, 173 (177 f.); *Groß*, NVwZ 2001, 513 ff.
34 Vgl. *Erbguth*, NVwZ 1992, 209 (219).
35 So *Steinberg*, NuR 1992, 164 (168).

vielmehr davon, dass die **UVP** sowohl nach der UVP-Richtlinie[36] als auch nach dem UVP-Gesetz **projektbezogen** konzipiert worden ist und in jene bestehenden Verfahren integriert wurde, die auf fachgesetzlicher Ebene über die Zulassung der UVP-pflichtigen Vorhaben (mit)entscheiden. Folgerichtig geht das UVP-Gesetz von einem **Vorhabenbegriff** aus, wie er dem jeweils maßgeblichen Zulassungsrecht zugrunde liegt. Dies belegt die Begriffsbestimmung des § 2 Abs. 2 UVPG, die auf die in der Anlage 1 zu § 3 aufgeführten Vorhaben verweist. Dort werden als Vorhaben, die der UVP unterliegen, ausschließlich Bau und Betrieb von Anlagen, die der fachgesetzlichen Zulassung in bestimmten Genehmigungs- oder Planfeststellungsverfahren bedürfen, genannt. Das UVP-Gesetz führt somit keinen eigenständigen, gegenüber dem Fachrecht erweiterten Vorhaben- oder Anlagenbegriff ein.[37] Das Vorhaben im Sinne des UVP-Gesetzes ist vielmehr identisch mit dem zulassungbedürftigen Vorhaben im Sinne des jeweils einschlägigen Fachrechts. Nur soweit das Fachrecht das jeweils verfahrensgegenständliche Vorhaben auch in verschiedenen Durchführungsvarianten erfasst, hat sich die UVP auch auf diese zu beziehen. Dann folgt aber der Alternativenvergleich nicht aus dem UVP-Recht, sondern aus dem Fachrecht. Gegenstand eines fachgesetzlichen Zulassungsverfahrens ist aber regelmäßig ein Vorhaben an einem bestimmten Standort – bei sog. Punktprojekten – oder – bei Trassenprojekten – in einer bestimmten Trassierung; denn die Voraussetzungen für die Zulässigkeit eines Vorhabens lassen sich immer nur im Hinblick auf seine konkrete räumliche Lage überprüfen. Eine Alternativenprüfung ist in diesen Fällen allenfalls hinsichtlich des Anlagenkonzeptes, nicht jedoch in Bezug auf den gewählten Standort oder die festgelegte Trassierung der Anlage eröffnet. Standortalternativen sind deshalb keine verschiedenen Varianten desselben Vorhabens, sondern unterschiedliche Vorhaben, für die regelmäßig eigenständige Zulassungsverfahren durchzuführen wären. Etwas anderes gilt nur dort, wo das Fachrecht die Berücksichtigung von Standortalternativen im Verfahren über die Zulassung *eines* bestimmten Vorhabens verlangt, wie dies für die **Planfeststellung** mit Blick auf das **Abwägungsgebot** allgemein anzuerkennen ist.[38] Hier, aber auch nur hier, ergibt sich dann in der Tat die Notwendigkeit, die verschiedenen *sich anbietenden oder sich aufdrängenden*[39] Standorte auch auf ihre jeweiligen Umweltauswirkungen hin zu untersuchen, wobei Planungsvarianten, die nach einer Grobanalyse in einem frühen Planungsstadium ausgeschieden werden, keinen weiteren Detailprüfungen der Umweltverträglichkeit unterzogen werden müssen.[40]

3.7 Zusammenfassung der Angaben (Satz 2 und 3)

21 Die allgemein verständliche, nichttechnische Zusammenfassung der nach Satz 1 beizubringenden Angaben dient der schnelleren Orientierung vor allem der im Rahmen der Öffentlichkeitsbeteiligung Einsicht nehmenden Dritten.[41] Dies wird nunmehr durch

---

36 Vgl. § 6 Rn. 6.
37 So zutreffend *Kretz*, UPR 1992, 129 (133).
38 Vgl. nur *Bender/Pfaff*, DVBl. 1992, 181 ff.; *Erbguth*, NVwZ 1992, 209 ff.; *Hoppe/Beckmann*, DÖV 1990, 769 ff.; umfassend *Schlarmann*, Alternativenprüfung, S. 1 ff. (passim).
39 Vgl. nur *BVerwG*, v. 30.5.1984 – 4 C 58/81 –, BVerwGE 69, 256 (273).
40 *BVerwG*, v. 16.8.1995 – 4 B 92.95 –, NuR, 1996, 402 f.
41 *Schoeneberg*, UVP, Rn. 125, 131 ff. betont zu Recht die Funktion der Unterlagen als Grundlage für die Öffentlichkeitsbeteiligung.

Absatz 3 Satz 3 ausdrücklich in qualitativer Hinsicht unterstrichen. Die Zusammenfassung hat damit auch eine Rechtsschutzfunktion im Hinblick auf diejenigen Angaben, die der Einzelne zur Überprüfung seiner Rechtsbetroffenheit benötigt. Die Zusammenfassung muss daher vollständig und leicht verständlich (»nichttechnisch«) sein. Werden die Unterlagen nach Satz 1 nicht in Form einer von den übrigen Antragsunterlagen gesonderten Studie zusammengestellt, ist in der Zusammenfassung auf die Fundstellen der detaillierten Unterlagen hinzuweisen, um eine vertiefende Prüfung anhand der eigentlichen Dokumente, Gutachten etc. vornehmen zu können.

4 Weitergehende Angaben (Absatz 4)

4.1 Allgemeines

Die Liste der nach Absatz 3 beizubringenden Unterlagen wird in Absatz 4 um zusätzliche Angaben erweitert, soweit diese für die UVP nach der Art des Vorhabens **erforderlich** sind. Damit ist **in jedem Einzelfall**[42] zu prüfen, ob die in Absatz 4 Nr. 1–3 aufgeführten Angaben beizubringen sind. Mit dieser Unterscheidung zwischen obligatorischen Angaben und solchen, die nur in besonderen Fällen unter strengeren Voraussetzungen beizubringen sind, ist der Gesetzgeber dem Vorbild der UVP-RL, die in Art. 5 Abs. 1 und 2 ebenfalls zwischen stets erforderlichen und fakultativ beizubringenden Unterlagen unterscheidet, gefolgt. Ungeachtet dieser ausdrücklichen Beschränkung der Unterlagenbeibringungslast gilt der Verhältnismäßigkeitsgrundsatz uneingeschränkt als verfassungsrechtlich (und EG-rechtlich) zu beachtende Schranke für die Mitwirkungspflichten des Vorhabenträgers. Unterlagen etwa, die nicht geeignet sind, das Ziel des Verfahrens – die Feststellung der erheblichen Auswirkungen eines Vorhabens auf die Umwelt – zu fördern, können vom Vorhabenträger nicht verlangt werden. Der Katalog des Absatz 4 ist im Übrigen nicht als Block in der Gesamtheit seiner Anforderungen stets einheitlich zu beachten; es ist vielmehr in jedem einzelnen Fall zu entscheiden, welche Angaben seiner verschiedenen Unterpunkte erforderlich sind. Aus dem Regel-Ausnahme-Verhältnis von Absatz 3 zu Absatz 4 der Bestimmung folgt schließlich, dass die zuständige Behörde im Zweifel die Darlegungs- und Beweislast dafür trägt, dass weitere Angaben über die obligatorisch beizubringenden Unterlagen hinaus erforderlich sind.

Nach der **Art des Vorhabens** sind die weiteren Angaben **erforderlich**, wenn die Umweltverträglichkeit des Vorhabens auf der Grundlage der nach Absatz 3 beizubringenden Unterlagen nicht verlässlich oder nicht ausreichend ermittelt, dargestellt und bewertet werden kann. Das Vorhaben muss in seiner konkreten Gestalt so geartet sein, dass ein detaillierterer Grad an Beschreibung erforderlich ist, als Absatz 3 der Bestimmung es verlangt. Maßstäblich hierfür können die jeweils einschlägigen (materiellen) fachgesetzlichen Zulassungsbestimmungen sein. Ein Blick auf die im Vergleich zu § 6 UVPG speziellere Bestimmung des § 4e der 9. BImSchV ergibt außerdem, dass dort der Großteil der in Absatz 4 enthaltenen Angaben für alle UVP-pflichtigen Vorhaben im Anwendungsbereich der VO und damit für die in der Praxis bedeutendste Gruppe der UVP-pflichtigen Vorhaben verlangt wird. Bei näherer Prüfung der einzelnen Anforderungen des Absatz 4 ergibt sich allerdings, dass die weiteren in Betracht kommenden

---

42 *Erbguth/Schink*, UVPG, § 6 Rn. 8.

§ 6 *Unterlagen des Trägers des Vorhabens*

Angaben nicht unbedingt wesentlich über das hinausgehen, was nach Absatz 3 der Bestimmung auch schon verlangt werden kann.

4.2 Wichtigste Merkmale der technischen Verfahren (Nr. 1)

24 Angaben zu den wichtigsten Merkmalen der technischen Verfahren nach Absatz 4 Nr. 1 ergänzen die obligatorische Vorhabenbeschreibung nach Absatz 3 Nr. 1 der Bestimmung um weitere technische Detailangaben. Derartige Angaben dürften regelmäßig nur bei solchen Vorhaben von Bedeutung und im Hinblick auf die UVP objektiv von Interesse sein, die Schadstoffe in erheblichem Umfang emittieren, den Umgang mit besonders gefährlichen (toxischen, radioaktiven, explosiven) Stoffen vorsehen, oder auf andere Weise zu erhöhten Umweltrisiken führen.

4.3 Erhebliche Umweltbeeinträchtigungen (Nr. 2)

25 Die nach Abs. 4 Nr. 2 der Vorschrift zu liefernden Angaben umfassen eine Beschreibung von **Art und Menge** der von dem Vorhaben ausgehenden **Emissionen**, der im Zuge seiner Verwirklichung anfallenden **Abfälle**, des von ihm erzeugten **Abwassers** sowie aller sonstigen für die Feststellung und Beurteilung von erheblichen Umweltbeeinträchtigungen erforderlichen Angaben. Die Angaben haben sich mithin auf die von einem Vorhaben ausgehenden umweltbeeinträchtigenden Erscheinungen in ihrer Gesamtheit, also sowohl auf unwägbare Erscheinungen wie Rauch, Ruß, Staub, Gase, Aerosole, Dämpfe, Geruchsstoffe, Geräusche, Erschütterungen, Licht, Wärme, Kälte, Strahlen und ähnliche physikalische Phänomene als auch auf seine gewollt oder ungewollt entstehenden stofflichen End- oder Nebenprodukte zu beziehen. Von diesen Angaben zu unterscheiden sind die unter Absatz 3 Nr. 3 aufgeführten erheblichen *Auswirkungen* des Vorhabens, die eine immissionsbezogene und schon nach den (schädlichen) Folgen bestimmter Beeinträchtigungsfaktoren fragende Betrachtung erfordern. Zu allen möglicherweise vom Vorhaben ausgehenden Emissionen und anfallenden Reststoffen sind Angaben im Übrigen nur (soweit) zu liefern, als sie zu **erheblich nachteiliger Umweltauswirkungen** führen können. Diese Einschränkung der Beibringungslast in Bezug auf die Emissionen setzt somit eine wertende Prognose im Hinblick auf Umfang, Intensität, Dauer und Schädlichkeit ihrer negativen Folgen für die Umwelt voraus. Die Abgabe von Stoffen oder anderen Erscheinungen an die Umwelt, die von ihrer Art her oder in den zu erwartenden Mengen voraussichtlich zu keinen nennenswerten Umweltbeeinträchtigungen führen, unterliegt nicht dem Unterlagenbeibringungsgebot. Umgekehrt werden Untersuchungstiefe und damit auch die Anforderungen an die Qualität der beizubringenden Unterlagen zunehmen, je schädlicher und gefährlicher nach der Prognose eine bestimmte Emission erscheint. Die Verankerung einer so gearteten Erheblichkeitsschwelle für diese Mitwirkungslast des Vorhabenträgers ist Ausdruck des verfassungs- wie gemeinschaftsrechtlich zu beachtenden Verhältnismäßigkeitsprinzips. Der Begriff »**Emissionen**« erfasst die oben genannten Erscheinungen an der Quelle ihrer Entstehung und legt damit Ort und Zeitpunkt der Betrachtung eines bestimmten physikalischen Phänomens fest. Luftverunreinigungen etwa sind im Zeitpunkt ihres Austritts aus einer bestimmten Schadstoffquelle (vgl. § 3 Abs. 3 BImSchG: »von einer Anlage ausgehende ... Erscheinungen«) Emissionen, jedoch ggf. nur wenig später, im Zeitpunkt ihres Auf-

tretens an einem bestimmten Einwirkungsobjekt, bereits Immissionen, das heißt, die *Wirkung* einer vorangegangenen Emission.[43] Als Beispiel für Emissionen sind in erster Linie Luftverunreinigungen zu nennen. Unter **Luftverunreinigungen** versteht man Veränderungen der natürlichen Zusammensetzung der Luft, insbesondere durch Rauch, Ruß, Staub, Gase, Aerosole, Dämpfe oder Geruchsstoffe (§ 3 Abs. 4 BImSchG).[44] Weitere Angaben sind zu den **Geräuschen** eines Vorhabens – das sind die hörbaren Einwirkungen, die durch Schallwellen verbreitet werden –, zu seinen **Erschütterungen** – das sind die niederfrequenten, mechanischen Schwingungen fester Körper – sowie zu **Licht, Wärme, Kälte, Strahlen** (neben den ionisierenden Strahlen zählen hierzu auch Laser-, UV- und Radarstrahlen sowie Mikro- oder Ultraschallwellen) und zu ähnlichen Erscheinungen (etwa zu elektromagnetischen Feldern) zu machen, sofern diese Angaben erforderlich sind, um die erheblichen Umweltauswirkungen des Vorhabens feststellen und beurteilen zu können. Der **Abfallbegriff** der Bestimmung entspricht dem des KrW-/AbfG und erfasst damit Abfälle zur Verwertung wie Abfälle zur Beseitigung. **Abwasser** ist das durch Gebrauch in seinen Eigenschaften veränderte (Schmutzwasser) sowie das von Niederschlägen aus dem Bereich von bebauten oder befestigten Flächen abfließende Wasser (Niederschlagswasser); der Begriff umfasst sämtliche abgehende Wassergemische ohne Rücksicht auf die Ursache, das Ausmaß und die Schädlichkeit der Veränderungen oder Beimischungen. Auf die sonst für den Anwendungsbereich von Abfall- und Abwasserbeseitigungsrecht erhebliche und mitunter Schwierigkeiten bereitende Abgrenzung zwischen Abfall und Abwasser kommt es – da beide als Fallgruppen erfasst werden – bei dieser Bestimmung nicht an. Ferner sind (weitere) Angaben zur Nutzung und Gestaltung von Wasser, Boden, Natur und Landschaft beizubringen, eine Anforderung, die im Regelfall schon über die Angaben nach Absatz 3 Nrn. 1, 2 und 3 abgedeckt sein dürfte und somit wenig eigenständige Bedeutungen erlangen wird.

4.4 Hinweise auf Schwierigkeiten (Nr. 3)

Die Information über die Schwierigkeiten des Vorhabenträgers bei der Zusammenstellung der Unterlagen soll die Erkenntnislücken bei der Ermittlung des erheblichen Tatsachenmaterials zu Tage fördern und damit eine Einschätzung noch offener Umweltrisiken des Vorhabens ermöglichen. 26

4.5 Zusammenfassung der Angaben

Die Bestimmung dient lediglich der Klarstellung: Die nach Absatz 3 S. 2 der Bestimmung erforderliche allgemein verständliche Zusammenfassung hat sich gem. Absatz 4 Satz 2 auch auf die weiteren Angaben nach Nr. 1–3 zu erstrecken. 27

---

[43] Zu den Begriffen Immission und Emission vgl. nur *Jarass*, BImSchG, § 3 Rn. 4 ff., 47 ff.
[44] Vgl. im Einzelnen *Jarass*, BImSchG, § 3 Rn. 49 ff.

5 Identität zwischen Vorhabenträger und Körperschaft der entscheidenden Behörde (Abs. 5)

28 Absatz 5 der Bestimmung stellt schließlich klar, dass auf die Anforderungen aus Absatz 1–4 auch dann nicht verzichtet werden kann, wenn planaufstellende und planfeststellende Behörde identisch sind.[45] Mit dieser – selbstverständlichen – Regelung werden allerdings die grundsätzlichen Bedenken, die gegen das Zusammentreffen von interessengebundener Vorhabenträgerschaft und dem Allgemeinwohl verpflichteter Zulassungsinstanz in einer Behörde bestehen, nicht ausgeräumt.[46]

---

[45] Vgl. BT-Drs. 11/3919, S. 24.
[46] *Erbguth/Schink*, UVPG, 6 Rn. 11 m.w. Hinw.

§ 7 Beteiligung anderer Behörden

Die zuständige Behörde unterrichtet die Behörden, deren umweltbezogener Aufgabenbereich durch das Vorhaben berührt wird, über das Vorhaben, übermittelt ihnen die Unterlagen nach § 6 und holt ihre Stellungnahmen ein. § 73 Abs. 3a des Verwaltungsverfahrensgesetzes findet entsprechende Anwendung.

Übersicht		Rn.			Rn.
1	Allgemeines	1	3	Einholung der Stellungnahmen	22
1.1	Regelungsgegenstand	2	3.1	Unterrichtung vor Einholung der	
1.2	Zweck und Bedeutung der Vorschrift	3		Stellungnahmen	24
1.3	Gesetzesgeschichte	4	3.2	Inhalt und Form der abzugebenden	
1.3.1	Vorgaben der UVP-Richtlinie	5		Stellungnahmen	25
1.3.2	Innerstaatliche Entstehung	6	3.3	Wirkung der Stellungnahmen	27
1.4	Anwendungsbereich der Vorschrift	8	3.4	Stellungnahmefristen und Präklusion	29
1.5	Geltung von Verwaltungsvorschriften	10	3.5	Nachträgliche Änderung der	
2	Beteiligung anderer Behörden durch			Unterlagen	31
	die zuständige Behörde	11	4	Vorrangige Regelungen im	
2.1	Zuständige Behörde	12		Immissionsschutz- und Atomrecht	32
2.2	Zu beteiligende Behörden	14	5	Besonderheiten bei der Verkehrs-	
2.2.1	Behördenbegriff des § 7	15		wege- und Flughafenplanung	35
2.2.2	Berührter, umweltbezogener		5.1	Planfeststellungsverfahren	36
	Aufgabenbereich	18	5.2	Vorgelagerte Verfahren	38

1 Allgemeines

§ 7 regelt zunächst die Unterrichtung und anschließend die **Beteiligung anderer Behörden durch die zuständige Behörde** im Rahmen UVP-pflichtiger Planungs- und Zulassungsverfahren. Die Vorschrift greift als **Mindeststandard** für die Beteiligung anderer Behörden den Regelungsgehalt von § 73 Abs. 2 VwVfG zur Behördenbeteiligung im Rahmen eines Planfeststellungsverfahrens sinngemäß auf. Durch die Novelle des UVPG im Jahr 2001 wurde die für eine UVP erforderliche Behördenbeteiligung präziser gefasst und auf den besonderen Auftrag des UVPG, die Umweltauswirkungen eines Vorhabens zu ermitteln, zugeschnitten. Neu sind daher die Vorgaben zur Unterrichtung (vor förmlicher Beteiligung) der Behörden, deren **umweltbezogener** Aufgabenbereich durch das Vorhaben berührt wird, und der Hinweis zur Übermittlung der **Unterlagen nach § 6**. Zudem werden die Fristenregelung und die (materielle) Präklusionsregelung des § 73 Abs. 3a VwVfG ausdrücklich in Bezug genommen. Da die Beteiligung fachlich berührter Behörden innerhalb eines Zulassungsverfahrens ein allgemeiner Bestandteil des deutschen Planungsrechts und deshalb unverzichtbar ist, sind nachfolgend neben § 7 und § 73 Abs. 2 und 3a VwVfG auch die fachgesetzlichen Vorschriften zur Behördenbeteiligung einzubeziehen. 1

1.1 Regelungsgegenstand

§ 7 Satz 1 schreibt ein zweigestuftes Beteiligungsverfahren im Rahmen der Behördenbeteiligung vor: Zunächst hat eine Unterrichtung der von dem Vorhaben in ihrem umwelt- 2 bezogenen Aufgabenbereich berührten Behörden zu erfolgen; in diesem Zusammenhang sind die Unterlagen des Vorhabenträgers nach § 6 zu übermitteln. Danach hat die zuständige Behörde die Stellungnahmen dieser Behörden einzuholen. Satz 2 nimmt zur Konkretisierung dieser Verfahrensschritte auf § 73 Abs. 3 a VwVfG Bezug; die Stellungnahme ist daher innerhalb einer von der zuständigen Behörde zu setzenden Frist, die drei Monate nicht überschreiten darf, abzugeben (§ 73 Abs. 3 a Satz 1 VwVfG). Folge einer zeitlichen Überschreitung des Erörterungstermins ist, dass eingehende Stellungnahmen nicht mehr berücksichtigt werden, es sei denn, die vorgebrachten Belange sind der zuständigen Behörde bereits bekannt oder hätten ihr bekannt sein müssen oder sind für die Rechtmäßigkeit der Entscheidung von Bedeutung (§ 73 Abs. 3 a Satz 2 VwVfG).

1.2 Zweck und Bedeutung der Vorschrift

3   Die Beteiligung anderer Behörden durch die für die Durchführung des Verfahrens zuständige Behörde nach § 7 bildet neben der Vorlage der Vorhabenunterlagen durch den Vorhabenträger nach § 6 und der Einbeziehung der Öffentlichkeit nach § 9 einen wesentlichen Bestandteil des in § 2 Abs. 1 Satz 2 vorgeschriebenen »Ermittelns« der Auswirkungen eines Vorhabens auf seine Umwelt. Die Behördenbeteiligung soll dazu beitragen, dass die Bewertung der Umweltverträglichkeit des Vorhabens auf einer **gesicherten Informationsgrundlage** erfolgt. Darüber hinaus hat die Behördenbeteiligung im deutschen Recht die Funktion, den durch die Anordnung einer Konzentrationswirkung bedingten Verlust von fachlichen Kompetenzen der zu beteiligenden Behörden durch Beteiligungsrechte auszugleichen. Die Stellungnahmen der zu beteiligenden Behörden werden Bestandteil der zusammenfassenden Darstellung nach § 11 und gehen in die Bewertung der Umweltauswirkungen des Vorhabens nach § 12 durch die zuständige Behörde ein.

1.3 Gesetzesgeschichte

4   Die UVP-RL trifft in Artikel 6 Abs. 1 eine sehr detaillierte Regelung zur Behördenbeteiligung im Rahmen der UVP. Demgegenüber hatte sich der deutsche Gesetzgeber bei der Schaffung des UVPG ursprünglich auf die wörtliche Übernahme der Vorschrift des § 73 Abs. 2 VwVfG zur Behördenbeteiligung im Planfeststellungsverfahren beschränkt, um das bewährte Beteiligungssystem nicht zu verändern. Die Novelle des UVPG hat nunmehr zu einer Präzisierung von § 7 geführt, um die Besonderheiten, die aus der Durchführung einer UVP herrühren, für die Behördenbeteiligung im jeweiligen Trägerfahren zu verdeutlichen.[1]

---

1   *Feldmann*, DVBl. 2001, 589 (597), der aber angesichts der schon bestehenden Praxis auf der Grundlage des bisherigen § 7 darauf hinweist, dass diese Ergänzung eher eine Klarstellung ist und daher zu keinen Änderungen führen wird; ebenso BT-Drs. 14/4599 vom 14.11.2000, S. 99 (zu Nr. 9).

Beteiligung anderer Behörden § 7

1.3.1 Vorgaben der UVP-Richtlinie

Nach Artikel 6 Abs. 1 Satz 1 der UVP-RL treffen die Mitgliedstaaten die erforderlichen 5
Maßnahmen, damit die Behörden, die in ihrem umweltbezogenen Aufgabenbereich von
dem Projekt berührt sein können, die Möglichkeit haben, ihre Stellungnahmen zu den
Angaben des Projektträgers und zu dem Antrag auf Genehmigung abzugeben. Nach
Satz 2 sollen die Mitgliedstaaten allgemein oder von Fall zu Fall bei der Einreichung von
Anträgen auf Genehmigung die Behörden bestimmen, die anzuhören sind. Nach Satz 3
sind diesen Behörden die nach Artikel 5 der Richtlinie eingeholten Informationen und
damit die Projektunterlagen nebst Zusammenfassung mitzuteilen. Die Richtlinie will
durch diese Regelung eine umfassende Einbeziehung des Fachwissens aller vom konkreten Vorhaben in ihrem Aufgabenbereich berührten Umweltbehörden sicherstellen,
um so die **bestmögliche Beurteilungsgrundlage für die UVP** des Vorhabens durch die
zuständige Behörde zu ermöglichen. Die vom Vorhabenträger vorzulegenden Unterlagen können dabei nach Vorstellung der EU sogar ggf. durch die zu beteiligenden
Behörden ergänzt werden.[2] Die UVP-RL geht im Weiteren davon aus, dass die Einzelheiten der Anhörung der zu beteiligenden Behörden jeweils von den Mitgliedstaaten
festgelegt werden (Satz 4). Die Änderung der UVP-RL hat zu einer geringfügigen
Erweiterung von Art. 6 Abs. 1 Satz 1 geführt; dort wurde der (klarstellende) Hinweis
aufgenommen, dass die Behörden die Möglichkeit haben (müssen), ihre Stellungnahmen
(auch) zu den Angaben des Projektträgers abzugeben.

1.3.2 Innerstaatliche Entstehung

Der frühere Wortlaut des § 7 verwies lediglich darauf, dass die zuständige Behörde die 6
Stellungnahmen der Behörden einholt, deren Aufgabenbereich durch das Vorhaben
berührt wird. Zu dieser Aussage war im Gesetzgebungsverfahren zur Schaffung des
UVPG unmittelbar Einigkeit erzielt worden; sie ist auch jetzt noch der wesentliche Kern
der im Jahr 2001 überarbeiteten Regelung. Die frühere Zurückhaltung des Bundesgesetzgebers bei der Umsetzung der nach Artikel 6 Abs. 1 der UVP-RL vorgesehenen
Behördenbeteiligung war in der nach Artikel 83f. GG generell den Ländern zugewiesenen Zuständigkeit für die Durchführung und Ausgestaltung der Verwaltungsverfahren
begründet, die durch eine bundesgesetzliche Vorgabe nicht zu sehr eingeschränkt werden
sollte. Bedenken gegen diese restriktive Umsetzung der UVP-RL durch das UVPG
bestehen nicht, da die Behördenbeteiligung im deutschen Recht weitestgehend normiert,
zudem inhaltliche Konkretisierungen auf der Ebene von Verwaltungsvorschriften und
Richtlinien der Länder möglich sind.[3]

Durch die Novelle des UVPG im Jahr 2001 wurde die nach dem UVPG geforderte 7
Behördenbeteiligung jedoch präziser gefasst und auf den besonderen Auftrag des UVPG,
die Umweltauswirkungen eines Vorhabens auf der Grundlage der Unterlagen des
Vorhabenträgers zu ermitteln, zugeschnitten, ohne damit die sich selbst auferlegte
Zurückhaltung bei der Ausformung des Beteiligungsverfahrens aufzugeben. Zu beteiligen sind daher die Behörden, die in ihrem **umweltbezogenen** Aufgabenbereich berührt
werden. In Umsetzung der UVP-Änderungsrichtlinie wurde zudem der besondere
Hinweis aufgenommen, dass die Unterrichtung auch die **Unterlagen des Vorhaben-**

---

2 So die Einführung der UVP-RL 85/337/EWG, ABl. Nr. L 175/40f.
3 Kritisch im Hinblick auf die knappe Form der Umsetzung aber *Erbguth/Schink*, UVPG, § 7 Rn. 5.

trägers einschließt. Schließlich wurde in Anpassung an die zwischenzeitlich erfolgte Fortentwicklung des Verwaltungsverfahrensgesetzes die **Fristenregelung** aus § 73 Abs. 3 a VwVfG übernommen. Diese redaktionellen Änderungen waren im Gesetzgebungsverfahren unstreitig.

1.4 Anwendungsbereich der Vorschrift

8 § 7 verpflichtet die zuständige Behörde ausnahmslos bei jedem UVP-pflichtigen Verfahren zur Behördenbeteiligung. Die Vorschrift kommt allerdings nur dann unmittelbar zur Anwendung, wenn die Fachgesetze nicht ihrerseits und gemäß § 4 vorrangig eine Regelung zur Behördenbeteiligung treffen. Eigenständige Bedeutung erlangt § 7 zunächst für die vorgelagerten Stufen des Verkehrsplanungsrechts und damit für die **Linienbestimmungsverfahren** nach § 16 FStrG und § 13 WaStrG sowie für das **luftverkehrsrechtliche Genehmigungsverfahren** nach § 6 LuftVG, die zwar Bestandteil eines gestuften UVP-pflichtigen Zulassungsverfahrens sind, für die aber fachgesetzlich keine Behördenbeteiligung vorgeschrieben ist.[4] Für die gleichfalls vorgelagerten **Raumordnungsverfahren** folgt die Verpflichtung zur Beteiligung anderer Behörden dagegen unabhängig vom UVPG schon aus § 15 Abs. 4 ROG;[5] hier erlangt lediglich der Hinweis auf die Unterrichtung und Beteiligung auf der Grundlage der Unterlagen nach § 6 ergänzende Wirkung. Für die von § 2 Abs. 3 Nr. 3 erfaßten **Bebauungsplanverfahren** folgt die Verpflichtung zur Behördenbeteiligung eigenständig aus § 4 BauGB.[6]

9 Bei den abschließenden Zulassungsverfahren ergibt sich die Verpflichtung zur Behördenbeteiligung überwiegend bereits aus dem Fachrecht: Von der mit § 7 inhaltsgleichen Regelung des § 73 Abs. 2 und 3 a VwVfG unmittelbar erfasst werden die in der Anlage 1 genannten Planfeststellungsverfahren (Nummern 12 bis 15 und 19).[7] Vorrangige fachgesetzliche Beteiligungsregelungen sind in § 10 Abs. 5 BImSchG i. V. mit § 11 der 9. BImSchV für das **immissionsschutzrechtliche Genehmigungsverfahren** (Nummern 1 bis 10 der Anlage 1)[8] und in § 7 Abs. 4 AtG für das **atomrechtliche Genehmigungsverfahren** (Nummer 11 der Anlage 1) enthalten.[9] Inhaltlich mit § 73 Abs. 2 und 3 a VwVfG identische Anordnungen treffen die **Verkehrsplanungsgesetze** (Nummer 14 der Anlage 1).[10] § 41 Abs. 2 FlurbG ordnet zur Beteiligung der Behörden zusätzlich einen Anhörungstermin für das **flurbereinigungsrechtliche Planfeststellungsverfahren** (Nummer 16 der Anlage 1) an.[11] Die Vorschriften der §§ 18c und 19a WHG sehen keine fachgesetzliche Behördenbeteiligung vor, sodass § 7 **auf die wasserrechtlichen Genehmigungsverfahren** (Nummer 13 der Anlage 1) anzuwenden ist, falls nicht einzelne Landeswassergesetze ihrerseits vorrangige Regelungen zur Behördenbeteiligung treffen. Gleiches gilt für die **Umwandlung (Rodung) bzw. Erstaufforstung**

---

4 Siehe ausführlich am Ende Rn. 38 f.
5 Siehe § 16 Rn. 45.
6 Siehe § 17 Rn. 56 ff.
7 Vgl. bspw. *Paetow*, in: Kunig/Paetow/Versteyl, KrW-/AbfG, § 31 Rn. 111.
8 Siehe nachfolgend Rn. 33.
9 Nachfolgend Rn. 34; vgl. auch *Ronellenfitsch*, in: Marschall/Schroeter/Kastner, FStrG, § 17 Rn. 24.
10 Nachfolgend Rn. 35.
11 Siehe § 19 Rn. 23.

Beteiligung anderer Behörden § 7

von Wald nach den §§ 9 f. BundeswaldG (Nummer 17 der Anlage 1); auch hier ist wegen fehlender bundesgesetzlicher Regelungen § 7 unmittelbar anzuwenden.

1.5 Geltung von Verwaltungsvorschriften

Die UVPVwV bezieht sich entsprechend dem durch § 24 vorgegebenen, eingeschränkten Auftrag nicht auf den Verfahrensschritt der Beteiligung anderer Behörden. Dies wäre auch nicht sachgerecht, da § 7 lediglich für alle Stufen UVP-pflichtiger Verfahren die Behördenbeteiligung sicherstellen soll, ansonsten aber bewusst dem Fachrecht die weitere Ausgestaltung des Verfahrens belässt. Verordnungen, Verwaltungsvorschriften oder Richtlinien auf der Grundlage des Fachrechts enthalten dagegen vielfach Erläuterungen oder auch verwaltungsinterne Vorgaben zum Kreis der zu beteiligenden Behörden, die durch das zuzulassende Vorhaben in ihrem Aufgabenbereich berührt werden.

10

2 Beteiligung anderer Behörden durch die zuständige Behörde

§ 7 unterscheidet einerseits zwischen der zuständigen Behörde, die für die Durchführung und damit für die Verfahrensleitung des Zulassungsverfahrens (Planfeststellungs- oder Genehmigungsverfahren) bzw. dem diesen vorgelagerten Planungsverfahren (z. B. Raumordnungsverfahren oder Linienbestimmungsverfahren) einschließlich der unselbständigen UVP verantwortlich ist, und andererseits den von ihr **zu beteiligenden Behörden**, die zum beabsichtigten Vorhaben fachliche Stellungnahmen aus ihrem Aufgabenbereich abgeben sollen. Die nachfolgenden Ausführungen zu § 7 gelten dabei uneingeschränkt zunächst für Verfahren ohne eigene Beteiligungsregelung sowie für die Planfeststellungsverfahren, in denen inhaltlich der entsprechende § 73 Abs. 2 und der in Bezug genommene Abs. 3 a VwVfG anzuwenden sind, daneben sinngemäß aber auch für die vorrangigen oder ergänzenden fachgesetzlichen Beteiligungsvorschriften. Deren Besonderheiten sollen im Anschluss erläutert werden.[12]

11

2.1 Zuständige Behörde

Die zuständige Behörde im Sinne von § 7 ist diejenige Behörde, die nach dem jeweiligen Fachgesetz mit der Durchführung des Verfahrens zur Zulassung des Vorhabens und damit mit der Verfahrensleitung und nach dem UVPG nun zusätzlich mit der Durchführung der unselbständigen UVP beauftragt ist. Sind für die endgültige Zulassung eines Vorhabens mehrere Genehmigungsverfahren parallel durchzuführen oder sind vor der abschließenden Zulassung des Vorhabens zunächst vorgelagerte Verfahrensstufen zu durchlaufen, gibt es **für jeden dieser Verfahrensabschnitte u. U. eine eigene zuständige Behörde**, welche das nach § 7 vorgeschriebene Beteiligungsverfahren durchzuführen hat. Die Zuweisung der Zuständigkeit erfolgt in der Regel durch die für die Ausgestaltung der Verwaltungsverfahren verantwortlichen Landesgesetzgeber.

12

Um Überschneidungen und doppelte Beteiligungen in verschiedenen Verfahrensabschnitten der Vorhabenzulassung weitestgehend zu vermeiden, ordnet § 2 Abs. 1 Satz 4 an, dass die durchgeführten **Teilprüfungen zu einer Gesamtbewertung** zusam-

13

---

12 Zu den Besonderheiten anderer fachgesetzlicher Regelungen zur Behördenbeteiligung vgl. unten Rn. 32 bis 39.

Jörg Wagner 191

mengefasst werden. Dieses Gebot, Teilabschnitte einer gestuften Prüfung am Ende des Zulassungsverfahrens durch die für dieses abschließende Verfahren zuständige Behörde zusammenzufassen, gilt dabei auch für die Erkenntnisse aus verschiedenen Behördenbeteiligungen, soweit sich diese Erkenntnisse auf die Umweltverträglichkeit des untersuchten Vorhabens beziehen.[13] Bei parallelen Genehmigungsverfahren auf der abschließenden Zulassungsebene räumt § 14 Abs. 1 Satz 2 den Ländern die Möglichkeit ein, eine dieser zuständigen Behörden als sog. »federführende Behörde« mit der Durchführung eines gemeinschaftlichen Behördenbeteiligungsverfahrens zu beauftragen.[14]

2.2 Zu beteiligende Behörden

14 Die nach § 7 zu beteiligenden Behörden haben die Pflicht, die zuständige und damit verfahrensleitende Behörde bei der Vorhabenzulassung **durch fachliche Stellungnahmen zu informieren** und zu unterstützen. Im Gegensatz zur verfahrensleitenden Behörde sind sie für die Vorhabenzulassung nicht eigenständig verantwortlich und daher nur auf Aufforderung und – soweit sie fachlich berührt sind – zur Abgabe von Stellungnahmen berechtigt. Stellungnahmen von Stellen, die nicht den Behörden i. S. des § 7 zugerechnet werden, und Stellungnahmen von Behörden, die inhaltlich über den gesetzlich zugewiesenen Zuständigkeitsbereich hinausgehen, können im Verfahren nach § 7 nicht als Gegenstand der förmlichen Behördenbeteiligung verwertet werden.[15]

2.2.1 Behördenbegriff des § 7

15 § 7 greift den Wortlaut von § 73 Abs. 2 VwVfG auf, dem seinerseits der Behördenbegriff des § 1 Abs. 4 VwVfG zugrunde liegt. § 1 Abs. 4 VwVfG ist daher auch für § 7 maßgeblich. **Nach § 1 Abs. 4 VwVfG ist eine Behörde »jede Stelle, die Aufgaben der öffentlichen Verwaltung wahrnimmt«.** Dieser verfahrensrechtliche, funktionale Behördenbegriff des Verwaltungsverfahrensgesetzes erfasst zunächst die Behörden des Bundes, der Länder und der Gemeinden, daneben aber auch Behörden von Körperschaften, Anstalten und Stiftungen des öffentlichen Rechts wie z. B. kommunale Planungsverbände nach § 205 BauGB, Landesanstalten für Wasserwirtschaft oder kommunale oder regionale Wasserverbände.[16] Schließlich werden Einzelpersonen und juristische Personen des Privatrechts erfasst, sofern sie insbesondere als Beliehene vom Staat mit der Wahrnehmung öffentlich-rechtlicher Aufgaben betraut worden sind.[17]

---

13 Zum Bausteinprinzip bei gestuften Verfahren vgl. § 16 Rn. 85 ff.
14 Zur Funktion der federführenden Behörde bei parallelen Zulassungsverfahren vgl. § 14 Rn. 13 ff.
15 Erhält die verfahrensleitende Behörde Hinweise zum Vorhaben außerhalb der förmlichen Behördenbeteiligung, kann sie diese nach entsprechender Überprüfung als Gegenstand eigener Erkenntnisse in den Verfahrensablauf einführen. Allerdings kommt derartigen Erkenntnissen nicht die Rechtswirkung (Verhinderung der Präklusion etc.) einer förmlichen Stellungnahme im Beteiligungsverfahren zu.
16 Einzelheiten zu den von § 1 Abs. 4 VwVfG erfassten Behörden bei *Meyer*, in: Knack, VwVfG, § 1 Rn. 7 ff.; zum funktionalen Behördenbegriff des VwVfG, ebd. § 1 Rn. 1, vgl. auch *Kollmer*, NVwZ 1994, 1057.
17 Ebd. Rn. 7 ff. Damit sind auch die Deutsche Bahn AG und die Telekom AG erfasst, soweit sie als Nachfolgeunternehmen von Bundesbahn und Post Aufgaben der Daseinsvorsorge und Infrastrukturplanung für die Allgemeinheit wahrnehmen.

Vom Wortlaut des § 1 Abs. 4 VwVfG und damit auch von § 7 nicht unmittelbar erfasst werden hingegen die **Kreise** und **Gemeinden**, auf deren Gebiet das Vorhaben liegt oder deren Gebiet durch das Vorhaben betroffen werden könnte, weil es sich bei ihnen um Gebietskörperschaften handelt. Eine ausreichende Information der Gemeinden über das geplante Vorhaben ist aber sichergestellt, da sie gemäß § 73 Abs. 3 Satz 1 VwVfG für die Auslegung des Plans verantwortlich sind.[18] Zudem ist auch ohne ausdrückliche Regelung unstreitig, dass die Kreise und Gemeinden zur Wahrnehmung ihrer verfassungsrechtlich garantierten Rechte aus Artikel 28 Abs. 1 und 2 GG wie Behörden zu beteiligen sind.[19]

16

Demgegenüber wird eine Beteiligung von anerkannten **Naturschutz- und Umweltschutzverbänden** am Verfahren auf der Grundlage von § 7 nicht ermöglicht, da diese nicht den Behörden im Sinne des § 1 Abs. 4 VwVfG zugerechnet werden. Nach § 58 Abs. 1 Nr. 2 und 3 BNatSchG ist den Umweltschutzverbänden bei den von der Anlage 1 erfassten Planfeststellungs- und Genehmigungsverfahren allerdings eine vergleichbare Beteiligungsmöglichkeit (»Gelegenheit zur Stellungnahme und zur Einsicht in die einschlägigen Sachverständigengutachten«) eingeräumt. Die Beteiligung der Umweltschutzverbände sollte zweckmäßigerweise parallel zur Behördenbeteiligung erfolgen; im Gegensatz zu den Behörden haben sie aber keinen Anspruch auf einen ständigen Dialog oder Abstimmungsprozess.[20] In den Verfahren der sonstigen Nummern der Anlage 1 und auch in den vorgelagerten Verfahren kann eine Beteiligung der Umweltschutzverbände dagegen nur nach Landesrecht, auf freiwilliger Basis oder im Rahmen und unter den Voraussetzungen des Beteiligungsverfahrens für die Öffentlichkeit nach § 9 erfolgen.[21]

17

2.2.2 Berührter, umweltbezogener Aufgabenbereich

Die Verpflichtung zur Behördenbeteiligung aufgrund des UVPG kann nur so weit gehen wie der Regelungsansatz des UVPG insgesamt. Voraussetzung für die Beteiligung anderer Behörden durch die zuständige, verfahrensleitende Behörde ist daher, dass diese in ihrem **umweltbezogenen** Aufgabenbereich durch das auf seine Umweltverträglichkeit zu prüfende Vorhaben berührt werden. Da nach den weitergehenden, vorrangigen Fachgesetzen und nach § 73 Abs. 2 VwVfG aber regelmäßig auch alle anderen Behörden, die in ihrem Aufgabenbereich berührt sind, einzubeziehen sind, kommt dieser gesetzessystematisch notwendigen Begrenzung keine praktische Bedeutung zu. Wirkt sich ein beabsichtigtes Vorhaben mit Auswirkungen auf die Umwelt daher z.B. auch auf wirtschaftliche Belange aus, ist nach den allgemeinen Beteiligungsregeln des Fachrechts die örtlich zuständige Stelle für Wirtschaftsförderung neben der Naturschutzbehörde ebenfalls zu beteiligen.

18

Eine Einschränkung für den Kreis der zu beteiligenden Behörden ergibt sich demgegenüber aus dem ungeschriebenen Erfordernis, dass es sich bei der Aufgabenwahrnehmung um die **Wahrnehmung öffentlich-rechtlicher Aufgaben** handeln muss.[22] Damit scheidet zunächst die Beteiligung all jener Behörden aus, die nicht in ihrem

19

---

18 Zu den Aufgaben der Gemeinden im Rahmen der Bürgerbeteiligung im Planfeststellungsverfahren vgl. § 9 Rn. 20.
19 Vgl. hierzu nur *Steinberg*, Fachplanungsrecht, § 3 Rn. 54; *Kollmer*, NVwZ 1994, 1057 (1057 f.).
20 So zutreffend *Stüer/Hermanns*, DVBl. 2002, 435 (436).
21 Vgl. § 9 Rn. 16 ff.
22 *Meyer*, in: Knack, VwVfG, § 1 Rn. 3.

öffentlich-rechtlichen Zuständigkeitsbereich, sondern privatrechtlich (bspw. durch eine Störung des Behördengebäudes durch Immissionen) betroffen sind.[23] Hier kann eine Betroffenheit nur im Rahmen des Beteiligungsverfahrens für die Öffentlichkeit geltend gemacht werden.[24] Ebenso reicht eine fiskalische Betroffenheit (bspw. bei einer Zuständigkeit der Behörde für die Vergabe von Fördermitteln für das Vorhaben) nicht für eine Einbeziehung in das Verfahren der Behördenbeteiligung aus.[25]

20 Rechtlich maßgeblich für die Entscheidung, ob eine Behörde durch das Vorhaben in ihrem umweltbezogenen Aufgabenbereich berührt ist, ist das Gesetz, das den Rahmen für das Tätigwerden dieser Behörde setzt. Dient dieses dem Schutz (auch) eines der in § 2 Abs. 1 Satz 2 genannten Umweltbelange, kann die zur Bewahrung oder Umsetzung dieses Gesetzes originär zuständige Behörde in ihren umweltbezogenen Belangen berührt sein. Weiter ist zu prüfen, ob die erwarteten Auswirkungen des beabsichtigten Vorhabens den räumlichen Zuständigkeitsbereich der Behörde betreffen. Sie ist auch dann schon berührt, wenn durch das Vorhaben erst künftige Tätigkeiten dieser Behörde beeinträchtigt würden (z. B. bei Ausschluss einer beabsichtigten Grundstücksnutzung für eigene fachliche Aufgaben).[26] In Zweifelsfällen sollte ein großzügiger Maßstab bei der Beteiligung angelegt werden.[27]

21 Eine Beteiligung einer anderen Behörde ist des Weiteren unabhängig von einem konkreten Berührtsein geboten, wenn die Herstellung des **Einvernehmens oder des Benehmens mit dieser Behörde kraft Gesetzes angeordnet ist.**[28] Daneben existieren auf Landesebene regelmäßig Listen, in denen der verfahrensleitenden Behörde ein fester Kreis von zu beteiligenden Behörden pauschal vorgegeben wird. Diese Listen entfalten die Wirkung von »Checklisten«; der verfahrensleitenden Behörde ist es daher erlaubt, nicht alle der dort genannten Stellen in die Behördenbeteiligung einzubeziehen, wenn nach ihrer Einschätzung eine Berührtheit im Einzelfall nicht gegeben ist.[29]

3 Einholung der Stellungnahmen

22 Die allgemeine Grundlage für die Einholung von behördlichen Stellungnahmen in einem Verwaltungsverfahren bildet der **Untersuchungsgrundsatz nach § 24 VwVfG**, der die verfahrensleitende Behörde zur Ermittlung des Sachverhalts von Amts wegen verpflichtet. Die Behörde hat sich daher stets zu bemühen, den wahren Sachverhalt ohne Bindung an das Vorbringen des Vorhabenträgers zu erforschen.[30] Damit ist sie auf die Hilfe anderer Behörden und deren Sachverstand angewiesen. Diese geben im Rahmen ihrer Zuständigkeit Stellungnahmen zu dem beabsichtigten Vorhaben ab und ergänzen so die Ermittlungen. § 7 greift diesen allgemeinen Grundsatz des deutschen Verwaltungsrechts

---

23 *Dürr*, in: Knack, VwVfG, § 73 Rn. 25; so auch *Kollmer* in Bezug auf die Gemeinden, NVwZ 1994, 1057 (1058); weitergehend *Steinberg*, Fachplanungsrecht, § 3 Rn. 55.
24 Wie hier *Dürr*, in: Knack, VwVfG, § 73 Rn. 25.
25 Ebd. Rn. 25.
26 Wie hier *Steinberg*, Fachplanungsrecht, § 3 Rn. 55.
27 *Dürr*, in: Knack, VwVfG, § 73 Rn. 25.
28 Zum Einvernehmen und Benehmen unten Rn. 27; vgl. auch *Jarass*, DVBl. 1997, 795 (797).
29 Ein begründeter Verzicht auf die Beteiligung einer in einer derartigen Liste enthaltenen Fachbehörde stellt daher keinen Rechtsfehler dar.
30 *Clausen*, in: Knack, VwVfG, § 24 Rn. 2.

Beteiligung anderer Behörden § 7

auf und schreibt ihn für die UVP-pflichtigen Planungs- und Zulassungsverfahren ausnahmslos fest. Eine dem deutschen Verwaltungsrecht bislang eher fremde Erweiterung dieses Untersuchungsgrundsatzes folgt aber – in Umsetzung der Richtlinie – durch § 6, der dem Vorhabenträger bereits vor Durchführung des förmlichen behördlichen Verwaltungsverfahrens auch wesentliche Mitwirkungspflichten bei der Verfahrensvorbereitung durch die Pflicht zur Vorlage der entscheidungserheblichen Unterlagen über die Umweltauswirkungen des Vorhabens auferlegt.[31]

Die zuständige, verfahrensleitende Behörde holt von den zu beteiligenden Behörden deren Stellungnahmen zum beabsichtigten Vorhaben und zu dessen möglichen Auswirkungen ein. Das Verfahren zur Einholung der Stellungnahmen wird durch den mit der Novelle des UVPG diesbezüglich präziser gefassten § 7 Satz 1 in **zwei Schritte** zunächst der Unterrichtung und dann der eigentlichen Einholung von Stellungnahmen gegliedert. Zusätzlich strukturiert wird es durch die Fristen- und Präklusionsregelung in § 73 Abs. 3a VwVfG, auf die der nunmehr angefügte § 7 Satz 2 Bezug nimmt. Trifft das Fachrecht keine darüber hinausgehenden Sonderregelungen und fehlen auch ergänzende oder konkretisierende Verwaltungsvorschriften oder Erlasse der Länder, steht der verfahrensleitenden Behörde die Organisation des Beteiligungsverfahrens im Übrigen aber frei. 23

3.1 Unterrichtung vor Einholung der Stellungnahmen

§ 7 Satz 1 schreibt der zuständigen Behörde zu Beginn des Beteiligungsverfahrens zunächst eine Unterrichtung der in ihrem umweltbezogenen Aufgabenbereich berührten Behörden vor, indem sie diese über die wesentlichen Inhalte des Vorhabens zu informieren hat. Ist eine erste Information über das beabsichtigte Vorhaben allerdings bereits im Termin nach § 5 und damit vor dem eigentlichen Vorhabenantrag erfolgt, kann die Unterrichtung sofort zur Übermittlung der vom Vorhabenträger nach § 6 vorgelegten Unterlagen genutzt werden. Unterrichtung und Aufforderung zur Stellungnahme fallen daher in diesem Fall zusammen. Nach erfolgter Eingangskontrolle insbesondere auf Vollständigkeit sollten daher von der verfahrensleitenden Behörde die Vorhabenunterlagen mit einem erläuterndem Begleitschreiben gleichzeitig an alle zu beteiligenden Behörden weiterleitet und zugleich eine Frist zur Abgabe der erbetenen Stellungnahmen gesetzt werden. Eine Einschränkung des Gegenstands der zugeleiteten Unterlagen auf den jeweiligen Aufgabenbereich der zu beteiligenden Behörde, wie sie früher durchaus üblich war, ist mit der durch § 7 Satz 1 ausgesprochenen Verpflichtung, (alle) Unterlagen nach § 6 zu übermitteln, nicht mehr zulässig.[32] Zur Strukturierung des Beteiligungsverfahrens und zur Beschleunigung der Abgabe der Stellungnahmen kann es aber hilfreich sein, die zu beteiligenden Behörden im Begleitschreiben auf mögliche **Schwerpunkte ihrer jeweiligen fachlichen Betroffenheit** hinzuweisen. Dem Begleitschreiben können darüber hinaus weitere Informationen zum Vorhaben wie z.B. ein Protokoll des Scoping-Termins nach § 5 und Stellungnahmen, Gutachten und Zwischenergebnisse aus vorgelagerten Verfahrensstufen beigefügt werden. Bei einer Behördenbeteiligung im Rahmen gestufter oder paralleler Zulassungsverfahren ist zweckmäßigerweise im 24

---

31 Vgl. hierzu die Vorbemerkungen Rn. 6 und § 6 Rn. 11.
32 Einschränkend noch auf der Grundlage des alten Rechts unter Verweis auf die frühere Rechtsprechung des Bundesverwaltungsgerichts *Steinberg*, Fachplanungsrecht, § 3 Rn. 58.

Jörg Wagner

Begleitschreiben darauf hinzuweisen, dass sich die Stellungnahmen auf den konkreten Verfahrensabschnitt zu beschränken haben. Den anderen Behörden ermöglicht die Unterrichtung damit zugleich die Kontrolle, ob der Vorhabenträger ihren Anregungen aus dem Termin nach § 5 gefolgt ist.

3.2 Inhalt und Form der abzugebenden Stellungnahmen

25 Auf der Grundlage der zugeleiteten Unterlagen des Vorhabenträgers nach § 6 und darüber hinaus zugeleiteter Informationen geben die beteiligten Behörden ihre Stellungnahmen zu dem beabsichtigten Vorhaben ab. Der Inhalt der Stellungnahmen ist auf den jeweiligen **Aufgabenbereich der Behörde zu beschränken.** Auswirkungen auf andere Aufgabenbereiche und Überschneidungen können jedoch dann einbezogen werden, wenn auf mögliche Wechselwirkungen bspw. von vorgeschlagenen Schutzmaßnahmen hingewiesen wird. Weitere Hinweise und Informationen, die nicht den eigenen Aufgabenbereich betreffen, die aber für die verfahrensleitende Behörde im Hinblick auf die Gesamtbewertung der Umweltverträglichkeit des Vorhabens von Nutzen sein können, sind zulässig, soweit derartige Überschreitungen des eigenen Aufgabenbereichs im Rahmen der Stellungnahme zur Vermeidung von Kompetenzkonflikten kenntlich gemacht werden. Den anderen Behörden sollte jeweils ein **Abdruck** der eigenen Stellungnahme an die verfahrensleitende Behörde übersendet werden, damit diese die Gelegenheit erhalten, bei Bedarf ihre Stellungnahmen im Hinblick auf mögliche zusätzliche Konfliktbereiche und Wechselwirkungen zu ergänzen.

26 Die Stellungnahmen sind in der Regel schriftlich durch den Behördenleiter oder eine vertretungsberechtigte Person abzugeben. Vorbehalte hinsichtlich einzelner Punkte oder nur vorläufige Stellungnahmen sind zu kennzeichnen. Im Rahmen eines von der verfahrensleitenden Behörde anberaumten Anhörungstermins können Stellungnahmen auch zu Protokoll gegeben werden.[33] Weitere Einzelheiten regelt das Fachrecht oder werden von der verfahrensleitenden Behörde aufgrund der ihr vom Gesetzgeber zugewiesenen Verfahrensherrschaft im konkreten Fall verbindlich festgelegt.

3.3 Wirkung der Stellungnahmen

27 Die Wirkung der Stellungnahmen der zu beteiligenden Behörden für die verfahrensleitende Behörde kann ausdrücklich durch den Gesetzgeber geregelt sein. Ist ein »**Einvernehmen**« angeordnet, darf sich die verfahrensleitende Behörde nicht über die Stellungnahme der Fachbehörde hinwegsetzen, sondern muss diese übernehmen.[34] Ist demgegenüber ein »**Benehmen**« angeordnet, ist die Stellungnahme der zu beteiligenden Fachbehörde zwar in jedem Fall und damit unabhängig von deren konkreter Betroffenheit einzuholen.[35] Allerdings kann sich die verfahrensleitende Behörde im Rahmen

---

33 Die Fachgesetze können demgegenüber vorschreiben, dass die Stellungnahmen ausnahmslos schriftlich zu erfolgen haben.
34 Zum Begriff und zur Wirkung des Einvernehmens *Henneke*, in: Knack, VwVfG, § 35 Rn. 56, 107, und *Hoppe*, in: Hoppe/Menke, RuL Rn. 215.
35 Zum Begriff und zur Wirkung des Benehmens *Henneke*, ebd., Rn. 56; *Jarass*, DVBl. 1997, 795 (797).

des ihr zugewiesenen Entscheidungsspielraums und mit entsprechender Begründung über eine entgegenstehende Stellungnahme hinwegsetzen.[36]

Ohne besondere gesetzliche Anordnung kommt den Stellungnahmen der in ihrem Aufgabenbereich berührten Behörde die **Wirkung von Fachbeiträgen** zu, die das Material für die Bewertung der Umweltverträglichkeit des Vorhabens sowie das Abwägungsmaterial und die Entscheidungsunterlagen der zuständigen Behörde im Rahmen der weiteren Verfahrensschritte der UVP ergänzen.[37] Ebenso wie bei einem vom Gesetzgeber ausdrücklich angeordneten »Benehmen« kann sich die verfahrensleitende Behörde daher über eine entgegenstehende Stellungnahme hinwegsetzen, wenn sie im Rahmen der ihr obliegenden Entscheidungsfindung den in der Stellungnahme angesprochenen Belang gegenüber anderen Belangen zurückstellt. Eine Grenze für diese Entscheidungsfreiheit im Rahmen der Würdigung der behördlichen Stellungnahmen ist allerdings dort erreicht, wo die fachliche Stellungnahme einer zu beteiligenden Behörde auf ein gesetzliches Tatbestandsmerkmal des Zulassungsgesetzes hinweist (oder es konkretisiert), das von der verfahrensleitenden Behörde damit zwingend zu beachten ist.

28

3.4 Stellungnahmefristen und Präklusion

Der mit der Novelle des UVPG im Jahr 2001 neu eingeführte § 7 Satz 2 nimmt Bezug auf die ihrerseits erst im Jahr 1996 durch das Genehmigungsverfahrensbeschleunigungsgesetz[38] eingefügte Fristen- und Präklusionsregelung in § 73 Abs. 3a VwVfG. § 73 Abs. 2, und der in Bezug genommene Abs. 3a VwVfG waren wiederum Reaktion auf die mit dem Verkehrswegeplanungsbeschleunigungsgesetz 1991[39] und dem Planungsvereinfachungsgesetz 1993[40] gesondert getroffenen Regelungen zur Beschleunigung des Beteiligungsverfahrens für die Behörden im Rahmen von Planfeststellungsverfahren für Verkehrsvorhaben.[41] Durch das Aufgreifen dieser Fristenregelungen im Verwaltungsverfahrensgesetz ist daher wieder eine größere Einheitlichkeit beim Ablauf der Behördenbeteiligung in allen Planfeststellungsverfahren erreicht. Aufgrund der neuen Vorschriften stellt sich der **Ablauf der Behördenbeteiligung** in jedem Planfeststellungsverfahren nach § 73 VwVfG nunmehr wie folgt dar.[42]

29

– Innerhalb eines Monats nach Zugang des vollständigen Plans fordert die Anhörungsbehörde die Behörden, deren Aufgabenbereich durch das Vorhaben berührt wird, zur Stellungnahme auf (§ 73 Abs. 2 VwVfG).

---

36 Dies ergibt sich aus der Abgrenzung zum Einvernehmen, bei dem ein Abweichen der verfahrensleitenden Behörde von der Stellungnahme der zu beteiligenden Behörde unzulässig ist.
37 *Dürr*, in: Knack, VwVfG, § 73 Rn. 6 ff.
38 Vom 12.9.1996, BGBl. I S. 1254.
39 Vom 16.12.1991, BGBl. I S. 2174.
40 Vom 17.12.1993, BGBl. I S. 2378.
41 Zur Entstehung der Regelungen Repkewitz, Verw.Archiv 1997, 137 (142 ff.). Ursprungsnorm war der mittlerweile in allgemeiner Form in das BauGB übernommene § 2 Abs. 4 Satz 2 BauGB-MaßnahmenG (jetzt § 4 BauGB), hierzu auch *Bonk/Neumann*, in: Stelkens/Bonk/Sachs, VwVfG, § 73 Rn. 100.
42 In UVP-pflichtigen Genehmigungsverfahren, für die – anders als im Immissionsschutz- und Atomrecht (hierzu nachfolgend Rn. 32 ff.) – keine eigenen Beteiligungsvorschriften bestehen, wird durch die Bezugnahme in § 7 Satz 2 die Verfahrensfrist des § 73 Abs. 3a VwVfG verbindlich.

- Die Behörden haben ihre Stellungnahme innerhalb einer von der Anhörungsbehörde zu setzenden Frist abzugeben, die drei Monate nicht überschreiten darf (§ 73 Abs. 3a Satz 1 VwVfG).
- Die Anhörungsbehörde ... leitet diese (Anm.: ihre Stellungnahme zur Öffentlichkeitsbeteiligung) möglichst innerhalb eines Monats nach Abschluss der Erörterung ... mit den Stellungnahmen der Behörden ... der Planfeststellungsbehörde zu (§ 73 Abs. 9 VwVfG).

30 Zudem trifft § 73 Abs. 3a Satz 2 VwVfg für den Fall der verspäteten Abgabe einer behördlichen Stellungnahme eine **materielle Präklusionsregelung**: So werden nach dem Erörterungstermin eingehende Stellungnahmen nicht mehr berücksichtigt, es sei denn, die vorgebrachten Belange sind der Planfestellungsbehörde bereits bekannt oder hätten ihr bekannt sein müssen oder sind für die Rechtmäßigkeit der Entscheidung von Bedeutung. Ein Versäumen der Abgabefrist führt daher zumindest dann zu einer Nichtberücksichtigung verspätet vorgebrachter Belange, wenn die parallel durchgeführte Öffentlichkeitsbeteiligung mit ihrem Erörterungstermin abgeschlossen ist.[43] Durch den »es sei denn«-Nachsatz wird die materielle Wirkung dieses Einwendungsausschlusses allerdings eingeschränkt; der im Interesse der Straffung des Beteiligungsverfahrens geregelte Einwendungsausschluss darf nicht zu offensichtlichen Abwägungsfehlern führen. Im Ergebnis kommt der materiellen Präklusionsregelung damit ähnlich einer formellen Präklusion im Wesentlichen doch nur Appellfunktion gegenüber den zu beteiligenden Behörden zu, zur Vermeidung der Nichtberücksichtigung der eigenen Belange die Stellungnahmen innerhalb der gesetzlich vorgegebenen Frist abzugeben.[44]

3.5 Nachträgliche Änderung der Unterlagen

31 § 7 regelt nicht, wie von der zuständigen Behörde zu verfahren ist, wenn sich nach Abschluss der Behördenbeteiligung die Vorhabenunterlagen ändern. Soweit das Planfeststellungsrecht nicht gilt und fachgesetzliche Vorschriften dies gleichfalls nicht regeln, sollte § 73 Abs. 8 Satz 1 VwVfG entsprechend angewendet werden. Danach ist den Behörden, die durch den geänderten Plan erstmalig oder stärker als bisher berührt werden, die **Änderung mitzuteilen und ihnen Gelegenheit zu Stellungnahmen** innerhalb von zwei Wochen zu geben.[45] Wirkt sich die Änderung auf das Gebiet einer anderen Gemeinde aus, so ist der geänderte Plan auch in dieser Gemeinde auszulegen.

4 Vorrangige Regelungen im Immissionschutz- und Atomrecht

32 Die Behördenbeteiligung in den immissionsschutzrechtlichen Verfahren der Nummern 1 bis 10 und den atomrechtlichen Verfahren der Nummer 11 der Anlage 1 wird nicht durch § 7 oder die inhaltsgleiche Regelung des § 73 Abs. 2 und 3a VwVfG geregelt,

---

43 *Repkewitz*, Verw.Archiv 1997, 137 (149) weist daraufhin, dass Fristversäumnisse vor Abschluss des Erörterungstermins dagegen nicht sanktioniert sind.
44 Zu der schwierigen Abgrenzung von formeller und materieller Präklusion *Kühling*, Fachplanungsrecht, S. 84, Rn. 191. Kritisch gegenüber einer materiellen Präklusion aus verfassungsrechtlichen Gründen *Repkewitz*, Verw.Archiv 1997, 137 (151). Wie hier dagegen für unbedenklich haltend *Bonk/Neumann*, in: Stelkens/Bonk/Sachs, VwVfG, § 73 Rn. 102.
45 Zu § 73 Abs. 8 VwVfG vgl. *Kuschnerus*, DVBl. 1990, 235 (238f.).

sondern durch eigenständige Vorschriften der jeweiligen Fachgesetze. Die 9. BImSchV und die AtVfV regeln das Verfahren der Behördenbeteiligung aber im Wesentlichen gleich. Nachfolgend werden daher lediglich die einzelnen Besonderheiten gegenüber dem allgemeinen Verfahren nach § 7 bzw. dem VwVfG dargestellt:

§ 10 Abs. 5 BImSchG sieht inhaltsgleich wie § 7 und § 73 Abs. 2 VwVfG vor, dass die für die Erteilung der Genehmigung zuständige Behörde (Genehmigungsbehörde) die Stellungnahmen der Behörden einholt, deren Aufgabenbereich durch das Vorhaben berührt wird. Es gelten daher die Ausführungen zu § 7 sinngemäß auch hier. Ergänzt wird § 10 Abs. 5 BImSchG bei UVP-pflichtigen Vorhaben durch § 11 Satz 1 und 2 der 9. BImSchV. Danach hat die Genehmigungsbehörde spätestens gleichzeitig mit der öffentlichen Bekanntmachung die zu beteiligenden Behörden – parallel im sog. »sternförmigen« Verfahren – aufzufordern, ihre Stellungnahmen innerhalb einer ebenfalls einmonatigen Frist abzugeben. Zusätzlich führt § 11 Satz 3 der 9. BImSchV eine **formelle Präklusion** für den Fall des Unterlassens einer Stellungnahme innerhalb der vorgegebenen Frist ein (»Hat eine Behörde bis zum Ablauf der Frist keine Stellungnahme abgegeben, so kann die Genehmigungsbehörde davon ausgehen, dass die beteiligte Behörde sich nicht äußern will«.).

33

§ 7 Abs. 4 Satz 1 und 2 AtG regelt ohne gesetzliche Verfahrensfristen die Behördenbeteiligung für das atomrechtliche Genehmigungsverfahren für Anlagen nach § 7 AtG (Nummer 11.1 der Anlage zu § 1), nicht aber das Beteiligungsverfahren für das atomrechtliche Planfeststellungsverfahren für Zwischen- und Endlager nach § 9b AtG (Nummer 11.2, hier gilt § 73 Abs. 2 und 3a VwVfG mit den dortigen Fristen) eigenständig. In Erweiterung der allgemeinen Regeln ordnet die Vorschrift ausdrücklich an, dass neben den Behörden des Bundes und der Länder auch die Behörden der Gemeinden und der sonstigen Gebietskörperschaften zu beteiligen sind, deren Zuständigkeitsbereich berührt wird. Zudem ist dem Bundesministerium für Umwelt, Naturschutz und Reaktorsicherheit in Fällen von Meinungsverschiedenheiten zwischen der (nach Landesrecht zuständigen) Genehmigungsbehörde und einer beteiligten Bundesbehörde ein **Weisungsrecht** zugewiesen (§ 7 Abs. 4 Satz 2 AtG).[46]

34

5 Besonderheiten bei der Verkehrswege- und Flughafenplanung

Einige wenige Besonderheiten bei der Behördenbeteiligung bestehen nach wie vor im Bereich der Verkehrswege- und Flughafenplanung. Die bereits im Zusammenhang mit § 73 Abs. 2 und 3a VwVfG erläuterten Fristen- und Präklusionsregelungen wurden zunächst durch das **Verkehrswegeplanungsbeschleunigungsgesetz** und hierauf aufbauend durch das **Planungsvereinfachungsgesetz** für die Planfeststellungsverfahren im Verkehrsbereich eingeführt. Durch die spätere Übernahme in das Verwaltungsverfahrensgesetz sind sie mittlerweile überwiegend entbehrlich geworden und könnten entfallen.[47] Nur vereinzelt enthalten sie noch historisch gewachsene Besonderheiten, hier ergänzen sie die Planungsverfahren im Verkehrsbereich teilweise in Ost- und West-

35

---

46 Vgl. Artikel 87c GG als Grundlage für das Weisungsrecht des Umweltministeriums gegenüber den Landesbehörden für den Bereich des Atomrechts; zu den Konflikten bei Ausübung des Weisungsrechts in der Praxis vgl. *Korbmacher*, UPR 1994, 325 (327).
47 Hierzu soeben unter Rn. 30. Vgl auch (»Symbolische Gesetzgebung«) *Wickel*, NVwZ 2001, 16 (18).

deutschland sogar unterschiedlich.[48] Im Wesentlichen existieren jedoch nur noch auf der vorgelagerten Planungsebene des Verkehrsplanungsrechts aufgrund des Nebeneinanders von Linienbestimmungs- bzw. luftverkehrsrechtlichen Genehmigungsverfahren einerseits und Raumordnungsverfahren andererseits besondere Beteiligungsregelungen.[49] Im Einzelnen gibt es folgende Regelungen:

5.1 Planfeststellungsverfahren

36 Für die Planfeststellungsverfahren bei der Verkehrswege- und Flughafenplanung galt zunächst nur der ursprüngliche § 73 Abs. 2 VwVfG und damit die allgemeine Verpflichtung zur Beteiligung der Behörden, die durch das Vorhaben in ihrem Aufgabenbereich berührt sind. Zur Straffung der Verfahrensabläufe haben dann das Planungsvereinfachungsgesetz[50] und kurze Zeit darauf das Magnetschwebebahngesetz zusätzliche **interne Verfahrensfristen** eingeführt, die jetzt in allgemeiner Form in § 73 Abs. 2 und 3a VwVfG geregelt sind.[51] So hat auch nach § 17 Abs. 3a FStrG bei Planung einer Fernstraße, nach § 10 Abs. 2 Nr. 2 LuftVG bei der Planung eines Flughafens, nach § 5 Abs. 1 Nr. 1 MBPlG bei der Planung der Magnetschwebebahn und nach § 29 Abs. 1a Satz 1 Nr. 1 PBefG bei der Planung einer Straßenbahntrasse die Anhörungsbehörde die Einholung der Stellungnahmen der zu beteiligenden Behörden innerhalb eines Monats, nachdem der Träger des Vorhabens den Plan eingereicht hat, zu veranlassen.[52] Die beteiligten Behörden haben daraufhin ihre Stellungnahmen nach § 17 Abs. 3b Satz 1 FStrG, § 10 Abs. 2 Nr. 2 LuftVG, § 5 Abs. 1 Nr. 2 MBPlG und § 29 Abs. 1a Satz 1 Nr. 2 PBefG innerhalb einer von der Anhörungsbehörde zu setzenden Frist, die drei Monate nicht übersteigen darf, abzugeben. Die zuletzt genannte Verpflichtung zur Fristsetzung für die Abgabe von Stellungnahmen besteht daneben auch für die Planfeststellungsbehörden im Wasserstraßenrecht (§ 17 Nr. 1 Satz 1 WaStrG) und im Eisenbahnrecht (§ 20 Abs. 1 Nr. 1 AEG). Die zitierten fachgesetzlichen Regelungen sind mittlerweile redundant geworden und könnten daher ohne Verlust an Rechtssicherheit gestrichen werden. Weil der Gesetzgeber die Anwender durch eine Streichung der erst vor wenigen Jahren in den Fachgesetzen eingeführten Regelungen offenbar aber nicht verwirren wollte,[53] ist es bei ihrer Fortgeltung geblieben. Lediglich die Vorschrift des § 3 Abs. 1 Satz 3 des Verkehrswegeplanungsbeschleunigungsgesetzes sieht abweichend von den allgemeinen, flexibleren Regelungen des VwVfG für Vorhaben in den neuen Ländern

---

48 Hierzu ein Überblick bei *Wickel*, NVwZ 2001, 16.
49 Zum Nebeneinander verschiedener vorgelagerter Verfahren bei der Verkehrswegeplanung vgl. § 15 Rn. 10, 16.
50 Vom 17.12.1993, BGBl. I S. 2174; hierzu *Repkewitz*, Verw. Archiv 1997, 137 (142f.).
51 Vgl. daher die Darstellung unter Rn 29.
52 Die hier getroffene besondere Anordnung für die Anhörungsbehörden beruht auf der in diesen Verfahren vorgeschriebenen Trennung zwischen Anhörungsbehörde einerseits und Planfeststellungsbehörde andererseits.
53 Für eine Streichung *Repkewitz*, Verw.Archiv 1997, 137 (160 am Ende). Ebenfalls kritisch zu dieser Vielfalt der Regelungen *Wickel*, NVwZ 2001, 16 (18); ebenso die Unabh. Expertenkommission Investitionsförderung, Rn. 812.

Beteiligung anderer Behörden § 7

eine nach wie vor starre Stellungnahmefrist für die beteiligten Behörden von generell drei Monaten vor;[54] sie sollte daher demnächst entfallen.

Ebenso hatte das Planungsvereinfachungsgesetz die **Präklusion mit materieller Wirkung** für alle Behördenbeteiligungsverfahren der genannten Planfeststellungsverfahren bereits 1993 eingeführt und damit als Vorbild für den wortgleichen § 73 Abs. 3a Satz 2 VwVfG gedient.[55] So tritt eine entsprechende materielle Ausschlusswirkung auch nach den §§ 20 Abs. 2 Satz 3 AEG, 17 Abs. 4 Satz 3 FStrG, 17 Nr. 1 Satz 2 WaStrG, 10 Abs. 2 Nr. 3 Satz 2 LuftVG, 29 Abs. 4 Satz 3 PBefG sowie nach § 5 Abs. 2 Satz 3 MBPlG ein, wenn die Stellungnahme nach dem Ablauf der Stellungnahmefrist und nach dem Erörterungstermin eingeht. 37

5.2 Vorgelagerte Verfahren

Die Fachgesetze des Verkehrsplanungsrechts ordnen für den Verfahrensabschnitt der vorgelagerten Verfahren generell keine Behördenbeteiligung an. § 7 findet daher als Auffangnorm unmittelbar Anwendung für die Linienbestimmungsverfahren nach § 16 FStrG und nach § 13 WaStrG sowie für das luftverkehrsrechtliche Genehmigungsverfahren nach § 6 LuftVG, sofern diese die in der Anlage 1 genannten UVP-pflichtigen Planfeststellungsverfahren vorbereiten und zugleich als Trägerverfahren für eine erste Stufe der UVP eingesetzt werden.[56] 38

Ist allerdings – wie nach § 15 Abs. 1 Satz 2 alternativ möglich – die erste Stufe der UVP gemäß § 16 in ein zuvor (oder auch parallel) durchgeführtes **Raumordnungsverfahren** verlagert und damit bereits dort nach der gegenüber § 7 vorrangigen Regelung des § 15 Abs. 4 ROG i.V. mit den entsprechenden Vorschriften der jeweiligen Landesplanungsgesetze eine Behördenbeteiligung erfolgt, wird sie im **Linienbestimmungsverfahren und luftverkehrsrechtlichen Genehmigungsverfahren entbehrlich.** Um das Ergebnis des Raumordnungsverfahrens und die darin enthaltene UVP im Planungsprozess weiterzugeben, sind in den nachfolgenden Linienbestimmungsverfahren des Wasserstraßen- und Fernstraßenrechts aber die Landesplanungsbehörden zwingend zu beteiligen: So kann nach § 13 Abs. 1 Satz 1 WaStrG das Bundesministerium für Verkehr die Linie nur im Einvernehmen mit der zuständigen Landesbehörde bestimmen.[57] § 16 Abs. 1 Satz 1 FStrG sieht in einem solchen Fall ein Benehmen mit den Landesplanungsbehörden der beteiligten Länder vor. Und auch das Verkehrswegeplanungsbeschleunigungsgesetz trifft in § 2 Abs. 1 Satz 2 die Anordnung, dass das Benehmen bzw. Einvernehmen mit der Landesplanungsbehörde herzustellen ist. 39

---

54 *Wickel*, ebd. S. 16, verweist auf den angesichts des dringenden Investitionsbedarfs offensichtlichen Widerspruch hin, dass in den neuen Ländern damit eine längere Beteiligungsfrist als in den alten Ländern besteht.
55 Zur Zersplitterung der Präklusionsregelungen des Verkehrsplanungsrechts vor Erlass der Beschleunigungsgesetze vgl. *Breuer*, FS Sendler, S. 357 (359).
56 Zur Durchführung einer ersten Stufe der UVP im Linienbestimmungsverfahren und im luftverkehrsrechtlichen Genehmigungsverfahren vgl. § 15 Rn. 21 ff.
57 Das Einvernehmen als strengste Form der Abstimmung zwischen Bund und Land ist aufgrund von Artikel 89 Abs. 3 GG erforderlich.

§ 8 Grenzüberschreitende Behördenbeteiligung

(1) Wenn ein Vorhaben erhebliche Auswirkungen auf die in § 2 Abs. 1 Satz 2 genannten Schutzgüter in einem anderen Staat haben kann oder ein solcher anderer Staat darum ersucht, unterrichtet die zuständige Behörde frühzeitig die vom anderen Staat benannte zuständige Behörde anhand von geeigneten Unterlagen über das Vorhaben und bittet innerhalb einer angemessenen Frist um Mitteilung, ob eine Beteiligung erwünscht wird. Wenn der andere Staat keine Behörde benannt hat, ist die oberste für Umweltangelegenheiten zuständige Behörde des anderen Staates zu unterrichten. Wird eine Beteiligung für erforderlich gehalten, gibt die zuständige Behörde der benannten zuständigen Behörde des anderen Staates sowie weiteren von dieser angegebenen Behörden des anderen Staates zum gleichen Zeitpunkt und im gleichen Umfang wie den nach § 7 zu beteiligenden Behörden aufgrund der Unterlagen nach § 6 Gelegenheit zur Stellungnahme. § 73 Abs. 3a des Verwaltungsverfahrensgesetzes findet entsprechende Anwendung.

(2) Soweit erforderlich oder soweit der andere Staat darum ersucht, führen die zuständigen obersten Bundes- und Landesbehörden innerhalb eines vereinbarten, angemessenen Zeitrahmens mit dem anderen Staat Konsultationen insbesondere über die grenzüberschreitenden Umweltauswirkungen des Vorhabens und über die Maßnahmen zu deren Vermeidung oder Verminderung durch.

(3) Die zuständige Behörde übermittelt den beteiligten Behörden des anderen Staates die Zulässigkeitsentscheidung für das Vorhaben oder den ablehnenden Bescheid, jeweils einschließlich der Begründung. Sofern die Voraussetzungen der Grundsätze von Gegenseitigkeit und Gleichwertigkeit erfüllt sind, kann sie eine Übersetzung der Zulässigkeitsentscheidung beifügen.

(4) Weitergehende Regelungen zur Umsetzung völkerrechtlicher Verpflichtungen von Bund und Ländern bleiben unberührt.

Übersicht

		Rn.			Rn.
1	Allgemeines	1	2.3	Zeitpunkt und Umfang der sich anschließenden Beteiligung	19
1.1	Regelungsgegenstand	3	3	Abschließende Konsultationen (Abs. 2)	21
1.2	Zweck und Bedeutung der Vorschrift	4			
1.3	Gesetzesgeschichte	5			
1.3.1	Vorgaben der UVP-Richtlinie	6	4	Unterrichtung über das Ergebnis (Abs. 3)	22
1.3.2	Innerstaatliche Entstehung	11			
1.4	Anwendungsbereich der Vorschrift	13	5	Weitergehende Regelungen zur Umsetzung völkerrechtlicher Verpflichtungen (Abs. 4)	23
1.5	Geltung von Verwaltungsvorschriften	14			
2	Beteiligung von Behörden aus einem anderen Staat (Abs. 1)	15	6	Vorrangige Regelungen im Immissionsschutz- und Atomrecht	24
2.1	Materielle Voraussetzungen für eine grenzüberschreitende Unterrichtung und Beteiligung	16	Anlage	Übereinkommen über die Umweltverträglichkeitsprüfung im grenzüberschreitenden Zusammenhang/ECE-Abkommen (Auszug)	
2.2	Zunächst zu unterrichtende Behörde und Gegenstand der Unterrichtung	17			

Grenzüberschreitende Behördenbeteiligung § 8

1 Allgemeines

§ 8 regelt die grenzüberschreitende Behördenbeteiligung im Verwaltungsverfahren vor Zulassung eines Vorhabens. Eine grenzüberschreitende Beteiligung war bereits sehr früh in der ursprünglichen Fassung des UVPG aus dem Jahr 1990 in § 8 geregelt, allerdings zunächst ausschließlich auf ausländische Behörden beschränkt. Eine Beteiligung auch der ausländischen Öffentlichkeit wurde erst später im Rahmen der Novelle des UVPG im Jahr 2001 durch § 9a eingeführt, ebenso durch § 9b eine Unterstützung deutscher Behörden und der deutschen Öffentlichkeit durch eine zuständige deutsche Behörde bei der Zulassung von Vorhaben im Ausland. Der in diesem Zusammenhang ebenfalls weitgehend überarbeitete und präziser gefasste § 8 und die neuen §§ 9a und b sehen daher nunmehr gemeinsam eine **umfassende gegenseitige Beteiligung von Behörden und Bürgern der Bundesrepublik Deutschland und von Nachbarstaaten** im Zusammenhang mit der Zulassung von Vorhaben vor, die erhebliche Umweltauswirkungen über die Grenzen hinaus haben können. Die neue, detailliertere Fassung des § 8 und die §§ 9a und 9b setzen daher den wesentlichen Teil des europaweit geltenden so genannten **ECE-Abkommens** aus dem Jahr 1991 zur grenzüberschreitenden Zusammenarbeit um.[1]

Da die Ermächtigungsgrundlage des § 24 keine Verwaltungsvorschriften zur Ausfüllung des § 8 vorsieht, können die Länder den **Rahmen des § 8**, ggf. nach entsprechender Absprache mit den zuständigen Stellen der Nachbarstaaten, durch eigene **Verwaltungsvorschriften oder Erlasse konkretisieren**. In der Vergangenheit haben einzelne Länder daher – regelmäßig unter Beteiligung des Bundes – mit den angrenzenden Nachbarstaaten Kommissionen gegründet[2] oder Verwaltungsabkommen geschlossen,[3] um die vielfältigen Fragen, die sich aus der Berührung unterschiedlicher Rechtssysteme und dem Aufeinandertreffen verschiedener Sprachen ergaben, schrittweise zu lösen und einvernehmlichen Regelungen zuzuführen. Der neu gefassten Vorschrift des § 8 kommt damit künftig auch eine wichtige Anstossfunktion für entsprechende bilaterale Lösungen unterhalb der gesetzgeberischen Ebene zu.[4]

1.1 Regelungsgegenstand

§ 8 Abs. 1 verpflichtet die für die Durchführung der UVP zuständige Behörde, bei mehreren zuständigen die federführende Behörde[5] zu einer Unterrichtung und ggf. nachfolgenden Beteiligung der Behörden anderer Staaten, bei denen ein Vorhaben

---

1 Übereinkommen über die Umweltverträglichkeitsprüfung im grenzüberschreitenden Zusammenhang vom 25.2.1991 (allgemein »ECE-Abkommen« genannt). Einzelheiten bei *Meyer-Rutz*, UVP-Report 1992, 68f.; die wesentlichen Artikel 2, 3 und 5 sowie 6 des Abkommens sind im Anschluss an die Kommentierung zu § 8 hier abgedruckt. Das Abkommen soll nunmehr in Deutschland durch Gesetz anerkannt werden, vgl. BR-Drs. 1089/01 vom 21.12.2001 und BT-Drs. 14/8218 vom 11.2.2002 zum »Espoo-Vertragsgesetz«.
2 So z.B. die Deutsch-Niederländische, die Deutsch-Belgische, die Deutsch-Schweizerische und die Deutsch-Polnische Raumordnungskommissionen. Weitere Beispiele aus dem kommunalen Bereich bei *Heberlein*, DÖV 1996, 100f.
3 Hierzu *Lindemann*, UVP-Report 1992, 73 (75).
4 Zur Stellung von Bund und Ländern bei der Verhandlung solcher Abkommen *Halmes*, DÖV 1996, 933 (936f.).
5 Zur federführenden Behörde siehe § 14 Rn. 13ff.

erhebliche Umweltauswirkungen haben kann, und zwar **zum gleichen Zeitpunkt und im gleichen Umfang** wie die nach innerstaatlichem Recht zu beteiligenden anderen Behörden. Absatz 2 weist auf die Möglichkeit von abschließenden, der Ausräumung noch fortbestehender Konflikte dienender Konsultationen der zuständigen obersten Bundes- und Landesbehörden hin. Absatz 3 sieht nach Abschluss des Zulassungsverfahrens eine Benachrichtigung der Behörden des anderen Staates über die über das Vorhaben getroffene Entscheidung vor. Absatz 4 stellt schließlich klar, dass von diesen Vorgaben des Bundesgesetzgebers weitergehende Regelungen zur Umsetzung völkerrechtlicher Verpflichtungen von Bund und Ländern unberührt bleiben.

1.2 Zweck und Bedeutung der Vorschrift

4 § 8 ergänzt die für die innerstaatliche Behördenbeteiligung maßgebliche Regelung des § 7 für solche UVP-pflichtigen Vorhaben, die wegen ihrer besonderen Nähe zur Grenze über diese hinaus erhebliche Auswirkungen auf die Umwelt von anderen Staaten haben können. Eine anfängliche Unterrichtung soll den anderen Staat von dem im deutschen Grenzgebiet beabsichtigten Vorhaben zunächst in Kenntnis setzen. Die sich anschließende Möglichkeit der Beteiligung durch Abgabe von Stellungnahmen ausländischer Behörden soll die **Informations- und Entscheidungsgrundlage** der für die UVP zuständigen deutschen Behörde verbessern,[6] das gegenseitige **Vertrauen** zwischen den benachbarten europäischen Staaten stärken und dazu beitragen, Konflikte über das beabsichtigte Vorhaben erst gar nicht entstehen zu lassen.[7] Konsultationen können in einem letzten Schritt dann eine Konfliktmittlung zwischen den betroffenen Staaten auf der höchsten Verwaltungsebene ermöglichen.

1.3 Gesetzesgeschichte

5 Eine gesetzlich geregelte grenzüberschreitende Behördenbeteiligung gab es im deutschen Recht vor In-Kraft-Treten des UVPG nicht. Mit der Umsetzung der entsprechenden Vorgaben der UVP-RL in das UVPG im Jahr 1990 musste der deutsche Gesetzgeber daher Neuland betreten. Dementsprechend war das Gesetzgebungsverfahren – auch angesichts der offenen Vorgaben des ursprünglichen Artikel 7 der Richtlinie – von Unsicherheiten geprägt. Demgegenüber sah das kurze Zeit später im Jahr 1991 beschlossene, europaweite ECE-Abkommen bereits konkretere Maßgaben für die grenzüberschreitende Behördenbeteiligung (und auch Öffentlichkeitsbeteiligung) vor, die auch die EG-Kommission veranlasst haben, Artikel 7 UVP-RL zu überarbeiten. Der mit der Novelle des UVPG im Jahr 2001 deutlich präziser gefasste § 8 und die zusätzlichen §§ 9a und b sind das Resultat dieses Entwicklungsprozesses, der auf eine **enge Zusammenarbeit** der Umweltbehörden unter Beteiligung der betroffenen Bürger **innerhalb von Europa** abzielt.

---

6 Zur Funktion der Behördenbeteiligung siehe § 7 Rn. 3.
7 *Hofer*, UVP-Report 1992, 70.

1.3.1 Vorgaben der UVP-Richtlinie

Anknüpfungspunkte für eine grenzüberschreitende Behördenbeteiligung waren nach Artikel 7 Satz 1 UVP-RL ursprünglich, dass ein Mitgliedstaat entweder feststellte, dass ein Vorhaben auf seinem Hoheitsgebiet **erhebliche Auswirkungen auf die Umwelt eines anderen Mitgliedstaates** haben konnte, oder dass ein möglicherweise betroffener Mitgliedstaat seinerseits aus diesem Grund einen entsprechenden **Antrag auf Beteiligung** seiner Behörden stellte. In beiden Fällen hatte der Mitgliedstaat, in dessen Hoheitsgebiet die Durchführung des Projekts vorgeschlagen wurde, dem anderen Mitgliedstaat die nach Artikel 5 UVP-RL vom Vorhabenträger eingeholten Informationen mitzuteilen. Diese **Unterrichtung** hatte zum gleichen Zeitpunkt zu erfolgen, in dem sie auch gegenüber den inländischen Staatsangehörigen erfolgte. Nach Artikel 7 Satz 2 der UVP-RL dienten diese Informationen als Grundlage für notwendige **Konsultationen** beider Staaten, welche sich dann auf der Basis von Gegenseitigkeit und Gleichwertigkeit zu vollziehen hatten.

Die **UVP-Änderungsrichtlinie** erweitert diese knappen Vorgaben der ursprünglichen Richtlinie **erheblich**; in ihren Erwägungsgründen wird ausgeführt, dass es ratsam ist, die Bestimmungen über die Umweltverträglichkeitsprüfung im grenzüberschreitenden Rahmen auszubauen, um den Entwicklungen auf internationaler Ebene Rechnung zu tragen. Die Erwägungsgründe weisen des Weiteren auf die notwendige Umsetzung des ECE-Abkommens hin, welches von der Gemeinschaft am 25.2.1991 gezeichnet worden ist.

Im Einzelnen sieht die UVP-Änderungsrichtlinie in Art. 7 Abs. 1 bis 3 folgende grundlegende Erweiterungen vor:
– Stellt ein Mitgliedstaat fest, dass ein Projekt erhebliche Auswirkungen auf die Umwelt eines anderen Mitgliedstaates haben könnte, oder stellt ein Mitgliedstaat einen entsprechenden Antrag, so sind diesem spätestens zum Zeitpunkt der Öffentlichkeitsbeteiligung ebenfalls eine Beschreibung des Projekts und Angaben über die Art der Entscheidung zu übermitteln und dieser innerhalb angemessener Frist zu einer Mitteilung aufzufordern, ob er an dem Verfahren teilnehmen will (so – verkürzt – Absatz 1).
– Beabsichtigt der betroffene Mitgliedstaat eine Teilnahme am Verfahren, erhält er die Unterlagen des Projektträgers, sowie weitere relevante Informationen und den Genehmigungsantrag (Absatz 2).
– Die beteiligten Mitgliedstaaten haben dann ihrerseits dafür zu sorgen, dass die erhaltenen Angaben innerhalb einer angemessenen Frist den Behörden und der betroffenen Öffentlichkeit zur Verfügung gestellt werden und diese die Möglichkeit haben, der für die Durchführung der UVP zuständigen Behörde des Mitgliedstaates, in dem das Projekt durchgeführt wird, vor dessen Genehmigung innerhalb einer angemessenen Frist ihre Stellungnahme zuzuleiten (Absatz 3).

Darüber hinaus legt Art. 7 Abs. 4 die Möglichkeit von Konsultationen der beteiligten Mitgliedstaaten innerhalb eines angemessenen Zeitrahmens fest, die u.a. die Verringerung oder Vermeidung der grenzüberschreitenden Umweltauswirkungen zum Gegenstand haben sollen. Absatz 5 gibt den Mitgliedstaaten zudem die Möglichkeit, Einzelheiten durch die beteiligten Mitgliedstaaten festzulegen.[8]

---

[8] Vgl. die Darstellungen zu den bilateralen Verhandlungen im UVP-Report 1992, insbesondere von *Droste-Hülshof/Heuser*, 77 f.

10 Hinsichtlich des weiteren Verfahrensgangs schreibt Artikel 8 vor, dass die nach Artikel 7 (im Beteiligungsverfahren) eingeholten Angaben beim Genehmigungsverfahrens zu berücksichtigen sind. Nach Artikel 9 Abs. 2 der UVP-Änderungsrichtlinie ist der andere Mitgliedstaat, der nach Artikel 7 unterrichtet worden ist, schließlich auch vom Ergebnis und wesentlichen Inhalt der abschließenden (Zulassungs-)Entscheidung zu unterrichten.

1.3.2 Innerstaatliche Entstehung

11 § 8 des Regierungsentwurfs des ursprünglichen UVPG aus dem Jahr 1990 verzichtete noch auf eine über die Mitgliedstaaten der Europäischen Union hinausgehende Einbeziehung der anderen Nachbarstaaten der Bundesrepublik Deutschland.[9] Demgegenüber sah bereits der damalige Vorschlag des Bundesrates eine »Grenzüberschreitende Behördenbeteiligung bei sonstigen Nachbarstaaten« vor.[10] In seiner Begründung wies der Bundesrat darauf hin, dass verhindert werden solle, dass sich sonstige Nachbarstaaten wegen der Nichtanwendung der UVP-RL diskriminiert fühlen. Es müsse aufgezeigt werden, dass die Bundesrepublik Deutschland wegen ihrer zentralen Lage in Europa im Hinblick auf weiträumige, grenzüberschreitende Umweltbeeinträchtigungen auch für eine Behördenbeteiligung der Nachbarstaaten, die nicht der Europäischen Union angehören, offen sei. Diesem über die UVP-Richtlinie deutlich hinausgehenden Ansatz folgte der Gesetzgeber schon 1990; mit einem zusätzlichen Absatz 2 führte er auch eine Beteiligung der Behörden anderer, nicht der Europäischen Union angehöriger Nachbarstaaten (insbesondere Schweiz, Tschechien, Polen) ein, wenn die Voraussetzungen der Grundsätze von Gegenseitigkeit und Gleichwertigkeit gegeben waren. Dieser Absatz 2 ist mit der Novelle des UVPG aus dem Jahr 2001 wieder entfallen; die frühere Differenzierung zwischen der Beteiligung von Behörden aus den Staaten der Europäischen Union einerseits und den weiteren Nachbarstaaten andererseits erschien dem deutschen Gesetzgeber nach Inkrafttreten des europaweiten ECE-Abkommens nicht mehr geboten.

12 Die Absätze 1, 2 (ehemals 3) und 4 sind seit dem Inkrafttreten des UVPG in ihrer inhaltlichen Zielsetzung unverändert geblieben; jedoch wurden mit der Novelle des UVPG im Jahr 2001 der **Ablauf des Verfahrens** zur Beteiligung der Behörden des anderen Staates **präzisiert** und die Bedeutung und der Ablauf sich anschließender Konsultationen deutlicher herausgearbeitet. Dies betrifft insbesondere die erst im Laufe des Gesetzgebungsverfahrens auf Anregung des Bundesrates verdeutlichte Stufung des Beteiligungsverfahrens in Absatz 1 Satz 1 und 3 mit der zunächst erforderlichen Klärung, ob überhaupt eine grenzüberschreitende Behördenbeteiligung erfolgen soll, und der sich hieran dann anschließenden förmlichen Beteiligung.[11] Ergänzend eingefügt wurde im Jahr 2001 in Umsetzung von Art. 9 Abs. 2 der UVP-Änderungsrichtlinie (und Art. 6 Abs. 2 des ECE-Abkommens) der neue Absatz 3, der die Information der Behörden des anderen Staates nach Abschluss des Zulassungsverfahrens regelt und – über die Richtlinie hinausgehend in Anerkennung einer verbreiteten Praxis[12] – die Möglichkeit einer Übersetzung der Zulässigkeitsentscheidung ausdrücklich anspricht.

---

9 Begründung zum Regierungsentwurf, BT-Drs. 11/3919 vom 26.1.1989, S. 24.
10 Stellungnahme des Bundesrates, ebd., S. 40 (Nr. 35).
11 BT-Drs. 14/5750 vom 3.4.2001, S. 128 (zu Art. 1 Nr. 9).
12 BT-Drs. 14/4599 vom 14.11.2000, S. 99 (zu Nr. 9).

Grenzüberschreitende Behördenbeteiligung § 8

1.4 Anwendungsbereich der Vorschrift

§ 8 kommt **in allen Zulassungsverfahren** zur Geltung, soweit nicht gemäß § 4 vorrangige, aber in der Regel inhaltlich weitgehend identische Vorschriften des Fachrechts des Bundes zur Anwendung kommen: Hierbei handelt es sich um § 11 a der 9. BImSchV für das immissionsschutzrechtliche Genehmigungsverfahren und um § 7 a AtVfV für das atomrechtliche Genehmigungsverfahren; beide Sonderregelungen werden gemeinsam am Ende der Kommentierung zu § 8 dargestellt.[13] Für das bergrechtliche Planfeststellungsverfahren verweist § 18 Satz 2 auf das Bundesberggesetz und damit auf den dort geltenden § 57 a Abs. 6 BBergG; § 18 Satz 2 schließt zudem eine ergänzende Anwendung des neu gefaßten § 8 aus.[14] Mit der Novelle des UVPG im Jahr 2001 wurde auch § 4a BauGB, mit dem 1998 auch für das Bauplanungsrecht eine grenzüberschreitende Behördenbeteiligung eingeführt worden war, fortgeschrieben und erweitert; § 8 ist hier daher ebenfalls nicht heranzuziehen.[15] Im **Raumordnungsverfahren** ist zunächst vorrangig § 16 ROG anzuwenden; § 8 kommt jedoch hilfsweise zur Anwendung, da das ROG in seinem Regelungsgehalt hinter dem UVPG zurückbleibt.[16]

13

1.5 Geltung von Verwaltungsvorschriften

Die **UVPVwV** bezieht sich entsprechend dem durch § 24 vorgegebenen, eingeschränkten Auftrag **nicht** auf den Verfahrensschritt der Behördenbeteiligung.[17] Auf der Grundlage der Fachgesetze ergangene Verwaltungsvorschriften können jedoch auf die nach dem UVPG vorgeschriebene grenzüberschreitende Behördenbeteiligung Bezug nehmen und diese präzisieren.[18] Soweit das Fachrecht hierzu noch Raum beläßt, können des Weiteren auch Verwaltungsvorschriften, Erlasse oder Richtlinien der Länder oder bilaterale Abkommen mit den Nachbarstaaten das Verfahren der grenzüberschreitenden Behördenbeteiligung ergänzen und konkretisieren.[19]

14

2 Beteiligung von Behörden aus einem anderen Staat (Abs. 1)

§ 8 Abs. 1 bezieht die Behörden eines anderen Staates, der durch die Umweltauswirkungen eines beabsichtigten Vorhabens betroffen sein kann, in das Verfahren der Behördenbeteiligung nach § 7 ein. Satz 1 verpflichtet die zuständige Behörde, bei mehreren zuständigen die federführende Behörde[20] zu einer frühzeitigen Unterrichtung (als erster Phase dieses grenzüberschreitenden Beteiligungsverfahrens) einer zu diesem Zweck von dem anderen Staat benannten »zuständigen Behörde« und damit einer **zentralen Anlaufstelle** im anderen Staat, die ihrerseits weitere Behörden dieses Staates

15

---

13 Hierzu unten Rn. 24 ff.
14 Hierzu § 18 Rn. 38.
15 Hierzu § 17 Rn. 86 ff.
16 Hierzu § 16 Rn. 45.
17 Vgl. § 7 Rn. 10.
18 Vgl. z.B. § 3 der Verordnung über die UVP bergbaulicher Vorhaben, hierzu § 18 Rn. 38.
19 Vgl. hierzu *Brandt*, DVBl. 1995, 779 (781), die von einer Annexkompetenz der Länder ausgeht.
20 Zur federführenden Behörde siehe § 14 Rn. 13 ff.

einschalten kann. Hilfsweise sieht Satz 2 die Unterrichtung der dortigen obersten für Umweltangelegenheiten zuständigen Behörde vor. Der Unterrichtung schließt sich gemäß Satz 3 (als zweite Phase) auf Verlangen die Abgabe von Stellungnahmen durch die in ihrem Aufgabenbereich berührten Behörden des anderen Staates an. Satz 4 nimmt auf die Vorschrift des § 73 Abs. 3a VwVfG Bezug; die Stellungnahmen der Behörden sind daher innerhalb einer Frist von längstens drei Monaten abzugeben. Diese gestufte Beteiligung soll den Behörden des anderen Staates zugleich die Entscheidung ermöglichen, ob sie gemäß Absatz 2 über ihre obersten Behörden (in einer dritten Phase) im Rahmen eines Konsultationsverfahrens zusätzlichen Einfluss auf die Zulassungsentscheidung über das beabsichtigte Vorhaben nehmen wollen.

2.1 Materielle Voraussetzungen für eine grenzüberschreitende Unterrichtung und Beteiligung

16 Materielle Voraussetzung für eine grenzüberschreitende Unterrichtung und Behördenbeteiligung ist nach § 8 Abs. 1 Satz 1, 1. Alternative zunächst die Möglichkeit, dass ein in der Bundesrepublik Deutschland beabsichtigtes Vorhaben, welches dem Anwendungsbereich des UVPG unterliegt,[21] **über die Grenze hinaus** Auswirkungen auf die in § 2 Abs. 1 Satz 2 genannten Schutzgüter in einem anderen Staat haben kann. Bei den von Satz 1 angesprochenen anderen Staaten wird es sich, weil Umweltauswirkungen über mehrere Grenzen hinaus kaum noch nachweisbar sein dürften, regelmäßig um einen oder auch mehrere unmittelbar angrenzende Nachbarstaaten handeln.[22] Voraussetzung ist weiter, dass die Auswirkungen eines in der Bundesrepublik Deutschland zuzulassenden Vorhabens zugleich erheblich sind, also **erhebliche Auswirkungen** auf die Umwelt des anderen Staates haben können. Ob diese Erheblichkeitsschwelle durch das Vorhaben im Nachbarstaat überschritten werden kann, entscheidet die verfahrensleitende Behörde anhand der vom Vorhabenträger nach § 6 vorgelegten Unterlagen insbesondere unter Würdigung des beantragten Standortes.[23] Eine Unterrichtung kann unabhängig von dieser Ermessensentscheidung der zuständigen Behörde nach § 8 Abs. 1 Satz 1, 2. Alternative aber auch unmittelbar aufgrund eines formellen Ersuchen des anderen Staates erforderlich werden. Um von vornherein bei grenznahen Projekten Streit über die Frage des Gebotenseins einer Unterrichtung auszuschließen ist, können ergänzende bilaterale Vereinbarungen sinnvoll sein, die generell eine Unterrichtungspflicht der zuständigen deutschen Behörde gegenüber der zuständigen Behörde eines Nachbarstaates vorsehen, wenn UVP-pflichtige Vorhaben innerhalb eines bestimmten Abstands von der Grenze verwirklicht werden sollen.[24]

---

21 Die UVP-Pflichtigkeit eines Vorhabens ist also in jedem Fall (ungeschriebene) Voraussetzung für die Verpflichtung zur grenzüberschreitenden Behördenbeteiligung.
22 Weiter reichender Auffassung aber *Erbguth/Schink*, UVPG, § 8 Rn. 4.
23 So die Begründung zum Regierungsentwurf, BT-Drs. 11/3919 vom 26.1.1989, S. 24.
24 Hierzu *Lindemann*, UVP-Report 1992, 73.

2.2 Zunächst zu unterrichtende Behörde und Gegenstand der Unterrichtung

Von der zuständigen deutschen Behörde ist frühzeitig, d.h. unmittelbar zu Beginn des Zulassungsverfahrens oder sogar bereits im Vorfeld der Antragstellung diejenige Behörde zu unterrichten, die zu diesem Zweck vom anderen Staat benannt worden ist (so nunmehr klarstellend Satz 1). Bei dieser **zentralen Anlaufstelle** im Nachbarstaat wird es sich regelmäßig um diejenige Behörde handeln, die bei einem gleichartigen Vorhaben im anderen Staat für dessen Zulassung verantwortlich wäre. Wenn der andere Staat allerdings keine Behörde benannt hat, ist nach Satz 2 hilfsweise zunächst die oberste für Umweltangelegenheiten zuständige Behörde des anderen Staates zu unterrichten. Die noch in der Vorauflage vertretene Auffassung, dass anstelle einer zentralen Anlaufbehörde auf der Grundlage bilateraler Verhandlungen auch unmittelbar bereits alle fachlich betroffenen Behörden des Nachbarstaates, die bei einem gleichartigen Vorhaben in diesem Staat in irgendeiner Form zu beteiligen wären, unterrichtet werden können, wird daher aufgegeben.

17

Die frühzeitige Unterrichtung nach Satz 1 hat auf der Grundlage geeigneter Unterlagen zu erfolgen; dies kann eine erste Information des Antragstellers zur Vorbereitung des »scoping« nach § 5 oder bereits der Projektzulassungsantrag und/oder eine Zusammenfassung hiervon sein. Ob diese ersten Informationen bereits in der Sprache des Empfängers abgefasst sein müssen, ist durch § 8 Abs. 1 bislang bewusst nicht geregelt worden.[25] § 8 Abs. 1 ist aber nunmehr im Zusammenhang mit der im Rahmen der Novelle des UVPG im Jahr 2001 nachträglich eingefügten Vorschrift des § 9a Abs. 2 zur grenzüberschreitenden Öffentlichkeitsbeteiligung zu sehen: Hiernach hat der Vorhabenträger unter bestimmten, dort geregelten Voraussetzungen zumindest die **Zusammenfassung der Unterlagen zu übersetzen**, damit auf dieser Grundlage die Öffentlichkeit des anderen Staates beteiligt werden kann.[26] Hieraus folgt einerseits, dass eine Verpflichtung zur Übersetzung zum Zeitpunkt der der Behördenbeteiligung vorausgehenden Unterrichtung noch nicht besteht. Andererseits ist davon auszugehen, dass zu einem späteren Zeitpunkt mit Beginn der Öffentlichkeitsbeteiligung eine Übersetzung erforderlich werden kann. Für die verfahrensleitende Behörde empfiehlt es sich daher, den Antragsteller frühzeitig zu einer Übersetzung (zumindest) der nach § 6 Abs. 3 Satz 2 erforderlichen Zusammenfassung seiner Vorhabenunterlagen aufzufordern bzw. ihm dies im Interesse einer Verfahrensbeschleunigung nahezulegen,[27] um diese dann der Behörde des anderen Staates schon zur Unterrichtung zuleiten zu können. Gegenstand der Unterrichtung durch die zuständige deutsche Behörde soll nach Satz 1 zugleich eine **Fristsetzung** mit der Bitte um Mitteilung sein, ob seitens des anderen Staates im Anschluss an die Unterrichtung eine förmliche Beteiligung erwünscht wird.

18

---

25 Ebenfalls keine Regelungen zur Übersetzungspflicht enthalten die UVP-RL und das ECE-Abkommen.
26 Hierzu § 9a Rn. 15 ff.
27 Der Vorhabenträger könnte allein schon durch den Hinweis, dass eine von ihm vorgelegte Übersetzung das grenzüberschreitende Beteiligungsverfahren und damit die Zulassung seines Vorhabens deutlich beschleunigen kann, von der Notwendigkeit der Übersetzung »überzeugt« werden.

2.3 Zeitpunkt und Umfang der sich anschließenden Beteiligung

19 Wird auf der Grundlage der Unterrichtung wegen sich abzeichnender erheblicher Auswirkungen des Vorhabens auf die Umwelt des anderen Staates eine Beteiligung für erforderlich gehalten, ist der dort benannten Behörde – hilfsweise der obersten für Umweltangelegenheiten zuständigen Behörde – nach § 8 Abs. 1 Satz 3 zum gleichen Zeitpunkt und im gleichen Umfang wie den deutschen Behörden Gelegenheit zur Stellungnahme zu geben. Hat diese Behörde bei ihrem Beteiligungsersuchen zugleich darum gebeten, auch noch weitere berührte Behörden des anderen Staates zu beteiligen, erhalten auch diese parallel die notwendigen Unterlagen. Da durch die Gleichstellung der ausländischen Behörden mit den deutschen Behörden **Benachteiligungen durch eine verspätete oder inhaltlich unzureichende Information ausgeschlossen** werden sollen, sollte eine erstmalige Beteiligung daher bereits beim »scoping« nach § 5 erfolgen, sofern zu diesem frühen Termin auch schon deutsche Behörden hinzugezogen werden. Ebenso wie die nach deutschem Recht zu beteiligenden Behörden erhalten die Behörden des anderen Staates aber spätestens nach förmlicher Einleitung des Zulassungsverfahrens die vom Vorhabenträger nach § 6 vorzulegenden Unterlagen. Sofern nicht bereits bei der Unterrichtung geschehen,[28] sollte nunmehr, nachdem Klarheit über die förmliche Beteiligung besteht, eine Übersetzung der Zusammenfassung beigefügt werden.[29] Gegenstand der Beteiligung können darüber hinaus weitere Informationen sein, falls solche auch den inländischen Behörden oder nach § 9a Abs. 2 der ausländischen Öffentlichkeit zugänglich gemacht werden.[30] Zusammen mit der Fristsetzung empfiehlt sich gegenüber der zuständigen Behörde des anderen Staates die Frage, ob sie die nach Absatz 2 möglichen Konsultationen in Erwägung zieht oder angesichts drohender inhaltlicher Konflikte sogar für erforderlich hält. Ebenso wie den Stellungnahmen der deutschen Behörden kommt auch den Stellungnahmen der ausländischen Behörden die Wirkung von Fachbeiträgen zu, die das Material für die zusammenfassende Darstellung nach § 11 und die Bewertung der Umweltverträglichkeit nach § 12 anreichern.[31] Der neu angefügte Satz 4 nimmt Bezug auf § 73 Abs. 3 a VwVfG und damit auf die dortige Fristen- und Präklusionsregelung.[32]

20 Das soeben skizzierte Beteiligungsverfahren nach § 8 Abs. 1 gilt im Gegensatz zur früheren Regelung nicht nur für die Mitgliedstaaten der Europäischen Union, sondern auch für alle anderen Nachbarstaaten der Bundesrepublik Deutschland. Der Gesetzgeber hat damit die bisherige Einschränkung mit der Bezugnahme auf die völkerrechtlichen Grundsätze von »Gegenseitigkeit« und »Gleichwertigkeit« für die Nachbarstaaten, die nicht Mitglied der Europäischen Union sind, aufgegeben.[33] Er geht daher zu Recht davon aus, dass aufgrund der Umsetzung des ECE-Abkommens überall innerhalb von Europa die Gewähr einer grenzüberschreitenden Behördenbeteiligung gegeben ist, sodass beim In-Kraft-Treten des UVPG noch befürchtete Bevorteilungen von Vorhaben im auslän-

---

28 Hierzu Rn. 28.
29 Hierzu § 7 Rn. 24.
30 Zu der Verpflichtung einer Übersetzung nach § 9a Abs. 2 vgl. dort Rn. 15.
31 Zur Wirkung behördlicher Stellungnahmen vgl. § 7 Rn. 27f.
32 Zum Regelungsgehalt von § 73 Abs. 3 a VwVfG vgl. § 7 Rn. 29f.
33 Vgl. § 8 Abs. 2 in der Fassung des UVPG von 1990.

dischen Grenzgebiet durch Verzicht der Beteiligung deutscher Behörden nicht mehr entstehen können.

3 Abschließende Konsultationen (Abs. 2)

§ 8 Abs. 2 weist auf die zusätzliche Möglichkeit so genannter Konsultationen hin. 21 Konsultationen zwischen zwei Staaten gehen **qualitativ über die Unterrichtung und Abgabe von Stellungnahmen durch Behörden hinaus**; sie haben zum Ziel, trotz bereits erfolgter Behördenbeteiligung weiterhin bestehende unterschiedliche Auffassungen beider Staaten zur Zulässigkeit des Vorhabens zu erörtern und eine einvernehmliche Lösung im Verhandlungswege vorzubereiten.[34] Ob und wann von dieser zusätzlichen Möglichkeit Gebrauch gemacht wird, liegt im Ermessen der Beteiligten (»soweit erforderlich«). Seitens der Bundesrepublik Deutschland entscheiden hierüber die zuständigen obersten Bundes- und Landesbehörden; ebenso kann auch der andere Staat hierum ersuchen. Absatz 2 nennt als nahe liegenden Gegenstand von Konsultationen die grenzüberschreitenden Umweltauswirkungen des Vorhabens sowie die Maßnahmen zu deren Vermeidung oder Verminderung. Das ECE-Abkommen erwähnt als weitere mögliche Gegenstände Maßnahmen zur späteren Überwachung der Auswirkungen des Vorhabens.[35] Angesichts der nunmehr umfassenden Regelung zur gegenseitigen Beteiligung auf Behördenebene ist es sinnvoll, dass Konsultationen erst zum Ende eines längeren Beteiligungsprozesses und ausschließlich dazu genutzt werden, um drohende massive zwischenstaatliche Konflikte über die Zulässigkeit eines Vorhabens auszuräumen. Demzufolge sind Konsultationen von deutscher Seite aus auch durch die zuständigen obersten Behörden, die im Regelfall nicht zugleich für die konkrete Vorhabenzulassung zuständig sind, zu führen. Die in der Vorauflage noch vertretene Auffassung, dass Konsultationen frühzeitiger und daher zunächst auch von der zuständigen Zulassungsbehörde geführt werden sollten, wird daher mit der entsprechenden Änderung von § 8 aufgegeben.[36] Um das Zulassungsverfahren nicht zu verzögern, sollte entsprechend dem (deklaratorischen) Hinweis in § 8 Abs. 2 darauf geachtet werden, dass die Konsultationen innerhalb eines vereinbarten, angemessenen Zeitrahmens erfolgen. Führen die Konsultationen nach Ablauf des gesetzten Zeitrahmens zu keinem Erfolg, kann und muss die zuständige Behörde das Zulassungsverfahren fortführen; die im Rahmen der Konsultationen erhobenen Bedenken des anderen Staates gegen das Vorhaben sind dann ebenso wie Stellungnahmen beteiligter Behörden im Rahmen der abschließenden Entscheidung zu berücksichtigen.

---

34 Zum Ablauf eines Konsultationsverfahrens im schweizerisch-deutschen Grenzraum vgl. *Hofer*, UVP-Report 1992, 70 ff.
35 Vgl. im Einzelnen Artikel 5 des ECE-Abkommens (abgedruckt nachfolgend in der Anlage zur Kommentierung zu § 8).
36 Anders aber im Bauplanungsrecht im Hinblick auf die Selbstverwaltungsgarantie der Gemeinden; siehe hierzu § 17 Rn. 91.

§ 8

4 Unterrichtung über das Ergebnis (Abs. 3)

22 Der mit der Novelle des UVPG im Jahr 2001 neu eingefügte Absatz 3 Satz 1 schreibt die Unterrichtung der beteiligten Behörden des anderen Staates über die Zulässigkeitsentscheidung für das Vorhaben oder den ablehnenden Bescheid zum Abschluss des Zulassungsverfahrens vor; als Bestandteil dieser Unterrichtung wird ausdrücklich auch die Begründung erwähnt. Der andere Staat soll die Entscheidung daher nachvollziehen und gegebenenfalls auch rechtlich gegen sie vorgehen können. Die Übermittlung der Entscheidung an die Behörden des anderen Staates sollte daher auch zeitgleich mit der Übermittlung an die inländischen Behörden erfolgen. Satz 2 erwähnt in diesem Zusammenhang erstmalig die Möglichkeit einer Übersetzung der zu übermittelnden Unterlagen: »Sofern die Voraussetzungen der Grundsätze von Gegenseitigkeit und Gleichwertigkeit erfüllt sind,[37] kann sie (Anm.: die zuständige Behörde) eine Übersetzung der Zulässigkeitsentscheidung beifügen.« Auch hier – wie zuvor bei der Unterrichtung und Beteiligung – wird daher im Rahmen des § 8 zwar keine Pflicht zur Übersetzung vorgegeben, eine Übersetzung aber empfohlen. Diese Zurückhaltung des Gesetzgebers bei der ihm durchaus möglichen Vorgabe zur Übersetzung von Unterlagen im Rahmen des Beteiligungsverfahrens dürfte seinen Grund in dem erheblichen finanziellen und zeitlichen Aufwand haben, den eine sorgfältige Übersetzung von Unterlagen für ein komplexes Vorhaben verursachen wird. Um anderen Staaten die Möglichkeit eines rechtzeitigen und sachkundigen Rechtsschutzes zu ermöglichen, wird eine Übersetzung zumindest von wesentlichen Unterlagen aber vielfach unumgänglich sein. Im Rahmen der vom Gesetzgeber angesprochenen Gegenseitigkeit und Gleichwertigkeit sollten Übersetzungen auf bilateraler Ebene daher zum gemeinsamen Standard erhoben werden.[38]

5 Weitergehende Regelungen zur Umsetzung völkerrechtlicher Verpflichtungen (Abs. 4)

23 Die Formulierung des Absatzes 4 ist mit der Novelle im Jahr 2001 redaktionell neu gefasst worden: Anstelle wie bisher direkt auf die Geltung weitergehender völkerrechtlicher Verpflichtungen hinzuweisen, nimmt sie nunmehr auf (nationale) Regelungen zur Umsetzung von aus dem Völkerrecht möglicherweise resultierenden weitergehenden Verpflichtungen Bezug. Damit ist klargestellt, dass hier einschlägiges Völkerrecht nur aufgrund einer zuvor erfolgten innerstaatlichen Umsetzung (weitergehende) Wirkung entfalten kann. Insbesondere Absprachen in den eingangs erwähnten bilateralen Abkommen können daher den durch § 8 vorgegebenen Standard für eine grenzüberschreitende Behördenbeteiligung erweitern oder zumindest konkretisieren.[39]

---

37 Zu den Grundsätzen von Gegenseitigkeit und Gleichwertigkeit vgl. § 9a Rn. 16.
38 *Feldmann* führt diese Zurückhaltung des deutschen Gesetzgebers auf fehlende Vorgaben in der UVP-Richtlinie und dem ECE-Abkommen zurück; er weist aber ebenfalls auf die geübte Praxis auf der Grundlage bilateraler Abkommen hin, DVBl. 2001, 589 (598).
39 Vgl. bereits die Begründung zum Regierungsentwurf, BT-Drs. 11/3919, 26.1.1989, S. 24.

6 Vorrangige Regelungen im Immissionsschutz- und Atomrecht

Die grenzüberschreitende Behördenbeteiligung in den Genehmigungsverfahren nach dem Immissionsschutz- und Atomrecht der Anlage 1 zum UVPG wird nicht durch § 8, sondern durch vorrangige Regelungen der jeweils maßgeblichen Fachgesetze geregelt. Hierbei handelt es sich um die ebenfalls geänderten § 11a der 9. BImschV und § 7a AtVfV. Einzige Besonderheit ist, dass § 14 Abs. 1 Satz 3 und 4 die atomrechtliche Genehmigungsbehörde von vornherein zur federführenden Behörde bestellt.[40] Im Übrigen orientieren sich beide Vorschriften am Regelungsgehalt des § 8; geringfügige sprachliche Unterschiede und ein etwas anderer Aufbau beider Vorschriften beruhen auf der notwendigen Einpassung in den jeweiligen Verordnungstext. Angesichts des inhaltlich identischen Regelungsgehalts wird hier auf eine gesonderte Darstellung verzichtet.

24

---

40 Hierzu § 14 Rn. 36.

Anlage Übereinkommen über die Umweltverträglichkeitsprüfung im grenzüberschreitenden Zusammenhang/ECE-Abkommen (Auszug)

Artikel 2
Allgemeine Bestimmungen

(1) Die Vertragsparteien ergreifen einzeln oder gemeinsam alle geeigneten und wirksamen Maßnahmen zur Verhütung, Verringerung und Bekämpfung erheblicher nachteiliger grenzüberschreitender Auswirkungen der geplanten Tätigkeiten auf die Umwelt.

(2) Jede Vertragspartei ergreift die erforderlichen rechtlichen, verwaltungsmäßigen oder sonstigen Maßnahmen zur Durchführung dieses Übereinkommens; dazu gehört bei den in Anhang I aufgeführten geplanten Tätigkeiten, die voraussichtlich erhebliche nachteilige grenzüberschreitende Auswirkungen haben, die Schaffung eines Verfahrens zur Umweltverträglichkeitsprüfung, das eine Beteiligung der Öffentlichkeit sowie die Ausarbeitung der in Anhang II beschriebenen Dokumentation zur Umweltverträglichkeitsprüfung zulässt.

(3) Die Ursprungspartei stellt sicher, dass vor einer Entscheidung über die Genehmigung oder Durchführung einer in Anhang I aufgeführten geplanten Tätigkeit, die voraussichtlich erhebliche nachteilige grenzüberschreitende Auswirkungen hat, eine Umweltverträglichkeitsprüfung nach Maßgabe dieses Übereinkommens durchgeführt wird.

(4) Die Ursprungspartei stellt im Einklang mit diesem Übereinkommen sicher, dass betroffene Vertragsparteien von einer in Anhang I aufgeführten geplanten Tätigkeit, die voraussichtlich erhebliche nachteilige grenzüberschreitende Auswirkungen hat, benachrichtigt werden.

(5) Die beteiligten Vertragsparteien nehmen auf Betreiben einer von ihnen Gespräche darüber auf, ob eine oder mehrere nicht in Anhang 1 aufgeführte geplante Tätigkeiten voraussichtlich erhebliche nachteilige grenzüberschreitende Auswirkungen haben und daher so behandelt werden sollen, als seien sie dort aufgeführt. Kommen die Vertragsparteien dahingehend überein, so wird die Tätigkeit beziehungsweise werden die Tätigkeiten entsprechend behandelt. Anhang III enthält allgemeine Richtlinien zur Festlegung von Kriterien, anhand deren festgestellt werden kann, ob eine geplante Tätigkeit erhebliche nachteilige Auswirkungen hat.

(6) Die Ursprungspartei gibt der Öffentlichkeit nach Maßgabe dieses Übereinkommens in den voraussichtlich betroffenen Gebieten Gelegenheit, sich an den einschlägigen Verfahren der Umweltverträglichkeitsprüfung in Bezug auf geplante Tätigkeiten zu beteiligen; sie stellt sicher, dass die der Öffentlichkeit der betroffenen Vertragspartei gegebene Gelegenheit der ihrer eigenen Öffentlichkeit entspricht.

(7) Die nach diesem Übereinkommen vorgeschriebenen Umweltverträglichkeitsprüfungen werden zumindest in der Planungsphase der geplanten Tätigkeit vorgenommen. Die Vertragsparteien bemühen sich, die Grundsätze der Umweltverträglichkeitsprüfung in geeignetem Umfang auf Politiken, Pläne und Programme anzuwenden.

(8) Dieses Übereinkommen lässt das Recht der Vertragsparteien unberührt, innerstaatliche Gesetze, sonstige Vorschriften, Verwaltungsbestimmungen oder die anerkannte Rechtspraxis zum Schutz von Informationen anzuwenden, deren Weitergabe der Wahrung von Betriebs- und Geschäftsgeheimnissen oder der nationalen Sicherheit schaden würde.

(9) Dieses Übereinkommen lässt das Recht einzelner Vertragsparteien unberührt, gegebenenfalls aufgrund einer zweiseitigen oder mehrseitigen Übereinkunft strengere als die in dem Übereinkommen vorgesehenen Maßnahmen zu ergreifen.

(10) Dieses Übereinkommen lässt völkerrechtliche Verpflichtungen der Vertragsparteien in Bezug auf Tätigkeiten unberührt, die grenzüberschreitende Auswirkungen haben oder voraussichtlich haben werden.

Artikel 3
Benachrichtigung

(1) Bei einer in Anhang I aufgeführten geplanten Tätigkeit, die voraussichtlich erhebliche nachteilige grenzüberschreitende Auswirkungen hat, benachrichtigt die Ursprungspartei zur Aufnahme sachgemäßer und wirksamer Konsultationen nach Artikel 5 jede Vertragspartei, die nach ihrer Auffassung betroffen sein könnte, so bald wie möglich, spätestens jedoch zu dem Zeitpunkt, zu dem sie ihre eigene Öffentlichkeit von der betreffenden Tätigkeit unterrichtet.

(2) Die Benachrichtigung enthält insbesondere
a) Informationen über die geplante Tätigkeit, einschließlich aller zur Verfügung stehenden Informationen über ihre möglichen grenzüberschreitenden Auswirkungen;
b) Informationen über die Art der möglichen Entscheidung und
c) die Angabe einer angemessenen Frist, innerhalb deren eine Antwort nach Absatz 3 erforderlich ist, wobei die Art der geplanten Tätigkeit berücksichtigt wird;
sie kann die in Absatz 5 genannten Informationen enthalten.

(3) Die betroffene Vertragspartei antwortet der Ursprungspartei innerhalb der in der Benachrichtigung angegebenen Frist, wobei sie den Eingang der Benachrichtigung bestätigt, und sie gibt an, ob sie sich an dem Verfahren der Umweltverträglichkeitsprüfung zu beteiligen beabsichtigt.

(4) Gibt die betroffene Vertragspartei zu erkennen, dass sie nicht beabsichtigt, sich an dem Verfahren, der Umweltverträglichkeitsprüfung zu beteiligen, oder antwortet sie nicht innerhalb der in der Benachrichtigung angegebenen Frist, so finden die Absätze 5, 6, 7 und 8 sowie die Artikel 4 bis 7 keine Anwendung. In diesen Fällen bleibt das Recht der Ursprungspartei zur Entscheidung darüber, ob eine Umweltverträglichkeitsprüfung auf der Grundlage ihrer innerstaatlichen Rechtsvorschriften und Praxis vorgenommen wird, unberührt.

(5) Nach Eingang der Antwort der betroffenen Vertragspartei, worin diese ihren Wunsch nach Beteiligung an dem Verfahren der Umweltverträglichkeitsprüfung mitteilt, stellt die Ursprungspartei, soweit dies noch nicht geschehen ist, der betroffenen Vertragspartei Folgendes zur Verfügung:
a) sachdienliche Informationen über das Verfahren der Umweltverträglichkeitsprüfung mit Angaben zum Zeitplan für die Übermittlung von Stellungnahmen;
b) sachdienliche Informationen über die geplante Tätigkeit und deren möglicherweise erhebliche nachteilige grenzüberschreitende Auswirkungen.

(6) Die betroffene Vertragspartei stellt der Ursprungspartei auf Ersuchen die in angemessener Weise erhältlichen Informationen über die möglicherweise betroffene Umwelt unter ihrer Hoheitsgewalt zur Verfügung, wenn diese Informationen für die Ausarbeitung der Dokumentation zur Umweltverträglichkeitsprüfung notwendig sind. Die Informationen werden umgehend und gegebenenfalls über ein gemeinsames Gremium übermittelt, falls ein solches vorhanden ist.

(7) Ist eine Vertragspartei der Auffassung, dass sie von erheblichen nachteiligen grenzüberschreitenden Auswirkungen einer in Anhang I aufgeführten geplanten Tätigkeit betroffen sein könnte, und ist eine Benachrichtigung nach Absatz 1 nicht erfolgt, so tauschen die beteiligten Vertragsparteien auf Ersuchen der betroffenen Vertragspartei ausreichende Informationen aus, um die Frage der Wahrscheinlichkeit erheblicher nachteiliger grenzüberschreitender Auswirkungen zu erörtern. Stellen diese Vertragsparteien übereinstimmend fest, dass erhebliche nachteilige grenzüberschreitende Auswirkungen wahrscheinlich sind, so finden die Bestimmungen dieses Übereinkommens entsprechend Anwendung. Können sich diese Vertragsparteien nicht darüber einigen, ob erhebliche nachteilige grenzüberschreitende Auswirkungen wahrscheinlich sind, so kann jede von ihnen die Frage einer Untersuchungskommission nach Anhang IV vorlegen, die über die Wahrscheinlichkeit erheblicher nachteiliger grenzüberschreitender Auswirkungen ein Gutachten erstellt, sofern sich die Vertragsparteien nicht auf eine andere Art der Regelung dieser Frage einigen.

(8) Die beteiligten Vertragsparteien stellen sicher, dass die Öffentlichkeit der betroffenen Vertragspartei in den voraussichtlich betroffenen Gebieten über die geplante Tätigkeit unterrichtet wird und die Möglichkeit erhält, Stellungnahmen oder Widersprüche dazu abzugeben; ferner

sorgen sie für die Übermittlung dieser Stellungnahmen oder Widersprüche entweder unmittelbar oder gegebenenfalls über die Ursprungspartei an die zuständige Behörde der Ursprungspartei.

Artikel 5
Konsultationen auf der Grundlage der Dokumentation zur Umweltverträglichkeitsprüfung

Nach Fertigstellung der Dokumentation zur Umweltverträglichkeitsprüfung nimmt die Ursprungspartei unverzüglich Konsultationen mit der betroffenen Vertragspartei auf, insbesondere über die möglichen grenzüberschreitenden Auswirkungen der geplanten Tätigkeit und über Maßnahmen zur Verringerung oder Beseitigung solcher Auswirkungen. Die Konsultationen können Folgendes zum Gegenstand haben:
a) mögliche Alternativen zu der geplanten Tätigkeit, einschließlich der Möglichkeit, die Tätigkeit zu unterlassen, sowie mögliche Maßnahmen zur Verminderung erheblicher nachteiliger grenzüberschreitender Auswirkungen und zur Überwachung der Auswirkungen solcher Maßnahmen auf Kosten der Ursprungspartei;
b) andere Formen einer möglichen gegenseitigen Hilfeleistung zur Verringerung erheblicher nachteiliger grenzüberschreitender Auswirkungen der geplanten Tätigkeit und
c) sonstige sachdienliche Fragen im Zusammenhang mit der geplanten Tätigkeit.

Die Vertragsparteien einigen sich zu Beginn der Konsultationen auf einen angemessenen zeitlichen Rahmen hinsichtlich der Dauer der Konsultationen. Diese Konsultationen können über ein geeignetes gemeinsames Gremium abgehalten werden, falls ein solches vorhanden ist.

Artikel 6
Endgültige Entscheidung

(1) Die Vertragsparteien sorgen dafür, dass bei der endgültigen Entscheidung über die geplante Tätigkeit das Ergebnis der Umweltverträglichkeitsprüfung einschließlich der Dokumentation zur Umweltverträglichkeitsprüfung sowie die nach Artikel 3 Absatz 8 und Artikel 4 Absatz 2 dazu eingegangenen Stellungnahmen und das Ergebnis der in Artikel 5 genannten Konsultationen gebührend berücksichtigt werden.

(2) Die Ursprungspartei übermittelt der betroffenen Vertragspartei die endgültige Entscheidung über die geplante Tätigkeit sowie die Begründungen und Überlegungen, die zu der Entscheidung führten.

(3) Erhält eine beteiligte Vertragspartei, bevor die Arbeit an einer geplanten Tätigkeit aufgenommen wird, zusätzliche Informationen über die erheblichen grenzüberschreitenden Auswirkungen einer geplanten Tätigkeit, die zu dem Zeitpunkt, zu dem über die betreffende Tätigkeit entschieden wurde, noch nicht verfügbar waren und die für die Entscheidung hätten ausschlaggebend sein können, so unterrichtet diese Vertragspartei sofort die anderen beteiligten Vertragsparteien. Auf Ersuchen einer der beteiligten Vertragsparteien finden Konsultationen über die Frage statt, ob die Entscheidung revidiert werden muss.

§ 9 Einbeziehung der Öffentlichkeit

(1) Die zuständige Behörde hat die Öffentlichkeit zu den Umweltauswirkungen des Vorhabens auf der Grundlage der ausgelegten Unterlagen nach § 6 anzuhören. Das Anhörungsverfahren muss den Anforderungen des § 73 Abs. 3, 4 bis 7 des Verwaltungsverfahrensgesetzes entsprechen. Ändert der Träger des Vorhabens die nach § 6 erforderlichen Unterlagen im Laufe des Verfahrens, so kann von einer erneuten Anhörung der Öffentlichkeit abgesehen werden, soweit keine zusätzlichen oder anderen erheblichen Umweltauswirkungen zu besorgen sind.

(2) Die zuständige Behörde hat in entsprechender Anwendung des § 74 Abs. 5 Satz 2 des Verwaltungsverfahrensgesetzes die Zulässigkeitsentscheidung oder die Ablehnung des Vorhabens öffentlich bekannt zu machen sowie in entsprechender Anwendung des § 74 Abs. 4 Satz 2 des Verwaltungsverfahrensgesetzes den Bescheid mit Begründung zur Einsicht auszulegen.

(3) Abweichend von den Absätzen 1 und 2 wird die Öffentlichkeit im vorgelagerten Verfahren dadurch einbezogen, dass
1. das Vorhaben öffentlich bekannt gemacht wird,
2. die nach § 6 erforderlichen Unterlagen während eines angemessenen Zeitraums eingesehen werden können,
3. Gelegenheit zur Äußerung gegeben wird,
4. die Öffentlichkeit über die Entscheidung unterrichtet und der Inhalt der Entscheidung mit Begründung der Öffentlichkeit zugänglich gemacht wird.

Rechtsansprüche werden durch die Einbeziehung der Öffentlichkeit nicht begründet; die Verfolgung von Rechten im nachfolgenden Zulassungsverfahren bleibt unberührt.

Übersicht

		Rn.			Rn.
1	Allgemeines	1	2.2.3.3	Besonderheiten bei Massenverfahren	28
1.1	Regelungsgegenstand	2	2.3	Nachträgliche Änderung der Unterlagen (Abs. 1 Satz 3)	29
1.2	Zweck und Bedeutung der Vorschrift	3			
1.3	Gesetzesgeschichte	4	3	Öffentliche Bekanntmachung des Ergebnisses (Abs. 2)	30
1.3.1	Vorgaben der UVP-Richtlinie	5			
1.3.2	Innerstaatliche Entstehung	8	4	Einbeziehung der Öffentlichkeit in vorgelagerten Verfahren (Abs. 3)	32
1.4	Anwendungsbereich der Vorschrift	12			
1.4.1	Anwendung von § 9 Abs. 1 und 2 i. V. mit § 73 Abs. 3, 4 bis 7 VwVfG	13	4.1	Verfahrensablauf (Abs. 3 Satz 1)	33
			4.1.1	Bekanntmachung und Auslegung	34
1.4.2	Anwendung von § 9 Abs. 3	14	4.1.2	Gelegenheit zur Äußerung	35
1.5	Geltung von Verwaltungsvorschriften	15	4.1.3	Unterrichtung über die Entscheidung	36
2	Anhörung der Öffentlichkeit im Zulassungsverfahren (Abs. 1)	16	4.2	Ausschluss von Rechtsansprüchen (Abs. 3 Satz 2)	37
2.1	Anhörungsgegenstand (Abs. 1 Satz 1)	17	5	Vorrangige Regelungen im Immissionsschutz- und Atomrecht	38
2.2	Anhörungsverfahren (Abs. 1 Satz 2 i. V. mit § 73 Abs. 3, 4 bis 7 VwVfG)	18	6	Besonderheiten bei der Verkehrswege- und Flughafenplanung	43
2.2.1	Bekanntmachung und Auslegung	19			
2.2.2	Erhebung von Einwendungen	21	6.1	Kein Verzicht auf die Einbeziehung der Öffentlichkeit	44
2.2.3	Erörterungstermin	23			
2.2.3.1	Vorbereitung und Bekanntmachung des Erörterungstermins	24	6.2	Ergänzende Regelungen	46
2.2.3.2	Durchführung des Erörterungstermins	26			

§ 9 Einbeziehung der Öffentlichkeit

1 Allgemeines

1 § 9 regelt die Einbeziehung der Öffentlichkeit als einen durch § 2 Abs. 1 Satz 3 besonders hervorgehobenen, **unverzichtbaren Verfahrensbestandteil** der UVP. Die Einbeziehung der Öffentlichkeit muss sich zumindest auf die Umweltauswirkungen des zu prüfenden Vorhabens erstrecken. Angesichts der im deutschen Zulassungsrecht allerdings in jedem Fachgesetz umfassend geregelten Öffentlichkeitsbeteiligung ist die ursprüngliche Funktion der Vorschrift des § 9, einen rechtlichen **Mindeststandard an Öffentlichkeitsbeteiligung** im deutschen Recht zu normieren, mittlerweile in den Hintergrund getreten, während sie in den Jahren zuvor im Rahmen der wiederholten Diskussionen um die Beschleunigung von Verwaltungsverfahren mit ihrer Bezugnahme auf das Verwaltungsverfahrensgesetz durchaus zur Wahrung der Rechtseinheitlichkeit beigetragen hat. Mittlerweile kommt der ausdrücklichen Erwähnung der Öffentlichkeitsbeteiligung im Gesetzestext ganz überwiegend nur noch deklaratorische und damit eher rechtspolitische Bedeutung gegenüber den von einem Vorhaben mit Umweltauswirkungen betroffenen Bürgern zu. Angesichts dieses Befundes sind neben § 9 auch die vorrangigen fachgesetzlichen Vorschriften zur Einbeziehung der Öffentlichkeit eingehend zu betrachten. Der in § 9 verwendete Begriff der Einbeziehung der Öffentlichkeit erfasst dabei sowohl eine mündliche Anhörung in Form einer Erörterung in den abschließenden Zulassungsverfahren als auch eine nur schriftliche Beteiligung der Öffentlichkeit in den vorgelagerten Verfahren.

1.1 Regelungsgegenstand

2 § 9 normiert die Grundzüge der Einbeziehung der Öffentlichkeit bei UVP-pflichtigen Vorhaben sowohl für die abschließenden Planfeststellungs- und Genehmigungsverfahren als auch – bei gestuften Verfahren – für die vorgelagerten (Planungs-)Verfahren durch die zuständige Behörde, bei mehreren zuständigen Behörden durch die federführende Behörde.[1] Absatz 1 gibt für die abschließenden Zulassungsverfahren ein Anhörungsverfahren vor, das den Anforderungen des § 73 Abs. 3, 4 bis 7 VwVfG entspricht. Absatz 2 regelt die öffentliche Bekanntmachung des Ergebnisses nach Abschluss des Zulassungsverfahrens. Bei den vorgelagerten Verfahren lässt Absatz 3 durch Verzicht auf den Erörterungstermin und Ermöglichung eines schriftlichen Beteiligungsverfahrens Abweichungen im Sinne von Erleichterungen gegenüber der nach Absatz 1 gebotenen mündlichen Anhörung zu.

1.2 Zweck und Bedeutung der Vorschrift

3 Die Einbeziehung der Öffentlichkeit soll insbesondere dazu beitragen, die mutmaßlichen **Umweltauswirkungen eines Vorhabens so früh und umfassend wie möglich** zu erkennen.[2] Neben der Unterrichtung über die voraussichtlich beizubringenden Unterlagen für die UVP (§ 5), der Vorlage von entscheidungserheblichen Unterlagen durch den Vorhabenträger (§ 6) und der Beteiligung der von dem Vorhaben berührten Behörden

---

1 Zur federführenden Behörde siehe § 14 Rn. 13 ff.
2 *Bunge*, UVP im Verwaltungsverfahren, S. 27; *Weber*, UPR 1988, 206 (211).

Einbeziehung der Öffentlichkeit §9

(§§ 7 und 8) ist die Einbeziehung der Öffentlichkeit nach § 9 zusammen mit den im Rahmen der Novelle des UVPG im Jahr 2001 neu eingefügten §§ 9a und b wesentlicher Bestandteil des Verfahrensschrittes der »Ermittlung« der Auswirkungen des Vorhabens auf die Umwelt. Die Äußerungen der Öffentlichkeit gehen als Information in den weiteren Ablauf des Verfahrens ein. Zugleich gewährt die Einbeziehung der Öffentlichkeit in die Planungs- und Zulassungsverfahren den von dem Vorhaben möglicherweise betroffenen Bürgern vorgelagerten **individuellen Rechtsschutz** durch eine Beteiligung bereits im Verfahren.³ Schließlich und ganz wesentlich sollen die Partizipationsmöglichkeiten der Bürger die **Akzeptanz** des Vorhabens erhöhen und damit zur Vermeidung von Rechtsstreitigkeiten beitragen.⁴

1.3 Gesetzesgeschichte

Innerhalb der UVP-RL wird der Einbeziehung der Öffentlichkeit eine überragende Bedeutung für den Schutz der Umwelt beigemessen. Der deutsche Gesetzgeber hat sich bei der Umsetzung darum bemüht, die im nationalen Recht schon zuvor weitgehend integrierte Einbeziehung der Öffentlichkeit nicht durch weiterführende oder anderweitige Verfahrensregelungen zu verändern. 4

1.3.1 Vorgaben der UVP-Richtlinie

Die Öffentlichkeit wird von der UVP-RL wiederholt hervorgehoben. Bereits die Präambel erwähnt die Öffentlichkeit im Zusammenhang mit der Aufgabe, die von Seiten des Projektträgers vorzulegenden Angaben ggf. zu ergänzen, soweit sie möglicherweise betroffen ist. Auch die in Artikel 2 Abs. 3 der Richtlinie im Ausnahmefall eingeräumte Möglichkeit des Absehens von einer UVP für ein einzelnes Projekt wird maßgeblich davon abhängig gemacht, dass die Öffentlichkeit sowohl über den Verzicht als auch über dessen Gründe informiert wird. Nach der Vorstellung der Europäischen Union kommt der Öffentlichkeitseinbeziehung damit neben ihrer bereits nach deutschem Recht anerkannt Akzeptanz schaffenden und Rechtsschutz gewährenden Funktion zusätzlich noch die Aufgabe der **Kontrolle gegenüber dem Projektträger zu**.⁵ 5

Artikel 6 Abs. 2 und 3 und Artikel 9 Abs. 1 der Richtlinie regeln ausführlich Umfang und Rahmen einer Information und Anhörung der Öffentlichkeit sowohl im Laufe des Verfahrens als auch anschließend zum Abschluss und Ausgang des Verfahrens: 6

Artikel 6 Abs. 2 der UVP-RL verpflichtet die Mitgliedstaaten (»tragen dafür Sorge«) in einem ersten Schritt zu einer Unterrichtung der Öffentlichkeit über den Genehmigungsantrag sowie über die Projektunterlagen (»binnen einer angemessenen Frist zugänglich gemacht werden«), in einem zweiten Schritt zu einer Anhörung der konkret Betroffenen (»Gelegenheit gegeben wird, sich … zu äußern«). Dieses abgestufte Verfahren der Einbeziehung der Öffentlichkeit wird als »**trichterförmiges**« **Modell** be-

---

3   *Cupei*, DVBl. 1985, 813 (818), rückt diesen Aspekt in den Vordergrund.
4   *Weber*, UPR 1988, 206 (211); *Cupei*, DVBl. 1985, 813 (818); zu den vielfältigen Aufgaben der Einbeziehung der Öffentlichkeit im Zulassungsverfahren auch *Wickrath*, Bürgerbeteiligung, S. 12 ff., die zwischen Emanzipations-, Kontroll-, Rechtsschutz-, Integrations-, Legitimations- und Rationalisierungsfunktion unterscheidet.
5   *Bunge*, UVP im Verwaltungsverfahren, S. 27.

schrieben,⁶ da die frühe Unterrichtung der Öffentlichkeit nicht nur der Schaffung eines transparenten Genehmigungsverfahrens, sondern zugleich auch als »Trichter« für die für den nächsten Schritt notwendige Eingrenzung der Betroffenen dienen soll.⁷ Artikel 6 Abs. 3 der UVP-RL verweist hinsichtlich der Ausgestaltung der Einzelheiten auf die Mitgliedstaaten, »die nach Maßgabe der besonderen Merkmale der betreffenden Projekte oder Standorte« den betroffenen Personenkreis, den Ort und die Form der Unterrichtung sowie angemessene Fristen bestimmen können.

7   Im Anschluss an die Zulassungsentscheidung sieht Artikel 9 Abs. 1 der UVP-RL eine Informationspflicht der zuständigen Behörde gegenüber der Öffentlichkeit vor. Die Änderung der Richtlinie hebt die zunächst in der Ursprungsfassung der Richtlinie vorgesehene Beschränkung ausschließlich auf die betroffene Öffentlichkeit auf; nunmehr ist die Entscheidung über die Erteilung oder Verweigerung einer Genehmigung der (gesamten) Öffentlichkeit bekannt zu geben. Dabei sind folgende Angaben zugänglich zu machen:
– Inhalt der Entscheidung und die Bedingungen,
– Hauptgründe und -erwägungen,
– Beschreibung der wichtigsten Maßnahmen zur Vermeidung, Verringerung und zum möglichen Ausgleich der erheblichen nachteiligen Auswirkungen.

1.3.2   Innerstaatliche Entstehung

8   Das deutsche Gesetzgebungsverfahren zu § 9 war durch den Ansatz geprägt, zwar einerseits die Einbeziehung der Öffentlichkeit in allen und damit erstmalig auch in den vorgelagerten Planungsverfahren sicherzustellen, andererseits aber **keine neuen Rechtsschutzmöglichkeiten zu eröffnen**, die den Vorwurf eines Verfahrensverzögerung durch die Einführung der UVP begründet hätten. Auch galt es, die in den Fachgesetzen für die abschließenden Zulassungsverfahren teilweise bereits sehr detailliert festgelegten Verfahren zur Öffentlichkeitsbeteiligung zu berücksichtigen bzw. unverändert aufzugreifen. Der Gesetzentwurf der Bundesregierung⁸ lehnte sich daher bewusst eng an die Vorgaben des Verwaltungsverfahrensgesetzes zur Öffentlichkeitsbeteiligung im Planfeststellungsverfahren als einzuhaltenden Mindeststandard an.⁹ Bei den vorgelagerten Verfahren wurde eine Regelung vorgeschlagen, die der damals parallel neu geschaffenen, mittlerweile aber aus kompetenziellen Gründen wieder aufgehobenen Regelung zur Einbeziehung der Öffentlichkeit beim Raumordnungsverfahren entsprach.¹⁰

9   Der Gesetzgeber hat den Entwurf der Bundesregierung zu § 9 nahezu unverändert übernommen. Auf Vorschlag des Bundesrates¹¹ wurde lediglich verdeutlicht, dass in den vorgelagerten Verfahren »durch die Einbeziehung der Öffentlichkeit« Rechtsansprüche nicht begründet werden sollen (vgl. § 9 Abs. 3 Satz 2). Weiterreichenden Vorschlägen des Bundesrates, die insbesondere auf eine eigenständige Veröffentlichung der zusammenfassenden Darstellung nach § 11 und der Bewertung nach § 12 abzielten, wurde nicht

---

6   Z.B. *Weber*, UPR 1988, 206 (211), und *Erbguth/Schink*, UVPG, § 9 Rn. 1.
7   Wortprägend war *Cupei*, DVBl. 1985, 813 (818).
8   BT-Drs. 11/3919 vom 26.1.1989.
9   Ebd. S. 25.
10 Vgl. hierzu auch § 16 Rn. 46.
11 BT-Drs. 11/3919, S. 41 (zu Nr. 39), und S. 51.

Einbeziehung der Öffentlichkeit § 9

gefolgt; ebenso wie die Bundesregierung sah hier auch der Bundestag die Gefahr, dass eine solche Verselbständigung zu zusätzlichen Rechtsbehelfen führen könnte.[12]

Ein mit der Umsetzung der UVP-RL verbundenes weiteres Anliegen des Gesetzgebers war die **innere Harmonisierung des Umweltrechts**.[13]

10

Der Verweis von § 9 Abs. 1 Satz 2 auf die bei der Anhörung im Zulassungsverfahren einzuhaltenden Anforderungen von § 73 Abs. 3, 4 bis 7 VwVfG soll daher dazu beitragen, die gemäß § 72 Abs. 1 Satz 1 VwVfG an sich nur bei besonderer Anordnung geltenden, hinter den Fachgesetzen ansonsten zurücktretenden Vorgaben des § 73 Abs. 3, 4 bis 7 VwVfG als verbindlichen Mindeststandard für alle vom UVPG erfassten Zulassungsverfahren zu verankern.[14] Die Bezugnahme auf das allgemeine Planfeststellungsverfahrensrecht stellt wegen der dort anerkannt hohen Anforderungen an die Beteiligung der Öffentlichkeit eine sachgerechte Umsetzung der Vorgaben der UVP-RL sicher. Aus diesem Grunde überzeugt auch die vereinzelt vertretene Auffassung nicht, dass – wegen des von dieser Auffassung angenommenen überwiegend rechtsschützenden Charakters von § 73 Abs. 3, 4 bis 7 VwVfG – eine EG-konforme Umsetzung im Bereich der Öffentlichkeitsbeteiligung nicht erfolgt sei.[15] In Zweifelsfällen erscheint es eher geraten, den von der UVP-RL verfolgten weiteren Zielen der Transparenz, Kontrolle und Friedensstiftung durch eine großzügige Auslegung des § 73 Abs. 3, 4 bis 7 VwVfG Rechnung zu tragen.[16]

Die Novelle des UVPG im Jahr 2001 hat die Vorschrift des § 9 in den wesentlichen Grundzügen unverändert gelassen. Redaktionelle Anpassungen erfolgten zunächst in Absatz 1; dabei wurden durch die Inbezugnahme der Absätze 3, 4 bis 7 die zwischenzeitlichen Änderungen des § 73 VwVfG und damit zusätzliche Fristen- und verschärfte Präklusionsregelungen zur Beschleunigung des Verfahrensablaufs integriert. In Absatz 2 wurde in Umsetzung von Art. 9 Abs. 1 in der Fassung der UVP-Änderungsrichtlinie die Pflicht zur Benachrichtigung der Öffentlichkeit über den Ausgang des Verfahrens erweitert; hierzu wurde – auch im Sinne einer Rechtsvereinheitlichung – die Regelung des § 74 Abs. 4 und 5 VwVfG aufgegriffen.[17] Aus dem gleichen Grund wurde in Absatz 3 schließlich die Regelung zur Einbeziehung der Öffentlichkeit im vorgelagerten Verfahren um den Hinweis zur Zugänglichmachung auch des Inhalts der Entscheidung mit Begründung ergänzt. Die dargestellten Änderungen waren im Gesetzgebungsverfahren unstreitig.

11

1.4 Anwendungsbereich der Vorschrift

Da im deutschen Recht die Öffentlichkeitsbeteiligung sehr detailliert geregelt ist, tritt die ursprüngliche Funktion von § 9, den UVP-pflichtigen Planungs- und Zulassungsver-

12

---

12 Ebd. S. 41 (zu Nr. 38), und S. 51.
13 BT-Drs. 11/3919, S. 15.
14 Vgl. BT-Drs. 11/3919, S. 51 (zu Nr. 37); die Bundesregierung führt im Einzelnen hierzu aus: »Die unmittelbare Geltung des § 73 Abs. 3 bis 7 VwVfG ergibt sich im Einzelfall aus dem Fachrecht oder – sofern letzteres hinter diesem Standard zurückbleibt – aus der Kollisionsklausel des § 4 i. V. m. § 9 Abs. 1.«
15 *Erbguth*, Die Verwaltung 1991, 283 (300).
16 Wie hier *Weber*, UPR 1988, 206 (211).
17 BT-Drs. 14/4599 vom 14.11.2000, S. 100 (zu Nr. 10).

§ 9   *Einbeziehung der Öffentlichkeit*

fahren einen Mindeststandard vorzugeben, in den Hintergrund; dafür tritt neben der bereits eingangs erwähnten rechtspolitischen Bedeutung nunmehr das Anliegen der Rechtsvereinheitlichung mit dem Planfeststellungsrecht durch die Anordnung der Geltung der Verfahrensvorschriften des § 73 VwVfG in den Vordergrund.[18] Eigenständige rechtliche Bedeutung kommt der Vorschrift in allen Planfeststellungsverfahren für UVP-pflichtige Vorhaben durch den Hinweis zu, dass die Öffentlichkeit (auch) zu den Umweltauswirkungen des Vorhabens anzuhören ist. Außerhalb der Planfeststellungsverfahren treffen fachgesetzliche Vorschriften eigenständige Anordnungen und gehen § 9 daher gemäß § 4 vor. Dies gilt insbesondere für die immissionsschutz- und atomrechtlichen Genehmigungsverfahren und das Bauplanungsrecht.

1.4.1 Anwendung von § 9 Abs. 1 und 2 i. V. mit § 73 Abs. 3, 4 bis 7 VwVfG

13 Durch die Vorgabe in § 9 Abs. 1 Satz 2, dass das Anhörungsverfahren den Anforderungen des § 73 Abs. 3, 4 bis 7 VwVfG und damit der Öffentlichkeitsbeteiligung in einem Planfeststellungsverfahren entsprechen muss, werden alle UVP-pflichtigen Vorhaben, die im Rahmen einer **Planfeststellung** zugelassen werden, erfasst. Hierbei handelt es sich um die Vorhaben nach den **Nummern 12 bis 15 und 19** der Anlage 1 zum UVPG.[19] Für das **flurbereinigungsrechtliche** Planfeststellungsverfahren (Nummer 16 der Anlage 1) verweist § 19 allerdings auf die Beteiligungsregelung des § 9 Abs. 3 Satz 1, nach der eine Erörterung entbehrlich ist.[20] Dafür ist § 9 Abs. 1 auch auf die **Genehmigungsverfahren nach den §§ 18c und 19a WHG** (Nummer 13 der Anlage 1) und **§§ 9 f. BundeswaldG** (Nummer 17 der Anlage 1) anzuwenden. Nicht anzuwenden sind die Anforderungen des § 73 Abs. 3, 4 bis 7 VwVfG indes kraft vorrangiger fachgesetzlicher Regelungen bei den Zulassungsverfahren für Vorhaben nach den Nummern 1 bis 11 der Anlage 1 zum UVPG. Die Öffentlichkeitsbeteiligung bei der Zulassung dieser Anlagen, die nach dem BImSchG bzw. dem AtG geprüft werden, werden daher gemeinsam am Ende der Kommentierung zu § 9 dargestellt;[21] einzelne Besonderheiten der Öffentlichkeitsbeteiligung – hier insbesondere zur Zulässigkeit eines Verzichts – bei den Planfeststellungsverfahren der Verkehrswege- und Flughafenplanung schließen sich an.[22]

1.4.2 Anwendung von § 9 Abs. 3

14 Für die vorgelagerten Verfahren nach § 2 Abs. 3 Nr. 2[23] gilt § 9 Abs. 3 Satz 1. Jedoch trifft bereits das UVPG in § 15 Abs. 2 und 3 für das bundesrechtlich bei bestimmten Verkehrswegeplanungen vorgesehene **Linienbestimmungsverfahren** insgesamt bzw. für das **luftverkehrsrechtliche Genehmigungsverfahren** in einzelnen Punkten eine vorrangige Sonderregelung.[24] Somit verbleibt eine vollständige Geltung von § 9 Abs. 3 Satz 1 nur für das den Zulassungsverfahren nach Landesrecht vorgelagerte **Raumord-**

---

18 *Feldmann*, DVBl. 2001, 589 (598).
19 Vgl. zur besonderen Inbezugnahme des gesamten § 73 VwVfG (und nicht nur der Absätze zum Anhörungsverfahren) für das bergrechtliche Planfeststellungsverfahren § 18 Rn. 36 ff.
20 Vgl. deshalb nachfolgend Rn. 14 und § 19 Rn. 12.
21 Hierzu unten Rn. 38 ff.
22 Unten Rn. 43 ff.
23 Zum Begriff der vorgelagerten Verfahren vgl. § 2 Rn. 74 ff. und BT-Drs. 11/3919, S. 51 (zu Nr. 40).
24 Hierzu § 15 Rn. 33 ff.

Einbeziehung der Öffentlichkeit § 9

nungsverfahren, soweit dort gemäß § 16 eine raumordnerische UVP mit der dann gebotenen Einbeziehung der Öffentlichkeit stattfindet[25] und kraft besonderer Anordnung in § 19 in Verbindung mit der Anlage 1 Nr. 16 für das **flurbereinigungsrechtliche Planfeststellungsverfahren**.[26] Für die nach § 2 Abs. 3 Nr. 3 in Verbindung mit Anlage 1 Nr. 18 zum UVPG einer UVP-Pflicht unterliegenden besonderen **Bauleitplanverfahren**, die gleichfalls zu den vorgelagerten Verfahren gerechnet werden, gelten gemäß § 17 Satz 1 mit dem Verweis auf die Verfahrensvorschriften des Baugesetzbuchs vorrangige Sonderregelungen.[27] § 9 Absatz 3 Satz 2 gilt beim Raumordnungsverfahren, beim Flurbereinigungsverfahren und aufgrund der Verweisung in § 15 Abs. 2 Satz 4 und Abs. 3 Satz 2 auch in den Linienbestimmungsverfahren bzw. im luftverkehrsrechtlichen Genehmigungsverfahren.

1.5 Geltung von Verwaltungsvorschriften

Die UVPVwV bezieht sich entsprechend dem durch § 24 vorgegebenen, eingeschränkten Auftrag nicht auf den Verfahrensschritt der Einbeziehung der Öffentlichkeit. Eine weitere Ausgestaltung wäre auch nicht sachgerecht, da § 9 den UVP-pflichtigen Planungs- und Zulassungsverfahren nur einen einzuhaltenden Mindeststandard vorgibt, ansonsten aber dem Fachrecht die Ausgestaltung dieses Verfahrensschrittes überlässt. Auf der Grundlage der Fachgesetze ergangene Verwaltungsvorschriften können jedoch auf die nach dem UVPG vorgeschriebene Öffentlichkeitseinbeziehung Bezug nehmen und diese präzisieren. Soweit das Fachrecht hierzu noch Raum belässt, können des Weiteren auch Verwaltungsvorschriften, Erlasse oder Richtlinien der Länder das Verfahren der Öffentlichkeitsbeteiligung ergänzen.

15

2 Anhörung der Öffentlichkeit im Zulassungsverfahren (Abs. 1)

§ 9 Abs. 1 gilt für die UVP-pflichtigen Zulassungsverfahren. Die Vorschrift verpflichtet die zuständige Behörde, bei mehreren zuständigen Behörden die federführende Behörde[28] zu einer Anhörung der Öffentlichkeit zu den Umweltauswirkungen des Vorhabens. Grundlage der Anhörung sind die ausgelegten Unterlagen des Vorhabenträgers nach § 6 (Satz 1). Die Anhörung der Öffentlichkeit muss den (Mindest-)Anforderungen des § 73 Abs. 3, 4 bis 7 VwVfG entsprechen (Satz 2). Bei einer Änderung der Planung im laufenden Verfahren kann dann von einer erneuten Anhörung der Öffentlichkeit abgesehen werden, wenn die Änderung keine zusätzlichen oder anderen erheblichen Auswirkungen auf die Umwelt hat (Satz 3).

16

2.1 Anhörungsgegenstand (Abs. 1 Satz 1)

Den Gegenstand der Anhörung bilden die Umweltauswirkungen des Vorhabens auf der Grundlage der ausgelegten Unterlagen nach § 6. Der Gegenstand der Anhörung wird

17

---

25 Hierzu nachfolgend Rn. 32 ff. und ergänzend § 16 Rn. 46 und 72.
26 Hierzu *Hoecht*, NuR 1989, 379 (381 f.), und § 19 Rn. 12.
27 Zur Einbeziehung der Öffentlichkeit nach den Vorschriften des BauGB vgl. § 17 Rn. 44 ff.
28 Zur federführenden Behörde siehe § 14 Rn. 13 ff.

folglich wesentlich bestimmt durch die vom **Vorhabenträger vorzulegenden, entscheidungserheblichen Unterlagen**.[29] Diese sind in ihrer Gesamtheit auszulegen; Beschränkungen können sich allerdings aus Gründen des Geheimnisschutzes ergeben. Soweit in parallelen Genehmigungsverfahren eine Einschränkung des Prüfungsumfangs gegeben ist, wirkt sich dies auch auf den Anhörungsgegenstand aus. In einem derartigen Fall braucht nur der für diese Genehmigungsentscheidung maßgebliche Ausschnitt der Vorhabenunterlagen zugänglich gemacht zu werden. Eine weitere Einschränkung des Prüfungsumfangs kann sich ergeben, wenn die UVP im Zulassungsverfahren den letzten Abschnitt einer UVP in einem gestuften Planungsverfahren bildet. So sehen die §§ 16 Abs. 3 Satz 2, 13 Abs. 2, 15 Abs. 4 und 17 Satz 3 vor, dass die Anhörung der Öffentlichkeit bzw. auch die Prüfung der Umweltverträglichkeit insgesamt im nachfolgenden Zulassungsverfahren auf zusätzliche oder andere Umweltauswirkungen des Vorhabens beschränkt werden soll oder kann.[30] Auf eine solche Einschränkung des Anhörungsgegenstandes ist bei der Auslegung und im Erörterungstermin hinzuweisen.[31] Eine Erweiterung kann demgegenüber allerdings vor dem Hintergrund des medienübergreifenden Ansatzes der UVP dann geboten sein, wenn nur so eine sachgerechte Stellungnahme zu den zu untersuchenden Wechselwirkungen der Umweltauswirkungen möglich erscheint. Eine Erweiterung des Anhörungsgegenstandes über den Anwendungsbereich des UVPG hinaus ergibt sich schließend aus dem Fachrecht, das regelmäßig eine Anhörung auch für die nicht umweltbezogenen, sonstigen Auswirkungen des Vorhabens vorsieht.

2.2 Anhörungsverfahren (Abs. 1 Satz 2 i. V. mit § 73 Abs. 3, 4 bis 7 VwVfG)

18 § 9 Abs. 1 Satz 2 gebietet als Mindeststandard für die Anhörung der Öffentlichkeit ein Verfahren, das den Anforderungen von § 73 Abs. 3, 4 bis 7 VwVfG genügt. Die vom UVPG in Bezug genommenen Absätze 3, 4 bis 7 greifen aus dem in § 73 VwVfG umfassend geregelten, auch die berührten Behörden einbeziehenden Beteiligungsverfahren den für die Anhörung der Öffentlichkeit maßgeblichen Verfahrensabschnitt heraus. Das dort geregelte Verfahren zur Anhörung der Öffentlichkeit gliedert sich in seiner zeitlichen Abfolge in die Abschnitte der Bekanntmachung der Auslegung (Absatz 5), der Auslegung selber (Absatz 3), der Erhebung von Einwendungen durch die in ihren Belangen Berührten (Absatz 4), der Bekanntmachung des Erörterungstermins (Absatz 6 Satz 2 bis 6 und Absatz 7) und der abschließenden mündlichen Erörterung der Einwendungen (Absatz 6 Satz 1). Die einzelnen Verfahrensabschnitte können durch **fachgesetzliche Vorschriften** konkretisiert und auch um besondere Rechtsfolgen (z. B. der Präklusion) ergänzt werden, sie dürfen dabei aber in ihrer Substanz und Zielsetzung nicht ausgehöhlt werden. Der Anforderung der UVP-RL nach einer Unterrichtung zunächst der gesamten und einer dann nachfolgenden Anhörung nur der betroffenen Öffentlichkeit wird dadurch Rechnung getragen, dass die Auslegung für jeden zugänglich ist, demgegenüber eine Einwendungsbefugnis und Teilnahmeberechtigung am Erörterungstermin nur der berührten Öffentlichkeit zusteht.[32]

---

29 Vgl. § 6 Rn. 11 ff.; hierzu zählen auch für die Entscheidung bedeutsame Gutachten, vgl. Paetow, in: Kunig/Paetow/Versteyl, KrW-/AbfG, § 34 Rn. 15 f.
30 Vgl. hierzu § 6 Rn. 9.
31 Zur an dieser Begrenzung der Anhörung erhobenen Kritik in der Literatur vgl. § 16 Rn. 90 ff.
32 Zur »trichterförmigen« Beteiligung bereits oben Rn. 6.

Einbeziehung der Öffentlichkeit § 9

2.2.1 Bekanntmachung und Auslegung

Der erste Schritt im Verfahren der Anhörung der Öffentlichkeit ist die Auslegung der Vorhabenunterlagen, die vorher ortsüblich bekannt zu machen ist (§ 73 Abs. 3 Satz 1 und Abs. 5 Satz 1 bis 3 VwVfG). Welche Form der **Bekanntmachung** ortsüblich ist (so § 73 Abs. 5 Satz 1 VwVfG), ergibt sich entweder aus dem Fach- oder aus Landes- und Gemeinderecht, hier insbesondere aus den entsprechenden Satzungen der Gemeinden.[33] Den notwendigen Inhalt der Bekanntmachung regelt § 73 Abs. 5 Satz 2 VwVfG. Danach ist in der Bekanntmachung darauf hinzuweisen, wo und in welchem Zeitraum die Unterlagen ausgelegt sind, dass die Einwendungen innerhalb der Einwendungsfrist vorzubringen sind und dass ein Versäumen der Frist zum Einwendungsausschluss (so jetzt ergänzend § 73 Abs. 4 Satz 3 und 4 VwVfG) führt. Auch ist darauf hinzuweisen, dass die vorgesehene Zustellung der Entscheidung über die Einwendungen bei mehr als 50 erforderlichen Zustellungen durch eine weitere öffentliche Bekanntmachung ersetzt werden kann. Im Hinblick auf die Vorbereitung des Erörterungstermins ist bekannt zu machen, dass dessen Durchführung trotz Ausbleibens eines Beteiligten erfolgen kann und auch die Möglichkeit der Benachrichtigung der Einwender vom Termin durch öffentliche Bekanntmachung besteht. Nicht ortsansässige Personen, deren Aufenthalt bekannt ist oder sich innerhalb angemessener Frist ermitteln lässt, sollen zudem auf Veranlassung der Anhörungsbehörde von der Auslegung benachrichtigt werden (§ 73 Abs. 5 Satz 3 VwVfG).

19

Die **Auslegung** geschieht auf Veranlassung der Anhörungsbehörde in den **Gemeinden**, in denen sich das Vorhaben voraussichtlich auswirkt (§ 73 Abs. 3 Satz 1 VwVfG). Wer Anhörungsbehörde ist, regelt das Landes- oder Fachrecht. Entgegen der in § 73 VwVfG im Interesse größerer Objektivität bei der Erörterung und Auswertung der Einwendungen vorgesehenen Trennung von Anhörungs- und entscheidender Zulassungsbehörde können Anhörung und Entscheidung auch von einer Behörde wahrgenommen werden, wenn das Landes- oder Fachrecht dies vorsieht.[34] Die Gemeinden wurden wegen ihrer Nähe zum Bürger als **Auslegungsort** ausgewählt; bei Großvorhaben sollte wegen der möglicherweise erheblichen Reichweite der Auswirkungen der Kreis der Gemeinden nicht zu eng gezogen werden.[35] Als spätesten Zeitpunkt der Auslegung setzt § 73 Abs. 3 Satz 1 VwVfG nunmehr drei Wochen nach Zugang des Plans fest. Angesichts der Informationsfunktion der Öffentlichkeitsbeteiligung für das Zulassungsverfahren ist zu einem Beginn der Auslegung parallel zur Beteiligung der Behörden oder kurz danach zu raten, damit die durch die Bürgerschaft erlangten Informationen gleichzeitig in den Entscheidungsfindungsprozess der Zulassungsbehörde einfließen können. Der **Auslegungszeitraum** beträgt einen Monat (§ 73 Abs. 3 Satz 1 VwVfG); der Tag des Beginns der Auslegung wird mit eingerechnet.[36] Eine Beschränkung der Auslegung auf den üblichen Publikumsverkehr ist möglich, sollte dann aber zuvor in der Bekanntmachung der Auslegung deutlich gemacht werden. Gemäß § 73 Abs. 3 Satz 2 VwVfG kann schließlich auf eine **Auslegung verzichtet** werden, wenn der Kreis der Betroffenen bekannt ist und ihnen innerhalb angemessener Frist Gelegenheit gegeben wird, in den Plan einzusehen. Ein solcher Verzicht wird wohl regelmäßig nur bei einem UVP-pflichtigen

20

---

33 *Clausen*, in: Knack, VwVfG, § 17 Rn. 12.
34 *Dürr*, ebd., § 73 Rn. 13.
35 *Dürr*, ebd., Rn. 14.
36 *Dürr*, ebd., Rn. 39; *Bonk/Neumann*, in: Stelkens/Bonk/Sachs, VwVfG, § 73 Rn. 31.

Änderungsverfahren für eine Anlage in Betracht kommen, bei der die Betroffenen aus dem vorhergehenden Zulassungsverfahren noch bekannt sind. Die Auslegungsfrist muss dabei so bemessen sein, dass eine Erhebung von Einwendungen sachgerecht möglich ist.

2.2.2 Erhebung von Einwendungen

21 Gemäß § 73 Abs. 4 Satz 1 VwVfG kann jeder, dessen Belange durch das Vorhaben berührt werden, bis zwei Wochen nach Ablauf der Einlegungsfrist schriftlich oder zur Niederschrift bei der Anhörungsbehörde oder bei der Gemeinde Einwendungen gegen das Vorhaben erheben. **Einwendungsberechtigt** ist damit derjenige, dessen rechtliche oder tatsächliche Interessen vom Vorhaben und seinen Auswirkungen berührt werden können. Hierbei kann es sich um Interessen wirtschaftlicher, beruflicher oder ideeller Art handeln.[37] Im Gegensatz zur Klagebefugnis nach § 42 Abs. 2 VwGO ist eine unmittelbare Betroffenheit in subjektiven Rechtspositionen daher nicht erforderlich.[38] Eine ausdrückliche Einwendungsbefugnis für **Umweltschutzverbände** sieht § 73 VwVfG nicht vor. Deren Berechtigung zur Erhebung von Einwendungen richtet sich nach § 58 BNatSchG und ist dort – vorbehaltlich besonderer Anordnungen in einzelnen Fach- oder auch Landesgesetzen – ausschließlich auf Planfeststellungs- und genehmigungsverfahren begrenzt (§ 58 Abs. 1 Nr. 2 und 3 BNatSchG).[39] Bürger, die Mitglied eines Verbandes sind und zugleich einwendungsberechtigt sind, können jedoch auch außerhalb von Planfeststellungsverfahren von den Verbänden bei der Erhebung der Einwendungen mit dem dort gesammelten Fachwissen beraten und unterstützt werden. Neben der Abgabe schriftlicher Einwendungen ist den Einwendern eine mündliche Erhebung zur Niederschrift möglich. Die Gemeinden sind insoweit verpflichtet, entsprechende Vorkehrungen zur Abgabe mündlicher Einwendungen zu treffen. Das Fachrecht kann jedoch eine Begrenzung ausschließlich auf schriftliche Einwendungen vorsehen. Eine inhaltliche Begrenzung des Umfangs der Einwendungen besteht dann, wenn der Anhörungsgegenstand bspw. wegen der Durchführung eines vorgelagerten Planungsverfahrens oder auch wegen paralleler Genehmigungsverfahren eingeschränkt ist.

22 Die **Einwendungsfrist** beginnt zeitgleich mit der Auslegung, läuft aber erst zwei Wochen nach ihrer Beendigung ab, damit mögliche Einwender genügend Zeit haben, sich über ihre Bedenken klar zu werden.[40] Die Frist kann auch nicht verlängert werden.[41] Eine Versäumung der Frist hat gemäß des neu eingefügten § 73 Abs. 4 Satz 3 VwVfG die Konsequenz der **materiellen Präklusion**; mit Ablauf der Einwendungsfrist sind daher alle Einwendungen von Bürgern ausgeschlossen, die nicht auf privatrechtlichen Titeln beruhen.[42] Verspätet erhobene Einwendungen, die einen für die Zulassung des Vorhabens neuen und maßgeblichen Gesichtspunkt mitteilen, können aber ggf. aufgrund eigener Ermessensentscheidung der Anhörungsbehörde im Hinblick auf die vollständige Ermittlung des entscheidungserheblichen Sachverhalts gleichwohl Eingang in das weitere

---

[37] *Dürr*, ebd., Rn. 54 ff.; *Kollmer*, NVwZ 1994, 1057 (1059).
[38] *Paetow*, in: Kunig/Paetow/Versteyl, KrW-/AbfG § 34 Rn. 34.
[39] Vgl. hierzu § 7 Rn. 17, und auch *Gassner*, NuR 1991, 211 (212).
[40] *Dürr*, in: Knack, VwVfG, § 73 Rn. 63.
[41] *Bonk/Neumann*, in: Stelkens/Bonk/Sachs, VwVfG, § 73 Rn. 77.
[42] Zur Entstehungsgeschichte *Ronellenfitsch*, in: Marschall/Schroeter/Kastner, FStrG, § 17 Rn. 90.

Einbeziehung der Öffentlichkeit § 9

Verfahren finden; eine Verpflichtung hierzu besteht nach dem eindeutigen Wortlaut der Vorschrift nicht.[43] Soweit die Voraussetzungen vorliegen, kann bei Versäumung der Einwendungsfrist gemäß § 32 VwVfG jedoch **Wiedereinsetzung in den vorigen Stand** gewährt werden.[44]

2.2.3 Erörterungstermin

Der Erörterungstermin ist das **Kernstück** des Anhörungsverfahrens. Er bedarf daher besonderer Vorbereitung, um das angestrebte Ziel einer umfassenden Information der Entscheidungsträger, des Interessenausgleichs mit den Betroffenen und einer umweltverträglichen Realisierung des Vorhabens zu erreichen. Besondere Probleme können bei sog. »Massenverfahren« mit einer Vielzahl von Einwendungen und einem hohen Konfliktpotenzial auftreten.[45] 23

2.2.3.1 Vorbereitung und Bekanntmachung des Erörterungstermins

Zur Vorbereitung des Erörterungstermins sollten die rechtzeitig erhobenen Einwendungen erfasst und typisiert werden.[46] Sofern entgegen der Möglichkeit nach § 73 Abs. 4 Satz 3 VwVfG verspätet erhobene Einwendungen zugelassen werden, lassen sich diese den bereits gebildeten Fallgruppen regelmäßig unproblematisch zuordnen. Bei verspäteten Einwendungen, durch die neue Gesichtspunkte angesprochen werden, ist hingegen zu entscheiden, ob sie zusätzlich einbezogen oder unter Berufung auf die Versäumnis nicht berücksichtigt werden. Anhand des Umfangs der eingegangenen Einwendungen ist schließlich zu entscheiden, an welchem Ort und ggf. in welcher Halle der Erörterungstermin stattfinden soll. Der Zeitpunkt für den Erörterungstermin sollte so festgelegt werden, dass auch berufstätige Einwender in die Lage versetzt werden, ihre Bedenken persönlich vorzubringen.[47] 24

Der Erörterungstermin ist **öffentlich bekannt zu machen**; die Bekanntmachung hat dabei mindestens eine Woche vorher in ortsüblicher Weise zu erfolgen (§ 73 Abs. 6 Satz 2 VwVfG), soweit sie nicht bereits zusammen mit der Bekanntmachung der Auslegung erfolgt ist (§ 73 Abs. 7 VwVfG). Wird der Erörterungstermin erst nach der Auslegung bekannt gemacht, sind diejenigen, die Einwendungen erhoben haben, zu benachrichtigen 25

---

43 Das BVerwG hatte schon vor dieser Rechtsänderung im Zusammenhang mit der Beachtlichkeit von Bürgereinwendungen für die Abwägung darauf hingewiesen, dass eine planende Stelle nur das in die Abwägung einzustellen braucht, was sie sieht oder den Umständen nach sehen muss. Hieraus hat das Gericht den Schluss gezogen, dass von den Bürgern verspätet vorgebrachte Belange nur dann abwägungserheblich sind, wenn sich für die planende Stelle die Betroffenheit auch so aufdrängen musste, so *BVerwG*, E 87 (103 f.); vgl. auch *Kühling*, Fachplanungsrecht, S. 84; ebenso *Stüer/Hermanns*, DVBl. 2002, 435 (437). Gegen eine nachträgliche Einbeziehung von verspäteten Einwendungen sprechen sich daher konsequenterweise *Stüer/Probstfeld*, DÖV 2000, 701 (704), aus.
44 Zu den Voraussetzungen von § 32 VwVfG vgl. *Büllesbach/Diercks*, DVBl. 1991, 469 (473).
45 Ebenso *Stüer/Probstfeld*, DÖV 2000, 701 (704).
46 So der Vorschlag von *Büllesbach/Diercks*, ebd., 473. Ebenso *Stüer/Probstfeld*, ebd. 704, die folgende Themenblöcke bei einem straßenrechtlichen Großvorhaben erwähnen (dort Fn. 13): Verkehrliche Fragen, Hochmoselbrücke, Naturschutz und Landespflege, Immissionen, Wasserwirtschaft, Grundstücksinanspruchnahmen/Existenzgefährdungen, sonstige private Einwendungen.
47 *Büllesbach/Diercks*, ebd., 475.

(§ 73 Abs. 6 Satz 3 VwVfG). Sind mehr als 50 Benachrichtigungen erforderlich, können sie auch durch eine öffentliche Bekanntmachung ersetzt werden, die – möglicherweise abweichend von der ortsüblichen Bekanntmachung – im amtlichen Veröffentlichungsblatt der Anhörungsbehörde und außerdem in den örtlichen Tageszeitungen zu erfolgen hat, die in dem Bereich verbreitet sind, in dem sich das Vorhaben voraussichtlich auswirken wird (§ 73 Abs. 6 Satz 4 und 5 VwVfG).

2.2.3.2 Durchführung des Erörterungstermins

26 Gemäß § 73 Abs. 6 Satz 1 VwVfG hat die Anhörungsbehörde nach Ablauf der Einwendungsfrist die erhobenen Einwendungen mit den Beteiligten zu erörtern. Der **Kreis der Teilnahmeberechtigten** bestimmt sich nach § 73 Abs. 6 Satz 1 und 6 i.V. mit § 68 Abs. 1 VwVfG. Danach können am Erörterungstermin der Träger des Vorhabens, die Behörden, die Stellungnahmen abgegeben haben, die durch das Vorhaben Betroffenen unabhängig davon, ob sie Einwendungen erhoben haben, sowie alle Einwender teilnehmen.[48] Teilnahmeberechtigt sind des Weiteren die entscheidende Behörde – soweit sie nicht bereits zugleich die Anhörungsbehörde ist –, die Aufsichtsbehörde und auch andere Personen, sofern der Verhandlungsleiter dies gestattet und kein Beteiligter widerspricht.[49] Verhandlungsleiter ist entweder der Leiter der Anhörungsbehörde oder ein von ihm bestellter Bediensteter.[50] Der Ablauf der Verhandlung richtet sich im Einzelnen nach § 68 VwVfG. Kennzeichnend sind insbesondere die Nichtöffentlichkeit der Verhandlung, das Leitungs- und Ordnungsrecht des Verhandlungsleiters sowie die Verpflichtung zur Anfertigung einer Niederschrift.[51]

27 **Ziel der Erörterung ist die Ausräumung der Einwendungen.** Dies kann im Idealfall geschehen durch Überzeugung der Betroffenen von der Unschädlichkeit, d. h. insbesondere der Umweltverträglichkeit des Vorhabens, ansonsten aber auch durch die Besprechung und Zusage von Auflagen und Maßnahmen zum Schutz der Betroffenen seitens der in die Verhandlungen einbezogenen Entscheidungsbehörde, schließlich durch die Zusage zu einer umweltverträglicheren Gestaltung des Vorhabens oder auch durch besondere vertragliche Vereinbarungen zwischen Vorhabenträger und Betroffenen zur Ausräumung von Einwendungen und Kompensation von Nachteilen.[52] Da die Zuständigkeiten für diese Maßnahmen regelmäßig gerade nicht bei der für die Erörterung zuständigen Anhörungsbehörde, sondern bereits bei der Entscheidungsbehörde liegen, besteht die Aufgabe der Anhörungsbehörde vornehmlich darin, zwischen den widerstreitenden Interessen im Erörterungstermin zu vermitteln und geeignete Wege zu einer einvernehmlichen und umweltverträglichen Planung aufzuzeigen. Gemäß § 73 Abs. 6 Satz 7 VwVfG **soll** die Erörterung schließlich innerhalb von drei Monaten nach Ablauf der Einwendungsfrist abgeschlossen sein.[53]

---

48 Hierzu *Dürr*, in: Knack, VwVfG, § 73 Rn. 82.
49 Vgl. § 68 Abs. 1 VwVfG. Zur Möglichkeit der Teilnahme von persönlich nicht betroffenen Pressevertretern *Stüer/Probstfeld*, DÖV 2000, 701 (706), »wenn niemand aus der Versammlung etwas dagegen einzuwenden hat«.
50 *Dürr*, in: Knack, VwVfG, § 68 Rn. 12.
51 Einzelheiten bei *Büllesbach/Diercks*, DVBl. 1991, 469 (476).
52 Wie hier auch *Dürr*, in: Knack, VwVfG, § 73 Rn. 95; *Bonk/Neumann*, in: Stelkens/Bonk/Sachs, VwVfG, § 73 Rn. 108.
53 Demgegenüber sehen die Fachgesetze des Verkehrsplanungsrechts vor, dass die Erörterung nach drei Monaten abgeschlossen zu sein **hat**, vgl. nachfolgend Rn. 46.

Einbeziehung der Öffentlichkeit § 9

2.2.3.3 Besonderheiten bei Massenverfahren

Mehrere tausend Einwendungen gegen ein Vorhaben sind bei Großprojekten die Regel und erfordern ein **besonderes Management des Anhörungsverfahrens**. Der Gesetzgeber hat bei Massenverfahren zunächst durch Erleichterungen bei der Benachrichtigungs- und Zustellungspflicht reagiert, falls mehr als 50 Einwender zu informieren sind (§ 73 Abs. 6 Satz 4 sowie Abs. 5 Satz 2 Nr. 4 b VwVfG). Daneben tritt die bereits erwähnte Anordnung der materiellen Präklusion, wenn Einwendungen zu spät erhoben werden.[54] Gleichwohl kommt auf die Anhörungsbehörde ein ganz erheblicher Aufwand zu, um allen rechtzeitig erhobenen Einwendungen gerecht zu werden und insbesondere ihre ausreichende Erörterung zu gewährleisten. Zur Erfassung der Einwendungen und zur Feststellung der Teilnahmeberechtigten ist daher – unter Wahrung des Datenschutzes – der Einsatz einer eigens hierfür entwickelten EDV in der Regel unumgänglich.[55] Abweichend von der ursprünglichen Intention des Gesetzgebers, der von einem einheitlichen Erörterungstermin ausgegangen ist, kann es sich bei Massenverfahren zudem als sinnvoll erweisen, den Erörterungstermin auf mehrere Einzeltermine zu verteilen und unterschiedliche Themenkomplexe nach und nach abzuarbeiten.[56] Wird eine solche Vorgehensweise wegen des zu erwartenden Umfangs der Anwendungen gewählt, sollte hierauf bereits in der Bekanntmachung hingewiesen werden. Typisch für Massenverfahren ist auch, dass Personen Zutritt zur Erörterung verlangen, die weder rechtzeitig Einwendungen erhoben haben noch offensichtlich betroffen sind und damit an sich ausgeschlossen wären. Um unnötige Konflikte bereits zu Beginn des Erörterungstermins zu vermeiden, kann diesen Personen – soweit Platz vorhanden ist – das Zuhören durch den Verhandlungsleiter gestattet werden, sofern auch die anderen Beteiligten nicht widersprechen (vgl. § 68 Abs. 1 Satz 2 VwVfG).

28

2.3 Nachträgliche Änderung der Unterlagen (Abs. 1 Satz 3)

§ 9 Abs. 1 Satz 3 regelt das Erfordernis einer nochmaligen Anhörung der Öffentlichkeit, wenn die nach § 6 vorgelegten Unterlagen im laufenden Zulassungsverfahren vom Vorhabenträger geändert werden. In einem solchen Fall kann (nur dann) von einer erneuten Anhörung abgesehen werden, soweit keine zusätzlichen oder anderen erheblichen Auswirkungen auf die Umwelt durch die Änderung zu besorgen sind. Der Gesetzgeber des UVPG hat mit § 9 Abs. 1 Satz 3 bewusst eine eigenständige, an § 4 Abs. 2 AtVfV angelehnte Regelung geschaffen,[57] da ihm die allgemeine Vorschrift des § 73 Abs. 8 VwVfG wegen ihrer Ausrichtung auf den erstmalig oder stärker als bisher berührten Aufgabenbereich einer Behörde oder die Belange Dritter nicht ausreichend erschien. Die daher eigenständige und auch bei Planfeststellungsverfahren ergänzend neben § 73 Abs. 8 VwVfG anzuwendende Vorschrift leitet daher das Erfordernis einer erneuten Anhörung der Öffentlichkeit aus erwarteten **zusätzlichen** oder anderen erheblichen **Umweltauswirkungen** des Vorhabens während des Zulassungsverfahrens ab.

29

---

54 Siehe hierzu bereits oben Rn. 22.
55 *Büllesbach/Diercks*, DVBl. 1991, 469 (471), und *Stüer/Probstfeld*, DÖV 2000, 701 (706); zu den Massenverfahren auch *Kern*, DÖV 1989, 932 ff.
56 Hierzu und zum Folgenden *Büllesbach/Diercks*, ebd., 474.
57 Vgl. BT-Drs. 11/3919, S. 25.

§ 9 *Einbeziehung der Öffentlichkeit*

Nicht zur Anwendung kommt die Vorschrift dagegen bei Änderungen des Vorhabens erst nach Abschluss des Zulassungsverfahrens, für welche das jeweilige Fachrecht oder § 76 VwVfG maßgeblich ist. Ob eine Änderung der Planungsunterlagen durch den Vorhabenträger zusätzliche oder andere erhebliche Auswirkungen auf die Umwelt hat, ist durch die Anhörungsbehörde nach pflichtgemäßem Ermessen festzustellen. Denkbar ist, dass sie in Zweifelsfällen nicht von der ihr eingeräumten Verzichtsmöglichkeit Gebrauch macht, sondern mit verkürzten Fristen eine nochmalige Anhörung der Öffentlichkeit durchführt. Eine Beschränkung der Anhörung auf erkennbar zusätzlich Betroffene oder ausschließlich auf die vorgesehenen Änderungen erscheint dabei trotz des insoweit nicht ergiebigen Wortlauts von § 9 Abs. 1 Satz 3 im Hinblick auf die zum Vorbild genommene Regelung in § 4 Abs. 2 AtVfV, die in Satz 4 eine solche Vorgehensweise ermöglicht, generell zulässig und würde der Verfahrensbeschleunigung dienen.[58]

3 Öffentliche Bekanntmachung des Ergebnisses (Abs. 2)

30 § 9 Abs. 2 setzt die in Artikel 9 der UVP-RL vorgesehene, durch die Änderungsrichtlinie erweiterte Verpflichtung um, nach Abschluss des Zulassungsverfahrens die Öffentlichkeit über den (positiven oder negativen) Ausgang des Verfahrens zu unterrichten. Der zur Umsetzung der Änderungsrichtlinie mit der Novelle des UVPG im Jahr 2001 neu gefasste Absatz 2 sieht hierzu unter Verweis auf § 74 Abs. 5 Satz 2 und Abs. 4 Satz 2 ein zweistufiges Verfahren vor: Die Zulässigkeitsentscheidung oder die Ablehnung des Vorhabens und damit der **Tenor der Entscheidung** ist mit dem Ziel größtmöglicher Publizität **öffentlich bekannt zu machen**; darüber hinaus ist der **Beschluss mit Begründung zur Einsicht** an einem bestimmten Ort **auszulegen**. Ebenso wie § 9 Abs. 1 nutzt nunmehr daher auch Absatz 2 die Vorschriften des Verwaltungsverfahrensgesetzes, um einen Mindeststandard vorzugeben, der unabhängig vom Fachrecht in jedem Fall einzuhalten ist, und zugleich eine Rechtsvereinheitlichung herbeizuführen.[59] Allerdings kann das jeweilige Fachrecht anstelle der im UVPG vorgesehenen öffentlichen Bekanntmachung verschärfend eine Benachrichtigung mit Zustellungserfordernis an die einzelnen Einwender vorsehen; bei Massenverfahren wird eine öffentliche Bekanntmachung aber regelmäßig die Benachrichtigung ersetzen können.[60]

31 Die öffentliche Bekanntmachung wird in entsprechender Anwendung von § 74 Abs. 5 Satz 2 VwVfG »dadurch bewirkt, dass der verfügende Teil des Planfeststellungsbeschlusses (Anm.: bzw. der Zulassungsentscheidung), die Rechtsbehelfsbelehrung und ein Hinweis auf die Auslegung nach Absatz 4 Satz 2 im amtlichen Veröffentlichungsblatt der zuständigen Behörde und außerdem in örtlichen Tageszeitungen bekannt gemacht werden, die in dem Bereich verbreitet sind, in dem sich das Vorhaben voraussichtlich auswirken wird; auf Auflagen ist hinzuweisen.« Diese nach § 9 Abs. 2 i.V. mit § 74 Abs. 5 Satz 2 VwVfG vorgegebene Informationspflicht über den Tenor der Entscheidung obliegt der nach dem Fachrecht zuständigen Zulassungsbehörde, die wegen der nach § 73 VwVfG möglichen Trennung der Aufgaben nicht mit der Anhörungsbehörde identisch sein muss. In entsprechender Anwendung von § 74 Abs. 4 Satz 2 VwVfG ist des Weiteren »eine Ausfertigung des Beschlusses mit einer Rechtsbehelfsbelehrung und

---

58 A.A. aber *Kern*, DÖV 1989, 932 (936).
59 *Feldmann*, DVBl. 2001, 589 (598).
60 Vgl. z.B. für Planfeststellungsverfahren § 74 Abs. 5 Satz 1 und § 69 Abs. 3 Satz 2 VwVfG.

Einbeziehung der Öffentlichkeit § 9

einer Ausfertigung des festgestellten Plans in den Gemeinden zwei Wochen zur Einsicht auszulegen; der Ort und die Zeit der Auslegung sind ortsüblich bekannt zu machen.« § 9 Abs. 2 stellt hier ergänzend klar, dass von dieser Auslegung auch die Begründung des Bescheides erfaßt wird. Mit dieser Anlehnung an das Verwaltungsverfahrensgesetz wird zugleich die bisherige Differenzierung zwischen der Zulassung und der Ablehnung des Vorhabens aufgegeben und der Kreis der zu informierenden Öffentlichkeit deutlich über den Kreis der (berührten) Einwender hinaus erweitert.[61]

4 Einbeziehung der Öffentlichkeit in vorgelagerten Verfahren (Abs. 3)

§ 9 Abs. 3 sieht bei gestuften Zulassungsverfahren auch für die vorgelagerten Verfahren eine wegen des Verzichts auf einen Erörterungstermin allerdings **vereinfachte Beteiligung** und Unterrichtung der Öffentlichkeit vor (Satz 1).[62] Die Vorschrift trägt damit dem »Gebot der Frühzeitigkeit« aus dem Vorwort der UVP-RL Rechnung.[63] Zugleich stellt sie klar, dass aus dieser Anordnung keine zusätzlichen Rechtsansprüche abgeleitet werden können (Satz 2). Der Gegenstand, zu welchem sich die Öffentlichkeit äußern kann, ist auf den Prüfungsrahmen der vorgelagerten Verfahren beschränkt. Hierbei wird es sich regelmäßig um die für die Standortverträglichkeit des Vorhabens relevanten, überörtlichen Umweltauswirkungen des Vorhabens handeln.[64]

32

4.1 Verfahrensablauf (Abs. 3 Satz 1)

In § 9 Abs. 3 Satz 1 Nr. 1 bis 4 werden die Mindestanforderungen der Einbeziehung der Öffentlichkeit in den vorgelagerten Verfahren – abweichend von den strengeren Anforderungen der Absätze 1 und 2 für die abschließenden Zulassungsverfahren – beschrieben.[65] Wesentlicher Unterschied ist die Möglichkeit eines **Verzichts auf den Erörterungstermin** und damit die Beschränkung auf schriftliche Stellungnahmen von Bürgern. Da durch eine Entscheidung im vorgelagerten Verfahren noch keine endgültigen Ansprüche auf Verwirklichung des Vorhabens geschaffen werden, sind zudem auch die formellen Anforderungen an die Unterrichtung der Öffentlichkeit über das Ergebnis des Verfahrens reduziert:

33

4.1.1 Bekanntmachung und Auslegung

Ebenso wie § 9 Abs. 1 Satz 2 für die abschließenden Zulassungsverfahren sieht auch § 9 Abs. 3 Satz 1 Nr. 1 und 2 für die vorgelagerten Verfahren vor, dass das Vorhaben öffentlich bekannt gemacht wird (Nr. 1) und die nach § 6 erforderlichen Unterlagen während eines angemessenen Zeitraums eingesehen werden können (Nr. 2). Im Gegensatz zu der von Absatz 1 Satz 2 in Bezug genommen Regelung des § 73 Abs. 3 Satz 1 und Abs. 5 Satz 1 VwVfG werden in Absatz 3 jedoch weder Form noch Inhalt von Bekannt-

34

---

61 *Feldmann*, DVBl. 2001, 589 (598).
62 Vgl. BT-Drs. 11/3919, S. 25.
63 Hierzu die Vorbemerkungen Rn. 11, nachfolgend Rn. 54f. und § 15 Rn. 5.
64 Zur Beschränkung des Anhörungsgegenstandes im abschließenden Verfahren nach Durchführung eines vorgelagerten Verfahrens oben Rn. 15.
65 BT-Drs. 11/3919, S. 25.

machung und Auslegung vorgeschrieben. Die zuständigen Behörden sind daher vorbehaltlich fachgesetzlicher Konkretisierungen oder besonderer Verwaltungsvorschriften in der Ausgestaltung frei. Im Interesse der Praktikabilität wird es aber regelmäßig sinnvoll sein, **die Modalitäten von Bekanntmachung und Auslegung im vorgelagerten Verfahren mit denen im nachfolgenden Zulassungsverfahren abzustimmen** und deshalb insbesondere die Gemeinden als Auslegungsort zu wählen. Der Auslegungszeitraum muss angemessen sein; § 15 Abs. 2 Satz 1 und Abs. 3 Satz 1 als verbindliche Sonderregelungen für den Verkehrsplanungsbereich[66] können hier mit einem vorgegebenen Auslegungszeitraum von einem Monat zum Vorbild genommen werden.

4.1.2 Gelegenheit zur Äußerung

35   Unter Verzicht auf einen förmlichen Erörterungstermin beschränkt § 9 Abs. 3 Satz 1 Nr. 3 die Einbeziehung der Öffentlichkeit in den vorgelagerten Verfahren auf die Gelegenheit zur Äußerung. Eine solche Gelegenheit kann durch Aufforderung zu einer schriftlichen Stellungnahme zu dem beabsichtigten Vorhaben innerhalb einer bestimmten Frist gewährt werden. Der Verzicht auf den Erörterungstermin rechtfertigt sich durch den nur entscheidungsvorbereitenden Charakter der vorgelagerten Verfahren sowie ihre fehlende Verbindlichkeit für die Öffentlichkeit.[67] Die Bedeutung dieses vereinfachten Beteiligungsverfahrens liegt daher wesentlich in der Schaffung von **Akzeptanz für das Vorhaben** sowie in der Erlangung von Informationen durch die Öffentlichkeit, nicht aber in der Gewährung von Rechtsschutz für den Bürger.[68] Die Äußerungen sind bei der auslegenden Stelle innerhalb der Auslegungsfrist und – soweit fachgesetzlich zusätzlich vorgesehen – auch zwei Wochen darüber hinaus einzureichen.[69] Wurden die Gemeinden als auslegende Stelle ausgewählt, reichen sie die Einwendungen im Original an die für das vorgelagerte Verfahren zuständige Behörde weiter. Den Gemeinden steht es aber durchaus frei, die Ergebnisse einer zuvor in **eigener Zuständigkeit durchgeführten Bürgerversammlung** an die zuständige Behörde weiterzuleiten.

4.1.3 Unterrichtung über die Entscheidung

36   Nach Abschluss des vorgelagerten Verfahrens ist die Öffentlichkeit über die in diesem Verfahren getroffene Entscheidung zu unterrichten und der Inhalt der Entscheidung **mit Begründung** der Öffentlichkeit zugänglich zu machen (§ 9 Abs. 3 Satz 1 Nr. 4). Das Erfordernis der Zugänglichmachung auch der Begründung wurde im Rahmen der Novelle des UVPG im Jahr 2001 ergänzend eingeführt, um möglicherweise betroffene Bürger im Hinblick auf das nachfolgende Zulassungsverfahren bereits umfassender zu informieren. Die Unterrichtung der Öffentlichkeit über den Abschluss des vorgelagerten Verfahrens sollte in vergleichbarer Weise wie für das abschließende Zulassungsverfahren in § 9 Abs. 2 i.V. mit § 74 Abs. 5 Satz 2 VwVfG geregelt geschehen: Der Tenor der

---

66   Vgl. § 15 Rn. 33 ff.
67   Kritisch aber *Erbguth*, LKV 1993, 145 (146). Soweit ein vorgelagertes Verfahren wie z.B. ein Bebauungsplan Bürgerverbindlichkeit erlangt, ordnet bereits das Fachrecht über den Mindeststandard von § 9 Abs. 3 Satz 1 hinausgehend die Durchführung eines Erörterungstermins an, vgl. § 3 Abs. 2 BauGB; hierzu unten Rn. 44 und bei § 17 Rn. 44 ff.; vgl. zum Ganzen auch *Wahl*, FS Sendler, 199 (212 ff.), und *von Mutius*, BayVBl. 1988, 641 ff. und 678 ff.
68   Zu den Funktionen der Einbeziehung bereits oben Rn. 3.
69   Vgl. die Sonderregelung in § 15 Abs. 2.

Einbeziehung der Öffentlichkeit § 9

vorgelagerten Entscheidung (z. B. das Ergebnis des Raumordnungsverfahrens oder die Linienbestimmung) wird daher im amtlichen Veröffentlichungsblatt und in den örtlichen Tageszeitungen bekannt gemacht. Ebenso kann der Inhalt der Entscheidung mit Begründung in entsprechender Anwendung von § 74 Abs. 4 Satz 2 VwVfG in den Gemeinden zwei Wochen zur Einsicht ausgelegt und damit der Öffentlichkeit zugänglich gemacht werden. Im Gegensatz zur Bekanntmachung und Auslegung einer abschließenden Zulassungsentscheidung erfolgt hier jedoch keine Rechtsbehelfsbelehrung.

4.2 Ausschluss von Rechtsansprüchen (Abs. 3 Satz 2)

§ 9 Abs. 3 Satz 2 sieht vor, dass durch die Einbeziehung der Öffentlichkeit Rechtsansprüche nicht begründet werden; zugleich verweist die Vorschrift auf die Verfolgung von Rechten im nachfolgenden Zulassungsverfahren. § 9 Abs. 3 Satz 2 stellt damit klar, dass durch die Integration der UVP in die vorgelagerten Verfahren **das geltende Rechtsschutzsystem**, das die gerichtliche Kontrolle überwiegend auf die abschließenden Zulassungsverfahren konzentriert, **nicht verändert werden soll**. Gegenteiligen Auffassungen,[70] die für eine gerichtliche Überprüfung der durch die UVP für die Bürger geöffneten vorgelagerten Verfahren streiten, steht insoweit der eindeutige Wille des Gesetzgebers entgegen.[71] Eine eigenständige gerichtliche Überprüfung von Standortentscheidungen in vorgelagerten Verfahren sowie der in diesem Zusammenhang durchgeführten UVP ist daher nur dann möglich, wenn der Gesetzgeber dies ausdrücklich angeordnet hat[72] oder die Rechtsprechung eine Überprüfung im Hinblick auf den für die Bürger (ausnahmsweise) verbindlichen Charakter der vorgelagerten Entscheidung zulässt.[73]

37

5 Vorrangige Regelungen im Immissionsschutz- und Atomrecht

Die Einbeziehung der Öffentlichkeit in den Genehmigungsverfahren nach dem Immissionsschutz- und Atomrecht der Nummern 1 bis 11 der Anlage 1 zum UVPG wird nicht durch § 9, sondern durch vorrangige Regelungen der jeweils maßgeblichen Fachgesetze geregelt. Nachfolgend werden deren Besonderheiten gegenüber dem allgemeinen Verfahren nach § 9 im Überblick dargestellt:
Die Einbeziehung der Öffentlichkeit im Immissionsschutzrecht für Vorhaben nach **Nummer 1 bis 10** der Anlage 1 und im Atomrecht für Vorhaben nach der **Nummer 11** der Anlage 1 richtet sich nach den Vorgaben von § 10 BImSchG i. V. mit der 9. BImSchV[74] bzw. nach den §§ 7 und 9b AtG i. V. mit der AtVfV. Für das immissionsschutzrechtliche

38

39

---

70 *Beckmann*, NVwZ 1991, 427 (439), und *Wahl*, FS Sendler, 199 (220), jeweils bezogen auf das Raumordnungsverfahren; hierzu auch § 16 Rn. 56.
71 Wie hier auch *Steinberg*, NuR 1992, 164 (174), der aber auch eine andere Entscheidung des Gesetzgebers im Sinne der Vorgenannten für akzeptabel halten würde; ebenso *Erbguth*, LKV 1993, 145 (146).
72 Bei UVP-pflichtigen Bebauungsplänen besteht bspw. gemäß § 47 VwGO die Möglichkeit der Normenkontrolle.
73 So in einem Einzelfall für einen wegen seiner Konkretheit als bereits bürgerverbindlich eingestuften (nicht UVP-pflichtigen) Abfallplan nach § 6 AbfG a. F. das BVerwG, vom 20.12.1988, DVBl. 1989, 512.
74 Zum Verfahrensablauf nach der 9. BImSchV siehe auch den Text im Vorschriftenanhang III.

Genehmigungsverfahren nach den §§ 4 ff. BImSchG folgt dies aus § 1 Abs. 2 Satz 2 der 9. BImSchV, für das atomrechtliche Genehmigungsverfahren nach § 7 AtG aus § 1 a Abs. 1 AtVfV. Für das atomrechtliche Planfeststellungsverfahren nach § 9b AtG verweist Absatz 5 Nr. 1 Satz 1 dieser Vorschrift für die Verfahrensschritte der Bekanntmachung des Vorhabens und des Erörterungstermins, der Auslegung des Plans, der Erhebung von Einwendungen, der Durchführung des Erörterungstermins und der Zustellung der Entscheidung gleichfalls auf die AtVfV, sodass entgegen der allgemeinen Regelung des § 9 Abs. 1 Satz 2 i. V. mit § 73 Abs. 3 bis 7 VwVfG auch für dieses Planfeststellungsverfahren das besondere Verfahrensrecht des Atomrechts zur Einbeziehung der Öffentlichkeit Vorrang hat. Durch § 14 Abs. 1 Satz 3 und 4 wird im UVPG ergänzend festgelegt, dass im Falle mehrerer, also paralleler Verfahren die atomrechtliche Behörde federführend ist und damit auch die Beteiligung der Öffentlichkeit durchführt.[75] Der für das immissionsschutzrechtliche Genehmigungsverfahren zuständigen Genehmigungsbehörde wird im Fall paralleler Verfahren nach § 10 Abs. 5 Satz 2 BImSchG die Funktion zugewiesen, die Koordinierung der Zulassungsverfahren und damit auch der Öffentlichkeitsbeteiligung sicherzustellen.

40 Die 9. BImSchV und die AtVfV regeln die Verfahrensschritte der Einbeziehung der Öffentlichkeit weitgehend konform; ihre Ausgestaltung **entspricht in den Grundzügen dem Verfahren nach § 73 Abs. 3 bis 7 VwVfG**. Einzelne Besonderheiten bestehen in der Auslegungsfrist, die beim atomrechtlichen Gnehmigungsverfahren angesichts der Bedeutung derartiger Anlagen zwei Monate dauert (§ 6 f. AtVfV), in der Verpflichtung nach dem BImSchG (§ 10 Abs. 3 Satz 2), die Einwendungen ausschließlich schriftlich zu erheben, sowie in der Möglichkeit der immissionsschutzrechtlichen Genehmigungsbehörde, die geforderte Zustellung des Genehmigungsbescheides unabhängig von der Zahl der Einwender durch eine öffentliche Bekanntmachung zu ersetzen (§ 10 Abs. 8 Satz 1 BImSchG).[76] Im Gegensatz zum Planfeststellungsrecht, das die Gemeinden als Adressat vorsieht, sind die Einwendungen überdies bei der Genehmigungsbehörde und ggf. bei einer weiteren Stelle in der Nähe des Vorhabenstandortes zu erheben (§ 10 Abs. 1 der 9. BImSchV; § 6 Abs. 1 AtVfV).

41 Der wesentliche Unterschied zum Verfahren nach § 9 Abs. 1 Satz 2 i. V. mit § 73 Abs. 3 bis 7 VwVfG liegt in der nach § 10 Abs. 3 Satz 2 BImSchG i. V. mit § 12 der 9. BImSchV bzw. nach § 7 Abs. 1 Satz 1 AtVfV vorgesehenen sog. **»Jedermann«-Beteiligung**: Während nach den Vorschriften zum Planfeststellungsverfahren nur diejenigen Bürger beteiligt sind, deren Belange durch das Vorhaben berührt werden, sind im immissionsschutzrechtlichen und atomrechtlichen Genehmigungsverfahren **alle** Bürger und damit auch diejenigen einwendungsbefugt, die gar nicht von dem Vorhaben unmittelbar berührt sind.[77]

42 Soll eine bereits bestehende Anlage geändert werden, kann von der Einbeziehung der Öffentlichkeit nicht abgesehen werden, wenn nach dem UVPG die Verpflichtung zur Durchführung einer UVP besteht (§ 4 Abs. 4 Satz 2 AtVfV)[78] bzw. wenn die für eine UVP-pflichtige Anlage in der Anlage 1 angegebenen Größen oder Leistungswerte selbst erreicht oder überschritten werden oder wenn die Änderung oder Erweiterung erhebliche

---

75 Hierzu § 14 Rn. 30.
76 Hierzu *Moormann*, UPR 1993, 286 (288 f.).
77 Zu den dogmatischen Unterschieden vgl. auch *Kloepfer*, Umweltrecht § 5 Rn. 67 ff.
78 Zur Einbeziehung der Öffentlichkeit bei der Änderung von Anlagen im Immissionsschutzrecht siehe *Rebentisch*, NVwZ 1992, 926 (930 f.).

Einbeziehung der Öffentlichkeit § 9

nachteilige Auswirkungen auf die in § 1a genannten Schutzgüter haben kann (§ 1 Abs. 3 der 9. BImSchV i. V. mit § 15 BImSchG). Gleiches gilt im Rahmen vorzunehmender Änderungen im laufenden Genehmigungsverfahren oder im Anschluss an die Erteilung eines (immissionsschutzrechtlichen) Vorbescheides (§ 8 Abs. 2 Satz 1 und 3 der 9. BImSchV; § 4 Abs. 3 Satz 1 AtVfV). Ist in den zuletzt genannten Fällen wegen möglicher zusätzlicher Umweltauswirkungen eine nochmalige Auslegung erforderlich, sind die Einwendungen und die Erörterung auf die vorgesehenen Änderungen zu beschränken (§ 8 Abs. 2 Satz 4 der 9. BImSchV; § 4 Abs. 3 Satz 2 i. V. mit Abs. 2 Satz 4 AtVfV).

6 Besonderheiten bei der Verkehrswege- und Flughafenplanung

Im Anschluss an die Änderungen der Planfeststellungsverfahren durch die Beschleunigungsgesetze[79] im Verkehrsplanungsbereich Anfang der 90er-Jahre hat das Verwaltungsverfahrensgesetz[80] im Jahr 1996 die dort getroffenen wesentlichen Änderungen zu den Verfahrensfristen und zu den Präklusionsregeln seinerseits nachvollzogen und damit wiederum zu mehr Rechtseinheitlichkeit beigetragen. Viele der vor knapp zehn Jahren im Planungsvereinfachungsgesetz[81] getroffenen besonderen Regelungen zum Planfeststellungsverfahren im Bundesfernstraßengesetz, im Bundeswasserstraßengesetz, im Allgemeinen Eisenbahngesetz, im Luftverkehrsgesetz, im Personenbeförderungsgesetz und im Magnetschwebebahngesetz sind damit redundant geworden. Durch das Gesetz zur Umsetzung der UVP-Änderungsrichtlinie, der IVU-Richtlinie und weiterer EG-Richtlinien zum Umweltschutz im Jahr 2001[82] sind zudem die zu weit gehenden, die UVP ausschließenden und damit mit der UVP-Richtlinie nicht zu vereinbarenden Regelungen zum Plangenehmigungsverfahren in den Fachgesetzen weitestgehend wieder außer Kraft gesetzt worden. Weiterhin Geltung bis zum Jahr 2004 haben hingegen noch einzelne Vorschriften aus dem Verkehrswegeplanungsbeschleunigungsgesetz für die neuen Länder.[83] Im Ergebnis ist es mit Ausnahme dieser letzten noch fortbestehenden, eher unbedeutenden Sonderregeln für die neuen Länder[84] gelungen, nach zehn Jahren des Experimentierens wieder zu einem weitgehend einheitlichen Planfeststellungsrecht, das nunmehr deutliche Beschleunigungselemente enthält, aber zugleich auch europarechtskonform ist, zurückzukehren. Nachfolgend werden die Entwicklungen der letzten Jahre bei den Verfahren zur Beteiligung der Öffentlichkeit skizziert.

43

---

79 Durch das Verkehrswegeplanungsbeschleunigungsgesetz und durch das Planungsvereinfachungsgesetz; Einzelheiten hierzu *Repkewitz*, Verw. Archiv 1997, 137 ff., *Wagner/Baumheier*, UPR-Special 1994, Bd. 7, S. 39 (44 ff.), sowie nachfolgend Rn. 44.
80 Durch das Genehmigungsverfahrensbeschleunigungsgesetz vom 12.9.1996, BGBl. I, S. 1354.
81 Gesetz zur Vereinfachung der Planungsverfahren für Verkehrswege vom 17.12.1993, BGBl. I S. 2123.
82 Gesetz vom 27.7.2001, BGBl. I S. 1950.
83 Gesetz zur Beschleunigung der Planungen für Verkehrswege in den neuen Ländern sowie im Land Berlin, vom 16.12.1991, BGBl. I S. 2174, erstmalig verlängert durch Gesetz vom 15.12.1995, BGBl. I S. 1840, und zuletzt durch Gesetz vom 22.12.1999, BGBl. I S. 2659.
84 Vgl. hierzu Wickel, NVwZ 2000, 16.

6.1 Kein Verzicht auf die Einbeziehung der Öffentlichkeit

44 Besonderheiten und auch erhebliche Einschränkungen bei der Einbeziehung der Öffentlichkeit bestanden im Anschluss an die deutsche Wiedervereinigung im Bereich der Verkehrswege- und Flughafenplanung. Die Bundesregierung hatte ein Beschleunigungskonzept erarbeitet, das zunächst auf eine Vereinfachung der Verkehrswegeplanung in den neuen Ländern, später auch in der übrigen Bundesrepublik abzielte. Umgesetzt wurde dieses Konzept neben einzelnen Investitionsmaßnahmegesetzen im Wesentlichen durch das Verkehrswegeplanungsbeschleunigungsgesetz und das Planungsvereinfachungsgesetz, durch welche die oben dargestellten Grundsätze zur Einbeziehung der Öffentlichkeit nach § 9 bedeutsame Einschränkungen erfuhren. Kern dieser Gesetze war die Einführung einer Plangenehmigung, welche die Rechtswirkungen (insbesondere Konzentrationswirkung) einer Planfeststellung erhielt, aber keine Öffentlichkeitsbeteiligung erforderte.[85] Zehn Jahre nach Einführung der Plangenehmigung im Verkehrsplanungsrecht besteht aber mittlerweile angesichts der eindeutigen Vorgaben der UVP-Richtlinie (und vermutlich entsprechender Mahnungen der EG-Kommission) Konsens, dass bei UVP-pflichtigen Vorhaben auf die Beteiligung der Öffentlichkeit zumindest im abschließenden Zulassungsverfahren nicht verzichtet werden kann. Mit der Entscheidung des Bundesgesetzgebers, im Rahmen der UVPG-Novelle 2001 auch in den einzelnen Fachgesetzen insbesondere des Verkehrsplanungsrechts jeweils eine Klausel einzufügen, dass eine Plangenehmigung (ohne Öffentlichkeitsbeteiligung) nur dann ein Planfeststellungsverfahren (mit Öffentlichkeitsbeteiligung) ersetzen kann, wenn es sich bei dem beantragten Vorhaben »nicht um ein Vorhaben handelt, für das nach dem Gesetz über die Umweltverträglichkeitsprüfung eine Umweltverträglichkeitsprüfung durchzuführen ist«, ist daher eine entscheidende Kehrtwendung vollzogen; bei UVP-pflichtigen Vorhaben ist künftig in den abschließenden Zulassungsverfahren ausnahmslos eine dem Standard des § 9 Abs. 1 und 2 entsprechende Einbeziehung der Öffentlichkeit erforderlich. Das die Planfeststellung ersetzende Instrument der Plangenehmigung wird daher nicht mehr bei Vorhaben zur Anwendung kommen, die einer UVP zu unterziehen sind (§ 17 Abs. 1a Satz 1 FStrG, § 14 Abs. 1a Satz 1 WaStrG, § 18 Abs. 2 Satz 1 AEG, § 28 Abs. 1 Satz 1 PBefG, § 8 Abs. 2 Satz 1 LuftVG, § 2 Abs. 2 Satz 1 MBPlG). Eine bis Ende 2006 befristete Ausnahme besteht hier lediglich bei bis dahin beantragten Fernstraßenvorhaben in den neuen Ländern; aber auch hier ist »die Öffentlichkeit entsprechend § 9 Abs. 3 des Gesetzes über die Umweltverträglichkeitsprüfung einzubeziehen«.[86]

45 Anders sieht die Rechtslage dagegen noch bei den vorgelagerten Verfahren aus. Bei Einführung der Beschleunigungsgesetze war umstritten, ob abweichend von § 9 Abs. 3 die Einbeziehung der Öffentlichkeit in den vorgelagerten Verfahren durch Fachgesetze ausgeschlossen werden kann. Während der deutsche Gesetzgeber von einer Absehensmöglichkeit ausging und hiervon auch Gebrauch gemacht hatte,[87] wurde diese Vorgehensweise von einem überwiegenden Teil der Literatur als Verstoß gegen das im Vorwort der UVP-Richtlinie angesiedelte »Gebot der Frühzeitigkeit« und damit als

---

85 Kritisch *Jarass*, DVBl. 1997, 795; direkte Erwiderung durch *Rosenbach*, DVBl. 1997, 1223.
86 Hierzu *Stüer/Hermanns*, DVBl. 2002, 514 (520).
87 So schreibt § 2 Abs. 2 Verkehrswegeplanungsbeschleunigungsgesetz den Verzicht auf die Einbeziehung der Öffentlichkeit im Linienbestimmungsverfahren für Verkehrswegeplanungen in den neuen Ländern zwingend vor.

Einbeziehung der Öffentlichkeit § 9

Verstoß gegen den »Geist« der Richtlinie angesehen.[88] Vereinzelt wurde sogar die nach dem UVPG nicht gebotene Durchführung eines Erörterungstermins auch bei den vorgelagerten Verfahren gefordert.[89] Da die damals heftig bestrittene Rechtsauffassung des Gesetzgebers zur Auslegung der UVP-Richtlinie von der EG-Kommission aber seit nunmehr zehn Jahren nicht beanstandet worden ist, gab es im Gesetzgebungsverfahren zur Umsetzung der UVP-Änderungsrichtlinie, der IVU-Richtlinie und weiterer EG-Richtlinien zum Umweltschutz keinen Anlass, hier eine Anpassung vorzunehmen. Daher sieht die bis Ende 2004 befristete Regelung des § 2 Abs. 2 des Verkehrswegeplanungsbeschleunigungsgesetzes weiterhin vor, dass eine Einbeziehung der Öffentlichkeit bei der Linienbestimmung, bei der luftverkehrsrechtlichen Genehmigung und bei einem Raumordnungsverfahren im Bereich der neuen Länder nicht erforderlich ist, sondern erst »im nachfolgenden Planfeststellungsverfahren stattfindet«.[90]

6.2 *Ergänzende Regelungen*

Die allgemeine Regelung zur Durchführung der Öffentlichkeitsbeteiligung nach § 73 Abs. 3, 4 bis 7 VwVfG in den abschließenden Planfeststellungsverfahren und die ergänzenden Regelungen in den Gesetzen der Verkehrswegeplanung haben sich dagegen wieder weitgehend einander angenähert.[91] Eine Besonderheit in den Verkehrsplanungsgesetzen ist noch die dreimonatige Frist, nach der die Anhörungsbehörde die Erörterung im Anschluss an den Ablauf der Einwendungsfrist abzuschließen **hat** (§ 17 Abs. 3 c Satz 1 FStrG, § 17 Nr. 3 WaStrG, § 20 Abs. 1 Nr. 4 AEG, § 29 Abs. 1 a Nr. 4 PBefG, § 10 Abs. 2 Nr. 4 LuftVG, § 5 Abs. 1 Nr. 4 MBPlG).[92] Eine weitere Besonderheit betrifft die Änderung von Anlagen, sofern sie nicht nur von unwesentlicher Bedeutung sind und damit vom UVPG nicht erfasst werden. Hier kann von einer förmlichen Erörterung abgesehen werden; anstatt dessen ist den Einwendern vor Abschluss des Planfeststellungsverfahrens aber zumindest **Gelegenheit zur Äußerung** zur geben (§ 17 Abs. 3c Satz 3 FStrG, § 17 Nr. 4 WaStrG, § 20 Abs. 1 Nr. 4 AEG, § 29 Abs. 1a Nr. 5 PBefG, § 5 Abs. 1 Nr. 5 MBPlG). Da diese Erleichterungen bei Änderungen von Anlagen dem Regelungsgehalt des § 9 Abs. 3 Satz 1 Nr. 3 für die vorgelagerten Verfahren entsprechen, wird hierauf Bezug genommen.[93] Abweichend ist bei baulichen Änderungen eines zivilen Flughafens ein Genehmigungsverfahren durchzuführen, das den Anforderungen des UVPG entspricht (§ 8 Abs. 5 Satz 3 LuftVG) und damit ebenfalls eine Gelegenheit der Öffentlichkeit zur Stellungnahme einschließt (vgl. § 15 Abs. 3 i. V. mit § 9 Abs. 3). Eine einzelne Sonderregelung noch für die neuen Länder enthält das bis Ende 2004 geltende Verkehrswegeplanungsbeschleunigungsgesetz; die Benachrichtigungspflicht wird auf nicht ortsansässige Betroffene beschränkt, deren Person und Aufenthalt **bekannt** sind, während

46

---

88 *Viebrock*, IUR 1991, 113 (115), und NVwZ 1992, 939 (940); so auch schon *Bartlsperger*, DVBl. 1987, 1 (11). Vgl. auch nachfolgend Rn. 53 ff.
89 *Steinberg*, DÖV 1992, 321 (327); *Wickrath*, DVBl. 1992, 998 (1003); *Ebert/Gnad/Stierand*, Bürgerbeteiligung auf regionaler Ebene, S. 127, jeweils bezogen auf das Raumordnungsverfahren.
90 Einzelheiten § 15 Rn. 43.
91 Überblick bei *Repkewitz*, Verw. Archiv 1997, 137 (148 ff.).
92 Nicht so weitgehend die Sollregelung des § 73 Abs. 6 S. 7 VwVfG, oben Rn. 27.
93 Hierzu oben Rn. 35.

demgegenüber § 73 Abs. 5 Satz 3 VwVfG von einer Verpflichtung der Benachrichtigung der in angemessener Zeit ermittelbaren Betroffenen ausgeht.[94]

---

[94] *Wickel*, NVwZ 2000, 16 (18), misst dieser punktuellen Sonderregelung aber zu Recht wenig Bedeutung zu.

§ 9a Grenzüberschreitende Öffentlichkeitsbeteiligung

(1) Wenn ein Vorhaben erhebliche Umweltauswirkungen in einem anderen Staat haben kann, können sich dort ansässige Personen am Anhörungsverfahren nach § 9 Abs. 1 und 3 beteiligen. Die zuständige Behörde hat darauf hinzuwirken, dass
1. das Vorhaben in dem anderen Staat auf geeignete Weise bekannt gemacht wird,
2. dabei angegeben wird, bei welcher Behörde im Verfahren nach § 9 Abs. 1 Einwendungen erhoben oder im Verfahren nach § 9 Abs. 3 Gegenäußerungen vorgebracht werden können, und
3. dabei darauf hingewiesen wird, dass im Verfahren nach § 9 Abs. 1 mit Ablauf der Einwendungsfrist alle Einwendungen ausgeschlossen sind, die nicht auf besonderen privatrechtlichen Titeln beruhen.

(2) Die zuständige Behörde kann verlangen, dass ihr der Träger des Vorhabens eine Übersetzung der Zusammenfassung nach § 6 Abs. 3 Satz 2 sowie, soweit erforderlich, weiterer für die grenzüberschreitende Öffentlichkeitsbeteiligung bedeutsamer Angaben zum Vorhaben, insbesondere zu grenzüberschreitenden Umweltauswirkungen, zur Verfügung stellt, sofern im Verhältnis zu dem anderen Staat die Voraussetzungen der Grundsätze von Gegenseitigkeit und Gleichwertigkeit erfüllt sind.

(3) Weitergehende Regelungen zur Umsetzung völkerrechtlicher Verpflichtungen von Bund und Ländern bleiben unberührt.

Übersicht		Rn.			Rn.
1	Allgemeines	1	2.2	Aufgabe der zuständigen Behörde	11
1.1	Regelungsgegenstand	2	2.3	Bekanntmachung im anderen Staat	12
1.2	Zweck und Bedeutung der Vorschrift	3	3	Übersetzung der Zusammenfassung durch den Vorhabenträger (Abs. 2)	15
1.3	Gesetzesgeschichte	4			
1.3.1	Vorgaben der UVP-Richtlinie	5	4	Weitergehende Regelungen zur Umsetzung völkerrechtlicher Verpflichtungen (Abs. 3)	18
1.3.2	Innerstaatliche Entstehung	6			
1.4	Anwendungsbereich der Vorschrift	7			
1.5	Geltung von Verwaltungsvorschriften	8	5	Vorrangige Regelungen im Immissionsschutz- und Atomrecht	19
2	Beteiligung der Öffentlichkeit aus einem anderen Staat (Abs. 1)	9			
2.1	Materielle Voraussetzungen für eine grenzüberschreitende Beteiligung	10			

1 Allgemeines

Mit der Novelle des UVPG im Jahr 2001 wurde § 9a und damit die grenzüberschreitende Öffentlichkeitsbeteiligung zusätzlich eingeführt. Die Vorschrift ergänzt einerseits § 9, welcher die innerstaatliche Öffentlichkeitsbeteiligung vorschreibt, und andererseits § 8, welcher die grenzüberschreitende Behördenbeteiligung regelt. Die umfassende gegenseitige Beteiligung von Behörden und Bürgern der Bundesrepublik Deutschland und den Nachbarstaaten im Zusammenhang mit der Zulassung von Vorhaben, die Auswirkungen auf die Umwelt über die Grenzen eines Staates hinaus haben können, setzt den wesentlichen Teil des **europaweiten ECE-Abkommens** aus dem Jahr 1991 um.[1] Die

---

[1] Zum ECE-Abkommen siehe § 8 Rn. 1.

§ 9a *Grenzüberschreitende Öffentlichkeitsbeteiligung*

Länder können die grenzüberschreitende Öffentlichkeitsbeteiligung durch eigene Verwaltungsvorschriften, Erlasse oder Richtlinien konkretisieren und ergänzen und hierzu auch bilaterale Abkommen mit den benachbarten Staaten schließen.[2]

1.1 Regelungsgegenstand

2 § 9a Abs. 1 ermöglicht die Teilnahme von im benachbarten Staat ansässigen Personen am Anhörungsverfahren nach § 9 Abs. 1 bzw. 3 und verpflichtet zu diesem Zweck die für die Durchführung der UVP zuständige deutsche Behörde, bei mehreren zuständigen die federführende Behörde,[3] darauf hinzuwirken, dass die dortigen Personen die entsprechenden Informationen und Hinweise erhalten. Absatz 2 gibt der zuständigen Behörde daher unter den Voraussetzungen der Grundsätze von Gegenseitigkeit und Gleichwertigkeit auch die Befugnis, vom Träger des Vorhabens eine Übersetzung zumindest der Zusammenfassung der Unterlagen zu verlangen. Absatz 3 stellt schließlich klar, daß neben § 9a weitergehende Regelungen zur Umsetzung völkerrechtlicher Verpflichtungen von Bund und Ländern unberührt bleiben.

1.2 Zweck und Bedeutung der Vorschrift

3 § 9a ergänzt die für die innerstaatliche Öffentlichkeitsbeteiligung maßgebliche Regelung des § 9 für solche UVP-pflichtigen Vorhaben, die wegen ihrer besonderen Nähe zur deutschen Grenze über diese hinaus erhebliche Auswirkungen auf die Umwelt von anderen Staaten haben können. Die **Äußerungen der ausländischen Bürger** zu dem Vorhaben des anderen Staates werden zum **Bestandteil der Öffentlichkeitsbeteiligung** und damit des Verfahrensschrittes der »Ermittlung« der Auswirkungen des Vorhabens auf die Umwelt.[4] Die Vorschrift soll zur **Akzeptanz des Vorhabens** auch im Ausland beitragen. Darüber hinaus gibt sie den deutschen Behörden die Möglichkeit, umfassende **Informationen** über die Auswirkungen des Vorhabens zu erhalten. Übergreifende Bedeutung kommt der in § 9a ausdrücklich erwähnten Verpflichtung des Vorhabenträgers zumindest zu einer Übersetzung der Zusammenfassung der Unterlagen zu. Eine solche Übersetzung kann nicht nur Grundlage für die grenzüberschreitende Öffentlichkeitsbeteiligung, sondern zugleich auch für die Beteiligung der Behörden aus dem anderen Staat werden.

1.3 Gesetzesgeschichte

4 Bereits kurz nach dem Inkrafttreten des UVPG wurde im Februar 1991 das ECE-Abkommen beschlossen, das inhaltlich detaillierter und über den Geltungsbereich der UVP-Richtlinie hinaus die grenzüberschreitende Behörden- und Öffentlichkeitsbeteiligung regelte. Zu seiner Wirksamkeit bedurfte es aber zunächst der **Umsetzung durch die beteiligten europäischen Vertragspartner**. Parallel hierzu griff die Änderungsrichtlinie zur UVP-Richtlinie im Jahr 1997 wesentliche Inhalte des ECE-Abkommens auf und

---

2 Siehe hierzu § 8 Rn. 2.
3 Zur federführenden Behörde siehe § 14 Rn. 13ff.
4 Zum Zweck der Öffentlichkeitsbeteiligung § 9 Rn. 3.

verschaffte diesen damit mehr Regelungswirkung. Der deutsche Gesetzgeber hat daraufhin mit der Novelle des UVPG (und einzelnen Regelungen in den Fachgesetzen) im Jahr 2001 erstmalig eine detaillierte Regelung zur grenzüberschreitenden Öffentlichkeitsbeteiligung geschaffen und damit die bereits 1990 eingeführte grenzüberschreitende Behördenbeteiligung ergänzt.[5]

1.3.1 Vorgaben der UVP-Richtlinie

Die UVP-Richtlinie sah ursprünglich in Art. 7 keine grenzüberschreitende Öffentlichkeitsbeteiligung vor. Die UVP-Änderungsrichtlinie führt in ihren Erwägungsgründen aber nunmehr aus, dass es ratsam ist, die Bestimmungen über die Umweltverträglichkeitsprüfung im grenzüberschreitenden Rahmen auszubauen, um den Entwicklungen auf internationaler Ebene Rechnung zu tragen. Die Erwägungsgründe weisen des Weiteren auf die notwendige Umsetzung des ECE-Abkommens hin, das von der Gemeinschaft am 25.2.1991 gezeichnet worden ist. Demgemäß sieht die **UVP-Änderungsrichtlinie in Art. 7 Abs. 3** erstmals auch eine grenzüberschreitende Öffentlichkeitsbeteiligung vor.[6] Danach ist von den von den Auswirkungen eines Projekts im Nachbarstaat betroffenen Mitgliedsstaaten dafür zu sorgen, dass die ihnen zum Projekt übermittelten Angaben (auch) der betroffenen Öffentlichkeit zur Verfügung gestellt werden, damit diese ihrerseits die Möglichkeit hat, zu dem Projekt vor dessen Genehmigung innerhalb einer angemessenen Frist Stellung zu nehmen.

5

1.3.2 Innerstaatliche Entstehung

§ 9a wurde mit der **UVPG-Novelle 2001** neu eingefügt, um entsprechend der Vorgaben von Art. 7 Abs. 3 der UVP-Änderungsrichtlinie und des ECE-Abkommens eine grenzüberschreitende Öffentlichkeitsbeteiligung einzuführen. Darüber hinausgehend wird die Möglichkeit gegenüber dem Vorhabenträger eingeführt, eine Übersetzung der zusammenfassenden Darstellung sowie ggf. weitere Angaben zum Vorhaben zu verlangen. Diese Möglichkeit entspricht – so die Begründung des Regierungsentwurfs – einer bereits vielfach im Rahmen bilateraler Regierungsabkommen zur Durchführung des ECE-Abkommens geübten Praxis.[7] Die neue Vorschrift war im Gesetzgebungsverfahren unstreitig.

6

1.4 Anwendungsbereich der Vorschrift

§ 9a kommt zur Geltung, soweit nicht die vorrangigen, aber inhaltlich weitgehend identischen Vorschriften des Fachrechts des § 11a der 9. BImSchV und des § 7a AtVfV zur Anwendung kommen; deren Besonderheiten werden gemeinsam am Ende der Kommentierung dargestellt.[8] Ebenso vorrangig ist der neu gefasste § 4a BauGB.[9] Da durch § 18 ausdrücklich ausgeschlossen, kommt § 9a auch nicht im bergrechtlichen Planfeststellungsverfahren zur Anwendung; eine Umsetzung bleibt der Verordnung

7

---

5 Zur Rechtslage vor In-Kraft-Treten von § 9a vgl. Brandt, DVBl. 1995, 779 (783 f.) mit weiteren Nachweisen.
6 Einzelheiten zu Art. 7 unter § 8 Rn. 6 ff.
7 BT-Drs. 14/4599 vom 20.11.2000, S. 100 (zu Nr. 10)
8 Hierzu unten Rn. 19.
9 Vgl. § 17 Rn. 86.

auf der Grundlage des § 57c BBergG vorbehalten.[10] Hingegen kommt § 9a in allen übrigen UVP-pflichtigen Verfahren, insbesondere daher den **Planfeststellungsverfahren**, darüber hinaus im **Flurbereinigungsverfahren**[11] und den **vorgelagerten Verfahren** (Raumordnungsverfahren, Linienbestimmungsverfahren, luftverkehrsrechtliches Genehmigungsverfahren)[12] zur Geltung.

1.5 Geltung von Verwaltungsvorschriften

8   Die **UVPVwV** bezieht sich entsprechend dem durch § 24 vorgegebenen, eingeschränkten Regelungsauftrag **nicht** auf den Geltungsbereich dieser Vorschrift.[13] Ergänzungen und Konkretisierungen der grenzüberschreitenden Öffentlichkeitsbeteiligung können dagegen durch Verwaltungsvorschriften, Erlasse oder Richtlinien der Länder erfolgen.[14]

2 Beteiligung der Öffentlichkeit aus einem anderen Staat (Abs. 1)

9   § 9a stellt die Öffentlichkeit aus einem anderen Staat der innerstaatlichen Öffentlichkeit gleich, wenn ein Vorhaben nicht nur in Deutschland, sondern auch in diesem Nachbarstaat erhebliche Umweltauswirkungen haben kann. Um eine grenzüberschreitende Beteiligung der dortigen Öffentlichkeit sachgerecht zu ermöglichen, wird der zuständigen deutschen Behörde, bei mehreren zuständigen der federführende Behörde,[15] eine **Garantenpflicht** auferlegt, darauf hinzuwirken, dass die Öffentlichkeit im anderen Staat die notwendigen Informationen zur Möglichkeit der Abgabe von Stellungnahmen erhält.

2.1 Materielle Voraussetzungen für eine grenzüberschreitende Beteiligung

10 Die eigentlichen Voraussetzungen für eine grenzüberschreitende Öffentlichkeitsbeteiligung werden durch § 9a nur rudimentär geregelt; es ist daher erforderlich, bei Zweifelsfragen auf die Regelung zur grenzüberschreitenden Behördenbeteiligung des § 8 Rückgriff zu nehmen. Einzige materielle Voraussetzung für eine grenzüberschreitende Öffentlichkeitsbeteiligung ist nach dem Wortlaut von § 9a, dass ein nach deutschem Recht UVP-pflichtiges Vorhaben erhebliche Umweltauswirkungen in einem anderen Staat haben kann. Diese Voraussetzung entspricht dem Regelungsgehalt von § 8, auch wenn dort sprachlich abweichend und präziser von den Auswirkungen auf die in § 2 Abs. 1 Satz 2 genannten Schutzgüter die Rede ist. Die Beteiligungspflicht auch zugunsten der Öffentlichkeit des anderen Staates entsteht also automatisch dann, wenn die zuständige deutsche Behörde die Voraussetzungen für die grenzüberschreitende Behördenbeteiligung feststellt oder die zuständige Behörde des anderen Staates ihrerseits ein Betei-

---

10 Vgl. § 18 Rn. 38.
11 Vgl. § 19 Rn. 18.
12 Vgl. § 16 Rn. 44ff. und § 15 Rn. 33ff.
13 Siehe hierzu § 9 Rn. 15.
14 Vgl. hierzu auch *Brandt*, DVBl. 1995, 779 (781), die von einer Annexkompetenz der Länder ausgeht.
15 Zur federführenden Behörde siehe § 14 Rn. 13ff.

Grenzüberschreitende Öffentlichkeitsbeteiligung § 9 a

ligungsersuchen gestellt hat.[16] Aus diesem Grunde ist es sinnvoll, die vom anderen Staat im Zusammenhang mit der grenzüberschreitenden Behördenbeteiligung benannte zuständige Behörde, hilfsweise die dortige oberste für Umweltangelegenheiten zuständige Behörde, auch zur Unterstützung bei der grenzüberschreitenden Öffentlichkeitsbeteiligung heranzuziehen.[17] Im Gegensatz zur Beschränkung der Öffentlichkeitsbeteiligung im deutschen Planfeststellungsrecht nur auf von dem Vorhaben Betroffene gewährt § 9a Abs. 1 Satz 1 allen im benachbarten Staat »dort ansässigen« Personen ein Beteiligungsrecht. Die grenzüberschreitende Öffentlichkeitsbeteiligung orientiert sich daher an der Regelung der »**Jedermann-Beteiligungsbefugnis**« aus dem Verfahren nach dem BImSchG.[18]

2.2 Aufgabe der zuständigen Behörde

Der zuständigen deutschen Behörde wird von § 9a Abs. 1 Satz 2 eine Garantenpflicht für eine Information der im anderen Staat ansässigen Bevölkerung zugewiesen. Sie hat dort zunächst insbesondere auf eine Bekanntmachung des beabsichtigten Vorhabens in geeigneter Weise hinzuwirken. Unter Hinwirken ist nicht nur eine frühzeitige Zuleitung der Unterlagen an die dort zuständige Behörde zu verstehen, sondern ein **aktives Einsetzen** und auch **Kontrollieren**, ob die Bekanntmachung tatsächlich geschieht. Die zuständige deutsche Behörde muss daher in ständigem Kontakt mit der zuständigen Behörde des anderen Staates bleiben, um eine sachgerechte Öffentlichkeitsbeteiligung der Bevölkerung des anderen Staates entsprechend der Qualität im Inland zu gewährleisten. In diesem Zusammenhang ist auch Absatz 2 zu sehen, der zur besseren Wahrnehmung der Öffentlichkeitsbeteiligung im anderen Staat die Zuleitung und Übersetzung einer Zusammenfassung der Vorhabenunterlagen vorsieht.

11

2.3 Bekanntmachung im anderen Staat

Die **Bekanntmachung** im anderen Staat in geeigneter Weise ist der **Kern der grenzüberschreitenden Öffentlichkeitsbeteiligung** (Satz 2 Nr. 1); hinzu treten die zur Wahrnehmung des Rechts unabdingbare Mitteilung, bei welcher Behörde die Stellungnahmen (Einwendungen im Verfahren nach § 9 Abs. 1 bzw. Gegenäußerungen im Verfahren nach § 9 Abs. 3) abgegeben werden können (Nr. 2), sowie der wichtige Hinweis auf die Rechtsfolge des Einwendungsausschlusses nach Ablauf der Einwendungsfrist im abschließenden Zulassungsverfahren (Nr. 3).

12

Eine Bekanntmachung in geeigneter Weise im Sinne von Nummer 1 wird zweckmäßigerweise nach Absprache der beteiligten zuständigen deutschen Behörde mit der zuständigen Behörde des anderen Staates **nach den einschlägigen Rechtsvorschriften**

13

---

16   Zu den Voraussetzungen für die grenzüberschreitende Behördenbeteiligung § 8 Rn. 16.
17   Vgl. zur zuständigen Behörde im anderen Staat bei der grenzüberschreitenden Behördenbeteiligung § 8 Rn. 15; im Gegensatz zu § 8 benennt § 9a jedoch diese Behörde zur Unterstützung auch bei der grenzüberschreitenden Öffentlichkeitsbeteiligung nicht ausdrücklich.
18   Ob diese Ungleichbehandlung ausländischer und deutscher Bürger bei der Beteiligung in einem Planfeststellungsverfahren dazu führen wird, die Beteiligungsbefugnisse beim Planfeststellungsverfahren für die deutsche Öffentlichkeit weiter zu fassen, bleibt abzuwarten; zur jetzigen Rechtslage vgl. § 9 Rn. 21.

Jörg Wagner

zur Bekanntmachung von Vorhaben in der Öffentlichkeit des anderen Staates erfolgen; diese Vorgaben sind sowohl den dortigen Bürgern wie den Behörden vertraut und daher am besten geeignet, um das Beteiligungsrecht angemessen ausüben zu können. Lediglich wenn die Vorgaben des anderen Staates zur Bekanntmachung inhaltlich hinter denen des § 9 Abs. 1 bzw. Abs. 3 und damit hinter § 73 Abs. 5 VwVfG zurückbleiben, muss die deutsche zuständige Behörde auf eine entsprechende Anwendung dieser Vorschriften hinwirken.

14 Die Angabe für die ausländischen Bürger gemäß Nummer 2, bei welcher Behörde Einwendungen bzw. Gegenäußerungen vorgebracht werden können, ist insbesondere dort von Bedeutung wo – wie in bestimmten Planfeststellungsverfahren – Anhörungs- und Planfeststellungsbehörde auseinander fallen[19] oder die Abgabe der Stellungnahmen auch bei den Gemeinden erfolgen kann. Die Hinweispflicht nach Nummer 3, dass im Verfahren nach § 9 Abs. 1 mit Ablauf der Frist alle Einwendungen ausgeschlossen sind, ist in denjenigen anderen Staaten von Bedeutung, in denen das Instrument der **materiellen Präklusion** nicht bekannt ist. Allerdings entfaltet die Regelung des § 9a Abs. 1 Satz 2 Nr. 3 allein durch ihren Hinweis keine konstitutive Wirkung; es kann daher nur in solchen Zulassungsverfahren gegenüber den ausländischen Bürgern eine materielle Präklusion entstehen, in denen auch das jeweilige deutsche Fachgesetz diese eigenständig anordnet.[20]

3 Übersetzung der Zusammenfassung durch den Vorhabenträger (Abs. 2)

15 Absatz 2 sieht unter den Voraussetzungen der Grundsätze von Gegenseitigkeit und Gleichwertigkeit eine Übersetzung zumindest der Zusammenfassung des Projektantrags nach § 6 Abs. 3 Satz 2 und erforderlichenfalls auch weiterer Unterlagen durch den Vorhabenträger vor. Diese erstmalig durch das UVPG gegenüber dem Vorhabenträger vorgegebene **Übersetzungspflicht** eines wesentlichen Teils der Unterlagen sollte von der zuständigen Behörde zugleich auch für die grenzüberschreitende Behördenbeteiligung genutzt werden.

16 Voraussetzung für den Eintritt dieser Verpflichtung ist zunächst eine **Gegenseitigkeit**. Die zuständige Behörde kann den Vorhabenträger daher nur dann eine Übersetzungspflicht auferlegen, wenn im umgekehrten Fall der grenzüberschreitenden Umweltauswirkungen eines Vorhabens aus dem Nachbarstaat auch der dortige Projektträger durch das dortige Gesetz zur Prüfung der Umweltverträglichkeit oder ein anderes Gesetz zur Übersetzung von Vorhabenunterlagen verpflichtet würde. Weitere Voraussetzung ist eine **Gleichwertigkeit** und damit die dortige Verpflichtung zu einer Übersetzung in gleichem Umfang und gleicher Qualität. Die Bezugnahme des deutschen Gesetzgebers auf die Grundsätze von Gegenseitigkeit und Gleichwertigkeit soll damit im Grenzraum zweier Staaten für gleiche Standards an die Öffentlichkeitsbeteiligung sorgen, um dem Projektträger nicht zu einem Ausweichen von Deutschland in den benachbarten Staat mit einem dort möglicherweise geringeren Umweltstandard zu veranlassen. Die zuständige Behörde kann daher die Verpflichtung zur Übersetzung nur dann aussprechen, wenn sie zuvor geprüft hat, wie die diesbezügliche Rechtslage im benachbarten Staat ist und sie

---

19 Hierzu § 9 Rn. 20.
20 Zur materiellen Präklusion im Rahmen der Öffentlichkeitsbeteiligung vgl. § 9 Rn. 22.

sich auch von der Einhaltung dieser Pflicht ein verlässliches Bild insbesondere durch Abstimmung mit der dort zuständigen Behörde gemacht hat.

Die Übersetzung der Zusammenfassung nach § 6 Abs. 3 Satz 2 gibt im Regelfall einen Eindruck von dem beabsichtigten Vorhaben und den zu erwartenden grenzüberschreitenden Umweltauswirkungen; sie reicht daher als Information für die Beteiligung der Bürger des anderen Staates zumeist aus. Besonderheiten der technischen Ausgestaltung des Projekts oder seines Standortes können unter Umständen aber zu außergewöhnlichen grenzüberschreitenden Umweltauswirkungen führen und weitere Angaben erforderlich machen. Auch hiervon kann die zuständige Behörde daher nach pflichtgemäßen Ermessen eine Übersetzung als Grundlage für die grenzüberschreitende Öffentlichkeitsbeteiligung vom Vorhabenträger verlangen. 17

4 Weitergehende Regelungen zur Umsetzung völkerrechtlicher Verpflichtungen (Abs. 3)

Absatz 3 stellt mit einer § 8 Abs. 4 entsprechenden Formulierung klar, dass durch die hier dargestellten Regelungen weitergehende Regelungen zur Umsetzung völkerrechtlicher Verpflichtungen von Bund und Ländern unberührt bleiben. Absprachen in bilateralen Abkommen können ebenfalls Konkretisierungen oder Erweiterungen der in Absatz 3 angesprochenen Verpflichtungen der zuständigen Behörde vorsehen.[21] 18

5 Vorrangige Regelungen im Immissionsschutz- und Atomrecht

Die grenzüberschreitende Öffentlichkeitsbeteiligung in den Genehmigungsverfahren des Immissionsschutz- und Atomrechts der Anlage 1 zum UVPG wird nicht durch § 9a, sondern durch vorrangige Regelungen der jeweils maßgeblichen Fachgesetze geregelt. Hierbei handelt es sich um die zusammen mit dem UVPG im Jahr 2001 ergänzten §§ 11a der 9. BImSchV und § 7a AtVfV. Einzige Besonderheit ist, dass § 14 Abs. 1 Satz 3 und 4 AtVfV von vornherein die atomrechtliche Genehmigungsbehörde zur federführenden Behörde bestellt.[22] Im Übrigen regeln beide Vorschriften die grenzüberschreitende Öffentlichkeitsbeteiligung in gleicher Weise wie § 9a, stellen in § 11a Abs. 4 Satz 2 der 9. BImSchV und § 7a Abs. 1 Satz 6, 2. Halbsatz AtVfV allerdings zusätzlich noch klar, dass die in dem anderen Staat ansässigen Personen im Hinblick auf die weitere Beteiligung am Verfahren Inländern gleichgestellt sind. Hierdurch soll angesichts der Besonderheit der sog. »Jedermann«-Beteiligung[23] in diesen beiden Zulassungsverfahren verdeutlicht werden, dass unabhängig von einer persönlichen Betroffenheit alle an der Öffentlichkeitsbeteiligung teilnehmen können. 19

---

21 Vgl. hierzu § 8 Rn. 23.
22 Hierzu § 14 Rn. 36.
23 Hierzu § 9 Rn. 41.

§ 9b Grenzüberschreitende Behörden- und Öffentlichkeitsbeteiligung bei ausländischen Vorhaben

(1) Wenn ein in einem anderen Staat geplantes Vorhaben erhebliche Umweltauswirkungen in der Bundesrepublik Deutschland haben kann, ersucht die deutsche Behörde, die für ein gleichartiges Vorhaben in Deutschland zuständig wäre, die zuständige Behörde des anderen Staates um Unterlagen über das Vorhaben, insbesondere um eine Beschreibung des Vorhabens und um Angaben über dessen grenzüberschreitende Umweltauswirkungen. Hält sie eine Beteiligung am Zulassungsverfahren für erforderlich, teilt sie dies der zuständigen Behörde des anderen Staates mit und ersucht, soweit erforderlich, um weitere Angaben im Sinne des § 6 Abs. 3 und 4, unterrichtet die Behörden im Sinne des § 7 über die Angaben und weist darauf hin, welcher Behörde des anderen Staates gegebenenfalls innerhalb welcher Frist eine Stellungnahme zugeleitet werden kann, sofern sie nicht die Angabe einer einheitlichen Stellungnahme für angezeigt hält. Die zuständige deutsche Behörde soll die zuständige Behörde des anderen Staates um eine Übersetzung geeigneter Angaben zum Vorhaben, insbesondere zu grenzüberschreitenden Umweltauswirkungen, ersuchen.

(2) Auf der Grundlage der von dem anderen Staat übermittelten Unterlagen macht die zuständige deutsche Behörde das Vorhaben in geeigneter Weise in den voraussichtlich betroffenen Gebieten der Öffentlichkeit bekannt, soweit eine Öffentlichkeitsbeteiligung nach den Vorschriften des übermittelnden Staates erfolgt oder nach diesem Gesetz durchzuführen wäre. Sie weist dabei darauf hin, welcher Behörde des anderen Staates gegebenenfalls innerhalb welcher Frist eine Stellungnahme zugeleitet werden kann, und gibt Gelegenheit, innerhalb angemessener Frist die Unterlagen einzusehen.

(3) § 8 Abs. 2 und 4 sowie § 9a Abs. 3 gelten entsprechend.

Übersicht		Rn.			Rn.
1	Allgemeines	1	2.1	Ersuchen um Unterrichtung durch die zuständige Behörde	10
1.1	Regelungsgegenstand	2			
1.2	Zweck und Bedeutung der Vorschrift	3	2.2	Beteiligung der Behörden nach § 7	11
1.3	Gesetzesgeschichte	4	2.3	Übersetzung von Unterlagen	14
1.3.1	Vorgaben der UVP-Richtlinie	5	3	Beteiligung der deutschen Öffentlichkeit bei ausländischen Vorhaben (Abs. 2)	15
1.3.2	Innerstaatliche Entstehung	6			
1.4	Anwendungsbereich der Vorschrift	7			
1.5	Geltung von Verwaltungsvorschriften	8	4	Entsprechende Anwendung von § 8 Abs. 2 und 4 sowie § 9a Abs. 3 (Abs. 3)	18
2	Beteiligung von deutschen Behörden bei ausländischen Vorhaben (Abs. 1)	9			

1 Allgemeines

1 § 9b enthält die spiegelbildlichen Regelungen[1] zu den §§ 8 und 9a: Während diese beiden Vorschriften die Beteiligung der ausländischen Behörden und Bürger bei einem deut-

---

1 *Feldmann*, DVBl. 2001, 589 (598).

Beteiligung bei ausländischen Vorhaben **§ 9 b**

schen Vorhaben mit möglichen Umweltauswirkungen auf den anderen Staat regeln, zielt § 9 b Abs. 1 auf eine **Beteiligung deutscher Behörden** und § 9 b Abs. 2 der **deutschen Öffentlichkeit bei einem ausländischen Vorhaben** mit möglichen erheblichen Auswirkungen auf die Umwelt in Deutschland ab. Mit dieser Vorschrift, die in den Rechtskreis anderer Staaten hinein wirkt[2] und kein Vorbild im deutschen Rechtssystem hat, und den beiden eingangs genannten Vorschriften hat der Gesetzgeber das dem ECE-Abkommen aus dem Jahr 1991[3] zugrunde liegende Anliegen aufgegriffen, eine umfassende gegenseitige Beteiligung von zwei benachbarten Staaten bei der Zulassung von Vorhaben mit Umweltauswirkungen sicherzustellen. Die Länder können die Regelungen des § 9 b Abs. 1 und 2 durch eigene Verwaltungsvorschriften, Erlasse oder Richtlinien konkretisieren und ergänzen. Darüber hinaus empfiehlt es sich, die Hinweise des § 9 b für die zuständige deutsche Behörde und die Rechte für die ausländischen Behörden und Bürger in ergänzenden **bilateralen Abkommen** mit den benachbarten Staaten gegenseitig abzusichern.[4]

1.1 Regelungsgegenstand

§ 9 b Abs. 1 verpflichtet die zuständige deutsche Behörde zunächst dazu, die für die Durchführung eines UVP-Verfahrens in einem anderen Staat zuständige Behörde um Unterlagen insbesondere über die Umweltauswirkungen des dort beabsichtigten Vorhabens zu ersuchen. Hält die deutsche zuständige Behörde nach Durchsicht dieser Unterlagen eine förmliche Beteiligung deutscher Behörden am dortigen Zulassungsverfahren für erforderlich, hat sie die nach deutschem Recht weiteren zuständigen Behörden zu unterrichten und diesen Informationen zum Ablauf des Beteiligungsverfahrens zu geben bzw. es für die deutschen Behörden ggf. auch zu koordinieren. Zugleich hat die zuständige Behörde gemäß Absatz 2 auf der Grundlage der vorliegenden Unterlagen das Vorhaben in geeigneter Form in den voraussichtlich betroffenen Gebieten bekannt zu machen, wenn eine Öffentlichkeitsbeteiligung auch in dem anderen Staat durchzuführen ist oder nach den Vorgaben des UVPG durchzuführen wäre. Des Weiteren hat sie die deutsche Öffentlichkeit über den Ablauf des Beteiligungsverfahrens zu unterrichten und den Bürgern Gelegenheit zur Einsichtnahme in die Unterlagen zu geben. Absatz 3 nimmt § 8 Abs. 2 in Bezug und damit den Hinweis auf die Möglichkeit zur Durchführung von Konsultationen. Der weitere Verweis auf die §§ 8 Abs. 4 und 9 a Abs. 3 stellt klar, dass neben § 9 b weitergehende Regelungen zur Umsetzung völkerrechtlicher Verpflichtungen von Bund und Ländern unberührt bleiben.

1.2 Zweck und Bedeutung der Vorschrift

§ 9 b soll die Voraussetzungen für eine Einflussnahme der in ihrem Zuständigkeitsbereich berührten deutschen Behörden sowie auch betroffener Bürger auf ein in einem anderen

---

2 *Feldmann*, ebd., weist zu Recht darauf hin, dass aufgrund des Territorialitätsprinzips der deutsche Gesetzgeber gehindert ist, ein Beteiligungsrecht der deutschen Öffentlichkeit am Zulassungsverfahren im Ausland zu normieren.
3 Zum ECE-Abkommen § 8 Rn. 1.
4 Siehe hierzu § 8 Rn. 2.

§ 9 b *Beteiligung bei ausländischen Vorhaben*

Staat zuzulassendes Vorhaben schaffen, wenn dieses erhebliche Umweltauswirkungen über die Grenze hinaus auf deutsches Gebiet haben kann. Hierzu wird der nach deutschem Recht für ein UVP-Verfahren zuständigen Behörde eine zentrale Funktion im Sinne einer ersten Anlaufstelle zugewiesen. Die Vorschrift regelt damit zwar keinen Bestandteil des deutschen UVP-Verfahrens. Sie ist aber eine **sinnvolle Ergänzung** zu den originären Verfahrensvorschriften des UVPG, um eine gegenseitige grenzüberschreitende Beteiligung zwischen zwei Nachbarstaaten zu ermöglichen.

1.3 Gesetzesgeschichte

4   Die UVP-Richtlinie und die Änderungsrichtlinie, aber auch das ECE-Abkommen sehen keine zwingende Verpflichtung zur Einführung einer § 9 b entsprechenden Vorschrift vor; der Vorschrift kommt daher ausschließlich »Servicefunktion« zur Erleichterung der deutschen Behörden- und Öffentlichkeitsbeteiligung bei der Zulassung von Vorhaben im grenznahen Ausland zu. Aus diesem Grund wurden die 9. BImSchV und die AtVfF auch nicht um identische Regelungen ergänzt.

1.3.1 Vorgaben der UVP-Richtlinie

5   Die UVP-Richtlinie sah in Art. 7 ursprünglich nur Grundzüge einer grenzüberschreitenden Behördenbeteiligung ohne Öffentlichkeitsbeteiligung vor. Die UVP-Änderungsrichtlinie führt in ihren Erwägungsgründen aber nunmehr aus, dass es ratsam ist, die Bestimmungen über die Umweltverträglichkeitsprüfung im grenzüberschreitenden Rahmen auszubauen, um den Entwicklungen auf internationaler Ebene Rechnung zu tragen. Die Erwägungsgründe weisen des Weiteren auf die notwendige Umsetzung des ECE-Abkommens hin, das von der Gemeinschaft am 25.2.1991 gezeichnet worden ist. Demgemäß sieht die UVP-Änderungsrichtlinie in Art. 7 Abs. 3 erstmals eine grenzüberschreitende Öffentlichkeitsbeteiligung und in den übrigen Absätzen von Art. 7 detaillierte Regelungen zur grenzüberschreitenden Behördenbeteiligung und zu möglicherweise erforderlichen Konsultationen vor.[5] Allerdings erstrecken sich die Verpflichtungen nach der UVP-Änderungsrichtlinie formal nur darauf, den ausländischen Behörden und der ausländischen Bevölkerung ein Teilhaberecht an deutschen UVP-Verfahren zu gewähren, nicht aber umgekehrt auch darauf, den eigenen Behörden und der eigenen Bevölkerung die Teilhabe an UVP-Verfahren im Ausland zu erleichtern.

1.3.2 Innerstaatliche Entstehung

6   § 9 b wurde mit der UVPG-Novelle 2001 neu eingefügt, um in Anlehnung an die (nicht aber in Umsetzung der) Vorgaben von Art. 7 Abs. 3 der UVP-Änderungsrichtlinie und des ECE-Abkommens eine grenzüberschreitende Beteiligung zugunsten der deutschen Öffentlichkeit bei Vorhaben in Nachbarstaaten zu unterstützen. Die neue Vorschrift war im Gesetzgebungsverfahren unstreitig.

---

5   Einzelheiten zu Art. 7 unter § 8 Rn. 6 ff.

Beteiligung bei ausländischen Vorhaben § 9 b

1.4 Anwendungsbereich der Vorschrift

§ 9 b kommt **uneingeschränkt für alle UVP-pflichtigen Vorhaben im Ausland**, die erhebliche Umweltauswirkungen auf deutsches Gebiet haben können, zur Geltung; vergleichbare Vorschriften in den Fachgesetzen, die § 9 b verdrängen könnten, gibt es nicht. 7

1.5 Geltung von Verwaltungsvorschriften

Die **UVPVwV** bezieht sich entsprechend dem durch § 24 vorgegeben, eingeschränkten Regelungsauftrag **nicht** auf den Geltungsbereich dieser Vorschrift. Ergänzungen und Konkretisierungen der Aufgaben der zuständigen deutschen Behörde zur Ermöglichung der grenzüberschreitenden Behörden- und Öffentlichkeitsbeteiligung bei ausländischen Vorhaben können dagegen durch Verwaltungsvorschriften, Erlasse oder Richtlinien der Länder erfolgen. 8

2 Beteiligung von deutschen Behörden bei ausländischen Vorhaben (Abs. 1)

§ 9 b Abs. 1 soll in einem gestuften Verfahren erstens des **Ersuchens um Unterlagen** und zweitens **im Rahmen einer förmlichen Beteiligung** eine Einflussnahme der Bundesrepublik Deutschland auf ein in einem anderen Staat zuzulassendes Vorhaben ermöglichen, wenn dieses Vorhaben erhebliche Umweltauswirkungen auf deutsches Gebiet haben kann. Vom Gesetzgeber wird mit der Koordination der Beteiligung der deutschen Behörden die Behörde beauftragt, die für ein gleichartiges Vorhaben in Deutschland zuständig wäre. Bei einer industriellen Anlage, die im Ausland gebaut werden soll, ist dies daher, da in Deutschland eine vergleichbare Anlage nach dem BImschG zuzulassen wäre, die nach dem jeweiligen Landesimmissionsschutzgesetz zuständige Behörde, bei einem Bauleitplanverfahren die angrenzende Gemeinde. Bei »negativen« Zuständigkeitskonflikten sollte die oberste für Umweltangelegenheiten zuständige Behörde und damit das Landesumweltministerium eine Festlegung der zuständigen Behörde treffen. Die nach diesen Grundsätzen zuständige deutsche Behörde muss dann mit der zuständigen Behörde des anderen Staates in Kontakt treten und mit ihr das weitere Beteiligungsverfahren abstimmen. Die einzelnen Schritte dieser Kontaktaufnahme und die wünschenswerte Einholung erforderlicher Übersetzungen werden durch § 9 b Abs. 1 in entsprechender Weise wie in § 8 für den umgekehrten Fall (Umweltauswirkungen eines in Deutschland zuzulassenden Vorhabens auf einen anderen Staat) geregelt. Vom Gesetzgeber ist daher angestrebt, im Grenzraum von zwei benachbarten Staaten eine frühzeitige behördliche Abstimmung über Vorhaben mit erheblichen Umweltauswirkungen zu installieren. § 9 b Abs. 1 lässt allerdings offen, bei welchen Vorhaben die zuständige deutsche Behörde an die zuständige ausländische Behörde herantreten soll. Eine Beteiligung sollte zumindest immer dann herbeigeführt werden, wenn im anderen Staat eine UVP vorgeschrieben ist, des Weiteren aber auch dann, wenn nach dem deutschen UVPG eine UVP geboten wäre. 9

Jörg Wagner

§ 9b

2.1 Ersuchen um Unterrichtung durch die zuständige Behörde

10 Die grenzüberschreitende Behördenbeteiligung knüpft daran an, dass ein im Nachbarstaat geplantes Vorhaben erhebliche Umweltauswirkungen über dessen Grenzen hinaus haben kann. In Nachbarstaaten, welche die UVP-Richtlinie ebenso wie die Bundesrepublik Deutschland umgesetzt haben und in denen daher eine dem § 8 entsprechende Unterrichtungspflicht besteht, kann die deutsche zuständige Behörde zunächst davon ausgehen, dass sie **ohne eigene Nachforschungen** frühzeitig von der zuständigen Behörde des anderen Staates über ein beabsichtigtes Vorhaben mit grenzüberschreitenden Umweltauswirkungen informiert wird. Diese Informationen sollten entsprechend der Forderung in § 9b Abs. 1 Satz 1 insbesondere eine Beschreibung des Vorhabens und Angaben über dessen grenzüberschreitende Umweltauswirkungen erhalten. Auch hier gilt, dass zur Konkretisierung und zur Vermeidung von Streit weitere Einzelheiten dieser ersten Kontaktaufnahme in bilateralen Vereinbarungen geregelt werden sollten. Bekommt die deutsche zuständige Behörde hingegen keine oder keine rechtzeitigen Informationen zu dem Vorhaben, und hat sie erste Hinweise daher z. B. erst aus der Presse oder aufgrund von anderen, nicht offiziellen Quellen erhalten, verpflichtet § 9b Abs. 1 Satz 1 sie aber dazu, nunmehr **selber aktiv zu werden** und die zuständige Behörde des anderen Staates um entsprechende Informationen förmlich zu ersuchen. Sofern der deutschen Behörde keine zuständige Behörde bekannt ist, muss sie sich in entsprechender Anwendung von § 8 hilfsweise an die oberste für Umweltangelegenheiten zuständige Behörde des anderen Staates wenden.

2.2 Beteiligung der Behörden nach § 7

11 Auf der Grundlage der ihr zugeleiteten Unterlagen muss die zuständige deutsche Behörde selber entscheiden, ob sie eine formelle Beteiligung weiterer deutscher Behörden entsprechend der Beteiligung der ausländischen Fachbehörden am dortigen Zulassungsverfahren für erforderlich hält. Sie hat daher in einer ersten **Einschätzung** zu beurteilen, ob die möglichen Auswirkungen des Vorhabens nach seiner Größe sowie aufgrund seines Standortes und seiner technischen Ausgestaltung auf das Gebiet der Bundesrepublik Deutschland erheblich sein werden. Rechtliche Grundlage für diese Einschätzung sind die (formalen) **Vorgaben der UVP-Richtlinie und des UVPG** und damit insbesondere die Größen- und Leistungswerte bzw. Prüfwerte der Anlage 1 sowie möglicherweise die Hinweise des § 3c zur Vorprüfung.[6] In Zweifelsfällen sollte sie bereits in diesem frühen Stadium andere deutsche Fachbehörden im Wege der Amtshilfe zu Rate ziehen.

12 Hält die deutsche zuständige Behörde danach eine Beteiligung mit der Möglichkeit der Abgabe von Stellungnahmen für erforderlich, teilt sie dies gemäß § 9b Abs. 1 Satz 2 der zuständigen ausländischen Behörde mit. Zugleich soll sie, soweit erforderlich, um weitere Unterlagen entsprechend der von § 6 Abs. 3 und 4 geforderten Qualität ersuchen, um so eine förmliche Beteiligung der in ihrem Aufgabenbereich berührten deutschen Fachbehörden im Verfahren der Behördenbeteiligung im anderen Staat zu ermöglichen. Im Rahmen dieser nun erwünschten formellen Beteiligung von Behörden der Bundesrepublik Deutschland sind von der zuständigen deutschen Behörde mit der zuständigen

---

6 Vgl. zur Vorprüfung (»screening«) § 3c Rn. 6 ff.

Beteiligung bei ausländischen Vorhaben § 9 b

ausländischen Behörde die **weiteren Schritte des Beteiligungsverfahrens abzustimmen**. Gemäß Satz 2 bedarf es der Klärung, wer im anderen Staat Empfänger der Stellungnahmen sein soll, welche Frist bei der Abgabe der Stellungnahmen einzuhalten ist und ob vom anderen Staat seitens der Bundesrepublik Deutschland eine einheitliche Stellungnahme einer federführenden Behörde oder verschiedene Stellungnahmen mehrerer berührter Behörden akzeptiert werden.

Auf der Grundlage dieser Abstimmung und ggf. zusätzlicher Unterlagen hat die zuständige deutsche Behörde das **Beteiligungsverfahren** für die in ihrem Aufgabenbereich berührten weiteren deutschen Behörden im Sinne des § 7 **zu koordinieren**. Zweckmäßigerweise wird dies in einem Anhörungstermin geschehen, in dem die zuständige Behörde die anderen deutschen Behörden über die ihr bislang vorliegenden Kenntnisse über das ausländische Vorhaben und die Verfahrensabsprachen mit der zuständigen ausländischen Behörde informiert. Ob sich die deutschen Behörden im Rahmen dieses Termins – m. E. sinnvollerweise – auf eine einheitliche Stellungnahme durch die zuständige deutsche Behörde verständigen (können), wird in erster Linie von einem diesbezüglichen Wunsch der ausländischen Behörde abhängen, des Weiteren aber auch von den vermuteten Auswirkungen des Vorhabens und seiner umweltpolitischen Brisanz. Bei im ausländischen Recht vorgesehenen Ausschlussfristen für die Abgabe von Stellungnahmen (Präklusionsregeln) kann eine angestrebte einheitliche Stellungnahme seitens der Bundesrepublik Deutschland allerdings die Gefahr einer Verfristung durch Zeitablauf in sich bergen; ggf. muss die die deutsche Behörde daher von vornherein auf eine ausreichende Frist drängen. 13

2.3 Übersetzung von Unterlagen

Gemäß § 9 Abs. 1 Satz 3 soll die zuständige deutsche Behörde die zuständige Behörde des anderen Staates um eine Übersetzung geeigneter Angaben zum Vorhaben, insbesondere zu grenzüberschreitenden Umweltauswirkungen, ersuchen. Geeignet wird in der Regel (zunächst) die **übersetzte Zusammenfassung des Vorhabensantrags** sein. Ob diesem Ersuchen durch die ausländische zuständige Behörde Rechnung getragen werden kann, hängt von der Rechtslage im anderen Staat ab, insbesondere ob dort ebenso wie nach deutschem Recht gemäß § 9a Abs. 2 der Vorhabenträger zu einer Übersetzung dieser Unterlagen verpflichtet werden kann. Hilfreich kann in diesem Zusammenhang der Hinweis auf die Grundsätze von Gegenseitigkeit und Gleichwertigkeit sein und damit die Zusage, dass auch im umgekehrten Fall eine Übersetzung beigefügt werden wird. Da ohne eine Übersetzung der Zusammenfassung der Antragsunterlagen eine gegenseitige Beteiligung erheblich erschwert wird, sollte es daher im Interesse beider zuständigen Behörden liegen, jeweils für Übersetzungen zu sorgen. 14

3 Beteiligung der deutschen Öffentlichkeit bei ausländischen Vorhaben (Abs. 2)

§ 9b Abs. 2 soll deutschen Bürgern die Möglichkeit der Teilnahme an einer Öffentlichkeitsbeteiligung im Rahmen der Zulassung eines Vorhabens in einem anderen Staat geben. Die zuständige deutsche Behörde wird daher verpflichtet, auch die **deutschen Bürger über das beabsichtigte ausländische Vorhaben zu informieren** und ihnen Hinweise zur Wahrnehmung ihrer Beteiligungsmöglichkeit zu geben. Die Verpflichtung 15

Jörg Wagner

tritt ein, wenn die zuständige deutsche Behörde aufgrund der bereits nach Absatz 1 geregelten Kontaktaufnahme mit der zuständigen ausländischen Behörde von erheblichen Umweltauswirkungen des ausländischen Vorhabens auf deutsches Gebiet ausgeht und sie daher beabsichtigt, die Beteiligung der berührten deutschen Behörden einzuleiten. Weitere, einschränkende Voraussetzung ist allerdings, dass eine Öffentlichkeitsbeteiligung auch nach den Vorschriften des anderen Staates oder nach dem deutschen UVPG durchzuführen wäre. Mit dieser Einschränkung soll insbesondere verhindert werden, dass von deutscher Seite eine Öffentlichkeitsbeteiligung eingefordert wird, die nach dem Recht des anderen Staates gar nicht geboten ist.

16 Liegen beide Voraussetzungen vor, hat gemäß Satz 1 die deutsche Behörde das ausländische Vorhaben in geeigneter Weise bekannt zu machen; dabei beschränkt sich die **Bekanntmachungspflicht** auf die von den **erheblichen Umweltauswirkungen** voraussichtlich **betroffenen Gebiete**. Generell geeignet erscheint eine Form der Bekanntmachung, die sich an das im UVPG in § 9 in Verbindung mit § 73 VwVfG geregelte Verfahren anlehnt. Daher sollte die zuständige deutsche Behörde entsprechend § 73 Abs. 2 und 5 VwVfG auf eine Bekanntmachung in den voraussichtlich betroffenen Gemeinden hinwirken; die dortige Bekanntmachung sollte frühzeitig und daher zeitgleich mit der Behördenbeteiligung nach Absatz 1 erfolgen. Einzelheiten und möglicherweise auch Abweichungen hiervon sollten mit der zuständigen ausländischen Behörde in Anlehnung an die dort geltenden Beteiligungsregeln abgesprochen werden.

17 Gemäß Satz 2 hat die zuständige deutsche Behörde bereits in der Bekanntmachung darauf hinzuweisen, welcher Behörde des anderen Staates und gegebenenfalls innerhalb welcher Frist eine Stellungnahme zugeleitet werden kann. Hieraus folgt zugleich, dass die deutsche Behörde keinen eigenen Erörterungstermin durchführt. Jedoch ist sie nach Satz 2 verpflichtet, den Bürgern Gelegenheit zu geben, diejenigen Unterlagen innerhalb angemessener Frist einsehen zu können, die ihr von der zuständigen ausländischen Behörde als Grundlage für die Behördenbeteiligung nach Absatz 1 zugeleitet wurden. Es bietet sich daher an, dass entsprechend der Regelungen in § 73 Abs. 3 VwVfG (sowie auch § 15 Abs. 2 und 3) die **Unterlagen in den voraussichtlich betroffenen Gemeinden ausgelegt werden,** sowie einen Auslegungszeitraum von einem Monat zu wählen.

4 Entsprechende Anwendung von § 8 Abs. 2 und 4 sowie § 9a Abs. 3 (Abs. 3)

18 Der von Absatz 3 zunächst in Bezug genommene § 8 Abs. 2 weist auf die Möglichkeit von Konsultationen im Anschluss oder zur Ergänzung der grenzüberschreitenden Beteiligung ausländischer Behörden bei einem in Deutschland zuzulassendem Vorhaben hin. Durch den Verweis in Absatz 3 wird klargestellt, dass diese Möglichkeit auch im umgekehrten Fall und damit bei einer Beteiligung deutscher Behörden bei einem in einem anderen Staat zuzulassenden Vorhaben gilt. Der weitere Verweis auf § 8 Abs. 4 und § 9a Abs. 3 stellt zudem klar, dass auch im Fall einer grenzüberschreitenden deutschen Behörden- und Bürgerbeteiligung bei ausländischen Vorhaben weitergehende Regelungen zur Umsetzung völkerrechtlicher Verpflichtungen von Bund und Ländern unberührt bleiben.[7]

---

7 Vgl. hierzu § 8 Rn. 23.

§ 10 Geheimhaltung und Datenschutz

Die Rechtsvorschriften über Geheimhaltung und Datenschutz bleiben unberührt.

Übersicht

		Rn.			Rn.
1	Allgemeines	1	2.2	Schutz von persönlichen und von	
1.1	Regelungsgegenstand	2		Betriebsgeheimnissen	13
1.2	Zweck und Bedeutung der Vorschrift	3	2.3	Offenbarungsbefugnis und	
1.3	Gesetzesgeschichte	4		unbefugtes Offenbaren	16
1.3.1	Vorgaben der UVP-Richtlinie	5	3	Geltung vorrangiger Vorschriften	
1.3.2	Innerstaatliche Entstehung	7		des Immissionsschutz- und	
1.4	Anwendungsbereich der Vorschrift	9		Atomrechts zum Geheimnisschutz	18
1.5	Geltung von Verwaltungsvorschriften	10	4	Schutz personenbezogener Daten	
2	Schutz von persönlichen und von Betriebsgeheimnissen durch § 10 i. V. mit § 30 VwVfG (Geheimnisschutz)	11		durch die Datenschutzgesetze (Datenschutz)	21
2.1	Anwendung von § 30 VwVfG bei UVP-pflichtigen Verfahren	12			

1 Allgemeines

§ 10 stellt klar, dass in UVP-pflichtigen Verwaltungsverfahren die dort geltenden Rechtsvorschriften der Fachgesetze über die Geheimhaltungs- und Datenschutzvorschriften Anwendung finden (»bleiben unberührt«). Geheimhaltung und Datenschutz begrenzen damit die durch die §§ 7 und 8 vorgeschriebene innerstaatliche und grenzüberschreitende Behördenbeteiligung[1] und die durch die §§ 9 und 9a geregelte Einbeziehung der innerstaatlichen und grenzüberschreitenden Öffentlichkeit.[2] Diese Beschränkung von einzelnen Verfahrensschritten, die wegen ihrer Bedeutung u. a. für die Informationsgewinnung einen wesentlichen Bestandteil jeder UVP darstellen, ist vor dem Hintergrund des durch **Artikel 14 GG** gewährten Betriebsschutzes[3] und des durch **Artikel 2 Abs. 1 GG** gewährten Persönlichkeitsschutzes[4] geboten. Auch die UVP-RL sieht in Artikel 10 einen entsprechenden Betriebs- und Persönlichkeitsschutz als Korrektiv zu der nach Artikel 6 und 7 vorgeschriebenen Behördenbeteiligung und Einbeziehung der Öffentlichkeit vor.

1

1.1 Regelungsgegenstand

»Die Rechtsvorschriften über Geheimhaltung und Datenschutz bleiben unberührt.« § 10 verweist damit augenscheinlich zunächst[5] **ohne eigenständigen materiellen Regelungs-**

2

---

1 Zur Bedeutung der Behördenbeteiligung vgl. § 7 Rn. 3 und § 8 Rn. 4.
2 Zur Bedeutung der Einbeziehung der Öffentlichkeit für die UVP vgl. § 9 Rn. 3.
3 Zum durch Artikel 14 GG gewährten Betriebsschutz *Clausen*, in: Knack, VwVfG, § 30 Rn. 2.
4 Zum durch Artikel 2 Abs. 1 GG gewährten Persönlichkeitsschutz, *Clausen*, ebd., Rn. 2, und *Bonk/Kallerhof*, in: Stelkens/Bonk/Sachs, VwVfG, § 30 Rn. 2 und 7; *Büllesbach*, NJW 1991, 2593 ff.; herausgearbeitet für den Datenschutz (»Grundrecht auf informationelle Selbstbestimmung«) durch das »Volkszählungsurteil« des Bundesverfassungsgerichts vom 15.12.1983, E 65, 1 ff.
5 Vgl. zu seiner eigenständigen Bedeutung aber nachfolgend Rn. 3 und 9.

§ 10

gegenstand auf den Regelungsgehalt anderer Vorschriften des deutschen Rechts, die bei UVP-pflichtigen Planungs- und Zulassungsverfahren den Geheimnis- und Datenschutz regeln.[6]

1.2 Zweck und Bedeutung der Vorschrift

3   Da für die Mehrzahl der Verfahren auch ohne das UVPG eine Behörden- und Öffentlichkeitsbeteiligung fachgesetzlich vorgeschrieben und in diesem Zusammenhang regelmäßig auch der Geheimnisschutz geregelt ist, kommt § 10 dort nur deklaratorische und damit hinweisende Bedeutung zu. Entgegen dem offensichtlichen Wortlaut entfaltet § 10 allerdings eigenständige Bedeutung und begrenzt die Einbeziehung der Öffentlichkeit im Hinblick auf Geheimhaltung und Datenschutz, sofern für einzelne Verfahren die Pflicht zur Öffentlichkeitsbeteiligung erstmalig – und damit konstitutiv gegenüber dem Fachgesetz – ausschließlich aus dem UVPG abzuleiten ist. Die Geheimnisschutzvorschriften, auf die § 10 Bezug nimmt, und auch § 10 selber sollen ein rechtsstaatliches Verwaltungsverfahren garantieren und ein **Vertrauensverhältnis** zwischen Bürger und Verwaltung während der Dauer des Verwaltungsverfahrens schaffen.[7]

1.3 Gesetzesgeschichte

4   Während Artikel 10 der UVP-RL den Geheimnisschutz bei der Öffentlichkeits- und bei der Behördenbeteiligung gleichrangig regelt, konzentrierte sich die nationale Diskussion beim Erlass des UVPG im Jahr 1990 ausschließlich auf Reichweite und Grenzen der Einbeziehung der Öffentlichkeit. Der darüber hinaus zu beachtende Geheimnisschutz im Rahmen der inländischen und grenzüberschreitenden Behördenbeteiligung wurde demgemäß nicht weiter problematisiert und auch nicht im UVPG gesondert verdeutlicht. § 10 wurde daher auch im Rahmen der Novelle des UVPG im Jahr 2001 nicht verändert; allerdings erfolgten in der Zwischenzeit eine Verabschiedung der **EG-Datenschutzrichtlinie 95/46/EG** und ihre Umsetzung in das Bundesdatenschutzgesetz im Jahr 2001.[8]

1.3.1 Vorgaben der UVP-Richtlinie

5   Artikel 10 der UVP-RL trifft zwei Regelungen zum Geheimnisschutz. Absatz 1 stellt klar, dass die Bestimmungen der Richtlinie nicht die Verpflichtungen der zuständigen Behörden berühren, »die von den einzelstaatlichen Rechts- und Verwaltungsvorschriften und der herrschenden Rechtspraxis auferlegten Beschränkungen zur Wahrung der gewerblichen und handelsbezogenen Geheimnisse … und des öffentlichen Interesses zu beachten«. Absatz 1 begrenzt damit sowohl die nach Artikel 6 Abs. 1 der Richtlinie vorgeschriebene Behördenbeteiligung als auch die nach Artikel 6 Abs. 2 der Richtlinie vorgeschriebene Öffentlichkeitsbeteiligung, soweit dies zum Schutz des Betriebsgeheimnisses des Vor-

---

6   Vgl. hierzu Begründung zum Regierungsentwurf des UVPG, BT-Drs. 11/3919 vom 26.1.1989, S. 26.
7   *Bonk/Kallerhof*, in: Stelkens/Bonk/Sachs, VwVfG, § 30 Rn. 2.
8   Gesetz zur Änderung des Bundesdatenschutzgesetzes vom 18.5.2001, BGBl. I S. 904; Überblick bei *Gerhold/Heil*, Datenschutz und Datensicherheit 2001, 377 ff.

habenträgers oder bei Vorliegen eines öffentlichen Interesses geboten ist. Allerdings gilt diese Begrenzung nur vorbehaltlich entsprechender nationaler Regelungen.

Absatz 2 sieht in Ergänzung zu Absatz 1 für die grenzüberschreitende Behördenbeteiligung vor, dass die Übermittlung von Angaben an einen anderen Mitgliedstaat und der Empfang von Angaben eines anderen Mitgliedstaats den Beschränkungen unterliegen, »die in dem Mitgliedstaat gelten, in dem das Projekt durchgeführt werden soll«. Durch diese Ergänzung wird klargestellt, dass sich der Geheimnisschutz auch im Verfahren der grenzüberschreitenden Behördenbeteiligung einheitlich nach dem innerstaatlichen Recht beurteilt, das für die Zulassung des beabsichtigten Vorhabens maßgeblich ist. Eine (teilweise) Vereinheitlichung innerhalb der Europäischen Union ist durch die eigenständige EG-Datenschutzrichtlinie erfolgt.

1.3.2 Innerstaatliche Entstehung

Der Regierungsentwurf zum Erlaß des UVPG sah zunächst nur vor, dass die Rechtsvorschriften über die Geheimhaltung unberührt bleiben sollten.[9] Demgegenüber hat der Bundesrat in seiner Stellungnahme darum gebeten, im weiteren Gesetzgebungsverfahren zu prüfen, »ob § 10 so gefaßt werden kann, dass sowohl dem Geheimhaltungsinteresse der Vorhabenträger und anderer Verfahrensbeteiligter als auch dem Informationsinteresse der Öffentlichkeit Rechnung getragen werden kann«. Hintergrund dieser Prüfbitte war die zum damaligen Zeitpunkt geführte Diskussion um die Neufassung des Datenschutzgesetzes.[10] Im Ergebnis sollte durch eine Neuformulierung von § 10 sichergestellt werden, dass von den nach § 6 durch den Vorhabenträger vorzulegenden Vorhabenunterlagen diejenigen Informationen zur Verfügung gestellt werden, die für die Abgabe einer qualifizierten Einwendung notwendig sind. Der Gesetzgeber ist den Bedenken des Bundesrates nicht gefolgt, hat aber die von der Bundesregierung vorgeschlagene Formulierung um einen ausdrücklichen Hinweis auf die Vorschriften zum Datenschutz erweitert.

Durch den neuen § 4b BDSG, der aufgrund der Umsetzung der EG-Datenschutzrichtlinie in das Bundesdatenschutzgesetz eingefügt wurde, wird sichergestellt, dass sowohl **innerhalb der Europäischen Gemeinschaften** als auch beim Transfer von Daten in sonstige ausländische Staaten ein **einheitliches Datenschutzrecht** gilt. Bedeutung kommt dieser Erweiterung des Datenschutzes für die grenzüberschreitende Behörden- und Öffentlichkeitsbeteiligung nach den §§ 8 und 9b zu; auch hier sind daher die Vorschriften des Bundesdatenschutzgesetzes bei der Weiterleitung von Daten an ausländische Behörden und Bürger anzuwenden.[11]

1.4 Anwendungsbereich der Vorschrift

Für nach den §§ 4 ff. BImSchG zuzulassende UVP-pflichtige Vorhaben wird § 10 durch Sonderregelungen zum Geheimnisschutz in § 10 Abs. 2 und auch § 27 Abs. 3 BImSchG verdrängt.[12] Die genannten Vorschriften des BImSchG werden zudem ergänzt durch § 11a

---

9 Vgl. den Regierungsentwurf zu § 10, BT-Drs. 11/3919, S. 6.
10 Hierauf weist der Bundesrat in seiner Stellungnahme zum Regierungsentwurf hin, BT-Drs. 11/3919, S. 41 f.
11 Erläuterung der Konzeption des Bundesgesetzgebers bei *Gerhold/Heil*, Datenschutz und Datensicherheit 2001, 377 f.
12 So auch die Begründung zum Regierungsentwurf, ebd., S. 26.

§ 10

Abs. 3 Satz 2 und 3 der 9. BImSchV für den Fall der grenzüberschreitenden Behördenbeteiligung. Vergleichbare Regelungen sind in § 7 Abs. 4 Satz 3 AtG i.V. mit § 10 Abs. 2 BlmSchG und § 7a Abs. 1 Satz 4 und 5 AtVfV für das atomrechtliche Genehmigungsverfahren getroffen. Dagegen sind für die sonstigen UVP-pflichtigen Vorhaben in den einschlägigen Fachgesetzen keine besonderen Regelungen zum Geheimnisschutz getroffen. Damit greift hier § 10 ein, der mit seinem Hinweis auf die Rechtsvorschriften über Geheimhaltung und Datenschutz letztlich auf die Geltung der **Grundsatznorm des § 30 VwVfG** Bezug nimmt.[13] § 30 VwVfG gilt zunächst für alle planfeststellungsbedürftigen Vorhaben unmittelbar. Aber auch für sonstige UVP-pflichtige Vorhaben ohne eigene Geheimnisschutzklausel ist § 30 VwVfG als allgemeiner Rechtsgrundsatz entsprechend anwendbar.[14] Der zunächst umfassend auf den Geheimnisschutz bezogene Anwendungsbereich des § 30 VwVfG wird wiederum eingeschränkt durch die **Datenschutzgesetze** von Bund und Ländern, welche die personenbezogenen Daten einer natürlichen Person, die sich in behördlichen Akten befinden können und die zugleich auch Geheimnisse darstellen, abschließend durch eigenständige Regelungen schützen.[15] § 8 Umweltinformationsgesetz (UIG), der den nach dem UIG bestehenden allgemeinen **Umweltinformationsanspruch** gleichfalls im Interesse des Geheimnisschutzes einschränkt und als Besonderheit vor der Entscheidung über die Offenbarung eines Geheimnisses die Durchführung eines besonderen Anhörungsverfahrens zum Schutz der Betroffenen vorschreibt, findet demgegenüber nicht im laufenden UVP-Verfahren, sondern erst nach abschließend getroffener Zulassungsentscheidung Anwendung.

1.5 Geltung von Verwaltungsvorschriften

10 Die UVPVwV bezieht sich entsprechend dem durch § 24 vorgegebenen, eingeschränkten Auftrag nicht auf die einzelnen Verfahrensschritte des Beteiligungsverfahren. Demgemäß trifft sie auch keine Anordnungen zum Geheimnis- und Datenschutz im Rahmen der Behörden- und Öffentlichkeitsbeteiligung. Verwaltungsvorschriften, Erlasse oder Richtlinien der Länder können allerdings konkretisierende Anordnungen zum Umgang mit Betriebs- und persönlichen Geheimnissen im laufenden Verwaltungsverfahren treffen.

2 Schutz von persönlichen und von Betriebsgeheimnissen durch § 10 i.V. mit § 30 VwVfG (Geheimnisschutz)

11 § 30 VwVfG verkörpert als allgemeiner Rechtsgrundsatz das Gebot des Geheimnisschutzes in allen Verwaltungsverfahren. Die am Verfahren Beteiligten haben daher »Anspruch darauf, dass ihre Geheimnisse, insbesondere die zum persönlichen Lebens-

---

13   Wie hier *Erbguth/Schink*, UVPG, § 10 Rn. 3; zum Auffangcharakter von § 30 VwVfG *Bonk/Kallerhof*, in: Stelkens/Bonk/Sachs, VwVfG, § 30 Rn. 3; Einzelheiten nachfolgend Rn. 12.
14   Allgemeine Auffassung, vgl. *Clausen*, in: Knack, VwVfG, § 30, Rn. 6, und *Bonk/Kallerhof*, in: Stelkens/Bonk/Sachs, VwVfG, § 30 Rn. 4 ff.; Einzelheiten nachfolgend bei Rn. 12.
15   Vgl. § 1 Abs. 5 Bundesdatenschutzgesetz (BDSG); zum Konkurrenzverhältnis von Datenschutzrecht und § 30 VwVfG bemerken *Bonk/Kallerhof*, ebd., dass »§ 30 ... nicht ersetzt worden ist« ist. Zum auf natürliche Personen beschränkten Anwendungsbereich des BDSG *Auernhammer*, BDSG, § 3 Rn. 6; zum präventiven Ansatz *Gola*, BDSG, § 1 Rn. 3.1.

bereich gehörenden Geheimnisse sowie die Betriebs- und Geschäftsgeheimnisse, von der Behörde nicht unbefugt offenbart werden.«

2.1 Anwendung von § 30 VwVfG bei UVP-pflichtigen Verfahren

Für UVP-pflichtige Planfeststellungsverfahren gilt § 30 VwVfG unmittelbar über den Verweis in § 72 Abs. 1 Satz 1 VwVfG. § 10 kommt für Planfeststellungsverfahren somit ausschließlich deklaratorische Wirkung zu. Nach allgemeiner Auffassung ist darüber hinaus der in § 30 VwVfG verkörperte **allgemeine Rechtsgrundsatz bei jeder anderen öffentlich-rechtlichen Verwaltungstätigkeit anzuwenden**.[16] Nach dieser Auffassung greift § 30 VwVfG damit ohne besondere Anordnung bei vorgelagerten Raumordnungs-, Linienbestimmungs- und Bauleitplanverfahren sowie auch bei den abschließenden Genehmigungsverfahren, bei denen keine eigenständige Anordnung zur Geheimhaltung getroffen worden ist.[17] Zum gleichen Ergebnis kommt man für die UVP-pflichtigen Verfahren, bei denen § 30 VwVfG nicht unmittelbar gilt, wenn man § 10 hier als Norm mit konstitutivem Charakter versteht, die Bezug nimmt auf die allgemeinen Grundsätze des Geheimnisschutzes, die ihre Konkretisierung wiederum in § 30 VwVfG erfahren. Die Pflicht zur Geheimhaltung bezieht sich auf das eigentliche Verwaltungsverfahren mit den Verfahrensabschnitten der Einbeziehung der Öffentlichkeit und der innerstaatlichen und grenzüberschreitenden Behördenbeteiligung.[18] Nach allgemeiner Auffassung galt § 30 VwVfG früher daneben auch über den Abschluss eines laufenden Verwaltungsverfahrens hinaus.[19] Hier ist mit § 8 UIG allerdings jetzt eine vorrangige Regelung getroffen. Geschützt werden durch § 30 VwVfG die Geheimnisse der am Verwaltungsverfahren Beteiligten und damit die in § 13 i. V. mit § 11 VwVfG genannten natürlichen, aber auch juristischen Personen, soweit sich deren »Geheimnisse« als Unterlagen in den Akten befinden oder der Behörde im Gespräch bekannt geworden sind.[20]

12

2.2 Schutz von persönlichen und von Betriebsgeheimnissen

Die Beteiligten haben nach § 30 VwVfG »Anspruch darauf, dass ihre Geheimnisse, insbesondere die zum persönlichen Lebensbereich gehörenden Geheimnisse sowie die Betriebs- und Geschäftsgeheimnisse von der Behörde nicht unbefugt offenbart werden«. Der **Geheimnisbegriff des § 30 VwVfG** erfasst alle sich auf einen bestimmten Rechtsträger und dessen Lebensverhältnisse beziehenden Tatsachen, soweit sie nur einem begrenzten Personenkreis bekannt sind und der Rechtsträger an deren Nichtverbreitung ein bestimmtes Interesse hat.[21] Auf das Urteil eines vernünftigen Betrachters ist abzu-

13

---

16 Vgl. die Nachweise oben unter Rn. 9.
17 Zu den Auswirkungen des Fehlens ausdrücklicher gesetzlicher Bestimmungen vgl. aber die Darstellung von *Berkemann* zum Bauplanungsrecht, ZfBR 1986, 155 ff.
18 Zu den vielfältigen unterschiedlichen Rechtsverhältnissen, in denen der Geheimnisschutz in einem Verwaltungsverfahren relevant werden kann, vgl. den ausführlichen Überblick bei *Breuer*, NVwZ 1986, 171 (175 ff.).
19 *Bonk/Kallerhof*, in: Stelkens/Bonk/Sachs, VwVfG, § 30 Rn. 5.
20 *Bonk/Kallerhof*, in: Stelkens/Bonk/Sachs, VwVfG, § 30 Rn. 4.
21 Definition mit Nachweisen bei *Clausen*, in: Knack, VwVfG, § 30 Rn. 7.

stellen, wenn der tatsächliche Wille des Betroffenen nicht bekannt ist. Auch bleibt ein übersteigerter Wille des Betroffenen außer Acht.[22]

14 Zu den geschützten persönlichen Geheimnissen eines am Verfahren Beteiligten zählen insbesondere seine familiären, gesundheitlichen und wirtschaftlichen Verhältnisse sowie die dazugehörenden Unterlagen und Gutachten, soweit es sich nicht um personenbezogene Daten einer natürlichen Person handelt, da diese von den **Datenschutzgesetzen vorrangig** geschützt werden.[23] Zu den Betriebs- und Geschäftsgeheimnissen gehören z. B. Geschäftsbücher, Marktstrategien und geschäftliche Absichten des Vorhabenträgers.[24]

15 Die genannten Geheimnisse können im Rahmen der Beteiligungsverfahren durch Schwärzen der fraglichen Stellen in den Unterlagen vor Weitergabe oder auch durch eine nur auszugsweise Veröffentlichung geschützt werden. Denkbar ist auch, dass der Vorhabenträger – in Absprache mit der verfahrensleitenden Behörde – interne, geheimnisbedürftige Vorhabenunterlagen, die für die Beurteilung der Umweltverträglichkeit erforderlich sind, in einer besonders gekennzeichneten Unterlage einreicht.[25]

2.3 Offenbarungsbefugnis und unbefugtes Offenbaren

16 Liegt ein Geheimnis vor, darf dieses nicht unbefugt offenbart werden. Ein Offenbaren eines Geheimnisses liegt vor, wenn es jemandem mitgeteilt wird, dem es bisher nicht bekannt war.[26] Dieser jemand kann ein unbeteiligter **Dritter** oder ein am Verfahren **Beteiligter**, aber auch **eine am Verfahren beteiligte andere Behörde** sein. Eine Befugnis zur Offenbarung kann sich für die zuständige Behörde aus nachfolgend genannten Gründen ergeben:[27]

- Der Betroffene hat sein Einverständnis ausdrücklich oder durch konkludentes Handeln vor der Preisgabe des Geheimnisses erklärt.
- Eine Offenbarungsbefugnis ist durch eine besondere gesetzliche Regelung bspw. im Steuerrecht oder Strafrecht eröffnet.
- Eine zu beteiligende Behörde benötigt die Information, um ihrerseits eine qualifizierte Stellungnahme im Verfahren abgeben zu können. In diesem Fall ist die zu beteiligende Behörde, soweit ihr ein Geheimnis mitgeteilt wird, gegenüber Dritten selber nach § 30 VwVfG zur Wahrung des Geheimnisschutzes verpflichtet. Gleiches gilt bei einem Amtshilfeersuchen einer nicht am Verfahren beteiligten Behörde.

---

22 *Clausen*, ebd., Rn. 7.
23 Zum Gegenstand der zum persönlichen Lebensbereich zählenden Geheimnisse *Clausen*, ebd., Rn. 7; zum Vorrang der Datenschutzgesetze bei den personenbezogenen Daten natürlicher Personen unten Rn. 21 f.
24 Zum Gegenstand der Geschäfts- und Betriebsgeheimnisse *Clausen*, ebd., Rn. 7, und *Breuer*, NVwZ 1986, 171 (172).
25 Ausdrücklich nur für das immissionsschutzrechtliche Genehmigungsverfahren in § 10 Abs. 2 BImSchG geregelt, hierzu unten Rn. 18.
26 Zum Offenbaren im Einzelnen *Bonk/Kallerhof*, in: Stelkens/Bonk/Sachs, VwVfG, § 30 Rn. 15.
27 Vgl. im Einzelnen *Bonk/Kallerhof*, ebd., Rn. 18 bis 20.

- Zur Wahrung wichtiger Interessen der Allgemeinheit kann sich ausnahmsweise – aufgrund einer Güterabwägung unter Berücksichtigung der Verhältnismäßigkeit – ein Vorrang der Offenbarung vor der Geheimhaltung ergeben.

Demgegenüber reicht als Offenbarungsbefugnis ein Informations- und Auskunftsanspruch der Presse ebensowenig wie die Tatsache aus, dass das Geheimnis bereits einigen Personen bekannt ist.[28]

Ist ein Geheimnis eines am Verfahren Beteiligten durch die zuständige Behörde unbefugt offenbart worden, ist die unter Verletzung von § 30 VwVfG ergangene Zulassungsentscheidung nach den allgemeinen Grundsätzen der §§ 44 ff. VwVfG zu beurteilen. Über die Verletzung der Geheimhaltungspflicht wird damit inzident gemäß § 44 a VwVfG im Zusammenhang mit der Überprüfung der Zulassungsentscheidung entschieden.[29] Dabei wird die Ursächlichkeit des unbefugten Offenbarens für die Zulassungsentscheidung zu prüfen sein. Neben den Rechtsschutzmöglichkeiten im Verwaltungsrecht können überdies auch strafrechtliche Sanktionen und Amtshaftungsansprüche in Betracht kommen.[30]

17

3 Geltung vorrangiger Vorschriften des Immissionsschutz- und Atomrechts zum Geheimnisschutz

Für das immissionsschutzrechtliche Genehmigungsverfahren nach den §§ 4 ff. BImSchG wird der Geheimnisschutz des Vorhabenträgers vorrangig durch § 10 Abs. 2 BImSchG geregelt: »Soweit Unterlagen Geschäfts- und Betriebsgeheimnisse enthalten, sind die Unterlagen zu kennzeichnen und getrennt vorzulegen. Ihr Inhalt muß, soweit es ohne Preisgabe des Geheimnisses geschehen kann, so ausführlich dargestellt sein, dass es Dritten möglich ist, zu beurteilen, ob und in welchem Umfang sie von den Auswirkungen der Anlage betroffen werden können.« Der Vorhabenträger kann damit Geschäfts- und Betriebsgeheimnisse in den nach § 6 vorzulegenden entscheidungserheblichen Unterlagen kenntlich machen und aussondern, muss dann aber im Gegenzug eine **Zusammenfassung** dieser Unterlagen für die Auslegung im Rahmen der Öffentlichkeitsbeteiligung erstellen, aus deren Inhalt Dritte eine mögliche Betroffenheit erkennen können. Gemäß § 10 Abs. 3 Satz 1 der ergänzend anzuwendenden 9. BImSchV darf dann ausschließlich diese Inhaltsdarstellung ausgelegt werden, wenn die zuständige Behörde gleichfalls wie der Vorhabenträger von dessen berechtigtem Geheimhaltungsinteresse ausgeht. Hält die Genehmigungsbehörde demgegenüber die Kennzeichnung der Unterlagen als Geschäfts- oder Betriebsgeheimnis in der Sache für unberechtigt, so hat sie vor der Entscheidung über die Auslegung der gesamten Unterlagen zunächst gemäß § 10 Abs. 3 Satz 2 der 9. BImSchV den Antragsteller zu hören und dann ggf. die kompletten Unterlagen für die Öffentlichkeitsbeteiligung zur Verfügung zu stellen.[31] Für den Sonderfall, dass gemäß § 27 BImSchG nach einem bereits abgeschlossenen immissionsschutzrechtlichen Genehmigungsverfahren eine Immissionserklärung abgegeben ist, sieht § 27 Abs. 3 Satz 1 BImSchG als spezialgesetzliche Vorschrift schließlich vor, dass Einzelangaben dieser

18

---

28 *Bonk/Kallerhof*, ebd., Rn. 19 und 21.
29 *Bonk/Kallerhof*, ebd., Rn. 27.
30 *Clausen*, in: Knack, VwVfG, § 30 Rn. 14.
31 Wie hier auch *Breuer*, NVwZ 1986, 171 (176).

§ 10 Geheimhaltung und Datenschutz

Erklärung nicht veröffentlicht werden dürfen, wenn aus diesen Rückschlüsse auf Betriebs- und Geschäftsgeheimnisse gezogen werden können.

19   Die vorstehenden Ausführungen gelten infolge des Verweises von **§ 7 Abs. 4 Satz 3 AtG** auf § 10 Abs. 2 BImSchG auch für das atomrechtliche Genehmigungsverfahren nach § 7 AtG; demgemäß entspricht § 3 Abs. 3 AtVfV auch im Wesentlichen § 10 Abs. 3 der 9. BImSchV. Allerdings ist in § 3 Abs. 4 Satz 3 AtVfV anstelle des soeben beschriebenen Anhörungsverfahrens (vor möglicherweise kompletter Auslegung der Unterlagen) nach § 10 Abs. 3 Satz 2 der 9. BImSchV lediglich vorgeschrieben, dass der Antragsteller in einem Verzeichnis über die vorgelegten Vorhabenunterlagen die Unterlagen mit Geschäfts- und Betriebsgeheimnissen besonders kennzeichnen muss.[32]

20   Da die soeben dargestellten Sondervorschriften sich ausschließlich auf den Schutz von Geschäfts- und Betriebsgeheimnissen des Vorhabenträgers im Rahmen der Öffentlichkeitsbeteiligung ziehen, kommt **§ 30 VwVfG** für den Schutz von Geheimnissen anderer am Verfahren Beteiligter im Rahmen einer innerstaatlichen Behördenbeteiligung **ergänzend zur Anwendung**.[33] Zur Anwendung kommen daneben auch die Datenschutzgesetze von Bund und Ländern zum Schutz personenbezogener Daten.[34] Für den Sonderfall der grenzüberschreitenden Behördenbeteiligung wird die zusätzliche Geltung von § 30 VwVfG und der Datenschutzgesetze dabei durch § 11 Abs. 3 Satz 2 und 3 der 9. BImSchV und § 7a Satz 4 und 5 AtVfV mit der Bezugnahme auf die allgemeinen Vorschriften ausdrücklich klargestellt.[35]

4 Schutz personenbezogener Daten durch die Datenschutzgesetze (Datenschutz)

21   Die Regelungen zum Datenschutz in den **Datenschutzgesetzen von Bund und Ländern haben Vorrang** gegenüber denen des Verwaltungsverfahrensgesetzes, soweit personenbezogene Daten natürlicher Personen bei der Ermittlung des Sachverhalts verarbeitet werden (§ 1 Abs. 4 BDSG für das **Bundes**datenschutzgesetz).[36] § 3 Abs. 1 BDSG definiert den Begriff der »personenbezogenen Daten« als Einzelangaben über persönliche oder sachliche Verhältnisse einer bestimmten oder bestimmbaren natürlichen Person. Bei den personenbezogenen Daten wird es sich überwiegend um **Namen, Adresse und ausgeübten Beruf** eines Antragstellers oder von Einwendern, ggf. aber auch um weitere Informationen wie Alter, Bankverbindung oder Familienstand handeln.[37] Diese Daten werden vom Bundesdatenschutzgesetz erfasst, wenn sie gemäß § 3 Abs. 2 Satz 1 BDSG automatisiert unter Einsatz einer Datenverarbeitungsanlage erhoben, verarbeitet oder genutzt, gemäß § 3 Abs. 2 Satz 2 BDSG aber auch in gleichartiger

---

32 Zu weiteren Unterschieden beider Verfahren *Breuer*, ebd., 177.
33 Vgl. zum Auffangcharakter von § 30 VwVfG bereits oben Rn. 12; ebenso *Breuer*, ebd., 176.
34 Hierzu sogleich Rn. 21 ff.
35 Eine vergleichbare Klarstellung wäre allerdings auch für die innerstaatliche Behördenbeteiligung sinnvoll gewesen.
36 Für die Erläuterung der für die UVP relevanten Datenschutzgesetze soll hier exemplarisch auf das Bundesdatenschutzgesetz (BDSG) zurückgegriffen werden. Daneben finden die hier nicht näher beschriebenen, wesensgleichen Datenschutzgesetze der Länder Anwendung.
37 Zum Begriff der personenbezogenen Daten im BDSG vgl. *Auernhammer*, BDSG, § 3 Rn. 2 ff.; *Gola*, BDSG, Rn. 2.1.

Form ohne Datenverarbeitungsanlage aufgebaut werden. Daneben kann es sich auch um in die Akten aufgenommene personenbezogene Daten im Rahmen der Darstellung der bestimmter Verfahrensschritte wie z. B. einer Öffentlichkeits- und Behördenbeteiligung handeln.[38] Dem Datenschutz unterliegt neben dem Erheben und Nutzen insbesondere die Verarbeitung derartiger Daten. Unter Verarbeiten wird nach § 3 Abs. 4 Satz 1 BDSG das Speichern, das Verändern, Übermitteln, Sperren und Löschen personenbezogener Daten verstanden. Die Erhebung, Verarbeitung und Nutzung personenbezogener Daten ist nach § 4 Abs. 1 BDSG nur zulässig, wenn sie **durch Gesetz erlaubt** wird oder der Betroffene **schriftlich eingewilligt** hat.[39] Die §§ 15 und 16 BDSG erlauben eine Datenübermittlung an öffentliche und an nicht öffentliche Stellen nur dann, wenn diese zur Erfüllung der in der Zuständigkeit der übermittelnden Stelle oder des Empfängers liegenden Aufgaben erforderlich ist.[40] Durch § 4b Abs. 1 BDSG ist die Anwendung dieser beiden Vorschriften auch bei einem grenzüberschreitenden Verfahren innerhalb der Europäischen Gemeinschaften sichergestellt; § 4b Abs. 2 BDSG erklärt Absatz 1 zudem bei Verfahren mit Datenübermittlung an sonstige ausländische Stellen für entsprechend anwendbar.[41]

Diese allgemeinen Grundsätze des Bundesdatenschutzgesetzes sind auf die Verfahrensschritte der §§ 7 bis 9a des UVPG und damit auf die Behörden- und Öffentlichkeitsbeteiligung UVP-pflichtiger Verwaltungsverfahren zu übertragen. So ist im Rahmen dieser Verfahren von einer Zulässigkeit der Datenübermittlung der zuständigen, verfahrensleitenden Behörde an die berührten in- und ausländischen Behörden nach den §§ 7 und 8 auszugehen, wenn die personenbezogenen Daten für eine Abgabe von fachlichen Stellungnahmen zu den Umweltauswirkungen des Vorhabens erforderlich werden. Hierbei kann es sich um eine Liste aller Einwender gegen das Vorhaben insbesondere mit Angaben zu deren Adressen handeln, falls diese eine nachteilige Betroffenheit ihrer Grundstücke durch Umweltauswirkungen des beabsichtigten Vorhabens zum Gegenstand ihrer Einwendung machen und die zuständige Behörde daher ihrerseits zu einer möglichen (Nicht-)Betroffenheit der genannten Grundstücke Stellung nehmen muß.[42] Entsprechendes gilt für die Einbeziehung der in- und ausländischen Öffentlichkeit nach den §§ 9 und 9a; auch die Einwender haben (insbesondere) Anspruch darauf zu wissen, welche Personen den Vorhabenantrag gestellt haben. Dagegen erscheint es für die Erhebung von Einwendungen seitens betroffener Bürger nicht erforderlich, auch weitere personenbezogene Daten des Vorhabenträgers wie z. B. dessen Familienstand bekannt zu geben.

Ist eine Bekanntgabe von personenbezogenen Daten unter Verstoß gegen das BDSG erfolgt, steht den Betroffenen gemäß § 7 BDSG ein **Schadensersatzanspruch** gegen die Stelle zu, die die Daten unbefugt weitergegeben hat. Darüber hinaus gewährt § 19 BDSG den Betroffenen ein **Auskunftsrecht** über den Umgang mit ihren Daten.

---

38 Zur Geltung des BDSG für in behördlichen Akten enthaltene personenbezogene Daten vgl. *Büllesbach*, NJW 1991, 2593 (2595).
39 Zu den Einzelheiten der erforderlichen Einwilligung der Betroffenen vgl. den Wortlaut zu § 4 Abs. 2 BDSG.
40 Vgl. im Einzelnen den Wortlaut der §§ 15 bis 17 BDSG.
41 Siehe hierzu bereits oben Rn. 8.
42 Hierzu mit Beispielen für die Bauleitplanung *Berkemann*, ZfBR 1986, 155 (159f.).

§ 11 Zusammenfassende Darstellung der Umweltauswirkungen

Die zuständige Behörde erarbeitet auf der Grundlage der Unterlagen nach § 6, der behördlichen Stellungnahmen nach §§ 7 und 8 sowie der Äußerungen der Öffentlichkeit nach §§ 9 und 9a eine zusammenfassende Darstellung der Auswirkungen des Vorhabens sowie der Maßnahmen, mit denen erhebliche Umweltauswirkungen vermieden, vermindert oder ausgeglichen werden, einschließlich der Ersatzmaßnahmen bei nicht ausgleichbaren, aber vorrangigen Eingriffen in Natur und Landschaft. Die Ergebnisse eigener Ermittlungen sind einzubeziehen. Die zusammenfassende Darstellung ist möglichst innerhalb eines Monats nach Abschluß der Erörterung im Anhörungsverfahren nach § 9 Abs. 1 Satz 2 zu erarbeiten. Die zusammenfassende Darstellung kann in der Begründung der Entscheidung über die Zulässigkeit des Vorhabens erfolgen. Die Begründung enthält erforderlichenfalls die Darstellung der Vermeidungs-, Verminderungs-, Ausgleichs- und Ersatzmaßnahmen.

Übersicht

		Rn.			Rn.
1	Allgemeines	1	2.3	Erarbeitung des Inhalts	10
1.1	Änderungen durch Artikelgesetz	1	2.4	Wertneutrale Abfassung	11
1.2	Gesetzgebungsverfahren 1990	1	2.5	Umfang der Darstellung	12
1.3	Vorgaben der EG-Richtlinie	2	2.6	Berücksichtigung des beantragten Zulassungsgegenstandes	15
1.4	Sinn und Zweck der zusammenfassenden Darstellung	3	3	Form der zusammenfassenden Darstellung	18
1.5	Anwendungsbereich der Vorschrift	4	4	Verfahren der Erarbeitung	23
2	Inhalt der zusammenfassenden Darstellung	7	5	Rechtsfolgen einer Verletzung	28
2.1	Auswirkungen des Vorhabens	8			
2.2	Vermeidungs-, Verminderungs-, Ausgleichs- und Ersatzmaßnahmen	9			

1 Allgemeines

§ 11 fordert eine systematische Beschreibung der Umweltauswirkungen des Vorhabens, um damit eine rechtstatsächliche Basis für die Bewertung und Berücksichtigung im Sinne von § 12 zu schaffen.[1]

1.1 Änderungen durch Artikelgesetz

1 § 11 ist durch das Artikelgesetz 2001 geändert worden. In Satz 1 wird durch die Einbeziehung des § 9 klargestellt, dass in der zusammenfassenden Darstellung nunmehr auch die Ergebnisse der **grenzüberschreitenden Öffentlichkeitsbeteiligung** nach § 9a zu berücksichtigen sind. Durch die Verwendung des Begriffs »Umweltauswirkungen des Vorhabens« anstelle der bisherigen Wendung »Auswirkungen des Vorhabens auf die in § 2 Absatz 1 Satz 2 genannten Schutzgüter, einschließlich der Wechselwirkungen« soll die Regelung redaktionell gestrafft und mit anderen Bestimmungen (vgl. §§ 6 Abs. 3

---

1 *Peters*, UVPG, § 11 Rn. 1.

Nr. 2 und 3, 9 Abs. 1 Satz 3 n. F.) harmonisiert werden. Die Streichung des Passus »einschließlich der **Wechselwirkungen**« ist eine Folgeänderung zur Neufassung des § 2 Abs. 1 Sätze 2 und 4. Der Begriff der Wechselwirkung wird in § 2 Absatz 1 Satz 2 nicht mehr – wie in der zuvor geltenden Gesetzesfassung – nur auf Menschen, Tiere und Pflanzen, Boden, Wasser, Luft, Klima und Landschaft, sondern auch auf Kulturgüter und sonstige Sachgüter bezogen. Die Einbeziehung von Vermeidungs-, Verminderungs-, Ausgleichs- und Ersatzmaßnahmen in der zusammenfassenden Darstellung in Satz 1 beruht auf der Überlegung, dass eine sachgerechte Darstellung der Umweltauswirkungen nur möglich ist, wenn zugleich auch die genannten Umweltmaßnahmen aufgeführt werden, da sich diese auf Inhalt und Umfang der Umweltauswirkungen unmittelbar auswirken. Der neu eingefügte Satz 5 dient in Verbindung mit § 9 Abs. 2 Satz 2 UVPG n. F. der Umsetzung von Art. 9 Abs. 1, 3. Anstrich der UVP-Änderungsrichtlinie. Nach § 9 Abs. 2 Satz 2 UVPG n. F. ist der Bescheid mit der Begründung der Öffentlichkeit zugänglich zu machen. Wenn hierdurch den Erfordernissen des Art. 9 Abs. 1 i.d. F. der Änderungsrichtlinie Rechnung getragen werden soll, muss die Begründung erforderlichenfalls die im neuen Satz 5 genannten Umweltmaßnahmen enthalten.

1.2 Gesetzgebungsverfahren 1990

Die Bestimmung über die zusammenfassende Darstellung der Umweltauswirkungen war im Gesetzgebungsverfahren 1990 nicht umstritten. Gegenüber dem Entwurf der Bundesregierung wurde die Gesetz gewordene Fassung aufgrund der Beschlussempfehlung des Ausschusses für Umwelt, Naturschutz und Reaktorsicherheit um den Satz 3 ergänzt, wonach die zusammenfassende Darstellung möglichst innerhalb eines Monats nach Abschluss der Erörterung im Anhörungsverfahren nach § 9 Abs. 1 S. 2 zu erarbeiten ist. Diese Beschlussempfehlung beruht auf einem Vorschlag der Koalitionsfraktionen, wonach durch Änderungen in den §§ 6 und 11 UVPG ein zügiger Verfahrensablauf sichergestellt werden sollte.[2]

1.3 Vorgaben der EG-Richtlinie

§ 11 geht zurück auf Art. 3 und 8 der Richtlinie über die UVP-RL bei bestimmten öffentlichen und privaten Projekten. Die genannten Bestimmungen sehen eine *medienübergreifende Beschreibung* der Umweltauswirkungen als Grundlage für die Bewertung und Berücksichtigung bei der Entscheidung über die Zulässigkeit eines Vorhabens vor. Art. 8 der Richtlinie schrieb allerdings ursprünglich nur vor, dass die gemäß den Art. 5, 6 und 7 der Richtlinie eingeholten Angaben im Rahmen des Genehmigungsverfahrens zu berücksichtigen sind. Der Bundesgesetzgeber hat insoweit in den §§ 11, 12 die Berücksichtigung der eingeholten Angaben weitaus differenzierter gesetzlich geregelt. Art. 8 der UVP- Änderungsrichtlinie schreibt nunmehr vor, dass nicht nur die gemäß den Art. 5, 6 und 7 der Richtlinie eingeholten Angaben, sondern auch die Ergebnisse der Anhörungen beim Genehmigungsverfahren zu berücksichtigen sind. Das Erfordernis einer zusammenfassenden Darstellung, wie es in § 11 geregelt ist, lässt sich unmittelbar aus dem

---

[2] Vgl. dazu den Bericht der Abgeordneten *Dörflinger/Hartenstein/Baum* und *Brauer*, BT-Drs. 11/5532, S. 26 (38).

europäischen Recht nicht ableiten.³ Die Unterscheidung von *Beschreibung, Bewertung und Berücksichtigung* führt allerdings auch zu Abgrenzungsproblemen zwischen der geforderten medienübergreifenden Beschreibung aller Umweltauswirkungen und ihrer Bewertung.

1.4 Sinn und Zweck der zusammenfassenden Darstellung

3   Sinn und Zweck der zusammenfassenden Darstellung werden besonders deutlich in § 12. Die zusammenfassende Darstellung ist danach Grundlage für die Bewertung der Umweltauswirkungen. In der zusammenfassenden Darstellung sind deshalb alle entscheidungserheblichen Angaben zusammenzufassen, die für die Bewertung erforderlich sind. Sie dient der Ermittlung des für die Bewertung relevanten Tatsachenstoffes. Mit der zusammenfassenden Darstellung beginnt nach der Erörterung im Anhörungsverfahren die eigentliche Entscheidungsphase.⁴

1.5 Anwendungsbereich der Vorschrift

4   § 11 gilt nicht bei der Aufstellung von Bauleitplänen und im bergrechtlichen Planfeststellungsverfahren. Nach § 17 S. 1 werden Umweltverträglichkeitsprüfungen im **Bauleitplanverfahren** nach den Vorschriften des Baugesetzbuches durchgeführt. § 11 gilt deshalb nicht. Bei Bebauungsplänen für Vorhaben, für die nach dem UVPG eine UVP durchzuführen ist, hat die Gemeinde gem. § 2a BauGB einen **Umweltbericht** in die Begründung aufzunehmen. Für das **bergrechtliche Planfeststellungsverfahren** schließt § 18 S. 2 die Anwendung des § 11 ausdrücklich aus. Allerdings stellt sich die Frage, ob und inwieweit Änderungen des § 11 im Zusammenhang mit der Verabschiedung des Artikelgesetzes zu einer Heranziehung des § 11 auf der Grundlage des § 4 führen können.⁵

5   Besondere Anforderungen an die Erarbeitung der zusammenfassenden Darstellung ergeben sich, wenn eine UVP in einem Verfahren durchzuführen ist, dessen Ergebnis lediglich eine **Teilzulassung** oder ein **Vorbescheid** sein soll. In diesem Fall hat die zusammenfassende Darstellung sich entsprechend § 13 Abs. 1 *vorläufig* auf die *erkennbaren* Umweltauswirkungen des Gesamtvorhabens und *abschließend* auf die Umweltauswirkungen des Vorhabens insoweit zu erstrecken, als diese Gegenstand des Vorbescheides oder der Teilzulassung sind.⁶ Entsprechend § 13 Abs. 2 beschränkt sich die Notwendigkeit einer zusammenfassenden Darstellung bei weiteren Teilgenehmigungen oder entsprechenden Teilzulassungen auf zusätzliche oder andere erhebliche Umweltauswirkungen des Vorhabens, die im Vorbescheidsverfahren oder in dem vorangegangenen Verfahren der Teilzulassung nicht geprüft wurden.

6   Besonderheiten ergeben sich hinsichtlich der zusammenfassenden Darstellung auch bei **parallelen Zulassungsverfahren**, in denen die federführende Behörde nach § 14

---

3   *BVerwG*, Urt. v. 10.4.1997 – 4 C 5.96 –, NuR 1997, 441, 442.
4   Vgl. *Schink*, NVwZ 1991, 935 (941); *Vallendar*, in: Feldhaus, Immissionsschutzrecht, Vorbemerkungen zur 9. BImSchV, Anm. 18.
5   Siehe dazu unten § 18 Rn. 5 ff.
6   *Erbguth/Schink*, UVPG, § 11 Rn. 5; zu den Einzelheiten siehe unten § 13 Rn. 1 ff.

Zusammenfassende Darstellung der Umweltauswirkungen § 11

Abs. 1 spezifische Aufgaben zu übernehmen hat.[7] Besonderheiten gelten schließlich auch dann, wenn ein qualifiziertes **Raumordnungsverfahren** vorausgegangen ist, in dem die Umweltverträglichkeit des Vorhabens unter Einbeziehung der Öffentlichkeit geprüft worden ist. Nach § 16 Abs. 2 hat die zuständige Behörde im nachfolgenden Zulassungsverfahren die im Raumordnungsverfahrne ermittelten, beschriebenen und bewerteten Umweltauswirkungen des Vorhabens nach Maßgabe des § 12 bei der Entscheidung über die Zulässigkeit des Vorhabens zu berücksichtigen. Im nachfolgenden Zulassungsverfahren soll gemäß § 16 Absatz 3 hinsichtlich der im Raumordnungsverfahren ermittelten und beschriebenen Umweltauswirkungen von den Anforderungen des § 11 insoweit abgesehen werden, als dieser Verfahrensschritt bereits im Raumordnungsverfahren erfolgt ist. Auch insoweit bedarf es im nachfolgenden Zulassungsverfahren einer zusammenfassenden Darstellung hinsichtlich der bereits ermittelten und beschriebenen raumbedeutsamen Umweltauswirkungen nicht. Spezielle Regelungen im Sinne des § 4 sehen auch § 20 Abs. 1a der 9. BImSchV und § 14a Abs. 1 der AtVfV vor.

2 Inhalt der zusammenfassenden Darstellung

Die zusammenfassende Darstellung enthält eine Aufbereitung aller bewertungs- und entscheidungserheblichen Informationen über das beabsichtigte Vorhaben, welche die zuständige Behörde aus den Antragsunterlagen des Vorhabenträgers (§ 6), von den beteiligten inländischen und ausländischen Behörden (§§ 7, 8) und durch die Anhörung der inländischen und der grenzüberschreitenden Öffentlichkeit (§§ 9, 9a) erhält. Einzubeziehen sind nach Satz 2 die Ergebnisse eigener behördlicher Ermittlungen. Da nach dem Gesetzeswortlaut Grundlage der zusammenfassenden Darstellung die Antragsunterlagen, die behördlichen Stellungnahmen sowie die Äußerungen der Öffentlichkeit sind, während die Ergebnisse eigener Ermittlungen lediglich einzubeziehen sind, ist davon auszugehen, dass der Gesetzgeber diesen **behördeneigenen Ermittlungen** lediglich eine ergänzende oder nachgeordnete Funktion beimisst.[8] Die zuständige Behörde wird zu eigenen, originären Ermittlungen, die über die vorgelegten Unterlagen hinausgehen, *berechtigt*. Satz 2 verdeutlicht insoweit aber auch, dass die zuständige Behörde auch im Rahmen der UVP von Amts wegen eigene Ermittlungen, soweit diese zur Beurteilung des Vorhabens erforderlich sind, anstellen muss.[9] Die Behörde kann sich deshalb bei der zusammenfassenden Darstellung der Umweltauswirkungen nicht auf eine bloße Unterlagenprüfung und die Zusammenstellung des ihr vorgelegten Materials beschränken. Nötigenfalls ist sie verpflichtet, eigenständig die Angaben des Vorhabenträgers zu ergänzen und zu berichtigen.[10]

2.1 Auswirkungen des Vorhabens

Welche Umweltauswirkungen des Vorhabens zusammenfassend dargestellt werden müssen, ergibt sich aus der Auflistung in § 2 Absatz 1 S. 2. Sie erstreckt sich auf

---

7 Siehe dazu unten § 14 Rn. 1.
8 *Schneider*, UVP S. 128; zur Ermittlung der Umweltauswirkungen siehe oben *Appold*, § 2 Rn. 46 ff.
9 Vgl. dazu die Amtliche Begründung, BT-Drs. 11/3919, S. 26.
10 *Schneider*, UVP S. 128.

Menschen, Tiere und Pflanzen, Boden, Wasser, Luft, Klima und Landschaft, Kulturgüter und sonstige Sachgüter sowie die Wechselwirkungen zwischen den vorgenannten Schutzgütern.[11] Die Umweltverträglichkeitsprüfung bezieht sich ausdrücklich nicht nur auf unmittelbare, sondern auch **auf mittelbare Auswirkungen**. Die Differenzierung zwischen unmittelbaren und mittelbaren Auswirkungen im Gesetz ist neu, wenngleich auch die bis 2001 geltende Gesetzesfassung eine Bewertung und Berücksichtigung auch mittelbarer Umweltauswirkungen ermöglichte und – ohne ausdrückliche Regelung – auch forderte. Art. 3 der UVP-Richtlinie spricht ebenfalls von den unmittelbaren und mittelbaren Auswirkungen eines Projektes. Insoweit ist die Differenzierung in der Neufassung des Gesetzes eine deklaratorische Klarstellung, ein Merkposten für den Adressaten der Regelung.

2.2 Vermeidungs-, Verminderungs-, Ausgleichs- und Ersatzmaßnahmen

9   Der Verpflichtung der zuständigen Behörde, die zusammenfassende Darstellung auch auf die Maßnahmen zu erstrecken, mit denen erhebliche nachteilige Umweltauswirkungen vermieden, vermindert oder ausgeglichen werden, einschließlich der Ersatzmaßnahmen bei nicht ausgleichbaren, aber vorrangigen Eingriffen in Natur und Landschaft, korrespondiert mit der Verpflichtung des Vorhabenträgers gemäß § 6 Abs. 3 Nr. 2, Unterlagen vorzulegen, die zumindest auch Angaben zu diesen Maßnahmen enthalten. Mit dem Verweis auf **Ausgleichs- und Ersatzmaßnahmen** bei nicht ausgleichbaren, aber vorrangigen Eingriffen in Natur und Landschaft verknüpft der Gesetzgeber die UVP mit der naturschutzrechtlichen **Eingriffsregelung**. Dem dient bereits § 8 Abs. 10 BNatSchG, wonach das Verfahren bei Vorhaben, die einen Eingriff in Natur und Landschaft verursachen und die der UVP-Pflicht unterliegen, den Anforderungen des UVPG genügen müssen. Auch die Hierarchie von Vermeidung, Ausgleich und Ersatz entspricht der Systematik der Eingriffsregelung. Während die Ersatzmaßnahmen sich auf einen möglichen Eingriff in Natur und Landschaft beschränken, gehen die übrigen Vermeidungs-, Verminderungs- und Ausgleichsmaßnahmen über die naturschutzrechtliche Eingriffsregelung hinaus.

Vermeidungs- und Verminderungsmaßnahmen sind Instrumente einer wirksamen Umweltvorsorge, der die Umweltverträglichkeitsprüfung nach § 1 vornehmlich dienen soll. Ob und inwieweit derartige Maßnahmen erforderlich, ob eine Verpflichtung des Vorhabenträgers besteht, solche Maßnahmen einzuleiten und durchzuführen, ergibt sich weder aus § 6 Abs. 3 Nr. 2 noch aus § 11 Satz 1, sondern aus den materiell-rechtlichen Zulassungsvoraussetzungen, die für die jeweiligen Vorhaben zu erfüllen sind.

Ein naturschutzrechtliches Verbot vermeidbarer Umweltbeeinträchtigungen sieht z. B. § 8 Abs. 2 S. 1, 2. HS BNatSchG vor, wonach der Verursacher eines Eingriffs verpflichtet ist, vermeidbare Beeinträchtigungen zu unterlassen. Zu unterlassen sind allerdings nicht die den Eingriff auslösenden Vorhaben selbst, sondern die mit ihnen verbundenen und vermeidbaren Beeinträchtigungen der Natur. Ein weiteres naturschutzrechtliches **Vermeidungsgebot** ergibt sich aus § 19c Abs. 3 Nr. 2 BNatSchG. Danach können Projekte, die zu erheblichen Beeinträchtigungen von **FFH-Gebieten** und Europäischen **Vogelschutzgebieten** führen, ausnahmsweise nur dann zugelassen

---

11   Siehe dazu im Einzelnen *Appold*, § 2 Rn. 11 ff.

werden, wenn zumutbare Alternativen, den mit dem Projekt verfolgten Zweck an anderer Stelle ohne oder mit geringeren Beeinträchtigungen zu erreichen, nicht gegeben sind.

Immissionsschutzrechtliche Vermeidungs- und Verminderungsanforderungen ergeben sich z. B. auch aus dem Vorsorgegebot des § 5 Absatz 1 Nr. 2 BImSchG für die immissionsschutzrechtlich genehmigungsbedürftigen Anlagen, wonach Vorsorge gegen schädliche Umwelteinwirkungen und sonstige Gefahren, erhebliche Nachteile und erhebliche Belästigungen getroffen wird, insbesondere durch die dem Stand der Technik entsprechende Maßnahmen. Der **Stand der Technik** im Sinne von § 3 Abs. 6 BImSchG ist der Entwicklungsstand fortschrittlicher Verfahren, Einrichtungen oder Betriebsweisen, der die praktische Eignung einer Maßnahme zur Begrenzung von Emissionen in Luft, Wasser und Boden zur Gewährleistung der Anlagensicherheit, zur Gewährleistung einer umweltverträglichen Abfallentsorgung oder sonst zur Vermeidung oder Verminderung von Auswirkungen auf die Umwelt zur Erreichung eines allgemein hohen Schutzniveaus für die Umwelt insgesamt gesichert erscheinen lässt. Des Weiteren schreibt § 5 Abs. 1 Nr. 3 BImSchG für die immissionsschutzrechtlich genehmigungsbedürftigen Anlagen vor, dass Abfälle zu vermeiden sind, dass aber Abfälle nicht zu vermeiden sind, soweit die Vermeidung technisch nicht möglich oder nicht zumutbar ist, und dass die Vermeidung unzulässig ist, soweit sie zu nachteiligeren Umweltauswirkungen als die Verwertung führt. Dieses differenzierte Vermeidungsgebot des § 5 BImSchG wird durch das UVPG weder verschärft noch sonst materiell abgeändert. Liegen für die Vermeidung oder Verminderung von Umweltauswirkungen verbindliche Standards vor, etwa solche der novellierten TA Luft, dann richten sich die Vermeidungs- und Verminderungsanforderungen nach diesen Standards. Fehlt es an solchen Umweltstandards, dann muss durch die Behörde und – soweit erforderlich – unter Hinzuziehung von Sachverständigen der Stand der Technik und damit auch das gebotene Maß der Vermeidung und Verminderung nach der Grundnorm des § 3 Abs. 6 BImSchG ermittelt werden, um die gebotene Vorsorge festzulegen.

Das zentrale abfallrechtliche Vermeidungsgebot ergibt sich aus § 4 Abs. 1 Nr. 1 KrW-/AbfG. Danach sind Abfälle in erster Linie zu vermeiden, insbesondere durch die Verminderung ihrer Menge und Schädlichkeit. Vermeidungs- und Verminderungsgebote gibt es im Übrigen in allen umweltrechtlichen Regelungsbereichen, z. B. auch im Wasserrecht und im Bodenschutzrecht.

Zu den **Ausgleichsmaßnahmen** zählen Maßnahmen, die dazu führen, dass nach ihrer Durchführung keine erheblichen oder nachhaltigen Beeinträchtigungen mehr zurückbleiben (vgl. für den Eingriff in Natur und Landschaft § 8 Abs. 2 S. 4 BNatSchG). Der Ausgleich muss grundsätzlich nicht am Ort der Beeinträchtigung stattfinden. Jedoch muss regelmäßig ein räumlich-funktioneller Zusammenhang zwischen Eingriffs- und Ausgleichsort vorhanden sein. Besonderheiten gelten für den Eingriff in Natur und Landschaft im Bereich des Bauplanungsrechts.[12]

Ersatzmaßnahmen sollen einen nicht ausgleichbaren Eingriff kompensieren. Die Abgrenzung von Ausgleichs- und Ersatzmaßnahmen ist nicht eindeutig. Anders als Ausgleichsmaßnahmen müssen Ersatzmaßnahmen keinen gleichartigen, sondern nur einen gleichwertigen Zustand schaffen. Ziel ist es, zumindest die ökologische Gesamtbilanz auszugleichen. Die Zulassung einer Ersatzmaßnahme kann ihrerseits die Durch-

---

12 Vgl. dazu *Brohm*, in: FS Hoppe, S. 511 ff.

führung einer UVP voraussetzen. Ist im Rahmen des für die Zulassung der Ersatzmaßnahme erforderlichen Planfeststellungsverfahrens eine UVP notwendig, dann kann es mit dem Zweck der UVP unvereinbar sein, bereits mit dem Planfeststellungsbeschluss bezüglich des den naturschutzrechtlichen Eingriff verursachenden Vorhabens dem Grunde nach über die Zulassung der Ersatzmaßnahme mitzuentscheiden, wenn die dafür erforderlichen Entscheidungsgrundlagen noch nicht vorliegen.[13]

Gemäß § 11 Satz 4 kann die zusammenfassende Darstellung in die **Begründung der Entscheidung** über die Zulässigkeit des Vorhabens aufgenommen werden. Wenn dies geschieht, kann und muss sich die Begründung gemäß § 11 Satz 5 erforderlichenfalls auch auf die Darstellung der Vermeidungs-, Verminderungs-, Ausgleichs- und Ersatzmaßnahmen erstrecken.

2.3 Erarbeitung des Inhalts

10 Die Verpflichtung der zuständigen Behörde zur »Erarbeitung« der zusammenfassenden Darstellung verdeutlicht, dass sich diese Darstellung nicht in einer bloßen Aneinanderreihung der verschiedenen Unterlagen, Gutachten und Einwendungen erschöpfen darf. Die zuständige Behörde ist vielmehr verpflichtet, die ihr vorliegenden Informationen systematisch aufzuarbeiten und zu strukturieren.[14]

2.4 Wertneutrale Abfassung

11 Die zusammenfassende Darstellung soll die für die Bewertung erforderlichen Aussagen über die voraussichtlichen Umweltauswirkungen des Vorhabens und der Maßnahmen beschreiben, mit denen erhebliche nachteilige Umweltauswirkungen vermieden, vermindert oder ausgeglichen werden, einschließlich der Ersatzmaßnahmen bei nicht ausgleichbaren, aber vorrangigen Eingriffen in Natur und Landschaft. Dazu gehören unter anderem Aussagen über Art und Umfang sowie Häufigkeit oder Eintrittswahrscheinlichkeit der zu erwartenden Umweltauswirkungen. Allerdings soll sich die zusammenfassende Darstellung in einer reinen Beschreibung der zu erwartenden Umweltauswirkungen erschöpfen.[15] Insoweit soll die zusammenfassende Darstellung wertneutral abgefasst werden.[16] Denn die wertenden Aussagen darüber, ob Umweltauswirkungen »schädlich«, »nachteilig« oder »gemeinwohlbeeinträchtigend« sind, sind Teil der sich anschließenden und auf der zusammenfassenden Darstellung aufbauenden Bewertung der Umweltauswirkungen des Vorhabens.[17] Allerdings dürfte eine saubere Trennung zwischen der zusammenfassenden Darstellung und ihrer Bewertung im Einzelfall schwierig sein.[18] Die zusammenfassende Darstellung enthält jedenfalls keine Aussagen dazu, ob das beabsichtigte Vorhaben trotz der zu erwartenden Umweltauswirkungen die gesetzlichen Zulässigkeits-

---

13 *OVG Hamburg*, Urt. v. 23.5.1995 – Bf II-67/90 –, NuR 1997, 624
14 Vgl. *Schneider*, UVP S. 128; Amtliche Begründung, BT-Drs. 11/3919, S. 26; *Weber*, Umweltverträglichkeitsrichtlinie, S. 362.
15 *Schink*, Eildienst Landkreistag NW 1991, 28 (35); *Peters*, UVPG, § 11 Rn. 4.
16 *BVerwG*, DVBl. 1995, 485; Erbguth/Schink, UVPG, § 11 Rn. 11, *Schmidt-Preuß*, DVBl. 1995, 485.
17 Vgl. dazu *Steinberg*, DVBl. 1990, 1369 (1371); *Bohne*, ZfB 1989, 93 (116); UVPVwV (0.5.2.2.).
18 So zu Recht *Vallendar*, in: Feldhaus, BImSchG Vorbemerkungen zur 9. BImSchV, Anm. 18.

voraussetzungen erfüllt oder nicht. § 11 S. 1 fordert mit dem Gebot einer zusammenfassenden Darstellung der Umweltauswirkungen keine rechnerische und saldierende Gegenüberstellung der von dem Vorhaben zu erwartenden Einwirkungen auf die verschiedenen Umweltschutzgüter nach standardisierten Maßstäben.[19]

2.5 Umfang der Darstellung

Der Umfang der zusammenfassenden Darstellung hängt mittelbar auch von den nach § 6 beizubringenden Unterlagen ab. Entsprechend den in § 6 Abs. 3 geforderten **Mindestangaben** und den in § 6 Abs. 4 geforderten **zusätzlichen Angaben** ergibt sich auch für die zusammenfassende Darstellung, dass sie zumindest Angaben enthalten muß zur Beschreibung des Vorhabens mit Angaben über Standort, Art und Umfang sowie Bedarf an Grund und Boden, eine Beschreibung der Maßnahmen, mit denen erhebliche nachteilige Umweltauswirkungen des Vorhabens vermieden, vermindert oder, soweit möglich, ausgeglichen werden, sowie der Ersatzmaßnahmen bei nicht ausgleichbaren, aber vorrangigen Eingriffen in Natur und Landschaft, eine Beschreibung der zu erwartenden erheblichen nachteiligen Umweltauswirkungen des Vorhabens unter Berücksichtigung des allgemeinen Kenntnisstandes und der allgemein anerkannten Prüfungsmethoden, eine Beschreibung der Umwelt und ihrer Bestandteile im Einwirkungsbereich des Vorhabens unter Berücksichtigung des allgemeinen Kenntnisstandes und der allgemein anerkannten Prüfungsmethoden sowie Angaben zur Bevölkerung aus diesem Bereich, soweit die Beschreibung und die Angaben zur Feststellung und Bewertung erheblicher nachteiliger Umweltauswirkungen des Vorhabens erforderlich sind und ihre Beibringung für den Träger des Vorhabens zumutbar ist, eine Übersicht über die wichtigsten, vom Träger des Vorhabens geprüften anderweitigen Lösungsmöglichkeiten und eine Angabe der wesentlichen Auswahlgründe im Hinblick auf die Umweltauswirkungen des Vorhabens.

Eine allgemein verständliche, nicht technische **Zusammenfassung** der Angaben nach Satz 1 ist beizufügen.

Die Angaben müssen Dritten die Beurteilung ermöglichen, ob und in welchem Umfang sie von den Umweltauswirkungen des Vorhabens betroffen werden können. Die Unterlagen müssen auch die folgenden Angaben enthalten, soweit sie für die Umweltverträglichkeitsprüfung nach der Art des Vorhabens erforderlich sind: die Beschreibung der wichtigsten Merkmale der verwendeten technischen Verfahren, die Beschreibung von Art und Umfang der zu erwartenden Emissionen, der Abfälle, des Anfalls von Abwasser, der Nutzung und Gestaltung von Wasser, Boden, Natur und Landschaft sowie Angaben zu sonstigen Folgen des Vorhabens, die zu erheblichen nachteiligen Umweltauswirkungen führen können, und Hinweise auf Schwierigkeiten, die bei der Zusammenstellung der Angaben aufgetreten sind, zum Beispiel technische Lücken oder fehlende Kenntnisse.

Die zuständige Behörde soll in der zusammenfassenden Darstellung angeben, aus welcher **Informationsquelle** die Angaben stammen (z. B. vom Träger des Vorhabens, von anderen Behörden, aus der Öffentlichkeitsbeteiligung etc.). Bei den vorgenannten Angaben und Beschreibungen sind in der zusammenfassenden Darstellung, soweit dies entscheidungserheblich ist, Aussagen zu treffen über den Ist-Zustand der Umwelt, die

---

19 *BVerwG*, Urt. v. 19. 5. 1998 – 4 C 11/96 –, NVwZ 1999, 528, 532.

voraussichtliche Veränderung der Umwelt unter Berücksichtigung des geplanten Vorhabens bei Errichtung, bestimmungsgemäßem oder bestimmungswidrigem Betrieb und bei Stör- oder Unfällen sowie über die voraussichtliche Veränderung der Umwelt unter Berücksichtigung von Vorhabenalternativen – soweit diese nach Fachrecht zu prüfen sind – bei Errichtung, bestimmungsgemäßem oder bestimmungswidrigem Betrieb und bei Stör- oder Unfällen und über die Vermeidungs-, Verminderungs-, Ausgleichs- oder Ersatzmaßnahmen.

13 Da die zusammenfassende Darstellung Grundlage der Bewertung und letztlich der Berücksichtigung dieser Bewertung in der Zulassungsentscheidung sein soll, können sich die in ihr enthaltenen Angaben auf die für die Zulassungsentscheidung *erheblichen* Aussagen beschränken.[20] Was nicht entscheidungserheblich ist, kann weder für die Ermittlung und Beschreibung von Umweltauswirkungen noch für die Bewertung oder Berücksichtigung relevant sein.[21]

14 Die zusammenfassende Darstellung bezieht sich insgesamt auf die Umweltauswirkungen des Vorhabens. Dies schließt eine Darstellung möglicher **Wechselwirkungen** im Sinne von § 2 Absatz 1 Satz 2 Nr. 4 ein.[22] Der Begriff der Wechselwirkungen soll unter anderem zum Ausdruck bringen, dass die Umwelt nicht nur als Summe einzelner Umweltgüter oder Umweltmedien, sondern diese in ihren Bezügen untereinander eine zu berücksichtigende Größe darstellen.[23] Die Darstellung möglicher Umweltauswirkungen und der Maßnahmen zu ihrer Vermeidung, Verminderung etc. beruht letztlich auf einer Prognose, die wiederum auf Erfahrungen von Wissenschaft und Praxis aufbaut. Die **Prognose** enthält Aussagen über Art und Umfang sowie Eintritts- und Vermeidungswahrscheinlichkeit bestimmter Umweltauswirkungen.[24]

2.6 *Berücksichtigung des beantragten Zulassungsgegenstandes*

15 Die zusammenfassende Darstellung muss dem jeweiligen Gegenstand des geführten Zulassungsverfahrens entsprechen. Das bedeutet, dass sich die zusammenfassende Darstellung auf sämtliche Umweltauswirkungen des Vorhabens zu erstrecken hat, wenn eine **Vollgenehmigung** in dem Zulassungsverfahren angestrebt wird. Wird dagegen vom Träger des Vorhabens lediglich ein **Vorbescheid** oder eine **Teilzulassung** beantragt, dann beschränkt sich nach § 13 Abs. 1 die UVP *vorläufig* auf die erkennbaren Umweltauswirkungen des gesamten Vorhabens und *abschließend* auf die Umweltauswirkungen des Vorhabens insoweit, als dieses Gegenstand des Vorbescheides oder der Teilzulassung ist. Darauf ist auch bei der Erarbeitung der zusammenfassenden Darstellung Rücksicht zu nehmen.

16 Bei weiteren Teilzulassungen soll gemäß § 13 Abs. 2 die Prüfung der Umweltverträglichkeit auf *zusätzliche* oder *andere* erhebliche Umweltauswirkungen beschränkt werden. Deshalb kann die zusammenfassende Darstellung im Verfahren zur Erteilung weiterer Teilzulassungen insoweit entfallen, als keine zusätzlichen oder anderen erheblichen Umweltauswirkungen zu erwarten sind.

---

20 Einschränkend hinsichtlich der Beschreibung des Ist-Zustandes der Umwelt insoweit *Erbguth/Schink*, UVPG, § 11 Rn. 15.
21 So zu Recht *Feldmann*, UPR 1991, 127 (129); *Dienes*, UVP, S. 20.
22 *BVerwG*, DVBl. 1995, 1012; zu den Wechselwirkungen im Einzelnen *Appold*, § 2 Rn. 34 ff.
23 *Peters*, UPR 1999, 294, 296.
24 Vgl. dazu die Amtliche Begründung, BT-Drs. 11/3919, S. 26; *Peters*, UVP-RL, S. 31.

Zusammenfassende Darstellung der Umweltauswirkungen § 11

Soweit in einem **Raumordnungsverfahren** oder in einem anderen raumordnerischen Verfahren im Sinne des § 16 Abs. 1 eine zusammenfassende Darstellung der raumbedeutsamen Umweltauswirkungen erarbeitet worden ist, soll gemäß § 16 Abs. 3 S. 1 im nachfolgenden Zulassungsverfahren hinsichtlich der im Raumordnungsverfahren ermittelten und beschriebenen Umweltauswirkungen von den Anforderungen des § 11 insoweit abgesehen werden, als dieser Verfahrensschritt bereits im Raumordnungsverfahren erfolgt ist. Die im nachfolgenden Zulassungsverfahren zu erarbeitende zusammenfassende Darstellung kann sich auf zusätzliche oder andere erhebliche Umweltauswirkungen beschränken. Wenn es für die Gesamtbewertung im Sinne des § 2 Abs. 1 S. 4 zweckmäßig ist, kann die Zulassungsbehörde die zusammenfassende Darstellung der raumbedeutsamen Umweltauswirkungen in ihre zusammenfassende Darstellung der Umweltauswirkungen aufnehmen. 17

3 Form der zusammenfassenden Darstellung

Die zusammenfassende Darstellung ist ein einheitliches, behördeninternes Schriftstück. Als **behördeninternes Arbeitsmittel** ist sie grundsätzlich nicht zur eigenständigen Veröffentlichung gedacht und stellt insoweit kein isoliert anfechtbares Dokument dar. Dies wird teilweise mit der Begründung bedauert, ein eigenständiges UVP-Dokument würde eine Bewertung und Berücksichtigung der Ergebnisse verbessern sowie die gerichtliche Kontrolle erleichtern.[25] Da die zusammenfassende Darstellung keine Rechtsanwendung umweltbezogener Zulassungsvoraussetzungen darstellt, taugt sie als Gegenstand eigenständiger verwaltungsgerichtlicher Kontrolle wenig. Eine **Veröffentlichung** der zusammenfassenden Darstellung wird für wünschenswert gehalten, weil sie es ermöglichen könne, das behördliche Vorgehen nachzuprüfen, wodurch die Transparenz und oftmals die Akzeptanz der Entscheidung gefördert werde.[26] 18

Demgegenüber hat der Gesetzgeber auf die Erstellung eines eigenständigen Dokumentes unter anderem deshalb verzichtet, weil dies zu unnötigem Verwaltungsaufwand führen würde, insbesondere wenn nur eine einzige Behörde über die Zulässigkeit des Vorhabens zu entscheiden habe.[27] Etwas anderes gilt in den Fällen **paralleler Zulassungsverfahren**, in denen für die zusammenfassende Darstellung die federführende Behörde, für die Berücksichtigung der Bewertung die jeweilige Genehmigungsbehörde zuständig ist. In diesen Fällen muss die federführende Behörde den anderen Genehmigungsbehörden die zusammenfassende Darstellung in einem gesonderten Dokument übersenden.[28] 19

Gemäß § 11 S. 4 kann die zusammenfassende Darstellung deshalb in der Begründung der Entscheidung über die Zulässigkeit des Vorhabens erfolgen. 20

Falls das Vorhaben der **Zulassung durch mehrere Behörden** bedarf, kann die zusammenfassende Darstellung in umfassender Weise in der Begründung der Zulas- 21

---

25 Vgl. *Soell/Dirnberger*, NVwZ 1990, 705 (707); vgl. auch *Schneider*, UVP, S. 128; *Steinberg*, DÖV 1992, 321 (320).
26 *Schneider*, UVP, S. 128.
27 Vgl. dazu Amtliche Begründung, BT-Drs. 11/3919, S. 26; kritisch dazu *Steinberg*, DÖV 1992, 321 (328); das fehlende selbständige UVP-Dokument wird auch von der EG-Kommission in einem Bericht vom 2.4.1993 bemängelt.
28 Vgl. *Jarass*, NuR 1991, 201 (206).

sungsentscheidung erfolgen, die nach der Anlage zu § 3 UVPG Anknüpfungspunkt für die UVP-Pflicht des Vorhabens ist. In die Begründung der übrigen Zulassungsentscheidungen können die für diese Entscheidung bedeutsamen Teile der zusammenfassenden Darstellung eingefügt werden.

22 Bei der Abfassung der zusammenfassenden Darstellung kann die zuständige Behörde neben einer verbalen Beschreibung der voraussichtlichen Umweltauswirkungen auch andere **Darstellungsformen**, etwa Tabellen, Karten, Fotografien etc., nutzen. Die Art und Weise der Darstellung bleibt im Übrigen dem Ermessen der zuständigen Behörde vorbehalten. Teilweise wird empfohlen, für die zusammenfassende Darstellung eine problemorientierte Struktur zu erarbeiten, die entsprechend den Umweltbereichen Wasser, Boden, Luft unter Einbeziehung der jeweiligen Wechselwirkungen oder entsprechend den verschiedenen Einwirkungspfaden abgefasst werden könne.[29] § 11 verpflichtet nicht zu einer rechenhaften Gegenüberstellung. Sie würde nach Ansicht des BVerwG die Gefahr in sich bergen, eine Befundgenauigkeit und Prognosesicherheit in Bezug auf das Zusammenwirken von für die Umwelt und deren Schutz bedeutsamen Faktoren vorzutäuschen und damit eine Scheinrationalität zu erzeugen, die einer sachgerechten und die tatsächlichen Gegebenheiten berücksichtigenden Bewertung nach § 12 wenig dienlich wäre.[30]

4 Verfahren der Erarbeitung

23 **Zuständige Behörde** ist auch für die zusammenfassende Darstellung der Umweltauswirkungen die Behörde, die für das verwaltungsbehördliche Verfahren im Sinne des § 2 Abs. 1 S. 1 zuständig ist, d. h., die für die Zulassung zuständige Behörde. Fallen in einem Planfeststellungsverfahren Anhörungsbehörde und Planfeststellungsbehörde auseinander, so ist die Planfeststellungsbehörde zuständig. Dies ergibt sich schon daraus, dass die zusammenfassende Darstellung gemäß § 11 Satz 4 in der Begründung der Entscheidung über die Zulassung des Vorhabens erfolgen kann, für die allein die Planfeststellungsbehörde verantwortlich zeichnet.[31] Bei der zusammenfassenden Darstellung darf sich die zuständige Behörde nicht auf eine bloße Aneinanderreihung der verschiedenen Unterlagen und Dokumente beschränken. Die Behörde ist vielmehr zur **Erarbeitung der Darstellung** verpflichtet. Sie hat deshalb die ihr vorliegenden Angaben und Informationen systematisch aufzuarbeiten und zu strukturieren. Die Erarbeitung der zusammenfassenden Darstellung soll nach § 11 S. 3 möglichst innerhalb eines Monats nach Abschluss der Anhörung gemäß § 9 Abs. 1 Satz 2 abgeschlossen sein. Damit diese **Monatsfrist** eingehalten werden kann, muss bereits vor dem Erörterungstermin eine intensive Auseinandersetzung mit den Stellungnahmen und Einwendungen, Gutachten und Antragsunterlagen stattfinden, sodass nicht nur eine sachgerechte Erörterung, sondern auch nach der Erörterung eine unverzügliche Erarbeitung der zusammenfassenden Darstellung möglich wird.

24 Ergibt sich aus der Erörterung im Einwendungsverfahren die Notwendigkeit der **Beiziehung weiterer Unterlagen** durch den Projektträger oder von weiteren behördlichen Ermittlungen, dann kann die Monatsfrist zur Erstellung der zusammenfassenden

---

29 Vgl. *Schink*, Eildienst Landkreistag NW 1991, 28 (35); *Schneider*, UVP, S. 128.
30 *BVerwG*, Urt. v. 8.6.1995 – 4 C 4/94 –, NVwZ 1996, 381, 388.
31 *BVerwG*, Urt. v. 5.3.1997 – 11 A 25/95 –, NVwZ 1998, 513, 514; *Peters*, UVPG, § 11 Rn. 7.

Darstellung nicht eingehalten werden. In diesem Fall soll der Projektträger über die Unmöglichkeit, die Frist einzuhalten, unterrichtet werden.

Bedarf ein Vorhaben der Zulassung durch mehrere Behörden, dann ist die zusammenfassende Darstellung gemäß § 14 Abs. 1 S. 1 von der federführenden Behörde zu erarbeiten. Die Behörde hat dabei mit den anderen Zulassungsbehörden und der Naturschutzbehörde, deren Aufgabenbereich durch das Vorhaben berührt wird, zusammenzuwirken. Die **federführende Behörde** kann selbstverständlich auch weitere Behörden beteiligen, wenn sie dieses für zweckdienlich hält. Ist die federführende Behörde nicht für die vorherigen Verfahrensschritte, insbesondere für die Behördenbeteiligung und die Öffentlichkeitsbeteiligung, zuständig, dann bietet es sich insoweit an, dass die zuständige Behörde mit der federführenden Behörde auch bereits bei diesen Verfahrensschritten zusammenarbeitet. Nach Abschluss jeden Verfahrensschrittes sollten die dafür zuständigen Behörden die federführende Behörde über die Ergebnisse und über eigene Ermittlungen unterrichten, soweit dies für die Erarbeitung der zusammenfassenden Darstellung erforderlich ist.

25

Damit der federführenden Behörde für die Erarbeitung der zusammenfassenden Darstellung die nach ihrer Auffassung notwendigen Informationen zur Verfügung stehen, sollte die federführende Behörde die ihr vorliegenden Unterlagen unverzüglich auf **Vollständigkeit** prüfen und ggf. bei den im Übrigen zuständigen Behörden oder Beteiligten die noch für erforderlich gehaltenen Informationen anfordern.

26

Gemäß § 14 Abs. 1 S. 3 hat die federführende Behörde ihre Aufgaben in **Zusammenarbeit** zumindest mit den Zulassungsbehörden und der Naturschutzbehörde wahrzunehmen, deren Aufgabenbereich durch das Vorhaben berührt wird. Es kann deshalb sinnvoll sein, dass die federführende Behörde die zusammenfassende Darstellung zunächst im Entwurf erarbeitet und dazu die beteiligen Behörden um Stellungnahme bittet. Um die vom Gesetzgeber gesetzte Monatsfrist einzuhalten, kann eine solche Stellungnahme allerdings nur innerhalb kurzer Fristen erfolgen. Bei unterschiedlichen Auffassungen über die darzustellenden Umweltauswirkungen entscheidet selbstverständlich die federführende Behörde. Sie ist an die Stellungnahmen anderer Behörden insoweit nicht gebunden.

27

5 Rechtsfolgen einer Verletzung

§ 11 richtet sich mit seiner Verpflichtung an die zuständige Behörde. Sie wird zu einer zusammenfassenden Darstellung der Umweltauswirkungen verpflichtet. Missachtet die zuständige Behörde ihre Pflichten aus § 11, verhindert § 44a VwGO einen Rechtsbehelf des Vorhabenträgers gegen eine insoweit unzureichende behördliche Verfahrenshandlung. Ob § 11 Dritten ein subjektives Recht vermitteln kann, hat das BVerwG im Urteil vom 19. 5. 1998 offen gelassen. Die UVP-Richtlinie enthalte jedenfalls keinen Anhalt für die Annahme, der nationale Gesetzgeber sei verpflichtet, weitergehende Klagemöglichkeiten zu eröffnen, als sie das nationale Recht bereits allgemein bei der Verletzung von Verfahrensvorschriften einräume.[32] **Drittschutz** vermittelt die Vorschrift damit nicht.

28

---

32 *BVerwG*, Urt. v. 19. 5. 1998 – 4 C 11/96 –, NVwZ 1999, 532; *BVerwG*, Urt. v. 25. 1. 1996 – 4 C 5/95 –, NVwZ 1996, 788, 792; *VGH Mannheim*, Urt. v. 22. 3. 1995 – 5 S 2448/94 –, NVwZ 1996, 304, 306; *VG Köln*, B. v. 31. 5. 2000 – 1 L 449/00 –, ZfB 2000, 333; zum Drittschutz des enteignungsrechtlich Betroffenen gegen eine Verletzung verfahrensrechtlicher Bestimmungen des UVPG siehe z. B. *OVG Lüneburg*, B. v. 19. 9. 1998 – 3 M 4871/94 –, NuR 1998, 110.

§ 12 Bewertung der Umweltauswirkungen und Berücksichtigung der Bewertung bei der Entscheidung

Die zuständige Behörde bewertet die Umweltauswirkungen des Vorhabens auf der Grundlage der zusammenfassenden Darstellung nach § 11 und berücksichtigt diese Bewertung bei der Entscheidung über die Zulässigkeit des Vorhabens im Hinblick auf eine wirksame Umweltvorsorge im Sinne der §§ 1, 2 Abs. 1 S. 2 u. 4 und nach Maßgabe der geltenden Gesetze.

Übersicht

		Rn.			Rn.
1	Allgemeines	1	3.2	Berücksichtigung der Umweltauswirkungen in einzelnen Zulassungsverfahren	79
1.1	Vorgaben der EG-Richtlinie	6			
1.2	Anwendungsbereich	9			
1.3	Behördenzuständigkeit	15	3.2.1	Berücksichtigung der Umweltauswirkungen im Planfeststellungsverfahren	81
2	Bewertung	17			
2.1	Bewertungsmaßstäbe	20			
2.2	Erforderlichkeit einer Gesamtbewertung	35	3.2.1.1	Planrechtfertigung	93
			3.2.1.2	Planungsleitsätze	100
2.3	Abwägung mit umweltexternen Belangen	41	3.2.1.3	Abwägungsgebot	102
			3.2.2	Berücksichtigung der Umweltauswirkungen bei Kontrollerlaubnissen	112
2.4	Bewerten von Alternativen	42			
3	Berücksichtigen	64			
3.1	Allgemeines	64	3.2.2.1	Berücksichtigung von Wechselwirkungen	120
3.1.1	Vorrang der Umweltbelange	65			
3.1.2	§ 12 als Auslegungsregel	67	3.2.2.2	Kompensationsmöglichkeiten	124
3.1.2.1	»Nach Maßgabe der geltenden Gesetze«	68	3.2.2.3	Berücksichtigung von Alternativen	125
			3.2.2.4	Berücksichtigung der Ergebnisse der UVP bei Ermessensentscheidungen	129
3.1.2.2	»Im Hinblick auf eine wirksame Umweltvorsorge«	72			

1 Allgemeines

1   Die Vorschrift beruht auf Artikel 3 und 8 der UVP-RL und unterscheidet zwischen der Bewertung der Umweltauswirkungen, mit der die UVP im engeren Sinne abschließt, und der Berücksichtigung des Bewertungsergebnisses, die untrennbarer Bestandteil der Zulassungsentscheidung ist. In § 12 regelt der Gesetzgeber somit die Schnittstelle zwischen der UVP und der Zulassungsentscheidung. Die Bestimmung ist durch das Artikelgesetz 2001 nicht geändert worden.

2   § 12 zählt zu den Bestimmungen des UVPG, die einen materiell-rechtlichen Gehalt aufweisen.[1] Durch das UVPG und die UVP-Richtlinie werden die materiellrechtlichen Zulassungsvoraussetzungen für UVP-pflichtige Vorhaben jedoch nicht verschärft.[2]

---

1   Vgl. dazu die Begründung des Gesetzesentwurfes durch die Bundesregierung, BT-Drs. 11/3919, S. 19; *VGH München*, DVBl. 1994, 1199; *OVG Koblenz*, Peters, UVPG, § 12 Rn. 1: »Scharnier zwischen UVP-Recht und materiellem Umweltverwaltungsrecht«, NVwZ 1995, 1025; *Erbguth*, NuR 1997, 261, 265; *Heitsch*, NuR 1996, 453; *Schink*, NuR 1998, 173; *Schink*, NVwZ 1999, 11; a.A. *Schmidt-Preuß*, DVBl. 1995, 485 (495): »rein verfahrensrechtlicher Charakter«.
2   *BVerwG*, Urt. v. 25.1.1996 – 4 C 5/95 –, NVwZ 1996, 788; *Hoppe/Schlarmann/Buchner*, Rechtsschutz Rn. 264; kritisch dazu *Erbguth*, NuR 1997, 261, 264.

§ 12

Neben § 12 finden sich weitere materiell-rechtliche Ansätze in § 1 (Zweckbestimmung der UVP), § 2 Abs. 1 S. 2 (Definition der Schutzgüter, auf die sich die Beschreibung der Umweltauswirkungen bezieht), §§ 5, 6 (Abgrenzung des Untersuchungsrahmens und des Umfangs der beizubringenden Unterlagen) und § 11 (zusammenfassende Darstellung der Umweltauswirkungen).

Die Anforderungen der UVP an die Bewertung und Berücksichtigung ihrer Ergebnisse zählen zu ihren schwierigsten und umstrittensten Problemkreisen.[3] Zentrale Fragen des Bewertens und Berücksichtigens sind mit dem In-Kraft-Treten des UVPG nicht beantwortet worden. Teilweise hat allerdings zwischenzeitlich die Rechtsprechung des BVerwG einige Klarheit gebracht. Zu den umstrittenen Problemkreisen zählt die Frage, ob bei der Bewertung nur Rechtsmaßstäbe Anwendung finden können, ob die Bewertungsmaßstäbe ihrerseits bei ihrer Aufstellung mit externen Belangen abgewogen sein dürfen, ob und inwieweit die UVP eine Gesamtbewertung aller Umweltauswirkungen fordert etc. Aus Gründen der Praktikabilität und der Rechtssicherheit hat der Gesetzgeber davon abgesehen, die materiellen Anforderungen an die Vorhabenzulassung durch das UVPG zu ändern.[4] Zur Umsetzung des integrativen Ansatzes der IVU-Richtlinie sind allerdings außerhalb des UVPG in den einzelnen Umweltfachgesetzen die Zulassungsvoraussetzungen für die Aufnahme eines integrativen Prüfungsansatzes geöffnet worden.

Hin- und hergerissen zwischen dem Wunsch, die einfachgesetzlichen Anforderungen an die Zulassung von Vorhaben aus Gründen der Rechtssicherheit und der Praktikabilität nicht ändern zu müssen, und der Befürchtung, die Fachgesetze könnten aufgrund ihrer traditionell einmedialen Ausrichtung auf bestimmte Umweltbelange nicht in der Lage sein, eine medienübergreifende Ermittlung, Beschreibung und Bewertung der Umweltauswirkungen im Sinne des § 2 Abs. 1 S. 2 zu ermöglichen, hat der Gesetzgeber in § 12 mit dem Verweis einerseits auf das Gebot der Umweltvorsorge im Sinne der § 1, 2 Abs. 1 S. 2 und S. 4 und andererseits mit der Maßgabe der geltenden Gesetze einen für den Rechtsanwender schwer zu überwindenden Gegensatz in das Gesetz aufgenommen.[5] In der Rechtsanwendung hat sich der Verweis auf die geltenden Gesetze durchgesetzt, eine Uminterpretation dieser gesetzlichen Zulassungsvoraussetzungen mit dem Hinweis auf das Gebot der Umweltvorsorge hat zu Recht nicht stattgefunden.

Der integrative und medienübergreifende Ansatz der **IVU-Richtlinie**, der die insoweit vergleichbare Zielsetzung der UVP-Richtlinie ergänzt, wird nicht durch Neuregelungen des UVPG, insbesondere nicht durch eine Änderung des § 12 umgesetzt. Vielmehr führt dieser Ansatz der IVU-Richtlinie im Rahmen des Artikelgesetzes 2001 zu verschiedenen Änderungen der einzelnen Umweltfachgesetze. So wird der integrative Ansatz durch die Festschreibung des Ziels eines hohen Schutzniveaus für die Umwelt insgesamt in der Zweckbestimmung des § 1 BImSchG und den Grundpflichten des § 5 Abs. 1 BImSchG sowie in der Grundsatzbestimmung des § 1 a WHG verankert. Des Weiteren werden die Vorgaben für generelle Anforderungen an die genehmigungspflichtigen Anlagen geändert. Dabei geht es um die Festlegung von Grenzwerten und um die Bestimmung des **Standes der Technik** in den einzelnen Rechtsbereichen.

---

3 Siehe auch *Sachs*, in: Stelkens/Bonk/Sachs, VwVfG, § 63, Rn. 20; *Beckmann*, DVBl. 1993, 1335 ff.; *Peters*, UVPG, § 12 Rn. 3.
4 Vgl. dazu die Begründung des Gesetzesentwurfes durch die Bundesregierung, BT-Drs. 11/3919, S. 19.
5 *Sachs*, in: Stelkens/Bonk/Sachs, VwVfG, § 63, Rn. 20.

Dessen Definition wird erweitert (vgl. §§ 3 Abs. 6 BImSchG, 7a Abs. 5 WHG, 12 Abs. 3 KrW-/AbfG). Ausgedehnt werden die Verordnungsermächtigungen in den §§ 7 BImSchG, 36c KrW-/AbfG sowie die Ermächtigung zum Erlass von Verwaltungsvorschriften in § 48 BImSchG. Der Gesetzgeber setzt insoweit zur Umsetzung des integrativen und medienübergreifenden Ansatzes der IVU-Richtlinie nicht auf eine Änderung der UVPG und insbesondere der §§ 2, 12, sondern auf eine Öffnung des materiellen Umweltrechts in den einzelnen Fachgesetzen.[6]

1.1 Vorgaben der EG-Richtlinie

6 Der Bewertungsvorgang ist als ein Wesensgehalt der UVP bereits in Artikel 3 der UVP-Richtlinie beschrieben. Allerdings definiert die Richtlinie den Bewertungsbegriff nicht.[7] Nach Artikel 3 sind im Rahmen der UVP die unmittelbaren und die mittelbaren Auswirkungen eines Projektes auf die Umwelt in geeigneter Weise nach Maßgabe eines jeden Einzelfalles zu identifizieren, zu beschreiben und zu bewerten. Während die Identifizierung und Beschreibung der Erfüllung der ersten Hauptaufgabe der UVP, nämlich der Sammlung und Analyse von Informationen, dient,[8] soll das Bewerten der Umweltauswirkungen eine **subjektive Verarbeitung** der eingeholten Informationen ermöglichen. Bei der Bewertung geht es unter anderem um die Beantwortung der Frage, ob festgestellte oder prognostizierte Umweltauswirkungen vernachlässigbar, wesentlich oder erheblich sind.[9] Da man eine Bewertung nur mit Hilfe von Bewertungsmaßstäben vornehmen kann, enthält die Richtlinie insoweit mit dem Bewertungsgebot eine materielle Vorgabe. Allerdings liefert die Richtlinie die für die Bewertung notwendigen **Maßstäbe** nicht selbst. In Art. 3 schreibt die Richtlinie lediglich vor, dass sich die Bewertung der Umweltauswirkungen auf bestimmte Umweltfaktoren sowie auf die Wechselwirkungen zwischen den genannten Faktoren zu erstrecken hat. Außerdem sieht Art. 3 lediglich vor, dass die Bewertung »in geeigneter Weise« erfolgen soll.

7 Die Richtlinie schreibt auch nicht die Verwendung rein ökologischer Standards bei der Bewertung vor.[10] Insoweit ist zwischen den Prüfungsmaßstäben und dem Prüfungsgegenstand deutlich zu unterscheiden. Der Gegenstand der UVP ist zwar beschränkt auf die voraussichtlichen Umweltfolgen des Projekts. Es ist somit im Rahmen der UVP nicht zu bewerten, ob das Vorhaben zu einer erheblichen Beeinträchtigung sozialer, wirtschaftlicher, regionalpolitischer oder sonstiger Belange führt.[11] Damit ist jedoch nicht zugleich gesagt, dass die verwendeten Beurteilungsmaßstäbe nicht in Abwägung mit anderen, umweltexternen Belangen zustande gekommen sein dürfen.

8 Die Berücksichtigung des Bewertungsergebnisses ist durch Art. 8 UVP-RL vorgegeben. Danach sind die Ergebnisse der Anhörungen und die gemäß den Art. 5, 6 und 7 der

---

6 Zur Umsetzung der IVU-Richtlinie und zu deren integrativem Ansatz siehe *Dolde*, NVwZ 1997, 313; *di Fabio*, NVwZ 1998, 329; *Becker*, NVwZ 1997, 1167; *Becker*, DVBl. 1997, 588; *Lübbe-Wolff*, NVwZ 1998, 777; *Masing*, DVBl. 1998, 549; *Schäfer*, UPR 1997, 444; *Schink*, NVwZ 1999, 11.
7 *Peters*, UVP-RL, S. 28.
8 Vgl. dazu *Püchel*, UVP, S. 46.
9 Vgl. dazu Rat von Sachverständigen für Umweltfragen, DVBl. 1988, 21 (26).
10 A.A. *Püchel*, UVP, S. 49; siehe auch *Hoppe/Appold*, DVBl. 1991, 1221 (1225).
11 *Peters*, UVP-RL, S. 29.

Richtlinie eingeholten Angaben im Rahmen des Genehmigungsverfahrens zu berücksichtigen. Im Sinne des Art. 8 UVP-Rl bedeutet Berücksichtigen, dass die Erkenntnisse aus der UVP im nationalen Recht auf Projektzulassungstatbestände treffen müssen, die es rechtlich gewährleisten, dass in der Zulassungsentscheidung eine inhaltliche Auseinandersetzung mit ihnen geführt werden kann.[12] Die UVP-Richtlinie verlangt nur, dass die Zulassungsbehörde das Ergebnis der UVP in ihre Erwägungen einbezieht, nicht jedoch, welche konkreten Folgerungen sie im Einzelfall daraus zu ziehen hat.[13] Teilweise wird die Auffassung vertreten, aus Art. 8 der EG-Richtlinie ergäbe sich auch die Notwendigkeit der Berücksichtigung von **Alternativlösungen**. Weiterhin wird aus Art. 8 UVP-RL eine Verpflichtung zur Berücksichtigung von **Gegenmaßnahmen** abgeleitet, mit denen nachteilige Auswirkungen so weit wie möglich ausgeglichen werden sollen.[14] Dem zuletzt genannten Anliegen wird nunmehr dadurch Rechnung getragen, dass die zusammenfassende Darstellung, auf deren Grundlage bewertet und berücksichtigt wird, sich auch auf Vermeidungs-, Verminderungs-, Ausgleichs- und Ersatzmaßnahmen erstreckt. Eine Berücksichtigung von Alternativen verlangt die Richtlinie auch in ihrer geänderten Fassung nicht, sodass sich die Pflicht zu einer solchen Alternativenbetrachtung nicht aus dem UVPG, jedoch aus dem Fachplanungsrecht oder den einzelnen Umweltfachgesetzen ergeben kann.

1.2 Anwendungsbereich

§ 12 gilt nicht für die UVP bei der **Aufstellung von Bebauungsplänen**. Nach § 17 S. 1 bestimmt sich der Umfang der Prüfung der Umweltauswirkungen in diesen Fällen nach den für die Aufstellung, die Änderung oder die Ergänzung des Bauleitplanes anzuwendenden Vorschriften.

Ausdrücklich nicht anwendbar ist § 12 nach § 18 S. 2 bei **bergbaulichen Vorhaben**, bei denen die UVP im Planfeststellungsverfahren nach dem BBergG durchgeführt wird. Inhaltlich ergibt sich daraus keine Änderung.

In beiden Fällen, d. h. sowohl bei der UVP bei der Aufstellung von Bebauungsplänen als auch bei bergbaulichen Vorhaben, sind hinsichtlich der Bewertung und Berücksichtigung der Umweltauswirkungen jedoch § 2 Abs. 1 S. 1–3 zu berücksichtigen.[15]

Anwendbar ist § 12 dagegen bei der Erteilung eines **Vorbescheides** oder einer **Teilgenehmigung** nach § 13, bei der Zulassung eines Vorhabens durch mehrere Behörden im Sinne von 14 und auch bei der **Linienbestimmung** nach § 16 Abs. 1 BFStrG und § 13 Abs. 1 BWaStrG und der Genehmigung von **Flugplätzen** nach § 6 Abs. 1 LuftVG.[16]

§ 16 Abs. 3 S. 2 sieht ausdrücklich vor, dass bei der Umweltverträglichkeitsprüfung im **Raumordnungsverfahren** die Bewertung der Umweltauswirkungen nach § 12 auf zusätzliche oder andere Umweltauswirkungen beschränkt werden soll, sofern eine Öffentlichkeit im Verfahren nach §16 Abs. 1 entsprechend den Bestimmungen des § 9 Abs. 3 beteiligt worden ist.

---

12 Vgl. dazu *Püchel*, UVP; siehe auch *Schroer*, UVP, S. 31 f.
13 *BVerwG*, Urt. v. 25.01.1996 – 4 C 5.95 –, BauR 1996, 511; *Kuschnerus*, BauR 2001, 1211, 1215.
14 Vgl. dazu *Püchel*, UVP, S. 95 f.
15 Vgl. dazu *Erbguth/Schink*, UVPG, § 12 Rn. 3.
16 *Erbguth/Schink*, UVPG, 15 Rn. 19.

§ 12 *Bewertung und Berücksichtigung der Umweltauswirkungen*

14   Eine ähnliche Einschränkung gilt im Übrigen auch gemäß § 13 Abs. 2 für die UVP bei der Erteilung eines Vorbescheides oder einer Teilgenehmigung.

1.3 Behördenzuständigkeit

15   Zuständig für die Bewertung der Umweltauswirkungen und für die Berücksichtigung des Bewertungsergebnisses ist die jeweilige **Zulassungsbehörde** und nicht der Projektträger.[17] Bedarf ein Vorhaben der Zulassung durch mehrere Behörden, dann haben die beteiligten Zulassungsbehörden nach § 14 Abs. 2 S. 1 auf der Grundlage der zusammenfassenden Darstellung gemeinsam eine Gesamtbewertung der Umweltauswirkungen des Vorhabens vorzunehmen und diese nach § 12 bei diesen Entscheidungen zu berücksichtigen. Dabei hat nach § 14 Abs. 2 S. 2 die von den Ländern zu bestimmende federführende Behörde das Zusammenwirken der beteiligten Behörden sicherzustellen. Der **federführenden Behörde** ist allerdings nicht die Aufgabe übertragen, die Gesamtbewertung selbst vorzunehmen.[18]

16   Können sich die Zulassungsbehörden nicht auf eine Gesamtbewertung einigen, kann die federführende Behörde die Aufsichtsbehörde unterrichten, um auf diesem Wege eine einverständliche Gesamtbewertung durch die Zulassungsbehörden herbeizuführen.[19]

2 Bewertung

17   Die UVP dient der **Entscheidungsvorbereitung**. Sie liefert Beurteilungsgrundlagen für die Prüfung des Vorhabens am Maßstab der materiell-rechtlichen Anforderungen des Fachrechts.[20] Dementsprechend soll auch die Bewertung der Umweltauswirkungen dazu dienen, die Berücksichtigung des Ergebnisses der UVP in der das Zulassungsverfahren abschließenden Entscheidung vorzubereiten.[21] Weder die UVP-Richtlinie noch das UVPG verschärfen oder verändern die materiellen Zulassungsvoraussetzungen.[22] Die Bewertung ist projektbezogen. Zu prüfen sind nur die konkreten Auswirkungen des beantragten Vorhabens auf die Umwelt, nicht dagegen allgemeine ökologische Fragestellungen außerhalb dieses Zusammenhangs.[23] Art. 3 der Änderungsrichtlinie fordert eine Bewertung nach Maßgabe jedes Einzelfalls. Das bedeutet allerdings nicht, dass für jeden Einzelfall eigene Bewertungsmaßstäbe gebildet werden müssten.[24]

---

17   So auch *Peters*, UVPG, § 12 Rn. 6; a. A. *Bunge*, DVBl. 1987, 819 (822); *Gassner*, UPR 1990, 361 (362): »Primärzuständigkeit des Projektträgers für die Bewertung«; siehe dazu auch *Püchel*, UVP, S. 38 ff., der eine Zuständigkeit des Projektträgers für die Bewertung zu Recht im Ergebnis ablehnt.

18   Näher dazu unten § 14 Rn. 34; zur Gesamtbewertung in parallelen Verfahren siehe oben *Appold*, § 2 Rn. 64.

19   *Jarass*, NuR 1991, 201 (206); zu Zuständigkeitsfragen bei der UVP siehe auch *Steinberg*, DVBl. 1990, 1369 (1374).

20   *Gaentzsch*, NuR 1990, 1 (7); *Peters*, UVP-RL, S. 29; *Schmidt-Aßmann*, in: FS Doehring S. 90.

21   Rat von Sachverständigen für Umweltfragen, DVBl. 1988, 21 (26); zur Bewertung siehe auch oben *Appold*, § 12 Rn. 54 ff.

22   *BVerwG*, Urt. v. 25.01.1996 – 4 C 5/95 –, NVwZ 1996, 788, 789.

23   *Hoppe/Püchel*, DVBl. 1988 1 (2).

24   Siehe oben *Appold*, § 2 Rn 58 ff.

Ebenso wie die zusammenfassende Darstellung muss die Bewertung in der **Begründung** der Zulassungsentscheidung gesondert erfolgen. Die Bewertung der Umweltauswirkungen ist, bevor sie in die Gesamtbewertung einfließt, exklusiv und explizit darzustellen.[25] Bei parallelen Zulassungsverfahren muss aus den gleichen Gründen wie bei der Darstellung der Umweltauswirkungen die Gesamtbewertung in einem gesonderten Dokument verfasst werden.[26]

18

Entsprechend den Vorgaben der EG-Richtlinie hat der Gesetzgeber auch in § 12 zwischen der Abschätzung möglicher Umweltfolgen des Vorhabens und deren Bewertung, d. h. zwischen der **Risikoabschätzung** und der **Risikobewertung** unterschieden.[27] Art und Umfang möglicher Umweltfolgen und deren Eintrittswahrscheinlichkeit sind Gegenstand des Ermittlungsvorganges und der Beschreibung (Risikoabschätzung) und damit Gegenstand der zusammenfassenden Darstellung im Sinne von § 11. Demgegenüber ist die subjektive Einstufung der ermittelten und beschriebenen Umweltfolgen, also die Einschätzung der Erheblichkeit im Sinne von Aussagen zur Vernachlässigbarkeit, zur Tolerierbarkeit etc., Gegenstand des Bewertens. Das Bewertungsergebnis besteht somit nicht in einer Aussage über Art, Ausmaß und Eintrittswahrscheinlichkeit von Umwelt- oder von Gesundheitsbeeinträchtigungen. Die letztere Aussage wäre vielmehr Gegenstand einer Wirkungsprognose und damit Gegenstand der Ermittlung und Beschreibung der Umweltauswirkungen im Rahmen der zusammenfassenden Darstellung.[28] Die Abgrenzung ist im Einzelfall allerdings schwierig.

19

2.1 Bewertungsmaßstäbe

Zu den Bewertungsmaßstäben, die bei der UVP anzulegen sind, wird die Ansicht vertreten, bei der Bewertung dürften nur rechtliche Maßstäbe eine Rolle spielen, und bei ihnen müsse es sich zugleich um rein umweltinterne Maßstäbe handeln.[29] Diese Forderungen sind widersprüchlich; sie lassen sich nicht gleichzeitig erfüllen. Die von Peters[30] für möglich gehaltene Reduktion der Normen zu rein umweltbezogenen Bewertungszwecken, die bei der Berücksichtigung der Bewertung wieder beseitigt werden soll, um dann auch umweltexternen Belangen ihren Platz einzuräumen, ist abzulehnen, denn sie basiert auf der unzutreffenden Vorstellung, als könnten umweltrechtliche Bestimmungen in unterschiedlichen Funktionen mit einem unterschiedlichen Inhalt Geltung beanspruchen. Einen auf die ausschließliche Berücksichtigung von Umweltbelangen reduzierten Allgemeinwohlbegriff kann es z.B. in den §§ 32 Abs. 1 KrW-/AbfG und GWHG nicht geben.

20

Rechtliche Maßstäbe, d.h. Gesetze, Rechtsverordnungen, Satzungen etc., können nicht umweltintern, d.h. unter Außerachtlassung von umweltexternen Belangen auf-

21

---

25 Vgl. *Steinberg*, DÖV 1992, 321 (328); *Schmidt-Aßmann*, in: FS Doehring, 889 (901 f.).
26 *Jarass*, NuR 1991, 201 (206); *Vallendar*, UPR 1992, 212 (216).
27 Siehe dazu *Hoppe/Appold*, DVBl. 1991, 1221 (1222); *Erbguth/Schink*, UVPG 2 Rn. 11 a.E.
28 *Bohne*, Grundprobleme des UVPG S. 1 ff.
29 *Erbguth/Schink*, UVPG, § 12, Rn. 6/7; *Schink/Erbguth*, DVBl. 1991, 413 (417); *Hoppe/Püchel*, DVBl. 1988, 1 (2); a. A.: *Vallendar*, in: Feldhaus, Immissionsschutzrecht, Einführung zur 9. BImSchV, Anm. 18; *Gassner*, UPR 1990, 361 ff.; *Beckmann*, DVBl. 1993, 1335 ff.; zu den Bewertungsmaßstäben siehe auch oben *Appold*, § 2 Rn. 58 ff.
30 *Peters*, UVPG, § 12 Rn. 15.

gestellt werden. Beim Erlass von Gesetzen, Rechtsverordnungen und auch von Verwaltungsvorschriften bedarf es denknotwendig und stets einer **Abwägung** auch mit anderen Belangen. Die rechtlichen Maßstäbe sind insoweit regelmäßig ein mit Rechtsverbindlichkeit ausgestatteter politischer Kompromiss.[31] Dem Gesetz- und Verordnungsgeber steht insoweit grundsätzlich stets ein weites Ermessen zu. Eine solche Abwägung mit anderen Belangen muss der Gesetz- und Verordnungsgeber nicht zuletzt wegen des verfassungsrechtlich verankerten und damit auch ihn bindenden Verhältnismäßigkeitsgrundsatzes vornehmen. Den insoweit vom Gesetz- und Verordnungsgeber verbindlich abgewogenen rechtlichen Bewertungsmaßstäben kommt im Übrigen eine größere demokratische und wissenschaftliche Legitimation zu.[32]

22 Bei der notwendigen Abwägung des Gesetz- bzw. Verordnungsgebers mag es geboten sein, den ökologischen Belangen ein besonderes Gewicht beizumessen. Das heißt allerdings nicht, dass auf der Bewertungsebene »ein ökologisches Optimum gefordert« sei.[33] In diesem Zusammenhang wird die Forderung nach einer **UVP bei der Standardsetzung** erhoben.[34] Eine solche Forderung ist allerdings nicht mit der Forderung nach rein ökologischen Standards gleichzusetzen. Soweit bei einer Aufstellung von Rechtsvorschriften eine über die jeweiligen Umweltbelange hinausgehende Abwägung mit anderen Belangen erforderlich ist, könnten umweltinterne Maßstäbe, die mit solchen außerökologischen Belangen nicht abgewogen sind, nicht verbindlich die Zulassung von Vorhaben regeln. Sie könnten insoweit allenfalls speziell für die UVP aufgestellte Bewertungsmaßstäbe bilden, die unterhalb der fachgesetzlich geregelten Zulassungsvoraussetzungen eigenständig Maßstäbe für die Bewertung bildeten. Abgesehen davon, dass eine derartige Maßstabsbildung viel zu aufwändig wäre, wäre es auch im Sinne einer effektiven UVP nicht sinnvoll, ein solches sekundäres Bewertungssystem einzuführen. Es würde nämlich zur Konsequenz haben, dass die Bewertungsmaßstäbe im Rahmen der UVP für die Zulassungsentscheidung letztlich keinen maßgeblichen Einfluß haben können, weil die Zulassungsentscheidung von anderen Zulassungsvoraussetzungen abhängig zu machen wäre. Dem Sinn und Zweck der UVP, Einfluss auf die Zulassungsentscheidung auszuüben, würde damit gerade nicht Rechnung getragen.

23 Zu bedenken ist auch, dass Gegenstand der UVP zwar ausschließlich die zu erwartenden Umweltfolgen des Vorhabens sind. Damit ist jedoch nicht zugleich vorgegeben, dass die Bewertungsmaßstäbe ihrerseits ökologieintern gebildet sein müssen.[35]

24 Das Bewerten im Sinne von § 12 beschränkt sich im übrigen auch nicht auf die schlichte Anwendung und Auslegung umweltrelevanter Zulassungsvoraussetzungen.[36]

31 Vgl. dazu *Bönker*, Umweltstandards S. 183; *Mayen*, NVZ 1996, 319, 323.
32 *Hoppe/Appold*, DVBl. 1991, 1221 (1225).
33 So aber *Peters*, UVP-RL, S. 30, *Peters*, UVPG, § 12 Rn. 22.
34 Siehe dazu *Hoppe/Püchel*, DVBl. 1988, 1 (2); *Bohne*, ZfB 1989, 93 (118); *Steinberg*, DVBl. 1990, 1369 (1372); *Bönker*, Umweltstandards S. 184; ablehnend *Dienes*, UVP S. 9 (18); *Peters*, UVP-RL, S. 60; zu Standards des integrierten Umweltschutzes siehe *Steinberg*, NuR 1999, 192.
35 Siehe dazu *Bönker*, Umweltstandards S. 183; *Vallendar*, UPR 1992, 417 (418f.); a.A. *Peters*, UVP-RL, S. 58.
36 So aber wohl UVPVwV 0.6.1.1; *Bohne*, Grundprobleme des UVPG, S. 12ff.; *Feldmann*, UPR 1991, 127 (129); *Schmidt-Preuß*, DVBl. 1995, 485; *Schink*, Städte- und Gemeinderat 1992, 176 (189); kritisch dazu *Dohle*, NVwZ 1989, 697 (705); *Lange*, DÖV 1992, 780 (782); *Gassner*, UPR 1993, 241 (244); *Schmidt*, DÖV 1994, 749 (755); *Beckmann*, DVBl. 1993, 1335ff.;

Der Wortlaut des § 12 lässt es offen, ob sich der Hinweis auf die Maßgaben der geltenden Gesetze auch auf die Bewertung beziehen soll oder sich lediglich auf die Berücksichtigung des Bewertungsergebnisses beschränkt.[37] Grammatikalisch erscheint es sogar wenig plausibel, nicht nur hinsichtlich der Berücksichtigung des Bewertungsergebnisses, sondern auch für die Bewertung ausschließlich auf den Maßstab der geltenden Gesetze zu verweisen.[38] In der amtlichen Begründung der Bundesregierung zum Gesetzesentwurf.[39] wird zunächst einmal zu Recht davon ausgegangen, dass sich die Bewertung nach Maßgabe der geltenden Gesetze vollziehen soll. Auch die Verwaltungsvorschriften sind von der Vorstellung geprägt, die Bewertung der Umweltauswirkungen erfolge durch die Auslegung und Anwendung umweltrelevanter Zulassungsvoraussetzungen. Es wird darauf hingewiesen, die Bewertung der Umweltauswirkungen eines Vorhabens und die Berücksichtigung der Bewertungsergebnisse bei der Entscheidung über die Zulässigkeit eines Vorhabens seien gemäß § 12 an die geltenden Gesetze im formellen Sinne gebunden. Bei der Konkretisierung unbestimmter Gesetzesbegriffe sei die zuständige Behörde an die einschlägigen Ausführungsvorschriften des Fachrechts gebunden.

Richtig daran ist, dass bei der Bewertung rechtliche Maßstäbe zu berücksichtigen sind; sie stehen jedoch nicht im Vordergrund der im Rahmen der Umweltverträglichkeitsprüfung zu leistenden Bewertung, sondern bilden den Rahmen, innerhalb dessen sich die Bewertung zu vollziehen hat. 25

Die Bewertung dient – wie erwähnt – der **Entscheidungsvorbereitung**. Sie leistet insoweit Hilfestellung für die Ausfüllung von Wertungsfreiräumen der zuständigen Behörde bei der Ausübung ihres Ermessens, bei ihrer planerischen Gestaltungsfreiheit, aber auch bei der Anwendung unbestimmter Rechtsbegriffe. Bewertungsmaßstäbe sind insoweit der eigentlichen Rechtsanwendung regelmäßig vorgelagert. Rechtliche Maßstäbe können die Bewertung nur dann lenken, wenn sie auch Aussagen zu dem zu bewertenden Sachverhalt treffen. Im Einzelfall wird die Bewertung erleichtert, soweit unbestimmte Rechtsbegriffe durch Umweltstandards konkretisiert werden.[40] In diesen werden Schutzwürdigkeits- und Gefährdungsprofile festgelegt, die eine Bewertung der Schutzbedürftigkeit der betroffenen Belange und ihrer Gefährdung ermöglichen.[41] Schreibt z. B. die **TA Siedlungsabfall** für den Untergrund einer Siedlungsabfalldeponie eine bestimmte Undurchlässigkeit vor, dann kann und muss selbstverständlich auch bei der Bewertung im Rahmen der UVP auf die so behördenverbindlich festgelegten Durchlässigkeitswerte abgestellt werden.[42] Zu prüfen bleibt bei der Bewertung allerdings, ob ausnahmsweise im konkreten Einzelfall durch technische Vorkehrungen von den Mindestanforderungen der Technischen Anleitung abgewichen werden kann oder ob trotz der Einhaltung dieser Mindestanforderungen die geologische Eignung in Frage gestellt werden muss. 26

Winter, DVBl. 1994, 913 (916); *Kühling*, in: Hübler/Zimmermann (Hrsg.), Bewertung der Umweltverträglichkeit, S. 36; *Ladeur*, UPR 1996, 419, 425.
37 Darauf verweist zu Recht *Jarass*, NuR 1991, 202 (206).
38 So zu Recht *Sachs*, in: Stelkens/Bonk/Sachs, VwVfG, 63, Rn. 20.
39 BT-Drs. 11/3919, S. 27.
40 Siehe dazu *Bönker*, Umweltstandards S. 11 ff.; *Hoppe/Beckmann/Kauch*, Umweltrecht § 5 Rn. 4.
41 *Hoppe/Püchel*, DVBl. 1988, 1 (3); *Steinberg*, DVBl. 1988, S. 555 (598).
42 Zur TA-Siedlungsabfall siehe *Baedeker*, NWVBL 1993, 281 ff.; *Schink*, NuR 1998, 20 ff.; *Dolde/Vetter*, NVwZ 1998, 217 ff.; *Beckmann*, DVBl. 1997, 217 f.

27	Schreibt eine **Schutzgebietsverordnung** vor, dass bestimmte Vorhaben innerhalb bestimmter Schutzzonen nicht errichtet und betrieben werden können, dann ist die Verordnung selbstverständlich als Bewertungsmaßstab bei der UVP zu verwenden. Es wäre wenig sinnvoll, im Rahmen des Bewertungsvorgangs langwierige, kostenträchtige und komplizierte Bewertungsverfahren zu entwickeln oder anzuwenden, wenn aufgrund einer klaren rechtlichen Vorgabe die Durchführbarkeit eines Vorhabens am beabsichtigten Standort ausscheidet.
28	Soweit jedoch die anzuwendenden Rechtsmaßstäbe keine konkrete Aussage zur Umweltverträglichkeit bzw. zur Zulassungsfähigkeit des beabsichtigten Projekts treffen, müssen außerrechtliche Bewertungsmaßstäbe bei der UVP zur Hilfe genommen werden. Die **Ausfüllung unbestimmter Rechtsbegriffe**, wie etwa des Allgemeinwohlbegriffs, des Begriffs der Erheblichkeit oder des Begriffs der Zumutbarkeit, des Standes der Technik oder die Ausgleichbarkeit von Umweltschäden ist nur mit Hilfe von außerrechtlichen Maßstäben möglich. Die Bewertung nach § 12 hat deshalb gerade dort ihren Sinn, wo vorhandene Umweltgesetze zu unbestimmt sind, um ohne den Zwischenschritt einer außerrechtlichen Bewertung aussagekräftig zu sein und wo es an konkretisierenden untergesetzlichen Rechtsmaßstäben fehlt.[43]
29	Wird in der zusammenfassenden Darstellung festgehalten, dass die Verwirklichung eines Vorhabens z.B. zu einer Flächenversiegelung in einem bestimmten Umfang, zur Vernichtung von Lebensräumen geschützter Arten oder zu einer Waldinanspruchnahme führt, dann bedarf es im Rahmen der Bewertung konkreter Aussagen, welche Bedeutung der Flächenversiegelung im Einzelfall beizumessen ist, welche Bedeutung der Verlust der besonders geschützten Arten im konkreten Fall zukommt, ob den geschützten Arten Ausweichräume zur Verfügung gestellt werden können oder welche Qualität der in Anspruch zu nehmende Wald aufgrund der vorhandenen Baumarten und seiner Altersstruktur aus ökologischer Sicht hat. Die Ausfüllung der derartige Sachverhalte regelnden unbestimmten Rechtsbegriffe lässt sich rechtstheoretisch und abstrakt zwar als reine Gesetzesanwendung beschreiben. In diesem Sinne verweist die UVPVwV (0.6.1.3.) auf die herkömmlichen rechtlichen Auslegungsverfahren. Praktisch setzt die Konkretisierung dieser Begriffe eine Anwendung außerrechtlicher Bewertungsmaßstäbe voraus.
30	So ergibt sich der besondere Wert wildlebender Pflanzen und Tiere aus dem Gefährdungsgrad der jeweiligen Art. Ob eine Art besonders gefährdet ist, ergibt sich zum Teil aus der Bundesartenschutzverordnung, daneben aber vor allem aus den nicht mit rechtlicher Qualität ausgestatteten **Roten Listen**, die von Bund und Ländern, aber z.B. auch vom Europarat geführt, die im jeweiligen Bezugsgebiet gefährdeten Tier- und Pflanzenarten aufführen. Für die Bewertung im Rahmen der UVP wird empfohlen, möglichst alle Listen zu benutzen, weil es wesentlich auch auf die Feststellung ankomme, ob eine Art lokal, regional oder sogar europa- oder weltweit gefährdet sei. Die Beeinträchtigung einer Art sei umso höher zu bewerten, je größer das Gebiet sei, in dem sie gefährdet sei. Eine Bewertung unter Außerachtlassung der außerrechtlichen Bewertungsmaßstäbe der Roten Listen ist insoweit bei drohender Gefährdung von Tier- und Pflanzenarten kaum möglich. Die Roten Listen gelten als eines der erfolgreichsten

---

43 Siehe dazu *Beckmann*, DVBl. 1993, 1335 ff.; zustimmend *Peters*, UVPG, § 12 Rn. 11; *Schmidt*, DÖV 1994, 749 (755); *Dohle*, NVwZ 1989, 697 (704); *Gassner*, UPR 1993, 241 (242), der zu Recht darauf hinweist, dass gerade die planerische Abwägung angesichts ihrer offenen Normvorgaben sehr oft von den gesetzlich vorgegebenen Maßstäben im Stich gelassen wird.

Hilfsmittel des Arten- und Biotopschutzes für Gesetzgeber, Rechtsprechung und Verwaltung.[44] Gleiches gilt etwa für die in den vergangenen Jahren in den Bundesländern durchgeführten **Biotop-Kartierungen**. Soweit nur Biotope herausgehobener Bedeutung kartiert werden, stellen Biotop-Kartierungen nicht nur ein Erfassungssystem, sondern weitergehend eine Bewertung dar, die bei der UVP unbedingt heranzuziehen ist.[45]

Teilweise können zur Bewertung Rechtsmaßstäbe – mit der gebotenen Vorsicht – auch über ihren eigentlichen Anwendungsbereich hinaus herangezogen werden. So wurde angesichts fehlender rechtlicher Bewertungsmaßstäbe im Bereich des Bodenschutzes in der Vergangenheit zur Orientierung nicht nur auf die sog. Hollandliste oder die sog. LAGA-Liste, sondern auch auf die Klärschlammverordnung verwiesen.[46] Sie bestimmt Anforderungen an das Aufbringen von Klärschlamm auf landwirtschaftlich, forstwirtschaftlich oder gärtnerisch genutzen Böden. Die Grenzwerte der Klärschlammverordnung können über diesen eigentlichen Anwendungsbereich hinaus als Anhaltspunkte für die tolerierbare Belastung von landwirtschaftlich oder gärtnerisch genutzten Böden durch Schwermetalle dienen. In diesem Fall haben die Werte der Klärschlammverordnung die Funktion von Orientierungswerten.[47]

31

Bewertungsmaßstäbe, die nicht als Rechtsvorschriften förmlich aufgestellt worden sind, haben insoweit die Funktion, als **Auslegungshilfe** oder als **Maßstäbe der Ermessensausübung** zu dienen.[48] Zu Recht hat der Rat von Sachverständigen für Umweltfragen darauf hingewiesen, dass die Bewertung der Umweltauswirkungen ein Verfahren sei, in dem Aussagen über den Grad der Wahrscheinlichkeit von Veränderungen der Umwelt aufgrund eines Vorhabens und über die Schädlichkeit dieser möglichen Veränderungen gemacht würden, indem also eine Abschätzung des mit einem Vorhaben vorhandenen Umweltrisikos hinsichtlich der Eintrittswahrscheinlichkeit, hinsichtlich Art und Umfang erfolge. Die Bewertung sei insoweit primär aufgrund naturwissenschaftlich-medizinischer Kriterien vorzunehmen.[49] Der Rat von Sachverständigen für Umweltfragen hat außerdem bereits im Umweltgutachten 1987 darauf hingewiesen, dass es sich dabei nicht nur um eine rein wissenschaftliche Feststellung, sondern eben auch um eine wertende, letztlich politische Entscheidung handele, insofern als der Bewertung Annahmen über die Schutzwürdigkeit der Umwelt (**Schutzwürdigkeitsprofile**) und über typische Gefahren von Eingriffen, Nutzungsweisen und Schadstoffemissionen (**Gefährdungsprofile**) zugrunde lägen.[50]

32

Wer das Bewerten als eine reine Gesetzessubsumtion begreift, vermag zudem die Phasen des Bewertens und des Berücksichtigens auch kaum sinnvoll voneinander zu trennen.[51] Bei gesetzesgebundenen Zulassungen sind beide Phasen im Wesentlichen deckungsgleich. Eine eindeutige Trennung zwischen umweltbezogenen Zulassungsvoraussetzungen, die allein Gegenstand des Bewertens sein sollen, und sonstigen Zulas-

33

---

44 Siehe auch *Hübler/Zimmermann*, Bewertung der UVP, S. 59.
45 Vgl. dazu auch *Gassner/Winkelbrandt*, UVP S. 150.
46 Vgl. dazu *Gassner/Winkelbrandt*, UVP, S. 151 (151 ff.).
47 Vgl. *Gassner/Winkelbrandt*, UVP, S. 195 f.
48 Siehe dazu auch *Hoppe/Appold*, DVBl. 1991, 1221 (1223); *Lange*, DÖV 1992, 780 (782).
49 Vgl. *Hoppe/Beckmann*, Umweltrecht, § 8 Rn. 86.
50 *Rat von Sachverständigen für Umweltfragen*, DVBl. 1988, 21 (26); siehe auch *Gassner*, UPR 1993, 241 (244).
51 *Vallendar*, in: Feldhaus, BImSchG, Einführung zur 9. BImSchV, Anm. 18; *Boldt/Weller*, BBergG, Ergänzungsband, 57 a Rn. 71.

sungsvoraussetzungen lässt sich nicht vornehmen, weil vor allem die Allgemeinwohlklauseln, die als Zulassungsvoraussetzung in fast allen Umweltgesetzen Verwendung finden, nicht auf Umweltbelange beschränkt sind.[52]

34 Nicht zuletzt ist auch der europarechtliche Bewertungsbegriff nicht auf eine ausschließliche Bewertung anhand gesetzlicher Maßstäbe fixiert.[53] Schließlich entspricht eine ausschließlich als Gesetzessubsumtion begriffene Bewertung auch nicht dem Bewertungsbegriff anderer umweltrechtlicher Regelungen, etwa den der §§ 12 Abs. 2 ChemG, 6 Abs. 1 GenTG.

2.2 Erforderlichkeit einer Gesamtbewertung

35 Die UVP setzt eine **Gesamtbewertung** aller Umweltauswirkungen einschließlich ihrer Wechselwirkungen voraus. Dies ergibt sich bereits aus § 2 Abs. 1 S. 4.[54] Die Gesamtbewertung der Umweltauswirkungen darf deshalb nicht segmentiert und unterschiedlichen Behörden zugewiesen werden. Dies gilt gerade auch dann, wenn für das Projekt verschiedene Zulassungen notwendig sind. In diesem Fall müssen deshalb nach § 14 Abs. 1 S. 2 die Zulassungsbehörden eine Gesamtbewertung erarbeiten; dementsprechend genügt es nicht, dass jede Zulassungsbehörde sich darauf beschränkt, für ihren Bereich eine Teilbewertung der Umweltfolgen des beabsichtigten Projekts vorzunehmen.

36 Das Erfordernis einer Gesamtbewertung bedeutet allerdings nicht, dass die UVP mit der Feststellung der »Umweltverträglichkeit« oder der »Umweltunverträglichkeit« des Vorhabens abzuschließen hätte.[55] Im Sinne einer Gesamtbewertung sind die Vor- und Nachteile des Projekts aus der Sicht des Umweltschutzes abzuwägen und zu gewichten.[56] Eine Gesamtbewertung in diesem Sinne setzt allerdings weder eine quantitative noch eine qualitative Saldierung der Umweltauswirkungen voraus.[57]

37 Eine **quantitative Saldierung** scheidet nach ganz überwiegender Auffassung bereits deshalb aus, weil es an Verrechnungseinheiten fehlt, mit deren Hilfe Umweltbelastungen unterschiedlicher Medien aufgerechnet bzw. kongruent gemacht werden könnten.[58] Häufig wird allerdings eine qualitative Saldierung der Umweltfolgen erwartet. Zur Begründung wird dazu vorgetragen, UVP-RL und UVPG forderten eine qualitative Gesamtbewertung, die Beziehungen herstelle und abwäge.[59] Gefordert wird eine über eine bloße Addition der Umweltauswirkungen hinausgehende **umweltinterne Abwägung** von Belangen im Sinne eines verhältnismäßigen Ausgleichs zwischen den betroffenen

---

52 *Jarass*, NuR 1991, 201 (207).
53 *Peters*, UPR 1999, 294, 297.
54 Siehe dazu oben, *Appold*, § 2 Rn. 64 ff.
55 So zu Recht *Bohne*, Rechts- und Verwaltungsvorschriften, S. 21 (33); *Bunge*, Zweck, Inhalt und Verfahren der UVP, in: Storm/Bunge, HdUVP, 0100, 4; a. A. *Bartlsperger*, DVBl. 1987, 1 (4); ähnlich auch *Wahl*, DVBl. 1988, 21 ff.
56 Vgl. dazu auch *Schink*, VIZ 1992, 172 (180).
57 BVerwG, Urt. v. 08.06.1995 – 4 C 4/94 –, NVwZ 1996, 382, 388; *Peters*, UVP-RL, S. 30; *Hoppe/Püchel*, DVBl. 1988, 1 (2); *Schmidt-Aßmann*, in: FS Doehring, S. 901 f.
58 Vgl. dazu *Feldmann*, UPR 1991, 127 (139); *Erbguth/Schink*, UVPG, § 12 Rn. 11; 0.6.2.2 UVP VW; *Hoppe/Appold*, DVBl. 1991, 1221 (1222); *Gassner*, UPR 1990, 361 (363).
59 Vgl. z. B. *Erbguth/Schink*, UVPG, 12 Rn. 11 unter Verweis auf *Winter*, NuR 1989, 197 (203); ähnlich auch SRU, DVBl. 1988, 21 (27); *Wahl*, DVBl. 1988, 86 (87); *Peters*, NuR 1990, 103; *Steinberg*, DVBl. 1990, 1369 (1372); *Schink*, VIZ 1992, 172 (180).

Umweltbelangen. Im Falle des Konfligierens von Umweltbelangen müsse ein Ausgleich zwischen diesen Belangen unter Berücksichtigung ihrer Wechselwirkungen geschaffen werden. Auf diese umweltinterne Abwägung könnten die allgemein anerkannten Grundsätze rechtsstaatlicher Abwägungen und damit der Abwägungsfehlerlehre, wie sie z. B. im Planungsrecht beachtlich sei, angewendet werden.[60] Als Ergebnis einer solchen Abwägung könnte die Gesamtbewertung dann mit dem einheitlichen Urteil einer »Umweltverträglichkeit« oder »Umweltunverträglichkeit« abgeschlossen werden.

Ein solches qualitatives Gesamtergebnis als Abschluss einer umweltinternen Abwägung ist abzulehnen. Eine solche Abwägung im Rahmen des Bewertens würde nämlich das Entscheidungsverfahren erheblich verkomplizieren. Neben der umweltinternen Abwägung müsste dann nämlich regelmäßig im Rahmen der Zulassungsentscheidung eine weitere, umfassendere Abwägung erfolgen. Bei Anwendung der **Abwägungsfehlerlehre** auf diesen umweltinternen Abwägungsvorgang wären zudem nicht nur weitere Schleusen gerichtlicher Anfechtungsmöglichkeiten geöffnet; es bestünde vielmehr auch die Gefahr, dass sich die UVP als Verfahren innerhalb des Zulassungsverfahrens verselbstständigen würde. Das aber ist vom Gesetzgeber gerade nicht gewollt. 38

Im Übrigen wäre eine solche umweltinterne Abwägung auch aus Sicht der Umweltbelange und vor dem Hintergrund des Sinns und des Zwecks der UVP nicht sinnvoll. Soweit die UVP einschließlich der Bewertung keine endgültige Entscheidung außerhalb des Zulassungsverfahrens trifft, gibt es gar keinen Grund für eine abschließende umweltinterne Abwägung. Für die Funktion der Entscheidungsvorbereitung im Sinne einer Verbesserung der Wissensbasis bezüglich der betroffenen Umweltbelange wäre es sogar wenig dienlich, wenn die Bewertung mit einem Gesamtergebnis abschlösse und damit die Komplexität der betroffenen Umweltbelange eher verschleiern würde.[61] Da die abwägende Saldierung von Umweltauswirkungen untereinander und auch mit anderen Belangen Aufgabe der Zulassungsentscheidung ist, kann man im Gegenteil aus der Richtlinie und dem UVPG ein internes **Abwägungsverbot** ableiten.[62] 39

Ausreichend ist es insoweit, die medienübergreifende Bewertung mit verbal beschreibenden, qualifizierenden Argumenten zu begründen. Erforderlich ist somit zwar mehr als ein bloßes Aneinanderreihen einzelner Umweltbelastungen. Notwendig ist eine zusammenfassende Bewertung der Umweltbeeinträchtigungen unter Berücksichtigung der Wechselwirkungen. Zu einem abschließenden Gesamtergebnis im Sinne einer qualitativen Saldierung bzw. im Sinne einer abschließenden Tenorierung »umweltverträglich« oder »umweltunverträglich« führt die Bewertung im Rahmen der UVP allerdings nicht. 40

2.3 Abwägung mit umweltexternen Belangen

Die Einführung der UVP sollte unter anderem der Erfahrung Rechnung tragen, dass zwar auch nach den bis dahin geltenden Umweltgesetzen eine Berücksichtigung von 41

---

60 Dazu *Erbguth/Schink*, UVPG, 12 Rn. 11; *Bartlsperger*, DVBl. 1987, 1 (4 li Sp.).
61 Vgl. dazu aber auch *Bönker*, Umweltstandards, S. 191, der es unter dem Gesichtspunkt der praktischen Verwertbarkeit der Umweltinformationen im weiteren Verfahren für sinnvoll hält, für eine »gewisse Reduktion der Komplexität durch eine umweltinterne Gewichtung der Umweltauswirkungen« zu sorgen.
62 S. dazu *Hoppe/Appold*, DVBl. 1991, 1221 (1223); *Hoppe/Püchel*, DVBl. 1988, 1 (2); *Püchel*, UVP, S. 71 ff.

Umweltbelangen erforderlich war, dass aber bei der konkreten Zulassungsentscheidung in der Vergangenheit allzu häufig Fachbelange, die für die Verwirklichung des jeweiligen Vorhabens sprachen, in der Abwägung gegenüber den betroffenen Umweltbelangen durchsetzungsfähiger waren. Mit der Einführung der UVP sollte deshalb unter anderem erreicht werden, dass vor der Entscheidung über die Zulässigkeit des Vorhabens zunächst eingehend Rechenschaft über seine Folgen für die Umwelt abgelegt wird.[63] Das setzt voraus, dass nicht vorzeitig vor der abschließenden Bewertung der Umweltfolgen bereits eine Abwägung mit den für die Zulassung des Vorhabens sprechenden öffentlichen oder privaten Belangen stattfindet. Eine Abwägung ökologischer Belange mit anderen Belangen bereits im Rahmen der Bewertung widerspricht somit dem Zweck der UVP, weil die UVP eine eigenständige, exklusive Darstellung und isolierte Bewertung der Umweltauswirkungen ermöglichen soll.[64] Außer Betracht bleiben für die Bewertung nicht umweltbezogene Anforderungen der Fachgesetze (z. B. Belange der öffentlichen Sicherheit oder Ordnung oder des Städtebaus) und die Abwägung umweltbezogener Belange mit anderen Belangen (z. B. Verbesserung der Verkehrsverhältnisse, Schaffung oder Erhaltung von Arbeitsplätzen; vgl. Nr. 0.6.1.1. UVPVwV).

2.4 Bewerten von Alternativen

42 Nach weit verbreiteter, aber nicht zutreffender Ansicht verlangt die UVP auch eine Bewertung von Alternativen zu den beantragten Vorhaben. Dabei lassen sich **Standortalternativen** und **Konzeptalternativen** unterscheiden.[65] Weitergehend wird teilweise gefordert, auch die so genannte **Null-Variante**, d. h. den Verzicht auf das Projekt, zu prüfen.[66]

43 Das UVPG schreibt eine solche Alternativenprüfung durch den Projektträger bzw. durch die Zulassungsbehörde jedoch nicht vor. Die Prüfung nach §§ 11, 12 ist eine strikt projektbezogene Untersuchung. Vorhabenträger und Planfeststellungsbehörde sind rechtlich befugt, die Umweltverträglichkeitsprüfung auf diejenige Variante zu beschränken, die nach dem aktuellen Planungsstand ernstlich in Betracht kommt.[67]

44 Zwar müssen nach § 6 Abs. 4 Nr. 3 die Unterlagen, die von dem Vorhabenträger im Rahmen der UVP verlangt werden können, grundsätzlich auch eine Übersicht über die wichtigsten, vom Vorhabenträger geprüften Vorhabenalternativen und eine Angabe der wesentlichen Auswahlgründe unter besonderer Berücksichtigung der Umweltauswirkungen des Vorhabens enthalten. Daraus ergibt sich jedoch keine Pflicht des Vorhaben-

---

63 *Beckmann*, DVBl. 1990, 358.
64 So zu Recht *Hoppe/Appold* DVBl. 1991, 1221 (1223); *Peters*, UVP-RL, S. 29 f.; *Kühling*, in: Handbuch der UVP, Kennziffer 2710. Anm. 4.1; *Steinberg*, DÖV 1992, 321 (325); *Jarass*, KritV 1991, 7 (21), SRU, DVBl. 1988, 21 (26).
65 *Püchel*, UVP im Verwaltungsverfahren, S. 32; *Jarass*, UVP bei Industrievorhaben, S. 43; *Püchel*, UVP, S. 92 f.; *Schlarmann*, Alternativenprüfungen S. 1 ff.; *Steinberg*, NuR 1992, 164 (167); *Hoppe/Beckmann*, DÖV 1990, S. 769 ff.; *Jaeger/Kames*, ZfW 1992, 269 ff.; *Bender/Pfaff*, DVBl. 1992, 181 ff.; *Kretz*, UPR 1992, 129 ff.; *Erbguth*, NVwZ 1992, 209 ff.; *Hoppe/Appold/Haneklaus*, DVBl. 1992, 1203 ff.
66 Siehe dazu *Jarass*, UVP bei Industrievorhaben, S. 43; *Schink*, NuR 1998, 177.
67 BVerwG, Urt. v. 19.05.1998 – 4 C 11/96 –, NVwZ 1999, 528, 531; *Hien*, NVwZ 1997, 422, 427; zur Alternativenprüfung siehe auch *Appold*, § 1 Rn. 8 ff.

Bewertung und Berücksichtigung der Umweltauswirkungen § 12

trägers, Alternativen für sein Projekt zu prüfen. Vielmehr trifft den Vorhabenträger lediglich die Pflicht, die von ihm freiwillig untersuchten Projektalternativen auch der zuständigen Behörde vorzulegen.[68]

Teilweise wird die Erforderlichkeit von Alternativenprüfungen im Rahmen der UVP allerdings auch unmittelbar aus entsprechenden Anforderungen der UVP-RL abgeleitet.[69] Wortlaut und Entstehungsgeschichte der Richtlinie sprechen jedoch nicht für die Annahme, ein Alternativenvergleich sei nach Gemeinschaftsrecht notwendiger Bestandteil der UVP.[70] Der Text der Richtlinie schweigt sich zu der Frage aus. Allein im Anhang III Nr. 2 UVP-RL wird verlangt, dass die in Artikel 5 Abs. 1 UVP-RL vom Vorhabenträger vorzulegenden Unterlagen »gegebenenfalls (eine) Übersicht über die wichtigsten anderweitigen, vom Projektträger geprüften Lösungsmöglichkeiten unter Angabe der wesentlichen Ausfallgründe im Hinblick auf die Umweltauswirkungen« enthalten. Demgegenüber sah der ursprüngliche Richtlinienvorschlag der Kommission im entsprechenden Zusammenhang mit der »Beschreibung des vorgeschlagenen Vorhabens und gegebenenfalls der vernünftigerweise möglich erscheinenden Alternativen hinsichtlich des Standortes und des Entwurfs des Vorhabens« eine erheblich weitergehende Regelung vor, die sich jedoch gegenüber den Bedenken einiger Mitgliedstaaten gerade nicht durchsetzen konnte.[71] Vergleicht man den wesentlich abgeschwächten Richtlinientext mit dem ursprünglich von der Kommission vorgeschlagenen Entwurf, so wird deutlich, dass unter der Geltung der Richtlinie vom Vorhabenträger nur solche Projektalternativen darzustellen sind, die er aus eigenem Antrieb gegebenenfalls erwogen hat.[72]

45

Auch die **UVP-Änderungsrichtlinie** führt keine Pflicht zur Alternativenprüfung europarechtlich ein. Entsprechende Vorschläge der Kommission und Hoffnungen in der Wissenschaft[73] haben sich nicht durchgesetzt. Auch das deutsche Recht hat sich insoweit nicht geändert.

46

Von der Verpflichtung des Vorhabenträgers zur Alternativenprüfung zu trennen ist die Frage, ob die **Zulassungsbehörde** Standort- bzw. Projektalternativen zu prüfen hat. Die Verpflichtung der Behörde zur Berücksichtigung von Alternativen wird zumeist damit begründet, dass die UVP dazu dienen solle, nachteilige Auswirkungen eines Projektes auf die Umwelt so klein wie möglich zu halten. Dies sei aber nur dann möglich, wenn auch Alternativen geprüft würden. Als Ausprägung des umweltrechtlichen Vorsorgeprinzips erfordere die UVP auch die Bewertung von Informationen über die jeweils günstigste Lösungsmöglichkeit zur Vermeidung von Belastungen der Umwelt durch das Projekt. Welches die günstigsten Lösungsmöglichkeiten seien, die konkret in die Prüfung einzubeziehen seien, lasse sich weitgehend nur nach den Gegebenheiten des Einzelfalles

47

---

68 *Jarass*, Auslegung und Umsetzung der EG-Richtlinien zur UVP, S. 50; *Hoppe/Püchel*, DVBl. 1988, 1 (6); *Soell/Dirnberger*, NVwZ 1990, 705 (710); *Beckmann*, NVwZ 1991, 421 (429).
69 So z.B. *Erbguth*, NVwZ 1992, 209 (219); s. dazu im Einzelnen *Hoppe/Appold/Haneklaus*, DVBl. 1992, 1203 (1209f.);
70 *Appold*, Freiraumschutz durch räumliche Planung, S. 103f.; *Jarass*, Auslegung der EG-Richtlinie zur UVP, S. 33 a.A. *Erbguth*, NVwZ 1992, 209 (219f.).
71 S. dazu auch *Erbguth/Schink*, UVPG, § 2 Rn. 22; *Soell/Dirnberger*, NVwZ 1990, 705 (710); *Beckmann*, NVwZ 1991, 427 (430); so zu Recht auch *Appold*, Freiraumschutz durch räumliche Planung, S. 103;
72 *Jarass*, Auslegung und Umsetzung der EG-Richtlinien, S. 33.
73 Siehe z.B. *Schink*, DVBl. 1995, 73, 80.

48 beantworten. Eine Schranke liege nur in der Einbeziehung unsinniger Alternativen; vernünftige, objektiv mögliche Lösungen müssten auch einbezogen werden.[74]

48 So berechtigt der Wunsch unter Berücksichtigung des Umweltvorsorgeaspekts nach einer möglichst umfassenden Alternativenbewertung im Rahmen der UVP auch sein mag, so sehr besteht allerdings auch die Notwendigkeit, hinsichtlich der Alternativenprüfung auf die Grundstrukturen des Genehmigungsrechts Rücksicht zu nehmen. Weder den Betroffenen noch der Umwelt ist damit gedient, einerseits unter dem Gesichtspunkt der Umweltvorsorge eine umfassende Alternativenprüfung zu verlangen, andererseits aber festzustellen, dass das Planfeststellungsrecht nur bedingt, das Recht der Kontrollerlaubnis überhaupt nicht geeignet ist, solche Alternativenprüfungen zu ermöglichen. Bereits der finanzielle und technische Aufwand schließen es aus, allen objektiv vernünftigen Alternativen zu dem beantragten im Projekt nachzugehen.

49 Für **Produktionsalternativen** kommt hinzu, dass Produktionsziele oder die Wahl der Anlagentechnik, soweit sie nicht ausnahmsweise wegen ihrer besonderen Gefährlichkeit mit ordnungsrechtlichen Instrumenten einzuschränken sind, allein Sache des jeweiligen Vorhabenträgers bzw. seiner unternehmerischen Entscheidung sind.[75]

50 Im Rahmen der UVP sind deshalb nur solche Alternativen zu bewerten, die auch nach dem jeweiligen **Fachrecht** in die Prüfung einzubeziehen sind. Die UVPVwV (0.5.2.2.) sieht deshalb vor, dass Umweltauswirkungen bei Vorhaben oder Trassenvarianten nur darzustellen sind, soweit diese nach Fachrecht zu prüfen sind. Lässt das jeweilige Fachrecht eine Alternativenvergleich nicht zu, bedarf es eines solchen auch nicht im Rahmen der UVP. Das jeweilige Fachrecht kann auch zu der Prüfung verpflichten, ob in der Abwägung unüberwindliche Belange zu einem Verzicht auf das Vorhaben zwingen (sog. »**Null-Variante**«).[76]

51 Der Umstand, dass ein Alternativenvergleich die Bewertung der Umweltverträglichkeit erleichtern könnte und der Verzicht hierauf die Gewinnung von Maßstäben für die Bewertung der UVP erschweren würde, belegt nicht, dass das geltende Recht entsprechende Pflichten begründet.[77] Die Notwendigkeit der Bewertung von Standortalternativen ergibt sich somit allein aus dem Fachplanungsrecht oder dem Umweltrecht. Dem immissionsschutzrechtlichen Genehmigungsverfahren ist eine solche Alternativenprüfung grundsätzlich fremd. Eine naturschutzrechtliche Pflicht zur Alternativenprüfung kann sich für unterschiedlichste Vorhaben, auch für immissionsschutzrechtliche genehmigungsbedürftige Projekte, aus § 19c Abs. 3 Nr. 2 BNatSchG ergeben. Grundsätzlich ist ein Projekt, das zu Beeinträchtigungen eines in § 19c Abs. 1 BNatSchG genannten FFH-Gebietes oder Vogelschutzgebietes in seinen für die Erhaltungsziele oder den Schutzzweck maßgeblichen Bestandteilen führen kann, gem. § 19c Abs. 2 BNatSchG unzulässig. Abweichend von diesem Verbot kann jedoch das Projekt ausnahmsweise unter bestimmten Voraussetzungen nach § 19c Abs. 3 BNatSchG zugelassen werden. Zu diesen Voraussetzungen zählt, dass es zumutbare Alternativen, die den mit dem Projekt verfolgten Zweck an anderer Stelle ohne oder mit geringeren Beeinträchtigungen erreichen, nicht gibt.

---

74 *Schroer*, UVP, S. 27f.; *Püchel*, UVP, S. 93 f.; *Erbguth/Schink*, UVPG, 2, Rn. 23; *Soell/Dirnberger*, NVwZ 1990, 707 (711).
75 So zu Recht *Dienes*, et 1990, 727 (729); a. A. *Hoffmann-Riem*, DVBl. 1994, 605 ff.
76 *BVerwG*, Urt. v. 10.04.1997 – 4 C 5.96 –, NuR 1997, 441.
77 So zu Recht *Hoppe/Appold/Haneklaus*, DVBl. 1992, 1203 (1210).

In der Rechtsprechung spielt die Forderung nach der Berücksichtigung von Standortalternativen in **Planfeststellungsverfahren** eine erhebliche Rolle.[78] Ein geschlossenes System gibt es zur Frage der Alternativenprüfung in der Rechtsprechung auch zum Fachplanungsrecht allerdings nicht.

52

Zumeist wird das Erfordernis der Prüfung von Standortalternativen mit der Formel umschrieben, der Abwägungsvorgang sei fehlerhaft, wenn die Planfeststellungsbehörde ernsthaft in Betracht kommende Planungsvarianten nicht beachte. Dies setze jedoch voraus, dass eine bestimmte Alternativlösung sich nach Lage der Dinge anbiete oder gar aufdränge.[79] Im Urteil des *BVerwG* zum Flughafen München II führte das Gericht aus, die Auffassung, die Planfeststellungsbehörde habe einen beantragten Standort im Hinblick auf einen Alternativstandort nur dann zu verwerfen, wenn sich ihr dieser als eindeutig besser geeignet habe aufdrängen müssen, sei verfehlt oder zumindest missverständlich. Für die von der Planfeststellungsbehörde vorzunehmende Abwägung der einzustellenden Belange komme es stets darauf an, rechtsmindernde Eingriffe nach Möglichkeit zu vermeiden. Dabei könne es zu rechtlich erheblichen Fehlgewichtungen bereits dann kommen, wenn die Behörde die Bedeutung der (objektiv) betroffenen öffentlichen und privaten Belange verkenne und die Abwägung in einer Weise vorgenommen habe, die zur objektiven Gewichtigkeit einzelner Belange außer Verhältnis stehe. Wenn die Planfeststellungsbehörde infolge einer derartigen Fehlgewichtung die Vorzugswürdigkeit eines anderen Standortes verkenne, handele sie rechtswidrig. Dazu werde nicht vorausgesetzt, dass sich der Behörde ein anderer Standort als offensichtlich besser geeignet aufdrängen müsse.[80]

53

Für die **straßenrechtliche Planfeststellung** hat der *VGH Mannheim* entschieden, dass bei mehreren in Betracht kommenden Trassenvarianten nicht für alle Varianten so detaillierte Entwürfe ausgearbeitet werden müssten, dass sie Grundlage eines Planfeststellungsverfahrens sein könnten. Ausreichend sei vielmehr, dass die Pläne so ausgearbeitet seien, dass der mit den örtlichen Verhältnissen und den Besonderheiten der jeweiligen Trasse vertraute Betrachter die Vor- und Nachteile der verschiedenen Alternativen beurteilen könne. Die Planfeststellungsbehörde sei nicht verpflichtet, sämtlichen theoretisch möglichen Ausgestaltungen der Trasse von sich aus nachzugehen. Es reiche aus, wenn neben der zur Planfeststellung beantragten Trasse noch diejenigen Trassen untersucht würden, die sich entweder aufgrund der örtlichen Verhältnisse von selbst anböten oder aber im Planfeststellungsverfahren vorgeschlagen worden seien und ernsthaft in Betracht kämen.

54

Im Bereich der **abfallrechtlichen Planfeststellung** hat das *BVerwG* wiederholt den Zusammenhang zwischen Standortalternativenprüfung und Inanspruchnahme privaten

55

---

78 Vgl. *Hoppe/Schlarmann/Buchner*, Rechtsschutz Rn. 644 ff.; aus der Rechtsprechung z. B. *BVerwG*, v. 5.10.1990 – 4 B 249.89 –, NVwZ-RR 1991, 118; v. 27.1.1989 – 4 B 201/205.88 –, Buchholz 407.4, 17 FStrG, Nr. 82; v. 20.12.1988 – 4 B 211.88 –, NVwZ-RR 1989, 458; v. 20.12.1988 – 7 MB 2.88 –, NVwZ 1989, 458; v. 28.8.1987 – 4 N 1.86 –, DVBl. 1987, 1274; v. 5.12.1986 – 4 C 13.85 –, DVBl. 1987, 578; v. 22.3.1985 – 4 C 15.83 –, DVBl. 1985, 900; v. 30.5.1984 – 4 C 58.81 –, E 69, 256; v. 20.7.1979 – 7 C B 21.79 –, DÖV 1980, 133; VGH Mannheim, v. 26.10.1989 – 10 S 2177.88 –, NVwZ 1990, 487; v. 24.11.1987 – 10 S 1044/84 –, VBlBW 1988, 337; v. 23.6.1988 – 5 S 1030.87 –, NVwZ-RR 1989, 349; OVG NW, v. 25.9.1980 – 10a NE 36.79 –, BRS 36, 25.
79 *BVerwG*, v. 30.5.1984 – C 58.81 –, E 69, 256 (273).
80 V. 5.12.1986 – 4 C 13.85 –, E 75, 214 (236 f.).

Grundstückseigentums hervorgehoben. Die Tatsache, dass eine geplante Entsorgungsanlage nur unter Inanspruchnahme von Grundstücken, die dem Vorhabenträger nicht gehörten, errichtet werden könne, sei ein bestimmender Faktor für die von der Planfeststellungsbehörde vorzunehmende Einzelfallprüfung. Von Bedeutung sei unter anderem, ob und ggf. welche fachbezogenen Gründe gerade für den gewählten Standort im Unterschied zu den in Betracht kommenden Alternativstandorten sprächen. Je gewichtiger etwaige standortspezifische Vorzüge seien (z. B. Bodenbeschaffenheit, Entwässerungsmöglichkeiten, verkehrsmäßige Anbindung, günstige Immissionssituation, geringe Beeinträchtigung von Natur und Landschaft), desto eher könne das private Eigentum zurückgedrängt werden.

56 Ähnliches gilt im Übrigen auch dann, wenn eine öffentliche Abfallentsorgungsanlage, etwa eine Müllverbrennungsanlage, immissionsschutzrechtlich genehmigt werden soll und für die Inanspruchnahme von Grundstücken eine Enteignung erforderlich wird. In einem solchen Fall stellt sich die Frage nach weniger beeinträchtigenden Alternativen zwar nicht im immissionsschutzrechtlichen Genehmigungsverfahren, jedoch im **Enteignungsverfahren**.[81]

57 Bereits im Jahre 1979 hat das *BVerwG* ausgeführt, die Tatsache, dass der Planfeststellungsbehörde auch bei der abfallrechtlichen Planfeststellung ein planerischer Gestaltungsfreiraum zukomme, bedeute nicht, dass die Behörde – gleichsam nach Gutdünken – jeden nicht von vornherein abwegigen Standort wählen und die kontrollierende Gerichtsbarkeit dies tolerieren müsse, solange nicht ein anderer Standort sich geradezu aufdränge. Vielmehr setze die Standortwahl nach den in der ständigen Rechtsprechung des *BVerwG* entwickelten Gesichtspunkte voraus, dass ernsthaft in Betracht kommende Alternativstandorte auch ernsthaft in Betracht gezogen und erwogen würden. Lasse es die Planfeststellungsbehörde daran fehlen, obwohl sich nach Lage der Dinge die Anlage an anderer Stelle als Alternativlösung anbiete oder gar aufdränge, so werde sich dies im Allgemeinen auf die materielle Rechtmäßigkeit der Planungsentscheidung auswirken. Dabei überschreite die Planfeststellungsbehörde jedoch nur dann die Grenzen ihrer planerischen Gestaltungsfreiheit, wenn ein anderer Standort eindeutig besser geeignet gewesen wäre. Dies sei nicht schon dann der Fall, wenn man über den am besten geeigneten Standort – je nach Betrachtungsweise und unterschiedlicher Gewichtung der verschiedenen Abwägungskriterien – so oder anders denken könne, also für den einen wie den anderen Standort, und auch dagegen einleuchtende Gründe angeführt werden könnten.[82]

58 Dieser Rechtsprechung des *BVerwG* haben sich die Obergerichte weitgehend angeschlossen. Zu den Anforderungen des Abwägungsgebots bei der abfallrechtlichen Planfeststellung führt beispielsweise der *VGH Mannheim* aus, die Geeignetheit eines Standortes sei regelmäßig von einer Abwägung unterschiedlicher, teilweise gegenläufiger Belange öffentlicher und privater Art abhängig. Die rechtliche Schutzwürdigkeit der entgegenstehenden Belange könne grundsätzlich durch eine alle erheblichen Belange berücksichtigende planerische Abwägung überwunden werden. Bei der Überprüfung der Auswahl eines geeigneten Standortes unter mehreren geeigneten Standorten gehe es um die Frage, ob sich an einem Standort eine bessere Lösung – auch für die betroffene Umgebung – finden lasse. Dabei setze nach den vom *BVerwG* entwickelten Maßstäben

---

81 *Beckmann*, DVBl. 1994, 236 ff.
82 V. 20.7.1979 – 7 C 21/79 –, NJW 1980, 953.

bei der abfallrechtlichen Fachplanung die Standortwahl voraus, dass ernsthaft in Betracht kommende Alternativstandorte auch ernsthaft in Betracht gezogen und erwogen würden. Anlass zu rechtlichen Bedenken bestehe unter diesem Blickwinkel aber nur dann, wenn ein anderer Standort eindeutig besser geeignet wäre, sich also nach Lage der Dinge anböte oder aufdränge. Die Grenzen ihrer planerischen Gestaltungsfreiheit überschritte die Planfeststellungsbehörde dagegen nicht schon, wenn man über den am besten geeigneten Standort – je nach Betrachtungsweise und unterschiedlicher Gewichtung der verschiedenen Abwägungskriterien – so oder anders denken könne, also für den einen wie für den anderen Standort – und auch dagegen -einleuchtende Gründe angeführt werden könnten.[83]

Für die Standortalternativenprüfung wesentlich ist auch ein Urteil des *OVG Lüneburg* vom 21.2.1991. Danach ist das Ergebnis einer vergleichenden Bewertung von Standortalternativen durch einen *Sachverständigen* für den Planungsträger bei der Standortwahl selbst dann nicht bindend, wenn er der grundlegenden Eignungsbeurteilung und dem dabei verwendeten Bewertungsschema des Sachverständigen folge. Eine Standortwahl werde nicht allein deswegen fehlerhaft, weil es sich bei der Feinprüfung des gewählten Standortes herausstelle, dass Merkmale, die zu seiner Wahl geführt hätten, überbewertet worden seien.[84]

Die Rechtsprechung wird in der Rechtslehre[85] zu folgenden Grundsätzen zusammengefasst:
– ernsthaft sich anbietende Alternativen müssen auch ernsthaft in Betracht gezogen und erwogen werden;
– im Abwägungsergebnis darf die Bevorzugung einer bestimmten Lösung nicht auf einer Bewertung beruhen, die zur objektiven Gewichtigkeit der von den möglichen Alternativen betroffenen Belange außer Verhältnis steht;
– die Grenzen der Rechtmäßigkeit der getroffenen Planungsentscheidung sind dann überschritten, wenn sich ein anderer, von der Planfeststellungsbehörde erwogener Standort nach dem Ergebnis der Alternativenprüfung als eindeutig besser geeignet erweist;
– die Grenzen der planerischen Gestaltungsfreiheit sind hingegen dann nicht überschritten, wenn man über den am besten geeigneten Standort – unter Beachtung des Abwägungsgebotes – so oder auch anders denken kann. Es begründet noch keinen Rechtsfehler, dass über die Geeignetheit anderer Standorte unterschiedliche Auffassungen möglich sind.

Ganz überwiegend wird aus dieser Rechtsprechung keine Pflicht zu einer **flächendeckenden Standortsuche** abgeleitet. Überwiegend wird die Auffassung vertreten, dass das Planfeststellungsverfahren für eine solche flächendeckende Standortsuche grundsätzlich ungeeignet sei. Standortalternativenprüfungen müssten deshalb im Sinne einer flächendeckenden Standortsuche Gegenstand einer vorgelagerten Planung sein. Fehlende Planungen führten insoweit nicht zu einer grundsätzlichen Aufgabenverschiebung dergestalt, dass nunmehr im Rahmen der Planfeststellung die dem vorgelagerten

---

83 VGH *Mannheim*, v. 26.10.1989 – 10 S 2177/88 –, NVwZ 1990, 487 (489).
84 OVG *Lüneburg*, v. 21.2.1991 – 7 L 110/89 –, UPR 1991, 459.
85 *Bender/Pfaff*, DVBl. 1992, 181 (183); *Beckmann*, DVBl. 1994, S. 235 ff.

Planungsträger gesetzlich überantwortete umfassende Alternativenprüfung durchzuführen sei.[86]

62 Da die Berücksichtigung von Standortalternativen Teil der planerischen Abwägung ist, hängt auch die Frage nach dem Zeitpunkt der Alternativenprüfung davon ab, zu welchem Zeitpunkt die Planfeststellungsbehörde ihre planerische Abwägung vornehmen muss. Grundsätzlich ist der entscheidende Zeitpunkt für die Frage der Rechtmäßigkeit der Planungsentscheidung der Zeitpunkt der letzten Verwaltungsentscheidung. Da gegenüber dem Planfeststellungsbeschluß Widerspruch nicht zulässig ist (vgl. 72, 70 VwVfG), ist maßgeblich insoweit der Zeitpunkt des Erlasses des Planfeststellungsbeschlusses. Die Berücksichtigung von Standortalternativen muss demnach in dem Planfeststellungsbeschluss erfolgen. Bei der Abwägungsentscheidung können auch Standortuntersuchungen Berücksichtigung finden, die bereits vor Beginn des Planfeststellungsverfahrens erstellt worden sind. Etwas anderes kann jedoch gelten, wenn angesichts des Zeitablaufs zu befürchten wäre, dass sich die maßgebliche Sach- oder Rechtslage seit Durchführung des Standortsuchverfahrens so wesentlich geändert hätte, dass die Ergebnisse dieses Suchverfahrens vor dem Hintergrund der geänderten Sach- oder Rechtslage keine Verwendung bei der planerischen Abwägung mehr finden könnten.

63 Bei der Entscheidung der Planfeststellungsbehörde ist auch der **zeitliche Ablauf der Entscheidungsfindung** gebührend zu berücksichtigen. Stellt sich nach einem langen Planfeststellungsverfahren heraus, dass die Entscheidung des Vorhabenträgers für eine bestimmte Standortalternative von der Planfeststellungsbehörde nicht geteilt wird, weil sich ihr aufgrund anderer oder neuerer Erkenntnisse ein anderer Standort als vorzugswürdig darstellt, kann sie gleichwohl die Standortentscheidung des Vorhabenträgers bestätigen, wenn der Wechsel zum neuen Standort mit neuen Planfeststellungsverfahren aufgrund der zeitlichen Verzögerung zu Entsorgungsengpässen oder anderen erheblichen Nachteilen führen würde.[87]

3 Berücksichtigen

3.1 Allgemeines

64 Berücksichtigen im Sinne des § 12 bedeutet, dass die zuständige Behörde das Bewertungsergebnis nicht einfach nur zur Kenntnis nehmen darf, sondern sich inhaltlich mit dem Bewertungsergebnis auseinander setzen muß.[88] Die Berücksichtigung des Bewertungsergebnisses kann je nach den Umständen des Einzelfalls und nach den jeweils anzuwendenden Rechtsvorschriften dazu führen, dass das Vorhaben zugelassen wird, obwohl es nachteilige Auswirkungen auf die Umwelt haben wird, weil andere für die Entscheidung rechtlich oder tatsächlich bedeutsame Gesichtspunkte überwiegen oder vorgehen.[89] Inwieweit sich das Bewertungsergebnis bei der Zulassungsentscheidung auswirkt, ist

---

86 Zur Rechtslehre siehe *Hoppe/Beckmann*, DÖV 1990, 769 ff.; *Beckmann*, DVBl. 1994, 236 (237 ff.); *Bender/Pfaff*, DVBl. 1992, 181 ff.; *Erbguth*; NVwZ 1992, 209 ff.; *Kretz*, UPR 1992, 129 ff.; L. *Schlarmann*, Die Alternativenprüfung, S. 1 ff.; *Heute/Bluhm*, VBL BW 1993, 206 ff.; *Erbguth*, NuR 1992, 262 ff.; *Stüer*, Handbuch Rn. 2128 ff.
87 *Beckmann*, DVBl. 1994, 236 (240).
88 Amtl. Begründung, BT-Drs. 11/3919, S. 27.
89 So die Amtl. Begründung, BT-Drs. 11/3919, S. 27.

insoweit eine Frage des jeweiligen Einzelfalls. Das Bewertungsergebnis kann nicht nur zur Genehmigungsunfähigkeit des Vorhabens, sondern auch zu seiner Veränderung oder zu Nebenbestimmungen und Schutzauflagen in der Zulassungsentscheidung führen.[90]

3.1.1 Vorrang der Umweltbelange

Grundsätzlich kommt auch nach Durchführung einer UVP den Umweltbelangen bei der Zulassungsentscheidung kein abstrakter **Vorrang** gegenüber anderen durch die Zulassungsentscheidung betroffenen privaten oder öffentlichen Belangen zu. Eine solche abstrakte Vorrangstellung der Umweltbelange wäre mit dem Verhältnismäßigkeitsgrundsatz, auf dem letztlich die Abwägung unterschiedlicher Belange in staatlichen Abwägungsprozessen beruht, unvereinbar.[91]

Allerdings ist der Gesetzgeber in der Lage, auf diesen Abwägungsprozess durch gesetzliche Vorgaben einzuwirken. Auch wenn die UVP in diesem Sinne nicht zu einem rechtlichen Vorrang der betroffenen Umweltbelange vor anderen öffentlichen oder privaten Belangen führt, wird ihnen über die umfassende Ermittlung und Bewertung der mit dem beabsichtigten Vorhaben verbundenen Folgen faktisch gleichwohl zu einem Übergewicht verholfen. Dies wird besonders deutlich bei den – unabhängig von einer entsprechenden Rechtsverpflichtung – für zahlreiche UVP-pflichtige Vorhaben durchgeführten Standortsuchverfahren. Diese **Standortsuchverfahren** beschränken sich regelmäßig auf einen Standortvergleich unter ökologischen Gesichtspunkten. Flächendeckende Standortsuchprogramme zum Schutze anderer öffentlicher oder privater Belange finden daneben nicht statt. Der aus einem Standortsuchverfahren als ökologisch geeignetste hervorgegangene Standort wird sich deshalb in aller Regel gegenüber anderen Standorten, die etwa aus der Sicht der betroffenen Landwirtschaft oder der gewerblichen Wirtschaft geeigneter wären, durchsetzen.

3.1.2 § 12 als Auslegungsregel

Nach § 12, 2. Hs. ist die Bewertung der Umweltauswirkungen bei der Zulassungsentscheidung im Hinblick auf eine wirksame Umweltvorsorge im Sinne der §§ 1, 2 Abs. 1 S. 2 und 4 nach Maßgabe der geltenden Gesetze zu berücksichtigen. Durch diese Bestimmung sollen die gesetzlichen Entscheidungsgrundlagen in ihrer jeweiligen Ausgestaltung nicht verändert werden.[92] Der Gesetzeswortlaut ist insoweit allerdings nicht eindeutig. Soweit die Berücksichtigung nach Maßgabe der geltenden Gesetze zu erfolgen hat, bleiben die gesetzlichen Entscheidungsgrundlagen für die Zulassung unverändert. Geht man davon aus, dass die Bewertung der Umweltauswirkungen sich auf eine Anwendung der umweltbezogenen Zulassungsvoraussetzungen beschränkt, liegt mit dem Bewertungsergebnis bei gebundenen Entscheidungen auch das Entscheidungsergebnis fest.[93] Allerdings deutet der Hinweis auf die **wirksame Umweltvorsorge** im Sinne der 1, 2 Abs. 1 S. 2 und 4 darauf hin, dass die gesetzlichen Entscheidungsgrundlagen möglicherweise doch nicht unverändert bleiben, zumindest aber – was im Ergebnis auf das gleiche hinausliefe – UVP-konform auszulegen sein sollen.

---

90 Amtl. Begründung, BT-Drs. 11/3919, S. 27.
91 Vgl. dazu BVerwG, Urt. v. 21.03.1996 – 4 C 19.94 –, NVwZ 1996, 1016; *Kuschnerus*, BauR 2001, 1211, 1215; *Bohne*, ZfB 130 (1989), 93 (112).
92 So die Amtl. Begründung, BT-Drs. 11/3919, S. 27.
93 In diese Richtung auch die Amtl. Begründung, BT-Drs. 11/3919, S. 28.

§ 12 Bewertung und Berücksichtigung der Umweltauswirkungen

3.1.2.1 »Nach Maßgabe der geltenden Gesetze«

68 Indem der Gesetzgeber eine Berücksichtigung der Ergebnisse der UVP nach Maßgabe der geltenden Gesetze vorschreibt, stellt er klar, dass es auch bei der Durchführung der Umweltverträglichkeitsprüfung bei den fachgesetzlichen Zulassungstatbeständen bleiben soll, nach denen allein die Zulässigkeit des jeweiligen Vorhabens sich zu entscheiden hat. Entsprechendes ist in § 20 Abs. 1 b S. 1 9. BImSchV und § 57 a Abs. 4 BBergG geregelt. Nach der Begründung des Gesetzesentwurfes sollen mit den »geltenden Gesetzen« im Sinne des § 12, 2. Hs. nur die **formellen Gesetze** zu verstehen sein.[94] Die zur Risikobewertung heranzuziehenden formellen Gesetze liefern nach der Gesetzesbegründung aufgrund der zahlreichen unbestimmten Gesetzesbegriffe die notwendigen Bewertungsmaßstäbe für alle Umweltauswirkungen im Sinne des § 2 Abs. 2 S. 2. Soweit die unbestimmten Gesetzesbegriffe durch Rechtsverordnung oder durch Verwaltungsvorschriften konkretisiert seien, müsse die Behörde diese ebenfalls zur Bewertung heranziehen.[95] Die Berücksichtigung nach Maßgabe der geltenden Gesetze stellt damit sicher, dass auch bei der Durchführung der UVP am Rechtscharakter gebundener Zulassungsentscheidungen festgehalten werden kann. Bei den Kontrollerlaubnissen, auf deren Erteilung der Antragsteller bei Vorliegen der Zulassungsvoraussetzungen einen Anspruch hat, können die Ergebnisse der UVP eben nur nach Maßgabe der gesetzlichen Zulassungsvoraussetzungen berücksichtigt werden.

69 Mit dem Verweis auf die geltenden Gesetze als Berücksichtigungsmaßstab unterstellt der Gesetzgeber zugleich, dass die Zulassungsvoraussetzungen der UVP-pflichtigen Vorhaben eine Berücksichtigung der Ergebnisse der UVP auch ermöglichen. Dies wird allerdings von weiten Teilen der Rechtslehre in Frage gestellt.[96] Bezweifelt wird vor allem, ob das geltende deutsche Zulassungsrecht dem medienübergreifenden Prüfungsansatz der UVP genügend Rechnung trägt.

70 Die Antwort auf die Frage, ob eine **medienübergreifende Prüfung** der voraussichtlichen Umweltfolgen nach dem materiellen Zulassungsrecht möglich ist, muss allerdings nach allgemeiner Auffassung differenziert ausfallen: Während das mit Konzentrationswirkung und planerischer Gestaltungsfreiheit ausgestattete Planfeststellungsverfahren als geeignet für eine medienübergreifende Berücksichtigung von Umweltfolgen angesehen wird, werden bei Ermessensentscheidungen und mehr noch bei gebundenen Kontrollerlaubnissen Zweifel an der Berücksichtigungsfähigkeit geäußert. Zu Recht wird allerdings in diesem Zusammenhang darauf hingewiesen, dass die Frage, ob und in welcher Weise die Ergebnisse der UVP bei der Anlagenzulassung berücksichtigungsfähig sind, nicht generell, sondern nur anhand der jeweils für die Anlagenzulassung maßgebenden Vorschriften beantwortet werden kann.[97]

71 Auch der Gesetzgeber hat angesichts der bereits vor In-Kraft-Treten des Gesetzes geäußerten Zweifel an der Berücksichtigungsfähigkeit fachgesetzlicher Zulassungstat-

---

94 BT-Drs. 11/3919, S. 27.
95 BT-Drs. 11/3919, S. 27.
96 Siehe z. B. *Bunge*, UVP, S. 35 f.; *Erbguth*, VR 1988, 5, 6 f.; *ders.*, DÖV 1988, 481 (486 f.); *ders.*, NVwZ 1988, 969 (973); *Hoppe/Püchel*, DVBl 1988, 1 (7 f.); *Steinberg*, DVBl 1988, 1 (7 f.); *Wahl*, DVBl 1988, 86 (88); *Winter*, NuR 1989, 197 (203); *Sachs*, in: Stelkens/Bonk/Sachs, VwVfG, § 63, Rn. 20. *Hoffmann-Riem*, DVBl. 1994, 605 ff.
97 *Erbguth/Schink*, UVPG, 12 Rn. 32; zur medienübergreifenden Prüfung und zu den Wechselwirkungen siehe oben *Appold*, § 2 Rn. 33 ff.

bestände mit der Klausel »Im Hinblick auf eine wirksame Umweltvorsorge im Sinne der §§ 1, 2 Abs. 1 S. 2 und S. 4« den Versuch unternommen, die fachgesetzlichen Zulassungstatbestände im Sinne der gebotenen medienübergreifenden UVP zu erweitern. Im Zusammenhang mit der Umsetzung der IVU-Richtlinie durch das Artikelgesetz 2001 sind fachgesetzlichen Zulassungstatbestände noch einmal zur Ermöglichung einer integrativen und medienübergreifenden Prüfung geöffnet worden.

3.1.2.2 »Im Hinblick auf eine wirksame Umweltvorsorge«

Mit dem Verweis auf eine wirksame Umweltvorsorge im Sinne der §§ 1, 2 Abs. 1 S. 2 und 4 könnten insoweit die materiellen Maßstäbe für die Bewertung und für die Berücksichtigung – im Gegensatz zur in der Entwurfsbegründung niedergelegten gesetzgeberischen Absicht – verändert worden sein.[98]

Im Bericht des Umweltausschusses vom 7.11.1989 zum Gesetzesentwurf der Bundesregierung[99] wird darauf hingewiesen, unbestimmte Rechtsbegriffe wie »schädlich«, »nachteilig« oder »gemeinwohlbeeinträchtigend« bekämen durch das UVPG einen neuen Gehalt, weil der integrative, medienübergreifende Ansatz der UVPG bei der Anwendung und Auslegung des Gesetzes einzufließen habe. UVP-pflichtige Vorhaben wären deshalb unter Berücksichtigung des gesamthaften Ansatzes der UVP nunmehr ggf. anders zu beurteilen als nach bisherigem Recht.

Zum Teil wird die Auffassung vertreten, um eine medienübergreifende Bewertung zu gewährleisten, verlange § 12, die Fachgesetze so auszulegen und anzuwenden, dass alle in § 2 Abs. 1 S. 2 genannten Güter insgesamt bestmöglich geschützt würden. Bestmöglicher Schutz in diesem Sinne heiße, einen am **Verhältnismäßigkeitsgrundsatz** ausgerichteten Ausgleich zwischen den betroffenen Umweltgütern herzustellen. Der Schutz eines Umweltgutes dürfe nicht durch die Inanspruchnahme eines anderen Umweltgutes erreicht werden, die gegen das Übermaßverbot verstoße. Auch der Entwurf der Verwaltungsvorschriften geht somit davon aus, dass § 12 die Auslegung der Fachgesetze und damit diese selbst verändert.[100]

Bohne vertritt die Ansicht, mit § 12 in Verbindung mit den §§ 1, 2 Abs. 2 und 4 sei eine **gesetzliche Auslegungsregel** eingeführt worden, um der politischen Vorgabe, für die Umsetzung der Richtlinie keine materiellen gesetzlichen Zulassungsvoraussetzungen »im Wortlaut« zu ändern, Rechnung tragen zu können. Deshalb habe man mit Hilfe des UVPG nicht die Vorschrift selbst, sondern »nur« die Auslegung ändern wollen.[101] Die Auslegung und Anwendung des Fachrechts wird nach dieser Auffassung dabei so gesteuert, dass alle Umweltgüter bestmöglich im Sinne eines medienübergreifenden Ausgleichs aller Umweltbelange geschützt werden.[102] Die rechtliche Funktion des § 12 in Verbindung mit den § 1, 2 Abs. 1 S. 2 und 4 als gesetzliche Auslegungsregel werde durch die §§ 3, 4 sichergestellt. § 3 begründe die UVP-Pflicht für ein Vorhaben, § 4

---

98 So *Steinberg*, DVBl. 1990, 1369 (1371); a. A. *Stich*, UPR 1990, 121 (124); zur Umweltvorsorge bei der UVP siehe *Schmidt*, DÖV 1994 749 (754 f.).
99 BT-Drs. 11/5532, S. 31.
100 Siehe dazu auch *Bohne*, ZAU 1990, 341 (345).
101 *Bohne*, ZAU 1990, 341 (345); *Feldmann*, UPR 1991, 127 (130).
102 Siehe dazu *Feldmann*, UPR 1991, 127 (130); ähnlich auch *Peters*, NuR 1990, 103 (105), der von einer »vorsorgekonformen Auslegung der geltenden Gesetze« spricht; siehe oben nunmehr *Peters*, UVPG, § 12 Rn. 4.

sichere die Bewertung der Umweltauswirkungen nach dem allgemeinen Schutzzweck der §§ 1, 2 Abs. 1 S. 2 und § 4 UVPG.

76 Die Vorstellung, § 12 könne zu einem für alle Fachgesetze verbindlichen Auslegungs- und Ermessensgrundsatz geraten sein, der einen bestmöglichen Umweltschutz sicherstelle, ist abzulehnen. Unverständlich ist bereits die Auffassung, man könne eine Vorschrift unverändert lassen, indem man über norminterpretierende Verwaltungsvorschriften »lediglich« die Auslegung verändere. In den jeweiligen Zulassungsverfahren ist nicht ein abstrakter, im Einzelnen gar nicht definierbarer und allein am Verhältnismäßigkeitsgrundsatz orientierter bestmöglicher Schutz der Umwelt, sondern das Maß an Umweltschutz zu beachten, dass unter den Gesichtspunkten der Gefahrenabwehr und der Umweltvorsorge in den jeweils maßgeblichen Zulassungsvoraussetzungen für das jeweilige Vorhaben vom Gesetzgeber verlangt wird. § 12 ist kein Instrument, mit dessen Hilfe die UVP diese gesetzlichen Zulassungsschranken im Sinne eines bestmöglichen Umweltschutzes handstreichartig und ohne entsprechende Gesetzesänderung verändern könnte. Ein derartiges Optimierungsgebot wäre mit der rechtstaatlich gebotenen Klarheit und Bestimmtheit von Vorschriften, die zudem, zumindest soweit von ihnen private Antragsteller betroffen werden, grundrechtsbeeinträchtigend sein können, nicht vereinbar. Die Erwähnung der wirksamen Umweltvorsorge im Sinne der §§ 1, 2 Abs. 1 S. 2 und 4 in § 12 bietet insoweit keine hinreichende Grundlage für die Ableitung allgemeingültiger Bewertungsmaßstäbe.[103] Zu Recht ist in diesem Zusammenhang auch auf die rechtssystematische Ungereimtheit hingewiesen worden, dass bei einem Verständnis des § 12 als Auslegungs- und Ermessensgrundsatz die jeweiligen Zulassungsvoraussetzungen des Fachrechts eine unterschiedliche Bedeutung erhielten, je nachdem, ob es sich bei dem beantragten Vorhaben um ein UVP-pflichtiges Projekt handele oder nicht.[104]

77 Auch der Versuch, mit Hilfe des Verhältnismäßigkeitsgrundsatzes im Bereich gebundener Zulassungsentscheidungen eine »optimale Umweltvorsorge« in dem Sinne zu schaffen, dass der Schutz eines Umweltgutes nicht durch die Inanspruchnahme anderer Umweltgüter in einer Weise erreicht werden dürfe, die gegen das Übermaßverbot verstoße, überzeugt nicht. Der **Verhältnismäßigkeitsgrundsatz** ersetzt nämlich gerade im Bereich gebundener Kontrollerlaubnisse keinesfalls abschließend formulierte Zulassungsvoraussetzungen des Gesetzgebers. Im Übrigen ist der Verhältnismäßigkeitsgrundsatz vornehmlich ein Schutzgrundsatz zu Gunsten des Bürgers vor einem Übermaß staatlicher Eingriffe.[105] Ein allgemeiner Optimierungsgrundsatz zu Gunsten des Umweltschutzes lässt sich aus dem Verhältnismäßigkeitsprinzip nicht ableiten.

78 Die Vorstellung, über § 12 ließen sich materielle Zulassungsvoraussetzungen im Sinne eines optimalen Umweltschutzes verändern, ist deshalb abzulehnen.[106] Die Bedeutung der UVP dürfte in diesem Zusammenhang eher in einer verbesserten und leistungsfähigeren Anwendung der geltenden materiellen Standards als in ihrer Änderung zu sehen sein.[107]

---

103 Siehe *Sachs*, in: Stelkens/Bonk/Sachs, VwVfG, § 63, Rn. 20.
104 Vgl. dazu *Erbguth/Schink*, UVPG, § 12 Rn. 102; siehe dazu auch *Schink*, NuR 1998, 173, 176.
105 *Erbguth/Schink*, UVPG, § 12 Rn. 102; *Schink*, DVBl. 1989, 1182 (1184).
106 Siehe auch *Erbguth/Schink*, UVPG, § 20 Rn. 12; *Beckmann*, DVBl. 1991, 358 (361).
107 So zu Recht *Wagner*, DVBl. 1993, 583 (584); *Jarass*, NuR 1991, 201 (207); *Gaentzsch*, NuR 1990, 1 (7 f.); *Erbguth/Schink*, UVPG, § 12 Rn. 75.

Bewertung und Berücksichtigung der Umweltauswirkungen § 12

3.2 Berücksichtigung der Umweltauswirkungen in einzelnen Zulassungsverfahren

Im deutschen Anlagenzulassungsrecht lassen sich grundsätzlich drei Typen von Zulassungsentscheidungen unterscheiden, zwischen denen allerdings zahlreiche Mischformen existieren.[108]

Auf der einen Seite stehen die **Planfeststellungsentscheidungen**, die nach umfassender Abwägung aller von dem Vorhaben betroffenen öffentlichen und privaten Belange ergehen. Im Gegensatz dazu stehen **Kontrollerlaubnisse**, auf deren Erteilung bei Vorliegen der gesetzlichen Zulassungsvoraussetzungen der Antragsteller einen grundrechtlich verbürgten Anspruch hat. Zwischen diesen beiden Zulassungstypen stehen Zulassungsentscheidungen, deren Erlass in einem der zuständigen Behörde unterschiedlich weit eingeräumten **Ermessen** liegt.

3.2.1 Berücksichtigung der Umweltauswirkungen im Planfeststellungsverfahren

Nach wohl allgemeiner Auffassung gelten die Planfeststellungsverfahren als besonders geeignet für eine Berücksichtigung medienübergreifender Ergebnisse der UVP.[109] Die Geeignetheit des Planfeststellungsverfahrens für die UVP folge einerseits aus der mit dem Planfeststellungsverfahren stets verbundenen *Konzentrationswirkung* und andererseits aus dem der Planfeststellungsbehörde nach überwiegender Auffassung regelmäßig eingeräumten *Planungsermessen*.

Die **Konzentrationswirkung** unterscheidet das Planfeststellungsverfahren allerdings nicht in rechtsgrundsätzlicher Weise von anderen förmlichen Genehmigungsverfahren, für die der Gesetzgeber zumindest teilweise ebenfalls eine solche Konzentrationswirkung – wie z.B. in § 13 BImSchG für die immissionsschutzrechtliche Genehmigung – vorsieht. Für das Planfeststellungsverfahren ist sie gleichwohl typisch, weil sie – anders als in sonstigen Zulassungsverfahren – für das Planfeststellungsverfahren vom Gesetzgeber stets angeordnet und damit zu seinen Wesensmerkmalen gerechnet wird.

Die Konzentrationswirkung führt nicht nur zu einem einheitlichen Zulassungsverfahren, das weitere Zulassungsverfahren bzw. weitere Zulassungsbescheide für das beabsichtigte Vorhaben ersetzt. Nach der Rechtsprechung des *BVerwG* löst die Konzentrationswirkung außerdem eine Bindung der Planfeststellungsbehörde an alle für das beabsichtigte Vorhaben einschlägigen materiell-rechtlichen Vorschriften anderer Fachgesetze aus.[110] Die Planfeststellungsbehörde kann insoweit in weitem Umfange bei der Anwendung fachgesetzlicher Zulassungsvoraussetzungen die mit dem Vorhaben voraussichtlich verbundenen Umweltfolgen berücksichtigen. Probleme, wie sie teilweise für die Aufteilung des Prüfungsstoffes der UVP bei parallelen Genehmigungsverfahren gesehen werden, treten insoweit im Planfeststellungsverfahren im Grundsatz nicht auf.[111] Aus der Bindung der Planfeststellungsbehörde an alle für das beabsichtigte Vorhaben einschlägigen materiell-rechtlichen Vorschriften anderer Fachgesetze folgt allerdings zugleich,

---

108 Vgl. dazu im Einzelnen *Wahl*, DVBl. 1982, 51 ff.; *Beckmann*, DÖV 1987, 944.
109 Vgl. *Erbguth/Schink*, UVPG, § 12 Rn. 33; *Hoppe/Beckmann/Kauch*, Umweltrecht, § 8 Rn. 93; *Soell/Dirnberger*, NVwZ 1990, 705 (708); *Steinberg*, DVBl. 1988, 995 (998); *Wahl*, DVBl. 1988, 86 (89); *Schmidt-Aßmann*, in: FS Doehring, 889 (900); *Hoppe*, UVP, 39 (88 ff.).
110 *BVerwG*, v. 9.11.1984 – 7 C 15.83 –, E 70, 242; v. 23.3.1985 – 4 C 73.82 –, E 71, 163 (164).
111 *Erbguth/Schink*, UVPG, § 12 Rn. 34.

§ 12   *Bewertung und Berücksichtigung der Umweltauswirkungen*

dass Berücksichtigungsdefizite, wie sie aufgrund der einmedialen Ausrichtung einzelner Fachgesetze teilweise befürchtet werden, auch im Planfeststellungsverfahren nicht überwunden werden könnten, wenn diese Befürchtungen berechtigt wären.

84 Außerdem wird darauf hingewiesen, dass wegen des § 14 Abs. 1, Abs. 3 WHG, der in den Planfeststellungsverfahren die Entscheidung über **Gewässerbenutzungen** dem Planfeststellungsbeschluss entziehe und einer gesonderten wasserrechtlichen Entscheidung vorbehalte, treffe die Planfeststellungsbehörde zwar auch diese wasserrechtliche Entscheidung. Sie sei hierbei jedoch materiell-rechtlich an das Einvernehmen der Wasserbehörden gebunden.[112] Erst die §§ 3, 4, 12 gewährleisten nach dieser Ansicht, dass sich planungsrechtliche und wasserrechtliche Bewertungen an gemeinsamen Schutzzwecken orientieren. Die bezogen auf wasserrechtliche Entscheidungen fehlende Konzentrationswirkung des Planfeststellungsverfahrens hindert die Planfeststellungsbehörde allerdings nicht daran, bei ihrer Entscheidung auch wasserwirtschaftliche Belange zumindest im Rahmen ihres Planungsermessens zu berücksichtigen.[113] Auch das gebotene Einvernehmen mit der Wasserbehörde spricht nicht für ein Berücksichtigungsdefizit im Planfeststellungsverfahren hinsichtlich der wasserwirtschaftlichen Belange, weil auch angesichts des gebotenen Einvernehmens für die ordnungsgemäße Berücksichtigung der wasserwirtschaftlichen Folgen im Rahmen des Planfeststellungsbeschlusses die Planfeststellungsbehörde verantwortlich bleibt.

85 Die Herstellung des **Einvernehmens** ist insoweit ein rein behördeninterner Vorgang. Im Übrigen müsste dieser Meinungsstreit nur dann vertieft werden, wenn man davon auszugehen hätte, dass die UVP in parallelen Zulassungsverfahren nicht ordnungsgemäß durchgeführt werden könnte. Davon kann jedoch keine Rede sein.[114]

86 Neben der Konzentrationswirkung gilt als weiterer wesentlicher Grund für die besondere Eignung des Planfeststellungsverfahrens für die UVP der nach ganz überwiegender Ansicht der Planfeststellungsbehörde stets eingeräumte **planerische Gestaltungsfreiraum**. Nach der Rechtsprechung des BVerwG ist »Planung ohne planerische Gestaltungsfreiheit ein Widerspruch in sich«[115]. Staatliche Planungsentscheidungen sind nach dieser Rechtsprechung dadurch gekennzeichnet, »daß der planenden Behörde durch ein Gesetz die Befugnis übertragen wird, für ein bestimmtes Vorhaben, das dem Wohl der Allgemeinheit dient, private und öffentliche Belange in einem Akt planender Gestaltung durch Abwägung zum Ausgleich zu bringen«[116].

87 Bei einer in diesem Sinne umfassenden Abwägung kann die Planfeststellungsbehörde die voraussichtlichen Umweltfolgen des beabsichtigten Vorhabens einschließlich der Wechselwirkungen in vollem Umfange berücksichtigen.

88 In dieser Abstraktheit gilt diese Aussage allerdings wohl nur für Planfeststellungsverfahren, bei denen angesichts eines staatlichen Planungsträgers und einer gesetzlich nur wenig determinierten Planfeststellungsentscheidung davon ausgegangen werden kann,

---

112   Siehe dazu *Bohne*, ZAU 1990, 341 (346).
113   Siehe *Erbguth/Schink*, UVPG, § 12 Rn. 33; *Jarass*, UVP S. 30 f.; so auch *Stich*, UPR 1990, 121 (125).
114   Siehe dazu unten § 14 Rn. 12.
115   Vgl. *BVerwG*, v. 10.2.1978 – 4 C 25.75 –, E 55, 200 (225); v. 7.7.1978 – 4 C 79.76 –, E 56, 110 (116); *Hoppe/Schlarmann/Buchner*, Rechtsschutz Rn. 514 ff.
116   Vgl. dazu *BVerwG*, v. 17.12.1985 – 4 B 214/85 – NVwZ 1986, 640, (641); *BVerwG*, NVwZ 1989, 458; v. 11.4.1986 – 4 C 51.83 –, E 74, 124, (133); *Wahl*, NVwZ 1990, 426 (427); *Kühling*, Fachplanungsrecht, Rn. 20 ff.

dass es sich um eine Planungsentscheidung handelt. Dies kann z.B. für die Planfeststellungsverfahren für Infrastrukturmaßnahmen öffentlicher Planungsträger, etwa des Straßenbaus, des Wasserstraßenbaus oder im Bereich der Eisenbahnplanfeststellung angenommen wurden.

Andere Planfeststellungsverfahren übernehmen dagegen für private Vorhabenträger die Funktion einer **Anlagengenehmigung**. Zu diesen zählen etwa der privatnützige Gewässerausbau, die bergrechtlichen oder die abfallrechtlichen Planfeststellungsverfahren zugunsten privater Vorhabenträger. Bei diesen Planfeststellungsverfahren ist durchaus zweifelhaft, ob die Planfeststellungsbehörde eine staatliche Planungsentscheidung zu treffen hat, die einer raumplanerischen Entscheidung vergleichbar wäre. Letztlich ist es Sache des an die Verfassung und insbesondere an die Grundrechte der Vorhabenträger gebundenen Gesetzgebers, dem planerischen Ermessen der zuständigen Behörde gesetzliche Grenzen zu setzen. 89

Bei der **bergrechtlichen Planfeststellung** hat der Gesetzgeber der zuständigen Bergbehörde ein solches Planungsermessen nicht eingeräumt; er hat es vielmehr bei dem Anspruch des Antragstellers auf Zulassung des Betriebsplanes bzw. der Planfeststellung belassen, wenn die entsprechenden gesetzlichen Zulassungsvoraussetzungen vorliegen.[117] 90

Auch für das **abfallrechtliche** Planfeststellungsverfahren hat das *BVerwG* die Frage, ob der Antragsteller bei Übereinstimmung seines Vorhabens mit dem Abfallentsorgungsplan und bei Fehlen gesetzlicher Versagungsgründe einen **Anspruch auf Zulassung** der Anlage hat, in einem Beschluss vom 20.12.1988 ausdrücklich offen gelassen.[118] Allerdings geht die überwiegende Auffassung nach wie vor davon aus, dass die Grundsätze zur planerischen Gestaltungsfreiheit auch auf Planfeststellungsbeschlüsse des Abfallrechts Anwendung finden können. Demgegenüber wird allerdings auch die Auffassung vertreten, bei Fehlen der gesetzlichen Versagungsgründe habe der Antragsteller einen Anspruch auf die abfallrechtliche Zulassung.[119] 91

Bei der Berücksichtigung der Bewertung der Umweltauswirkungen des Vorhabens hat sich die Planfeststellungsbehörde an der **Prüfungsreihenfolge** zu orientieren, die nach der Rechtsprechung des *BVerwG* bei der planerischen Gestaltungsfreiheit zu beachten ist. Danach ergeben sich die rechtlichen Schranken in materieller Hinsicht aus dem Erfordernis einer vor Art. 14 GG standhaltenden *Planrechtfertigung, aus Planungsleitsätzen* sowie aus den Anforderungen des den Abwägungsvorgang und das Abwägungsergebnis steuernden *Abwägungsgebots*.[120] 92

3.2.1.1. Planrechtfertigung

Gestützt auf die Rechtsprechung des *BVerwG* war es lange Zeit unstreitig, dass ein Planvorhaben seine Rechtfertigung nicht schon in sich selbst trägt, sondern im Hinblick auf die von ihm ausgehenden Einwirkungen auf Rechte Dritter für die jeweils konkreten 93

---

117 Vgl. *Boldt/Weller*, Ergänzungsband zum BBergG, § 57a Rn. 71, *Kühling*, UPR 1989, 326 (327f.); *Beckmann*, DVBl. 1992, 741 (748), siehe unten § 18 Rn. 26.
118 7 NB 2.88 –, DVBl. 1989, 512 (514).
119 Siehe dazu *Beckmann/Appold/Kuhlmann*, DVBl. 1988, 1002 (1007); *Ronellenfitsch*, Planungsrecht, S. 173; *Hoppe/Beckmann*, Planfeststellung, S. 80f.
120 *BVerwG*, Urt.v.20.8.1982 – 4 C 81.79 –, NJW 1983, 296 (297); *Blumenberg*, DVBl. 1989, 86ff.; *Funke*, DVBl. 1987, 511ff.

Planungsmaßnahmen rechtfertigungsbedürftig sei.[121] Im Sinne dieser Rechtsprechung setzt die Planrechtfertigung nicht voraus, dass das Vorhaben unumgänglich notwendig ist. Gerechtfertigt ist es vielmehr bereits dann, wenn es »vernünftigerweise geboten« ist.[122]

94 Ob und inwieweit die Prüfung der Planrechtfertigung überhaupt erforderlich ist, wird allerdings zunehmend bezweifelt, weil die Gesichtspunkte, die für die Planrechtfertigung von Belang seien, spätestens bei der Beachtung des Abwägungsgebotes berücksichtigt werden müssten.[123]

95 Unabhängig von diesem Meinungsstreit dürfte die Bewertung der Umweltfolgen des beabsichtigten Vorhabens im Rahmen der zu prüfenden Planrechtfertigung regelmäßig kaum Berücksichtigung finden können. Die Planrechtfertigung ist nämlich nur deshalb und insoweit erforderlich, als von einer Planung Auswirkungen auf Rechte Dritter ausgehen können.[124] Das konkrete Planungsvorhaben muss, wenn es sich denn über Rechte Dritter hinwegsetzen will, unter Ausrichtung auf die generellen Planungsziele, das heißt auf die Planungsaufgabe des jeweiligen Fachplanungsgesetzes objektiv erforderlich sein.[125] Erforderlichkeit des Vorhabens bedeutet, dass es vernünftigerweise geboten ist. Die Planrechtfertigung dient deshalb in erster Linie einer Vorabkontrolle, bei der offensichtlich untaugliche Ziel-Mittel-Relationen oder Verstöße gegen höherrangiges Recht oder gegen höherrangige Ziele zu einem Rechtsfehler führen. Zu prüfen ist im Rahmen der Planrechtfertigung, ob das Vorhaben anderen Zwecken dient als den durch die Fachplanungsgesetze vorgesehenen (**Mangel der Zielkonformität**).

96 Daneben und wohl vorrangig dient die Planrechtfertigung dem verfassungsrechtlichen Eigentumsschutz. Im Rahmen der Planrechtfertigung ist deshalb zu prüfen, ob die für das Vorhaben streitenden öffentlichen Belange generell geeignet sind, eine **Enteignung** zu rechtfertigen.[126] Das gilt allerdings nur für Planungsentscheidungen, bei denen für das Vorhaben privates Grundeigentum notfalls im Enteignungsverfahren in Anspruch genommen werden soll. Soll das Vorhaben auf dem Grundstück des Antragstellers verwirklicht werden, kann deshalb eine Prüfung der Planrechtfertigung genauso unterbleiben wie bei Vorhaben, die allein im privaten Interesse eines privaten Vorhabenträgers verwirklicht werden sollen, weil für diese Vorhaben ohnehin nicht in Rechte Dritter eingegriffen werden darf.[127]

97 Angesichts dieses eingeschränkten Prüfungszwecks der Planrechtfertigung können die Ergebnisse der UVP in dieser Stufe der Planprüfung nur dann eine Rolle spielen, wenn bei der Verfolgung der generellen Planungsziele die Vermeidung von Umweltbeeinträchtigungen eine relevante Rolle spielt. So mag z. B. bei der aus Gründen des Lärm-

---

121 B*VerwG*, v. 14.2.1975 – IV C 21.74 –, E 48, 56 (69); *Hoppe/Schlarmann/Buchner*, Rechtsschutz Rn. 585 ff.
122 Vgl. v. 22.3.1985 – 4 C 15.83 –, E 71, 166 (168 f.); v. 6.12.1985 – 4 C 59.82 –, E 72, 282.
123 Siehe z. B. *Kühling*, Fachplanungsrecht, Rn. 166; *Paetow*, FS Sendler, 425 (430); ähnlich auch *Weidemann*, DVBl. 1990, 592.
124 *Hoppe*, UVP, S. 90 ff.
125 B*VerwG*, v. 22.3.1985 – 4 C 15.83 –, DVBl. 1985, 900 (901); v. 6.12.1985 –4 C 59.82 –, DVBl. 1986, 416; v. 5.12.1986 – 4 C 13.85 –, UPR 1987, 343 (350).
126 B*VerwG*, Urt. v. 22.3.1985 – 4 C 15.83, DVBl. 1985, 900 (901); *Niehues*, Wirtschaft und Verwaltung 1985, 250 ff.; *Steinberg*, NVwZ 1986, 812.
127 Vgl. B*VerwG*, v. 7.7.1978 – 4 C 79.76 –, E 56, 110 (119); v. 22.3.1985 – 4 C 15.83 –, DVBl. 1985, 900 (901), Fachplanungsrecht, Rn. 165, *Beckmann*, Rechtsschutz, S. 139 f.

schutzes bzw. der Vermeidung von Luftverunreinigungen geplanten Ortsumgehung der Vergleich zwischen den Umweltfolgen dieser Ortsumgehung, etwa durch den Flächenverbrauch, mit den Verbesserungen des Lärmschutzes und des Immissionsschutzes bereits im Rahmen der Planrechtfertigung erheblich sein. Nach der Rechtsprechung des *BVerwG* ist nämlich eine Planung auch dann nicht gerechtfertigt, wenn sich ihr Unterbleiben als ebenso sinnvoll oder zweckmäßig erweist.[128] Gerade für einen insoweit notwendigen Vergleich mögen die Ergebnisse der UVP von Bedeutung sein. Es wird deshalb zu Recht die Ansicht vertreten, Belange des Lärmschutzes könnten bei Verkehrsinfrastrukturprojekten schon auf der Ebene der Planrechtfertigung beachtlich sein mit der Folge, dass sich die darauf bezogene Ermittlung, Beschreibung und Bewertung der UVP bereits im Rahmen der Prüfung der Planrechtfertigung auswirke.[129]

Im Rahmen der Planrechtfertigung mag es im Einzelfall auch auf die **Dimensionierung des Vorhabens** und die damit verbundenen Umweltfolgen ankommen. So kann für die Größe und Kapazität einer Abfalldeponie das prognostizierte Abfallaufkommen entscheidend sein. Auch insoweit sind die Ergebnisse der UVP bei der Prüfung der Planrechtfertigung berücksichtigungsfähig.

Da bei der Planrechtfertigung die für die Zulassung des Vorhabens maßgeblichen Gründe entscheidend sind, finden regelmäßig nur die Bewertungsergebnisse der UVP in dieser Prüfungsphase Berücksichtigung, die für das Vorhaben sprechen können.[130]

3.2.1.2. Planungsleitsätze

Nach der Rechtsprechung des *BVerwG* enthalten diejenigen gesetzlichen Vorschriften einen Planungsleitsatz, die bei der öffentlichen Planung strikte Beachtung verlangen und deswegen nicht durch die planerische Abwägung überwunden werden können.[131] Mit dieser Definition kommt dem Begriff der Planungsleitsätze lediglich klassifikatorische Bedeutung zu, da damit nur die Selbstverständlichkeit zum Ausdruck gebracht wird, dass auch Planungsentscheidungen wie andere Entscheidungen von zwingenden gesetzlichen Vorschriften nicht abweichen dürfen.[132]

Bei der Überprüfung von Planfeststellungsbeschlüssen kommt den Planungsleitsätzen insoweit kaum mehr die Bedeutung einer eigenständigen und regelmäßigen Prüfungsphase zu. Soweit es sich bei den Planungsleitsätzen um umweltrelevante Zulassungsvoraussetzungen handelt, spielen sie natürlich auch im Rahmen der UVP eine Rolle. Bei der Auslegung dieser Planungsleitsätze werden die Ergebnisse der UVP berücksichtigt. Führen die Ergebnisse der UVP bei der Auslegung des Planungsleitsatzes zur Unvereinbarkeit des Vorhabens mit diesem, so folgt aus der Berücksichtigung der Ergebnisse der UVP die Ablehnung des Vorhabens.[133]

---

128 *BVerwG*, v. 3.5.1988 – 4 C 26/84 –, NVwZ 1989, 149.
129 *Erbguth/Schink*, UVPG, § 12 Rn. 62; *Püchel*, UVP S. 158; *Hoppe*, UVP, S. 39 (93).
130 *Erbguth/Schink*, UVPG, § 12 Rn. 63; *Hoppe*, UVP, S. 39 (93); *Kuschnerus*, DÖV 1987, 411 (412 f.); *Püchel*, UVP, S. 158 ff.
131 *BVerwG*, Urt. v. 22.3.1985 – 4 C 73.82 –, DVBl. 1985, 899; kritisch dazu *Wahl*, NVwZ 1990, 426 (435); *Kuschnerus*, DÖV 1987, 411; *Steinberg*, DVBl. 1992, 1501 f.; *ders.*, NVwZ 1986, 812.
132 So zu Recht *Erbguth/Schink*, UVPG, § 12 Rn. 65, *Paetow*, FS Sendler, 425 (431); *Wahl*, NVwZ 1990, 426 (435); *Steinberg*, DVBl. 1992, 1501 (1502).
133 Siehe dazu *Hoppe*, UVP, S. 94.

3.2.1.3. Abwägungsgebot

102 Schließlich sind die betroffenen öffentlichen und privaten Belange auf der dritten Planungsebene gegeneinander und untereinander gerecht abzuwägen. Das Abwägungsgebot verlangt bekanntlich, dass eine Abwägung überhaupt stattfindet, in die Abwägung alle Belange eingestellt werden, die nach Lage der Dinge in die eingestellt werden müssen, weder die Bedeutung der betroffenen öffentlichen und privaten Belange verkannt noch der Ausgleich zwischen ihnen in einer Weise vorgenommen wird, die zur objektiven Gewichtigkeit einzelner Belange außer Verhältnis steht. Unter Beachtung dieser Grundsätze kann die Planungsbehörde sich bei der Kollision verschiedener Belange für die Bevorzugung des einen und damit notwendig für die Zurückstellung eines anderen entscheiden. Die Anforderungen des Abwägungsgebots richten sich nach herrschender Meinung grundsätzlich sowohl nach dem Abwägungsvorgang als auch nach dem Abwägungsergebnis.[134]

103 Der von der Planfeststellungsbehörde durchzuführende **Abwägungsvorgang** beginnt mit der Zusammenstellung des *Abwägungsmaterials*, wird fortgesetzt mit einer Gewichtung der einzelnen Belange und endet mit der *eigentlichen Abwägung*, bei der entschieden werden muss, welche Belange vorgezogen und welche zurückgestellt werden sollen.

104 Der Gesetzgeber kann die Gewichtung einzelner Belange im Rahmen der planerischen Abwägung durch gesetzliche Vorgaben lenken.[135] Zumeist bleiben die gesetzlichen **Gewichtungsvorgaben** allerdings vage; für die planerische Abwägung wird auf die konkreten Umstände des jeweiligen Einzelfalles verwiesen.[136] Dazu dienen insbesondere **Optimierungsgebote**, mit denen der Gesetzgeber eine möglichst weitgehende Beachtung bestimmter Belange verlangt. Diese Optimierungsgebote verschieben die Argumentationslast zugunsten eines hervorgehobenen Belanges.[137] Allerdings sind derartige Optimierungsgebote im Einzelfall im hohen Maße konkretisierungsbedürftig.[138] Als Optimierungsgebote in diesem Sinne gelten z. B. § 50 BImSchG (Trennung unverträglicher Nutzungen), die Bodenschutzklausel des § 1 Abs. 5 S. 2 BauGB oder § 2 Abs. 1 BNatSchG. Umstritten ist, ob das Gebot, Eingriffe in Natur und Landschaft möglichst zu vermeiden, als Optimierungsgebot oder als Planungsleitsatz anzusehen ist.[139]

105 Für diese einzelnen Phasen des Abwägungsvorganges, das heißt für die Zusammenstellung des Abwägungsmaterials, für die Bewertung und Gewichtung der betroffenen Umweltbelange und für die eigentliche Abwägung, spielen die Ergebnisse der UVP eine große Rolle.

---

134 Vgl. dazu *Hoppe/Beckmann/Kauch*, Umweltrecht, § 7 Rn. 9; *Hoppe*, DVBl. 1974, 641 ff.; *BVerwG*, v. 5.7.1974 – IV C 50.72 –, E 45, 309 (313); Urt. v. 14.2.1975 – IV C 21, 74 –, E 48, 56.
135 Siehe dazu *Steinberg*, DVBl. 1992, 1501 (1502); *Blumenberg*, DVBl. 1989, 93; *Funke*, DVBl. 1987, 511; *Hoppe*, DVBl. 1992, 861; siehe auch *BVerwG*, v. 21.8.1990 – 4 B 104/90 –, NVwZ 1991, 69.
136 Vgl. *Gassner*, UPR 1993, 241 (242).
137 *Hoppe/Beckmann/Kauch*, Umweltrecht, § 7 Rn. 11; *Pfeifer*, Konfliktbewältigung, S. 36 ff.
138 Vgl. *Gassner*, UPR 1993, 241 (242).
139 Vgl. dazu *BVerwG*, B. v. 30.10.1992 – 4 A 4/92 –, NVwZ 93, 565; *Erbguth/Schink*, UVPG, § 12 Rn. 68; *Hoppe/Beckmann/Kauch*, Umweltrecht, § 15, Rn. 78.

Nach der Rechtsprechung des *BVerwG* ist die Verpflichtung der Planfeststellungs- 106
behörde zur Zusammenstellung des Abwägungsmaterials begrenzt auf solche Umstände,
die für die Behörde als entscheidungsbeachtlich erkennbar sind. Das ist der Fall, wenn
sich die Abwägungsbeachtlichkeit entweder aufdrängt oder wenn ein Planbetroffener
Umstände im Zuge einer Bürgerbeteiligung oder auf andere Weise rechtzeitig in das
Planverfahren einbringt. Nach der Rechtsprechung braucht die Planfeststellungsbehörde
nicht zu berücksichtigen, was sie nicht sieht und was sie nach den Umständen auch nicht
zu sehen braucht.[140]

Es wird die Ansicht vertreten, an dieser Rechtsprechung könne für die Umweltbelange 107
bei UVP-pflichtigen Vorhaben nicht festgehalten werden.[141] Mit der UVP werde eine
möglichst vollständige Betrachtung der Umweltfolgen des Vorhabens beabsichtigt. Mit
der bloßen Ermittlung solcher Umweltbeeinträchtigungen, die sich als abwägungs-
beachtlich aufdrängten, könne es die Planfeststellungsbehörde angesichts dessen mit
Blick auf die UVP nicht bewenden lassen.

Richtig daran ist, dass in der Tat die UVP darauf abzielt, die voraussichtlichen 108
Umweltfolgen des Projekts möglichst umfassend zu ermitteln, zu bewerten und bei
der Entscheidung zu berücksichtigen. Die UVP soll insoweit gewährleisten, dass keine
gewichtigen Beeinträchtigungen ökologischer Belange unberücksichtigt bleiben.[142] Die
in § 2 Abs. 1 S. 2 vorgesehene Ermittlung der Umweltauswirkungen des Vorhabens dient
im Rahmen des Planfeststellungsverfahrens somit in besonderer Weise der Zusammenstellung des Abwägungsmaterials. Allerdings sind im Ermittlungsvorgang der Planfeststellungsbehörde weitergehende Belange zu berücksichtigen, die über die im Rahmen der
UVP zu ermittelnden Umweltbelange weit hinausgehen. So gilt z. B. das durch ein
Vorhaben betroffene private Eigentum in hervorragender Weise als abwägungsbeacht-
licher Belang.[143] Soweit die Rechtsprechung die Verpflichtung der Planfeststellungsbehörde zur Zusammenstellung des Abwägungsmaterials auf solche Umstände begrenzt,
die für die Behörde als entscheidungsbeachtlich erkennbar sind, soll der Grundsatz der
umfassenden Ermittlung aller betroffenen Belange nicht aufgegeben werden. Vielmehr
sollen Grenzen der Untersuchungs- und Ermittlungspflicht aufgezeigt werden, die schon
aus verfahrensökonomischen Gründen auch bei UVP-pflichtigen Vorhaben beachtet
werden müssen. Auch bei diesen Vorhaben sollte es deshalb bei der zitierten Rechtsprechung des *BVerwG* bleiben. Unberücksichtigt bleiben können deshalb auch im
Rahmen der UVP Umweltfolgen, die offensichtlich geringfügig sind oder aber deren
Eintritt ausgesprochen unwahrscheinlich ist. Die Ermittlungspflichten sind insoweit
allerdings umso weitergehender, je schwerwiegender sich die Betroffenheit darstellt.[144]

Die Zusammenstellung des Abwägungsmaterials setzt insoweit nicht zuletzt **Prog-** 109
nosen über die künftige Entwicklung, im Zusammenhang mit der UVP also hinsichtlich
der voraussichtlichen Umweltfolgen voraus.[145]

---

140 *BVerwG*, v. 9.11.79 – 4 N 1.78 u. a. –, E 59, 87 (102); *BVerwG*, v. 7.12.1989 – 7 B 95/88 –,
   DVBl. 1989, 510 (511); *BGH*, v. 26.1.1989 – III ZR 194/87 –, NJW 1989, 977.
141 *Erbguth/Schink*, UVPG, § 12 Rn. 74.
142 *Dürr*, UPR 1993, 161 (163).
143 *BVerwG*, v. 23.1.1981 – 4 C 4/78 –, E 61, 295 (301).
144 *Dürr*, UPR 1993, 161 (163).
145 Siehe *Kühling*, Fachplanungsrecht, Rn. 199 ff.

§ 12 *Bewertung und Berücksichtigung der Umweltauswirkungen*

110 Das Abwägungsgebot fordert nicht nur eine Zusammenstellung des Abwägungsmaterials, sondern auch die Bewertung der durch das Vorhaben betroffenen Belange. Bei der Bewertung der Gewichtigkeit betroffener Belange können gesetzliche Vorgaben eine Rolle spielen.[146] Insoweit können insbesondere Berücksichtigungs- oder Optimierungsgebote beachtlich sein. Im Kern fehlt es jedoch für die Bewertung der Gewichtigkeit betroffener Belange an festen Maßstäben. Die (subjektive) Gewichtung der betroffenen Belange ist im Planfeststellungsverfahren gerade ein zentraler Punkt des der Planfeststellungsbehörde eingeräumten Planungsermessens.[147] Erst wenn die Bewertung der Planfeststellungsbehörde zu einer »objektiven« Gewichtung des betroffenen Belangs außer Verhältnis gerät, soll dies nach der Rechtsprechung zur Rechtswidrigkeit der Planungsentscheidung führen.[148] Zu Recht wird insoweit darauf hingewiesen, dass es bei der planerischen Abwägung auf die Umstände des Einzelfalles ankommt. Für sie ist deshalb die im Rahmen der UVP zu leistende Bewertung nach Maßgabe der jeweils geltenden Fachgesetzlichkeit und der Erfahrungssätze entscheidend.[149] Die UVP dient insoweit auch dazu, zu erkennen, was nach Lage der Dinge, also situationsgebunden zum Abwägungsmaterial zählt.[150] Die Gewichtung von Belangen im Bereich der UVP kann insoweit durch die Bewertung im Sinne des § 12, die ebenfalls durch gesetzliche Vorgaben gelenkt, im Kern aber genauso wenig ein reiner Vorgang der Subsumtion unter umweltrelevante Zulassungsvoraussetzungen ist, beeinflusst werden.

111 Auf der Grundlage des zusammengestellten Materials und der gewichteten Belange muss schließlich im Rahmen der planerischen Abwägung ein **Ausgleich** zwischen den betroffenen Belangen in einer Weise gewonnen werden, der zur objektiven Gewichtigkeit dieser Belange im Verhältnis steht.[151] Im Rahmen der Abwägung ist insoweit zu entscheiden, ob die ermittelten und bewerteten Umweltfolgen Vorrang haben sollen vor den für das Vorhaben sprechenden Belangen und damit zu einer Unzulässigkeit des Vorhabens führen sollen, oder ob sie gegenüber diesen Belangen zurückgestellt werden sollen mit der Folge, dass trotz der zu erwartenden Umweltfolgen das Projekt zugelassen werden kann. Im Rahmen der planerischen Abwägung kann nicht zuletzt entschieden werden, ob angesichts der zu erwartenden Umweltauswirkungen **Schutzvorkehrungen** oder **Ausgleichsmaßnahmen** notwendig werden.[152]

3.2.2. *Berücksichtigung der Umweltauswirkungen bei Kontrollerlaubnissen*

112 Kontrollerlaubnisse sind Zulassungsentscheidungen, auf deren Erteilung der Antragsteller einen grundrechtlichen Anspruch hat, wenn die gesetzlichen Zulassungsvoraussetzungen vorliegen. Formell heben sie ein Verbot, das Vorhaben ohne Erlaubnis durchzuführen, auf; materiell gewähren sie dem Antragsteller allerdings nur das, was

---

146 *Kleinschnittger*, Planfeststellung, S. 127; *Erbguth/Schink*, UVPG, § 12 Rn. 76; *Hoppe/Erbguth*, DVBl. 1983, 1213 (1214); *Gassner*, UPR 1993, 241 (243).
147 *Kühling*, Fachplanungsrecht, Rn. 207.
148 Siehe dazu *Kühling*, Fachplanungsrecht, Rn. 207; *BVerwG*, v. 12.12.1969 – IV C 105.66 –, E 34, 301 (309).
149 *Gassner*, UPR 1993, 241 (242).
150 *Hoppe*, UVP, S. 97.
151 Siehe z. B. *BVerwG*, v. 5.12.1986 – 4 C 13/85 –, NVwZ 1987, 578f.
152 *Erbguth/Schink*, UVPG, § 12 Rn. 82 mit weiteren Nachweisen.

Bewertung und Berücksichtigung der Umweltauswirkungen § 12

ihm grundrechtlich ohnehin zusteht.[153] Zu den Kontrollerlaubnissen in diesem Sinne zählen z. B. Baugenehmigungen, bergrechtliche Betriebsplanzulassungen und vor allem die immissionsschutzrechtlichen Genehmigungen, mit deren Hilfe etwa die Hälfte aller UVP-pflichtigen Vorhaben zugelassen werden.[154]

Gegen die Möglichkeit, bei der Erteilung einer Kontrollerlaubnis die Ergebnisse der UVP angemessen berücksichtigen zu können, wird ein ganzer Kanon von **Bedenken** vorgetragen: 113

Bezweifelt wird vor allem, ob die **Wechselwirkungen** zwischen einzelnen Umweltmedien, die im Rahmen der UVP zu bewerten sind, angemessen berücksichtigt werden können, weil es in den Fachgesetzen an einer entsprechenden Öffnung Zulassungsvoraussetzungen für diese Wechselwirkungen fehle. 114

Vermisst werden außerdem **Kompensationsmöglichkeiten** zwischen den verschiedenen Umweltbelangen. Bei den Kontrollerlaubnissen handele es sich nicht um planerische Entscheidungen. Solche Entscheidungen seien nach der Rechtsprechung des *BVerwG* dadurch gekennzeichnet, dass der planenden Behörde durch ein Gesetz die Befugnis übertragen werde, für ein bestimmtes Vorhaben, das dem Wohl der Allgemeinheit diene, private und öffentliche Belange in einer Art planender Gestaltung durch Ablegung zum Ausgleich zu bringen und erforderlichenfalls auch zu überwinden.[155] Der Plancharakter von Erlaubnistatbeständen hinge davon ab, dass auf der Ebene der öffentlichen Belange tatsächlich ein Konflikt auszutragen sei.[156] Nur dann bestehe Bedarf und Anlass für eine planerische Abwägung. Stünden dem öffentlichen Belange hingegen allein die privaten Interessen des Antragstellers gegenüber, finde eine planerische Abwägung mit dem Ziel eines Ausgleichs konfligierender öffentlicher Belange überhaupt nicht statt. Dies sei stets der Fall, wenn es um die Zulassung eines rein privatnützigen Vorhabens gehe, bei dem allenfalls eine mit der planerisch-gestaltenden Abwägung nicht identische (nachvollziehende) Abwägung ohne Kompensationsmöglichkeiten für entstehende öffentliche Belange stattfinde.[157] Die fehlende **Kompensationsmöglichkeiten** könnten Verbesserungen der Umweltsituation verhindern, wenn Nachteile, die mit dem Vorhaben für bestimmte Umweltmedien vorhanden seien, durch Verbesserungen für andere Umweltmedien mehr als aufgefangen würden. Weil jeder entgegenstehende öffentliche Belang das privatnützige Vorhaben zu Fall bringen könne, könne eine neue, möglicherweise weniger emitierende Anlage, die insgesamt zu einer Verbesserung der Umweltsituation führe, nicht zugelassen werden. Dies sei mit der von der UVP angestrebten Verbesserung der Umweltsituation unvereinbar.[158] 115

Die UVP sei angesichts dessen im Bereich gebundener Kontrollerlaubnisse weniger durchsetzungsfähig als im Bereich von Panfeststellungsverfahren. Mangels eines diese 116

---

153 *Hoppe/Beckmann/Kauch*, Umweltrecht, § 8 Rn. 39.
154 Siehe *Erbguth/Schink*, UVPG, § 12 Rn. 95; *Bunge*, DVBl. 1987, 819 (823); *Jarass*, UVP bei Industrievorhaben, S. 3.
155 Vgl. *Erbguth/Schink*, UVPG, § 12 Rn. 37 unter Verweis auf *BVerwG*, v. 11.4.1986 – 4 C 51.83 –, E 74, 124 (133); v. 20.8.1982 – 4 C 81.79 –, E 66, 133 (135); v. 17.12.1985 – 4 B 214/85 –, NVwZ 1986, 640; NVwZ 1989, 458.
156 *Erbguth/Schink*, UVPG, § 12 Rn. 37 unter Verweis auf *Kühling*, Fachplanungsrecht, Rn. 23.
157 *Erbguth/Schink*, UVPG, § 12 Rn. 37 unter Verweis auf *BVerwG*, v. 16.6.1988 – 4 B 102/88 –, NVwZ 1988, 1020, v. 7.9.1988 – 4 N 1.87 –, DVBl. 1988, 1167.
158 *Erbguth/Schink*, UVPG, 12 Rn. 37.

Differenzierung rechtfertigenden Grundes sei dieses gleichheitswidrig und damit auch verfassungswidrig.[159]

117 Bedenken hinsichtlich der Berücksichtigungsfähigkeit der UVP bei Kontrollerlaubnissen sollen sich außerdem daraus ergeben, dass für Kontrollerlaubnisse ein Vergleich von Standort- bzw. Produktionsalternativen fremd sei.[160] Ein solcher **Alternativenvergleich** sei nur bei planerischen Entscheidungen möglich, die eine Kompensation, das heißt ein Voran- oder Zurückstellen einzelner Belange oder einen Ausgleich dieser Belange ermöglichten.

118 Für das immissionsschutzrechtliche Genehmigungsverfahren richten sich weitere Bedenken gegen eine fehlende Harmonisierung des **Vorhabenbegriffs** der UVP und des Anlagenbegriffs des Bundes-Immissionsschutzgesetzes, der hinter dem Projektbegriff der EG-Richtlinie zurückbleibe. Die Schutzrichtung des Bundes-Immissionsschutzgesetzes sei einseitig auf eine Reinhaltung der Luft ausgerichtet und damit für die Einbeziehung von Wechselwirkungen zwischen den verschiedenen Umweltmedien nur bedingt offen, wegen der eingeschränkten materiellen Konzentrationswirkung des § 13 BImSchG ließen sich entsprechende Defizite auch nicht über § 6 Nr. 2 BImSchG unter Verweis auf sonstige öffentlich-rechtliche Vorschriften leugnen.

119 Trotz der genannten Bedenken ist eine Berücksichtigung der Ergebnisse der UVP auch bei Kontrollerlaubnissen möglich.

3.2.2.1 Berücksichtigung von Wechselwirkungen

120 Geht man davon aus, dass § 12 nicht zu einer UVP-konformen Uminterpretation fachgesetzlicher Zulassungstatbestände ermächtigt,[161] dann kommt es hinsichtlich der gebotenen Berücksichtigung von Wechselwirkungen auf die Auslegung der jeweils einschlägigen Zulassungsvoraussetzungen an.[162] Es drängt sich allerdings der Eindruck auf, als würde die in der Vergangenheit geführte Diskussion theoretisch und etwas praxisfern zu weit losgelöst vom jeweiligen Fachrecht geführt. Vielfach wird die Notwendigkeit einer Berücksichtigung von Wechselwirkungen als etwas Neues, bislang im deutschen Recht nicht Vorhandenes dargestellt, ohne dass dieser Vorwurf im Einzelnen erläutert oder konkretisiert würde.[163] Der Vorwurf, das geltende Zulassungsrecht sei insoweit defizitär, bleibt deshalb abstrakt. Zwingend sind die behaupteten Defizite bei einer Auslegung des einfachgesetzlichen Zulassungsrechts jedenfalls nicht.[164]

121 Für das Immissionsschutzrecht sei darauf näher eingegangen. Die immissionsschutzrechtliche Genehmigung ist nach § 6 BImSchG zu erteilen, wenn die dort im Einzelnen aufgeführten Zulassungsvoraussetzungen erfüllt sind. Dazu zählen unter anderem die Beachtung der sich aus § 5 Abs. 1 BImSchG und aus anderen öffentlich-rechtlichen

---

159 *Erbguth/Schink*, UVPG, 12 Rn. 38; *Erbguth*, DÖV 1988, 481 (485); keine Bedenken insoweit hingegen bei *Hoppe/Püchel*, DVBl. 1988, 1 (4).
160 *Bunge*, UVP, S. 35; *Cupei*, UVP, S. 265; *Erbguth*, VR 1988, 5 (7); *Erbguth/Schoenberg*, Wirtschaft und Verwaltung 1985, 102 (103).
161 Siehe dazu oben *Appold*, § 2 Rn. 33 ff.
162 So zu Recht auch *Gallas*, UPR 1991, 214 (218).
163 Siehe dazu auch *Dienes*, UVP S. 20, der zu Recht darauf hinweist, dass eine befriedigende, auch für Verwaltungsverfahren mögliche Begriffsklärung noch ausstehe.
164 So auch *Schmidt-Preuß*, DVBl. 1995, 485 (493).

Vorschriften ergebenden Pflichten. Nach § 5 Abs. 1 Nr. 1 BImSchG sind genehmigungsbedürftige Anlagen so zu errichten und zu betreiben, dass schädliche Umwelteinwirkungen und sonstige Gefahren, erhebliche Nachteile und erhebliche Belästigungen für die Allgemeinheit und die Nachbarschaft nicht hervorgerufen werden können. Mit der Neufassung des § 5 Abs. 1 BImSchG durch das **Artikelgesetz 2001** wird ausdrücklich auf das Ziel der Gewährleistung eines hohen Schutzniveaus für die Umwelt insgesamt hingewiesen. § 5 Abs. 1 Nr. 1, 2. Alternative BImSchG in der Neufassung 2001 bezieht nach seinem Wortlaut insoweit ausdrücklich auch sonstige Gefahren, erhebliche Nachteile und Beeinträchtigungen ein. Dementsprechend gewährleistet das Bundes-Immissionsschutzgesetz nicht nur einen Schutz vor schädlichen Umwelteinwirkungen durch Immissionen, sondern auch vor sonstigen Gefahren, erheblichen Nachteilen oder Belästigungen. Der Gesetzgeber hatte zudem in einem ersten Schritt bereits mit der Novellierung des Bundes-Immissionsschutzgesetzes zum 11.5.1990 in § 1 BImSchG den Schutzzweck des Gesetzes erweitert. Er erfasst seitdem nicht nur den Schutz und die Vorsorge vor schädlichen Umwelteinwirkungen, sondern, soweit es sich um genehmigungsbedürftige Anlagen handelt, auch den Schutz vor Gefahren, erheblichen Nachteilen und erheblichen Belästigungen, die auf andere Weise herbeigeführt werden können. Durch die ausdrückliche Aufnahme des Bodens, des Wassers, der Atmosphäre und der Kulturgüter in den Schutzgüterkreis des § 1 BImSchG hat der Gesetzgeber zudem verdeutlicht, dass der Schutz des Menschen und seiner gesamten Umwelt Zweck des Bundes-Immissionsschutzgesetzes ist.[165] Damit ist zugleich der medienübergreifende Charakter des Bundes-Immissionsschutzgesetzes durch den Gesetzgeber selbst zum Ausdruck gebracht worden, sodass das Gesetz nach seinem materiellen-rechtlichen Schutzumfang dem Prüfungsrahmen der UVP entspricht.[166] Hinzu kommt, dass die Zweckbestimmung des § 1 BImSchG mit dem Artikelgesetz durch einen gesonderten Absatz 2 in der Weise ausgedehnt worden ist, dass das Gesetz bei genehmigungsbedürftigen Anlagen auch der integrierten Vermeidung und Verminderung schädlicher Umwelteinwirkungen durch Emissionen in Luft, Wasser und Boden unter Einbeziehung der Abfallwirtschaft dient, um ein hohes Schutzniveau für die Umwelt insgesamt zu erreichen. Dem entspricht es, dass durch die Neufassung des Begriffes des Standes der Technik als Konsequenz der notwendigen Umsetzung der IVU-Richtlinie auch der Emissions- und Immissionsbegriff medienübergreifend ausgestaltet worden ist.[167]

Hinzu kommt noch, dass über § 6 Nr. 2 BImSchG das übrige öffentlich-rechtliche Zulassungsrecht, soweit es für das jeweilige Vorhaben einschlägig ist, bei der Prüfung Eingang findet, sodass auch insoweit Wechselwirkungen für die Auslegung dieser Vorschriften berücksichtigt werden können.[168] Zu den über § 6 Nr. 2 BImSchG erfassten Regelungsbereichen zählen z.B. das Bauplanungsrecht und das Naturschutzrecht und

---

165 Vgl. dazu den schriftlichen Bericht des BT-Umweltausschusses, BT-Drs. 11/6633, S. 43.
166 So zu Recht *Feldhaus*, Immissionsschutzrecht, 1 Anm. 2; in diesem Sinne auch *Gallas*, UPR 1991, 214 (218); *Ziegler*, NJW 1991, 409; *Steinberg*, DVBl. 1990, 1369 (1372); *Lange*, DÖV 1992, 780 (784); *Bönker*, UVP S. 185 ff.; *Dienes*, UVP aus der Sicht der Energiewirtschaft, S. 22, *Rebentisch*, NVwZ 1992, 926 (927), a.A. *Heitsch*, NuR 1996, 453, 457.
167 Siehe dazu Wasielewski, NVwZ 2000, 15, 16; *Feldhaus*, NVwZ 2001, 1 ff.; *Wahl*, NVwZ 2000, 502, 506; *Lübbe/Wolff*, NuR 1999, 241, 245.
168 Zu den über Nr. 6 BImSchG erfassten Regelungsbereichen siehe im Einzelnen *Püchel*, UVP S. 123 ff.

dort insbesondere die Eingriffsregelung, die allerdings ihrerseits auf Auswirkungen auf den Naturhaushalt und die Landschaft beschränkt bleibt.[169]

123 Der Fähigkeit der zuständigen Behörde, im Rahmen des immissionsschutzrechtlichen Genehmigungsverfahrens medienübergreifende Wechselwirkungen umfassend berücksichtigen zu können, könnte entgegengehalten werden, § 5 Abs. 1 Nr. 1 BImSchG ermögliche zwar eine umfassende Abwehr von Umweltgefahren, die auch durch das UVPG gebotene Umweltvorsorge könne unter dem Aspekt medienübergreifender Wechselwirkungen jedoch nicht verlangt werden, weil § 5 Abs. 1 Nr. 2 BImSchG hinsichtlich der Vorsorge auf den Bereich der Immissionen beschränkt bleibe. Diesen Zweifeln ist jedoch bereits die Rechtsprechung und Rechtslehre entgegengehalten worden, wonach der Begriff der Erheblichkeit im Sinne des § 5 Abs. 1 Nr. 1 BImSchG mit dem Begriff der Zumutbarkeit gleichgesetzt worden ist. Angesichts dieser Auffassung sei zu fragen, ob nicht jede Anlage, bei deren Errichtung und Betrieb die vernünftigen und verhältnismäßigen Vorsorgemaßnahmen nicht getroffen würden, für die Allgemeinheit und die Nachbarschaft überhaupt zumutbar und damit nicht erheblich nachteilig seien.[170]

3.2.2.2 Kompensationsmöglichkeiten

124 Eine Berücksichtigung der Ergebnisse der UVP scheitert bei Kontrollerlaubnissen auch nicht an fehlenden Kompensationsmöglichkeiten bei der Auslegung bestimmter Rechtsbegriffe. Auch bei der Anwendung unbestimmter Rechtsbegriffe bedarf es nämlich durchaus einer Abwägung, die eine Kompensation, d.h., ein Zurückstellen bestimmter öffentlicher Belange zugunsten anderer Belange ermöglicht. Nachvollziehende Abwägungen ermöglichen zwar keine schöpferisch-gestaltende Regelung. Gleichwohl kann auch für die Auslegung unbestimmter Rechtsbegriffe eine am Einzelfall orientierte Abwägung konkurrierender Belange typisch sein.[171]

3.2.2.3 Berücksichtigung von Alternativen

125 Die ganz überwiegende Auffassung hält eine Alternativenprüfung im Verfahren zur Erteilung einer Kontrollerlaubnis nicht für möglich, weil im Recht der gebundenen Anlagenzulassung ein solcher Alternativenvergleich fremd sei.[172] Teilt man die hier vertretene Ansicht, dass eine solche Alternativprüfung unter dem Gesichtspunkt einer optimalen Umweltvorsorge wünschenswert sein mag, weder vom UVPG noch von der EG-Richtlinie jedoch gefordert wird, dann ergeben sich hinsichtlich der Berücksichtigung der Ergebnisse der UVP bei den Kontrollerlaubnissen insoweit keine weiteren Probleme.

126 Teilt man die hier vertretene Ansicht nicht, dann bleibt zu prüfen, inwieweit zumindest Standortalternativen im vorgelagerten Verfahren geprüft werden können. Dazu

---

169 *Erbguth*, VR 1988, 5 (6).
170 Vgl. dazu *Ziegler*, NJW 1991, 409.
171 Vgl. dazu für den Allgemeinwohlbegriff des Abfallrechts *Kleinschnittger*, Planfeststellung, S. 85; teilweise wird auch die Ansicht vertreten, auch bei der Erteilung gebundener Kontrollerlaubnisse könnten planerische Elemente zu berücksichtigen sein, vgl. *Jarass*, UVP bei Industrievorhaben, S. 85 f.; *Soell/Dirnberger*, NVwZ 1990, 705 (709).
172 *Erbguth/Schink*, UVPG, § 12 Rn. 39 m.z.w.N.; *Dienes*, et 1990, 727 (733 f.).

bieten sich das Raumordnungsverfahren und daneben die Aufstellung von Bauleitplänen an.[173]

Das **Raumordnungsverfahren** wird zwar allgemein für einen Standortvergleich für geeignet gehalten. Der Standortvergleich ist in diesen Verfahren allerdings nur dann möglich, wenn der private Antragsteller hinreichend detaillierte Projektunterlagen für mehrere Standorte vorlegt. Verpflichtet werden können private Vorhabenträger dazu jedoch nicht.[174]

127

Für die Standortauswahl immissionsschutzrechtlich genehmigungsbedürftiger Anlagen kommt auch der **Bauleitplanung** eine Bedeutung zumindest für die Vorhaben zu, die nur in Industriegebieten verwirklicht werden können. Soweit bei der Ausweisung solcher Industriegebiete eine umfassende planerische Abwägung stattzufinden hat, können auch Alternativen für die auszuweisenden Flächen berücksichtigt werden. Allerdings ist der Alternativenvergleich im Planaufstellungsverfahren eingeschränkt. Einerseits kann im Rahmen des Planaufstellungsverfahrens grundsätzlich nicht abschließend entschieden werden, welche Vorhaben im Plangebiet ansiedeln werden. Die Prüfung bzw. die Prognose der zu erwartenden Umweltauswirkungen muss deshalb abstrakt und losgelöst von Einzelvorhaben vorgenommen werden. Im Übrigen kann der Alternativenvergleich in der Bauleitplanung sich immer nur auf das jeweilige Gemeindegebiet beziehen, für das die planaufstellende Gemeinde Planungskompetenz besitzt.[175]

128

3.2.2.4 Berücksichtigung der Ergebnisse der UVP bei Ermessensentscheidungen

Geht man davon aus, dass bei der Erteilung von Kontrollerlaubnissen die Ergebnisse der UVP angemessen berücksichtigt werden können, dann dürfte auch hinsichtlich der Zulassung von Vorhaben, bei denen die Zulassungsentscheidung im Ermessen der zuständigen Behörde steht, hinsichtlich ihrer Fähigkeit, die Ergebnisse der UVP zu berücksichtigen, keine Bedenken bestehen.

129

Bei Ermessensentscheidungen ist die Bewertung einerseits auf der Tatbestandsebene bei der Auslegung der Zulassungsvoraussetzungen und andererseits bei der Ermessensbetätigung selbst zu berücksichtigen. Erweist sich nach dem Bewertungsergebnissen der UVP, dass eine umweltbezogene Zulassungsvoraussetzung für das Vorhaben nicht erfüllt ist, dann muss die Zulassung versagt werden, ohne dass es noch auf eine Ermessensbetätigung ankäme. Sind demgegenüber alle Zulassungsvoraussetzungen erfüllt, steht die beantragte Zulassung des Vorhabens im pflichtgemäßen Ermessen der zuständigen Behörde, die bei der Betätigung ihres Ermessens die Bewertungsergebnisse der UVP berücksichtigen muss.

130

Teilweise wird allerdings bestritten, dass die Ergebnisse der UVP im Rahmen von Ermessensentscheidungen angemessen berücksichtigt werden können. Dazu wird die Ansicht vertreten, das Ermessen sei gemäß 40 VwVfG entsprechend dem Zweck der gesetzlichen Ermächtigung auszuüben.[176] Es komme deshalb bei Ermessensentscheidungen auf den jeweiligen Gesetzeszweck des Fachgesetzes an, dessen traditionell

131

---

173 Siehe dazu im Einzelnen *Erbguth/Schink*, UVPG, § 12 Rn. 42 ff.
174 *Hoppe/Beckmann*, DÖV 1990, 769 (771); *Erbguth/Schink*, UVPG, § 12 Rn. 45; *Hoppe/Appold/Haneklaus*, DVBl. 1992, 1201 (1204); *Jaeger/Kames*, ZfW 1992, 269 (274).
175 *Erbguth/Schink*, UVPG, § 12 Rn. 52.
176 So z. B. *Steinberg*, DVBl. 1988, 995 (999).

132 einmedialer Ausrichtung den medienübergreifenden Charakter der UVP – ähnlich wie bei Kontrollerlaubnissen – entgegenstehen könne.

Dem ist jedoch bereits zu Recht entgegengehalten worden, dass die einschlägigen Fachgesetze häufig zumindest mittelbar auch andere Umweltmedien in ihren Schutzbereich einbeziehen.[177] Im Übrigen seien als Zweck der Ermächtigung nicht nur diejenigen Zielrichtungen des isoliert betrachteten Genehmigungstatbestandes zu verstehen, sondern alle der Gesamtheit der Gesetze des vorhandenen Rechts für die infragestehende Entscheidung zu entnehmenden Zwecke.[178] In diesem Sinne sei das der zuständigen Behörde eingeräumte Ermessen nicht nur einmedial auf das jeweilige Fachgesetz ausgerichtet. Vielmehr könnten auch mehrmediale Wechselwirkungen, die bei der UVP zu bewerten wären, in der Ermessensentscheidung berücksichtigt werden.[179]

---

[177] Vgl. dazu *Erbguth/Schink*, UVPG, § 12 Rn. 53.
[178] *Erbguth/Schink*, UVPG, § 12 Rn. 53 unter Verweis auf *Kopp*, VwVfG, § 40 Rn. 12.
[179] *Erbguth/Schink*, UVPG, § 12 Rn. 53; *Soell/Dirnberger*, NVwZ 1990, 705 (708).

§ 13 Vorbescheid und Teilzulassungen

(1) Vorbescheid und erste Teilgenehmigung oder entsprechende erste Teilzulassungen dürfen nur nach Durchführung einer Umweltverträglichkeitsprüfung erteilt werden. Die Umweltverträglichkeitsprüfung hat sich in diesen Fällen vorläufig auf die nach dem jeweiligen Planungsstand erkennbaren Umweltauswirkungen des Gesamtvorhabens und abschließend auf die Umweltauswirkungen zu erstrecken, die Gegenstand von Vorbescheid oder Teilzulassung sind. Diesem Umfang der Umweltverträglichkeitsprüfung ist bei der Unterrichtung nach § 5 und bei den Unterlagen nach § 6 Rechnung zu tragen.

(2) Bei weiteren Teilgenehmigungen oder entsprechenden Teilzulassungen soll die Prüfung der Umweltverträglichkeit auf zusätzliche oder andere erhebliche Umweltauswirkungen des Vorhabens beschränkt werden. Abs. 1 gilt entsprechend.

Übersicht		Rn.			Rn.
1	Allgemeines	1	2.5.2	Präklusion	29
1.1	Regelungsgegenstand und allgemeine Bedeutung von § 13	1	3	Die UVP im Vorbescheids- und Teilgenehmigungsverfahren	30
1.2	Gesetzesgeschichte	8	3.1	UVP im Vorbescheidsverfahren	31
1.2.1	UVP-Richtlinie	8	3.1.1	UVP im Vorbescheid über einzelne Genehmigungsvoraussetzungen	31
1.2.2	Innerstaatliche Entstehung	9			
1.3	Anwendungsbereich der Vorschrift	11	3.1.2	UVP im Konzeptvorbescheid	32
2	Bedeutung von Vorbescheid und Teilgenehmigungen	15	3.1.3	Bedeutung von Bindungswirkung und Präklusion für die UVP	39
2.1	Rechtsnatur	15	3.2	UVP und erste Teilgenehmigung und entsprechende erste Teilzulassungen	41
2.2	Vorläufige Gesamtbeurteilung	19			
2.3	Arten von Vorbescheiden	21	3.3	Begrenzung der UVP auf Rahmensetzung und Unterlagenbeibringung	43
2.3.1	Vorbescheid über einzelne Genehmigungsvoraussetzung(en)	22	4	Weitere Teilzulassungen	47
2.3.2	Standortvorbescheid	23	4.1	Allgemeine Bedeutung des § 13 Abs. 2	47
2.3.3	Konzeptvorbescheid	25			
2.4	Erste Teilgenehmigung und entsprechende erste Teilzulassungen	26	4.2	Zweck und systematischer Zusammenhang des § 13 Abs. 2	48
2.5	Bindungswirkung und Präklusion	27	4.3	Entsprechende Anwendungen von Abs. 1	49
2.5.1	Bindungswirkung	27			

1 Allgemeines

1.1 Regelungsgegenstand und allgemeine Bedeutung von § 13

Planung, Prüfung und Entscheidung von und über Großvorhaben werfen eine Fülle von Fragen auf. Zur praktischen Bewältigung hat das öffentlich-rechtliche Gestattungsrecht neben der horizontalen Aufspaltung durch Parallelzulassungen nach den verschiedenen Fachgesetzen[1] eine **Aufteilung** auch **der** jeweiligen **fachgesetzlichen Genehmigung**, und zwar in Vorbescheid und Teilgenehmigung(en) entwickelt.[2] Es wird hier von

1

---

[1] S. zu § 14.
[2] Grundsätzlich dazu s. *Selmer*, Vorbescheid und Teilgenehmigungen im Immissionsschutzrecht.

§ 13   Vorbescheid und Teilzulassungen

»vertikaler« Stufung des Genehmigungsverfahrens gesprochen.[3] Das Bedürfnis nach solchermaßen abschnittsweiser Zulassung ist groß. So finden sich etwa bei Kraftwerken zahlreiche Teilgenehmigungen.[4] Diese zeitlich hintereinander geschaltete Verfahrensweise und die Unterbringung der UVP in ihr sind Gegenstand von § 13.

2   § 13 Abs. 1 Satz 1 statuiert in seinem unmittelbaren Aussagegehalt die **Pflicht**, bei zeitlich aufgeteilten Verfahren schon von Beginn an, nämlich im Rahmen der Verfahren zur Vorbescheids- und ersten Teilgenehmigungserteilung, eine UVP durchzuführen.[5] Hierdurch sollen der Umwelt nicht verträgliche Vorfestlegungen vermieden werden. UVP-pflichtige Vorhaben[6] werden damit so früh wie möglich, allerdings auf der Zulassungsebene, einer UVP unterzogen.

3   Hinter § 13 Abs. 1 S. 1 verbirgt sich damit die ebenso wichtige Aussage, dass die UVP auch in gestuften Zulassungsverfahren **möglich** ist. Damit sind dem Projektträger ein **Recht** und der Behörde die gesetzliche Grundlage zur UVP in solchen Teilverfahren gegeben.[7] Das ist die Konsequenz der grundlegenden Entscheidung zur Verfahrensintegration der UVP.[8] Diese grundsätzliche Entscheidung musste der Gesetzgeber dahin konkretisieren, in **welchen** bestehenden Verfahren die UVP durchzuführen ist, weil hiervon der Anwendungsbereich und das Wesen der UVP abhängen und geprägt werden. Durch § 13 werden also die fachgesetzlichen Verfahrensinstitute Vorbescheid und Teilgenehmigung als UVP-tauglich anerkannt. In Anbetracht des umfassenden Prüfpostulats der UVP (§ 2 Abs. 1) ist diese Aufteilung allerdings zunächst eher überraschend, dem ersten Anschein nach vielleicht gar widersprüchlich.

4   In § 14 hat der Gesetzgeber die Aufteilung der UVP in parallele Zulassungen durch Schaffung »der federführenden Behörde« zu überwinden versucht. § 13 Abs. 1 Satz 2 sieht als Lösung vor, dass sich die UVP auch bei Vorbescheid und Teilgenehmigung auf das »**Gesamtvorhaben** zu erstrecken hat«. Die Gesamtprüfung soll allerdings »vorläufig« und gemäß dem »jeweiligen Planungsstand« erfolgen. Damit wird es nötig, die vorläufige (restliche) Gesamtprüfung und die abschließende Teilprüfung abzugrenzen. Dazu müssen zunächst die in den Fachgesetzen verankerten und in Rechtsprechung und Schrifttum hierzu entwickelten Institute des Vorbescheids und der Teilgenehmigung im Hinblick auf ihre Rechtsnatur, insbesondere ihre inhaltliche Reichweite, in Erinnerung gerufen werden (s. u. 2).

5   Im Anschluss daran kann die »**Implementierung**« der UVP in Vorbescheids- und Teilgenehmigungsverfahren behandelt werden. § 13 macht zwar den gebotenen Umfang der UVP abhängig von der den Vorbescheid und die Teilgenehmigung kennzeichnenden Rechtsnatur, insbesondere ihren zwei bestehenden Bestandteilen aus vorläufiger Gesamtprüfung und abschließender Teilprüfung. Es können sich aber Präferenzen oder gar Beschränkungen z. B zugunsten bzw. zu Lasten der in Rechtsprechung und

---

3   *Dohle*, NVwZ 1989, 697 (702).
4   *Beckmann*, DÖV 1987, 944 (950) m. w. N., spricht von 20 bis 30 bei Kernkraftwerken und bis zu 40 bei konventionellen Kraftwerken.
5   »... dürfen nur erteilt werden, wenn ...«
6   Vgl. § 3 i. V. m. Anhang.
7   Zur Rechtsnatur der Ermessensentscheidung und der Voraussetzung des berechtigten Interesses an einem Vorbescheid und einer Teilgenehmigung s. u. 2.1.
8   Vgl. § 1 Ziffer 2 und § 2 Abs. 1.

Vorbescheid und Teilzulassungen § 13

Schrifttum entwickelten Vorbescheidstypen für die Träger UVP-pflichtiger Vorhaben ergeben.

Die Prüfung der Gesamtauswirkungen ist an die Erkenntnismöglichkeiten, die sich aus dem jeweiligen Planungsstand ergeben, gekoppelt (§ 13 Abs. 1 S. 2). Hierzu ist der Begriff der **Vorläufigkeit** zu klären. Es geht um Umfang und Intensität der Kontrolle, insbesondere darum, ob Evidenz ausreicht. Kontrolle und daraus folgende Umweltverträglichkeitsprognose werden entscheidend vom Scoping (§ 5) und den Unterlagen des Projektträgers (§ 6) geprägt. § 13 Abs. 1 S. 3 sieht ausdrücklich nur für diese beiden Verfahrensschritte eine gemäß der Vorläufigkeit eingeschränkte Verfahrensweise vor. Es fragt sich, inwieweit aber nicht auch die übrigen Verfahrensschritte von der Vorläufigkeit bestimmt werden (s.u. 3.3).

§ 13 Abs. 2 sieht vor, dass nach Durchführung einer UVP im Verfahren zur Erteilung eines Vorbescheides und einer ersten Teilgenehmigung in ggf. **weiteren** folgenden **Teilgenehmigungen** eine UVP auf zusätzliche oder andere erhebliche Umwelteinwirkungen des Vorhabens beschränkt werden »soll«. Hier ist insbesondere klärungsbedürftig, welchen Spielraum die Behörde für eine weitere UVP hat, wenn sich keine zusätzlichen oder andere bedeutsame Umweltauswirkungen mehr zeigen.

1.2 Gesetzesgeschichte

1.2.1 UVP-Richtlinie

Die UVP-Richtlinie regelt nicht unmittelbar die Frage, ob oder gar wie die UVP in Verfahren zur Erteilung eines Vorbescheides und von Teilgenehmigungen durchzuführen ist. Sie gibt hierzu nur Prinzipielles vor. Nach dem ersten Erwägungsgrund und nach Art. 2 Abs. 1 der UVP-RL besteht die beste Umweltpolitik darin, Umweltbelastungen von vornherein zu vermeiden. Entsprechend den Aktionsprogrammen der Europäischen Union für den Umweltschutz sollen bei allen Planungs- und Entscheidungsprozessen die Auswirkungen auf die Umwelt so früh wie möglich berücksichtigt werden.[9] Zudem sieht Art. 2. Abs. 2 der UVP-RL vor, dass die UVP in den Mitgliedstaaten im Rahmen der bestehenden Verfahren zur Genehmigung der Projekte durchgeführt wird. Außer dem Frühzeitigkeitsgrundsatz und dem Integrationsgrundsatz lässt sich aus der UVP-RL für § 13 also nichts weiteres herleiten.

1.2.2 Innerstaatliche Entstehung

Die Regelung des **§ 13 Abs.** 1 war zwischen Bundesregierung, Bundesrat und Bundestag unbestritten.[10] Aus der Begründung der Bundesregierung zu § 13 Abs. 1[11] gehen außer dem Hinweis auf das Frühzeitigkeitsgebot lediglich als beispielhafte Nennung für Vorbescheid und Teilgenehmigung i.S.v. § 13 die Regelungen des BImSchG (§§ 9, 8) und des Atomrechts[12] hervor. Zum Spannungsverhältnis zwischen dem umfassenden Prüfgebot des UVPG und dessen Einbindung in gestuften Verfahren findet sich nichts.

---

9 ABl. EG Nr. 175 v. 5.7.1985, S. 40.
10 BR-Stellungnahme, BT-Drs. 11/3919, S. 42.
11 Begr. Reg.-E., BT-Drs. 11/3919, S. 28.
12 §§ 7a, 7b AtG i.V.m. § 19 AtVfV und § 18 AtVfV.

Guido Schmidt

§ 13 Abs. 2 war zwischen Bundesregierung und Bundesrat dagegen umstritten. Der Entwurf der Bundesregierung gab der zuständigen Behörde die Möglichkeit, bei weiteren Teilzulassungen die UVP auf zusätzliche oder andere Umweltwirkungen des Vorhabens zu beschränken.[13] Der Behörde war damit das Ermessen eingeräumt, in weiteren Teilzulassungen auch dann eine UVP durchzuführen, wenn sich keine zusätzlichen oder anderen möglichen Umweltauswirkungen zeigten. Lediglich das verfassungsrechtlich begründete und damit nur in krassen Fällen greifende Verhältnismäßigkeitsgebot hätte hier eine Grenze gesetzt.

Der Bundesrat schlug dagegen in seiner Stellungnahme zum Regierungsentwurf vor, die Behörde strikt auf die Beschränkung der UVP bei zusätzlichen oder anderen Umweltauswirkungen zu verpflichten.[14] Er begründete dies damit, dass nur so die auch von der Bundesregierung angestrebte Vermeidung von Doppelprüfungen erreicht werde.

Die Gegenäußerung der Bundesregierung,[15] die Beschlussempfehlung des Ausschusses für Umwelt, Naturschutz und Reaktorsicherheit[16] und die schließlich in Kraft getretene Fassung des § 13 Abs. 2 sehen ein »**Soll**« vor. Der BT-Ausschuss begründete die Ablehnung der strikten Bindung (»Ist«) damit, dass so »für Ausnahmefälle das Verwaltungsermessen zu einer flexiblen Verfahrensgestaltung erhalten« bleibe.[17]

Die Neufassung des UVPG hat § 13 unverändert gelassen mit Ausnahme der Anpassung der Vorschrift an die Neufassung des § 5.

1.3 Anwendungsbereich der Vorschrift

Der praktisch bedeutsame Anwendungsbereich der Rechtsnorm besteht in den **immissionsschutzrechtlichen und atomrechtlichen Verfahren** zum Erlass eines Vorbescheides[18] und von Teilgenehmigungen.[19] Diese fachgesetzlichen Verfahren hebt auch die Gesetzesbegründung hervor.[20] Darüber hinaus gilt § 13 für jedes der Rechtsnatur nach als Vorbescheid oder Teilgenehmigung einzuordnende Verfahren.[21]

Für Vorhaben, die im Rahmen eines **Planfeststellungsverfahrens** geprüft und gebilligt werden, wie z. B. Abfalldeponien (§ 7 AbfG) oder die Feststellung von Ausbaumaßnahmen an einem Gewässer (§ 31 WHG), gilt § 13 wegen des grundsätzlich einheitlichen, konzentrierten Verfahrens nicht, es sei denn, ausnahmsweise ist die Aufteilung der Planfeststellung in verschiedene, selbständige Verfahrensabschnitte zulässig.[22]

---

13 »... kann ...«; Reg.-Entw. BT-Drs. 11/3919, S. 6.
14 »... ist ...«; BT-Drs. 11/3919, S. 42.
15 BT-Drs. 11/3919, S. 52.
16 BT-Drs. 11/5532 v. 7.11.1989, S. 11.
17 BT-Drs. 11/553, S. 38.
18 Vgl. §§ 9 BImSchG, 23 der 9. BImSchV, 7a AtG, 19 AtVfG.
19 §§ 8 BImSchG, 22 der 9. BImSchV, 7b AtG, 18 AtVfG.
20 S. o. 1.2.
21 S. u. 2.1; allgemein dazu *Kloepfer*, Umweltrecht, § 7 Rn. 85/86.
22 Z. B. zur Abschnittsbildung beim Planfeststellungsverfahren nach § 31 WHG s. *Gieseke/Wiedemann/Czychowski*, WHG, § 31 Anm. 6.

Vorbescheid und Teilzulassungen § 13

Für die UVP von **bergbaulichen Vorhaben** gilt § 13 ausdrücklich nicht (vgl. § 18). Die UVP wird hier in einem Planfeststellungsverfahren zur Zulassung eines Rahmenbetriebsplans durchgeführt, das eigens im Bundesberggesetz geregelt ist (§ 52a Abs. 2a BBergG). 13

Die **Zulassung vorzeitigen Beginns**[23] ist kein Vorbescheid. Sie ist ein Verwaltungsakt, auf den kein Anspruch besteht und der jederzeit widerruflich ist. Besondere verfahrensrechtliche Anforderungen gelten für sie grundsätzlich nicht.[24] Das schließt nicht aus, dass im Einzelfall aus öffentlichem Interesse die Beteiligung anderer Behörden oder die Vorlage UVP-adäquater Unterlagen durch den Projektträger geboten ist.[25] Die Behörde hat dies bei ihrer Ermessensbetätigung gegen den Beschleunigungszweck abzuwägen. 14

2 Bedeutung von Vorbescheid und Teilgenehmigungen

2.1 Rechtsnatur

Gemeinsam ist Vorbescheid und Teilgenehmigung, dass sie nach neuerer Rechtsprechung und einschlägigem Schrifttum über einen **Ausschnitt des geplanten Vorhabens eine abschließende Entscheidung** treffen. Daneben enthalten sie ein **vorläufiges, positives Gesamturteil** über die Auswirkungen des Vorhabens.[26] Aus diesem Grund ist ein Großteil des Prüfstoffes des Gesamtvorhabens bereits im Vorbescheid und/oder der ersten Teilgenehmigung zu bewältigen. Trotz der Vorläufigkeit liegt auch in dem Gesamturteil eine sachliche und rechtsverbindliche Regelung.[27] 15

Signifikant für den **Vorbescheid** ist seine **ausschließlich feststellende Natur**. Er ergeht deshalb vorab. Hierdurch unterscheidet er sich von nachfolgenden **Teil- und Vollgenehmigung(en)**. Sie erzeugen **gestattende Rechtswirkung** für Bau und/oder Betrieb der Anlage.[28] Die Teilgenehmigung gliedert den Prüfstoff »faktisch-real«, der Vorbescheid hingegen lediglich »rechtlich-ideell«.[29] 16

Tatsächlich und rechtlich liegt das zentrale Problem von Vorbescheid und Teilgenehmigung in der **Stoffabschichtung**. Sie hat **dreifach** zu erfolgen. Bei Großvorhaben ist zunächst zu bedenken, dass sie vor der Genehmigung bereits im **vorgelagerten Planungsverfahren**, insbesondere projektbezogenen Raumordnungsverfahren und Bebauungsplänen, vorgeprüft sein können und die Ergebnisse von der Zulassungsbehörde zu berücksichtigen sind. Das gilt auch für Umweltverträglichkeitsprüfungen in diesen Verfahren (vgl. §§ 16, 17). 17

Der Prüfstoff auf der **nachfolgenden Zulassungsebene** richtet sich insgesamt nach den rechtsbegrifflichen Genehmigungsvoraussetzungen. Das gilt auch für die UVP im Genehmigungsverfahren (§ 12). Die fachgesetzlichen Zulassungsvoraussetzungen sind

---

23 Vgl. §§ 9a WHG, 7a AbfG, 15a BImSchG.
24 BVerwGE v. 3.4.1991, ZfW 1992, 285 zu § 9a WHG.
25 *Vallendar*, UPR 1992, 213 (215) im Hinblick auf die nach § 4e der 9. BImSchVO zu erbringenden Unterlagen für § 15a BImSchG.
26 *BVerwG*, DVBl. 1986, 190; *Jarass*, BImSchG, Anm. 4, 5 zu § 8 und Anm. 7, 8 zu § 9 m.w.N.
27 *Büdenbender/Mutschler*, Bindungs- und Präklusionswirkung von Teilentscheidungen, S. 79 (80).
28 *Jarass*, BImSchG, § 9 Anm. 1 m.w.N. für das Immissionsschutzrecht, *Bender/Sparwasser*, Umweltrecht, Rn. 559 für das Atomrecht.
29 *Breuer*, Bindungswirkung, S. 245.

Guido Schmidt

§ 13   Vorbescheid und Teilzulassungen

aber überwiegend von großer Unbestimmtheit. Daraus entsteht für die Festlegung des Prüfstoffes das Problem, diesen abzuschichten gegen politische, gesellschaftliche, wirtschaftliche, medizinische und sonstige Fragen, die zwar auch von dem beantragten Vorhaben ausgelöst werden, aber nicht zu den rechtsbegrifflichen Genehmigungsvoraussetzungen gehören.

Schließlich ist die Abschichtung des Prüfstoffes **innerhalb der Zulassungsebene** zwischen Vorbescheid einerseits und Teilgenehmigung(en) andererseits vorzunehmen. Für die UVP in diesen gestuften Zulassungsverfahren bedeutet dies, dass sich die UVP einerseits nach dieser (schwierigen) Abschnittsbildung richten muss, also beschränkt abläuft. Andererseits muss aber zugleich eine sachgemäße UVP in dieser Teilprüfung ermöglicht werden.

18   Merkmale von Vorbescheid und Teilgenehmigung sind zudem, dass sie nur auf Antrag des Projektträgers erfolgen, der den Gegenstand von Vorbescheid und Teilgenehmigung damit grundsätzlich festlegt. Letztlich wird die Entscheidung über den Antrag aber nur bei berechtigtem Interesse des Projektträgers und nur als Ermessensentscheidung der Behörde befunden.[30] Das als Tatbestandsvoraussetzung formulierte **berechtigte Interesse** und die Rechtsfolge des behördlichen **Ermessens** sind untrennbar verbunden. Das Ermessen der Behörde bezieht sich neben dem »Ob« auf das »Wie« der Verfahrensstufung. Ein Antrag auf Vorbescheid oder Teilgenehmigung(en) muss jedenfalls derart sein, dass die Aufspaltung der Vollgenehmigung sachgemäße Teilprüfungen gewährleistet. Das ist nicht mehr gegeben, wenn die Zahl der Teilgenehmigungen zu groß ist,[31] und zwar in dem Sinne, dass Sachzusammenhänge willkürlich zerschnitten werden. Für Vorhaben, die der UVP unterworfen sind, können spezifische Einschränkungen für eine Abschnittsbildung hieraus folgen (s.u. 3). Das Ermessen der Behörde ist dann entsprechend reduziert.

2.2 Vorläufige Gesamtbeurteilung

19   Nach der fachgesetzlichen Ausgestaltung der Rechtsprechung[32] und dem ihr weitgehend folgenden Schrifttum[33] ist zur **Vorläufigkeit** Folgendes festzuhalten. § 8 Ziff. 3 BImSchG regelt, dass »keine von vornherein unüberwindlichen Hindernisse« im Hinblick auf die Genehmigungsvoraussetzungen der gesamten Anlage entgegenstehen dürfen. Damit bleiben die Anforderungen an die vorläufige Gesamtprüfung deutlich hinter denen der abschließenden Teilprüfung zurück. Der Wortlaut des § 8 BImSchG zeigt sogar in Richtung einer bloßen Evidenzkontrolle.[34] Dem Interesse des Vorhabensträgers an der Verfahrensaufspaltung entspricht diese Betrachtung.

20   Allerdings geht nach Rechtsprechung und Schrifttum der Zweck der vorläufigen Gesamtprüfung hierüber hinaus. Die abschließende Teilentscheidung bindet die weiteren Prüfungen und Entscheidungen, sodass **Bandbreiten**[35] für insbesondere Detaillierungs-

---

30   Vgl. §§ 8, 9 BImSchG; *Sellner*, Industrieanlagen, Rn. 256 m.H.; a.A. *Vallendar*, in: Feldhaus, BImSchG; § 8 Anm. 2, der bei Großvorhaben das Ermessen grundsätzlich verneint.
31   *Kutscheidt*, LR § 8 Anm. 43.
32   BVerwGE 72, 300 (307) zum Atomrecht.
33   Zum Immissionsschutzrecht s. *Jarass*, BImSchG, § 8 Anm. 14, § 19 Anm. 8 m.w.N.
34   Was ist schon von vornherein unüberwindlich?
35   S. u. Rn. 20 Ende.

grad und Informationsdichte der Unterlagen in der vorläufigen Gesamtprüfung gefunden werden müssen. Bei der vorläufigen Gesamtprüfung geht es um die abschnittsweise Bewältigung eines bestimmten Vorhabens. Eine solche Teilentscheidung lässt sich nicht bewältigen, ohne dass die gesamte Anlage in den Blick genommen wird. Die einzelnen Teile einer Anlage sind einander zugeordnet, und die jeweiligen Teilfunktionen können nur durch ein Gesamtverständnis deutlich werden. So kann etwa über das Fundament einer Anlage in einer Teilgenehmigung nicht ohne die später darauf vorgesehenen Gebäude, Maschinen, deren Verhalten im Betrieb usw. entschieden werden. Eine Teilentscheidung bedarf stets einer hinreichenden Klarheit über das Gesamtprojekt.[36] Die vorläufige Gesamtbeurteilung stellt also die notwendige Verklammerung zwischen Teil- und Vollgenehmigung dar. Es sind deshalb hinreichend aussagekräftige Unterlagen für die Prüfung nötig. Sie müssen ein aussagekräftiges Urteil über die erkennbaren Gesamtauswirkungen ermöglichen (§ 22 Abs. 1, 3 der 9. BImSchV). Andererseits unterscheidet sich der Prüfaufwand, insbesondere der Detaillierungsgrad von Unterlagen für eine abschließende Teilprüfung bzw. der Vollgenehmigung. Eine »hohe Wahrscheinlichkeit« ist deshalb für die Prognose nicht zu fordern.[37] Die abschließende Prüfung wird in Anbetracht der komplexen, insbesondere wirkungswissenschaftlichen Zusammenhänge regelmäßig nämlich nicht über eine hohe Wahrscheinlichkeit im Aussagegehalt hinausreichen. Fachgesetzliche Formulierungen wie »Sicherstellung« (vgl. § 6 BImSchG) sind hypertroph[38] und verfassungsrechtlich nur haltbar, wenn sie auf einen regelmäßig nicht zu überbietenden hohen Wahrscheinlichkeitsaussagegehalt reduziert verstanden werden.

Die vorläufige Gesamtprüfung muss sich noch deutlich von der abschließenden Teilentscheidung abgrenzen.[39] Ausreichend, aber auch notwendig sind Größenordnungen wie die Angabe von Rohstoffeinsatzmengen, Emissionsfrachten, Beschreibung von Produktions- und Umweltschutzrückhaltetechniken. Auch die Stellung der Anlage dürfte regelmäßig im Hinblick auf die Nachbarschaft bedeutsam sein. Es geht also um technische und räumliche Bandbreiten. Innerhalb dieser Bandbreiten kann offen sein, ob eine Anlage 80 oder 120 m lang sein wird, weil die genaue Festlegung sich etwa erst aus den verwendeten Baumaterialien ergeben kann. Die Bandbreite muss den »worst case« enthalten.

Diese mittlere Linie muss grundsätzlich auch für eine UVP im Rahmen einer vorläufigen Prüfung der Umweltauswirkungen des Gesamtprojektes gelten (s. u. 3.2).

2.3 *Arten von Vorbescheiden*

Die Bedeutung der UVP im Rahmen der vorläufigen Gesamtbeurteilung hängt stark von dem **Aussage- und Regelungsgehalt** des zur abschließenden Entscheidung anstehenden Teils des Vorbescheides[40] ab. Der Regelungsgehalt kann sehr unterschiedlich sein.

21

---

36 BVerwGE 72, 300 (307) zu einer atomrechtlichen Teilgenehmigung.
37 So aber *OVG Münster*, DVBl. 1976, 760.
38 *Sendler*, UPR 1981, S. 1 ff.
39 Auch die Prüfung der nach § 13 BImSchG von der Konzentration ausgenommenen, nach § 6 Nr. 2 BImSchG zu beachtenden Belange hat eine Art Vorläufigkeit, es sei denn, die Behörde setzt das Verfahren insoweit aus. Die Prüfung nach § 6 Nr. 2 hat allerdings keine Bindungswirkung.
40 Grundlegend s. *Sellner*, Vorbescheid und Teilgenehmigung, S. 15 ff.

§ 13   Vorbescheid und Teilzulassungen

Ein Blick in die fachgesetzlichen Ausgestaltungen zeigt, dass der Gegenstand sowohl »einzelne Genehmigungsvoraussetzungen« als auch »den Standort der Anlage« betreffen kann.[41]

In Genehmigungspraxis, Rechtsprechung und Schrifttum haben sich folgende **drei Arten** von Vorbescheiden herausgebildet.[42]

2.3.1 Vorbescheid über einzelne Genehmigungsvoraussetzung(en)

22   Die erste Kategorie betrifft eine **einzige oder einige Genehmigungsvoraussetzung(en)**. Beispielsweise wird hierzu die Voraussetzung gezählt, ob im Sinne von §§ 6, 5 Abs. 1 Nr. 1 BImSchG »sichergestellt ist, dass durch den Betrieb der Anlage keine schädlichen Umwelteinwirkungen hervorgerufen werden können«.[43] Die hier vorgenommene Beschränkung des Vorbescheides auf eine einzige Genehmigungsvoraussetzung täuscht allerdings leicht über deren Komplexität, insbesondere medienübergreifenden Implikationen hinweg (s. u. 3).

2.3.2 Standortvorbescheid

23   Daneben hat sich der Typ des Standortvorbescheids herausgebildet.[44] Dieser zum Teil in den Fachgesetzen anklingende Vorbescheidstyp (vgl. § 9 BImSchG) betrifft jedenfalls die **bauplanungsrechtliche Zulässigkeit** (im Immissionsschutzrecht über § 6 Ziff. 2 BImSchG). Es geht um die Voraussetzungen der §§ 30 bis 36 BauGB i. V. m. den fachplanungsrechtlichen Vorgaben z. B. des § 50 BImSchG. Zu prüfen ist entweder, ob das Vorhaben dem vorhandenen Bebauungsplan entspricht. Im Standortvorbescheid ist dann z. B. die Einhaltung von Festsetzungen des Umweltschutzes gemäß § 9 Abs. 1 Ziff. 23 und 24 BauGB von Bedeutung. Oder es geht um die Zulässigkeit von Vorhaben im beplanten Innenbereich[45] oder im Außenbereich.[46] Die Entscheidungen zu §§ 34, 35 BauGB sind nicht ohne das praktisch bedeutsame gemeindliche Einvernehmen möglich (§ 36 BauGB).

24   Die positive Feststellung über das Vorliegen der Voraussetzungen der §§ 30 ff. BauGB bedeutet allerdings noch nicht, dass die Anlage an diesem Standort gebaut werden darf. Hinzu kommt nach zutreffender Ansicht zum Standortvorbescheid zumindest auch die oben aufgeworfene Frage, ob durch Bau und Betrieb der Anlage **keine schädlichen Umwelteinwirkungen** gemäß § 5 Abs. 1 Ziff. 1 BImSchG hervorgerufen werden können.[47] Vor allem in Bereichen unterschiedlicher Nutzung können die durch die Anlage auf die Umgebung einwirkenden Immissionen ihrer Genehmigungsfähigkeit noch entgegenstehen.[48]

---

41   Vgl. §§ 9 BImSchG, 23 der 9. BImSchV und §§ 7a AtG, 19 AtVfG; der »Standort« kann im Übrigen auch nur als standortbezogene Genehmigungsvoraussetzungen verstanden werden; *Jarass*, BImSchG; § 9 Anm. 2, da er letztlich immer über »einzelne Genehmigungsvoraussetzungen« ergeht.
42   Vgl. *Kutscheidt*, LR, BImSchG, § 9 Anm. 7 bis 10.
43   *Vallendar*, in: Feldhaus, BImSchG § 9 Anm. 3.
44   Dazu umfassend *Sellner*, Immissionsschutzrecht und Industrieanlagen, Rn. 66 ff.
45   *Sellner*, Immissionsschutzrecht und Industrieanlagen, Rn. 87 ff.
46   *Sellner*, a. a. O., Rn. 96 ff.
47   *Vallendar*, in: Feldhaus, § 9 Anm. 3; zum Teil wird der Standortvorbescheid allerdings auf die raumplanerischen und bauplanungsrechtlichen Fragen begrenzt verstanden, so z. B. *Jarass*, BImSchG, § 9 Rn. 4.
48   *Kutscheidt*, BImSchG, § 9 Anm. 8 m. w. N.

Vorbescheid und Teilzulassungen § 13

2.3.3 Konzeptvorbescheid

Der dritte Typ ist ein **umfassender Vorbescheid**. Hier liegt so gut wie keine Beschränkung auf einzelne Genehmigungsvoraussetzungen vor, auch nicht auf die »standortbezogenen« der Anlage. Lediglich die Prüfung solcher Umstände unterbleibt, die erwartungsgemäß der Genehmigungserteilung nicht entgegenstehen. Das sind etwa Fragen der Baustatik, der Konstruktion und der Anordnung der Maschinen.[49] Allerdings sind solche Fragen dann nicht mehr »rein« technischer Natur, sondern von genehmigungsrechtlicher Bedeutung, wenn hiervon Art und Ausmaß der Immissionen beachtlich abhängen. Bei diesem umfassenden Typ von Vorbescheid wird auch von Konzeptvorbescheid gesprochen, der nach zutreffender Auffassung zulässig ist[50]

25

2.4 Erste Teilgenehmigung und entsprechende erste Teilzulassungen

Rechtsnatur und Zweck der Teilgenehmigung ergeben sich bereits z.T. aus dem oben zu 2.1 Ausgeführten. Besonders hervorzuheben ist hieraus wiederholend und im Unterschied zum Vorbescheid ihr Charakter als »echte« Genehmigung.[51] Die **Gestattung** kann sich grundsätzlich auf unterschiedliche »Teile« beziehen. Es kann die völlige Errichtung der Anlage ohne Betrieb sein oder die teilweise Errichtung, z.B. Bodenaushub und ein erster Gebäudekomplex ohne Betrieb. Letzteres kann auch mit entsprechendem Betrieb (vgl. § 8 Ziff. 1.2 BImSchG) Gegenstand sein. Schließlich kann auch allein die Teilbetriebsgenehmigung Inhalt sein. Eine »Standortgenehmigung« (s.o. 2.3.2) oder eine »Konzeptgenehmigung« (s.o. 2.3.3) ist wohl kaum Inhalt (des abschließenden Teils) der Teilgenehmigung, sondern eher Gegenstand ihrer vorläufigen Gesamtbeurteilung oder des Vorbescheides.[52]

26

2.5 Bindungswirkung und Präklusion

2.5.1 Bindungswirkung

Vorbescheid und Teilgenehmigung haben Bindungswirkung für die Zulassungsbehörde. Sie darf Einwendungen objektiv-rechtlich nicht erneut in späteren Teilzulassungsverfahren aufgreifen und berücksichtigen. Die Gründe liegen in der Verfahrensökonomie und im Interesse des Anlagenbetreibers. Die Bindungswirkung des **abschließend entscheidenden Teils** wird nicht aufgehoben durch eine spätere Änderung der Sachlage, z.B. neue wirkungswissenschaftliche Erkenntnisse oder technische Fortentwicklungen. Dasselbe gilt auch für eine Veränderung der Rechtslage, z.B. Verschärfung einer Genehmigungsvoraussetzung. Derartige Veränderungen können eine einmal getroffene, rechtsverbindliche Entscheidung grundsätzlich nicht nachträglich aufheben, da ihnen der Vertrauensgrundsatz entgegensteht.[53]

27

---

49 *Kutscheidt*, BImSchG, § 9 Anm. 9, 10.
50 BVerwGE 80, 365 (372) zum Atomrecht.
51 *Jarass*, BImSchG, § 8 Rn. 2.
52 *Selmer*, Vorbescheid und Teilgenehmigung, S. 22 f.; das *BVerwG*, UPR 1985, 138 sieht hierfür nur den Vorbescheid vor; a.A. *Ossenbühl*, NJW 1980, 1364 ff. für das Atomrecht.
53 BVerwGE 70, 365 (372); *Selmer*, Vorbescheid und Teilgenehmigungen, S. 35–37; *Sellner*, Immissionsschutzrecht und Industrieanlagen, S. 179.

§ 13 *Vorbescheid und Teilzulassungen*

28 Die Bindung entsteht in dem Umfang, in dem eine Prüfung der Genehmigungsvoraussetzungen stattgefunden hat. In diesem Sinne umfasst sie auch das **vorläufige Gesamturteil**. Dagegen ist die Änderung der Sach- oder Rechtslage beachtlich im Hinblick auf die lediglich vorläufige Beurteilung der Auswirkungen der gesamten Anlage.[54] Dies bedingt die Natur der Vorläufigkeit. Bereits detailliertere Unterlagen in nachfolgenden Teilzulassungsverfahren können die Sach- und Rechtslage im neuen Licht erscheinen lassen und zu einer Änderung des vorläufigen Gesamturteils führen. Durch Vorbehalte darf die Behörde ihre Bindung allerdings nur verhindern, wenn sie bestimmt und nicht zu allgemein gehalten sind.[55]

2.5.2 Präklusion

29 Präklusion bedeutet zunächst, dass Dritte die Erörterung und behördliche Entscheidung von Sachfragen nicht erzwingen können, wenn sie in Vorbescheid oder einer sonstigen vorhergehenden Stufe eines gesplitteten Gesamtverfahrens bereits behandelt und entschieden worden sind (so genannte formelle Präklusion, vgl. z. B. § 11 BImSchG). Die Wirkung wird nach ganz h. M. dann auch auf gerichtliche Entscheidungen durch sogenannte materielle Präklusion ausgedehnt.[56] Auch im Hinblick auf das vorläufige Gesamturteil eines Vorbescheides tritt somit Präklusion ein. Sie ist ebenso wie die Bindungswirkung verfahrensökonomisch begründet. Es soll aus Zeitgründen dieselbe Frage nicht mehrfach behandelt werden. Zudem sollen widersprüchliche Entscheidungen vermieden werden.

3 Die UVP im Vorbescheids- und Teilgenehmigungsverfahren

30 Für die Unterbringung der UVP stehen bei Vorbescheid und Teilgenehmigung sowohl der abschließende Prüf- und Entscheidungsteil als auch die vorläufig vorzunehmende Gesamtbeurteilung zur Verfügung (s. o. 2). Prinzipiell kann der Schwerpunkt der UVP im einen oder anderen Bereich gesehen werden. Geht man von der Reihenfolge aus, die in § 13 I S. 2 vorgenommen ist, läge der Schwerpunkt bei der vorläufigen Gesamtprüfung. Dafür spricht zunächst auch der gesamthafte Ansatz der UVP. Es gibt aber auch gewichtige Gegenargumente. Die vorläufige Gesamtprüfung kann nur auf einer »mittleren Linie« stattfinden (s. o. 2.). Ein Zweck der UVP ist es aber, systematischer, konsequenter und damit auch detaillierter die Umweltauswirkungen zu prüfen. Das kann mit einer nur vorläufigen Prüfung schlechter erreicht werden. Wenn dann doch eine erneute, detaillierte UVP in späteren Teilgenehmigungsverfahren nötig wird, spricht auch der Zweck des Vorbescheides nach Verfahrensbeschleunigung durch Stufung komplexer Vorhaben gegen den Schwerpunkt in der vorläufigen Gesamtprüfung.

Deshalb stellt sich zunächst die Frage nach der Eignung des abschließenden Teils mit den beschriebenen Vorbescheidsarten für die Durchführung der UVP.

---

54 *Sellner*, Immissionsschutzrecht, S. 169; *Breuer*, Bindungswirkung, S. 249.
55 *Selmer*, Vorbescheid und Teilgenehmigung, S. 31, 32.
56 BVerwGE 61, 82 (109 ff.); *Breuer*, Bindungswirkungen, S. 249; *Jarass*, BImSchG, § 11 Rn. 10; *Kloepfer*, Umweltrecht, § 4 Rn. 73 m. w. N.

Vorbescheid und Teilzulassungen § 13

3.1 UVP im Vorbescheidsverfahren

3.1.1 UVP im Vorbescheid über einzelne Genehmigungsvoraussetzungen

Geht man für diesen Vorbescheidstyp beispielsweise von der Genehmigungsvoraussetzung aus, wonach sichergestellt sein muss, dass keine schädlichen Umwelteinwirkungen durch die Anlage hervorgerufen werden können (s. o. 2.2.1), dann zeigt sich aus Sicht der UVP Folgendes. §§ 6, 5 Abs. 1 Ziff. 1 BImSchG sind zwar eine »einzelne« Genehmigungsvoraussetzung. Der entsprechende Vorbescheid würde aber feststellen, dass sämtliche durch das Vorhaben möglicherweise verursachten Immissionen, aber auch »sonstige Gefahren«, mit hoher Wahrscheinlichkeit auszuschließen sind. Selbst wenn man hieraus nur den Schutz vor Luftverunreinigungen betrachtet, ergibt sich eine beachtliche Breite des Prüf- und Entscheidungsstoffes. Die Einhaltung von Immissionswerten[57] ist in der Regel nur durch bestimmte Maßnahmen der Rauchgasableitung und -reinigung möglich. Entsprechende Brennstoffauswahl und räumliche Anordnung der Anlage reichen in aller Regel in der dicht besiedelten Bundesrepublik nicht. Bei diesen emissions- und damit immissionsbegrenzenden Schutzmaßnahmen fallen Reststoffe an, die je nach Reinigungsverfahren und Weiterverwendungszweck Wirkungen unmittelbar auf das Wasser und den Boden erzeugen können. Mittelbar wirken sie gegebenenfalls über diese Umweltmedien auf die Schutzgüter Mensch, Tier, Pflanze, Sachen, Kulturgüter und Klima (§ 1). § 5 Abs. 1 Ziff. 1 BImSchG fordert zudem den Schutz vor anderen Immissionsarten wie etwa Lärm und Erschütterungen. Schließlich muss auch der Schutz vor »sonstigen Gefahren« (außer Immissionen) gewährleistet werden. Damit sind Verunreinigungen von Gewässern einschließlich dem Grundwasser durch Flüssigkeitsabgabe und Bodenkontaminationen gemeint. Es fällt auch die Verbreitung von Krankheiten durch Tiere wie Ratten, Fliegen und die Freisetzung von Stoffen jeglicher Art hierunter.[58] Zu den »sonstigen« Gefahren gehören auch Störungen des Normalbetriebs (s. u. näher 3.1.2). Das Beispiel zeigt also, dass auch eine »einzelne« Genehmigungsvoraussetzung wie die des § 5 Abs. 1 Nr. 1 BImSchG bereits einen beachtlichen medienübergreifenden Schutz- und Prüfansatz enthalten kann. Damit werden Bedürfnisse der UVP befriedigt. Entsprechend sinkt das Bedürfnis nach vorläufiger Gesamtprüfung

3.1.2 UVP im Konzeptvorbescheid

Der unter 3.1.1 beschriebene Vorbescheidstyp ist für ein UVP allerdings dennoch problematisch. Zwar ist die Auffassung zutreffend, dass grundsätzlich jede beliebige Vorfrage als Gegenstand eines Vorbescheides in Betracht kommt. Dies gilt allerdings nur unter der Voraussetzung, dass der Gegenstand abschließend beurteilt werden kann.[59] Der Grund hierfür ist, dass die Behörde an ihre (positive) Entscheidung über die einzelne Genehmigungsvoraussetzung im weiteren Genehmigungsverfahren gebunden ist. Entsprechendes gilt nach § 13 für die UVP. Das Beispiel oben zu 3.1.1 zeigt, dass bereits wegen der Verdrängungsgefahr häufig die Voraussetzung des § 5 Abs. 1 Nr. 3 mit zu prüfen ist.

Es zeigt zudem, dass häufig auch § 5 Abs. 1 Nr. 2 involviert ist. Nicht nur die nach § 5 Abs. 1 Nr. 1 nötige Immissionsbegrenzung hängt regelmäßig von Art und Ausmaß der

---

57 Vgl. § 48 Nr. 1 BImSchG i. V. m. Nr. 2.2.1.1 TA Luft.
58 Für Abfall und Abwasser geht § 5 Abs. 1 Nr. 3 insoweit dem Tatbestandsmerkmal »sonstige Gefahr« des § 5 Abs. 1 Nr. 1 BImSchG als Spezialregelung vor.
59 *Jarass*, BImSchG, § 9 Anm. 4.

Guido Schmidt 321

Emissionsbegrenzungstechnik ab, sondern darüber hinaus ist aus Gründen der gefahrenunabhängigen **Vorsorge** stets Emissionsbegrenzung nach dem Stand der Technik durchzuführen. Über belegte Kausalbeziehungen hinaus enthält der Vorsorgegrundsatz einen umfassenderen Schutz dahin, mögliche Wirkungen auch da zu vermeiden, wo Wirkungsschwellen wissenschaftlich durch Immissionswerte (noch) nicht festgelegt werden können. Das gilt zum Beispiel für kanzerogne Stoffe. Zudem hat die Vorsorge Bedeutung in einzelnen »Sonderfällen«,[60] in denen ebenfalls eine Unterschreitung der Immissionsgrenzwerte geboten erscheint. Auch besonders empfindliche Schutzgüter wie z. B. Koniferen sollen vorsorglich und im Rahmen der Verhältnismäßigkeit geschützt werden. Das Vorsorgeprinzip ist also eine notwendige Ergänzung zum Schutzprinzip, sodass grundsätzlich nur eine gemeinsame Prüfung aus der Sicht einer effektiven UVP erfolgen sollte.

34 Auch das Wärmenutzungsgebot des § 5 Abs. 1 Nr. 4 BImSchG dürfte grundsätzlich aus Sicht der UVP nur im Zusammenhang mit dem Schutzgrundsatz und dem Vorsorgegrundsatz zu prüfen sein. **Wärmenutzung** bedeutet zunächst immer auch Einsparung von Primärenergien in anderen Anlagen und deren emissionsträchtige energetische Nutzung. Wärmenutzung bedeutet also breit angelegte Emissionsminderung. Überragende Bedeutung hat der Wärmenutzungsgrundsatz heute dann aber mit Blick auf die klimatischen Auswirkungen von Kohlendioxyd und anderen klimarelevanten Spurengasen, also einer globalen Frage des Umweltschutzes. Schutz, Vorsorge und Wärmenutzung hängen also zusammen. Praktische Bedeutung erlangt das Gebot gemäß § 5 Abs. 2 BImSchG allerdings erst nach Erlass einer Verordnung.[61]

35 Auch die **natur- und landschaftsrechtlichen Fragen** stehen häufig in engem Prüf- und Entscheidungszusammenhang mit Immissionsschutzfragen. Die Errichtung einer immissionsschutzrechtlich zu genehmigender Anlage kann ein Eingriff im Sinne von § 8 Abs. 3 BNatSchG sein.[62] Fragen des Eingriffsinteresses, eines Ausgleiches oder Ersatzes des Schutzes von Natur- und Landschaftsschutzgebieten, wildlebender Tiere und Pflanzen sind zu prüfen. Das UVPG führt ausdrücklich in seinem Schutzkatalog die Landschaft auf (§ 2 Abs. 1 Ziff. 1). Diese Fragen sind allerdings nicht spezifischer Ausfluss des UVPG, sondern bereits möglicher Gegenstand einer jeden Genehmigung.[63] Schon unabhängig vom UVPG besteht auch ein enger verfahrensrechtlicher Zusammenhang zwischen Immissionsschutz und Eingriffen in Natur und Landschaft.[64]

36 Zu den Fragen der **Abwassereinleitung**[65] und der **Störfallvorsorge**[66] ist zwar auch der Zusammenhang tatsächlich und rechtlich gegeben. Gegen eine abschließende Prüfung aller störfallbedingten Umweltauswirkungen im Vorbescheid spricht aber, dass die

---

60 Vgl. Nr. 4.5.3 TA Luft.
61 Vgl. auch § 4a Abs. 1 Nr. 4 und 4d der 9. BImSchV.
62 *Jarass*, BImSchG, § 6 Anm. 15, der die Errichtung genehmigungsbedürftiger Anlagen »generell« als Eingriff nach § 8 Abs. 3 BNatSchG qualifiziert, ist allerdings nicht zu folgen.
63 *Rupp*, Die Bewältigung der UVP durch den Projektträger, Elektrizitätswirtschaft 1992, S. 797.
64 Zur verfahrensrechtlichen Überprüfung der Naturschutzbelange gem. § 8 BNatSchG im sog. Huckepackverfahren der immissionsschutzrechtlichen Genehmigung vgl. *Rebentisch*, Die Neuerungen im Genehmigungsverfahren nach dem BImSchG, NVwZ 1992, 927.
65 Sie ist materiell-rechtlich über § 6 Nr. 2 BImSchG beachtlich, bedarf gem. § 13 BImSchG aber eigens der Erlaubnis nach §§ 6, 7 WHG, ist also nicht Regelungsgegenstand, aber Genehmigungsvoraussetzung, a. A. *Feldhaus*, BImSchG § 6 Anm. 6.
66 Sie ist eine »sonstige« Gefahr i. S. v. § 5 Abs. 1 Nr. 1 BImSchG, vgl. *Jarass*, BImSchG, § 5 Rn. 34.

Sicherheitsanalyse und die zusätzlich erforderlichen Gutachten zur Störfallvorsorge regelmäßig stark in die technischen Einzelheiten gehen. Dem Grundsatzcharakter des Konzeptvorbescheides entspricht es eher, auf technische Einzelheiten zu verzichten. Für die Fragen des Gewässerschutzes vor Abwässern gilt dies schon wegen der fehlenden Konzentrationswirkung. Die Frage der grundsätzlichen Beherrschbarkeit technischer Systeme hängt davon ab, ob sie positiv beurteilt werden kann, ohne die Ausgestaltung der Aggregate im Einzelnen zu prüfen. Dies dürfte von den jeweils im Spiel befindlichen Techniken, Stoffen, Schutzgütern usw. abhängen. Nur bei hinreichenden Erfahrungswerten über die Auswirkungen im Störfall kann auf eine detaillierte Behandlung verzichtet werden.

Auch die **Reststoff- und Abfallpflicht** des § 5 Abs. 1 Ziff. 3 BImSchG kann in einem Konzeptvorbescheid dann vorläufig begrenzt geprüft werden, wenn die anlagentechnische Vermeidung von Reststoffen detaillierte technische Unterlagen erfordert, die für eine grundsätzliche positive Bewertung nicht erforderlich sind. Das gilt ebenso für die Verwertungsmöglichkeiten außerhalb der Anlage oder die Entsorgung der Reststoffe als Abfälle und deren Umweltauswirkungen. Grundsätzlich dürften dies abgrenzbare Fragenkomplexe sein.

Zusammenfassend lässt sich Folgendes festhalten.
Sinn und Zweck der UVP legen einen (möglichst umfassenden) Konzeptvorbescheid nahe. Der auf eine Genehmigungsvoraussetzung beschränkte Standortvorbescheid bleibt aus Sicht der UVP hinter dem Konzeptvorbescheid zurück. Der vorläufig zu behandelnde Stoff ist größer als beim Konzeptvorbescheid, und die UVP-Pflicht ist daher mit den oben unter 2.2 beschriebenen Nachteilen belastet.

3.1.3 Bedeutung von Bindungswirkung und Präklusion für die UVP

Die **Bindungswirkung** der Behörde ist für die UVP zweifach von Bedeutung. Einerseits ist die UVP wegen dieser Bindungswirkung gemeinschaftsrechtlich geboten.[67] Andererseits müssen die Teil-Umweltverträglichkeitsprüfungen – soweit sie nötig bleiben – aus verfahrensökonomischer Sicht binden. Die im Rahmen des Genehmigungsverfahrens stattfindende UVP hat den Zweck, die »Sachlage« zu ermitteln, zu beschreiben und zu bewerten (§ 1). Soweit dies abschließend geschieht, dürfen auch neue wissenschaftliche und technische Fortschritte nicht mehr zu einer erneuten UVP führen. Das gilt auch für eine Änderung des Genehmigungsverfahrensrechts. Eine nachträgliche, extensivere Ausgestaltung z. B. der Behörden- oder Öffentlichkeitsbeteiligung würde eine abgeschlossene Prüfung nicht wieder eröffnen. Schließlich gilt dies auch für eine nachträgliche Änderung der materiell-rechtlichen Schutzzwecke eines Fachgesetzes während einer laufenden UVP.

Die **Präklusion** gilt auch für die Behandlung von Fragen über die Umweltauswirkungen des Vorhabens. Sie ist für die UVP von praktischer Bedeutung, weil ein besonderes Anliegen der UVP in der intensiven Beteiligung der Öffentlichkeit am Verfahren besteht. Um sowohl ein geordnetes als auch ein zügiges Verfahren zu gewährleisten, ist es wichtig, dass die umweltrelevanten Prüfungsgegenstände klar und deutlich von der Behörde definiert werden. Andernfalls kann die Präklusion nicht wirksam werden.

---

67 Dohle, NVwZ 1989, 697 (702).

§ 13   Vorbescheid und Teilzulassungen

3.2 UVP und erste Teilgenehmigung und entsprechende erste Teilzulassungen

41 Die in § 13 Abs. 1 vorgenommene, vorrangige Regelung der ersten Teilgenehmigung gegenüber weiteren Teilgenehmigungen in Abs. 2 verdeutlicht, dass jede erste Teilgenehmigung wegen ihrer beschriebenen rechtlichen (s. o. 2.4) und regelmäßig auch faktischen Bindungswirkung durch Schaffung vollendeter Tatsachen Gefahren für die Umwelt in sich birgt. Sie können nur vermieden werden, wenn bereits in der ersten Teilgenehmigung eine UVP stattfindet. Wo allerdings solche Bindungen nicht erzeugt werden, greift nach Sinn und Zweck § 13 nicht. Dies ist der Maßstab dafür, welche weiteren Formen von Teilzulassungen als »entsprechende« erste Teilzulassungen im Sinne von § 13 gelten. Entscheidungen ohne rechtliche Bindung für nachfolgende Entscheidungen können deshalb grundsätzlich nicht als entsprechende erste Teilzulassungen angesehen werden.[68] Rein faktische Bindungen können nur ausnahmsweise die Durchführung einer UVP rechtfertigen. Dies dürfte insbesondere bei einem besonders hohen Investitionsaufwand der Fall sein. Im Übrigen ist aber nach dem Grundsatz der Verhältnismäßigkeit der hohe Verfahrensaufwand einer UVP, die stets das gesamte Vorhaben erfassen muß, nicht zumutbar.

42 **Planfeststellungen** unterfallen nur in Ausnahmefällen § 13. Das ist der Fall, wenn sie zulässigerweise in Abschnitten erfolgen.[69]

3.3 Begrenzung der UVP bei Rahmensetzung und Unterlagenbeibringung

43 § 13 Abs. 1 Satz 2 begrenzt die UVP in Zulassungsverfahren zu Vorbescheid und Teilgenehmigung. Die Beschränkung erfolgt dem Wortlaut des Satzes 3 nach nur für die Unterrichtung über den voraussichtlichen Untersuchungsrahmen (§ 5) und die Unterlagenbeibringung durch den Projektträger (§ 6). Die anderen Verfahrensschritte werden in § 13 Abs. 1 Satz 3 nicht genannt. Daraus wird zum Teil der Schluss gezogen, dass die Behördenbeteiligung (§§ 7, 8), die Öffentlichkeitsbeteiligung (§ 9), die Gesamtdarstellung (§ 11) und die Bewertung der Umweltauswirkungen (§ 12) »uneingeschränkt« durchzuführen sind.[70]

44 Dies ist allerdings fraglich. § 13 Abs. 1 Satz 3 knüpft seine Regelung einer beschränkten UVP an den in § 13 Abs. 1 Satz 2 beschriebenen Umfang der UVP bei Vorbescheid und Teilgenehmigung. Gemäß deren Rechtsnatur ist damit neben dem abschließenden Teilentscheid die Prüfung der übrigen Gesamtauswirkungen des Vorhabens gemeint. Letztere sind **vorläufig** zu beurteilen. Und zwar geht es hier nur um die nach dem jeweiligen Planungsstand erkennbaren Umweltauswirkungen des Gesamtvorhabens (§ 13 Abs. 1 Satz 3). Für die UVP bedeutet dies, dass zwar ein Konzeptvorbescheid mit weitgehender Prüfung aller Auswirkungen des Gesamtvorhabens auf die Umwelt die Bedeutung der Vorläufigkeit automatisch mindert (s. l. 2.2.3 und 3.1.2). Der Projektträger behält aber grundsätzlich die Wahl der Bestimmung des Gegenstandes, und auch bei einem Konzeptvorbescheid bleibt stets die Notwendigkeit einer vorläufigen Gesamtprüfung.

---

68 Z.B. Zulassungen von Rohrleitungsanlagen nach § 19a WHG erzeugen keine rechtliche Bindungswirkung, vgl. *Gieseke/Wiedemann/Czychowski*, WHG, § 19a Rn. 2.
69 S. o. 1.3; siehe auch *Erbguth/Schink*, UVPG, § 13 Rn. 9/10.
70 So *Erbguth/Schink*, UVPG, § 13 Rn. 12.

Vorbescheid und Teilzulassungen § 13

Die in § 13 Abs. 1 Satz 3 vorgenommene Beschränkung der UVP auf eine vorläufige **Rahmensetzung** (§ 5) und eine vorläufige **Unterlagenbeibringung** (§ 6) ist mit Blick auf die beschriebene Rechtsnatur von Vorbescheid und Teilgenehmigung unmittelbar einleuchtend. 45

Diese Vorläufigkeit strahlt aber auch auf die **übrigen Verfahrensschritte der UVP** des verbleibenden Gesamtprüfstoffes aus. Die gegenständliche Begrenzung des Prüfstoffes durch nicht ins Einzelne gehende Antragsunterlagen führt zu einer auch insoweit begrenzten Behördenbeteiligung (§ 7, 8). Zwar sind alle Auswirkungen des Vorhabens zu prüfen, sodass die Zahl und Art der Behörden möglicherweise nicht geringer ist als bei einer abschließenden Prüfung. Da aber nur die nach dem jeweiligen Planungsstand erkennbaren Auswirkungen des Gesamtvorhabens zu prüfen sind, ist das Gewicht der beteiligten Behörden unterschiedlich. Kompetenz und Arbeitsaufwand hängen untrennbar mit dem Regelungsgegenstand zusammen. Auch die Beteiligung der Öffentlichkeit (§ 9) hat sich zwar auf alle Themen des Gesamtvorhabens zu erstrecken. Es ist aber durchaus möglich, dass eine sinnvolle Öffentlichkeitsbeteiligung ohne detaillierte Unterlagen nicht möglich ist. Schließlich gilt dies auch für die aus der Rahmensetzung, der Behördenbeteiligungen, den Unterlagen des Projektträgers und den Einwendungen der Öffentlichkeit herzuleitende Gesamtdarstellung (§ 11) und ihrer Bewertung (§ 12). Die verfahrensökonomisch unverwünschte Wiederholung von Verfahrensschritten, insbesondere der Öffentlichkeitsbeteiligung, lässt sich deshalb nur vermeiden durch eine entsprechend weite Ausgestaltung des Gegenstandes, über den abschließend in Vorbescheid und Teilgenehmigung entschieden werden soll. 46

4 Weitere Teilzulassungen

4.1 *Allgemeine Bedeutung des § 13 Abs. 2*

Die Behandlung weiterer Teilzulassungen durch den Gesetzgeber in abgesetzter Weise, also einen eigenen Absatz (2), macht bereits gesetzestechnisch den Willen sichtbar, weitere Teilzulassungen anders als den Vorbescheid und erste Teilzulassungen im Hinblick auf eine UVP zu regeln. Inhaltlich wird der Unterschied zu Abs. 1 darin deutlich, dass dort die strikte Verpflichtung zur UVP bei Vorbescheid und erster Teilzulassung statuiert ist,[71] während Abs. 2 eher umgekehrt die Beschränkung der UVP bei weiteren Teilzulassungen bezweckt, und zwar auf zusätzliche oder andere erhebliche Umweltauswirkungen des Vorhabens.[72] Während sich Abs. 1 also um die Absicherung der Interessen von vornehmlich Allgemeinheit und Nachbarschaft durch obligatorische UVP sorgt, ist der objektive Regelungszweck des Abs. 2 auf die primär im Interesse des Vorhabenbetreibers zu beachtenden Ziele der Verfahrensbeschleunigung und der Verfahrensvereinfachung gerichtet. Es sollen durch Abs. 2 doppelte Prüfungen in den weiteren Teilzulassungsverfahren vermieden werden.[73] 47

---

71 »... dürfen nur nach Durchführung einer UVP ...«.
72 »... soll beschränkt werden ...«.
73 So bereits die Begründung zum Entwurf der Bundesregierung, a.a.O. S. 28; *Weber/Hellmann*, NJW 90, 1631; *Erbguth/Schink*, UVPG, § 13 Rn. 17.

§ 13 Vorbescheid und Teilzulassungen

4.2 Zweck und systematischer Zusammenhang des § 13 Abs. 2

48 Die UVP ist unselbstständiger Teil der Zulassungsverfahren (§ 2 Abs. 1). Die UVP ist in den vertikalen Verfahrensstufungen von Vorbescheid und Teilgenehmigung(en) in der Weise vorzunehmen, dass eine verbindliche Stoffabschichtung und Entscheidung erfolgt. Die hierin liegenden Bindungswirkungen sind rechtsstaatlich begründetes, wesentliches Element dieser verfahrensrechtlichen Institute.

Die **Bindungswirkung** lässt es nicht zu, dass über denselben Regelungsgegenstand erneut entschieden wird, obwohl verbindlich in Vorbescheid oder einer vorhergehenden Teilgenehmigung bereits entschieden ist. Inhalt und Bindungswirkung eines Verwaltungsaktes und behördliche Sachentscheidungskomptenz müssen kongruent sein.[74] Für die UVP bedeutet dies, dass in weiteren Teilzulassungen ausschließlich zusätzliche oder andere Umweltauswirkungen geprüft werden dürfen. Das »Soll« kann damit nur als »Ist« verstanden werden.[75]

4.3 Entsprechende Anwendung von Absatz 1

49 Für die UVP bei weiteren Teilgenehmigungen gilt § 13 Abs. 1 entsprechend (vgl. § 13 Abs. 2 S. 2). Soweit eine weitere Teilgenehmigung überhaupt einer UVP bedarf (s. o. Rn. 46, 47), ist die UVP jeweils abschließend für diesen Teil und vorläufig für das Gesamtvorhaben durchzuführen. Zumindest die verbleibende positive Gesamtbeurteilung wird zwangsläufig mit weiteren Teilzulassungen von immer geringerer Bedeutung.

---

[74] *Gaentzsch*, Konkurrenz paralleler Anlagengenehmigungen, NJW 1986, 2787, (2788).
[75] Zu Recht *Weber/Hellmann*, NJW 1990, 1631; dies hatte ebenso der Bundesrat gefordert, s. o. 1.2; und andere Verfahrensbeteiligte.

§ 14 Zulassung eines Vorhabens durch mehrere Behörden

(1) Bedarf ein Vorhaben der Zulassung durch mehrere Landesbehörden, so bestimmen die Länder eine federführende Behörde, die zumindest für die Aufgaben nach den §§ 3a, 5 und 8 Abs. 1 und 3 sowie den §§ 9a und 11 zuständig ist. Die Länder können der federführenden Behörde weitere Zuständigkeiten nach den §§ 6, 7 und 9 übertragen. Die federführende Behörde hat ihre Aufgabe im Zusammenwirken zumindest mit den Zulassungsbehörden und der Naturschutzbehörde wahrzunehmen, deren Aufgabenbereich durch das Vorhaben berührt wird. Bedarf ein Vorhaben einer Genehmigung nach dem Atomgesetz sowie einer Zulassung durch eine oder mehrere weitere Behörden und ist eine der zuständigen Behörden eine Bundesbehörde, ist die atomrechtliche Genehmigungsbehörde federführende Behörde. Sie ist für die Aufgaben nach den §§ 3a, 5 bis 8 Abs. 1 und 3 sowie den §§ 9, 9a und 11 zuständig.

(2) Die Zulassungsbehörden haben auf der Grundlage der zusammenfassenden Darstellung nach § 11 eine Gesamtbewertung der Umweltauswirkungen des Vorhabens vorzunehmen und diese nach § 12 bei den Entscheidungen zu berücksichtigen. Die federführende Behörde hat das Zusammenwirken der Zulassungsbehörden sicherzustellen.

Übersicht		Rn.			Rn.
1	Allgemeines	1	4.1.1	Generelle Bedeutung dieser Zuständigkeiten	18
1.1	Regelungsgegenstand und allgemeine Bedeutung	1	4.1.2	Zuständigkeit nach § 3a	20
1.2	Gesetzesgeschichte	5	4.1.3	Zuständigkeit nach § 5	21
1.2.1	UVP-Richtlinie	5	4.1.4	Zuständigkeit nach §§ 8a Abs. 1 und 3, 9a	23
1.2.2	Innerstaatliche Entstehung	7			
1.3	Anwendungsbereich	11	4.1.5	Zuständigkeit im Hinblick auf § 11	25
2	Zulassung durch mehrere Behörden	12	4.2	Zuständigkeit für die Verfahrensschritte nach §§ 6, 7 und 9	30
3	Allgemeine Funktion der federführenden Behörde	13	4.3	Aufgabe im Hinblick auf § 12	31
4	Die Aufgaben der federführenden Behörde im Einzelnen	18	5	Bestimmung der federführenden Behörde durch die Länder	35
4.1	Zuständigkeiten nach §§ 3a, 5 Abs. 1 und 3, 8a Abs. 1 und 3, 9a und 11	18	5.1	Bundesrechtliche Vorgaben	35
			5.2	Bestimmung durch die Länder	36

1 Allgemeines

1.1 Regelungsgegenstand und allgemeine Bedeutung

Für große, raumgreifende Vorhaben ist häufig eine Reihe von öffentlich-rechtlichen Gestattungsakten erforderlich; es können mehrere Dutzend sein.[1] In jeder einzelnen Zulassung wird ein bestimmter Teil der mit dem Vorhaben verbundenen Probleme abgearbeitet. Die partielle Verarbeitung kann darin bestehen, dass die Auswirkungen des

1

---

1 *Jarass*, NuR 1991, 201 (292).

§ 14

Gesamtvorhabens nur im Hinblick auf einige Umweltgüter geprüft werden und/oder dass die Zulassung sich lediglich auf einen Teil des Gesamtvorhabens beschränkt, weil der jeweilige fachgesetzliche Anlagenbegriff enger ist als das Gesamtvorhaben. Ein tatsächlich als Einheit bestehender Lebenssachverhalt, ein wirtschaftliches Vorhaben wird also in parallel durchzuführenden Verwaltungsverfahren mit jeweils spezifischen verfahrensrechtlichen und materiell-rechtlichen Anforderungen geprüft und in mehreren behördlichen Gestattungsakten zugelassen (**Parallelzulassungen**).

Das Gegenmodell eines einzigen umfassenden Gestattungsaktes ist die Planfeststellung. Ihr angenähert ist die immissionsschutzrechtliche Genehmigung, die eine weitgehende, allerdings nicht umfassende Konzentrationswirkung hat. Sie erfasst u. a. nicht die Erlaubnis und Bewilligung nach dem Wasserhaushaltsgesetz (§§ 7, 8 WHG).[2]

2 Der uralte Streit über Konzentration oder Aufspaltung wurde neu entfacht, als die UVP über die USA und die EG das deutsche Recht erreichte. Deren medienübergreifendes Prüfpostulat verpflichtete den deutschen Gesetzgeber zur Schaffung einer Genehmigungsstruktur, die verhinderte, dass Genehmigungen erteilt wurden, die nicht die Auswirkungen des Vorhabens auf sämtliche Medien berücksichtigt hatten. Der medienübergreifende Ansatz der UVP musste in eine irgendwie geartete materiell-rechtliche Berücksichtigungsfähigkeit gebracht werden.[3] Der Gesetzgeber musste also erneut darüber nachdenken, wie Bau und Betrieb einer Produktionsanlage auf ihre Umweltauswirkungen zu prüfen und zuzulassen seien und ob parallele Verwaltungsverfahren hierzu geeignet erscheinen.[4] Es ging also erneut um die Bewältigung der Verfahrenshäufung in Form »horizontaler Auffächerung«.[5]

3 Das Ergebnis der Überlegungen war die Umsetzung der UVP-RL durch § 14 i. V. m. §§ 1, 2 UVPG. Mit der Entscheidung für eine unselbständige UVP im Sinne des Integrationsprinzips gemäß §§ 1 Ziff. 2, 2 Abs. 1 hat der Gesetzgeber dieses alte, allgemeine dogmatische Problem des Verhältnisses paralleler Anlagengenehmigungen zueinander konservativ gelöst, d. h. Parallelgenehmigungen weiterhin zugelassen. Dem medienübergreifenden Prüfpostulat hat er aber dadurch Rechnung getragen, dass er in § 14 UVPG eine besondere Zuständigkeitsregelung bei Parallelverfahren getroffen hat, und zwar durch Einführung des Instituts der federführenden Behörde. Mit ihr wurde der Versuch unternommen, einerseits die überlieferte Genehmigungsstruktur in Deutschland zu bewahren, andererseits den Erfordernissen der UVP Rechnung zu tragen. Es blieb aber dabei, dass die federführende Behörde keine Sachentscheidungskompetenz erhielt. Diese verblieb bei den fachgesetzlich zuständigen Behörden.[6] Die federführende Behörde wurde zwingend für die Verfahrensschritte des sog. Scoping (§ 5) und der zusammenfassenden Darstellung der Umweltauswirkungen (§ 11) zuständig, d. h. diese beiden Verfahrensschritte führt die federführende Behörde für alle beteiligten Behörden durch.[7] Zudem wurde ins Ermessen der Länder gestellt, die federführende Behörde auch

---

2 BVerwGE 71, 163 (164); *Rebentisch*, in: Feldhaus (Hrsg.) Bundesimmissionsschutzrecht, Kommentar, § 13 Rn 77, 78.
3 Vgl. dazu bereits SRU-Gutachten UVP, DVBl. 1988, 21 (27).
4 Zur grundlegenden Problematik von Parallelverfahren s. *Gaentzsch*, NJW 1986, 2787 ff.; *Breuer*, Gutachten B für den 59. DJT 1992, S. B 45 ff.; *Jarass*, Konkurrenz, Konzentration und Bindungswirkung von Genehmigungen, Berlin 1993.
5 *Dohle*, NVwZ 1989, 697 (702).
6 Begr. Reg.E. BT-Drs. 11/3319, S. 29.
7 *Jarass*, NuR 1991, S. 201 (203).

mit weiteren Verfahrensschritten zu betrauen (Verfahrensschritte nach §§ 6–9). Bei dem Verfahrensschritt der Bewertung der Umweltauswirkungen des Vorhabens nach § 12 wurde die Rolle der federführenden Behörde darauf beschränkt, das »Zusammenwirken« der jeweiligen Zulassungsbehörden bei der von ihnen zu erstellenden Gesamtbewertung der Umweltauswirkungen »sicherzustellen«.

Eine neue Herausforderung, über die Konzentration paralleler Verfahren nachzudenken, erhielt der deutsche Gesetzgeber durch die UVP-Änderungsrichtlinie und insbesondere die EG-Richtlinie über die integrierte Vermeidung und Verminderung der Umweltverschmutzung (IVU-Richtlinie).[8] Art. 7 der IVU-Richtlinie verpflichtet die Mitgliedsstaaten, die erforderlichen Maßnahmen »für eine vollständige Koordinierung des Genehmigungsverfahrens« zu sorgen, wenn bei diesem Verfahren mehrere zuständige Behörden mitwirken. Die Umsetzung durch den deutschen Gesetzgeber ist ein neuer § 14, der die federführende Behörde beibehält, allerdings deren Zuständigkeiten erweitert.

1.2 Gesetzesgeschichte

1.2.1 UVP-Richtlinie, UVP-Änderungsrichtlinie, IVU-Richtlinie

Nach Art. 2 Abs. 1 der UVP-RL sind die Mitgliedstaaten lediglich verpflichtet, die »erforderlichen Maßnahmen (zu) treffen«, damit vor der Zulassung eines Projektes die UVP durchgeführt werden kann. Absatz 2 sieht ausdrücklich vor, dass die UVP in den Mitgliedstaaten im Rahmen der bestehenden Verfahren zur Genehmigung der Projekte durchgeführt werden kann oder »falls solche nicht bestehen, im Rahmen anderer Verfahren oder Verfahren, die einzuführen sind, um den Zielen dieser Richtlinie zu entsprechen«. Damit ist der Integrationsansatz des UVPG (§ 1 Ziff. 2., § 2 Abs. 1) eindeutig im Sinne der Richtlinie.[9] Die Richtlinie trifft für die UVP von Projekten mit mehreren parallelen Verfahren keine andere Regelung. Da UVP-pflichtige Vorhaben nicht ausnahmsweise, sondern in aller Regel komplexer Art sind und der EU-Richtliniengeber nicht davon ausgegangen ist, dass diese Projekte in aller Regel in Planfeststellungen zugelassen werden, sondern ihm nachweislich das bestehende System der Parallelzulassungen bekannt war, ist auch die **UVP in Parallelzulassungen richtlinienkonform**. Andere Vorstellungen sind Fragen de lege ferenda.

Hieran haben UVP-Änderungsrichtlinie und auch IVU-Richtlinie nichts geändert. Es wäre dem Gesetzgeber möglich gewesen, die geforderte weitere Vereinheitlichungswirkung durch ein einheitliches Genehmigungsverfahren und die Installation einer einzigen zuständigen Behörde zu erzielen; geboten war ihm dies nicht.[10]

1.2.2 Innerstaatliche Entstehung

Abgesehen von einer lediglich redaktionellen Änderung in Absatz 2 des § 14 durch den Bundestag hatte sich der Entwurf der Bundesregierung[11] bereits zum ursprünglichen § 14

---

8 V. 30.10.1996, ABl. EG 1996 Nr. L 257, 26 = NVwZ 1997, 363.
9 A.A. *Cupei*, UVP, S. 138; *Erbguth/Schink*, UVPG § 14 Rn. 13.
10 Zutreffend *Di Fabio*, Integratives Umweltrecht, NVwZ 1998 S. 329, 330; so aber *Steinberg/Koepfer*, IVU-Richtlinie und immissionsschutzrechtliche Genehmigung, DVBl. 1997, 973 (975).
11 BT-Drs. 11/3919, S. 28, 29.

durchgesetzt. Der Bundesrat[12] hatte hiergegen eine andere Fassung des Absatzes 1 empfohlen. Danach sollte geregelt werden, dass für Vorhaben mit mehreren Zulassungen nur *eine* UVP durchgeführt werde. In ihrer Gegenäußerung lehnte die Bundesregierung diese vom Bundesrat als »Klarstellung« bezeichnete Fassung mit der Begründung ab, der Bundesrat-Vorschlag könne als Kompetenzregelung dahin missverstanden werden, dass die federführende Behörde bei Parallelverfahren die UVP selbstständig, und zwar einschließlich der Bewertung, durchführe.[13]

8   Danach gab es zwischen Bundesregierung und Bundesrat über die Einführung einer »federführenden Behörde« im Grundsatz keinen Streit. Allerdings ist anzunehmen, dass der Gegenvorschlag des Bundesrates nicht lediglich »klarstellende« Bedeutung hatte, sondern hinter ihm eine unterschiedliche Vorstellung über die Reichweite der von der federführenden Behörde wahrzunehmenden Kompetenzen stand.

9   Der Umweltrechtsausschuss des Deutschen Anwaltvereins hatte im Gesetzgebungsverfahren gefordert, dass die federführende Behörde außer für die Aufgaben nach §§ 5 und 11 zumindest auch für die Gesamtbewertung nach § 12 zuständig sein sollte. Dies würde die UVP in praktischer und zeitlicher Hinsicht im Rahmen des Gesamtzulassungsverfahrens erleichtern, und widersprechende Bewertungen der parallel zuständigen Zulassungsbehörden würden vermieden. Zudem empfahl der Anwaltsverein, die federführende Behörde durch die Länder aus dem Kreis der Zulassungsbehörden zu bestimmen, und zwar aus Gründen der Verwaltungsvereinfachung und größerer Praxisnähe.[14]

10 Gemäß § 14 n. F. ist die federführende Behörde nunmehr über die – geänderten – Paragrafen 5 u. 11 hinaus zusätzlich für die Feststellung der UVP-Pflicht (§ 3 a), der grenzüberschreitenden Behördenbeteiligung (§ 8 Abs. 1 u. 3) und der grenzüberschreitenden Öffentlichkeitsbeteiligung (§ 9 a) zuständig. Es steht im Ermessen der Länder, ob sie die federführende Behörde auch mit den Verfahrensschritten nach §§ 6, 7 u. 9 betraut (§§ 14 Abs. I S. 2). Eine Ausdehnung der Befugnis der federführenden Behörde bei der Bewertung (§ 12) hat der Gesetzgeber nicht vorgenommen. Die zum Teil im Schrifttum einschließlich in den Arbeiten zu einem Umweltgesetzbuch gemachte Empfehlung nach Schaffung einer Zulassungsstruktur, in der über alle Aspekte durch eine einzige Genehmigung entschieden würde,[15] wurden weder durch die Bundesregierung, noch den Bundestag oder den Bundesrat aufgegriffen. Die UVP-pflichtigen Vorhaben, die mit denen der IVU-Richtlinie unterliegenden weitgehend[16] identisch sind, können auch nach Umsetzung der UVP-Änderungsrichtlinie und der IVU-Richtllinie im Rahmen von

---

12 S. 42.
13 S. 52.
14 *Dohle*; NVwZ 1989, 697 (703).
15 Am weitestgehenden *Steinberg/Koepfer*, IVU-Richtlinie und immissionsschutzrechtliche Genehmigung, DVBl. 1997, 974 ff., 975, 976, die es für »erforderlich« halten, dass ein einheitlicher Genehmigungstatbestand geschaffen werde, eine einzige für die Zulassungsentscheidung zuständige Behörde und eine einheitliche Regelung des Verwaltungsverfahrens geschaffen werde; *Gallas*, Innerstaatliche Umsetzung der IVU-Richtlinie und der UVP-Änderungsrichtlinie durch ein erstes Buch zum Umweltgesetzbuch, in: sechste Osnabrücker Gespräche zum deutschen und europäischen Umweltrecht, in: H.-W. Rengeling, Köln 1999, S. 17 ff.
16 *Enders/Krings*, Zur Änderung des Gesetzes über die Umweltverträglichkeitsprüfung durch das Artikelgesetz zur Umsetzung der UVP-Änderungsrichtlinie, DVBl. 2001, 1242 ff (1244 f.).

Parallelverfahren geprüft werden, weil der Gesetzgeber an der bisherigen Linie des § 14 UVPG festgehalten hat.[17]

1.3 Anwendungsbereich

Wegen des Zuschnitts auf Parallelzulassungen gilt § 14 allgemein nicht für Planfeststellungen und Planungen, die durch eine Zuständigkeitskonzentration gekennzeichnet sind. Für bergbauliche Vorhaben geht das aus § 18 hervor. Es gilt für die Aufstellung vorhabensbezogener Bebauungspläne (§ 16) und fakultativer Raumordnungsverfahren (§ 17) ebenso wie für in § 15 geregelten Planungen und Planfeststellungen.

Gem. § 4 kommt § 14 insoweit keine Bedeutung mehr zu, als in den dann vorrangig geltenden Verfahrensordnungen des Fachrechts eine Regelung der federführenden Behörde erfolgt ist, also in der immissionsschutzrechtlichen (9. BImSchV) und der atomrechtlichen (atvfv) Verfahrensordnung.

2 Zulassung durch mehrere Behörden

Soweit aus Anlass der Einführung der UVP eine **umfängliche Verfahrenskonzentration** gefordert wurde und wird, wird dies mit den Nachteilen paralleler Genehmigungen begründet. Insbesondere ermögliche sie eine »Salamitaktik«, mit der die Umweltbelastung eines Vorhabens in zahlreiche gerade noch akzeptable Portionen aufgeteilt werde. Zudem wird auf »gravierende Rechtsschutzprobleme« hingewiesen dergestalt, dass der Antragsteller und Drittbetroffene bei Rechtsmitteln stets genauestens darauf zu achten hätten, ob ihr Anliegen zum Prüfungsgegenstand der betroffenen Genehmigung gehöre. Schließlich könnten, weil die Prüfung der Umweltauswirkungen nicht in *einem* Verfahren erfolge, die Umweltprobleme einer Anlage von einem Umweltmedium in ein anderes verlagert werden. Wegen des Postulats der UVP-RL nach medienübergreifender und alle Wechselbeziehungen berücksichtigender Prüfung werde das System der parallelen Zulassungen der UVP-RL nicht gerecht.[18] Zudem wird die Umsetzung des integrativen Ansatzes bei gebundenen Genehmigungen als problematisch angesehen.[19] Aus dieser Sicht, Parallelverfahren seien grundsätzlich eine unzulängliche Entscheidungsstruktur zur Umsetzung einer wirksamen UVP, sind auch die Vorschläge zu einem Umweltgesetzbuch mit seiner Leitvorstellung einer Vorhabengenehmigung zu verstehen.[20]

Die Bundesregierung, ihr folgend auch Bundestag und Bundesrat, sind diesen Bedenken nicht dadurch gefolgt, dass sie die federführende Behörde als Institut abgeschafft und durch eine einheitliche Genehmigung und ein einziges Verfahren ersetzt hätte. Sie hat die Stellung der federführenden Behörde durch Anreicherung ihrer Zuständigkeiten gestärkt. Bei nüchterner und erfahrungsbezogener Betrachtung ist hiergegen wenig einzuwenden. Es ist zwar richtig, dass die Vorstellung einer medien-

---

17 *Schink*, die Umweltverträglichkeitsprüfung – offene Konzeptfragen DVBl. 2001, 321 ff (330, 331).
18 *Jarass*, Grundstrukturen des Gesetzes über die UVP, NuR 1991, 201 (202); ebenso *Erbguth/Schink*, UVPG § 14, Rn. 13; *Gassner*, UPR 1990, 361 (362) m.w.N.
19 *Erbguth-Schink*, Kommentar zum UVPG, 2. Aufl. 1996, § 12 Rn. 35 ff.
20 §§ 80 Begründung S. 595 ff UGB-KomE

§ 14   *Zulassung eines Vorhabens durch mehrere Behörden*

übergreifenden Prüfung die Reaktion des Umweltrechts auf naturwissenschaftliche Erkenntnisse über die Umwelt als Wirkungsgefüge mit vielfältigen Vernetzungen ist.[21] Das Umweltrecht hat sich aber als Reaktion auf die naturwissenschaftlichen Erkenntnismöglichkeiten in Fachgesetzen und Fachbehörden aufgespalten entwickelt. Wissenschaftliche Erkenntnisse entwickeln sich durch immer weitere Aufspaltung und Differenzierung. Das Wissen um die Zusammenhänge und das Zusammenfassen hält zuweilen nicht Schritt hiermit, obwohl Koordinierung und Zusammenschau notwendig sind. Zum Teil wird vertreten, dass in vielen Bereichen eine mediale oder sektorale Betrachtungsweise in der Vergangenheit vorgeherrscht habe, die dazu beigetragen habe, das Problem von einem Bereich in den anderen zu verlagern. Hierbei wird immer wieder auf die Großfeuerungsanlagenverordnung (13. BImSchV) verwiesen.[22] Das ist nicht zutreffend. Im Gegenteil war den beteiligten staatlichen Vertretern ebenso wie den Vertretern der betroffenen Wirtschaft, also auch denjenigen, die die Umweltschutztechniken anboten, in vollem Umfang bewusst, mit welchen Auswirkungen auch auf die Gewässer und den Abfallbereich die Verminderung von insbesondere Schwefeldioxid aus der Luft »erkauft« wurde. Die Verlagerungen auf die Medien Wasser und Boden waren Ergebnis einer Entscheidung darüber, welche Verbesserungen man in der Luft zur Risikominderung der Wälder für notwendig hielt, welche der angebotenen Entschwefelungsverfahren unter den Gesichtspunkten Effektivität, Technik und Ökonomie eingesetzt werden sollten. Die Erfahrung in diesem umweltbedeutsamen Bereich zeigt also eher, dass eine medial ansetzende und auf Parallelverfahren ausgerichtete Genehmigungsstruktur die Verantwortlichen nicht an einer medienübergreifenden Sicht gehindert haben. Die praktische Auseinandersetzung mit der Erreichung von Umweltzielen durch Umwelttechnik zwingen sogar im Gegenteil auch aus Kostengründen zur Berücksichtigung sämtlicher Folgewirkungen.

Gemäß dem Rat der Sachverständigen für Umweltfragen wurde in der ersten Auflage dieses Kommentars empfohlen, vor einer grundlegenden Veränderung der rechtlichen Genehmigungsstruktur in Deutschland die Erfahrungen mit der Durchführung des UVP-Verfahrens nach dem Integrationsprinzip zu sammeln und auszuwerten.[23] Eindeutige Erfahrungen sind offenbar nicht gesammelt worden.[24] Vor einer vorschnellen Verurteilung der jetzt in § 14 n. F. gefundenen Lösung sollte bedacht werden, dass sowohl eine zum Teil erhoffte einheitliche Vorhabengenehmigung als auch beibehaltene Parallelgenehmigungen in sehr ähnlicher Weise mit zwei Problemen stets kämpfen müssen. Zunächst geht es immer um eine fachspezifische Beurteilung und damit auch Fachbehörden, auf deren Beteiligung auch bei einheitlichen Verfahren nicht verzichtet werden kann. In einem zweiten Schritt ist dann stets dafür zu sorgen, dass die fachspezifischen Kenntnisse und Sichtweisen koordiniert werden. Dies kann auch durch eine federführende Behörde mit ausreichenden Zuständigkeiten erfolgen. Unverständlich ist allerdings, warum § 14 n. F. die Erweiterung der Zuständigkeiten nicht auch auf § 12 ausgedehnt hat (s. u. 4.3).

---

21   UGB-KomE S. 599, 600.
22   UGB-KomE S. 600.
23   *Schmid*t, §14 Rn. 14 m. H. Gutachten Sachverständigenrat für Umweltfragen, DVBl. 1988, 21 (27).
24   UGB-KomE S. 601 und Fn. 27.

Das Postulat der vollständigen Koordinierung des Genehmigungsverfahrens bedeutet im Hinblick auf die immissionsschutzrechtliche Zulassung (§§ 10 Abs. V, 13 BImSchG), dass einschließlich der Auswirkungen des Vorhabens auf Gewässer umfassend geprüft, damit insbesondere auch die Öffentlichkeitsbeteiligung einheitlich erfolgen muss. Hierfür reicht es nicht, dass die Landeswassergesetze für die Erteilung der wasserrechtlichen Erlaubnis eine Öffentlichkeitsbeteiligung vorsehen, sondern zwei aufeinander folgende Verfahren mit Öffentlichkeitsbeteiligung sind nur dann richtlinienkonform, wenn eine dem integrativen Ansatz entsprechende und das jeweilige Fachgebiet übergreifende Öffentlichkeitsbeteiligung (und spätere Sachentscheidung) durch eine verfahrensrechtliche Verklammerung sichergestellt ist.[25]

3 Allgemeine Funktion der federführenden Behörde

Nach der Begründung der Bundesregierung zu § 14 ist die federführende Behörde die »ablauforganisatorische Konsequenz« aus dem medienübergreifenden Gebot einerseits und dem System der Parallelzulassungen andererseits.[26] Die generelle Funktion der federführenden Behörde ist damit allerdings nicht hinreichend beschrieben. Sie hat **unterschiedliche Aufgaben**. Sie sind organisatorischer, methodischer und inhaltlicher Natur.

Es ist zutreffend, dass die Aufgaben in erster Linie **organisatorisch/verfahrensmäßiger** Art sind, und zwar unterschiedlich, je nach Verfahrensschritt, an dem sie beteiligt ist. § 14 unterscheidet bereits nach der Beteiligungsintensität bei den Verfahrensschritten. Es sind »Koordinationspflichten«.[27] Das sind hauptsächlich technische Aufgaben des Verfahrensmanagements, des Organisierens von Verfahrensabläufen, insbesondere auch mit den Zielen der Vereinfachung und der Beschleunigung der Vorgänge.

Das Institut einer federführenden Behörde steht dann auch für das weitergehende Ziel einer »verbesserten **Methodik der Entscheidungsfindung**«.[28] Die federführende Behörde soll im Ansatz systematischer und im Einzelnen konsequenter als die parallel arbeitenden Fachbehörden herausarbeiten, wo es Auswirkungen des Vorhabens geben könnte, die nicht einfach in ein Ressort fallen oder die, isoliert betrachtet, zwar unbedeutend, in der Summe aber bedeutend sein könnten. Sie hat insbesondere mitzuhelfen, dass mediale Verdrängungen aufgedeckt werden, soweit dies nicht bereits ausreichend durch die Fachbehörden geschieht. Ein Beispiel sind die Auswirkungen der Luftreinhaltemaßnahme in Gestalt einer (nassen) Rauchgaswäsche auf das Gewässer.[29] Es geht aber um alle im konkreten Zulassungsfall auftauchenden, beachtlichen Querverbindungen und bedeutsamen Wirkungen im Kreislauf der Umwelt.[30]

---

25 *Dolde*, Die EG-Richtlinie über die integrierte Vermeidung und Verminderung der Umweltverschmutzung (IVU-Richtlinie) – Auswirkungen auf das deutsche Umweltrecht, NVwZ 1997, 313 (317).
26 Amtl. Begr., a.a.O., S. 28.
27 *Rebentisch*, NVwZ 1992, 926 (927).
28 *Vallendar*, UPR 1992, 212 (215).
29 Worauf allerdings die Verwaltungsvorschriften zu § 5 Abs. 1 Nr. 3. BImSchG die nach BImSchG zuständige Behörde bereits hinweist.
30 Was beachtlich und bedeutsam ist, siehe dazu folgend Rn. 19.

16 Aus der »hübschen« Metapher[31] wird immer dann eine effektive federführende Behörde, wenn das Bild der **Federführung** durch eine wirkliche Führung dieser Behörde begründet wird. Organisation und Methodik sind zwar eigenständige, abgrenzbare Bereiche und Aufgaben. Die federführende Behörde hat keine Sachentscheidungskompetenz. Jede verfahrensbezogene Arbeit macht aber nur Sinn, wenn sie an die materiellrechtlichen Ziele gekoppelt bleibt, weil jedes Verfahren allein deren Durchsetzung dient.[32] Die Einbindung der federführenden Behörde in die UVP bedeutet damit **Einbindung in das materielle Recht**. Dies wird besonders deutlich bei der neu eingeräumten Zuständigkeit der Feststellung der UVP-Pflicht nach § 3a (s.u. 4.1.2).

Die UVP birgt praktisch die große Gefahr des Ausuferns der Darstellung und Bewertung der Fakten. »Aus der unübersehbaren Fülle, dem ständigen Fluß des tatsächlichen Geschehen nimmt der Sachverhalt im Rechtssinne als Aussage stets eine Auswahl vor; bereits diese Auswahl trifft der Beurteiler (die federführende Behörde) im Hinblick auf die mögliche rechtliche Bedeutsamkeit der einzelnen Fakten. Der Sachverhalt als Aussage ist also dem Beurteiler nicht von vornherein »gegeben«, sondern er muß von ihm im Hinblick auf die ihm bekanntgewordenen Fakten einerseits, deren mögliche rechtliche Bedeutung andererseits, erst gebildet werden.«[33] Die Zuständigkeit der federführenden Behörde bei der Gesamtdarstellung und ihre Mitwirkung bei der Bewertung (§§ 11, 12) setzen also hinreichende materiell-rechtliche Kompetenz voraus, also Kenntnis der Schutzgüter und rechtsbegrifflichen Zulassungsvoraussetzungen der einschlägigen Fachgesetze. So wird die Gefahr gemindert, dass in UVP-Verfahren alle möglichen Fragen gestellt werden, die zum Teil niemand beantworten kann.

17 Allerdings muss auch die Anwendungsbreite der Schutznormen erkannt und durch Auslegung zugunsten der Umweltverträglichkeit genutzt werden.[34] Die fachübergreifende Aufgabe der federführenden Behörde darf nicht mit fachlicher Inkompetenz verwechselt werden. Das Institut soll substantielle Vorteile bringen gegenüber lediglich aufgesplitteten Zuständigkeiten. Fachbezogene Behördenzuständigkeiten führen leicht zu verengtem Ressortdenken oder entwickeln sogar Ressortegoismus. Die Fachbehörde ist bestrebt, für das von ihr betreute Umweltmedium die »optimale« Lösung zu erreichen. Dabei wird häufig zu wenig erkannt oder zumindest berücksichtigt, dass dieses Streben die Probleme lediglich in einen anderen, nicht so stark normativ und organisatorisch abgesicherten Umweltbereich verlagert. Die Reduzierung dieser Verdrängung durch die federführende Behörde dient also sowohl der Allgemeinheit als auch dem Antragsteller. Die federführende Behörde soll dann auch dazu führen, überzogene Vorsorgeentscheidungen von Fachbehörden in der Vorbereitungsphase zu verhindern. Langfristig könnte die Tätigkeit der federführenden Behörden schließlich zur Aufdeckung von Widersprüchen und Defiziten der Fachrechte führen und mit diesen Erfahrungen zur weiteren Harmonisierung des Umweltschutzrechts beitragen.

---

31 *Vallendar*, UPR 1992, 214.
32 *Maurer*, Allgemeines Verwaltungsrecht, 19, 1.
33 *Larenz*, Methodenlehre der Rechtswissenschaft, 4. Aufl., S. 262.
34 Zur Reichweite der Berücksichtigungsfähigkeit der Fachgesetze s.o. § 12 Rn. 68–71.

4 Die Aufgaben der federführenden Behörde im Einzelnen

4.1 Zuständigkeiten nach §§ 3a, 5 Abs. 1 und. 3, 8a Abs. 1 und 3, 9a und 11

4.1.1 Generelle Bedeutung dieser Zuständigkeiten

Die Zuständigkeit der federführenden Behörde ist für die genannten Verfahrensschritte verbindlich geschaffen. In der amtlichen Begründung zum ursprünglichen UVPG hieß es, dass die Verfahrensschritte des Scoping und der Darstellung der Umweltauswirkungen die »strategischen Eckpunkte« der UVP sein.[35] Nunmehr sind die Feststellungen der UVP-Pflicht und die grenzüberschreitende Beteiligung von Behörden und Öffentlichkeit hinzugekommen. Zudem besteht die – eingeschränkte – Zuständigkeit bei der Bewertung der Umweltauswirkungen. Darüber hinaus ließe sich aber auch § 6 als Eckpunkt der UVP werten. Von der Erfüllung der umfassenden Datenbeibringungspflicht durch die Unternehmen hängt das Ergebnis der UVP entscheidend ab. 18

Der Gesetzgeber hat damit nunmehr seine bisher eher zurückhaltende Verfahrensbündelung aufgegeben und für Parallelverfahren eine richtlinienkonforme Konzentration geschaffen, wenn man bedenkt, dass die Richtlinien selbst daran festhalten, dass die UVP kein selbständiges Verfahren, sondern ein in die bestehenden Verfahren zu integrierendes ist (Integrationsprinzip).[36] 19

4.1.2 Zuständigkeit nach § 3a

Die federführende Behörde ist nunmehr auch für die Aufgabe durch § 3a zuständig. Sie stellt damit fest, ob nach den §§ 3b–f für das Vorhaben eine Verpflichtung zur Durchführung einer UVP besteht.[37] Ob dies der Fall ist, richtet sich allein nach dem UVPG und nicht mehr nach den formalen Kriterien der Anlage zu § 3 UVPG a. F. in Verbindung mit den materiellen Kriterien des jeweiligen einschlägigen Fachrechts.[38] Damit hat die federführende Behörde nicht nur eine zusätzliche Aufgabe erhalten, sondern gerät zudem verstärkt in die Schwierigkeiten der Auslegung und Anwendung der bisher einfacher und überschaubarer geregelten Feststellung, ob ein Vorhaben der UVP-Pflicht unterfällt. Zusätzlich zu den Schwellenwerten kommen Art, Größe, Leistung und besondere Schutzgesichtspunkte des Standorts im Einzelfall hinzu. Dies geschieht in Umsetzung einer entsprechenden EuGH-Rechtsprechung[39] nach dem UVPG n. F. Diese neuartige Vorprüfung möglicherweise erheblicher nachteiliger Umweltauswirkungen eines bestimmten Vorhabens enthält bereits eine materiell-rechtliche Entscheidungskomponente, weil über nachteilige Auswirkungen nur anhand des jeweiligen Fachrechts befunden werden kann. Zu bedenken bleibt allerdings, dass es sich hierbei lediglich um eine überschlägige Vorausschau mit begrenzter Prüfungstiefe handelt und dass die federführende Behörde auch nach § 14 n. F. keine Sachentscheidungskompetenz hat (Rn 3). Aus diesem Grunde ist bei der Feststellung der UVP-Pflicht ein besonders enges Zusammenwirken mit den fachgesetzlich zuständigen Behörden erforderlich. 20

---

35 Begr. BReg, S. 28.
36 Siehe zum ursprünglichen UVPG Begr. BReg. S. 29.
37 *Enders/Krings*, Zur Änderung des Gesetzes über die Umweltverträglichkeitsprüfung durch das Artikelgesetz zur Umsetzung der UVP-Änderungsrichtlinie, DVBl. 2001, 1242 (1244f.).
38 *Schink*, Die Umweltverträglichkeitsprüfung – offene Konzeptfragen, DVBl. 2001, 321 (326f.).
39 *EuGH*, Rs. C 392-96 Tz. 64.

4.1.3 Zuständigkeit nach § 5

21 Die Neufassung des § 5 focussiert das Scoping in Umsetzung der UVP-Änderungsrichtlinie auf die behördliche Verpflichtung, den Vorhabenträger über die voraussichtlich bald zu bringenden UVP-Unterlagen zu unterrichten, sofern dieser vor Beginn des Verfahrens, das der Entscheidung über die Zulässigkeit des Vorhabens dient, darum ersucht (Satz 1).[40] Damit wird nunmehr der funktionale Zusammenhang des Scoping nach § 5 mit den Unterlagenbeibringungspflichten des Projektsträgers gem. § 6 deutlicher.

Die den Projektträgern auferlegte Pflicht zur Datenbeibringung erfasst nach dem UVPG auch die Pflicht zur Vorlegung der Immissionsprognose. Gegebenenfalls hat der Vorhabenträger ein Gutachten über eine immissionsschutzrechtliche »Sonderfallprüfung« beizubringen.[41] Es kann auch wegen nahegelegener Wohnbebauung ein Lärmschutzgutachten erforderlich werden. Dies sind Unterlagen über mögliche Auswirkungen des Vorhabens, die zweckmäßigerweise nur nach Vorabstimmung mit der federführenden Behörde in Auftrag gegeben werden können.[42] Die federführende Behörde erfüllt hiermit ihre Beratungspflicht.[43]

22 Die neugeschaffene Möglichkeit des Scoping auch nach Beginn des Verfahrens (§ 5 2. Hs) dient dem öffentlichen Interesse der Beschleunigung eines Verfahrens bei der Vorlage von Unterlagen, die die zuständige Behörde als unzureichend ansieht. Hier dürfte die Aufgabe der federführenden Behörde darin bestehen, unterschiedliche Auffassungen zwischen Projektträger und zuständiger Behörde über Art und Ausmaß der beizubringenden Unterlagen auszuräumen, indem sie die beizubringenden Unterlagen auf »erhebliche« Fragen konzentriert. Das bedeutet einerseits, dem Projektträger die aus den Fachgesetzen erkennbare Bedeutung von Schutzzielen zu verdeutlichen. Andererseits hat sie aber auch der Gefahr entgegenzuwirken, möglicherweise ausufernden Vorstellungen über die Beibringungspflicht auf Seiten der jeweiligen Fachbehörden entgegenzuwirken. Diese Gefahr ist der UVP von vornherein immanent, und zwar insbesondere da, wo keine »harten« Standards über Gefahrenschwellen als antezipierte Sachverständigengutachten existieren, also etwa im Naturschutzbereich. Auch die im § 5 Satz 2 nunmehr vorgesehene Verpflichtung, dem Vorhabenträger und den nach § 7 zu beteiligenden Behörden Gelegenheit zu einer Besprechung über Inhalt und Umfang der Unterlagen zu geben, gibt in besonderer Weise der federführenden Behörde die Möglichkeit, medien- und fachübergreifend die für die Zulassung notwendigen Untersuchungen und beizubringenden Unterlagen zu bestimmen. Die Kernfrage nach der Erheblichkeit kann bei der übergreifenden Sicht zu mehr oder zu weniger Unterlagen führen, als dies bei isolierter fachlicher Betrachtung der Fall wäre.

4.1.4 Zuständigkeiten nach §§ 8a Abs. 1 und 3, 9a

23 Bei Parallelverfahren nimmt die federführende Behörde nach § 8 n. F. die Unterrichtung über möglicherweise grenzüberschreitende Umweltauswirkungen gegenüber der von dem anderen Staat benannten Behörden wahr, und zwar zum gleichen Zeitpunkt und im gleichen Umfang wie dies innerstaatliche gegenüber nach § 7 zu beteiligenden Behörden geschieht. Auch die Fristsetzung und eine Klärung der Verfahrensbeteiligung ist dann

---

40 BegR. BReg v. 17.10.2000, S. 92.
41 Vgl. Nr. 2.2.1.3 TA Luft; s. dazu § 4e Abs. 2 Nr. 1b 9. BimSchVO.
42 *Vallendar*, UPR 1992, 216.
43 S. o. § 5 Rn. 3.

Sache der federführenden Behörde (Abs. 1 S. 1). Auch die nach Abs. 3 bestehende Verpflichtung zur Übersendung der Zulässigkeitsentscheidung einschließlich der Begründung an die ausländischen Behörden obliegt der federführenden Behörde. Dazu gehört, auf der Grundlage der Gegenseitigkeit und Gleichwertigkeit gegebenenfalls eine Übersetzung beizufügen.[44]

Gemäß den von der Rechtsprechung bereits im Atomrecht festgelegten Grundsätzen ist nunmehr in § 9a ein Beteiligungsrecht von Ausländern bei möglicherweise grenzüberschreitenden erheblichen Umweltauswirkungen vorgesehen. Die federführende Behörde muss bei Parallelverfahren darauf hinwirken, dass das Vorhaben im Ausland entsprechend bekannt gemacht wird, und ebenso wie für Bewohner in Deutschland auf Einwendungsmöglichkeiten hinwirken, einschließlich der Unterrichtung, dass bei Versäumnis der Einwendungsfrist die Präklusion greift. Sie muss in diesem Zusammenhang auch, soweit die Grundsätze von Gegenseitigkeit dies erfordern, darauf hinwirken, dass der Vorhabenträger im Falle möglicher grenzüberschreitender Auswirkungen die zusammenfassende Darstellung des Vorhabens in der jeweiligen ausländischen Sprache seinen Antragsunterlagen beifügt.

24

4.1.5 Zuständigkeit im Hinblick auf § 11

Die Darstellung der möglicherweise von einem Vorhaben ausgehenden Umwelteinwirkungen als bedeutsame Vorbereitung der Zulassungsentscheidung obliegt bei Parallelverfahren der federführenden Behörde. Sie hat hier eng mit den am Ende selbständig entscheidenden Fachbehörden und mit der Naturschutzbehörde zusammenzuarbeiten.

25

Die **Information** der federführenden Behörde und damit intern der **Inhalt** der Darstellung sind für den Verfahrensschritt nach § 11 wesentlich. Die zusammenfassende Darstellung wird überhaupt nur möglich, wenn die federführende Behörde durch die mit dem Vorhaben befassten jeweiligen Zulassungsbehörden umfassend informiert wird. Das bedeutet, dass der federführenden Behörde zumindest die Unterlagen des Vorhabenträgers (§ 6),[45] die Stellungnahmen der beteiligten Behörden (§§ 7, 8), die Einwendungen der Nachbarschaft und Allgemeinheit einschließlich des Ergebnisses der öffentlichen Erörterung und schließlich ggf. angestellte eigene behördliche Ermittlungen (§ 24 VwVfG) zur Verfügung gestellt werden.[46] Die Novelle des § 11 sieht zudem ausdrücklich die Berücksichtigung der Ergebnisse der Öffentlichkeitsbeteiligung nach § 9a in der zusammenfassenden Darstellung vor. Dieser enge Kontakt zu den (anderen) Fachbehörden würde es der federführenden Behörde auch erlauben, ohne unnötige Verzögerungen eine Vollständigkeitsprüfung der Informationen vorzunehmen und ggf. Ergänzungen zu erwirken. Zur Information der federführenden Behörde und zum Inhalt ihrer Gesamtdarstellung gehören auch Vermeidungs-, Verminderungs-, Ausgleichs- und Ersatzmaßnahmen. Die Novelle des § 11 stellt dies nunmehr ausdrücklich fest. Dies ist jedenfalls generell sachgerecht, weil zur Darstellung als Risikoabschätzung die risikomindernden Möglichkeiten, insbesondere die geplanten Maßnahmen dazu gehören.

26

Die federführende Behörde wählt dann tunlichst folgendes **Vorgehen** beim Erarbeiten der zusammenfassenden Darstellung: Aufgrund der Ermittlungsergebnisse der Fachbe-

27

---

44 *Feldmann*, Die Umsetzung der UVP-Änderungsrichtlinie in deutsches Recht, DVBl. 2001, 589 (598, 599).
45 Vgl. hier insbesondere die Unterlagen nach § 4e der 9. BImSchV.
46 Vgl. UVPVwV Nr. 0.5.2.3.

hörden und der sonstigen Informationen wird die federführende Behörde zunächst den Entwurf einer zusammenfassenden Darstellung fertigen. Sie wird dann den Beteiligten, zumindest den Zulassungsbehörden und der Naturschutzbehörde, diesen Entwurf zur Stellungnahme schicken. Die Stellungnahme ist nicht formgebunden, kann also auch im Rahmen einer gemeinsamen Besprechung abgegeben werden.[47] Die Bitte um Stellungnahme sollte mit einer Frist verbunden werden, die berücksichtigt, dass gem. § 11 Satz 3 die zusammenfassende Darstellung möglichst innerhalb eines Monats nach Abschluss der Anhörung (§ 9) fertiggestellt sein sollte.[48] Ist die fachgesetzliche Frist zur Stellungnahme länger oder treten außergewöhnliche Verzögerungen ein, sollte die federführende Behörde innerhalb von 14 Tagen darüber informiert werden.[49] Die federführende Behörde fertigt dann die endgültige zusammenfassende Darstellung. Ist das Einvernehmen bei bestimmten darzustellenden Umweltauswirkungen nicht herzustellen, liegt es in der Kompetenzzuweisung des § 14, dass die federführende Behörde den Streit entscheidet.

28 Der **Rechtscharakter** der zusammenfassenden Darstellung als Teil der insgesamt unselbständigen UVP ist für sich betrachtet eine verwaltungsinterne Maßnahme. Gegenüber dem Projektträger, den Einwendern oder sonstigen Dritten zielt sie nicht auf die Herbeiführung irgendwelcher Rechtsfolgen, hat also keine Außenwirkung. Sie kann allerdings in die Begründung der Genehmigungsentscheidung aufgenommen werden (§ 11 Satz 4). Dazu würde nach dem neuen § 11 Satz 5 auch die Darstellung der Vermeidungs-, Ausgleichs- und Ersatzmaßnahmen gehören. Für Genehmigungen nach dem BImSchG ist die Aufnahme verpflichtend (§ 21 Abs. 1 Ziff. 5 der 9. BImSchV). Bei parallelen Zulassungsverfahren gilt dies allerdings nur bezüglich *der* Zulassungen, die Anknüpfungspunkt für die UVP-Pflichtigkeit des Vorhabens ist (§ 3). In die Begründung der übrigen Zulassungen genügt die Aufnahme der hierfür jeweils bedeutsamen Teile der Gesamtdarstellung.[50]

29 Das Gesetz schreibt keine **Form** für die behördeninterne Gesamtdarstellung vor. Bei parallelen Zulassungsverfahren ist die von der federführenden Behörde zu erstellende Gesamtdarstellung stets in einem abschließenden, gesonderten Dokument niederzulegen;[51] andernfalls wären die notwendigen weiteren behördlichen Abstimmungen, insbesondere die anschließende Gesamtbewertung, kaum durchzuführen.

4.2 Zuständigkeit für die Verfahrensschritte nach §§ 6, 7 und 9

30 Die Länder sollten möglichst eine entsprechende Zuweisung an die federführende Behörde insbesondere für den Verfahrensschritt der Unterlagenbeibringung durch den Projektträger nach § 6 vornehmen. In der Vergangenheit wurde dies bereits weitgehend in den Ländern geregelt.[52]

---

47 UVPVwV Nr. 0.5.2.4.
48 So ausdrücklich § 20 Abs. 1a 9. BimSchV.
49 UVPVwV Nr. 0.5.2.4.
50 *Erbguth/Schink*, UVPG § 11, Rn. 10; bei einem Auseinanderfallen von immissionsschutzrechtlicher Behörde und federführender Behörde kommt die zusammenfassende Darstellung nicht als Begründungselement der BImSchG-Genehmigung in Betracht, vgl. *Rebentisch*, NVwZ 1992, 926 (931, 932).
51 Amtliche Begründung zu § 11 S. 26; *Jarass*, NuR 1991, 202 (206); *Vallendar*, a. a. O., S. 216.
52 Siehe Vorschriften VI.

4.3 Aufgabe im Hinblick auf § 12

Die Gesamtbewertung der Umweltauswirkungen des Vorhabens (§ 12) haben die Zulassungsbehörden vorzunehmen, und zwar auch dann, wenn für das Vorhaben mehrere Zulassungen erforderlich sind. Die Zulassungsbehörden müssen bei Parallelzulassungen allerdings gemeinsam die Gesamtbewertung vornehmen (§ 14 Abs. 2 Halbsatz 1). Es genügt nicht, dass jede Zulassungsbehörde nur »ihren Teil« bewertet.

Es bleibt also bei der Zuständigkeit der Zulassungsbehörden für die Bewertung. Die federführende Behörde hat dabei lediglich das Zusammenwirken der Zulassungsbehörden sicherzustellen (§ 14 Abs. 2 Satz 2). Auch dem medienübergreifenden Postulat wird verfahrensrechtlich also nicht durch eine Zuständigkeitszuweisung an die federführende Behörde Rechnung getragen. Sie hat lediglich eine **Koordinierungsaufgabe**,[53] nämlich die Organisation der Gesamtbewertung. Sie leitet das Verfahren ein, indem sie von den Zulassungsbehörden eine Stellungnahme erbittet. Sie sorgt für den sachgerechten Fortgang, ggf. durch Setzen von Fristen, und sie stellt schließlich den ordnungsgemäßen Abschluß des Verfahrens sicher. Dabei entscheidet sie darüber, ob z.B. das Verfahren schriftlich erfolgen soll und welche Behördenbesprechungen notwendig sind. Die federführende Behörde kann aber – anders als bei der Gesamtdarstellung nach § 11 – bei Meinungsverschiedenheiten zwischen den Zulassungsbehörden über die Bewertung nicht streitentscheidend tätig werden. Dazu fehlt ihr die Zuständigkeit. Hier muss die gemeinsame vorgesetzte Stelle angerufen werden. Deren Entscheidung kann allerdings durch einen Einigungsvorschlag der federführenden Behörde vorbereitet werden.[54]

Die Beschränkung der Befugnis der federführenden Behörde, lediglich auf ein Zusammenwirken der Zulassungsbehörden hinzuarbeiten bzw. dies sicherzustellen, wird im Schrifttum überwiegend kritisiert.[55] Die Forderung wird insbesondere verfahrensökonomisch begründet. Das gesamte Zulassungsverfahren für das Projekt werde hierdurch erleichtert. Zudem würden widersprechende Bewertungen der parallelen, zur Bewertung weiterhin zuständigen Zulassungsbehörden vermieden.

Tatsächlich dürfte sich diese Forderung allerdings in der Praxis zum Teil »von selbst« dadurch erfüllen, dass die rechtlich gebotene saubere Trennung zwischen der von der federführenden Behörde vorzunehmende **Gesamtdarstellung** einerseits (§ 11) **und der Bewertung** der Umweltauswirkungen andererseits (§ 12) häufig schwierig ist – ähnlich wie die Unterscheidung zwischen Bewertung und Berücksichtigung.

Zu bedenken ist nämlich, was zur zusammenfassenden Darstellung gehört. Nach der Gesetzesbegründung reicht nicht das »Hintereinander-Abheften« der Vorhabensunterlagen des Projektträgers, der behördlichen Stellungnahmen und sonstiger Schriftstücke einschließlich der Erörterungsprotokolle.[56] Es ist eine »Aufbereitung« nötig, eine »Gesamtabschätzung« der Umweltauswirkungen, des »Umweltrisikos«. Das soll zwar »neutral« erfolgen.[57] Aber bereits der Begriff der Abschätzung impliziert Wertmaßstäbe, ohne

---

53 *Jarass*, NuR 1991, 202 (203, 206).
54 UVPVwV Nr. 0.6.3.
55 Z.B. *Weber/Hellmann*, a.a.O., S. 1631; *Dohle*, a.a.O., S. 703; *Kloepfer/Rehbinder/Schmidt-Aßmann/Kunig*, UGB AT Entwurf 1990, S. 235; *Jarass*, NuR 1991, 202 (203); *Steinberg*, DVBl. 1988, 995 (999, 1000).
56 Amtl. Begr. S. 26.
57 Amtl. Begr. s. Fn. 61.

die kein Schätzen möglich ist. Das gilt auch für den Risikobegriff. Die Darstellung von riskantem Verhalten, also von Handeln mit möglichen Nachteilen, ist ohne den Maßstab von Schutzgütern nicht möglich. Zu bedenken ist zudem, dass die Behörden durchweg nicht mit unstreitigen Sachverhalten konfrontiert sind. Es stellt sich für sie dann die Frage, welche Angaben die größte Schlüssigkeit für sich haben. Es kommen jeweils die des Projektträgers, der Einwender, der Behörden oder sonstiger Stellen in Betracht. Hierbei kommt die federführende Behörde kaum um eine Bewertung herum.[58]

34 Für die **Form** der Gesamtbewertung gilt dasselbe wie für die Gesamtdarstellung nach § 11. Die Gesamtbewertung bei Parallelverfahren ist gesondert zu dokumentieren.[59] Andernfalls ist eine Berücksichtigung durch die jeweiligen Zulassungsbehörden bei der Entscheidung nicht möglich.

5 Bestimmung der federführenden Behörde durch die Länder

5.1 Bundesrechtliche Vorgaben

35 Die Neufassung von § 14 Satz 1 stellt lediglich klar, dass die Regelungen über die federführende Behörde nur im Verhältnis von Landesbehörden untereinander gelten.[60] Im Übrigen gilt: Die grundsätzliche Zuständigkeit der Länder für den Vollzug des Bundesrechts als eigene Angelegenheit (Art. 83 GG) schließt die Befugnis des Bundes zur Regelung der Behördeneinrichtung und/oder des Verwaltungsverfahrens nicht aus, wenn dem Bund die Sachkompetenz zugewiesen ist und der Bundesrat dem Bundesgesetz zustimmt (so Art. 84 Abs. 1 GG). Die Anforderungen sind durch § 14 erfüllt. Dies gilt auch, wenn man die obligatorische Einrichtung der federführenden Behörde nicht nur als eine Verfahrensfrage, sondern auch als Einrichtung einer Behörde versteht, weil hierzu die Erweiterung des Aufgabenkreises einer bestehenden Behörde gerechnet werden kann.

Im Hinblick auf die übrigen Verfahrensschritte und die Bestimmung darüber, welche Behörden für welche UVP-pflichtigen Anlagen bei deren Zulassung federführende Behörde werden, ist den Ländern in § 14 gemäß der Grundsatzregel des Art. 83 GG Entscheidungsfreiheit geblieben.

5.2 Bestimmung durch die Länder, insbesondere welche Behörde federführende Behörde wird

36 Zum Teil legt das Bundesrecht den Ländern bereits nahe, welche Behörde zur federführenden Behörde benannt werden sollte.[61] Im Übrigen üben die Länder weitgehend ihr Bestimmungsrecht dahingehend aus, dass sie für die Projekte nach Nr. 1 der Anlage zu § 3 die für die Genehmigung nach § 4 BImSchG zuständige Behörde benannt haben. Für die Projekte nach Nr. 2 der Anlage zu § 3 haben sie die für die Genehmigung nach § 7

---

58 *Vallendar*, a.a.O., S. 216.
59 *Jarass*, NuR 1991, 201 (206).
60 *Feldmann*, die Umsetzung der UVP-Änderungsrichtlinie im deutschen Recht DVBl. 2001, 589 (599).
61 Vgl. § 2a Abs. 2 S. 1 der 9. BImSchV, die den Ländern die Benennung der immissionsschutzrechtlichen Genehmigungsbehörde als federführende nahelegt.

AtG zuständige Behörde benannt. In den übrigen Fällen wird die Behörde federführend, die für das Verfahren zuständig ist, das den Schwerpunkt der Zulassungsentscheidung für das Vorhaben bildet. In Zweifelsfällen soll die zuständige oberste Landesbehörde entscheiden.[62]

Mit Einfügung der neuen Sätze 4 und 5 wird die atomrechtliche Genehmigungsbehörde als federführende Behörde durch Bundesgesetz bestimmt. Diese Festlegung beruht darauf, dass der atomrechtlichen Genehmigungsbehörde im Rahmen des atomrechtlichen Genehmigungsverfahrens die Prüfung und Beurteilung der bei kerntechnischen Vorhaben regelmäßig am stärksten ins Gewicht fallenden Umweltrisiken, nämlich durch radioaktive Strahlung obliegt. Die Regelung ist insoweit sachgerecht.[63]

---

62 Vgl. Vorschriften VI.
63 *Feldmann*, a.a.O., S. 599; Begr. BReg v. 17.10.2000, S. 95.

Abschnitt 3 Besondere Verfahrensvorschriften

§ 15 Linienbestimmung und Genehmigung von Flugplätzen

(1) Für die Linienbestimmung nach § 16 Abs. 1 des Bundesfernstraßengesetzes und nach § 13 Abs. 1 des Bundeswasserstraßengesetzes sowie im vorgelagerten Verfahren nach § 6 Abs. 1 des Luftverkehrsgesetzes bei in der Anlage 1 aufgeführten Vorhaben wird die Umweltverträglichkeit nach dem jeweiligen Planungsstand des Vorhabens geprüft. Diese Regelung gilt nicht, wenn in einem Raumordnungsverfahren bereits die Umweltverträglichkeit geprüft wurde und dabei zur Einbeziehung der Öffentlichkeit die Anforderungen der Absätze 2 und 3 erfüllt sind.

(2) Zur Einbeziehung der Öffentlichkeit bei der Linienbestimmung sind die Unterlagen nach § 6 auf Veranlassung der zuständigen Behörde in den Gemeinden, in denen sich das Vorhaben voraussichtlich auswirkt, einen Monat zur Einsicht auszulegen; die Gemeinden haben die Auslegung vorher ortsüblich bekannt zu geben. Jeder kann sich bis zwei Wochen nach Ablauf der Auslegungsfrist äußern. Die Öffentlichkeit ist über die Entscheidung durch ortsübliche Bekanntmachung zu unterrichten. § 9 Abs. 3 Satz 2 gilt entsprechend.

(3) Zur Einbeziehung der Öffentlichkeit im vorgelagerten Verfahren nach § 6 Abs. 1 des Luftverkehrsgesetzes ist Absatz 2 Satz 1 und 2 entsprechend anzuwenden. Im Übrigen bleibt § 9 Abs. 3 unberührt.

(4) Im nachfolgenden Zulassungsverfahren kann die Prüfung der Umweltverträglichkeit auf zusätzliche oder andere erhebliche Umweltauswirkungen des Vorhabens beschränkt werden.

Übersicht

		Rn.
1	Allgemeines	1
1.1	Regelungsgegenstand	2
1.2	Zweck und Bedeutung der Vorschrift	3
1.3	Gesetzesgeschichte	4
1.3.1	Vorgaben der UVP-Richtlinie	5
1.3.2	Innerstaatliche Entstehung	6
1.4	Anwendungsbereich der Vorschrift	8
1.5	Geltung von Verwaltungsvorschriften	9
2	Vorrang des Raumordnungsverfahrens mit raumordnerischer UVP (Abs. 1 Satz 2)	10
2.1	Verpflichtung zur Durchführung der raumordnerischen UVP?	11
2.1.1	Zwingende raumordnerische UVP zur Entlastung des straßenverkehrsrechtlichen Linienbestimmungsverfahrens?	12
2.1.2	Fakultative raumordnerische UVP zur Entlastung des wasserstraßenrechtlichen Linienbestimmungs- und des luftverkehrsrechtlichen Genehmigungsverfahrens	13
2.2	Inhaltliche Anforderungen an eine vorrangige raumordnerische UVP	14
2.3	Beschränkung der einer raumordnerischen UVP nachfolgenden Verfahren	15
3	Vorgelagerte Verfahren des Verkehrsplanungsrechts mit UVP (Abs. 1 Satz 1)	16
3.1	Aufgabe der vorgelagerten Verfahren und Zuständigkeit	17
3.2	Anwendungsbereich der vorgelagerten Verfahren und Vorprüfung (»screening«) gemäß § 3 c	19
3.3	Prüfungsgegenstand der vorgelagerten Verfahren mit UVP	21
3.4	Verfahrensablauf der vorgelagerten Verfahren mit integrierter UVP	25
3.5	Wirkungen der Ergebnisse der vorgelagerten Verfahren und Rechtsschutz	30
4	Einbeziehung der Öffentlichkeit in die vorgelagerten Verfahren des Verkehrsplanungsrechts	32

Linienbestimmung und Genehmigung von Flugplätzen § 15

4.1	Einbeziehung der Öffentlichkeit im Linienbestimmungsverfahren (Abs. 2)	33	6.1	Linienbestimmungsverfahren (§ 2 Verkehrswegeplanungsbeschleunigungsgesetz)	40
4.2	Einbeziehung der Öffentlichkeit im Verfahren nach § 6 Abs. 1 LuftVG (Abs. 3)	35	6.1.1	Zeitweise Einführung eines Linienbestimmungsverfahrens für Bundeseisenbahnen	41
5	Beschränkung der UVP im nachfolgenden Zulassungsverfahren (Abs. 4)	36	6.1.2	Parallele Durchführung von Linienbestimmungs- und Raumordnungsverfahren	42
6	Sonderregelungen des Verkehrswegeplanungsbeschleunigungsgesetzes für die vorgelagerten Verfahren des Verkehrsplanungsrechts in den neuen Ländern	39	6.1.3	Verzicht auf die Einbeziehung der Öffentlichkeit	43
			6.2	Verzicht auf das luftverkehrsrechtliche Genehmigungsverfahren (§ 10 Verkehrswegeplanungsbeschleunigungsgesetz)	44

1 Allgemeines

§ 15 verlangt die Durchführung einer **ersten Stufe der UVP** in den vorgelagerten Verfahren des Verkehrsplanungsrecht. Zu diesen vorgelagerten Verfahren[1] zählen die nach den Verkehrsplanungsgesetzen vorgesehenen fernstraßen- und wasserstraßenrechtlichen Linienbestimmungsverfahren nach § 16 FStrG und § 13 WaStrG sowie das luftverkehrsrechtliche Genehmigungsverfahren nach § 6 LuftVG, darüber hinaus aber auch die nach Landesrecht sowie bundesrahmenrechtlich nach § 15 ROG[2] für raumbedeutsame Vorhaben vorgeschriebenen Raumordnungsverfahren. Die genannten Verfahren schließen an die Verkehrswegebedarfsplanung des Bundes sowie eine interne sog. »Voruntersuchung« des Vorhabenträgers an und dienen der Vorbereitung der für die Projektzulassung maßgeblichen Planfeststellungsverfahren.[3]

Um doppelten Aufwand bei der Durchführung dieser ersten Stufe der UVP sowohl in den üblicherweise zuerst eingeleiteten Raumordnungsverfahren als auch in den sich unmittelbar daran anschließenden Linienbestimmungs- bzw. luftverkehrsrechtlichen Genehmigungsverfahren zu vermeiden, ist § 15 als **Auffangnorm** zu § 16 konzipiert. Hält eine im Raumordnungsverfahren gemäß § 16 Abs. 1 durchgeführte raumordnerische UVP den dort vorgegebenen Standard ein, ist eine nochmalige Prüfung der Umweltverträglichkeit nach § 15 in dem sich anschließenden, im einschlägigen Verkehrsplanungsgesetz vorgeschriebenen vorgelagerten Planungsverfahren entbehrlich. Infolge dieser Verknüpfung mit der raumordnerischen UVP kann § 15 nicht losgelöst von § 16 betrachtet werden.

---

[1] Zum Begriff der vorgelagerten Verfahren vgl. auch BT-Drs. 11/3919 vom 26.1.1989, Begründung zu § 15, S. 29. Wegen des nur internen Charakters der Linienbestimmung gegenüber dem nachfolgenden Planfeststellungsverfahren führt das UVPG die Linienbestimmungsverfahren in § 2 Abs. 3 Nr. 2 in Abgrenzung zu den sonstigen vorgelagerten Verfahren gesondert auf. Diese Differenzierung innerhalb der vorgelagerten Verfahren soll nachfolgend nicht weiter aufgegriffen werden.
[2] Vgl. hierzu die Ausführungen unter § 16 Rn. 23 ff.
[3] Zur Einordnung der vorgelagerten Verfahren in den Planungsablauf vgl. *Repkewitz*, Verw. Archiv 1997, 137 (146 ff.), sowie *Ronellenfitsch*, DVBl. 1991, 920 ff., und *Wagner*, NVwZ 1992, 232 ff.

§ 15 Linienbestimmung und Genehmigung von Flugplätzen

1.1 Regelungsgegenstand

2 § 15 Abs. 1 schreibt die Durchführung einer **UVP entsprechend dem Planungsstand** in den Linienbestimmungsverfahren nach § 16 Abs. 1 FStrG und nach § 13 Abs. 1 WaStrG sowie im vorgelagerten Genehmigungsverfahren nach § 6 Abs. 1 LuftVG zwingend vor (Satz 1), soweit eine solche nicht bereits in einem (vorausgegangenem) Raumordnungsverfahren erfolgt ist (Satz 2). Die Absätze 2 und 3 regeln besondere Verfahrensanforderungen an die Einbeziehung der Öffentlichkeit im Rahmen der Durchführung dieser ersten Stufe der UVP (Anmerkung: die auch bei einer vergleichbaren raumordnerischen UVP einzuhalten wären). Absatz 4 ordnet schließlich an, dass im nachfolgenden Zulassungsverfahren die dort vorzunehmende UVP zweiter Stufe auf die in den vorgelagerten Verfahren noch nicht geprüften, zusätzlichen oder anderen erheblichen Umweltauswirkungen beschränkt werden kann.

1.2 Zweck und Bedeutung der Vorschrift

3 Die nach § 15 zwingende Durchführung einer ersten Stufe der UVP bereits vor Einleitung der abschließenden Planfeststellungsverfahren entweder in einem Linienbestimmungs- bzw. luftverkehrsrechtlichen Genehmigungsverfahren oder bereits zuvor in einem Raumordnungsverfahren ist aufgrund der einschneidenden und dauerhaft prägenden Wirkungen einer Verkehrstrasse oder eines Flughafens für die Umgebung sinnvoll und trägt dem Anliegen der UVP-RL an einer frühzeitigen Prüfung Rechnung.[4] Umweltunverträgliche Trassen und Standorte von Verkehrsvorhaben sollen frühzeitig erkannt und aus dem weiteren Planungsprozess ausgeschieden werden.[5] Zugleich sollen die nachfolgenden Planfeststellungsverfahren um die bereits erfolgten Prüfungsschritte entlastet und damit die Zulassung der Vorhaben insgesamt beschleunigt werden. Die durch das UVPG erstmalig vorgeschriebene Einbeziehung der Öffentlichkeit in diese bis 1990 nur behördeninternen Verfahren soll zudem zu einer erhöhten Akzeptanz der Verkehrswegeplanung bei der von den Auswirkungen betroffenen Bevölkerung beitragen.[6]

1.3 Gesetzesgeschichte

4 Die Integration einer ersten Stufe der UVP in die den Planfeststellungsverfahren vorgelagerten Verfahren beruht auf dem im Vorwort der UVP-RL verankerten »**Gebot der Frühzeitigkeit**«, das als unverbindlicher Bestandteil der Einleitung der Richtlinie den nationalen Gesetzgeber zwar nicht bindet, aber als ein prägender »programmatischer« Grundsatz der UVP erhebliche faktische Wirkung auf die Umsetzung der UVP-RL im deutschen Recht entfaltet hat.

---

4 Dazu nachfolgend Rn. 5 mit weiteren Nachweisen.
5 Zur diesbezüglichen Bedeutung gerade auch des Raumordnungsverfahrens § 16 Rn. 3.
6 Zur Akzeptanz schaffenden Funktion der Einbeziehung der Öffentlichkeit vgl. § 9 Rn. 3.

1.3.1 Vorgaben der UVP-Richtlinie

Im Vorwort der UVP-RL ist die Forderung enthalten, dass bei allen technischen Planungs- und Entscheidungsprozessen die Auswirkungen auf die Umwelt so früh wie möglich berücksichtigt werden müssen.[7] Diese als »Gebot der Frühzeitigkeit« bekannt gewordene Forderung leitet sich ab aus früheren Aktionsprogrammen der EU für den Umweltschutz aus den Jahren 1973, 1977 und 1983[8] und besagt im Zusammenwirken mit Art. 2 Abs. 1 der UVP-RL, dass vor der abschließenden Genehmigung eines Projekts auch dessen Umweltverträglichkeit geprüft und bei der Entscheidung berücksichtigt werden muss. Durch die (frühzeitige) **Prüfung vor der Genehmigung des Projekts** sollen »Umweltbelastungen von vornherein vermieden werden, statt sie erst nachträglich in ihren Auswirkungen zu bekämpfen«.[9] Die Konkretisierung dieses selber nicht verbindlichen »programmatischen« Einleitungssatzes erfolgt durch die Verfahrensregelungen der Richtlinie. Diese lassen allerdings gerade offen, ob bei gestuften Zulassungsverfahren des nationalen Rechts auch schon die vorgelagerten Planungsstufen einer UVP zu unterziehen sind oder eine dann allerdings umfassende UVP erst auf der abschließenden und damit nach deutschem Recht regelmäßig entscheidungserheblichen Zulassungsstufe ausreichend ist. Aus dem »Gebot der Frühzeitigkeit« kann daher nur wohl eine Empfehlung der UVP-RL an den deutschen Gesetzgeber, nicht aber dessen Verpflichtung abgeleitet werden, in die vorgelagerten Verfahren eine erste Stufe der UVP zu integrieren.[10]

1.3.2 Innerstaatliche Entstehung

Der von der Bundesregierung vorgeschlagene Wortlaut des § 15 ist im Gesetzgebungsverfahren weitgehend unverändert geblieben, da zwischen Bundestag, Bundesrat und Bundesregierung nach vorausgegangener längerer Diskussion letztlich **Einigkeit über die Notwendigkeit der Einbeziehung der vorgelagerten Verfahren** in den Anwendungsbereich des UVPG bestand.[11] Um Doppelprüfungen sowohl im Raumordnungsverfahren als auch in den vorgelagerten Verfahren des Verkehrsplanungsrechts zu vermeiden, wurde auf Vorschlag des Bundesrates zusätzlich der erwähnte Absatz 1 Satz 2 angefügt, der bei Durchführung einer raumordnerischen UVP dieser den Vorrang einräumt.[12] Im Verlauf der verschiedenen »**Beschleunigungsnovellen**« der 12. Legislaturperiode[13] ist § 15 im Wortlaut nicht verändert worden. Gleichwohl haben sich im Laufe der Zeit Gewicht und Charakter der Vorschrift infolge der Einführung von abweichenden Sonderregeln für die neuen Länder durch das Verkehrswegeplanungsbeschleunigungsgesetz im Jahr 1991,[14] der Streichung der bundesrahmenrechtlichen

---

7 Vgl. das Vorwort der UVP-RL 85/337/EWG, ABl. Nr. L 175/40 f., abgedruckt in Vorschriften I im Anschluss an die Kommentierung.
8 Ebd.
9 Ebd.
10 Grundlegend zur Reichweite des »Gebotes der Frühzeitigkeit« § 9 Rn. 53 f.; im Ergebnis weitergehend als hier *Bartlsperger*, DVBl. 1987, 1 (9 ff.), und *Viebrock*, IUR 1991, 113 (116 f.).
11 Vgl. den Gesetzentwurf der Bundesregierung, BT-Drs. 11/3919 vom 26.1.1989, Begründung zu § 15, S. 29.
12 Ebd., Stellungnahme des Bundesrates, S. 43 (zu 47.), und Gegenäußerung der Bundesregierung, S. 52.
13 Zu den Beschleunigungsnovellen vgl. *Repkewitz*, Verw. Archiv 1997, 137 ff.
14 Hierzu noch nachfolgend Rn. 39 ff.

§ 15 *Linienbestimmung und Genehmigung von Flugplätzen*

Regelung der raumordnerischen UVP im ROG vier Jahre nach ihrer Einführung[15] und der nachträglichen Befristung des straßenverkehrsrechtlichen Linienbestimmungsverfahrens[16] jeweils im Jahr 1993 gewandelt.

7   Die UVPG-Novelle 2001 hat nur zu einer redaktionellen Änderung von § 15 Abs. 1 Satz 1 geführt.

1.4 Anwendungsbereich der Vorschrift

8   § 15 gilt für und **regelt die UVP** in den Linienbestimmungsverfahren nach § 16 FStrG und § 13 WaStrG sowie im Genehmigungsverfahren nach § 6 LuftVG. Die Vorgaben, wann die Durchführung dieser Verfahren als Trägerverfahren einer UVP erforderlich sind und welche Bedeutung diese Trägerverfahren für die nachfolgenden Planfeststellungsverfahren haben, liefern demgegenüber die Fachgesetze des Verkehrsplanungsrechts. Wiederum § 15 regelt – aus dem Blickwinkel der UVP – das Verhältnis dieser Verfahren zum Raumordnungsverfahren; dem zuletzt genannten Verfahren gibt § 15 dabei zugleich einen Mindeststandard für die Einbeziehung der Öffentlichkeit vor, falls die darin enthaltene raumordnerische UVP Vorrang entfalten soll. Anwendungsbereich, weiterer Inhalt und Rechtsfolgen dieser raumordnerischen UVP richten sich dann nach § 16 und den Vorschriften der Landesplanungsgesetze.

1.5 Geltung von Verwaltungsvorschriften

9   Die UVPVwV konkretisiert in ihrem Allgemeinen Teil auch den **Ablauf der ersten Stufe der UVP** in den vorgelagerten Verfahren des Verkehrsplanungsrechts.[17] Die dort niedergelegten allgemeinen Kriterien und Grundsätze sind damit für die UVP in den Linienbestimmungs- und im luftverkehrsrechtlichen Genehmigungsverfahren maßgeblich. Die Nummern 0.2, 0.49, 0.5.2.5, 0.6.2.2 des Allgemeinen Teils der UVPVwV beschreiben die entlastenden Wirkungen einer UVP im Linienbestimmungs- bzw. luftverkehrsrechtlichen Genehmigungsverfahren für die UVP im nachfolgenden Planfeststellungsverfahren. Keine Anwendung findet hingegen der Besondere Teil, der sich auf die konkreten Bewertungsmaßstäbe und -methoden ausschließlich für die Verfahren im Umwelt- und Baurechtsbereich beschränkt.[18] Besondere Merkblätter zur Durchführung der Verfahren im Verkehrsplanungsrecht enthalten dagegen ergänzende Hinweise zur Durchführung einer UVP und zur Berücksichtigung insbesondere von Naturschutzbelangen.[19]

---

15 Siehe unter § 16 Rn. 9.
16 Nachfolgend Rn. 12.
17 Vgl. den Allgemeinen Teil der in Vorschriften II abgedruckten UVPVwV.
18 Innerhalb der Bundesregierung konnten sich BMU und BMV nicht auf die Erstreckung des Besonderen Teils auch auf die Verkehrsplanungen einigen.
19 Vgl. beispielsweise das »Merkblatt zur UVP in der Straßenplanung (MUVS)« der Forschungsgesellschaft für Straßen- und Verkehrswesen in VkBl. 90, 237, und die »Hinweise des Bundesministeriums für Verkehr zur Berücksichtigung des Naturschutzes und der Landschaftspflege beim Bundesfernstraßenbau« in VkBl. 99, 237.

2 Vorrang des Raumordnungsverfahrens mit raumordnerischer UVP (Abs. 1 Satz 2)

Nach § 15 Abs. 1 Satz 2 ist eine UVP im Linienbestimmungsverfahren nach § 16 Abs. 1 FStrG und nach § 13 Abs. 1 WaStrG sowie im vorgelagerten Verfahren nach § 6 Abs. 1 LuftVG nicht erforderlich, »wenn in einem Raumordnungsverfahren bereits die Umweltverträglichkeit geprüft wurde und dabei zur Einbeziehung der Öffentlichkeit die Anforderungen der Absätze 2 und 3 erfüllt sind.« Ziel dieser Vorrangregelung für das Raumordnungsverfahren mit raumordnerischer UVP ist die **Vermeidung doppelten Prüfungsaufwandes**. Zu einer generellen Streichung von Linienbestimmungsverfahren und luftverkehrsrechtlichen Genehmigungsverfahren zugunsten einer einmaligen Prüfung der raumbedeutsamen Belange und überörtlichen Umweltauswirkungen eines Vorhabens ausschließlich im Raumordnungsverfahren konnte sich der Bundesgesetzgeber – trotz wiederholter Aufforderung durch die Länder – nicht durchringen, da er den durch diese Verfahren gesicherten Einfluss des Bundes auf den Verlauf von neuen Verkehrswegen nicht preisgeben wollte.[20] Auch nach Durchführung eines Raumordnungsverfahrens mit einer den Anforderungen des UVPG entsprechenden ersten Stufe der UVP ist daher regelmäßig ein dann inhaltlich eingeschränktes Linienbestimmungs- bzw. luftverkehrsrechtliches Genehmigungsverfahren **ohne Öffentlichkeitsbeteiligung** anzuschließen. Umso wichtiger erscheint eine enge Kooperation von Bund und Ländern bei der vorbereitenden Planung, um Verzögerungen zu vermeiden.

2.1 Verpflichtung zur Durchführung der raumordnerischen UVP?

Den Ländern ist seit dem 1.5.1993 bundesrahmenrechtlich freigestellt, ob sie nach Landesrecht im Raumordnungsverfahren eine (raumordnerische) UVP vorsehen.[21] Gleichwohl erscheint eine raumordnerische UVP zumindest bei der Fernstraßenplanung regelmäßig erforderlich, während sie bei der Wasserstraßenplanung und der Flughafenplanung eher entfallen könnte.

2.1.1 Zwingende raumordnerische UVP zur Entlastung des straßenverkehrsrechtlichen Linienbestimmungsverfahrens?

§ 16 FStrG, der im Verlauf des Gesetzgebungsverfahrens zum Planungsvereinfachungsgesetz wesentlich überarbeitet worden ist, befristet das an ein Raumordnungsverfahren

---

20 Diese Forderung der Länder zum Verzicht auf das Linienbestimmungsverfahren wurde erstmalig vertieft diskutiert im Rahmen einer vorbereitenden Arbeitsgruppe »Beschleunigung von Verkehrswegeplanungen« für die Verkehrsministerkonferenz am 6.5.1991, vgl. den Bericht der Arbeitsgruppe, S. 6, dann nochmals bei den Beratungen im Bundesrat zum Verkehrswegeplanungsbeschleunigungsgesetz, vgl. BR-Drs. 294/91 vom 14.5.1991, Art. 1 Nr. 1a und S. 30, und schließlich im Gesetzgebungsverfahren zum Planungsvereinfachungsgesetz, BT-Drs. 12/4328 vom 11.2.1993, Stellungnahme des Bundesrates zu Nr. 321, S. 34, und (vor dem Vermittlungsverfahren) Empfehlungen der Ausschüsse Umwelt und Verkehr, BR-Drs. 598/1/93, vom 13.9.1993, Nr. 6.
21 Zu den Einzelheiten der fakultativen UVP im Raumordnungsverfahren § 16 Rn. 62 ff. Anders noch die ursprüngliche Fassung des § 6a ROG mit einer bundesrahmenrechtlichen Verpflichtung zur Integration der UVP im Raumordnungsverfahren, die nunmehr durch § 15 ROG ersetzt worden ist.

anzuschließende straßenverkehrsrechtliche Linienbestimmungsverfahren seit 1993 auf drei Monate, um die vorbereitende Straßenplanung zügig abzuschließen (§ 16 Abs. 2 Satz 2 FStrG).[22] Im Rahmen dieser dreimonatigen Frist kann die durch § 15 Abs. 1 Satz 1 geforderte UVP im Linienbestimmungsverfahren allerdings kaum geleistet werden, weil die durch § 15 Abs. 2 vorgegebenen Auslegungs- und Äußerungsfristen von zumindest sechs Wochen eingehalten werden müssten und erst im Anschluss hieran die weiteren Schritte der UVP (Beschreibung, Bewertung und Berücksichtigung der Bewertung im Rahmen der Linienbestimmung) folgen könnten. Die knapp bemessene Durchführungsfrist des § 16 Abs. 2 Satz 2 FStrG für das Linienbestimmungsverfahren erscheint daher mit den durch § 15 Abs. 2 vorgegebenen Beteiligungsfristen für die erste Stufe der UVP kaum vereinbar. Ein Verstoß gegen eine der beiden Vorschriften ist damit letztlich nur zu vermeiden, wenn von der durch § 15 Abs. 1 Satz 2 aufgezeigten Möglichkeit einer raumordnerischen UVP Gebrauch gemacht, also die erste Stufe der UVP grundsätzlich in ein zuvor durchgeführtes Raumordnungsverfahren integriert wird. Aus diesem Grund sieht (offensichtlich) auch § 16 Abs. 2 Satz 1 FStrG (in bewusster Abweichung vom Regelungsgehalt des § 13 WaStrG und des § 6 LuftVG) ausdrücklich vor, dass nicht nur die »Umweltverträglichkeit«, sondern gerade auch das Ergebnis eines zuvor durchgeführten Raumordnungsverfahrens bei der gebotenen Abwägung zu berücksichtigen ist. Nach der **Vorstellung des Gesetzgebers** geht also dem straßenverkehrsrechtlichen **Linienbestimmungsverfahren regelmäßig ein Raumordnungsverfahren voraus**, das als eigenständigen und bei der Linienbestimmung zu berücksichtigenden Belang die raumordnerische UVP enthält. Eine entsprechende Absprache zwischen den beteiligten Behörden über eine obligatorische Durchführung der UVP schon im Raumordnungsverfahren erscheint damit zur Vermeidung der Verletzung der gesetzlich vorgegebenen Frist und von Verfahrensverzögerungen geboten.[23]

2.1.2 *Fakultative raumordnerische UVP zur Entlastung des wasserstraßenrechtlichen Linienbestimmungs- und des luftverkehrsrechtlichen Genehmigungsverfahrens*

13 Im Rahmen der (nach wie vor) unbefristeten Verfahren nach § 13 WaStrG und § 6 LuftVG ist demgegenüber die Durchführung einer ersten Stufe der UVP auch unter Einbeziehung der Öffentlichkeit zeitlich möglich, sodass ein Wahlrecht besteht, die UVP entweder im Verfahren nach § 13 WaStrG bzw. § 6 LuftVG oder bereits vorab im Raumordnungsverfahren durchzuführen. Eine Prüfung der Umweltverträglichkeit erst auf der Ebene des wasserstraßenrechtlichen Linienbestimmungsverfahrens bzw. des luftverkehrsrechtlichen Genehmigungsverfahrens birgt allerdings die Gefahr überflüssiger Doppelprüfungen von Umweltbelangen in sich, da auch bei einem Raumordnungsverfahren ohne raumordnerische UVP die überörtlichen Umweltauswirkungen nicht ausgeblendet werden dürfen. Es bietet sich daher ebenso wie bei der Straßenplanung aus Gründen der **Verfahrensökonomie** an, in Anwendung der durch § 15 Abs. 1 Satz 2 vorgegebenen Möglichkeit die erste Stufe der UVP in das Raumordnungsverfahren vorzuverlagern und das wasserstraßenrechtliche Linienbestimmungsverfahren bzw. das luftverkehrsrechtliche Genehmigungsverfahren entsprechend abzukürzen.

---

22 Vgl. zum Planungsvereinfachungsgesetz *Repkewitz*, Verw. Archiv 1997, 137 (142). Zur Fortentwicklung des § 16 FStrG vgl. *Ronellenfitsch*, in: Marschall/Schroeter/Kastner, FStrG, § 16 Rn. 1 ff.

23 A.A. *Ronellenfitsch*, ebd. Rn. 36, der von der Unverbindlichkeit der Frist ausgeht und ein Raumordnungsverfahren im Einzelfall für entbehrlich hält.

2.2 Inhaltliche Anforderungen an eine vorrangige raumordnerische UVP

Die Pflicht zur Durchführung einer UVP im Linienbestimmungs- bzw. luftverkehrsrechtlichen Genehmigungsverfahren entfällt also, wenn die UVP bereits im Raumordnungsverfahren erfolgt ist. Um unabhängig von der Wahl des Trägerverfahrens für die erste Stufe der UVP einen **einheitlichen Standard** in allen vorgelagerten Verfahren sicherzustellen, gelten gemäß § 15 Abs. 1 Satz 2 auch bei der raumordnerischen UVP die besonderen Anforderungen der Absätze 2 bzw. 3 an die Einbeziehung der Öffentlichkeit. Somit sind auch bei der raumordnerischen UVP die bei jeder UVP vorgegebenen Verfahrensschritte – angepasst an den Planungsstand des Raumordnungsverfahrens – durchzuführen, um die angestrebte Entlastung der UVP im Linienbestimmungs- bzw. luftverkehrsrechtlichen Genehmigungsverfahren zu bewirken.[24] Genügt die raumordnerische UVP diesen Anforderungen nicht, verzichtet die Landesplanungsbehörde – wie nach § 15 Abs. 6 ROG und auch nach einem Teil der Landesplanungsgesetze möglich – auf die Einbeziehung der Öffentlichkeit oder auf die (medienübergreifende) Bewertung im Sinne von § 12, muss gemäß § 15 Abs. 1 Satz 2 die UVP im Linienbestimmungs- bzw. luftverkehrsrechtlichen Genehmigungsverfahren entsprechend den strengeren Vorgaben des UVPG wiederholt werden.

2.3 Beschränkung der einer raumordnerischen UVP nachfolgenden Verfahren

Zur Vermeidung von Doppelprüfungen sieht das UVPG im Anschluss an die Durchführung einer ersten Stufe der UVP im Raumordnungsverfahren zweifach Beschränkungsmöglichkeiten vor. So kann nach der generellen Regelung des § 16 Abs. 3 der Umfang der UVP im nachfolgenden Zulassungsverfahren unter bestimmten Voraussetzungen auf andere Umweltauswirkungen beschränkt werden.[25] Die Regelung entspricht damit der noch zu erörternden Regelung des § 15 Abs. 4.[26] Daneben – und hier von Interesse – entfällt nach § 15 Abs. 1 Satz 2 die Verpflichtung zur Durchführung einer ersten Stufe der UVP in den Linienbestimmungsverfahren und im luftverkehrsrechtlichen Genehmigungsverfahren. Die Prüfung in diesen Verfahren kann (und sollte) daher ausschließlich **auf Gesichtspunkte, die noch nicht Gegenstand des Raumordnungsverfahrens mit UVP waren, beschränkt werden**. In Betracht kommen insbesondere länderübergreifende Interessen des Bundes, also z.B. der Bundesverkehrswegeplanung und der Bundesraumordnung, um die das primär aus Landessicht verfasste Ergebnis des Raumordnungsverfahrens ergänzt oder auch relativiert werden kann. Beim luftverkehrsrechtlichen Genehmigungsverfahren sind außerdem die im Raumordnungsverfahren nicht zwingend anzusprechenden Fragen zum künftigen Umfang des Flughafenbetriebs zu klären. Neben der ersten Stufe der UVP gleichfalls entfallen können dagegen eine bereits im Raumordnungsverfahren von der Landesplanungsbehörde vorgenommene Alternativenprüfung[27] sowie auch die ansonsten umfassend gebotene Behördenbeteiligung.

---

24 Vgl. die Anforderungen an eine raumordnerische UVP in § 16 Abs. 3, hierzu § 16 Rn. 84 ff.
25 Hierzu ausführlich § 16 Rn. 84 ff.
26 Siehe unten Rn. 36 ff.
27 Zur Möglichkeit und den Voraussetzungen einer Alternativenprüfung im Raumordnungsverfahren § 16 Rn. 34 ff.

§ 15 *Linienbestimmung und Genehmigung von Flugplätzen*

3 Vorgelagerte Verfahren des Verkehrsplanungsrechts mit UVP (Abs. 1 Satz 1)

16 Die Aufgabe der vorgelagerten Verfahren des Verkehrsplanungsrechts besteht in der planerischen Vorbereitung der für die Zulassung maßgeblichen Planfeststellungsverfahren. In den Linienbestimmungsverfahren nach § 16 FStrG und § 13 WaStrG und im Genehmigungsverfahren nach § 6 LuftVG können die zuständigen Behörden dabei jeweils eine frühzeitige Koordination und Eingrenzung des künftigen Vorhabenverlaufs bzw. -standorts vornehmen. Der UVP in diesen Verfahren kommt die Prüfung der Umweltauswirkungen des in Aussicht genommenen Verlaufs bzw. Standortes des Vorhabens zu. Die koordinierende **Bedeutung dieser besonderen Fachverfahren geht allerdings zurück**, da die überwiegende Anzahl der Länder Raumordnungsverfahren mit vergleichbarer Zielsetzung vorschreibt, in denen bereits zuvor die wesentlichen Standortfragen erörtert werden.[28]

3.1 Aufgabe der vorgelagerten Verfahren und Zuständigkeit

17 Im Linienbestimmungsverfahren nach § 16 FStrG soll die Linienführung einer Bundesfernstraße zunächst in Form eines Korridors festgelegt werden, sodass einerseits der für die Prüfung im Planfeststellungsverfahren zu untersuchende Raum eingegrenzt wird, andererseits aber auch noch ausreichend Gestaltungsspielraum für die Planfeststellungsbehörde im abschließenden Planfeststellungsverfahren nach den §§ 17 ff. FStrG verbleibt.[29] Vergleichbares gilt für das nach § 13 WaStrG durchzuführende Linienbestimmungsverfahren bei der Wasserstraßenplanung, der sich ein Planfeststellungsverfahren nach § 14 WaStrG anschließt, und – bezogen auf einen geeigneten Flughafenstandort – für das luftverkehrsrechtliche Genehmigungsverfahren nach § 6 LuftVG, dem ein Planfeststellungsverfahren nach den §§ 8 ff. LuftVG folgt. Damit könnten an sich auch in diesen Verfahren anstelle im Raumordnungsverfahren die wesentlichen Standortfragen und überörtlichen Umweltauswirkungen untersucht und geklärt werden. Der Bundesgesetzgeber hat sich bei der Entscheidung dieses Zuständigkeitskonfliktes jedoch für den bereits erörterten, in § 15 Abs. 1 Satz 2 festgelegten Vorrang des Raumordnungsverfahrens in Bezug auf eine erste Stufe der UVP entschieden. Werden die Linienbestimmungsverfahren und das luftverkehrsrechtliche Genehmigungsverfahren für eine erste Stufe der UVP einschließlich Einbeziehung der Öffentlichkeit genutzt, tragen aber auch sie der Forderung der UVP-RL nach einer frühzeitigen UVP Rechnung.

18 Zuständig für die Durchführung der Linienbestimmungsverfahren ist das Bundesministerium für Verkehr,[30] das zum Abschluss der Verfahren die Linienführung für das konkrete Vorhaben festlegt. Dabei ist die Entscheidung bei der Fernstraßenplanung im Benehmen mit der Landesplanungsbehörde (vgl. § 16 Abs. 1 Satz 1 FStrG) und bei der Wasserstraßenplanung im Einvernehmen mit der zuständigen Landesbehörde (vgl. § 13 Abs. 1 Satz 1 WaStrG) zu treffen. In der Praxis wird das Bundesverkehrsministerium allerdings der im Wege der Auftragsverwaltung tätig werdenden Landesstraßenbaube-

---

28 *Wahl*, in: FS Sendler, S. 199 (216), spricht daher treffend von einer inhaltlichen »Entleerung« des Linienbestimmungsverfahrens durch das vorangegangene Raumordnungsverfahren.
29 Zu diesem Korridor von einigen hundert Metern Breite vgl. BVerwG, vom 17.2.1969 – IV B 223/68 –, VRS 37, 154 (156).
30 Seit der 14. Legislaturperiode Bundesministerium für Verkehr, Bau- und Wohnungswesen.

hörde die konkrete Durchführung überlassen und sich nur die abschließende Entscheidung vorbehalten. In dieser abschließenden Entschließungsbefugnis ist mittlerweile auch der wesentliche Regelungsgehalt des Verfahrens zu sehen. Die Genehmigung nach § 6 LuftVG ist demgegenüber unmittelbar durch die jeweils zuständige Landesbehörde zu erteilen (vgl. §§ 39 Abs. 1, 50 Satz 1, 55 Satz 1 Luftverkehrs-Zulassungsordnung).

3.2 Anwendungsbereich der vorgelagerten Verfahren und Vorprüfung (»screening«) gemäß § 3 c

Ob ein Linienbestimmungsverfahren bzw. luftverkehrsrechtliches Genehmigungsverfahren durchzuführen ist, richtet sich nach dem einschlägigen **Fachgesetz** und ist von der für die Durchführung zuständigen Behörde zu entscheiden. Die Pflicht, im Rahmen dieser Verfahren auch eine erste Stufe der UVP durchzuführen, folgt aus § 15 Abs. 1 Satz 1 und greift ein, soweit nicht bereits eine raumordnerische UVP erfolgt ist. Der Verweis auf die in der Anlage 1 aufgeführten Vorhaben in § 15 Abs. 1 Satz 1 dient der Harmonisierung mit den nach dieser Anlage UVP-pflichtigen Planfeststellungsverfahren des Verkehrsplanungsrechts. Aus der durch die Novelle des UVPG 2001 durch § 3 c Abs. 1 Satz 1 i. V. mit der Anlage 1 zusätzlich eingeführten **allgemeinen Vorprüfung** der UVP-Pflicht im Einzelfall[31] folgen zunächst keine grundlegenden Erweiterungen für die vorgelagerten Verfahren des Verkehrsplanungsrechts. Bei den Verkehrsvorhaben handelt es sich aufgrund ihrer Größe und möglichen Umweltauswirkungen nämlich überwiegend bereits um Vorhaben, die von der Spalte 1 der Anlage 1 genannt werden und daher von vornherein – ohne die allgemeine Vorprüfung des § 3 c Abs. 1 – UVP-pflichtig sind. Nur wenn ein Verkehrsvorhaben den entsprechenden Größen- oder Leistungswert in der Anlage 1 des UVPG unterschreitet, sieht § 3 c Abs. 1 ergänzend eine allgemeine Vorprüfung vor, die dann allerdings zu Beginn des vorgelagerten Verfahrens von der zuständigen Behörde durchzuführen ist. Nur in diesen Fällen ist es daher erforderlich, im Rahmen der Frage der Entscheidung über die Erforderlichkeit einer Linienbestimmung oder eines Genehmigungsverfahrens nach § 6 LuftVG zugleich über die UVP-Pflichtigkeit des Verkehrsvorhabens zu entscheiden. Erst nach dieser allgemeinen Vorprüfung über die UVP-Pflicht des Vorhabens kann schließlich bei kleineren Vorhaben auch entschieden werden, ob anstelle eines Planfeststellungsverfahren i. S. der Anlage zu § 1 ein Plangenehmigungsverfahren ohne UVP folgen darf.[32] Daher sollte unmittelbar auch die für das nachfolgende Planfeststellungs- bzw. Plangenehmigungsverfahren zuständige Zulassungsbehörde hinzugezogen werden, um eine einheitliche Einschätzung der »UVP-Pflicht im Einzelfall« im vorgelagerten Verfahren herbeizuführen.

19

Beim Neubau einer Bundesfernstraße ist ein Linienbestimmungsverfahren nach § 16 FStrG stets, bei Änderungen dann geboten, wenn diese wesentlich sind.[33] Das Linienbestimmungsverfahren kann allerdings ausnahmsweise entfallen, wenn die Linie bereits durch andere Planungen (z. B. durch einen Regional- oder Flächennutzungsplan mit UVP) einvernehmlich mit den betroffenen Behörden und sonstigen Trägern öffentlicher

20

---

31 Zur allgemeinen Vorprüfung vgl. § 3 c Rn. 6 ff.
32 Zu den durch die Novelle des UVPG im Jahr 2001 nachträglich aber wieder deutlich eingeschränkten Möglichkeiten der Durchführung eines solchen Plangenehmigungsverfahrens (nur wenn von vornherein keine UVP-Pflicht gegeben ist) vgl. § 9 Rn. 50.
33 Einzelheiten bei *Rinke*, in: Kodal/Krämer, Straßenrecht, Kap. 33 Rn. 3.

§ 15   *Linienbestimmung und Genehmigung von Flugplätzen*

Belange festgelegt ist.[34] Allerdings muss der BMV dann der dort festgelegten Linienführung für den Bund nachträglich zustimmen. Das Planungsvereinfachungsgesetz hat 1993 darüber hinaus auch den Verzicht auf die Linienbestimmung bei Ortsumgehungen eingeführt.[35] Im Einzelfall jedoch kann die insoweit nicht gebundene Landesplanungsbehörde weiterhin die Durchführung eines Raumordnungsverfahrens (mit oder ohne UVP) verlangen.[36] Bei der erstmaligen Planung von Bundeswasserstraßen ist die Linienbestimmung nach § 13 WaStrG zweckmäßig, kann aber nach Abstimmung mit dem Bund durch ein Raumordnungsverfahren ersetzt werden.[37] Für die luftverkehrsrechtliche Genehmigung nach § 6 LuftVG wird dies in § 8 Abs. 6 LuftVG, der durch das Planungsvereinfachungsgesetz angefügt worden ist, ausdrücklich klargestellt. Bei nachträglichen wesentlichen Änderungen eines Flughafens reicht dagegen ein Planfeststellungsverfahren aus, an dessen Ergebnis dann später die Genehmigung anzupassen ist.[38] Im Rahmen der Novelle des UVPG 2001 wurde numehr allerdings in § 8 Abs. 5 Satz 3 LuftVG die Verpflichtung eingeführt, dass bereits das Genehmigungsverfahren den Anforderungen des Gesetzes über die UVP genügen muss, wenn ein Flughafen aus der militärischen Trägerschaft entlassen wird und die künftige zivile Nutzung des Flughafens mit baulichen Änderungen oder Erweiterungen verbunden ist. Für die neuen Länder sieht zudem das Verkehrswegeplanungsbeschleunigungsgesetz für die genannten vorgelagerten Verfahren befristete Erleichterungen vor.[39]

3.3 Prüfungsgegenstand der vorgelagerten Verfahren mit UVP

21   Der Prüfungsgegenstand der vorgelagerten Verfahren wird durch die Verkehrsplanungsgesetze nur ansatzweise geregelt, erschließt sich jedoch aus ihrer (teilweise unterschiedlichen) Aufgabenstellung sowie ihrer Einordnung in den gesamten Planungsprozess. Da den vorgelagerten Verfahren die Aufgabe der **Vorbereitung der Planfeststellungsverfahren** zukommt und die künftige Linie bzw. der künftige Standort des Vorhaben zwar verbindlich eingeengt, nicht aber schon parzellenscharf festgelegt werden soll, ist regelmäßig nur eine summarische, noch grobkörnige Prüfung vorgesehen.[40] In Anlehnung an die beim Raumordnungsverfahren gewählte Terminologie sollte daher von einer Prüfung der überörtlich bedeutsamen Auswirkungen der Verkehrsvorhaben in den vorgelagerten Verfahren gesprochen werden.[41] Allerdings kann bereits der Vorhabenträger den Umfang der Prüfung in seinem Sinne beeinflussen und durch Vorlage schon konkreter Unterlagen den Prüfungsgegenstand präzisieren, um eine größere Investitionssicherheit zu erhalten. Dabei kann er – in Absprache mit der zuständigen Behörde – auch

---

34   *Rinke*, ebd., Rn. 3.31, vgl. zu der dann gebotenen Abstimmung § 16 Abs. 3 Satz 1 und 2 FStrG.
35   So jetzt § 16 Abs. 1 Satz 3 FStrG.
36   Die Entscheidung der Landesplanungsbehörde richtet sich nach den Vorgaben von § 15 ROG, vgl. § 16 Rn. 25 ff.
37   *Friesecke*, Bundeswasserstraßengesetz, § 13 Rn. 2, 7.
38   So für die Fallgestaltung des § 76 Abs. 1 VwVfG *BVerwG*, vom 5.12.1986 – 4 C 13.85 –, DVBl. 1987, 573 (575).
39   Hierzu unten Rn. 39 ff.
40   Zum vergleichbaren Gegenstand des Raumordnungsverfahrens § 16 Rn. 33.
41   § 16 Rn. 33.

Alternativvorschläge in die Prüfung einbeziehen.[42] Für die erste Stufe der UVP wird durch die Forderung nach einer Prüfung entsprechend »dem jeweiligen Planungsstand des Vorhabens« in § 15 Abs. 1 Satz 1 klargestellt, dass sie in gleicher Weise und Intensität am Umfang der Prüfung teilnimmt.

Nach § 16 Abs. 2 Satz 1 FStrG »sind bei der Bestimmung der Linienführung die von dem Vorhaben berührten öffentlichen Belange einschließlich der Umweltverträglichkeit und des Ergebnisses des Raumordnungsverfahrens im Rahmen der Abwägung zu berücksichtigen«. Gegenstand der Prüfung des **Linienbestimmungsverfahrens bei der Bundesfernstraßenplanung** sind damit die von dem Vorhaben berührten öffentlichen überörtlichen Belange wie z.B. die Verbesserung des Straßennetzes, die verkehrliche Erschließung einer Region oder auch die Ein- oder Anbindung von Teilen des Bundesgebietes an europäische Fernverkehrswege. Private Belange insbesondere der Entschädigung für die Inanspruchnahme von Flächen werden dagegen nicht hier, sondern erst auf der nachfolgenden Ebene des Planfeststellungsverfahrens geprüft, da erst dort der genaue Trassenverlauf und das Ausmaß der Inanspruchnahme privater Flächen deutlich werden. Die genannten und weitere öffentliche Belange werden abgewogen mit dem Ergebnis der (nach der hier vertretenen Auffassung bereits notwendigerweise im Raumordnungsverfahren durchgeführten) ersten Stufe der UVP sowie auch dem Gesamtergebnis des vorangegangenen Raumordnungsverfahrens.[43]

22

Nach § 13 Abs. 1 Satz 2 WaStrG »sind bei der Bestimmung der Linienführung die von dem Vorhaben berührten öffentlichen Belange einschließlich der Umweltverträglichkeit im Rahmen der Abwägung zu berücksichtigen«. Im Gegensatz zur ansonsten gleichen Regelung des straßenverkehrsrechtlichen Linienbestimmungsverfahrens wird das Ergebnis des Raumordnungsverfahrens vom Bundesgesetzgeber bei der **Bundeswasserstraßenplanung** als Abwägungsbelang neben der UVP nicht ausdrücklich erwähnt. Wird auf ein Raumordnungsverfahren verzichtet und dessen überörtliche Abstimmungsaufgabe vom wasserstraßenrechtlichen Linienbestimmungsverfahren mit wahrgenommen,[44] bilden die soeben bereits beschriebenen überörtlichen Verkehrsbelange auch hier das wesentliche Abwägungsmaterial für die Bestimmung der Linie durch das BMV.

23

Gemäß § 6 Abs. 2 Satz 1 LuftVG ist im **luftverkehrsrechtlichen Genehmigungsverfahren** »vor Erteilung der Genehmigung besonders zu prüfen, ob die geplante Maßnahme den Erfordernissen der Raumordnung und Landesplanung entspricht und ob die Erfordernisse des Naturschutzes und der Landschaftspflege sowie des Städtebaus und der Schutz vor Fluglärm angemessen berücksichtigt sind«. Zugleich ist bereits nach § 6 Abs. 1 Satz 2 LuftVG »im Genehmigungsverfahren für Flugplätze ... die Umweltverträglichkeit zu prüfen.« Damit ist der künftige Standort des Flughafens – neben den immer zu prüfenden betrieblichen Anforderungen zum Umfang der Nutzung (beispielsweise Nachtflugerlaubnis) – aus einem überörtlichen Blickwinkel auf seine Raum-, Natur- und Umwelt- sowie städtebauliche Vertretbarkeit im luftverkehrsrechtlichen Genehmigungsverfahren dann zu überprüfen,[45] soweit eine solche Prüfung nicht bereits

24

---

42 Zur Alternativenprüfung im Raumordnungsverfahren vgl. § 16 Rn. 34 ff. und allgemein bei § 12 Rn. 125 ff.
43 Zur Integration der UVP in das Linienbestimmungsverfahren vgl. nachfolgend Rn. 25 ff.
44 Zum Verhältnis der beiden Verfahren siehe oben Rn. 13, und *Frieseke*, Bundeswasserstraßengesetz, § 13 Rn. 15.
45 Zum Inhalt des luftverkehrsrechtlichen Genehmigungsverfahrens siehe auch *BVerwG*, vom 7.7.1978 – 4 C 79.76 u.a. –, DVBl. 1978, 845 ff., und *BVerwG*, DVBl. 1987, 573 ff.

Gegenstand eines Raumordnungsverfahrens einschließlich einer raumordnerischen UVP war. Der Genehmigung kommt daher hilfsweise auch vorbereitende Wirkung für die Planungsentscheidung im Planfeststellungsverfahren zu.[46]

3.4 Verfahrensablauf der vorgelagerten Verfahren mit integrierter UVP

25 Die Durchführung eines wasserstraßenrechtlichen Linienbestimmungsverfahrens nach § 13 WaStrG und eines luftverkehrsrechtlichen Genehmigungsverfahrens nach § 6 LuftVG mit integrierter UVP verlaufen grundsätzlich identisch. Sie ähneln in ihrem Ablauf dabei einem Raumordnungsverfahren mit dort integrierter raumordnerischer UVP. Demgegenüber ist im straßenverkehrsrechtlichen Linienbestimmungsverfahren wegen der in § 16 Abs. 2 Satz 2 FStrG neu eingeführten Dreimonatsfrist eine UVP entsprechend der Vorgabe von § 15 Abs. 2 nach der hier vertretenen Auffassung nicht möglich und damit grundsätzlich schon im vorgelagerten Raumordnungsverfahren geboten.[47]

26 Weder § 13 WaStrG noch § 6 LuftVG geben dabei Auskunft zum Ablauf der jeweiligen Verfahren. Die für die Durchführung einer UVP maßgeblichen Vorschriften der **§§ 5 bis 9 a** vermitteln damit zugleich auch für ihre Trägerverfahren den rechtlichen Maßstab zum Verfahrensablauf.[48] Gemäß § 5 sollte daher die Vorbereitung des wasserstraßenrechtlichen Linienbestimmungsverfahrens und des luftverkehrsrechtlichen Genehmigungsverfahrens einschließlich der dort durchzuführenden ersten Stufe der UVP mit dem »scoping« beginnen. In diesem Termin sind von der zuständigen Behörde in Absprache mit dem Vorhabenträger und den sonstigen Beteiligten insbesondere Inhalt und Umfang der UVP sowie die in die Prüfung einzubeziehenden Vorhabenvarianten festzulegen. Die vom Vorhabenträger anschließend zu erarbeitenden und vorzulegenden Unterlagen müssen den Anforderungen von § 6 genügen und für eine Bewertung der in diesem vorbereitendem Planungsverfahren zu prüfenden überörtlich bedeutsamen Umweltauswirkungen geeignet sein. Den Unterlagen ist eine allgemein verständliche Zusammenfassung beizufügen.[49]

27 **Informationen** für die erste Stufe der UVP liefern die vom Vorhabenträger beizubringenden Unterlagen, die Stellungnahmen der Wasser-, Naturschutz- und sonstigen Umweltfachbehörden aus der nach den §§ 7 und 8 gebotenen Behördenbeteiligung sowie die schriftlichen Äußerungen der Bürger aus der nach den §§ 9 Abs. 3 Satz 1, 9 a i. V. mit § 15 Abs. 2 bzw. 3 gebotenen Einbeziehung der Öffentlichkeit. Auf dieser Grundlage beschreibt und systematisiert die zuständige Behörde die Auswirkungen des Vorhabens auf die in § 2 Abs. 1 Satz 2 im Einzelnen genannten Umweltmedien in Form einer **zusammenfassenden Darstellung** gemäß § 11. Die ermittelten Auswirkungen sind den verschiedenen Umweltmedien jeweils gesondert zuzuordnen; die Darstellung erfolgt dabei optisch getrennt von den im Rahmen der vorgelagerten Verfahren darüber hinaus zu ermittelnden und beschreibenden Auswirkungen des Vorhabens bspw. auf die Verkehrsentwicklung und Raumstruktur. Bei der Darstellung der Umweltauswirkungen

---

46 *Giemulla*, in: Giemulla/Schmid, LuftVG, § 6 Rn. 73.
47 Siehe zu dieser Notwendigkeit oben Rn. 12.
48 Vgl. insoweit auch die Verfahrensvorschläge der UVPVwV, abgedruckt in Vorschriften II im Anschluss an die Kommentierung.
49 Hierzu § 6 Rn. 21; Nummer 0.4.9 UVPVwV.

im Rahmen der UVP im nachfolgenden Planfeststellungsverfahren kann dann auf diese gesonderte Darstellung der überörtlich bedeutsamen Umweltauswirkungen zurückgegriffen werden.[50]

Maßstäbe für die **Bewertung der überörtlichen Umweltverträglichkeit** der Linie bzw. des Standortes des Vorhabens liefern die gesetzlichen Zulässigkeitsvoraussetzungen und damit die im Wasserstraßengesetz bzw. Luftverkehrsgesetz enthaltenen umweltbezogenen Maßgaben. Daneben sind die in den Landes- und Regionalplänen enthaltenen umweltbezogenen verbindlichen raumordnerischen Ziele sowie die nach dem Bundesnaturschutzgesetz i. V. mit den Landesnaturschutzgesetzen ausgewiesenen Schutzgebiete zwingend zu beachten. Schließlich sind auch die Aussagen der umweltbezogenen Fachpläne des Wasserhaushalts-, Abfall- und Immissionsschutzrechts als Maßstäbe in die Bewertung einzubeziehen. Soweit für die überörtliche Prüfung schon relevant, gelten zudem die einschlägigen technischen Regelwerke.[51] Die Bewertung anhand dieser Maßstäbe erfolgt zunächst gesondert für jedes der in § 2 Abs. 1 Satz 2 aufgeführten Umweltmedien; in einem zweiten Schritt ist danach gemäß § 12 eine Gesamtbewertung der überörtlichen Umweltverträglichkeit des Vorhabens vorzunehmen. Diese Bewertung stellt die erste Stufe der UVP dar.

Vor Abschluss des wasserstraßenrechtlichen Linienbestimmungsverfahrens bzw. des luftverkehrsrechtlichen Genehmigungsverfahrens führt die zuständige Behörde das Ergebnis der ersten Stufe der UVP mit den ansonsten geprüften und bewerteten Auswirkungen des Vorhabens nach Maßgabe des einschlägigen Fachgesetzes und damit hier in Form einer Abwägung bzw. planerisch geprägten Ermessensentscheidung zu einem Gesamtergebnis zusammen.[52] Das Ergebnis der ersten Stufe der **UVP als ein Zwischenschritt auf dem Weg zur Gesamtbeurteilung** der vorgeschlagenen Linie für die Wasserstraße bzw. des vorgeschlagenen Standortes für den Flughafen wird im Rahmen der Begründung der vorgelagerten Entscheidung gesondert festgehalten und kann im nachfolgenden Planfeststellungsverfahren als Baustein übernommen werden.[53]

3.5 Wirkungen der Ergebnisse der vorgelagerten Verfahren und Rechtsschutz

Die Entscheidung im Linienbestimmungsverfahren für eine (»Vorzugs«-)Trasse stellt nur eine verwaltungsinterne Vorstufe der Planfeststellung dar[54] und entfaltet demgemäß gegenüber den Bürgern noch keine bindende Wirkung. Rechtsschutz gegen das Ergebnis der Linienbestimmung kann daher erst nach Abschluss des nachfolgenden, bürgerverbindlichen Planfeststellungsverfahrens im Wege der **Anfechtungsklage gegen den Planfeststellungsbeschluss** begehrt werden.[55] Die Planfeststellungsbehörde ist ihrerseits allerdings (behördenintern) bereits an die verbindliche Bestimmung der Linie durch das BMV gebunden; die Entscheidung des BMV ergeht dabei regelmäßig in Form einer

---

50 Zur zusammenfassenden Darstellung vgl. § 11 Rn. 7 ff.; Nummer 0.5.2.5 UVPVwV.
51 Zum Bewerten nach § 12 und insbesondere auch zu der Frage, ob neben den gesetzlich ableitbaren Bewertungsmaßstäben auch andere, »außerrechtliche« Maßstäbe herangezogen werden können, ausführlich § 12 Rn. 17 ff.
52 Vgl. § 12 Rn. 35 ff.
53 Nummer 0.6.2.2 UVPVwV.
54 *BVerwG*, vom 26. 6. 1981 – 4 C 5.78 –, E 62, 342 (344).
55 Ebd. S. 350.

schriftlichen Mitteilung an die oberste Landesstraßenbaubehörde. Will sie von dieser Vorgabe aufgrund neuer, erst im Planfeststellungsverfahren gewonnener Erkenntnisse abweichen, muss sie zunächst das BMV informieren und eine erneute Entscheidung zur Linienbestimmung einholen.[56] Die besondere Bedeutung des Linienbestimmungsverfahrens (mit oder ohne erste Stufe der UVP) liegt daher gerade in dieser verbindlichen Steuerung des Planfeststellungsverfahrens, die dem gleichfalls vorgelagerten Raumordnungsverfahren nicht mit dieser zwingenden rechtlichen Wirkung zukommt.[57]

31 Eine vergleichbare Wirkung kommt mit zwei Abweichungen dem Ergebnis des luftverkehrsrechtlichen Genehmigungsverfahrens zu. Auch hier entfaltet die vorgelagerte Entscheidung keine Verbindlichkeit gegenüber den Bürgern und kann erst inzident mit dem Planfeststellungsbeschluss angefochten werden.[58] Allerdings kann der angehende **Flughafenunternehmer** gegen eine ihm nur mit Einschränkungen oder gar nicht erteilte Genehmigung des Flughafenbetriebs **unmittelbar Anfechtungsklage** erheben, da er von dieser Entscheidung direkt in eigenen Rechten betroffen ist.[59] Auch entfällt das Bestimmungsrecht des Bundes, sodass eine beabsichtigte Abweichung im Planfeststellungsverfahren nur unter den zuständigen Landesbehörden abgestimmt werden muss. Eine Möglichkeit der Einflussnahme der Bundesregierung besteht allerdings dadurch, dass infolge der Auftragsverwaltung für den Bund Voraussetzung für die Einleitung des Verfahrens ein Antrag des Bundes ist (vgl. § 31 Abs. 2 Nr. 4 LuftVG).

4 Einbeziehung der Öffentlichkeit in die vorgelagerten Verfahren des Verkehrsplanungsrechts

32 § 15 Abs. 2 und 3 verdrängt § 9 Abs. 3 Satz 1, orientiert sich aber an dessen Mindeststandard zur Einbeziehung der Öffentlichkeit in vorgelagerten Verfahren.[60] Die besonderen Vorgaben der Absätze 2 und 3 gelten zudem auch für ein Raumordnungsverfahren mit raumordnerischer UVP, wenn bereits dieses gemäß § 15 Abs. 1 Satz 2 anstelle eines Linienbestimmungsverfahrens oder luftverkehrsrechtlichen Genehmigungsverfahrens die Öffentlichkeit einbezieht. Eine bis Ende 2004 Sonderregelung enthält schließlich § 2 Abs. 2 Satz 1 Verkehrswegeplanungsbeschleunigungsgesetz für Linienbestimmungsverfahren in den neuen Ländern, da hier die Einbeziehung der Öffentlichkeit für einen befristeten Zeitraum ausgeschlossen bleiben soll.[61]

---

56 So zutreffend *Kühling*, Fachplanungsrecht, S. 95f., Rn. 221f., unter Berufung auf eine erstmalig hierzu tendierende Entscheidung des *BVerwG*, vom 18.3.1983 – 4 C 80.79 – E 67, 74ff.; *Rinke*, in Kodal/Krämer, Straßenrecht, Kap. 33 Rn. 16.3, *Dürr*, ebd., Kap. 34, Rn. 26.3.
57 Aus diesem Grund wollte die Bundesregierung im Planungsvereinfachungsgesetz trotz Stärkung des Raumordnungsverfahrens gegenüber dem Linienbestimmungsverfahren auf Letzteres nicht ganz verzichten, siehe hierzu auch oben Rn. 10; zur Wirkung des Ergebnisses des Raumordnungsverfahrens als Abwägungsbelang vgl. § 16 Rn. 52ff.
58 Grundlegend *BVerwG*, DVBl. 1978, 845 (853), für die Klagemöglichkeit von Gemeinden und Gemeindeverbänden. Für den Bürger kann naturgemäß nichts anderes gelten; so dann auch *BVerwG*, DVBl. 1987, 573 (575).
59 Wie hier *Ronellenfitsch*, DVBl. 1984, 501 (504).
60 Vgl. die Gesetzesbegründung in BT-Drs. 11/3919, S. 29.
61 Hierzu nachfolgend Rn. 43.

4.1 Einbeziehung der Öffentlichkeit im Linienbestimmungsverfahren (Abs. 2)

In Anlehnung an die allgemeine Regelung in § 73 Abs. 3 Satz 1 VwVfG (die für das nachfolgende Planfeststellungsverfahren gilt) bestimmt § 15 Abs. 2 Satz 2, 1. Halbsatz, dass zur Einbeziehung der Öffentlichkeit bei der vorgelagerten Linienbestimmung die Unterlagen nach § 6 auf Veranlassung der zuständigen Behörde in den Gemeinden, in denen sich das Vorhaben voraussichtlich auswirkt, einen Monat zur Einsicht auszulegen sind. Der Kreis der Gemeinden, in denen ausgelegt wird, sollte wegen der möglicherweise erheblichen Reichweite der Auswirkungen eines Verkehrsvorhabens nicht zu eng gezogen werden. Dabei sollten im Hinblick auf eine faktische Bindung durch sog. »Zwangspunkte« auch beabsichtigte Anschlussplanungen einbezogen und für die Öffentlichkeit kenntlich gemacht werden.[62] Vorher ist die Auslegung ortsüblich, d. h. entsprechend der Vorgaben des Landes- und Ortsrechts bekannt zu geben (§ 15 Abs. 2 Satz 1, 2. Halbsatz).[63] Die Auslegungsfrist beträgt – ebenso wie im nachfolgenden Planfeststellungsverfahren – einen Monat; hierbei wird der Tag des Beginns der Auslegung einberechnet.[64] Nach § 15 Abs. 2 Satz 2 kann sich jeder bis zwei Wochen nach Ablauf der Auslegungsfrist äußern, sodass sich ein Bürger auch noch nach Ablauf der Auslegung über seine Bedenken klar werden kann. Im Gegensatz zum Planfeststellungsverfahren ist der **Kreis der Einwendungsberechtigten im Linienbestimmungsverfahren** allerdings **nicht begrenzt**. § 15 Abs. 2 regelt nicht, wie mit verspätet erhobenen Einwendungen zu verfahren ist. Im Hinblick auf die in § 15 Abs. 4 vorgesehene Befugnis der Planfeststellungsbehörde, die UVP einschließlich der Einbeziehung der Öffentlichkeit im nachfolgenden Verfahren auf die noch nicht geprüften Umweltauswirkungen zu beschränken, sollten auch verspätete Äußerungen mit Relevanz für die Abwägung in die Linienbestimmungsentscheidung eingehen, wenn dies ohne Verfahrensverzögerung möglich ist. Bei der Änderung von Unterlagen im laufenden Verfahren sollte die Vorschrift des § 9 Abs. 1 Satz 3 entsprechend angewendet werden;[65] danach kann von einer erneuten Einbeziehung der Öffentlichkeit abgesehen werden, soweit keine zusätzlichen oder anderen erheblichen Umweltauswirkungen zu besorgen sind.

Nach Abschluss des Linienbestimmungsverfahrens ist die Öffentlichkeit gemäß § 15 Abs. 2 Satz 3 über die dort getroffene Entscheidung durch eine ortsübliche Bekanntmachung zu unterrichten. Durch den Verweis auf § 9 Abs. 3 Satz 2 in § 15 Abs. 2 Satz 4 wird schließlich klargestellt, dass die Rechtsnatur des bislang nur behördenintern wirkenden Linienbestimmungsverfahrens durch die Einbeziehung der Öffentlichkeit nicht verändert wird und Rechtsansprüche der Bürger damit nicht vorzeitig begründet werden.[66]

---

62 So der sinnvolle Vorschlag von *Kühling*, Fachplanungsrecht, S. 99 f., Rn. 229.
63 Eine Mindestfrist zwischen Bekanntmachung und Auslegungsbeginn ist nicht gesetzlich festgelegt, sollte analog § 73 Abs. 5 Satz 1 VwVfG aber eine Woche betragen.
64 Hierzu § 9 Rn. 20.
65 Vgl. § 9 Rn. 29.
66 § 9 Rn. 37; vgl. auch *Rinke*, in: Kodal/Krämer, Straßenrecht, Kap. 33 Rn. 15.6.

4.2 Einbeziehung der Öffentlichkeit im Verfahren nach § 6 LuftVG (Abs. 3)

35 § 15 Abs. 3 Satz 1 ordnet für die Einbeziehung der Öffentlichkeit bei der UVP im vorgelagerten Verfahren nach § 6 Abs. 1 LuftVG die entsprechende Anwendung von § 15 Abs. 2 Satz 1 und 2 an. Auch hier sind damit die Vorhabenunterlagen nach § 6 auf Veranlassung der zuständigen Behörden in den Gemeinden, in denen sich das Vorhaben voraussichtlich auswirkt, einen Monat nach vorausgegangener ortsüblicher Bekanntgabe auszulegen (so Absatz 2 Satz 1). Ebenso kann sich jeder bis zwei Wochen nach Ablauf der Einwendungsfrist zu dem Vorhaben äußern (so Absatz 2 Satz 2). Da hingegen im luftverkehrsrechtlichen Genehmigungsverfahren die nach § 15 Abs. 2 Satz 3 dem Linienbestimmungsverfahren auferlegte Verpflichtung einer ortsüblichen Bekanntmachung der Entscheidung nicht besteht, kann hier die **Unterrichtung der Öffentlichkeit** aufgrund der diesbezüglich durch § 15 Abs. 3 Satz 2 angeordneten Geltung von § 9 Abs. 3 Satz 1 Nr. 4 in Abweichung vom möglicherweise strengeren Ortsrecht **erleichtert** erfolgen.[67] Der Verweis des § 15 Abs. 3 Satz 2 auf § 9 Abs. 3 stellt auch hier klar, dass durch die Einfügung einer ersten Stufe der UVP unter Einbeziehung der Öffentlichkeit keine neuen Rechtsansprüche gegen die Genehmigungsentscheidung begründet werden (§ 9 Abs. 3 Satz 2).

5 Beschränkung der UVP im nachfolgenden Zulassungsverfahren (Abs. 4)

36 § 15 Abs. 4 regelt die entlastende Wirkung einer ersten Stufe der UVP in den vorgelagerten Verfahren des Verkehrsplanungsrechts für die nachfolgenden Zulassungsverfahren, bei denen es sich ausschließlich um Planfeststellungsverfahren handelt. Hiernach kann im nachfolgenden Zulassungsverfahren »die Prüfung der Umweltverträglichkeit auf zusätzliche oder andere erhebliche Umweltauswirkungen des Vorhabens beschränkt werden«. Vergleichbare Anordnungen zur **Vermeidung von doppeltem Prüfungsaufwand** in gestuften Verfahren treffen § 13 Abs. 2 für den Vorbescheid und die Teilzulassung sowie § 16 Abs. 3 für das Raumordnungsverfahren und § 17 Satz 3 für das Bebauungsplanverfahren, dort allerdings jeweils in der Form einer strengeren »Soll«-Vorschrift.[68]

37 Die Möglichkeit, die UVP im nachfolgenden Zulassungsverfahren zu beschränken, erfasst die einzelnen Verfahrensschritte der UVP und damit das »scoping« nach § 5, die Beteiligung der in- und ausländischen Behörden nach den §§ 7 und 8, die Einbeziehung der in- und ausländischen Öffentlichkeit nach § 9 Abs. 1 und 2 i. V. m. § 73 Abs. 3 bis 7 VwVfG und § 9a, die zusammenfassende Bewertung nach § 11 sowie die Bewertung der Umweltauswirkungen des Vorhabens nach § 12. Auch der Vorhabenträger kann in diesem Fall seine nach § 6 vorzulegenden Unterlagen auf die zusätzlichen, im vorausgegangenen Verfahren noch nicht geprüften Umweltauswirkungen des Vorhabens beschränken.[69] Entscheidet sich die Zulassungsbehörde (Planfeststellungsbehörde) in Absprache mit dem Vorhabenträger für diese Beschränkung des Prüfungsgegenstandes im Zulassungsverfahren, greift sie auf die Unterlagen der ersten Stufe der UVP aus dem vorgelagerten Verfahren zurück und fasst die Vorarbeiten mit der von ihr durchgeführten

---

67 § 9 Rn. 36.
68 Vgl. § 13 Rn. 47 und § 16 Rn. 85.
69 Vgl. die entsprechenden Ausführungen zu § 16 Abs. 3 unter § 16 Rn. 85.

zweiten Stufe der UVP »zu einer **Gesamtbewertung aller Umweltauswirkungen«** gemäß § 2 Abs. 1 Satz 4 zusammen.[70] Im Anschluss an diese Zusammenführung beider Stufen ist die Gesamtbewertung der Umweltauswirkungen des Vorhabens gemäß § 12 bei der abschließenden Entscheidung über die Zulässigkeit des Vorhabens nach Maßgabe des jeweils einschlägigen, fachgesetzlich geregelten Planfeststellungsverfahrens i. V. mit den §§ 72 VwVfG im Rahmen der dort gebotenen Abwägung aller Belange zu berücksichtigen.[71]

Eine nochmalige Ermittlung, Beschreibung und Bewertung auch der bereits im vorgelagerten Verfahren geprüften überörtlichen Umweltauswirkungen kommt hingegen dann in Betracht, wenn die dort durchgeführte UVP unvollständig ist oder die Zulassungsbehörde dies aufgrund neuer Erkenntnisse, die erst nach Abschluss der ersten Stufe der UVP gewonnen wurden, für geboten hält. Zu diesem Zweck nimmt die Zulassungsbehörde mit der für das vorgelagerte Verfahren zuständigen Behörde Kontakt auf und bezieht sie in das Verfahren ein. Da bei dieser Vorgehensweise infolge der teilweisen Wiederholung der UVP Zeitverzögerungen drohen, sollte sie **nur im Ausnahmefall** praktiziert werden.

6 Sonderregelungen des Verkehrswegeplanungsbeschleunigungsgesetzes für die vorgelagerten Verfahren des Verkehrsplanungsrechts in den neuen Ländern

Das Verkehrswegeplanungsbeschleunigungsgesetz trifft in § 2 bis Ende 2004 befristete Sonderregelungen für Linienbestimmungsverfahren insgesamt in den neuen Ländern sowie auch für Fernverkehrswege zu den nächsten Knotenpunkten in den alten Ländern.[72] Daneben enthält § 10 einen zeitlich befristeten, ebenfalls nur für die neuen Länder geltenden Verzicht auf das luftverkehrsrechtliche Genehmigungsverfahren. Für einen nochmaligen Übergangszeitraum bis zur Schaffung einer ausreichenden Infrastruktur sollen so in den neuen Ländern die vorgelagerten Verfahren des Verkehrsplanungsrechts verkürzt werden.[73]

6.1 Linienbestimmungsverfahren (§ 2 Verkehrswegeplanungsbeschleunigungsgesetz)

§ 2 Verkehrswegeplanungsbeschleunigungsgesetz hatte in der ursprünglichen Fassung Ende 1991 zunächst ein Linienbestimmungsverfahren für Bundeseisenbahnen neu eingeführt, das 1995 aber bereits wieder abgeschafft wurde. Daneben beschränkt die Vorschrift den Ablauf und die Durchführung von Linienbestimmungsverfahren und auch von Raumordnungsverfahren.

---

70 Hierzu § 2 Rn. 64ff.; Nummer 0.2 UVPVwV.
71 Ausführlich zur Bewertung und Berücksichtigung § 12 Rn. 17ff. und 64ff.
72 Gesetz zur Beschleunigung der Planungen für Verkehrswege in den neuen Ländern sowie im Land Berlin vom 16.12.1991 (BGBl. I S. 2174), zuletzt geändert durch Gesetz vom 22.12.1999 (BGBl. I S. 2659); hierzu *Wickel*, NVwZ 2001, 16ff.
73 Kritisch im Hinblick auf die bereits zweimalige Verlängerung des ursprünglich auf fünf Jahre befristen Sondergesetzes *Wickel*, ebd., S. 16 (»Symbolische Gesetzgebung«).

6.1.1 Zeitweise Einführung eines Linienbestimmungsverfahrens für Bundeseisenbahnen

41 Abweichend von dem in den alten Ländern geltenden Recht hatte § 2 Abs. 1 Satz 1 Verkehrswegeplanungsbeschleunigungsgesetz Ende 1991 versuchsweise **ein Linienbestimmungsrecht** des BMV auch im Rahmen der Eisenbahnplanung in den neuen Ländern eingeführt. Hierdurch wollte das Ministerium schon im vorgelagerten Planungsverfahren Einfluss auf den Trassenverlauf nehmen können; dieses Verfahren sollte bei Bewährung auch auf die alten Länder ausgedehnt werden. Da Linienbestimmungsverfahren von § 2 Abs. 3 Nr. 2 erfasst werden, war hier in entsprechender Anwendung von § 15 Abs. 1 Satz 1 eine erste Stufe der UVP zu integrieren. Nachdem aber durch die Bahnreform grundlegende Neuerungen im Planungsververfahren für Bundeseisenbahnen geregelt wurden, ist das befristete Linienbestimmungsrecht des BMV in den neuen Ländern nicht verlängert worden.[74] Auch in den neuen Ländern erfolgt die Festlegung des Korridors für eine neue Trasse daher nunmehr ausschließlich durch ein nach § 15 ROG i.V. mit Landesrecht durchzuführendes Raumordnungsverfahren.

6.1.2 Parallele Durchführung von Linienbestimmungs- und Raumordnungsverfahren

42 Weder die Verkehrsplanungsgesetze des Bundes noch das bundesrahmenrechtliche Raumordnungsgesetz regeln im Detail, wie Linienbestimmungs- und Raumordnungsverfahren im Rahmen der Verkehrswegeplanung miteinander zu verknüpfen sind. Ein gesetzgeberisches Indiz für die Reihenfolge der beiden Verfahren enthält § 16 Abs. 2 Satz 1 FStrG, wonach bei der Linienbestimmung das Ergebnis des Raumordnungsverfahrens zu berücksichtigen ist. In den alten Ländern wird daher zunächst ein Raumordnungsverfahren durchgeführt und erst danach das Linienbestimmungsverfahren eingeleitet, welches das Ergebnis des Raumordnungsverfahrens überprüft und ggf. ergänzt und welches dann mit verwaltungsinterner Bindungswirkung die Trasse festlegt. Um den Ablauf der vorgelagerten Planungen in den neuen Ländern zu beschleunigen, strebt demgegenüber § 2 Abs. 1 Satz 2 und 3 Verkehrswegeplanungsbeschleunigungsgesetz **eine parallele Durchführung beider Verfahren** an; dabei kam dem Linienbestimmungsverfahren nach dem ursprünglichen Willen des Gesetzgebers sogar Vorrang als nicht disponibles Verfahren zu, während nach § 6a Abs. 12 ROG a.F. auf Raumordnungsverfahren in den neuen Ländern bis 1998 zunächst noch verzichtet werden konnte bzw. nach § 2 Abs. 2 Satz 2 Verkehrswegeplanungsbeschleunigungsgesetz a.F. bis 1995 sogar verzichtet werden sollte. Die frühere Verzichtsmöglichkeit auf ein Raumordnungsverfahren in den neuen Ländern ist von § 15 ROG, der § 6a ROG (a.F.) ersetzt, allerdings nicht wieder aufgegriffen worden, sodass nach heutigem Rahmenrecht und bei entsprechender Umsetzung durch die Länder auch von der Verpflichtung zur parallelen Durchführung eines Raumordnungsverfahrens auszugehen ist. Erreicht wird diese Verknüpfung durch die Anordnung, dass die Bestimmung der Linie durch das BMV im Benehmen mit den für die Landesplanung zuständigen Behörden erfolgt (§ 2 Abs. 1 Satz 2 Verkehrswegeplanungsbeschleunigungsgesetz). Zur Herstellung dieses Benehmens kann die Landesplanungsbehörde – parallel zum Linienbestimmungsverfahren – in eigener Verantwortung ein Raumordnungsverfahren durchführen. Damit das Beneh-

---

74 Das erste Gesetz zur Änderung des Verkehrswegeplanungsbeschleunigungsgesetzes vom 15.12.1995 (BGBl. I S. 1840) hat daher in § 2 Abs. 1 Satz 1 die Linienbestimmung für Eisenbahnen des Bundes wieder ausdrücklich aufgehoben; hierzu *Wickel*, ebd., 16 (17f.).

men vor Beendigung des Linienbestimmungsverfahrens erteilt wird, gilt eine Ausschlussfrist von vier Monaten nach Zugang des Linienentwurfs bei einer einmaligen Verlängerungsmöglichkeit von bis zu zwei Monaten (§ 2 Abs. 1 Satz 3 Verkehrswegeplanungsbeschleunigungsgesetz).[75] Diese Fristenregelung wurde generell für das Raumordnungsverfahren aufgegriffen; nach der rahmensetzenden Vorschrift des § 15 Abs. 7 Satz 2 ROG ist sowohl in den neuen als auch in den alten Ländern ein Raumordnungsverfahren innerhalb einer Frist von höchstens sechs Monaten abzuschließen.[76] Im Rahmen entweder des Linienbestimmungs- oder des parallel durchgeführten Raumordnungsverfahrens ist dabei gemäß § 15 Abs. 1 eine erste Stufe der UVP durchzuführen.

6.1.3 Verzicht auf die Einbeziehung der Öffentlichkeit

Eine Verkürzung des Ablaufs des Linienbestimmungsverfahrens wird durch den Verzicht auf die nach § 15 Abs. 2 an sich gebotene und für eine UVP essentielle Einbeziehung der Öffentlichkeit angestrebt. So erklärt § 2 Abs. 2 Verkehrswegeplanungsbeschleunigungsgesetz die §§ 15 und 16 mit der Maßgabe für anwendbar, »dass die Einbeziehung der Öffentlichkeit im nachfolgenden Planfeststellungsverfahren stattfindet«. Aufgrund dieser verunglückten Formulierung[77] soll die nach § 15 Abs. 2 vorgeschriebene Einbeziehung der Öffentlichkeit im Linienbestimmungsverfahren (und auch im Raumordnungsverfahren) auf das nachfolgende Zulassungsverfahren verlagert und insoweit **eine der wesentlichen Anordnungen des § 15 ausgeschlossen werden.**[78] Erhalten bleibt hingegen auch in den neuen Ländern die nach § 15 Abs. 1 Satz 1 bestehende Verpflichtung, im Linienbestimmungsverfahren eine erste Stufe der UVP gemäß den übrigen Anforderungen des UVPG durchzuführen. Auch diese Verpflichtung entfällt allerdings gemäß § 15 Abs. 1 Satz 2, soweit eine raumordnerische UVP im parallel durchgeführten Raumordnungsverfahren stattfindet.[79] Zwar sieht § 2 Abs. 2 Verkehrswegeplanungsbeschleunigungsgesetz auch hier den Ausschluss der Einbeziehung der Öffentlichkeit vor; im Rahmen eines Raumordnungsverfahrens kann aber durchaus (freiwillig) nach Landesrecht eine Einbeziehung der Öffentlichkeit erfolgen, sodass die nach § 16 Abs. 3

---

75   Die durch das Planungsvereinfachungsgesetz für das straßenverkehrsrechtliche Linienbestimmungsverfahren eingeführte Dreimonatsfrist gilt hier nicht, da ansonsten die auf zumindest vier Monate garantierte Benehmensfrist zugunsten der Landesplanungsbehörde nicht einzuhalten wäre. A. A. aber offenbar *Ronellenfitsch*, in: Marschall/Schroeter/Kastner, FStrG, § 16 Rn. 36, der die Frist zwar einerseits für unverbindlich hält, aber andererseits doch auf den Verzicht auf Raumordnungsverfahren plädiert, (ebd. Rn. 48).

76   *Wickel*, NVwZ 2001, 16 (17f.), geht angesichts der zwischenzeitlichen Rechtsänderungen und der Verpflichtung zur Durchführung von Raumordnungsverfahren innerhalb von sechs Monate davon aus, dass die Sonderregelung des § 2 Abs. 1 Satz 2 und 3 Verkehrswegeplanungsbeschleunigungsgesetz funktionslos geworden ist.

77   Die Formulierung geht zurück auf den Vorsitzenden der sog. Waffenschmidt-Kommission zur Beschleunigung von Verwaltungsverfahren, Horst Waffenschmidt, der in Vorgesprächen zur Erarbeitung des Verkehrswegeplanungsbeschleunigungsgesetzes 1991 eine »positive« Beschreibung des gesetzgeberisch Gewollten zur besseren Akzeptanz der Regelung vorgeschlagen hatte.

78   Zur Zulässigkeit dieses Ausschlusses vgl. § 9 Rn. 45.

79   Zu § 2 Abs. 2 Satz 2 Verkehrswegeplanungsbeschleunigungsgesetz vgl. § 16 Rn. 95.

angeordnete Entlastungsfunktion der ersten Stufe der UVP für die UVP im nachfolgenden Verfahren eintreten kann.[80]

6.2 Verzicht auf das luftverkehrsrechtliche Genehmigungsverfahren (§ 10 Verkehrswegeplanungsbeschleunigungsgesetz)

44 Nach § 10 Abs. 1 Verkehrswegeplanungsbeschleunigungsgesetz bedürfen die Anlegung und der Betrieb neuer Verkehrsflughäfen in den neuen Ländern keiner Genehmigung nach § 6 Abs. 1 LuftVG. Mit Wegfall dieses vorgelagerten Verfahrens entfällt zwangsläufig die hierfür nach § 15 vorgesehene erste Stufe der UVP. In einem nach wie vor nach § 15 ROG i. V. mit der Raumordnungsverordnung vorgeschriebenen Raumordnungsverfahren verbleibt hingegen die Möglichkeit, nach Landesrecht und unter ergänzender Anwendung von § 16 auch eine raumordnerische UVP mit Einbeziehung der Öffentlichkeit durchzuführen.

---

[80] Hierzu § 16 Rn. 92. Auf den Beschleunigungseffekt durch die abschichtende Wirkung der §§ 15 Abs. 4 und 16 Abs. 3 weist *Wickel*, NVwZ 2001, 16 (18), hin.

§ 16 Raumordnungsverfahren und Zulassungsverfahren

(1) Im Raumordnungsverfahren oder in einem anderen raumordnerischen Verfahren können die raumbedeutsamen Umweltauswirkungen eines Vorhabens entsprechend dem Planungsstand des Vorhabens ermittelt, beschrieben und bewertet werden.

(2) Im nachfolgenden Zulassungsverfahren hat die zuständige Behörde die im Verfahren nach Absatz 1 ermittelten, beschriebenen und bewerteten Umweltauswirkungen des Vorhabens nach Maßgabe des § 12 bei der Entscheidung über die Zulässigkeit des Vorhabens zu berücksichtigen.

(3) Im nachfolgenden Zulassungsverfahren soll hinsichtlich der im Verfahren nach Absatz 1 ermittelten und beschriebenen Umweltauswirkungen von den Anforderungen der §§ 5 bis 8 und 11 insoweit abgesehen werden, als diese Verfahrensschritte bereits im Verfahren nach Absatz 1 erfolgt sind. Die Anhörung der Öffentlichkeit nach § 9 Abs. 1 und § 9a sowie die Bewertung der Umweltauswirkungen nach § 12 sollen auf zusätzliche oder andere erhebliche Umweltauswirkungen beschränkt werden, sofern die Öffentlichkeit im Verfahren nach Absatz 1 entsprechend den Bestimmungen des § 9 Abs. 3 einbezogen wurde.

Übersicht

		Rn.			Rn.
1	Allgemeines	1	3.1	Aufgabe des Raumordnungsverfahrens und Zuständigkeit	24
1.1	Regelungsgegenstand	2			
1.2	Zweck und Bedeutung der Vorschrift	3	3.2	Anwendungsbereich des Raumordnungsverfahrens	25
1.3	Gesetzesgeschichte	4			
1.3.1	Vorgaben der UVP-Richtlinie	5	3.2.1	Geltung der Raumordnungsverordnung	25
1.3.2	Innerstaatliche Entstehung	6			
1.3.2.1	Novelle ROG 1989 und In-Kraft-Treten UVPG 1990	7	3.2.2	Absehensmöglichkeiten	27
			3.3	Prüfungsgegenstand des Raumordnungsverfahrens	32
1.3.2.2	Novelle ROG 1993	9			
1.3.2.3	Neufassung ROG 1998	10	3.3.1	Umfang der Prüfung	33
1.3.2.4	Novelle UVPG 2001	11	3.3.2	Alternativenprüfung im Raumordnungsverfahren	34
1.4	Anwendungsbereich der Vorschrift	12			
1.4.1	Verhältnis zu § 15 ROG	13	3.3.2.1	Eignung des Raumordnungsverfahrens zur Alternativenprüfung	35
1.4.2	Vorrang von § 23a der 9. BImSchV und § 19a AtVfV	14			
			3.3.2.2	Einbringung von Alternativen durch den Vorhabenträger	36
1.5	Geltung von Verwaltungsvorschriften	15			
2	Zusammenführung von Raumordnungsverfahren und UVP	16	3.3.2.3	Einbeziehung von Alternativen durch die Landesplanungsbehörde	37
2.1	Raumordnerische UVP im Rahmen des Raumordnungsverfahrens	18	3.4	Verfahrensablauf des Raumordnungsverfahrens	39
2.2	Übernahme der Verfahrensschritte der raumordnerischen UVP in das Zulassungsverfahren	19	3.4.1	Vorbereitung und Einleitung des Raumordnungsverfahrens	40
2.3	Verzicht auf die raumordnerische UVP im Raumordnungsverfahren	20	3.4.2	Durchführung des Raumordnungsverfahren	43
2.3.1	Berücksichtigung der Umweltbelange im Rahmen der raumordnerischen Gesamtabwägung	21	3.4.2.1	Ermittlung der raumbedeutsamen Auswirkungen	44
2.3.2	Einfache raumordnerische UVP	22	3.4.2.2	Beschreibung der raumbedeutsamen Auswirkungen	47
3	Raumordnungsverfahren nach § 15 ROG	23	3.4.2.3	Bewertung der raumbedeutsamen Auswirkungen	48

Jörg Wagner

3.4.3	Raumordnerische Gesamtabwägung zum Abschluss des Raumordnungsverfahrens	50	4.3.2	Ermittlung und Beschreibung der raumbedeutsamen Umweltauswirkungen	72
3.4.4	Befristung des Raumordnungsverfahrens	51	4.3.3	Bewertung der raumbedeutsamen Umweltauswirkungen	74
3.5	Wirkungen des Ergebnisses des Raumordnungsverfahrens	52	4.3.3.1	Bewertungsmaßstäbe	75
			4.3.3.2	Verfahrensschritte bei der Bewertung	78
3.5.1	Berücksichtigungsgebot für das nachfolgende Zulassungsverfahren	53	4.3.4	Integration der raumordnerischen UVP in die raumordnerische Gesamtabwägung	80
3.5.2	Abschichtungswirkung	57			
3.6	Rechtsschutz gegen das Ergebnis des Raumordnungsverfahrens	59	4.4	Prüfung der raumbedeutsamen Umweltauswirkungen in einem anderen raumordnerischen Verfahren	81
4	Durchführung der raumordnerischen UVP im Raumordnungsverfahren (Abs. 1)	61	5	Gesonderte Berücksichtigung der raumordnerischen UVP im Zulassungsverfahren (Abs. 2)	82
4.1	Fakultative raumordnerische UVP nach § 16 Abs. 1	62			
4.2	Maßgaben von § 15 ROG für die raumordnerische UVP	63	6	Beschränkung der UVP im nachfolgenden Zulassungsverfahren (Abs. 3)	84
4.2.1	Zuständigkeit	64			
4.2.2	Anwendungsbereich und Vorprüfung im Einzelfall (»screening«) gemäß § 3 c	65	6.1	Entlastung der Verfahrensschritte der §§ 5 bis 8 und 11 (Abs. 3 Satz 1)	85
			6.2	Entlastung der Anhörung nach § 9 Abs. 1 und der Bewertung nach § 12 (Abs. 3 Satz 2)	88
4.2.3	Prüfung der raumbedeutsamen Umweltauswirkungen	67	6.3	Kritik am Abschichtungsmodell	90
4.3	Integration der Verfahrensschritte der raumordnerischen UVP in das Raumordnungsverfahren	68	7	Umsetzungserfordernis durch landesgesetzliche Regelungen	93
4.3.1	Vorbereitung der raumordnerischen UVP	69	8	Besonderheiten bei der Verkehrswege- und Flughafenplanung	94
4.3.1.1	»scoping«	70	Anlage	Verordnung zu § 6a Abs. 2 ROG a. F. (RoV)	
4.3.1.2	Anforderungen an die Unterlagen des Vorhabenträgers	71			

1 Allgemeines

1 § 16 **verknüpft** das UVPG mit der bundesrahmenrechtlichen Regelung des § 15 ROG, die für in der Raumordnungsverordnung[1] bestimmte raumbedeutsame Vorhaben die Durchführung eines Raumordnungsverfahrens vorschreibt und in diesem Zusammenhang auch die Durchführung einer UVP ermöglicht. Infolge dieser Verknüpfung kann § 16 im Weiteren nicht losgelöst von § 15 ROG betrachtet werden.

1.1 Regelungsgegenstand

2 § 16 Abs. 1 räumt die **Möglichkeit** ein, einen (raumordnerischen) Teil der UVP in das Raumordnungsverfahren vorzuverlagern. Zu diesem Zweck regeln § 16 Abs. 2 die Wirkung der raumordnerischen UVP im nachfolgenden Zulassungsverfahren sowie § 16 Abs. 3 die an die raumordnerische UVP zu stellenden formalen und inhaltlichen Anforderungen, damit diese in das Zulassungsverfahren übernommen werden kann.

1 Abgedruckt in der Anlage im Anschluss an diese Kommentierung.

1.2 Zweck und Bedeutung der Vorschrift

Die Möglichkeit einer Vorverlagerung eines Teils der UVP in das Raumordnungsverfahren soll dazu beitragen, einen umweltunverträglichen Vorhabenstandort frühzeitig zu erkennen und aus dem weiteren Planungsprozess auszuscheiden.² Hierdurch sollen das abschließende Zulassungsverfahren um einen wesentlichen Prüfungsinhalt **entlastet** und der Planungsprozess auf der Zulassungsebene **beschleunigt** werden.

1.3 Gesetzesgeschichte

Mit der Verknüpfung von UVP und Raumordnungsverfahren ist der Gesetzgeber den Vorgaben der UVP-RL sowie Forderungen in Politik und Wissenschaft nachgekommen. Nach einer wechselhaften Geschichte hat sich das zunächst von einzelnen Ländern entwickelte Raumordnungsverfahren damit – auch als Trägerverfahren für eine raumordnerische UVP – dauerhaft im deutschen Planungsrecht etabliert.

1.3.1 Vorgaben der UVP-Richtlinie

Im Vorwort der UVP-RL fordert der Rat der Europäischen Gemeinschaften, dass bei allen technischen Planungs- und Entscheidungsprozessen die Auswirkungen auf die Umwelt so früh wie möglich zu berücksichtigen sind.³ Aus diesem »**Gebot der Frühzeitigkeit**« kann gefolgert werden, dass nach Auffassung der Europäischen Gemeinschaften vorgezogene Verfahrensstufen eines projektbezogenen, dabei aber gestuften Zulassungsverfahrens gleichfalls UVP-gerecht ausgestaltet werden sollen. Eine Verpflichtung hierzu kann allein aus dem Vorwort aber nicht abgeleitet werden. Soweit dem Zulassungsverfahren daher nach deutschem Recht ein Raumordnungsverfahren vorgeschaltet ist, kann dieses also eine UVP einschließen (muss es aber nicht).⁴ Das Gebot der Frühzeitigkeit besagt in diesem Zusammenhang auch nicht, dass bislang einstufige nationale Zulassungsverfahren künftig zwei- oder mehrstufig auszugestalten sind. Aus dem Gebot der Frühzeitigkeit kann damit gleichfalls nicht die Verpflichtung des deutschen Gesetzgebers abgeleitet werden, über die geltende Rechtslage hinaus weitere Vorhabentypen einem Raumordnungsverfahren mit UVP zu unterziehen.⁵

1.3.2 Innerstaatliche Entstehung

Während § 16 seit dem **Inkrafttreten** im Jahr 1990 in seinem Regelungsgehalt nahezu unverändert blieb und im Rahmen der UVPG-Novelle 2001 nur hinsichtlich einzelner Verweisungen angepasst werden musste, wurde die komplementäre rahmenrechtliche Vorschrift in §§ 6a ROG zunächst im Jahr 1989 in das Raumordnungsgesetz eingefügt,

---

2 *Steinberg*, NuR 1992, 164 (168); *Schoeneberg*, UVP und Raumordnungsverfahren, S. 177 (182f.).
3 Vgl. das Vorwort der UVP-RL 85/337/EWG, ABl. Nr. L 175/40f., abgedruckt in Vorschriften I im Anschluss an die Kommentierung.
4 *Viebrock*, IUR 1991, 113 (116), und *Bartlsperger*, DVBl. 1987, 1 (11), entnehmen aus dem »Gebot der Frühzeitigkeit« entgegen der hier vertretenen Auffassung sogar die Pflicht, eine UVP in das Raumordnungsverfahren zu integrieren; vgl. aber die Neufassung von § 6a, jetzt § 15 ROG, welche die UVP nicht mehr zwingend vorschreibt, unten Rn. 9; ausführlich zum Gebot der Frühzeitigkeit und seinen Auswirkungen auf das deutsche Recht § 15 Rn. 5.
5 Ebenso wie hier *Viebrock*, IUR 1991, 113 (116).

im Jahr 1991 um eine Sonderregelung für die neuen Länder ergänzt und im Jahr 1993 gänzlich überarbeitet, um die Verfahrensabläufe vor allem unter den Gesichtspunkten der Vereinfachung und Beschleunigung zu straffen. Eine nochmalige, überwiegend redaktionelle Überarbeitung unter gleichzeitigem Verzicht auf die Sonderregeln für die neuen Länder erfolgte schließlich in den Jahren 1996/1997; der neue § 15 ROG ist zum 1.1.1998 in Kraft getreten.

1.3.2.1 Novelle ROG 1989 und In-Kraft-Treten UVPG 1990

7   Bereits vor Erlass der UVP-RL wurde auf nationaler Ebene die Verknüpfung von Raumordnungsverfahren und UVP gefordert.[6] Am 9.2.1984 beauftragte der Bundestag die Bundesregierung, gemeinsam mit den Ländern zu prüfen, ob das Raumordnungsverfahren als Instrument für die frühzeitige Prüfung der Umweltverträglichkeit raumbedeutsamer Planungen und Maßnahmen besser genutzt werden kann.[7] Gleiches forderten die Ministerkonferenz für Raumordnung am 21.3.1985 und die Umweltministerkonferenz am 24.4.1985.[8] Anlass gaben die zahlreichen Berührungspunkte beider Verfahren, die im Interesse der Verfahrensvereinfachung eine gemeinsame Regelung nahelegten. Im Wege eines sog. »package deal«[9] verankerte der Bundesgesetzgeber aufgrund seiner Rahmenkompetenz nach Artikel 75 Abs. 1 Nr. 4 GG das bis zu diesem Zeitpunkt nur auf Landesebene geregelte Raumordnungsverfahren einschließlich einer **obligatorischen ersten Stufe der UVP** in § 6a ROG (Novelle des ROG 1989). Die § 6a ROG ergänzende, hier vorrangig interessierende Regelung des § 16 trat kurze Zeit später im Jahr 1990 in Kraft.

8   Die ursprünglich von der Bundesregierung vorgeschlagene Fassung des § 16 wurde im laufenden Gesetzgebungsverfahren mehrfach geändert.[10] Auf Vorschlag Nordrhein-Westfalens wurde in § 16 Abs. 1 zunächst die Ergänzung »oder in einem anderen raumordnerischen Verfahren« eingefügt, um den Ländern anstelle im Raumordnungsverfahren alternativ auch im Rahmen der Aufstellung eines Regionalplans eine raumordnerische UVP zu ermöglichen. Erweiterungen ergaben sich auch hinsichtlich der nunmehr eigenständigen Wirkung des Ergebnisses der raumordnerischen UVP im Zulassungsverfahren gemäß § 16 Abs. 2 sowie hinsichtlich der Änderung des § 16 Abs. 3 von einer »Kann«- in eine »Soll«-Vorschrift.

1.3.2.2 Novelle ROG 1993

9   Das Investitionserleichterungs- und Wohnbaulandgesetz[11] regelte das Raumordnungsverfahren nach § 6a ROG weitgehend neu, nachdem im Jahr 1991 der Gesetzgeber die bis dahin rahmenrechtlich ausgestaltete Regelung in den neuen Ländern zunächst noch für unmittelbar anwendbar erklärt hatte (§ 6a Abs. 9 ROG a.F.).[12] Ausgangspunkt für die

---

6   Vgl. zum Ganzen *Hoppe*, in: Hoppe/Menke, RuL Rn. 849 ff.; *Bartlsperger*, DVBl. 1987, 1 (9 f.); *Bielenberg/Erbguth/ Söfker*, ROLaPlaR, J 620.
7   Vgl. BT-Drs. 10/870, S. 3 f.
8   Nachweise bei *Hoppe*, in: Hoppe/Menke, RuL, Rn. 851 f.
9   So *Püchel*, ZAU 1988, 121 (128).
10 Vgl. BT-Drs. 11/3919 vom 26.1.1989, S. 7, 29 f., 43 f., 52 f.
11 Investitionserleichterungs- und Wohnbaulandgesetz vom 22.4.1993 (BGBl. I S. 466).
12 Zur Übergangsvorschrift des § 6a Abs. 9 ROG in der Fassung BGBl. 1991 I S. 1726, die wegen ihres unmittelbar verbindlichen Charakters nicht unumstritten geblieben ist, ausführlich *Baumheier/Wagner*, Verw. Archiv 1992, 97 (114); *Erbguth*, LKV 1993, 145 (146); Absatz 9 ist mit der Novelle von 1993 wieder weggefallen.

Änderung von § 6a ROG war, dass sich bei der Erarbeitung eines gemeinsamen Leitfadens zur Durchführung von Raumordnungsverfahren mit Umweltverträglichkeitsprüfung nach § 6a ROG a.F.[13] unterschiedliche Ansätze bei der Umsetzung in Landesrecht gezeigt hatten. Während einige der Länder die raumordnerische UVP unter Einbeziehung der Maßgaben von § 2 Abs. 1 Satz 2 durchführen wollten, sah es der überwiegende Teil der Länder damals noch als ausreichend an, die Prüfung der Umweltauswirkungen ohne die vom UVPG geforderte medienübergreifende Bewertung durchzuführen. Parallel zu diesen Diskussionen um die richtige Form der raumordnerischen UVP bereitete jedoch das damalige Bundesverkehrsministerium ein Beschleunigungsgesetz für Verkehrswegeplanungen in den neuen Ländern vor; der vom Bundestag aufgegriffene Regierungsentwurf (unter Federführung des BMV) sah dabei eine äußerst knapp bemessene Befristung des Raumordnungsverfahrens auf drei Monate vor. Im Rahmen der Beratungen im Bundesrat und Vermittlungsausschuss wurde von den Ländern Einvernehmen mit Bundesregierung und Bundestag darüber erzielt, dass das Raumordnungsverfahren als selbstständiges Verfahren auch bei der Verkehrswegeplanung in den neuen Ländern durchgeführt werden durfte, dabei das Verfahren aber in vier, in schwierigen Fällen in maximal sechs Monaten abzuschließen war.[14] Diese Sonderregelung der Befristung des Raumordnungsverfahrens in den neuen Ländern wurde von der Bundesregierung einige Monate später im Entwurf des Planungsvereinfachungsgesetzes aufgegriffen, die Befristung des Raumordnungsverfahrens aber generell auf sechs Monate ausgedehnt.[15] Im Interesse einer bundeseinheitlichen Rahmenregelung des Raumordnungsverfahrens erschien dem damaligen Bundesbauministerium nach Beratungen mit der Ministerkonferenz für Raumordnung daher eine die geschilderten Entwicklungen aufgreifende Neufassung von § 6a ROG geboten. Durch das vom damaligen BMBau betreute Investitionserleichterungs- und Wohnbaulandgesetz wurde daher schließlich eine überarbeitete Fassung von § 6a ROG geschaffen, die auf eine **obligatorische Durchführung einer raumordnerischen UVP**, wie sie bis dahin nach § 6a ROG vorgeschrieben war, **verzichtete** und zugleich den Ländern die Einbeziehung der Öffentlichkeit freistellte. Zudem wurde das Raumordnungsverfahren entsprechend der Sonderregelungen der Fachgesetze auf sechs Monate befristet. Im Verlauf des parlamentarischen Gesetzgebungsverfahren wurde § 6a ROG auf Initiative einer besonderen Arbeitsgruppe zur Förderung von Investitionen in den neuen Ländern zudem um eine zusätzliche Absehensmöglichkeit für die neuen Länder ergänzt, die bis zum Frühjahr 1998 befristet war.[16]

---

13 »Leitfaden der Länder und des Bundes zur Durchführung des Raumordnungsverfahrens mit Umweltverträglichkeitsprüfung nach § 6a ROG« vom Januar 1992, erarbeitet von einer Arbeitsgruppe des Ausschusses »Recht und Verfahren« der Ministerkonferenz für Raumordnung. Ein Auszug dieses Leitfadens war abgedruckt in der ersten Auflage dieses Kommentars, dort in der Anlage IV der Kommentierung zu § 16.
14 Vgl. § 2 Abs. 1 Satz 3 des Verkehrswegeplanungsbeschleunigungsgesetzes vom 16.12.1991, BGBl. I S. 2174; siehe auch unten Rn. 95.
15 Regierungsentwurf des Planungsvereinfachungsgesetzes, BT-Drs. 12/4328 vom 11.2.1993, Artikel 7 Nr. 1 auf S. 15.
16 Der Vorschlag zum damaligen Absatz 12 war enthalten im Bericht der beim Bundesministerium für Wirtschaft eingerichteten Arbeitsgruppe I »Investitionshemmnisse Rechtsbestimmungen/Verwaltungsverfahren, Vereinfachung von Planungs- und Genehmigungsverfahren« vom 2.10.1992.

§ 16 *Raumordnungsverfahren und Zulassungsverfahren*

1.3.2.3 Neufassung ROG 1998

10 In einem umfangreichen Gesetzgebungsvorhaben erneut unter Federführung des früheren Bundesbauministeriums wurden das Baugesetzbuch und das Raumordnungsgesetz in den Jahren 1996 und 1997 umfassend überarbeitet. Das Gesetz zur Änderung des Baugesetzbuchs und zur Neuregelung des Rechts der Raumordnung[17] führte auch zur Neufassung des § 6a ROG, der zugleich in § 15 ROG umbenannt wurde. Da das Raumordnungsverfahren des § 6a ROG in den vorausgegangenen Jahren aber bereits wiederholt novelliert worden war, war es daher das Bestreben, das Raumordnungsverfahren substantiell unverändert zu lassen.[18] Bedeutsam ist, dass die 1993 eingeführte Möglichkeit zum Verzicht auf die Durchführung von Raumordnungsverfahren in den neuen Ländern wieder aufgehoben wurde und das Raumordnungsverfahren als ein von den Ländern entwickeltes Planungsinstrument damit dauerhaft bundeseinheitlich – auch als mögliches Trägerverfahren für eine raumordnerische UVP – im Planungsrecht etabliert wurde. Weitere wesentliche Änderungen gab es durch die ausdrückliche Einführung des Begriffes der »Raumverträglichkeitsprüfung« im Gesetzestext sowie – durch Erweiterung der Raumordnungsverordnung – durch die Einbeziehung der Errichtung von großflächigen Einzelhandelsbetrieben in den Anwendungsbereich des Raumordnungsverfahrens. Zudem wurden die einzelnen Formulierungen an die Vorgabe von Art. 75 Abs. 2 GG i. V. mit Art. 125a Abs. 2 GG angepasst, der zuvor die Gestaltungsmöglichkeiten für das Rahmenrecht des Bundes eingeengt hatte.[19]

1.3.2.4 Novelle UVPG 2001

11 Auch die Novelle des UVPG im Jahr 2001 hat nur zu unwesentlichen redaktionellen Änderungen des § 16 geführt, die sich nicht auf das Verhältnis von UVP und Raumordnungsverfahren auswirken.[20] Geändert wurden in Anpassung an den neuen Sprachgebrauch im UVPG die Bezugnahmen auf die (jetzt) »Umweltauswirkungen eines Vorhabens« in den Absätzen 1 und 2; in Absatz 3 wurde ein zusätzlicher Verweis auf die neue Vorschrift des § 9a (Grenzüberschreitende Öffentlichkeitsbeteiligung) aufgenommen.

1.4 Anwendungsbereich der Vorschrift

12 Anders als die ursprüngliche Fassung des § 6a ROG aus dem Jahr 1989 enthält die aktuelle Vorschrift des § 15 ROG (seit 1998, vorher § 6a ROG in der Fassung von 1993) zum Raumordnungsverfahren keine Hinweise oder Vorgaben zur Durchführung einer raumordnerischen UVP mehr. Bundesgesetzliche Vorschriften zur UVP im Raumordnungsverfahren finden sich daher nur in § 16 sowie in zwei inhaltlich weitgehend identischen Sonderregeln in den §§ 23a der 9. BImSchV und 19a AtVfV.

---

17 Vom 18.8.1997, BGBl. I S. 2081.
18 So *Runkel*, DVBl. 1996, 698 (704).
19 *Runkel*, ebd., 698 (699).
20 BT-Drs. 14/4599 vom 14.11.2000, S. 102 (zu Nr. 17).

1.4.1 Verhältnis zu § 15 ROG

§ 15 ROG und die Landesplanungsgesetze einerseits und § 16 andererseits regeln **gemeinschaftlich** Inhalt und Ablauf eines Raumordnungsverfahrens mit raumordnerischer UVP. Den rechtlichen Maßstab, welche Verfahrensschritte bei der Prüfung durchzuführen sind, liefert die rahmenrechtliche Regelung des § 15 ROG; der Anwendungsbereich für die Durchführung eines Raumordnungsverfahrens wird durch den Vorhabenkatalog der Raumordnungsverordnung vorgegeben.[21] Ob das Raumordnungsverfahren als Trägerverfahren für eine erste Stufe der UVP genutzt wird, beurteilt sich nach Landesplanungsrecht.[22] Demgegenüber richten sich diese Möglichkeit und – in den Grundzügen – der Inhalt der raumordnerischen UVP nach § 16 Abs. 1, die Rechtsfolgen und Wirkungen der raumordnerischen UVP für die UVP im Zulassungsverfahren nach § 16 Abs. 2 und 3.

1.4.2 Vorrang von § 23a der 9. BImSchV und § 19a AtVfV

Die Rechtsfolgen einer raumordnerischen UVP für das immissionsschutzrechtliche Genehmigungsverfahren nach den §§ 4 ff. BImSchG beurteilen sich nicht nach § 16 Abs. 2 und 3 Satz 1, sondern nach § 23a der 9. BImSchV, die insgesamt den Regelungen des UVPG vorgeht (vgl. § 1 Abs. 2 der 9. BImSchV). Im atomrechtlichen Genehmigungsverfahren nach § 7 AtG gilt anstelle von § 16 Abs. 2 und 3 Satz 1 die Vorschrift des § 19a AtVfV (vgl. § 1 Abs. 1 AtVfV). Da allerdings § 23a Abs. 1 und 2 der 9. BImSchV, § 19a Abs. 1 und 2 AtVfV und § 16 Abs. 2 und 3 Satz 1 inhaltlich **identische Regelungen** zur UVP im Raumordnungsverfahren und deren Rechtsfolgen treffen, treten weder für das immissionsschutzrechtliche Genehmigungsverfahren noch für das atomrechtliche Genehmigungsverfahren Besonderheiten gegenüber den anderen, nach dem UVPG geregelten Verfahren auf. Auf die nachfolgenden Ausführungen zu § 16 kann daher verwiesen werden.

Allerdings enthalten § 23a der 9. BImSchV und § 19a AtVfV keine der Vorschrift des § 16 Abs. 3 Satz 2 entsprechende Anordnung, dass die Anhörung der Öffentlichkeit und die Bewertung der Umweltauswirkungen im Zulassungsverfahren beschränkt werden sollen, wenn diese Verfahrensschritte bereits bei der raumordnerischen UVP erfolgt sind. In Anwendung von § 4, der subsidiär die Geltung des UVPG vorschreibt, soweit andere Rechtsvorschriften in ihren Anforderungen zurückbleiben, ist § 16 Abs. 3 Satz 2 daher insoweit ergänzend neben § 23a der 9. BImSchV und § 19a AtVfV für die UVP im immissionsschutzrechtlichen bzw. atomrechtlichen Genehmigungsverfahren heranzuziehen.[23]

1.5 Geltung von Verwaltungsvorschriften

Die UVPVwV bezieht sich auf einzelne Verfahrensschritte einer UVP in den vorgelagerten Verfahren wie auch in den Zulassungsverfahren. Die Verwaltungsvorschrift

---

21 Zur Raumordnungsverordnung nachfolgend Rn. 25 f.
22 Zum Umsetzungserfordernis durch die Länder nachfolgend Rn. 93.
23 Vgl. hierzu § 4 Rn. 2; ebenso *Vallendar*, UPR 1992, 212 (214). An dieser Stelle sei der Hinweis erlaubt, dass die dargestellte Regelungstechnik des Gesetz- und Verordnungsgebers kaum praxisfreundlich sein dürfte.

erwähnt das vorgelagerte Raumordnungsverfahren ausdrücklich nur im Allgemeinen Teil und nur im Hinblick auf die entlastenden Rechtsfolgen, die eine raumordnerische UVP im Zulassungsverfahren haben kann. Soweit eine raumordnerische UVP die in der Verwaltungsvorschrift aufgezeigten entlastenden Wirkungen nach § 16 Abs. 3 entfalten soll, sind allerdings die Bewertungskriterien des UVPG und damit auch die Vorgaben des Allgemeinen Teils maßgeblich.[24] Verwaltungsvorschriften, Erlasse und Leitfäden der Länder zum Raumordnungsverfahren können jedoch die Verfahrensschritte einer raumordnerischen UVP weiter konkretisieren.

2 Zusammenführung von Raumordnungsverfahren und UVP

16 Ausschlaggebend für die nunmehr seit 1993 bestehende **Möglichkeit** der Zusammenführung von Raumordnungsverfahren und UVP waren die nachfolgend skizzierten **Berührungspunkte beider Verfahren**.[25] So sind sowohl Raumordnungsverfahren als auch UVP auf die Überprüfung bestimmter Projekte und damit vorhabenbezogen ausgerichtet. Beiden Verfahren ist auch der querschnittsorientierte, mehrmediale Prüfungscharakter gemeinsam. Wesentliche Umweltbelange sind zudem immer schon im Rahmen des Raumordnungsverfahrens zu prüfen gewesen. Schließlich werden Raumordnungsverfahren und UVP in vergleichbaren Verfahrensschritten durchgeführt.

17 **Unterschiede** bestehen hingegen in Umfang und Intensität der Prüfung der Auswirkungen des Vorhabens und der vorgeschriebenen Methodik bei der Bewertung der Umweltauswirkungen. Während sich das Raumordnungsverfahren auf alle und damit auch auf die nicht umweltrelevanten Auswirkungen eines Vorhabens (so z. B. auch auf die Auswirkungen des Vorhabens auf die vorhandene oder künftig benötigte Infrastruktur, auf den durch das Vorhaben ausgelösten zusätzlichen Wohnraumbedarf, auf die Entstehung oder Verlagerung von Verkehrsströmen oder auf die Bevölkerungsstruktur) erstreckt und damit einen umfassenden Prüfungsansatz mit dem Ziel einer »Raumverträglichkeitsprüfung« des Vorhabens verfolgt, beschränkt sich die UVP ausschließlich auf die jeweiligen Umweltauswirkungen eines Vorhabens. Bedingt durch den deutlich weiteren Ansatz erreicht das Raumordnungsverfahren dagegen in Bezug auf die Prüfung der Umweltauswirkungen nicht die Intensität der Prüfung im Rahmen einer UVP. Zudem ist im Raumordnungsverfahren eine Einbeziehung der Wechselwirkungen der verschiedenen Umweltauswirkungen in den Bewertungsvorgang nicht im gleichen Umfang wie bei einer UVP gefordert.

2.1 Raumordnerische UVP im Rahmen des Raumordnungsverfahrens

18 Den aufgezeigten Gemeinsamkeiten, aber auch Unterschieden kann bei der nach § 16 ermöglichten Zusammenführung beider Verfahren in geeigneter Weise dadurch Rechnung getragen werden, dass die für die Durchführung verantwortliche Landesplanungs-

---

24 Vgl. Nrn. 0.2, 0.4.9, 0.5.2.5, 0.6.1.3, 0.6.2.2 der VwV. Durch die Einfügung eines »sinngemäß« in Nr. 0.1.1 wurde auf Wunsch des Bundesrates verdeutlicht, dass die Länder die raumordnerische UVP im Rahmen der Vorgaben der VwV im Übrigen eigenständig ausgestalten können.

25 Hierzu grundlegend *Dickschen*, Raumordnungsverfahren, S. 277 ff.

behörde die raumordnerische UVP in allen Verfahrensschritten gemeinschaftlich mit dem Raumordnungsverfahren durchführt. Dem Raumordnungsverfahren kommt damit die Aufgabe eines **Trägerverfahrens für die UVP** zu. Durch diese Vorgehensweise wird dem Ansatz der UVP-RL entsprochen, wonach gemäß Art. 2 Abs. 2 UVP-RL die UVP im Rahmen der bestehenden Verfahren durchgeführt werden kann, sowie zugleich auch der Entscheidung des Bundesgesetzgebers, der gemäß § 2 Abs. 1 Satz 1 die UVP als unselbständigen Teil in die bestehenden verwaltungsbehördlichen Verfahren integriert. Gemäß Nummer 0.1.1 der UVPVwV ist ihr Allgemeiner Teil dabei sinngemäß anzuwenden; den Ländern bleibt eine weitergehende Ausgestaltung vorbehalten. Wegen der in § 16 Abs. 2 gesondert geregelten Rechtsfolge des Ergebnisses der raumordnerischen UVP und wegen der eingangs geschilderten Unterschiede im Prüfungsansatz darf es aber nicht zu einer Verquickung während der Verfahrensdurchführung kommen. Die Ermittlung, Beschreibung und Bewertung der raumbedeutsamen Auswirkungen des Vorhabens im Raumordnungsverfahren (nunmehr ohne die Prüfung der Umweltauswirkungen) ist daher methodisch und auch in den Unterlagen **formell abzugrenzen** von der Ermittlung, Beschreibung und Bewertung der raumbedeutsamen Auswirkungen des Vorhabens auf die Umwelt im Rahmen der raumordnerischen UVP.[26] **Zusammengeführt** werden die Ergebnisse beider Verfahren im Rahmen der abschließenden raumordnerischen Gesamtabwägung, die mit dem zusammenfassenden Gesamtergebnis des Raumordnungsverfahrens (»Beurteilung der Raumverträglichkeit«), das dann auch die Bewertung der Umweltauswirkungen und damit die raumordnerische UVP einschließt, endet.[27]

2.2 Übernahme der Verfahrensschritte der raumordnerischen UVP in das Zulassungsverfahren

Neben der Teilhabe des Ergebnisses der raumordnerischen UVP an der raumordnerischen Gesamtabwägung sollen die Verfahrensschritte der raumordnerischen UVP auch die UVP im Zulassungsverfahren entlasten. § 16 Abs. 3 regelt daher eine **Arbeitsteilung zwischen Landesplanungsbehörde und Zulassungsbehörde** bei der Durchführung der Verfahrensschritte der UVP. Soweit die Landesplanungsbehörde im Rahmen der raumordnerischen UVP bei der Durchführung der Verfahrensschritte des Ermittelns, Beschreibens und Bewertens der raumbedeutsamen Umweltauswirkungen eines Vorhabens die vom UVPG vorgegebenen Maßgaben eingehalten hat, sollen diese Verfahrensschritte von der Zulassungsbehörde im Zulassungsverfahren aufgegriffen und als Bausteine für die von ihr durchzuführende UVP übernommen werden.

19

2.3 Verzicht auf die raumordnerische UVP im Raumordnungsverfahren

Die Verknüpfung von Raumordnungsverfahren und UVP war zum Zeitpunkt des In-Kraft-Tretens des § 6 a ROG im Jahr 1989 und des § 16 UVPG im Jahr 1990 zwischen den für die Umsetzung der UVP-Richtlinie zuständigem Bundesgesetzgeber und den für

20

---

26 Die nachfolgenden Ausführungen trennen daher bewusst zwischen Raumordnungsverfahren (nachfolgend Rn. 23 ff.) und raumordnerischer UVP (nachfolgend Rn. 61 ff.); wie hier auch *Steinberg*, DÖV 1992, 321 (328).
27 Vgl. im Einzelnen die nachfolgenden Ausführungen zu Rn. 80.

die Durchführung von Raumordnungsverfahren zuständigen (damals elf) Ländern umstritten. Grund war die Besorgnis einzelner Länder, dass das bislang **verwaltungsinterne Abstimmungsverfahren** durch die durch die UVP-Richlinie gebotene Einbeziehung der Öffentlichkeit seinen internen, rechtlich nicht überprüfbaren Charakter verliert. Als Ausweg zur Lösung des Konflikts hat sich der Bund auf eine Regelung in § 16 beschränkt, die den Ländern entsprechend den bisherigen (unterschiedlichen) landesrechtlichen Gepflogenheiten mehrere Umsetzungsmodelle von einem Verzicht über eine einfache bis hin zu einer qualifizierten raumordnerische UVP offen lässt.[28] Im Rahmen der weiteren Kommentierung wird nur noch vom Modell der qualifizierten raumordnerischen UVP mit Einbeziehung der Öffentlichkeit ausgegangen, weil dies der Intention des Gesetzgebers des UVPG entspricht. Jedoch sollen nachfolgend kurz die beiden anderen möglichen Umsetzungsmodelle angesprochen werden.

2.3.1 Berücksichtigung der Umweltbelange im Rahmen der raumordnerischen Gesamtabwägung

21 Auch ohne Durchführung einer UVP im Raumordnungsverfahren bleiben die raumbedeutsamen Auswirkungen der Planung oder Maßnahme auf die in § 2 Abs. 2 Nr. 8 ROG genannten Umweltbelange unter überörtlichen Gesichtspunkten zu prüfen (vgl. die Bezugnahme in § 15 Abs. 1 Satz 2 Nr. 1 ROG auf die Erfordernisse der Raumordnung, zu denen die Grundsätze des § 2 ROG zählen). Die in § 2 Abs. 2 Nr. 8 ROG umfassend aufgezählten Umweltbelange sind daher im Rahmen des Raumordnungsverfahrens in die raumordnerische Gesamtabwägung einzustellen und als einzelne Belange mit den anderen zu prüfenden Belangen abzuwägen.[29] Trotz eines Verzichts auf eine UVP ist damit im Raumordnungsverfahren zumindest eine inhaltliche Auseinandersetzung mit den einzelnen raumbedeutsamen Umweltauswirkungen des Vorhabens gewährleistet. Da § 16 Abs. 2 und 3 UVPG allerdings keine Anwendung findet, muss **im nachfolgenden Zulassungsverfahren** im Rahmen der dort vorzunehmenden UVP die (medienübergreifende Wechselwirkungen einbeziehende) Ermittlung, Beschreibung und Bewertung der raumbedeutsamen Umweltauswirkungen des Vorhabens **vollständig nachgeholt** werden. Soweit das Landesrecht daher ein Wahlrecht gewährt, ist zu einem Verzicht auf die raumordnerische UVP im Raumordnungsverfahren (nach den Maßgaben des UVPG) nur dann zu raten, wenn die Schwierigkeiten der Planung im Wesentlichen nicht bei der Standortwahl des

---

28 Zu den Begriffen »einfache« und »qualifizierte« raumordnerische UVP *Erbguth/Schink*, UVPG, § 16 Rn. 5.
29 Der Grundsatz des § 2 Abs. 2 Nr. 8 ROG hat folgenden Wortlaut: »8. Natur und Landschaft einschließlich Gewässer und Wald sind zu schützen, zu pflegen und zu entwickeln. Dabei ist den Erfordernissen des Biotopverbundes Rechnung zu tragen. Die Naturgüter, insbesondere Wasser und Boden, sind sparsam und schonend in Anspruch zu nehmen; Grundwasservorkommen sind zu schützen. Beeinträchtigungen des Naturhaushalts sind auszugleichen. Bei dauerhaft nicht mehr genutzten Flächen soll der Boden in seiner Leistungsfähigkeit erhalten oder wiederhergestellt werden. Bei der Sicherung und Entwicklung der ökologischen Funktionen und landschaftsbezogenen Nutzungen sind auch die jeweiligen Wechselwirkungen zu berücksichtigen. Für den vorbeugenden Hochwasserschutz ist an der Küste und im Binnenland zu sorgen, im Binnenland vor allem durch Sicherung oder Rückgewinnung von Auen, Rückhalteflächen und überschwemmungsgefährdeten Bereichen. Der Schutz der Allgemeinheit vor Lärm und die Reinhaltung der Luft sind sicherzustellen.«

Vorhabens, sondern überwiegend bei seiner technischen Ausgestaltung angesiedelt sind und daher eine UVP ausschließlich im Zulassungsverfahren als ausreichend erscheint.

2.3.2 Einfache raumordnerische UVP

Die besondere Regelung des § 16 Abs. 2 legt die Annahme nahe, dass der Gesetzgeber (in Kenntnis der Praxis einzelner Länder) im Jahr 1990 neben der nachfolgend ausführlich beschriebenen qualifizierten raumordnerischen UVP[30] zusätzlich noch eine einfache UVP im Raumordnungsverfahren vor Augen hatte, die eine Übergangsform zwischen dem soeben beschriebenen gänzlichen Verzicht auf eine UVP im Raumordnungsverfahren und der qualifizierten raumordnerischen UVP mit der Abschichtungswirkung des § 16 Abs. 3 darstellen sollte. Diese einfache raumordnerische UVP schließt einerseits den Verfahrensschritt der zunächst getrennten Bewertung der raumbedeutsamen Umweltauswirkungen des beabsichtigten Vorhabens nach § 12 ein, sie kann aber auf die Einhaltung der durch das UVPG vorgegebenen besonderen Anforderungen der §§ 5 bis 8 und 11 verzichten. Damit wurde dem damaligen Anliegen einzelner Länder Rechnung getragen, die ein Raumordnungsverfahren ohne Einbeziehung der Öffentlichkeit nach § 9 Abs. 3 Satz 1 durchführen wollten.[31] Da die Beteiligung der Öffentlichkeit andererseits jedoch ein unabdingbarer Bestandteil der UVP ist, sollte eine solche, nur »einfache« raumordnerische UVP nicht die besondere Rechtswirkung des § 16 Abs. 3 auslösen, wonach die UVP im nachfolgenden Zulassungsverfahren auf zusätzliche oder andere erhebliche Umweltauswirkungen beschränkt werden soll. Mit der Sonderregelung des § 16 Abs. 2 wurde daher den Ländern zumindest ein Einstieg in die Umsetzung der UVP-Richtlinie offen gehalten, sofern sie in ihren landesgesetzlichen Regelungen die sonstige Systematik des UVPG und damit die getrennte Bewertung der Umweltauswirkungen im Rahmen der Raumverträglichkeitsprüfung aufgreifen. Befristet bis Ende 2004 hat auch der Bundesgesetzgeber diese einfache raumordnerische UVP für Verkehrswegeplanungen in den neuen Ländern vorgesehen.[32]

22

3 Raumordnungsverfahren nach § 15 ROG

Die Einführung des Raumordnungsverfahrens in das Raumordnungsrecht des Bundes im Jahr 1989 sollte zu einer weitgehend einheitlichen Anwendung dieses zuvor ausschließlich im Landesplanungsrecht der (überwiegenden Anzahl der) Länder verankerten Planungsinstruments führen. Zugleich sollte den Ländern ein verbindlicher Rahmen für die Durchführung einer ersten Stufe der UVP innerhalb des Raumordnungsverfahrens vorgegeben werden, um so die notwendige Verzahnung mit der UVP in den nachfolgenden Verfahren des Zulassungsrechts zu erreichen. Dieses gesetzgeberische Anliegen besteht nach wie vor, wenn sich auch der Bundesgesetzgeber gemäß seiner ihm nach Artikel 75 Abs. 1 Nr. 4 GG zugewiesenen Rahmenkompetenz für das Recht der Raumordnung mit der neuen Fassung des ROG aus dem Jahr 1998 überwiegend auf

23

---

30 Rn. 61 ff.
31 Diesem Anliegen trägt auch die Regelung des § 15 Abs. 6 ROG Rechnung, wonach (von den Ländern) vorgesehen werden »kann«, dass die Öffentlichkeit in die Durchführung eines Raumordnungsverfahrens einbezogen wird. Vgl. zu den unterschiedlichen Auffassungen in den Ländern auch oben Rn. 9.
32 Hierzu nachfolgend Rn. 94.

§ 16   *Raumordnungsverfahren und Zulassungsverfahren*

ausfüllungsbedürftige Vorgaben beschränkt hat (bzw. beschränken musste) und **landesrechtliche Konkretisierungen** erforderlich geworden sind.[33]

3.1 Aufgabe des Raumordnungsverfahrens und Zuständigkeit

24   Das Bundesverwaltungsgericht beschreibt die Aufgaben des Raumordnungsverfahrens folgendermaßen:[34]

Das Raumordnungsverfahren ist ein Verfahren, das zur Beurteilung eines einzelnen Vorhabens dient, »ob es unter Gesichtspunkten der Raumordnung mit anderen Planungen und Maßnahmen abgestimmt ist und ob es mit den Erfordernissen der Raumordnung übereinstimmt«. Dieser Beschreibung folgt im Wesentlichen die neue Legaldefinition des § 15 Abs. 1 Satz 1 und 2 ROG. Danach wird (gemäß Satz 2) durch das Raumordnungsverfahren festgestellt,
1. ob raumbedeutsame Planungen oder Maßnahmen mit den Erfordernissen der Raumordnung übereinstimmen und
2. wie raumbedeutsame Planungen und Maßnahmen unter den Gesichtspunkten der Raumordnung aufeinander abgestimmt oder durchgeführt werden können.

In Wahrnehmung dieses **Abstimmungs- und Feststellungsauftrags**[35] ist daher im Raumordnungsverfahren in einer frühen Planungsphase eine Beurteilung der Eignung des Standortes eines Vorhabens aus Raumordnungs- und Umweltgesichtspunkten vorzunehmen, sodass bereits vor Einleitung des Zulassungsverfahrens Planungsfehler erkannt und kostspielige Fehlinvestitionen vermieden werden. Zuständig für die Durchführung des Verfahrens ist die nach dem einschlägigen Landesplanungsgesetz bestimmte (Landesplanungs-)Behörde. Diese kann ein Ministerium, aber auch eine Bezirksregierung sein.

3.2 Anwendungsbereich des Raumordnungsverfahrens

3.2.1 Geltung der Raumordnungsverordnung

25   Noch auf der Grundlage von § 6a Abs. 2 ROG hat die Bundesregierung durch Rechtsverordnung mit Zustimmung des Bundesrates Vorhaben bestimmt, für die ein Raumordnungsverfahren durchgeführt werden soll, »wenn sie im Einzelfall raumbedeutsam sind und überörtliche Bedeutung haben«. Aufgegriffen werden diese Tatbestandsvoraussetzungen durch § 1 Satz 1 der Raumordnungsverordnung (RoV).[36] Anknüpfungspunkt für die Pflicht zur Durchführung eines Raumordnungsverfahrens sind damit neben der Aufnahme eines Vorhabens in den Katalog der RoV die Tatbestandsmerkmale
– der »Raumbedeutsamkeit«[37] und

---

33   Zum neuen Verständnis des ROG infolge der Beschränkung der Reichweite von rahmenrechtlichen Vorgaben des Bundes *Runkel*, DVBl. 1996, 698 (699); zum alten Recht *Bohne*, ZfB 1989, 93 (123).
34   *BVerwG*, vom 20.1.1984 – 4 C 70/79 –, NVwZ 1984, 367 (369).
35   *Schoeneberg*, UVP und Raumordnungsverfahren, 131 ff., und in ZAU 1992, 197 (199).
36   Vom 13.12.1990, BGBl. I S. 2766, zuletzt geändert durch Gesetz vom 27.7.2001, BGBl. I S. 1950 (2021); Abdruck als Anlage im Anschluss an diese Kommentierung.
37   Eine Definition findet sich in § 3 Nr. 6 ROG

– der »überörtlichen Bedeutung«[38]
des Vorhabens. Diese Tatbestandsmerkmale müssen jeweils **im Einzelfall** gleichzeitig erfüllt sein. Daneben räumt § 1 Satz 2 RoV den für die Raumordnung zuständigen Landesbehörden die Möglichkeit ein, auch für weitere, nicht im Katalog aufgeführte raumbedeutsame Vorhaben nach landesrechtlichen Vorschriften ein Raumordnungsverfahren durchzuführen.

§ 1 Satz 3 RoV legt im Einzelnen die Vorhaben fest, für die unter den genannten Voraussetzungen vor der Zulassung ein Raumordnungsverfahren durchzuführen ist. Die Aufzählung 18 raumbedeutsamer und umweltrelevanter Vorhabentypen – ein Vorhaben kann dabei durchaus von mehreren Nummern der Aufzählung erfasst werden – konkretisiert den Anwendungsbereich von § 15 ROG. Sie lehnt sich dabei inhaltlich weitgehend an die in der Anlage 1 des UVPG aufgeführten Vorhabentypen an. Hierdurch soll eine **Harmonisierung** der raumordnerischen UVP mit der UVP im Zulassungsverfahren erreicht werden.[39]

3.2.2 Absehensmöglichkeiten

Von der Regel, dass für ein Vorhaben bei Vorliegen der genannten Tatbestandsvoraussetzungen ein Raumordnungsverfahren durchzuführen ist, kann gemäß § 15 Abs. 2, 1. Halbsatz ROG abgesehen werden, wenn die Beurteilung der Raumverträglichkeit der Planung oder Maßnahme bereits auf anderer raumordnerischer Grundlage hinreichend gewährleistet ist. In Anlehnung an landesrechtliche Regelungen hat der Bundesgesetzgeber drei besondere Absehenstatbestände in § 15 Abs. 2, 2. Halbsatz Nr. 1 bis 3 ROG geschaffen:

Nach Nummer 1 kann von einem Raumordnungsverfahren zunächst dann abgesehen werden, wenn die Planung oder Maßnahme **Zielen der Raumordnung entspricht**. Durch die Übereinstimmung mit den Zielen der Raumordnung ist sichergestellt, dass gegen den vorgesehenen Vorhabenstandort aus Sicht der Landesplanung keine Bedenken bestehen. Ein Raumordnungsverfahren ist umgekehrt auch dann entbehrlich, wenn ein geplantes Vorhaben vorhandenen raumordnerischen **Zielen widerspricht**, da wegen dieses Widerspruchs das Ergebnis eines Raumordnungsverfahrens zwangsläufig negativ ausfallen würde.

Ein Raumordnungsverfahren ist nach Nummer 2 gleichfalls nicht erforderlich, wenn die Planung oder Maßnahme den Darstellungen oder Festsetzungen eines den Zielen der Raumordnung angepaßten **Flächennutzungsplans oder Bebauungsplans** nach den Vorschriften des Baugesetzbuchs entspricht oder widerspricht und sich die Zulässigkeit dieser Planung oder Maßnahme nicht nach einem Planfeststellungsverfahren oder einem sonstigen Verfahren mit den Rechtswirkungen der Planfeststellung für raumbedeutsame Vorhaben bestimmt. Durch die Übereinstimmung bzw. Nichtübereinstimmung eines Vorhabens mit einem Flächennutzungs- oder Bebauungsplan, der seinerseits nach § 1 Abs. 4 BauGB an die Ziele angepasst sein muss, ist zugleich die Gewähr für eine Übereinstimmung bzw. Nichtübereinstimmung mit diesen verbindlichen Vorgaben der Landesplanung gegeben. Diese Absehensregelung greift jedoch nicht, wenn das

---

38 Vgl. den in § 38 BauGB ebenfalls verwendeten Begriff; von einer »Überörtlichkeit« ist auszugehen, wenn durch ein Vorhaben zumindest zwei Gemeinden unmittelbar räumlich oder durch dessen Auswirkungen betroffen werden.
39 Hierzu auch unten Rn. 65.

geplante Vorhaben in einem Planfeststellungsverfahren oder einem Plangenehmigungsverfahren zugelassen wird und damit nach § 38 BauGB privilegiert ist. Da in diesem Fall die Darstellungen im Flächennutzungsplan bzw. die Festsetzungen im Bebauungsplan im Rahmen der Abwägung des Planfeststellungsverfahrens überwindbar sind und damit gerade nicht die angestrebte Planungssicherheit gegeben ist, kann hier nicht auf ein Raumordnungsverfahren zur Konkretisierung der Erfordernisse der Raumordnung verzichtet werden. Durch diese, eingeschränkte Vorrangregelung für Bauleitpläne bei der Ansiedlung von Vorhaben soll die in der Praxis vereinzelt anzutreffende Prüfungsabfolge Raumordnungsverfahren, Flächennutzungsplan, Bebauungsplan, Baugenehmigungsverfahren um eine Prüfungsstufe reduziert werden.

30 Schließlich kann nach Nummer 3 ein Raumordnungsverfahren entbehrlich werden, wenn eine Planung oder Maßnahme in einem **anderen gesetzlich geregelten Abstimmungsverfahren** unter Beteiligung der Landesplanungsbehörde festgelegt worden ist. Dieser Ausnahmefall greift beispielsweise dann ein, wenn in einem Aufstellungsverfahren für einen Fachplan, bspw. einem Abfallentsorgungsplan in Abstimmung mit der Landesplanungsbehörde die Prüfung der Raum- und Umweltverträglichkeit eines Vorhabens in qualitativ gleicher Weise wie im Raumordnungsverfahren ermöglicht wird oder – als gleichwertige Alternative zum Raumordnungsverfahren[40] – eine punktgenaue Zielvorgabe für ein Vorhaben bereits durch einen Regionalplan erfolgt ist.

31 In den Stadtstaaten Berlin, Bremen und Hamburg gilt die Verpflichtung des § 15 ROG, Raumordnungsverfahren durchzuführen, demgegenüber generell nicht. Schaffen diese Länder allerdings allein oder gemeinsam mit benachbarten Ländern Rechtsgrundlagen für Raumordnungsverfahren, sind die Vorgaben des § 15 ROG auch auf diese Verfahren anzuwenden.

3.3 Prüfungsgegenstand des Raumordnungsverfahrens

32 Der Prüfungsgegenstand des Raumordnungsverfahrens sowie das Gebot der Untersuchung von Alternativen werden durch § 15 ROG (nur) in den Grundzügen geregelt. Der nähere Prüfungsgegenstand erschließt sich jedoch aus der Aufgabenstellung des Raumordnungsverfahrens sowie aus seiner Einordnung in das Planungssystem.

3.3.1 Umfang der Prüfung

33 Im Raumordnungsverfahren sind raumbedeutsame Planungen und Maßnahmen mit den Erfordernissen der Raumordnung abzustimmen sind (§ 15 Abs. 1 Satz 1 ROG). Die Landesplanungsbehörde ist bei ihrer Prüfung des Vorhabens auf die bewusst nur rahmensetzenden Vorgaben der Erfordernisse der Raumordnung angewiesen. Ihr ist daher ebenfalls nur eine entsprechend **grobkörnige Prüfung** der Auswirkungen des Vorhabens am Maßstab dieser raumordnerischen Vorgaben möglich. Eine zu sehr ins Detail gehende Prüfung wäre allerdings auch nicht mit dem auf eine Rahmensetzung für die Fachplanungen ausgerichteten Auftrag der Raumordnung vereinbar;[41] aus kompetenziellen Gründen muß die Prüfung im Raumordnungsverfahren in jedem Fall einen

---

40 So die frühere Praxis in NRW, Standorte raumbedeutsamer Vorhaben durch Aufnahme im Landesentwicklungsplan oder Gebietsentwicklungsplan verbindlich festzulegen.
41 Vgl. zum Prüfauftrag der Landesplanung *Paßlick*, Ziele der Raumordnung und Landesplanung, S. 23 ff., 65 ff.

ausreichenden Spielraum für die sich anschließende Prüfung des Vorhabens im Zulassungsverfahren offen lassen. § 15 Abs. 1 Satz 3 ROG legt insoweit klarstellend fest, dass im Raumordnungsverfahren die raumbedeutsamen Auswirkungen der Planung oder Maßnahme auf die in den Grundsätzen des § 2 ROG genannten Belange unter **überörtlichen** Gesichtspunkten zu prüfen ist. Der Träger des Vorhabens kann den Umfang auch seinerseits beeinflussen und durch Vorlage entweder noch sehr vorläufiger Planungsunterlagen den Prüfungsgegenstand des Raumordnungsverfahrens auf eine sehr summarische Prüfung der Landesplanungsbehörde einengen oder durch Vorlage schon weitgehend ausgearbeiteter Vorhabenunterlagen die Landesplanungsbehörde zu einer umfangreicheren Raum- und auch Umweltverträglichkeitsprüfung des Vorhabens veranlassen.[42] Eine faktische Beschränkung ergibt sich zudem aus der nachträglich eingeführten zeitlichen Befristung des Raumordnungsverfahrens in § 15 Abs. 7 Satz 2 ROG, die zu einer Konzentration der Prüfung auf die wesentlichen Punkte zwingt.

3.3.2 Alternativenprüfung im Raumordnungsverfahren

Während die Eignung des Raumordnungsverfahrens zu einer standortvergleichenden Betrachtung und damit zur Alternativenprüfung weitgehend unbestritten ist, war lange nicht abschließend geklärt, ob auch eine entsprechende rechtliche Verpflichtung besteht. § 15 Abs. 1 Satz 4 ROG legt nunmehr fest, dass das Raumordnungsverfahren (nur) die Prüfung von vom Träger der Planung oder Maßnahme eingeführter Standort- oder Trassenalternativen einschließt.[43]

34

3.3.2.1 Eignung des Raumordnungsverfahrens zur Alternativenprüfung

Das Raumordnungsverfahren setzt in einem Stadium der Planung eines Vorhabens ein, in dem noch eine relative Offenheit des Vorhabenträgers hinsichtlich der konkreten Projektgestaltung besteht. Das Raumordnungsverfahren wird daher überwiegend als der **geeignete Rahmen für eine Alternativenprüfung** angesehen.[44] Dies gilt insbesondere für die Auswahl des Standortes bzw. für die Wahl des Trassenverlaufs eines Vorhabens. Vom Vorhabenträger intern ausgewählte und vorgeprüfte Standorte bzw. Trassenalternativen werden von der Landesplanungsbehörde miteinander verglichen und der aus Sicht der Landesplanung am besten geeignete Standort bzw. die konfliktärmste Trasse herausgefiltert. Die zu Beginn des Raumordnungsverfahrens vielfach offene Frage des genauen künftigen Standortes bzw. Trassenverlaufs wird unter Zugrundelegung der Vorstellungen des Vorhabenträgers, der Stellungnahmen der Behörden sowie der Beiträge aus der Öffentlichkeit im Verlauf des Raumordnungsverfahrens entschieden. Dabei ist im Einzelfall auch der sog. Nullvariante nachzugehen, d. h. der Frage, ob das Vorhaben aus Sicht der Landesplanung sinnvoll erscheint oder insbesondere wegen zu großer Umweltbelastungen nicht realisiert werden sollte.[45] Die Anzahl der zu prüfenden

35

---

42 Hierzu *Steinberg*, NuR 1992, 164 (165 f.).
43 Zur Prüfung von Standortalternativen aufgrund des UVPG vgl. § 12 Rn. 42 ff.
44 *Schlarmann*, DVBl. 1992, 871 (878); *Jarass*, NuR 1991, 201 (204); *Hoppe/Beckmann*, DÖV 1990, 769 (772); *Erbguth*, NVwZ 1992, 209 (218); *Steinberg*, NuR 1992, 164 (167 f.); *Bender/Pfaff*, DVBl. 1992, 181 (186); kritisch dagegen unter Hinweis auf die fehlende rechtliche Verbindlichkeit der im Raumordnungsverfahren gefundenen Standortentscheidung *Kretz*, UPR 1992, 129 (134).
45 Wie hier auch *Hoppe/Beckmann*, DÖV 1990, 769 (772); *Erbguth/Schink*, UVPG, § 12 Rn. 46.

Varianten sowie die Untersuchungstiefe richten sich nach den tatsächlichen Gegebenheiten im Einzelfall und auch nach der zur Verfügung stehenden Zeit von sechs Monaten (vgl. § 15 Abs. 7 Satz 2 ROG). Sie werden vor Einleitung des Raumordnungsverfahrens verbindlich zwischen Landesplanungsbehörde und Vorhabenträger abgesprochen. Bei Bandinfrastrukturmaßnahmen ist zudem über die für die Untersuchung geeigneten Anfangs- und Endpunkte zu befinden und damit eine Abschnittsbildung vorzunehmen.[46] Die UVPVwV weist ergänzend in Nummer 0.6.1.3 darauf hin, dass bei der Bewertung von Vorhaben- oder Trassenvarianten nicht für jede zu prüfende Variante in gleicher Detailschärfe auf die Umweltauswirkungen einzugehen ist.

3.3.2.2 Einbringung von Alternativen durch den Vorhabenträger

36 Stellt die Einbringung von Alternativen in das Raumordnungsverfahren durch den Vorhabenträger nach der hier vertretenen Auffassung den Idealfall dar, so kann der Vorhabenträger gleichwohl hierzu nicht gezwungen werden. § 15 Abs. 1 Satz 4 ROG stellt insoweit klar, dass das Raumordnungsverfahren nur dann eine Alternativenprüfung einschließt, wenn die **Alternativen vom Träger der Planung oder Maßnahme** eingeführt werden. Eine Alternativenprüfung auf der Grundlage entsprechender Unterlagen des Vorhabenträgers scheidet insbesondere bei gebundenen Zulassungsentscheidungen dann schon aus, wenn dieser nur über ein geeignetes Grundstück verfügt, auf dem er sein Vorhaben realisieren kann und will.[47] Aber auch wenn der Staat als Vorhabenträger auftritt oder der Staat einen privaten Vorhabenträger wegen eines besonderen öffentlichen Interesses an dem Projekt öffentliche Flächen zur Verfügung stellen könnte, lässt sich der Vorschrift des § 15 ROG eine ausdrückliche Verpflichtung des Vorhabenbetreibers zur Einbringung von Standortalternativen in das Raumordnungsverfahren nicht entnehmen.[48]

3.3.2.3 Einbeziehung von Alternativen durch die Landesplanungsbehörde

37 Beschränkt sich der Vorhabenträger im Rahmen seiner Planung bewusst auf einen Vorhabenstandort, stellt sich damit die Frage, ob die Landesplanungsbehörde an diese einschränkende Vorgabe auch dann gebunden ist, wenn sich ihr ein für das Vorhaben **besser geeigneter Standort geradezu aufdrängt**. Dies ist im Hinblick auf den eindeutigen Wortlaut von § 15 Abs. 1 Satz 4 zwar abzulehnen, wirft aber insoweit Bedenken auf, als zumindest im Falle eines nachfolgenden Planfeststellungsverfahrens nach der Rechtsprechung die Standortfrage dann möglicherweise doch noch im Rahmen eines

---

46 Der Forderung von *Steinberg*, NuR 1992, 164 (168), bei Verkehrsprojekten Trassenalternativen von mehreren 100 km Länge einzubeziehen, wird in der Praxis ganz überwiegend nicht gefolgt. Die Abschnittsbildung beschränkt sich in der Regel auf Teilstücke bis maximal 100 km, sodass die Prüfung der Nullvariante oder eine Einbeziehung von großräumigen Alternativen wegen der planerisch vorgegebenen Anschlusspunkte (sog. »Zwangspunkte«) nicht praktikabel ist. Zur Überprüfung der Abschnittsbildung bei der Planung vgl. *BVerwG*, vom 5.6.1992 – NB 21.92 –; *OVG Koblenz*, vom 29.12.1994 – 1 C 10993/92 –; vgl. zum Ganzen auch *Erbguth*, NVwZ 1992, 209 (218).
47 *Hoppe/Beckmann*, DÖV 1990, 769 (771 f.); *Jaeger/Kames*, ZfW 1992, 269 (274); *Erbguth/Schink*, UVPG, § 12 Rn. 45.
48 So auch *Hoppe/Appold/Haneklaus*, DVBl. 1992, 1203 (1204); *Bender/Pfaff*, DVBl. 1992, 181 (185); grundlegend *Schlarmann*, DVBl. 1992, 871 (873).

Alternativenvergleichs gestellt werden müsste.⁴⁹ Soll das Raumordnungsverfahren die nachfolgenden Zulassungsverfahren (insbesondere die Planfeststellungsverfahren) um die Beurteilung raumordnerischer Gesichtspunkte entlasten, muss gerade die aus der Sicht der Raumordnung wesentliche Standortalternativenprüfung für ein Vorhaben schon im Raumordnungsverfahren geleistet werden.⁵⁰ Angesichts des entgegenstehenden Wortlauts von § 15 Abs. 1 Satz 4 ROG und auch im Hinblick auf die sechsmonatige Befristung ist daher zu folgender Vorgehensweise in der Praxis zu raten:

Kommt die Landesplanungsbehörde im Laufe des Raumordnungsverfahrens aufgrund eigener Erkenntnisse, aufgrund von Stellungnahmen der beteiligten Behörden oder aufgrund von Einwendungen aus der Öffentlichkeit zu dem Ergebnis, dass ein anderer als der vom Vorhabenträger vorgesehene Standort bzw. eine andere Trasse für die Realisierung des Vorhabens aus raumordnerischer Sicht deutlich besser geeignet erscheint, sollte sie eine entsprechende **Änderung der Planung des Vorhabenträgers anregen**⁵¹ und – dessen Einverständnis vorausgesetzt – das laufende Verfahren abbrechen. Sodann leitet sie mit Einverständnis des Vorhabenträgers ein neues Raumordnungsverfahren für den anderen, aus ihrer Sicht besser geeigneten Standort nach Einreichung der ergänzten Unterlagen durch den Vorhabenträger neu ein. Beharrt der Vorhabenträger hingegen trotz eines solchen Hinweises der Landesplanungsbehörde auf seiner bisherigen Konzeption, kann die Landesplanungsbehörde den ursprünglich geprüften Standort unter Berücksichtigung ihrer Überlegungen zum besser geeigneten Alternativstandort in der Regel (vermutlich) nur negativ bewerten. Sie schließt in diesem Fall das Raumordnungsverfahren mit einer entsprechenden Stellungnahme ab.⁵² Damit ist eine Fortsetzung der Prüfung in einem nachfolgenden Zulassungsverfahren nicht blockiert; der Vorhabenträger riskiert allerdings aufgrund des negativen Ergebnisses des Raumordnungsverfahrens am Ende des gesamten Verfahrens einen ablehnenden Bescheid der Zulassungsbehörde.

3.4 Verfahrensablauf des Raumordnungsverfahrens

Gemäß § 15 ROG sind dem Raumordnungsverfahren bestimmte Verfahrensschritte rahmenrechtlich vorgegeben. Die Einzelheiten der Ausgestaltung bleiben dagegen den Ländern überlassen. Landesrechtliche Abweichungen von den nachfolgend dargestellten Schritten der Einleitung, der Durchführung und des Abschlusses des Raumordnungsverfahrens sind daher möglich.

---

49 *BVerwG*, vom 20.7.1979 – 7 CB 21.79 –, DÖV 1980, 133 (134), und vom 20.12.1988 – 7 NB 2.88 –, NVwZ 1989, 458 (460). Folgen dem Raumordnungsverfahren dagegen ein Genehmigungsverfahren (oder auch mehrere), stellt sich dieses Problem nicht, da dort im Gegensatz zu einem Planfeststellungsverfahren eine Alternativenprüfung regelmäßig nicht gesetzlich geboten ist. Einzelheiten hierzu bei § 12 Rn. 125 ff.

50 A.A. *Hoppe/Appold/Haneklaus*, DVBl. 1992, 1203 (1206 f.), die ausschließlich auf die Sicherungsfunktion des Raumordnungsverfahrens mit dem Ziel der Konkretisierung und Sicherung der Vorgaben der Raumordnungspläne abstellen und daraus dann eine Eingrenzung des Prüfungsumfangs des Raumordnungsverfahrens ableiten. Ebenso wie hier aber *Schlarmann*, DVBl. 1992, 871 (878), und *Steinberg*, NuR 1992, 164 (169).

51 Ebenso *Erbguth*, NVwZ 1992, 209 (218).

52 Ebenso wohl auch *Hoppe/Appold/Haneklaus*, DVBl. 1992, 1203 (1204).

3.4.1 Vorbereitung und Einleitung des Raumordnungsverfahrens

40 Vor der Einleitung des Raumordnungsverfahrens untersucht der Vorhabenträger in einem internen Vorverfahren Chancen und Risiken seines Projekts. Hat der Vorhabenträger die Entscheidung über die Realisierung des Projekts getroffen, nimmt er mit der zuständigen Landesplanungsbehörde Kontakt auf und leitet ihr einige grundlegende **Informationen über das Vorhaben** (z. B. eine kurze Projektbeschreibung mit Lageplan) zu. Die Landesplanungsbehörde entscheidet gemäß § 15 Abs. 7 Satz 1 ROG innerhalb einer Frist von vier Wochen nach Einreichung dieser Unterlagen, ob die Einleitung des Verfahrens angesichts der raumbedeutsamen Auswirkungen erforderlich oder, weil es ein nur örtlich bedeutsames Vorhaben ist, ein Absehen möglich ist. Bei ihrer Entscheidung stützt sie sich auf den Vorhabenkatalog des § 1 RoV sowie auf möglicherweise weiterreichende landesrechtliche Regelungen. Auch prüft sie die besonderen Absehensmöglichkeiten des § 15 Abs. 2 ROG.

41 Hält die Landesplanungsbehörde die Einleitung des Raumordnungsverfahrens für geboten, fordert sie den Vorhabenträger auf, die für die Durchführung des Verfahrens benötigten Unterlagen zu erstellen. Landesplanungsbehörde und Vorhabenträger stimmen den Umfang der einzureichenden Unterlagen frühzeitig in einem **informellen, vor das Raumordnungsverfahren gezogenen Erörterungs- oder Scoping-Termin** ab. Hierbei wird von den Beteiligten besprochen, welche Auswirkungen des Vorhabens im Raumordnungsverfahren abgeklärt und welche Prüfungsinhalte dem nachfolgenden Zulassungsverfahren überlassen werden sollen. Eine Hinzuziehung auch der Zulassungsbehörde kann aus diesem Grunde geboten sein. Die Landesplanungsbehörde achtet insbesondere darauf, dass der Untersuchungsrahmen des Raumordnungsverfahrens auf die für die raumordnerische Beurteilung maßgeblichen Gesichtspunkte begrenzt wird. Im »Scoping« werden – soweit der Vorhabenträger zu ihrer Untersuchung bereit ist – auch mögliche Standortvarianten besprochen, die der Vorhabenträger in seine Unterlagen einbeziehen soll. In Kenntnis der Vorstellungen der Landesplanungsbehörde erarbeitet der Vorhabenträger die zur Durchführung des Raumordnungsverfahrens erforderlichen Unterlagen.[53]

42 Nach **Zugang der vollständigen Antragsunterlagen** leitet die Landesplanungsbehörde das Raumordnungsverfahren förmlich ein. Dies geschieht durch schriftliche Mitteilung an den Vorhabenträger und Unterrichtung der Beteiligten über das Vorhaben. In der Unterrichtung werden das Vorhaben vorgestellt und der beabsichtigte Verfahrensablauf, der Kreis der Beteiligten und eine beabsichtigte Einbeziehung der Öffentlichkeit dargelegt. Sind die vom Vorhabenträger vorgelegten Unterlagen unvollständig und erscheint aus diesem Grund eine sachgerechte Prüfung nicht möglich, kann die Landesplanungsbehörde die Einleitung des Raumordnungsverfahrens bis zur Nachreichung der fehlenden Unterlagen verweigern. Bei zumindest weitgehend vollständigen Unterlagen kann es dagegen ausreichen, die noch fehlenden Unterlagen nach Verfahrenseinleitung kurzfristig nachzufordern. Vom Zeitpunkt der Einleitung an ist das Raumordnungsverfahren innerhalb von sechs Monaten abzuschließen (§ 15 Abs. 7 Satz 2 ROG).

---

53 Zum Umfang und Inhalt der vom Vorhabenträger vorzulegenden Antragsunterlagen gibt es regelmäßig Checklisten in Erlassen oder Leitfäden der Länder.

3.4.2 Durchführung des Raumordnungsverfahrens

Im Raumordnungsverfahren werden nacheinander die Verfahrensschritte des Ermittelns, des Beschreibens und des Bewertens der raumbedeutsamen Auswirkungen des Vorhaben auf seine Umgebung durchlaufen.

3.4.2.1 Ermittlung der raumbedeutsamen Auswirkungen

Grundlage für die Prüfung im Raumordnungsverfahren ist die Ermittlung der durch das Vorhaben voraussichtlich ausgelösten raumbedeutsamen Auswirkungen auf die Umgebung. Um ausreichend Informationen für eine Bewertung zu erlangen, beteiligt die Landesplanungsbehörde die in ihrem Zuständigkeitsbereich berührten öffentlichen Stellen (§ 15 Abs. 4 ROG). Nach Landesrecht kann sie auch die Öffentlichkeit einbeziehen (§ 15 Abs. 6 Satz 1 ROG). Aus Gründen der Zeitersparnis sollte sie die **Beteiligungsverfahren parallel durchführen:**

Nach § 15 Abs. 4 Satz 1 ROG i. V. mit § 3 Nr. 5 ROG werden die Behörden des Bundes und der Länder, kommunale Gebietskörperschaften, bundesunmittelbare und die der Aufsicht eines Landes unterstehenden Körperschaften, Anstalten und Stiftungen des öffentlichen Rechts, die öffentlichen Planungsträger sowie die Körperschaften, Anstalten und Stiftungen des öffentlichen Rechts unterrichtet und beteiligt.[54] Gemäß § 16 ROG soll zudem bei Planungen und Maßnahmen, die erhebliche Auswirkungen auf Nachbarstaaten haben können, eine gegenseitige Abstimmung und Unterrichtung erfolgen.[55] Unter Hinweis auf den Gegenstand des Verfahrens leitet die Landesplanungsbehörde den möglicherweise berührten Planungsträgern die Unterlagen des Vorhabenträgers zu – dies kann zur Beschleunigung bereits mit der Einleitung des Verfahrens geschehen – und fordert sie zur schriftlichen Stellungnahme innerhalb einer angemessenen Frist auf. Hält die Landesplanungsbehörde eine mündliche Erörterung für zweckmäßig, so führt sie diese ergänzend zum schriftlichen Verfahren oder – soweit das Landesrecht dies zuläßt – an seiner Stelle im Rahmen einer Ortsbesichtigung durch. Nach Ablauf der Frist erörtert die Landesplanungsbehörde die eingegangenen Stellungnahmen mit dem Träger des Vorhabens.[56]

Im Gegensatz zum herkömmlichen Landesplanungsrecht verlangte der ursprüngliche § 6a ROG aus dem Jahr 1989 generell die Einbeziehung der Öffentlichkeit im Raumordnungsverfahren. Die Öffnung des bislang ausschließlich behördeninternen Raumordnungsverfahrens für die Öffentlichkeit als Konsequenz der Vorgaben der UVP-RL sollte die verfahrensmäßigen Voraussetzungen für eine Integration der UVP in das Raumordnungsverfahren schaffen.[57] Mit dem Verzicht auf die obligatorische UVP im Raumordnungsverfahren ist diese generelle Verpflichtung wieder entfallen; gemäß § 15 Abs. 6 Satz 1 ROG können die Länder nun eigenständig regeln, ob und in welchem

---

54 Auch zum Kreis der einzuladenden Behörden gibt es regelmäßig Erlasse oder Leitfäden der Länder.
55 Die grenzüberschreitende Behördenbeteiligung im Raumordnungsverfahren gem. § 16 ROG richtet sich nach denselben Grundsätzen, die für das Zulassungsverfahren nach § 8 UVPG gelten, vgl. hierzu § 8. Zur Beteiligung der Umweltschutzverbände vgl. § 7 Rn. 17.
56 Zum Verfahren der Beteiligung anderer Behörden vgl. ausführlich § 7 Rn. 11 ff.
57 Vgl. Artikel 6 der UVP-RL; siehe auch *Wahl*, in: FS Sendler, 199 (212); zur Diskussion über die Notwendigkeit der Ergänzung des Raumordnungsverfahrens um eine Öffentlichkeitsbeteiligung vgl. *von Mutius*, BayVBl. 1988, 641 ff. und 678 ff.

Umfang die Öffentlichkeit einbezogen wird. Eine Einbeziehung der Öffentlichkeit auch ohne Durchführung einer UVP kann geraten sein, um die Akzeptanz des Vorhabens bei der betroffenen Bevölkerung zu erhöhen sowie der Landesplanungsbehörde einen zusätzlichen Erkenntnisgewinn durch Erlangung von Informationen aus der ortskundigen Bürgerschaft zu verschaffen.[58] Soll zugleich eine **raumordnerische UVP** durchgeführt werden, richtet sich die dann **zwingend gebotene Einbeziehung der Öffentlichkeit nach § 9 Abs. 3 Satz 1**.[59]

3.4.2.2 Beschreibung der raumbedeutsamen Auswirkungen

47 Anhand der Unterlagen des Vorhabenträgers, der Stellungnahmen der beteiligten öffentlichen Stellen sowie – soweit erfolgt – der schriftlichen oder auch mündlichen Äußerungen der Öffentlichkeit erarbeitet die Landesplanungsbehörde eine Beschreibung der raumbedeutsamen Auswirkungen des Vorhabens auf die in den Grundsätzen des § 2 Abs. 2 ROG genannten Belange unter überörtlichen Gesichtspunkten (vgl. § 15 Abs. 1 Satz 3 ROG). Die Beschreibung dient als **Grundlage für die landesplanerische Bewertung,** vermittelt und erhält den Behörden nachfolgender Zulassungsverfahren zugleich aber auch wichtige Informationen über das Vorhaben. Um insbesondere die von § 15 Abs. 1 Satz 2 Nr. 1 ROG geforderte Feststellung, ob das Vorhaben mit den Erfordernissen der Raumordnung übereinstimmt, vorzubereiten, werden die Auswirkungen des Vorhabens neben ihren Auswirkungen auf die Grundsätze des § 2 Abs. 2 ROG insbesondere auf die in § 7 Abs. 2 Satz 1 ROG genannten, in den Raumordnungsplänen zu treffenden Festlegungen geprüft.[60] Hierbei handelt es ich in der Regel um raumordnerische Ziele im Sinne des § 4 ROG, welche die beabsichtigte oder bereits bestehende

1. **Siedlungsstruktur**
    a) Raumkategorien,
    b) Zentrale Orte,
    c) besondere Gemeindefunktionen wie Entwicklungsschwerpunkte und Entlastungsorte,
    d) Siedlungsentwicklungen,
    e) Achsen,

2. **Freiraumstruktur**
    a) großräumig übergreifende Freiräume und Freiraumschutz,
    b) Nutzungen im Freiraum wie Standorte für die vorsorgende Sicherung sowie die geordnete Aufsuchung und Gewinnung von standortgebundenen Rohstoffen,
    c) Sanierung und Entwicklung von Raumfunktionen,

3. **Infrastruktur**
    a) Verkehrsinfrastruktur und Umschlaganlagen von Gütern,
    b) Ver- und Entsorgungsinfrastruktur

---

58 *Wagner*, NVwZ 1992, 232 (235).
59 Ausführlich zum Verfahrensablauf nach § 9 Abs. 3 Satz 1 siehe dort § 9 Rn. 33 ff.; *Steinberg*, DÖV 1992, 321 (330), rät wegen der geschilderten Vorteile generell hierzu.
60 Das neugefasste ROG von 1998 hat diese wesentlichen Festlegungen in § 7 Abs. 2 Satz 1 mit dem Ziel einer Vereinheitlichung und Verschlankung der Raumordnungspläne in den Ländern vorgegeben, hierzu *Runkel*, DVBl. 1996, 698 (702).

Raumordnungsverfahren und Zulassungsverfahren § 16

festlegen und sichern.[61] Von dieser Beschreibung der überörtlichen Auswirkungen eines Vorhabens werden auch die möglichen Auswirkungen des Vorhabens auf die Umwelt erfaßt; dies geschieht insbesondere im Rahmen der Beschreibung der Auswirkungen auf den Freiraumschutz nach der soeben zitierten Nummer 2 a) und unter Berücksichtigung des Grundsatzes des § 2 Abs. 2 Nr. 8 ROG. Soweit allerdings im Rahmen des Raumordnungsverfahrens eine raumordnerische UVP durchgeführt wird, erfolgt die Beschreibung der Auswirkungen des Vorhabens auf die Umweltbelange nicht hier, sondern im Rahmen dieser besonderen Prüfung.[62] Die Beschreibung der raumbedeutsamen Auswirkungen des Vorhabens auf die Erfordernisse der Raumordnung geht als eigenständiger Bestandteil in die Begründung des Gesamtergebnisses des Raumordnungsverfahrens ein.

3.4.2.3 *Bewertung der raumbedeutsamen Auswirkungen*

Der Ermittlung und Beschreibung folgt die Bewertung der raumbedeutsamen Auswirkungen des Vorhabens durch die Landesplanungsbehörde. Voraussetzung für eine qualifizierte Bewertung ist das Vorhandensein geeigneter **Bewertungsmaßstäbe**. Dabei ist entsprechend der verschiedenen Prüfaufträge des Raumordnungsverfahrens zu differenzieren: 48

(1) Maßstäbe für die nach § 15 Abs. 1 Satz 2 Nr. 1 ROG geforderte Feststellung, ob das Vorhaben mit den Erfordernissen der Raumordnung übereinstimmt, sind gemäß § 15 Abs. 1 Satz 3 ROG zunächst die in den **Grundsätzen** des § 2 Abs. 2 ROG genannten Belange. Ebenfalls Erfordernisse und wegen ihrer Verbindlichkeit als Maßstäbe am bedeutsamsten sind die in den Landes- und Regionalplänen enthaltenen **Ziele** nach § 4 Abs. 1 i.V. mit § 3 Nr. 2 ROG. Schließlich sind auch die **sonstigen Erfordernisse** nach § 3 Nr. 4 ROG wie z.B. in Aufstellung befindliche Ziele und Ergebnisse förmlicher landesplanerischer Verfahren wie Ergebnisse anderer Raumordnungsverfahren und landesplanerischer Stellungnahmen einzubeziehen.[63]

(2) Für die nach § 15 Abs. 1 Satz 2 Nr. 2 ROG geforderte Abstimmung des Vorhabens mit anderen Planungen und Maßnahmen sind dann ergänzend zu den genannten Erfordernissen der Raumordnung auch relevante Aussagen der in § 7 Abs. 3 Satz 2 ROG genannten **Fachpläne** z.B. des Verkehrswege-, Abfall-, Wasser- und Naturschutzrechts heranzuziehen.

Die **Bewertung** der raumbedeutsamen Auswirkungen des Vorhabens erfolgt auf der Grundlage der soeben dargestellten Maßstäbe gemäß den gesetzlichen Vorgaben zum Aufbau der Pläne und damit **zunächst noch getrennt** nach Siedlungsstruktur, Freiraumstruktur und Infrastruktur. Parallel hierzu erfolgt die Bewertung im Rahmen der raumordnerischen UVP, soweit eine solche durchgeführt wird.[64] Die Begründungen der noch getrennten Bewertungsergebnisse werden kurz, aber nachvollziehbar festgehalten. 49

---

61 Zur Bindungswirkung der Ziele in Raumordnungsplänen vgl. § 4 Abs. 1 Satz 1 ROG.
62 Zur gesonderten Darstellung der Umweltbelange im Rahmen der raumordnerischen UVP siehe Rn. 18 und Rn. 72.
63 Zum Begriff der Erfordernisse der Raumordnung vgl. neben der gesetzgeberischen Definition in § 3 ROG auch *Wagner*, DVBl. 1990, 1024 (1029)
64 Zu den Maßstäben für die raumordnerische UVP vgl. ausführlich unten Rn. 75.

3.4.3 Raumordnerische Gesamtabwägung zum Abschluss des Raumordnungsverfahrens

50 Die Ermittlung, Beschreibung und Bewertung der einzelnen raumbedeutsamen Auswirkungen des Vorhabens münden in die raumordnerische Gesamtabwägung. Zu diesem Zweck werden die bislang noch getrennten Ergebnisse der sektoralen Bewertungen zur Raumverträglichkeit des Vorhabens untereinander und – soweit vorhanden – mit der raumordnerischen UVP abgewogen. Die eigentliche »Raumverträglichkeitsprüfung« und die raumordnerische UVP werden daher hier zusammengeführt.[65] Die Gesamtabwägung führt zu der Feststellung, ob das Vorhaben mit den Erfordernissen der Raumordnung übereinstimmt und wie das Vorhaben mit anderen raumbedeutsamen Planungen und Maßnahmen abgestimmt werden konnte bzw. wie es in Abstimmung mit diesen durchgeführt werden kann. Daneben weist das Ergebnis die Maßgaben (z. B. Auflagen für den Umweltschutz) aus, die im Falle der positiven Zulassungsentscheidung aus Sicht der Landesplanung erforderlich würden. Aus Gründen der Übersichtlichkeit wird das **Ergebnis des Raumordnungsverfahrens** an den Anfang der landesplanerischen Stellungnahme gestellt. Dem Ergebnis schließt sich die **Begründung** an, die Auskunft über das geplante Vorhaben, den formellen Verfahrensablauf sowie die Ermittlung, Beschreibung und Bewertung der raumbedeutsamen Auswirkungen des Vorhabens gibt. Innerhalb der Begründung wird das Ergebnis der **raumordnerischen UVP** an gesonderter Stelle ausgewiesen. Mit Abschluss des Verfahrens werden der Vorhabenträger sowie die beteiligten Behörden durch die Übersendung der vollständigen landesplanerischen Stellungnahme über den Ausgang des Raumordnungsverfahrens informiert und – bei erfolgter raumordnerischer UVP – die Öffentlichkeit gemäß § 9 Abs. 3 Satz 1 Nr. 4 über die Entscheidung im Raumordnungsverfahren unterrichtet. Die Unterrichtung kann in zusammengefasster Form vermittelt über die Gemeinde geschehen.

3.4.4 Befristung des Raumordnungsverfahrens

51 Entsprechend dem ursprünglichen Vorbild der Regelungen zur Durchführung von Raumordnungsverfahren bei der Verkehrswegeplanung[66] wurden Raumordnungsverfahren bereits im Jahr 1993 auf sechs Monate befristet. Infolge der Befristung des Verfahrens, die der Bundesgesetzgeber den Ländern in Ausschöpfung seiner Rahmenrechtskompetenz vorgeben kann, sind die Landesplanungsbehörden seitdem gehalten, die Prüfung im Raumordnungsverfahren auf die für die Umgebung wesentlichen Auswirkungen des Vorhabens zu konzentrieren. Dies wirkt sich auch auf eine UVP im Raumordnungsverfahren aus, da früher übliche Untersuchungen wie das Abwarten von Vegetationsperioden ebenfalls deutlich gestrafft, ggf. sogar ausfallen müssen. Um die Frist sinnvoll auszuschöpfen, erscheint eine frühzeitige Kontaktaufnahme zwischen der Landesplanungsbehörde und dem Vorhabenträger sinnvoll, um bereits im Vorfeld des Raumordnungsverfahrens die prüfungsrelevanten Gesichtspunkte und die hierfür vom Vorhabenträger vorzulegenden Vorhabenunterlagen abzustimmen. Durch diese Vorabstimmung im »scoping« kann sichergestellt werden, dass die zur Verfügung stehenden sechs Monate nicht mehr für die Erarbeitung bzw. Nachbesserung der Vorhabenunterlagen oder das Abwarten von Vegetationsperioden benötigt werden, sondern ausschließlich für die

---

65 Zur Abwägung des Ergebnisses der raumordnerischen UVP mit den nicht umweltbezogenen Belangen vgl. auch unten Rn. 80.
66 Siehe hierzu oben Rn. 9.

Behördenbeteiligung und die Einbeziehung der Öffentlichkeit sowie der Erarbeitung der landesplanerischen Stellungnahme zur Verfügung stehen. Aus diesem Grund weist § 15 Abs. 7 Satz 2 auch darauf hin, dass »vollständige« Unterlagen vorliegen müssen, damit der Lauf der Frist beginnen kann.[67] Nach Ablauf der Sechs-Monats-Frist ist der Vorhabenträger berechtigt, die Einleitung des nachfolgenden Zulassungsverfahrens zu beantragen.[68]

3.5 Wirkungen des Ergebnisses des Raumordnungsverfahrens

Bei den Wirkungen des Ergebnisses des Raumordnungsverfahrens ist zwischen dem in § 4 Abs. 2 bis 4 ROG ausdrücklich geregelten Berücksichtigungsgebot und einer kompetenziell abzuleitenden, »faktischen« Abschichtungswirkung für das nachfolgende Zulassungsverfahren zu unterscheiden.

52

3.5.1 Berücksichtigungsgebot für das nachfolgende Zulassungsverfahren

Gemäß § 4 Abs. 2 ROG sind die sonstigen Erfordernisse der Raumordnung von öffentlichen Stellen bei raumbedeutsamen Planungen und Maßnamen in der Abwägung oder bei der Ermessensausübung nach Maßgabe der dafür geltenden Vorschriften zu berücksichtigen. Gleiches gilt nach § 4 Abs. 3 ROG unmittelbar für Personen des Privatrechts, sofern sie Planungen und Maßnahmen in Wahrnehmung öffentlicher Aufgaben verfolgen, sowie nach § 4 Abs. 4 ROG bei ausschließlich privaten Vorhaben zumindest nach Maßgabe der jeweiligen Zulassungsvorschriften. Da nach § 3 Nr. 4 ROG das Ergebnis des Raumordnungsverfahrens zu den sonstigen Erfordernissen zählt, ist es damit bei der Genehmigung, der Planfeststellung oder bei sonstigen behördlichen Entscheidung über die Zulässigkeit eines Vorhabens nach Maßgabe der dafür geltenden Vorschriften zu berücksichtigen.[69] Dieses Gebot der Berücksichtigung nach Maßgabe der dafür geltenden Vorschriften verlangt von den angesprochenen Zulassungsbehörden eine **inhaltliche Auseinandersetzung** mit dem Ergebnis des Raumordnungsverfahrens im Rahmen der im Zulassungsverfahren vorzunehmenden fachlichen Prüfung.[70] In welchem Umfang diese Auseinandersetzung mit dem Gesamtergebnis des Raumordnungsverfahrens (oder nur Teilen davon) erfolgen kann, richtet sich nach der Ausgestaltung des jeweiligen fachgesetzlichen Zulassungstatbestandes.[71]

53

---

67 Eine mögliche Folge der Befristung der Raumordnungsverfahren könnte die Zunahme negativer landesplanerischer Beurteilungen sein, weil eine Nachbesserung der Vorhabenunterlagen durch den Vorhabenträger im laufenden Verfahren nicht mehr möglich sein wird. Hier könnte die Einleitung eines neuen Raumordnungsverfahrens auf der Grundlage überarbeiteter Vorhabenunterlagen geraten sein; hierzu schon oben Rn. 38.

68 Ein nach Fristablauf noch nicht abgeschlossenes Raumordnungsverfahren ist so schnell wie möglich zu beenden, um die landesplanerische Stellungnahme zumindest noch in das bereits begonnene Zulassungsverfahren einfließen zu lassen. Dies kann gegebenenfalls auch als Stellungnahme der Landesplanungsbehörde im Rahmen der dort vorgesehenen Beteiligung der Behörden geschehen.

69 Zum gesonderten Berücksichtigungsgebot für das Ergebnis der raumordnerischen UVP nach § 16 Abs. 2 siehe unten Rn. 82 f.

70 Zum Berücksichtigen i. E. vgl. § 12 Rn. 64 ff.; Begründung zum UVPG, BT-Drs. 11/3919 vom 26. 1. 1989, S. 27.

71 Hierzu ausführlich auch § 12 Rn. 79 ff.

§ 16

54   Schließt sich dem Raumordnungsverfahren ein fachübergreifendes, d. h. gleichfalls auf die **Abwägung** aller für das Vorhaben relevanten Belange angelegtes **Planfeststellungsverfahren** z. B. nach den §§ 31 KrW-/AbfG, 17 FStrG oder 8 LuftVG an, besteht zwischen dem vor- und dem nachgelagerten Verfahren Übereinstimmung in der Breite des Prüfungsspektrums. Damit ist sichergestellt, dass das **Gesamtergebnis des Raumordnungsverfahrens insgesamt** als eigenständiger, gebündelter raumordnerischer Belang in die abschließende Gesamtabwägung aller von dem Vorhaben berührten Belange des Planfeststellungsverfahrens eingehen kann und dort sein ihm im Rahmen der Abwägung zukommendes Gewicht hinsichtlich der Standortfrage des Vorhabens erhält.

55   Folgen dem Raumordnungsverfahren dagegen ein oder auch mehrere parallel durchzuführende **Genehmigungsverfahren** wie nach den §§ 4 ff. BImSchG oder 7 AtG, kann eine Berücksichtigung des Ergebnisses des Raumordnungsverfahrens in jedem dieser Verfahren nur nach Maßgabe des jeweiligen fachgesetzlichen Zulassungstatbestandes erfolgen. Bei der damit nach Maßgabe der dafür geltenden Vorschriften gesteuerten **Ermessensausübung** dürfen daher jeweils nur solche im Raumordnungsverfahren untersuchten Aspekte herausgegriffen werden, die nach dem fachgesetzlichen Tatbestand zu prüfen sind. Dies bedeutet, dass z. B. im Rahmen der Prüfung nach § 7 AtG nur solche Aussagen des Gesamtergebnisses des Raumordnungsverfahrens zu berücksichtigen sind, die einen nuklearspezifischen Bezug aufweisen. Die übrigen Aussagen des Raumordnungsverfahrens müssen hingegen im Rahmen parallel durchgeführter Verfahren beispielsweise nach § 35 BauGB in der dort vorzunehmenden Prüfung berücksichtigt werden.[72] Für ein Genehmigungsverfahren nach den §§ 4 ff. BImSchG folgt hieraus, dass aus dem Gesamtergebnis des Raumordnungsverfahrens nur diejenigen Teilergebnisse berücksichtigt werden können, die auch nach § 6 BImSchG geprüft werden dürfen. Aufgrund des in § 13 BImSchG geregelten Einschlusses des Baugenehmigungsverfahrens, das seinerseits – vermittelt durch die Raumordnungsklauseln in § 35 Abs. 3 Satz 2 und 3 BauGB – im Raumordnungsverfahren konkretisierte Raumordnungsziele berücksichtigen muss, wird dabei zumindest mittelbar auch die Berücksichtigung des Ergebnisses des Raumordnungsverfahrens im Zulassungsverfahren nach dem Bundes-Immissionsschutzgesetz ermöglicht. Für den Sonderfall der öffentlich zugänglichen Abfallbeseitigungsanlagen von Personen des Privatrechts gilt aufgrund einer 1998 durch § 4 Abs. 4 Satz 3 ROG eingeführten Raumordnungsklausel zudem unmittelbar das Gebot zur Berücksichtigung der Erfordernisse der Raumordnung und damit auch des Ergebnisses eines Raumordnungsverfahrens.

56   Diese aus der Struktur der Genehmigungsverfahren resultierende, nur eingeschränkt mögliche Übernahme von Teilen des Gesamtergebnisses des Raumordnungsverfahrens in die einzelnen Fachverfahren macht die **raumordnerische Gesamtabwägung jedoch nicht entbehrlich**. So verschafft gerade das Gesamtergebnis des Raumordnungsverfahrens durch seine fachübergreifende Sichtweise den parallel durchzuführenden nachfolgenden Zulassungsverfahren eine erste gemeinsame Bewertungsgrundlage. Das Raumordnungsverfahren leistet trotz der erwähnten rechtlichen Hürden hinsichtlich der

---

72   Auf die nur begrenzte Aufnahmefähigkeit einzelner Genehmigungsverfahren für raumordnerische und umweltbezogene Belange verweist auch die UVPVwV, vgl. für § 7 AtG dort Nummer 2.3.1, für §§ 4 ff. BImSchG dort Nummer 1.3.1 (Abdruck der UVPVwV in Vorschriften II im Anschluss an die Kommentierung).

3.5.2 Abschichtungswirkung

Aus dem Wesen des Berücksichtigungsgebotes des § 4 Abs. 2 bis 4 ROG folgt, dass das Ergebnis des Raumordnungsverfahrens den Standort eines Vorhabens nicht abschließend gegenüber anderen Verfahren festlegen kann. Im Gegensatz zu verbindlichen Planungsleitsätzen der Fachgesetze und verbindlichen Zielen der Raumordnung nach § 4 Abs. 1 i.V. mit § 3 Nr. 2 ROG[74] ist das Ergebnis des Raumordnungsverfahrens daher im nachfolgenden Zulassungsverfahren einer **Abwägung mit anderen Belangen** zugänglich.[75] Eine Abschichtungswirkung im Sinne einer rechtsverbindlichen Standortbestimmung eines Vorhabens tritt daher nicht ein.[76]

57

Eine nicht so weit reichende, auf den Vorgang der Ermittlung, Beschreibung und Bewertung der raumbedeutsamen Auswirkungen eines Vorhabens bezogene »faktische« Abschichtungswirkung wird jedoch erzielt. So dürfen die bereits im Raumordnungsverfahren geprüften und bewerteten raumbedeutsamen Auswirkungen eines Vorhabens in den nachfolgenden Verfahren kein zweites Mal geprüft werden, da die Kompetenz für die Beurteilung von auf dem Gebiet der Raumordnung liegenden Fragen ausschließlich bei der zuständigen Landesplanungsbehörde und nicht bei den Fachplanungen liegt. Die landesplanerische Beurteilung der Standorteignung des Vorhabens ist daher mit Beendigung des Raumordnungsverfahrens grundsätzlich abgeschlossen und **darf im nachfolgenden Verfahren von der Zulassungsbehörde** – soweit nicht offensichtliche Fehler zu korrigieren sind – **weder hinsichtlich der angewandten Methode noch hinsichtlich ihres Ergebnisses angezweifelt werden.**[77] Dies hat zur Folge, dass eine aus landesplanerischer Sicht abgegebene negative Standortbeurteilung im nachfolgenden Zulassungsverfahren selber nicht mehr in Frage gestellt werden kann. Wegen des besonderen (faktischen) Gewichts dieses Belangs im Rahmen der Abwägung im Zulassungsverfahren wird das Ergebnis des Raumordnungsverfahrens daher vielfach insgesamt zu einer Versagung des Vorhabens durch die Zulassungsbehörde führen. Soweit gewichtige andere Vorteile des geplanten Vorhabens (z.B. für die Sicherung von Arbeitsplätzen in der Region) die im Raumordnungsverfahren dargelegten Nachteile des vom Vorhabenträger vorgeschlagenen Standortes aber überwiegen, kann die Zulassungsentscheidung in diesen Fällen gleichwohl positiv ausfallen.

58

---

73 Ebenso *Schoeneberg*, UVP und Raumordnungsverfahren, S. 182 ff.
74 Zum verbindlichen Charakter der Ziele *Wagner*, Raumordnungsklauseln, S. 40 f.
75 *Kratzenberg*, DVBl. 1988, 1035 (1037).
76 Unstreitig: *Steinberg*, DÖV 1992, 321 (329); *Dohle*, NVwZ 1989, 697 (699); *Hoppe/Beckmann*, DÖV 1990, 769 (771); *Bender/Pfaff*, DVBl. 1992, 181 (186).
77 So zutreffend *Erbguth*, Die Verwaltung 1991, 283 (318); a. A. *Kretz*, UPR 1992, 129 (134), der sich vom Ergebnis des Raumordnungsverfahrens keinen Erkenntnisgewinn gegenüber der Prüfung im Zulassungsverfahren verspricht. *Steinberg*, NuR 1992, 164 (172), weist allerdings darauf hin, dass zusätzliche Erkenntnisse von raumbedeutsamen Umweltauswirkungen des Vorhabens, die erst im Anschluss an die Durchführung des Raumordnungsverfahrens gewonnen werden konnten, von der Zulassungsbehörde geprüft werden können müssen. In einem derartigen Fall ist aus kompetenziellen Gründen von der Zulassungsbehörde die sachlich zuständige Landesplanungsbehörde hinzuziehen, hierzu noch unten Rn. 91.

3.6 Rechtsschutz gegen das Ergebnis des Raumordnungsverfahrens

59 Im Raumordnungsgesetz ist seit 1998 nicht mehr ausdrücklich geregelt, dass das Ergebnis des Raumordnungsverfahrens gegenüber dem Träger des Vorhabens und **gegenüber Einzelnen keine unmittelbare Rechtswirkung** hat. Die fehlende Bindungswirkung folgt jedoch aus dem soeben erörterten Berücksichtigungsgebot des § 4 Abs. 2 bis 4 ROG für das Ergebnis des Raumordnungsverfahrens; seine bundesgesetzliche Normierung hat den nach Landesrecht bislang verwaltungsinternen Charakter des Raumordnungsverfahrens daher nicht verändert. Stellt das Ergebnis des Raumordnungsverfahrens mangels Außenwirkung keinen Verwaltungsakt i. S. des § 35 VwVfG dar, scheidet folgerichtig eine Anfechtungsklage nach § 42 VwGO sowohl des Vorhabenträgers gegen eine negative als auch eines benachbarten Dritten gegen eine positive Standortbeurteilung des Vorhabens wegen fehlender Anfechtungsbefugnis aus. Mangels unmittelbarer Betroffenheit und damit aufgrund fehlenden Rechtsschutzbedürfnisses ist beiden auch die Möglichkeit einer Leistungsklage nicht gegeben. Eine Überprüfung des Ergebnisses des Raumordnungsverfahrens kann gemäß § 44 a VwGO daher nur inzident im Rahmen einer Anfechtung der abschließenden Zulassungsentscheidung erfolgen.[78]

60 Umstritten ist, ob diese Grundsätze auch **gegenüber einer Gemeinde** gelten, die sich durch das Ergebnis eines Raumordnungsverfahrens in ihrer Planungshoheit beeinträchtigt sieht. Da das Ergebnis des Raumordnungsverfahrens im Rahmen einer gemeindlichen Planung nur zu berücksichtigen ist und damit die Gemeinde durch das Raumordnungsverfahren in ihrer Planungshoheit nicht verbindlich festgelegt wird, kann auch die Gemeinde gegen das Ergebnis des Raumordnungsverfahrens keine weitergehenden Anfechtungsrechte als der Vorhabenträger oder ein Dritter beanspruchen.[79] Sie hat daher ebenso wie ein Vorhabenträger oder Dritter das Ergebnis des abschließenden Zulassungsverfahrens mit der verbindlichen Planungsentscheidung abzuwarten.[80]

4 Durchführung der raumordnerischen UVP im Raumordnungsverfahren (Abs. 1)

61 Die Durchführung der raumordnerischen UVP richtet sich nach § 16 Abs. 1, 1. Alt. sowie den Maßgaben des § 15 ROG für das die UVP tragende Raumordnungsverfahren.

4.1 Fakultative raumordnerische UVP nach § 16 Abs. 1

62 Entsprechend dem Gebot der Frühzeitigkeit der UVP-RL räumt § 16 Abs. 1 für raumbedeutsame Vorhaben die Möglichkeit einer ersten Stufe der UVP im Raumordnungsverfahren ein. So können gemäß § 16 Abs. 1 »die raumbedeutsamen Umweltauswirkungen eines Vorhabens entsprechend dem Planungsstand des Vorhabens ermit-

---

[78] Ebenso *Steinberg*, NuR 1992, 164 (174); *Schlarmann*, DVBl. 1992, 871 (877 f.); kritisch dagegen *Beckmann*, NVwZ 1991, 427 (430), und *Wahl*, in: FS für Sendler, 199 (220).
[79] So aber *Wahl*, ebd., S. 220, der von einer Verletzung der Planungshoheit ausgeht.
[80] Wie hier von der Unzulässigkeit einer Klage durch die Gemeinde ausgehend *VG Koblenz*, 1 L 805/91, und ebenso *OVG Koblenz*, 1 B 11816/31, Schleswig-Holsteinisches OVG, 13.12.1994 – 4 K2/94 –. Inwieweit diese Überlegungen auch für die raumordnerische UVP gelten müssen, beurteilt sich nach § 9 Abs. 3 Satz 2, vgl. hierzu § 9 Rn. 37.

Raumordnungsverfahren und Zulassungsverfahren § 16

telt, beschrieben und bewertet werden«. Der Bundesgesetzgeber legt damit den Ländern, die für die Durchführung der Raumordnungsverfahren verantwortlich sind, keine Rechtspflicht für eine raumordnerische UVP auf, sondern belässt es bei der **Option**, entsprechend den landesüblichen Gepflogenheiten in unterschiedlicher Ausgestaltung generell oder auch im Einzelfall eine vollständige raumordnerische UVP oder auch nur einzelne Elemente hiervon anzuordnen.[81] § 16 Abs. 1 spricht daher in bewusster Zurückhaltung auch nicht von einer »Umweltverträglichkeitsprüfung«. Die vom Bundesgesetzgeber eingeräumte Möglichkeit, das Raumordnungsverfahren dabei nach Landesrecht generell als Trägerverfahren für eine raumordnerische UVP auszugestalten, wird aber gestützt durch § 16 Abs. 3, der nur bei Anwendung der §§ 5 bis 8 sowie 9 und 9a eine Entlastung des nachfolgenden Zulassungsverfahrens von der raumordnerischen UVP vorsieht, und von § 15 Abs. 1 Satz 2, der eine nochmalige UVP in den anderen vorgelagerten Verfahren des Verkehrsplanungsrechts für entbehrlich erklärt, wenn diese bereits im Raumordnungsverfahren unter Einbeziehung der Öffentlichkeit erfolgt ist.[82] Die nachfolgende Darstellung geht daher ausschließlich vom Modell einer **qualifizierten raumordnerischen UVP** aus, die den Anforderungen des § 16 Abs. 3 und des § 15 Abs. 1 Satz 2 mit Einbeziehung der Öffentlichkeit entspricht.

4.2 Maßgaben von § 15 ROG für die raumordnerische UVP

Entsprechend dem Grundsatz von § 2 Abs. 1 Satz 1, dass die UVP ein unselbstständiger Verfahrensbestandteil ist,[83] richten sich Zuständigkeit, Anwendungsbereich und Umfang der raumordnerischen UVP nach der für das tragende Raumordnungsverfahren maßgeblichen Vorschrift des § 15 ROG.

63

4.2.1 Zuständigkeit

Die für die Durchführung des Raumordnungsverfahrens nach Landesrecht zuständige (Landesplanungs-)Behörde ist verantwortlich für die Durchführung der in das Raumordnungsverfahren integrierten, unselbstständigen raumordnerischen UVP. Sie beteiligt im Rahmen des Beteiligungsverfahrens nach § 15 Abs. 4 Satz 1 ROG die in ihrem Aufgabenbereich berührte Umweltbehörde, die damit die Möglichkeit der Einflussnahme auf das Ergebnis der raumordnerischen UVP hat.

64

4.2.2 Anwendungsbereich und Vorprüfung im Einzelfall (»screening«) gemäß § 3c

Die noch aufgrund von § 6a Abs. 2 ROG im Jahr 1990 erlassene und seitdem nur um einzelne Vorhaben (Magnetschwebebahn; Einkaufszentren) erweiterte oder reduzierte (Rennstrecken) **Raumordnungsverordnung** (RoV) legt den Anwendungsbereich des Raumordnungsverfahrens fest; sie bestimmt damit zugleich den Anwendungsbereich der im Raumordnungsverfahren möglichen raumordnerischen UVP. Da die RoV aber inhaltlich bewusst eng an den Regelungsgehalt der früheren Anlage zu § 3 angelehnt worden ist, wird somit für **alle maßgeblichen Vorhaben mit Umweltrelevanz die Möglichkeit einer gestuften UVP geschaffen**. Verbleibende Unterschiede zwischen der

65

---

81   Zu den Gründen des Gesetzgebers und den möglichen Modellen einer einfachen und einer qualifizierten raumordnerischen UVP siehe oben Rn. 20 ff.
82   Hierzu ausführlich § 15 Rn. 10 ff.
83   Ausführlich hierzu § 2 Rn. 8.

Jörg Wagner

§ 16 Raumordnungsverfahren und Zulassungsverfahren

RoV und der neuen Anlage 1 resultieren im Wesentlichen und folgerichtig aus den verschiedenen Prüfaufträgen von Raumordnungs- und Zulassungsverfahren.[84] So beschränkt sich die RoV auf die Fälle der Neuerrichtung oder wesentlichen Änderung von Vorhaben, weil nur diese Maßnahmen raumbedeutsam sein können. Zudem muß es sich gemäß § 1 Satz 1 RoV um Vorhaben von überörtlicher Bedeutung handeln, und damit um Vorhaben, die zumindest Auswirkungen auf zwei Gemeinden haben können.[85] Demgegenüber erfasst die Anlage 1 ergänzend auch den Betrieb von Vorhaben.

66   Aus der durch die Novelle des UVPG 2001 durch § 3 c eingeführten Vorprüfung der UVP-Pflicht im Einzelfall folgen keine grundlegenden Erweiterungen für die UVP im Raumordnungsverfahren. Bei den von der **RoV genannten raumbedeutsamen Vorhaben** handelt es sich aufgrund ihrer Größe und möglichen Umweltauswirkungen nämlich regelmäßig um Vorhaben, die bereits von der Spalte 1 der Anlage 1 erfasst werden und daher **von vornherein** – ohne die allgemeine oder standortbezogene Vorprüfung des § 3 c Abs. 1 – **UVP-pflichtig** sind. Unterschreitet ein Vorhaben, das von der RoV erwähnt wird, den entsprechenden Größen- oder Leistungswert in der Anlage 1 des UVPG, sieht allerdings § 3 c Abs. 1 ergänzend eine Vorprüfung vor,[86] die dann zu Beginn des Raumordnungsverfahrens von der Landesplanungsbehörde durchzuführen ist. Es empfiehlt sich, in die Entscheidung über die Erforderlichkeit eines Raumordnungsverfahrens die Vorprüfung im Sinne des § 3 c Abs. 1 zu integrieren, zumal die Kriterien der Anlage 2 durchaus den Kriterien entsprechen, die für eine Prüfung der Raumbedeutsamkeit relevant werden.[87] Sollte ein solches »screening« erforderlich werden, kann hierzu bereits auch die für das nachfolgende Zulassungsverfahren zuständige Zulassungsbehörde hinzugezogen werden, um eine einheitliche Einschätzung der raumordnerischen »UVP-Pflicht im Einzelfall« herbeizuführen.

4.2.3 Prüfung der raumbedeutsamen Umweltauswirkungen

67   Entsprechend dem auf die raumbedeutsamen Auswirkungen eines Vorhabens bezogenen Prüfauftrag des Raumordnungsverfahrens ist auch die raumordnerische UVP auf die Prüfung der raumbedeutsamen Auswirkungen des Vorhabens auf die Umwelt beschränkt. Ausschlaggebend für den Umfang der Prüfung ist jeweils der (noch vorläufige) **Planungsstand des Vorhabens** (§ 16 Abs. 1). Welchen Umfang die Prüfung im

---

84   Zu den Unterschieden auch *Steinberg*, DÖV 1992, 321 (325).
85   Vgl. zur Abgrenzung der örtlichen von den überörtlichen Vorhaben *Erbguth/Wagner*, Bauplanungsrecht, Rn. 472 ff., auch oben Rn. 25.
86   Zur Vorprüfung vgl. § 3 c Rn. 4 ff.
87   Eine Unterschreitung der Größen- oder Leistungswerte der Spalte 1 der Anlage 1 legt m. E. die Schlussfolgerung nahe, dass damit im Regelfall auch die Schwelle des unbestimmten Rechtsbegriffs der Raumbedeutsamkeit aus der RoV nicht erreicht wird. Damit wäre zugleich ein Raumordnungsverfahren entbehrlich. So könnte daher bspw. aus der Nr. 14.4 der Anlage 1 des UVPG geschlossen werden, dass eine neue Bundesstraße nur dann raumbedeutsam ist, wenn sie eine durchgehende Länge von 5 km oder mehr aufweist, und aus der Nr. 14.5, dass eine Verlegung einer Bundesstraße nur ab einer durchgehenden Länge von 10 km Länge raumbedeutsam ist. Aus der Nr. 14.6 könnte des Weiteren geschlossen werden, dass eine nicht von Nr. 14.4 oder 14.5 erfasste Bundesstraße nur ausnahmsweise aufgrund der besonderen Umstände des Einzelfalls raumbedeutsam sein kann und es damit zumindest einer allgemeinen Vorprüfung bedarf, ob ein Raumordnungsverfahren mit raumordnerischer UVP erforderlich ist.

Einzelfall annehmen soll, muss zwischen Landesplanungsbehörde und Vorhabenträger bei der Erörterung des Untersuchungsrahmens (»scoping«) festgelegt werden.

4.3 Integration der Verfahrensschritte der raumordnerischen UVP in das Raumordnungsverfahren

Da raumordnerische UVP und Raumordnungsverfahren in gemeinschaftlichen Verfahrensschritten des Ermittelns, Beschreibens und Bewertens der raumbedeutsamen Auswirkungen des Vorhabens verlaufen, treffen die obigen Ausführungen zur Durchführung des Raumordnungsverfahrens im Wesentlichen auch auf die raumordnerische UVP zu. Nachfolgend werden daher nur die Besonderheiten bei der Durchführung der raumordnerischen UVP dargestellt. Zugleich sind die Maßgaben des Allgemeinen Teils der UVPVwV sinngemäß heranzuziehen (vgl. dort Nummer 0.1.1).

68

4.3.1 Vorbereitung der raumordnerischen UVP

Die Vorbereitung der raumordnerischen UVP erfolgt gemeinschaftlich mit der Vorbereitung des Raumordnungsverfahrens.

69

4.3.1.1 »scoping«

Im »scoping« oder Erörterungstermin für das Raumordnungsverfahren werden auch Inhalt und Umfang der raumordnerischen UVP festgelegt. Die Landesplanungsbehörde teilt dem Vorhabenträger die aus ihrer Sicht für die Durchführung der raumordnerischen UVP relevanten Gesichtspunkte mit, auf die dieser in seinen Unterlagen eingehen sollte. Aufgabe der Landesplanungsbehörde im Erörterungstermin ist es, die **Schnittstelle** zwischen der raumordnerischen UVP und der UVP im Zulassungsverfahren zu bestimmen. Um Doppelprüfungen von Umweltauswirkungen eines Vorhabens sowohl im Raumordnungsverfahren als auch im Zulassungsverfahren zu vermeiden, erscheint es sinnvoll, bereits in diesem frühen Planungsstadium die für die Durchführung der UVP im Zulassungsverfahren zuständige Zulassungsbehörde hinzuzuziehen und auch mit ihr die entsprechende Abstimmung herbeizuführen. Dabei ist von den Beteiligten darauf zu achten, dass die raumordnerische UVP nicht mit Inhalten überfrachtet wird, die für die Bewertung der Umweltverträglichkeit des Standortes bzw. der Trasse des geplanten Vorhabens nicht erforderlich sind. Genügt die Erörterung den qualitativen Anforderungen des § 5 (»scoping«), kann auf diesen Verfahrensschritt gemäß § 16 Abs. 3 Satz 1 bei der UVP im nachfolgenden Verfahren zurückgegriffen werden.[88]

70

4.3.1.2 Anforderungen an die Unterlagen des Vorhabenträgers

Die für die raumordnerische UVP vom Vorhabenträger zu erstellenden und vorzulegenden Unterlagen müssen für eine Bewertung der Umweltauswirkungen des Vorhabens durch die Landesplanungsbehörde geeignet sein. Im Hinblick auf die damit verbundene Möglichkeit der Entlastung des Zulassungsverfahrens empfiehlt sich eine **Gliederung der Unterlagen** entsprechend § 6 Abs. 3 und 4.[89] Bei der Erarbeitung der Unterlagen

71

---

88 Zu den Anforderungen des »scoping« vgl. § 5 Rn. 13 ff.; vgl. auch Nr. 0.4.9 UVPVwV.
89 Die Länder haben auch hierzu regelmäßig Erlasse oder Leitfäden mit Checklisten herausgegeben.

§ 16 *Raumordnungsverfahren und Zulassungsverfahren*

sollte der Vorhabenträger darauf achten, dass deren Umfang im Vergleich zum Umfang der sonstigen im Raumordnungsverfahren beizubringenden Unterlagen angemessen ist.[90] Den Unterlagen ist eine allgemein verständliche Zusammenfassung anzufügen.

4.3.2 Ermittlung und Beschreibung der raumbedeutsamen Umweltauswirkungen

72 Die raumbedeutsamen Umweltauswirkungen des Vorhabens werden im Beteiligungsverfahren von der Landesplanungsbehörde **ermittelt**. Informationen für die raumordnerische UVP liefern die vom Vorhabenträger nach § 6 beizubringenden Unterlagen, die gemäß § 7 einzuholenden Stellungnahmen der Wasser-, Abfall-, Naturschutz- und sonstigen Umweltfachbehörden und ggf. nach § 8 auch der ausländischen Umweltbehörden sowie die Äußerungen seitens der bei der raumordnerischen UVP zwingend gemäß § 9 Abs. 3 Satz 1 einzubeziehenden Öffentlichkeit und ggf. auch nach § 9a der ausländischen Öffentlichkeit.

73 Auf dieser Grundlage systematisiert und beschreibt die Landesplanungsbehörde die raumbedeutsamen Auswirkungen des Vorhabens auf die in § 2 Abs. 1 Satz 2 Nr. 1 bis 3 genannten Umweltschutzgüter in Form einer **zusammenfassenden Darstellung** gemäß § 11. Die Auswirkungen sind dabei entsprechend der Vorgabe des § 2 Abs. 1 Satz 2 Nr. 1 bis 3 den einzelnen Schutzgütern
1. Menschen, Tiere und Pflanzen,
2. Boden, Wasser, Luft, Klima und Landschaft,
3. Kulturgüter und sonstige Sachgüter

jeweils gesondert zuzuordnen. Die Darstellung der raumbedeutsamen Auswirkungen des Vorhabens auf die einzelnen Umweltschutzgüter erfolgt **optisch getrennt** von der für das Raumordnungsverfahren erforderlichen Darstellung der weiteren raumbedeutsamen Auswirkungen des Vorhabens auf die Siedlungsstruktur, die Freiraumstruktur und die Infrastruktur.[91] Gemäß § 11 Satz 1 sind des Weiteren die aus Sicht der Landesplanungsbehörde notwendigen Maßnahmen, mit denen erhebliche nachteilige Umweltauswirkungen vermieden, vermindert oder ausgeglichen werden können, einschließlich der Ersatzmaßnahmen bei nicht ausgleichbaren, aber vorrangigen Eingriffen in Natur und Landschaft ebenfalls darzustellen. Im Rahmen der UVP des nachfolgenden Zulassungsverfahrens kann auf diese gesonderte Darstellung der raumbedeutsamen Umweltauswirkungen zurückgegriffen werden.[92] Die Stellungnahmen der Fachbehörden und die schriftlichen Äußerungen sollten – da sie noch für die nachfolgenden Verfahren relevant werden können – zusammengefasst in einem Anhang aufbewahrt werden.

4.3.3 Bewertung der raumbedeutsamen Umweltauswirkungen

74 Voraussetzung für die Bewertung der raumbedeutsamen Umweltauswirkungen im Raumordnungsverfahren durch die Landesplanungsbehörde sind geeignete Bewertungs-

---

90 Unterlagen für eine raumordnerische UVP, die mit Textbausteinen am konkreten Fall vorbei aufgebläht werden, sollten vermieden werden. Der Vorhabenträger sollte dieses im Rahmen der Auftragsbeschreibung gegenüber dem von ihm mit der Erstellung der Unterlagen beauftragten Gutachter deutlich machen.
91 Hierzu oben Rn. 47.
92 Zur Entlastung des Zulassungsverfahrens nach § 16 Abs. 1 Satz 1 vgl. unten Rn. 85 ff.; siehe auch Nr. 0.5.2.5 UVPVwV.

maßstäbe. Die Bewertung der raumbedeutsamen Umweltauswirkungen erfolgt dabei parallel zur Bewertung der sonstigen raumbedeutsamen Auswirkungen des Vorhabens.

4.3.3.1 Bewertungsmaßstäbe

Maßstäbe für die Bewertung der Umweltverträglichkeit des Standortes bzw. der Trasse des Vorhabens liefern im Wesentlichen die raumbedeutsamen, **umweltbezogenen gesetzlichen Zulässigkeitsvoraussetzungen.** Hierzu zählen die umweltbezogenen Erfordernisse der Raumordnung und damit 75
- die umweltbezogenen **Ziele** der Landes- und Regionalpläne (insbesondere Vorranggebiete für Naturräume, Wasser, ... nach § 7 Abs. 4 Satz 1 Nr. 1 ROG), deren nach § 4 Abs. 1 i.V. mit § 3 Nr. 2 ROG verbindliche Vorgaben im Rahmen der raumordnerischen UVP zu konkretisieren sind,
- der **Grundsatz** des § 2 Abs. 2 Nr. 8 ROG und die dieser Vorschrift entsprechenden landesgesetzlichen Grundsätze nach § 2 Abs. 3 i.V. mit § 3 Nr. 3 ROG, welche die Bewertung im Rahmen der raumordnerischen UVP als Abwägungsvorgaben gemäß § 4 Abs. 2 ROG steuern, und schließlich
- die Ergebnisse anderer raumordnerischer Umweltverträglichkeitsprüfungen für in der Nachbarschaft gelegene Vorhaben, soweit diese sich auch bereits zu Auswirkungen des geplanten Vorhabens äußern, als ebenfalls abwägungsrelevante **sonstige Erfordernisse** der Raumordnung gemäß § 4 Abs. 2 i.V. mit § 3 Nr. 4 ROG.

Ebenfalls und weiterer Maßstab für die Prüfung kann gemäß § 7 Abs. 7 Satz 2 ROG sein, inwieweit durch das geplante Vorhaben **Schutzgebiete,** die nach den Maßgaben des Bundesnaturschutzgesetzes und der Landesnaturschutzgesetze ausgewiesen worden sind (so z.B. Europäische Schutzgebiete nach der Fauna-Flora-Habitat-RL, Nationalparks, Naturparks, Naturschutzgebiete und Landschaftsschutzgebiete) beeinträchtigt werden können. Darüber hinaus sind gemäß § 7 Abs. 3 Satz 2 ROG die raumbedeutsamen Aussagen der umweltbezogenen **Fachpläne** z.B. des Abfall-, Wasserhaushalts- und Immissionsschutzrechts als Bewertungsmaßstäbe heranzuziehen.[93] 76

Um eine Harmonisierung mit der UVP im nachfolgenden Zulassungsverfahren zu erreichen, kann es zudem ratsam sein, auch schon die umweltbezogenen Bewertungsmaßstäbe des nachfolgenden Planfeststellungs- bzw. der nachfolgenden Genehmigungsverfahren in den Blick zu nehmen und diese als weitere Maßstäbe ergänzend dann heranzuziehen, soweit diese Maßstäbe bereits **Hilfestellung für eine überörtliche Bewertung der Umweltauswirkungen des Vorhabens** und damit für die raumordnerische UVP geben können. 77

4.3.3.2 Verfahrensschritte bei der Bewertung

Die Bewertung der raumbedeutsamen Umweltauswirkungen erfolgt unter Heranziehung der soeben dargestellten Maßstäbe in zwei voneinander getrennten Schritten: 78
In einem **ersten Bewertungsschritt** wird zunächst gesondert für jedes der in § 2 Abs. 1 Satz 2 Nr. 1 bis 3 aufgeführten Umweltschutzgüter eine Einzelbewertung vorgenommen. Dabei ist auf der Grundlage der in der zusammenfassenden Darstellung

---

[93] Zu den sonstigen Bewertungsmaßstäben bei der UVP und damit zu der streitigen Frage, ob neben den hier zitierten raumbedeutsamen, umweltbezogenen und zugleich gesetzlich ableitbaren Zulässigkeitsvoraussetzungen auch andere, »außerrechtliche« Bewertungsmaßstäbe heranzuziehen sind, § 12 Rn. 17ff.

festgestellten Auswirkungen des Vorhabens auf den jeweiligen Umweltbelang Menschen, Tiere und Pflanzen, Boden, Wasser, Luft, Klima und Landschaft, Kulturgüter und sonstige Sachgüter von der Landesplanungsbehörde darzulegen, ob und wie sich die festgestellten Auswirkungen des Vorhabens im Rahmen der Vorgaben der dazugehörigen Bewertungsmaßstäbe bewegen oder ob und in welchem Ausmaß sie diese überschreiten. Die Ergebnisse dieser Einzelbewertungen werden dabei kurz, aber nachvollziehbar dargestellt.

79 Im Anschluss an diese sektorale, auf die einzelnen Umweltschutzgüter bezogene Bewertung ist in einem **zweiten Schritt** eine darüber hinaus gehende Gesamtbewertung aller Umweltauswirkungen erforderlich, um so gemäß § 2 Abs. 1 Satz 2 Nr. 4 die Wechselwirkung zwischen den vorgenannten Schutzgütern einzubeziehen. Das Ergebnis dieser »medienübergreifenden« Bewertung stellt die raumordnerische UVP dar.[94]

4.3.4 Integration der raumordnerischen UVP in die raumordnerische Gesamtabwägung

80 Vor Abschluss des Raumordnungsverfahrens führt die Landesplanungsbehörde die raumordnerische UVP mit den sonstigen im Raumordnungsverfahren getroffenen Bewertungen und damit der eigentlichen »Raumverträglichkeitsprüfung« zusammen. Im Rahmen der raumordnerischen Gesamtabwägung aller durch das Vorhaben ausgelösten Auswirkungen nach § 15 Abs. 1 ROG werden daher das positive, nur mit Maßgaben positive oder auch negative Ergebnis der raumordnerischen UVP nach § 12 mit den im Raumordnungsverfahren getroffenen Bewertungen hinsichtlich der Raumverträglichkeit des Vorhabens mit der Siedlungsstruktur, der Freiraumstruktur und der Infrastruktur abgewogen und zu einem raumordnerischen Gesamtergebnis zur Übereinstimmung mit den Erfordernissen der Raumordnung und zur Abstimmung mit anderen raumbedeutsamen Planungen und Maßnahmen zusammengefasst.[95] Die raumordnerische UVP als ein Zwischenschritt auf dem Weg zum Gesamtergebnis wird im Rahmen der Begründung **gesondert festgehalten** und kann im nachfolgenden Zulassungsverfahren abgerufen werden.[96]

4.4 Prüfung der raumbedeutsamen Umweltauswirkungen in einem anderen raumordnerischen Verfahren

81 § 16 Abs. 1, 2. Alt. lässt die Möglichkeit offen, die Prüfung der raumbedeutsamen Umweltauswirkungen eines Vorhabens nicht nur im Raumordnungsverfahren, sondern auch in einem **anderen raumordnerischen Verfahren** vorzunehmen. Eine raumordnerische UVP kann daher bspw. auch bei der Aufstellung eines Regional- bzw. Gebietsentwicklungsplans erfolgen, soweit hier insbesondere den Anforderungen des § 9 Abs. 3 Satz 1 an die Einbeziehung der Öffentlichkeit Rechnung getragen wird.

---

[94] Zum Bewertungsvorgang und zu den Einzelheiten dieser »medienübergreifenden« Bewertung vgl. § 12 Rn. 35 ff. So wie hier für die raumordnerische UVP dargestellt in der Literatur insbesondere bei *Dickschen*, Raumordnungsverfahren, S. 290, und bei *Erbguth*, UPR 1992, 287 (290 f.), auch *Wagner*, DVBl. 1993, 583 (588).

[95] *Steinberg*, DÖV 1992, 321 (328), weist zutreffend darauf hin, dass die raumordnerische UVP dabei im Einzelfall in der Abwägung gegenüber anderen, nicht umweltbezogenen Belangen zurückgestellt werden kann.

[96] Ebenso *Steinberg*, DÖV 1992, 321 (328); Nr. 0.6.2.2 UVPVwV.

5 Gesonderte Berücksichtigung der raumordnerischen UVP im Zulassungsverfahren (Abs. 2)

§ 16 Abs. 2 regelt auf den ersten Blick nur ein eigenständiges Berücksichtigungsgebot des (Zwischen-)Ergebnisses der raumordnerischen UVP im nachfolgenden Zulassungsverfahren. Die Verpflichtung zur Berücksichtigung einer qualifizierten raumordnerischen UVP folgt im Zulassungsverfahren folgt allerdings bereits aus § 16 Abs. 3 Satz 2, da der dort geregelte Verzicht auf eine nochmalige Bewertung der raumbedeutsamen Umweltauswirkungen nur sinnvoll ist, wenn das Ergebnis der qualifizierten raumordnerischen UVP in das nachfolgende Zulassungsverfahren übernommen wird. § 16 Abs. 2 kommt daher des Weiteren eine zusätzliche, nicht sofort erkennbare Bedeutung zu, sofern nämlich nach Landesrecht nur eine einfache raumordnerische UVP ohne Einbeziehung der Öffentlichkeit in das Raumordnungsverfahren integriert ist.[97] So hat die Zulassungsbehörde nach § 16 Abs. 2 auch die nur im Rahmen einer einfachen raumordnerischen UVP ermittelten, beschriebenen und bewerteten Umweltauswirkungen des Vorhabens nach Maßgabe des § 12 bei der Entscheidung über die Zulässigkeit des Vorhabens (gesondert) zu berücksichtigen. Das Ergebnis einer (auch nur) einfachen raumordnerischen UVP im Rahmen eines Raumordnungsverfahrens ist daher ein **eigenständiger Belang im Entscheidungsprozess** des nachfolgenden Zulassungsverfahrens. Demgegenüber hatte die Bundesregierung in der Vorbereitung der Novelle 1990 diese gesonderte, eigenständige Berücksichtigungsfähigkeit des Ergebnisses der einfachen raumordnerischen UVP im Zulassungsverfahren so nicht beabsichtigt, sondern zunächst von der Einhaltung zusätzlicher, in § 16 Abs. 3 Satz 2 besonders festgelegter Voraussetzungen und damit von der Durchführung einer qualifizierten raumordnerischen UVP abhängig machen wollen.[98] Die auf Anregung des Bundesrates in dieser Form Gesetz gewordene Regelung des § 16 Abs. 2 trägt damit dem Anliegen einzelner Länder Rechnung, die nach wie vor ein Raumordnungsverfahren mit UVP, aber ohne Einbeziehung der Öffentlichkeit beibehalten wollten.[99]

82

Da auch das Gesamtergebnis des Raumordnungsverfahrens im Zulassungsverfahrens zu berücksichtigen ist, beeinflusst ein Raumordnungsverfahren mit integrierter einfacher raumordnerischer UVP das nachfolgende Zulassungsverfahren somit auf zweifache Weise.[100] Durch den Verweis auf § 12 wird zugleich deutlich, dass sich der Umfang der Berücksichtigungsfähigkeit der einfachen raumordnerischen UVP nach den Grundsätzen der Berücksichtigungsfähigkeit der UVP im Zulassungsverfahren und damit nach der Offenheit des jeweils nachfolgenden fachgesetzlichen Zulassungstatbestandes richtet.[101] Mit dem gesonderten Berücksichtigungsgebot des § 16 Abs. 2 verstärkt sich daher die Wirkung jeder raumordnerischen UVP (als Abwägungsbelang oder im Rahmen der

83

---

97 Zur Abgrenzung der einfachen von der qualifizierten raumordnerischen UVP oben Rn. 22.
98 § 16 Abs. 2 sollte ursprünglich lauten: »Im nachfolgenden Zulassungsverfahren hat die zuständige Behörde die im Raumordnungsverfahren ermittelten und beschriebenen Umweltauswirkungen des Vorhabens nach § 12 zu bewerten und diese Bewertung bei der Entscheidung über die Zulässigkeit des Vorhabens zu berücksichtigen.«, vgl. BT-Drs. 11/3919 vom 26.1.1989, S. 7.
99 Hierzu oben Rn. 22.
100 *Steinberg*, DÖV 1992, 321 (328); *Wagner*, DVBl. 1991, 1230 (1232).
101 Vgl. im Einzelnen § 12 Rn. 79ff.

§ 16 Raumordnungsverfahren und Zulassungsverfahren

Ermessensausübung) im Zulassungsverfahren damit unabhängig von der Einhaltung der strengen Vorgaben des § 16 Abs. 3 (für die qualifizierte raumordnerische UVP).

6 Beschränkung der UVP im nachfolgenden Zulassungsverfahren (Abs. 3)

84 § 16 Abs. 3 regelt demgegenüber die entlastende Wirkung ausschließlich der qualifizierten raumordnerischen UVP für die UVP im Zulassungsverfahren. Hiernach sollen sowohl einzelne Verfahrensschritte als auch die qualifizierte raumordnerische UVP insgesamt als Bausteine in die UVP im nachfolgenden Zulassungsverfahren übernommen werden und diese entlasten. Voraussetzung für diese Arbeitsteilung zwischen Raumordnungs- und Zulassungsverfahren ist, dass die im Rahmen der raumordnerischen UVP durchgeführten Verfahrensschritte den Anforderungen des UVPG an eine UVP im Zulassungsverfahren genügen würden und damit insbesondere bereits im Raumordnungsverfahren eine Einbeziehung der Öffentlichkeit nach § 9 Abs. 3 Satz 1 und ggf. § 9 a erfolgt ist (qualifizierte raumordnerische UVP). Vergleichbare Anordnungen finden sich in § 13 Abs. 2 für Teilzulassungen, in § 15 Abs. 4 für vorgelagerte Verfahren im Verkehrsplanungsrecht und in § 17 Satz 3 für Bebauungsplanverfahren. Auch die Regelung des Raumordnungsverfahrens in der UVPVwV in den Nummern 0.2, 0.5.2.5 und 0.6.2.2 dient der Verdeutlichung dieser Beschränkungsmöglichkeit für die Zulassungsverfahren.

6.1 Entlastung der Verfahrensschritte der §§ 5 bis 8 und 11 (Abs. 3 Satz 1)

85 Gemäß § 16 Abs. 3 Satz 1 **soll** im nachfolgenden Zulassungsverfahren hinsichtlich der im Verfahren nach Absatz 1 ermittelten und beschriebenen (raumbedeutsamen) Umweltauswirkungen von den Anforderungen der §§ 5 bis 8 und 11 insoweit abgesehen werden, als diese Verfahrensschritte bereits im Verfahren nach Absatz 1, d.h. also bei der raumordnerischen UVP erfolgt sind. Die bei der raumordnerischen UVP durchgeführten Verfahrensschritte der Unterrichtung über den voraussichtlichen Untersuchungsrahmen,[102] der Vorlage der Unterlagen über die Umweltauswirkungen durch den Vorhabenträger,[103] der Beteiligung der berührten in- und ausländischen Behörden[104] sowie der zusammenfassenden Darstellung der Umweltauswirkungen[105] sollen daher in Bezug auf die raumbedeutsamen Umweltauswirkungen im nachfolgenden Zulassungsverfahren **nicht nochmals durchgeführt werden,** soweit sich Vorhabenträger und Landesplanungsbehörde bei der Vorbereitung und Durchführung der raumordnerischen UVP am durch die §§ 5 bis 8 und 11 vorgegebenen Verfahrensstandard einer UVP im Zulassungsverfahren orientiert haben (vgl. im Einzelnen auch Nummern 0.2, 0.4.9, 0.5.2.5 und 0.6.2.2 der UVPVwV).

86 Die für die Durchführung der UVP im Zulassungsverfahren verantwortliche Zulassungsbehörde prüft zunächst die ihr von der Landesplanungsbehörde zugeleiteten Unterlagen. Kommt sie zu dem Ergebnis, dass die Vorgehensweise der Landesplanungsbehörde den entsprechenden Maßgaben des UVPG entsprochen hat, **beschränkt sie**

---

102 Siehe zu den Anforderungen oben Rn. 70.
103 Oben Rn. 71.
104 Oben Rn. 72 sowie § 7 Rn. 11 ff. und § 8 Rn. 15 ff.
105 Oben Rn. 72.

ihrerseits das »scoping« nach § 5, die Beteiligung der in- und ausländischen Behörden nach den §§ 7 f. und die zusammenfassende Darstellung nach § 11 auf die von der Landesplanungsbehörde noch nicht geprüften, also nicht raumbedeutsamen Umweltauswirkungen. Auch der Vorhabenträger braucht in diesem Fall seine Vorhabenunterlagen nach § 6 nur noch um solche zu ergänzen, die für die Beurteilung der nicht raumbedeutsamen Umweltauswirkungen zusätzlich erforderlich sind. Vor Abschluss des Zulassungsverfahrens fügt die Zulassungsbehörde die Vorarbeiten der Landesplanungsbehörde mit ihren Unterlagen zusammen (vgl. § 2 Abs. 1 Satz 4, Nr. 0.2 UVPVwV).

Eine Abweichung von der »Soll«-Regelung und damit eine nochmalige Ermittlung und Beschreibung auch der raumbedeutsamen Umweltauswirkungen des Vorhabens kommt hingegen ausnahmsweise dann in Betracht, wenn die Unterlagen unvollständig sind oder die Zulassungsbehörde eine erneute Prüfung aufgrund neuer Erkenntnisse, die erst nach Abschluss der raumordnerischen UVP gewonnen wurden, für geboten hält. Hierzu nimmt die Zulassungsbehörde mit der für die Prüfung dieser Fragen kompetenziell zuständigen Landesplanungsbehörde Kontakt auf und **bezieht sie in das Verfahren ein**. Diese Durchbrechung des Regel-Ausnahme-Verhältnisses bedarf, da sie der gesetzgeberischen Intention der Verfahrensabschichtung und auch der Kompetenzverteilung zuwiderläuft, der besonderen Rechtfertigung im Einzelfall.[106]

6.2 Entlastung der Anhörung nach § 9 Abs. 1 und der Bewertung nach § 12 (Abs. 3 Satz 2)

Soll die Entlastung der UVP im Zulassungsverfahren durch das Raumordnungsverfahren gerade auch hinsichtlich der Bewertung der raumbedeutsamen Umweltauswirkungen des Vorhabens (also hinsichtlich der raumordnerischen UVP insgesamt) zum Tragen kommen, sind zusätzlich die **besonderen (»qualifizierten«) Anforderungen** von § 16 Abs. 3 Satz 2 zu beachten. So darf und soll bei der UVP im Zulassungsverfahren die Bewertung dann auf zusätzliche oder andere erhebliche Umweltauswirkungen beschränkt und der Umfang der UVP damit reduziert werden, sofern die Öffentlichkeit bei der (qualifizierten) raumordnerischen UVP entsprechend den Bestimmungen des § 9 Abs. 3 Satz 1 einbezogen wurde. Weitere ungeschriebene, aber für jede UVP maßgebliche Voraussetzung ist dabei allerdings, dass die im Rahmen der raumordnerischen UVP vorgenommene Bewertung der raumbedeutsamen Umweltauswirkungen auch den Anforderungen des § 2 Abs. 1 Satz 2 und des § 12 an die Bewertung entsprochen und damit auch mögliche Wechselwirkungen einbezogen hat. Die Einbeziehung der Öffentlichkeit im Raumordnungsverfahren in der Form des § 9 Abs. 3 Satz 1 eröffnet daher die Möglichkeit einer Entlastung der UVP im Zulassungsverfahren um sämtliche bei der raumordnerischen UVP durchgeführten Verfahrensschritte. Gemäß § 2 Abs. 1 Satz 4 können sodann die qualifizierte raumordnerische UVP und die entsprechend reduzierte UVP im nachfolgenden Zulassungsverfahren zu einer Gesamtbewertung der Umweltauswirkungen einschließlich der Wechselwirkungen zusammengefasst und gemäß § 12 bei der abschließenden Zulassungsentscheidung berücksichtigt werden.

Genügte die Einbeziehung der Öffentlichkeit im Raumordnungsverfahren dieser Anforderung hingegen nicht – erfolgte sie also entweder gar nicht oder nur in der

---

106 Zur Kritik an der »Soll«-Regelung nachfolgend Rn. 90 ff.

einfachen Form der Unterrichtung –, muss bei der UVP im Zulassungsverfahren sowohl die Anhörung der Öffentlichkeit als auch die Bewertung der Umweltauswirkungen nochmals auch auf die raumbedeutsamen Umweltauswirkungen erstreckt werden. Eine Entlastung des Zulassungsverfahrens um die dann nur einfache raumordnerische UVP ist bei einer solchen Vorgehensweise der Landesplanungsbehörde daher nicht möglich.

6.3 Kritik am Abschichtungsmodell

90 In der Literatur wird einerseits die grundsätzliche Frage aufgeworfen, ob durch die »Soll«-Regelung des § 16 Abs. 3 die vom Gesetzgeber intendierte Abschichtung in der Praxis überhaupt erreicht werden kann und nicht eher nur **verfahrensunökonomische Doppelprüfungen** sowohl bei der raumordnerischen UVP als auch bei der UVP im Zulassungsverfahren ausgelöst werden.[107] So sei insbesondere wegen der fehlenden rechtlichen Verbindlichkeit des Ergebnisses der raumordnerischen UVP zu erwarten, dass die Zulassungsbehörde – aus Sorge um den Bestand der Zulassungsentscheidung im Gerichtsverfahren – die bei der raumordnerischen UVP geprüften Sachverhalte im Zulassungsverfahren in jedem Fall erneut behandele. Die durch § 16 Abs. 3 eingeräumte Möglichkeit der Zulassungsbehörde, auf die Prüfung solcher Belange und Fragen zu verzichten, sei somit theoretischer Natur und in der gewählten Form nicht praktikabel.[108] Auch sei den von dem Vorhaben Betroffenen in der Praxis gerade nicht verständlich zu machen, dass sie zu den raumbedeutsamen Umweltauswirkungen des Vorhabens schon im Raumordnungsverfahren Stellung nehmen müssten und zu den nicht raumbedeutsamen Umweltauswirkungen erst im Zulassungsverfahren Stellung nehmen dürften.[109]

91 Andererseits und entgegen der § 16 Abs. 3 zugrunde liegenden Vorstellung, dass eine Wiederholung der raumordnerischen UVP im Zulassungsverfahren zumindest im Ausnahmefall möglich bzw. bei Fehlen der Öffentlichkeitseinbeziehung in der Form des § 9 Abs. 3 Satz 1 sogar geboten sei, wird (aus rechtssystematischen Gründen) darauf verwiesen, dass im Zulassungsverfahren die überörtliche Prüfung als solche gar nicht mehr in Frage gestellt und daher in keinem Fall erneut vorgenommen werden dürfe, da es ansonsten zu einem **kompetenzwidrigen Übergriff** der Zulassungsbehörde in den raumordnerischen Aufgabenbereich komme.[110]

92 Den aufgezeigten Bedenken sollte in der Praxis dadurch Rechnung getragen werden, dass bereits im »**scoping**« vor Einleitung des Raumordnungsverfahrens zwischen dem Vorhabenträger, der Landesplanungsbehörde und auch schon der Zulassungsbehörde verbindlich abgesprochen wird, dass eine UVP im Raumordnungsverfahren durchgeführt werden und auf welche Punkte sie konzentriert werden soll. Wird der Prüfungsrahmen für die raumordnerische UVP zwischen allen Beteiligten frühzeitig und eindeutig festgelegt und werden die zu beteiligenden Behörden und die Bürger nachher demgemäß

---

107 *Dohle*, NVwZ 1989, 687 (700, 702); *Weber/Hellmann*, NJW 1990, 1625 (1632).
108 *Kretz*, UPR 1992, 129 (133 f.), der hieraus die Forderung nach einer verbindlichen Abschichtungswirkung des Raumordnungsverfahrens und der raumordnerischen UVP ableitet.
109 So hinsichtlich der Praktikabilität einer gestuften Öffentlichkeitsbeteiligung *Wickrath*, DVBl. 1992, 998 (1005); *Fürst*, UVP, S. 215; bestätigend der Bericht im Kölner Stadtanzeiger vom 11. 9. 1992, S. 32, zur Anhörung im Raumordnungsverfahren zur ICE-Trasse Köln-Bonn/Siegburg.
110 *Erbguth*, Die Verwaltung 1991, 283 (318); *Erbguth/Schink*, UVPG, § 16 Rn. 9 ff.

informiert, erscheint es zumindest möglich, Doppelprüfungen im nachfolgenden Zulassungsverfahren weitgehend zu vermeiden.[111] Eine solche »pragmatische« Vorgehensweise vermag allerdings nicht zu verdecken, dass die vom Gesetzgeber gewollte Entlastung der UVP im Zulassungsverfahren durch die vorausgegangene raumordnerische UVP nur sehr unzulänglich ihren Niederschlag im Gesetzeswortlaut gefunden hat, somit für unterschiedliche Auslegungen das Tor weit geöffnet ist.

7 Umsetzungserfordernis durch landesgesetzliche Regelungen

§ 15 ROG enthält nunmehr ausschließlich Rahmenrecht des Bundes.[112] Die unmittelbaren Rechtsgrundlagen sowie Einzelheiten der Durchführung von Raumordnungsverfahren sind daher von den Ländern zu regeln. Alle 13 Flächenstaaten sind dieser Verpflichtung bereits in Umsetzung des früheren § 6a ROG – wenn auch in sehr unterschiedlicher Form – nachgekommen. Über den Regelungsgehalt von § 15 ROG hinausgehend sehen die Mehrzahl der Landesplanungsgesetze die Verpflichtung zur Durchführung einer qualifizierten raumordnerischen UVP vor, während sich eine Minderheit der Länder auf eine einfache raumordnerische UVP ohne Einbeziehung der Öffentlichkeit beschränkt oder gar keine UVP in das Raumordnungsverfahren integriert.[113] Allerdings ist es auch in diesen Ländern nicht ausgeschlossen, dass sich Vorhabenträger und Landesplanungsbehörde darauf verständigen, freiwillig eine qualifizierte raumordnerische UVP in das Raumordnungsverfahren zu integrieren, um die Abschichtungswirkung des § 16 Abs. 3 und damit mehr Planungssicherheit zu erreichen. Daneben konkretisieren einzelne Landesplanungsgesetze die Anforderungen an die einzureichenden Unterlagen.

93

8 Besonderheiten bei der Verkehrswege- und Flughafenplanung

Bei der Verkehrswege- und Flughafenplanung ist im Anschluss an das Raumordnungsverfahren oder parallel hierzu ein Linienbestimmungsverfahren (§ 16 FStrG und § 13 WaStrG) oder vorgelagertes Genehmigungsverfahren (§ 6 LuftVG) vor dem abschließenden Planfeststellungsverfahren durchzuführen. Aufgabe dieser zusätzlichen vorgelagerten Verfahren ist eine **besondere fachliche Standortprüfung** für das geplante Vorhaben, der eine behördeninterne Bindungswirkung für das weitere Verfahren zukommt. Der Bindungswirkung dieser Verfahren trägt § 15 durch die Verpflichtung Rechnung, die Umweltverträglichkeit nach dem jeweiligen Planungsstand des Vorhabens unter Einbeziehung der Öffentlichkeit zu prüfen (Absatz 1 Satz 1 i. V. mit den Absätzen 2 und 3). Die UVP im Rahmen dieser Verfahren wird nach § 15 Abs. 1 Satz 2 allerdings dann entbehrlich, wenn eine solche (qualifizierte) bereits im Raumordnungsverfahren erfolgt

94

---

111 Zum vorbereitenden »scoping« oder Erörterungsgespräch oben Rn. 70. Wird hingegen auf die Durchführung einer raumordnerischen UVP insgesamt verzichtet, sollte umgekehrt schon im Erörterungsgespräch abgesprochen werden, dass die kompetenziell für die raumordnerische UVP zuständige Landesplanungsbehörde im nachfolgenden Zulassungsverfahren bei Durchführung der UVP entsprechend beteiligt wird.
112 *Runkel*, DVBl. 1996, 698 (699), zur Notwendigkeit der Zurücknahme unmittelbar geltender Regelungen im Rahmenrecht.
113 Zu den drei möglichen Modellen siehe oben Rn. 20ff.

§ 16 *Anlage*

ist.[114] Eine Reduzierung der UVP ausschließlich auf das abschließende Zulassungsverfahren, wie sie bei anderen Vorhaben zulässig ist, scheidet wegen der Wichtigkeit einer frühzeitigen UVP bei den Verkehrswege- und Flughafenplanungen aufgrund der Sonderregelung in § 15 Abs. 1 generell aus.

95 Den neuen Ländern ermöglicht das nunmehr bis Ende 2004 befristete **Verkehrswegeplanungsbeschleunigungsgesetz**,[115] bei der Planung von Verkehrswegen auf die Einbeziehung der Öffentlichkeit im Rahmen der raumordnerischen UVP nach § 16 Abs. 1 zu verzichten (§ 2 Abs. 2 des Verkehrswegeplanungsbeschleunigungsgesetzes).[116] Der Bundesgesetzgeber gibt damit den neuen Ländern die Durchführung einer einfachen raumordnerischen UVP im Rahmen von Raumordnungsverfahren für Verkehrswegeplanungen übergangsweise vor. Ebenso kann im Linienbestimmungsverfahren auf die Einbeziehung der Öffentlichkeit im Rahmen der UVP verzichtet werden. Damit entfällt allerdings die Abschichtungswirkung des § 16 Abs. 3 (und auch des § 15 Abs. 4) mit der Folge, dass im nachfolgenden Planfeststellungsverfahren die Öffentlichkeit erstmals zu den raumbedeutsamen Umweltauswirkungen des Vorhabens anzuhören ist.[117] Den Ländern ist es allerdings nicht verwehrt, freiwillig im Raumordnungsverfahren eine auch qualifizierte raumordnerische UVP mit Einbeziehung der Öffentlichkeit zu praktizieren. Soll ein solches Raumordnungsverfahren stattfinden, ist es parallel zum Linienbestimmungsverfahren (ohne UVP) und in einer Frist von vier, bei schwierigeren Sachverhalten in sechs Monaten durchzuführen (§ 2 Abs. 1 Satz 3 des Verkehrswegeplanungsbeschleunigungsgesetzes). Eine qualifizierte raumordnerische UVP ist damit in ihrem Umfang entsprechend einzugrenzen.

Anlage Verordnung zu § 6a Abs. 2 ROG a. F. (RoV)

§ 1 Anwendungsbereich

Für die nachfolgend aufgeführten Planungen und Maßnahmen soll ein Raumordnungsverfahren (§ 15 des Raumordnungsgesetzes) durchgeführt werden, wenn sie im Einzelfall raumbedeutsam sind und überörtliche Bedeutung haben. Die Befugnis der für die Raumordnung zuständigen Landesbehörden, weitere raumbedeutsame Planungen und Maßnahmen von überörtlicher Bedeutung nach landesrechtlichen Vorschriften in einem Raumordnungsverfahren zu überprüfen, bleibt unberührt.

---

114 Zu den Einzelheiten vgl. § 15 Rn. 10 ff.; vgl. auch die dort vertretene Auffassung, dass im Linienbestimmungsverfahren nach § 16 FStrG wegen der Befristung des Verfahrens auf drei Monate eine förmliche UVP entsprechend dem UVPG kaum möglich ist und damit für die Straßenverkehrsplanung sinnvollerweise von einer obligatorischen UVP im Raumordnungsverfahren auszugehen ist, § 15 Rn. 12.
115 Vom 16.12.1999 (BGBl. I S. 2174), zuletzt geändert am 22.12.1999 (BGBl. I S. 2659).
116 Zum Streit um den Verzicht auf die Öffentlichkeitsbeteiligung bei vorgelagerten Verfahren § 9 Rn. 45. Ausführlich zum Verkehrswegeplanungsbeschleunigungsgesetz *Repkewitz*, Verw. Archiv 1997, 137 (142), *Ronellenfitsch*, DVBl. 1991, 920 ff., und LKV 1992, 115 (117 ff.); *Reinhardt*, DtZ 1992, 258 ff.; *Wagner*, NVwZ 1992, 232 ff.; die Regelungen des § 2 des Verkehrswegeplanungsbeschleunigungsgesetzes gelten nicht für die Flughafenplanung. Zur Befristung des Raumordnungsverfahrens nach dem Verkehrswegeplanungsbeschleunigungsgesetzes siehe auch oben Rn. 9.
117 Aus diesem Grund auch im Hinblick auf die angestrebte Beschleunigung kritisch *Wickel*, NVwZ 2001, 16 (18).

Anlage § 16

1. Errichtung einer Anlage im Außenbereich im Sinne des § 35 des Baugesetzbuchs, die der Genehmigung in einem Verfahren unter Einbeziehung der Öffentlichkeit nach § 4 des Bundes-Immissionsschutzgesetzes bedarf und in den Nummern 1 bis 10 der Anlage 1 zum Gesetz über die Umweltverträglichkeitsprüfung aufgeführt ist; sachlich und räumlich miteinander im Verbund stehende Anlagen sind dabei als Einheit anzusehen;
2. Errichtung einer ortsfesten kerntechnischen Anlage, die der Genehmigung in einem Verfahren unter Einbeziehung der Öffentlichkeit nach § 7 des Atomgesetzes bedarf;
3. Errichtung einer Anlage zur Sicherstellung und zur Endlagerung radioaktiver Abfälle, die einer Planfeststellung nach § 9b des Atomgesetzes bedarf;
4. Errichtung einer Anlage zur Ablagerung von Abfällen (Deponie), die der Planfeststellung nach § 31 Abs. 2 des Kreislaufwirtschafts- und Abfallgesetzes bedarf;
5. Bau einer Abwasserbehandlungsanlage, die einer Zulassung nach § 18c des Wasserhaushaltsgesetzes bedarf;
6. Errichtung und wesentliche Trassenänderung einer Rohrleitungsanlage zum Befördern wassergefährdender Stoffe, die der Genehmigung nach § 19a des Wasserhaushaltsgesetzes bedürfen;
7. Herstellung, Beseitigung und wesentliche Umgestaltung eines Gewässers oder seiner Ufer, die einer Planfeststellung nach § 31 des Wasserhaushaltsgesetzes bedürfen, sowie von Häfen ab einer Größe von 100 ha, Deich- und Dammbauten und Anlagen zur Landgewinnung am Meer;
8. Bau einer Bundesfernstraße, die der Entscheidung nach § 16 des Bundesfernstraßengesetzes bedarf;
9. Neubau und wesentliche Trassenänderung von Schienenstrecken der Eisenbahnen des Bundes sowie Neubau von Rangierbahnhöfen und von Umschlagseinrichtungen für den kombinierten Verkehr;
10. Errichtung einer Versuchsanlage nach dem Gesetz über den Bau und den Betrieb von Versuchsanlagen zur Erprobung von Techniken für den spurgeführten Verkehr;
11. Ausbau, Neubau und Beseitigung einer Bundeswasserstraße, die der Bestimmung der Planung und Linienführung nach § 13 des Bundeswasserstraßengesetzes bedürfen;
12. Anlage und wesentliche Änderung eines Flugplatzes, die einer Planfeststellung nach § 8 des Luftverkehrsgesetzes bedürfen;
13. (aufgehoben);
14. Errichtung von Hochspannungsfreileitungen mit einer Nennspannung von 110 kV oder mehr und von Gasleitungen mit einem Durchmesser von mehr als 300 mm;
15. Errichtung von Feriendörfern, Hotelkomplexen und sonstigen großen Einrichtungen für die Ferien- und Fremdenbeherbergung sowie von großen Freizeitanlagen;
16. bergbauliche Vorhaben, soweit sie der Planfeststellung nach § 52 Abs. 2a bis 2c des Bundesberggesetzes bedürfen;
17. andere als bergbauliche Vorhaben zum Abbau von oberflächennahen Rohstoffen mit einer vom Vorhaben beanspruchten Gesamtfläche von 10 ha oder mehr;
18. Neubau und wesentliche Trassenänderung von Magnetschwebebahnen;
19. Errichtung von Einkaufszentren, großflächigen Einzelhandelsbetrieben und sonstigen großflächigen Handelsbetrieben.

§ 2 Überleitung

§ 3 Inkrafttreten

§ 17 Aufstellung von Bebauungsplänen

Werden Bebauungspläne im Sinne des § 2 Abs. 3 Nr. 3 aufgestellt, geändert oder ergänzt, wird die Umweltverträglichkeitsprüfung einschließlich der Vorprüfung des Einzelfalls nach § 2 Abs. 1 Satz 1 bis 3 sowie den §§ 3 bis 3f im Aufstellungsverfahren nach den Vorschriften des Baugesetzbuchs durchgeführt. Bei Vorhaben nach den Nummern 18.1 bis 18.8 der Anlage 1 wird die Umweltverträglichkeitsprüfung einschließlich der Vorprüfung des Einzelfalls nur im Aufstellungsverfahren durchgeführt. Wird die Umweltverträglichkeitsprüfung in einem Aufstellungsverfahren und in einem nachfolgenden Zulassungsverfahren durchgeführt, soll die Umweltverträglichkeitsprüfung im nachfolgenden Zulassungsverfahren auf zusätzliche oder andere erhebliche Umweltauswirkungen des Vorhabens beschränkt werden.

Übersicht

		Rn.			Rn.
1	Allgemeines	1	3.1.2.2	Beteiligung der Träger öffentlicher Belange gemäß § 4 und benachbarter Gemeinden gemäß § 2 Abs. 2 BauGB	56
1.1	Regelungsgegenstand	2			
1.2	Zweck und Bedeutung der Vorschrift	4			
1.3	Gesetzesgeschichte	6	3.1.2.3	Zusammenfassende Darstellung und Bewertung in der Planbegründung gemäß § 9 Abs. 8 BauGB	64
1.3.1	Vorgaben der UVP-Richtlinie	7			
1.3.2	Innerstaatliche Entstehung	13			
1.3.2.1	In-Kraft-Treten UVPG 1990	14	3.1.3	Ergänzende Verfahrensnormen für die UVP	66
1.3.2.2	Novelle BauGB 1993	18			
1.3.2.3	Novelle BauGB 1998	20	3.1.3.1	Feststellung der UVP-Pflicht gemäß § 3a	69
1.3.2.4	Novellen UVPG und BauGB 2001	21			
1.4	Anwendungsbereich der Vorschrift (Satz 1, erster Teil)	24	3.1.3.1.1	Vorprüfung im Einzelfall (»screening«) gemäß § 3c	71
1.4.1	Zweistufige Verfahren	25	3.1.3.1.2	Besonderheiten bei kumulierenden Vorhaben oder Änderungen oder Erweiterungen eines Vorhabens	76
1.4.2	Bauplanungsrechtliche Vorhaben	26			
1.4.3	Planfeststellungsersetzende Bebauungspläne	27	3.1.3.2	Unterrichtung über voraussichtlich beizubringende Unterlagen (»scoping«) analog § 5	81
1.4.4	Angebotsbebauungspläne	28			
1.5	Geltung von Verwaltungsvorschriften	29	3.1.3.3	Umweltbericht gemäß § 2a BauGB	82
2	Anforderungen an eine integrierte UVP in der städtebaulichen Planung	31	3.1.3.4	Ausländische Beteiligung gemäß § 4a BauGB	86
			3.2	Verfahren der UVP beim Vorhaben- und Erschließungsplan	93
2.1	Vollzugsdefizite des Umweltschutzes in der Bauleitplanung	31	4	Materielle Einbindung der UVP in die Bebauungsplanung (Satz 1, mittlerer Teil)	102
2.2	Korrekturansatz des UVPG	33			
3	Verfahrensmäßige Einbindung der UVP (Satz 1, letzter Teil)	35	4.1	Regelungszusammenhang von § 17 Satz 1 und § 1a Abs. 2 Nr. 3 BauGB	103
3.1	Verfahren der UVP in der Bebauungsplanung	40			
3.1.1	Umweltverträglichkeitsprüfung als unselbständiger Verfahrensbestandteil	41	4.2	Konkretisierung der materiellen Kriterien durch die UVPVwV	105
			4.3	Einzelheiten zur materiell-rechtlichen Einbindung	106
3.1.2	Anwendung der allgemeinen Verfahrensnormen des BauGB	43	4.3.1	Anwendung von § 2 Abs. 1 Satz 2 i.V. mit § 1a Abs. 2 Nr. 3 BauGB	107
3.1.2.1	Beteiligung der Bürger gemäß § 3 BauGB	44	4.3.2	Umfang der Prüfung nach Baurecht	111

4.3.2.1	Ermittlung der Umweltauswirkungen	112	4.4	Materiell-rechtliche Erfordernisse der UVP beim Vorhaben- und Erschließungsplan 168
4.3.2.1.1	Beschränkung auf bauplanerisch bedeutsame Umweltauswirkungen	113	5	Entlastung nachfolgender Verfahren (Satz 3) 169
4.3.2.1.2	Ermittlungsvorgang	123	6	Das Verhältnis von UVP und naturschutzrechtlicher Eingriffsregelung in der Bebauungsplanung 176
4.3.2.1.3	Umfang der Ermittlung	128		
4.3.2.2	Beschreibung der Umweltauswirkungen	132		
4.3.2.3	Bewertung der Umweltauswirkungen	133	6.1	Eingriffs- und Ausgleichsregelung in der Bebauungsplanung gemäß § 21 BNatSchG i. V. mit § 1 a Abs. 2 Nr. 2 BauGB 177
4.3.2.3.1	Erfordernis einer umweltinternen Gesamtbewertung	134		
4.3.2.3.2	Bewertungsmaßstäbe	137	6.2	Integration der Eingriffsregelung in die UVP 189
4.3.2.3.3	Bewertungskriterien	146		
4.3.2.4	Alternativenprüfung	147	7	Überleitungsrecht 194
4.3.3	Entsprechend dem Planungsstand des Vorhabens (§ 1 a Abs. 2 Nr. 3 BauGB i. V. mit § 17 Satz 2)	159		
4.3.4	Berücksichtigung der UVP in der städtebaulichen Gesamtabwägung (§ 1 a Abs. 2 Nr. 3 BauGB i. V. mit § 1 Abs. 6 BauGB)	163		

1 Allgemeines

§ 17 konkretisiert die Vorschrift des § 2 Abs. 3 Nr. 3, die seit der Novelle des UVPG im Jahr 2001 in Verbindung mit der Anlage 1 einen weitaus größeren Teil aller Bebauungspläne als zuvor der UVP-Pflicht unterwirft. Die Umweltverträglichkeitsprüfung im Planverfahren stellt im Rahmen der ansonsten rein projektbezogenen Ausrichtung des UVPG einen Sonderfall dar. Eine These, dass der deutsche Gesetzgeber damit den ersten Schritt zur sog. **Plan-UVP** getan hat, wäre jedoch verfehlt; die Einführung der UVP für die Flächennutzungsplanung und für sog. »Angebotsbebauungspläne« bleibt einer weiteren Novelle zur Umsetzung der EG-Richtlinie zur Einführung einer UVP für Programme und Pläne vorbehalten.[1] Der UVP-Pflicht unterliegen nämlich derzeit nur solche Pläne, die streng »anlagenbezogen« bzw. **»projektbezogen«** sind. Das ergibt sich aus der Formulierung des § 2 Abs. 3 Nr. 3, die nur solche Pläne erfasst, »durch die die Zulässigkeit von bestimmten Vorhaben im Sinne der Anlage zu § 1 begründet werden soll«, und jene, »die Planfeststellungsbeschlüsse für Vorhaben im Sinne der Anlage zu § 1 ersetzen«. Es kommen also nur solche **Bebauungspläne** in Betracht, deren planerische Zielsetzung auf die Begründung der Zulässigkeit gerade eines UVP-pflichtigen Vorhabens gerichtet ist, bzw. die faktisch und rechtlich die **Zulassungsentscheidung** darstellen. Eine Vergleichbarkeit der Vorschrift des § 17 ist daher mit den Vorschriften des § 13 zum Vorbescheid, des § 15 zum vorgelagerten Linienbestimmungsverfahren und des § 16 zum vorgelagerten Raumordnungsverfahren gegeben, in deren Kontext sie auch steht.

1

---

1 Richtlinie 2001/41/EG vom 27.6.2001, ABl.EG Nr. L 197, S. 30; vgl. Vorbemerkungen Rn. 31; mit der Umsetzung in deutsches Recht ist Mitte 2004 zu rechnen.

§ 17 Aufstellung von Bebauungsplänen

1.1 Regelungsgegenstand

2   Der Spezialität der UVP im Bebauungsplanverfahren versucht[2] § 17 Satz 1 in der neuen Fassung der Novelle 2001 durch eine Verklammerung von UVPG und BauGB gerecht zu werden. Dabei gilt folgende Aufteilung: Durch den Verweis auf die Bebauungspläne im Sinne des § 2 Abs. 3 Nr. 3 gibt § 17 Satz 1, erster Teil, den Kreis der einer UVP unterliegenden Bebauungspläne und damit das »Ob« einer UVP vor, durch die Bezugnahme auf die Umweltverträglichkeitsprüfung einschließlich der Vorprüfung des Einzelfalls nach § 2 Abs. 1 Satz 1 bis 3 sowie den §§ 3 bis 3f im mittleren Teil auch die Bewertungsmaßstäbe und Bewertungskriterien des UVPG. Damit halten insbesondere die in § 2 Abs. 1 Satz 2 allgemein umschriebenen **Prüfgegenstände der UVP förmlichen Einzug in das Planaufstellungsverfahren**. Für das UVP-Verfahren und damit das »Wie« der UVP lässt § 17 Satz 1 dagegen in seinem letzten Teil ausschließlich die BauGB-Verfahrensnormen zur Anwendung kommen.

3   § 17 Satz 2 und 3 ordnen die UVP im Rahmen der Bebauungsplanung in das System der Umweltverträglichkeitsprüfung ein. So sind hinsichtlich ihrer UVP-Pflichtigkeit unterschiedliche Typen von Bebauungsplänen zu unterscheiden.[3] Den ersten Typ bilden **vorhabenbezogene Bebauungspläne**, welche die planerische Voraussetzung für die Zulassung eines gemäß der Anlage 1 der UVP-Pflicht unterliegenden Vorhabens schaffen. § 17 Satz 3 enthält hier ein Gebot zur inhaltlichen Beschränkung der Umweltverträglichkeitsprüfung im nachfolgenden Zulassungsverfahren zwecks Vermeidung von Doppelprüfungen. Der zweite Typ umfasst **Bebauungspläne**, die in den Nummern 18.1 bis 18.8 der Anlage 1 gesondert aufgeführt sind. Nach § 17 Satz 2 wird bei diesen Bebauungsplänen die **UVP** einschließlich der Vorprüfung des Einzelfalls **nur im Aufstellungsverfahren** durchgeführt; eine zweite Stufe der UVP in einem nachfolgenden Zulassungsverfahren folgt nicht. Der dritte Typ betrifft die **planfeststellungsersetzenden Bebauungspläne**, wenn für eine an sich erforderliche (durch den Bebauungsplan aber entbehrliche) Planfeststellung nach der Anlage 1 eine UVP ebenfalls erforderlich würde. Offen ist schließlich inwieweit auch einzelne **Angebotsbebauungspläne** in die UVP-Pflicht einbezogen sind.

1.2 Zweck und Bedeutung der Vorschrift

4   Durch die Einbeziehung von Bebauungsplänen in die UVP-Pflicht greift der Gesetzgeber in ein festgefügtes förmliches und seit Jahrzehnten bewährtes Verfahren ein, das zudem in Wahrnehmung der Rechtsgarantie aus Art. 28 Abs. 2 Satz 1 GG von den Trägern der **kommunalen Selbstverwaltung** durchgeführt wird. Der damit dem Grunde nach bestehenden Gefahr der fachlichen Überlagerung von Bebauungsplanverfahren sowie der drohenden Einschränkung des Handlungsrahmens der örtlichen Volksvertretung als Träger der Planungshoheit versucht § 17 ausgleichend entgegenzuwirken. Der Zweck der Vorschrift liegt in der behutsamen formellen und materiellen Einbindung der Umweltverträglichkeitsprüfung in die Verfahren zur Aufstellung, Änderung oder Ergänzung von solchen Bebauungsplänen, die gemäß § 2 Abs. 3 i.V. mit der Anlage zu § 1 der UVP-Pflicht unterliegen. Welche Bedeutung der Vorschrift bei der dargestellten Zweck-

---

2   Zur Kritik an der gesetzestechnisch misslungenen Vorschrift unten Rn. 35 ff.
3   Ausführlich hierzu *Runkel*, DVBl. 2001, 1377 (1378 f.).

setzung tatsächlich zukommt, ist spätestens seit der Novelle im Jahr 1993 und erstmaligen Überarbeitung der Vorschrift endgültig geklärt. Wurde der ursprünglichen Fassung aus dem Jahr 1990 noch z.T. rein deklaratorische Bedeutung in Richtung auf eine Ausnahme der Bauleitpläne aus dem Geltungsbereich des UVPG und bloße Alibifunktion gegenüber der EG unterstellt,[4] verlangt § 17 seit 1993 und auch in der aktuellen, nochmals überarbeiteten Fassung expressis verbis von den erfassten Bebauungsplänen **konstitutiv eine materielle UVP nach den Grundsätzen des § 2 Abs. 1**, die aber **formell nach den Vorschriften des BauGB** durchzuführen ist.

Mit dieser materiell-rechtlichen Einbindung der Umweltverträglichkeitsprüfung in die Bebauungspläne berücksichtigt der Gesetzgeber ein wesentliches Anliegen des UVPG, nämlich Rechtseinheitlichkeit herzustellen bei der Prüfung von Auswirkungen umweltgefährdender Vorhaben auf die einzelnen Umweltfaktoren. Darüber hinaus kann diese Einbindung helfen, die häufig beklagte restriktive Einstellung der Träger der Bauleitplanung zur Umweltverträglichkeitsprüfung und daraus resultierend die erheblichen Defizite bei der Berücksichtigung von Umweltbelangen in der Bauleitplanung[5] zu überwinden. Die Möglichkeit einer Vorverlagerung der UVP vom abschließenden Zulassungsverfahren in das vorgelagerte Bebauungsplanverfahren, in dem noch Einfluss auf die Standortauswahl genommen werden kann, soll dazu beitragen, einen umweltunverträglichen Vorhabenstandort frühzeitig zu erkennen und aus dem weiteren Entscheidungsprozess auszuscheiden. In den Fällen, in denen auch im abschließenden Zulassungsverfahren eine zweite Stufe der UVP durchzuführen ist, soll zudem die Vorhabenzulassung auf dieser Ebene entlastet und damit beschleunigt werden.

1.3 Gesetzesgeschichte

§ 17 in seiner Fassung, die er durch die Novelle des UVPG im Jahr 2001 gefunden hat, ist das Produkt einer langwierigen, im Ressortstreit sich häufig im Kreise drehenden Diskussion um die Art und Weise der Verankerung einer Umweltverträglichkeitsprüfung in der Bauleitplanung.

1.3.1 Vorgaben der UVP-Richtlinie

Nach Erlass der UVP-Richtlinie der EG war zunächst die Frage offen, inwieweit das Europarecht die Umweltverträglichkeitsprüfung für städtebauliche Planungen überhaupt verlangt, obwohl es allein auf das Einzelzulassungsverfahren für umweltbeeinträchtigende Vorhaben ausgerichtet ist und gerade **keine Plan-/Programm-UVP** verankert werden sollte.[6] Konsequenterweise fehlen deshalb auch ausdrückliche EG-Vorgaben, die eine UVP für städtebauliche Planungen vorsehen. Die bundesdeutsche Bauleitplanung – so wurde deshalb einerseits vertreten – sei kein Verfahren zur Zulassung eines Projektes im Sinne der EG-Richtlinie, sondern im Falle des Bebauungsplans ein Gesetzgebungsakt. Im Übrigen sei die Bauleitplanung ein Planungs- und, insbesondere beim Flächennutzungsplan, ein Programmverfahren im Sinne der Richtlinie.[7] Der vom

---

4 Vgl. dazu noch nachfolgend unten Rn. 14 ff.
5 Dazu noch unten Rn. 31 f.
6 Vgl. die Vorbemerkungen Rn. 9 f.
7 So Stellungnahme des Deutschen Städtetages zum Entwurf eines UVPG vom 5.5.1988, abgedruckt bei *Hübler/Otto-Zimmermann*, UVP, S. 139, unter 5.

EG-Recht geforderte Anlagenbezug sei dem Städtebaurecht fremd.[8] Regeln, wie sie für die UVP entwickelt worden seien, könnten aufgrund der der Gesamtplanung eigenen, unterschiedliche Belange abwägenden Entscheidungsfindung auf die Bauleitplanung unmittelbar nicht übertragen werden.[9]

8 Die überwiegende Meinung – nicht zuletzt der *Rat von Sachverständigen für Umweltfragen*[10] – sah jedoch die Notwendigkeit der Umsetzung der europarechtlichen UVP-Pflicht zumindest für solche Bauleitpläne, denen ein konkreter Vorhabenbezug zukommt.[11] Selbstverständlich sei eine UVP für solche Verfahren vorzusehen, in denen ein **Bebauungsplan** unmittelbar über ein UVP-pflichtiges Einzelvorhaben entscheide und damit **selbst die Genehmigung** im Sinne der EG-Richtlinie darstelle. Dies gelte etwa für Straßenbauprojekte nach **Anhang I Nr. 7 der Richtlinie (a. F.)**, für deren innerstaatliche Zulassung gemäß § 17 Abs. 3 FStrG die sonst notwendige Planfeststellung unmittelbar durch einen Bebauungsplan im Sinne des § 9 BauGB ersetzt werden könne.

9 Ein weiterer Grund für die Umsetzung der EG-Richtlinie in der Bauleitplanung wurde zu Recht in **Anhang II Nr. 10 a, b und Nr. 11 a UVP-RL (a. F.)** gefunden. Bei den dort genannten, meist aus einer Vielzahl von Einzelanlagen bestehenden größeren **Infrastrukturprojekten** (Nr. 10 a: Anlage von Industriezonen, Nr. 10 b: Städtebauprojekte, Nr. 11 a: Feriendörfer, Hotelkomplexe) handelt es sich um solche, die als Gesamtheit in Bezug auf ihre verbindliche Zulassung nur Gegenstand des Verfahrens der Bauleitplanung sind. Ist damit die Planausweisung in diesem Sinne selbst das »Projekt« nach Anhang II der EG-Richtlinie, so könne eine darauf ausgerichtete UVP nur in dem Verfahren zur Aufstellung von Bauleitplänen angesiedelt sein.[12]

10 Aus den EG-rechtlichen **Geboten der Frühzeitigkeit und Vollständigkeit der Erfassung der Umweltauswirkungen** wurde das Umsetzungserfordernis einer UVP-Pflicht schließlich für sog. **zulassungsbeeinflussende Bebauungspläne** abgeleitet. Gemeint sind solche Pläne, die über die bauplanungsrechtliche Eignung eines Standortes für UVP-pflichtige Vorhaben verbindlich entscheiden. Eine Umweltverträglichkeitsprüfung lediglich im fachgesetzlichen Zulassungsverfahren griffe hier zu kurz; dem integrativen Anspruch der UVP könne nur durch eine Einbeziehung der planerischen Standorteignungsprüfung Genüge getan werden. Allein eine im Bauleitplanverfahren durchgeführte Umweltverträglichkeitsprüfung stelle sicher, dass die schon aus dem bloßen Vorhandensein einer Anlage folgenden Gefährdungen der Umwelt bei der nachfolgenden Zulassungsentscheidung berücksichtigt werden könnten.[13]

---

8 In diesem Sinne *Dohle*, NVwZ 1989, 697 (701); vgl. auch *Lenz*, BauR 1989, 267 (269 f.).
9 Deutscher Städtetag, Umweltverträglichkeitsprüfung in der Bauleitplanung, Eildienst Städtetag 1988, 356 (357).
10 *SRU*, DVBl. 1988, 21 (23).
11 Vgl. etwa *Feldmann/Groth*, DVBl. 1986, 652 (654); *Töpfer*, in: Hübler/Otto-Zimmermann, UVP, S. 33 (40 f.); *Söfker*, UPR 1989, 170 (171 f.). Ausführlich zum Folgenden: *Schroer*, UVP im Bauplanungsrecht, S. 57 ff.; *ders.*, DVBl. 1987, 1096 ff.; ebenso *Erbguth*, Verw. Archiv 81 (1990), 327 (333 ff.).
12 *Schroer*, DVBl. 1987, 1096 (1098); *Erbguth*, Verw. Archiv 81 (1990), 327 (337); *Erbguth/Schink*, UVPG, § 2 Rn. 65; Feriendörfer und Hotelkomplexe sind in der geänderten Fassung der Richtlinie jetzt in Anhang II Nr. 12 c erwähnt.
13 Vgl. insbesondere *Schroer*, DVBl. 1987, 1096 (1097); *SRU*, DVBl. 1988, 21 (23); vgl. auch *Erbguth/Schink*, UVPG, § 2 Rn. 62.

Diesen Erkenntnissen ist zuzustimmen. Die EG-Richtlinie verlangt eine Umweltverträglichkeitsprüfung – wie sich schon aus Art. 2 Abs. 1 Satz 1 UVP-RL ergibt – nicht allein im Hinblick auf die umweltrelevanten Folgen des **Betriebes der Anlage**, sondern auch und gerade des **Vorhandenseins der Anlage** – besser gesagt ihrer baulichen Anlagen – an einem bestimmten Standort. Die – von den besonderen, fachgesetzlich relevanten Merkmalen noch nicht belastete – Frage der Zulässigkeit eines Vorhabens nach Standort und Umfang fällt aber in der Bauleitplanung. Eine auf Frühzeitigkeit und Integrität angelegte »europäische Umweltverträglichkeitsprüfung« muss also bereits hier ansetzen, will sie nicht wesentliche Ursachen möglicher Umweltauswirkungen unberücksichtigt lassen.

Die UVP-Änderungsrichtlinie hat diese Auffassung bestätigt; sie erweitert den Kreis der UVP-pflichtigen Städtebau- und bauplanungsrechtlich relevanten Infrastrukturvorhaben in der Anlage II erheblich. Erfasst werden nunmehr unter dem Oberbegriff der

Nummer 10 »Infrastrukturprojekte«
a) die Anlage von Industriezonen und
b) Städtebauprojekte, einschließlich der Errichtung von Einkaufszentren und Parkplätzen,
und unter dem Oberbegriff der
Nummer 12 »Fremdenverkehr und Freizeit«
c) Feriendörfer und Hotelkomplexe außerhalb von städtischen Gebieten und zugehörige Einrichtungen,
d) ganzjährig betriebene Campingplätze,
e) Freizeitparks.

Darüber hinaus können auch weitere Vorhaben der erweiterten Anlage II wie bspw. Anlagen zur Nutzung der Windenergie (Anhang II 3 i) bauplanungsrechtlich relevant werden.

Zudem verdeutlichen Art. 4 Abs. 2 in der Fassung der Änderungsrichtlinie und die Erwägungsgründe, dass für diese Vorhaben die ausschließliche Festlegung von Schwellenwerten als nicht ausreichend angesehen wird, sondern die Feststellung einer UVP-Pflichtigkeit ergänzend durch Einzelfallprüfungen anhand der Kriterien der Anlage III erwartet wird.[14] So hatte bereits der EuGH im Jahr 1997 festgestellt, dass der Gestaltungsraum der Mitgliedstaaten überschritten sei, wenn Schwellenwerte für Anhang II-Projekte nur der Größe nach, nicht aber nach Art und Standort eines Projektes festgelegt würden.[15]

1.3.2 Innerstaatliche Entstehung

Die Integration der UVP in die Bauleitplanung war seit In-Kraft-Treten des UVPG im Jahr 1990 ein zwischen den verantwortlichen Ressorts der Bundesregierung, aber auch in den entsprechenden Landesressorts streitiges Thema; eine Annäherung der Positionen konnte erst nach und nach im Rahmen von nunmehr drei Novellen des UVPG und BauGB erreicht werden.

---

14 Einzelheiten Vorbemerkungen Rn. 16 und § 3 Rn. 5.
15 Einzelheiten Vorbemerkungen Rn. 27 mit Hinweis auf *EuGH*, Urteil vom 21.9.1997.

§ 17 Aufstellung von Bebauungsplänen

1.3.2.1 In-Kraft-Treten UVPG 1990

14 Die Erkenntnis eines Umsetzungsbedarfs der EG-Richtlinie in Bezug auf – für UVP-pflichtige Vorhaben – standortbezogene Bauleitpläne mündete in der Diskussion Mitte der achtziger Jahre des vorigen Jahrhunderts allerdings nicht zwingend in der Forderung, solche Pläne auch durch das UVPG materiell-rechtlich in die Pflicht zu nehmen. Insbesondere Vertreter aus dem Bauressort verwiesen auf eine diesbezüglich bereits erfolgte, zumindest konkludente **Umsetzung der Richtlinie durch das Baugesetzbuch** vom 8.12.1986, das am 1.7.1987 in Kraft trat. Tatsächlich verfolgte das BauGB eine – bereits 1976 durch die Novelle des ehemaligen Bundesbaugesetzes eingeleitete – Umorientierung des Städtebaurechts, insbesondere im Hinblick auf die Verbesserung der Umweltvorsorge im Rahmen städtebaulicher Planungen und Maßnahmen.[16]

15 Das UVPG hat dennoch nicht auf eine Regelung zur Bauleitplanungs-UVP verzichtet. Die Verknüpfung der in § 2 Abs. 3 Nr. 3 und 4 UVPG 1990 statuierten Bauleitplan-UVP mit dem Recht der Bauleitplanung des BauGB regelte **§ 17 UVPG 1990** wie folgt: »Werden Bauleitpläne im Sinne des § 2 Abs. 3 Nr. 3 und 4 aufgestellt, geändert oder ergänzt, wird die Umweltverträglichkeitsprüfung nach § 2 Abs. 1 Satz 1 bis 3 im Bauleitplanverfahren nach den Vorschriften des BauGB durchgeführt; der Umfang der Prüfung bestimmt sich dabei nach den für die Aufstellung, Änderung oder Ergänzung des Bauleitplans anzuwendenden Vorschriften. § 8 ist entsprechend anzuwenden.«
Diese Regelung – so die Gesetzesbegründung[17] – berücksichtige die im Übrigen detaillierten Vorschriften des BauGB, die den Zwecken der Umweltverträglichkeitsprüfung gemäß § 1 dienen, und stelle dabei klar, dass die Vorschriften des BauGB die des Stammgesetzes – außer §§ 2 und 8 UVPG – ersetzen. An anderer Stelle heißt es hier wie folgt:

»Satz 1 bezieht die in § 2 Abs. 1 Satz 1 bis 3 enthaltene Begriffsbestimmung der UVP, einschließlich der in § 2 Abs. 1 Satz 2 enthaltenen allgemeinen Umschreibung der Prüfgegenstände der UVP, in die Vorschriften über die Aufstellung der Bebauungspläne ein, d.h., die Definition der UVP in § 2 Abs. 1 gilt unmittelbar für die Bebauungsplanung.
Satz 1 stellt ferner klar, daß für die Durchführung der UVP die Vorschriften des BauGB über das Bauleitplanverfahren maßgebend sind. Diese Vorschriften erfüllen die Anforderungen der Richtlinie und gehen damit – wie in § 4 Satz 1 geregelt – den Vorschriften des Stammgesetzes vor. Im einzelnen bestimmt sich z.B. die Einbeziehung der Öffentlichkeit nach §§ 3, 12 BauGB, die Beteiligung anderer Behörden nach § 4 BauGB, die zusammenfassende Darstellung nach § 9 Abs. 8 BauGB und die Berücksichtigung des UVP-Ergebnisses bei der Entscheidung über den Bebauungsplan nach § 10 BauGB.«

16 Trotz dieser Erläuterungen kam es zu z.T. heftig geführten Diskussionen um die Auslegung der Vorschrift.[18] Im Wesentlichen standen sich zwei Meinungsblöcke gegenüber:
Vertreter des Bauressorts[19] und die kommunalen Spitzenverbände[20] wollten dem § 17 UVPG 1990 – mit Ausnahme des Satzes 2 – eine rein deklaratorische Bedeutung

---

16 Vgl. etwa den damaligen Bundesbauminister *Schneider*, Städtetag 1987, 502 (503).
17 BT-Drs. 11/3919, S. 17 und 30.
18 Ausführliche Darstellung dieser Diskussion noch in der ersten Auflage dieser Kommentierung, dort § 17 Rn. 11 ff.
19 Vgl. etwa *Krautzberger*, UPR 1989, 161 (164); *Söfker*, UPR 1989, 170 (172 ff.).
20 *Bundesverband der kommunalen Spitzenverbände*, Stellungnahme zu dem Referentenentwurf der UVPwV vom 10.2.1992, Az.: 6/21-24/36 62.61.00., Umdruck Nr.: F 4941, S. 3.

beimessen.²¹ Die Gesetzesformulierung besage, dass die UVP nicht wie bei Entscheidungen im Sinne von § 2 Abs. 3 Nr. 1 und 2 nach den Regeln des UVPG und der aufgrund von § 20, jetzt § 24 erlassenen Verwaltungsvorschrift durchgeführt werde, sondern allein – formell wie materiell – nach den Vorschriften des BauGB.²² Damit werde die Subsidiarität des UVPG im Sinne von § 4 verwirklicht.²³ Das UVPG 1990 habe durch § 17 die Auffassung des BauGB-Gesetzgebers bestätigt, wonach die Umweltverträglichkeitsprüfung im Rahmen der Aufstellung der Bauleitpläne allein nach Vorschriften des BauGB durchzuführen sei. Die »umweltpolitisch faszinierende Folge dieser gesetzlichen Konstruktion« sei es, dass Bauleitpläne nicht nur in den im UVPG enthaltenen Fällen nach den Anforderungen der EG-Richtlinie durchgeführt werden, sondern **in jedem Falle;** Bauleitpläne enthielten also stets eine Umweltverträglichkeitsprüfung.²⁴

Die Gegenmeinung, vorwiegend aus dem Umweltressort,²⁵ verwies hingegen auf die Gesetzesbegründung. Diese bringe den Kompromiss aus dem Gesetzgebungsverfahren zum Ausdruck, dass wohl das **Verfahren**, nicht aber der **Inhalt** der Umweltverträglichkeitsprüfung in der Bauleitplanung sich nach dem BauGB zu richten habe. Der Hinweis auf die unmittelbare Geltung der UVP-Definition in § 2 Abs. 1 Satz 1 bis 3 in der Bebauungsplanung stelle klar, dass die UVP hier materiell-rechtlich nach dem UVPG, also durch Ermittlung, Beschreibung und Bewertung der Umweltauswirkungen abzuwickeln sei.²⁶

1.3.2.2 Novelle BauGB 1993

Die Erkenntnis, durch die Fassung der **§§ 2 und 17 UVPG 1990** einen **offenen Dissens** verabschiedet zu haben, veranlassten den Gesetzgeber, gelegentlich der Verabschiedung des Investitionserleichterungs- und Wohnbaulandgesetzes 1993 beide Vorschriften zu **novellieren**.²⁷ Einem Hauptanliegen dieses Maßnahmegesetzes, Planungs- und Genehmigungsverfahren zu vereinfachen, entsprechend wurde zunächst durch die Neufassung des § 2 einerseits der Anwendungsbereich des UVPG im Bereich der Bauleitplanung durch die **Streichung der Flächennutzungspläne** beschränkt. Eine weitere Einschränkung wurde dadurch erreicht, dass nur noch solche Bebauungspläne einer Umweltverträglichkeitsprüfung unterliegen sollten, die bereits konkret die Zulässigkeit eines der in der Anlage zu § 3 genannten Vorhaben begründeten (§ 2 Abs. 2 Nr. 3, 1. Alternative), bzw. solche, die Planfeststellungsbeschlüsse für UVP-pflichtige Vorhaben ersetzen (§ 2 Abs. 2 Nr. 3, 2. Alternative).²⁸

---

21 Ebenso – aber kritisierend – *Erbguth/Schink*, § 17 Rn. 5; *Soell/Dirnberger* NVwZ 1990, 705 (706); *Steinberg*, DVBl. 1988, 995 (997); *Kunig*, in: FS für Weyreuther, S. 157 (167); *Winter*, NuR 1989, 197 (200): »Die Gesetzgebungsmaschinerie dreht also einmal leer durch, ohne etwas zu bewirken.«
22 *Bundesvereinigung der kommunalen Spitzenverbände*, ebd., (Fn. 21).
23 *Weber/Hellmann*, NJW 1990, 1625 (1628); *Dienes*, ET 1990, 727 (730); *Molkenbur*, ZAU 1992, 207 (210).
24 *Krautzberger*, UPR 1992, 1 (2).
25 *Bohne*, ZAU 1990, 341 (342); *ders.*, in: Hübler/Otto-Zimmermann, UVP am Wendepunkt, S. 3 ff. im Ergebnis auch der damalige Bundesumweltminister *Töpfer* in: Hübler/Otto-Zimmermann, UVP, S. 32 (40 f.).
26 *Bohne*, in: Hübler/Otto-Zimmermann, UVP am Wendepunkt, S. 3 (8).
27 Vgl. Art. 11 Investitionserleichterungs- und Wohnbaulandgesetz vom 22.4.1993, BGBl. I S. 466.
28 Vgl. dazu ausführlich *Wagner*, DVBl. 1993, 583 (585).

§ 17 *Aufstellung von Bebauungsplänen*

19 Die Änderung des § 17 sollte – unter Zurückweisung eines gegenteiligen Novellierungsvorschlags des Bundesrates[29] – klarstellen, dass § 2 Abs. 1 Satz 1 bis 3 auf diese Bebauungspläne anwendbar ist (§ 17 Satz 2, 1. Halbsatz). Für diejenigen Bebauungspläne, die die Zulassungsentscheidung nicht ersetzten, sondern ihr vorgelagert sind, sollte – in Anlehnung an die Regelungen anderer vorgelagerter Verfahren in §§ 13, 15 und 16 – gemäß Satz 2, 2. Halbsatz die Prüfung der Umweltverträglichkeit dem jeweiligen Planungsstand entsprechen. Der neue Satz 3 sollte nach der Gesetzesbegründung Doppelprüfungen verhindern und beschränkte die Umweltverträglichkeitsprüfung in nachfolgenden Zulassungsverfahren auf zusätzliche oder andere Umweltauswirkungen.[30]

1.3.2.3 Novelle BauGB 1998

20 Eine nochmalige, diesmal grundlegende Überarbeitung des Verhältnisses von UVPG und BauGB erfolgte im Rahmen der umfassenden Novellierung des Baugesetzbuchs, die zum 1.1.1998 in Kraft trat.[31] Die BauGB-Novelle 1998 hat einerseits die 1993 vorgezeichnete Beschränkung der UVP-Pflicht ausschließlich auf vorhabenbezogene Bebauungspläne übernommen. Andererseits hat sie die zunächst nur von den Umweltressorts vertretene Auffassung, dass die UVP mehr als nur die herkömmliche bauleitplanerische Abwägung sei, nochmals verdeutlicht, indem sie eine entsprechende Formulierung erstmalig unmittelbar in das BauGB übernommen hat. So schrieb § 1a Abs. 2 Nr. 3 BauGB 1998 erstmals vor, dass in der Abwägung nach § 1 Abs. 6 BauGB »auch zu berücksichtigen sind ...
3. die Bewertung der ermittelten und beschriebenen Auswirkungen eines Vorhabens auf die Umwelt entsprechend dem Planungsstand (Umweltverträglichkeitsprüfung), soweit im Bebauungsplanverfahren die bauplanungsrechtliche Zulässigkeit von bestimmten Vorhaben im Sinne der Anlage zu § 3 des Gesetzes über die Umweltverträglichkeitsprüfung begründet werden soll, ...«.
Die BauGB-Novelle 1998 verfolgte mit dieser Übernahme das Konzept, **alle im Rahmen der bauleitplanerischen Abwägung zu berücksichtigenden Umweltbelange** und damit auch die besonderen Verfahren zur Prüfung der Umweltbelange wie die UVP (§ 1a Abs. 2 Nr. 3 BauGB), die Vorgaben in Fachplänen des Umweltrechts (§ 1a Abs. 2 Nr. 1 BauGB), die naturschutzrechtliche Eingriffsregelung (§ 1a Abs. 2 Nr. 2 BauGB) und die Prüfung nach der Fauna-Flora-Habitat-Richtlinie (§ 1a Abs. 2 Nr. 4 BauGB) unmittelbar **in das BauGB zu integrieren**, um durch eine abschließende Regelung im BauGB die Gemeinden vor Fehlern im Rahmen der Abwägung nach § 1 Abs. 6 BauGB zu bewahren.[32]

1.3.2.4 Novellen UVPG und BauGB 2001

21 Die Novellen des UVPG und des BauGB im Jahr 2001 haben das Konzept der BauGB-Novelle 1998 zur Integration der bauleitplanerischen UVP unmittelbar in das BauGB fortgeführt.[33] Das Verfahren der UVP wird daher nunmehr in allen Einzelheiten abschließend im BauGB geregelt; die vom UVPG unabhängigen Verfahrensvorschriften des

---

29 BT-Drs. 12/4808, S. 18.
30 BT-Drs. 12/4808, S. 30.
31 Bau- und Raumordnungsgesetz 1998 vom 18.8.1997, BGBl. I S. 2081.
32 Zu den Motiven des Gesetzgebers bei der Integration der Umweltbelange unter dem Dach der Bauleitplanung *Wagner*, DVBl. 1996, 705 (709f.); Einzelheiten der Umsetzung bei *Erbguth/Wagner*, Bauplanungsrecht, Rn. 101ff.
33 *Battis/Krautzberger/Löhr*, NVwZ 2001, 961 (962).

BauGB zur Aufstellung von Bebauungsplänen (insbesondere in den §§ 3 und 4 BauGB zur Bürger- und Trägerbeteiligung) wurden daher um zusätzliche Verfahrensanforderungen, die sich unmittelbar aus den Vorgaben der UVP-Richtlinie und der UVP-Änderungsrichtlinie ergeben (insbesondere in den §§ 2a und 4a zum Umweltbericht und zur grenzüberschreitenden Beteiligung), ergänzt. Zudem wurde die Definition der UVP im Bebauungsplanverfahren in § 1a Abs. 2 Nr. 3 BauGB an die Änderung in § 2 Abs. 1 Satz 2 angepasst. Die umfängliche **Erweiterung des Anwendungsbereichs der UVP für Bebauungspläne** wurde demgegenüber – wie bisher – im UVPG geregelt; die Anlage 1 hat unter der Nummer 18.1 bis 18.8 die im Anhang II der UVP-Änderungsrichtlinien genannten Städtebau- und Infrastrukturprojekte nahezu wortgleich übernommen.

Der von der Änderungsrichtlinie ausgesprochenen Erwartung der Einführung eines Einzelfallprüfverfahrens unterhalb des bisherigen Schwellenwertkonzepts wurde in allgemeiner Form für alle UVP-pflichtigen Vorhaben in den §§ 3 bis 3f mit dem Verfahren zur Feststellung der UVP-Pflicht (hier insbesondere mit der Vorprüfung von Bebauungsplänen im Einzelfall nach § 3c) Rechnung getragen.[34]

22

Die Vorschläge der Bundesregierung zur Umsetzung der Vorgaben der UVP-Änderungsrichtlinie im Bauplanungsrecht und insbesondere das Konzept zur Integration des gesamten UVP-Verfahrens unmittelbar im BauGB waren im Gesetzgebungsverfahren weitestgehend unstreitig; der Bundestag hat lediglich einzelne redaktionelle Änderungen vorgenommen. Lediglich den Vorschlag der Bundesregierung, in einer Übergangsvorschrift für bereits begonnene Bebauungsplanverfahren bis Ende 2004 Verstöße gegen das Gemeinschaftsrecht für unbeachtlich zu erklären, hat er verworfen.[35] Dies hat zur Folge, dass auch in bereits laufenden Bebauungsplanverfahren, mit denen aufgrund der Änderungsrichtlinie UVP-pflichtig gewordene Vorhaben planungsrechtlich zugelassen werden sollen, eine **UVP nachzuholen** ist.[36]

23

1.4 Anwendungsbereich der Vorschrift (Satz 1, erster Teil)

Der Anwendungsbereich für die UVP für die Aufstellung von Bebauungsplänen (und damit des § 17) ergibt sich aus dessen Verknüpfung mit § 2. Die Formulierung in § 17 Satz 1, erster Teil, stellt klar, dass die Vorschrift als Ausführungsnorm nur bei den durch § 2 Abs. 3 Nr. 3 der UVP-Pflicht unterworfenen Bebauungsplänen und damit nur bei solchen Bebauungsplänen zur Anwendung kommt, durch die Zulässigkeit von bestimmten Vorhaben im Sinne der Anlage 1 begründet werden soll, sowie für Bebauungspläne, die Planfeststellungsbeschlüsse für Vorhaben der Anlage 1 ersetzen. Allerdings sind die von der Anlage 1 erfassten Pläne nicht in jedem Fall einer UVP-Pflicht unterworfen, sondern nur dann, wenn ein in der Anlage 1 vorgegebener Größenwert für ein Vorhaben überschritten wird (§ 3b Abs. 1)[37] oder bei Überschreiten eines dort vorgegebenen

24

---

34 Einzelheiten § 3 Rn. 5.
35 BT-Drs. 14/5750 vom 3.4.2001, S. 138 (zu Art. 12 Nr. 13).
36 Hierzu nachfolgend Rn. 194ff.
37 Im Einzelnen zu den Größenwerten der Vorhaben nach Anlage 1 dort Rn. 95ff. und den Sonderfällen der kumulierenden Vorhaben nach § 3b Abs. 2 dort Rn. 10ff. und zu den Sonderfällen des Hineinwachsens in eine UVP-Pflicht durch Änderungen oder Erweiterungen gemäß § 3b Abs. 3 dort Rn 22ff. bzw. § 3e dort Rn. 7ff. sowie auch nachfolgend hinsichtlich der Besonderheiten im Bauplanungsrecht Rn. 76ff.

Prüfwerts eine Vorprüfung ergibt, dass das durch den Bebauungsplan planungsrechtlich zuzulassende Vorhaben erhebliche nachteilige Umweltauswirkungen haben kann (§ 3 c Abs. 1).[38] Vom Gesetzeswortlaut offen gelassen ist hingegen, ob als weiterer Typ auch sog. »Angebotsbebauungspläne« vorsorglich einer UVP zu unterziehen sind. Von einer UVP-Pflicht ist aber zumindest dann auszugehen, wenn zu erwarten ist, dass im Rahmen des Vollzugs des »Angebots« ihrerseits UVP-pflichtige Bauvorhaben zugelassen werden sollen.[39] Damit sind nunmehr **vier unterschiedliche Typen von UVP-pflichtigen Bebauungsplänen** zu unterscheiden.[40]

1.4.1 Zweistufige Verfahren

25 Zu den Beschlüssen nach § 10 des Baugesetzbuchs über die Aufstellung, Änderung oder Ergänzung von Bebauungsplänen, durch die die Zulässigkeit von bestimmten Vorhaben i. S. der Anlage zu § 1 begründet werden soll (§ 2 Abs. 3 Nr. 3, 1. Alternative) gehören zunächst sog. »**vorhabenbezogene**« **Bebauungspläne**, also solche, die bereits eine konkrete Standortentscheidung für ein seinerseits nach der Anlage 1 UVP-pflichtiges Vorhaben treffen.[41] Planungsanlass ist hier die Verwirklichung eines bestimmten, der Gemeinde schon konkret angetragenen gewerblichen Vorhabens insbesondere nach den §§ 4 ff. BImSchG (Nr. 1 bis 10 der Anlage zu § 1) oder eines sonstigen in der Anlage 1 aufgezählten Vorhabens, dessen Zulassung durch einen vorhabenbezogenen Bebauungsplan vorbereitet werden soll. Die UVP im Bebauungsplan beschränkt sich entsprechend dem Planungsstand auf die Standortfrage; der vorhabenbezogene Bebauungsplan zielt hier daher ähnlich wie ein Raumordnungs- oder Linienbestimmungsverfahren zunächst auf eine planerische Klärung des Standorts eines der in der Anlage 1 genannten Vorhabens ab; darüber hinaus schafft er – weitergehend als die vorgelagerten Verfahren im Sinne des § 2 Abs. 3 Nr. 2 – bereits ein konkretes Baurecht im Sinne des § 30 BauGB.[42] Dem vorhabenbezogenen Bebauungsplan mit einer ersten Stufe der UVP folgt daher ein Zulassungsverfahren, in welchem eine zweite Stufe der UVP durchzuführen ist.

1.4.2 Bauplanungsrechtliche Vorhaben

26 Zu den soeben genannten Beschlüssen nach § 10 BauGB zählen aber auch die in § 17 Satz 2 gesondert erwähnten Bebauungspläne zur Zulassung von Vorhaben nach Nummer 18.1 bis 18.7 der Anlage zu § 1. Deren Besonderheit gegenüber den anderen vorhabenbezogenen Bebauungsplänen liegt darin, dass dem Bebauungsplanverfahren kein Zulassungsverfahren mehr folgt oder das nachfolgende Zulassungsverfahren die Integration einer UVP nicht vorsieht.[43] Diese sog. »**bauplanungsrechtlichen**« **Vorhaben** sind immer dann einer UVP (ausschließlich) im Bebauungsplan zu unterziehen, wenn sie im bisherigen Außenbereich zugelassen werden sollen und einen von der Anlage 1 im einzelnen bestimmten Größenwert

---

38 Im Einzelnen zu dieser Vorprüfung nachfolgend Rn. 71.
39 Einzelheiten nachfolgend Rn. 28.
40 Die nachfolgende Unterscheidung der verschiedenen Bebauungsplantypen ist an *Krautzberger/Stemmler*, UPR 2001, 241 (242), und *Runkel*, DVBl. 2001, 1377 (1378 f.) angelehnt.
41 Vgl. oben § 2 Rn. 78; *Wagner*, DVBl. 1993, 583 (585); *Runkel*, Stadt und Gemeinde 1993, 204 (208), *Erbguth*, NVwZ 1993, 956 (958).
42 Zur Abgrenzung und zur Konkurrenz der beiden Planungsinstrumente vorhabenbezogener Bebauungsplan und Raumordnungsverfahren vgl. § 15 Abs. 2 Nr. 2 ROG, hierzu § 16 Rn. 29.
43 *Runkel*, DVBl. 2001, 1377 (1378).

erreichen.[44] Anlass für ihre Einbeziehung in das Regime des UVPG ist die besondere **ökologische Sensibilität des Außenbereichs.**[45] Zu diesen bauplanungsrechtlichen Vorhaben gehören bei Erreichen der Größenwerte bzw. Prüfwerte[46] nach
- Nr. 18.1 der Bau eines Feriendorfes, eines Hotelkomplexes oder einer sonstigen großen Einrichtung für die Ferien- und Fremdenbeherbergung,
- Nr. 18.2 der Bau eines Campingplatzes,
- Nr. 18.3 der Bau eines Freizeitparks,
- Nr. 18.4 der Bau eines Parkplatzes,
- Nr. 18.5 der Bau einer Industriezone,
- Nr. 18.6 der Bau eines Einkaufszentrums, großflächigen Einzelhandelsbetriebes, sonstigen großflächigen Handelsbetriebes und
- Nr. 18.7 der Bau eines Städtebauprojektes.

Nach Nummer 18.8 entsteht zudem eine UVP-Pflicht für den Bau eines Vorhabens der in den Nummern 18.1 bis 18.7 genannten Art, wenn diese nicht im Außenbereich, sondern im beplanten (§ 30 BauGB) oder unbeplanten Innenbereich (§ 34 BauGB) liegen, der durch die Anlage 1 vorgegebene Prüfwert aber erreicht wird und die Vorprüfung zu der Einschätzung erheblicher nachteiliger Umweltauswirkungen führt. Nummer 18.9 sieht schließlich vorsorglich noch eine UVP-Pflicht für ein nach Landesrecht zuzulassendes Vorhaben vor, sofern dessen planungsrechtliche Zulässigkeit durch einen Bebauungsplan begründet werden soll.

1.4.3 *Planfeststellungsersetzende Bebauungspläne*

Unter die Rubrik der Beschlüsse nach § 10 des BauGB über Bebauungspläne, die Planfeststellungsbeschlüsse für Vorhaben im Sinne der Anlage zu § 1 ersetzen (§ 2 Abs. 3 Nr. 3, 2. Alternative), fallen Projekte des Fernstraßen- und des Straßenbahnbaus (Nr. 14.3 bis 14.6 bzw. Nr. 14.11 der Anlage zu § 1), für die insbesondere im innerstädtischen Bereich statt der fachgesetzlichen Planfeststellung die Aufstellung eines Bebauungsplans als zulässiges alternatives Planungsverfahren gewählt wird[47] (sog. »planfeststellungsersetzende Bebauungspläne«).

27

1.4.4 *Angebotsbebauungspläne*

Von einer UVP-Pflicht nicht mehr erfasst sind dagegen seit 1993 solche Bebauungspläne, die im Rahmen einer gewöhnlichen Angebotsplanung von Gewerbe- und Industriegebieten lediglich **generell** geeignet sind, die Zulassung solcher Projekte zu ermöglichen.[48]

28

---

44 *Runkel*, ebd., 1379, erläutert, dass den gewählten Größen- und Prüfwerten eine vergleichende Untersuchung zur Umsetzung in den anderen EU-Mitgliedstaaten zugrunde lag; es wurden Werte festgelegt, die entweder vorhandene Werte aus der BauNVO aufgriffen oder durchweg im Mittelfeld europäischer Streuungen lagen.
45 *Runkel*, ebd., 1379.
46 Einzelheiten zu den Größen und Prüfwerten unter Anlage 1 Rn. 95 ff. sowie die Erläuterungen im Mustereinführungserlass der ARGEBAU, S. 12 ff. (genauer Nachweis nachfolgend Rn. 29).
47 Vgl. § 17 Abs. 3 FStrG bzw. § 28 Abs. 3 PersBefG.
48 Vgl. zur Rechtslage von 1993 bis 2001 *Wagner*, DVBl. 1993, 583 (585); *Runkel*, Stadt und Gemeinde 1993, 204 (208); zur Auslegung von § 2 Abs. 3 a.F. bis 1993 vgl. etwa *Erbguth*, Verw. Archiv 1990, 327 (330 f.); *Gaentzsch*, NuR 1990, 1 (8); *Schink*, NVwZ 1991, 935 (938); *Lindemann*, Eildienst Landkreistag NW 1991, 45 (48).

§ 17 Aufstellung von Bebauungsplänen

Diese Beschränkung der UVP auf **vorhabenbezogene** Bebauungspläne folgt aus dem projektbezogenen Ansatz der UVP-Richtlinie, der von dem weitergehenden Ansatz der Richtlinie einer Einführung der UVP für Programme und Pläne abzugrenzen ist.[49] Diese an sich eindeutige Abgrenzung kann allerdings dann problematisch werden, wenn ein angebotsbezogener und damit nicht UVP-pflichtiger Bebauungsplan auch Vorhaben ermöglicht, die ihrerseits einer UVP-Pflicht unterliegen. Um dieses Problem von vornherein zu minimieren, wurde als Auffangtatbestand die Nummer 18.7 der Anlage 1 eingeführt, die (auch) **Angebotsbebauungspläne** erfasst, sofern diese Städtebauprojekte ab einer Grundfläche von zumindest 20.000 qm vorsehen.[50] In Zweifelsfällen empfiehlt es sich zudem, einen Angebotsbebauungsplan, der die Werte der Nummer 18.7 nicht erreicht, dennoch mit UVP aufzustellen, wenn auf seiner Grundlage die Realisierung von UVP-pflichtigen Vorhaben zu erwarten ist.[51] Für Angebotspläne mit Festsetzungen unterhalb dieses Prüfwertes, bei denen eine solche UVP nicht bereits vorsorglich durchgeführt wurde, verbleiben damit jedoch folgende zwei Fallkonstellationen zu unterscheiden: Ist ein aufgrund eines solchen Plans bereits bauplanungsrechtlich mögliches Vorhaben in einem Genehmigungsverfahren zuzulassen, welches seinerseits in der Anlage 1 aufgeführt ist (also insbesondere ein immissionsschutzrechtliches Vorhaben), ist die UVP zur Vermeidung eines Umsetzungsdefizits vollständig (unter ergänzender Berücksichtigung der durch den konkreten Standort ausgelösten nachteiligen Umweltauswirkungen) in diesem Verfahren durchzuführen. Ist hingegen als Zulassungsverfahren (nur) ein nach Landesrecht ausgestaltetes Baugenehmigungsverfahren vorgesehen, ist eine UVP nach dem UVPG nicht vorgesehen; es fehlt hier insbesondere an der Möglichkeit einer Beteiligung der Öffentlichkeit. In einem solchen Fall besteht ein Umsetzungsdefizit sowohl im Bebauungsplan- wie auch im Baugenehmigungsverfahren mit der Folge, dass die UVP-Richtlinie unmittelbar anzuwenden ist. Um den Bebauungsplan aufrecht erhalten zu können, sollten daher in das Baugenehmigungsverfahren zusätzlich die von der UVP-Richtlinie zwingend vorgegebenen Verfahrensschritte des Ermittelns (mit Beteiligung der Öffentlichkeit), Beschreibens und Bewertens der Umweltauswirkungen des beabsichtigen Vorhabens integriert werden.[52] Als bundesrechtlich vorgegebener Maßstab für die Bewertung der Umweltverträglichkeit im landesrechtlich dann entsprechend auszugestaltenden Baugenehmigungsverfahren sollte in diesem Fall § 15 BauNVO herangezogen werden.[53]

---

49 Hierzu oben Rn. 1.
50 *Krautzberger/Stemmler*, UPR 2001, 241 (243).
51 Vorschlag nach *Gaentzsch*, UPR 2001, 287 (289 f.). *Runkel*, DVBl. 2001, 1377 (1381) weist bei diesen Fällen zudem auf die Notwendigkeit hin, in diesem Bebauungsplan festgesetzte einzelne Vorhaben wie z.B. einen Parkplatz gesondert auf ihre UVP-Pflichtigkeit hin zu untersuchen.
52 Hier sind zur Umsetzung der geänderten UVP-Richtlinie also ergänzend die Landesgesetzgeber gefordert. Vgl. daher bspw. bereits den Erlass des Landes Nordrhein-Westfalen »Durchführung der Umweltverträglichkeitsprüfung vom 27.7.1999; MBl. Nr. 55 vom 5.10.1999, S. 1083, II Nr. 3.4 zur Öffentlichkeitsbeteiligung im Baugenehmigungsverfahren für Vorhaben der Anlage II der UVP-Änderungsrichtlinie. Die bauplanungsrechtlichen Regelungen entfalten nämlich nur dann eine Sperrwirkung, sofern ein Vorhaben i.S. des § 17 Satz 2 vorliegt.
53 *Gaentzsch*, ebd., 290.

1.5 Geltung von Verwaltungsvorschriften

Die UVPVwV trifft auch Aussagen zu § 17 a. F. Da § 17 n. F. nach der seit 1998 geltenden Konzeption im Wesentlichen die Aufgabe einer Klammer zwischen den Bewertungskriterien des UVPG und den Verfahrensvorschriften des BauGB zukommt und das Verfahren der UVP in der Bauleitplanung ausschließlich im BauGB geregelt ist, tritt die Bedeutung der noch unveränderten UVPVwV derzeit für die bauleitplanerische Praxis zurück. Eine angekündigte Überarbeitung der Verwaltungsvorschrift lässt allerdings gemäß der Ermächtigung in § 3 c Abs. 2 b) Verfahrenshinweise auch zur Durchführung der Vorprüfung im Einzelfall nach § 3 c Abs. 1 erwarten.[54] Entscheidend für die Durchführung der UVP-Verfahren werden damit zunächst die jeweiligen Erlasse der Länder sein. Diese orientieren sich inhaltlich am **Mustereinführungserlass der Fachkommission »Städtebau« der ARGEBAU** zur Umweltverträglichkeitsprüfung in der Bebauungsplanung; die Fachkommission »Städtebau« hat ihren Mustererlass wiederum mit den Umweltressorts, die für die UVP verantwortlich sind, abgestimmt. Der Mustereinführungserlass stellt nach einem kurzem Überblick über die Änderungen durch die Novelle 2001 zunächst die UVP-Pflicht nach dem UVPG vor, wendet sich dann den UVP-pflichtigen Bebauungsplänen insbesondere nach Anlage 1 Nr. 18 zu und stellt schließlich die Änderungen des BauGB infolge der UVPG-Novelle 2001 vor.[55] Soweit eine UVP im Bebauungsplan allerdings die in der Verwaltungsvorschrift aufgezeigten entlastenden Wirkungen nach §17 Satz 3 entfalten soll, sind die Bewertungskriterien des UVPG und damit auch die derzeitigen Vorgaben des Allgemeinen Teils unmittelbar maßgeblich.[56]

Die gesetzlich verordnete unmittelbare Geltung der UVP-Definition aus § 2 Abs. 1 Satz 1 bis 3 für die Bebauungsplanung soll nach Auffassung des Gesetzgebers aber auch sonst zur Folge haben, dass für die planerische Umweltprüfung künftig die allgemeine Verwaltungsvorschrift nach § 24 Nr. 1 zur Anwendung kommen muss.[57] Die dort niedergelegten Kriterien und Verfahren für die Ermittlung, Beschreibung und Bewertung konkretisieren damit die materiell-rechtlichen Forderungen einer UVP in den von § 2 Abs. 3 Nr. 3 erfassten Bebauungsplanverfahren. Gerade diese materiell-rechtliche Wirkung der UVPVwV in das Bebauungsplanverfahren hinein ist während der Entwurfsphase der Verwaltungsvorschriften[58] ständig problematisiert, ihre Zulässigkeit z. T. strikt verneint worden.[59] Allerdings erfolgte diese Kritik unter der Geltung noch des § 17 a.F.; sie beruhte auf dem Verständnis, dass Vorschriften des UVPG auf die Bauleitplanung

---

54 Zur Vorprüfung im Einzelfall unten Rn. 71.
55 Der Mustereinführungserlass zur Umweltverträglichkeitsprüfung in der Bebauungsplanung vom 26.9.2001 kann beim Bundesministerium für Verkehr, Bau- und Wohnungswesen bezogen werden; von einem Abdruck wird aufgrund seines Umfangs von 35 Seiten abgesehen.
56 Vgl. Nrn. 0.2, 0.4.9, 0.5.2.5, 0.6.1.3, 0.6.2.2 der VwV.
57 Gegenäußerung der Bundesregierung zur Stellungnahme des Bundesrates zur Neufassung des § 17 UVPG durch das Investitionserleichterungs- und Wohnbaulandgesetz, BT-Drs. 12/4808 S. 30; so auch *Wagner*, DVBl 1993, 583 (586); *Bohne*, in: Hübler/Zimmermann, UVP am Wendepunkt, S. 3 (9)
58 Alle Referentenentwürfe der UVPVwV sahen zunächst eine Teilgeltung für die UVP in der Bauleitplanung vor.
59 Vgl. etwa *Bundesvereinigung der kommunalen Spitzenverbände*, Umdruck Nr. F 4941 vom 10.2.1992; Beschluss der *Ministerkonferenz der ARGEBAU* am 7./8.5.1992 zu TOP 7 (nicht veröffentlicht).

§ 17 *Aufstellung von Bebauungsplänen*

keine Anwendung finden.⁶⁰ mit der logischen Konsequenz, dass dann Verwaltungsvorschriften zur Ausführung des UVPG ebenfalls keine Geltung in der Bauleitplanung beanspruchen dürften. Mit der Novellierung des Gesetzes ist dieser Kritik der Boden entzogen; die von der UVPVwV vorgegebenen Bewertungsmaßstäbe und -kriterien sind daher bei einer UVP im Bebauungsplanverfahren anzuwenden.⁶¹

2 Anforderungen an eine integrierte Umweltverträglichkeitsprüfung in der städtebaulichen Planung

2.1 Vollzugsdefizite des Umweltschutzes in der Bauleitplanung

31 Mangelnde Berücksichtigung und Durchsetzung von Umweltbelangen, gerade auch in der Bauleitplanung, ist in der Vergangenheit mannigfach beklagt worden.⁶² Der Gesetzgeber hat hierauf mit den Novellen zum Bundesbaugesetz 1976, dem Erlass des Baugesetzbuchs 1987 und der Novelle des Baugesetzbuchs 1998 reagiert und dem Umweltschutz im Bauplanungsrecht einen immer höheren Stellenwert eingeräumt, um eine **Ökologisierung des Städtebaus** zu bewirken. Gleichwohl findet sich dieser kritische Praxisbefund dem Grunde nach bis heute immer noch bestätigt.⁶³ Wohl ist jetzt das vorhandene planungsrechtliche Instrumentarium geradezu beispielhaft darauf angelegt, durch umfassende Abwägung aller im konkreten Planungsfall betroffenen Bodennutzungsansprüche und deren Umweltfolgen im Rahmen der Bauleitplanung den Anforderungen der Umweltverträglichkeit vorsorgend Rechnung zu tragen. Nur werden die entsprechenden Möglichkeiten dieses rechtlichen Instrumentariums immer noch zu selten ausgeschöpft, auch wenn schon eine stattliche Anzahl von Städten und Gemeinden unabhängig vom BauGB und UVPG Verfahren für eine am Umweltschutzgedanken orientierte städtebauliche Planung entwickelt hat und sie auch modellhaft umsetzt.⁶⁴ Dennoch kann von einer umfassenden »ökologischen Wende« in der Bauleitplanung (noch) nicht gesprochen werden. Die Gründe dafür sind vielschichtig.⁶⁵

32 Noch immer hat die städtebauliche Planung, insbesondere die Bebauungsplanung, ganz überwiegend den Zweck, primär die Rechtsgrundlage zur Realisierung von Wohn-, Gewerbe-, Industrie- oder sonstigen **Bau**projekten zu schaffen. Dies gilt erst recht für

---

60 Dazu oben Rn. 16.
61 Ebenso jetzt auch der Mustereinführungserlass der ARGEBAU, der auf S. 11 die Bewertungsmaßstäbe aus Nr. 15. 3 der UVPVwV aufgreift; a.A. aber noch *Erbguth/Stollmann*, NuR 1993, 249 ff. auf der Grundlage des alten Rechts.
62 Vgl. etwa *Schroer*, UVP im Bauplanungsrecht, S. 119; *Erbguth*, Verw. Archiv 1990, 327 (341) je mit weiteren Nachweisen. Allgemein zum Vollzugsdefizit in Planungsprozessen ausführlich *Hoppe*, VVDStRL 38 (1980), 211 (217, 269) mit zahlreichen Nachweisen.
63 Dazu *Sittel-Czypionka*, DÖV 1992, 737 (738)
64 Vgl. etwa die Darstellung von Modellvorhaben bei *Steinebach/Machunze*, UVP in der Stadt- und Dorfplanung, S. 14 ff.
65 Allerdings müssen sich die Juristen fragen, ob sie die Gesetze für die Praktiker in der Kommune nicht einfacher lesbar gestalten könnten, um ihrerseits einen Beitrag zur Behebung des festgestellten Umsetzungsdefizites zu leisten; siehe hierzu *Battis/Krautzberger/Löhr*, NVwZ 2001, 961 (968) »Verständlichkeit des neuen Regelwerks wird ... nicht eben erleichtert«, und nachfolgend auch Rn. 35 und 70. Einen Beitrag hierzu sollte nunmehr die vollständige Integration des UVP-Verfahrens in das BauGB leisten, hierzu Rn. 40 ff.

den vorhabenbezogenen Vorhaben- und Erschließungsplan des § 12 BauGB. Umweltbelange stellen sich dieser Zielrichtung naturgemäß eher entgegen. Werden sie deshalb nicht schon bewusst als unbequem vernachlässigt, so fehlt es zumindest doch dem Planer häufig an der notwendigen Sensibilität für die mittelbaren Umweltfolgen seiner Arbeit innerhalb des »Ökosystems Stadt«.[66] Gefördert wird diese Tendenz durch das Fehlen geeigneten aussagekräftigen Datenmaterials über den Zustand der im Einzelnen betroffenen Umweltfaktoren.[67] Ist aber das Abwägungsmaterial nicht oder nur lückenhaft vorhanden, so kann es auch nicht mit dem ihm gebührenden Gewicht in die Gesamtabwägung Eingang finden; potenzielle Zielkonflikte bleiben verborgen.[68] Soweit Umweltbelange erfasst werden, geschieht dies nach etablierter städtebaulicher Planungsmethodik und -praxis zumeist nur eindimensional; d.h. Belastungen werden nur isoliert betrachtet, ohne ihre Wirkungen auf andere Medien mit zu erfassen.[69] Eine umfassende und systematische Darstellung der Umweltbelange fehlt hingegen ebenso wie die fach- und medienübergreifende Bewertung der voraussichtlichen Umweltauswirkungen der Planungen und Vorhaben im Sinne einer urban-ökologischen Gesamtschau. Auch mangelt es an der dafür erforderlichen instrumentellen Ausstattung des städtebaulichen Planungsprozesses.

2.2 Korrekturansatz des UVPG

Diese – hier nur angedeuteten – Ursachen führen insgesamt zu einer ökologischen Orientierungslosigkeit in der Stadtplanung, der der Gesetzgeber – angehalten durch die gemeinschaftsrechtlichen Vorgaben – entgegentreten wollte, indem er zumindest die konkret vorhabenbezogene Städteplanung in den Geltungsbereich des UVPG einbezog.

Nachdem die ursprünglich konzipierte UVP in der Bauleitplanung nach § 2 Abs. 3 Nr. 3 und 4 und § 17 UVPG 1990 bereits im Gestrüpp juristischen Meinungsstreits hängengeblieben ist,[70] bevor sie Wirkung entfalten konnte, sah sich der Gesetzgeber mehrfach gezwungen, das Verhältnis von UVPG und BauGB zu überarbeiten. Die entscheidende Korrektur bewirkt nunmehr § 17 Satz 1, indem er einerseits § 2 Abs. 1 Satz 2 ausdrücklich für anwendbar erklärt. Mit dieser Formulierung hält die UVP, verstanden als ein zwar integriertes, aber besonders **hervorgehobenes Verfahren** zur Ermittlung, Beschreibung und Bewertung von Umweltauswirkungen konkreter Planungsprojekte endgültig Einzug in die Stadtplanung. Die **UVP** nach § 2 Abs. 1 ist damit das bis dato fehlende, **rechtlich verbindliche Handwerkszeug des Städteplaners zur wirkungsvollen Erfassung ökosystemarer Zusammenhänge im urbanen Bereich**, jedenfalls soweit es um die Standortplanung eines konkreten umweltbelastenden Vor-

---

66 Zu diesem Begriff *Weyel*, Verw. Archiv 1989, 245 (246); ausführlich *Braun*, UVP in der Bauleitplanung, S. 30 ff.
67 *Sittel-Czypionka*, DÖV 1992, 737 (740) vermerkt, dass nur etwa 10% der Großstädte, die die UVP in der Bauleitplanung generell anwenden, über teilweise einsatzfähige Umweltinformationssysteme verfügen.
68 *Schroer*, UVP im Bauplanungsrecht, S. 120 unter Hinweis auf *Hoppe*, VVDStRL, 38 (1980), 211 (269) m.w.N.; vgl. auch *Erbguth*, NuR 1986, 137 (138); *Bosselmann*, DVBl. 1988, 724 (728).
69 *Steinebach/Machunze*, UVP in der Stadt- und Dorfplanung, S. 7
70 Vgl. dazu oben § 17 Rn. 13.

§ 17   *Aufstellung von Bebauungsplänen*

habens geht. Andererseits führt der Verweis auf die Geltung der (Verfahrens-)Vorschriften des BauGB dazu, Berührungsängste der Stadtplaner durch Bezugnahme auf ihnen geläufige Vorschriften abzubauen.

3 Verfahrensmäßige Einbindung der UVP (Satz 1, letzter Teil)

35 Wie die UVP innerhalb des Bebauungsplanverfahrens verfahrensmäßig zu leisten sein soll, hat der Gesetzgeber versucht, durch die (Klammer-)Regelung in Satz 1 des § 17 darzustellen. Satz 1 muss jedoch – auch in der Neufassung – leider als redaktionell misslungen bezeichnet werden. Dem unbefangenen Gesetzesanwender (also dem Praktiker), der weder über die Entstehungsgeschichte der Vorschrift informiert ist noch die Gesetzesbegründung zur Hand hat, erschließt sie sich aufgrund ihrer inhaltlichen Überfrachtung schwerlich.[71] Satz 1 trifft nämlich neben den hier zunächst interessierenden Aussagen zum Verfahren einer UVP im Bebauungsplanverfahren weitere wesentliche Aussagen zu ihrem Anwendungsbereich und materiellen Inhalt:

36 Durch Satz 1 letzter Teil wird die UPV unter Ausschluss der entsprechenden Normen des UVPG den **baurechtlichen Verfahrensnormen** unterstellt. Dieser Verweis regelt daher das »Wie« der UVP im Bebauungsplanverfahren. Die maßgeblichen baurechtlichen Verfahrensnormen werden nachfolgend in diesem Kapitel unter 3.1 dargestellt. Zusätzlich führt der mittlere Satzteil des Satzes 1 durch Verweis auf die **Vorprüfung des Einzelfalls** nach § 3c im Rahmen der §§ 3 bis 3f erstmalig das Erfordernis des sog. »screening« als vorgeschalteten Verfahrensschritt in das Bebauungsplanverfahren ein.

37 Durch Satz 1 erster Teil wird aber zugleich der Kreis der Bebauungspläne festgelegt, die einer UVP zu unterziehen sind. Damit wird das »Ob« einer UVP geregelt. Dies geschieht durch den Verweis auf die Bebauungspläne im Sinne des § 2 Abs. 3 Nr. 3. Diese Regelung des § 2 Abs. 3 Nr. 3 nimmt zunächst ihrerseits Bezug auf Beschlüsse nach § 10 des Baugesetzbuchs über die Aufstellung, Änderung oder Ergänzung von Bebauungsplänen, durch die die Zulässigkeit von bestimmten Vorhaben im Sinne der Anlage 1 begründet werden soll, sowie auf Beschlüsse nach § 10 des Baugesetzbuchs über Bebauungspläne, die Planfeststellungsbeschlüsse für Vorhaben im Sinne der Anlage 1 ersetzen. Erst der weitere Blick in die Anlage 1 gibt daher endgültig Auskunft, um welche Vorhaben und damit auch um welche Bebauungspläne es geht, die einer UVP unterzogen werden müssen. Dieser Kreis der einer UVP unterliegenden Bebauungspläne wurde bereits im ersten Kapitel unter 1.4 dargestellt.[72]

38 Eine weitere für das Verfahren der UVP entscheidende Regelung des Satzes 1 findet sich schließlich in dessen Mitte: Was der erste und letzte Teil des Satzes insoweit noch im Unklaren lassen, wird hier durch die ausdrückliche Erklärung der Anwendbarkeit von § 2 Abs. 1 Satz 1 bis 3 klargestellt: Die Definition der UVP als Verfahrensvorgang mit den Elementen, **Ermittlung, Beschreibung** und **Bewertung** der **Umweltauswirkungen** eines Vorhabens gilt damit **unmittelbar** für die Bebauungsplanung. Eine dieser Definition gerecht werdende UVP muss also innerhalb des Planverfahrens vollzogen und auch als solche erkennbar werden. Damit erhalten zugleich aber auch die Bewertungsmaßstäbe und -kriterien (und damit zugleich auch der gesonderte Verfahrensschritt der

---

71 Ebenso *Battis/Krautzberger/Löhr*, NVwZ 2001, 961 (968).
72 Vgl. im Einzelnen zum Anwendungsbereich oben Kapitel 1.4, Rn. 24 ff., sowie Anlage 1 Rn. 94 ff.

Aufstellung von Bebauungsplänen § 17

Bewertung) des UVPG Einlass in den bauleitplanerischen Abwägungsprozess. Die Darstellung der durch § 17 Satz 1 mittlerer Teil vorgegebenen materiellen Einbindung der Bewertungskriterien der UVP in die Bebauungsplanung erfolgt in einem eigenen Kapitel 4 im Anschluss an die Darstellung der verfahrensmäßigen Einbindung.[73]

Eine weitere sowohl für das Verfahren der UVP wie auch ihre materiellen Inhalte bedeutsame Unterscheidung ergibt sich – schließlich – nicht aus § 17, sondern aus der Systematik der im BauGB geregelten Bebauungspläne. So unterscheidet das BauGB in § 30 zwischen dem üblichen (wegen des Erfordernisses bestimmter Inhalte qualifizierten) Bebauungsplan des Absatzes 1 und dem Bebauungsplan in der besonderen Form des Vorhaben- und Erschließungsplans des Absatzes 2 i.V. mit § 12 BauGB. Die nachfolgende Darstellung erläutert am Ende unter 3.2 daher auch die Besonderheiten bei der UVP im Verfahren zur Aufstellung eines Vorhaben- und Erschließungsplans. 39

3.1 Verfahren der UVP in der Bebauungsplanung

Die Novellen des UVPG und des BauGB im Jahr 2001 haben in Umsetzung der UVP-Änderungsrichtlinie zu mehreren bedeutsamen Verfahrensänderungen für die UVP im Bebauungsplanverfahren geführt. An der wesentlichen Grundentscheidung des UVPG nach § 2 Abs. 1 Satz 1, dass die UVP ein **unselbständiger Teil** verwaltungsbehördlicher Verfahren ist, wurde jedoch nicht gerüttelt. Auch blieben die **grundlegenden Verfahrensschritte eines Bebauungsplanverfahrens** der Bürgerbeteiligung nach § 3 BauGB, der Beteiligung benachbarter Gemeinden nach § 2 Abs. 2 BauGB sowie das Erfordernis einer Planbegründung nach § 9 Abs. 8 BauGB **unverändert**. Bei **UVP-pflichtigen Bebauungsplanverfahren** sind jedoch die **zusätzlichen Verfahrensschritte** einer Vorprüfung nach den §§ 3 bis 3f, (fakultativ) des »scoping« analog § 5, der Erarbeitung eines Umweltberichts nach § 2a BauGB und ggf. einer Beteiligung ausländischer Bürger und Behörden nach § 4a BauGB durchzuführen. 40

3.1.1 Umweltverträglichkeitsprüfung als unselbständiger Verfahrensbestandteil

Die durch § 17 Satz 1 konstituierte Geltungsanordnung bezüglich der Begriffsbestimmungen des § 2 Abs. 1 Satz 1 bis 3 bedeutet zunächst, dass die UVP als »unselbständiger Teil« des Planaufstellungsverfahrens durchzuführen ist. Auch in der Bebauungsplanung ist also die UVP kein abgesetztes, vor, neben oder nach dem Planverfahren ablaufendes Verwaltungsverfahren. Sie muss vielmehr von Beginn an als **integraler Bestandteil der Planaufstellung** verstanden werden.[74] 41

Träger des UVP-Verfahrens ist daher die **Gemeinde** als Träger der Bauleitplanung. Ihre durch § 2 Abs. 1 Satz 1 BauGB zugewiesene Eigenverantwortlichkeit für die Bauleitplanung bleibt somit auch für die im Bebauungsplanverfahren durchzuführende UVP erhalten.[75]

Die UVP selbst hat gemäß § 2 Abs. 1 Satz 2 durch Ermittlung, Beschreibung und Bewertung der Auswirkungen des Vorhabens auf die dort genannten Umweltfaktoren zu erfolgen, und zwar unter Einbeziehung der Öffentlichkeit (§ 2 Abs. 1 Satz 3). Mit dieser 42

---

[73] Vgl. unten Kapitel 4, Rn. 102 ff.
[74] So schon Städtetag NW, Eildienst 1988, 356 (360).
[75] Das war schon Motiv des Gesetzgebers beim Erlass des BauGB, s. Ausschussbericht, BT-Drs. 10/6166, S. 139.

Definition erhält die UVP trotz ihrer Vollintegration in das Planverfahren und damit insbesondere in das planerische Abwägungsverfahren einen eigenen Stellenwert. Die verfahrensrechtliche Bedeutung dieser Geltungsanordnung liegt darin, dass die UVP mit ihren drei Elementen des Ermittelns, des Beschreibens und des Bewertens als geschlossene – insoweit selbstständige – Komponente des Planverfahrens in Erscheinung treten muss. Aus dieser verfahrensmäßigen Eigenständigkeit heraus verbietet es sich in materiell-rechtlicher Hinsicht, in die Prüfung der Umweltauswirkungen vorab die anderen im Rahmen des Bauleitplanverfahrens zu berücksichtigenden fachlichen Belange mit einzubeziehen; darauf ist zurückzukommen.[76]

3.1.2 Anwendung der allgemeinen Verfahrensnormen des BauGB

43 Die UVP in der Bebauungsplanung verändert den Ablauf des herkömmlichen Bebauungsplanverfahrens, wie es in der BauGB-Novelle 1998 neu gefasst worden ist, nicht, sondern sie erfolgt gemäß § 17 Satz 1 – wie erwähnt – nach den Verfahrensvorschriften des Baugesetzbuchs. Durch die Integration der UVP werden jedoch ergänzend einzelne Besonderheiten erforderlich, die im Anschluss an den üblichen Verlauf eines Bebauungsplanverfahrens dargestellt werden.[77] Den von § 2 Abs. 1 Satz 2 und 3 geforderten Verfahrensschritten der Ermittlung und Beschreibung der Auswirkungen eines Vorhabens auf die Umwelt unter Einbeziehung der Öffentlichkeit tragen aber zunächst bereits die allgemeinen Vorschriften des Baugesetzbuchs nach § 3 BauGB über die Bürgerbeteiligung und § 4 BauGB über die Beteiligung anderer Behörden sowie § 9 Abs. 8 BauGB über die Pflicht zur Begründung des Bebauungsplans in hohem Maße Rechnung.

3.1.2.1 Beteiligung der Bürger gemäß § 3 BauGB

44 § 3 BauGB sieht in seinen Absätzen 1 und 2 ein **zweiphasiges Verfahren** der Bürgerbeteiligung vor. Die Beteiligung von Bürgern im Aufstellungsverfahren eines Bebauungsplans dient neben anderen Zwecken insbesondere einer (besseren) Information der planaufstellenden Gemeinde und einem frühzeitig, bereits im Verfahren einsetzenden Rechtsschutz der Bürger.[78] Gegenüber § 3 BauGB tritt die allgemeine Regelung des UVPG in § 9 zur Einbeziehung der Öffentlichkeit zurück.

45 Die erste Phase bildet die sog. **frühzeitige oder vorgezogene Bürgerbeteiligung** nach § 3 Abs. 1 Satz 1 BauGB. In ihr sind die Bürger[79] zunächst öffentlich über die allgemeinen Ziele und Zwecke der Planung, die sich in Bezug hierauf wesentlich unterscheidenden Lösungen und die voraussichtlichen Auswirkungen der Planung zu unterrichten; ihnen ist anschließend Gelegenheit zur Stellungnahme und Erörterung zu geben.

---

76 Vgl. unten Rn. 110.
77 Hierzu nachfolgend Rn. 66 ff.
78 Zu den Zielen einer Bürgerbeteiligung vgl. auch § 9 Rn. 3.
79 Der Begriff des Bürgers in § 3 BauGB ist nicht auf den Kreis derjenigen beschränkt, die nach dem jeweiligen Kommunalrecht der Länder Bürger der planenden Gemeinde sind, sondern erfasst nach einhelliger Auffassung alle in- oder ausländischen natürlichen und juristischen Personen – also auch Verbände (insbesondere Umweltschutzverbände) und sonstige Organisationen, soweit sie nicht potenziell Träger öffentlicher Belange sind –, und zwar unabhängig davon, ob sie von der Planung betroffen werden oder ein sonstiges Interesse an der Planung haben; vgl. nur *Bielenberg* in: Ernst/Zinkahn/Bielenberg/Krautzberger, BauGB, § 3 Rn. 8; *Schroer*, UVP im Bauplanungsrecht, S. 168 m.w.N.

Aufstellung von Bebauungsplänen § 17

Für die frühzeitige Bürgerbeteiligung überlässt es das Gesetz weitgehend den Gemeinden, auf welche Art und Weise sie die beiden Verfahrenselemente Unterrichtung und Anhörung im Einzelnen durchführen. Vorgegeben werden allerdings das Merkmal der **Frühzeitigkeit** und die Vorlage von **Planungsalternativen**.[80] Mit diesen Vorgaben erfüllt das BauGB aber gleichzeitig auch zwei wesentliche gemeinschaftsrechtliche Anforderungen an die UVP. 46

Den **Zeitpunkt des Beginns der frühzeitigen Bürgerbeteiligung** setzt das BauGB nicht fest; die Regelung des § 3 Abs. 1 Satz 2 Nr. 2 BauGB, nach der auf eine Unterrichtung und Erörterung verzichtet werden kann, wenn diese »bereits zuvor auf anderer Grundlage erfolgt sind«, macht die Sichtweise des Gesetzgebers deutlich, dass die erste Bürgerbeteiligung bereits im informellen Vorfeld der Planung – etwa auf der Basis einer (nicht förmlichen) Rahmenplanung oder Stadt(teil)entwicklungsplanung – erfolgen kann. Entscheidend ist, dass sich die Planung noch nicht so verfestigt hat, dass die Bürgerbeteiligung zur Farce wird.[81] Diese Anforderung macht eine frühzeitige Beteiligung im Einzelfall auch schon vor dem förmlichen Planaufstellungsbeschluss nach § 2 Abs. 1 Satz 2 BauGB notwendig. Andererseits muss sich aber die Planung schon so weit konkretisiert haben, dass eine Unterrichtung und Diskussion über die Ziele, Zwecke, Auswirkungen und Alternativen überhaupt möglich ist.[82] Im Hinblick auf die von der UVP-Pflicht allein erfassten vorhabenbezogenen Bebauungspläne wird die Gemeinde sinnvollerweise bereits die von dem Investor an sie herangetragenen Planungswünsche und die von der Gemeinde dazu entwickelten ersten Planungsvorstellungen der Öffentlichkeit offenbaren. Für die UVP wird die Öffentlichkeitsbeteiligung nach Abschluss der verwaltungsinternen Umwelterheblichkeitsprüfung in Bezug auf die zur Diskussion stehenden Planungsvarianten rechtzeitig einsetzen. 47

Im Einzelfall kann aber bereits im Vorfeld die frühzeitige Bürgerbeteiligung dazu genutzt werden, die Umwelterheblichkeit des beabsichtigten Vorhabens mit Hilfe der Orts- und Detailkenntnisse der Bürger überhaupt erst zu erkennen und richtig einzuschätzen. In einem solchen Fall muss geprüft werden, ob nicht noch eine weitere frühzeitige Bürgerbeteiligung – etwa nach Abschluss der Umwelterheblichkeitsprüfung – notwendig ist, um der gesetzlichen Intention der Unterrichtung und Erörterung diskussionsfähiger Planungsziele, Alternativen und deren Auswirkungen gerecht werden zu können. 48

§ 3 Abs. 1 Satz 2 Nr. 1 BauGB lässt **Ausnahmen von der** Pflicht zur Durchführung einer **frühzeitigen Bürgerbeteiligung** für »Bagatellfälle« zu. Zu Recht wird diese Regelung für die UVP auch im Lichte der europarechtlichen Vorgaben der UVP-RL als unproblematisch angesehen,[83] weil die der UVP-Pflicht unterliegenden Projekt-Bebauungspläne gerade keine solchen planerischen Bagatellen darstellen und der Ausnahmetatbestand damit nicht gegeben ist. 49

Die zweite Phase der Bürgerbeteiligung erfolgt im Verfahren der **öffentlichen Auslegung** nach § 3 Abs. 2 BauGB. Sie setzt ein, wenn das Planungsverfahren zu beschlussfähigen Planentwürfen nebst Begründung gediehen ist. Die interessierte Öffentlichkeit ist hier angehalten, »Anregungen« zu dem Planentwurf vorzubringen. Im Gegensatz zur 50

---

80 *Battis*, in: Battis/Krautzberger/Löhr, BauGB, § 3 Rn. 1.
81 *Battis*, in: Battis/Krautzberger/Löhr, BauGB, § 3 Rn. 8.
82 *Schroer*, UVP im Bauplanungsrecht, S. 172 m. w. N.
83 *Schroer*, UVP im Bauplanungsrecht, S. 173; *Erbguth/Schink*, UVPG, § 17 Rn. 21.

frühzeitigen Bürgerbeteiligung ist der Gemeinde die verfahrensmäßige Ausgestaltung der »Auslegung« nicht in ihr Belieben gestellt, sondern streng formalisiert. Der Bebauungsplan ist gemäß § 3 Abs. 2 Satz 1 und 2, 1. Halbsatz BauGB nach vorheriger ortsüblicher Bekanntmachung mit Begründung für die Dauer eines Monats auszulegen. Die Gemeinde ist gemäß § 3 Abs. 2 Satz 4 BauGB gezwungen, sich mit den fristgerecht vorgebrachten Anregungen oder Bedenken auseinander zu setzen und über das Ergebnis der Prüfung den Einwendern Mitteilung zu machen. Nach Satz 5 kann bei Massenverfahren, d. h. wenn mehr als 50 Personen Anregungen weitgehend gleichen Inhalts vorgetragen haben, von der individuellen Bekanntgabe zugunsten der Eröffnung von Einsichtsmöglichkeiten in das Ergebnis der Prüfung abgesehen werden.

51 Im Hinblick auf das integrale UVP-Verfahren ist von der öffentlichen Auslegung zu verlangen, dass sie der Bürgerschaft eine Urteilsbildung über den Grad der Umweltverträglichkeit oder Umweltunverträglichkeit der vorgelegten Planung erlaubt. D. h., dass die Umweltverträglichkeitsuntersuchung abgeschlossen sein muss und ihre Ergebnisse in der Planentwurfsbegründung mit hinreichender Deutlichkeit in Erscheinung treten müssen. Aus diesem Grund ist für UVP-pflichtige Verfahren der Umweltbericht gemäß § 2a BauGB mit der Novelle 2001 neu eingeführt worden.[84] In dieser Beteiligungsphase muss es Ziel sein, einerseits den Bürgern die Möglichkeit des Nachvollzugs der vorliegenden Erkenntnisse über die Umweltfolgen des geplanten Vorhabens zu geben, andererseits aber auch aus der Bürgerschaft ergänzende Hinweise und Anregungen zu vorhandenen oder abzusehenden Umweltauswirkungen des Planprojektes und evtl. Varianten zu erhalten. Die Gemeinde hat solche UVP-relevanten Anregungen und Bedenken ihrerseits daraufhin zu überprüfen, ob sie zu einer Revision der bisherigen UVP-Erkenntnisse zwingen. Dasselbe gilt im Übrigen auch für nicht umweltbezogene Einwendungen im Rahmen der Bürgerbeteiligung, sofern sie mittelbar auch Umweltbelange berühren.

52 Führen Anregungen der Bürger zu einer die Grundzüge der Planung berührenden **Änderung des Planentwurfs**, ist er unter den Voraussetzungen des § 3 Abs. 3 BauGB erneut auszulegen. Dabei muss die Umweltrelevanz der geänderten Planung selbstverständlich aus dem Planentwurf und seiner Begründung offenbar werden und steht damit – ggf. beschränkt auf die Veränderungen – erneut zur öffentlichen Diskussion.

53 Auch von der Pflicht zur öffentlichen Auslegung sind **Ausnahmen** vorgesehen. § 13 BauGB erlaubt bei Änderungen oder Ergänzungen eines Bebauungsplans ein völliges Absehen von der ersten Phase der frühzeitigen Bürgerbeteiligung nach § 3 Abs. 1 BauGB und auch von der Auslegung nach § 3 Abs. 2 BauGB – alternativ ist dann den betroffenen Bürgern nach § 13 Nr. 2 BauGB Gelegenheit zur Stellungnahme zu geben –, wenn die Grundzüge der Planung nicht berührt werden. Dieser Ausnahmetatbestand greift demnach nicht bei der erstmaligen Aufstellung eines Bebauungsplans. Eine Gefahr für die Öffentlichkeitsbeteiligung in der Bebauungsplan-UVP besteht dadurch nicht. Auch gemäß § 13 BauBG können nur geringfügige Änderungen, also solche, die die planerische Grundkonzeption nicht tangieren,[85] einen Verzicht auf die Bürgerbeteiligung rechtfertigen. Ein solcher Bagatellfall ist jedenfalls dann nicht gegeben, wenn durch die Planänderung oder Ergänzung überhaupt erst der Bezug auf ein konkretes UVP-pflichtiges Vorhaben hergestellt wird. Wird dagegen ein UVP-pflichtiger Bebauungsplan geändert, kommt es auf die Gegebenheiten des Einzelfalls an. In Anlehnung an die

---

84 Hierzu im Detail nachfolgend Rn. 82 ff.
85 Vgl. etwa *Löhr*, in: Battis/Krautzberger/Löhr, BauGB, § 13 Rn. 2

Aufstellung von Bebauungsplänen § 17

Regelung des § 3 Abs. 3 Satz 3 BauGB und des insoweit identischen § 9 Abs. 1 Satz 3[86] kann von einer (erneuten)[87] Bürgeranhörung dann abgesehen werden, wenn die Planänderung keine zusätzlichen oder anderen erheblichen Auswirkungen auf die Umwelt besorgen läßt. Denn für einen vom UVPG erfassten Bebauungsplan stellt die UVP eine so wesentliche Abwägungs- und Entscheidungsgrundlage dar, dass änderungsbedingte zusätzliche und/oder andere wesentliche Umweltauswirkungen zugleich einen Eingriff in die Grundzüge der Ausgangsplanung bedeuten, die die Anwendbarkeit der Vorschriften über die vereinfachte Planänderung (ohne Öffentlichkeitsbeteiligung) ausschließt. Auch § 13 BauGB führt deshalb nicht zu nennenswerten Beschränkungen der EG-rechtlich für die UVP vorgegebenen Einbeziehung der Öffentlichkeit.[88]

Bedenken gegen die EG-Richtlinien-Konformität der Beteiligungsregelungen nach BauGB wurden jedoch ursprünglich unter Hinweis auf die **Unbeachtlichkeitsvorschrift des § 214 Abs. 1 Satz 1 Nr. 1 BauGB** geltend gemacht.[89] Nach dieser Vorschrift ist die Verletzung von Vorschriften über die frühzeitige Bürgerbeteiligung stets unbeachtlich. Die planende Gemeinde kann also auf die – im Verhältnis zur planbezogenen UVP gerade sehr wichtige – erste Stufe der Bürgerbeteiligung verzichten, ohne um die spätere Rechtswirksamkeit des Planes bangen zu müssen. Als ebenfalls unbeachtlich wird nunmehr (durch eine Ergänzung im Rahmen der BauGB-Novelle 2001) gemäß 214 Abs. 1 Satz 1 Nr. 1, 2. Halbsatz BauGB angesehen, wenn im Bürgerbeteiligungsverfahren die Angabe unterlassen wurde, ob eine UVP durchgeführt werden soll. Das Gleiche gilt für die Vorschrift des § 214 Abs. 1 Satz 1, 2. Halbsatz BauGB, soweit dort die Verkennung der Voraussetzungen für den Verzicht auf die förmliche Bürgerbeteiligung nach § 13 BauGB als unbeachtlicher Verfahrensfehler betrachtet wird. Letztlich zielen die genannten Verfahrensvorschriften des § 3 BauGB auf eine äußerst umfassende Ermittlung des Sachverhaltes durch die Gemeinde durch eine frühzeitige, gestufte, die Bürger aktiv in das Verfahren einbeziehende Beteiligung ab, die in diesem Umfang nach der UVP-Richtlinie nicht geboten ist. Insoweit ist es nur folgerichtig, einzelne Verstöße hiergegen dann noch als unbeachtlich anzusehen, solange das tatsächlich praktizierte Verfahren der Bürgerbeteiligung den Mindestanforderungen der Richtlinie entspricht,[90] zumal bei eklatanten Verfahrensverstößen zugleich ein materieller Verstoss gegen das Abwägungsgebot des § 1 Abs. 6 BauGB naheliegen dürfte.

54

Zur Öffentlichkeitsbeteiligung im weiteren Sinne zählt auch die Frage der **Zugänglichmachung der Entscheidung**, wie sie Art. 9 Abs. 1 UVP-RL vorschreibt und wie sie im UVPG in § 9 Abs. 2 Satz 1 umgesetzt ist. Für die UVP im Bebauungsplanverfahren übernimmt das Einsichts- und Auskunftsrecht des § 10 Satz 2 BauGB diese Funktion. Nach In-Kraft-Treten des Bebauungsplans ist die Gemeinde verpflichtet, den Plan für jedermann bereitzuhalten und auf Verlangen Auskunft über den Inhalt zu geben.

55

---

86 Vgl. hierzu § 9 Rn. 32 ff.
87 Eine Öffentlichkeitsbeteiligung hat bei der Aufstellung des UVP-pflichtigen Bebauungsplans bereits einmal stattgefunden.
88 Zur Richtlinienkonformität ausführlich *Schroer*, UVP im Bauplanungsrecht, S. 180 f.; *Erbguth/Schink*, UVPG, § 17 Rn. 21.
89 Vgl. die Kritik bei *Schroer*, ebd., S. 182 f.; *Erbguth/Schink*, ebd. § 17 Rn. 23.
90 Ebenso *Gaentzsch*, UPR 2001, 287 (292).

§ 17

3.1.2.2 Beteiligung der Träger öffentlicher Belange gemäß § 4 und benachbarter Gemeinden gemäß § 2 Abs. 2 BauGB

56 Das Baugesetzbuch sieht eine Mitwirkung anderer Behörden am Planaufstellungsverfahren in § 4 BauGB vor. Ebenso sind die benachbarten Gemeinden gemäß § 2 Abs. 2 BauGB im Rahmen der Abstimmung des Bebauungsplans zu beteiligen. Die beiden Regelungen entsprechen in ihren Anforderungen der insoweit zurücktretenden Vorschrift des UVPG in § 7; nachfolgend werden daher nur die Besonderheiten im Bauplanungsrecht dargestellt.

57 Das Verfahren zur Beteiligung der Träger öffentlicher Belange nach § 4 BauGB weist deutliche Parallelen zum Bürgerbeteiligungsverfahren nach § 3 BauGB auf. Auch die von der Planung berührten Behörden und sonstigen Träger öffentlicher Belange sind daher nach § 4 Abs. 1 Satz 1 BauGB in der **ersten Phase** – ganz im Sinne der UVP – **möglichst frühzeitig** bei der Aufstellung (bzw. Änderung, Ergänzung oder Aufhebung)[91] von Bauleitplänen zu beteiligen. Auch wenn § 4 Abs. 1 Satz 2 BauGB die Durchführung dieser Beteiligung gleichzeitig mit dem Verfahren der öffentlichen Auslegung zulässt, darf das nicht der Regelfall sein, sondern rechtfertigt sich nur bei einfach gelagerten Fällen mit wenigen Beteiligten.[92] Grundsätzlich wird auch die Behördenbeteiligung früher anzusetzen haben, möglicherweise noch vor dem förmlichen Planaufstellungsbeschluss gemäß § 2 Abs. 1 BauGB, wenn die Planungsabsichten bereits hinreichend konkretisiert sind. Denn nur dann ist gewährleistet, dass die Beteiligten noch effektiv zugunsten der von ihnen vertretenen öffentlichen Belange Einfluss auf die Planung nehmen können.

58 Wie bei der Bürgerbeteiligung stellt die **Offenlegung** auch bei der Behördenbeteiligung die **zweite Mitwirkungsphase** dar. Gemäß § 3 Abs. 2 Satz 3 BauGB »sollen« die Träger öffentlicher Belange von der Auslegung benachrichtigt werden, um ihnen erneut Gelegenheit zu geben, Anregungen vorzubringen.

59 Anders als das UVPG in § 7 umschreibt § 4 BauGB die Beteiligungsberechtigten mit Behörden und Stellen, die **Träger öffentlicher Belange** sind. Zu den sonstigen Trägern öffentlicher Belange gehören auch die Träger der funktionalen Selbstverwaltung (Industrie- und Handelskammer, Ärztekammer) und die Energieversorgungsunternehmen (Stadtwerke GmbH), sodass der Kreis der zu Beteiligenden einerseits weiter als nach § 7 gezogen wird. Bei zu enger Auslegung führt diese Formulierung andererseits aber zu einer Beschränkung des beteiligten Kreises auf solche Behörden oder Stellen, denen die Wahrnehmung des betreffenden öffentlichen Belangs als öffentliche Aufgabe zur Erledigung im eigenen Namen und mit Wirkung nach außen zugewiesen ist.[93] Für die im Planverfahren vorzunehmende UVP könnte sich diese Beschränkung als problematisch erweisen, wenn hieraus gefolgert würde, dass damit die sog. **sachverständigen Umweltschutzbehörden** begrifflich ausgeschlossen wären. Diese Behörden, z.B. die für den Umweltschutz zuständigen Landesanstalten, verfolgen meist einen weit über einzelne Umweltgüter hinausgehenden Schutzauftrag, haben daher zumeist keine eigenen (nach außen gerichteten) Vollzugsaufgaben, sondern sind überwiegend nur verwaltungsintern

---

91 Gemäß § 2 Abs. 4 BauGB gelten die Vorschriften des BauGB über die Aufstellung von Bauleitplänen auch für ihre Änderung, Ergänzung und Aufhebung.
92 *Battis*, in: Battis/Krautzberger/Löhr, BauGB, § 4 Rn. 4.
93 *Bielenberg*, in: Ernst/Zinkahn/Bielenberg/Krautzberger, § 4 Rn. 11; *Schroer*, UVP im Bauplanungsrecht, S. 146.

gutachtlich und beratend tätig.[94] Ihre Aufgabenstellung ist aber auf die Unterstützung bei der Prüfung der Umweltverträglichkeit öffentlicher Planungen und Maßnahmen geradezu zugeschnitten, ihr Ausschluss von der Mitwirkung bei UVP-pflichtigen Bauleitplanungen deshalb nicht sachdienlich. Aus diesem Grunde wurde § 4 BauGB von einem Teil der älteren Literatur gemessen am Maßstab der UVP-RL als defizitär angesehen.[95] Um diesen Bedenken Rechnung zu tragen, sollte § 4 BauGB in diesem Punkt weit ausgelegt werden und – so die neuere Auffassung – auch diese Fachbehörden als Träger öffentlicher Belange einschließen.[96] Denn Art. 6 Abs. 1 Satz 1 und 2 UVP-RL schreibt – wie auch § 7 – eine Beteiligung der Behörden vor, deren (umweltbezogener) Aufgabenbereich durch das Vorhaben berührt wird.

Die Gemeinde ist daher aufgefordert, die besonderen Umweltschutzbehörden ebenfalls auf der Grundlage des § 4 BauGB zu beteiligen. Sie wird im Gegenteil kaum darauf verzichten können, will sie ihrem auch für die Bebauungsplan-UVP geltenden intermedialen, alle Wechselwirkungen zwischen den Umweltgütern erfassenden Prüfauftrag gerecht werden. Die planende Gemeinde selbst wird – abgesehen von größeren Städten – in aller Regel weder entsprechend qualifiziertes Personal noch die erforderlichen Daten und Datenverarbeitungstechniken zur Verfügung haben. Die obligatorisch zu beteiligenden Fachbehörden der Vollzugsverwaltung können nur begrenzt helfen, denn ihnen ist angesichts ihrer monomedialen Aufgabenwahrnehmung der übergreifende, integrative Prüfungsansatz der UVP fremd. Lässt die Gemeinde also die Umweltverträglichkeitsuntersuchung nicht ohnehin durch ein externes Gutachterbüro erstellen, ist sie zum Zwecke der vollständigen Beurteilung der zwischen den von der Planung betroffenen Umweltgütern bestehenden Wechselwirkungen auf die Mithilfe der gutachterlich arbeitenden Umweltzentralämter/-anstalten der Länder angewiesen.[97] Verzichtet sie darauf, setzt sie – auch ohne einen Verstoss gegen die förmliche Beteiligungsvorschrift des § 4 BauGB begangen zu haben – die materielle Rechtmäßigkeit und damit die Wirksamkeit des Plans aufs Spiel, denn ihr wäre eine unvollständige Ermittlung des Abwägungsmaterials[98] vorzuwerfen. Angesichts dieser Risiken sollten die seitens der Kommunen gehegten Vorbehalte gegen die Umweltbehördenbeteiligung wegen befürchteter Zeitverzögerungen oder der Erhöhung des Konfliktpotenzials[99] zumindest bei UVP-pflichtigen Bebauungsplänen hintangestellt werden.

Inhaltlich, insbesondere nach Art und Umfang der zu übersendenden Unterlagen, stellt die im Hinblick auf die verfahrensintegrierte UVP vorzunehmende Behördenbeteiligung höhere Anforderungen als die in der Bauleitplanung nach § 4 BauGB sonst übliche Beteiligung der Träger öffentlicher Belange. Den in ihren Aufgabenbereichen berührten Behörden ist neben dem Planentwurf mit Begründung insbesondere der

---

94 Vgl. *Bielenberg*, in: Ernst/Zinkahn/Bielenberg/Krautzberger, § 4 Rn. 11; *Bunge* in: HdUVP, Nr. 0600, § 7 Rn. 7.
95 So *Erbguth/Schink*, UVPG, § 17 Rn. 25; *Bosselmann*, DVBl 1988, 724 (729f.); *Schroer*, DVBl. 1987, 1096 (1099f.).
96 *Gaentzsch*, in: Berliner Kommentar, § 4 Rn. 3.
97 Zur Regelbeteiligung der Landesanstalt für Umweltschutz als Träger öffentlicher Belange an der Bauleitplanung in Hessen vgl. *Finke/Paßlick/Peters/Spindler*, Umweltgüteplanung im Rahmen der Stadt und Stadtentwicklungsplanung, S. 80ff.; *Jarass*, UVP bei Industrievorhaben, S. 123.
98 Vgl. noch unten Rn. 108, 112.
99 Vgl. dazu *Sittel-Czypionka*, DÖV 1992, 737 (742) m.w.N.

Umweltbericht nach § 2a BauGB zur Verfügung zu stellen, den die Gemeinde erarbeitet oder – im Vorgriff auf die Vorlagepflicht gemäß § 6 im späteren Zulassungsverfahren – der Träger des UVP-pflichtigen Vorhabens bereits zusammengestellt und der Gemeinde für das Planverfahren vorgelegt hat. Auch von der Gemeinde ggf. eingeholte externe Umweltgutachten sind selbstverständlich beizufügen.

62 Die Träger öffentlicher Belange werden durch § 4 Abs. 2 Satz 1 BauGB zur Abgabe ihrer Stellungnahme innerhalb von einem Monat verpflichtet; die Gemeinde soll diese Regelfrist bei Vorliegen eines wichtigen Grundes angemessen verlängern. § 4 Abs. 2, 1. Halbsatz BauGB veranlasst die Träger öffentlicher Belange zu einer auf ihren Aufgabenbereich und damit auf ihre fachliche Zuständigkeit bezogene Stellungnahme. Um der Gemeinde eine gesicherte Information über die Auswirkungen der Maßnahmen der unterschiedlichen Träger öffentlicher Belange in ihrem Gebiet zu verschaffen, verpflichtet Satz 2, 2. Halbsatz BauGB die Träger öffentlicher Belange ihrerseits zur Auskunft über von ihnen beabsichtigte oder bereits eingeleitete Planungen und sonstige Maßnahmen. In diesem Zusammenhang ist auch die durch die Novelle 2001 neu eingeführte Verpflichtung des § 4 Abs. 2 Satz 3 BauGB zu sehen, der Gemeinde bei UVP-pflichtigen Bebauungsplanverfahren Informationen zur Vervollständigung des Umweltberichts nach § 2a BauGB zur Verfügung zu stellen.[100] § 4 Abs. 3 Satz 1 BauGB verdeutlicht, wie die Gemeinden mit den Stellungnahmen der Träger öffentlicher Belange umzugehen haben: Die hierin enthaltenen Informationen ergänzen zusammen mit den Anregungen der Bürger das der Gemeinde vorliegende Abwägungsmaterial.[101] § 4 Abs. 3 Satz 2 BauGB enthält zudem eine § 73 Abs. 3a Satz 2 VwVfG entsprechende materielle Präklusionsregelung im Falle des Verstreichens der Einmonatsfrist für die Abgabe der Stellungnahmen.[102] § 4 Abs. 4 Satz 1 regelt schließlich den Fall einer nachträglichen, im Anschluss an die Beteiligung der Träger öffentlicher Belange beabsichtigte Änderung des Entwurfs des Bebauungsplans mit der Möglichkeit einer vereinfachten nochmaligen Beteiligung.

63 Auch die Missachtung des § 4 BauGB kann nach der **Unbeachtlichkeitsnorm des § 214 Abs. 1 Nr. 1, 2. Halbsatz BauGB** sanktionslos bleiben. Danach führt nur die Nichtbeteiligung **aller** Träger öffentlicher Belange oder einer Vielzahl von ihnen zur Unwirksamkeit des Plans.[103] Diese Regelung soll zur Rechtssicherheit einer einmal beschlossenen gemeindlichen Planung beitragen, wenn aus der Vielzahl der zu beteiligenden Träger öffentlicher Belange ein Einzelner irrtümlich übersehen wurde. Werden daher lediglich einzelne berührte Träger öffentlicher Belange nicht beteiligt, kann dieser Verfahrensfehler nach der herrschenden bauplanungsrechtlichen Auffassung unbeachtlich sein,[104] d.h. der Bebauungsplan als Satzung könnte trotz des nachweislichen Verfahrensverstosses Rechtswirksamkeit erlangen, ohne noch zur gerichtlichen Disposition zu stehen. Auch diese Konsequenz der Unbeachtlichkeit wird von einem Teil

---

100 Hierzu im Detail nachfolgend Rn. 82f.
101 *Gaentzsch*, in: Berliner Kommentar, § 4 Rn. 2.
102 Vgl. hierzu daher § 7 Rn. 30.
103 In diesem Sinne etwa *Schroer*, UVP im Bauplanungsrecht, S. 155 m.w.N.
104 Die Unbeachtlichkeitsklausel in § 214 Abs. 1 Nr. 1, 2. Halbsatz BauGB erfasst hingegen nicht den materiell-rechtlichen Fehler, der darauf beruht, dass die Gemeinde die von dem nicht beteiligten Träger zu vertretenden Belange nicht berücksichtigt hat und wegen dieser Nichtberücksichtigung die planerische Gesamtabwägung fehlerhaft ist. Vgl. etwa *Battis*, in: Battis/Krautzberger/Löhr, BauGB, § 214 Rn. 5.

der Literatur im Hinblick auf die UVP-Richtlinie als Umsetzungsmangel angesehen.[105] Aber auch wenn man dieser strengen Auffassung zuneigt, wird eine fehlerhafte Beteiligung von Umweltschutzbehörden in der Praxis kaum zu befürchten sein. Denn angesichts der den UVP-pflichtigen Vorhabenplanungen regelmäßig eigenen erheblichen Eingriffsintensität kann sich die Gemeinde eines besonderen Interesses seitens der Öffentlichkeit und der Träger öffentlicher Belange, aber auch sorgfältiger Rechtsaufsicht sicher sein, sodass Beteiligungsmängel rechtzeitig festgestellt und behoben werden können.

Parallel mit der Beteiligung der Träger öffentlicher Belange oder in einem einheitlichen Verfahren ist der Bebauungsplan mit den benachbarten Gemeinden abzustimmen. Der durch § 2 Abs. 2 BauGB gewährte formelle Anspruch auf Abstimmung der Planung gibt einer benachbarten Gemeinde zudem die Möglichkeit einer Gemeindenachbarklage auf gerichtliche Überprüfung der Planung im Wege der Normenkontrolle nach § 47 Abs. 2 VwGO.[106]

3.1.2.3 Zusammenfassende Darstellung und Bewertung in der Planbegründung gemäß § 9 Abs. 8 BauGB

Die Funktion der nach dem UVPG in § 11 vorgesehenen zusammenfassenden Darstellung der Umweltauswirkungen übernimmt im Bebauungsplanverfahren der aufgrund der Stellungnahmen der Bürger und der Träger öffentlicher Belange fortzuschreibende **Umweltbericht** nach § 2a BauGB. Dieser Umweltbericht wird wiederum Bestandteil der nach § 9 Abs. 8 BauGB für jeden Bebauungsplan erforderlichen Planbegründung.[107]

64

Wesentliche Funktion der Begründung zum Bebauungsplan ist es, die im Plan getroffenen Entscheidungen zu rechtfertigen.[108] Die Begründung muss daher in den für die Abwägung wesentlichen Beziehungen auch Angaben über die zu erwartenden wesentlichen Auswirkungen der geplanten Nutzungen enthalten. Bereits vor Erlass des UVPG war unstreitig, dass nach dem Gewicht, das das BauGB dem Umweltschutz und der Umweltvorsorge beimisst, den Ausführungen zu den Auswirkungen auf die Umwelt bei wohl fast allen Bebauungsplänen besondere Bedeutung zukommt.[109] Nachdem nunmehr eine den Anforderungen des § 2 Abs. 1 gerecht werdende UVP für bestimmte Bebauungspläne vorgeschrieben ist, lässt sich für die Begründung dieser Pläne aus § 9 Abs. 8 BauGB auch die Pflicht ableiten, die Ermittlung und Beschreibung der städtebaulich bedeutsamen Auswirkungen der Planung auf die Umwelt zusammenfassend darzustellen und zu bewerten.[110] Hierzu dient der nach § 2a BauGB vorgesehene Umweltbericht, der in die Planbegründung zu integrieren ist. Seiner materiellen Bedeutung[111] entsprechend hat der **Umweltbericht** seinen Standort innerhalb der Planbegrün-

65

---

105 So *Bosselmann*, DVBl 1988, 724 (730); *Erbguth/Schink*, UVPG, § 17 Rn. 25.
106 *Battis*, in: Battis/Krautzberger/Löhr, BauGB, § 2 Rn. 10.
107 *Runkel*, DVBl. 2001, 1377 (1386); *Schliepkorte/Stemmler*, BauGB und UVP, S. 18.
108 Vgl. etwa *Löhr*, in: Battis/Krautzberger/Löhr, BauGB, § 9 Rn. 125.
109 *Löhr*, in: Battis/Krautzberger/Löhr, BauGB, § 9 Rn. 132.
110 *Schink*, NVwZ 1991, 935 (944) erreicht dieses Ergebnis im Hinblick auf die Pflicht zur Beschreibung der vorgefundenen Umwelt – allerdings noch unter der Geltung des § 17 UVPG a.F. – über eine EG-Richtlinien-konforme Interpretation der Verfahrensnormen des BauGB.
111 Mustereinführungserlass der ARGEBAU, Nr. 4.1.2.1 (»eigenständiges Kapitel der Planbegründung«), siehe auch nachfolgend Rn. 107ff.

dung **optisch getrennt** von der Darstellung der übrigen Abwägungsgesichtspunkte, auf jeden Fall aber vor der eigentlichen Begründung der einzelnen Ergebnisse der planerischen Gesamtabwägung.

3.1.3 Ergänzende Verfahrensnormen für die UVP

66 Die Novelle 2001 hat zu mehreren grundlegenden verfahrensrechtlichen Änderungen nicht nur des UVPG mit Wirkung für das Bebauungsplanverfahren, sondern auch unmittelbar des BauGB geführt. Anliegen der umfangreichen Ergänzungen der Verfahrensvorschriften des BauGB war eine möglichst wortgetreue Umsetzung der UVP-Richtlinie. Diese Regelungen beanspruchen ausdrückliche Geltung zwar nur für UVP-pflichtige Bebauungsplanverfahren; ihre freiwillige Anwendung auch auf andere Bebauungsplanverfahren ist aber durchaus sinnvoll. Soweit für die Bebauungsplanung keine eigenständigen Verfahrensregelungen im BauGB bestehen, die den Besonderheiten einer planbegleitenden UVP gerecht werden, können zudem ergänzend entsprechende Verfahrensnormen des UVPG herangezogen werden. Zu denken wäre insbesondere an die Vorschrift des § 5 (Unterrichtung über den voraussichtlichen Untersuchungsrahmen).[112] Zwar schließt § 17 Satz 1 die Anwendung weiterer Verfahrensnormen des UVPG gerade aus; im Rahmen ihrer planerischen Eigenverantwortung ist es der Gemeinde aber freigestellt, welcher Methoden sie sich über die verpflichtenden Verfahrensvorgaben des BauGB hinausgehend bedient, um das für die Planungsentscheidung notwendige Material zusammenzutragen. In Bezug auf die planbegleitende UVP ist die Gemeinde also nicht daran gehindert, zusätzliche Verfahrensschritte in Anlehnung an die entsprechenden Vorschriften aus dem UVPG durchzuführen.

67 Eine solche Methodik drängt sich geradezu auf, seit 1993 die Neufassung des § 2 Abs. 3 Nr. 3 die Bauleitplanungs-UVP der Ursprungsfassung zu einer Projektplanungs-UVP umgeformt hat.[113] Das seither geltende Recht impliziert damit, dass – sofern die planende Gemeinde nicht selbst Träger des beabsichtigten UVP-pflichtigen Vorhabens ist – in der Regel ein konkreter Vorhabenträger vorhanden ist, der die ihn nach dem UVPG obliegenden Rechte und Pflichten wahrnehmen kann.[114] Der Auffassung, »Vorhabenträger« im Zusammenhang mit der Bebauungsplan-UVP seien die Gemeinden,[115] dürfte in dieser Generalität die Grundlage entzogen sein.

68 Die Sinnhaftigkeit ergänzender UVPG-Anwendung im Baurecht erschließt sich im Weiteren dann, wenn man den (Neben-)Zweck der bauplanerischen UVP, nämlich die Entlastung nachfolgender Zulassungsverfahren (§ 17 Satz 3), berücksichtigt. In der UVP des Projektgenehmigungsverfahrens kann ein Rückgriff auf die vorgelagerte Bebauungsplan-UVP nur dann gelingen, wenn die dort vollzogenen Verfahrensschritte denen der UVP auf Zulassungsebene vergleichbar sind.

---

112 So zutreffend ARGEBAU, Muster-Einführungserlass, Nr. 4.1.3.1; hierzu nachfolgend Rn. 81.
113 Dazu im Einzelnen oben Rn. 18.
114 In den überwiegenden Fällen der nach neuem Recht nicht mehr UVP-pflichtigen Angebotsplanung, in denen im Stadium der Planaufstellung weder das Vorhaben noch der Träger bekannt sind, wäre ein Scoping i. S. des § 5 praktisch nicht möglich; dazu auch *Lenz*, BauR 1989, 267 (270); *Sittel-Czypionka*, DÖV 1992, 737 (741).
115 So etwa noch *Kunig*, in: FS für Weyreuther, S. 157 (168).

3.1.3.1 Feststellung der UVP-Pflicht gemäß § 3a

Die Novelle des UVPG 2001 hat durch § 3a Satz 1 zunächst die Verpflichtung der zuständigen Behörde eingeführt, festzustellen, ob nach den §§ 3b bis 3f für das beabsichtigte Vorhaben eine Verpflichtung zur Durchführung einer UVP besteht. Diese Verpflichtung stellt gegenüber dem bisherigen Recht keine Änderung dar, soweit es sich um Vorhaben der Anlage 1 handelt, die einen bestimmten Größen- oder Leistungswert erreichen oder überschreiten (die Kennzeichnung erfolgt durch ein »X« in der Spalte 1 der Anlage 1). Einer besonderen, bislang nicht vorgesehenen Prüfung im Einzelfall, die als »**screening**« bezeichnet wird, bedarf es hingegen, wenn das Vorhaben unter den Größen- oder Leistungswerten bleiben wird, möglicherweise aber gleichwohl erhebliche nachteilige Umweltauswirkungen haben kann. Grund für die Einführung des »screening« ist das Bestreben des Gesetzgebers, die Anzahl der durchzuführenden Umweltverträglichkeitsprüfungen trotz erheblicher Erweiterung des Anwendungsbereichs begrenzt zu halten.[116] Wird aufgrund einer solchen Vorprüfung im Einzelfall gemäß § 3c eine UVP-Pflicht festgestellt, ist nach § 3a Satz 2 diese Feststellung der Öffentlichkeit nach den Bestimmungen des Umweltinformationsgesetzes zugänglich zu machen; soll eine UVP unterbleiben, ist dies bekannt zu geben. Besonderheiten bei der Feststellung der UVP-Pflicht ergeben sich zudem bei kumulierenden Vorhaben oder Änderungen oder Erweiterungen eines Vorhabens; diese sind in § 3b Abs. 2 und 3, § 3c Abs. 1 Satz 5 und § 3e geregelt.

Zuständig für die Feststellung der UVP-Pflicht und für die hierzu ggf. erforderliche Vorprüfung ist die **Gemeinde**, die den Bebauungsplan aufstellen will. Dies folgt aus dem Verweis von § 17 Satz 1 auf die Vorschriften des BauGB und damit auf § 2 Abs. 1 Satz 1 BauGB, wonach die Bauleitpläne von der Gemeinde in eigener Verantwortung aufzustellen sind.[117] Den Gemeinden wird an dieser Stelle nachdrücklich und in Übereinstimmung mit (dem mit der Beurteilung der nachfolgenden Rechtsfragen beruflich früher befassten Vorsitzenden Richter am Bundesverwaltungsgericht a. D.) *Gaentzsch* geraten, bei der **Feststellung der UVP-Pflicht einen großzügigen Maßstab** anzulegen und sich – anstelle auf die nachfolgend behandelten, höchst komplexen Fragen zum Vorliegen einer UVP-Pflicht – auf die Durchführung einer UVP im Bebauungsplanverfahren auf angemessenem Niveau und ohne übertriebenen Aufwand zu konzentrieren.[118]

3.1.3.1.1 Vorprüfung im Einzelfall (»screening«) gemäß § 3c

§ 3c Abs. 1 unterscheidet zwischen zwei unterschiedlichen Arten der Vorprüfung, die für die Feststellung der UVP-Pflicht eines Bebauungsplanverfahrens relevant werden können[119] Satz 1 regelt die **allgemeine** Vorprüfung des Einzelfalls (die Kennzeichnung erfolgt durch ein »A« in der Spalte 2 der Anlage 1), Satz 2 die **standortbezogene** Vorprüfung des Einzelfalls (die Kennzeichnung erfolgt durch ein »S« in der Spalte 2

---

116 *Kläne*, DVBl. 2001, 1031, (1032). Zum erweiterten Anwendungsbereich vgl. oben Rn. 24, 26.
117 *Runkel*, DVBl. 2001, 1377 (1384), *Kläne*, DVBl. 2001, 1031 (1034).
118 *Gaentzsch*, UPR 2001, 287 (288). Ebenso die Vorbemerkung des Mustereinführungserlasses der ARGEBAU, Nr. 01. Mit der Einführung einer UVP für Pläne werden ab Mitte 2004 voraussichtlich alle Bebauungspläne der UVP-Pflicht unterzogen werden, siehe hierzu oben Rn. 1.
119 Vgl. auch die Ausführungen zu § 3c Rn. 1, 5f., 7f.

der Anlage 1). Der Unterschied besteht in der Anwendbarkeit der (weiteren) Kriterien der Anlage 2: Während bei der allgemeinen Vorprüfung der gesamte Katalog der Nummern 1 bis 3 anzuwenden ist, sind bei der standortbezogenen Vorprüfung nur die naturschutzbezogenen Kriterien der Nummer 2 der Anlage 2 anzuwenden. Eine nochmalige Konkretisierung der Kriterien der Anlage 2 ist gemäß § 3c Abs. 2a einer Rechtsverordnung der Bundesregierung vorbehalten.

72 Bei den Vorhaben der Nummern 18.1 bis 18.7 der Anlage 1[120] hat der Gesetzgeber jeweils eine allgemeine Vorprüfung bei Erreichen bestimmter Prüfwerte, die deutlich unter den Größenwerten bei Eintritt der unmittelbaren UVP-Pflicht gemäß § 3b Abs. 1 liegen, vorgegeben. Damit liegt nunmehr ein **abgestuftes System** der allgemeinen Vorprüfung der Gemeinden zur Feststellung der UVP-Pflicht bei Bebauungsplanverfahren mit bauplanungsrechtlichen Vorhaben (nur) mittlerer Größe und der unmittelbar durch Gesetz vorgegebenen UVP-Pflicht bei großen Städtebauvorhaben im Außenbereich vor. Ergänzend ist für die Aufstellung von Bebauungsplänen, die Vorhaben zulassen, die nicht im Außenbereich, sondern (bereits) im unbeplanten Innenbereich nach § 34 BauGB oder im Bereich eines einfachen Bebauungsplans nach § 30 Abs. 3 BauGB und damit im sonstigen Bereich beabsichtigt sind, die Nummer 18.8 eingeführt; derartige Bebauungspläne unterliegen daher ab Erreichen der Prüfwerte der Nummern 18.1 bis 18.7 (und damit auch unabhängig vom Überschreiten der Größenwerte) jeweils (nur) einer allgemeinen Vorprüfung.

73 Demgegenüber hängt es von der jeweiligen Art und Größe ab, ob bei den anderen von Anlage 1 erfassten Vorhaben, bei denen zunächst ein Bebauungsplan vor Durchführung eines ebenfalls dem Anwendungsbereich des UVPG unterliegenden Zulassungsverfahrens aufgestellt werden soll, eine allgemeine oder eine standortbezogene Vorprüfung durchzuführen ist. Von der standortbezogenen Prüfung erfasst werden sollen in der Regel (nur) kleinere Vorhaben; die UVP bereits im vorgelagerten Bebauungsplanverfahren rechtfertigt sich hier aufgrund der besonderen Sensibilität des Standortes.[121]

74 Der letztmögliche Zeitpunkt einer Vorprüfung ist vom Gesetzgeber durch den neu eingefügten § 3 Abs. 2 Satz 2, 2. Halbsatz BauGB auf die Bekanntmachung der Offenlage des Bebauungsplanentwurfs festgelegt worden; spätestens **zum Zeitpunkt der Bürgerbeteiligung** muss daher feststehen, **ob eine UVP im Bebauungsplanverfahren erfolgt** oder nicht.[122] Empfehlenswert ist allerdings eine deutlich frühere Vorprüfung bereits in der informellen Planungsphase, um noch Standortalternativen einbeziehen zu können.[123] Die Einbeziehung einzelner Umweltbehörden durch die Gemeinde bereits in dieser frühen Phase kann durchaus sinnvoll sein, ist aber vom Gesetzgeber nicht vorgeschrieben. Werden im weiteren Planungsverlauf bis zur formellen Bürgerbeteiligung allerdings noch zusätzliche Gesichtspunkte bekannt, muss das Ergebnis der Vorprüfung entsprechend angepasst werden.[124]

---

120 Hierzu oben Rn. 26, Anlage 1 Rn. 94.
121 *Kläne*, DVBl. 2001, 1031 (1033). Der Mustereinführungserlass der ARGEBAU empfiehlt unter Nr. 2.2 den Gemeinden zur Vermeidung von Fehlern generell die Durchführung einer (gegenüber der standortbezogenen Vorprüfung weitergehenden) allgemeinen Vorprüfung.
122 *Runkel*, DVBl. 2001, 1377 (1385); *Kläne*, ebd., 1034.
123 *Kläne*, ebd., 1034; ebenso Mustereinführungserlass der ARGEBAU, Nr. 2.2.
124 *Kläne*, ebd., 1034.

Wurde eine vorgeschriebene Vorprüfung des Einzelfalls irrtümlicherweise nicht durchgeführt, stellt sich die Frage nach der **Beachtlichkeit dieses Verfahrensfehlers**.[125] Die neu in das BauGB eingefügte Vorschrift des § 214 Abs. 1a BauGB differenziert zunächst danach, ob die Vorprüfung zu der Einschätzung geführt hätte, dass das Vorhaben erhebliche nachteilige Umweltauswirkungen gehabt hätte: Wird dies in der Rückschau bejaht, ist der Verfahrensfehler beachtlich mit der Folge (an sich) der Nichtigkeit des Bebauungsplans. Allerdings kann der Fehler möglicherweise gemäß § 215a BauGB durch ein ergänzendes Verfahren und damit durch eine Nachholung der UVP behoben werden.[126] Wird dies hingegen verneint, ist der Verfahrensfehler von vornherein unbeachtlich (Nummer 1). Unbeachtlich ist des Weiteren auch, wenn bei einer durchgeführten Vorprüfung die Voraussetzung für die Pflicht zur Durchführung der UVP, dass das Vorhaben erhebliche nachteilige Umweltauswirkungen haben kann, nicht richtig beurteilt wurde (Nummer 2). Allerdings spricht trotz des dann unbeachtlichen Verfahrensfehlers vieles für einen zugleich vorliegenden, dann (dennoch) zur Nichtigkeit führenden materiellen Abwägungsfehler.[127]

75

3.1.3.1.2 Besonderheiten bei kumulierenden Vorhaben oder Änderungen oder Erweiterungen eines Vorhabens

Der Begriff der »**kumulierenden**« **Vorhaben** wird in § 3b Abs. 2 Satz 1 eingeführt. Gemeint ist der Fall, dass mehrere Vorhaben derselben Art (und mittlerer Größe) gleichzeitig von demselben oder mehreren Trägern verwirklicht werden sollen, in einem engen Zusammenhang stehen, zusammen die maßgeblichen Größen- oder Leistungswerte der Spalte 1 der Anlage 1 erreichen oder überschreiten und zudem (so ergänzend Satz 3) jedes dieser Vorhaben auch für sich zumindest die Werte für die Vorprüfung erreicht oder überschreitet.[128] Unter diese Definition können auch zwei (oder mehrere) Bebauungsplanverfahren fallen, wenn es sich bei den beiden durch die Pläne vorgesehenen Vorhaben mittlerer Größe zwar um solche unterschiedlicher Art handelt, sie beide aber gemäß der Nummer 18.7 der Anlage vom Sammelbegriff der Städtebauprojekte erfasst werden und jeweils den dort vorgesehenen Prüfwert von 20.000 qm sowie in der Summe den vorgesehen Größenwert von 100.000 qm erreichen. Die des Weiteren erforderliche Gleichzeitigkeit ist aber nur gegeben, wenn die Bebauungsplanverfahren sich zumindest teilweise überschneiden.[129] Erreichen zwei unterschiedliche Bebauungsplanverfahren i.S. der Nummern 18.1 bis 18.6 zusammen trotz gleichzeitiger Verwirklichung durch eine Gemeinde dagegen nicht den Größenwert von 100.000 qm, können sie ggf. auch über den soeben beschriebenen Auffangtatbestand der Nummer 18.7 – dann aber nicht als kumulierende Vorhaben – UVP-pflichtig werden. Da sie in diesem Fall als Vorhaben unterschiedlicher Art einzustufen sind, muss nun für beide Vorhaben gesondert im Rahmen einer Vorprüfung nach § 3c Abs. 1 über eine UVP-Pflicht entschieden werden.[130]

76

---

125 Ausführlich zum Nachfolgenden *Gaentzsch*, UPR 2001, 287 (293).
126 Zu § 215a BauGB vgl. *Erbguth/Wagner*, Bauplanungsrecht, Rn. 176c ff.
127 Mustereinführungserlass der ARGEBAU, Nr. 4.5.
128 Vgl. hierzu § 3b Rn. 6.
129 Mustereinführungserlass der ARGEBAU, Nr. 2.1.
130 Einzelheiten bei *Runkel*, DVBl. 2001, 1311 (1382).

77 Nach § 3 c Abs. 1 Satz 5 ist (über den Verweis auf § 3 b Abs. 2) der Regelungsgedanke der kumulierenden Vorhaben auch bei **parallelen Bebauungsplanverfahren** für zwei oder mehrere Vorhaben der Nummern 18.1. bis 18.7 kleinerer Größe anwendbar, wenn diese **zusammen den jeweiligen Prüfwert** erreichen. Voraussetzung ist, dass es eine ordnungsgemäße Bebauungsplanung nahelegen würde, die Planungen zusammenzufassen.[131] Überschreiten in der Gesamtschau beide Vorhaben derselben Art den maßgeblichen Prüfwert, ist eine allgemeine Vorprüfung nach § 3 c Abs. 1 Satz 1 zur Feststellung der UVP-Pflicht für die kumulierenden Vorhaben erforderlich.[132]

78 § 3 b Abs. 3 und § 3 e regeln zwei unterschiedliche Fälle der Änderung oder Erweiterung von Vorhaben, die in eine UVP-Pflicht hineinwachsen bzw. bereits zuvor der UVP-Pflicht unterlagen. § 3 b Abs. 3 betrifft den Fall, dass durch die Erweiterung eines bestehenden Vorhabens die maßgebenden Größen- oder Leistungswerte erstmals erreicht oder überschritten werden (und damit ein Hineinwachsen eines bislang nicht UVP-pflichtigen Vorhabens in die UVP-Pflicht). Demgegenüber setzt § 3 e bereits ein UVP-pflichtiges Vorhaben voraus, das mit nochmals erheblichen Auswirkungen auf die Umwelt geändert oder erweitert werden soll.

79 § 3 b Abs. 3 Satz 1 schreibt für den ersten Fall der Änderung oder Erweiterung eines bislang nicht UVP-pflichtigen Bebauungsplans eine UVP vor, wenn das Vorhaben hierdurch den maßgeblichen **Größen- oder Leistungswert** der Spalte 1 der Anlage 1 **erstmals erreicht**. Von der Verpflichtung wird nachträglich auch das schon bestehende und damit das gesamte Vorhaben erfasst, da »eine Umweltverträglichkeitsprüfung unter Berücksichtigung des bestehenden, bisher nicht UVP-pflichtigen Vorhabens durchzuführen« ist. Mit dieser Regelung sollen insbesondere Fälle einer versuchten Umgehung der UVP-Pflicht durch eine »Salamitaktik« des Vorhabenträgers erfasst werden.[133] Allerdings gilt diese Verpflichtung bei Bebauungsplanverfahren nur, wenn ein bisher nicht UVP-pflichtiges Vorhaben in den Außenbereich erweitert werden soll, da in der Anlage 1 für Vorhaben im Innenbereich gemäß Nummer 18.8 keine Größenwerte festgesetzt sind.[134] Diese UVP-Pflicht tritt gemäß Satz 3 zudem dann nicht ein, wenn das Ursprungs-Vorhaben bereits vor dem Umsetzungstermin der UVP-Richtlinie am 3.7.1985 bzw. der UVP-Änderungsrichtlinie am 14.3.1999 errichtet worden ist. Nach Satz 4 bleiben von dieser UVP-Pflicht ebenfalls Industriezonen und Städtebauprojekte nach den Nummern 18.5, 18.7 und 18.8 der Anlage 1 generell freigestellt; ansonsten würden über die Änderungs- und Erweiterungsklausel des § 3 b Abs. 3 Satz 1 annähernd alle neueren Bebauungspläne rückwirkend einer UVP-Pflicht unterworfen werden. § 3 c Abs. 1 Satz 5 erklärt die Änderungs- und Erweiterungsklausel des § 3 b Abs. 3 für den Fall der UVP-Pflicht im Einzelfall für entsprechend anwendbar; daher unterliegt ein bislang nicht UVP-pflichtigen Bebauungsplan aufgrund seiner Änderung oder Erweiterung einer Vorprüfung, wenn durch die Änderung oder Erweiterung der in der Spalte 2 der Anlage 1 vorgegebene Prüfwert für ein Vorhaben erreicht oder überschritten wird.

80 § 3 e regelt demgegenüber den zweiten Fall einer erheblichen Änderung oder Erweiterung eines bislang schon UVP-pflichtigen Vorhabens; durch die Regelung soll ausschließlich die **Änderung oder Erweiterung** des Vorhabens der UVP unterzogen

---

131 Ebenso *Runkel*, ebd., 1382.
132 *Krautzberger*, in: Battis/Krautzberger/Löhr, BauGB, § 1 a Rn. 36 c.
133 *Feldmann*, DVBl. 2001, 589 (594).
134 Ausführlich hierzu und zum Folgenden *Runkel*, DVBl. 2001, 1377 (1383).

werden, nicht aber nochmals oder nachträglich das bereits bestehende Vorhaben. Dabei ist es unerheblich, ob für dieses Vorhaben vor seiner Errichtung eine UVP tatsächlich durchgeführt wurde.[135] Eine Änderung oder Erweiterung eines Vorhabens unterliegt nach § 3e Abs. 1 Nr. 1 ihrerseits einer erneuten UVP-Pflicht, wenn durch sie selber der Größen- oder Leistungswert der Spalte 1 in der Anlage 1 erreicht oder überschritten wird. Nach Nummer 2 ist zumindest eine Vorprüfung des Einzelfalls erforderlich, wenn die Änderung oder Erweiterung (unabhängig vom Erreichen eines Prüfwerts) erhebliche nachteilige Umweltauswirkungen haben kann; dabei sind auch frühere Änderungen oder Erweiterungen einzubeziehen, wenn für diese keine UVP durchgeführt wurde. Auch hierzu gibt es gemäß Absatz 2 für die in der Anlage 1 Nr. 18.1 bis 18.8 gesondert aufgeführten Bebauungsplanverfahren eine Besonderheit, um dem Charakter sich kontinuierlich entwickelnder Städtebauvorhaben Rechnung zu tragen: Da die überwiegende Zahl aller gemeindlichen Bebauungspläne die Änderung oder Erweiterung von Städten, Stadtteilen oder Siedlungen zum Gegenstand hat, wären alle diese Verfahren über die Regelung des § 3e Abs. 1 Nr. 2 zumindest einer allgemeinen Vorprüfung zu unterziehen, da diese Änderungs- und Erweiterungsklausel nicht auf das Erreichen eines Prüfwertes abstellt. Um diese weitreichende Pflicht zum »screening« nahezu aller Bebauungsplanverfahren einzuschränken, führt Absatz 2 daher die einschlägigen Prüfwerte der Spalte 2 der Anlage 1 als Schwelle für die allgemeine Vorprüfung gesondert für Bebauungsplanänderungsverfahren ein.[136]

3.1.3.2 Unterrichtung über voraussichtlich beizubringende Unterlagen (»scoping«) analog § 5

In der Regel wird es sinnvoll sein, wenn sich die Gemeinde **entsprechend § 5** mit dem Träger des zu planenden Vorhabens vorab über den voraussichtlichen **Untersuchungsrahmen** abstimmt.[137] Möglicherweise ist es sogar zweckmäßig, das soeben beschriebene »screening« nach § 3a mit dem »Scoping« nach § 5 zusammen durchzuführen.[138] Dabei wird zunächst zu klären sein, wie weit die interne Projektplanung des Vorhabenträgers schon fortgeschritten ist, um danach den Umfang und die Methodik der im Bebauungsplanverfahren durchzuführenden UVP erörtern zu können. Bereits zu diesem Scoping-Verfahren wird die Gemeinde sich – wie § 5 Satz 2 dies vorsieht – sachverständigen Rates durch Fachbehörden und/oder Gutachter versichern. Im Einzelfall kann je nach Planungssituation auch schon die (erste) Beteiligung von Nachbargemeinden sinnvoll sein, jedenfalls dann, wenn sich Umweltauswirkungen von städtebaulicher Relevanz auch jenseits der Grenzen der Standortgemeinde abzeichnen. Allerdings haben solche Beteiligungen an Scoping-Terminen keinerlei Ersatzfunktion für spätere förmliche Verfahren der Beteiligung der Träger öffentlicher Belange gemäß § 4 BauGB, sondern dienen allein dem informellen Abgleich des voraussichtlichen Untersuchungsrahmens und damit insbesondere den Interessen des Projektträgers, der auf diese Weise Kenntnis erhält, welche Unterlagen von ihm zur Durchführung der planerischen UVP erwartet werden.[139]

---

135 *Feldmann*, DVBl. 2001, 589, (596); vgl. auch § 3e Rn. 8.
136 Hierzu ausführlich und mit einzelnen Beispielen *Runkel*, DVBl. 2001, 1377 (1383 f.).
137 Vgl. den entsprechenden Hinweis im Mustereinführungserlass der ARGEBAU, Nr. 4.1.3.1.
138 So der Vorschlag bei *Kläne*, DVBl. 2001, 1031 (1034).
139 Zu Einzelheiten des Scoping-Verfahrens wird auf die Kommentierung zu § 5 Rn. 14 verwiesen.

3.1.3.3 Umweltbericht gemäß § 2a BauGB

82 Der Umweltbericht gemäß § 2a BauGB ist durch die BauGB-Novelle 2001 als neues **zentrales Verfahrenselement** in das Bebauungsplanverfahren mit UVP eingeführt worden.[140] Ihm kommen im Bebauungsplanverfahren dieselben Funktionen zu, wie sie ansonsten die Unterlagen des Trägers des Vorhabens nach § 6[141] und die zusammenfassende Darstellung nach § 11 für die üblichen UVP-Verfahren nach dem UVPG entfalten. Im Gegensatz zu den Unterlagen nach § 6 ist der Umweltbericht jedoch nicht vom Vorhabenträger, sondern **von der** für das Verfahren zuständigen **Gemeinde** zu erarbeiten.[142] Der Bericht ist bereits zu Beginn des (Aufstellungs-)Verfahrens als Teil der (Entwurfs-)Begründung von der Gemeinde vorzulegen und im Fortgang des Bebauungsplanverfahrens aufgrund der Anregungen der Bürger nach § 3 Abs. 1 und 2 BauGB und der Stellungnahmen der Träger öffentlicher Belange nach (dem durch die BauGB-Novelle neu eingefügten) § 4 Abs. 2 Satz 3 BauGB zu ergänzen, zu konkretisieren und zum Abschluss des Verfahrens als besonderer Bestandteil[143] in die allgemeine Planbegründung nach § 9 Abs. 8 BauGB aufzunehmen. Seine endgültige Fassung erhält er erst mit der Beschlussfassung der Gemeinde über den Bebauungsplan nach § 10 Abs. 1 BauGB.[144] Umgekehrt informiert der Umweltbericht die Bürger und die Träger öffentlicher Belange im Rahmen des Beteiligungsverfahrens frühzeitig über die zu erwartenden Umweltauswirkungen des Vorhabens. Auch kommt ihm für den Abwägungsprozess der Gemeinderatsmitglieder und ggf. für eine gerichtliche Überprüfung der Planung eine erhebliche, über die herkömmlichen Aussagen zur Umweltsituation in der Begründung nach § 9 Abs. 8 BauGB deutlich hinausgehende Bedeutung zu.[145]

83 Der zwingend vorgegebene Aufbau des Umweltberichts nach § 2a BauGB orientiert sich ganz wesentlich an der Regelung des § 6 Abs. 3 und 4 zum Inhalt der Unterlagen des Vorhabenträgers,[146] trifft aber für die Besonderheiten des Bebauungsplanverfahrens zum Teil eigenständige Vorgaben, die auf die für den Bebauuungsplan vorgegebenen Festsetzungskatalog des § 9 Abs. 1 BauGB, den damit jeweils zu berücksichtigenden städtebaulichen Bezug einer beabsichtigten Festsetzung und den bei einem Bebauungsplan naturgemäß erst vorläufigen Planungsstand zurückzuführen sind.[147] Er gliedert sich in drei Teile:
– Absatz 1 gibt die **Mindestanforderungen** vor, zu denen in jedem UVP-Verfahren Auskunft zu geben ist. Es handelt sich zunächst um die Beschreibung der Festsetzungen über das Vorhaben mit Angaben über Standort, Art und Umfang sowie Bedarf an Grund und Boden (Absatz 1 Nr. 1); hierbei sind die Auswirkungen der jeweiligen Festsetzungen auf die Umwelt und der Bedarf an Grund und Boden substanziell darzulegen. Die Beschreibung der Umwelt und der erheblichen nachteiligen Auswirkungen auf sie (Absatz 1 Nr. 2) braucht einerseits nur so detailliert

---

140 *Runkel*, DVBl. 2001, 1377 (1386).
141 Vgl. *Battis/Krautzberger/Löhr*, NVwZ 2001, 961 (965).
142 Zu den Besonderheiten beim Vorhaben- und Erschließungsplan vgl. nachfolgend Rn. 65.
143 Mustereinführungserlass der ARGEBAU, Nr. 4.1.2.1 (»eigenständiges Kapitel der Planbegründung«), siehe auch nachfolgend Rn. 78 ff.
144 *Runkel*, DVBl. 2001, 1377 (1386).
145 *Wulfhorst*, UPR 2001, 246 (251).
146 Es wird daher zunächst auf die Kommentierung zu § 6 Rn. 12 ff. verwiesen.
147 Hierzu und zum Folgenden detaillierter der Mustereinführungserlass der ARGEBAU, Nr. 4.1.2.2.

und so weitreichend wie die konkrete Planung zu sein, sie muss andererseits aber auch Aussagen zu erwarteten Wechselwirkungen enthalten. Die Beschreibung der Maßnahmen zur Vermeidung, Minderung oder zum (weitest) möglichen Ausgleich (Absatz 1 Nr. 3) soll sich auf die von der Gemeinde tatsächlich vorgesehenen Maßnahmen beschränken; ihre Bewertung ist erst später der Abwägung nach § 1 Abs. 6 BauGB vorbehalten. Die Beschreibung der zu erwartenden erheblichen, nachteiligen Umweltauswirkungen (Absatz 1 Nr. 4) als Schwerpunkt des Umweltberichts ist auf Auswirkungen mit städtebaulicher Relevanz (z.B. Versiegelung, Verbrauch von Landschaft) zu beschränken; allerdings sind im Hinblick auf die in die Bebauungsplanverfahren ebenfalls integrierte naturschutzrechtliche Eingriffsregelung die Eingriffe in Natur und Landschaft vollständig zu dokumentieren.[148] Die Übersicht über die wichtigsten geprüften anderweitigen Lösungsmöglichkeiten (Absatz 1 Nr. 5) umfasst sowohl Konzept- als auch Standortalternativen; jedoch sind nur die von der Gemeinde tatsächlich geprüften Alternativen mit den Auswahlgründen darzustellen.

– Absatz 2 verlangt darüber hinaus **im Einzelfall weitere Angaben**, soweit sie für die UVP nach der Art der Festsetzungen für das konkrete Vorhaben und entsprechend dem vorläufigen Planungsstand bereits in der Begründung eines Bebauungsplans erforderlich sind. Hierbei handelt es sich (möglicherweise) um die wichtigsten Merkmale der verwendeten technischen Verfahren (Absatz 2 Nr. 1), um die Beschreibung von erwarteten Emissionen, Abfällen und Abwasser sowie der Nutzung und Gestaltung von Wasser, Boden, Natur und Landschaft (Absatz 2 Nr. 2) und Hinweise auf Schwierigkeiten, die bei der Zusammenstellung der Angaben aufgetreten sind (Absatz 2 Nr. 3).

– Absatz 3 Satz 1 weist schließlich auf die Notwendigkeit einer **allgemein verständlichen Zusammenfassung** der nach den Absätzen 1 und 2 erforderlichen Angaben hin. Darüber hinaus verlangt Satz 2 eine (allgemeinverständliche) Darstellungsform, die es Dritten ermöglicht zu beurteilen, »ob und in welchem Umfang sie von den Umweltauswirkungen der Festsetzungen für das Vorhaben betroffen werden können«.

Da § 2a BauGB damit dem Umweltbericht eine immer gleiche Form i.S. einer Checkliste der aufzunehmenden Gesichtspunkte vorgibt, ist es ratsam, seine Vorgaben künftig allen – und damit nicht nur den UVP-pflichtigen – Bebauungsplanverfahren zugrunde zu legen.[149] Dies dürfte auch deshalb zu keinem besonderen Aufwand führen, da die Angaben, die im Umweltbericht zu machen sind, dem umweltrelevanten Abwägungsmaterial entsprechen, das auch im herkömmlichen Bebauungsplanverfahren ohne UVP zu ermitteln ist.[150] Neu ist daher lediglich, dass die Ausführungen zu den einzelnen Umweltauswirkungen, die bisher auf verschiedene Stellen der Begründung nach § 9 Abs. 8 BauGB verteilt waren, künftig in einem Kapitel, eben dem Umweltbericht, zusammenzufassen sind und ihnen eine allgemein verständliche Zusammenfassung

84

---

148 Zur Verknüpfung von UVP und naturschutzrechtlicher Eingriffsregelung nachfolgend Rn. 189.
149 Mustereinführungserlass der ARGEBAU, Nr. 4.1.1; so ist wohl auch die Anregung von *Schliepkorte/Stemmler*, BauGB und UVP, S. 19, zu verstehen.
150 Mustereinführungserlass der ARGEBAU, Nr. 4.1.2.1.

anzufügen ist.[151] Damit wird zugleich aber die Erwartung verbunden, dass sich die Qualität der Planung verbessert.[152]

85   Um das neue Verfahrenselement des Umweltberichts in den Ablauf eines herkömmlichen Bebauungsplanverfahrens vollständig einzupassen, hat die BauGB-Novelle 2001 zudem flankierende Regelungen in die Verfahrensschritte der Beteiligung der Bürger und der Träger öffentlicher Belange integriert;[153] diese sollen einen möglichst vollständigen und die erheblichen nachteiligen Umweltauswirkungen realistisch wiedergebenden Bericht garantieren. Hierzu zählen einerseits die bereits angesprochene Verpflichtung der Träger öffentlicher Belange nach § 4 Abs. 2 Satz 3 BauGB, ihre Informationen zu den möglichen Umweltauswirkungen der Gemeinde zur Verfügung zu stellen,[154] und andererseits die Verpflichtung der Gemeinde nach § 3 Abs. 3 Satz 1 BauGB und § 4 Abs. 4 Satz 2 BauGB, bei Änderungen des Berichts im laufenden Verfahren nochmals den Bürgern und den Trägern öffentlicher Belange Gelegenheit zu ergänzenden Anregungen bzw. Stellungnahmen zu geben. Auch wurde in § 4a BauGB und § 11 Abs. 1 Satz 2 Nr. 1 BauGB zusätzlich klargestellt, dass die Gemeinde zur Beschleunigung des Verfahrens die Erarbeitung des (ersten Entwurfs des) Umweltberichts **einem Dritten übertragen** sowie der Umweltbericht auch Gegenstand eines **städtebaulichen Vertrages** werden kann. § 214 Abs. 1 Nr. 2 BauGB ordnet schließlich an, dass nur ein unbeachtlicher Verfahrensfehler vorliegt, wenn der Umweltbericht unvollständig ist, nicht aber, wenn er vollständig fehlt.[155] Allerdings kann ein grob unvollständiger Bericht durchaus ein Indiz für einen Abwägungsfehler sein.[156] Der Rechtsschutz richtet sich in einem solchen Fall nach dem Rechtsschutz im Fall der insgesamt fehlerhaften Begründung des Plans.[157]

3.1.3.4   Ausländische Beteiligung gemäß § 4a BauGB

86   Ein weiterer Schwerpunkt der Novellen des UVPG und des BauGB 2001 ist die Ausweitung der Beteiligungsmöglichkeiten für Behörden und Bürger ausländischer Staaten am Verfahren der UVP.[158] Demzufolge wurde die Beteiligungsregelung des § 4a BauGB (jetzt Absatz 1), die erst 1998 durch die damalige BauGB-Novelle für alle Bauleitplanverfahren und damit auch für Flächennutzungsplanverfahren eingeführt wurde,[159] nochmals (um einen Absatz 2) ergänzt; insbesondere wurde zusätzlich auch eine grenzüberschreitende Bürgerbeteiligung für UVP-pflichtige Bebauungsplanverfahren eingeführt. Zudem ist das Erfordernis einer grenzüberschreitenden Beteiligung gemäß § 33 Abs. 1 Nr. 1 BauGB auch für die Zulassung von Vorhaben während der Planaufstellung eingeführt worden. Eine ausländische Beteiligung ist aber gemäß § 4a Abs. 2 Satz 1 BauGB ebenso wie nach den allgemeinen Regelungen des § 8 und des § 9a UVPG nur dann erforderlich, wenn der **andere Staat darum ersucht** oder wenn das

---

151   So *Runkel*, DVBl. 2001, 1377 (1386) unter Bezugnahme auf *BVerwG* – 4 BN 27.98 –, NVwZ 1999, 989.
152   *Battis*, in: Battis/Krautzberger/Löhr, BauGB, § 2a Rn. 2.
153   *Runkel*, ebd., 1387.
154   Oben Rn. 82.
155   Hierzu *Schliepkorte/Stemmler*, BauGB und UVP, S. 55.
156   Mustereinführungserlass der ARGEBAU, Nr. 4.5.
157   *Battis*, ebd., § 2a Rn. 8.
158   Vgl. hierzu die Kommentierung zu § 8 und § 9a.
159   Hierzu *Erbguth/Wagner*, Bauplanungsrecht, Rn. 158a ff.

Vorhaben auf dem Gebiet des anderen Staates zu **erheblichen Umweltauswirkungen** führen kann.[160] § 8 und § 9a treten im Übrigen hinter der für das Bebauungsplanverfahren vorrangigen Regelung des § 4a BauGB zurück.

Allerdings ist die Beteiligung ausländischer Behörden an der Bauleitplanung für grenznahe Gemeinden kein Novum. Auf der Basis von Empfehlungen bilateraler Raumordnungskommissionen, gefördert durch die Bildung grenzüberschreitender Regionen (»EUREGIO«) oder aufgrund formloser Vereinbarungen ist die gegenseitige Abstimmung grenznaher örtlicher Planungen schon zum Allgemeingut geworden.[161]

87

§ 4a Abs. 2 BauGB geht jedoch nunmehr über die bislang geübte Praxis der Beteiligung ausländischer Träger öffentlicher Belange und Gemeinden deutlich hinaus. Beschränkte sich die informelle grenzüberschreitende Beteiligung (bis zur Einführung des § 4a BauGB im Jahr 1998 in der Ursprungsfassung) praktisch ausschließlich auf die ausländische(n) Nachbargemeinde(n), müssen nunmehr bei UVP-pflichtigen Bebauungsplanverfahren gemäß Satz 1 von den anderen Staaten vielmehr Behörden oder Gemeinden benannt werden, die ebenfalls zu beteiligen sind. Solange eine entsprechende Bestimmung noch nicht erfolgt ist, sollte entsprechend § 8 Abs. 1 Satz 2 die Unterrichtung der obersten für Umweltangelegenheiten zuständigen Behörde des Nachbarstaates, in der Regel das zuständige Staatsministerium, erfolgen. Die Beteiligung richtet sich nach der allgemeinen Vorschrift des § 4 BauGB. Die ausländischen Behörden und Gemeinden sind daher insbesondere zum gleichen Zeitpunkt wie die inländischen Träger öffentlicher Belange anzuschreiben. Sofern schon bei planerischen Vorüberlegungen in der Vorentwurfsphase rein informell, ohne Bezugnahme auf § 4 BauGB, bestimmte Träger öffentlicher Belange zu der beabsichtigten Planung gehört werden, dürfte dies regelmäßig noch nicht der von § 4a Abs. 2 Satz 1 BauGB gemeinte zeitliche Anknüpfungspunkt für die Auslandsbeteiligung sein. Vielmehr ist die zeitliche Einordnung in das zumeist en bloc stattfindende Beteiligungsverfahren nach § 4 BauGB erforderlich, aber rechtlich auch ausreichend. Dabei ist auch ein **zweistufiges Verfahren** mit der Komponente einer frühzeitigen Unterrichtung bspw. auch im Rahmen eines »scoping« denkbar und bei UVP-pflichtigen Vorhaben häufig unverzichtbar.[162] Auf jeden Fall zu vermeiden ist es, die ausländischen Behörden später als die eigenen Behörden und Bürger zu beteiligen. Negativ auf das Nachbarschaftsverhältnis wirken sich schon Presseveröffentlichungen über die beabsichtigte Planung – seien sie gewollt oder nicht – aus, auch wenn eine offizielle Bürgerbeteiligung noch nicht stattgefunden hat. Die **Frühzeitigkeit** der Beteiligung der ausländischen Umweltbehörden hilft zugleich, Verfahrensverzögerungen in Grenzen zu halten. Die Gemeinde muss nämlich bei der Abschätzung des zeitlichen Aufwands für die Planung in Rechnung stellen, dass die Auslandsbeteiligung zumeist erheblich langwieriger ist; das gilt umso mehr in Fällen, in denen eine federführende ausländische Behörde ihrerseits noch eine »landesinterne« Behördenabstimmung vorzunehmen beabsichtigt.[163] Im Interesse der Beschleunigung sieht Absatz 2 Satz 2 zwar eine Begrenzung der Stellungnahmefrist auf einen angemes-

88

---

160 Vgl. hierzu § 8 Rn. 16.
161 Grundlagen und Fortentwicklungsmöglichkeiten grenzüberschreitender Regionalplanung behandelt ausführlich *Grotefels*, Gemeinsame grenzüberschreitende Regionalplanung, S. 18 ff.; vgl. auch *Hoppe/Beckmann*, DVBl. 1986, 1 ff.
162 Vgl. schon oben Rn. 81.
163 Zu dieser Möglichkeit vgl. § 9b Abs. 1 Satz 2, dortige Kommentierung Rn. 13.

senen Zeitraum, in der Regel einen Monat, vor; ergänzend wird durch Satz 3 auf die Präklusionsregelung des § 4 Abs. 3 Satz 2 BauGB Bezug genommen. Dennoch kann die Gemeinde – auch vor dem Hintergrund der nach Absatz 3 eingeräumten ergänzenden Möglichkeit zu Konsultationen – nach Ablauf der von ihr bestimmten Wartezeit gerade nicht gesichert davon ausgehen, dass von dieser Behörde wahrzunehmende Interessen nicht berührt werden. Sie sollte vielmehr auf eine Reaktion drängen. Erst wenn auch Erinnerungen erfolglos bleiben, ist der Schluss gerechtfertigt, dass Anregungen zur Planung nicht vorgebracht werden sollen. Soweit sich der Gemeinde allerdings Beeinträchtigungen öffentlicher Belange jenseits der Staatsgrenze aufdrängen, sind sie selbstverständlich, auch ohne dass sie von den zuständigen ausländischen Behörden artikuliert werden, im Verfahren zu berücksichtigen.

89 § 4 a Abs. 2 BauGB verlangt jedoch nicht nur die zeitliche, sondern auch die inhaltliche Kongruenz der grenzüberschreitenden mit der innerstaatlichen Behördenbeteiligung. Im Bebauungsplanverfahren sind daher gemäß Satz 1 den Behörden oder Gemeinden des anderen Staates **sämtliche Unterlagen** zu übermitteln, die auch den Trägern öffentlicher Belange zu UVP-Zwecken nach § 4 BauGB zur Stellungnahme übersandt werden. Unter den Voraussetzungen der Grundsätze der Gegenseitigkeit und Gleichwertigkeit soll die Gemeinde gemäß Satz 4 den ausländischen Behörden oder Gemeinden zudem eine **Übersetzung** der Angaben nach § 2 a BauGB (und damit in entsprechender Anwendung von § 9 a Abs. 2 zumindest eine Zusammenfassung des Umweltberichts) zur Verfügung stellen.[164] Eine gesonderte Benachrichtigung der ausländischen Behörden und Gemeinden zum Abschluss des Verfahrens ist in § 10 Abs. 4 BauGB mit der Verpflichtung zur Übermittlung des Bebauungsplans mit Begründung geregelt; eine Übersetzung soll erfolgen, sofern dies nach den Grundsätzen der Gegenseitigkeit und Gleichwertigkeit gerechtfertigt ist.

90 Ebenfalls durch § 4 a Abs. 2 BauGB neu eingeführt ist die Verpflichtung zur **Beteiligung der ausländischen Bürger**. Gemäß Satz 1 hat die Gemeinde darauf hinzuwirken, dass der Entwurf des Bebauungsplans mit der Begründung in geeigneter Weise nach den in dem anderen Staat geltenden Vorschriften der Öffentlichkeit zur Verfügung gestellt wird.[165] Nach Satz 5 steht der betroffenen Öffentlichkeit des anderen Staates daraufhin das Verfahren der Bürgerbeteiligung nach § 3 BauGB offen. Auch hier ist der ausländischen Öffentlichkeit in entsprechender Anwendung von § 9 a Abs. 2 zumindest eine Übersetzung der Zusammenfassung des Umweltberichts zusätzlich zur Kenntnis zu geben, sofern dies nach den Grundsätzen der Gegenseitigkeit und Gleichwertigkeit gerechtfertigt ist.[166] Eine Benachrichtigung der Bürger über das Ergebnis der Planung erfolgt im Rahmen der Anwendung des § 3 Abs. 2 Satz 4 und 5 BauGB.

91 Ebenso wie § 8 Abs. 2 weist auch § 4 a Abs. 3 mit nahezu identischem Wortlaut auf die Möglichkeit von **Konsultationen** über die grenzüberschreitenden Umweltauswirkungen hin. Diese haben zum Ziel, trotz erfolgter Behördenbeteiligung weiterhin bestehende unterschiedliche Auffassungen beider Staaten zur bauplanungsrechtlichen Zulassung des Vorhabens zu erörtern und eine einvernehmliche Lösung im Verhandlungswege vorzubereiten.[167] Bei einem Bebauungsplanverfahren ist die der Gemeinde zugewiesene

---

164 Hierzu § 9 a Rn. 15 f.
165 § 4 a Abs. 2 Satz 1 BauGB geht damit weiter als § 9 a, der nach Absatz 1 Satz 2 Nr. 1 nur auf eine Bekanntmachung in geeigneter Weise abstellt; vgl § 9 a Rn. 13.
166 Hierzu § 9 a Rn. 15 f.
167 Vgl. hierzu § 8 Rn. 21.

kommunale Planungshoheit nach Art. 28 Abs. 2 GG zu berücksichtigen, sodass in Abweichung von der generellen Regelung des § 8 Abs. 2, der die Konsultationen nunmehr auf die obersten Behörden konzentriert, ein sachlicher Grund besteht, die im Rahmen der Konsultationen erforderlichen Gespräche mit dem benachbarten Staat nach wie vor (auch) von der Gemeinde führen zu lassen.[168] Eine Bindung an das Ergebnis der Konsultationen im Rahmen der Abwägung des Bebauungsplans nach § 1 Abs. 6 BauGB besteht jedoch nicht.[169]

Eine unterbliebene Auslandsbeteiligung in der Bebauungsplan-UVP ist nach § 214 Abs. 1 Satz 1 Nr. 1, 2. Halbsatz BauGB ist (nur) unbeachtlich, wenn bei Anwendung der Vorschriften einzelne berührte Träger öffentlicher Belange nicht beteiligt worden sind. Hieraus folgt im Umkehrschluss, dass eine **unterlassene Auslandsbeteiligung** sowohl der ausländischen Behörden oder Gemeinden als auch der betroffenen ausländischen Öffentlichkeit einen beachtlichen Verfahrensfehler darstellt, der **zur Nichtigkeit** des Bebauungsplans führt. Eine Behebung des Fehlers ist u.U. allerdings gemäß § 215a BauGB durch Nachholung in einem ergänzenden Verfahren möglich.[170]

3.2 Verfahren der UVP beim Vorhaben- und Erschließungsplan

Der Vorhaben- und Erschließungsplan (VEP) wurde schrittweise in das BauGB integriert. § 7 BauGB-MaßnG hat 1992 die zunächst nur für die DDR nach der Wende eingeführte[171] und nach dem Beitritt gemäß § 246a Abs. 1 Satz 1 Nr. 6 BauGB a.F. für die fünf neuen Länder weitergeltende Regelung über den VEP – mit einigen Modifikationen – für das gesamte Bundesgebiet übernommen. Sie diente der vereinfachten und beschleunigten Begründung der planungsrechtlichen Zulässigkeit von Bauvorhaben, wobei die ursprünglich sachliche Einengung auf bestimmte investive Vorhaben zur Sicherung oder Schaffung von Arbeitsplätzen oder zur Deckung eines Wohnbedarfs der Bevölkerung durch die Neuregelung entfallen ist und damit eine Anwendung auf sämtliche Vorhaben i.S. des § 29 BauGB möglich wurde. Die Geltungsdauer war allerdings gemäß § 20 BauGB-MaßnG bis Ende 1997 beschränkt. Die BauGB-Novelle 1998 hat ihn zum 1.1.1998 in nochmals überarbeiteter Form als besonderen, **vorhabenbezogenen Bebauungsplan** in das Dauerrecht überführt, der als Bebauungsplan nunmehr den allgemeinen Verfahrensregelungen des BauGB unterliegt.[172]

Die umfassende Regelung des § 12 Abs. 1 BauGB lässt die **Struktur des VEP** als ein planungsrechtliches Instrumentarium, bestehend aus drei wesentlichen Elementen, erkennen.[173]

– Vorhaben- und Erschließungsplan eines privaten Investors – ausgerichtet auf zumeist ein konkretes Vorhaben –, der mit der Standortgemeinde abzustimmen ist,
– Erlass eines vorhabenbezogenen Bebauungsplans über den Plan des Investors durch die Gemeinde,

---

168 Ebenso offenbar *Schliepkorte/Stemmler*, BauGB und UVP, S. 29.
169 *Battis*, in: Battis/Krautzberger/Löhr, BauGB, § 4a Rn. 6.
170 Siehe hierzu schon oben Rn. 75.
171 § 55 Bauplanungs- und Zulassungsverordnung (BauZVO) vom 20.6.1990, GBl. DDR I, S. 739.
172 Vgl. *Erbguth/Wagner*, Bauplanungsrecht, Rn. 279ff.
173 Einzelheiten bei *Schliepkorte*, Vorhaben- und Erschließungsplan.

§ 17

– Durchführungsvertrag zwischen Vorhabenträger und Gemeinde zur Sicherung der Umsetzung des Planinhalts.

95 Gegenüber dem herkömmlichen Bebauunsplanverfahren zeichnet sich das Satzungsverfahren beim Vorhaben- und Erschließungsplan gemäß § 12 Abs. 2 Satz 1 BauGB durch ein besonderes Initiativrecht des Investors sowie durch eine Inanspruchnahme seines Wissens und seines Kapitals aus. Zudem sind gemäß § 12 Abs. 3 Satz 2 BauGB einzelne Anforderungen an den Inhalt des vorhabenbezogenen Bebauungsplans im Hinblick auf den konkreten Projektbezug der Satzung gegenüber einem herkömmlichen Bebauungsplanverfahren weniger förmlich. Seinem Hauptzweck nach, die planungsrechtliche Zulassung von Bauvorhaben herbeizuführen, entspricht der Vorhaben- und Erschließungsplan jedoch dem herkömmlichen Bebauungsplan.

96 Die Rechtsstaatlichkeit dieses neuen Planungsinstruments nach § 12 BauGB, das die Gemeinde nach eigenem Ermessen anstelle eines herkömmlichen Bebauungsplans wählen kann, wird gesichert durch die unmittelbare **Geltung der Vorschriften zum Bebauungsplanverfahren**; die §§ 1 bis 4b und 8 bis 10 BauGB sind daher für den vorhabenbezogenen Bebauungsplan anzuwenden und gelten auch für das Verfahren der UVP. Allerdings sind im Hinblick auf die hervorgehobene Stellung des Investors einzelne Besonderheiten zu berücksichtigen; im Gegensatz zum herkömmlichen Bebauungsplanverfahren ist durch den abzuschließenden Durchführungsvertrag nämlich bereits eine Verknüpfung der Bebauungsplanung mit einem konkreten Vorhabenträger gesetzlich vorgegeben, sodass die UVP beim Vorhaben- und Erschließungsplan einer UVP in einem Zulassungsverfahren deutlich angenähert ist.

97 Wie beim herkömmlichen Bebauungsplan ist auch beim Bebauungsplan über einen VEP nach den §§ 3a bis 3f zunächst zu prüfen, ob eine UVP erforderlich ist. Die Vorbereitung einer ggf. erforderlichen **Vorprüfung** nach § 3c kann **durch den Investor** erfolgen,[174] die abschließende Entscheidung ist von der Gemeinde zu treffen. Wird die UVP-Pflicht von der Gemeinde festgestellt, erfolgt die UVP daraufhin als unselbstständiger Bestandteil des Aufstellungsverfahrens zum vorhabenbezogenen Bebauungsplan über einen VEP. Auf die weitergehenden Ausführungen zum Verfahren der UVP im Bebauungsplanverfahren wird insoweit Bezug genommen.[175]

98 Eine Besonderheit stellt jedoch die in § 12 Abs. 2 Satz 2 BauGB ausdrücklich erwähnte Möglichkeit eines **Scoping-Termins** zur Vorbereitung der UVP beim Bebauungsplan über den Vorhaben- und Erschließungsplan dar. Die Gemeinde hat auf Antrag des Vorhabenträgers unter Beteiligung der Träger öffentlicher Belange, deren Aufgaben hiervon berührt sind, daher mitzuteilen, welche Angaben (für den Umweltbericht) nach § 2a BauGB voraussichtlich erforderlich sind. Der Anspruch auf die Durchführung eines »scoping« dient auch dem Schutz des Vorhabenträgers vor der Erhebung von zu weitreichenden und damit möglicherweise sehr kostenträchtigen Untersuchungen für die UVP.[176] Um die hierzu benötigten Informationen aus dem Kreis der Träger öffentlicher Belange (insbesondere von den fachlich zuständigen Umweltbehörden) zu erhalten, ist die Gemeinde, die ihrerseits diesen Informationsanspruch aufgrund von § 4 BauGB hat, verpflichtet, die erhaltenen Informationen für den Vorhabenträger vor

---

174 Mustereinführungserlass der ARGEBAU, Nr. 4.35.
175 S. dazu oben Rn. 41 ff.
176 *Schliepkorte*, Vorhaben- und Erschließungsplan, S. 28.

Beginn des eigentlichen Bebauungsplanverfahrens zu erheben und an ihn weiterzugeben.[177]

Der **Umweltbericht** nach § 2a BauGB ist im Entwurf **vom Vorhabenträger zu erarbeiten**[178] und gemäß § 12 Abs. 1 Satz 2 BauGB in die von ihm geforderte Begründung des Vorhaben- und Erschließungsplans zu integrieren; die Erarbeitung des Umweltberichts entspricht damit der Zusammenstellung der Unterlagen durch den Vorhabenträger nach § 6. Gemäß Satz 3 hat er zudem eine Übersetzung der Angaben (zumindest der Zusammenfassung) vorzulegen, wenn sich dies gemäß § 4a BauGB und damit nach den Grundsätzen der Gegenseitigkeit und Gleichwertigkeit als notwendig erweist.[179]

99

Der zwischen Gemeinde und Vorhabenträger (vor-)abgestimmte Vorhaben- und Erschließungsplan durchläuft daraufhin mitsamt dem Umweltbericht das beschriebene Beteiligungsverfahren nach den §§ 3 bis 4a BauGB, bevor er dann als vorhabenbezogener Bebauungsplan von der Gemeinde beschlossen wird.

100

Der **Durchführungsvertrag**, der erst unmittelbar vor dem Beschluss des Bebauungsplans abzuschließen ist, vorher aber im Entwurf vorliegen und ebenfalls Gegenstand des Beteiligungsverfahren werden sollte, kann zudem Vorschläge aus dem Umweltbericht zur Vermeidung oder Verringerung von nachteiligen Umweltauswirkungen als vertragliche Umsetzungsverpflichtungen des Vorhabenträgers aufnehmen.

101

4 Materielle Einbindung der UVP in die Bebauungsplanung (Satz 1, mittlerer Teil)

Die materielle Einbindung der UVP im Bebauungsplanverfahren richtet sich nach den Vorgaben des UVPG, hier nach § 17 Satz 1 und § 2 Abs. 1 Satz 2. Diese Vorgaben des UVPG greift § 1a Abs. 2 Nr. 3 BauGB unverändert auf und transformiert sie in den Abwägungsprozess im Bebauungsplanverfahren nach § 1 Abs. 6 BauGB. Die Bewertung der im Zuge des Planverfahrens ermittelten und beschriebenen Auswirkungen auf die Umwelt gehört nach § 1a Abs. 2 BauGB also zum Abwägungsmaterial. Die UVP hat von sich aus daher keinen Vorrang vor anderen Belangen, sondern unterliegt wie alle anderen betroffenen Belange der Abwägung nach § 1 Abs. 6 BauGB.[180] Mit dieser Unterstellung der UVP unter die bauleitplanerische Abwägung wird dem Regelungsansatz der UVP-Richtlinie Rechnung getragen, die sich selbst materieller Vorgaben enthält und auf verfahrensrechtliche Anforderungen im Vorfeld der Sachentscheidung beschränkt.[181] Wegen dieses Verzichts auf eigene materielle Vorgaben wird daher nachfolgend auf die im deutschen Recht bereits vorhandenen, aus fachgesetzlichen Konkretisierungen abzuleitenden materiellen Maßstäbe für eine sachgerechte Bewertung der Umweltauswirkungen eines Vorhabens einzugehen sein. Die Auswirkungen eines Vorhabens auf die Umwelt anhand der Maßstäbe der existierenden gesetzlichen Anforderungen herauszuarbeiten (»ermitteln«), zu bündeln (»beschreiben«), zu überprüfen (»bewerten«) und damit eine solide Informationsbasis für die Abwägung der Gemeinde nach § 1 Abs. 6

102

---

177 Vgl. hierzu auch den Mustereinführungserlass der ARGEBAU, Nr. 4.3.5.
178 *Schliepkorte*, Vorhaben- und Erschließungsplan, S. 28.
179 Hierzu oben Rn. 68 f.
180 Mustereinführungserlass der ARGEBAU, Nr. 4.2.
181 *BVerwG*, Urteil vom 25.1.1996, – 4 C 5.95 –, BVerwGE 100, 239 (243).

§ 17 *Aufstellung von Bebauungsplänen*

BauGB (»berücksichtigen«) zu schaffen, ist wesentliche Aufgabe der materiellen Einbindung des § 2 Abs. 1 Satz 2 in den bauleitplanerischen Abwägungsprozess.[182]

4.1 Regelungszusammenhang von § 17 Satz 1 und § 1a Abs. 2 Nr. 3 BauGB

103 Für die Frage der materiellen Einbindung der UVP in das Bauplanungsrecht ist zunächst §17 Satz 1 ergiebig. Von Belang ist die aus Satz 1, mittlerer Teil abzuleitende unmittelbare Geltung des § 2 Abs. 1 Satz 1 bis 3. Der Verweis auf diese Vorschrift verlangt eine **materielle Prüfung der Umweltauswirkungen** des UVP-pflichtigen Vorhabens im Wege der Ermittlung, Beschreibung und Bewertung dieser Auswirkungen. Hinzuzuziehen ist die mit der BauGB-Novelle 1998 neu eingefügte, für die Berücksichtigung des Umweltschutzes **im bauleitplanerischen Abwägungsprozess** zentrale Norm des § 1a BauGB.[183] § 1a Abs. 2 Nr. 3 BauGB in der nunmehr durch die BauGB-Novelle 2001 anlässlich der Umsetzung der UVP-Änderungsrichtlinie überarbeiten Fassung ordnet an, dass in der Abwägung nach § 1 Abs. 6 BauGB auch zu berücksichtigen sind ...

»3. die Bewertung der ermittelten und beschriebenen Auswirkungen eines Vorhabens entsprechend dem Planungsstand auf Menschen, Tiere und Pflanzen, Boden, Wasser, Luft, Klima und Landschaft, Kulturgüter und sonstige Sachgüter, sowie die Wechselwirkung zwischen den vorgenannten Schutzgütern (Umweltverträglichkeitsprüfung), soweit im Bebauungsplanverfahren die planungsrechtliche Zulässigkeit von bestimmten Vorhaben begründet werden soll, für die nach dem Gesetz über die Umweltverträglichkeitsprüfung eine Verpflichtung zur Durchführung einer Umweltverträglichkeitsprüfung besteht«.

Damit greift § 1a Abs. 2 Nr. 3 BauGB einerseits unmittelbar die Definition des § 2 Abs. 1 Satz 2 zum Gegenstand der UVP auf und ordnet ihre Geltung im Rahmen der bauleitplanerischen Abwägung eines UVP-pflichtigen Bebauungsplans an und stellt andererseits klar, dass Gegenstand nur eine Prüfung zur Begründung der (bau-)planungsrechtlichen Zulässigkeit und damit entsprechend dem Planungsstand sein kann.

104 *Bohne*[184] substantiiert (zwar auf der Grundlage des alten Rechts, aber durchaus auch mit Gültigkeit in Bezug auf die Neufassung des § 17) das Zusammenspiel dieser Regelungen wie folgt:

Die »Umweltauswirkungen« UVP-pflichtiger Vorhaben sind im Bebauungsplanverfahren gemäß § 2 Abs. 1 zu »ermitteln«, zu »beschreiben« und zu »bewerten«. Dabei richtet sich der »Umfang« – d.h. der Detailliertheitsgrad – der Ermittlung und Beschreibung von Umweltauswirkungen
– in rechtlicher Hinsicht nach den Vorschriften des Baurechts
– in tatsächlicher Hinsicht nach dem jeweiligen Stand der Planungen.

4.2 Konkretisierung der materiellen Kriterien durch die UVPVwV

105 Die gesetzlich verordnete unmittelbare Geltung der UVP-Definition aus § 2 Abs. 1 Satz 1 bis 3 für die Bebauungsplanung hat zur Folge, dass für die planerische Umweltprüfung die allgemeine Verwaltungsvorschrift nach § 24 Nr. 1 zur Anwendung kommen

---

182 Vgl. hierzu auch *BVerwG*, B. vom 22.3.1999, – 4 BN 27/98 –, NVwZ 1999, 898.
183 Hierzu *Erbguth/Wagner*, Bauplanungsrecht, Rn. 80.
184 *Bohne*, in: Hübler/Zimmermann, UVP am Wendepunkt, S. 3 (9)

muss.[185] Die dort niedergelegten Maßstäbe und Kriterien für die Ermittlung, Beschreibung und Bewertung konkretisieren damit die materiell-rechtlichen Forderungen einer UVP in den von § 2 Abs. 3 Nr. 3 erfassten Bebauungsplanverfahren.[186]

4.3 Einzelheiten zur materiell-rechtlichen Einbindung

Durch die Geltungsanordnung von § 2 Abs. 1 Satz 2 werden zur Aufbereitung des Abwägungsmaterials die Schritte des Ermittelns, Beschreibens und Bewertens der Umweltauswirkungen des beabsichtigten Vorhabens in den bauleitplanerischen Abwägungsprozess integriert (nachfolgend 4.3.1). Gemäß des durch Art. 74 Abs. 1 Nr. 18 GG kompetenziell vorgegebenen Auftrags beschränkt sich der Umfang der Prüfung der Umweltauswirkungen im Bebauungsplanverfahren jedoch auf die städtebaulich relevanten Belange (nachfolgend 4.3.2); entsprechend der planerischen Konzeption der verantwortlichen Gemeinde ist die Prüfung zudem am jeweiligen Planungsstand auszurichten (nachfolgend 4.3.3). Die Berücksichtigung der UVP im Rahmen der städtebaulichen Gesamtabwägung orientiert sich schließlich an den Vorgaben einer gerechten Abwägung aller öffentlichen und privaten Belange untereinander und gegeneinander gemäß § 1 Abs. 6 BauGB (nachfolgend 4.3.4).

106

4.3.1 Anwendung von § 2 Abs. 1 Satz 2 i. V. mit § 1a Abs. 2 Nr. 3 BauGB

Über die Geltungsanordnung des § 2 Abs. 1 Satz 2 gilt die dort festgeschriebene Definition der UVP unmittelbar auch hinsichtlich ihres **materiellen** Gehalts für die Bebauungsplanung. Diese Erkenntnis deckt die wichtigste **Konstitutiv-Wirkung des §17 Satz 1** in seiner Fassung seit 1993 auf, nämlich die **Erweiterung der materiellen städtebaulichrechtlichen Planungsvorgaben** um zentrale inhaltliche Anliegen des UVPG.[187] Die Bebauungsplan-integrierte UVP richtet sich damit nicht (nur) nach den in § 1 Abs. 5 BauGB jeder Bauleitplanung vorgegebenen generellen Planungszielen und den konkreten Planungsleitlinien[188] wie z. B. die Sicherung einer menschenwürdigen Umwelt, Schutz und Entwicklung natürlicher Lebensgrundlagen, Berücksichtigung der Anforderungen an gesunde Wohn- und Arbeitsverhältnisse und der Belange des Umwelt- und Naturschutzes. Vielmehr sind die Auswirkungen des planungsgegenständlichen UVP-pflichtigen Vorhabens auf

107

– »Menschen, Tiere und Pflanzen,
– Boden, Wasser, Luft, Klima und Landschaft,
– Kultur und sonstige Sachgüter sowie
– die Wechselwirkung zwischen den vorgenannten Schutzgütern«

---

185 Gegenäußerung der Bundesregierung zur Stellungnahme des Bundesrates zur Neufassung des § 17 UVPG durch das Investitionserleichterungs- und Wohnbaulandgesetz, BT-Drs. 12/4808, S. 30; so auch *Wagner*, DVBl 1993, 583 (586); *Bohne*, in: Hübler/Zimmermann, UVP am Wendepunkt, S. 3 (9)
186 Vgl. hierzu bereits oben Rn. 30.
187 So schon *Steinebach*, UPR 1990, 125 (127) unter Hinweis auf BT-Drs. 11/3919, S. 30.
188 Zur Terminologie s. nur *Hoppe* in: Ernst/Hoppe, ÖffBauBoR, Rn. 256 ff., nunmehr: *Hoppe/Grotefels*, Öffentliches Baurecht, § 7 Rn. 25 ff.

im Sinne des § 2 Abs. 1 Satz 2 zu »ermitteln«, zu »beschreiben« und zu »bewerten«.[189] Diese Vorgabe greift § 1a Abs. 2 Nr. 3 BauGB auf, indem diese Verfahrenschritte und die Definition der (materiellen) Schutzgüter des § 2 Abs. 1 Satz 2 den Gemeinden als berücksichtigungsrelevant (»in der Abwägung nach § 1 Abs. 6 sind auch zu berücksichtigen«) bei der Aufstellung eines UVP-pflichtigen Bebauungsplans vorgegeben werden.

108 Freilich sind dem gemeindlichen Planungsträger solche Prüfungs- und Bewertungsphasen im Rahmen eines Planungsverfahrens nicht fremd. Städtebauliche Planung vollzieht sich im Rahmen eines geordneten Ermittlungs-, Bewertungs- und Entscheidungsvorganges, der durch das zentrale **rechtsstaatliche Abwägungsgebot des § 1 Abs. 6 BauGB** gesteuert wird. Danach sind bei der Aufstellung der Bauleitpläne »die öffentlichen und privaten Belange gegeneinander und untereinander gerecht abzuwägen«. In seinen Einzelausprägungen verlangt das Abwägungsgebot anerkanntermaßen,[190] dass
– eine Abwägung überhaupt stattfindet,
– in die Abwägung an Belangen eingestellt wird, was nach Lage der Dinge in sie eingestellt werden muss (»Zusammenstellung des Abwägungsmaterials«),
– weder die Bedeutung der betroffenen Belange verkannt noch der Ausgleich in einer Weise vorgenommen wird, der zur objektiven Gewichtigkeit einzelner Belange außer Verhältnis steht.

Welche Weiterungen bringt denn nunmehr die Pflicht zur materiellen UVP für den planerischen Abwägungsvorgang?

109 Sie ergeben sich zum einen im Hinblick auf die umfassende **integrative Prüfmethodik**, die sich durch die in der UVPVwV vorgegebenen Kriterien und Verfahren sowohl für die Ermittlung und Beschreibung, als auch für die Bewertung der Konfliktbeziehungen zwischen Vorhaben und Umwelt auszeichnet. Die UVP strukturiert das Verfahren und den Abwägungsvorgang in bis dahin nicht vorgeschriebener Weise.[191] Der Vorgang der Ermittlung und Beschreibung der Umweltbelange tritt auf diese Weise als ein gesonderter Teil der sog. Zusammenstellung des Abwägungsmaterials innerhalb der planerischen Abwägung in Erscheinung.

110 Zum anderen hält mit der Geltung des § 2 Abs. 1 Satz 2 der Ansatz der **ökologieinternen Bewertung der Umweltbelange** Einzug in die städtebauliche Planung.[192] Das Abwägungsgebot des § 1 Abs. 6 BauGB sieht keine umweltspezifische Bewertung vor Eintritt in die eigentliche planerische Abwägung vor. Nach dem herkömmlichen Verständnis des Gebotes sachgerechter Abwägung der betroffenen privaten und öffentlichen Belange lässt sich die Abwägungsphase des Gewichtens, die nach der Terminologie der Abwägungslehre dem UVP-Teilschritt des Bewertens[193] entspricht, nicht strikt von der Phase der den planerischen Entscheidungsvorgang abschließenden »Abwägung im engeren Sinne« trennen. Der Vorgang der Gewichtung, verstanden als Bestimmung

---

189 *Bohne*, in: Hübler/Zimmermann, UVP am Wendepunkt, S. 3 (8f.).
190 Grundlegend *Hoppe*, in: Ernst/Hoppe, ÖffBauBoR, Rn. 284ff., nunmehr in: Hoppe/Grotefels, Öffentliches Baurecht, §7 Rn. 8ff.; *BVerwG*, vom 5.7.1974 – 4 C 50.72 –, *BVerwG*, E 45 309 (322).
191 *OVG Rheinland-Pfalz* vom 29.12.1994 – 1 C 10893/92. OVG –, Amtl. Umdruck, S. 35.
192 *Erbguth*, NVwZ 1993, 956 (958); *Wagner*, DVBl 1993, 583 (586).
193 Vgl. etwa *Hoppe*, in: Ernst/Hoppe, ÖffBauBoR, Rn. 286, der die Gewichtung als »Bewertungsvorgang« tituliert.

des objektiven Inhalts und des Gewichts der Belange sowie das Erkennen der Konsequenzen, die sich bei Bevorzugung oder Zurückstellung einzelner Belange ergeben würde,[194] erfasst grundsätzlich alle zuvor als abwägungsrelevant festgestellten Interessen. Sie mündet nahtlos in den eigentlichen Abwägungsvorgang, mit dem ein Ausgleich zwischen harmonierenden und gegenläufigen Belangen hergestellt wird.[195] Eine isolierte, für sich genommen abschließende Beurteilung der Umweltbelange verlässt diese Methodik[196] und verschafft den ökologischen Interessen damit eine gewisse, durch § 17 Satz 1 gerade intendierte Exklusivität. Sie soll verhindern, dass die umweltbezogenen Gesichtspunkte schon vor der eigentlichen Abwägungsentscheidung dem Wettstreit mit den übrigen, häufig gegenläufigen Interessen ausgesetzt werden, sondern diese im Gegenteil durch eine anspruchsvolle, rein fachbezogene Bewertung absichern und dadurch möglicherweise auch in ihrer Durchsetzungskraft stärken.[197]

4.3.2 Umfang der Prüfung nach Baurecht

Trotz der vorstehend beschriebenen Sonderstellung der UVP im Rahmen der bauplanerischen Abwägung findet sie ihren materiell-rechtlichen Rahmen und damit auch ihre inhaltlichen Grenzen in den Vorschriften des BauGB für die Aufstellung, Änderung oder Ergänzung des Bebauungsplans. Das gilt für die drei Wesenselemente der Ermittlung, Beschreibung und Bewertung gleichermaßen.

111

4.3.2.1 Ermittlung der Umweltauswirkungen

Die UVP-Stufe der Ermittlung der Umweltauswirkungen stellt – wie erwähnt – einen gesonderten Teil der Ermittlung und Feststellung von Belangen im bauleitplanerischen Abwägungsvorgang, der sog. »Zusammenstellung des Abwägungsmaterials«, dar.

112

4.3.2.1.1 Beschränkung auf bauplanerisch bedeutsame Umweltauswirkungen

Die Verpflichtung zur Anwendung der für die Bauleitplanung geltenden materiellen Vorschriften stößt zunächst auf den sich aus § 1 Abs. 1 i.V. mit Abs. 5 Satz 1 BauGB ergebenden allgemeinen **Leitbegriff der nachhaltigen städtebaulichen Entwicklung**,[198] mit dem gleichzeitig die grund- und kompetenzrechtliche Beschränkung der Bauleitplanung gemäß Art. 74 Abs. 1 Nr. 18 GG auf städtebauliche Gesichtspunkte zum Ausdruck gebracht wird.[199] Dies hat die wesentliche Konsequenz, dass nur die **städtebaulich bedeutsamen Umweltauswirkungen** des zu planenden Vorhabens zu ermitteln

113

---

194 *Hoppe*, ebd.
195 *Hoppe*, in: Hoppe/Grotefels, Öffentliches Baurecht, § 7 Rn. 81 ff., 84, dort auch zur engen Verflechtung zwischen der »Gewichtung« und dem »Ausgleichen« der Belange innerhalb der planerischen Abwägung.
196 A. A. *Schink*, NVwZ 1991, 935 (945), der unter der Geltung des § 17 a. F. im Hinblick auf die UVP-RL eine »richtlinienkonforme Auslegung« des § 1 Abs. 6 in Richtung auf eine isolierte Prüfung der Umweltbelange für möglich hielt.
197 Zur Berücksichtigung der durch die UVP festgestellten Umweltbelange vgl. noch unten Rn. 163 ff.
198 Zum mit der BauGB-Novelle 1998 eingeführten Begriff der »nachhaltigen städtebaulichen Entwicklung« *Erbguth/Wagner*, Bauplanungsrecht, Rn. 214.
199 Vgl. dazu *Hoppe*, in: Ernst/Hoppe, ÖffBauBoR, Rn. 257, nunmehr in: Hoppe/Grotefels, Öffentliches Baurecht, § 7 Rn. 26. Ausführlich jetzt auch in § 9 Abs. 1 BauGB angesprochen, hierzu *Löhr*, in: Battis/Krautzberger/Löhr, BauGB, § 9 Rn. 4a.

§ 17 *Aufstellung von Bebauungsplänen*

sind.²⁰⁰ Für eine umfassende, sämtliche Umweltbeziehungen des Vorhabens aufdeckende Ermittlung ist in der bauplanerischen Abwägung kein Raum. So spielen etwa Emissionen eines Vorhabens, die (allein) schädliche Auswirkungen auf das Erdklima verursachen können, für die Ortsplanung keine Rolle. Eine Abwägungsentscheidung, in die Erkenntnisse über Umweltauswirkungen ohne städtebauliche Relevanz maßgeblich eingeflossen sind, ist fehlerhaft²⁰¹ und kann zur Nichtigkeit des Plans führen.

114 Welche städtebaulichen Gesichtspunkte im Einzelfall in die planerische Abwägung eingestellt werden müssen, lässt sich nach anerkannter Rechtsprechung des Bundesverwaltungsgerichts nicht generalisierend, sondern nur für die jeweilige Planung im Hinblick auf das von ihr konkret verfolgte Planungsziel sowie die im Einzelnen vorgegebene Situation beantworten.²⁰²

115 Gesetzliche Vorgaben zur Feststellung der Abwägungserheblichkeit ergeben sich dabei zunächst aus dem Katalog der generellen Planungsziele und der konkreten Planungsleitlinien des § 1 Abs. 5 BauGB, der für die UVP sehr ergiebig ist. Bereits in den **generellen Planungszielen des § 1 Abs. 5 Satz 1 BauGB** werden die Pflichten:
– Sicherung einer menschenwürdigen Umwelt,
– Schutz und Entwicklung der natürlichen Lebensgrundlagen
begründet.

Die **konkreten Planungsleitlinien des § 1 Abs. 5 Satz 2 BauGB** enthalten die Gesichtspunkte:
– die allgemeinen Anforderungen an gesunde Wohn- und Arbeitsverhältnisse (Nr. 1),
– die Gestaltung des Orts- und Landschaftsbilds (Nr. 4),
– die Belange des Denkmalschutzes und der Denkmalspflege (Nr. 5),
– gemäß § 1a die Belange des Umweltschutzes, auch durch die Nutzung erneuerbarer Energien, des Naturschutzes und der Landschaftspflege, insbesondere des Naturhaushalts, des Wassers, der Luft und des Bodens einschließlich seiner Rohstoffvorkommen, sowie das Klima (Nr. 7).

Schließlich enthält die sog. **Bodenschutzklausel des § 1a Abs. 1 BauGB** mit der Aufforderung an die planende Gemeinde, mit Grund und Boden sparsam und schonend umzugehen, ein sog. »Optimierungsgebot«.²⁰³

116 Bei den dieser Art vorgegebenen Belangen handelt es sich um unbestimmte Rechtsbegriffe, die durch Fachgesetze (auch Verordnungen und Erlasse) des Bundes und/oder der Länder, landesplanerische Vorgaben oder durch Entscheidungen anderer Verwaltungsträger inhaltlich ausgeformt werden und entsprechend auszulegen sind. Die insoweit durch das geltende Recht, die Rechtsprechung und Rechtslehre entstandene Rechtslage gilt auch für die planintegrierte UVP.²⁰⁴ Die Ermittlung der Umweltauswirkungen hat sich demnach auf solche Gesichtspunkte auszurichten, die für die Anwendung der

---

200 Vgl. auch Nr. 0.2 UVPVwV; allg. zur strikten Ausrichtung der UVP auf Entscheidungserheblichkeit im jeweiligen Zulassungsverfahren § 12 Rn. 68 sowie *Feldmann*, UPR 1991, 127 (129).
201 Sog. Abwägungsüberschuss, vgl. dazu etwa *Hoppe*, in: Ernst/Hoppe, ÖffBauBoR, Rn. 291, nunmehr in: Hoppe/Grotefels, Öffentliches Baurecht, § 7 Rn. 100.
202 BVerwG vom 22.6.1979 – IV C 8.76 –, BVerwGE 58, 154 (156)
203 Vgl. etwa *Krautzberger* in: Battis/Krautzberger/Löhr, BauGB, § 1a Rn. 8; *Grooterhorst*, DVBl 1987, 654 (657); *Hoppe*, in: Hoppe/Grotefels, Öffentliches Baurecht, § 7 Rn. 32ff., 78ff., *Erbguth/Wagner*, Bauplanungsrecht, Rn. 81a.
204 Hierzu *Söfker*, in: Ernst/Zinkahn/Bielenberg/Krautzberger, BauGB, § 1 Rn. 143.

fachlichen Vorgaben bedeutsam sind. Das gilt etwa für die Definition von Fachbegriffen, aber auch und gerade für die umwelt-, insbesondere immissionsschutz- und naturschutzbezogenen **Planungsregeln**. Zu Letzteren gehört z. B. die gesetzliche Grundsatzregelung des **§ 50 BImSchG**, nach der bei raumbedeutsamen Planungen und Maßnahmen die für eine bestimmte Nutzung vorgesehenen Flächen einander so zuzuordnen sind, dass schädliche Umwelteinwirkungen in der Gestalt von Immissionen (vgl. § 3 BImSchG) auf die ausschließlich oder überwiegend dem Wohnen dienenden Gebiete sowie auf sonstige schutzwürdige Gebiete soweit wie möglich vermieden werden.

Die mit der BauGB-Novelle 1998 neu eingeführte Vorschrift des **§ 1a Abs. 2 Nr. 1 bis 4 BauGB**, welche die besonderen Verfahren zur Prüfung der Umweltbelange wie die UVP (§ 1a Abs. 2 Nr. 3 BauGB), die Vorgaben in Fachplänen des Umweltrechts (§ 1a Abs. 2 Nr. 1 BauGB), die naturschutzrechtliche Eingriffsregelung (§ 1a Abs. 2 Nr. 2 BauGB)[205] und die Prüfung nach der Fauna-Flora-Habitat-Richtlinie (§ 1a Abs. 2 Nr. 4 BauGB) zusammenfasst und unmittelbar in das BauGB zu integrieren, ist hier ebenfalls hervorzuheben.

117

Auch die gesetzlich abschließend vorgegebenen **Festsetzungsmöglichkeiten für Bebauungspläne in § 9 BauGB** geben wichtige Anhaltspunkte für das, was Eingang in die planerische Abwägung finden muss. Hier zeigen sich die den einzelnen Planungsbelangen zuzuordnenden Gestaltungsmöglichkeiten.[206] Dieser Funktion entsprechend weist der Katalog möglicher Planinhalte auch eine Anzahl von Ausweisungen auf, die unmittelbar dem Umweltschutz dienen.

118

So können im Bebauungsplan gemäß § 9 Abs. 1 BauGB festgesetzt werden:
– die Flächen, die von der Bebauung freizuhalten sind, und ihre Nutzung (Nr. 10),
– die öffentlichen und privaten Grünflächen, ... (Nr. 15),
– Wald (Nr. 18 b).

119

Von besonderem Interesse für die UVP sind die Möglichkeiten zur Festsetzung ökologisch relevanter Vorkehrungen. Dazu zählen:
– Flächen oder Maßnahmen zum Schutz, zur Pflege und zur Entwicklung von Boden, Natur und Landschaft (Nr. 20);
– Gebiete, in denen zum Schutz vor schädlichen Umwelteinwirkungen im Sinne des Bundes-Immissionsschutzgesetzes bestimmte luftverunreinigende Stoffe nicht oder nur beschränkt verwendet werden dürfen (Nr. 23);
– die von der Bebauung freizuhaltenden Schutzflächen und ihre Nutzung, die Flächen für besondere Anlagen und Vorkehrungen zum Schutz vor schädlichen Umwelteinwirkungen im Sinne des Bundes-Immissionsschutzgesetzes sowie die zum Schutz vor solchen Einwirkungen oder zur Vermeidung oder Minderung solcher Einwirkungen zu treffenden baulichen und sonstigen technischen Vorkehrungen (Nr. 24);
– für einzelne Flächen oder für ein Bebauungsplangebiet oder Teile davon sowie für Teile baulicher Anlagen mit Ausnahme der für landwirtschaftliche Nutzungen oder Wald festgesetzten Flächen
  a) das Anpflanzen von Bäumen, Sträuchern und sonstigen Bepflanzungen,
  b) Bindungen für Bepflanzungen und für die Erhaltung von Bäumen, Sträuchern und sonstigen Bepflanzungen sowie von Gewässern (Nr. 25).

120

---

205 Vgl. dazu noch unten Rn. 177 ff.
206 Vgl. *Schroer*, UVP im Bauplanungsrecht, S. 106 f., auch zum Folgenden.

§ 17

121 Daneben finden sich Festsetzungsmöglichkeiten, die zwar nicht auf den Umweltschutz abzielen, deren offensichtliche – zumindest mittelbare – Umweltrelevanz aber Anlass geben muss, die für ihre Anwendung notwendigen Umweltdaten zu ermitteln. Dazu gehören:
- die Art und das Maß der baulichen Nutzung (Nr. 1);
- für die Größe, Breite und Tiefe der Baugrundstücke Mindestmaße und aus Gründen des sparsamen und schonenden Umgangs mit Grund und Boden für Wohnbaugrundstücke auch Höchstmaße (Nr. 3);
- die Flächen für Nebenanlagen, die aufgrund anderer Vorschriften für die Nutzung von Grundstücken erforderlich sind, wie Spiel-, Freizeit- und Erholungsflächen ... (Nr. 4);
- die Verkehrsflächen ... (Nr. 11);
- die Flächen für die Abfall- und Abwasserbeseitigung, einschließlich der Rückhaltung und Versickerung von Niederschlagswasser, sowie für Ablagerungen (Nr. 14);
- die Wasserflächen (Nr. 16);
- die Flächen für Aufschüttungen, Abgrabungen oder für die Gewinnung von Steinen, Erden und anderen Bodenschätzen (Nr. 17).

122 Schließlich bedingt auch die durch § 9 Abs. 5 Nr. 3 BauGB vorgegebene Pflicht zur Kennzeichnung von Flächen, deren Böden erheblich mit umweltgefährdenden Stoffen belastet sind, eine entsprechende Ermittlung von Umweltdaten.

4.3.2.1.2 Ermittlungsvorgang

123 Sind anhand der vorstehend erläuterten Vorgaben die Gesichtspunkte geklärt, die im Rahmen einer Bebauungsplan-UVP berücksichtigungsfähig sind, kommt es nachfolgend darauf an, welche konkret vorliegenden Umstände des zu planenden Einzelfalls unter diese Gesichtspunkte zu subsumieren sind.[207]

124 In den Fällen der **vorgelagerten Verfahren** (§ 2 Abs. 3 Nr. 3, 1. Alternative) erhält die Gemeinde bei diesem Arbeitsvorgang regelmäßig entscheidende Hilfestellung durch die vom Vorhabenträger beizubringende Umweltverträglichkeitsuntersuchung. Sicherheitshalber bietet es sich an, die Kosten für die Untersuchung durch einen städtebaulichen Vertrag gemäß § 11 Abs. 1 Satz 2 Nr. 1 BauGB auf den Vorhabenträger zu übertragen. Den äußeren Rahmen für die Untersuchung gibt der Katalog des nach § 2a BauGB von der Gemeinde zu erstellenden Umweltberichts vor. Wenn im informellen Vorfeld[208] die richtigen Vorgaben gemacht wurden, kann die Gemeinde die städtebaulich relevanten Umweltauswirkungen dieser Untersuchung des Vorhabenträgers entnehmen, diese Erkenntnisse dem Umweltbericht und dem weiteren förmlichen Ermittlungsverfahren (Bürger- und Behördenbeteiligung) zugrunde legen und ggf. durch weitere Gesichtspunkte ergänzen und abschließend zusammenstellen. Dabei kann der Umweltbericht auf die als Anlage beigefügte Untersuchung Bezug nehmen. Eine Ersetzung des Umweltberichts durch eine Umweltverträglichkeitsuntersuchung oder mehrere Gutachten zu einzelnen Umweltauswirkungen des Vorhabens ist hingegen nicht möglich.[209]

---

207 Vgl. zu dieser Methodik bei der Zusammenstellung des Abwägungsmaterials *Weyreuther*, BauR 1977, 293 (301) m.w.N.
208 Dazu oben Rn. 81.
209 Mustereinführungserlass der ARGEBAU, Nr. 4.1.2.1.

Bei den **planfeststellungsersetzenden Bebauungsplänen** (§ 2 Abs. 3 Nr. 3, 2. Alternative) liegt die Hauptlast der Ermittlungstätigkeit dagegen bei der Gemeinde selbst, weil es hier an einem Vorhabenträger im Sinne des UVP-Rechts fehlt. Gleiches gilt, wenn die Gemeinde in einem vorgelagerten Verfahren selbst Projektträger des UVP-pflichtigen Vorhabens ist. In diesen Fällen läuft die Ermittlung wie folgt ab: 125

Zweckmäßigerweise wird die Gemeinde, sofern dies nicht bereits in der Vorprüfung nach § 3c erfolgt ist, in einer Grobprüfung zunächst feststellen, welche städtebaulich bedeutsamen Belange des Umweltschutzes bei der Umsetzung des Plans durch Realisierung des Vorhabens überhaupt berührt werden können (sog. »Umwelterheblichkeitsprüfung«). Bei dieser Grobprüfung orientiert sie sich an den Vorgaben des **§ 2a BauGB zum Umweltbericht**.[210] Ergibt diese summarische Prüfung, dass und welche Umweltbelange betroffen werden, sind tiefer gehende Untersuchungen erforderlich. Diese umfassen gemäß der Vorgaben des § 2a BauGB zunächst die Ermittlung von Art, Ausmaß und technischen Details des Vorhabens und der abstrakt zu erwartenden städtebaulich relevanten Umweltauswirkungen. Dem folgt die Bestandsaufnahme des tatsächlichen Zustandes der betroffenen Umweltfaktoren im zu erwartenden Einwirkungsbereich des Vorhabens. Im Anschluss daran erfolgt die Ermittlung der zu erwartenden Auswirkungen des Vorhabens auf diese konkret vorhandene Umwelt mittels Prognose.[211] 126

Je nach vorhandener Datengrundlage und personeller Ausstattung der Gemeinde wird sich im Einzelfall die Einholung eines **externen Sachverständigengutachtens** empfehlen, wobei es aber für die Brauchbarkeit und ggf. auch Umsetzungsfähigkeit auch hier von ganz entscheidender Bedeutung ist, dass die Gemeinde die Anforderungen an Qualität und Umfang des Gutachtens entsprechend § 2a BauGB möglichst präzise vorgibt.[212] 127

4.3.2.1.3 Umfang der Ermittlung

Die Anforderungen für die Gemeinde an die **Zusammenstellung des Abwägungsmaterials** sind nach gefestigter Rechtsprechung[213] und einheitlicher Auffassung im Schrifttum[214] nicht unbegrenzt. Die Gemeinde muss grundsätzlich nur den ihr bekannten, durch die Planung betroffenen Gesichtspunkten nachgehen; was sie nicht sieht und was sie nach den gegebenen Umständen auch nicht zu sehen braucht, kann und braucht sie nicht zu berücksichtigen.[215] Das *BVerwG* führt hierzu aus: »Die UVP ist nicht als ein Suchverfahren konzipiert, das dem Zweck dient, Umweltauswirkungen aufzudecken, die sich der Erfassung mit den herkömmlichen Erkenntnismitteln entziehen«.[216] Eine unbegrenzte Ermittlungspflicht »bis in alle Einzelheiten und feinsten Verästelungen« hat 128

---

210 Zum Aufbau des Umweltberichts bereits oben Rn. 83.
211 Zur Problematik planerischer Prognosen und ihrer Kontrolle vgl. ausführlich *Hoppe*, in: Ernst/Hoppe, ÖffBauBoR, Rn. 285a ff., nunmehr in: Hoppe/Grotefels, Öffentliches Baurecht, § 7 Rn. 56 ff.
212 So zu Recht *Strucken*, StuGR, 1990, 50 (52).
213 Grundlegend: *BVerwG* vom 9.11.1979 – 4 N 1.78, 4 N 2 – 4.79 –, BVerwGE 59, 87 (103); ebenso BGH vom 19.3.1992 – III ZR 16/90 –, NJW 1992, 1953 (1954).
214 Vgl. etwa *Krautzberger*, in: Battis/Krautzberger/Löhr, BauGB, § 1 Rn. 116.
215 *BVerwG* vom 9.11.1979 – 4 N 1.78, 4 N 2 – 4.79 –, BVerwGE 59, 87 (103).
216 *BVerwG*, vom 25.1.1996, 4 5.95, BVerwGE 100, 239 (248).

die Gemeinde demnach nicht, auch nicht bezüglich der zu erwartenden Umweltauswirkungen.[217]

129 Eine zu großzügige Anwendung dieser Grundsätze auf die planintegrierte UVP würde allerdings die gesetzgeberische Intention des § 2 Abs. 3 Nr. 3 unterlaufen. Ein wesentlicher Zweck der UVP ist es, die Feststellung von Umweltauswirkungen belastender Vorhaben im verwaltungsbehördlichen Zulassungsverfahren sicherzustellen, und zwar gerade auch solche Auswirkungen, die nicht bekannt und möglicherweise auch nicht ohne weiteres erkennbar sind. Durch die Konstituierung der UVP-Pflicht für bestimmte Bebauungspläne soll dieses Ziel auch auf das Bebauungsplanverfahren, das für seine faktischen Defizite bei der Ermittlung und Berücksichtigung von Umweltbelangen bekannt ist, übertragen werden.[218]

130 Will die Gemeinde der Ermittlungspflicht des § 2 Abs. 1 Satz 2 genüge tun, kann sie sich daher nicht auf vorhandene eigene Erkenntnisse oder solche, die sie aus den förmlichen Beteiligungsverfahren gewonnen hat, beschränken und sich im Übrigen auf Nichtwissen berufen. Sie hat vielmehr unter Berücksichtigung des allgemeinen Kenntnisstandes und der allgemein anerkannten Prüfungsmethoden alle im Einzelfall geeigneten und rechtlich zulässigen qualitativen und quantitativen Verfahren heranzuziehen.[219] Hierzu muss sie bei Kenntnislücken ggf. auch ein externes Gutachten einzuholen, sofern sie nicht auf eine brauchbare Umweltverträglichkeitsuntersuchung des Projektträgers zurückgreifen kann.[220] Gleichwohl besteht auch im Rahmen der UVP **keine grenzenlose Untersuchungspflicht**. Der Informationswert der verwendeten Ermittlungsverfahren muss daher in einem angemessenen Verhältnis zum Aufwand stehen.[221]

131 In räumlicher Hinsicht ist die Ermittlungspflicht nicht auf den Geltungsbereich des Bebauungsplans beschränkt. Dies gilt umso mehr, als konkret projektbezogene Bebauungspläne sich nicht selten räumlich auf die Grundstücke beschränken, die von dem Träger zur Realisierung seines Vorhabens vorgehalten werden. Die **Abgrenzung des Untersuchungsraumes** für die UVP hat in Kenntnis der Tatsache, dass die Umweltauswirkungen eines Vorhabens in der Regel erheblich über die Eingriffsfläche hinaus gehen, nach anderen Kriterien zu erfolgen. Freilich sind die wissenschaftlichen Erkenntnisse über die mögliche Reichweite umweltbelastender Eingriffe noch lückenhaft. Jedenfalls verbietet sich die pauschale Festlegung des Untersuchungsgebietes; sie hat vielmehr nach den konkreten Gegebenheiten des Planungsfalls, der geplanten Maßnahme und der Umgebungssituation zu erfolgen. Dabei wird sich zum Einen die Abgrenzung nach landschaftsökologischen Einheiten empfehlen, da innerhalb eines solchen abgrenzbaren Systems sich auch Wechselwirkungen relativ gut darstellen und bewerten lassen. Zum Anderen müssen benachbarte Umgebungsnutzungen, Planungen und weitere,

---

217 So ausdrücklich *BVerwG*, vom 21.3.1996 – 4 C 19.94, BVerGE 100, 370 (377).
218 Dazu näher oben Rn. 31 f.
219 Vgl. den Wortlaut von § 2a Abs. 1 Nr. 2 BauGB und UVPVwV Nr. 0.5.1.3.
220 Ebenso *Wulfhorst*, UPR 2001, 246 (249 f.): »Die UVP darf sich nicht auf solche Umweltauswirkungen beschränken, die sich als abwägungsrelevant aufdrängen, sondern muss die Umweltsituation im Grundsatz umfassend untersuchen und prognostizieren.« A.A. aber *Runkel*, DVBl. 2001, 1377 (1386), der nach allgemeinen Abwägungsgrundsätzen beim Untersuchungsumfang darauf abstellt, was die Gemeinde kennt oder hätte kennen müssen, und daher in der Regel keine zusätzlichen Untersuchungen für erforderlich hält, um bislang nicht bekannte Umweltauswirkungen zu ermitteln.
221 Vgl. auch Mustereinführungserlass der ARGEBAU, Nr. 4.1.2.2.

möglicherweise umweltbelastende Projekte in die Betrachtung einbezogen werden. Denn nur so lassen sich Auswirkungen auf empfindliche Nachbarnutzungen, z.B. Wohnnutzungen, aber auch etwaige Summenwirkungen und Synergieeffekte im Hinblick auf vorhandene Vorbelastungen des Wirkungsbereiches ermitteln.[222]

4.3.2.2 Beschreibung der Umweltauswirkungen

Die Beschreibung der Umweltauswirkungen hat, vergleichbar einer zusammenfassenden Darstellung, – wie erwähnt[223] – gemäß § 2a BauGB **im Umweltbericht** als Bestandteil der Planbegründung zu erfolgen. Inhaltlich verlangt der Umweltbericht größtmögliche Allgemeinverständlichkeit; gemäß § 2a Abs. 3 Satz 2 BauGB muss er Dritten die Beurteilung ermöglichen, »ob und in welchem Umfang sie von den Umweltauswirkungen der Festsetzungen für das Vorhaben betroffen werden können«. Zu diesem Zwecke sind die Ermittlungsergebnisse aufzubereiten, in verständlichen Ergebnisberichten auf ihren wesentlichen Informationsgehalt zu verdichten und ggf. durch Fotos, Karten, Schaubilder, Tabellen etc. zu visualisieren und zu erläutern. Diese müssen dann allerdings als Anlagen Bestandteil des Umweltberichts werden.[224] Im Übrigen können die inhaltlichen Anforderungen, die § 6 für die zusammenfassende Darstellung erhebt, entsprechend herangezogen werden.[225]

132

4.3.2.3 Bewertung der Umweltauswirkungen

Auch der UVP-Teilschritt der Bewertung lässt sich mühelos in die Dogmatik der bauleitplanerischen Abwägung gemäß § 1 Abs. 6 BauGB einordnen. Er entspricht dem **Vorgang der Gewichtung**, d.h. die Bestimmung des dem abwägungserheblichen Belang nach den tatsächlichen und rechtlichen Gegebenheiten zukommenden objektiven Inhalts und Gewichts, sowie das Erkennen der Konsequenzen, die sich bei Bevorzugung oder Zurückstellung einzelner Belange ergeben würden.[226] Dabei ist in tatsächlicher Hinsicht das Maß der aktuellen Betroffenheit des jeweiligen Belangs von Bedeutung,[227] während in materiell-rechtlicher Hinsicht vor allem die aus den Planungszielen und -leitlinien sowie deren fachgesetzlichen Konkretisierungen abzuleitenden Beurteilungs- und Bewertungsmaßstäbe heranzuziehen sind.

133

4.3.2.3.1 Erfordernis einer umweltinternen Gesamtbewertung

Die vorstehenden Regeln gelten aufgrund der Bindung der Bauplanungs-UVP an das Baurecht auch für den UVP-Verfahrensschritt der Bewertung, allerdings unter Berücksichtigung der Geltung des § 2 Abs. 1 Satz 2. Letzteres lenkt die Aufmerksamkeit darauf, dass nach der Definition in § 2 Abs. 1 Satz 2 die Bewertung den letzten, mit einem wie auch immer dargestellten Ergebnis abschließenden Verfahrensschritt der UVP darstellt. Demgegenüber erweist sich der Vorgang der Gewichtung der Planungsbelange im bauleitplanerischen Abwägungsvorgang als eine nach außen nicht besonders in Erscheinung

134

---

222 Vgl. zum Vorstehenden insgesamt *Hardt*, UVP in der Bebauungsplanung, S. 76 f.
223 Siehe bereits ausführlich oben Rn. 82 ff.
224 Mustereinführungserlass der ARGEBAU, Nr. 4.1.2.1.
225 Vgl. dazu ausführlich § 11 Rn. 12 ff.
226 Vgl. dazu etwa *Hoppe*, in: Ernst/Hoppe, ÖffBauBoR Rn. 286, 292, nunmehr in: *Hoppe/Grotefels*, Öffentliches Baurecht, § 7 Rn. 71 ff.
227 *Erbguth/Wagner*, Bauplanungsrecht, Rn. 247.

tretende Übergangsphase hin zur eigentlichen Abwägung sämtlicher Belange. Während die Gewichtung der einzelnen Belange hier also bereits ganz im Lichte der Konkurrenzsituation zu den meist konfligierenden übrigen Planungsbelangen erfolgt, ist in der integrierten UVP die **umweltinterne Bewertung der städtebaulich bedeutsamen Umweltfolgen** der beabsichtigten Planung vorzunehmen, innerhalb derer sich die Abwägung mit sonstigen, umweltexternen Belangen oder auch nur deren Berücksichtigung verbietet.[228] Unter umweltinterner Bewertung ist eine Gesamtbewertung sämtlicher Vor- und Nachteile des Projekts auf der Basis von Einzelbeurteilungen der Betroffenheiten der verschiedenen Umweltgüter einschließlich ihrer Wechselwirkungen zu verstehen.[229] Bei dieser integrierten, sich insbesondere den Wechselwirkungen zuwendenden Betrachtung der Umweltauswirkungen bleiben demzufolge alle umweltexternen Belange noch ausgeblendet.[230]

135　Umstritten ist allerdings, ob die umweltinterne Bewertung mit einer **Gesamtsaldierung aller Umweltfolgen** etwa im Sinne einer umweltinternen Abwägung unter Anwendung der rechtlichen Anforderungen des rechtsstaatlichen Abwägungsgebotes einhergeht.[231] Eine solche ist abzulehnen, denn sie ist mit dem Abwägungsgebot des § 1 Abs. 6 BauGB unvereinbar. Durch die Saldierung der Umweltauswirkungen werden dem abschließenden eigentlichen Abwägungsvorgang bestimmte umweltbezogene Einzelaspekte, die innerhalb der Saldierung verlorengegangen sind, entzogen. Diese Belange haben praktisch keine Chance mehr, an dem erst in der abschließenden Abwägung zu leistenden Ausgleich zwischen sämtlichen harmonisierenden und gegenläufigen Belangen teilzunehmen. Auf sie kann deshalb auch im Abwägungsergebnis, d. h. in den einzelnen Planausweisungen – etwa durch die Festsetzung bestimmter Schutzvorkehrungen –, kaum mehr Rücksicht genommen werden. Diese Konsequenzen widersprechen dem gesetzlichen Gebot der Abwägung **aller** planbetroffenen privaten und öffentlichen Belange untereinander und gegeneinander.[232]

136　Aus dieser Überlegung heraus verbietet sich auch, die Bewertung mit einem **Gesamtergebnis** »umweltverträglich« bzw. »umweltunverträglich« enden zu lassen. Der integrative Prüfungsansatz des UVPG verlangt zwar mehr als eine bloße Aneinanderreihung der ermittelten und isoliert bewerteten Umweltauswirkungen; es reicht aber aus, wenn die Umweltauswirkungen darüber hinaus zueinander in Beziehung gesetzt und in einer verbal beschreibenden **ökologischen Gesamtbilanz** zusammengefasst werden.

4.3.2.3.2 Bewertungsmaßstäbe

137　Maßstäbe für die Bewertung der bauplanerisch bedeutsamen Umweltauswirkungen des zu planenden Vorhabens sind die gesetzlichen Umweltanforderungen, die sich aus den Belangen des Umweltschutzes nach § 1 BauGB i. V. mit den hierzu erlassenden Rechts- und Verwaltungsvorschriften ergeben. Der Mustereinführungserlass der ARGEBAU und die UVPVwV nennen insoweit beispielhaft.[233]

138　　– **umweltbezogene Ziele der Raumordnung gemäß § 1 Abs. 4 BauGB:**
　　　Gemäß § 1 Abs. 4 BauGB sind die Bauleitpläne den Zielen der Raumordnung und

---

228　Vgl. dazu bereits oben Rn. 110.
229　Dazu ausführlich § 12 Rn. 35 ff.; zu den Wechselwirkungen auch § 2 Rn. 34 ff.
230　*Wulfhorst*, UPR, 246 (251).
231　Dafür *Erbguth/Schink*, UVPG, § 12 Rn. 27 m. w. N.
232　Zur Ablehnung einer umweltinternen Abwägung vgl. im Übrigen ausführlich § 12 Rn. 35 ff.
233　Vgl. Mustereinführungserlass der ARGEBAU, Nr. 2.2; UVPVwV, Nr. 15.3.

Landesplanung anzupassen. Bei diesen Zielen handelt es sich gemäß § 4 Abs. 1 ROG um den rechtsverbindlichen Inhalt der Programme und Pläne der Landesplanung und Regionalplanung. Sie verlangen von der Gemeinde strikte Beachtung; eine Überwindung ihrer Vorgaben in der Bauleitplanung durch Abwägung zugunsten gegenläufiger Interessen ist nicht möglich. Die Gemeinde hat diese Vorgaben vielmehr aufzunehmen und auf örtlicher Ebene planerisch umzusetzen.[234] Sofern die Ziele der Raumordnung Ausweisungen mit umweltschützender Wirkung enthalten, bilden sie einen verbindlichen Maßstab, an dem Umwelteinwirkungen eines Planvorhabens zu bewerten sind.

- **das allgemeine Ziel des § 1 Abs. 5 Satz 1 BauGB**, nach dem der Bauleitplan dazu beitragen soll, eine menschenwürdige Umwelt zu sichern und die natürlichen Lebensgrundlagen zu schützen und zu entwickeln, 139
- **die Belange des Umweltschutzes nach § 1 Abs. 5 Satz 2 Nr. 7 BauGB**,
- **die Bodenschutzklausel nach § 1a Abs. 1 BauGB**,

- **umweltbezogene Darstellungen in Flächennutzungsplänen gemäß § 5 Abs. 2 Nr. 5, 6, 9 und 10 BauGB:** 140
  Gemäß § 8 Abs. 2 BauGB sind Bebauungspläne aus dem Flächennutzungsplan zu entwickeln. Der Flächennutzungsplan als vorbereitender Bauleitplan stellt gemäß § 5 Abs. 1 BauGB für das ganze Gemeindegebiet die Grundzüge der sich aus der beabsichtigten städtebaulichen Entwicklung ergebenden Art der Bodennutzung dar. Diese Grundzüge sind auf der nachfolgenden Planungsstufe der Bebauungsplanung konkret auszugestalten und in rechtsverbindliche Bodennutzungsregelungen umzusetzen.[235] In dem Katalog möglicher Darstellungen im Flächennutzungsplan in § 5 Abs. 2 BauGB sind auch solche mit Umweltbezug enthalten:
  - Grünflächen, wie Parkanlagen, Dauerkleingärten ... (§ 5 Abs. 2 Nr. 5 BauGB);
  - Flächen für Nutzungsbeschränkungen oder für Vorkehrungen zum Schutz gegen schädliche Umwelteinwirkungen im Sinne des Bundes-Immissionsschutzgesetzes (Nr. 6);
  - Flächen für die Landwirtschaft und Wald (Nr. 9);
  - Flächen für Maßnahmen zum Schutz, zur Pflege und zur Entwicklung von Boden, Natur und Landschaft (Nr. 10).
  Aus solchen Ausweisungen und ggf. weitergehenden textlichen Ausführungen in der Erläuterung zum Flächennutzungsplan ergeben sich Maßstäbe für die Bewertung von städtebaulich bedeutsamen Umweltauswirkungen im Rahmen der Bebauungsplanung.

- **umweltbezogene Aussagen in Fachplänen des Naturschutz-, Wasser-, Abfall- und Immissionschutzrechts gemäß § 1a Abs. 2 Nr. 1 BauGB**, soweit sie für die Abwägung nach § 1a BauGB von Bedeutung sind; angesprochen sind damit insbesondere: 141
  - Die Instrumente der Landschaftsplanung gemäß §§ 15 und 16 BNatSchG (Landschaftsprogramme, Landschaftsrahmenpläne, Landschaftspläne), in denen

---

[234] Zur Rechtswirkung der Ziele der Raumordnung vgl. umfassend *Paßlick*, Die Ziele der Raumordnung und Landesplanung, S. 27 ff.

[235] Zum Rangverhältnis zwischen Flächennutzungsplan und Bebauungsplänen vgl. etwa *Löhr*, in: Battis/Krautzberger/Löhr, BauGB, § 8 Rn. 2 ff.

die Erfordernisse und Maßnahmen zur Verwirklichung der Ziele des Naturschutzes und der Landschaftspflege – stufenförmig weiter konkretisierend – dargestellt werden, aber auch die auf der Grundlage des § 22 Abs. 1 BNatSchG und dem einschlägigen Landesnaturschutzrecht erfolgten Schutzgebietsausweisungen.

- Die Luftreinhaltepläne gemäß § 47 Abs. 1 Satz 2 BImSchG, die für sog. Belastungsgebiete im Sinne des § 44 Abs. 2 BImSchG aufgestellt werden sollen. Sie enthalten Feststellungen über Art und Umfang der Luftverunreinigungen und ihrer Ursachen sowie Maßnahmen zur Vermeidung von Luftverunreinigungen und zur Vorsorge.
- Die Gewässerschutzplanung durch wasserwirtschaftliche Rahmenpläne, Bewirtschaftungspläne und Abwasserbeseitigungspläne, in denen Erfordernisse zum Schutz und zur Güte der Oberflächengewässer und des Grundwassers enthalten sind.

Mit Hilfe solcher Fachplanungen lassen sich die Wertigkeit der betroffenen Umweltgüter konkretisieren und damit die Auswirkungen geplanter Vorhaben auf diese Umweltgüter bewerten.

142 – die Eingriffsregelung nach § 21 Abs. 1 BNatSchG i. V. mit § 1a Abs. 2 Nr. 2 und Abs. 3 BauGB,[236]
– die Erhaltungsziele und der Schutzzweck von Schutzgebietsausweisungen, insbesondere der Gebiete von gemeinschaftlicher Bedeutung und der europäischen Vogelschutzgebiete im Sinne des Bundesnaturschutzgesetzes gemäß § 1a Abs. 2 Nr. 4 BauGB,

143 – der Trennungsgrundsatz des § 50 BImSchG:
Nach § 50 BImSchG sind bei raumbedeutsamen Planungen und Maßnahmen die für eine bestimmte Nutzung vorgesehenen Flächen einander so zuzuordnen, dass schädliche Umwelteinwirkungen auf die ausschließlich oder überwiegend dem Wohnen dienenden Gebieten sowie auf sonstige schutzbedürftige Gebiete soweit wie möglich vermieden werden. Dieser gesetzliche Planungsleitsatz stellt ein Optimierungsgebot dar, durch das die Belange des Immissionsschutzes mit besonderem Gewicht ausgestattet werden.[237] Bei der Bewertung von Emissionen im Rahmen der UVP ist dies in Rechnung zu stellen.

144 Genannt sind damit die für den Umweltschutz im Bauplanungsrecht wichtigsten **Planungsleitlinien**, die zum Teil in Gestalt von Anpassungsgeboten (§ 1 Abs. 4 BauGB), Optimierungsgeboten (§ 1a Abs. 1 BauGB) oder (schlichten) Abwägungsbelangen auftreten.[238] Konkrete Bewertungsmaßstäbe ergeben sich dabei aus den diese Belange konkretisierenden Fachgesetzen und dazu ergangenen Ausführungsvorschriften. Im Hinblick auf eine Harmonisierung mit der UVP in nachfolgenden Zulassungsverfahren kann es ratsam sein, die dort geltenden umweltbezogenen Zulässigkeitsvoraussetzungen zur Ausfüllung der Belange des Umweltschutzes heranzuziehen, soweit sie bereits für die bauplanerische Umweltverträglichkeitsprüfung von Bedeutung sind.

---

236 Dazu noch unten Rn. 143.
237 *Söfker*, in: Ernst/Zinkahn/Bielenberg/Krautzberger, BauGB, § 1 Rn. 145.
238 Vgl hierzu im Einzelnen *Erbguth/Wagner*, Bauplanungsrecht, Rn. 186 ff., 217 ff.

Nicht in den UVPVwV, aber in der Gesetzesbegründung[239] hat der **Planungsleitsatz des § 41 BImSchG** als Bewertungsmaßstab Erwähnung gefunden. Er befasst sich mit dem Schutz vor Geräuschen, die vom Betrieb von Straßen, Eisenbahnen und Straßenbahnen ausgehen. Danach ist bei solchen Anlagen sicherzustellen, dass durch diese keine schädlichen Umwelteinwirkungen in Form von Verkehrsgeräuschen hervorgerufen werden können, die nach dem Stand der Technik vermeidbar sind. Dieser Leitsatz stellt in Verbindung mit der zu seiner Ausführung erlassenen Verkehrslärmschutzverordnung (16. BImSchV) einen wichtigen Maßstab für die Bewertungsphase der UVP bei den planfeststellungsersetzenden Bebauungsplänen nach § 2 Abs. 3 Nr. 3, 2. Alternative[240] dar.

145

4.3.2.3.3 Bewertungskriterien

Bewertungskriterien unterhalb der gesetzlichen Ebene dienen der Konkretisierung der unbestimmten Rechtsbegriffe in den Fachgesetzen; sie helfen daher bei der Interpretation der soeben dargestellten Bewertungsmaßstäbe. Derartige Bewertungskriterien könnten sich zunächst aus den Ausführungsbestimmungen der Fachgesetze ergeben, sofern dort verbindliche Grenz- oder unverbindliche Orientierungs- oder Richtwerte für Umweltbelastungen vorgegeben werden.[241] Die Anwendbarkeit der UVPVwV bringt darüber hinaus – hilfsweise, sofern fachgesetzliche Bewertungskriterien nicht bestehen – die in Anhang 1 der UVPVwV enthaltenen »Orientierungshilfen nach Nr. 0.6.2.1« für die Beurteilung
– der Ausgleichbarkeit eines Eingriffs in Natur und Landschaft,
– der Beeinträchtigung von Fließgewässern,
– der Beeinträchtigung der stofflichen Bodenbeschaffenheit sowie
– der Beeinträchtigung der Luftbeschaffenheit
in die Bewertungsphase der Bauplanungs-UVP ein, wobei letztere sich allerdings in einem Verweis auf die TA Luft erschöpft. Darüber hinaus wird vielfach angeregt, dass die Gemeinden aufgrund örtlicher oder teilörtlicher Erfordernisse eigene Umweltqualitätsziele und -standards erarbeiten und damit eigene Wertmaßstäbe für Umweltverträglichkeitsprüfungen schaffen.[242] Als weitere Auslegungshilfen zur Konkretisierung der gesetzlichen Bewertungsmaßstäbe können zudem die in der Anlage 2 des UVPG (an sich für die Vorprüfung) vorgegebenen (Bewertungs-)Kriterien herangezogen werden.

146

4.3.2.4 Alternativenprüfung

Keine andere Form raumbedeutsamer hoheitlicher Planungen und Maßnahmen ist zu einer umfassenden Prüfung von denkbaren Alternativen, insbesondere Standortalternativen, so geeignet wie die gesamtplanerisch angelegte Bauleitplanung. Besteht für Alternativenprüfungen in Planfeststellungsverfahren, erst recht in Kontrollerlaubnisverfahren, schon aufgrund ihres konkreten Projektbezugs und ihrer fachlichen Ausrichtung nur ein geringer Spielraum,[243] so bietet der flächenhafte und fachübergreifende Koordinierungsauftrag der städtebaulichen Planung dafür dem Grunde nach optimale Voraus-

147

---

239 BT-Drs. 11/3919, S. 30.
240 Dazu oben Rn. 27.
241 Vgl. Nr. 0.6.1.2 und 15.3 UVPVwV.
242 Vgl. dazu ausführlich *Rath*, Kommunale Umweltverträglichkeitsprüfung, S. 194 f.
243 Vgl. dazu ausführlich § 12 Rn. 49 ff.

setzungen. Das **Abwägungsgebot** des § 1 Abs. 6 BauGB **zwingt** die Gemeinde sogar, **unterschiedliche planerische Lösungen** in die Überlegungen **einzubeziehen.** So setzt die als zweite Phase innerhalb eines rechtsstaatlichen Abwägungsvorganges anerkannte ordnungsgemäße Bewertung der zuvor ermittelten Planungsbelange voraus, dass die den einzelnen Belangen in unterschiedlicher Weise Rechnung tragenden Planungsvarianten gedanklich durchgespielt werden. Denn nur so lässt sich feststellen, welche Abhängigkeiten, Kongruenzen oder Konkurrenzen zwischen den berührten Belangen im konkreten Planungsfall bestehen. Das zur Bewertung der Belange erforderliche »Erkennen der Konsequenzen, die sich bei Bevorzugung oder Zurückstellung einzelner Belange ergeben«[244] ist nichts anderes als das gedankliche Vergleichen von Alternativen.[245]

148 Die Pflicht zur Prüfung von Planalternativen ergibt sich darüber hinaus aus den ebenfalls als Einzelausprägungen des Abwägungsgebotes bestehenden Grundsätzen der Verhältnismäßigkeit und der Konfliktvermeidung und Konfliktbewältigung.[246] Das Suchen und Finden einer verhältnismäßigen, möglichst konfliktfreien städtebaulichen Lösung ist ohne den Vergleich verschiedener Varianten und deren Konsequenzen nicht denkbar.

149 Hinweise, wie der Gesetzgeber die von ihm anerkannte Verpflichtung zur Alternativenprüfung verstanden wissen will, enthalten schließlich § 3 Abs. 1 Satz 1 BauGB und der neu eingefügte § 2a Abs. 1 Nr. 5 BauGB: Die Bürger sind möglichst ... über sich wesentlich unterscheidende Lösungen ... zu unterrichten; der Umweltbericht muss eine Übersicht über die **wichtigsten geprüften anderweitigen Lösungsmöglichkeiten** und Angabe der wesentlichen Auswahlgründe im Hinblick auf die Umweltauswirkungen der Festsetzungen für das Vorhaben enthalten. Damit ist einerseits klargestellt, dass der Gesetzgeber von einer derartigen Prüfung durch die Gemeinde ausgeht, er es ihr andererseits aber überlässt, welche Alternativen sie konkret aufgrund der Gegebenheiten des Einzelfalls **tatsächlich** in die Prüfung einbezieht.[247]

150 Was – so der Alternativenvergleich – als »Herzstück der Umweltverträglichkeitsprüfung« bezeichnet wird,[248] ist nach dem Vorstehenden daher als ein wesensimmanenter Bestandteil der dem Abwägungsgebot unterliegenden Bauleitplanung aufzufassen. Die damit dem Grunde nach bestehenden optimalen Voraussetzungen für eine Alternativenprüfung innerhalb einer UVP in der Bauleitplanung müssen allerdings in mehrfacher Hinsicht deutlich relativiert werden:

151 – Zum einen muss die **örtliche Beschränkung auf das Gemeindegebiet** als Hindernis für einen echten umfassenden Vergleich alternativer Projektstandorte erwähnt werden.[249] Es liegt auf der Hand, dass gerade bei umweltbelastenden Großprojekten ein gemeindegrenzüberschreitendes Standortsuchverfahren die besseren Chancen für eine umweltverträgliche Planung bietet.

---

244 *Hoppe*, in: Ernst/Hoppe, ÖffBauBoR, Rn. 286.
245 So *Schroer*, UVP im Bauplanungsrecht, S. 118; auch zum Vorstehenden *Erbguth*, Verw. Archiv 1990, 327 (341).
246 Vgl. etwa *Söfker*, in: Ernst Zinkahn/Bielenberg/Krautzberger, BauGB, § 1 Rn. 185 ff., 207; *Schlarmann*, DVBl. 1992, 871.
247 Hierauf weist der Mustereinführungserlass der ARGEBAU hin, Nr. 4.1.2.2.
248 *Jarass*, UVP bei Industrievorhaben, S. 43.
249 Dazu *Erbguth/Schink*, UVPG, § 12 Rn. 51.

– Im Vergleich zur Flächennutzungsplanung fehlt es der allein der UVP-Pflicht (teilweise) unterworfenen Bebauungsplanung an der zumindest das gesamte Gemeindegebiet erfassenden Zielsetzung der grundlegenden Verteilung der Raumnutzungen. Ohne diesen flächendeckenden Ansatz ist ein Standortalternativenvergleich nur bruchstückhaft denkbar. Er ist aufgrund des **Ableitungsverhältnisses zwischen Flächennutzungsplan und Bebauungsplan** (§ 8 Abs. 2 BauGB) von vornherein beschränkt auf solche Flächen, die nach den Gebietsausweisungen des Flächennutzungsplans für die Aufnahme des konkreten Planungsvorhabens geeignet sind.[250]

152

– Das entscheidende **Hindernis für einen umfassenden Vergleich** von Planungsvarianten ist jedoch die **auf vorhabenbezogene Bebauungspläne beschränkte UVP-Pflicht**. Mit der Beschränkung auf diese an sich atypischen Bebauungspläne gehen die Vorteile, welche die Bauleitplanung in Bezug auf den Alternativenvergleich im Verhältnis etwa zur Planfeststellung hat, im Wesentlichen verloren. Gerade der konkrete Projektbezug wirkt sich hinderlich für einen unabhängigen Vergleich von denkbaren Planungsvarianten aus. Bei den vorhabenbezogenen Bebauungsplänen im Sinne des § 2 Abs. 3 Nr. 3 handelt es sich im Wesentlichen um solche, die Baurechte für ein bestimmtes Vorhaben eines bestimmten Investors/Vorhabenträgers an einem bestimmten Standort schaffen wollen. In der Praxis geschieht dies nicht selten auf der Grundlage einer **alternativlosen Übernahme eines Projektentwurfs** etwa **eines privaten Investors**. Die rechtlichen Probleme, die sich aus einer solchen Vorabbindung der planenden Gemeinde im Hinblick auf einen möglichen Verstoß gegen das Abwägungsgebot ergeben, sind in Literatur und Rechtsprechung diskutiert worden mit der überwiegenden Erkenntnis, dass in einem solchen Verfahren regelmäßig kein Rechtsfehler liegt; darauf darf verwiesen werden.[251]

153

Für die Alternativenprüfung in der Bebauungsplan-UVP nach dem Konzept des UVPG bedeuten diese Einschränkungen, dass eine Prüfung **alternativer Projektstandorte** im übrigen Gemeindegebiet regelmäßig nicht mehr in Betracht kommt. Das Gleiche gilt im Übrigen auch für den Vergleich zwischen verschiedenen Konzept- oder Produktionsalternativen, wobei es hier zumeist schon an dem erforderlichen städtebaulichen Bezugsrahmen und damit an der Berücksichtigungsfähigkeit im Rahmen der Bauleitplanung fehlt.

154

Ihre Möglichkeiten zum Vergleich von **Planungsvarianten** voll zur Geltung bringen kann die Bebauungsplanung jedoch **im Bereich des Mikrostandortes** des Projekts, d. h. in der Ausgestaltung des Standortes en detail. Von Bedeutung sind hier etwa die Zuordnung einzelner Gebäude zueinander, ihre Stellung auf der Standortfläche, die Planung der Erschließung, die Festsetzung von umweltbezogenen Einrichtungen und Maßnahmen etc. Selbstverständlich verbleibt der Gemeinde immer die Möglichkeit, im Rahmen ihrer Planungshoheit die vielbeschworene »**Null-Variante**« zu wählen, also auf das Vorhaben gänzlich zu verzichten; sie ist dazu verpflichtet, wenn eine Realisierung des Projektes wegen entgegenstehender privater oder öffentlicher Belange, z. B. solche des

155

---

250 Denkbar ist allerdings gemäß § 8 Abs. 3 BauGB, dass parallel zur Aufstellung des Bebauungsplans gleichzeitig auch der Flächennutzungsplan geändert wird.
251 Vgl. nur *Hoppe/Beckmann*, DVBl. 1987, 1249 ff. mit umfangreichen Nachweisen; a. A. aber neuerdings *Wulfhorst*, UPR 2001, 246 (249) in Bezug auf die Vorhaben der Nummern 18.5 und 18.7 der Anlage 1, da Industriezonen und Städtebauprojekten typischerweise Angebotscharakter beizumessen sei.

Umweltschutzes, in jeder denkbaren Variante ein Verstoß gegen das Abwägungsgebot darstellen würde.[252]

156 Noch engere Grenzen für einen Alternativenvergleich ergeben sich zumindest faktisch für den **Vorhaben- und Erschließungsplan**. Die Vorwirkungen der vollständigen Projekt- und Erschließungsplanung durch den Vorhabenträger reduzieren den Planungsspielraum im Verhältnis zum Vorhabenbebauungsplan noch weiter. Rechtlich bleibt es aber für die Gemeinde in jeder Konsequenz bei den Anforderungen des Abwägungsgebotes; stellt die Gemeinde fest, dass es für die Realisierung des geplanten Vorhabens an dem Standort deutlich bessere Lösungsmöglichkeiten gibt, so hat sie auf eine Änderung des Vorhaben- und Erschließungsplans hinzuwirken.[253]

157 Demgegenüber dürften für die **planfeststellungsersetzenden Bebauungspläne** strengere Maßstäbe gelten, jedenfalls soweit sie – wie nach geltendem Recht bisher ausschließlich – trassengeführte Projekte betreffen.

Der *Bayerische Verwaltungsgerichtshof* hat für die straßenrechtliche Planfeststellung mit Blick auf die UVP darauf hingewiesen, dass – anders als bei punktförmigen Projekten nichtstaatlicher Träger – bei linienbezogenen Vorhaben die Alternativenprüfung in Form der Trassenwahl nach Maßgabe der Umstände des Einzelfalls obligatorisch ist und sogar häufig das Kernstück der zu treffenden Planungsentscheidung darstellt.[254] Für die eine trassenbestimmende Planfeststellung ersetzende Bebauungsplanung trifft das in gleichem Maße zu. Alle auf diesem Wege in die Abwägung einbezogenen alternativen Linienführungen sind demnach auch im Einzelnen auf ihre Umweltrelevanz hin zu überprüfen. Soweit die Trasse im vorgelagerten Linienbestimmungsverfahren gemäß § 16 Abs. 1 FStrG und einem nach Landesrecht durchgeführten Raumordnungsverfahren verbindlich vorbestimmt wurde, kommt eine Prüfung von Varianten nur im Bereich der parzellenscharfen Umsetzung durch den Bebauungsplan in Betracht.[255] Die Prüfung großräumiger umweltverträglicherer Alternativen hat hier gemäß § 15 im Rahmen des Linienbestimmungsverfahrens bzw. § 16 im Rahmen des Raumordnungsverfahrens zu erfolgen.[256]

158 Soweit unter den vorgenannten Rahmenbedingungen eine Alternativenprüfung vorzunehmen ist, müssen die nach der Rechtsprechung **Varianten nicht vollständig durchgeplant** werden.[257] Die Gemeinde braucht also nicht etwa für alle in Betracht kommenden Alternativlösungen fertige Bebauungsplanentwürfe zu erstellen. Abhängig von den Gegebenheiten des Einzelfalls reicht es aus, wenn die Planvarianten so weit konkretisiert sind, dass die wesentlichen Unterschiede erkennbar werden.[258] Eine entsprechende verbale Darstellung in der Begründung des **einen** Planentwurfs wird dieser generellen Anforderung in der Regel genügen.

---

252 Vgl. dazu noch unten Rn. 166.
253 Vgl. dazu *Krautzberger*, in: Ernst/Zinkahn/Bielenberg/Krautzberger, BauGB, § 12 Rn. 89, 111.
254 *BayVGH*, Urt. vom 5.7.1994 – 8 A 9340056 u.a. –, DVBl. 1994, 1198 (1201).
255 Ein Abweichen »innerhalb weniger hundert Meter« wird aber als zulässig angesehen, vgl. *Erbguth/Schink*, UVPG, § 15 Rn. 16.
256 Vgl. oben § 15 Rn. 21 ff.
257 *BVerwG*, U. vom 25.1.1996 – 4 C 5.95 –, BVerwGE 100, 239 (249f.); *BVerwG*, B. vom 28.8.1987 – 4 N 1.86 –, NVwZ 1988, 351.
258 Ausführlich dazu *Schlarmann*, DVBl. 1992, 871 (876).

4.3.3 Entsprechend dem Planungsstand des Vorhabens (§ 1a Abs. 2 Nr. 3 BauGB i. V. mit § 17 Satz 2)

Die Durchführung der UVP in der Bebauungsplanung hatte gemäß § 17 Satz 2, 2. Halbsatz a. F. »bei vorgelagerten Verfahren … entsprechend dem Planungsstand des Vorhabens« zu erfolgen. Bereits mit der BauGB-Novelle 1998 wurde diese aus kompetenziellen Gründen notwendige Klarstellung in § 1a Abs. 2 Nr. 3 BauGB übernommen. Mit der Novelle des UVPG 2001 ist diese Anordnung nunmehr im UVPG entfallen, während sie im BauGB bestätigt wurde. Die Regelung im BauGB erfasst alle UVP-pflichtigen Bebauungspläne und Vorhaben- und Erschließungspläne mit Ausnahme der planfeststellungsersetzenden Pläne. Mit dieser Formel stellt der Gesetzgeber in Rechnung, dass das geplante Vorhaben in der Phase der dem abschließenden Genehmigungsverfahren vorgelagerten Bebauungsplanung regelmäßig noch nicht in allen Einzelheiten feststeht. Er statuiert damit den Gedanken der **stufenspezifischen UVP**, wie er auch schon in den §§ 15 und 16 für die ebenfalls vorgelagerten Verfahrensstufen der Linienbestimmung, der Flughafenplanung und des Raumordnungsverfahrens sowie in § 13 für die Vorbescheide und ersten Teilzulassungen formuliert wurde.

Die UVP hat sich danach auf alle **nach dem Stand der Planung des Projektträgers** für die Gemeinde **zum Zeitpunkt des Satzungsbeschlusses erkennbaren, bauplanerisch bedeutsamen Umweltauswirkungen** des Vorhabens zu beziehen und ggf. zu beschränken. Der Umfang der Untersuchungspflicht verhält sich dabei proportional zur Detailschärfe der vom Vorhabenträger vorgelegten Unterlagen, sodass dieser in beschränktem Maße auf die Intensität der UVP im Stadium der Bebauungsplanung Einfluss nehmen kann. Der Planungsstand muss aber jedenfalls so weit konkretisiert sein, dass eine den städtebaulichen Prüfhorizont vollständig abdeckende Prognose über die voraussichtlichen Umwelteinwirkungen möglich ist.[259]

Die stufenspezifische Einschränkung des Umfangs der UVP gilt gemäß § 17 Satz 2 auch dann, wenn – wie bei den **städtebaulichen Vorhaben** der Nummern 18.1 bis 18.8 der Anlage 1 – im nachfolgenden (Bau-)Genehmigungsverfahren eine UVP nicht vorgeschrieben ist; die (einstufige) UVP wird (einschließlich der Vorprüfung) nur im Aufstellungsverfahren durchgeführt.[260] Auch bei diesen Projekten kann die Gemeinde sich daher nur nach dem jeweiligen Stand der Planungen des Investors richten. Der Prüfungsgegenstand ist hier im Wesentlichen beschränkt auf die Umweltauswirkungen des **Gesamt**vorhabens z. B. unter den Gesichtspunkten Flächenverbrauch, Natur- und Landschaftsschutz, Stadtklima, und lässt die in concreto womöglich noch nicht feststehenden Einzeleinrichtungen außer Betracht. Die Beschränkung auf eine auf den Standort bezogene UVP ist bei diesen typisch städtebaulichen Vorhaben allerdings vertretbar, weil sich ihre nachteiligen Umweltauswirkungen in erster Linie aus der Standortentscheidung für das Vorhaben, nicht aber aus seiner technischen Ausgestaltung ergeben.[261]

---

259 Vgl. dazu oben Rn. 81.
260 Vgl. den Mustereinführungserlass der ARGEBAU, Nr. 3 c; siehe auch oben Rn. 26.
261 Ebenso *Runkel*, DVBl. 2001, 1377 (1378), der auch darauf verweist, dass eine zweite Stufe der UVP »selbstverständlich« nachfolgen kann, wenn sich nachträglich herausstellt, dass anstelle eines UVP-freien Baugenehmigungsverfahrens ein UVP-pflichtiges Zulassungsverfahren erforderlich wird.

§ 17

162 Bei den nicht erfassten **planfeststellungsersetzenden Bebauungsplänen** hat dagegen eine alle umweltbezogenen Zulässigkeitsvoraussetzungen des Vorhabens einschließende UVP stattzufinden, weil der Bebauungsplan hier bereits die abschließende Zulassung des Vorhabens darstellt.[262]

4.3.4 Berücksichtigung der UVP in der städtebaulichen Gesamtabwägung (§ 1a Abs. 2 Nr. 3 BauGB i. V. mit § 1 Abs. 6 BauGB)

163 Nicht mehr zum eigentlichen UVP-Verfahren gehört die als wesentliche Zweckbestimmung des UVPG in § 1 Nr. 2 verankerte »Berücksichtigung des Ergebnisses der Umweltverträglichkeitsprüfung«. Nach ihrer Konzeption soll die UVP durch eine systematische und integrale Ermittlung, Beschreibung und Bewertung der voraussichtlichen Umweltfolgen vielmehr die **Voraussetzungen** für deren angemessene Berücksichtigung schaffen. Die Berücksichtigung ist – im Projektzulassungsverfahren – Gegenstand der Zulassungsentscheidung[263] und von der zuständigen Behörde gemäß §12 »im Hinblick auf eine wirksame Umweltvorsorge im Sinne der §§ 1, 2 Abs. 1 Satz 2 und 4 und nach Maßgabe der geltenden Gesetze« zu leisten. Bei der Aufstellung von Bebauungsplänen kommt § 12 auch für die »Berücksichtigung« hingegen nicht zur Anwendung.[264] Über den Wortlaut des § 17 Satz 1 hinaus sind auch insoweit allein die baurechtlichen Vorschriften und damit § 1a Abs. 2 Nr. 3 BauGB i.V. mit § 1 Abs. 6 BauGB maßgebend.

164 Grundsatznorm für die materielle Berücksichtigung der UVP im Bebauungsplanverfahren ist damit § 1a Abs. 2 Nr. 3 BauGB mit dem Verweis auf § 1 Abs. 6 BauGB.

165 Die **Berücksichtigung der Ergebnisse der UVP** in der Bebauungsplanung werden damit **durch das Abwägungsgebot des § 1 Abs. 6 BauGB** gesteuert. Konkreter Anknüpfungspunkt ist hier die letzte Phase innerhalb des Abwägungsvorganges, die eigentliche Abwägung,[265] in der auf der Grundlage des zusammengestellten Materials und der gewichteten Belange ein gerechter Ausgleich der berührten privaten und öffentlichen Belange gefunden werden muss.[266] Es geht dabei um die eigentlich planerische Entscheidung, welche Belange zurückgesetzt und welche vorgezogen werden sollen. Unter Berücksichtigung des Maßstabes der Verhältnismäßigkeit kann sich die Gemeinde in der Kollision zwischen verschiedenen gegenläufigen Belangen für die Bevorzugung des einen und damit notwendig für die Zurückstellung des anderen entscheiden.[267] In diesen Entscheidungsvorgang finden die Ergebnisse der UVP als **ein** betroffener Belang Eingang. Hier werden sie erstmals dem Wettstreit mit den übrigen, häufig konträren Belangen ausgesetzt. Dabei kommt ihnen – trotz ihrer durch die formalisierte UVP gestärkten Überzeugungskraft – rechtlich **keine herausgehobene Priorität** oder auch nur eine erhöhte Durchsetzungskraft im Sinne einer Optimierung gegenüber anderen Belangen zu.[268] Daran ändert auch die Tatsache nichts, dass in den UVPVwV Qualitätsanforderungen an bestimmte Umweltmedien in Form von Orientierungshilfen für die

---

262 Mustereinführungserlass der ARGEBAU, Nr. 3 b.
263 Hierzu § 1 Rn. 26.
264 Hierzu § 12 Rn. 9.
265 *Hoppe*, in: Ernst/Hoppe, ÖffBauBoR, Rn. 287.
266 S. oben Rn. 108.
267 Grundlegend *BVerwG* vom 12.12.1969 – IV C 105.66 –, BVerwGE 34, 301 (seither ständige Rechtsprechung); *Hoppe*, in: Hoppe/Grotefels, Öffentliches Baurecht, § 7 Rn. 82.
268 *Wagner*, DVBl. 1993, 583 (586); *Wulfhorst*, UPR 2001, 246 (252); *Runkel*, DVBl. 2001, 1377 (1387); Mustereinführungserlass der ARGEBAU, Nr. 4.2.

Bewertung von Umweltauswirkungen gegeben werden. Eine rechtliche Bindung oder Einschränkung der kommunalen Planungshoheit ist durch diese Werte weder beabsichtigt[269] noch rechtlich möglich.

Inwieweit die durch die UVP aufbereiteten ökologischen Belange das Ergebnis der städtebaulichen Gesamtabwägung beeinflussen können, beurteilt sich grundsätzlich nach den Umständen des Einzelfalls und den jeweils anzuwendenden Rechtsnormen. Die Berücksichtigung des Bewertungsergebnisses der UVP kann sowohl dazu führen, dass die Planung nicht weiterverfolgt werden kann, weil sie nicht hinnehmbare Umweltbeeinträchtigungen zur Folge hätte, als auch dazu, dass die Planung trotz der zu erwartenden nachteiligen Auswirkungen auf die Stadtökologie dem beabsichtigten Vorhaben wegen seiner Bedeutung für die Stadtentwicklung die planungsrechtliche Zulässigkeit verschafft. Die Berücksichtigung kann schließlich dazu führen, dass die Planung geändert oder etwa zugunsten von Umweltschutzvorkehrungen ergänzt werden muss.[270] Insofern besteht zwar auch keine Verpflichtung, Umweltbeeinträchtigungen planerisch auszugleichen oder sonstige Ersatzmaßnahmen vorzusehen;[271] schon wegen des allgemeinen Gebotes der planerischen Konfliktbewältigung wird es indessen im allgemeinen **nicht zu einem völligen Zurückstellen der UVP-Ergebnisse** kommen.[272] Die »Kraft des Faktischen«[273] der Bewertungsergebnisse der UVP begründet in jedem Fall eine erhöhte Begründungslast für die Gemeinde, wenn sie das Projekt trotz aufgezeigter Umweltprobleme so (und nicht anders) realisiert wissen will. Diese Rechtfertigung muss in die **Planbegründung** aufgenommen werden.[274]

166

Gemessen am **Maßstab des EG-Rechtes** sind in der Fachöffentlichkeit zu Recht keine Bedenken gegen die Beherrschung der materiellen UVP in der Bebauungsplanung durch das Abwägungsgebot des § 1 Abs. 6 BauGB geäußert worden. Auch das Berücksichtigungsgebot des Art. 8 UVP-RL ist in einer ordnungsgemäßen planerischen Abwägung inbegriffen.[275] Insbesondere verlangt auch das EG-Recht keine Ausgestaltung der Berücksichtigungspflicht in Form einer Präjudizierung der Entscheidung.[276] Als gemeinschaftsrechtlich problematisch werden hingegen wiederum die Unbeachtlichkeitsklauseln der §§ 214, 215 BauGB angesehen. *Erbguth/Schink*[277] sehen dabei weniger die Vorschrift des § 214 Abs. 3 BauGB, die Mängel im Abwägungsvorgang nur dann für erheblich erklärt, wenn sie offensichtlich und für das Abwägungsergebnis von Einfluss sind,[278] als vielmehr § 215 Abs. 1 Nr. 2 BauGB, nach dem Abwägungsmängel nur innerhalb einer Ausschlussfrist von sieben Jahren geltend gemacht werden können.

167

---

269 *Wagner*, DVBl. 1993, 583 (586).
270 Mustereinführungserlass der ARGEBAU, Nr. 4.2.
271 Hierzu im Zusammenhang mit der naturschutzrechtlichen Eingriffsregelung aber noch unten Rn. 147 f.
272 Ausführlich *Erbguth/Schink*, UVPG, § 12 Rn. 80 f. zur fachplanerischen Abwägung.
273 So *Gassner*, UPR 1993, 241 (244).
274 S. oben Rn. 65; sich anschließend *Wulfhorst*, UPR 2001, 246 (251).
275 Vgl. *Kunig*, in: FS für Weyreuther, 157 (173); *Erbguth/Schink*, UVPG, § 17 Rn. 28 m.w.N.
276 Vgl. nur *Cupei*, UVP, S. 173 Rn. 4.
277 *Erbguth/Schink*, UVPG, § 17 Rn. 28.
278 Insoweit wirke sich die restriktive Rechtsprechung positiv aus, nach der ein solcher Einfluss bereits anzunehmen ist, wenn nach den konkreten Umständen die Möglichkeit besteht, dass ohne den Mangel im Abwägungsvorgang die Planung anders ausgefallen wäre; *Erbguth/Schink*, ebd.

Sie plädieren – allerdings wenig überzeugend – dafür, diese Vorschrift europarechtskonform dahingehend auszulegen,[279] dass die Unangreifbarkeit jedenfalls dann nicht eintritt, wenn der Abwägungsmangel auf einer fehlerhaften UVP bzw. deren nicht sachgerechter Berücksichtigung beruht[280] und »zugleich höherrangig geschützte Rechtsgüter (Grundrechtspositionen u. ä.) betrifft«.[281]

4.4 Materiell-rechtliche Erfordernisse der UVP beim Vorhaben- und Erschließungsplan

168 Da in materiell-rechtlicher Hinsicht das bauplanerische Abwägungsgebot auch beim vorhabenbezogenen Bebauungsplan über einen VEP[282] voll zur Geltung kommt, gilt das vorstehend zur materiellen Einbindung der UVP in die Bebauungsplanung Gesagte entsprechend. Die Verantwortung für eine gerechte Abwägung aller betroffenen Belange einschließlich der Ergebnisse der UVP trägt allein die Gemeinde. Die Abwägung kann zu dem Ergebnis führen, dass der VEP des Vorhabenträgers zu ändern ist oder andere **Grundstücksflächen außerhalb des VEP** gemäß § 12 Abs. 4 BauGB in die Bebauungsplansatzung einzubeziehen sind. Letzteres dürfte besonders interessant für die Berücksichtigung der Ergebnisse der UVP sein, etwa um Festsetzungen ökologischer Kompensationsmaßnahmen aufzunehmen.[283]

5 Entlastung nachfolgender Verfahren (Satz 3)

169 Die durch § 17 Satz 3 angeordnete Entlastung der UVP für das **nachfolgende Zulassungsverfahren** ist die sachgerechte Konsequenz aus der Stufenspezifizierung der UVP in der Bebauungsplanung, wie sie bereits in § 2 Abs. 1 Satz 4 zum Ausdruck kommt. Danach werden die in mehreren (parallelen oder – hier – abgestuft einander nachfolgenden) Verfahren durchgeführten Teilprüfungen zu einer Gesamtbewertung aller Umweltauswirkungen zusammengefasst. Zur Vermeidung von Doppelprüfungen soll gemäß § 17 Satz 3 die Zulassungsbehörde im nachfolgenden fachgesetzlichen Genehmigungs- bzw. Planfeststellungsverfahren die Prüfung der Umweltverträglichkeit auf »**zusätzliche oder andere erhebliche Umweltauswirkungen**« beschränken. Vergleichbare Anordnungen gibt es auch in den §§ 13 Abs. 2, 15 Abs. 4 und 16 Abs. 3. Die Regelungen ermöglichen es, die in einem vorgelagerten Planungsverfahren ermittelten und beschriebenen Umweltauswirkungen (erste Stufe der UVP) auch der UVP der Projektzulassung (zweite Stufe der UVP) zugrunde zu legen. Dort kann dann die zweite Stufe der UVP flexibel gestaltet werden, je nachdem, in welchem Umfang die erste Stufe der UVP bereits in dem vorgelagerten Verfahren erfolgt ist.

---

279 Gegen die Auslegungsfähigkeit insoweit aufgrund des Detaillierungsgrades der §§ 214, 215 BauGB, *Kunig*, in: FS für Weyreuther, 157 (174).
280 So im Ergebnis auch *Schroer*, UVP im Bauplanungsrecht, S. 208.
281 *Gaentzsch*, UPR 2001, 287 (293), hält die Frist von sieben Jahren und damit die Regelung insgesamt für EG-rechtlich unbedenklich.
282 Zum Instrument des VEP allgemein oben Rn. 93 ff.
283 Dazu nachfolgend Rn. 185 ff. im Zusammenhang mit der naturschutzrechtlichen Eingriffsregelung.

Aufstellung von Bebauungsplänen § 17

Allerdings ist § 17 Satz 3 keine Verpflichtung zur Durchführung einer UVP im jeweils nachfolgenden Zulassungsverfahren zu entnehmen. Seine Anordnung beschränkt sich auf diejenigen von der Anlage 1 erfassten Vorhaben, für die sich aus den §§ 3 bis 3 f. i. V. mit der Anlage 1 selber eine UVP-Pflicht ableiten lässt und für die durch den Bebauungsplan (zunächst) die planungsrechtliche Zulässigkeit begründet werden soll. Der mit der UVP-Novelle neu eingefügte § 17 Satz 2 stellt daher auch klar, dass in den Bebauungsplanverfahren für Vorhaben der Anlage 1 Nr. 18.1 bis 18.8 (denen nur ein baurechtliches Genehmigungsverfahren ohne UVP oder gar kein Zulassungsverfahren nachfolgt) die UVP ausschließlich im Aufstellungsverfahren für den Bebauungsplan durchgeführt wird.[284]

170

Der gewählte Wortlaut der Vorschrift des § 17 Satz 3 entspricht zwar der Formulierung in § 13 Abs. 2 für das Verhältnis von Vorbescheid zu nachfolgenden Teilzulassungen; er darf aber nicht darüber hinwegtäuschen, dass es hier nicht um eine **fachliche** Abschichtung innerhalb eines Zulassungsverfahrens, sondern um genuin unterschiedliche Prüfinhalte der UVP in der Bebauungsplanung einerseits und der nachfolgenden fachrechtlichen Projektzulassung andererseits geht.[285] Während die Gemeinde bei der Aufstellung des im Rahmen der verfahrensintegrierten UVP auf die Untersuchung der **städtebaulich bedeutsamen** Umweltauswirkungen beschränkt ist, interessiert die Zulassungsbehörde insbesondere die **durch den Betrieb der konkreten Anlage** bedingten Umweltbeeinträchtigungen, unabhängig von ihrer Relevanz für die städtebauliche Entwicklung und Ordnung. Vereinfacht ausgedrückt: Die UVP in der **Bebauungsplanung** konzentriert sich auf die Prüfung der **standortbezogenen Umweltverträglichkeit**, die **Projektzulassung** hat die **betriebsbezogene Umweltverträglichkeit** zu prüfen.

171

Aufgrund dieser wesensverschiedenen Prüfgegenstände darf nicht vorschnell von einer in der Bebauungsplanung vorgenommenen – und deshalb in nachfolgenden Zulassungsverfahren verzichtbaren – Ermittlung und Bewertung bestimmter Umwelteinwirkungen ausgegangen werden.[286] Nur wenn im Einzelfall **tatsächlich Deckungsgleichheit der Prüfinhalte** besteht, kann auf die entsprechende Untersuchung in der Projektzulassung verzichtet werden. Der Vorhabenträger braucht dann in diesem Fall seine Unterlagen für das Genehmigungsverfahren nur noch um solche Angaben zu ergänzen, die für die Beurteilung der noch nicht geprüften Umweltauswirkungen zusätzlich erforderlich sind.[287] Eine Abstimmung darüber ist im Scopingverfahren mit der Zulassungsbehörde vorzunehmen.

172

Die Reduzierung der Prüfinhalte gilt – wie in der Verwaltungsvorschrift ausdrücklich vorgesehen[288] – auch hinsichtlich der **Eignung des Vorhabenstandortes**. D. h., ist der Standort durch einen rechtskräftigen Bebauungsplan rechtsverbindlich ausgewiesen, erübrigt sich in der UVP des nachfolgenden Zulassungsverfahrens ein Vergleich mit alternativen Standorten. Die Zulassungsbehörde ist dann diesbezüglich auf die Prüfung

173

---

284 Vgl hierzu bereits oben Rn. 161.
285 So auch *Erbguth/Schink*, UVPG, § 5 Rn. 9 in Bezug auf die entsprechende Formulierung in § 16 Abs. 3 Satz 2 für das Verhältnis vom Raumordnungsverfahren zur nachfolgenden Projektzulassung.
286 *Erbguth*, NVwZ 1993, 956 (958), sieht demgegenüber angesichts der konkreten Projektbezogenheit des UVP-pflichtigen Bebauungsplans kaum noch zusätzlichen oder anderen Prüfungsbedarf für die UVP im Zulassungsverfahren.
287 *Wagner*, DVBl. 1993, 583 (586).
288 UVPVwV, Nr. 0.4.9. und 0.6.2.2.

beschränkt, ob das Vorhaben an dem gewählten Standort nach den fachgesetzlichen Genehmigungsvoraussetzungen zulässig oder etwa aufgrund anlagenbedingter umweltschädlicher Wirkungen unzulässig ist.

174 Die Beschränkung des UVP-Prüfungsinhaltes im nachfolgenden Zulassungsverfahren unterliegt nach der gesetzlichen Formulierung einem **Sollensgebot**. Entsprechend dem allgemeinen Verständnis von Sollvorschriften[289] ist die Behörde in der Regel an das Beschränkungsgebot gebunden, soweit nicht eine atypische Fallkonstellation eine nochmalige Prüfung rechtfertigt. Eine solcher Ausnahmefall wäre etwa dann anzunehmen, wenn Teilaspekte der UVP des Bebauungsplans sich als unvollständig erweisen oder die Zulassungsbehörde eine erneute Prüfung aufgrund neuer Erkenntnisse für geboten hält.[290] Angesichts der mit der Doppelprüfung verbundenen nachteiligen Folgen für den Vorhabenträger (zusätzliche finanzielle Aufwendungen, Verfahrensverzögerungen) müssen dem **behördlichen Ermessen** insoweit **enge Grenzen gesetzt** werden. Zudem darf die kompetenzielle Zuständigkeit der Gemeinde für die Schaffung von Baurechten durch eine Korrektur der Bebauungsplan-UVP nicht verletzt werden; eine Veränderung oder Ergänzung von umweltschützenden **Festsetzungen** im Bebauungsplan kann daher nicht im Zulassungsverfahren erfolgen, sondern bedarf einer Änderung des Bebauungsplans durch die Gemeinde, wozu möglicherweise eine Änderung im vereinfachten Verfahren nach § 13 BauGB ausreichend sein wird.

175 Die UVP in der Bebauungsplanung und die (reduzierte) UVP im nachfolgenden Zulassungsverfahren sind gemäß § 2 Abs. 1 Satz 4 »**Teilprüfungen einer einheitlichen UVP**«.[291] Die Prüfungsergebnisse sind demnach von der Zulassungsbehörde zu einer **Gesamtbewertung aller Umweltauswirkungen** des Vorhabens zusammenzufassen und gemäß § 11 darzustellen.

6 Das Verhältnis von UVP und naturschutzrechtlicher Eingriffsregelung in der Bebauungsplanung

176 Ergänzung im Hinblick auf die Schutzgüter Natur und Landschaft erfährt die UVP in der Bauleitplanung durch die – zunächst durch das Investitionserleichterungs- und Wohnbaulandgesetz geleistete und in der BauGB-Novelle 1998 fortentwickelten – Neuregelung des Verhältnisses von naturschutzrechtlicher Eingriffsregelung und Bauleitplanung in § 8 a BNatSchG a. F.[292] Der inhaltlich unveränderte § 21 BNatSchG und § 1 a Abs. 2 Nr. 2 BauGB modifizieren die Anwendung der Eingriffsregelung nach § 18 bis 20 BNatSchG für den Bereich des Baurechts. Von Interesse für die UVP ist einerseits der Inhalt der Neuregelung, insbesondere der **neue Stellenwert der Eingriffsregelung in der Bebauungsplanung**, andererseits ihr Verhältnis zum Instrumentarium der UVP, zumal UVP und naturschutzrechtliche Eingriffsregelung nunmehr gleichermaßen von § 1 a Abs. 2 BauGB erfasst werden.

---

289 Vgl. etwa *Maurer*, Allg. Verwaltungsrecht, § 7 Rn. 7.
290 *Wagner*, DVBl. 1993, 583 (586).
291 UVPVwV, Nr. 0.2.
292 Ausführliche Darstellung bei *Erbguth/Wagner*, Bauplanungsrecht, Rn. 86 ff.

6.1 Eingriffs- und Ausgleichsregelung in der Bebauungsplanung gemäß § 21 BNatSchG i. V. mit § 1a Abs. 2 Nr. 2 BauGB

Bereits mit Artikel 5 des Investitionserleichterungs- und Wohnbaulandgesetzes hatte der Bundesgesetzgeber im Jahr 1993 die in der Länderpraxis bislang unterschiedlich in die Baugenehmigungsverfahren integrierte naturschutzrechtliche Eingriffsregelung des § 8 BNatSchG a. F. für den Bereich des Bauplanungsrechts in den §§ 8a bis 8c BNatSchG a. F. vollkommen neu und weitgehend bundesrechtlich abschließend geregelt. Kern dieser Regelungen, die auch als sog. »**Baurechtskompromiss**« bezeichnet wurde, war § 8a BNatSchG in seiner allerersten Ursprungsfassung, der die Eingriffsregelung in das Bauleitplanverfahren (Flächennutzungsplan und Bebauungsplan) vorverlagerte und damit aus dem Baugenehmigungsverfahren herauslöste. Verdrängt wurde damit die allgemeine Regelung des § 8 BNatSchG a. F., die im Wege einer »Huckepack-Regelung« erst im Zulassungsverfahren den Verursacher eines durch ein Vorhaben ausgelösten Eingriff in Natur und Landschaft zu einer Ausgleichs- oder Ersatzmaßnahme verpflichtete. Die Vorverlagerung der Eingriffsregelung in das Bauleitplanverfahren sollte den Gemeinden mehr Spielraum zum Ausgleich der durch ihre Planung ausgelösten Eingriffe in Natur und Landschaft verschaffen. Um den »Baurechtskompromiss« zu ermöglichen, war ein Aufeinanderzugehen der Vertreter des Baurechts durch Anerkennung der Geltung der naturschutzrechtlichen Eingriffsregelung auch für das Bauleitplanverfahren und ein Verzicht der Vertreter des Naturschutzrechts auf eine an sich nach § 8 BNatSchG a. F. geforderte »Vollkompensation« für einen Eingriff eines Bauleitplans in Natur und Landschaft erforderlich geworden, was aber teilweise zu erbitterten Streitigkeiten um die Auslegung des § 8a BNatSchG in seiner Ursprungsfassung führte.[293] Lediglich bei den planfeststellungsersetzenden Bebauungsplänen blieb (und bleibt) es wie bisher bei der Vollkompensation, da eine solche auch bei einem (durch den Bebauungsplan ersetzten) Planfeststellungsverfahren erforderlich wäre (vgl. § 8a Abs. 2 Satz 2 BNatSchG in der dann geänderten Fassung, jetzt wortgleich § 21 Abs. 2 Satz 2 BNatSchG).

Dieses Konzept der Lösung der durch eine Planung verursachten Konflikte mit dem Naturschutz bereits auf der Planungsebene wurde im Rahmen der BauGB-Novelle 1998 fortentwickelt. Durch eine nochmalige **Vergrößerung des Kompensationsraumes** durch räumliche Entkoppelung von Eingriff und Ausgleich und durch eine darüber hinaus zusätzlich ermöglichte zeitliche Entkoppelung sollte die in den Ländern entwickelte Praxis eines sog. »**Öko-Kontos**« aufgegriffen werden.[294] Das neue Bundesnaturschutzgesetz hat diese Regelung in § 21 unverändert übernommen.[295] Des Weiteren – und hier von besonderem Interesse – zielte die Zusammenführung der Eingriffsregelung mit den anderen Huckepack-Verfahren der UVP und der Verträglichkeitsprüfung nach der Fauna-Flora-Habitat-Richtlinie in § 1a Abs. 2 BauGB auf eine Harmonisierung umweltrechtlicher Verfahren ab, soweit sie Bestandteil der bauleitplanerischen Abwägung nach § 1 Abs. 6 BauGB sind.[296] Aufgrund der Verknüpfung von § 1a Abs. 2 Nr. 2 und Abs. 3 BauGB mit

---

293 Überblick über den alten Streitstand bei *Erbguth/Wagner*, Bauplanungsrecht, Rn. 88 (Fn. 96) und 91 (Fn. 99).
294 Zum Öko-Konto bereits *Mitschang*, ZfBR 1995, 240.
295 Gesetz zur Neuregelung des Rechts des Naturschutzes und der Landschaftspflege und zur Anpassung anderer Rechtsvorschriften vom 25. 3. 2002, BGBl. I S. 1993.
296 Zum Harmonisierungsbedarf *Wagner*, UPR 1995, 203 ff.

dem Vollzugsinstrumentarium im BauGB (besondere Darstellungen und Festsetzungen im Flächennutzungs- bzw. Bebauungsplan, Vorkaufsrechte, Umlegung, städtebauliche Verträge) sollte schließlich bei den Gemeinden die Akzeptanz der Verpflichtung zum Ausgleich als Folge der Bauleitplanung erhöht werden.

179   Die 1998 neu vorgenommene Aufgabenverteilung zwischen BNatSchG und BauGB im Hinblick auf die Ausgestaltung der bauleitplanerischen Eingriffsregelung ordnet die Entscheidung, ob die Eingriffsregelung in der Bauleitplanung anzuwenden ist, und damit die Entscheidung über das »Ob« § 8a, jetzt § 21 BNatSchG zu, während das Verfahren und die Rechtsfolgen und damit das »Wie« im BauGB geregelt werden. Der »Baurechtskompromiss« zwischen Naturschutz- und Baurecht war damit zugleich Vorbild für die nunmehr im Rahmen der UVPG- und BauGB-Novelle 2001 getroffenen Aufgabenabgrenzung zwischen UVPG und BauGB.

180   Infolge der Integration schon in die dem Genehmigungsverfahren vorgelagerte Planungsphase, in der Eingriffe in Natur und Landschaft erst vorbereitet und bauplanungsrechtlich zugelassen, aber eben noch nicht endgültig genehmigt werden, hat die Anwendung der bislang projektbezogenen Eingriffsregelung eine bedeutsame Änderung erfahren; der Belang »Schutz von Natur und Landschaft« unterliegt nunmehr dem **bauleitplanerischen Abwägungsgebot**. Dies wird verdeutlicht durch § 1a Abs. 2 Nr. 2 BauGB; danach sind »die Vermeidung und der Ausgleich der zu erwartenden Eingriffe in Natur und Landschaft (Eingriffsregelung nach dem Bundesnaturschutzgesetz)« in der Abwägung nach § 1 Abs. 6 BauGB zu berücksichtigen. Das *BVerwG*[297] hatte kurz zuvor den Streit um den Umfang der Kompensation beendet, indem es zur Geltung des Abwägungsgebots für die naturschutzrechtliche Eingriffsregelung in der Bauleitplanung klarstellte, dass »die Belange des Naturschutzes und der Landschaftspflege keinen abstrakten Vorrang vor den in der Bauleitplanung zu berücksichtigenden anderen Belangen haben. Das gilt sowohl für die Vermeidung von Beeinträchtigungen als auch für den Ausgleich unvermeidbarer Beeinträchtigungen oder den Ersatz für nicht ausgleichbare Beeinträchtigungen«. Auch wurde die Annahme eines Optimierungsgebotes vom Gericht abgelehnt. Nach Auffassung des *BVerwG* muss dies jedoch nicht zur Schwächung der Belange von Naturschutz und Landschaftspflege führen: »Gegenüber anderen öffentlichen, beispielhaft in § 1 Abs. 5 Satz 2 BauGB genannten Belangen haben die Belange des Naturschutzes allerdings eine herausgehobene Bedeutung. ... Das Besondere des § 8a Abs. 1 Satz 1 BNatSchG (Anm.: jetzt § 1a Abs. 2 Nr. 2 BauGB) besteht darin, dass die in der Abwägung zu berücksichtigenden Naturschutzbelange über das Integritätsinteresse, falls dieses nicht gewahrt werden kann, auf das Kompensationsinteresse erweitert werden«.

181   Dem vom Gericht so bezeichneten »Kompensationsinteresse« ist aufgrund der in § 1a Abs. 3 BauGB vorgesehenen Möglichkeiten zur Umsetzung der Eingriffsregelung im Bauleitplanverfahren in geeigneter Weise Rechnung zu tragen. § 1a Abs. 3 BauGB sieht im Einzelnen folgende Möglichkeiten zum Ausgleich für aufgrund der Bauleitplanung erwartete Eingriffe in Natur und Landschaft vor:
– Ausgleich durch geeignete Darstellungen nach § 5 BauGB als Flächen zum Ausgleich und Festsetzungen nach § 9 als Flächen oder Maßnahmen zum Ausgleich (Satz 1); dabei wird unterstellt, dass der Ausgleich entsprechend der ursprünglichen Konzeption der Eingriffsregelung am Ort des Eingriffs erfolgt;

---

297   *BVerwG*, DVBl. 1997, 1112 (1113).

- Darstellungen und Festsetzungen nach Satz 1 auch an anderer Stelle als am Ort des Eingriffs, soweit dies mit einer geordneten städtebaulichen Entwicklung und den Zielen der Raumordnung sowie des Naturschutzes und der Landschaftspflege vereinbar ist (Satz 2); damit wird die bisherige Konzeption der naturschutzrechtlichen Eingriffsregelung zugunsten eines großräumigeren Ausgleichs bspw. durch eine Pool-Lösung an anderer Stelle im Gemeindegebiet oder ein Öko-Konto verlassen;
- vertragliche Vereinbarungen gemäß § 11 BauGB (Satz 3, 1. Fall);
- sonstige geeignete Maßnahmen zum Ausgleich auf von der Gemeinde bereit gestellten Flächen (Satz 3, 2. Fall).

Grundsätzlich soll gemäß § 135a Abs. 1 BauGB der Ausgleich zwar durch den Vorhabenträger erfolgen; stehen dem Vorhabenträger aber keine geeigneten Flächen zur Verfügung oder sieht die Gemeinde im Interesse der Verwirklichung einer anderen planerischen Konzeption (Pool-Lösung und/oder Öko-Konto) den Ausgleich an anderer Stelle vor,[298] soll nach § 135 Abs. 2 Satz 1 BauGB die Gemeinde diesen anstelle und auf Kosten des Vorhabenträgers und/oder der Eigentümer der durch die Bauleitplanung begünstigten Grundstücke durchführen und auch die hierfür erforderlichen Flächen bereit stellen. Ein derartiger Ausgleich kann gemäß § 9 Abs. 1a Satz 1 BauGB durch einen zweiten, sog. »**Ausgleichsbebauungsplan**« an anderer Stelle im Gemeindegebiet oder durch einen **städtebaulichen Vertrag** nach § 11 Abs. 1 Satz 1 Nr. 2 BauGB[299] auch außerhalb des Gemeindegebiets sichergestellt werden. 182

Unumstritten war die Bewertung der Neuregelung bzgl. der Anwendung der Eingriffsregelung von Beginn an bei den – grundsätzlich auch einer UVP zu unterziehenden – **planfeststellungsersetzenden Bebauungsplänen**. Gemäß § 8a Abs. 2 Satz 2, jetzt § 21 Abs. 2 Satz 2 BNatSchG, bleibt in diesen Fällen die Geltung der Eingriffsregelung unberührt mit der Folge, dass es sich bei dem Vermeidungs-, dem Ausgleichs- und dem Kompensationsgebot des § 19 BNatSchG um striktes Recht und damit um einen der Abwägung vorgelagerten Planungsleitsatz handelt.[300] 183

Bezüglich der übrigen (nicht planfeststellungsersetzenden) Bebauungspläne haben sich – auch infolge der höchstrichterlichen Rechtsprechung – die (besseren) Argumente der baurechtlichen Auffassung durchgesetzt, die der Eingriffsregelung lediglich »einfache Abwägungsrelevanz« zubilligt. Die für den Naturschutz negativen Konsequenzen, die dieser Auffassung entgegengehalten wurden, sind häufig überzeichnet. Die Einstellung der Eingriffsregelung als anderen Belangen gleichgeordneter öffentlicher Belang in die Abwägung bedeutet nämlich gerade nicht, dass dieselbe damit »materiell auf Null« reduziert würde, oder noch polemischer ausgedrückt, dass ein regelmäßiges »Wegwägen«[301] der durch die Eingriffsregelung geschützten Belange befürchtet werden müsse. Das Abwägungsgebot des § 1 Abs. 6 BauGB lässt ein unbekümmertes »Wegwägen« nicht zu. 184

---

298 Vgl. zu möglichen gemeindlichen Konzeptionen durch Ausgleich an anderer Stelle im Gemeindegebiet *Wagner/Mitschang*, DVBl. 1997, 1137, und *Mitschang*, NuL 1997, 273.
299 Das *BVerwG*, DVBl. 1997, 1112 (1121), sieht im städtebaulichen Vertrag ebenfalls ein zulässiges Mittel, den Ausgleich auch außerhalb des Gebiets eines Bebauungsplans zu realisieren.
300 Zum ehemaligen § 8 BNatSchG *Müller*, NVwZ 1994, 850 (852); *Runkel*, NVwZ 1993, 1136 (1138); ebenso bereits zum alten Recht *OVG Koblenz*, NVwZ 1992, 1000 (1001).
301 Den Begriff wählt *Blume*, NVwZ 1993, 941 (942).

§ 17

185 Der Gewinn, den der Baurechtskompromiss dem Naturschutz gebracht hat, ist, dass nicht nur – wie seit langem schon durch § 1 Abs. 5 Nr. 7 BauGB gewährleistet – die Belange des Naturschutzes und der Landschaftspflege in die Abwägung neben alle übrigen öffentlichen und privaten Belange eingestellt und berücksichtigt werden, sondern dass diese Belange einer besonderen »Aufbereitung« zugeführt werden. Die Gemeinde muss sich im konkreten Planungsfall mit den Einzelgeboten der Eingriffsregelung (Vermeidung, Ausgleich) zwingend und eigenständig auseinander setzen. Das verlangt einerseits bei der Ermittlung und Bewertung der Belange mehr Gründlichkeit, etwa im Hinblick auf die Eingriffsqualität, die Vermeidbarkeit und die Ausgleichbarkeit,[302] andererseits sorgfältigere Arbeit bei der eigentlichen Abwägung, wenn es um die Entscheidung geht, ob und in welcher Weise den Belangen von Naturschutz und Landschaftspflege im Rahmen der planerischen Festsetzungen Rechnung getragen werden soll.[303] So verlangt etwa die Überwindung des Eingriffsvermeidungsgebots eine stärkere Rechtfertigung als die bloße Hinnahme des Eingriffs selbst. Das Ausgleichsgebot verlangt von der planenden Gemeinde, Ausgleichsmaßnahmen in Erwägung zu ziehen und wenn erforderlich, entsprechende Festsetzungen zu treffen. Auch diese Forderung hat vor der Geltung des § 8a, jetzt § 21 BNatSchG, in dieser Konsequenz nicht bestanden. Es kann deshalb – auch wenn man die Neuregelung dem gesetzgeberischen Willen entsprechend dem Abwägungsvorbehalt unterstellt – durchaus von einer tendenziell deutlich verstärkten Berücksichtigung der Belange des Natur- und Landschaftsschutzes in der Bebauungsplanung ausgegangen werden.[304]

186 Der insoweit **positive Effekt der Integration der Eingriffsregelung in die bauleitplanerische Abwägung** wirkt sich unter mehreren Aspekten **auf die UVP** aus, sofern eine solche durchzuführen ist:

187 Während die UVP als primär verfahrensrechtliche Regelung keine besonderen Rechtsfolgen vorsieht, zielt die Eingriffsregelung wesentlich darauf ab, für nicht vermeidbare Eingriffe Ausgleichsmaßnahmen zu erzwingen. Dabei erweisen sich als besonders interessant die weitreichenden Möglichkeiten der Kompensation **außerhalb der Eingriffsgrundstücke** und deren Finanzierung durch die Vorhabenträger und/oder Eigentümer der begünstigten Grundstücke. Es lassen sich auf diese Weise Ausgleichsmaßnahmen zusammenfassen und damit – ganz im Sinne des integralen Prüfansatzes der UVP – eine **gesamtkonzeptionelle Vorgehensweise** mit tendenziell höherer Umweltverträglichkeit sicherstellen.[305]

188 Ein weiterer Vorteil für die UVP wird sich in der Planungspraxis aus den Anforderungen der Eingriffsregelung an **Größe und Abgrenzung des Plangebietes** ergeben.[306] Die Gemeinde muss besonders darauf achten, dass das Plangebiet so zugeschnitten ist, dass eine Kompensation des Eingriffs nach Flächengröße, Menge und Güte der beeinträchtigten Naturbestände mit ihrem Wirkungsgefüge und ihren Wechselbeziehungen im

---

302 Vgl. dazu ausführlich *Schink*, NuR 1993, 365 (371 f.).
303 Zu den Rechtsfolgen der Eingriffsregelung in der bauleitplanerischen Abwägung weiterführend etwa *Louis*, DÖV 1994, 903 (907 ff.); *Schmidt-Eichstaedt*, DVBl. 1994, 1165 ff.; umfassend *Steinfort*, Verw. Archiv 1994, 107 ff.
304 Einzelheiten bei *Wagner/Mitschang*, DVBl. 1997, 1137 ff.
305 Vgl. dazu auch *Steinfort*, Verw. Archiv 1994, 107 (111).
306 Zu den Anforderungen der UVP an die Größe des Untersuchungsgebietes vgl. oben Rn. 131.

Naturhaushalt möglich ist.[307] Ein trotz weitergehender Möglichkeiten bewusst kleiner Zuschnitt des Plangebietes zu dem Zweck, Ausgleichs- und Ersatzmaßnahmen unmöglich zu machen, wird regelmäßig einen Abwägungsfehler hervorrufen.[308] Damit werden zugleich Spielräume für eine Alternativenprüfung, zumindest was den Ausgleich angeht; deutlich erhöht.

6.2 Integration der Eingriffsregelung in die UVP

Partiell gleiche Schutzrichtung und gleiche Verortung im Planungsprozess, aber methodische Unterschiede lassen die Frage nach dem Verhältnis beider Instrumente zueinander virulent werden. Beide Verfahren sind in die bauplanerische Abwägung integriert. Es liegt deshalb nahe, sie auch gemeinschaftlich durchzuführen, wobei die **Eingriffsregelung** als Konkretisierung des Natur- und Landschaftsschutzbelanges angesichts des weitergehenden, alle Umweltschutzgüter erfassenden Prüfungsumfangs der UVP **Bestandteil der UVP** werden muss, diese aber zugleich um die besondere Rechtsfolge der Ausgleichspflicht ergänzen kann.[309] Eine solche Verfahrenssystematik liegt offensichtlich dem UVPG zugrunde: Gemäß § 2a Abs. 1 Nr. 3 gehört zu der obligatorischen Informationspflicht der Gemeinde im Umweltbericht auch die »Beschreibung der Maßnahmen, mit denen erhebliche nachteilige Umweltauswirkungen der Festsetzungen für Vorhaben vermieden, vermindert oder soweit möglich ausgeglichen werden sollen«. Diese Angaben gehören damit unmittelbar zu den entscheidungserheblichen Unterlagen für die UVP selbst.[310] Darüber hinaus werden im Anhang 1 der UVPVwV Orientierungshilfen zur Beurteilung der Ausgleichbarkeit eines Eingriffs in Natur und Landschaft angeboten und im Anhang 2 unter den Hinweisen für die beizubringenden Unterlagen bei Vorhaben mit Beeinträchtigungen der Funktions- und Leistungsfähigkeit des Naturhaushalts oder des Landschaftsbildes die Beschreibung von Ausgleichs- und Ersatzmaßnahmen erwähnt.[311]

189

Andererseits kann die Integration der Eingriffsregelung in die UVP im Einzelfall auch dazu führen, dass die Belange von Natur und Landschaft wegen höherer Gewichtigkeit anderer Umweltbelange bereits die umweltinterne Bewertung innerhalb der UVP nicht (vollständig) überstehen[312] und damit erst gar nicht in die bauleitplanerische Abwägung nach § 1 Abs. 6 BauGB gelangen. Angesichts dieser Gefahr für die Ziele der Eingriffsregelung, die möglicherweise auch den (partiellen) gesetzgeberischen Intentionen zuwiderläuft, wird z.T. verlangt,[313] dass innerhalb der UVP die Belange des Naturschutzes

190

---

307 So zutreffend *Blume*, NVwZ, 1994, 973 (974); vgl. auch *Portz*, StuG 1994, 167 (172), und *Bunzel*, NVwZ 1994, 960 ff.
308 *Lüers*, StuG 1993, 172 (174).
309 *Erbguth/Wagner*, Bauplanungsrecht, Rn. 112 ff.; ebenso *Krautzberger*, in: Battis/Krautzberger/Löhr, BauGB, § 1a Rn. 37e.
310 Vgl. dazu Mustereinführungserlass der ARGEBAU, Nr. 4.1.2.1, wonach die im Rahmen der naturschutzrechtlichen Eingriffsregelung erforderlichen Aussagen ohne Weiteres in den Umweltbericht integriert werden können, um Doppelungen zu vermeiden.
311 UVP VwV, Anhang 1 und Anhang 2, Nr. 2.3/2.4.
312 Dazu auch *Heidtmann*, NuR 1993, 68 (75), der als Beispiel die Entscheidung über eine ortsnahe oder ortsferne Umgehungsstraße aus dem Gegensatz Lärmbeeinträchtigung der Wohnbevölkerung/Zerschneidungseffekt von freier Landschaft nennt.
313 *Heidtmann*, ebd.

und der Landschaftspflege im Sinne der Vorschriften der Eingriffsregelung in sich geschlossen, als eigenständiger Teil eines nach anderen Rechtsvorschriften vorgeschriebenen Verfahrens abgehandelt werden. Offen bleibt allerdings, wie sich denn in diesem Fall die UVP-interne Bewertung vollziehen soll. Diese Auffassung ist daher abzulehnen; nur eine **gleichrangige Einbeziehung auch der Natur- und Landschaftsschutzbelange in die UVP** kann daher dem gemeinschaftsrechtlich verbindlichen multimedialen, integrativen Prüfungsanspruch gerecht werden.[314]

191 Allerdings darf dieses Verfahren nach der hier vertretenen Auffassung nicht dazu führen, dass die Eingriffsregelung aufgrund des Ergebnisses der umweltinternen Bewertung der nachfolgenden gesamtplanerischen Abwägung vollständig entzogen wird. Die bauleitplanerische Abwägung kann vielmehr aufgrund anderer Schwerpunktsetzung oder der Bevorzugung anderer Planungsalternativen dazu führen, dass die Eingriffsregelung wieder auflebt.[315]

192 Einen anderen Stellenwert hat die Eingriffsregelung bei **planfeststellungsersetzenden Bebauungsplänen**. Anders als die UVP und auch die Eingriffsregelung bei »normalen« Bebauungsplänen ist bei den Bebauungsplänen, die aufgrund gesetzlicher Vorschriften eine Planfeststellung ersetzen, die Eingriffsregelung nicht dem Abwägungsgebot unterstellt, d. h. die Einzelforderungen der Eingriffsregelung können nicht im Rahmen der Abwägung mit anderen Belangen überwunden werden. Gleichwohl ist es auch hier allein systemkonform, die Prüfung der Eingriffsregelung innerhalb der UVP vorzunehmen. Die Gemeinde hat dann diejenige Ausprägung, die die Anwendung der Eingriffsregelung im Bewertungsergebnis der UVP, insbesondere in Form von Ausgleichs- und Ersatzmaßnahmen, gefunden hat, schließlich im Bebauungsplan zur Entfaltung zu bringen.

193 Indes machen die aufgezeigten Probleme der Koexistenz von UVP und Eingriffsregelung deutlich, dass durch § 17 UVPG und § 21 BNatSchG bei UVP-pflichtigen Bebauungsplänen zwei Instrumente zusammentreffen, die ganz unterschiedlichen rechtlichen Ursprungs sind, auf unterschiedlichen methodischen Ansätzen beruhen und zudem beide ursprünglich nicht für die Bauleitplanung geschaffen wurden, sondern dem Grunde nach auf konkreten Vorhabenbezug gerichtet sind. Eine Harmonisierung hat bislang nur durch die örtliche Zusammenführung in § 1a Abs. 2 BauGB, inhaltlich aber noch in keiner Weise stattgefunden. Absehbare Handhabungsschwierigkeiten in der Praxis werden hier **Fortentwicklungsbedarf de lege ferenda** hervorrufen. Bei der gebotenen Umsetzung der Richtlinie zur Einführung einer Plan-UVP[316] ist hiermit für den Gesetzgeber ein Handlungsfeld aufgezeigt.

7 Überleitungsrecht

194 Die UVP-Richtlinie war zum 3.8.1988 und die UVP-Änderungsrichtlinie zum 14.3.1999 in nationales Recht umzusetzen. Das UVPG und die Novelle des UVPG sind diesen Verpflichtungen jeweils erst verspätet nachgekommen; dies hat Auswirkungen auf zum Zeitpunkt des In-Kraft-Tretens der UVPG- und BauGB-Novelle 2001 am 3.8.2001 noch nicht abgeschlossene Bebauungsplanverfahren, die nach den Umsetzungs-

---

314 *Wagner*, DVBl. 1993, 583 (586).
315 Vgl. dazu oben Rn 135.
316 Siehe hierzu bereits oben Rn. 1. Zum Harmonisierungsbedarf der umweltrechtlichen Verfahren im BauGB *Wagner*, UPR 1995, 203 ff.

terminen der UVP-Richtlinie bzw. der Änderungsrichtlinie eingeleitet worden sind.[317] Ein Bebauungsplanverfahren ist noch nicht abgeschlossen, wenn der Satzungsbeschluss bis zum 3.8.2001 nicht gemäß § 10 Abs. 3 BauGB ortsüblich bekanntgemacht worden war.[318]

Das Überleitungsrecht für UVP-pflichtige Vorhaben, deren planungsrechtliche Zulässigkeit durch einen Bebauungsplan begründet werden soll, ist gemeinschaftlich im UVPG in § 25 und in § 245c BauGB geregelt. Gemäß der in § 25 Abs. 4 getroffenen Zuständigkeitsverteilung zwischen UVPG und BauGB regelt § 25 die Pflicht zur Durchführung einer UVP und ggf. einer Vorprüfung, während § 245c BauGB die Anordnungen zum einzuhaltenden Verfahren trifft. **195**

Nach § 245c Abs. 1 sind UVP-pflichtige, laufende Bebauungsplanverfahren, die ab dem 14.3.1999 eingeleitet worden sind, nach den durch die BauGB-Novelle 2001 geänderten Verfahrensvorschriften durchzuführen. Dies zwingt zur Wiederholung oder Ergänzung einzelner Verfahrensschritte der Bürger- und Trägerbeteiligung, insbesondere wenn der Begründungsentwurf zum Bebauungsplan bzw. die Begründung noch keinen Umweltbericht nach § 2a BauGB enthalten und dieser daher neu in das Verfahren einzuführen ist.[319] Ist der Bebauungsplan aber schon bekannt gemacht, kommt alternativ ggf. auch ein ergänzendes Verfahren nach § 215a BauGB in Betracht.[320] Ob ein nach dem unmittelbaren Wirksamwerden der UVP-Änderungsrichtlinie am 14.3.1999 eingeleitetes Bebauungsplanverfahren der UVP-Pflicht unterlegen hätte, beurteilt sich hingegen nach § 25 Abs. 1 – und damit danach, ob ein Vorhaben nach dem derzeit geltendem UVPG der UVP-Pflicht unterworfen ist.[321] Hiernach gilt Folgendes: Gemäß § 25 Abs. 1 Satz 1 sind Verfahren nach § 2 Abs. 3 Nr. 3 nach den Vorschriften des UVPG zu Ende zu führen und damit dem UVPG unterworfen.[322] Erfasst werden hiervon insbesondere auch die Vorschriften der §§ 3 bis 3f i.V. mit der Anlage 1 mit der Folge, dass die dort genannten Vorhaben (unter den in diesen Vorschriften genannten Voraussetzungen) seit dem 14.3.1999 UVP-pflichtig sind. Dies wiederum hat zur Folge, dass die Vorhaben der Anlage 1 Nr. 18.1 bis Nr. 18.8 seit dem 14.3.1999 bei Erreichen der Größenwerte einer UVP-Pflicht und bei Erreichen der Prüfwerte (nachträglich) einer Vorprüfung unterliegen.[323] Gleiches gilt für die sonstigen Vorhaben der Anlage 1, wenn durch einen Bebauungsplan die planungsrechtliche Zulässigkeit begründet werden soll. **196**

Wurden UVP-pflichtige Bebauungsplanverfahren bereits vor dem 14.3.1999 förmlich eingeleitet, hat die Gemeinde gemäß § 245c Abs. 2 BauGB bei noch nicht durchgeführten einzelnen Verfahrensschritten ein Wahlrecht, ob sie die bisherigen oder die geänderten Bestimmungen des BauGB anwendet.[324] Ob ein solches Bebauungsplanverfahren der UVP-Pflicht unterliegt, beurteilt sich nach § 25 Abs. 2. Maßgeblich ist nach Satz 1 damit zunächst die Anlage 3 des UVPG in seiner früheren Fassung. Nach Satz 2 werden im **197**

---

317 Einzelheiten zur Rechtsprechung des EuGH zur unmittelbaren Geltung der Richtlinien wegen verspäteter Umsetzung Vorbemerkungen Rn. 26 ff.
318 Vgl. *Gaentzsch*, UPR 2001, 287 (293).
319 *Runkel*, DVBl. 2001, 1377 (1388).
320 *Schliepkorte/Stemmler*, BauGB und UVP, S. 57.
321 Mustereinführungserlass der ARGEBAU, Nr. 4.6.
322 Vgl. § 25 Rn. 2.
323 *Schliepkorte/Stemmler*, ebd., S. 57.
324 Mustereinführungserlass der ARGEBAU, Nr. 4.6.

Hinblick auf die Rechtsprechung des EuGH aber zusätzlich auch die unmittelbar in dem Anhang II der ursprünglichen UVP-Richtlinie aufgelisteten Vorhaben (nachträglich) erfasst, wenn sich aufgrund überschlägiger Prüfung der Gemeinde ergibt, dass das Vorhaben insbesondere aufgrund seiner Art, seiner Größe oder seines Standorts erhebliche nachteilige Umweltauswirkungen haben kann.[325] Anhaltspunkte für diese nachträgliche Prüfung kann die Anlage 2 zum UVPG geben.

198 Nach § 245 c Abs. 3 BauGB unterliegen Bebauungsplanverfahren, die bereits vor dem Wirksamwerden der ursprünglichen UVP-Richtlinie am 3. 8. 1988 begonnen wurden, keiner UVP-Pflicht.[326]

---

[325] Zu Einzelheiten vgl. § 25 Rn. 3.
[326] Mustereinführungserlass der ARGEBAU, Nr. 4.6.

§ 18 Bergrechtliche Verfahren

Bei bergbaulichen Vorhaben, die in der Anlage zu § 3 aufgeführt sind, wird die Umweltverträglichkeitsprüfung nach § 2 Abs. 1 Satz 1 bis 3 im Planfeststellungsverfahren nach dem Bundesberggesetz durchgeführt. Die §§ 5 bis 14 finden keine Anwendung.

Übersicht		Rn			Rn.
1	Allgemeines	1	3.3	Die Verfahrensschritte der UVP	29
1.1	Regelungsgegenstand	1	3.3.1	Behördliches Verlangen	
1.2	Zweck und Bedeutung	2		(§ 52 Abs. 2a Satz 1 BBergG)	30
1.3	Gesetzesgeschichte und Vorgaben der UVP-RL	3	3.3.2	Erörterung über den Untersuchungsrahmen	
1.4	Anwendungsbereich	5		(§ 52 Abs. 2a Satz 2 BBergG)	31
2	UVP-pflichtige Vorhaben des Bergbaus	9	3.3.3	Unterlagen des Vorhabenträgers (§ 57a Abs. 2 BBergG)	32
2.1	Vorhaben nach § 1 UVP-V Bergbau	10	3.3.4	Behörden- und Öffentlichkeitsbeteiligung	36
2.2	Bergbauliche Vorhaben nach Nr. 1 der Anlage 1	16	3.3.5	Zusammenfassende Darstellung	40
2.3	Wesentliche Änderungen bergbaulicher Vorhaben (§ 52 Abs. 2c BBergG)	17	3.3.6	Bewerten und Berücksichtigen	41
			3.4	Verfahrensstufung	43
3	Die UVP in der bergrechtlichen Planfeststellung	18	3.4.1	Vorzeitiger Beginn (§ 57b Abs. 1 BBergG)	43
3.1	Das System bergbaulicher Zulassungen	18	3.4.2	Abschnitts- und Stufenbildung (§ 52 Abs. 2b BBergG)	46
3.1.1	Betriebspläne nach dem Bundesberggesetz	19	3.4.3	Vorbescheid und Teilgenehmigung (§ 57b Abs. 2 BBergG)	47
3.1.2	Rahmenbetriebspläne herkömmlicher Art.	21	4	Vorgelagerte Verfahren	48
3.1.3	Zulassungsvoraussetzungen	23	4.1	Raumordnungsverfahren	48
3.2	Die bergrechtliche Planfeststellung	24	4.2	Sonstige Planungsverfahren	49
3.2.1	Materielle Voraussetzungen	25	5	Übergangsbestimmungen	50
3.2.2	Bergrechtliche Planfeststellung als Kontrollerlaubnis	26	5.1	Art. 2 des Gesetzes vom 12.2.1990	50
3.2.3	Rechtswirkungen der Planfeststellung	27	5.2	Überleitungsregelung nach dem Einigungsvertrag für das Beitrittsgebiet	51
3.2.4	Rahmenbetriebsplan und Anforderungen der UVP	28	Anlage I	Bundesberggesetz (BBergG) – Auszug	
			Anlage II	Verordnung über die Umweltverträglichkeitsprüfung bergbaulicher Vorhaben (UVP-V Bergbau)	

1 Allgemeines

1.1 Regelungsgegenstand

Die Umweltverträglichkeitsprüfung bergbaulicher Vorhaben ist im Wesentlichen im Bundesberggesetz und in der UVP-V Bergbau geregelt. § 18 verknüpft das UVPG mit den fachspezifischen Vorschriften des Bundesberggesetzes, mit denen die UVP-Richtlinie für den Bereich des Bergbaus umgesetzt worden ist. Durch das Gesetz zur

1

Änderung des Bundesberggesetzes vom 12.2.1990[1] wurde der Rahmenbetriebsplan als Instrument zur Durchführung der UVP bestimmt und für seine Zulassung ein Planfeststellungsverfahren gewählt. § 18 ordnet an, dass die UVP als unselbstständiger Teil des bergrechtlichen Planfeststellungsverfahrens durchgeführt wird und dabei im Wesentlichen den im Bundesberggesetz vorgesehenen Verfahrensbestimmungen folgt. Der Verweis auf § 2 Abs. 1 Satz 1–3 sichert dabei, dass die UVP im Bergbau nach demselben einheitlichen Konzept erfolgt, das auch für andere Vorhaben maßgebend ist. In materieller Hinsicht ist damit insbesondere auch im Bergbau die Geltung der in § 2 Abs. 1 Satz 2 festgelegten Prüfgegenstände gesichert. Im Übrigen sorgt § 4, soweit diese Bestimmung nicht durch § 18 S. 2 ausgeschlossen wird, für eine Anwendung von Mindestanforderungen des UVPG auch im Bereich bergbaulicher Vorhaben.

1.2 Zweck und Bedeutung

2 Mit der Einführung der UVP im Bergbau kam der Gesetzgeber seiner Umsetzungsverpflichtung aus der UVP-Richtlinie nach. Für den gesamten Regelungskomplex der UVP im Bergbau kommt § 18 lediglich eine Brückenfunktion zu: Mit ihm wird das Verhältnis zwischen den allgemeinen Regelungen des UVPG zu den fachgesetzlichen Regelungen der mit der Bergrechtsnovelle 1990 verabschiedeten Vorschriften bestimmt. Die Bedeutung der Vorschrift für die Rechtsanwendung ist daher eher gering. Die entscheidende Rolle hierfür spielen die geänderten oder neu eingefügten Vorschriften des Bundesberggesetzes, namentlich §§ 52 Abs. 2, 2a–2c, 57a–57c BBergG, sowie die auf der Grundlage des § 57c BBergG ergangene Verordnung über die Umweltverträglichkeitsprüfung bergbaulicher Vorhaben (UVP-V Bergbau).[2] Mit diesen Regelungen ist dem bergrechtlichen Betriebsplanzulassungsverfahren herkömmlicher Art ein dem Bergbau bis dahin fremdes fachplanerisches Zulassungsverfahren an die Seite gestellt worden.[3] Die Entscheidung des Gesetzgebers für die Verankerung der UVP in einem bergrechtlichen Planfeststellungsverfahren trug vor allem der Erkenntnis Rechnung, dass bergbauliche Vorhaben raum- und umweltbedeutsame Auswirkungen entfalten, deren Komplexität nur in einem formalisierten, auf den Ausgleich unterschiedlicher Interessen und Belange ausgerichteten Entscheidungsprozess unter Beteiligung der Öffentlichkeit bewältigt werden kann. In dieser Hinsicht unterscheiden sich bergbauliche Vorhaben nicht von anderen raumbeanspruchenden Großvorhaben, für die sich die Planfeststellung als Zulassungsverfahren bewährt hat. Die Bezeichnung des Zulassungsverfahrens als Planfeststellungsverfahren, obwohl der zuständigen Behörde kein Ermessen eingeräumt wird, ist unbefriedigend, weil die bergrechtliche Planfeststellung mit einer herkömmlichen Planfeststellung nichts gemein hat.[4] Die Vorschriften über die Durchführung einer UVP sind nicht drittschützend. Auch Oberflächeneigentümer haben kein einklagbares Recht auf Durchführung einer UVP in einem bergrechtlichen Planfeststellungsverfahren.[5]

---

1 BGBl. I S. 215.
2 V. 13.7.1990 (BGBl. I S. 1420); geändert durch Verordnung vom 10.8.1998 (BGBl. I S. 2093).
3 Umfassend hierzu *Niermann*, Betriebsplan und Planfeststellung; *Stiens*, Betriebsplan, S. 1 ff.
4 *Frenz*, Bergrecht S. 82.
5 *VG Saarland*, Urt. v. 12.9.1996 – 2 K 333/94 –, ZfB 1994, 211; *VG Saarland*, Urt. v. 9.11.1995 – 2 F 129/95 –, ZfB 1995, 334.

1.3 Gesetzesgeschichte und Vorgaben der UVP-RL

§ 18 ist bei der Novellierung des UVPG durch das **Artikelgesetz 2001** unverändert geblieben. Die für den Bergbau relevanten Regelungen zur Einführung der UVP gehen auf drei Gesetzesentwürfe der Bundesregierung aus dem Jahre 1988 – zum UVPG,[6] zum Raumordnungsgesetz[7] und zum Bundesberggesetz[8] – zurück; die UVP-V Bergbau erging auf der Grundlage des Verordnungsentwurfs[9] des Bundesministers für Wirtschaft. Diese Gesetzes- bzw. Verordnungsvorhaben waren durch die UVP-Richtlinie der Gemeinschaft (85/337/EWG) veranlasst. Die UVP-V Bergbau ist im Vorgriff auf die anstehende Umsetzung der UVP-Änderungsrichtlinie durch das Artikelgesetz durch Verordnung vom 10.8.1998 geändert worden. Angepasst wurde insbesondere der Katalog der UVP-pflichtigen Vorhaben in § 1 der Verordnung.[10]

Die verfahrensbezogenen Vorgaben der Richtlinie finden sich allgemein im UVPG wieder.[11] Da zu den UVP-pflichtigen Projekten nach der Richtlinie auch bergbauliche Tätigkeiten und Einrichtungen zählen, die in den sachlichen Anwendungsbereich des Bundesberggesetzes fallen, musste das bergrechtliche Zulassungsverfahren für diese Vorhaben richtliniengerecht ausgestaltet werden. Der Gesetzgeber entschied sich für die Ausgestaltung und Fortentwicklung des herkömmlichen Rahmenbetriebsplanverfahrens zu einem bergrechtlichen Planfeststellungsverfahren, um auf diese Weise die fachspezifische Integration der UVP vor allem auch mit der nunmehr geforderten, aber bisher in den bergrechtlichen Zulassungsverfahren nicht vorgesehenen Öffentlichkeitsbeteiligung sicherzustellen. Dabei war der Gesetzgeber bestrebt, das Verfahren so auszugestalten, dass einerseits die mit der Einführung des Planfeststellungsverfahrens angestrebte Verfahrenskonzentration und Öffentlichkeitsbeteiligung sowie die richtliniengerechte Durchführung der UVP überhaupt gewährleistet, andererseits aber den spezifischen Besonderheiten des lagerstättengebundenen Bergbaus mit seinen Eigengesetzlichkeiten ausreichend Rechnung getragen wird.[12] Die besonderen Sachgesetzlichkeiten bergbaulicher Betriebsweise wurden durch spezielle, die allgemeinen Vorschriften der Verwaltungsverfahrensgesetze modifizierende und ergänzende Bestimmungen im Bundesberggesetz, namentlich in den §§ 57a und 57b BBergG, berücksichtigt.

§ 1 UVP-V Bergbau enthält einen Katalog UVP-pflichtiger bergbaulicher Vorhaben. Auf diesen Katalog nimmt Nr. 15 der Anlage 1 Bezug. Bergbauliche Vorhaben einschließlich der zu deren Durchführung erforderlichen betriebsplanpflichtigen Maßnahmen sind danach UVP-pflichtig nur nach Maßgabe der UVP-V Bergbau. Allerdings sind bergbauliche Vorhaben in der Anlage 1 nicht nur unter Nr. 15 aufgelistet. Vielmehr sind unter Nr. 1 der Anlage 1 neben Vorhaben der Wärmeerzeugung und der Energie auch Vorhaben des Bergbaues aufgelistet.

---

6 BR-Drs. 335/88 = BT-Drs. 11/3919; vgl. hierzu oben Vorbem. Rn. 16 ff.
7 BR-Drs. 336/88 = BT-Drs. 11/3916; vgl. hierzu oben § 16 Rn. 8.
8 BR-Drs. 399/88 = BT-Drs. 11/4015.
9 BR-Drs. 340/90; die amtliche Begründung und die Änderungen des Bundesrates sind abgedr. in ZfB 131, 101 ff.
10 BGBl. I S. 2093.
11 Vgl. hierzu Vorbem. Rn.
12 Vgl. amtl. Begr. (BT-Drs. 11/4015 S. 1).

Im Zusammenhang mit der Umsetzung der **FFH-Richtlinie** und der Einführung einer FFH-Verträglichkeitsprüfung sah der ursprüngliche Gesetzesbeschluß des Deutschen Bundestages und der Entwurf der Bundesregierung in § 20 Abs. 5 S. 2 BNatSchG vor, dass die FFH-Verträglichkeitsprüfung bei Vorhaben, die einer UVP nach § 3 UVPG unterliegen, im Rahmen dieser UVP durchzuführen sei. Im Vermittlungsausschuss wurde diese Regelung gestrichen. Gleichwohl kann es sich anbieten, FFH-Verträglichkeitsprüfung und UVP im sog Huckepack-Verfahren gemeinsam durchzuführen. Trotz unterschiedlicher Zielsetzung wird eine im Rahmen eines bergrechtlichen Planfeststellungsverfahrens durchgeführte UVP als geeignet angesehen, auch die FFH-Verträglichkeit festzustellen, da sich die materiellen Anforderungen für die Durchführung der UVP auch aus den §§ 19a BNatSchG ergeben.[13]

1.4 Anwendungsbereich

5 Nach § 4 findet das UVPG nur Anwendung, soweit die UVP nicht fachgesetzlich geregelt ist oder soweit eine fachgesetzliche Regelung der UVP in ihren Anforderungen nicht mindestens den Regelungen des UVP-Gesetzes entspricht. § 18 greift diese generelle **Subsidiaritätsregelung** für den Bereich des Bergbaus auf und bestimmt, dass die UVP bei bergbaulichen Vorhaben, soweit sie nach § 3 der UVP-Pflicht unterliegen, im bergrechtlichen Planfeststellungsverfahren durchzuführen ist. Nach Nr. 15.1 der Anlage zu § 3 unterliegen der UVP-Pflicht bergbauliche Vorhaben einschließlich der zu deren Durchführung erforderlichen betriebsplanpflichtigen Maßnahmen dieser Anlage nach Maßgabe der aufgrund des § 57c Nr. 1 BBergG erlassenen Rechtsverordnung. Der Kreis der UVP-pflichtigen Bergbauvorhaben ergibt sich über den Verweis in Nr. 15.1 der Anlage 1 zu § 3 auf § 1 UVP-V Bergbau. Daneben sind auch unter Nr. 1 der Anlage 1 zu § 3, die sich auf Vorhaben aus den Bereichen der Wärmeerzeugung, des Bergbaues und der Energie bezieht, Vorhaben aus dem Bereich des Bergbaues aufgelistet, die in den Anwendungsbereich des UVPG fallen. Dazu zählen Anlagen zum Brikettieren von Braun- oder Steinkohle, Anlagen zur Trockendestillation von Steinkohle oder Braunkohle (z.B. Kokereien, Gaswerke und Schwelereien) und Anlagen zur Vergasung oder Verflüssigung von Kohle oder bituminösem Schiefer mit einem bestimmten Durchsatz.

Auf diese Anlagen, die immissionsschutzrechtlich genehmigungsbedürftig sind, bezieht sich § 18 BBergG wohl nicht. Das ergibt sich zwar nicht aus dem Wortlaut des § 18 BBergG, der pauschal für bergbauliche Vorhaben, die in der Anlage 1 aufgeführt sind, eine Umweltverträglichkeitsprüfung nach § 2 Abs. 1 S. 1 bis 3 im Planfeststellungsverfahren nach dem Bundesberggesetz anordnet. Aus der Systematik der immissionsschutzrechtlichen und bergrechtlichen Bestimmungen ergibt sich jedoch, dass es für bergbauliche Vorhaben, die unter Nr. 1 der Anlage zu § 3 aufgeführt sind, bei dem Erfordernis einer immissionsschutzrechtlichen Zulassung entsprechend dem Anhang zur 4. BImSchV bleiben soll, während eine UVP im bergrechtlichen Planfeststellungsverfahren für Vorhaben durchgeführt wird, die in § 1 UVP-V Bergbau und unter Nr. 15.1 der Anlage 1 zum UVPG aufgelistet sind.

6 Festzuhalten bleibt wegen der insoweit eindeutigen Bestimmung in § 18 Satz 1, dass sich das Verfahren der UVP für Vorhaben nach Nr. 15.1 der Anlage 1 zu § 3 nach den für

---

13 Siehe dazu *Cosack*, NuR 2000, 311 (316).

das bergrechtliche Rahmenbetriebsplanverfahren neuer Art geltenden Bestimmungen der §§ 52 Abs. 2 a–2 c, 57 a–57 c BBergG, §§ 1, 2 und 3 UVP-V Bergbau, also nach den dort geregelten Vorschriften für das bergrechtliche Planfeststellungsverfahren richtet.

Nach § 18 Satz 2 finden die Verfahrensbestimmungen des UVP-Gesetzes (§§ 5 bis 14) keine Anwendung bei bergbaulichen Vorhaben. Sie werden durch die genannten fachgesetzlichen Regelungen des Bundesberggesetzes ersetzt. Dieser Vorrang der bergrechtlichen Bestimmungen gegenüber den allgemeinen Regelungen des UVP-Gesetzes hätte in Ansehung des § 4 keiner ausdrücklichen Regelung bedurft, weil nach allgemeiner Ansicht das bergrechtliche Planfeststellungsverfahren jedenfalls bislang den Mindestanforderungen des UVP-Gesetzes entsprach.[14] Der ausdrücklich bestimmte Ausschluss der §§ 5 bis 14 bereitete indessen schon in der Vergangenheit Schwierigkeiten, da nicht für alle dort aufgelisteten Regelungen entsprechende bergrechtliche Bestimmungen vorhanden waren. So fehlt es im Bundesberggesetz an den §§ 11, 12 vergleichbaren Bestimmungen, sodass die Durchführung der UVP-Verfahrensschritte der zusammenfassenden Darstellung, Bewertung und Berücksichtigung nur über den Rückgriff auf die allgemeine und durch das Bergrecht nicht verdrängte Begriffsbestimmung in § 2 Abs. 1 Satz 2 sichergestellt werden kann.[15] Auch an anderen Beispielen ließ sich belegen, daß die fachgesetzliche Verankerung der UVP im Bundesberggesetz durch eine ungenaue, vom Stammgesetz abweichende Terminologie Fragen zum Verhältnis der beiden Gesetze zueinander aufwirft.[16]

Fraglich ist, in welchem Verhältnis die **Vorrangregelungen** des § 4 und § 18 S. 2 nach der Novellierung des UVPG durch das Artikelgesetz stehen. Bleiben die Regelungen des BBergG hinter denen des novellierten UVPG zurück, stellt sich die Frage, ob § 4 insoweit einen Anwendungsvorrang des UVPG anordnet oder § 18 S. 2 es bei dem pauschalen Ausschluss der §§ 5 bis 14 belässt, sodass sich bejahendenfalls die weitere Frage stellen würde, ob und inwieweit eine mangelnde Umsetzung der UVP-Änderungsrichtlinie zu einer unmittelbaren Anwendung einzelner ihrer Regelungen führen würde. Tendenziell befinden sich die Vorrangregelungen auf Kollisionskurs, wenn und soweit Anforderungen des BBergG hinter solchen des UVPG zurückbleiben. Modifiziert in diesem Fall § 4 die Regelung des § 18 S. 2, weil für den Fall eines Zurückbleibens der fachgesetzlichen Anforderungen § 4 spezieller ist? Oder regelt § 18 S. 2 abweichend von § 4 speziell für bergbauliche Vorhaben, dass sich das UVP-Verfahren unabhängig davon, ob die Mindestanforderungen des UVPG erfüllt sind, grundsätzlich nach BBergG und nicht nach den §§ 5 bis 14 richtet?

Für einen Anwendungsvorrang des UVPG bei weitergehenden Anforderungen des UVPG jedenfalls im Zusammenhang mit der Novellierung des UVPG durch das Artikelgesetz auf der Grundlage des § 4 trotz der Regelung in § 18 S. 2 spricht, dass der Gesetzgeber mit der Regelung des § 18 S. 2 ursprünglich von einer zumindest gleichwertigen Regelung des Verfahrens im Bergrecht ausgegangen sein dürfte. Es war dagegen wohl nicht beabsichtigt, abweichend von § 4 das bergbauliche UVP-Verfahren zu privilegieren, um hinter den Mindestanforderungen des UVPG für bergbauliche Vorhaben von vornherein zurück bleiben zu können. Das spricht dafür, in Fällen, in denen das BBergG nach Inkrafttreten der Novellierung des UVPG hinter den Anfor-

---

14 *Bohne*, ZfB 130, 93 (104).
15 Vgl. unten § 18 Rn. 40–42.
16 Vgl. dazu etwa unten § 18 Rn. 33.

derungen des UVPG zurückfällt, die entsprechenden Bestimmungen des UVPG anzuwenden.

Fraglich ist, ob und inwieweit das BBergG hinter den Anforderungen der §§ 5–14 UVPG in seiner Neufassung zurückbleibt. Der Regelung über die Unterrichtung über die voraussichtlich beizubringenden Unterlagen in § 5 entspricht im Wesentlichen § 52 Abs. 2 a BBergG.[16a] Die Regelungen des § 6 über die vom Vorhabenträger beizubringenden **Unterlagen** entspricht im Wesentlichen den Anforderungen des § 57 a Abs. 2 S. 2 BBergG in Verbindung mit § 2 UVP-V Bergbau für den Rahmenbetriebsplan. Insbesondere sind auch nach den bergrechtlichen Bestimmungen Angaben zu den Maßnahmen, mit denen erhebliche nachteilige Umweltauswirkungen des Vorhabens vermieden, vermindert oder, soweit möglich, ausgeglichen werden, sowie der Ersatzmaßnahmen bei nicht ausgleichbaren, aber vorrangigen Eingriffen in Natur und Landschaft notwendig (vgl. dazu § 57 a Abs. 2 S. 2 Nr. 3 BBergG einerseits und § 6 Abs. 2 Nr. 2 andererseits). Die **Behördenbeteiligung** nach §§ 7, 8, insbesondere auch die grenzüberschreitende Behördenbeteiligung, ist im bergrechtlichen Planfeststellungsverfahren ebenfalls sichergestellt (vgl. §§ 73 VwVfG, 57 a Abs. 6 S. 1 BBergG, 3 UVP-V Bergbau). Die **Öffentlichkeitsbeteiligung** im bergrechtlichen Planfeststellungsverfahren richtet sich nach § 73 VwVfG. Soweit §§ 9 a, b hinsichtlich der grenzüberschreitenden Behörden- und Öffentlichkeitsbeteiligung über die Regelungen des § 73 VwVfG hinausgehen, sind sie gemäß § 4 heranzuziehen. Das Gleiche gilt für §§ 11, 12, die mangels entsprechender Regelungen im BBergG ebenfalls anzuwenden sind.

7   Außerhalb der Ausschlussregelung bleibt es für die Frage nach dem Verhältnis zwischen dem UVP-Gesetz und dem Bergrecht ohnehin bei der Subsidiaritätsregelung des § 4. Es muss folglich bei jeder (nicht ausgeschlossenen) Vorschrift des UVPG geprüft werden, ob sich eine entsprechende, inhaltlich wenigstens gleichwertige Regelung im Bundesberggesetz findet. Nur soweit dies nicht der Fall ist, beansprucht die Regelung des Stammgesetzes Geltung gegenüber dem bergbaulichen Vorhaben. Bei Anwendung dieses Maßstabs erlangen die Vorschriften der §§ 1 bis 4, 16, 24 UVPG im Wesentlichen Geltung für die Umweltverträglichkeitsprüfung bergbaulicher Vorhaben.[17]

8   § 1 wird durch das Bergrecht nicht verdrängt, weil die Zweckbestimmung in § 1 BBergG hinter den Schutzzwecken einer vorsorgeorientierten UVP zurückbleibt. § 2 Abs. 1 Satz 1 bis 3 beansprucht Geltung bereits wegen der entsprechenden Inbezugnahme in § 18 gegenüber bergbaulichen Vorhaben. Satz 4 der Vorschrift gilt nur gegenüber solchen Verfahren, die nicht in der bergrechtlichen Planfeststellung mit konzentriert werden. § 2 Abs. 2 wird durch die abschließende Regelung der bergbaulichen Vorhaben in § 1 UVP-V Bergbau sowie durch die in § 52 Abs. 2 c BBergG ebenfalls abschließend geregelte Festlegung für wesentliche Änderungen verdrängt; § 2 Abs. 3 hat keine Bedeutung, da durch § 52 Abs. 2 a Satz 1 BBergG das bergrechtliche Planfeststellungsverfahren zum Trägerverfahren für die unselbständige UVP bestimmt worden ist. § 3 Abs. 1 i. V. m. der Anlage 1 hat über Nr. 15.1 der Anlage 1 gegenüber § 1 UVP-V Bergbau eigenständige Bedeutung. Die Anlage ist auch für bergbauliche Vorhaben wesentlich, weil sie festlegt, für welche Vorhaben eine allgemeine oder eine standortbezogene Vorprüfung erforderlich ist. Das ist zwar nicht für die bergbaulichen Vorhaben nach Nr. 15.1 relevant, da diese, wenn

---

16a Siehe dazu im Einzelnen oben *Haneklaus*, § 5 Rn. 8.
17   Vgl. *Bohne*, Die Umweltverträglichkeitsprüfung bergbaulicher Vorhaben, ZfB 130, 93 (103); wie hier differenzierend *Boldt/Weller*, Erg.Bd. BBergG, zu § 52 Rn. 9 ff.

sie in der UVP-V Bergbau aufgelistet sind, stets einer UVP zu unterziehen sind. Die in Nr. 1 der Anlage 1 aufgeführten bergbaulichen Vorhaben werden trotz des insoweit weiten Wortlauts des § 18 S. 1 nicht in einem bergrechtlichen Planfeststellungsverfahren zugelassen, sodass es auch insoweit bei den Regelungen des UVPG bleibt. Die Vorschriften der §§ 3 a bis f können auch für bergbauliche Vorhaben eine Rolle spielen, etwa wenn anhand von Größen- und Leistungswerten die UVP-Pflicht festgestellt werden muss. Auch § 4 findet Anwendung. §§ 15, 17 und 19, 20–23 spielen für bergbauliche Vorhaben keine Rolle. § 16 findet keine Entsprechung im Bundesberggesetz und ist demnach anzuwenden, falls einer bergrechtlichen Planfeststellung ein Raumordnungsverfahren vorausgeht. Die gemeinsamen Vorschriften der §§ 24, 25 gelten grundsätzlich für alle UVP-pflichtigen Vorhaben und damit auch für bergbauliche Vorhaben. Die Ermächtigung zum Erlass von Verwaltungsvorschriften gemäß § 24 kann nur zum Zuge kommen, soweit mit ihr Normen des UVPG konkretisiert werden, die ihrerseits gegenüber Vorhaben des Bergbaus Geltung beanspruchen.

2 UVP-pflichtige Vorhaben des Bergbaus

Der Kreis der UVP-pflichtigen Vorhaben ergibt sich aus der in Anlage 1 des Gesetzes abgedruckten Liste der UVP-pflichtigen Vorhaben. Dabei sind einerseits die in Nr. 15.1 erwähnten Anlagen zu berücksichtigen, die im Einzelnen in dem Katalog des § 1 der UVP-V Bergbau aufgelistet sind. Zum anderen enthält auch Nr. 1 der Anlage 1 bergbauliche Vorhaben, die allerdings nicht vollständig von dem Katalog des § 1 der UVP-V Bergbau erfasst werden.

2.1 Vorhaben nach § 1 UVP-V Bergbau

§ 1 UVP-V Bergbau unterscheidet nach verschiedenen **betriebsplanpflichtigen** Vorhaben, für die Schwellenwerte oder andere Kriterien festgelegt werden. Zu den UVP-pflichtigen Vorhaben zählen – bei Vorliegen im einzelnen bestimmter Kriterien oder bei Überschreitung festgelegter Schwellenwerte – die **Gewinnung von Bodenschätzen** einschließlich der hierzu erforderlichen Betriebsanlagen und Betriebseinrichtungen (Nr. 1 und 2), Halden (Nr. 3), **Schlammlagerplätze** und **Klärteiche** (Nr. 4), **Aufbereitungsanlagen** (Nr. 5), **Feuerungsanlagen** (Nr. 6) und Anlagen zur Sicherstellung oder **Endlagerung radioaktiver Abfälle** im Sinne des Tiefspeicherrechts (Nr. 7), **Tiefbohrungen** zur Gewinnung von Erdwärme in ausgewiesenen Schutzgebieten (Nr. 8).

Betriebsplanpflichtige **Aufsuchungsbetriebe** im Sinne des § 51 Abs. 1 BBergG – im Gegensatz zu Gewinnungsbetrieben – bedürfen grundsätzlich keiner UVP, es sei denn, es wäre hiermit die Anlage einer Halde mit einem Flächenbedarf von 10 ha oder mehr (Nr. 3) oder die Anlage von Schlammlagerplätzen und Klärteichen mit einem Flächenbedarf von 5 ha oder mehr (Nr. 4) verbunden. Ein **Erkundungsbergwerk**, das allein der wissenschaftlichen Erforschung der Eignung eines Salzstockes für Zwecke der Tiefspeicherung (etwa der Endlagerung radioaktiver Abfälle) dient, ist kein (UVP-pflichtiger) Gewinnungsbetrieb, da das mit der Lagerstättenerkundung notwendige Lösen von Bodenschätzen nicht final auf die gewerbliche Förderung von Rohstoffen gerichtet ist.[18]

---

18 *VG Lüneburg*, v. 7.3.94 – 7 A 137/92 –, ZfB 135, 153 ff.

§ 18

Dies entspricht auch den Vorgaben des Gemeinschaftsrechts, wie insbesondere die englischen und französischen Textfassungen der UVP-Richtlinie ergeben. In Anlage II dieser Fassungen werden in Bezug auf die Bergbauvorhaben nämlich nur – und insoweit einschränkend gegenüber den in ihrer Bedeutung weiterreichenden Oberbegriffen »project« bzw. »projets« in Art. 4 der Richtlinientexte – die gewerblich industriellen Tätigkeiten genannt, nämlich »extractive industry« bzw. »industrie extractive«.[19]

12   Die **Gewinnung von Erdöl und Erdgas zu gewerblichen Zwecken** ist gem. Nr. 2 der Vorschrift bei Überschreiten eines Fördervolumens von täglich mehr als 500 Tonnen Erdöl oder von täglich mehr als 50.000 m^3 Erdgas und unabhängig von einem bestimmten Fördervolumens bei Errichtung und Betrieb von Förderplattformen im Bereich der Küstengewässer und des Festlandsockels UVP-pflichtig. Im Hinblick auf die **Gewinnung der anderen Bodenschätze** (Steinkohle, Braunkohle, bituminöse Gesteine, Erze und sonstige nicht energetische Bodenschätze) differenziert Nr. 1 der Vorschrift nach **Tiefbau und Tagebau**, wobei jeweils unterschiedliche Kriterien und Schwellenwerte (Flächenbedarf, Senkungen der Oberfläche, Beeinträchtigung bestimmter Schutzgüter, Förderkapazitäten oder großräumige Grundwasserabsenkungen) über die UVP-Pflichtigkeit der einzelnen Gewinnungsbetriebe entscheiden.

13   **Halden des Bergbaus** sind gem. Nr. 3 der Vorschrift UVP-pflichtig, wenn ihr Flächenbedarf 10 ha oder mehr beträgt; Entsprechendes gilt gem. Nr. 4 der Vorschrift für **Schlammlagerplätze** und **Klärteiche** ab 5 ha Flächenbedarf.

14   Nr. 5 benennt **bergbauliche Aufbereitungsanlagen** im Sinne von § 4 Abs. 3 BBergG. Aufbereiten im Sinne des § 4 Abs. 3 BBergG ist das Trennen oder Anreichern von Bodenschätzen nach stofflichen Bestandteilen oder geometrischen Abmessungen auf physikalischer oder physikalisch-chemischer Grundlage einschließlich der damit zusammenhängenden vorbereitenden, begleitenden und nachfolgenden Tätigkeiten sowie das Brikettieren, Verschwelen, Verkoken, Vergasen, Verflüssigen und Verlösen von Bodenschätzen Voraussetzung für die Annahme einer Aufbereitungstätigkeit in diesem Sinne ist, dass der Unternehmer Bodenschätze der aufzubereitenden Art in unmittelbarem räumlichen Zusammenhang selbst gewinnt oder wenn die Bodenschätze in unmittelbarem räumlichen Zusammenhang mit dem Ort ihrer Gewinnung aufbereitet werden. Eine Aufbereitung liegt nach § 4 Abs. 3 S. 2 BBergG nicht vor, wenn eine Tätigkeit im Sinne des § 4 Abs. 3 S. 1 BBergG mit einer sonstigen Bearbeitung oder Verarbeitung von Bodenschätzen (Weiterverarbeitung) oder mit der Herstellung anderer Erzeugnisse (Nebengewinnung) durchgeführt wird und das Schwergewicht der Tätigkeit nicht bei der Aufbereitung liegt.

Nr. 6 führt **Feuerungsanlagen** an, die als Betriebsanlagen und Betriebseinrichtungen im Sinne von § 2 Abs. 1 Nr. 3 BBergG überwiegend einer der in den Nummern § 2 Abs. 1 Nr. 1 und 2 BBergG bezeichneten Tätigkeiten dienen oder zu dienen bestimmt sind. Dabei handelt es sich um Tätigkeiten im Zusammenhang mit dem Aufsuchen, Gewinnen und Aufbereiten von bergfreien und grundeigenen Bodenschätzen einschließlich des Verladens, Beförderns, Abladens, Lagerns und Ablagerns von Bodenschätzen, Nebengestein und sonstigen Massen, soweit es im unmittelbaren betrieblichen Zusammenhang mit dem Aufsuchen, Gewinnen oder Aufbereiten steht und sich nicht aus § 2 Abs. 4 BBergG etwas anderes ergibt, weil das Gesetz für bestimmte Tätigkeiten

---

19 *VG Lüneburg*, v. 7.3.94 – 7 A 137/92 –, ZfB 135, 153 ff.

nicht anwendbar ist. Des Weiteren können Feuerungsanlagen im Zusammenhang mit dem Wiedernutzbarmachen der Oberfläche während und nach der Aufsuchung, Gewinnung und Aufbereitung von bergfreien und grundeigenen Bodenschätzen stehen. Für die Aufbereitungseinrichtungen sind im Einzelnen Größe und Durchsatzkapazität entscheidend; Ausnahme sind die Brikettierungsanlagen nach Nr. 5 lit. d), die stets UVP-pflichtig sind. Für die dem Bergbau dienenden Feuerungsanlagen kommt es darauf an, ob die Feuerungswärmeleistung 200 Megawatt übersteigt.

Eine dem Tiefspeicherrecht unterfallende **Anlage zur Sicherstellung oder Endlagerung radioaktiver Stoffe** i. S. d. § 126 Abs. 3 BBergG unterliegt ebenfalls – wegen der Vorgabe nach Anhang I Nr. 3 zu Art. 4 der UVP-Richtlinie europarechtlich geboten – der UVP-Pflicht. Obwohl grundsätzlich gilt, dass ein bergrechtliches Planfeststellungsverfahren durchzuführen ist, wenn ein Vorhaben nach dem Katalog des § 1 UVP-V Bergbau UVP-pflichtig ist, ist für Anlagen nach Nr. 7 ausnahmsweise kein bergrechtliches Planfeststellungsverfahren nach § 52 Abs. 2a BBergG erforderlich. Insoweit statuiert § 57b Abs. 3 Satz 2 BBergG einen Vorrang des atomrechtlichen Planfeststellungsverfahrens. In diesem Verfahren nach § 9b AtG ist die UVP durchzuführen.

15

Bei der Prüfung, ob ein Vorhaben des in § 1 UVP-V Bergbau enthaltenen Katalogs einen der maßgeblichen Schwellenwerte erreicht oder überschreitet, ist grundsätzlich allein das geplante Vorhaben, so wie es der Bergbautreibende im Betriebsplan zur Zulassung stellt, zu berücksichtigen. Danach ist insbesondere nicht mit zu betrachten, was in der Vergangenheit bereits an Anlagen errichtet worden oder im Rahmen laufender Abbauvorhaben betrieben worden ist. Bestehende Anlagen, Betriebseinrichtungen etc. werden mithin nicht mitgerechnet, wenn es etwa um den Flächenbedarf neu zu errichtender übertägiger Betriebsanlagen eines untertägigen Gewinnungsbetriebes nach Nr. 1 a) aa) oder um den Flächenbedarf einer im Rahmen eines bereits laufenden Betriebes aufzuschüttenden Halde nach Nr. 3 der Vorschrift geht.[20] Aus § 3 Abs. 1 Nr. 2, 2. HS. ergibt sich insoweit nichts anderes. Nach dieser Vorschrift besteht die Verpflichtung zur Durchführung einer UVP auch für die Änderung oder Erweiterung eines Vorhabens, für das als solches bereits eine UVP-Pflicht besteht, wenn eine Vorprüfung des Einzelfalls im Sinne des § 3c Abs. 1 Satz 1 und 3 ergibt, dass die Änderung oder Erweiterung erhebliche nachteilige Umweltauswirkungen haben kann. In die Vorprüfung sind dabei auch frühere Änderungen oder Erweiterungen des UVP-pflichtigen Vorhabens einzubeziehen, für die nach der jeweils geltenden Fassung des Gesetzes keine Umweltverträglichkeitsprüfung durchgeführt worden ist. Diese Regelung des § 3e ist bei bergrechtlichen Planfeststellungsverfahren grundsätzlich anwendbar, weil sich der Ausschluss des § 18 S. 2 auf diese Regelungen von vornherein nicht bezieht. Allerdings bedürfen die bergbaulichen Vorhaben nach Nr. 15.1 der Anlage 1 keiner allgemeinen Vorprüfung nach § 3c Abs. 1 S. 1 und 3, sodass auch § 3e für diese Vorhaben nicht einschlägig ist.

Die Einführung der bergrechtlichen Planfeststellung mit UVP entfaltet keine Rückwirkung durch die Ausdehnung des Vorhabenbegriffs auf vorhandene Anlagen und ihre Auswirkungen. Nur ausnahmsweise – nach Nr. 1 a) aa) der Vorschrift bei Tiefbauvorhaben, die mit Senkungen verbunden sind, also bei Vorhaben in Bergwerksfeldern, in denen bereits ein Abbau stattgefunden hat – sind für die Feststellung der UVP-

---

[20] *VG Lüneburg*, v. 7.3.94 – 7 A 137/92 –, ZfB 135, 153 ff.; *Boldt/Weller*, Erg.Bd. BBergG, zu § 52 Rn. 30, 34.

Pflichtigkeit des Vorhabens auch Auswirkungen aus vorangegangenen betriebsplanpflichtigen Vorhaben mit zu berücksichtigen, wenn das vorangegangene betriebsplanpflichtige Vorhaben nicht planfestgestellt worden ist und nach dem 1.8.1990 begonnen wurde oder am 1.8.1990 bereits lief. Im Übrigen bleiben alle auf der Grundlage früherer Zulassungen bereits verwirklichten Teile eines Vorhabens bei der Feststellung der UVP-Pflichtigkeit nach den Kriterien und Schwellenwerten des § 1 UVP-V Bergbau außer Betracht. Bei der Flächenberechnung nach § 1 Nr. 1b Doppelbuchstabe aa) der UVP-V Bergbau ist auf die geplante Abbaufläche abzustellen.[21]

2.2 Bergbauliche Vorhaben nach Nr. 1 der Anlage 1

16   Auch unter der Nr. 1 der Anlage 1 sind bergbauliche Anlagen aufgelistet. Dazu zählen Anlagen zur Trockendestillation von Steinkohle und Braunkohle (z.B. Kokerei, Gaswerk, Schwelerei) mit einem Durchsatz von 500 t oder mehr je Tag, die generell UVP-pflichtig sind und entsprechende Anlagen mit weniger als 500 t/Tag, ausgenommen Holzkohlenmeiler, die nach Nr. 1.8.2 der Anlage 1 einer allgemeinen Vorprüfung des Einzelfalles im Sinne von § 3c Abs. 1 S. 1 zu unterziehen sind. Zu den bergbaulichen Anlagen zählen auch Anlagen zur Vergasung oder Verflüssigung von Kohle oder bituminösem Schiefer mit einem Durchsatz von 500 t oder mehr je Tag (Nr. 1.9.1 der Anlage 1), die stets UVP-pflichtig sind, und entsprechende Anlagen mit weniger als 500 t/Tag, die einer allgemeinen Vorprüfung nach § 3c Abs. 1 S. 1 unterliegen.

Sowohl die Anlage zur Trockendestillation als auch die Anlagen zur Vergasung oder Verflüssigung von Steinkohle sind in § 1 Nr. 5a und b UVPV Bergbau erwähnt. Allerdings handelt es sich bei den in § 1 UVPV Bergbau aufgelisteten Anlagen um Einrichtungen zur Aufbereitung im Sinne des § 4 Abs. 3 BBergG. Daraus folgt, dass Anlagen zur Trockendestillation und Anlagen zur Vergasung oder Verflüssigung von Kohle nicht nach § 1 UVPV Bergbau UVP-pflichtig sind, wenn es sich eben nicht um derartige Einrichtungen zur Aufbereitung handelt, wenn sie z.B. nicht in unmittelbarem räumlichen Zusammenhang mit dem Ort ihrer Gewinnung stehen oder wenn es sich bei der Trockendestillation bzw. bei der Vergasung oder Verflüssigung lediglich um eine Weiterverarbeitung oder Nebengewinnung im Sinne von § 4 Abs. 3 S. 2 BBergG handelt. Auch eine Anlage zur Vergasung oder Verflüssigung von bituminösem Schiefer wird in § 1 UVPV Bergbau nicht erwähnt. Eine solche bergbauliche Anlage ist deshalb nur nach Nr. 1.9 der Anlage 1 UVP-pflichtig. Auch Kraftwerke, Heizkraftwerke und Heizwerke, die unter Nr. 1 aufgelistet sind, können bergbauliche Vorhaben sein, jedenfalls dann, wenn sie als Einrichtungen im Sinne des § 2 Abs. 1 Nr. 3 des Bundesberggesetzes oder wenn es sich um Kraftwerke im Sinne von § 173 Abs. 2 BBergG handelt. Während derartige Kraftwerke, Heizwerke und sonstige Feuerungsanlagen als Einrichtungen im Sinne des § 2 Abs. 1 Nr. 3 BBergG einschließlich der Kraftwerke im Sinne des § 173 Abs. 2 BBergG nur dann nach § 1 Nr. 6 UVP-VBergbau UVP-pflichtig sind, wenn die Feuerungswärmeleistung 200 Megawatt übersteigt, bedarf es für die entsprechenden Anlagen nach Nr. 1.1 der Anlage 1 entweder einer allgemeinen Vorprüfung im Sinne von § 3c Abs. 1 S. 1 oder aber einer standortbezogenen Vorprüfung des Einzelfalls im Sinne von § 3c Abs. 1 S. 2.

---

21 *OVG Koblenz*, Urt. v. 8.2.1994 – 7 A 10217/93.OVG, ZfB 1995, 44.

Nicht eindeutig geklärt ist, welche Konsequenz sich daraus ergibt, dass bergbauliche Anlagen nicht unter die UVPV Bergbau, jedoch unter Nr. 1 der Anlage 1 als bergbauliche Anlagen einzuordnen sind. Fraglich ist insbesondere, ob sich aus § 18 S. 1 ergibt, dass für diese Vorhaben eine Umweltverträglichkeitsprüfung nach § 2 Abs. 1 S. 1 bis 3 im Planfeststellungsverfahren nach dem Bundesberggesetz durchgeführt wird. Vom Wortlaut des § 18 drängt sich diese Konsequenz auf. Grundsätzlich ist jedoch ein bergrechtliches Planfeststellungsverfahren nach § 52 Abs. 2a BBergG nur für die Aufstellung eines Rahmenbetriebsplanes zu verlangen, wenn ein Vorhaben nach § 57c einer Umweltverträglichkeitsprüfung bedarf. Um solche Vorhaben handelt es sich jedoch bei den lediglich unter Nr. 1 der Anlage 1 zu subsumierenden Anlagen, die gerade nicht unter Nr. 15.1 der Anlage 1 fallen, nicht. Hinzu kommt, dass die Regelungen über das Planfeststellungsverfahren nach dem BBergG auf die Einreichung eines Rahmenbetriebsplanes abstellen. So geht § 57a Abs. 2 S. 1 BBergG davon aus, dass im Rahmen des Planfeststellungsverfahrens über den einzureichenden Rahmenbetriebsplan entschieden wird. Für eine Trockendestillationsanlage oder eine Anlage zur Vergasung oder Verflüssigung von Steinkohle oder Braunkohle, die nicht als Einrichtung zur Aufbereitung im Sinne des § 4 Abs. 3 BBergG betrieben wird, ist aber die Aufstellung und Einreichung eines Rahmenbetriebsplanes nicht vorgesehen. Es ist deshalb davon auszugehen, dass § 18 S. 1 sich nur auf die bergbaulichen Vorhaben beziehen soll, die nach Nr. 15.1 der Anlage 1 und nach Maßgabe der UVPVBergbau UVP-pflichtig sind.

2.3 Wesentliche Änderungen bergbaulicher Vorhaben (§ 52 Abs. 2c BBergG)

Die Vorschrift stellt die UVP-Pflichtigkeit wesentlicher Änderungen bergbaulicher Vorhaben sicher. Ein Planfeststellungsverfahren mit UVP nach Maßgabe des § 52 Abs. 2a und 2b BBergG ist auch dann durchzuführen, wenn ein zugelassenes Vorhaben wesentlich geändert werden soll und hierdurch erhebliche Auswirkungen auf die Umwelt eintreten können. Bei Prüfung der Wesentlichkeit einer Änderung ist zu berücksichtigen, dass die dynamische, der Lagerstätte folgende Betriebsweise des Bergbaus bereits nach geplantem Lauf der Dinge ständige Anpassungen und Korrekturen fordert.[22] Die bergbauliche Betriebsplanung muss sich vor allem bei untertägigen Gewinnungsbetrieben ständig den mit fortschreitendem Abbau ans Licht gelangenden Gegebenheiten der Geologie anpassen.[23] Derartige, durch die anfängliche Unkenntnis der Gebirgs- und Lagerstättenverhältnisse bedingten Änderungen der Abbauplanung dürften regelmäßig nicht als wesentliche Änderungen des Vorhabens zu qualifizieren sein. Ob wesentliche Änderungen, sofern festgestellt, zudem erhebliche Umweltauswirkungen erwarten lassen, ist am Maßstab der in § 1 UVP-V Bergbau enthaltenen Kriterien und Schwellenwerte zu bestimmen.[24]

17

---

22 *Boldt/Weller*, Erg.Bd. BBergG, zu § 52 Rn. 81.
23 Vgl. zu den Sachgesetzlichkeiten des untertägigen Bergbaus *Knöchel*, NWVBl 1992, 117 ff.
24 *Boldt/Weller*, Erg.Bd. BBergG, zu § 52 Rn. 81.

§ 18

3 Die UVP in der bergrechtlichen Planfeststellung

3.1 Das System bergbaulicher Zulassungen

18 Der Abbau von Bodenschätzen ist ein sich zeitlich oft über Jahrzehnte erstreckender Prozess, der räumlich mit einer kontinuierlichen Verlagerung des Abbaubetriebs einhergeht. Die **dynamische Betriebsweise eines Bergwerks** erfordert eine zeitlich und räumlich gestreckte Problembewältigung im behördlichen Zulassungsverfahren. Deshalb werden Bergbauvorhaben nicht durch eine einzige, dem Gesamtvorhaben vorausgehende Entscheidung der Bergbehörde zugelassen, sondern in Anwendung eines differenzierten Instrumentariums, das die zeitlich und gegenständliche Abschichtung der Probleme eines Vorhabens unter Berücksichtigung der mit fortschreitendem Abbau wachsenden Erkenntnisse über die Lagerstättenverhältnisse gewährleistet. Die Sachgesetzlichkeiten dynamischer bergbaulicher Betriebsweise und die damit überkommenen Besonderheiten des bergrechtlichen Zulassungsrechts begründen notwendig ein Spannungsverhältnis mit dem Anspruch einer UVP, bereits frühzeitig vor der Verwirklichung eines Vorhabens die mit ihm möglicherweise einhergehenden Auswirkungen auf die Umwelt umfassend zu ermitteln, zu beschreiben und zu bewerten.

3.1.2 Betriebspläne nach dem Bundesberggesetz

19 Das Instrumentarium des Bundesberggesetzes stellt ein flexibles, auf die angesprochenen Sachgesetzlichkeiten des Bergbaus zugeschnittenes System unterschiedlicher Betriebsplanarten zur Verfügung, den **Rahmenbetriebsplan**, den **Hauptbetriebsplan**, den **Sonderbetriebsplan** und den **Abschlussbetriebsplan**. Der Betriebsplan als das traditionelle Instrument der präventiven behördlichen Kontrolle des Bergbaus wird – aufgeteilt in mehrere Einzelpläne – vom Bergbaubetreibenden erarbeitet und der Bergbehörde zur Zulassung eingereicht, § 51 Abs. 1 BBergG. Die Aufteilung der verschiedenen Einzelpläne sichert die zeitnahe Überwachung des dynamisch voranschreitenden Abbaubetriebs. Die Zulasung des Betriebsplans ist eine gebundene **Kontrollerlaubnis**, auf deren Erteilung der Bergbaubetreibende bei Vorliegen der gesetzlichen Zulassungsvoraussetzungen Anspruch hat.[25] Der Bergbehörde steht bei ihrer Entscheidung weder ein Ermessen noch eine planerische Gestaltungsfreiheit zu. Der Betriebsplan kann versagt, aber nicht durch die Bergbehörde selbst geändert werden. Seine Zulassung ist damit kein Instrument schöpferischer Planung, sondern eine Unternehmergenehmigung, mit der nachvollziehend kontrolliert wird, ob der Ausübung des von der Rechtsordnung – nicht zuletzt auch aus Gründen der für eine Volkswirtschaft unverzichtbaren Rohstoffsicherheit – gebilligten Abbaurechts des Unternehmers im Einzelfall Gemeinwohlbelange zwingend entgegenstehen.

20 Obligatorische Grundlage für Errichtung und Führung eines Bergbaubetriebs ist der für einen in der Regel zwei Jahre nicht überschreitenden Zeitraum aufgestellte **Hauptbetriebsplan**, § 52 Abs. 1 BBergG. Er vermittelt einen Überblick über die geplanten Arbeiten vor allem in technischer Hinsicht. Seine Zulassung beinhaltet die Feststellung, dass das im Hauptbetriebsplan vorgestellte Vorhaben den Zulassungsvoraussetzungen entspricht sowie die Gestattung, mit der betriebsplanpflichtigen Maßnahme zu beginnen. Von einer Teilgenehmigung nach sonstigem Anlagenzulassungsrecht unterscheidet sich der Hauptbetriebsplan dadurch, dass er – zwar zeitlich befristet – das gesamte aktuell

---

25 *BVerwG*, v. 14.12.1990 – 7 C 18.90 –, ZfB 132, 140 (143).

laufende Vorhaben und nicht nur einen Teilabschnitt zum Gegenstand hat. Mit dem **Sonderbetriebsplan** werden bestimmte, in sich geschlossene und technisch besonders anspruchsvolle spezielle Maßnahmen im Zuge eines Bergbaubetriebes zur Zulassung gestellt, vor allem, um einen parallel abzuarbeitenden Hauptbetriebsplan zu ergänzen und zu entlasten. Die Bergbehörde kann gem. § 52 Abs. 2 Nr. 2 BBergG für bestimmte Teile des Betriebs oder für bestimmte Vorhaben verlangen, dass Sonderbetriebspläne aufgestellt werden. In der Praxis werden im Verlaufe eines (größeren) bergbaulichen Vorhabens eine Vielzahl einzelner Haupt- und Sonderbetriebspläne aufgestellt und zugelassen. Für die Einstellung eines Betriebes ist schließlich nach § 53 BBergG ein **Abschlussbetriebsplan** erforderlich, mit dem sichergestellt werden soll, dass von verlassenen Anlagen und Einrichtungen des Bergbaus keine Gefahren ausgehen.[26]

3.1.2 Rahmenbetriebspläne herkömmlicher Art

Schon nach alter Rechtslage und auch heute noch bei den nicht der UVP-Pflicht unterliegenden Bergbauvorhaben *kann* (Ermessensentscheidung!) die Bergbehörde vom Unternehmer die Aufstellung eines sog. Rahmenbetriebsplans verlangen, § 52 Abs. 2 Nr. 1 BBergG. Dieser **fakultative Rahmenbetriebsplan** – *oder Rahmenbetriebsplan herkömmlicher Art* – soll einen Rahmen für (mehrere) künftige, durch weitere Haupt- und Sonderbetriebspläne zuzulassende Abschnitte eines Vorhabens abstecken und insbesondere eine Beteiligung anderer berührter Fachbehörden ermöglichen. Der Rahmenbetriebsplan legt als definitive Regelung innerhalb eines gestuften Verfahrens ein Konzept für das jeweilige Abbauvorhaben fest. Er enthält nur allgemeine Angaben über das beabsichtigte Vorhaben, dessen technische Durchführung und voraussichtlichen zeitlichen Ablauf. Zur Durchführung des Vorhabens berechtigt ein zugelassener Rahmenbetriebsplan nicht. Dies ist den nachfolgenden Haupt- und Sonderbetriebsplänen vorbehalten, die auf einen Rahmenbetriebsplan aufbauen und sich an seinen Rahmen halten müssen.[27] Dem Rahmenbetriebsplan kommt jedoch nach der Rechtsprechung des BVerwG keine **Bindungswirkung** dergestalt zu, daß der Unternehmer aufgrund seiner Zulassung einen Rechtsanspruch auf Zulassung der nachfolgenden Haupt- und/oder Sonderbetriebspläne geltend machen könnte, ohne die darin beschriebenen Tätigkeiten einer erneuten Überprüfung auch hinsichtlich der im Rahmenbetriebsplan bereits abgehandelten Gegenstände zu unterziehen.[28] Dem Rahmenbetriebsplan fehlt daher eine aus dem Anlagenzulassungsrecht von den Instituten der Teilgenehmigung und des Vorbescheides her bekannte Abschichtungsfunktion. Er enthält nach Auffassung des BVerwG auch kein sog. **vorläufiges positives Gesamturteil** im Hinblick auf das »Gesamtvorhaben«.[29] Rahmenbetriebspläne erfassen nämlich nicht notwendig das Gesamtvorhaben, sondern können sich vielmehr auch nacheinander auf verschiedene Zeitabschnitte eines Vorhabens erstrecken. Ergeben sich im Laufe des fortschreitenden

---

26 Zum Überblick über Betriebsplanarten und Betriebsplanverfahren siehe *Kremer/Neuhaus*, Bergrecht, 2001, S. 46 ff.; *Cosack*, NuR 2000, 311, 312.
27 BVerwG, v. 13.12.1991 – 7 C 25/90 –, ZfB 133 (1992), 38 ff.; OVG Brandenburg v. 28.6.2001 – 4 A 115/99 –, Blatt 19.
28 BVerwG, v. 13.12.1991 – 7 C 25/90 –, DVBl. 1992, 569 (570); kritisch dazu *Cosack*, NuR 2000, 311, 313; a. A. auch *Hoppe/Beckmann*, Grundeigentumsschutz, S. 132 ff.; *v. Mäßenhausen*, ZfB 135, 119 (125 f.) m. w. Nachw.
29 BVerwG, v. 13.12.1991 – 7 C 25/90 –, DVBl. 1992, 569 (571); a. A. *Cosack*, NuR 2000, 311, 313; *v. Mäßenhausen*, ZfB 135, 119 (125 f.) m. w. Nachw.

Betriebs Erkenntnisse, welche die ursprünglichen bergbaulichen Prognosen eines Rahmenbetriebsplanes hinfällig werden lassen, so ist der Betrieb zu ändern oder ggf. auch einzustellen; beides bedarf dann der Vorlage und Zulassung weiterer Betriebspläne.

22 Haupt- und Sonderbetriebspläne sind schließlich auch nicht vom Vorhandensein eines Rahmenbetriebsplans abhängig; dies gilt auch dann, wenn die Bergbehörde die Aufstellung eines Rahmenbetriebsplans verlangt hat oder wenn ein Rahmenbetriebsplan nach seiner zeitlichen Geltungsdauer abgelaufen ist.[30] Eine **Akzessorietät** von Haupt- und Sonderbetriebsplänen gegenüber Rahmenbetriebsplänen herkömmlicher Art gibt es nach den Bestimmungen des Bundesberggesetzes nicht. Aus diesem Grunde kann die Zulassung eines Hauptbetriebsplans nicht mit der Begründung versagt werden, dass ein Rahmenbetriebsplan (noch) nicht vorliege.[31]

3.1.3 Zulassungsvoraussetzungen

23 Die materiellen Voraussetzungen für die Betriebsplanzulassung enthält § 55 Abs. 1 BBergG, darüber hinaus nach der Rechtsprechung des *Bundesverwaltungsgerichts* auch § 48 Abs. 2 BBergG.[32] Über beide Vorschriften lassen sich **außerbergrechtliche Belange** in der Betriebsplanzulassung berücksichtigen. Dies gilt im Rahmen des § 55 Abs. 1 BBergG, soweit die Einzelanforderungen nicht ausschließlich bergrechtsspezifischer Natur sind und unbestimmte Rechtsbegriffe beinhalten. Zulassungsvoraussetzungen mit außerbergrechtlichem, mehr umwelt- und planungsrechtlichem Gehalt sind insbesondere in § 55 Abs. 1 Satz 1 Nr. 4 (Schutz von Bodenschätzen, an denen ein »öffentliches Interesse« besteht), Nr. 5 (Schutz der Oberfläche), Nr. 6 (ordnungsgemäße Entsorgung der bergbaulichen Abfälle) Nr. 7 (Vorsorgegebot zur Wiedernutzbarmachung der Oberfläche) und schließlich Nr. 9 (Ausschluss gemeinschädlicher Einwirkungen) geregelt.[33] Bei den Anforderungen des § 55 Abs. 1 BBergG handelt es sich um **zwingende Versagungsgründe**. Darüber hinaus gelangen außerbergrechtliche Belange über den Begriff der »öffentlichen Interessen« in § 48 Abs. 2 BBergG in den Kanon der materiellen Voraussetzungen der Betriebsplanzulassung. Eine Einbeziehung solcher öffentlichen Interessen über § 48 Abs. 2 BBergG hat allerdings auszuscheiden, wenn aufgrund »anderer öffentlicher Vorschriften« bereits eine andere Behörde mit der Wahrnehmung dieser Belange betraut ist.[34] Eine **Konzentrationswirkung** der Betriebsplanzulassung ist im Bundesberggesetz außerhalb der durch Planfeststellung erfolgenden Zulassung der Rahmenbetriebspläne neuer Art (mit UVP) nicht vorgesehen. Gleichwohl ist das Betriebsplanverfahren herkömmlicher Art über § 48 Abs. 2 BBergG offen etwa für das Bauplanungsrecht und damit zugleich für die Ziele der Raumordnung (vgl. § 35 Abs. 3 Satz 3 BauGB), für das Naturschutzrecht sowie für das Immissionsschutzrecht bei nicht genehmigungsbedürftigen Anlagen nach § 22 BImSchG.[35] Falls Umstände vor-

---

30 *VG Lüneburg*, v. 7.3.1994 – 7 A 42/93 –, ZfB 135, 153 ff.
31 *VG Lüneburg*, v. 7.3.1994 – 7 A 42/93 –, ZfB 135, 153 ff.
32 *BVerwG*, v. 4.7.1986 – 4 C 31.84 –, BVerwGE 74, 315 (323); v. 16.3.1989 – 4 C 36.85 –, BVerwGE 81, 329 ff.; dazu *Hoppe*, DVBl 1993, 221 ff.; *Beckmann*, DVBl. 1992, 741 ff.; *Schulte*, NVwZ 1989, 1138 ff.; *Kremer/Neuhaus*, Bergrecht, 2001, S. 73 ff.
33 *Niermann*, Betriebsplan und Planfeststellung im Bergrecht, S. 161 ff.
34 *BVerwG*, v. 4.7.1986 – 4 C 31.84 –, BVerwGE 74, 315 (324) mit Hinweis auf *Piens/Schulte/Graf Vitzthum*, BBergG, § 48 Rn. 17, § 55 Rn. 141; *Boldt/Weller*, Erg.Bd. BBergG, § 48 Rn. 10.
35 Vgl. hierzu *Schulte*, ZfB 128, 178 (220 f.).

liegen, die zu einer Entscheidung nach § 48 Abs. 2 BBergG Anlass geben können, hat die Behörde eine **Abwägung** zwischen dem im konkreten Fall bestehenden Interesse an der Durchführung des Vorhabens auf der einen Seite und den jeweils entgegenstehenden öffentlichen Belangen auf der anderen Seite vorzunehmen.[36] Diese Abwägung vermittelt jedoch nicht einen sonst im Rahmen des Abwägungsgebotes bestehenden planerischen Gestaltungs- oder Ermessensspielraum der Behörde. Vielmehr bleibt es auch nach der Rechtsprechung des Bundesverwaltungsgerichts dabei, dass die Entscheidung über die Zulassung des Rahmenbetriebsplans eine gebundene Entscheidung darstellt.[37]

3.2 Die bergrechtliche Planfeststellung

Durch die Einführung eines Planfeststellungsverfahrens zur Zulassung des Rahmenbetriebsplans neuer Art (mit UVP) in § 52 Abs. 2a BBergG wird – soweit der Anwendungsbereich der Vorschrift reicht – das Rahmenbetriebsplanverfahren herkömmlicher Art verdrängt. Haupt- und Sonderbetriebsplanzulassungen bleiben von der Neuregelung unberührt. Für Vorhaben, die nach § 1 UVP-V Bergbau einer UVP unterzogen werden müssen, ist gem. § 52 Abs. 2a Satz 1 BBergG die Aufstellung eines Rahmenbetriebsplans zu verlangen, für dessen Zulassung ein Planfeststellungsverfahren nach den Bestimmungen der §§ 57a und 57b BBergG durchzuführen ist. Die mit der Bergrechtsnovelle 1990 geschaffene Neuregelung des Rahmenbetriebsplanverfahrens ergänzt das bisherige Verfahren vor allem um die UVP-Verfahrensschritte.[38] Sofern die berggesetzlichen Vorschriften keine erschöpfenden Regelungen enthalten, kommen ergänzend die Vorschriften des Verwaltungsverfahrensgesetzes zur Anwendung (§ 5 BBergG). Nach § 57a Abs. 1 Satz 2 ist die zuständige Bergbehörde **Planfeststellungsbehörde**.

24

3.2.1 Materielle Voraussetzungen

Das Verfahren wird durch Planfeststellung des vom Unternehmer zur Zulassung gestellten Rahmenbetriebsplans oder dessen Ablehnungt abgeschlossen. Die Entscheidung über die Planfeststellung ist gem. § 57a Abs. 4 Satz 1 BBergG hinsichtlich der eingeschlossenen Entscheidungen nach den hierfür jeweils geltenden Bestimmungen zu treffen (**Konzentrationswirkung des Planfeststellungsverfahrens**, vgl. auch § 57b Abs. 3 Satz 1 BBergG). Die Bergbehörde ist mithin auch an die materiellen Anforderungen derjenigen Bestimmungen gebunden, die für die Entscheidung im jeweils ersetzten Verfahren maßgeblich gewesen wären (formelle Konzentration). Darüber hinaus sind bei der Planfeststellungsentscheidung die Ergebnisse der UVP zu berücksichtigen. Gemäß § 52 Abs. 2a Satz 3 sind Anforderungen eines vorsorgenden Umweltschutzes, die sich bei der Umweltverträglichkeitsprüfung ergeben und über die Zulassungsvoraussetzungen des § 55 BBergG sowie der auf das Vorhaben anwendbaren Vorschriften anderer Gesetze hinausgehen, als öffentliche Interessen im Sinne des § 48 Abs. 2 BBergG zu berücksichtigen. Mit dieser Bestimmung sind die materiellen Zulassungsvorausset-

25

---

36 Vgl. *BVerwG*, v. 4.7.1986 – 4 C 31.84 –, BVerwGE 74, 315.
37 *BVerwG*, v. 14.12.1990 – 7 C 18.90 –, ZfB 132, 140 (143); *Gaentzsch*, in: FS für Sendler, 403 (412); *Hoppe*, DVBl. 1993, 221 (229f.); *Beckmann*, DVBl. 1992, 741 (748).; anders *Kühling*, Fachplanungsrecht (1988), Rn 69; *Wahl*, NVwZ 1990, 426 (428).
38 Dazu im Einzelnen unten § 18 Rn. 29–42.

zungen des herkömmlichen Betriebsplanverfahrens ausgedehnt worden.[39] Über die Vorschrift finden die Schutzgüter des nach §§ 4, 18 anwendbaren § 2 Abs. 1 Satz 2 als entscheidungserhebliche Belange Eingang in das materielle Entscheidungsprogramm der bergrechtlichen Zulassung von Rahmenbetriebsplänen neuer Art.[40] Dies soll den medienübergreifenden Ansatz der UVP sichern. Bedeutung hat diese Bestimmung jedoch nur, soweit es um Belange geht, die noch nicht in anderen zu beachtenden Vorschriften ihren Niederschlag gefunden haben. Die Vorschrift ist kein Einfallstor für die Verschärfung solcher Anforderungen, die bereits anderweitig gesetzlich geregelt worden sind.[41] Im Ergebnis kommen damit nur außergesetzlich in Erscheinung tretende Belange überragender Bedeutung zum Zuge.

3.2.2 Bergrechtliche Planfeststellung als Kontrollerlaubnis

26   Bei der Planfeststellung eines bergbaulichen Vorhabens handelt es sich um keine planerische Gestaltungsfreiheit vermittelnde Planungsentscheidung.[42] Die Entscheidung der Bergbehörde bleibt vielmehr gebundene **Kontrollerlaubnis**. Ob nämlich ein Planfeststellungsverfahren tatsächlich eine Abwägungsermächtigung erhält oder nicht, richtet sich nach dem bei der Planfeststellung zu beachtenden materiellen Recht. Die Ausgestaltung eines bestimmten Zulassungsverfahrens als Planfeststellungsverfahren reicht für sich betrachtet nicht aus, um eine Planungskompetenz anzunehmen.[43] Es kommt für die Beantwortung der Frage nach dem Charakter der bergrechtlichen Planfeststellungsentscheidung daher allein darauf an, ob die geänderten Vorschriften des Bundesberggesetzes die materiellen Bestimmungen um eine Planungskompetenz vermittelnde Ermächtigungsnorm angereichert haben. Dies ist indessen nicht der Fall. Auch § 52 Abs. 2a Satz 3 BBergG ermächtigt lediglich zu einem abwägenden Interessenausgleich unterschiedlicher Belange, nicht jedoch zu der für die Annahme von Abwägungsspielräumen darüber hinaus erforderlichen Befugnis, planerisch-schöpferisch tätig zu werden. Die Zulassungsentscheidung der Bergbehörde ist eine *zweidimensionale* Entscheidung, die hinsichtlich des zur Zulassung gestellten Gegenstandes in ein Ja oder Nein einmünden muss und nicht etwa zu einer eigenständig entwickelten Alternativplanung führen darf.[43a]

3.2.3 Rechtswirkungen der Planfeststellung

27   Die bergbauliche Planfeststellung führt zur Zulassung des obligatorischen Rahmenbetriebsplans, berechtigt indessen – in Ermangelung einer dem Rahmenbetriebsplan eignenden Gestattungswirkung – nicht zur Durchführung des Vorhabens. Insoweit bleiben unverändert Haupt- und ggf. Sonderbetriebspläne notwendig, um mit den bergbaulichen Tätigkeiten beginnen zu können. Die Planfeststellung des Rahmen-

---

39   *BVerwG*, Urt. v. 4.7.1986 –, BVerwGE 74, 315; siehe dazu auch *Wilde*, DVBl. 1998, 1321.
40   *Boldt/Weller*, Erg.Bd. BBergG, zu § 52 Rn. 61.
41   *Kühne*, UPR 1989, 326 (328).
42   *Gaentzsch*, in: FS für Sendler, 403 (412); *Beckmann*, DVBl. 1992, 741 (748).; *Boldt/Weller*, Erg.Bd. BBergG, zu § 57a Rn. 65; *Hoppe*, DVBl. 1993, 221 (229f.); *Molkenbur*, ZAU 1992, 207 (218); *Niermann*, Betriebsplan und Planfeststellung im Bergrecht, S. 101.
43   *Beckmann*, DÖV 1987, 944 (948).
43a A.A. *Peters*, UVPG, § 18 Rn. 23, der unzutreffend aus der Bezeichnung als Planfeststellung den Schluss zieht, es handele sich um eine Planungsentscheidung bei der Alternativen abwägend zu berücksichtigen seien.

betriebsplans umfasst die Feststellung der Zulässigkeit des Vorhabens für alle von ihm umfassten öffentlichen Belange, nicht jedoch auch die Zulässigkeit eventuell notwendiger Folgemaßnahmen, für die andere Fachgesetze eine Planfeststellung vorsehen, § 57b Abs. 3 Satz 3 BBergG. Insoweit ist die nach § 75 Abs. 1 Satz 1 Halbsatz 2 VwVfG bestehende Konzentrationswirkung begrenzt. Eine weitere Einschränkung der Konzentrationswirkung ergibt sich gem. § 57b Abs. 3 Satz 2 BBergG gegenüber dem **atomrechtlichen Planfeststellungsverfahren** nach § 9b AtG. Große Schwierigkeiten bereitet schließlich die Frage, ob die bergrechtliche Planfeststellung nur eine eingeschränkte Konzentrationswirkung gegenüber parallelen Entscheidungen nach anderen Gesetzen entfaltet, weil sie nur den unter dem Vorbehalt weiterer Einzelbetriebspläne stehenden Rahmenbetriebsplan zum Gegenstand hat. Aus der vertikalen Stufung des Betriebsplanverfahrens könnte gefolgert werden, dass auch ungeachtet vorangegangener Planfeststellung eines Rahmenbetriebsplans bei weiter fortschreitendem Betrieb neben den erforderlichen Haupt- und Sonderbetriebsplänen jeweils weitere Zulassungsentscheidungen nach den im Einzelnen berührten Fachgesetzen erforderlich sind, obschon die Planfeststellung an sich mit Konzentrationswirkung ausgestattet ist.[44] Die Antwort auf die damit angesprochene Reichweite einer »vertikalen« Konzentrationswirkung der bergrechtlichen Planfeststellung hängt nach richtiger Ansicht allein davon ab, welches materielle Entscheidungsprogramm auch anderer Fachgesetze im konkreten planfestgestellten Rahmenbetriebsplan tatsächlich abgearbeitet worden ist. Je dichter die Aussagen und Inhalte des zur Zulassung gestellten Rahmenbetriebsplans, desto weitreichender fällt die Konzentrationswirkung der Planfeststellung aus. Die Regelungen des Bundesberggesetzes verlangen jedenfalls wegen des Anspruchs, alle möglichen Umweltauswirkungen des Vorhabens bereits auf der Ebene des Rahmenbetriebsplans einer umfassenden und abschließenden Betrachtung zu unterziehen, eine gegenüber Rahmenbetriebsplänen herkömmlicher Art beträchtliche Untersuchungs- und Prüftiefe, die dann auch ermöglicht, in diesem Umfang gleichzeitig über die in anderen Fachgesetzen geregelten Belange mitzuentscheiden. *Idealiter*, also nach der gesetzlichen Konzeption, ist daher die Konzentrationswirkung der bergrechtlichen Planfeststellung hoch;[45] damit ist freilich nicht beantwortet, ob auch *realiter* in jedem Einzelfall eine solche Verdichtung des Rahmenbetriebsplans möglich ist, dass über alle öffentlichen Belange entschieden werden könnte, die von dem Vorhaben im Laufe seiner Entwicklung tatsächlich berührt werden. Die Konzentrationswirkung dürfte daher in der Tat unter dem für den Bergbau typischen Vorbehalt später hinzutretender Erkenntnisse stehen und sich allein auf das Entscheidungsprogramm erstrecken, das im frühen Zeitpunkt der Aufstellung des Rahmenbetriebsplans *absehbar* zu bewältigen ist. Die durch die UVP geforderte Untersuchungstiefe kann dafür sprechen, den Zeitrahmen des obligatorischen Rahmenbetriebsplans auf einen überschaubaren Zeitraum zu verkürzen.

3.2.4 Rahmenbetriebsplan und Anforderungen der UVP

Die einen Bergbaubetrieb kennzeichnenden Ungewissheiten und die damit naturgemäß einhergehende Grobkörnigkeit des Prüfungsprogramms, das bei der Zulassung eines obligatorischen Rahmenbetriebsplans nur absolviert werden kann, stehen auch und vor allem in Konflikt mit den Erfordernissen einer auf umfassende Ermittlung, Beschreibung

---

44 So *Rausch*, Umwelt- und Planungsrecht beim Bergbau, S. 240.
45 Vgl. auch *Gaentzsch*, in: FS für Sendler, 403 (417).

und Bewertung gerichteten UVP. Die Anknüpfung der UVP an den Rahmenbetriebsplan stößt deshalb auf Kritik, weil sich manche konkreten Auswirkungen des Vorhabens möglicherweise erst später in der Detailplanung von Haupt- oder Sonderbetriebsplänen erkennen lassen. Gefordert wird eine Verfahrensstufung auch der UVP.[46] Die Angaben zum Vorhaben in einem der Planfeststellung unterliegenden obligatorischen Rahmenbetriebsplan müssen wesentlich konkreter ausfallen als im herkömmlichen Betriebsplanzulassungsverfahren, wenn der Planfeststellungsbeschluss die Feststellung erlauben soll, dass das Vorhaben in seinen Auswirkungen auf die Umwelt unbedenklich ist oder in dieser Hinsicht jedenfalls im Einklang mit den dafür bestehenden öffentlich-rechtlichen Vorschriften steht. Dies wird auch deutlich, wenn man berücksichtigt, dass sich gem. § 57a Abs. 5 BBergG die Rechtswirkungen der bergrechtlichen Planfeststellung hinsichtlich der Belange der vom Vorhaben berührten privaten Dritten und Behörden auch auf die Zulassung und Verlängerung der zur Durchführung des Rahmenbetriebsplans erforderlichen weiteren Einzelbetriebspläne bis hin zum **Abschlussbetriebsplan** (!) erstrecken soll, soweit über die sich darauf beziehenden Einwendungen im Planfeststellungsverfahren entweder entschieden worden ist oder bei rechtzeitiger Geltendmachung hätte entschieden werden können. Auch diese Bestimmung zwingt zu einer Konzentration des relevanten Untersuchungsstoffes im frühen Stadium der Rahmenbetriebsplanzulassung. Um gleichwohl die notwendige Flexibilität des zur Entscheidung gestellten Rahmens für die nachfolgenden, ihn ausfüllenden Haupt- und Sonderbetriebspläne zu gewährleisten, sieht das Bundesberggesetz in § 57b Abs. 1 die **Zulassung des vorzeitigen Beginns** der Ausführung eines Vorhabens[47] vor sowie darüber hinaus in § 52 Abs. 2b die **abschnitts- und stufenweise Planfeststellung**,[48] mithin die Zulassung von Teilentscheidungen im Planfeststellungsverfahren, ähnlich den Teilentscheidungen des immissionsschutz- und atomrechtlichen Anlagenzulassungsrechts, Vorbescheid und Teilgenehmigung.[49] Ob die abschnitts- und stufenweise Planfeststellung im Bergrecht allerdings den Konflikt zwischen den bergbauspezifischen anfänglichen Kenntnislücken in Bezug auf die Auswirkungen eines Vorhabens und dem umfassenden und abschließenden Untersuchungsanspruch einer UVP in der Praxis wird lösen können, bleibt fraglich. Die **Abschnitts- und Stufenbildung** darf nämlich nach § 52 Abs. 2b BBergG gerade nicht die Einbeziehung der erheblichen Auswirkungen des »gesamten Vorhabens« auf die Umwelt gefährden. Abstriche an die Gesamthaftigkeit der Betrachtung sind damit ausgeschlossen.

3.3 Die Verfahrensschritte der UVP

29 Als unselbständiger Teil des bergrechtlichen Planfeststellungsverfahrens richtet sich die UVP nach den für die Planfeststellung geltenden Bestimmungen.

---

46 *Erbguth/Schink*, UVPG, § 18 Rn. 5a; siehe auch *Gaentzsch*, in: FS Sendler, 1991, 403, 407f., 414f.
47 Dazu unten § 18 Rn. 43 ff.
48 Dazu unten § 18 Rn. 46.
49 Dazu *Gaentzsch*, in: FS für Sendler, 403 (417ff.).

3.3.1 Behördliches Verlangen (§ 52 Abs. 2a Satz 1 BBergG)

Das Planfeststellungsverfahren beginnt mit dem behördlichen Verlangen nach § 52 Abs. 2a Satz 1 BBergG. Erhält die Bergbehörde Kenntnis von der Absicht eines Unternehmers, ein UVP-pflichtiges Vorhaben durchzuführen, muss sie den Unternehmer nach dieser Bestimmung auffordern, einen qualifizierten, im Wege der Planfeststellung zuzulassenden Rahmenbetriebsplan aufzustellen. Fehlt es an diesem »Verlangen«, muß für das jeweilige Vorhaben keine UVP durchgeführt werden. Der sog. **Verlangensbescheid** der Bergbehörde ist ein Verwaltungsakt, mit dem festgestellt wird, dass das Vorhaben der UVP-Pflicht unterliegt und der Unternehmer deshalb nicht mit der Zulassung von Betriebsplänen zur Durchführung seines Vorhabens rechnen kann, wenn nicht zuvor ein Rahmenbetriebsplan nach den Bestimmungen der §§ 52 Abs. 2a, 57a bis 57c BBergG aufgestellt und zugelassen worden ist.[50] Im Verlangensbescheid können – wenn der Kenntnisstand der Behörde hierfür ausreicht – bereits einzelne Anforderungen an Umfang und Gegenstände der UVP festgelegt werden. Regelmäßig wird die Bergbehörde frühzeitig durch den Unternehmer informiert sein und die Details des Untersuchungsrahmens erst nach Erlass des Verlangensbescheides und anschließendem **scoping-termin**, also nach der gem. § 52 Abs. 2a Satz 2 BBergG vorgesehenen gemeinsamen Erörterung des Untersuchungsrahmens, festlegen. Sie kann aber auch, insbesondere wenn ihr bereits ein ausgearbeiteter – aber gemessen an den Anforderungen einer UVP defizitärer – Rahmenbetriebsplan vorgelegt wird, im Verlangensbescheid erste Hinweise geben, welche weiteren Unterlagen für die Durchführung der UVP ggf. noch nachgereicht werden müssen. Besteht zwischen Unternehmer und Bergbehörde keine Einigkeit über die UVP-Pflichtigkeit des Vorhabens und hat der Unternehmer Betriebspläne im herkömmlichen Zulassungsverfahren vorgelegt, die Behörde deren Zulassung jedoch mit Hinweis auf das Erfordernis einer UVP versagt und stattdessen die Aufstellung eines obligatorischen Rahmenbetriebsplans verlangt, so muss der Verlangensbescheid angefochten und parallel dazu die Zulassung eines (Rahmen-, Haupt- oder Sonder-) Betriebsplans im Wege der Verpflichtungsklage angestrebt werden.

3.3.2 Erörterung über den Untersuchungsrahmen (§ 52 Abs. 2a Satz 2 BBergG)

Auf der Grundlage des Verlangens soll die Bergbehörde gem. § 52 Abs. 2a Satz 2 BBergG mit dem Unternehmer Gegenstand, Umfang und Methoden der UVP sowie sonstige prüfungserhebliche Fragen erörtern; hierzu können andere Behörden, Sachverständige und Dritte hinzugezogen werden. Diese Vorschrift entspricht der das Scoping-Verfahren allgemein regelnden Bestimmung in § 5 auch nach ihrer Änderung 2001. Die Erörterung des Untersuchungsrahmens in der bergrechtlichen Planfeststellung wie in den Verfahren nach § 5 dient der Klärung über die voraussichtliche Reichweite der Untersuchung der Umweltauswirkungen des Vorhabens.[51] Sie bietet dem Bergbaubetreibenden Hilfestellung bei der Vorbereitung und Zusammenstellung der für das Verfahren erforderlichen Unterlagen. Anders als im Hinblick auf die Verfahren, die sich nach § 5 richten, ist das *Scoping* in der bergrechtlichen UVP bereits ein Verfahrensschritt des Planfeststellungsverfahrens und nicht diesem vorgelagert, da das Verfahren mit dem vorausgehenden Verlangensbescheid, auf dessen Grundlage die Erörterung des Untersuchungsrahmens

---

50 *VG Lüneburg*, Urt. v. 7.3.1994 – 7 A 29/93 –, ZfB 135, 153 ff.; *Erbguth/Schink*, UVPG, § 18 Rn. 10a.
51 Zu Zweck und Bedeutung des scoping allgemein vgl. oben § 5 Rn. 3 f.

stattfinden soll, eingeleitet worden ist. Im Übrigen stimmen aber die Regelungen in § 5 und in § 52 Abs. 2 a Satz 2 BBergG ungeachtet der geringfügigen Unterschiede im Wortlaut inhaltlich im Wesentlichen überein, sodass auf die Kommentierung zu § 5 verwiesen werden kann. Die Bergbehörde hat dem Unternehmer insbesondere Auskunft über den Umfang der von ihm vorzulegenden Unterlagen zu geben, auch wenn die Vorschrift abweichend von § 5 nur die Erörterung des Untersuchungsrahmens, nicht auch ausdrücklich die Unterrichtung über dessen Umfang regelt. Dies kann aber nicht darüber hinweg täuschen, dass die Behörde im Anschluss an die Erörterung klare Aussagen zu den ihrer Auffassung nach erforderlichen Untersuchungen treffen muß.[52] Die Auffassung, wonach sich aus § 52 Abs. 2 a Satz 2 BBergG ergeben soll, dass die Erörterung des Untersuchungsrahmens in jedem Fall obligatorisch durchzuführen ist, also auch dann, wenn der Unternehmer auf diesen Verfahrensschritt aus welchen Gründen auch immer keinen Wert legt,[53] ist unzutreffend. Sie verkennt, dass das Scoping ein Instrument kooperativer Verfahrensgestaltung darstellt, dessen Nutzen sich nicht erzwingen lässt, sondern Gesprächsbereitschaft zwischen Behörde und Vorhabenträger – die im Regelfall auch gegeben ist – voraussetzt. Nach § 5 S. 1 kann die zuständige Behörde den Vorhabenträger allerdings nicht nur bei einem entsprechenden Ersuchen des Vorhabenträgers, sondern auch dann, wenn sie eine solche Unterrichtung für erforderlich hält, über voraussichtlich beizubringende Unterlagen unterrichten. Daran wird sie auch im bergrechtlichen Verfahren niemand abhalten wollen oder können, unabhängig davon, ob man § 5 S. 1 in diesem Verfahren für anwendbar hält, weil sich eine solche Kompetenz bereits aus dem allgemeinen Verfahrensermessen ergibt, das jeder Behörde bei der Gestaltung des von ihr zu führenden Verwaltungsverfahrens zusteht.

3.3.3 Unterlagen des Vorhabenträgers (§ 57 a Abs. 2 Satz 2 BBergG)

32 Maßgeblich für die Unterlagenbeibringungslast des Trägers eines UVP-pflichtigen Bergwerks sind die Vorschriften des Bergrechts. § 6, der in Abs. 3 und 4 allgemein und einheitlich bestimmt, welche Angaben die vom Vorhabenträger einzureichenden Unterlagen enthalten müssen, findet nach § 18 S. 2 zwar keine Anwendung, sondern wird durch Bestimmungen des Bundesberggesetzes und der UVPV-Bergbau verdrängt. Eine Anwendung des § 6 Abs. 3 und 4 käme in Betracht, wenn die bergrechtlichen Bestimmungen hinter den diesbezüglichen Anforderungen des UVP-Gesetzes zurückblieben. Im Einzelnen ergeben sich die Anforderungen an die im Rahmenbetriebsplanzulassungsverfahren eines UVP-pflichtigen Vorhabens beizubringenden Unterlagen aus § 57 a Abs. 2 Satz 2 und 3 BBergG i. V. m. § 2 der nach § 57 c Nr. 2 ergangenen UVPV Bergbau. In den genannten Bestimmungen entspricht das Bergrecht den Anforderungen des UVP-Gesetzes; wegen der Anforderungen im einzelnen wird daher auf die Kommentierung zu § 6 verwiesen.

33 Ebenso wie in § 6 werden auch im Bergrecht zwei Gruppen von Angaben des Unternehmers unterschieden: Angaben der ersten Gruppe müssen in jedem Fall geliefert werden (§ 57 a Abs. 2 Satz 2 BBergG, § 2 Abs. 1 UVPV Bergbau), Angaben der zweiten Gruppe nur unter bestimmten weiteren Voraussetzungen (§ 57 a Abs. 2 Satz 3 BBergG, § 2 Abs. 2 UVPV Bergbau). Während in § 57 a Abs. 2 Satz 2 und 3 BBergG, also auf der

---

52 Vgl. auch oben § 5 Rn. 8; ferner *Boldt/Weller*, Erg.Bd. BBergG, zu § 52 Rn. 36.
53 *Bohne*, ZfB 130, 93 (107); wie hier *Niermann*, Betriebsplan und Planfeststellung im Bergrecht, S. 134.

Ebene des förmlichen Gesetzes, die grundlegenden Anforderungen an die vorzulegenden Unterlagen aufgeführt werden, konkretisiert § 2 UVPV Bergbau, welche Angaben im Einzelnen entscheidungserheblich i.S. d. § 57a Abs. 2 Satz 2 und 3 BBergG sind. Dabei werden die Themengebiete, zu denen Angaben zu machen sind, allerdings weder im Gesetz noch in der Verordnung *enumerativ* aufgezählt, sondern nur beispielhaft (»insbesondere«) genannt. Die äußerste Grenze dessen, was an Unterlagen zulässigerweise vom Vorhabenträger verlangt werden kann, wird deshalb durch die Grundregeln der Sätze 2 und 3 des § 57a Abs. 2 BBergG gezogen: Nach § 57a Abs. 2 Satz 2 BBergG kommt es für die obligatorischen Angaben auf ihre Bedeutsamkeit für die Umweltverträglichkeitsprüfung an; § 57a Abs. 2 Satz 3 BBergG knüpft das Erfordernis weiterer Angaben an ihre im Blick auf die Umweltauswirkungen des Vorhabens anzunehmende Bedeutung sowie daneben an die Zumutbarkeit für den Vorhabenträger. Diese Bestimmungen stehen in einem zunächst auffallenden – aber, wie sich zeigen wird, bedeutungslosen – Gegensatz zur Regelung in § 6 Abs. 2, wonach die Entscheidungserheblichkeit *für die Zulässigkeit des Vorhabens* die Grenze für die Unterlagenbeibringungslast markiert. Da eine ausdrückliche Begrenzung der Unterlagenbeibringungspflicht durch das Kriterium der materiell-rechtlichen Erheblichkeit, wie in § 6 Abs. 2 allgemein vorgesehen,[54] den bergrechtlichen Bestimmungen nicht zu entnehmen ist, sondern stattdessen auf die Bedeutsamkeit der Angaben für die Umweltverträglichkeitsprüfung abgestellt wird, könnte gefolgert werden, dass vom Unternehmer im Rahmen des Zumutbaren alle Angaben ohne Rücksicht auf ihre Entscheidungserheblichkeit verlangt werden können, wenn sie nur Aufschluss über die Umweltverträglichkeit des geplanten Vorhabens geben. Gegen eine derartige Diskrepanz zwischen Entscheidungserheblichkeit einerseits und UVP-Bedeutsamkeit andererseits als Kriterien für die Bestimmung der Unterlagenbeibringungslast des Unternehmers spricht jedoch, dass die UVP unselbständiger Teil des bergrechtlichen Planfeststellungsverfahrens ist und aus diesem Grunde nur solche Unterlagen vom Vorhabenträger verlangt werden können, die nach Maßgabe des für die Planfeststellungsentscheidung bedeutsamen materiellen Rechts von Bedeutung sind.[55] Die bergrechtlichen Anforderungen an die Unterlagenbeibringungslast des Unternehmers sind deshalb nicht weiterreichender als die Anforderungen, die das UVP-Gesetz nach § 6 in anderen Zulassungsverfahren errichtet. Hingewiesen sei in diesem Zusammenhang auch noch einmal auf die begrenzte praktische Bedeutung, die § 52 Abs. 2a Satz 3 BBergG für das materielle Entscheidungsprogramm der bergrechtlichen Zulassung von Rahmenbetriebsplänen neuer Art spielt, weil von dieser Vorschrift nur solche Belange von Gewicht erfasst werden, die nicht bereits anderweitig gesetzlich geregelt sind.[56]

Der Rahmenbetriebsplan, den der Unternehmer vorzulegen hat, muss nicht nur alle nach § 57a Abs. 2 Sätze 2 und 3 BBergG erforderlichen Angaben enthalten, sondern hat darüber hinaus nach Satz 1 der Bestimmung auch den Anforderungen zu entsprechen, die sich aus den Voraussetzungen für die Durchführung des Planfeststellungsverfahrens unter Berücksichtigung der Antragserfordernisse für die vom Planfeststellungsbeschluss eingeschlossenen behördlichen Entscheidungen ergeben. Diese Vorschrift verlangt vom Unternehmer, alle Unterlagen zu beschaffen und im Rahmenbetriebsplan vorzulegen, die

---

54 Dazu oben § 6 Rn. 11.
55 So auch *Boldt/Weller*, Erg.Bd. BBergG, zu § 52 Rn. 38.
56 Vgl. oben § 18 Rn. 25; i.Erg. ebenso *v. Mäßenhausen*, ZfB 135, 119 (128) m.w.Nachw.

er zur ordnungsgemäßen Antragstellung in jenen Verfahren zusammenstellen und einreichen müsste, die wegen der Konzentrationswirkung von der bergrechtlichen Planfeststellungsentscheidung ersetzt werden. Damit ist sichergestellt, dass die Bergbehörde über die Entscheidungsgrundlagen verfügt, die sie zur Prüfung der materiellen Voraussetzungen der »fachfremden« Entscheidungen benötigt, über die sie im Planfeststellungsbeschluss mit entscheidet.

35 Nach dem Vorbild des § 5 Satz 4 verpflichtet § 57a Abs. 3 Satz 1 BBergG alle am Verfahren beteiligten Behörden einschließlich der Planfeststellungsbehörde, dem Unternehmer die ihnen zugänglichen zweckdienlichen Informationen zur Verfügung zu stellen. Der Unternehmer kann sich zu diesem Zweck selbst unmittelbar an die entsprechenden Behörden wenden. Diese haben zu prüfen, ob sie über Informationen (Gutachten, Karten, Statistiken, sonstige Unterlagen) verfügen, die für die Durchführung der UVP für das in Rede stehende Vorhaben zweckdienlich sind. **Dieser Informationsanspruch** des Bergbaubetreibenden besteht gegenüber allen verfahrensbeteiligten Behörden, auch wenn § 5 Satz 4 den Anspruch auf die für die UVP zuständige Behörde bezieht. Zur allgemeinverständlichen Zusammenfassung, die der Unternehmer gem. § 57a Abs. 2 Satz 5 BBergG vorzulegen hat, wird auf die Kommentierung zu § 6 verwiesen.[57]

3.3.4 Behörden- und Öffentlichkeitsbeteiligung

36 Für die Einbeziehung von Behörden und Öffentlichkeit in das Planfeststellungsverfahren gelten die Bestimmungen des § 73 VwVfG. Die Geltung des § 54 Abs. 2 BBergG über die Behördenbeteiligung im Betriebsplanverfahren herkömmlicher Art wird in § 57a Abs. 1 Satz 1 BBergG ausdrücklich ausgeschlossen. Da die – rudimentäre und an zu enge Voraussetzungen geknüpfte – Regelung über die Beteiligung Dritter in § 48 Abs. 2 BBergG eine umfassende **Öffentlichkeitsbeteiligung**, wie sie die UVP fordert, nicht gewährleistet, wird auch diese Regelung im Planfeststellungsverfahren durch die Bestimmungen des Verwaltungsverfahrensgesetzes verdrängt.[58] Maßgeblich für die Beteiligung der Öffentlichkeit ist damit das in § 73 Abs. 3–9 VwVfG geregelte Anhörungsverfahren.

37 Nach vollständiger Vorlage des Rahmenbetriebsplans einschließlich aller Unterlagen durch den Unternehmer holt die Bergbehörde die Stellungnahme der Behörden ein, deren Aufgabenbereich durch das geplante Vorhaben berührt wird, § 73 Abs. 2 VwVfG. In den Kreis der nach dieser Vorschrift zu beteiligenden Behörden fallen auch die Gemeinden, wenn und soweit sie vor allem als **Standortgemeinden** entweder in Selbstverwaltungsangelegenheiten (Planungshoheit) oder auch im übertragenen Wirkungskreis staatlicher Aufgabenwahrnehmung (etwa als Denkmalschutz- oder Straßenbehörde) berührt werden. Die ursprünglich in § 57a Abs. 1 Satz 3 des Regierungsentwurfs vorgesehene Regelung, die den Gemeinden das Einvernehmenserfordernis des § 36 BauGB auch im Falle der bergrechtlichen Planfeststellung gesichert hätte, wurde auf Empfehlung des Wirtschaftsausschusses gestrichen,[59] sodass sich die rechtliche Stellung der Gemeinden auf ein schlichtes Anhörungsrecht beschränkt. Da die Vorschrift des § 73 Abs. 2 VwVfG im Übrigen mit § 7 übereinstimmt, kann insoweit auf die dortige Kommentierung verwiesen werden.

---

57 Rn. 24.
58 Vgl. auch amtl. Begr. BT-Drs. 11/4015, S. 10.
59 Vgl. BT-Drs. 11/5601, S. 16.

Bergrechtliche Verfahren § 18

Eine **grenzüberschreitende Behördenbeteiligung** sieht § 57a Abs. 6 BBergG vor. Die Bergbehörde hat die zuständigen Behörden eines anderen Mitgliedstaates der Europäischen Union zu unterrichten, wenn das Vorhaben dort erhebliche Umweltauswirkungen haben kann. Dasselbe gilt unter der Voraussetzung der Grundsätze von Gegenseitigkeit und Gleichwertigkeit auch für übrige Nachbarstaaten. Einzelheiten der grenzüberschreitenden Behördenbeteiligung ergeben sich aus § 3 UVP-V Bergbau; im Übrigen sei auf die Kommentierung des § 8 verwiesen. 38

Die **Beteiligung der Öffentlichkeit** folgt den Regelungen über das Anhörungsverfahren nach § 73 Abs. 3–9 VwVfG. Auch insoweit kann an dieser Stelle auf die Kommentierung der entsprechenden Regelungen des UVP-Gesetzes (§ 9) Bezug genommen werden. Ergänzend sei angemerkt, dass das BBergG keine der Vorschrift des § 9 Abs. 1 Satz 3 entsprechende Bestimmung enthält, wonach im Falle einer nachträglichen Änderung der Unterlagen des Vorhabenträgers (nur dann) von einer erneuten Anhörung abgesehen werden kann, wenn nach ihrem Inhalt mit keinen zusätzlichen oder anderen erheblichen Auswirkungen auf die Umwelt zu rechnen ist. Dieser **Fall der nachträglichen Änderung der Antragsunterlagen** wird auch nicht von der allgemeinen Regelung in § 73 Abs. 8 VwVfG erfasst, da in dieser Bestimmung nicht als entscheidend für die ggf. erforderliche Nacherörterung auf die Umweltauswirkungen, sondern auf die Behördenbetroffenheit und Drittbeeinträchtigung abgestellt wird. Da die Öffentlichkeitsbeteiligung im Rahmen der UVP jedoch – jenseits der herkömmlichen Rechtsschutzfunktionen der Partizipation – vor allem der Verwirklichung eines vorsorgenden Umweltschutzes zu dienen hat, wird man auch ohne unmittelbaren Rückgriff auf § 9 Abs. 1 Satz 3 aus allgemeiner Erwägung heraus eine Nacherörterung nachgereichter oder geänderter Unterlagen des Vorhabenträgers für erforderlich halten müssen, wenn – und nur wenn – sie Anlass zur Sorge geben, dass das Vorhaben nunmehr erhebliche Umweltauswirkungen entfalten könnte, die bislang noch nicht betrachtet und erörtert worden sind. Eine grenzüberschreitende Öffentlichkeitsbeteiligung ist in § 73 VwVfG nicht vorgesehen. Über § 4 ist insoweit § 9a heranzuziehen. § 18 S. 2 ist insoweit einengend auszulegen, weil sich sein Ausschluss von Bestimmungen des UVPG nur auf solche Regelungen bezieht, die keine weiterreichenden Anforderungen regeln. Das in § 2 Abs. 1 S. 3 ausdrücklich erwähnte Verfahren zur Beteiligung der Öffentlichkeit schließt auch eine grenzüberschreitende Öffentlichkeitsbeteiligung ein. § 2 Abs. 1 S. 3 wird durch § 18 S. 2 ohnehin nicht ausgeschlossen. 39

3.3.5 *Zusammenfassende Darstellung*

Als Grundlage für die von der Bergbehörde vorzunehmende und die UVP abschließende Bewertung der Umweltauswirkungen des Vorhabens ist gemäß § 57a Abs. 4 Satz 3 BBergG eine **zusammenfassende Darstellung der Umweltauswirkungen** zu erarbeiten. Die Vorschrift enthält hierfür – anders als § 11 – keine weiteren Vorgaben.[60] Unter der Geltung des § 2 Abs. 1 ist jedoch davon auszugehen, dass die zusammenfassende Darstellung als Bewertungsgrundlage nur dienen kann, wenn sie alle wesentlichen Angaben enthält, auf die es im Rahmen der Bewertung der Umweltauswirkungen des Vorhabens ankommt. Es ist dabei auf sämtliche Erkenntnisquellen des vorangegangenen Verfahrens zurückzugreifen. Maßgebliche Erkenntnisse liefern die vom Vorhabenträger vorgelegten Unterlagen, die Stellungnahmen der beteiligten Behörden sowie die im 40

---

60 Kritisch dazu *Frenz*, Bergrecht, S. 92.

Rahmen der Erörterung abgegebenen Äußerungen der Öffentlichkeit. Auch die Ergebnisse eigener Ermittlungen sind in der zusammenfassenden Darstellung – selbstverständlich – zu berücksichtigen. Im Ergebnis unterliegt die zusammenfassende Darstellung in der bergrechtlichen UVP somit denselben Anforderungen wie in anderen Verfahren, die sich nach § 11 richten,[61] sodass auf die Kommentierung zu dieser Bestimmung verwiesen werden kann.

3.3.6 Bewerten und Berücksichtigen

41 Auch die Bewertung der Umweltauswirkungen eines Vorhabens und ihre Berücksichtigung in der bergrechtlichen Planfeststellungsentscheidung ist im Bundesberggesetz nicht speziell geregelt. Auch hier führt die Lösung der aufgeworfenen Fragen wie im Falle der bergrechtlich ebenfalls unzureichend geregelten zusammenfassenden Darstellung über die Grundvorschriften der – Geltung beanspruchenden – §§ 1, 2 Abs. 1 Satz 2 und über an Zweck und Bedeutung der UVP ausgerichtete allgemeine Überlegungen.

42 Mit dem insoweit eindeutigen § 1 ist dabei davon auszugehen, dass das **Bewerten** der Umweltauswirkungen als ein selbständiger Verfahrensschritt von der Berücksichtigung des Ergebnisses der Bewertung im Rahmen der Zulassungsentscheidung zu unterscheiden ist. Trennt man diese beiden Vorgänge und anerkennt man ihre jeweils unterschiedliche Funktion, wie es nach der klaren gesetzlichen Unterscheidung in § 1 bereits nahe liegt, führt dies zu der Erkenntnis, dass der Bewertungsvorgang – soll er sich von der schlichten Subsumtion unter Zulassungsvoraussetzungen des jeweiligen Fachrechts unterscheiden – zumindest *auch* anhand anderer, zusätzlicher Kriterien zu erfolgen hat als die notwendig allein durch das Zulassungsrecht gesteuerte Berücksichtigung der Bewertungsergebnisse. Während sich die Berücksichtigung der Ergebnisse einer UVP also ausschließlich am Maßstab der materiell-rechtlichen Anforderungen in den einschlägigen Fachgesetzen zu vollziehen hat, sprechen überzeugende Gründe entgegen einer zu § 12 vertretenen Auffassung[62] dafür, dass die Bewertung der Umweltauswirkungen eines Vorhabens ein jedenfalls *auch* an außerrechtlichen Maßstäben ausgerichtetes Verfahren ist, in dem auf der Grundlage naturwissenschaftlicher Erkenntnisse eine letztlich politisch-wertende Entscheidung über die Relevanz eines zuvor abgeschätzten Umweltrisikos getroffen wird.[63] Gilt dies nach hier vertretener Auffassung bereits im Anwendungsbereich des insoweit Miss- und Fehlverständnisse auslösenden § 12,[64] so erscheint dies für die bergrechtliche Planfeststellung, bei der wegen des Geltungsausschlusses des § 12 unmittelbar auf die viel klarere Unterscheidung zwischen Bewerten und Berücksichtigen in den Grundbestimmungen des UVP-Gesetzes zurückgegriffen werden kann, erst recht überzeugend. Die andernorts vertretene Auffassung, wonach sich das Bewerten und Berücksichtigen nach denselben – rechtlich vermittelten –

---

61 So auch *Boldt/Weller*, Erg.Bd. BBergG, zu § 57a Rn. 66f.
62 Vgl. *Bohne*, Grundprobleme des UVPG, S. 26; *Feldmann*, UPR 1991, 127 (129); *Schink*, StuGR 1992, 176 (189); vgl. auch die amtl. Begr. zu § 12, BT-Drs. 11/3919, S. 27.
63 Vgl. die Stellungnahme des Rates von Sachverständigen für Umweltfragen zur Umsetzung der EG-Richtlinie, DVBl. 1988, 21 (26); ferner oben § 12 Rn. 29ff.; *Beckmann*, DVBl. 1993, 1335ff.; zur Bedeutung von Umweltstandards bei der Bewertung von Umweltauswirkungen im Rahmen der Umweltverträglichkeitsprüfung *Bönker*, Umweltstandards, S. 140ff.
64 Vgl. oben § 12 Rn. 28ff.

Kriterien (des Zulassungsrechts) zu richten habe und sich daher als zwei verschiedene Verfahrensschritte nicht begreifen oder handhaben ließen,[65] ist daher abzulehnen.

3.4 Verfahrensstufung

3.4.1 Vorzeitiger Beginn (§ 57b Abs. 1 BBergG)

Das Instrument des vorzeitigen Beginns, nach den Vorbildern in §§ 9a WHG, 7a AbfG und 15a BImSchG in das bergrechtliche Planfeststellungsverfahren übernommen, bewirkt keine Verfahrensstufung im eigentlichen Sinne, sondern erlaubt lediglich vorläufige Maßnahmen in Bezug auf das Vorhaben vor Abschluss des Rahmenbetriebsplanverfahrens neuer Art. Die Zulassung des vorzeitigen Beginns kommt auf Antrag des Unternehmers in Betracht, wenn das Planfeststellungsverfahren eingeleitet aber noch nicht abgeschlossen ist; es muss soweit fortgeschritten sein, dass die Behörde die im Einzelnen in Nr. 1 bis 4 des § 57b Abs. 1 BBergG geregelten Voraussetzungen des vorzeitigen Beginns als gegeben feststellen kann.

43

Die Zulassung des vorzeitigen Beginns ersetzt keine andere bergbehördliche Entscheidung, insbesondere nicht den späteren Planfeststellungsbeschluss oder Teile von ihm. Sie regelt die vorzeitige »Ausführung des Vorhabens«, § 57b Abs. 1 BBergG. Daraus wurde der Schluss gezogen, dass mit der Zulassung des vorzeitigen Beginns eine vorläufige Regelung in Bezug auf den im Planfeststellungsverfahren zur Zulassung gestellten Rahmenbetriebsplan getroffen würde und, da der Rahmenbetriebsplan selbst nicht zur Ausführung des Vorhabens berechtige, dass auch mit dieser vorläufigen Entscheidung keine über den Rahmenbetriebsplan hinausreichende Rechtswirkung ausgelöst werden könnte.[66] Diese Auffassung ist abzulehnen, da sie dem Sinn der durch § 57b Abs. 1 BBergG beabsichtigten Erleichterungen im Planfeststellungsverfahren widerspricht und im Übrigen einem Irrtum darüber unterliegt, was unter einem bergbaulichen »Vorhaben« im Sinne des Bundesberggesetzes zu verstehen ist. Nach zutreffender Ansicht ist das »Vorhaben« in § 57b Abs. 1 BBergG nicht der zur Zulassung gestellte Rahmenbetriebsplan, sondern der beabsichtigte bergbauliche Betrieb, auch wenn nach der Gesetzesfassung in § 52 Abs. 2a BBergG nicht er, sondern der Rahmenbetriebsplan im Wege der Planfeststellung zugelassen wird. Dies ergibt sich aus § 52 Abs. 2a BBergG, der auf die UVP-pflichtigen »Vorhaben« nach § 57c BBergG verweist. Dessen Absatz 1 Nr. 1 spricht von »betriebsplanpflichtigen Vorhaben«, woraus erhellt, dass nicht der Betriebsplan das »Vorhaben« ist. Die auf der Grundlage dieser Vorschrift ergangene UVP-V Bergbau schließlich greift ebenfalls dieses Verständnis auf und bestimmt in § 1 die im Einzelnen aufgeführten bergbaulichen Betriebe als »betriebsplanpflichtige Vorhaben«, die der UVP bedürfen. Die Zulassung des vorzeitigen Beginns hat daher bereits (erste) tatsächliche Ausführungsarbeiten des betriebsplanpflichtigen bergbaulichen Betriebs zum Gegenstand, nicht indessen eine vorläufige Regelung von Inhalten des Rahmenbetriebsplans. Sie berechtigt unmittelbar zu solchen tatsächlichen Durchführungsmaßnahmen, sofern diese konkret bezeichnet und zur Zulassung gestellt worden sind. Da die Ausführung bergbaulicher Vorhaben zwingend einen Hauptbetriebsplan erfordert, wird im Ergebnis ein Hauptbetriebsplan – ggf. ergänzt durch

44

---

[65] *Boldt/Weller*, Erg.Bd. BBergG, zu § 57a Rn. 70.
[66] *Boldt/Weller*, Erg.Bd. BBergG, zu § 57b Rn. 4.

einen oder mehrere Sonderbetriebspläne – mit im Einzelnen genau umschriebenen und begrenzten Maßnahmen zur Durchführung des beabsichtigten Vorhabens aufzustellen und der Bergbehörde vorzulegen sein. Sie lässt diesen Hauptbetriebsplan ganz oder teilweise bei Vorliegen der in Nr. 1 bis Nr. 4 geregelten Voraussetzungen unter dem gesetzlich zwingend vorgesehenen Vorbehalt des Widerrufs *im Wege* des vorzeitigen Beginns zu. Demnach bedarf es *nach* der Zulassung des vorzeitigen Beginns keines Hauptbetriebsplans.[67] Dieser ist vielmehr bereits Gegenstand der nach § 57b Abs. 1 BBergG ergehenden Entscheidung. Allein dieses Verständnis wird dem der Vorschrift erkennbar zugrunde liegenden Willen gerecht, ein Instrument einzuführen, das unter bestimmten Voraussetzungen eine beschleunigte Realisierung des Vorhabens ermöglicht. Die Vorschrift lockert letztlich das im Falle der bergbaulichen Planfeststellung bestehende Abhängigkeitsverhältnis zwischen obligatorischem Rahmenbetriebsplan und nachfolgenden Haupt- und Sonderbetriebsplänen.[68]

45 Die Voraussetzungen, unter denen der vorzeitige Beginn zugelassen werden kann (Ermessen!), sehen im Einzelnen vor, dass der Unternehmer mit einem positiven Ausgang des Planfeststellungsverfahrens rechnen kann (Nr. 1), dass eine nicht wiedergutzumachende Beeinträchtigung von Natur und Landschaft nicht zu besorgen ist (Nr. 2), an dem vorzeitigen Beginn ein öffentliches Interesse – insbesondere: Sicherstellung einer ausreichenden Rohstoffversorgung – oder ein berechtigtes Interesse des Unternehmers besteht (Nr. 3) *und* – diese Voraussetzung muss kumulativ zu einer der vorgenannten hinzutreten – dass der Unternehmer sich verpflichtet, alle bis zur Entscheidung »durch die Ausführung des Vorhabens« verursachten Schäden zu ersetzen und, im Falle der Nichtzulassung des Rahmenbetriebsplans, den früheren Zustand wiederherzustellen.[69]

3.4.2 Abschnitts- und Stufenbildung (§ 52 Abs. 2b BBergG)

46 Um bei größeren Bergbauvorhaben eine sinnvolle Abschichtung des komplexen Entscheidungsprogramms zu ermöglichen, sieht § 52 Abs. 2b BBergG eine abschnitts- und stufenweise Aufstellung und Zulassung des obligatorischen Rahmenbetriebsplans vor.[70] Voraussetzung ist, dass das Vorhaben wegen seiner räumlichen Ausdehnung oder zeitlichen Erstreckung in selbständigen Abschnitten oder Stufen verwirklicht werden soll und dass die Abschnitts- und Stufenbildung nicht die erforderliche Einbeziehung der erheblichen Auswirkungen des »gesamten Vorhabens« auf die Umwelt ganz oder teilweise verunmöglicht. Letztere Voraussetzung dürfte regelmäßig schwer zu beurteilen sein, da oftmals gerade wegen der Größe und voraussichtlichen Dauer des Vorhabens keine verlässlichen Aussagen zu den mutmaßlich erheblichen Auswirkungen des Vorhabens möglich erscheinen. Die Entscheidung über die Abschnitts- und Stufenbildung liegt beim Unternehmer, der durch seinen Rahmenbetriebsplan das Vorhaben oder

---

67 So *Boldt/Weller*, Erg.Bd. BBergG, zu § 57b Rn. 4.
68 Außerhalb des Anwendungsbereichs des § 52 Abs. 2a BBergG besteht keine »Akzessorietät« des Hauptbetriebsplans in dem Sinne, dass ihm zwingend ein Rahmenbetriebsplan vorausgegangen sein müsste; so zutreffend *VG Lüneburg*, v. 7.3.1994 – 7 A 42/93 –, ZfB 135, 153 ff.; vgl. auch oben § 18 Rn. 22.
69 Zu den Voraussetzungen vgl. *Boldt/Weller*, Erg.Bd. BBergG, zu § 57b Rn. 3.
70 Zur Problematik der hierdurch ggf. in ihrer Gesamthaftigkeit in Frage gestellten UVP vgl. bereits oben § 18 Rn. 28 a. E.

dessen Abschnitte und Stufen bestimmt. Das Vorliegen der Voraussetzungen hat die Bergbehörde zu prüfen.

3.4.3 Vorbescheid und Teilgenehmigung (§ 57b Abs. 2 BBergG)

Vorschriften über Vorbescheid und Teilgenehmigungen in anderen Fachgesetzen, nach denen sich die von der bergrechtlichen Planfeststellung umfassten Entscheidungen richten, finden gem. § 57b Abs. 2 BBergG im bergrechtlichen Planfeststellungsverfahren Anwendung. Über sie entscheidet die für die Planfeststellung zuständige Bergbehörde. Die Regelungen in Nr. 1 und Nr. 3 der Vorschrift entsprechen den in § 13 getroffenen Regelungen, mit denen sichergestellt wird, dass sich die UVP je nach Planungsstand des gestuften Verfahrens auf die in der jeweiligen Teilentscheidung erfassten Gegenstände zu erstrecken hat und im Übrigen im weiteren Verfahren auf die Untersuchung der auf der jeweiligen Stufe relevanten zusätzlichen Umweltauswirkungen zu beschränken ist.[71] Schwierigkeiten bereitet das richtige Verständnis der in Nr. 2 der Vorschrift getroffenen Regelung: Danach ist – im Falle der Anwendung der Vorschriften über Vorbescheid oder Teilgenehmigung – »eine abschließende Entscheidung im Planfeststellungsbeschluss vorzubehalten«. *Boldt/Weller* verstehen diese Bestimmung so, dass die Behörde »in der Entscheidung über den Vorbescheid oder die Teilgenehmigung« ausdrücklich eine abschließende Entscheidung im Planfeststellungsbeschluß vorzubehalten hat.[72] Danach erginge die jeweilige Teilentscheidung vorbehaltlich und damit *vor* Erlass der noch ausstehenden Planfeststellungsentscheidung. Vorbescheid und Teilgenehmigung – etwa nach dem Bundes-Immissionsschutzgesetz – wären in dieser Sicht nicht vom Planfeststellungsbeschluss eingeschlossen (konzentriert), sondern selbständige, gesondert ergehende Entscheidungen, zu deren Erlass die Bergbehörde berufen wäre, wenn und solange ihr ein bergbauliches Vorhaben, das gleichzeitig einer immissionsschutzrechtlichen Genehmigung bedarf, zur rahmenbetriebsplanmäßigen Zulassung vorliegt. Dieser Auffassung kann nicht gefolgt werden. Nach dem Wortlaut der Bestimmung nahe liegend ist eine Regelung, wonach der bergrechtliche Planfeststellungsbeschluss unter Einschluss eines Vorbescheids oder einer Teilgenehmigung ergehen kann. In ihm ist hinsichtlich der noch nicht ergangenen, aber notwendigen weiteren fachgesetzlichen Entscheidungen ein Vorbehalt auszusprechen. Die Planfeststellung ergeht mithin vorbehaltlich der weiteren Teilentscheidungen nach dem außerbergrechtlichen Fachgesetz. Praktische Bedeutung wird die Vorschrift insbesondere im Falle der Abschnitts- oder Stufenbildung nach § 52 Abs. 2b BBergG entfalten.

4 Vorgelagerte Verfahren

4.1 Raumordnungsverfahren

Soweit dem bergrechtlichen Planfeststellungsverfahren ein Raumordnungsverfahren vorgelagert ist, für das nach Landesrecht eine UVP erster Stufe durchzuführen ist, vollzieht sich die UVP in zwei Stufen. Wegen der Einzelheiten einer UVP im Raumordnungsverfahren und zum Verhältnis zur UVP in nachgelagerten Zulassungsverfahren kann auf die Kommentierung zu § 16 verwiesen werden, da sich aus dem Bergrecht insoweit keine Besonderheiten ergeben.

---

71 Vgl. i. E. oben die Kommentierung zu § 13.
72 *Boldt/Weller*, Erg.Bd. BBergG, zu § 57b Rn. 8.

4.2 Sonstige Planungsverfahren

49 Eine Sonderregelung, nach der ausnahmsweise ein raumordnerisches Verfahren mit UVP die Planfeststellung mit erneuter UVP entbehrlich werden lässt, sieht § 52 Abs. 2 b Satz 2 BBergG vor, wenn nach landesrechtlichen Bestimmungen ein besonderes Verfahren im Sinne des § 54 Abs. 2 Satz 3 BBergG – wie in NRW in Gestalt des **Braunkohlenplanverfahrens** nach § 24 LPlG NW – existiert und in diesem Verfahren die Durchführung einer UVP gewährleistet ist, die den insoweit bestehenden Anforderungen des Bundesberggesetzes genügt. Soweit diese Voraussetzungen vorliegen, bedarf es keiner bergrechtlichen Planfeststellung und auch keiner weiteren UVP nach Maßgabe des Bundesberggesetzes mehr.[73] Das gilt allerdings nicht für Braunkohlenplanungen anderer Bundesländer, für die eine UVP rechtlich nicht vorgeschrieben ist. Entscheidend ist insoweit nicht, ob tatsächlich eine UVP durchgeführt worden ist, sondern ob eine gesetzliche Verpflichtung besteht.[74]

5 Übergangsbestimmungen

5.1 Art. 2 des Gesetzes vom 12.2.1990

50 Nach der Überleitungsbestimmung in Art. 2 des Gesetzes vom 12.02.1990 gelten die neuen Vorschriften des Berggesetzes bei Vorhaben, über deren Zulässigkeit nach bisherigem Recht auch unter Einbeziehung der Öffentlichkeit entschieden wird, nur, soweit am 1.8.1990 noch keine öffentliche Bekanntgabe des Vorhabens erfolgt ist. Im Übrigen soll das Zulassungsverfahren nach bisherigem Recht – also ohne UVP – fortgeführt werden, wenn es zum 1.8.1990 bereits begonnen wurde. Diese Übergangsregelungen dürften mit Blick auf die Entscheidung des *EuGH* v. 9.8.1994 als richtlinienwidrige Bestimmungen zu gelten haben, soweit mit ihnen Vorhaben, die nach dem Ablauf der in Art. 12 Abs. 1 UVP-RL vorgesehenen Umsetzungsfrist (also nach dem 3.8.1988) begonnen worden sind, von der UVP-Pflicht ausgenommen werden.[75] Für Projekte, bei denen das Genehmigungsverfahren vor dem 3.7.1988 eingeleitet worden ist und zu diesem Zeitpunkt Art. 2 des Bergrechtsänderungsgesetzes geht in gleicher Weise wie § 52 Abs. 2 a und 57 c BBergG von einem Vorhabenbegriff aus, der nicht bloß gegenständlich oder zeitlich begrenzte Teilausschnitte meint, wie sie Gegenstand des sog. fakultativen Rahmenbetriebsplans gemäß § 52 Abs. 2 BBergG sein können. Sinn und Zweck der Einführung des Planfeststellungsverfahrens für die Zulassung des obligatorischen Rahmenbetriebsplans ist es, dass ein Vorhaben, das bestimmte Kriterien erfüllt, für die Beurteilung der Umweltauswirkungen als Ganzes in den Blick genommen wird und Gegenstand des Verfahrens ist. Demzufolge läge es im Übrigen aber fern, die Fortführung bereits teilweise genehmigter und durchgeführter Vorhaben im Nachhinein der Umweltverträglichkeitsprüfung und einem Planfeststellungsverfahren zu unterwerfen. Eine so weit gehende Anwendung des neuen Rechts auf teilweise abgeschlossen

---

73 Vgl. *Boldt/Weller*, Erg.Bd. BBergG, zu § 52 Rn. 76 ff.
74 *Erbguth/Schink*, UVPG, § 18 Rn. 5 a; OVG Brandenburg, Urt. v. 28.6.2001 – 4 A 115/99 –, Bl. 30 f.
75 *EuGH*, v. 9.8.1994 – Rs. C-396/92 –, DVBl. 1994, 1126; *Erbguth/Schink*, UVPG, § 18 Rn. 5 b.

Tatbestände wäre ungewöhnlich und hätte einer entsprechenden Aussage des Gesetzgebers bedurft.[76]

5.2 Überleitungsregelung nach dem Einigungsvertrag für das Beitrittsgebiet

Der **Einigungsvertrag** enthält in Anlage I Kapitel V Sachgebiet D Abschnitt III Nr. 1 Buchstabe h Doppelbuchstabe bb), im Folgenden stets **Doppelbuchst. bb)**, eine Übergangsregelung für das Beitrittsgebiet, mit der im Hinblick auf die Erfordernisse der UVP in ähnlicher Weise wie in Art. 2 der Bergrechtsnovelle 1990 der Bestandsschutz bereits begonnener oder sich in der Phase der Zulassung befindender Bergbaubetriebe sichergestellt werden sollte. Danach gilt § 52 Abs. 2a BBergG nicht für Vorhaben, bei denen das Verfahren zur Zulassung des Betriebes, insbesondere zur Genehmigung eines technischen Betriebsplanes, am Tage des Wirksamwerdens des Beitritts bereits begonnen war. Aus dieser Überleitungsbestimmung ergibt sich für Tagebaue in den neuen Bundesländern eine Befreiung von der durch § 52 Abs. 2a BBergG eingeführten UVP-Pflicht für Gesamtvorhaben, bei denen das Verfahren zur Zulassung des Betriebs am 3.10.1990 nach Maßgabe des seinerzeit geltenden DDR-Rechts bereits begonnen worden war.[77] Das VG Weimar hat in einem Beschluss vom 16.9.1993 angenommen, die Vorschrift erfasse nur Vorhaben, die sich am Stichtag im Verfahren zur Zulassung eines technischen Betriebsplans befanden.[78] Als Vorhaben wurde in dieser Entscheidung nur das angesehen, was im sog. technischen Betriebsplan des Bergrechts der DDR beschrieben war. Da technische Betriebspläne im Recht der DDR – ähnlich wie Hauptbetriebspläne nach dem Bundesberggesetz – nur für einen begrenzten Zeitraum aufgestellt wurden und damit regelmäßig nur einen bestimmten Betriebsabschnitt eines größeren Vorhabens umfaßten, hätte diese Auffassung zur Folge, dass die Befreiung von der UVP-Pflicht nach dem Einigungsvertrag bei größeren Vorhaben praktisch ins Leere laufen würde. Denn folgt man der Auffassung des *VG Weimar*, müsste mit Ablauf des jeweils noch von dieser Regelung erfassten Betriebsabschnitts für das weitere Vorhaben, wenn es die Voraussetzungen nach § 1 UVP-V Bergbau erfüllt, ein Rahmenbetriebsplan mit UVP aufgestellt werden. Ein kontinuierlich über den Zeitpunkt des 3.1.1990 ausgeführtes Gesamtvorhaben wäre nach dieser Auslegung aufgespalten worden in ein Altvorhaben, genehmigt nach ehemaligem Recht der DDR und befristet übergeleitet nach dem Einigungsvertrag, und in der Fortsetzung über den Zeitpunkt des Ablaufs des letzten technischen Betriebsplanes hinaus als ein neues Vorhaben, das nunmehr, ohne in den Genuss der Übergangsregelung zu kommen, nach den Anforderungen des § 52 Abs. 2a BBergG hätte zugelassen werden müssen. Da die Fortgeltung technischer Betriebspläne, die noch vor dem Wirksamwerden der Deutschen Einheit von den Bergbehörden der DDR zugelassen worden waren, zudem in einer weiteren Regelung des Einigungsvertrages – Doppelbuchst. aa) der oben genannten Regelung – auf den 31.12.1991 begrenzt wurde, hätte man nach der vom *VG Weimar* vertretenen Auffassung für jeden in den neuen Ländern bestehenden Bergbaubetrieb, der die Kriterien der UVP-Pflicht erfüllt, nach dem 31.12.1991 einen

51

---

76 *BVerwG*, Urt. v. 2.11.1995 – 4 C 14.94 –, BVerwGE 100, 1, 7; *OVG Brandenburg*, Urt. v. 28.6.2001 – 4 A 115/99 –, Blatt 32f.
77 *OVG Brandenburg*, B. v. 16.5.1995 – 4 B 20/95 –, ZfB 136 (1995), 199ff.; B. v 28.9.2000 – 4 B 130/00 –, ZfB 141 (2000), 297ff.; *Kühne*, Bergrechtlicher Rahmenbetriebsplan, S. 71f.
78 V. 16.9.1993 – 7 E 372/93 –, ZfB 135, 53ff.; dazu *Weller*, ZfB 135, 1ff.

obligatorischen Rahmenbetriebsplan aufstellen und zur Zulassung stellen müssen. Nach richtiger Auffassung erfasst die Regelung in Doppelbuchst. bb) jedoch das Gesamtvorhaben, das sich zu einem bestimmten Stichtag (3.10.1990) in einer beliebigen Phase des Zulassungsverfahrens nach dem Bergrecht der DDR befand oder das zu diesem Zeitpunkt bereits nach jener Rechtslage zugelassen worden war. Als Zulassungsverfahren im Sinne der Regelung des Doppelbuchst. bb) gelten nicht nur die auf Zulassung technischer Betriebspläne gerichteten Verfahren, was schon durch das »insbesondere« in Doppelbuchst. bb) zum Ausdruck gelangt, sondern auch die diesen regelmäßig vorangegangenen Verfahren nach § 6 Abs. 3 InvestitionsVO[79] in deren Verlauf die Grundsatzentscheidung über die Durchführung des Gesamtvorhabens getroffen wurde.[80] Unter EG-rechtlicher Perspektive dürften die Regelungen des Einigungsvertrages in Doppelbuchst. bb) selbst unter Berücksichtigung der genannten Entscheidung des *EuGH* v. 9.8.1994[81] keine Bedenken auslösen. Dort hatte der EuGH zunächst entschieden, dass ein Mitgliedstaat keine Projekte im Wege einer Übergangsvorschrift von der UVP-Pflicht ausnehmen dürfe, für die das Genehmigungsverfahren vor In-Kraft-Treten des nationalen Gesetzes aber nach Ablauf der in der Richtlinie bestimmten Umsetzungsfrist des 3.7.1988 eingeleitet wurde. Die weitergehende Frage, was mit Vorhaben zu geschehen habe, bei denen das Genehmigungsverfahren vor dem 3.7.1988 begonnen wurde, hat der EuGH mit Urteil vom 11.8.1995 dahin entschieden, dass diese Vorhaben von der UV-Pflicht befreit werden können.[82] Der Ablauf der Umsetzungsfrist am 3.8.1988 kann für die Überleitung von Verfahren in den neuen Ländern angesichts des Beitrittsdatums am 3.10.1990 naturgemäß keine Bedeutung haben. Auch wenn die Ausnahme- und Übergangsregelungen des Rates für das Beitrittsgebiet keine einschränkenden Regelungen für die Geltung der UVP-Richtlinie enthalten,[83] wird man vertreten können, dass es den vertragsschließenden Parteien unbenommen war, Übergangsregelungen für bereits eingeleitete Zulassungsverfahren vorzusehen.[84]

---

79 Verordnung über die Vorbereitung und Durchführung von Investitionen vom 30.11.1988 (GBl. I S. 287).
80 Dazu ausf. und überzeugend *Weller*, ZfB 135, 1 (4ff.); *Erbguth/Schink*, UVPG, § 18 Rn. 5 d; *OVG Brandenburg*, Urt. v. 28.6.2001 – 4 A 115/99 –, Blatt 32f.
81 *EuGH*, v. 9.8.1994 – Rs. C-396/92 –, DVBl. 1994, 1126.
82 *EuGH*, Urt. v. 11.8.1995 – Rs C 431/92 –, NVwZ 1996, 369; siehe auch *BVerwG*, Urt. v. 2.11.1995 – 4 C 14.94 –, BVerwGE 100, 1, 7; B. v. 7.3.1996 – 4 B 254.96 –, NVwZ 1996, 906; B. v. 21.3.1996 – B 164.95 –, UPR 1996, 306; *Hien*, NVwZ 1997, 422, 423.
83 Vgl. die Verordnungen und Richtlinien des Rates in ABl.EG Nr. L 353 v. 17.12.1990.
84 Dazu *OVG Brandenburg*, Urt. v. 28.6.2001 – 4 A 115/99 –, Blatt 35ff.

Anlage I

Anlage I Bundesberggesetz (BBergG) – Auszug

Vom 13. August 1980 (BGBl. I S. 1310), geändert durch Art. 5 Abs. 32 des Gesetzes vom 26. November 2001 (BGBl. I S. 3138), geändert durch Art. 3 Abs. 2 des Gesetzes vom 25. März 2002 (BGBl. I S. 1193), zuletzt geändert durch Art. 1 Abs. 2 der Verordnung vom 13. Mai 2002 (BGBl. I S. 1582).

Zweites Kapitel
Anzeige, Betriebsplan

§ 50. Anzeige. (1) Der Unternehmer hat der zuständigen Behörde die Errichtung und Aufnahme
1. eines Aufsuchungsbetriebes,
2. eines Gewinnungsbetriebes und
3. eines Aufbereitungsbetriebes

rechtzeitig, spätestens zwei Wochen vor Beginn der beabsichtigten Tätigkeit anzuzeigen; in der Anzeige ist der Tag des Beginns der Errichtung oder der Aufnahme des Betriebes anzugeben. Zum Betrieb gehören auch die in § 2 Abs. 1 bezeichneten Tätigkeiten und Einrichtungen. Die Pflicht zur Anzeige entfällt, wenn ein Betriebsplan nach § 52 eingereicht wird.

(2) Absatz 1 gilt für die Einstellung des Betriebes mit Ausnahme der in § 57 Abs. 1 Satz 1 und Absatz 2 bezeichneten Fälle entsprechend. § 57 Abs. 1 Satz 2 bleibt unberührt.

(3) Unternehmer, deren Betrieb nicht nach § 51 der Betriebsplanpflicht unterliegt, haben der Anzeige über die Errichtung oder die Aufnahme eines Gewinnungsbetriebes einen Abbauplan beizufügen, der alle wesentlichen Einzelheiten der beabsichtigten Gewinnung, insbesondere
1. die Bezeichnung der Bodenschätze, die gewonnen werden sollen,
2. eine Karte in geigneter Maßstab mit genauer Eintragung des Feldes, in dem die Bodenschätze gewonnen werden sollen,
3. Angaben über das beabsichtigte Arbeitsprogramm, die vorgesehenen Einrichtungen unter und über Tage und über den Zeitplan,
4. Angaben über Maßnahmen zur Wiedernutzbarmachung der Oberfläche während des Abbaues und über entsprechende Vorsorgemaßnahmen für die Zeit nach Einstellung des Betriebes

enthalten muß. Wesentliche Änderungen des Abbauplanes sind der zuständigen Behörde unverzüglich anzuzeigen.

§ 51. Betriebsplanpflicht. (1) Aufsuchungsbetriebe, Gewinnungsbetriebe und Betriebe zur Aufbereitung dürfen nur auf Grund von Plänen (Betriebsplänen) errichtet, geführt und eingestellt werden, die vom Unternehmer aufgestellt und von der zuständigen Behörde zugelassen worden sind. Zum Betrieb gehören auch die in § 2 Abs. 1 bezeichneten Tätigkeiten und Einrichtungen. Die Betriebsplanpflicht gilt auch für die Einstellung im Falle der Rücknahme, des Widerrufs oder der Aufhebung einer Erlaubnis, einer Bewilligung oder eines Bergwerkseigentums sowie im Falle des Erlöschens einer sonstigen Bergbauberechtigung.

(2) Absatz 1 gilt nicht für einen Aufsuchungsbetrieb, in dem weder Vertiefungen in der Oberfläche angelegt noch Verfahren unter Anwendung maschineller Kraft, Arbeiten unter Tage oder mit explosionsgefährlichen oder zum Sprengen bestimmten explosionsfähigen Stoffen durchgeführt werden.

(3) Die zuständige Behörde kann Betriebe von geringer Gefährlichkeit und Bedeutung auf Antrag des Unternehmers ganz oder teilweise oder für einen bestimmten Zeitraum von der Betriebsplanpflicht befreien, wenn der Schutz Beschäftigter und Dritter und (das Wiedernutzbarmachen der Oberfläche nach diesem Gesetz und der auf Grund dieses Gesetzes erlassenen Rechtsverordnungen auch ohne Betriebsplanpflicht sichergestellt werden können. Dies gilt nicht für die Errichtung und die Einstellung des Betriebes und für Betriebe im Bereich des Festlandsockels.

§ 18

§ 52. Betriebspläne für die Errichtung und Führung des Betriebes. (1) Für die Errichtung und Führung eines Betriebes sind Hauptbetriebspläne für einen in der Regel zwei Jahre nicht überschreitenden Zeitraum aufzustellen. Eine Unterbrechung des Betriebes für einen Zeitraum bis zu zwei Jahren gilt als Führung des Betriebes, eine längere Unterbrechung nur dann, wenn sie von der zuständigen Behörde genehmigt wird.

(2) Die zuständige Behörde kann verlangen, daß
1. für einen bestimmten längeren, nach den jeweiligen Umständen bemessenen Zeitrauen Rahmenbetriebspläne aufgestellt werden, die allgemeine Angaben über das beabsichtigte Vorhaben, dessen technische Durchführung und voraussichtlichen zeitlichen Ablauf enthalten müssen;
2. für bestimmte Teile des Betriebes oder für bestimmte Vorhaben Sonderbetriebspläne aufgestellt werden.

(2 a)[1] Die Aufstellung eines Rahmenbetriebsplanes ist zu verlangen und für dessen Zulassung ein Planfeststellungsverfahren nach Maßgabe der §§ 57 a und 57 b durchzuführen, wenn ein Vorhaben nach § 57 c einer Umweltverträglichkeitsprüfung bedarf. Die zuständige Behörde soll mit dem Unternehmer auf der Grundlage des Verlangens Gegenstand, Umfang und Methoden der Umweltverträglichkeitsprüfung sowie sonstige für die Durchführung dieser Prüfung erhebliche Fragen erörtern; hierzu können andere Behörden, Sachverständige und Dritte hinzugezogen werden. Anforderungen eines vorsorgenden Umweltschutzes, die sich bei der Umweltverträglichkeitsprüfung ergeben und über die Zulassungsvoraussetzungen des § 55 sowie der auf das Vorhaben anwendbaren Vorschriften in anderen Gesetzen hinausgehen, sind dabei öffentliche Interessen im Sinne des § 48 Abs. 2.

(2 b) Für Vorhaben einschließlich notwendiger Folgemaßnahmen, die wegen ihrer räumlichen Ausdehnung oder zeitlichen Erstreckung in selbständigen Abschnitten oder Stufen durchgeführt werden, kann der Rahmenbetriebsplan nach Absatz 2 a Satz 1 entsprechend den Abschnitten oder Stufen aufgestellt und zugelassen werden, es sei denn, daß dadurch die erforderliche Einbeziehung der erheblichen Auswirkungen des gesamten Vorhabens auf die Umwelt ganz oder teilweise unmöglich wird. Für Vorhaben, die einem besonderen Verfahren im Sinne des § 54 Abs. 2 Satz 3 unterliegen, finden Absatz 2 a, § 7 Abs. 1 Satz 2 Wasserhaushaltsgesetz und § 20 Abs. 5 Bundesnaturschutzgesetz keine Anwendung, wenn in diesem Verfahren die Durchführung einer Umweltverträglichkeitsprüfung gewährleistet ist, die den Anforderungen dieses Gesetzes entspricht. Das Ergebnis dieser Umweltverträglichkeitsprüfung ist bei Zulassungen, Genehmigungen oder sonstigen behördlichen Entscheidungen über die Zulässigkeit des Vorhabens nach Maßgabe der dafür geltenden Vorschriften zu berücksichtigen.

(2 c) Die Absätze 2 a und 2 b gelten auch für die wesentliche Änderung eines Vorhabens im Sinne des Absatzes 2 a Satz 1, wenn die Änderung erhebliche Auswirkungen auf die Umwelt haben kann.

(3) Für Arbeiten und Einrichtungen, die von mehreren Unternehmern nach einheitlichen Gesichtspunkten durchgeführt, errichtet oder betrieben werden müssen, haben die beteiligten Unternehmer auf Verlangen der zuständigen Behörde gemeinschaftliche Betriebspläne aufzustellen.

(4) Die Betriebspläne müssen eine Darstellung des Umfanges, der technischen Durchführung und der Dauer des beabsichtigten Vorhabens sowie den Nachweis enthalten, daß die in § 55 Abs. 1

---

1 Vgl. hierzu Art. 2 des Gesetzes vorn 12.2.1990:

Artikel 2
Überleitung

Bei Vorhaben, über deren Zulässigkeit nach geltendem Recht auch unter Einbeziehung der Öffentlichkeit entschieden wird, ist ein nach dem Bundesberggesetz bereits begonnenes Verfahren nach den Vorschriften dieses Gesetzes zu Ende zu führen, wenn das Vorhaben bei Inkrafttreten dieses Gesetzes (1.8.1990, d. Red.) noch nicht öffentlich bekanntgemacht worden ist. Im übrigen sind die bei Inkrafttreten dieses Gesetzes bereits begonnenen Verfahren nach den bisher geltenden Vorschriften zu Ende zu führen.

Satz 1 Nr. 1 und 3 bis 13 bezeichneten Voraussetzungen erfüllt sind. Sie können verlängert, ergänzt und abgeändert werden.

(5) Für bestimmte Arbeiten und Einrichtungen, die nach einer auf Grund dieses Gesetzes erlassenen Rechtsverordnung einer besonderen Genehmigung bedürfen oder allgemein zuzulassen sind, kann in Haupt- und Sonderbetriebsplänen an Stelle der nach Absatz 4 Satz 1 erforderlichen Darstellung und Nachweise der Nachweis treten, daß die Genehmigung oder Zulassung vorliegt oder beantragt ist.

§ 53. Betriebsplan für die Einstellung des Betriebes, Betriebschronik. (1) Für die Einstellung eines Betriebes ist ein Abschlußbetriebsplan aufzustellen, der eine genaue Darstellung der technischen Durchführung und der Dauer der beabsichtigten Betriebseinstellung, den Nachweis, daß die in § 55 Abs. 1 Satz 1 Nr. 3 bis 13 und Absatz 2 bezeichneten Voraussetzungen erfüllt sind, und in anderen als den in § 55 Abs. 2 Satz 1 Nr. 3 genannten Fällen auch Angaben über eine Beseitigung der betrieblichen Anlagen und Einrichtungen oder über deren anderweitige Verwendung enthalten muß. Abschlußbetriebspläne können ergänzt und abgeändert werden.

(2) Dem Abschlußbetriebsplan für einen Gewinnungsbetrieb ist eine Betriebschronik in zweifacher Ausfertigung beizufügen. Diese muß enthalten
1. den Namen des Gewinnungsbetriebes mit Bezeichnung der Gemeinde und des Kreises, in denen der Betrieb liegt,
2. Name und Anschrift des Unternehmers und, wenn dieser nicht zugleich. Inhaber der Gewinnungsberechtigung ist, auch Name und Anschrift des Inhabers dieser Berechtigung,
3. die Bezeichnung der gewonnenen Bodenschätze nebst vorhandenen chemischen Analysen, bei Kohlen- und Kohlenwasserstoffen unter Angabe des Heizwertes, eine Beschreibung der sonst angetroffenen Bodenschätze unter Angabe der beim Betrieb darüber gewonnenen Kenntnisse sowie Angaben über Erschwerungen des Betriebes in bergtechnischer und sicherheitstechnischer Hinsicht,
4. die Angaben über den Verwendungszweck der gewonnenen Bodenschätze,
5. eine Beschreibung der technischen und wirtschaftlichen Betriebsverhältnisse und, soweit ein Grubenbild nicht geführt wurde, eine zeichnerische Darstellung des Betriebes,
6. die Angaben des Tages der Inbetriebnahme und der Einstellung des Gewinnungsbetriebes sowie der Gründe für die Einstellung,
7. eine lagerstättenkundliche Beschreibung der Lagerstätte nebst einem Verzeichnis der Vorräte an Bodenschätzen einschließlich der Haldenbestände,
8. eine Darstellung der Aufbereitungsanlagen (Art, Durchsatzleistung und Ausbringung an Fertigerzeugnissen nebst vorhandenen chemischen Analysen [Angabe des Metallgehaltes in den Abgängen]),
9. eine Darstellung der Verkehrslage und der für den Abtransport der Verkaufserzeugnisse wesentlichen Verhältnisse des Gewinnungsbetriebes.

Satz 1 gilt nicht bei Gewinnungsbetrieben, die in Form von Tagebauen betrieben wurden, es sei denn, daß der Lagerstätte nach Feststellung der zuständigen Behörde noch eine wirtschaftliche Bedeutung für die Zukunft zukommen kann.

§ 54. Zulassungsverfahren. (1) Der Unternehmer hat den Betriebsplan, dessen Verlängerung, Ergänzung oder Abänderung vor Beginn der vorgesehenen Arbeiten zur Zulassung einzureichen.

(2) Wird durch die in einem Betriebsplan vorgesehenen Maßnahmen der Aufgabenbereich anderer Behörden oder der Gemeinden als Planungsträger berührt, so sind diese vor der Zulassung des Betriebsplanes durch die zuständige Behörde zu beteiligen. Die Landesregierungen können durch Rechtsverordnung eine weitergehende Beteiligung der Gemeinden vorschreiben, soweit in einem Betriebsplan Maßnahmen zur Lagerung oder Ablagerung von Bodenschätzen, Nebengestein oder sonstiger Massen vorgesehen sind. Satz 2 gilt nicht bei Gewinnungsbetrieben, die im Rahmen eines Planes geführt werden, in dem insbesondere die Abbaugrenzen und Haldenflächen festgelegt

§ 18 *Anlage I*

sind und der auf Grund eines Bundes- oder Landesgesetzes in einem besonderen Planungsverfahren genehmigt worden ist.

§ 55. Zulassung des Betriebsplanes. (1) Die Zulassung eines Betriebsplanes im Sinne des § 52 ist zu erteilen, wenn
1. für die im Betriebsplan vorgesehene Aufsuchung oder Gewinnung von Bodenschätzen die erforderliche Berechtigung nachgewiesen ist,
2. nicht Tatsachen die Annahme rechtfertigen, daß
    a) der Unternehmer, bei juristischen Personen und Personenhandelsgesellschaften eine der nach Gesetz, Satzung oder Gesellschaftsvertrag zur Vertretung berechtigten Personen, die erforderliche Zuverlässigkeit und, falls keine unter Buchstabe b fallende Person bestellt ist, auch die erforderliche Fachkunde oder körperliche Eignung nicht besitzt,
    b) eine der zur Leitung oder Beaufsichtigung des zuzulassenden Betriebes oder Betriebsteiles bestellten Personen die erforderliche Zuverlässigkeit, Fachkunde oder körperliche Eignung nicht besitzt,
3. die erforderliche Vorsorge gegen Gefahren für Leben, Gesundheit und zum Schutz von Sachgütern, Beschäftigter und Dritter im Betrieb, insbesondere durch die den allgemein anerkannten Regeln der Sicherheitstechnik entsprechenden Maßnahmen, sowie dafür getroffen ist, daß die für die Errichtung und Durchführung eines Betriebes auf Grund dieses Gesetzes erlassen oder geltenden Vorschriften und die sonstigen Arbeitsschutzvorschriften eingehalten werden.
4. keine Beeinträchtigung von Bodenschätzen, deren Schutz im öffentlichen Interesse liegt, eintreten wird,
5. für den Schutz der Oberfläche im Interesse der persönlichen Sicherheit und des öffentlichen Verkehrs Sorge getragen ist,
6. die anfallenden Abfälle ordnungsgemäß beseitigt werden,
7. die erforderliche Vorsorge zur Wiedernutzbarmachung der Oberfläche in dem nach den Umständen gebotenen Ausmaß getroffen ist,
8. die erforderliche Vorsorge getroffen ist, daß die Sicherheit eines nach den §§ 50 und 51 zulässigerweise bereits geführten Betriebes nicht gefährdet wird,
9. gemeinschädliche Einwirkungen der Aufsuchung oder Gewinnung nicht zu erwarten sind und bei einem Betriebsplan für einen Betrieb im Bereich des Festlandsockels oder der Küstengewässer ferner,
10. der Betrieb und die Wirkung von Schiffahrtsanlagen und -zeichen nicht beeinträchtigt werden,
11. die Benutzung der Schiffahrtswege und des Luftraumes, die Schiffahrt, der Fischfang und die Pflanzen- und Tierwelt nicht unangemessen beeinträchtigt werden,
12. das Legen, die Unterhaltung und der Betrieb von Unterwasserkabeln und Rohrleitungen sowie ozeanographische oder sonstige wissenschaftliche Forschungen nicht mehr als nach den Umständen unvermeidbar beeinträchtigt werden und
13. sichergestellt ist, daß sich die schädigenden Einwirkungen auf das Meer auf ein möglichst geringes Maß beschränken.

Satz 1 Nr. 2 gilt nicht bei Rahmenbetriebsplänen.

(2) Für die Erteilung der Zulassung eines Abschlußbetriebsplanes gilt Absatz 1 Satz 1 Nr. 2 bis 13 mit der Maßgabe entsprechend, daß
1. der Schutz Dritter vor den durch den Betrieb verursachten Gefahren für Leben und Gesundheit auch noch nach Einstellung des Betriebes sowie
2. die Wiedernutzbarmachung der Oberfläche in der vom einzustellenden Betrieb in Anspruch genommenen Fläche und
3. im Bereich des Festlandsockels und der Küstengewässer die vollständige Beseitigung der betrieblichen Einrichtungen bis zum Meeresuntergrund

sichergestellt sein müssen. Soll der Betrieb nicht endgültig eingestellt werden, so darf die Erfüllung der in Satz 1 genannten Voraussetzungen nur insoweit verlangt werden, als dadurch die Wiederaufnahme des Betriebes nicht ausgeschlossen wird.

§ 56. Form und Inhalt der Zulassung, Sicherheitsleistung. (1) Die Zulassung eines Betriebsplanes bedarf der Schriftform. Die nachträgliche Aufnahme, Änderung oder Ergänzung von Auflagen ist zulässig, wenn sie
1. für den Unternehmer und für Einrichtungen der von ihm betriebenen Art wirtschaftlich vertretbar und
2. nach den allgemein anerkannten Regeln der Technik erfüllbar

sind, soweit es zur Sicherstellung der Voraussetzungen nach § 55 Abs. 1 Satz 1 Nr. 2 bis 13 und Absatz 2 erforderlich ist.

(2) Die zuständige Behörde kann die Zulassung von der Leistung einer Sicherheit abhängig machen, soweit diese erforderlich ist, um die Erfüllung der in § 55 Abs. 1 Satz 1 Nr. 3 bis 13 und Absatz 2 genannten Voraussetzungen zu sichern. Der Nachweis einer entsprechenden Versicherung des Unternehmers mit einem im Geltungsbereich dieses Gesetzes zum Geschäftsbetrieb zugelassenen Versicherer darf von der zuständigen Behörde als Sicherheitsleistung nur abgelehnt werden, wenn die Deckungssumme nicht angemessen ist. Über die Freigabe einer gestellten Sicherheit entscheidet die zuständige Behörde.

(3) Die Absätze 1 und 2 gelten für die Verlängerung, Ergänzung oder Änderung eines Betriebsplanes entsprechend.

§ 57. Abweichungen von einem zugelassenen Betriebsplan. (1) Kann eine Gefahr für Leben oder Gesundheit Beschäftigter oder Dritter nur durch eine sofortige Abweichung von einem zugelassenen Betriebsplan oder durch sofortige, auf die endgültige Einstellung des Betriebes gerichtete Maßnahmen abgewendet werden, so darf die Abweichung oder die auf die Einstellung gerichtete Maßnahme auf ausdrückliche Anordnung des Unternehmers bereits vor der Zulassung des hierfür erforderlichen Betriebsplanes vorgenommen werden. Der Unternehmer hat der zuständigen Behörde die Anordnung unverzüglich anzuzeigen.

(2) Werden infolge unvorhergesehener Ereignisse zur Abwendung von Gefahren für bedeutende Sachgüter sofortige Abweichungen von einem zugelassenen Betriebsplan erforderlich, so gilt Absatz 1 entsprechend mit der Maßgabe, daß die Sicherheit des Betriebes nicht gefährdet werden darf.

(3) Die Zulassung der infolge der Abweichung erforderlichen Änderung des Betriebsplanes oder des für die Einstellung erforderlichen Betriebsplanes ist unverzüglich zu beantragen.

§ 57 a. Planfeststellungsverfahren, Umweltverträglichkeitsprüfung. (1) Das im Falle des § 52 Abs. 2 a durchzuführende Planfeststellungsverfahren tritt an die Stelle des Verfahrens nach den §§ 54 und 56 Abs. 1. Anhörungsbehörde und Planfeststellungsbehörde ist die für die Zulassung von Betriebsplänen zuständige Behörde. Bei Vorhaben im Bereich des Festlandsockels tritt bei der Anwendung der Vorschriften der Verwaltungsverfahrensgesetze über das Planfeststellungsverfahren an die Stelle der Gemeinde die zuständige Behörde; als Bereich, in dem sich das Vorhaben voraussichtlich auswirken wird, gilt der Sitz dieser Behörde.

(2) Der Rahmenbetriebsplan muß den Anforderungen genügen, die sich aus den Voraussetzungen für die Durchführung des Planfeststellungsverfahrens unter Berücksichtigung der Antragserfordernisse für die vom Planfeststellungsbeschluß eingeschlossenen behördlichen Entscheidungen ergeben. Der Rahmenbetriebsplan muß alle für die Umweltverträglichkeitsprüfung bedeutsamen Angaben enthalten, soweit sie nicht schon nach Satz 1 zu machen sind, insbesondere
1. eine Beschreibung der zu erwartenden erheblichen Auswirkungen des Vorhabens auf die Umwelt unter Berücksichtigung des allgemeinen Kenntnisstandes und der allgemein anerkannten Prüfungsmethoden,
2. alle sonstigen Angaben, um solche Auswirkungen feststellen und beurteilen zu können, sowie

§ 18

3. eine Beschreibung der Maßnahmen, mit denen erhebliche Beeinträchtigungen der Umwelt vermieden, vermindert oder soweit möglich ausgeglichen werden, sowie der Ersatzmaßnahmen bei nicht ausgleichbaren aber vorrangigen Eingriffen in Natur und Landschaft.

Weitere Angaben zur Umwelt und ihren Bestandteilen, Angaben zu geprüften Vorhabenalternativen und über etwaige Schwierigkeiten bei der Angabenzusammenstellung sind erforderlich, soweit

1. sie in Anbetracht der besonderen Merkmale des Vorhabens und der möglichen Auswirkungen auf die Umwelt von Bedeutung sind und
2. ihre Zusammenstellung für den Unternehmer unter Berücksichtigung des allgemeinen Kenntnisstandes und der allgemein anerkannten Prüfungsmethoden zumutbar ist.

Einzelheiten regelt das Bundesministerium für Wirtschaft durch Rechtsverordnung nach § 57c. Der Unternehmer hat dem Rahmenbetriebsplan einen zur Auslegung geeigneten Plan und eine allgemeinverständliche Zusammenfassung der beizubringenden Angaben beizufügen.

(3) Verfügen die beteiligten Behörden zu den nach Absatz 2 Satz 2 und 3 zu machenden Angaben über zweckdienliche Informationen, so unterrichten sie den Unternehmer und stellen ihm die Informationen auf Verlangen zur Verfügung. Das gilt insbesondere für Informationen aus einem vorausgegangenen Raumordnungsverfahren; die dafür zuständige Behörde hat die Unterlagen aus diesem Verfahren, die für die Umweltverträglichkeitsprüfung von Bedeutung sein können, der nach Absatz 1 Satz 2 zuständigen Behörde zur Verfügung zu stellen.

(4) Die Entscheidung über die Planfeststellung ist hinsichtlich der eingeschlossenen Entscheidungen nach Maßgabe der hierfür geltenden Vorschriften zu treffen. Das Verhältnis zwischen Unternehmer und Betroffenen und der Schutz von Belangen Dritter im Sinne des Bergrechts bestimmen sich nach den dafür geltenden Vorschriften dieses Gesetzes; dies gilt auch für eine Aufhebung des Planfeststellungsbeschlusses. In der Begründung der Entscheidung ist zur Bewertung der Auswirkungen des Vorhabens auf die Umwelt eine zusammenfassende Darstellung dieser Auswirkungen aufzunehmen.

(5) Hinsichtlich der vom Vorhaben berührten Belange Dritter und der Aufgabenbereiche Beteiligter im Sinne des § 54 Abs. 2 erstrecken sich die Rechtswirkungen der Planfeststellung auch auf die Zulassung und Verlängerung der zur Durchführung des Rahmenbetriebsplanes erforderlichen Haupt-, Sonder- und Abschlußbetriebspläne, soweit über die sich darauf beziehenden Einwendungen entschieden worden ist oder bei rechtzeitiger Geltendmachung hätte entschieden werden können; Entscheidungen nach § 48 Abs. 2 werden außer in den in § 48 Abs. 2 Satz 2 genannten Fällen des Schutzes von Rechten Dritter durch einen Planfeststellungsbeschluß ausgeschlossen.

(6) Bei Vorhaben, die in einem anderen Mitgliedstaat der Europäischen Gemeinschaften erhebliche Auswirkungen auf die Umwelt haben können, sind die zuständigen Behörden des anderen Mitgliedstaats wie die im Planfeststellungsverfahren beteiligten Behörden zu unterrichten. Für Nachbarstaaten der Bundesrepublik Deutschland, die nicht Mitgliedstaaten der Europäischen Gemeinschaften sind, gilt unter den Voraussetzungen der Grundsätze von Gegenseitigkeit und Gleichwertigkeit Satz 1 entsprechend. Einzelheiten regelt das Bundesministerium für Wirtschaft durch Rechtsverordnung nach § 57c.

§ 57b. Vorzeitiger Beginn, Vorbescheide, Teilgenehmigungen, Vorrang. (1) Die zuständige Behörde kann unter dem Vorbehalt des Widerrufs zulassen, daß bereits vor der Planfeststellung mit der Ausführung des Vorhabens begonnen wird, wenn

1. mit einer Entscheidung zugunsten des Unternehmers gerechnet werden kann,
2. eine nicht wiedergutzumachende Beeinträchtigung von Natur und Landschaft nicht zu besorgen ist,
3. an dem vorzeitigen Beginn ein öffentliches Interesse oder ein berechtigtes Interesse des Unternehmers besteht und

4. der Unternehmer sich verpflichtet, alle bis zur Entscheidung durch die Ausführung des Vorhabens verursachten Schäden zu ersetzen und, falls das Vorhaben nicht planfestgestellt wird, den früheren Zustand wiederherzustellen.

(2) Vorschriften über Vorbescheide und Teilgenehmigungen, die in anderen Gesetzen für die vom Planfeststellungsbeschluß eingeschlossenen behördlichen Entscheidungen vorgesehen sind, gelten entsprechend mit der Maßgabe, daß
1. eine Entscheidung auf Grund dieser Vorschriften nur nach Durchführung einer sich auf den Gegenstand von Vorbescheid oder Teilgenehmigung erstreckenden Umweltverträglichkeitsprüfung getroffen werden darf, die die nach dem jeweiligen Planungsstand erkennbaren Umweltauswirkungen des Gesamtvorhabens einbezieht;
2. eine abschließende Entscheidung im Planfeststellungsbeschluß vorzubehalten und dabei
3. eine erneute Umweltverträglichkeitsprüfung durchzuführen ist, soweit bisher nicht berücksichtigte, für die Umweltverträglichkeit des Vorhabens bedeutsame Merkmale des Vorhabens vorliegen oder bisher nicht berücksichtigte Umweltauswirkungen erkennbar werden.

(3) Sind für ein Vorhaben nach § 52 Abs. 2a auch nach anderen Vorschriften Planfeststellungsverfahren oder vergleichbare behördliche Entscheidungen vorgesehen, so ist nur das Verfahren nach den §§ 57a bis 57c durchzuführen. In den Fällen des § 126 Abs. 3 hat § 9b des Atomgesetzes Vorrang. Sind für Folgemaßnahmen nach anderen Vorschriften Planfeststellungsverfahren vorgesehen, so ist insoweit das Verfahren nach den anderen Vorschriften durchzuführen.

§ 57c. Ermächtigung. Das Bundesministerium für Wirtschaft wird ermächtigt, im Einvernehmen mit dem Bundesministerium für Umwelt, Naturschutz und Reaktorsicherheit durch Rechtsverordnung mit Zustimmung des Bundesrates Vorschriften darüber zu erlassen,
1. welche betriebsplanpflichtigen Vorhaben, die erhebliche Auswirkungen auf die Umwelt haben können, unter Beachtung der Rechtsakte des Rates oder der Kommission der Europäischen Gemeinschaften einer Umweltverträglichkeitsprüfung bedürfen,
2. welche Angaben im einzelnen entscheidungserheblich im Sinne des § 57a Abs. 2 sind, welchen Anforderungen die Angaben genügen müssen und welche Unterlagen dazu beizubringen sind,
3. unter welchen Voraussetzungen und nach welchen Verfahren die zuständigen Behörden benachbarter Staaten im Rahmen der Umweltverträglichkeitsprüfung beteiligt werden.

In der Rechtsverordnung können für die Bestimmung der Vorhaben nach Satz 1 Nr. 1 auch Gruppen oder Arten von Vorhaben durch Festlegung von Schwellenwerten und anderen Kriterien bestimmt werden.

§ 18

Anlage II Verordnung über die Umweltverträglichkeitsprüfung bergbaulicher Vorhaben (UVP-V Bergbau)

Vom 13.7.1990 (BGBl. I S. 1420)
geändert durch Verordnung vom 10.8.1998
(BGBl. I S. 2093)[1]

Auf Grund des § 57c des Bundesberggesetzes vom 13.8.1980 (BGBl. I S. 1310), der durch Artikel 1 des Gesetzes vom 12.2.1990 (BGBl. I S. 215) eingefügt worden ist, verordnet der Bundesminister für Wirtschaft im Einvernehmen mit dem Bundesminister für Umwelt, Naturschutz und Reaktorsicherheit:

§ 1
Vorhaben

Der Umweltverträglichkeitsprüfung bedürfen die nachfolgend aufgeführten betriebsplanpflichtigen Vorhaben:
1. Gewinnung von Steinkohle, Braunkohle, bituminösen Gesteinen, Erzen und sonstigen nichtenergetischen Bodenschätzen:
    a) im Tiefbau mit
        aa) Flächenbedarf der übertägigen Betriebsanlagen und Betriebseinrichtungen, wie Schacht- und Stollenanlagen, Werkstätten, Verwaltungsgebäude, Halden (Lagerung oder Ablagerung von Bodenschätzen, Nebengestein oder sonstigen Massen), Einrichtungen zur Aufbereitung und Verladung, von 10 ha oder mehr
        oder unter Berücksichtigung der Auswirkungen vorangegangener betriebsplanpflichtiger, nach dem 1.8.1990 begonnener oder zu diesem Zeitpunkt laufender und nicht bereits planfestgestellter Vorhaben mit
        bb) Senkungen der Oberfläche von 3 m oder mehr oder
        cc) Senkungen der Oberfläche von 1 m bis weniger als 3 m, wenn erhebliche Beeinträchtigungen im Hinblick auf Vorflut, Grundwasser, Böden, geschützte Kulturgüter oder vergleichbare Schutzgüter zu erwarten sind;
    b) im Tagebau mit
        aa) Größe der beanspruchten Abbaufläche von mehr als 10 ha oder in ausgewiesenen Naturschutzgebieten oder gemäß den Richtlinien 79/409/EWG oder 92/43/EWG ausgewiesenen besonderen Schutzgebieten oder
        bb) Notwendigkeit einer nicht lediglich unbedeutenden und nicht nur vorübergehenden Herstellung, Beseitigung oder wesentlichen Umgestaltung eines Gewässers oder seiner Ufer oder
        cc) Notwendigkeit einer großräumigen Grundwasserabsenkung mit Grundwasserentnahme- oder künstlichen Grundwasserauffüllungssystemen mit einem jährlichen Entnahme- oder Auffüllungsvolumen von 5 Mio m³ oder mehr;
2. Gewinnung von Erdöl und Erdgas zu gewerblichen Zwecken mit
    a) Fördervolumen von täglich mehr als 500 Tonnen Erdöl oder von täglich mehr als 500 000 m³ Erdgas oder

---

[1] Diese Verordnung dient für den Bereich des Bergrechts in Verbindung mit dem Bundesberggesetz der Umsetzung folgender EG-Richtlinien:
– ...
– Richtlinie 97/11/EG des Rates vom 3. März 1997 zur Änderung der Richtlinie 85/337/EWG über die Umweltverträglichkeitsprüfung bei bestimmten öffentlichen und privaten Projekten (ABl. EG. Nr. L 73 S. 5).

Anlage II §18

    b) Errichtung und Betrieb von Förderplattformen im Bereich der Küstengewässer und des Festlandsockels;
3. Halden mit einem Flächenbedarf von 10 ha oder mehr;
4. Schlammlagerplätze und Klärteiche mit einem Flächenbedarf von 5 ha oder mehr;
5. Einrichtungen zur Aufbereitung im Sinne des § 4 Abs. 3 des Bundesberggesetzes:
    a) zur Trockendestillation von Steinkohle oder Braunkohle, soweit täglich 500 Tonnen Kohle oder mehr durchgesetzt werden;
    b) zur Vergasung oder Verflüssigung von Steinkohle oder Braunkohle, soweit täglich 500 Tonnen oder mehr durchgesetzt werden;
    c) zur Gewinnung (Herstellung) von Öl oder Gas aus Gesteinen oder Sanden, soweit täglich 500 Tonnen oder mehr durchgesetzt werden;
    d) zum Brikettieren von Braun- oder Steinkohle;
    e) zur Aufbereitung von schwefelwasserstoffhaltigem Erdgas mit einer Durchsatzkapazität von 5 Mio Nm³ oder mehr je Tag oder einem Flächenbedarf von 15 ha oder mehr;
    f) sonstige Einrichtungen zur Aufbereitung von Kohle, Erzen oder sonstigen nichtenergetischen Bodenschätzen mit einer Durchsatzkapazität von 3 000 Tonnen oder mehr je Tag;
6. Kraftwerke, Heizkraftwerke und Heizwerke und sonstige Feuerungsanlagen als Einrichtungen im Sinne des § 2 Abs. 1 Nr. 3 des Bundesberggesetzes einschließlich der Kraftwerke im Sinne des § 173 Abs. 2 des Bundesberggesetzes, soweit die Feuerungswärmeleistung 200 Megawatt übersteigt;
7. Errichtung und Betrieb einer Anlage zur Sicherstellung oder Endlagerung radioaktiver Stoffe im Sinne des § 126 Abs. 3 des Bundesberggesetzes;
8. Tiefbohrungen zur Gewinnung von Erdwärme ab 1 000 m Teufe in ausgewiesenen Naturschutzgebieten oder gemäß den Richtlinien 79/409/EWG oder 92/43/ EWG ausgewiesenen besonderen Schutzgebieten.

§ 2
Angaben

(1) Entscheidungserhebliche Angaben im Sinne des § 57a Abs. 2 Satz 2 des Bundesberggesetzes sind insbesondere
1. eine Beschreibung von Art und Menge der zu erwartenden Emissionen und Reststoffe, vor allem der Luftverunreinigungen, der Abfälle und des Anfalls von Abwasser, sowie Angaben über alle sonstigen erheblichen Auswirkungen des Vorhabens auf Menschen, Tiere und Pflanzen, Boden, Wasser, Luft, Klima und Landschaft und Kultur- und sonstige Sachgüter, einschließlich der jeweiligen Wechselwirkungen,
2. Angaben über den Bedarf an Grund und Boden während der Errichtung und des Betriebes des Vorhabens sowie über andere Kriterien, die für die Umweltverträglichkeitsprüfung eines Vorhabens maßgebend sind.
(2) Die Angaben müssen in jedem Fall eine Übersicht über die wichtigsten vom Unternehmer geprüften Vorhabenalternativen und die Angabe der wesentlichen Auswahlgründe unter besonderer Berücksichtigung der Umweltauswirkungen enthalten. Im Falle der Durchführung eines Verfahrens nach § 52 Abs. 2a Satz 2 des Bundesberggesetzes hat die zuständige Behörde vor Abgabe ihrer Stellungnahme zu den Angaben den Unternehmer und in ihrem Aufgabenbereich betroffene Behörden anzuhören.

§ 3
Grenzüberschreitende Behördenbeteiligung

(1) Zuständige Behörden im Sinne des § 57a Abs. 6 Satz 1 des Bundesberggesetzes sind die von dem anderen Mitgliedstaat der Europäischen Gemeinschaften benannten Behörden. Diese Behör-

§ 18

den sind zum gleichen Zeitpunkt und im gleichen Umfang über das Vorhaben und über die Entscheidung zu unterrichten wie die am Planfeststellungsverfahren beteiligten Behörden. Wenn der andere Mitgliedstaat die zuständigen Behörden nicht benannt hat, ist die oberste für Umweltangelegenheiten zuständige Behörde des anderen Mitgliedstaats zu unterrichten.

(2) Aufgrund der Unterrichtung nach § 57a Abs. 6 Satz 1 des Bundesberggesetzes sind Konsultationen mit den in Absatz 1 genannten Behörden aufzunehmen. Sie haben unter anderem die potentiellen grenzüberschreitenden Auswirkungen des Vorhabens und die Maßnahmen, die der Verringerung oder Vermeidung dieser Auswirkungen dienen sollen, zum Gegenstand. Für die Dauer der Konsultationsphase wird ein angemessener Zeitrahmen vereinbart. (3) Völkerrechtliche Verpflichtungen von Bund und Ländern bleiben unberührt.

§ 4
(gestrichen)

§ 5
Inkrafttreten

Diese Verordnung[1] tritt am 1. 8. 1990 in Kraft.

Der Bundesrat hat zugestimmt.

---

[1] Das ist die Verordnung vom 13.7.1990.
Die Änderungsverordnung vom 10.8.1998 ist am 14.3.1999 in Kraft getreten. – Vgl. hierzu auch die Übergangsvorschrift:

»Art. 6
Übergangsvorschrift zu Art. 5

Die bei Inkrafttreten dieser Verordnung bereits begonnenen Verfahren betreffend betriebsplanpflichtige Vorhaben im Sinne des § 1 der in Artikel 5 genannten Verordnung sind nach den bisher genannten Vorschriften zu Ende zu führen.«

§ 19 Flurbereinigungsverfahren

Im Planfeststellungsverfahren über einen Wege- und Gewässerplan mit landschaftspflegerischem Begleitplan nach § 41 des Flurbereinigungsgesetzes ist die Öffentlichkeit entsprechend den Bestimmungen des § 9 Abs. 3 einzubeziehen.

Übersicht		Rn.			Rn.
1	Allgemeines	1	1.4.3	Beschränkung auf den Wege- und Gewässerplan	10
1.1	Regelungsgegenstand	2			
1.2	Zweck und Bedeutung der Vorschrift	3	2	Einbeziehung der Öffentlichkeit	12
1.3	Gesetzesgeschichte	5	3	Durchführung des Scoping-Verfahrens gem. § 5	20
1.4	Anwendungsbereich der Vorschrift	6			
1.4.1	Bezugnahme auf Nr. 16.1 der Anlage 1 und § 41 Abs. 1 FlurbG	6	4	Sonstige Besonderheiten der UVP in der Flurbereinigung	22
1.4.2	Beschränkung auf Planfeststellungsverfahren?	7			

1 Allgemeines

Gemäß § 3 c i.V.m. Nr. 16.1 der Anlage 1 ist für den Bau der gemeinschaftlichen und öffentlichen Anlagen in der Flurbereinigung eine UVP durchzuführen, wenn hiermit nach Einschätzung der Flurbereinigungsbehörde aufgrund überschlägiger Prüfung erhebliche nachteilige Umweltauswirkungen eintreten können, die nach § 12 zu berücksichtigen wären. § 19 knüpft einerseits an die damit dem Grunde nach verankerte UVP-Pflichtigkeit von Flurbereinigungsmaßnahmen an. Andererseits konkretisiert er die Subsidiaritätsklausel des § 4, indem er die auch nach der Umsetzung der UVP-Änderungsrichtlinie durch das Artikelgesetz im Flurbereinigungsgesetz immer noch fehlenden Regelungen zum UVP-Verfahren, hier insbesondere zur Öffentlichkeitsbeteiligung bei Maßnahmen der Flurbereinigung, ersetzt.[1]

1

1.1 Regelungsgegenstand

Seinem Wortlaut nach erschöpft sich der materielle Regelungsgehalt des § 19 in der Konstituierung einer Öffentlichkeitsbeteiligung für das Planfeststellungsverfahren gem. § 41 FlurbG entsprechend den Bestimmungen des § 9 Abs. 3.
Über diesen engen Wortlaut hinaus ist der Vorschrift aber konkludent die generelle Bestimmung zu entnehmen, dass die Umweltverträglichkeit im Rahmen des Planfeststellungsverfahrens nach § 41 FlurbG zu prüfen ist, das **Verfahren sich also vornehmlich nach dem Flurbereinigungsrecht richtet**.[2] Mangels konkreter Vorschriften zur Durchführung der UVP im Fachrecht gelangt über § 4 das UVPG als Stammgesetz zur Geltung, allerdings – das ist der eigentliche Regelungsgegenstand des § 19 – mit der Modifizierung der Pflicht zur Öffentlichkeitsbeteiligung.

2

---

1 Dazu auch oben § 4 Rn. 2, 4.
2 Vgl. Begründung des Gesetzentwurfes der Bundesregierung, BT-Drs. 11/3919, S. 31; *Erbguth/Schink*, UVPG, § 19 Rn. 2.

1.2 Zweck und Bedeutung der Vorschrift

3   Die Statuierung der UVP-Pflicht für Flurbereinigungsverfahren findet im Hinblick auf das Gesetzesanliegen der wirksamen Umweltvorsorge ihre volle Berechtigung. Gerade Maßnahmen der Flurbereinigung standen und stehen z. T. bis heute in dem Ruf, massive Umweltbeeinträchtigungen – insbesondere solche der Landschaftsökologie – zu bewirken.[3] Auch wenn die Flurbereinigung in den letzten Jahren im Hinblick auf die Sensibilität für Umweltfolgen einem nachgerade atemberaubenden Wandel (»Ökologisierung der Flurneuordnung«)[4] unterlegen ist, bleibt die Umweltrelevanz ihrer Maßnahmen in jeder Hinsicht erhalten. Durch den in § 19 ausdrücklich genannten **Wege- und Gewässerplan** wird die Zulässigkeit der gemeinschaftlichen und öffentlichen Anlagen, insbesondere die Einziehung, Änderung oder Neuausweisung öffentlicher Wege und Straßen sowie der wasserwirtschaftlichen, bodenverbessernden und landschaftsgestaltenden Anlagen einschließlich der notwendigen Folgemaßnahmen an anderen Anlagen mit der der Planfeststellung eigenen Konzentrationswirkung festgestellt (§ 41 Abs. 1 i. V. m. Abs. 5 FlurbG). Solche Vorhaben, deren wesentlicher Zweck – der Hauptzielbestimmung in § 1 FlurbG entsprechend – der Verbesserung der Produktions- und Arbeitsbedingungen in der Landwirtschaft dient,[5] sind besonders geeignet, negative Umweltveränderungen im Hinblick auf die Schutzgüter Natur und Landschaft herbeizuführen.

4   Zwar verlangt schon das Flurbereinigungsgesetz in § 37 Abs. 1 FlurbG ausdrücklich eine Beachtung der naturräumlichen Gegebenheiten und in § 37 Abs. 2 FlurbG – neben einer Vielzahl anderer öffentlicher Belange – auch die Wahrung der Belange des Umweltschutzes bei der Durchführung von Maßnahmen zur Neugestaltung des Flurbereinigungsgebietes. Auch hat die naturschutzrechtliche Eingriffsregelung bereits erhebliche Potenziale zur Berücksichtigung von Erfordernissen des Natur- und Landschaftsschutzes freigesetzt.[6] Die UVP bietet aber darüber hinausgehend die Chance, beabsichtigte Flurbereinigungsmaßnahmen in ihrer **ökologischen Gesamtbilanz** zu erfassen, diese in die Abwägung zur Entscheidungsfindung in der Planfeststellung einzubringen und sie im Ergebnis zu berücksichtigen. Die Flurbereinigung kann damit ihre weitreichenden Möglichkeiten zur Gestaltung von Natur und Umwelt voll ausschöpfen und etwa durch Maßnahmen zum Schutz der Oberflächengewässer und des Bodens oder des Biotopschutzes konkret sogar zu einer erheblichen Verbesserung der Umweltsituation führen. Im Hinblick auf den Vollzug der Eingriffsregelung kann die UVP zu einer Verbesserung der Beurteilungsgrundlagen führen, außerdem eine inhalt-

---

3   *Muncke*, UVP-Report, 1991, 88.
4   So *Bauer*, UVP-Report, 1993, 115 (117); *Reschke*, UVP-Report 1993, 125 spricht von einem neuerdings hohen ökologischen Anspruch der Flurbereinigung an sich selbst.
5   Vgl. *Quadflieg*, FlurbG, § 1 Rn. 26 ff. Die in § 1 FlurbG als Flurbereinigungsziel außerdem genannte Förderung der allgemeinen Landeskultur und der Landesentwicklung lässt keine allein landespflegerisch intendierten Maßnahmen zu, sondern gestattet lediglich die Unterstützung von Drittplanungen durch die Bereitstellung von Land für Anlagen im öffentlichen Interesse (§ 40 FlurbG) und/oder durch die Bodenordnung; so *Hoecht*, NuR 1989, 379 unter Hinweis auf *BVerwG*, RdL 1988, 127.
6   Vgl. etwa die sehr weit gehende »Leitlinie Naturschutz- und Landschaftspflege in Verfahren nach dem Flurbereinigungsgesetz« der niedersächsischen Agrarstrukturverwaltung, hrsg. vom niedersächsischen Minister für Ernährung, Landwirtschaft und Forsten, 1991.

liche Qualifizierung der landschaftspflegerischen Begleitplanung bewirken.[7] Ein aktiver Einsatz des UVP-Verfahrens kann gerade mittels der nach Flurbereinigungsrecht im Übrigen nicht vorgesehenen Einbeziehung der Öffentlichkeit[8] auch nach außen hin den **Wertewandel in der Agrarstrukturplanung** von der primär ökonomisch zur mehr ökologisch geprägten Zielrichtung unter Beweis stellen und damit auch ihre gesellschaftspolitische Akzeptanz steigern.[9] Das UVP-Verfahren dient damit auch der Erleichterung der Planung und Ausführung von Maßnahmen der Flurbereinigung.[10]

1.3 Gesetzesgeschichte

»Flurbereinigungsprojekte« werden im Anhang II (Nr. 1 a) der UVP-RL ausdrücklich erwähnt. Sie fallen damit gem. Art. 4 Abs. 2 UVP-RL unter die Kategorie von Projekten, für die die Mitgliedsstaaten in eigener Verantwortung zu prüfen haben, ob sie bzw. in welchem Umfang sie nach Maßgabe des Art. 2 Abs. 1 UVP-RL einer UVP zu unterziehen sind.[11]

Die ursprüngliche Fassung des § 19 im UVPG 1990 hatte zwei Sätze. Satz 1 entsprach im Wortlaut der auch jetzt geltenden Fassung. Satz 2 lautete: »§ 5 findet keine Anwendung«. Über diese Regelung wurde die Pflicht zur Durchführung eines »Scoping«-Verfahrens für Flurbereinigungsmaßnahmen ausgeschlossen.[12] Das war im Hinblick auf die UVP-RL von 1985 unbedenklich, weil dort das Scoping noch nicht vorgesehen war. Seit die UVP-Änderungsrichtlinie über Art. 5 Abs. 2 jedoch die Unterrichtung des Projektträgers über die beizubringenden Unterlagen auf dessen Ersuchen durch die zuständige Behörde als generell obligatorisch ansieht, war der Verzicht darauf für Flurbereinigungsverfahren nicht mehr zulässig.[13]

Weder die ursprüngliche noch die geltende Fassung des § 19 waren im Gesetzgebungsverfahren umstritten. Sie entsprechen wörtlich den Formulierungen der jeweiligen Gesetzentwürfe der Bundesregierung.

1.4 Anwendungsbereich der Vorschrift

1.4.1 Bezugnahme auf Nr. 16.1 der Anlage 1 und § 41 Abs. 1 FlurbG

§ 19 findet seinem Wortlaut nach Anwendung auf »Planfeststellungsverfahren über einen Wege- und Gewässerplan mit landschaftspflegerischem Begleitplan nach § 41 des FlurbG«. Ein Vergleich mit der Formulierung der Nr. 16.1 der Anlage 1, in der die UVP-Pflichtigkeit von Flurbereinigungsmaßnahmen begründet wird, wirft die Frage der Deckungsgleichheit auf. Denn dort wird der »Bau der gemeinschaftlichen und öffentlichen Anlagen im Sinne des Flurbereinigungsgesetzes« als »Vorhaben« i. S. d. § 3 Abs. 1

---

7 *Abresch*, UVP-Report 1993, 118 (121).
8 Dazu näher unten Rn. 14 ff.
9 Vgl. auch *Abresch*, UVP-Report 1993, 118 (120 f.).
10 So auch Ministerialerlass Nordrhein-Westfalen »UVP in der Flurbereinigung« v. 1.6.1990 (abgedruckt in der Vorauflage als Anlage zu § 19) Nr. 1.
11 Zu dieser Kategorie vgl. oben Vorbemerkungen Rn. 10.
12 Vgl. dazu § 19 Rn. 23 f. der Vorauflage.
13 So Gesetzesbegründung, BT-Drs. 14/4599, S. 103; vgl. auch *Bunge*, HdUVP, 0600, § 19 Rn. 5.

§ 19

S. 1 genannt. Eine Lösung dieser (vermeidbaren) Fragestellung gelingt durch einen Blick in die Bezugsnorm des Fachrechts.

§ 41 Abs. 1 FlurbG lautet:
»*Die Flurbereinigungsbehörde stellt im Benehmen mit dem Vorstand der Teilnehmergemeinschaft einen Plan auf über die gemeinschaftlichen und öffentlichen Anlagen, insbesondere über die Einziehung, Änderung oder Neuausweisung öffentlicher Wege und Straßen sowie über die wasserwirtschaftlichen, bodenverbessernden und landschaftsgestaltenden Anlagen (Wege- und Gewässerplan mit landschaftspflegerischem Begleitplan).*«

Durch das Aufgreifen des in § 41 Abs. 1 FlurbG selbst gewählten verkürzten Begriffs des »Wege- und Gewässerplanes mit landschaftspflegerischem Begleitplan« erfasst § 19 alle dort detailliert genannten flurbereinigungsrechtlichen Planungsmaßnahmen. Nr. 16.1 der Anlage 1 lehnt sich demgegenüber mit der Begrifflichkeit des Baus der »gemeinschaftlichen und öffentlichen Anlagen« zwar ebenfalls an eine, allerdings andere Formulierung des §41 Abs. 1 FlurbG an. Eine inhaltliche Divergenz dürfte damit jedoch nicht bezweckt sein.[14] Auch aus den Motiven des Gesetzes gibt es keine Hinweise dafür, dass mit der abweichenden Umschreibung der UVP-pflichtigen Tatbestände in Nr. 16.1 der Anlage 1 eine Beschränkung gegenüber der Aufzählung der planungsbedürftigen Tatbestände in § 41 Abs. 1 FlurbG erreicht werden sollte. Es handelt sich vielmehr um ein Beispiel überflüssiger Begriffsverwirrung und mangelnder Abstimmung innerhalb des UVPG selbst und in Relation zum Fachrecht; die Chance zur Synchronisierung der Formulierungen in § 19 und Nr. 16.1 der Anlage 1 blieb ungenutzt, obwohl im Zuge der Novelle gerade auch die Nr. 16.1 der Anlage neu gefasst wurde.

1.4.2 Beschränkung auf Planfeststellungsverfahren?

7   Dem Anwendungsbereich des § 19 unterliegen expressiv verbis nur »Planfeststellungsverfahren« nach § 41 des FlurbG. Mit dieser Formulierung ruft das Gesetz weiteren Auslegungsbedarf hervor, denn bei der Deklaration der UVP-Pflichtigkeit von Flurbereinigungsmaßnahmen in Nr. 16.1 der Anlage 1 hat der Gesetzgeber in Abweichung zur Vorgängerregelung (Nr. 14 der Anlage zu § 3 UVPG 1990) gerade auf die Beschränkung auf planfeststellungspflichtige Maßnahmen verzichtet:[15]

Das FlurbG sieht für die nach § 41 FlurbG durchzuführenden Planungsmaßnahmen grundsätzlich ein **Planfeststellungsverfahren** (§ 41 Abs. 1 i.V.m. Abs. 3 FlurbG) vor. Danach sind die gemeinschaftlichen und öffentlichen Anlagen in den sog. Wege- und Gewässerplan aufzunehmen, der von der zuständigen Flurbereinigungsbehörde im Benehmen mit dem Vorstand der Teilnehmergemeinschaft aufgestellt wird. Nach Beteiligung der Träger öffentlicher Belange einschließlich der landwirtschaftlichen Berufsvertretung (§ 41 Abs. 3 FlurbG) wird der Plan von der oberen Flurbereinigungsbehörde festgestellt. Die **Planfeststellung** kann gem. § 41 Abs. 4 S. 1 FlurbG allerdings unterbleiben und **durch eine Genehmigung ersetzt** werden, wenn mit Einwendungen

---

14   So auch *Peters*, UVP, Bd. 2, § 19 Rn. 2.
15   Nr. 14 der Anlage zu § 3 UVPG 1990 lautete:« Schaffung der gemeinschaftlichen und öffentlichen Anlagen sowie Änderung, Verlegung oder Einziehung vorhandener Anlagen, soweit dafür eine Planfeststellung nach § 41 des Flurbereinigungsgesetzes erforderlich ist«.

Flurbereinigungsverfahren § 19

nicht zu rechnen ist oder im Anhörungstermin solche nicht erhoben bzw. nachträglich ausgeräumt werden. Sie ist ferner entbehrlich bei »Änderungen und Erweiterungen von unwesentlicher Bedeutung«, z.B. dann, »wenn Rechte anderer nicht beeinflusst werden oder wenn mit den Beteiligten entsprechende Vereinbarungen getroffen wurden« (§ 41 Abs. 4 S. 2 und 3 FlurbG).[16] Schließlich stellt das Flurbereinigungsgesetz für bestimmte Fälle ein »**vereinfachtes Flurbereinigungsverfahren**« in § 86 Abs. 1 FlurbG zur Verfügung, in dem gem. § 86 Abs. 2 Nr. 5 FlurbG[17] auf die Aufstellung eines Wege- und Gewässerplanes mit landschaftspflegerischem Begleitplan und damit auf eine Planfeststellung verzichtet werden kann.

Mit der neugefassten Formulierung in Nr. 16.1 der Anlage 1 ist der Gesetzgeber der vielfach geäußerten Kritik an der Vorgängerregelung[18] nachgekommen, welche die UVP-Pflichtigkeit von Flurbereinigungsmaßnahmen von der Erforderlichkeit der Durchführung eines Planfeststellungsverfahrens abhängig machte. Im Geltungszusammenhang mit § 3c Abs. 1 S. 1 ist deshalb jeder Bau von gemeinschaftlichen und öffentlichen Anlagen i.S.d. Flurbereinigungsrechts einer UVP zu unterziehen, wenn er nach Einschätzung der zuständigen Behörde aufgrund überschlägiger Prüfung erhebliche nachteilige Umweltauswirkungen haben kann, und zwar unabhängig davon, in welchem Genehmigungsverfahren darüber entschieden werden soll.

8

Warum § 19 demgegenüber auch nach der Novellierung nur Planfeststellungsverfahren nach § 41 FlurbG erwähnt, erschließt sich nicht; Hinweise in den Gesetzesmaterialien gibt es insoweit nicht. Eine rationale Begründung für eine Beschränkung des Anwendungsbereiches des § 19 auf diese Verfahrensart ließe sich auch nicht finden. Denn sie hätte zur Konsequenz, dass die durch § 19 auf § 9 Abs. 3 konkretisierte (eingeschränkte) Öffentlichkeitsbeteiligung[19] nur für die im Planfeststellungsverfahren integrierte UVP gelte. Bei der im Rahmen planfeststellungsersetzender Genehmigungsverfahren durchzuführenden UVP müsste dann streng genommen eine umfassende Bürgerbeteiligung nach § 19 Abs. 1 in Betracht gezogen werden. Das hat der Gesetzgeber sicher nicht beabsichtigt. Aus dem Gesamtzusammenhang der Regelungen der Nr. 16.1 der Anlage 1, § 3c Abs. 1 und § 19 i.V.m. § 9 Abs. 3 muss der Anwendungsbereich des § 19 erweiternd dahin ausgelegt werden, dass er **auch die planfeststellungsersetzenden Genehmigungsverfahren** erfasst. Dementsprechende Tendenzen waren auch schon z.T. unter der Geltung des UVPG 1990 in der Verwaltungspraxis einiger Bundesländer zu erkennen.[20]

9

1.4.3 *Beschränkung auf den Wege- und Gewässerplan*

Die **Beschränkung** des Anwendungsbereichs der UVP in der Flurbereinigung **auf den Wege- und Gewässerplan** mit landschaftspflegerischem Begleitplan ist durch die UVPG-Novelle 2001 beibehalten worden. So kann z.B. in dem vereinfachten Flurbereinigungsverfahren gem. § 86 Abs. 2 Nr. 5 FlurbG von der Aufstellung eines Wege- und Gewässerplanes abgesehen werden, auch wenn die geplanten Maßnahmen Umwelt-

10

---

16 Zu den Voraussetzungen, unter denen von einer Flurbereinigung abgesehen werden kann, vgl. im Einzelnen *Quadflieg*, FlurbG, § 41 Rn. 197ff.; *Seehusen/Schwede*, FlurbG, § 41 Rn. 27ff.
17 In der Fassung des Änderungsgesetzes vom 23.8.1994, BGBl. I S. 2187.
18 Vgl. dazu die Vorauflage, § 19 Rn. 11 m.w.N.
19 Dazu noch unten, Rn. 12ff.
20 Vgl. dazu *Abresch*, UVP-Report 1993, 118 (120).

relevanz haben.[21] Hier kann nur die von *Erbguth/Schink*[22] geforderte richtlinienkonforme Ausübung des Verfahrensermessens der Flurbereinigungsbehörde dergestalt weiterhelfen, dass auf die Aufstellung eines Wege- und Gewässerplanes und damit inzident auch auf eine UVP jedenfalls dann nicht verzichtet wird, wenn die Flurneuordnungsmaßnahme nicht unerhebliche Umweltauswirkungen erwarten lässt. Dies gilt selbst dann, wenn das vereinfachte Verfahren – wie § 86 Abs. 1 Nr. 1 FlurbG es ermöglicht – speziell Maßnahmen des Umweltschutzes, der naturnahen Entwicklung von Gewässern oder des Naturschutzes und der Landschaftspflege dient. Einmedial betrachtet können positive Umwelteffekte durchaus auch Beeinträchtigungen anderer Schutzgüter mit sich bringen. In solchen Fällen auf eine UVP zu verzichten würden ihrem Anliegen, sämtliche negativen wie positiven Umwelteinwirkungen einschließlich ihrer Wechselwirkungen qualifiziert zu erfassen, nicht gerecht werden.[23]

11   Bedenken werden weiterhin dahingehend geltend gemacht, dass die der Flurbereinigungsplanung nachfolgende Neuordnung der Besitzstände, die häufig aufgrund der Beseitigung von landschaftlichen Kleinstrukturen umweltrelevant ist, einer gesonderten Pflicht-UVP nicht unterliegt.[24]

Schließlich wird – ebenfalls über Nr. 16.1 der Anlage 1 und § 19 hinausgehend – schon die sog. agrarstrukturelle Vorplanung aufgrund ihrer Umweltrelevanz als UVP-würdig angesehen.[25] Zu Letzterer ist jedoch anzumerken, dass sie mangels Konkretisierung auf bestimmte Maßnahmen hin praktisch keinen Projektbezug hat und deshalb einer Projekt-UVP nach Konzeption des UVPG nicht zugänglich ist.[26] Insoweit wäre zu prüfen, ob die agrarstrukturelle Vor- oder Entwicklungsplanung bei der Implementierung der Plan- und Programm-UVP berücksichtigt werden kann.

2 Einbeziehung der Öffentlichkeit

12   Die im Flurbereinigungsgesetz nicht vorgesehene Einbeziehung der Öffentlichkeit in das Planfeststellungsverfahren nach § 41 FlurbG stellt eine wesentliche – im Hinblick auf die Wirkung nach außen sicher die entscheidende – UVP-bedingte Neuerung dar. § 19 lässt insoweit aber nicht das in § 9 Abs. 1 und 2 vorgesehene Standardbeteiligungsverfahren, sondern nur das für vorgelagerte Verfahren in § 9 Abs. 3 vorgesehene **vereinfachte Verfahren** der Öffentlichkeitsbeteiligung zur Anwendung gelangen. Eine Begründung dafür, warum die flurbereinigungsrechtliche Planfeststellung – anders als alle übrigen Planfeststellungen, für die gem. § 9 Abs. 1 das Anhörungsverfahren nach § 73 VwVfG

---

21   Vgl. *Seehusen/Schwede*, FlurbG § 41 Rn. 62.
22   *Erbguth/Schink*, UVPG, § 19 Rn. 4; ebenso *Bunge*, HdUVP 0600, § 3 Rn. 364.
23   So auch *Erbguth/Schink*, UVPG, § 19 Rn. 4, *Bunge*, HdUVP, 0600, § 3 Rn. 365, *Peters*, UVP, Bd. 2, § 19 Rn. 3; a. A. *Seehusen/Schwede*, FlurbG, § 41 Rn. 63, wonach die Überprüfung der Tauglichkeit voraussichtlich umweltfördernder Maßnahmen nicht Sinn einer UVP sein könne.
24   Ausführlich dazu *Hoecht*, NuR 1989, 379 (381); ebenso *Erbguth/Schink*, UVPG, § 19 Rn. 5, die eine Kompensation durch die Pflicht zur Aufnahme aller Umwelteinwirkungen (auch diejenigen der Bodenordnung) in den landschaftspflegerischen Begleitplan fordern.
25   Dazu *Hess*, RdL 1991, 85; *Abresch*, UVP-Report 1993, 118 (120); *Reschke*, UVP-Report 1993, 125.
26   Vgl. *Hess*, RdL 1991, 85, der insoweit eingesteht, dass die »UVP« bei der agrarstrukturellen Vorplanung sich im Wesentlichen in einer Bestandsaufnahme erschöpft.

angeordnet ist – der einfacheren Öffentlichkeitsbeteiligung unterliegen soll, bleibt der Gesetzgeber schuldig.[27] Er hat sich aber offenbar von dem Gedanken tragen lassen, dass dem Wege- und Gewässerplan – insofern anders als bei anderen Planfeststellungen – noch die abschließende Entscheidung über die zu bauenden gemeinschaftlichen und öffentlichen Anlagen in Form des Flurbereinigungsplans gem. § 58 Abs. 1 S. 1 FlurbG folgt.[28]

§ 9 Abs. 3 sieht für die Einbeziehung der Öffentlichkeit vier Einzelelemente vor:
– Öffentliche Bekanntmachung
– Möglichkeit der Einsichtnahme in die entscheidungserheblichen Unterlagen
– Gelegenheit zur Äußerung
– Unterrichtung der Öffentlichkeit über die Entscheidung

Eine Regelung über Zeitpunkt und Form des Beteiligungsverfahrens hat der Gesetzgeber bewusst offen gelassen und der Flurbereinigungsbehörde überlassen.[29]

In der Fachdiskussion ist umstritten, ob der **Zeitpunkt der Einbeziehung der Öffentlichkeit** besser vor oder nach dem Anhörungstermin nach § 41 Abs. 2 S. 1 FlurbG für die Träger öffentlicher Belange einschließlich der landwirtschaftlichen Berufsvertretung festgesetzt werden sollte. Für die *vorherige* Bürgerbeteiligung[30] spricht, dass die Bewertung durch die Träger der fachlichen Belange in Kenntnis auch der durch mittelbar betroffene oder sonst interessierte Bürger oder Organisationen[31] vorgetragenen Bedenken und Anregungen, die nicht selten von hoher fachlicher Substanz sind, erfolgen können. Die besseren Argumente lassen sich für die Gegenauffassung, welche die Einbeziehung der Öffentlichkeit erst *nach* der Behördenbeteiligung für sinnvoll hält,[32] finden. Werden die von der Flurbereinigungsbehörde anzulegenden entscheidungserheblichen Unterlagen durch die fachlichen Stellungnahmen ergänzt, erhalten in der Regel auch die darzulegenden voraussichtlichen Umweltauswirkungen der geplanten Flurbereinigungsmaßnahmen schärfere Konturen, oder sie basieren auf verlässlicheren Prognosen. Dem Publikum sind damit umfassendere Erkenntnisse und deshalb dezidiertere Stellungnahmen möglich. Dem hohen Stellenwert, den die Einbeziehung der Öffentlichkeit im UVPG genießt,[33] wird auf diese Weise eher Rechnung getragen. In den Verwaltungsvorschriften der Länder[34] wird – soweit ersichtlich – die Öffentlichkeitsbeteiligung nach der fachaufsichtlichen Prüfung des Planentwurfs, aber vor dem Anhörungstermin mit den Trägern öffentlicher Belange vorgesehen. Diese Richtlinien verlangen aber auch, dass die Flurbereinigungsbehörde den Plan bereits unter intensiver Beteiligung der in ihren Belangen berührten Behörden mit dem Ziel der Ausräumung von

---

27 Kritisch dazu *Erbguth/Schink*, § 19 Rn. 2 m.w.N.
28 So *Seehusen/Schwede*, FlurbG, § 41 Rn. 75.
29 Begründung des Gesetzentwurfes der Regierung, BT-Drs. 11/3919, S. 31.
30 So *Hoecht*, NuR 1989, 379 (383).
31 Erörterungen mit den nach § 29 BNatSchG anerkannten Naturschutzverbände haben allerdings häufig schon im Rahmen der Zusammenstellung der Unterlagen über die Umweltauswirkungen stattgefunden; s. dazu noch § 19 Rn. 23.
32 So *Hess*, RdL 1993, 85 (86); *Erbguth/Schink*, UVPG, § 19 Rn. 2.
33 Dazu oben § 9 Rn. 1ff.
34 Vgl. *VwV Baden-Württemberg*, abgedruckt in HdUVP, 8335, Nr. 2.6, 3; *VwV Brandenburg*, HdUVP, 8596, Nr. 3.2., 3.3.; *VwV Nordrhein-Westfalen* (Entwurf Dez. 2001), Nr. 2.8, 3.

§ 19 Flurbereinigungsverfahren

Meinungsverschiedenheiten erarbeitet,[35] sodass der Öffentlichkeit mit dem Planentwurf bereits ein relativ abgestimmtes Planungsergebnis präsentiert werden kann.

14 Bezüglich **Form und Verfahren** empfiehlt sich aus Gründen der Rechtseinheitlichkeit und Praktikabilität eine Anlehnung an das Verfahren nach § 73 VwVfG,[36] allerdings – gem. § 9 Abs. 3 – unter Verzicht auf den Erörterungstermin.[37]

15 Der Entwurf des Planes einschließlich Erläuterungsbericht sollte nach fachaufsichtlicher Prüfung durch die obere Flurbereinigungsbehörde in den unmittelbar betroffenen Gemeinden, ggf. auch in den Nachbargemeinden, entsprechend § 110 FlurbG nach den für die öffentliche Bekanntmachung von Verfügungen der Gemeinden bestehenden Rechtsvorschriften **bekanntgemacht** werden.[38]

16 Die **Auslegung** sollte ebenfalls in den betroffenen Gemeinden mit dem Hinweis erfolgen, dass *umweltrelevante* Anregungen und Bedenken innerhalb einer bestimmten Frist (entsprechend § 73 Abs. 4 VwVfG: 2 Wochen) nach Ablauf einer einmonatigen Auslegungsfrist (§ 73 Abs. 3 VwVfG) schriftlich oder zur Niederschrift bei der Flurbereinigungsbehörde oder der Gemeinde[39] vorgetragen werden können. Als besonders wirksam erweist es sich insoweit, wenn die bloße Auslegung der Unterlagen durch Sprechtage angereichert wird, an denen fachlich mit dem Verfahren betraute Mitarbeiter der Flurbereinigungsbehörde zur Auskunftserteilung und Entgegennahme von Anregungen und Bedenken zur Verfügung stehen.[40]

17 Die Öffentlichkeitsbeteiligung kann den ihr durch das Gesetz zugewiesenen Zweck nur dann erfüllen, wenn die vorgesehenen Flurbereinigungsmaßnahmen im Plan und **Erläuterungsbericht** als gemeinverständlich und nachvollziehbar dargestellt werden. Die fachliche Darstellung der Umweltfolgen, die Umweltverträglichkeitsstudie, die im Flurbereinigungsverfahren allein Gegenstand der Öffentlichkeitsbeteiligung ist, sollte zwar in dem Erläuterungsbericht integriert werden, aber als eigenständiges Kapitel erscheinen; eine Zusammenfassung mit dem Bericht über die Behandlung der naturschutzrechtlichen Eingriffsregelung ist zulässig und sinnvoll.[41] Dabei sollte es der Flurbereinigungsverwaltung darauf ankommen, die Umweltauswirkungen in ihrer Gesamtheit, vorgesehene Kompensations- oder Ersatzmaßnahmen und geprüfte Alter-

---

35 Nach der *VwV Baden-Württemberg* (ebd., Nr. 2.3.2) soll bereits in diesem Abstimmungsverfahren die Behördenbeteiligung nach § 7 UVPG erfolgen.

36 So auch *Hess*, RdL 1991, 85 (86).

37 Den Ländern steht es gem. § 4 S. 2 frei, über § 9 Abs. 3 und § 19 hinausgehend, nach der Auslegung auch einen öffentlichen Anhörungstermin durchzuführen. Zu dieser Praxis in Hessen vgl. *Abresch*, UVP-Report, 1993, 118 (119 f.).

38 In Hessen wird – unabhängig vom übrigen Planfeststellungsverfahren – eine Umweltverträglichkeitsstudie in einem gesonderten Dokument einer Anhörung und Öffentlichkeitsbeteiligung unterzogen; dazu *Abresch*, ebd.

39 Auf die in § 73 Abs. 4 VwVfG vorgesehene Möglichkeit, Anregungen und Bedenken auch bei den Gemeindebehörden, bei denen der Plan ausliegt, vortragen zu können, sollte im Interesse der Bürger angesichts der häufig gegebenen Ortsferne der Flurbereinigungsbehörde nicht verzichtet werden.

40 Vgl. zu dieser Praxis in Nordrhein-Westfalen den Bericht von *Schlaberg-Koch*, UVP-Report 1993, 122 (123 f.); die *VwV Brandenburgs* und *Sachsen-Anhalts* weisen auf die Zweckmäßigkeit von Einwohnerversammlungen in den Gemeinden hin, *Bunge*, HdUVP, 0600, § 19 Rn. 31.

41 So Erlass des Landesamtes für Agrarordnung Nordrhein-Westfalen vom 17.7.1990, Az.: II/1 I/4-6338.

nativen bewusst transparent zu machen und zur öffentlichen Diskussion zu stellen.⁴²
Demgegenüber hat die »Zusammenfassende Darstellung der Umweltauswirkungen«
i.S.d. § 11 zu diesem Zeitpunkt im Erläuterungsbericht noch keinen Platz. Sie wird
erst durch die Flurbereinigungsbehörde unter Berücksichtigung u.a. der Äußerungen der
Öffentlichkeit auf die Auslegung hin erarbeitet.⁴³

Letzter Akt der Einbeziehung der Öffentlichkeit ist die **Unterrichtung über die Entscheidung.** Entscheidung in diesem Sinne ist der das Verfahren abschließende, unanfechtbare Planfeststellungsbeschluss,⁴⁴ nicht etwa eine Einzelentscheidung über die im Rahmen der Öffentlichkeitsbeteiligung vorgebrachten Äußerungen eines Bürgers. Die Unterrichtung hat auf jeden Fall vor Beginn der Ausführung des Planes – auch einer gegebenenfalls vorzeitigen Baumaßnahme gem. § 42 Abs. 2 S. 1 FlurbG⁴⁵ –, spätestens aber zum Zeitpunkt der Bekanntgabe des Flubereinigungsplanes nach § 59 FlurbG stattzufinden. Sie sollte durch öffentliche Bekanntmachung des Tenors erfolgen, unter Hinweis darauf, dass die Bewertung der Umweltauswirkungen der Anlagen stattgefunden hat und berücksichtigt worden ist.⁴⁶

§ 9 Abs. 1 Nr. 4 sieht in der Fassung der Novelle 2001 zusätzlich vor, dass der Inhalt der Entscheidung mit Begründung der Öffentlichkeit zugänglich zu machen ist. Hier empfiehlt sich entsprechend § 74 Abs. 4 S. 2 VwVfG eine zweiwöchige Auslegung zur Einsichtnahme in den jeweiligen Belegenheitsgemeinden.⁴⁷

Nach dem neuen § 9a hat die Flurbereinigungsbehörde auch zu prüfen, ob das Vorhaben erhebliche Umweltauswirkungen in einem anderen Staat haben kann und gegebenenfalls eine **grenzüberschreitende Öffentlichkeitsbeteiligung** durchzuführen.⁴⁸

Gem. § 9 Abs. 3 S. 2 werden durch die Einbeziehung der Öffentlichkeit Rechtsansprüche nicht begründet. Dieser eigentlich für die vorgelagerten Verfahren konzipierte Rechtssatz⁴⁹ gilt auch für das flurbereinigungsrechtliche Planfeststellungsverfahren. Er stellt hier klar, dass sich durch die Öffentlichkeitsbeteiligung **keine Rechtsschutzmöglichkeiten** etwa für Bürger ergeben, deren Anregungen und Bedenken in der Entscheidung keinen Niederschlag gefunden haben. Eine Erweiterung des beschränkten Kreises der Rechtsschutzbefugten bei einem Wege- und Gewässerplan gem. § 41 FlurbG⁵⁰ bewirkt die Durchführung der UVP mit Einbeziehung der Öffentlichkeit nicht.

---

42 Dazu auch *Abresch*, UVP-Report 1993, 118 (120), der allerdings – insoweit überzogen – eine mehrfache Öffentlichkeitsbeteiligung zu verschiedenen Entwurfsphasen empfiehlt; *Hess*, RdL 1991, 85 (86 f.); vgl. auch *VwV Nordrhein-Westfalen* (Entwurf Dez. 2001), in der der Inhalt des Erläuterungsberichtes im Hinblick auf die UVP dezidiert beschrieben wird.
43 *Seehusen/Schwede*, FlurbG, § 41 Rn. 77; anders offenbar *VwV Baden-Württemberg*, in HdUVP, 8335, Nr. 2.4.4.
44 Nach *Bunge* HdUVP, 0600, § 19 Rn. 36, kommt es auf die Unanfechtbarkeit nicht an; bereits parallel zu Zustellung des Beschlusses an den Vorhabenträger und die Teilnehmergemeinschaft soll auch die Unterrichtung der Öffentlichkeit erfolgen.
45 Vgl. dazu *Bunge*, HdUVP, 0600, § 19 Rn. 36.
46 Vgl. *VwV Baden-Württemberg*, ebd., Nr. 4.8.
47 Vgl. dazu oben § 9 Rn. 35.
48 Zu den Anforderungen im Einzelnen s.o. die Kommentierung zu § 9a.
49 Vgl. dazu näher § 9 Rn. 36.
50 Auf die einschlägige Fachliteratur zum Flurbereinigungsgesetz darf insoweit verwiesen werden; etwa *Quadflieg*, FlurbG, § 41 Rn. 259 ff. und 288 ff.; *Seehusen/Schwede*, FlurbG, § 41 Rn. 37 ff.

3 Durchführung des Scoping-Verfahrens gem. § 5

20 Seit der Novelle 2001 ist die Durchführung des Verfahrensschrittes der Unterrichtung des Vorhabenträgers über voraussichtlich beizubringende Unterlagen gem. § 5 – das so genannte Scoping – auch im Flurbereinigungsverfahren obligatorisch.[51] Der die Anwendung des § 5 ausschließende § 19 S. 2 UVPG 1995 wurde damit begründet, dass im Planfeststellungsverfahren nach § 41 FlurbG die Flurbereinigungsbehörde selbst Träger des Vorhabens im Sinne der UVP ist.[52] Von der durch das UVPG als Vorhabenträger in die Pflicht genommenen Flurbereinigungsbehörde sind die in § 41 Abs. 6 FlurbG genannten »Träger des Vorhabens« zu unterscheiden. Letztere sind nach dem flurbereinigungsrechtlichen Verständnis die sog. Ausbauträger i.S. v. § 42 Abs. 1 FlurbG, also die Teilnehmergemeinschaft, aber z.B. auch Gemeinden und Kreise, Wasser- und Bodenverbände, wenn sie den Ausbau übernommen haben.[53]

21 UVP-rechtlich ist zutreffend, dass eine Pflicht des Vorhabenträgers zur Unterrichtung der zuständigen Behörde gem. § 5 S. 1 für das Verfahren nach § 41 FlurbG rein wörtlich genommen wegen der Identität beider Verfahrensbeteiligten leerläuft. Gleichwohl kommt – wie bereits in der Vorauflage vertreten – der **Grundgedanke des Scoping**, nämlich die Spezifizierung und Präzisierung der für die UVP im konkreten Einzelfall erforderlichen Informationen, auch in der Flurbereinigungs-UVP zum Tragen. Nunmehr ist es gesetzliche Pflicht der Flurbereinigungsbehörde, gem. § 5 S. 2 und 3 in einem gesondert dafür vorgesehenen Verfahrensschritt Gelegenheit zu suchen und zu bieten, Gegenstand, Umfang und Methoden der vorzunehmenden Umweltverträglichkeitsuntersuchung mit Fachbehörden, Sachverständigen und Dritten zu erörtern.[54] Dazu wird sie mit betroffenen Trägern öffentlicher Belange (§ 7) und den nach § 29 BNatSchG anerkannten Naturschutzverbänden einen gemeinsamen Scoping-Termin durchführen.[55] Auf der Grundlage des Besprechungsergebnisses legt sie Inhalt und Umfang der beizubringenden Unterlagen fest. Im Ergebnis wird die frühzeitige Erörterung der Abgrenzung des Untersuchungsgebietes, das zumeist über das Plangebiet hinausgeht, der Indikatorenauswahl und der Bewertungsverfahren nachträgliche Grundsatzauseinandersetzungen vermeiden helfen und so das Anhörungsverfahren im weiteren Planungsverlauf auf die wesentlichen Gesichtspunkte konzentrieren.[56]

4 Sonstige Besonderheiten der UVP in der Flurbereinigung

22 Die nach § 6 erforderliche **Vorlage der Unterlagen des Trägers des Vorhabens** erfolgt dadurch, dass die für die Durchführung des Verfahrens zuständige *Untere Flurbereinigungsbehörde* als Vorhabenträger[57] die entscheidungserheblichen Unterlagen über die

---

51 Dazu oben § 19 Rn. 5.
52 BT-Drs. 11/3919, S. 31.
53 Dazu ausführlich *Quadflieg*, FlurbG, § 41 Rn. 281 ff.; zur Rollenverteilung der Beteiligten im Flurbereinigungsverfahren und der damit zusammenhängenden Problematik bei der Übertragung in das UVP-Recht ausführlich *Bunge*, HdUVP, 0600, § 19 Rn. 15.
54 Vgl. auch *Mauksch*, Vermessungswesen und Raumordnung, 1994, 164 (170).
55 So *VwV Nordrhein-Westfalen* (Entwurf Dez. 2001) unter Nr. 2.1.3.
56 So *Abresch*, UVP-Report 1993, 118 (119); vgl. im Übrigen oben die Kommentierung zu § 5.
57 Dazu oben, § 19 Rn. 20.

Flurbereinigungsverfahren § 19

Umweltauswirkungen[58] der geplanten Flurbereinigungsmaßnahmen zusammenstellt, diese in den Erläuterungsbericht als gesondert ausgewiesenes Kapitel aufnimmt[59] und anschließend der *Oberen Flurbereinigungsbehörde* mit den gesamten Planfeststellungsunterlagen zur Vorprüfung vorlegt.[60]

Auf welche Weise die Flurbereinigungsbehörde die Unterlagen nach § 6 zusammenträgt, ist ihr freigestellt. Es empfiehlt sich aber auch in diesem Stadium eine enge Zusammenarbeit der Agrarbehörde mit den Fachbehörden des Umweltschutzes (i. d. R. die Unteren Naturschutz- und Wasserbehörden), ggf. auch mit den Umweltverbänden. Komplexere ökologische Fragestellungen dürften angesichts der hohen fachlichen und personellen Anforderungen wohl nur durch Inanspruchnahme externer Gutachter zu bewältigen sein. Der für die Zusammenstellung der Unterlagen betriebene Aufwand sollte dabei in einem angemessenen Verhältnis zum Umfang der geplanten Agrarstrukturmaßnahme stehen.

Die **Beteiligung der inländischen Behörden** erfolgt aufgrund der Subsidiaritätsklausel des § 4 nicht nach § 7, sondern allein nach § 41 Abs. 2 FlurbG, wonach der Wege- und Gewässerplan mit den Trägern öffentlicher Belange in einem Anhörungstermin zu erörtern ist. In grenznahen Bereichen ist ggf. eine **grenzüberschreitende Behördenbeteiligung** nach § 8 erforderlich.[61] 23

Nach Behörden- und Öffentlichkeitsbeteiligung hat die planende *Untere Flurbereinigungsbehörde* gem. § 11 auf der Grundlage der Unterlagen nach § 6 und unter Berücksichtigung der Ergebnisse der Beteiligungsverfahren eine **zusammenfassende Darstellung der Umweltauswirkungen** zu erarbeiten[62] und der Oberen Flurbereinigungsbehörde vorzulegen. 24

Die **Bewertung** der Umweltauswirkungen und die **Berücksichtigung** des Ergebnisses **bei der Entscheidung** gem. § 12 obliegt der *Oberen Flurbereinigungsbehörde*, in deren Zuständigkeit die Beschlussfassung über die Planfeststellung steht. Sie hat die von ihr bewerteten Umweltfolgen in die Gesamtabwägung mit den übrigen, z. B. landwirtschaftlichen Belangen einzustellen und »über die Zulässigkeit des Vorhabens im Hinblick auf eine wirksame Umweltvorsorge im Sinne der §§ 1, 2 Abs. 1 S. 2 und 4 nach Maßgabe der geltenden Gesetze«[63], insbesondere des Flurbereinigungsgesetzes, zu entscheiden. 25

Die **Begründung des Planfeststellungsbeschlusses** muss zumindest den Hinweis enthalten, dass die UVP durchgeführt wurde und deren Ergebnisse bei der Entscheidung über die Zulässigkeit des Vorhabens berücksichtigt worden sind. Sie muss auch die Abwägung in ihren wesentlichen Elementen erkennen lassen.[64] Das Ergebnis ist aktenkundig zu machen. 26

Eine besondere Problematik für die UVP ergibt sich aus der nach dem Flurbereinigungsrecht legitimen Praxis, dass häufig der **Wege- und Gewässerplan** mit landschaftspflegerischem Begleitplan nicht in einem Guss festgestellt und ausgeführt wird, 27

---

58 Dazu im Einzelnen § 5 Rn. 10 ff.
59 Dazu schon oben, § 19 Rn. 17.
60 Vgl. auch die Darstellung des nordrhein-westfälischen Verfahrens bei *Schlaberg-Koch*, UVP-Report 1993, 122 (123).
61 Zu den Anforderungen im Einzelnen vgl. die Kommentierung zu § 8.
62 Dazu im Einzelnen die Kommentierung zu § 11.
63 Zu diesen Anforderungen des § 12 ausführlich oben § 12 Rn. 64 ff.
64 So auch *Hess*, RdL 1991, 85 (87).

§ 19 *Flurbereinigungsverfahren*

sondern in sektoralen Verfahren **örtlich, zeitlich und sachlich getrennte Teile** abgehandelt werden.[65] Sowohl für die Beurteilung der UVP-Pflichtigkeit als auch für die Erfassung und Bewertung der Umweltfolgen – insbesondere ihrer Wechselbeziehungen – ist es unverzichtbar, den Plan nach § 41 FlurbG in seiner Gesamtheit zu betrachten, selbst wenn für bestimmte Einzelmaßnahmen erst eine spätere Beschlussfassung vorgesehen ist und sie dementsprechend nur schwächer konturiert sind.[66] Sämtliche planfestzustellenden Vorhaben müssen deshalb in *einer* (rechtzeitigen!) UVP zusammenfassend untersucht und beurteilt werden.[67]

28   In den **Verwaltungsvorschriften** gem. § 20 (UVPVwV) fehlen bislang *besondere* Vorschriften für die UVP im flurbereinigungsrechtlichen Planfeststellungsverfahren, die dort ursprünglich erlassen werden sollten. Hingegen gelten die *allgemeinen* Regelungen, die unter Nr. 0 UVPVwV zusammengefasst sind, insbesondere 0.4, 0.5 und 0.6, auch für die UVP in der Flurbereinigung in der Grundsätze für die Unterrichtung über den voraussichtlichen Untersuchungsrahmen gem. § 5 aufgestellt werden, auch für die UVP in der Planfeststellung nach § 41 FlurbG.

---

65   Dazu *Hoecht* NuR 1989, 379 (382).
66   So auch *Hoecht*, ebd.; vgl. auch *Erbguth/Schink*, UVPG, § 19 Rn. 6, die eine Aufteilung des landespflegerischen Begleitplans vor dem Hintergrund des Vorhabenbegriffs des § 2 Abs. 2 und der UVP-RL für unzulässig halten.
67   So zu Recht *Mauksch*, Vermessungswesen und Raumordnung 1994, 164 (165); *Hoecht*, NuR 1989, 379, 382; *Bunge*, HdUVP, 0600, § 19 Rn. 42.

Teil 2 Vorschriften für bestimmte Leitungsanlagen und andere Anlagen (Anlage 1 Nr. 19)

§ 20 Planfeststellung, Plangenehmigung

(1) Vorhaben, die in der Anlage 1 unter den Nummern 19.3 bis 19.9 aufgeführt sind, sowie die Änderung solcher Vorhaben bedürfen der Planfeststellung durch die zuständige Behörde, sofern dafür nach den §§ 3b bis 3f. eine Verpflichtung zur Durchführung einer Umweltverträglichkeitsprüfung besteht.

(2) Sofern keine Verpflichtung zur Durchführung einer Umweltverträglichkeitsprüfung besteht, bedarf das Vorhaben der Plangenehmigung. Die Plangenehmigung entfällt in Fällen von unwesentlicher Bedeutung. Diese liegen vor, wenn die Prüfwerte nach § 3c Abs. 1 für Größe und Leistung, die die Vorprüfung eröffnen, nicht erreicht werden oder die Voraussetzungen des § 74 Abs. 7 Satz 2 des Verwaltungsverfahrensgesetzes erfüllt sind; § 3b Abs. 2 und 3 gilt entsprechend. Die Sätze 2 und 3 gelten nicht für Errichtung, Betrieb und Änderung von Rohrleitungsanlagen zum Befördern wassergefährdender Stoffe sowie für die Änderung ihres Betriebs, ausgenommen Änderungen von unwesentlicher Bedeutung.

Übersicht		Rn.			Rn.
1.	Allgemeines	1	2.2.4	Dampf- oder Warmwasserpipelines	23
2.	Erforderlichkeit einer Planfeststellung	12	2.2.5	Wasserfernleitungen	25
			2.2.6	Künstliche Wasserspeicher	27
2.1	Gelistete Leitungsanlagen und andere Anlagen	13	2.2	Pflicht zur Durchführung einer UVP	29
2.1.1	Rohrleitungsanlagen zum Befördern wassergefährdender Stoffe	14	3.	Erforderlichkeit einer Plangenehmigung	30
			3.1	Unterschreiten der Prüfwerte für Größe und Leistung	32
2.1.2	Rohrleitungsanlagen zum Befördern von verflüssigten bzw. nicht verflüssigten Gasen	18	3.2	§ 74 Abs. 7 Satz 2 VwVfG	33
			3.3	Kumulierende Vorhaben	37
2.2.3	Rohrleitungsanlagen zum Befördern von Stoffen im Sinne von § 3a ChemG	21	4.	Ausnahmen	39

1 Allgemeines

Die Errichtung und der Betrieb einer Rohrleitungsanlage für den Ferntransport von Öl oder Gas sowie die wesentliche Änderung einer solchen Anlage oder ihres Betriebs, die der Genehmigung nach § 19a WHG bedürfen, waren auf der Grundlage des § 3 Abs. 1 Satz 1 UVPG a.F. i.V.m. Nr. 16 der Anlage zu § 3 UVPG einer Umweltverträglichkeitsprüfung zu unterziehen. Die UVP-Änderungsrichtlinie sieht über die bisher erfassten Rohrleitungsanlagen hinaus zusätzlich für eine Reihe weiterer Leitungsanlagen sowie für künstliche Wasserspeicher eine UVP-Pflicht vor. Zu diesen Anlagen zählen **Hoch-**

1

spannungsfreileitungen, **Gasversorgungsleitungen** und **Rohrleitungsanlagen** sowie künstliche **Wasserspeicher**.

2 Für diese Leitungsanlagen, Rohrleitungsanlagen und künstlichen Wasserspeicher fehlte es im deutschen Recht bislang teilweise an einem geeigneten **Trägerverfahren** für die Umweltverträglichkeitsprüfung. Für die genannten Energieleitungen wird deshalb im **Energiewirtschaftsgesetz** ein Planfeststellungsverfahren gesetzlich vorgesehen, das als Trägerverfahren für die Umweltverträglichkeitsprüfung dienen kann (vgl. § 11a EnWG). Für die Errichtung und den Betrieb sowie die Änderung der unter den Nummern 19.3 bis 19.9 der Anlage 1 zum UVPG n. F. aufgeführten Leitungsanlagen und künstlichen Wasserspeicher führt § 20 Abs. 1 ein Planfeststellungsverfahren mit Umweltverträglichkeitsprüfung ein, soweit für derartige Anlagen nach den §§ 3 b–3 f. UVPG n. F. eine Verpflichtung zur Durchführung der Umweltverträglichkeitsprüfung besteht. Soweit dies nicht der Fall ist, bedürfen die genannten Vorhaben der **Plangenehmigung** nach § 20 Abs. 2 Satz 1. Die Plangenehmigung wiederum entfällt in Fällen von unwesentlicher Bedeutung (§ 20 Abs. 2 Satz 2–4).

3 Die §§ 21 und 22 enthalten einheitliche Bestimmungen für das Ergehen des Planfeststellungsbeschlusses und die Erteilung der Plangenehmigung, den Erlass von **Nebenbestimmungen** sowie das Planfeststellungs- und Plangenehmigungsverfahren. § 23 schließlich enthält einen neuen **Ordnungswidrigkeitentatbestand**.

4 Das neu eingeführte Planfeststellungsverfahren dient als Trägerverfahren für die Umweltverträglichkeitsprüfung von Leitungsanlagen und künstlichen Wasserspeichern und damit der Umsetzung zwingender Vorgaben der UVP-Änderungsrichtlinie. Nach Anhang I Nr. 16 und 20 sowie Anhang II Nr. 3 b und Nr. 10 g, i und j der UVP-Änderungsrichtlinie ist über die von der Nr. 16 der bisherigen Anlage zu § 3 UVPG erfassten Rohrleitungsanlagen hinaus zusätzlich für eine Reihe weiterer Leitungsanlagen sowie für künstliche Wasserspeicher die UVP-Pflicht vorzusehen. Diese Anlagen sind mit Ausnahme von Hochspannungsfreileitungen und Gasversorgungsleitungen in den Nummern. 19.3 bis 19.9 der Anlage I aufgelistet.

5 Nach dem bis zum 3. 8. 2001 geltendem Recht existierte, abgesehen von den in Nr. 19.3 der neuen Anlage 1 geregelten Rohrleitungsanlagen zum Befördern wassergefährdender Stoffe im Sinne von § 19a WHG, kein geeignetes Trägerverfahren für die Umweltverträglichkeitsprüfung solcher Leitungsanlagen und künstlichen Wasserspeicher. Hinsichtlich der in den Nummern 19.4 bis 19.7 der Anlage 1 genannten Rohrleitungsanlagen wären die bestehenden Verordnungen zum Gerätesicherheitsgesetz als UVP-Trägerverfahren ebenso wenig geeignet wie landesrechtliche Baugenehmigungsverfahren. Für die in den Nummern 19.8 und 19.9 aufgeführten Anlagen (Wasserfernleitungen, künstliche Wasserspeicher) bestanden nach dem bis zum 3. 8. 2001 geltenden Recht keine bundesrechtlichen Trägerverfahren. Eine Regelung des Trägerverfahrens für diese Anlagen im Wasserrecht wäre aus systematischen Gründen nicht sachgerecht, weil Gegenstand derartiger Zulassungsverfahren weniger Belange der Wasserwirtschaft oder des Gewässerschutzes, sondern vor allem naturschutzrechtlich zu beurteilende Fragen wären.

6 Durch die zentrale und einheitliche Regelung des erforderlichen Trägerverfahrens für UVP-pflichtige Leitungsanlagen in den § 20 ff. UVPG n. F. soll vermieden werden, dass redundante Regelungen in fachlich berührten Einzelgesetzen (z. B. Wasserhaushaltsgesetz, Gerätesicherheitsgesetz) eingefügt oder anderenorts geschaffen werden müssten. Für diese Konzeption spricht aus der Sicht der Bundesregierung des Weiteren, dass

sowohl Regelungsanlass als auch Prüfungsgehalt des vorgesehenen Planfeststellungsverfahrens mit Umweltverträglichkeitsprüfung durch die UVP-Änderungsrichtlinie vorgesehen sind.

Gleichwohl bekommt mit der Aufnahme dieses Trägerverfahrens in das UVPG das Gesetz eine neue Qualität, weil bislang hinsichtlich der erforderlichen Zulassungsverfahren auf das jeweilige Fachgesetz verwiesen werden konnte. Das UVPG regelt nunmehr ein Zulassungsverfahren sogar unabhängig davon, ob für die Errichtung und den Betrieb eines bestimmten Vorhabens eine UVP erforderlich ist oder nicht. Denn für den Fall, dass eine Verpflichtung zur Durchführung einer Umweltverträglichkeitsprüfung nicht besteht, bedarf das Vorhaben nach § 20 Abs. 2 Satz 1 UVPG einer Plangenehmigung. Damit enthält das Gesetz nunmehr Vorgaben über ein Zulassungsverfahren unabhängig davon, ob eine Umweltverträglichkeitsprüfung im Einzelfall notwendig ist oder nicht. Rechtssystematisch ist die Regelung eines Zulassungserfordernisses im UVPG für Anlagen, die keiner Umweltverträglichkeitsprüfung zu unterziehen sind, wenig glücklich, weil es an einem sachlichen Zusammenhang zum Recht der Umweltverträglichkeitsprüfung fehlt.[1] Die Aufnahme verfahrensrechtlicher und materiellrechtlicher Anforderungen für bestimmte Rohrleitungsanlagen im UVPG ist ein **Systembruch** im Rahmen des bisherigen Umsetzungskonzeptes des Gesetzgebers, weil die bisherigen Regelungen des UVPG ausschließlich verfahrensrechtlicher Natur waren.[2] Vorzugswürdig wäre es deshalb gewesen, die verfahrensrechtlichen und materiellrechtlichen Zulassungsvoraussetzungen für Rohrleitungsanlagen in einem eigenständigen Gesetz zu regeln.[3]

7

Der Einführung eines Planfeststellungs- bzw. Plangenehmigungsverfahrens für Rohrleitungsanlagen zum Befördern wassergefährdender Stoffe in §§ 20 ff. trägt auch die Neufassung des § 19a WHG Rechnung. § 19a Abs. 3 WHG mit seiner Regelung zur Genehmigungsbedürftigkeit wesentlicher Änderungen wurde aufgehoben und in § 19a Abs. 1 WHG integriert. Die Sätze 1 und 2 des neuen § 19a WHG enthalten **Übergangsregelungen**. Nach § 19a Abs. 1 S. 1 WHG bleibt es für Rohrleitungsanlagen, für die der Genehmigungsantrag vor Inkrafttreten des Artikelgesetzes gestellt wurde, bei dem bisherigen Genehmigungserfordernis gemäß § 19a Abs. 1 S. 1 WHG; auch die sonstigen Vorschriften der §§ 19a bis 19f. WHG bleiben, soweit sie nicht aufgehoben werden (§§ 19a Abs. 3, 19b Abs. 3 WHG), insoweit anwendbar.

8

§ 19a Abs. 1 S. 2 WHG sieht die Durchführung der Umweltverträglichkeitsprüfung im Rahmen der Genehmigungsverfahren nach § 19a Abs. 1 S. 1 WHG vor. Hiernach ist für Rohrleitungsanlagen, die nach § 3 UVPG a. F. UVP-pflichtig sind, die Genehmigung in ein Verfahren zu erteilen, das den Anforderungen des UVPG in seiner bisherigen Fassung entspricht. Die Frage, ob eine Rohrleitungsanlage nach § 3 UVPG a. F. UVP-pflichtig ist, beurteilt sich nach § 25 Abs. 1 und Abs. 2 Nr. 1 UVPG n. F. Demnach gilt Folgendes: Wurde der Genehmigungsantrag gem. § 25 Abs. 2 Nr. 1 UVPG n. F. vor dem 14.03.1999 gestellt, ist im Rahmen des Genehmigungsverfahrens nach § 19a Abs. 1 S. 1 WHG eine Umweltverträglichkeitsprüfung nach Maßgabe des UVPG in seiner bishe-

9

---

1 *Koch/Siebel-Huffmann*, NVwZ 2001, 1081, 1087; *Enders/Kring*, DVBl. 200, 1250f.; a. A. *Feldmann*, DVBl. 2001, 589, 599.
2 *Enders/Krings*, DVBl. 2001, 1242, 1251; *Schmidt-Preuß*, DVBl. 1995, 485, 488; *R. Schmidt*, JZ 1997, 1042, 1044.
3 *Enders/Krings*, DVBl. 2001, 1242, 1251.

§ 20

rigen Fassung durchzuführen. Wurde der Genehmigungsantrag nach dem 14.3.1999, aber vor In-Kraft-Treten dieses Gesetzes gestellt, ist nach § 19a Abs. 1 S. 2 WHG i.V.m. § 25 Abs. 1 UVPG n.F. im Rahmen des Genehmigungsverfahrens nach § 19a Abs. 1 S. 1 WHG eine Umweltverträglichkeitsprüfung durchzuführen, die den Anforderungen des UVPG in der neuen Fassung entspricht. Nach § 19a Abs. 1 S. 3 WHG unterliegen Zulassungsanträge, die nach In-Kraft-Treten des Artikelgesetzes gestellt werden, den in dem §§ 20ff. geregelten Planfeststellungs- oder Plangenehmigungsverfahren, wobei die §§ 19b und 19c WHG zum Schutz der Gewässer auch im Rahmen des Planfeststellungsverfahrens gem. § 20ff. ergänzend zu beachten sind. Durch Gesetz vom 24.6.2002 ist dem § 25 ein neuer Absatz 6 angefügt worden, der eine spezielle Übergangsregelung für die Verfahren zur Errichtuing und zum Betrieb sowie zur Änderung von Rohrleitungsanlagen nach Nr. 19.3 der Anlage 1 betrifft.

10 Die **Gesetzgebungskompetenz** des Bundes für die Einführung des Planfeststellungsverfahrens bzw. des Plangenehmigungsverfahrens ergibt sich aus Art. 74 Abs. 1 Nr. 11 GG. Entscheidend für die Zuordnung zum Kompetenztitel »Recht der Wirtschaft« ist nach Auffassung der Bundesregierung, dass von der Regelung nicht nur wirtschaftlich Tätige betroffen sind, sondern dass das wirtschaftliche Wirken selbst spezifisch geregelt wird. Die Errichtung und der Betrieb der in Nummer 19 der Anlage 1 aufgelisteten Leitungen und anderen Anlagen sind spezifisch wirtschaftliche Tätigkeiten, deren Umweltverträglichkeit nach den neuen Regelungen zu prüfen ist. Es geht nach dieser Auffassung nicht in erster Linie um die Bewahrung des Schutzgutes Wasser, sondern um die Umweltverträglichkeit der wirtschaftlichen Betätigung, wodurch auch ein bestimmter Wirtschaftsstandard im Hinblick auf die Umweltverträglichkeit der Anlagen gesetzt wird. Da die Gesetzgebungskompetenz für Verfahrensregelungen der Sachkompetenz folgt, ergibt sich die Gesetzgebungskompetenz des Bundes im Hinblick auf die in den §§ 21, 22 UVPG n.F. enthaltenen Verfahrensvorschriften nach Auffassung der Bundesregierung ebenfalls aus Artikel 74 Abs. 1 Nr. 11 GG. Die in den Nummern 19.1 und 19.2 aufgeführten Hochspannungsfreileitungen und Gasversorgungsleitungen sind dem Bereich Energiewirtschaft zuzuordnen. Die in den Nummern 19.3 und 19.5 und 19.7 aufgelisteten Rohrleitungsanlagen sind dem Bereich der Industrie zuzuordnen, was sich bereits aus der Anknüpfung an den »Bereich eines Werksgeländes« ergibt. Bei diesen Anlagen handelt es sich um Vorhaben, die von Wirtschaftsunternehmen, d.h. nicht von »Jedermann« betrieben werden. Hinsichtlich der Nummern 19.3 und 19.5 und 19.7 ist nicht auf die Rahmengesetzgebungskompetenz des Bundes gemäß Artikel 75 Abs. 1 S. 1 Nr. 4 GG abzustellen. Hierfür ist maßgeblich, dass es sich nicht um wasserwirtschaftliche Vorhaben wie nach Nummer 13 der Anlage 1 handelt. Auch im Hinblick auf Rohrleitungsanlagen gemäß Nummer 19.3 hat die Regelung des Zulassungserfordernisses sowie der UVP-Pflichtigkeit nur deshalb einen Anknüpfungspunkt zum Befördern wassergefährdender Stoffe, um von den möglichen Auswirkungen des Vorhabens her die Festlegung der Schwellenwerte differenziert treffen zu können. Wie bei allen anderen UVP-pflichtigen Vorhaben steht gemäß § 2 Abs. 1 Satz 2 UVPG n.F. der Schutz des Wassers aber auch hier in einer Reihe mit dem Schutz der anderen aufgeführten Umweltgüter. Dies ergibt sich auch aus § 21 Abs. 1 UVPG n.F., der im Rahmen der Zulassungsvoraussetzungen Belange des Wasserhaushalts zwar mit umfasst, aber nicht ausdrücklich nennt.

Auch im Hinblick auf die Regelung des Zulassungserfordernisses und der UVP-Pflicht für die in den Nummern 19.6, 19.8 und 19.9 aufgeführten Anlagen besteht eine konkurrierende Gesetzgebungskompetenz des Bundes gemäß Art. 74 Abs. 1 Nr. 11 GG. Von den in Nummern 19.6 genannten Rohrleitungsanlagen werden insbesondere sog. Produktpipelines erfasst, die dem industriellen Bereich zuzuordnen sind. Die Errichtung und der Betrieb der in Nummer 19.8 aufgeführten Wasserfernleitungen ist dem Gewerbebereich zuzuordnen. Die von Nummer 19.9 erfassten künstlichen Wasserspeicher dienen entweder der Stromerzeugung und sind in diesem Fall der Energiewirtschaft zuzuordnen oder sie sind im Rahmen fabrikmäßiger Produktion von Bedeutung und gehören dann ebenfalls zur Industrie. Bei den Anlagen gemäß den Nummern 19.6, 19.8 und 19.9 handelt es sich um Vorhaben, die von Wirtschaftsunternehmen oder erwerbswirtschaftlich tätigen Unternehmen der öffentlichen Hand, d.h. nicht von »Jedermann« betrieben werden. Hinsichtlich der in den Nummern 19.6 und 19.9 aufgeführten Anlagen ist ebenfalls nicht auf die Rahmengesetzgebungskompetenz des Bundes gemäß Artikel 75 Abs. 1 S. 1 Nr. 4 GG abzustellen, da auch diese Vorhaben keine wasserwirtschaftlichen Vorhaben sind, weil ihr Zweck nicht auf die Wasserwirtschaft gerichtet ist, sondern lediglich auf Produktion und sonstige Nutzung. Im Hinblick auf die Nummern 19.8 und 19.9 kommt hinzu, dass die dort geregelten Wasserfernleitungen bzw. künstlichen Wasserspeicher keine Verbindung mit natürlichen Gewässern aufweisen und dass darüber hinaus auch im Falle eines Auslaufens von Wasserregelmäßig keine Beeinträchtigung des Wasserhaushalts zu besorgen ist. Letzteres gilt auch im Hinblick auf Rohrleitungsanlagen gemäß Nummer 19.6.

Die genannten Kompetenztitel umfassen die Befugnis des Bundes, die UVP-Pflichtigkeit und die Umweltverträglichkeitsprüfung von Vorhaben, die unter die genannten Kompetenztitel fallen, umfassend und damit auch insoweit zu regeln, als ihre Auswirkungen auch Gewässer sowie Natur und Landschaft betreffen. Soweit Anlage 2 Nr. 2 UVPG n.F. wasser- sowie natur- und landschaftsschutzbezogene Kriterien enthält (Nummern 2.31 bis 2.3.6), die im Rahmen der umfassenden oder standortbezogenen Vorprüfung des Einzelfalls zur Feststellung der UVP-Pflichtigkeit (§ 3c Abs. 1 Sätze 1 und 2 UVPG n.F.) zu berücksichtigen sind, ist für diese Regelungen daher nicht auf die Rahmengesetzgebungskompetenz des Bundes gemäß Artikel 75 Abs. 1 S. 1 Nr. 3 und 4 GG, sondern auf die oben genannten Kompetenztitel abzustellen. Gleiches gilt im Hinblick auf Verfahrensvorschriften des UVPG, soweit sie für Auswirkungen von Vorhaben auf Gewässer sowie Natur und Landschaft von Bedeutung sind. 11

2 Erforderlichkeit einer Planfeststellung

Eine Planfeststellung ist nach § 20 Abs. 1 unter zwei Voraussetzungen erforderlich. Es muss sich einerseits um ein Vorhaben handeln, das in der Anlage 1 unter den Nummern 19.3–19.9 aufgeführt ist. Des Weiteren muss nach den §§ 3b–3f. eine Verpflichtung zur Durchführung einer Umweltverträglichkeitsprüfung bestehen. 12

2.1 Gelistete Leitungsanlagen und andere Anlagen

Nummer 19 der Anlage 1 listet als UVP-pflichtige Leitungsanlagen und sonstige Anlagen Hochspannungsfreileitungen (Nr. 19.1), Gasversorgungsleitungen (Nr. 19.2), Rohrleitungsanlagen zum Befördern wassergefährdender Stoffe (Nr. 19.3), Rohrleitungsanlagen zum Befördern von verflüssigten bzw. nicht verflüssigten Gasen (Nrn. 19. Und 19.5), 13

§ 20 *Planfeststellung, Plangenehmigung*

Rohrleitungsanlagen zum Befördern von Stoffen im Sinne von § 3a Chemikaliengesetz (Nr. 19.6), Dampf- oder Wasserpipelines (Nr. 19.7), Wasserfernleitungen (Nr. 19.8) und künstliche Wasserspeicher (Nr. 19.9) auf. Für die zunächst erwähnten Hochspannungsfreileitungen und Gasversorgungsleitungen sieht das § 11a EnWG ein Planfeststellungsverfahren vor. Die anderen Anlagen sind Gegenstand des neuen Planfeststellungsverfahrens nach den §§ 20ff.

2.1.1 *Rohrleitungsanlagen zum Befördern wassergefährdender Stoffe*

14 Nach Nr. 19.3 der Anlage 1 zählen zu den UVP-pflichtigen Vorhaben die Errichtung und der Betrieb einer Rohrleitungsanlage zum Befördern wassergefährdender Stoffe im Sinne von § 19a Abs. 2 WHG, ausgenommen Rohrleitungsanlagen, die den Bereich eines Werksgeländes nicht überschreiten, Zubehör einer Anlage zum Lagern solcher Stoffe sind oder Anlagen verbinden, die in einem engen räumlichen und betrieblichen Zusammenhang miteinander stehen und kurzräumig durch landgebundene öffentliche Verkehrswege getrennt sind.

15 Beträgt die Länge einer solchen Anlage mehr als 40 km, dann ist das Vorhaben nach Nr. 19.3.1 in jedem Fall UVP-pflichtig. Bei einer Länge von 2 km bis 40 km und einem Durchmesser der Rohrleitung von mehr als 150 mm bedarf es nach Nr. 19.3.2 der Anlage 1 einer allgemeinen Vorprüfung des Einzelfalls im Sinne von § 3c Abs. 1 Satz 1. Bei einer Länge von weniger als 2 km und einem Durchmesser der Rohrleitung von mehr als 150 mm bedarf es nach Nr. 19.3.3 der Anlage 1 einer standortbezogenen Vorprüfung des Einzelfalls im Sinne von § 3c Abs. 1 Satz 2.

16 **Wassergefährdende Stoffe** im Sinne des § 19a Abs. 2 WHG sind Rohöle, Benzine, Diesel-Kraftstoffe und Heizöle. Hinzu kommen andere flüssige oder gasförmige Stoffe, die geeignet sind, Gewässer zu verunreinigen oder sonst in ihren Eigenschaften nachteilig zu verändern. Sie werden von der Bundesregierung gem. § 19a Abs. 2 Nr. 2 WHG durch Rechtsverordnung mit Zustimmung des Bundesrates bestimmt.

17 Nr. 19.3 mit seiner Auflistung von Rohrleitungsanlagen zum Befördern wassergefährdender Stoffe dient der Umsetzung von Anhang I Nr. 16 und von Anhang II Nr. 10 Buchst. i der UVP-Änderungsrichtlinie. Die Schwellenwerte in Nr. 19.3.1 entsprechen den Schwellenwerten im Anhang I Nr. 16 der UVP-Änderungsrichtlinie. Mit den in Nr. 19.3.2 angegebenen Prüfwerten werden für die allgemeine Vorprüfung des Einzelfalls eine ausreichende Menge von Anlagen erfasst, um im Regelfall bei der Umsetzung von Anhang II Nr. 10i den Aspekten Art, Größe und Standort von Vorhaben nach Art. 2 Abs. 1 i.d.F. in der UVP-Änderungsrichtlinie und nach § 3 Abs. 1 Satz 2 Nr. 1 UVPG n.F. Rechnung zu tragen. Um im Einzelfall auch eine kleinere Anlage zu erfassen, die aufgrund besonderer Standortgegebenheiten zu erheblichen nachteiligen Umweltauswirkungen führen kann, ist in der Nr. 19.3.3 ein standortbezogene Vorprüfung vorgesehen, die unabhängig von der Länge eröffnet wird. Nr. 19.3 entspricht der bisherigen Nr. 16 der Anlage zu § 3 UVPG a.F. Abwasserkanäle sind von dieser Nummer nicht erfasst.

2.1.2 *Rohrleitungsanlagen zum Befördern von verflüssigten bzw. nicht verflüssigten Gasen*

18 Zu den UVP-pflichtigen Vorhaben zählt Nr. 19.4 der Anlage 1 die Errichtung und den Betrieb einer Rohrleitungsanlage, soweit sie nicht unter Nr. 19.3 fällt, zum Befördern von *verflüssigten Gasen*, ausgenommen Anlagen, die den Bereich eines Werksgeländes nicht

Planfeststellung, Plangenehmigung § 20

überschreiten. Nach Nr. 19.5 der Anlage 1 zählen zu den UVP-pflichtigen Vorhaben auch die Errichtung und der Betrieb einer Rohrleitungsanlage, soweit sie nicht unter Nr. 19.3 oder als Energieanlage im Sinne des Energiewirtschaftsgesetzes unter Nr. 19.2 fällt, zum Befördern von *nicht verflüssigten Gasen*, ausgenommen Anlagen, die den Bereich eines Werksgeländes nicht überschreiten.

Rohrleitungsanlagen, die nicht unter Nr. 19.3 fallen und zum Befördern von verflüssigten Gasen im Sinne der Nr. 19.4 der Anlage 1 dienen, sind stets UVP-pflichtig, wenn sie über eine Länge von mehr als 40 km und einem Durchmesser der Rohrleitung von mehr als 800 mm verfügen (19.4.1). Einer allgemeinen Vorprüfung des Einzelfalls im Sinne von § 3c Abs. 1 Satz 1 bedarf es bei einer Länge von mehr als 40 km und einem Durchmesser der Rohrleitung von 150 mm bis zu 800 mm (Nr. 19.4.2). Einer solchen allgemeinen Vorprüfung bedarf es des Weiteren, wenn die Rohrleitungsanlage eine Länge von 2 km bis 40 km und einen Durchmesser der Rohrleitung von mehr als 150 mm aufweist. Eine standortbezogene Vorprüfung des Einzelfalls im Sinne des § 3c Abs. 1 Satz 2 ist schließlich durchzuführen, wenn die Rohrleitungsanlage eine Länge von weniger als 2 km und einen Durchmesser der Rohrleitung von mehr als 150 mm aufweist (Nr. 19.4.4). Bei der Errichtung und dem Betrieb einer Rohrleitungsanlage, die nach Nr. 19.5 der Anlage 1 der Beförderung von nicht verflüssigten Gasen dient und die nicht unter Nr. 19.3 bzw. 19.2 der Anlage 1 fällt, bedarf es stets einer UVP, wenn die Rohrleitungsanlage eine Länge von mehr als 40 km und einen Durchmesser von mehr als 800 mm aufweist (Nr. 19.5.1). Ist die Rohrleitung länger als 40 km, und verfügt sie über einen Durchmesser von 300 mm bis zu 800 mm, dann bedarf es nach Nr. 19.5.2 einer allgemeinen Vorprüfung im Sinne von § 3c Abs. 1 Satz 1. Dasselbe gilt für Rohrleitungsanlagen mit einer Länge von 5 km bis 4 km und einem Durchmesser der Rohrleitung von mehr als 300 mm (Nr. 19.5.3). Verfügt die Rohrleitung über eine Länge von weniger als 5 km und einem Durchmesser von mehr als 300 mm, dann bedarf es nach Nr. 19.5.4 einer standortbezogenen Vorprüfung des Einzelfalls im Sinne von § 3c Abs. 1 Satz 2.

Die Nrn. 19.4 und 19.5 dienen jeweils der Umsetzung von Anhang I Nr. 16 und Anhang II Nr. 10i der UVP-Änderungsrichtlinie. Die Schwellenwerte in den Nummern. 19.4.1 und 19.5.1 entsprechen den Schwellenwerten im Anhang I Nr. 16 der UVP-Änderungsrichtlinie. Mit den in den Nummern 19.4.2 und 19.5.2 angegebenen Prüfwerten wird für die allgemeine Vorprüfung des Einzelfalls eine ausreichende Menge von Anlagen erfasst, um im Regelfall bei der Umsetzung von Anhang II Nr. 10i des Aspekten Art, Größe und Standort von Vorhaben nach Art. 2 Abs. 1 i.d.F. der UVP-Änderungsrichtlinie und nach § 3 Abs. 1 Satz 2 Nr. 1 UVPG n.F. Rechnung zu tragen. Um im Einzelfall auch kleinere Leitungsanlagen zu erfassen, die aufgrund besonderer Standortgegebenheiten zu erheblichen nachteiligen Umweltauswirkungen führen können, ist in den Nummern 19.4.3 und 19.5.3 jeweils eine standortbezogene Vorprüfung vorgesehen, die unabhängig von der Länge eröffnet wird. Ungeachtet dessen, dass die Richtlinie eine Differenzierung zwischen verschiedenen Gasen nicht vornimmt, werden für die Beförderung von verflüssigten Gasen die Prüfwerte entsprechend dem größeren Gefahrenpotential niedriger festgesetzt. Diese Differenzierung beruht darauf, dass in einem Schadensfall bei der Freisetzung von verflüssigten Gasen im gleichen Zeitraum größere Stoffmengen auf die Umgebung einwirken können als bei der Freisetzung von nicht verflüssigten Gasen. Soweit es sich um Gasversorgungsleitungen im Sinne des Energiewirtschaftsgesetzes handelt, geht die Regelung in Nr. 19.2 der Regelung in Nr. 19.5 vor.

§ 20 *Planfeststellung, Plangenehmigung*

Nummern 19.4 und 19.5 sind neu in die Liste der UVP-pflichtigen Vorhaben aufgenommen worden.

2.2.3 Rohrleitungsanlagen zum Befördern von Stoffen im Sinne von § 3a ChemG

21 Unter Nr. 19.16 des Anhangs I sind die Errichtung und der Betrieb von Rohrleitungsanlagen zum Befördern von Stoffen im Sinne von § 3a Chemikaliengesetz, soweit sie nicht unter eine der Nummern 19.2 bis 19.5 fällt und ausgenommen Abwasserleitungen sowie Anlagen, die den Bereich eines Werksgeländes nicht überschreiten oder Zubehör einer Anlage zum Lagern solcher Stoffe sind, aufgelistet. Bei einer Länge von mehr als 40 km und einem Durchmesser der Rohrleitung von mehr als 800 mm sind diese Anlagen nach Nr. 19.6.1 der Anlage 1 stets UVP-pflichtig. Bei einer Länge von mehr als 40 km und einem Durchmesser der Rohrleitung von 300 mm bis 800 mm sowie bei einer Länge von 5 km bis 40 km und einem Durchmesser der Rohrleitung von mehr als 300 mm bedarf es nach Nrn. 19.6.2 und 19.6.3 einer allgemeinen Vorprüfung im Sinne von § 3c Abs. 1 Satz 1. Bei einer Länge von weniger als 5 km und einem Durchmesser der Rohrleitung von mehr als 300 mm sieht Nr. 19.6.4 der Anlage 1 eine standortbezogene Vorprüfung des Einzelfalls im Sinne von § 3c Abs. 1 Satz 2 vor.

22 Nr. 19.6 dient der Umsetzung von Anhang I Nr. 16 und Anhang II Nr. 10 Buchst. i der UVP-Änderungsrichtlinie. Die Schwellenwerte in Nr. 19.6.1 entsprechen den Schwellenwerten in Anhang I Nr. 16 der UVP-Änderungsrichtlinie. Mit den in Nr. 19.6.2 angegebenen Prüfwerten werden für die allgemeine Vorprüfung des Einzelfalls eine ausreichende Menge von Anlagen erfasst, um im Regelfall bei der Umsetzung von Anhang II Nr. 10i den Aspekten Art, Größe und Standort von Vorhaben nach Art. 2 Abs. 1 i.d.F. der UVP-Änderungsrichtlinie und nach § 3 Abs. 1 Satz 2 Nr. 1 UVPG n.F. Rechnung zu tragen. Um im Einzelfall auch eine kleineren Anlagen zu erfassen, die aufgrund besonderer Standortgegebenheiten zu erheblichen nachteiligen Umweltauswirkungen führen kann, ist in der Nr. 19.6.3 eine standortbezogene Vorprüfung vorgesehen, die unabhängig von der Länge eröffnet wird. Nr. 19.6 ist neu in die Liste der UVP-pflichtigen Vorhaben aufgenommen worden.

2.2.4 Dampf- oder Warmwasserpipelines

23 Nach Nr. 19.7 der Anlage 1 sind die Errichtung und der Betrieb einer Rohrleitungsanlage zum Befördern von Dampf oder Warmwasser aus einer Anlage nach den Nrn. 1 bis 10, die den Bereich des Werksgeländes überschreitet (Dampf- oder Warmwasserpipeline) stets UVP-pflichtig bei einer Länge von 5 km oder mehr außerhalb des Werksgeländes (Nr. 19.7.1). Einer standortbezogenen Vorprüfung des Einzelfalls nach § 3c Abs. 1 Satz 2 bedarf es für diese Dampf- oder Warmwasserpipelines bei einer Länge von weniger als 5 km im Außenbereich.

24 Nr. 19.7 dient der Umsetzung von Anhang II Nr. 3b der UVP-Änderungsrichtlinie. Mit dem in Nr. 19.7.1 angegebenen Prüfwert wird für die allgemeine Vorprüfung des Einzelfalls eine ausreichende Menge von Anlagen erfasst, um im Regelfall bei der Umsetzung den Aspekten Art, Größe und Standort von Vorhaben nach Art. 2 Abs. 1 i.d.F. der UVP-Änderungsrichtlinie und nach § 3 Abs. 1 Satz 2 Nr. 1 UVPG n.F. Rechnung zu tragen. Um im Einzelfall auch eine kleinere Anlage zu erfassen, die aufgrund besonderer Standortgegebenheiten zu erheblichen nachteiligen Umweltauswirkungen führen kann, ist in der Nr. 19.7.2 eine standortbezogene Vorprüfung vor-

gesehen, die unabhängig von der Länge eröffnet wird. Nr. 19.7 ist ebenfalls neu in die Liste der UVP-pflichtigen Vorhaben aufgenommen worden.

2.2.5 Wasserfernleitungen

Die Errichtung und der Betrieb einer Rohrleitungsanlage, soweit sie nicht unter Nr. 19.6 fällt, zum Befördern von Wasser ist, die das Gebiet einer Gemeinde überschreitet (Wasserfernleitung) mit einer Länge von 10 km oder mehr ist nach Nr. 19.8.1 einer allgemeinen Vorprüfung des Einzelfalls im Sinne von § 3c Abs. 1 Satz 1 zu unterziehen. Bei einer Länge von 2 km bis weniger als 10 km bedarf es einer standortbezogenen Vorprüfung des Einzelfalls im Sinne von § 3c Abs. 1 Satz 2. 25

Nr. 19.8 dient der Umsetzung von Anhang II Nr. 10 Buchst. j der UVP-Änderungsrichtlinie. Mit dem in Nr. 19.8.1 angegebenen Prüfwert wird für die allgemeine Vorprüfung des Einzelfalls eine ausreichende Menge von Anlagen erfasst, um im Regelfall bei der Umsetzung den Aspekten Art, Größe und Standort von Vorhaben nach Art. 2 Abs. 1 i.d.F. der UVP-Änderungsrichtlinie und nach § 3 Abs. 1 Satz 2 Nr. 1 UVPG n.F. Rechnung zu tragen. Um im Einzelfall auch eine kleinere Anlage zu erfassen, die aufgrund besonderer Standortgegebenheiten zu erheblichen nachteiligen Umweltauswirkungen führen kann, ist in der Nr. 19.8.2 eine standortbezogene Vorprüfung vorgesehen, die schon bei einer Länge von 2 km eröffnet wird. Nr. 19.8 ist neu in die Liste der UVP-pflichtigen Vorhaben aufgenommen. 26

2.2.6 Künstliche Wasserspeicher

Nach Nr. 19.9 bedarf die Errichtung und der Betrieb eines künstlichen Wasserspeichers mit 10 Mio. m³ oder mehr Wasser stets einer Umweltverträglichkeitsprüfung (19.19.1). Verfügt der Wasserspeicher über ein Speichervolumen von 2 Mio. m³ bis weniger als 10 Mio. m³, bedarf es einer allgemeinen Vorprüfung im Sinne von § 3c Abs. 1 Satz 1, bei einem Speichervolumen von 5.000 m³ bis weniger als 2 Mio. m³ ist eine standortbezogene Vorprüfung des Einzelfalls im Sinne von § 3c Abs. 1 Satz 2 erforderlich. 27

Nr. 19.9 dient der Umsetzung von Anhang I Nr. 15 und Anhang II Nr. 10 Buchst. g der UVP-Änderungsrichtlinie, die nicht zwischen Gewässerausbauten mit dem Zweck der Wasserspeicherung und der Errichtung künstlicher Wasserspeicher ohne Gewässerausbau unterscheidet. Für die letztgenannten, im WHG nicht regelbaren Vorhabenarten besteht die UVP-Pflichtigkeit, wenn der Schwellenwert in Nr. 19.19.1 von 10 Mio. m³ Wasser, der dem Schwellenwert in Anhang I Nr. 15 der UVP-Änderungsrichtlinie entspricht, erreicht oder überschritten wird. Mit dem in Nr. 19.19.2 angegebenen Prüfwert von 2 Mio. m³ Wasser wird für die allgemeine Vorprüfung des Einzelfalls eine ausreichende Menge von Anlagen erfasst, um im Regelfall bei der Umsetzung von Anhang II Nr. 10 Buchst. g den Aspekten Art, Größe und Standort von Vorhaben nach Art. 2 Abs. 1 i.d.F. der UVP-Änderungsrichtlinie und nach § 3 Abs. 1 Satz 2 Nr. 1 UVPG n.F. Rechnung zu tragen. Um im Einzelfall auch eine kleinere Anlage zu erfassen, die aufgrund besonderer Standortgegebenheiten zu erheblichen nachteiligen Umweltauswirkungen führen kann, ist in der Nr. 19.19.3 eine standortbezogene Vorprüfung vorgesehen, die schon bei einem Prüfwert von 5.000 m³ Wasser eröffnet wird. Auch Nr. 19.9 ist neu in die Liste der UVP-pflichtigen Vorhaben aufgenommen worden. 28

2.2 Pflicht zur Durchführung einer UVP

29 Die Liste der UVP-pflichtigen Vorhaben nach Nr. 19.3-19.9 unterscheidet zwischen Anlagen, die stets einer UVP bedürfen, für die eine allgemeine Vorprüfung des Einzelfalls im Sinne von § 3c Absatz 1 Satz 1 und für die eine standortbezogene Vorprüfung des Einzelfalls im Sinne von § 3c Absatz 1 Satz 2 notwendig ist. Hinsichtlich der Feststellung der UVP-Pflicht nach den §§ 3a–3f wird auf die Kommentierung zu diesen Vorschriften verwiesen.

3 Erforderlichkeit einer Plangenehmigung

30 Sofern keine Pflicht zur Durchführung einer Umweltverträglichkeitsprüfung besteht, bedarf das Vorhaben gem. § 20 Abs. 2 Satz 1 der Plangenehmigung. Auch diese Plangenehmigung entfaltet gem. § 22 Satz 1 UVPG n. F. i. V. m. §§ 74 Abs. 6 Satz 2, 75 Abs. 1 VwVfG **Konzentrationswirkung** und tritt damit an die Stelle der bislang bestehenden fachrechtlichen Zulassungserfordernisse. Das Plangenehmigungsverfahren ist nach Auffassung des Bundesgesetzgebers ausreichend, um die Prüfung und Zulassung derartiger Anlagen mit geringerer Umweltrelevanz zu gewährleisten.

31 Nach § 20 Abs. 2 Satz 2 entfällt die Erforderlichkeit einer Plangenehmigung in Fällen von **unwesentlicher Bedeutung**. Wann ein Vorhaben oder die Änderung eines Vorhabens unwesentlich im Sinne des § 20 Abs. 2 Satz 2 ist, konkretisiert der Bundesgesetzgeber in § 20 Abs. 2 Satz 3. Danach liegen Fälle von unwesentlicher Bedeutung vor, wenn die Prüfwerte nach § 3c Abs. 1 für Größe und Leistung, die die Vorprüfung eröffnen, nicht erreicht werden oder die Voraussetzungen des §§ 74 Abs. 7 Satz 2 des Verwaltungsverfahrensgesetzes erfüllt sind.

3.1 Unterschreiten der Prüfwerte für Größe und Leistung

32 Nach § 20 Abs. 2 Satz 3 ist ein Vorhaben unwesentlich, wenn die Prüfwerte nach § 3c Abs. 1 für Größe und Leistung, die die Vorprüfung eröffnen, nicht erreicht werden. § 3c Abs. 1 Satz 1 schreibt für den Fall, dass eine **allgemeine Vorprüfung** des Einzelfalls durchzuführen ist, eine Umweltverträglichkeitsprüfung vor, wenn das Vorhaben nach Einschätzung der zuständigen Behörde aufgrund überschlägiger Prüfung unter Berücksichtigung der in der Anlage 2 aufgeführten Kriterien erhebliche nachteilige Auswirkungen haben kann, die nach § 12 zu berücksichtigen wären. Sofern für ein Vorhaben mit geringer Größe oder Leistung eine **standortbezogene Vorprüfung** des Einzelfalls vorgesehen ist, gilt gem. § 3c Abs. 1 Satz 2 Gleiches, wenn trotz der geringen Größe oder Leistung des Vorhabens nur aufgrund besonderer örtlicher Gegebenheiten gemäß den in der Anlage 2 Nr. 2 aufgeführten Schutzkriterien erhebliche nachteilige Umweltauswirkungen zu erwarten sind. Bei den Vorprüfungen ist nach § 3c Abs. 1 Satz 3 zu berücksichtigen, inwieweit Umweltauswirkungen durch die vom Träger des Vorhabens vorgesehenen Vermeidungs- und Verminderungsmaßnahmen offensichtlich ausgeschlossen werden. Bei der allgemeinen Vorprüfung ist gem. § 3c Abs. 1 Satz 4 auch zu berücksichtigen, inwieweit Prüfwerte für Größe oder Leistung, welche die Vorprüfung eröffnen, überschritten werden. Für das Erreichen oder Überschreiten der Prüfwerte für

Planfeststellung, Plangenehmigung § 20

Größe und Leistung gilt gem. § 3 c Abs. 1 Satz 5 die Regelung des § 3 b Abs. 2 und Abs. 3 entsprechend.

3.2 § 74 Abs. 7 Satz 2 VwVfG

Ein weiterer Fall von unwesentlicher Bedeutung, der die Pflicht zur Beantragung einer Plangenehmigung entfallen lässt, ergibt sich aus 74 Abs. 7 S. 2 VwVfG. Danach liegen Fälle von unwesentlicher Bedeutung vor, wenn andere öffentliche Belange nicht berührt sind oder die erforderlichen behördlichen Entscheidungen vorliegen und sie dem Plan nicht entgegenstehen und Rechte anderer nicht beeinflusst werden oder mit den vom Plan Betroffenen entsprechende Vereinbarungen getroffen worden sind. 33

Von unwesentlicher Bedeutung ist ein Vorhaben danach nur, wenn entweder nur die von dem Vorhaben verfolgten öffentlichen Belange berührt sind oder aber andere öffentliche Belange, die von dem Vorhaben berührt werden, auf der Grundlage anderer behördlicher Entscheidungen geprüft und die Vorhabenverwirklichung auf der Grundlage dieser anderen Behördenentscheidungen bereits akzeptiert worden ist. Außerdem dürfen Rechte anderer nicht beeinflusst werden, es sei denn, die Beeinflussung entspricht Vereinbarungen, die mit den vom Vorhaben Betroffenen bereits wirksam getroffen wurden. 34

Eine Beeinflussung von Rechten Dritter soll bereits im Vorfeld der Verletzung oder Beeinträchtigung von Rechten angesiedelt sein. Der Begriff ist allerdings unscharf, weil ein solches Recht entweder beachtet oder verletzt wird; eine Beeinflussung dieses Rechtes zwischen Beachtung und Verletzung ist nur schwer denkbar. Möglicherweise sollte damit der Fall einer Rechtsgefährdung gemeint sein. Ein Fall von unwesentlicher Bedeutung scheidet danach aus, wenn die Rechte eines Dritten gefährdet werden könnten, insbesondere wenn Streit darüber entstehen könnte, ob die Verwirklichung des Vorhabens Rechte eines Dritten verletzt. 35

Ein Absehen von der Plangenehmigung kommt danach gemäß § 74 Abs. 7 S. 2 VwVfG nur in Betracht, wenn ein Konflikt mit entgegenstehenden öffentlichen Belangen oder privaten Rechten ausscheidet. 36

3.3 Kumulierende Vorhaben

Gem. § 20 Abs. 2 Satz 2 am Ende gelten die §§ 3 b Abs. 2 und 3 entsprechend. Gem. § 3 b Abs. 2 besteht die Verpflichtung zur Durchführung einer Umweltverträglichkeitsprüfung auch, wenn mehrere Vorhaben derselben Art, die gleichzeitig von demselben oder mehreren Trägern verwirklicht werden sollen und in einem engen Zusammenhang stehen (kumulierende Vorhaben), zusammen die maßgeblichen Größen- oder Leistungswerte erreichen oder überschreiten. Ein enger Zusammenhang ist gem. § 3 b Abs. 2 Satz 2 gegeben, wenn diese Vorhaben als technische oder sonstige Anlagen auf demselben Betriebs- oder Baugelände liegen und mit gemeinsamen betrieblichen oder baulichen Einrichtungen verbunden sind oder als sonstige in Natur und Landschaft eingreifenden Maßnahmen in einem engen räumlichen Zusammenhang stehen und wenn sie einem vergleichbaren Zweck dienen. Die vorgenannten Regelungen gelten nach § 3 b Abs. 2 Satz 3 jedoch nur für Vorhaben, die für sich jeweils die Werte für die standortbezogene 37

Vorprüfung oder, soweit eine solche nicht vorgesehen ist, die Werte für die allgemeine Vorprüfung nach Anlage 1 Spalte 2 erreichen oder überschreiten.

38   Wird der maßgebende Größen- oder Leistungswert durch die Änderung oder Erweiterung eines bestehenden bisher nicht UVP-pflichtigen Vorhabens erstmals erreicht oder überschritten, ist für die Änderung oder Erweiterung einer Umweltverträglichkeitsprüfung unter Berücksichtigung der Umweltauswirkungen des bestehenden, bisher nicht UVP-pflichtigen Vorhabens durchzuführen. Bestehende Vorhaben sind auch kumulierende Vorhaben im Sinne des § 3c Abs. 2 Satz 1. Der in den jeweiligen Anwendungsbereich der Richtlinien 85/337 EWG und 97/11/ EG fallende, aber vor Ablauf der jeweiligen Umsetzungsfristen erreichte Bestand bleibt hinsichtlich des Erreichens oder Überschreitens der Größen- oder Leistungswerte unberücksichtigt. Die Sätze 1 bis 3 des § 3b Abs. 3 gelten nicht für die in der Anlage 1 Nr. 18.5, 18.7 und 18.8 aufgeführten Industriezonen und Städtebauprojekte. § 3b Abs. 3 Satz 1 gilt für die in der Anlage 1 Nr. 14.4 und 14.5 aufgeführten Vorhaben mit der Maßgabe, dass neben einem engen räumlichen Zusammenhang auch ein enger zeitlicher Zusammenhang besteht.

4 Ausnahmen

39   Für die Errichtung, den Betrieb und die Änderung von Rohrleitungsanlagen zum Befördern wassergefährdender Stoffe soll das Erfordernis einer Plangenehmigung nach § 20 Abs. 2 Satz 4 grundsätzlich nicht entfallen. Sie müssen deshalb regelmäßig im Wege einer Plangenehmigung zugelassen werden. Dies wiederum soll jedoch dann nicht gelten, wenn es sich um Änderungen des Betriebes einer solchen Rohrleitungsanlage von unwesentlicher Bedeutung handelt. Für diese Änderungen von unwesentlicher Bedeutung einer Rohrleitungsanlage zum Befördern wassergefährdender Stoffe bleibt es damit bei der Grundregelung, dass die Plangenehmigung entfallen kann, wenn die in § 20 Abs. 2 Sätze 2 und 3 genannten Voraussetzungen vorliegen.

40   Für die Zulassung von Rohrleitungsanlagen zum Befördern wassergefährdender Stoffe ist § 19a WHG zu beachten. Nach § 19a Abs. 1 S. 3 WHG gelten die §§ 20–23 mit der Maßgabe, dass zum Schutz der Gewässer ergänzend die §§ 19b und 19c WHG entsprechende Anwendung finden.

§ 21 Entscheidung, Nebenbestimmungen

(1) Der Planfeststellungsbeschluss darf nur ergehen, wenn
1. sichergestellt ist, dass das Wohl der Allgemeinheit nicht beeinträchtigt wird, insbesondere
   a) Gefahren für die in § 2 Abs. 1 Satz 2 genannten Schutzgüter nicht hervorgerufen werden können und
   b) Vorsorge gegen die Beeinträchtigung der Schutzgüter, insbesondere durch bauliche, betriebliche oder organisatorische Maßnahmen entsprechend dem Stand der Technik getroffen wird,
2. umweltrechtliche Vorschriften und andere öffentlich-rechtliche Vorschriften dem Vorhaben nicht entgegenstehen,
3. Ziele der Raumordnung beachtet und Grundsätze und sonstige Erfordernisse der Raumordnung berücksichtigt sind,
4. Belange des Arbeitsschutzes gewahrt sind.

(2) Der Planfeststellungsbeschluss kann mit Bedingungen versehen, mit Auflagen verbunden und befristet werden, soweit dies zur Wahrung des Wohls der Allgemeinheit oder zur Erfüllung von öffentlich-rechtlichen Vorschriften, die dem Vorhaben entgegenstehen können, erforderlich ist. Die Aufnahme, Änderung oder Ergänzung von Auflagen über Anforderungen an das Vorhaben ist auch nach dem Ergehen des Planfeststellungsbeschlusses zulässig.

(3) Die Absätze 1 und 2 gelten für die Plangenehmigung entsprechend.

(4) Die Bundesregierung wird ermächtigt, nach Anhörung der beteiligten Kreise durch Rechtsverordnung mit Zustimmung des Bundesrates Vorschriften zur Erfüllung der Voraussetzungen des Absatzes 1 Nr. 1 zu erlassen über
1. die dem Stand der Technik entsprechenden baulichen, betrieblichen oder organisatorischen Maßnahmen zur Vorsorge gegen die Beeinträchtigung der Schutzgüter,
2. Informationspflichten des Trägers eines Vorhabens gegenüber Behörden und Öffentlichkeit,
3. die Überprüfung von Vorhaben durch Sachverständige, Sachverständigenorganisationen und zugelassenen Überwachungsstellen sowie über die Anforderungen, die diese Sachverständigen, Sachverständigenorganisationen und zugelassenen Überwachungsstellen erfüllen müssen,
4. die Anpassung bestehender Vorhaben an die Anforderungen der geltenden Vorschriften.

In der Rechtsverordnung können Vorschriften über die Einsetzung technischer Ausschüsse getroffen werden. Die Ausschüsse sollen die Bundesregierung oder das Bundesministerium für Umwelt, Naturschutz und Reaktorsicherheit in technischen Fragen beraten. Sie schlagen dem Stand der Technik entsprechende Regeln (technische Regeln) unter Berücksichtigung der für andere Schutzziele vorhandenen Regeln und, soweit dessen Zuständigkeiten berührt sind, in Abstimmung mit dem Technischen Ausschuss für Anlagensicherheit nach § 31a Abs. 1 des Bundes-Immissionsschutzgesetzes vor. In die Ausschüsse sind Vertreter der beteiligten Bundesbehörden und Landesbehörden, der Sachverständigen, Sachverständigenorganisationen und zugelassenen Überwachungsstellen, der Wissenschaft sowie der Hersteller und Betreiber von Leitungsanlagen zu berufen. Technische Regeln können vom Bundesministerium für Umwelt, Naturschutz und Reaktorsicherheit im Bundesanzeiger veröffentlicht werden.

Übersicht

		Rn.			Rn.
1.	Allgemeines	1	4.	Raumordnung	16
2.	Zulassungsvoraussetzungen	7	5.	Belange des Arbeitsschutzes	20
2.1	Allgemeinwohlverträglichkeit	8	6.	Nebenbestimmungen	21
2.1.1	Gefahrenabwehr	9	7.	Entsprechende Anwendung für die	
2.1.2	Gefahrenvorsorge	12		Plangenehmigung	28
3.	Übereinstimmung mit öffentlich-rechtlichen und umweltrechtlichen Vorschriften	13	8.	Verordnungsermächtigung	29

1 Allgemeines

1 Absatz 1 regelt die materiell-rechtlichen Voraussetzungen, die erfüllt sein müssen, damit ein Planfeststellungsbeschluss bzw. eine Plangenehmigung ergehen kann. Die Zulassung hängt nicht von der persönlichen **Zuverlässigkeit** des Vorhabenträgers ab. Bei der Planfeststellung nach § 20, 21 handelt es sich dementsprechend nicht um eine Personalkonzession.

2 Die Erteilung des Planfeststellungsbeschlusses steht im **Ermessen** der zuständigen Behörde. Die Planfeststellungsbehörde verfügt über einen planerischen Gestaltungsfreiraum. Für die Ausübung dieses Ermessens gelten die allgemein nach dem Verwaltungsverfahrensrecht bzw. aus dem Rechtsstaatsprinzip und dem Verhältnismäßigkeitsgrundsatz abzuleitenden Anforderungen an die Abwägung der von einem Vorhaben berührten öffentlichen und privaten Belange unter Berücksichtigung der materiell-rechtlichen Anforderungen des Fachrechts.

3 Anders als etwa § 32 Abs. 1 Nr. 3 KrW-/AbfG für abfallrechtliche Planfeststellungen setzt § 21 nicht voraus, dass keine nachteiligen Wirkungen auf das Recht eines anderen zu erwarten sind. Keine der in § 21 Abs. 1 genannten Zulassungsvoraussetzungen ist damit unmittelbar drittschützend. **Rechte Dritter** können jedoch über umweltrechtliche und andere öffentlich-rechtliche Vorschriften, die gemäß § 21 Abs. 1 Nr. 2 nicht entgegenstehen dürfen, geschützt werden, wenn diese Vorschriften zumindest auch dem Schutz Dritter zu dienen bestimmt sind. Im Übrigen sind Rechte und abwägungserhebliche Belange Dritter im Rahmen und nach den Grundsätzen des Abwägungsgebotes zu berücksichtigen.

4 Absatz 2 regelt, mit welchen **Nebenbestimmungen** der Planfeststellungsbeschluss versehen werden kann und dass die Aufnahme, Änderung oder Ergänzung von Auflagen über Anforderungen an das Vorhaben auch noch nach Ergehen des Planfeststellungsbeschlusses zulässig ist. Nach § 19a Abs. 1 S. 3 WHG ist unter anderem § 19b WHG mit seinen Regelungen zu Auflagen und Bedingungen für Rohrleitungsanlagen zum Befördern wassergefährdender Stoffe ergänzend heranzuziehen.

5 Absatz 3 bestimmt, dass die Regelungen über die materiell-rechtlichen Zulassungsvoraussetzungen und die Anordnung von Nebenbestimmungen nach Absätzen 1 und 2 für die **Plangenehmigung** entsprechend anzuwenden sind.

Entscheidung, Nebenbestimmungen § 21

Absatz 4 schließlich ermächtigt die Bundesregierung, zur Konkretisierung der Gefahrenabwehr- und vorsorgebezogenen Genehmigungsvoraussetzungen nach Absatz 1 Nr. 1 eine **Rechtsverordnung** zu erlassen. 6

2 Zulassungsvoraussetzungen

Gem. § 21 Abs. 1 darf der Planfeststellungsbeschluss nur ergehen, wenn sichergestellt ist, dass das Wohl der Allgemeinheit nicht beeinträchtigt wird, wenn umweltrechtliche Vorschriften und andere öffentlich-rechtliche Vorschriften dem Vorhaben nicht entgegenstehen, wenn Ziele der Raumordnung beachtet und Grundsätze und sonstige Erfordernisse der Raumordnung berücksichtigt sind und wenn schließlich Belange des Arbeitsschutzes gewahrt sind. 7

2.1 Allgemeinwohlverträglichkeit

§ 21 Abs. 1 Nr. 1 fordert die Allgemeinwohlverträglichkeit des Vorhabens. Von einer solchen Allgemeinwohlverträglichkeit kann nach § 21 Abs. 1 Nr. 1 nur ausgegangen werden, wenn **Gefahren** für die in § 2 Abs. 1 Satz 2 genannten Schutzgüter nicht hervorgerufen werden können und wenn **Vorsorge** gegen die Beeinträchtigung der Schutzgüter, insbesondere durch bauliche, betriebliche oder organisatorische Maßnahmen entsprechend dem **Stand der Technik** getroffen wird. § 21 Abs. 1 Nr. 1 macht damit die Zulassung des Vorhabens in Anlehnung an § 32 Abs. 1 Nr. KrW-/AbfG davon abhängig, dass Gefahren für die Schutzgüter des UVPG nicht hervorgerufen und außerdem Vorsorge gegen Beeinträchtigung dieser Schutzgüter getroffen wird. Das entspricht dem im Umweltrecht allgemein anerkannten Grundsatz der notwendigen Abwehr von Gefahren für Mensch und Umwelt einerseits und einer ansonsten ebenfalls im Umweltrecht bewährten Konkretisierung des umweltrechtlichen Vorsorgeprinzips. 8

2.1.1 Gefahrenabwehr

Die Auflistung zur Konkretisierung des Allgemeinwohls in § 21 Abs. 1 Nr. 1 ist, wie sich aus der Verwendung des Begriffs »insbesondere« ergibt, lediglich beispielhaft. Auch andere öffentliche Belange, die nicht zu den Umweltschutzgütern des § 2 Abs. 1 S. 2 zählen, können daher der Erteilung eines Planfeststellungsbeschlusses entgegenstehen, wenn sie durch das Vorhaben beeinträchtigt werden. Diese sonstigen öffentlichen Belange sind jedoch in aller Regel Schutzgegenstand von einschlägigen öffentlich-rechtlichen Vorschriften, deren Entgegenstehen nach § 21 Abs. 1 Nr. 2 ohnehin zur Versagung der Planfeststellung führt, oder sind als Ziele, Grundsätze und sonstige Erfordernisse der Raumordnung oder Belange des Arbeitsschutzes in § 21 Abs. 1 Nrn. 3 und 4 gesondert aufgelistet. 9

Soweit § 21 Abs. 1 Nr. 1 voraussetzt, dass »sichergestellt« sein muss, dass das **Wohl der Allgemeinheit** nicht beeinträchtigt wird, verlangt der Gesetzgeber denselben Sicherheitsmaßstab wie in vergleichbaren Zulassungstatbeständen (vgl. z. B. § 6 Abs. 1 Nr. 1 BImSchG oder § 32 Abs. 1 Nr. 1 a) KrW-/AbfG). Allgemeinwohlbeeinträchtigungen müssen danach aller Voraussicht nach ausgeschlossen sein. 10

Die Frage, ob das Wohl der Allgemeinheit beeinträchtigt wird oder nicht, lässt sich grundsätzlich nicht eindimensional mit Blick auf jeden einzelnen Allgemeinwohlbelang beantworten. Es bedarf vielmehr einer **Abwägung** der im konkreten Fall positiv wie 11 negativ betroffenen Belange. Geht diese Abwägung zugunsten des mit der Anlage verfolgten Allgemeinwohlbelangs aus, weil die für das Vorhaben sprechenden Allgemeinwohlbelange gewichtiger sind als solche Belange, die von dem Vorhaben nachteilig betroffen werden, dann ist von einer Allgemeinwohlverträglichkeit des Vorhabens auszugehen.[1] Bei dieser Abwägung zur Auslegung des Allgemeinwohlbegriffs handelt es sich nicht um eine Ausübung von Planungsermessen, sondern um einen Fall der nachvollziehenden Abwägung.

2.1.2 Gefahrenvorsorge

12 Der Planfeststellungsbeschluss darf nur ergehen, wenn Vorsorge gegen die Beeinträchtigung der Schutzgüter, insbesondere durch bauliche, betriebliche oder organisatorische Maßnahmen entsprechend dem Stand der Technik getroffen wird. Der Vorsorgebegriff zielt auf eine Vorverlagerung des Umweltschutzes gegenüber der klassischen Gefahrenabwehr und bezieht sich daher auf die Ermittlung und Behandlung von Risiken, d. h. auf die Möglichkeit von Schadensereignissen im Gegensatz zu deren Wahrscheinlichkeit im Sinne des polizeirechtlichen Gefahrenbegriffs. In den Begriffsbestimmungen des § 2 ist der **Stand der Technik** für den Bereich des UVPG nicht speziell definiert. Für die einzelnen Schutzgüter, gegen deren Beeinträchtigung Vorsorge zu treffen ist, kommt es insoweit auf den Stand der Technik an, der in dem jeweiligen Fachgesetz und seinem entsprechenden Anhang mit den Kriterien für die Bestimmung des Standes der Technik definiert wird (vgl. z. B. § 7 a WHG in Verbindung mit dem Anhang zu § 7 a WHG).

3 Übereinstimmung mit öffentlich-rechtlichen und umweltrechtlichen Vorschriften

13 § 21 Abs. 1 Nr. 2 schreibt vor, dass der Planfeststellungsbeschluss nur ergehen darf, wenn umweltrechtliche Vorschriften und andere öffentlich-rechtliche Vorschriften dem Vorhaben nicht entgegenstehen. Der Verweis auf bereits bestehende umweltrechtliche und andere öffentlich-rechtliche Vorschriften soll ebenso wie der Verweis auf Ziele der Raumordnung und Grundsätze sowie sonstige Erfordernisse der Raumordnung sowie auf Belange des Arbeitsschutzes in § 21 Abs. 1 Nr. 3 und 4 zeigen, dass die §§ 20 ff. kein abschließendes materielles Zulassungsrecht schaffen, sondern im Wesentlichen nur den verfahrensrechtlichen und materiell-rechtlichen Rahmen für die Zulassung von Leitungsanlagen bereitstellen.

14 Warum die umweltrechtlichen Vorschriften neben anderen öffentlich-rechtlichen Vorschriften gesondert genannt werden, bleibt unklar. Es ist allerdings davon auszugehen, dass lediglich öffentlich-rechtliche Vorschriften des Umweltrechts gemeint sind, weil in § 21 Abs. 1 Nr. 2 ausdrücklich von den »anderen« öffentlich-rechtlichen Vorschriften die Rede ist. Die Vereinbarkeit mit zivilrechtlichen Vorschriften, die dem Schutz der Umwelt dienen, ist damit nicht Zulassungsvoraussetzung. Stehen dem Vorhaben private **Rechte Dritter** offensichtlich und zweifelsfrei entgegen, und können diese Rechte auch durch Enteignungsmaßnahmen nicht überwunden werden, kann es im Einzelfall an einem Sachbescheidungsinteresse fehlen. Im Übrigen dürfte die gesonderte Erwähnung der umweltrechtlichen Vorschriften lediglich der Hervorhebung dienen,

---

1 *Paetow*, in: Kunig/Paetow/Versteyl, Kommentar zum KrW-/AbfG, § 32 Rn. 15.

weil der Gesetzgeber davon ausgeht, dass die gerade die umweltrechtlichen Bestimmungen für die Zulassung der nach §§ 20 ff. planfeststellungs- bzw. plangenehmigungsbedürftigen von besonderer Bedeutung sind.

Zu den anderen öffentlich-rechtlichen Vorschriften, die zu beachten sind, zählen insbesondere auch die Regelungen des **Bauplanungsrechts**. Nach § 38 S. 1 BauGB sind allerdings auf Planfeststellungsverfahren und sonstige Verfahren mit den Rechtswirkungen einer Planfeststellung für Vorhaben von überörtlicher Bedeutung die §§ 29 bis 37 BauGB nicht anzuwenden, wenn die Gemeinde beteiligt und städtebauliche Belange berücksichtigt werden.

4 Raumordnung

Der Planfeststellungsbeschluss darf nach § 21 Abs. 1 Nr. 3 nur ergehen, wenn Ziele der Raumordnung beachtet und Grundsätze und sonstige Erfordernisse der Raumordnung berücksichtigt sind.

Ziele der Raumordnung sind gem. § 3 Nr. 2 ROG verbindliche Vorgaben in Form von räumlich und sachlich bestimmten oder bestimmbaren, vom Träger der Landes- oder Regionalplanung abschließend abgewogenen textlichen oder zeichnerischen Festlegungen in Raumordnungsplänen zur Entwicklung, Ordnung und Sicherung des Raumes.

Grundsätze der Raumordnung sind gem. § 3 Nr. 2 ROG allgemeine Aussagen zur Entwicklung, Ordnung und Sicherung des Raumes in oder aufgrund von § 2 ROG als Vorgaben für nachfolgende Abwägungs- oder Ermessensentscheidungen.

Sonstige Erfordernisse der Raumordnung sind gem. § 3 Nr. 4 ROG in Aufstellung befindliche Ziele der Raumordnung, Ergebnisse förmlicher landesplanerischer Verfahren wie des Raumordnungsverfahrens und landesplanerische Stellungnahmen.

Ziele der Raumordnung sind wegen der Beachtungspflicht im Rahmen der Abwägung nicht überwindbar, Grundsätze und sonstige Erfordernisse der Raumordnung müssen dagegen zwar berücksichtigt werden. Sie können jedoch im Rahmen der planerischen Abwägung zugunsten überwiegender anderer Belange zurückgestellt werden.

5 Belange des Arbeitsschutzes

Der Planfeststellungsbeschluss darf gem. § 21 Abs. 1 Nr. 4 schließlich nur dann ergehen, wenn Belange des Arbeitsschutzes gewahrt sind. Die Beachtung der Belange des Arbeitsschutzes setzt einerseits voraus, dass öffentlich-rechtliche Vorschriften, die dem Arbeitsschutz dienen, beachtet werden. Das ergibt sich ohnehin bereits aus § 21 Abs. 1 Nr. 2. Solche Arbeitsschutzvorschriften enthalten z. B. die §§ 120 a ff. GewO, das Arbeitsschutzgesetz, die Arbeitsstättenverordnung, die Arbeitsstoffverordnung, die aufgrund von § 11 Gerätesicherheitsgesetz erlassenen Rechtsverordnungen, das Sprengstoffgesetz, das Gaststättengesetz, das Jugendarbeitsschutzgesetz und das Mutterschutzgesetz. Die zu beachtenden Belange des Arbeitsschutzes werden andererseits auch durch den Inhalt der von den Unfallversicherungsträgern erlassenen Unfallverhütungsvorschriften konkretisiert. Ob die Belange des Arbeitsschutzes gewahrt sind, hat die Planfeststellungsbehörde nach Anhörung der zu beteiligenden Arbeitsschutzbehörden zu entscheiden.

6 Nebenbestimmungen

21 Gem. § 21 Abs. 2 Satz 1 kann der Planfeststellungsbeschluss mit Bedingungen versehen, mit Auflagen verbunden und befristet werden, soweit dies zur Wahrung des Wohls der Allgemeinheit oder zur Erfüllung von öffentlich-rechtlichen Vorschriften, die dem Vorhaben entgegenstehen können, erforderlich ist.

22 **Bedingungen** sind Nebenbestimmungen, die eine Begünstigung oder Belastung von dem Eintritt eines zukünftigen Ereignisses abhängig machen (§ 36 Abs. 2 Nr. 2 VwVfG).

23 Eine **Auflage** ist eine Nebenbestimmung, mit der dem Adressaten ein bestimmtes Tun, Dulden oder Unterlassen aufgegeben wird (§ 36 Abs. 2 Nr. 4 VwVfG).

24 Eine **Befristung** ist gem. § 36 Abs. 2 Nr. 1 VwVfG eine Bestimmung, nach der eine Vergünstigung oder Belastung zu einem bestimmten Zeitpunkt beginnt, endet oder für einen bestimmten Zeitraum gilt.

25 Keine Nebenbestimmungen, sondern **Inhaltsbestimmungen** sind solche Regelungen in der Planfeststellung oder Plangenehmigung, die den Inhalt der Anlagenzulassung selbst regeln, die etwa die konkrete technische Ausgestaltung der Leitungsanlage festlegen.

26 Die Aufnahme von Nebenbestimmungen steht zwar grundsätzlich – wie sich aus der Verwendung des Wortes »kann« ergibt – im **Ermessen** der zuständigen Behörde. Dieses Ermessen ist allerdings begrenzt. Denn einerseits sind solche Nebenbestimmungen nur zulässig, soweit dies zur Wahrung des Wohls der Allgemeinheit oder zur Erfüllung von öffentlich-rechtlichen Vorschriften, die dem Vorhaben entgegenstehen können, erforderlich ist. Sind solche Nebenbestimmungen danach nicht erforderlich, müssen sie unterbleiben. Umgekehrt kann der Planfeststellungsbeschluss nur ergehen, wenn das Allgemeinwohl gewahrt und die Einhaltung öffentlich-rechtlicher Vorschriften auch gesichert ist, sodass ein Verzicht auf derartige Nebenbestimmungen grundsätzlich nicht in Betracht kommen kann. Zu berücksichtigen ist aber, dass die Erteilung des Planfeststellungsbeschlusses selbst ebenfalls im Ermessen der Planfeststellungsbehörde steht. Kann sie den Erlass des Planfeststellungsbeschlusses ermessensfehlerfrei verweigern, kann sie bei ordnungsgemäßer Ausübung ihres Ermessens unter Wahrung des Verhältnismäßigkeitsgrundsatzes zur Vermeidung einer Ablehnungsentscheidung auch eine Nebenbestimmung vorsehen. Nebenbestimmungen können insoweit auch ein Instrument für den auf der Grundlage einer planerischen Abwägung notwendigen Interessenausgleich sein.

27 Die Aufnahme, Änderung oder Ergänzung von Auflagen über Anforderungen an das Vorhaben ist gemäß § 20 Absatz 2 Satz 2 auch nach dem Ergehen des Planfeststellungsbeschlusses zulässig. Das führt zu einer beachtlichen Einschränkung des durch die Planfeststellung vermittelten Bestandsschutzes. Deshalb ist bei Erlass solcher **nachträglichen Auflagen** zum Schutz des Vertrauens der Verhältnismäßigkeitsgrundsatz in besonderer Weise zu beachten. Sie müssen deshalb geeignet, erforderlich und angemessen sein. Die Regelung über nachträgliche Auflagen dient insbesondere dazu, die Anlagen an sich ändernde Anforderungen, insbesondere auch an einen sich ändernden Stand der Technik anzupassen. Sie können allerdings auch zur nachträglichen Korrektur fehlerhafter Zulassungsentscheidungen genutzt werden. Im Wege einer nachträglichen Auflage können allerdings keine Änderungen der planfestgestellten Anlagen verfügt werden, die nur im Wege einer Änderungsplanfeststellung zugelassen werden können. In einem solchen Fall kann möglicherweise eine **Zielanordnung** verfügt werden, die den Inhaber der Planfeststellung zu einem Änderungsantrag veranlasst.

7 Entsprechende Anwendung für die Plangenehmigung

Die Voraussetzungen, unter denen ein Planfeststellungsbeschluss ergehen darf, sowie die Regelungen über die möglichen Nebenbestimmungen, die § 21 Abs. 1 und Abs. 2 für die Planfeststellung vorsieht, gelten gem. § 21 Abs. 3 für die Plangenehmigung entsprechend. Für die Rechtswirkungen der Plangenehmigung ist § 74 Abs. 6 S. 2 VwVfG zu beachten, wonach die Plangenehmigung die Rechtswirkungen der Planfeststellung mit Ausnahme der enteignungsrechtlichen Vorwirkung hat.[2]

8 Verordnungsermächtigung

Die Bundesregierung wird in § 21 Abs. 4 Satz 1 ermächtigt, nach Anhörung der beteiligten Kreise durch Rechtsverordnung mit Zustimmung des Bundesrates Vorschriften zur Erfüllung der Voraussetzungen des § 21 Abs. 1 Nr. 1 zu erlassen, und zwar über die dem Stand der Technik entsprechenden baulichen, betrieblichen oder organisatorischen Maßnahmen zur Vorsorge gegen die Beeinträchtigung der Schutzgüter, über Informationspflichten des Trägers eines Vorhabens gegenüber Behörden und Öffentlichkeit, die Überprüfung von Vorhaben durch Sachverständige, Sachverständigenorganisationen und zugelassene Überwachungsstellen sowie über die Anforderungen, die diese Sachverständigen, Sachverständigenorganisationen und zugelassenen Überwachungsstellen erfüllen müssen, und schließlich über die Anpassung bestehender Vorhaben an die Anforderungen der geltenden Vorschriften.

Durch die Änderung des Gesetzes vom 24.6.2002 ist die Verordnungsermächtigung der Bundesregierung erweitert worden. Dem § 21 Abs. 4 ist ein zweiter Satz angefügt worden, mit dem der Bundesregierung die Möglichkeit eingeräumt wird, eine umfassende Rohrfernleitungsverordnung zu erlassen, die bundeseinheitlich geltende technische Regeln für solche Rohrfernleitungen zusammenfasst. Da die auf dem Gerätesicherheitsgesetz (GSG) beruhenden Verordnungen über Gashochdruckanlagen und brennbare Flüssigkeiten und die darauf beruhenden Ausschlüsse in Kürze aufgehoben werden sollen und das Gerätesicherheitsgesetz zukünftig vor allem arbeitsschutzrechtliche Aspekte abdecken soll, ist es notwendig, vergleichbare Ermächtigungen wie in § 11 Abs. 2 und 3 GSG auch in den umweltrechtlichen Ermächtigungsgrundlagen aufzunehmen (vgl. dazu den Bericht des Ausschusse für Umwelt-, Naturschutz- und Reaktorsicherheit vom 21.3.2002 (BT-Drs. 14/8668, S. 16).

---

[2] Zum Institut der Plangenehmigung im neueren Fachplanungsrecht siehe *Hoppe/Schlarmann/Buchner*, Rechtsschutz, Rn. 207 ff.; *Kröger/Schulz*, NuR 1995, 72.

§ 22 Verfahren

Für die Durchführung des Planfeststellungsverfahrens und des Plangenehmigungsverfahrens gelten die §§ 72 bis 78 des Verwaltungsverfahrensgesetzes. Die Bundesregierung wird ermächtigt, durch Rechtsverordnung mit Zustimmung des Bundesrates weitere Einzelheiten des Planfeststellungsverfahrens, insbesondere zu Art und Umfang der Antragsunterlagen, zu regeln.

Übersicht

		Rn.			Rn.
1.	Allgemeines	1	3.2	Konzentrationswirkung	34
2.	Ablauf des Planfeststellungs-		3.3	Gestaltungswirkung	35
	verfahrens	13	3.4	Ausschlusswirkung	36
2.1	Anhörungsverfahren	15	3.5	Enteignungsrechtliche Vorwirkung	38
2.2	Entscheidungsverfahren	27	3.6	Beginn und Dauer der	
3.	Rechtswirkungen der Planfeststellung	31		Rechtswirkungen	39
3.1	Gestattungswirkung	32	4.	Planänderungen	42

1 Allgemeines

1 In seinem zweiten Teil enthält das UVPG Bestimmungen über die Erforderlichkeit eines Planfeststellungsverfahrens bzw. eines Plangenehmigungsverfahrens für bestimmte Leitungsanlagen und andere Anlagen im Sinne von Anlage 1 Nr. 19 des Gesetzes (§ 20). Daneben regelt § 21, unter welchen Voraussetzungen der Planfeststellungsbeschluss ergehen darf und mit welchen Nebenbestimmungen der Planfeststellungsbeschluss bzw. die Plangenehmigung ergehen dürfen. § 23 soll die Beachtung dieser Regelungen durch die Androhung eines Bußgeldes für den Fall der Missachtung zusätzlich sichern. Ordnungswidrig handelt danach, wer vorsätzlich oder fahrlässig ohne Planfeststellungsbeschluss nach § 20 Abs. 1 oder ohne Plangenehmigung nach § 20 Abs. 2 S. 1 ein Vorhaben durchführt oder aber einer vollziehbaren Auflage nach § 21 Abs. 2 zuwiderhandelt.

2 Eigenständige Regelungen über das Planfeststellungsverfahren und das Plangenehmigungsverfahren sieht das UVPG nicht vor. Es verweist vielmehr in § 22 S. 1 auf die §§ 72 bis 78 des Verwaltungsverfahrensgesetzes. Nach § 1 Absatz 3 VwVfG des Bundes gilt das Gesetz für die Ausführung von Bundesrecht durch die Länder nicht, soweit die öffentlich-rechtliche Verwaltungstätigkeit der Behörden landesrechtlich durch ein Verwaltungsverfahrensgesetz geregelt ist. Der Verweis in § 22 S. 1 bezieht sich unmittelbar allerdings nur auf die §§ 72 bis 78 VwVfG und damit nicht auf § 1 Abs. 3 VwVfG. Allerdings ergibt sich aus § 72 Abs. 1 S. 1 VwVfG, dass auch die übrigen Vorschriften des VwVfG gelten, soweit sich aus ihnen nichts Abweichendes ergibt, sodass es auf das Verfahrensrecht der Länder ankommen kann, soweit die öffentlich-rechtliche Verwaltungstätigkeit der Behörden landesrechtlich durch ein Verwaltungsverfahrensgesetz geregelt ist.

3 Wegen der Verpflichtung, im Planfeststellungsverfahren eine Umweltverträglichkeitsprüfung durchzuführen, sind neben den §§ 72 bis 78 VwVfG auch die Verfahrensbestimmungen des UVPG zu beachten. Dabei gilt nach § 4 das Prinzip der Subsidiarität des UVPG. Soweit die Verfahrensbestimmungen der §§ 72 bis 78 VwVfG den verfahrensrechtlichen Anforderungen des UVPG entsprechen oder darüber hinausgehen, finden die Bestimmungen des UVPG keine Anwendung. Ob und inwieweit die verfahrensrechtlichen Anforderungen des UVPG mit denen der §§ 72 ff. VwVfG übereinstimmen, ist umstritten.[1] Beantwortet werden kann die Frage nur im direkten Vergleich der jeweiligen verfahrensrechtlichen Bestimmungen.

§ 22 orientiert sich an der Regelung des § 34 KrW-/AbfG. Anders als in § 34 Abs. 1 S. 1 KrW-/AbfG verweist § 22 S. 1 jedoch nicht nur für das Planfeststellungsverfahren, sondern auch für das Plangenehmigungsverfahren auf die §§ 72 bis 78 VwVfG. Allerdings sind nach § 74 Abs. 6 S. 2, 2. HS. VwVfG auf die Erteilung einer Plangenehmigung die Vorschriften über das Planfeststellungsverfahren nicht anzuwenden. Im Übrigen können die Verfahrensvorschriften der §§ 72 ff. VwVfG nur angewendet werden, wenn und soweit nicht die Verfahrensbestimmungen des zweiten Teils des UVPG selbst speziellere Regelungen vorsehen. Das gilt etwa für die Frage, unter welchen Voraussetzungen anstelle eines Planfeststellungsbeschlusses eine Plangenehmigung erteilt werden kann. Dies ist in § 20 Abs. 2 abweichend von § 74 Abs. 6 VwVfG geregelt. Denn § 20 Abs. 2 S. 1 macht die Verpflichtung zur Durchführung eines Planfeststellungsverfahrens abhängig von der Erforderlichkeit einer Umweltverträglichkeitsprüfung, während § 74 Abs. 6 S. 1 VwVfG die Erteilung einer Plangenehmigung anstelle eines Planfeststellungsbeschlusses ermöglicht, wenn Rechte anderer nicht beeinträchtigt werden oder die Betroffenen sich mit der Inanspruchnahme ihres Eigentums oder eines anderen Rechts schriftlich einverstanden erklärt haben und mit den Trägern öffentlicher Belange, deren Aufgabenbereich berührt wird, das Benehmen hergestellt worden ist. Auch die Frage, wann eine Plangenehmigung wegen ihrer unwesentlichen Bedeutung entfallen kann, ist in § 20 Abs. 2 S. 3 abweichend von § 74 Abs. 7 S. 2 VwVfG geregelt. Denn § 20 Abs. 2 S. 3 verweist zwar auch auf die Voraussetzungen des § 74 Abs. 7 S. 2 VwVfG. Geregelt wird darüber hinaus jedoch, dass ein Fall von unwesentlicher Bedeutung auch dann vorliegt, wenn die Prüfwerte nach § 3c Abs. 1 für Größe und Leistung, welche die Vorprüfung eröffnen, nicht erreicht werden.

§ 22 S. 2 ermächtigt die Bundesregierung, durch **Rechtsverordnung** mit Zustimmung des Bundesrates weitere Einzelheiten des Planfeststellungsverfahrens, insbesondere zu Art und Umfang der Antragsunterlagen, zu regeln. Auch insoweit lehnt sich die Regelung an § 34 Abs. 1 KrW-/AbfG an. Die Ermächtigung der Bundesregierung bezieht sich allerdings nur auf die Regelung von Einzelheiten des Planfeststellungsverfahrens. Es stellt sich deshalb die Frage, ob es der Bundesregierung verwehrt ist, durch eine solche Rechtsverordnung auf weitere Einzelheiten, insbesondere zu Art und Umfang der Antragsunterlagen, für das Plangenehmigungsverfahren zu regeln. Sinnvoll ist die Differenzierung jedenfalls nicht. Denn die vermutlich durch die Rechtsverordnungsermächtigung beabsichtigte Vereinheitlichung wird durch eine solche Differenzierung nicht gefördert. Die entsprechende Regelung in § 34 Abs. 1 S. 2 KrW-/AbfG sollte einen »Abgleich« zur 9. BImSchV unter Einbeziehung der Umweltverträglichkeitsprüfung ermöglichen.[2] Während in § 34 Abs. 1 S. 2 KrW-/AbfG die Beschränkung der Verordnungsermächtigung auf Einzelheiten des Planfeststellungsverfahrens nachvollziehbar ist, weil § 34 Abs. 1 S. 1 lediglich für das Planfeststellungsverfahren und nicht für das Plangenehmigungsverfahren auf die §§ 72 ff. VwVfG verweist, könnte es sich bei § 22 S. 2 insoweit um ein Redaktionsversehen handeln, weil § 22 S. 1 eben nicht nur für

---

1 Siehe dazu *Kopp*, VwVfG, § 72, Rn. 34; *Hien*, NVwZ 1997, 422.
2 Siehe dazu *Paetow*, in: Kunig/Paetow/Versteyl, KrW-/AbfG, § 34, Rn. 3 unter Verweis auf BT-Drs. 12/5672, S. 18, 50.

§ 22

die Durchführung des Planfeststellungsverfahrens, sondern auch für das Plangenehmigungsverfahren auf die §§ 72 bis 78 VwVfG verweist.

6 Auffällig ist schließlich, dass die in § 34 Abs. 2 KrW-/AbfG vorgesehene Regelung, wonach **Einwendungen** im Rahmen des Zulassungsverfahrens innerhalb der gesetzlich festgelegten Frist nur schriftlich erhoben werden können, für den Bereich der planfeststellungsbedürftigen Vorhaben nach dem UVPG nicht übernommen worden ist. § 34 Abs. 2 KrW-/AbfG enthält eine von § 73 Abs. 4 S. 1 VwVfG abweichende Regelung über die Form der Einwendungen im Zulassungsverfahren. Für den Bereich des UVPG bleibt es insoweit bei dem Regelfall des § 73 Abs. 4 S. 1 VwVfG. Welchen Sinn solche Differenzierungen zwischen den einzelnen Verfahren machen, bleibt unerfindlich.

7 Durch den Verweis des § 22 Satz 1 auch auf § 72 VwVfG ist sichergestellt, dass nicht nur die §§ 73 bis 78, sondern auch die übrigen Vorschriften des VwVfG gelten, soweit sich aus ihnen nichts Abweichendes ergibt. Das stellt – wie bereits erwähnt – § 72 Abs. 1 Satz 1 VwVfG sicher.

8 Nach § 72 Abs. 1 Satz 1, 2. Halbsatz sind allerdings die §§ 51 und 71 a bis 71 e VwVfG nicht anzuwenden. Die Nichtanwendbarkeit von §§ 71 a bis 71 e VwVfG wird damit begründet, dass die Beschleunigungsinstrumente nicht mit den verfahrensrechtlichen Vorgaben des Planfeststellungsverfahrens zu vereinbaren wären.[3]

9 § 29 VwVfG ist mit der Maßgabe anzuwenden, dass **Akteneinsicht** nach pflichtgemäßem Ermessen zu gewähren ist. Die Beschränkung des Akteneinsichtsrechts gem. § 29 VwVfG wird mit der typischerweise hohen Zahl von Beteiligten in einem Planfeststellungsverfahren gerechtfertigt.[4] Zu Recht wird allerdings darauf hingewiesen, dass eine solche Ausnahme vom Akteneinsichtsrecht nur dann verfassungskonform sein kann, wenn man davon ausgehen darf, dass die Verweigerung der Akteneinsicht nur bei Vorliegen schwerwiegender Gründe, die gegen die Gewährung sprechen, ermessensfehlerfrei abgelehnt werden kann. Im Übrigen bleiben besonders geregelte Akteneinsichtsrechte von der Beschränkung wegen des Grundsatzes der Subsidiarität des VwVfG ausgenommen. Dazu zählen etwa Akteneinsichtsrechte anerkannter Naturschutzverbände gem. § 29 Abs. 1 Satz 1 Nr. 4 BNatSchG und das allgemeine Akteneinsichtsrecht nach dem UIG in seiner Neufassung.

10 Die Nichtanwendbarkeit des § 51 VwVfG zum **Wiederaufgreifen des Verfahrens** wird mit den Schwierigkeiten gerechtfertigt, die entstehen können, wenn ein Vorhaben, für das der Plan festgestellt worden ist, wieder rückgängig gemacht werden müsste. Der Ausschluss von § 51 VwVfG gilt allerdings nur für Planfeststellungen nach § 73 ff. VwVfG, nicht jedoch auch für die Plangenehmigungen.[5]

11 Die Regelungen über die **Rücknahme** und den **Widerruf** von Verwaltungsakten nach den §§ 48, 49 VwVfG werden grundsätzlich nicht ausgeschlossen. Allerdings sind die Sonderbestimmungen über Aufhebung von Planfeststellungsbeschlüssen bei Aufgabe des Vorhabens gem. § 77 VwVfG und über Planänderungen gem. § 76 VwVfG zu beachten. Die Nichtanwendbarkeit von §§ 71 a bis 71 e VwVfG wird damit begründet, dass die Beschleunigungsinstrumente nicht mit den verfahrensrechtlichen Vorgaben des Planfeststellungsverfahrens zu vereinbaren wären.[6]

---

3 *Kopp*, VwVfG, § 72, Rn. 23.
4 Vgl. dazu *Kopp*, VwVfG, § 72, Rn. 19.
5 *Kopp*, VwVfG, § 72, Rn. 21; OVG Koblenz, NJW 1986, 2780.
6 *Kopp*, VwVfG, § 72, Rn. 23.

Verfahren

Im Nachfolgenden können die Verfahrensbestimmungen des VwVfG, auf die § 22 Satz 1 verweist, nicht im Einzelnen kommentiert werden.[7] Es soll jedoch ein Überblick über die Regelungen, die nach § 22 Satz 1 anzuwenden sind, gegeben werden.

2 Ablauf des Planfeststellungsverfahrens

Regelmäßig wird das in den §§ 72 ff. VwVfG geregelte Planfeststellungsverfahren in drei **Abschnitte** gegliedert.[8] In einem ersten Abschnitt, der im VwVfG vorausgesetzt und nicht förmlich geregelt wird, stellt der Vorhabenträger den Plan auf. Diesen reicht er in einem zweiten Abschnitt bei der zuständigen Behörde ein. Mit der Einreichung des Planes beginnt das Anhörungs- und Erörterungsverfahren im Sinne von § 73 VwVfG, das den zweiten Abschnitt des Planfeststellungsverfahrens bildet. Das Verfahren endet schließlich in einer dritten Phase der Entscheidung mit dem Erlass des Planfeststellungsbeschlusses bzw. mit der Ablehnung des Antrages gem. § 74 VwVfG.

Diesen einzelnen Stufen des Planfeststellungsverfahrens können auch die Verfahrensschritte der Umweltverträglichkeitsprüfung zugeordnet werden. Der Vorbereitungsphase der Planaufstellung werden das Vorprüfungsverfahren der §§ 3 a bis 3 f, das Scoping-Verfahren gem. § 5 UVPG und die Beibringung der Antragsunterlagen durch den Vorhabenträger nach § 6 zugerechnet. Dem Entscheidungsverfahren ist § 11 mit seinen Bestimmungen zur zusammenfassenden Darstellung der Umweltauswirkungen und § 12 mit der Verpflichtung zur Bewertung und Berücksichtigung der Umweltauswirkungen zuzuordnen.[9] Da das Vorprüfungsverfahren und das Scoping-Verfahren nicht im VwVfG, sondern ausschließlich im UVPG geregelt sind, kann insoweit auf die Kommentierung zu diesen Vorschriften verwiesen werden.

2.1 Anhörungsverfahren

Gem. § 73 Abs. 1 S. 1 VwVfG hat der Träger des Vorhabens den Plan der Anhörungsbehörde zur Durchführung des Anhörungsverfahrens einzureichen. § 73 geht von einer Unterscheidung zwischen Anhörungsbehörde und Planfeststellungsbehörde aus. Allerdings können Anhörungsbehörde und Planfeststellungsbehörde auch identisch sein, wenn das im konkreten Fall anwendbare Gesetz oder eine sonstige Rechtsvorschrift die Zuständigkeit entsprechend regelt. Die Bestimmung der Zuständigkeiten und insbesondere die Entscheidung, ob die Aufgaben der Anhörungsbehörde und der Planfeststellungsbehörde zu trennen sind, ist Aufgabe der Landesgesetzgeber.

Der einzureichende **Plan** besteht gem. § 73 Abs. 1 S. 2 VwVfG aus den Zeichnungen und Erläuterungen, die das Vorhaben, seinen Anlass und die von dem Vorhaben betroffenen Grundstücke und Anlagen erkennen lassen. Die Unterlagen müssen inhaltlich so vollständig und klar sein, dass sie den gem. § 73 Abs. 2 VwVfG zu beteiligenden Behörden eine sachgemäße Stellungnahme ermöglichen. Außerdem müssen Dritte

---

[7] Vgl. dazu *Hoppe/Schlarmann/Buchner*, Rechtsschutz; *Steinberg*, Fachplanung und die einschlägigen Kommentare des VwVfG.
[8] *Hoppe/Schlarmann/Buchner*, Rechtsschutz, Rn. 99 ff.
[9] S. dazu *Paetow*, in: Kunig/Paetow/Versteyl, KrW-/AbfG, § 34 Rn. 9; *Erbguth/Schink*, UVPG, § 12 Rn. 59.

§ 22 Verfahren

erkennen können, inwieweit ihre Belange von der Planung berührt werden und ob sie deshalb im Anhörungsverfahren zur Wahrung ihrer Rechte Einwendungen erheben sollen. Über § 73 Abs. 1 S. 2 VwVfG hinaus sind auch die Anforderungen des § 6 UVPG zu beachten. Zwar bestimmen sich nach § 6 Abs. 2 S. 1 Inhalt und Umfang der Unterlagen nach den Vorschriften, die für die Entscheidung über die Zulässigkeit des Vorhabens maßgebend sind. Da jedoch der insoweit maßgebliche § 73 VwVfG die vorzulegenden Unterlagen nicht im Einzelnen umschreibt, sind insoweit gemäß § 6 Abs. 2 S. 2 die Absätze 3 und 4 des § 6 anzuwenden.[10]

17 Genügen die eingereichten Planunterlagen den Anforderungen des § 73 Abs. 1 S. 2 VwVfG und des § 6 nicht, dann muss die zuständige Behörde den Antragsteller um die **Vervollständigung der Unterlagen** bitten. Bleibt der Antrag trotz einer solchen Aufforderung unvollständig, so darf die Planfeststellungsbehörde (nicht die Anhörungsbehörde) den Antrag ablehnen.

18 Sind die vorgelegten Planunterlagen vollständig, hat die Anhörungsbehörde gem. § 73 Abs. 2 VwVfG innerhalb eines Monats nach Zugang des vollständigen Plans die Behörden, deren Aufgabenbereich durch das Vorhaben berührt wird, zur Stellungnahme aufzufordern und zu veranlassen, dass der Plan in den Gemeinden, in denen sich das Vorhaben auswirkt, ausgelegt wird. Da § 7 Abs. 1 UVPG keine bestimmte Frist für die Unterrichtung der zu beteiligenden Behörden vorsieht, bleibt diese Regelung hinter § 73 Abs. 2 VwVfG zurück, sodass die Regelung des § 73 Abs. 2 VwVfG vorgeht. Zu berücksichtigen ist allerdings die Erforderlichkeit einer grenzüberschreitenden Behördenbeteiligung nach § 8 UVPG.

19 Die Gemeinden, in denen sich das Vorhaben auswirkt, haben nach § 73 Abs. 3 S. 1 VwVfG den Plan innerhalb von drei Wochen nach Zugang für die Dauer eines Monats zur Einsicht auszulegen. Auf eine **Auslegung** kann verzichtet werden, wenn der Kreis der Betroffenen bekannt ist und ihnen innerhalb angemessener Frist Gelegenheit gegeben wird, den Plan einzusehen. Die zu beteiligenden Behörden haben gem. § 73 Abs. 3a VwVfG ihre Stellungnahmen innerhalb einer von der Anhörungsbehörde zu setzenden Frist abzugeben, die drei Monate nicht überschreiten darf. Nach dem Erörterungstermin eingehende Stellungnahmen werden nicht mehr berücksichtigt, es sei denn, die vorgebrachten Belange sind der Planfeststellungsbehörde bereits bekannt oder hätten ihr bekannt sein müssen oder sind für die Rechtmäßigkeit der Entscheidung von Bedeutung. Die damit vorgesehene Präklusionsregelung ist allerdings von durchaus zweifelhaftem Wert. Denn grundsätzlich sind alle abwägungserheblichen öffentlichen Belange letztlich für die Rechtmäßigkeit der Entscheidung von Bedeutung. Das hat zur Folge, dass verspätet vorgebrachte Belange nur dann unberücksichtigt bleiben können, wenn sie nicht abwägungsrelevant sind. Dazu bedarf es allerdings einer solchen Präklusionsregelung nicht.[11]

20 Ergibt sich bereits aus den Stellungnahmen der Behörden ein zwingender, durch Nebenbestimmungen nicht behebbarer **Versagungsgrund**, oder werden unvollständige Planunterlagen trotz Aufforderung der Anhörungsbehörde vom Träger des Vorhabens nicht ordnungsgemäß vervollständigt, kann nach Durchführung des Beteiligungsverfahrens der Planfeststellungsantrag bereits ohne Einleitung des Offenlegungsverfahrens abgelehnt werden. Liegt ein solcher zwingender Versagungsgrund nicht vor, dann bedarf

---

10 *Hoppe/Schlarmann/Buchner*, Rechtsschutz, Rn. 110.
11 S. dazu *Paetow*, in: Kunig/Paetow/Versteyl, KrW-/AbfG, § 34 Rn. 17.

es – wie erwähnt – der **öffentlichen Auslegung** nach § 73 Abs. 3 S. 1 VwVfG. Die Gemeinden, in denen der Plan auszulegen ist, haben gem. § 73 Abs. 5 S. 1 VwVfG die Auslegung vorher ortsüblich bekannt zu machen. In der Bekanntmachung ist darauf hinzuweisen, wo und in welchem Zeitraum der Plan zur Einsicht ausgelegt ist, dass etwaige Einwendungen bei den in der Bekanntmachung zu bezeichnenden Stellen innerhalb der Einwendungsfrist vorzubringen sind, dass bei Ausbleiben eines Beteiligten in dem Erörterungstermin auch ohne ihn verhandelt werden kann, dass die Personen, die Einwendungen erhoben haben, von dem Erörterungstermin durch öffentliche Bekanntmachung benachrichtigt werden können, und dass die Zustellung der Entscheidung über die Einwendungen durch öffentliche Bekanntmachung ersetzt werden kann, wenn mehr als 50 Benachrichtigungen oder Zustellungen vorzunehmen sind. Nicht ortsansässige Betroffene, deren Person und Aufenthalt bekannt sind oder sich innerhalb angemessener Frist ermitteln lassen, sollen auf Veranlassung der Anhörungsbehörde von der Auslegung mit dem Hinweis nach § 73 Abs. 5 S. 2 VwVfG benachrichtigt werden. Auszulegen sind grundsätzlich nur die Planunterlagen. Die Stellungnahmen der beteiligten Behörden sowie von der Anhörungsbehörde eingeholte Gutachten müssen nicht offen gelegt werden.

Gem. § 73 Abs. 4 S. 1 VwVfG kann jeder, dessen Belange durch das Vorhaben berührt werden, bis zwei Wochen nach Ablauf der Auslegungsfrist schriftlich oder zur Niederschrift bei der Anhörungsbehörde oder bei der Gemeinde **Einwendungen** gegen den Plan erheben.[12] Mit Ablauf der Einwendungsfrist sind alle Einwendungen ausgeschlossen, die nicht auf besonderen privatrechtlichen Titeln beruhen. Hierauf ist in der Bekanntmachung der Auslegung oder bei der Bekanntgabe der Einwendungsfrist hinzuweisen (vgl. § 73 Abs. 4 VwVfG). Auch nach § 9 Abs. 1 S. 1 hat die zuständige Behörde die Öffentlichkeit zu den Umweltauswirkungen des Vorhabens auf der Grundlage der ausgelegten Unterlagen nach § 6 anzuhören. Das Anhörungsverfahren muss gem. § 9 Abs. 1 S. 2 den Anforderungen des § 73 Abs. 3, 4 bis 7 des Verwaltungsverfahrensgesetzes entsprechen.

Nach Ablauf der Einwendungsfrist hat die Anhörungsbehörde gem. § 73 Abs. 1 VwVfG die rechtzeitig erhobenen Einwendungen gegen den Plan und die Stellungnahmen der Behörden zu dem Plan mit dem Träger des Vorhabens, den Behörden, den Betroffenen sowie den Personen, die Einwendungen erhoben haben, zu erörtern. Der Erörterungstermin ist mindestens eine Woche vorher ortsüblich bekannt zu machen. Die Behörden, der Träger des Vorhabens und diejenigen, die Einwendungen erhoben haben, sind von dem **Erörterungstermin** zu benachrichtigen.[13]

Wenn ein Vorhaben erhebliche Umweltauswirkungen in einem anderen Staat haben kann, können sich gem. § 9a dort ansässige Personen am Anhörungsverfahren nach § 9 Abs. 1 und Abs. 3 beteiligen. Dazu hat die zuständige Behörde gem. § 9a Abs. 1 darauf hinzuwirken, dass das Vorhaben in dem anderen Staat in geeigneter Weise bekannt gemacht wird, dabei angegeben wird, bei welcher Behörde im Verfahren nach § 9 Abs. 1 erhoben oder im Verfahren nach § 9 Abs. 2 Gegenäußerungen vorgebracht werden können, und dabei darauf hingewiesen wird, dass im Verfahren nach § 9 Abs. 1 mit

---

12 Dazu im einzelnen *Hoppe/Schlarmann/Buchner*, Rechtsschutz, Rn. 137 ff.
13 Siehe dazu *Kollmer*, BayVBl. 1995, 449; *Hoppe/Schlarmann/Buchner*, Rechtsschutz, Rn. 152 ff.;

§ 22

24 Ablauf der Einwendungsfrist alle Einwendungen ausgeschlossen sind, die nicht auf besonderen privatrechtlichen Titeln beruhen.

24 Die Erörterung soll innerhalb von drei Monaten nach Ablauf der Einwendungsfrist abgeschlossen werden (§ 73 Abs. 6 S. 7 VwVfG). In dem Erörterungstermin hat die Anhörungsbehörde die rechtzeitig erhobenen Einwendungen gegen den Plan und die Stellungnahmen der Behörden zu erörtern. Der Erörterungstermin ist nicht öffentlich. Teilnahmeberechtigt sind der Träger des Vorhabens, die im Aufgabenbereich berührten Behörden, die nach § 29 BNatSchG anerkannten Verbände, die vom Plan Betroffenen, und zwar unabhängig davon, ob sie Einwendungen vorgebracht haben, sowie die Personen, die Einwendungen erhoben haben.

25 Soll ein ausgelegter Plan geändert werden und werden dadurch der Aufgabenbereich einer Behörde oder Belange Dritter erstmalig oder stärker als bisher berührt, so ist diesen die Änderung gem. § 73 Abs. 8 S. 1 VwVfG mitzuteilen und ihnen Gelegenheit zu Stellungnahmen und Einwendungen innerhalb von zwei Wochen zu geben. Wirkt sich die Änderung auf das Gebiet einer anderen Gemeinde aus, so ist gem. § 73 Abs. 8 S. 2 VwVfG der geänderte Plan in dieser Gemeinde auszulegen.

26 Das Anhörungsverfahren wird mit einer Stellungnahme der Anhörungsbehörde gem. § 73 Abs. 9 VwVfG abgeschlossen. Die Behörde gibt zum Ergebnis des Anhörungsverfahrens eine Stellungnahme ab und leitet diese möglichst innerhalb eines Monats nach Abschluss der Erörterung mit dem Plan, den Stellungnahmen der Behörden und den nicht erledigten Einwendungen der Planfeststellungsbehörde zu. Außerdem erarbeitet die zuständige Behörde gem. § 11 S. 1 auf der Grundlage der Unterlagen nach § 6, der behördlichen Stellungnahmen nach den §§ 7 und 8 sowie der Äußerungen der Öffentlichkeit nach den §§ 9 und 9a eine **zusammenfassende Darstellung** der Umweltauswirkungen des Vorhabens sowie der Maßnahmen, mit denen erhebliche nachteilige Umweltauswirkungen vermieden, vermindert oder ausgeglichen werden, einschließlich der Ersatzmaßnahmen bei nicht ausgleichbaren, aber vorrangigen Eingriffen in Natur und Landschaft. Diese zusammenfassende Darstellung ist möglichst innerhalb eines Monats nach Abschluss der Erörterung im Anhörungsverfahren nach § 9 Abs. 1 S. 2 zu erarbeiten.

2.2 Entscheidungsverfahren

27 Auf der Grundlage der Planunterlagen, der behördlichen Stellungnahmen sowie der Äußerungen der Öffentlichkeit und der Einwendungen sowie der Ergebnisse des Erörterungstermins und schließlich auch der zusammenfassenden Darstellung der Umweltauswirkungen hat die zuständige Planfeststellungsbehörde über den eingereichten Plan zu entscheiden. Erfüllt der vorgelegte Plan die Zulassungsvoraussetzungen des § 21 nicht, ist der Antrag abzulehnen, soweit nicht durch Nebenbestimmungen im Sinne von § 21 Abs. 2 eine Zulassung ermöglicht werden kann. Liegen die Zulassungsvoraussetzungen dagegen vor, dann steht der Erlass des Planfeststellungsbeschlusses im Ermessen der zuständigen Behörde. Sieht die Planfeststellungsbehörde bei der Ausübung ihres planerischen Ermessens keine der Zulassung entgegenstehenden Gründe, dann stellt sie gem. § 74 Abs. 1 S. 1 VwVfG den Plan fest.[14]

---

14 Zur planerischen Gestaltungsfreiheit bei der Planfeststellung und zu ihrer gerichtlichen Kontrolle im Einzelnen *Hoppe/Schlarmann/Buchner*, Rechtsschutz, Rn. 514ff.

Verfahren § 22

Im **Planfeststellungsbeschluss** entscheidet die Planfeststellungsbehörde gem. § 74 Abs. 2 S. 1 VwVfG über Einwendungen, über die bei der Erörterung von der Anhörungsbehörde keine Einigung erzielt worden ist. Der Planfeststellungsbeschluss kann gem. § 21 Abs. 2 S. 1 mit Bedingungen versehen, mit Auflagen verbunden und befristet werden, soweit dies zur Wahrung des Wohls der Allgemeinheit zur Erfüllung von öffentlich-rechtlichen Vorschriften, die dem Vorhaben entgegenstehen können, erforderlich ist. Die Aufnahme, Änderung oder Ergänzung von Auflagen über Anforderungen an das Vorhaben ist auch nach dem Ergehen des Planfeststellungsbeschlusses gem. § 21 Abs. 2 S. 2 zulässig. 28

Soweit eine abschließende Entscheidung noch nicht möglich ist, ist diese gem. § 74 Abs. 3 VwVfG im Planfeststellungsbeschluss vorzubehalten. Dem Träger des Vorhabens ist danach im **Planvorbehalt** aufgegeben, noch fehlende oder von der Planfeststellungsbehörde bestimmte Unterlagen rechtzeitig vorzulegen. 29

Der Planfeststellungsbeschluss ist gem. § 74 Abs. 4 S. 1 VwVfG dem Träger des Vorhabens, den bekannten Betroffenen und denjenigen, über deren Einwendungen entschieden worden ist, zuzustellen. Eine Ausfertigung des Beschlusses ist mit einer Rechtsbehelfsbelehrung und einer Ausfertigung des festgestellten Plans in den Gemeinden 2 Wochen zur Einsicht auszulegen (§ 74 Abs. 4 S. 2 VwVfG). 30

3 Rechtswirkungen der Planfeststellung

Die Rechtswirkungen der Planfeststellung ergeben sich aus § 75 VwVfG, der durch § 22 S. 1 ebenfalls ausdrücklich für anwendbar erklärt wird. Zu den Rechtswirkungen der Planfeststellung zählen die **Gestattungswirkung** (§ 75 Abs. 1 S. 1, 1. HS VwVfG), die **Konzentrationswirkung** (§ 75 Abs. 1 S. 1, 2. HS VwVfG), die **Gestaltungswirkung** (§ 75 Abs. 1 S. 2 VwVfG) und die **Ausschlusswirkung** (§ 75 Abs. 2 S. 1 VwVfG). Eine weitere Rechtswirkung der Planfeststellung, die in § 75 VwVfG nicht ausdrücklich erwähnt ist, ist ihre **enteignungsrechtliche Vorwirkung**. Sie hat zur Folge, dass mit der Unanfechtbarkeit eines Planfeststellungsbeschlusses die Zulässigkeit der Enteignung zugunsten des Vorhabenträgers dem Grunde nach feststeht. Gem. § 74 Abs. 6 S. 2 VwVfG hat die Plangenehmigung der Rechtswirkungen der Planfeststellung mit Ausnahme dieser enteignungsrechtlichen Vorwirkung.[15] 31

3.1 Gestattungswirkung

Gem. § 75 Abs. 1 S. 1 VwVfG wird durch die Planfeststellung die Zulässigkeit des Vorhabens einschließlich der notwendigen Folgemaßnahmen an anderen Anlagen im Hinblick auf alle von ihm berührten öffentlichen Belange festgestellt. Zwar wird nach dieser Regelung durch die Planfeststellung die Zulässigkeit des Vorhabens lediglich festgestellt und – jedenfalls was den Wortlaut angeht – nicht auch die Durchführung des Vorhabens gestattet. Gleichwohl ist nach allgemeiner Auffassung davon auszugehen, dass mit dem Planfeststellungsbeschluss auch die Durchführung des Vorhabens genehmigt wird. Diese Gestattungswirkung erstreckt sich allerdings noch nicht darauf, auch fremdes Eigentum zum Zwecke der Vorhabendurchführung in Anspruch zu nehmen. 32

---

15 Zu den Rechtswirkungen im Einzelnen *Hoppe/Schlarmann/Buchner*, Rechtsschutz, Rn. 173 ff.

§ 22 *Verfahren*

Dazu bedarf es, wenn eine einvernehmliche Lösung nicht möglich ist, eines Enteignungsverfahrens.

33 Die Planfeststellung berechtigt zur Durchführung des Vorhabens, sie verpflichtet jedoch den Vorhabenträger nicht dazu, das planfestgestellte Vorhaben auch zu verwirklichen. Gem. § 75 Abs. 4 VwVfG tritt der Planfeststellungsbeschluss allerdings außer Kraft, wenn mit der Durchführung des Plans nicht innerhalb von fünf Jahren nach Eintritt der Unanfechtbarkeit begonnen wird.

3.2 Konzentrationswirkung

34 Gem. § 75 Abs. 1 S. 1, 2. HS VwVfG sind neben der Planfeststellung andere behördliche Entscheidungen, insbesondere öffentlichrechtliche Genehmigungen, Verleihungen, Erlaubnisse, Bewilligungen, Zustimmungen und Planfeststellungen, nicht erforderlich. § 75 Abs. 1 S. 1, 2. HS VwVfG befreit nicht nur im Außenverhältnis von sonstigen Zulassungsentscheidungen, sondern ersetzt zugleich auch Mitentscheidungsbefugnisse anderer Behörden, die ansonsten ein Einvernehmen herzustellen oder eine Zustimmung zu erteilen hätten. Sie erstreckt sich auch auf notwendige Ausnahmen oder Befreiungen.[16] Die Konzentrationswirkung des Planfeststellungsbeschlusses ist zunächst eine **Zuständigkeits- und Entscheidungskonzentration**. Das bedeutet, dass die Planfeststellungsbehörde diejenigen Fachbehörden, die für den Erlass ansonsten notwendiger paralleler Genehmigungen zuständig wären oder ihr Einvernehmen zu erteilen hätten, lediglich wie andere von dem Vorhaben berührte Behörden zu beteiligen hat. Die Entscheidung trifft aber allein die für die Planfeststellung zuständige Planfeststellungsbehörde. Des Weiteren führt die Konzentrationswirkung auch zu einer **Verfahrenskonzentration**.[17] Die Planfeststellungsbehörde wendet das Verfahrensrecht an, das für ihr Planfeststellungsverfahren vorgesehen ist. Die Planfeststellungsbehörde entscheidet also nicht in verschiedenen Verfahren, sondern in einem einheitlichen Planfeststellungsverfahren. Demgegenüber besitzt die Planfeststellung jedoch keine materielle Konzentrationswirkung. Es werden deshalb durch die Konzentrationswirkung keine materiellrechtlichen Anforderungen ersetzt, die für die Erteilung der ersetzten Genehmigungen zu beachten wären. Die materiellrechtliche Bindung bleibt insoweit trotz der Konzentrationswirkung des Planfeststellungsbeschlusses vollständig erhalten.

3.3 Gestaltungswirkung

35 Gem. § 75 Abs. 1 S. 2 VwVfG werden durch die Planfeststellung alle öffentlich-rechtlichen Beziehungen zwischen dem Träger des Vorhabens und den durch den Plan Betroffenen rechtsgestaltend geregelt. Damit steht gegenüber allen Behörden und öffentlich-rechtlichen Körperschaften die Zulässigkeit des Vorhabens fest. Auch die durch den Plan Betroffenen können sich bei der Unanfechtbarkeit des Planfeststellungsbeschlusses nicht mehr darauf berufen, dass das planfestgestellte Vorhaben dem öffentlichen Recht widerspricht. Die Gestaltungswirkung der Planfeststellungsentscheidung erstreckt sich allerdings nur auf die öffentlich-rechtlichen Beziehungen. Ob der Träger des Vorhabens

---

16 *BVerwG*, Urt. v. 26.3.1998 – 4 A 7.97 –, UPR 1998, 382, 383.
17 *BVerwG*, Urt. v. 14.4.1989 – 4 C 31.88 –, BVerwGE 82, 17, 22f.

3.4 Ausschlusswirkung

Ist der Planfeststellungsbeschluss unanfechtbar geworden, so sind gem. § 75 Abs. 2 S. 1 VwVfG Ansprüche auf Unterlassung des Vorhabens, auf Beseitigung oder Änderung der Anlagen oder auf Unterlassung ihrer Benutzung ausgeschlossen. Treten nicht voraussehbare Wirkungen des Vorhabens oder der dem festgestellten Plan entsprechenden Anlagen auf das Recht eines anderen erst nach Unanfechtbarkeit des Planes auf, so kann der Betroffene Vorkehrungen oder die Errichtung und Unterhaltung von Anlagen verlangen, welche die nachteiligen Wirkungen ausschließen. Sie sind dem Träger des Vorhabens durch Beschluss der Planfeststellungsbehörde aufzuerlegen. Sind solche Vorkehrungen oder Anlagen untunlich oder mit dem Vorhaben unvereinbar, so richtet sich der Anspruch auf angemessene Entschädigung in Geld. Werden Vorkehrungen oder Anlagen im Sinne des § 75 Abs. 2 S. 2 VwVfG notwendig, weil nach Abschluss des Planfeststellungsverfahrens auf einem benachbarten Grundstück Veränderungen eingetreten sind, so hat die hierdurch entstehenden Kosten der Eigentümer des benachbarten Grundstücks zu tragen, es sei denn, dass die Veränderungen durch natürliche Ereignisse oder höhere Gewalt verursacht worden sind.

Angesichts dieser Ausschluss- oder Duldungswirkung haben Körperschaften und private Betroffene das Vorhaben nach Eintritt der Bestandskraft zu dulden. Diese Duldungsverpflichtung erstreckt sich auch auf den Rechtsnachfolger des Grundstückseigentümers, der den Planfeststellungsbeschluss dann unanfechtbar werden lässt.[18] Auch privatrechtliche Abwehransprüche sind angesichts dieser Ausschlusswirkung neben den öffentlichrechtlichen Abwehransprüchen ausgeschlossen. Das gilt allerdings nicht, wenn der Vorhabenträger zur Durchführung seines Vorhabens Grundstückseigentum Dritter unmittelbar in Anspruch nehmen muss. Eine solche unmittelbare Inanspruchnahme des Eigentums gegen den Willen des Eigentümers ist nur durch Enteignung möglich.

3.5 Enteignungsrechtliche Vorwirkung

Aufgrund der enteignungsrechtlichen Vorwirkung ist der im Planfeststellungsbeschluss festgestellte Plan einem möglichen Enteignungsverfahren zugrunde zu legen und für die Enteignungsbehörde bindend. In dem der Planstellung möglicherweise nachfolgenden Enteignungsverfahren geht es deshalb im Wesentlichen nur noch um die Modalitäten des Erwerbs durch den Vorhabenträger, ob ein freihändiger Erwerb möglich ist, ob ein Tausch gegen Ersatzland in Frage kommt und in welcher Höhe eine Entschädigung zu zahlen ist.

---

18 *BVerwG*, NVwZ 1989, 967.

3.6 Beginn und Dauer der Rechtswirkungen

39 Die Rechtswirkungen eines Planfeststellungsbeschlusses beginnen grundsätzlich sowohl gegenüber dem Vorhabenträger als auch gegenüber den vom Plan Betroffenen in dem Fall seiner Bekanntgabe gem. § 43 Abs. 1 VwVfG. Durch die Einlegung eines Rechtsbehelfs wird die Wirksamkeit des Planfeststellungsbeschlusses hinausgeschoben, soweit die Behörde die sofortige Vollziehung anordnet und das Gericht nicht die aufschiebende Wirkung wiederherstellt.

40 Die Rechtswirkungen des Planfeststellungsbeschlusses enden mit der Aufgabe des Vorhabens. Gem. § 77 S. 1 VwVfG hat die Planfeststellungsbehörde den Planfeststellungsbeschluss aufzuheben, wenn ein Vorhaben, mit dessen Durchführung begonnen worden ist, endgültig aufgegeben wird. In dem Aufhebungsbeschluss sind dem Träger des Vorhabens die Wiederherstellung des früheren Zustandes oder geeignete andere Maßnahmen aufzuerlegen, soweit dies zum Wohl der Allgemeinheit oder zur Vermeidung nachteiliger Wirkungen auf Rechte anderer erforderlich ist (§ 77 S. 2 VwVfG). Werden solche Maßnahmen notwendig, weil nach Abschluss des Planfeststellungsverfahrens auf einem benachbarten Grundstück Veränderungen eingetreten sind, so kann gem. § 77 S. 3 VwVfG der Träger des Vorhabens durch Beschluss der Planfeststellungsbehörde zu geeigneten Vorkehrungen verpflichtet werden; die hierdurch entstehenden Kosten hat jedoch der Eigentümer des benachbarten Grundstücks zu tragen, es sei denn, dass die Veränderungen durch natürliche Ereignisse oder höhere Gewalt verursacht worden sind.

41 Selbstverständlich enden die Rechtswirkungen des Planfeststellungsbeschlusses auch mit seiner gerichtlichen Aufhebung. Im Übrigen bleiben die Rechtswirkungen erhalten, solange die planfestgestellten Rohrleitungsanlagen bestimmungsgemäß genutzt werden. Enthält der Planfeststellungsbeschluss Anordnungen für die Zeit nach der Nutzung, dann bleiben die Rechtswirkungen selbstverständlich auch nach Einstellung der bestimmungsgemäßen Nutzung erhalten.

4 Planänderungen

42 Bei möglichen Planänderungen ist zu unterscheiden, ob diese vor Fertigstellung des Vorhabens oder erst danach beabsichtigt werden.[19]

43 Bei Änderungen nach **Fertigstellung des Vorhabens** gilt § 20 Abs. 1, wonach auch die Änderungen von planfeststellungsbedürftigen Vorhaben der Planfeststellung durch die zuständige Behörde bedürfen, sofern dafür nach den §§ 3 b bis 3 f. eine Verpflichtung zur Durchführung einer Umweltverträglichkeitsprüfung besteht. Der die Änderung zulassende Bescheid bildet mit dem ursprünglichen Zulassungsbescheid eine einheitliche Planungsentscheidung.

44 Für die Planänderung vor Fertigstellung einer Rohrleitungsanlage gilt § 76 VwVfG. Danach bedarf es grundsätzlich eines neuen Planfeststellungsverfahrens, wenn vor der Fertigstellung des Vorhabens der festgestellte Plan geändert werden soll. Bei Planänderungen von unwesentlicher Bedeutung kann die Planfeststellungsbehörde gem. § 76 Abs. 2 VwVfG allerdings von einem neuen Planfeststellungsverfahren absehen,

---

19 Im Einzelnen dazu *Hoppe/Schlarmann/Buchner*, Rechtsschutz, Rn. 188 ff.; *Kuschnerus*, DVBl. 1990, 235 ff.

wenn die Belange anderer nicht berührt werden oder wenn die Betroffenen der Änderung zugestimmt haben. Führt die Planfeststellungsbehörde in den Fällen des § 76 Abs. 2 VwVfG oder in anderen Fällen eine Planänderung von unwesentlicher Bedeutung ein Planfeststellungsverfahren durch, so bedarf es gem. § 76 Abs. 3 VwVfG keines Anhörungsverfahrens und keiner öffentlichen Bekanntgabe des Planfeststellungsbeschlusses.[20]

Für Planänderungen im laufenden Verfahren gilt im Übrigen § 73 Abs. 8 S. 1 VwVfG. Soll ein ausgelegter Plan geändert werden, und werden dadurch die Aufgabenbereiche oder Behörde oder Belange Dritter erstmalig oder stärker als bisher berührt, so ist diesen die Änderung mitzuteilen und ihnen Gelegenheit zu Stellungnahmen und Einwendungen innerhalb von zwei Wochen zu geben.[21]

---

20 Dazu *BVerwG*, Urt. v. 20.10.1989 – 4 C 12.87 –, BVerwGE 84, 31, 34.
21 Zur Beteiligung von Naturschutzbehörden siehe *BVerwG*, Urt. v. 12.11.1997 – 11 A 49/96 –, NVwZ 1998, 395 ff.

§ 23 Bußgeldvorschriften

(1) Ordnungswidrig handelt, wer vorsätzlich oder fahrlässig
1. ohne Planfeststellungsbeschluss nach § 20 Abs. 1 oder ohne Plangenehmigung nach § 20 Abs. 2 S. 1 ein Vorhaben durchführt,
2. einer vollziehbaren Auflage nach § 21 Abs. 2 zuwiderhandelt oder
3. einer Rechtsverordnung nach
   a) § 21 Abs. 4 Satz 1 Nr. 1, 3 oder 4 oder
   b) § 21 Abs. 4 Satz 1 Nr. 2

oder einer vollziehbaren Anordnung aufgrund einer solchen Rechtsverordnung zuwiderhandelt, soweit die Rechtsverordnung für einen bestimmten Tatbestand auf diese Bußgeldvorschrift verweist.

(2) Die Ordnungswidrigkeit kann in den Fällen des Absatzes 1 Nr. 3 Buchstabe b mit einer Geldbuße bis zu zwanzigtausend Euro, in den übrigen Fällen mit einer Geldbuße bis zu fünfzigtausend Euro geahndet werden.

Übersicht	Rn.		Rn.
1. Allgemeines	1	3. Straftatbestände	10
2. Anwendung des Ordnungswidrigkeitenrechts	7		

1 Allgemeines

1   Die Errichtung und der Betrieb von Rohrleitungsanlagen, die in der Anlage 1 unter der Nr. 19.3 bis 19.9 aufgeführt sind, sowie die Änderungen solcher Vorhaben bedürfen gemäß § 20 Abs. 1 entweder einer Planfeststellung durch die zuständige Behörde, sofern dafür nach den §§ 3b bis 3f eine Verpflichtung zur Durchführung einer Umweltverträglichkeitsprüfung besteht, oder aber, sofern eine Verpflichtung zur Durchführung der Umweltverträglichkeitsprüfung nicht besteht, einer Plangenehmigung, es sei denn, es handelt sich um einen Fall von unwesentlicher Bedeutung.

2   Durch § 23 werden Vorhaben, die ohne Planfeststellungsbeschluss nach § 20 Abs. 1 oder ohne Plangenehmigung nach § 20 Abs. 2 S. 1 durchgeführt werden, sowie der Verstoß gegen eine vollziehbare Auflage nach § 21 Abs. 2 als Ordnungswidrigkeit mit einer **Geldbuße** bis zu 50.000 Euro geahndet. Der Bußgeldtatbestand des § 23 ist durch die Gesetzesänderung vom 24.6.2002 ergänzt worden, um Bußgeldvorschriften auch in Rechtsverordnungen nach § 21 Abs. 2 UVPG aufnehmen zu können. Begründet wird diese Änderung damit, dass das einer Rechtverordnung zugrunde liegende Gesetz eine derartige Sanktionsmöglichkeit eröffnen müsse. Im Nebenstrafrecht würden zu diesem Zweck sog. Blankettvorschriften in den entsprechenden Gesetzen geschaffen. Eine solche werde mit der Änderung des Gesetzes auch in das UVPG eingefügt. Verstöße gegen in einer Verordnung nach § 21 Abs. 4, S. 1, Nr. 2 geregelte Informationspflichten hätten einen geringeren Unrechtsgehalt als Verstöße gegen materielle Kernpflichten eines Regelwerks. Dies sei beim Bußgeldrahmen durch Festlegung einer geringeren Bußgelddrohung zu berücksichtigen, sodass die Bußgeldandrohung des Absatzes 2 differenzierter geregelt worden sei (siehe dazu den Bericht des Ausschusses für Umwelt-, Naturschutz- und Reaktorsicherheit vom 21.3.2002, BT-Drs. 13/8668, S. 17.

Der Bußgeldtatbestand ist dem § 41 Abs. 1 Nr. 3 WHG nachgebildet, der sich aber 3
lediglich auf Rohrleitungsanlagen im Sinne von § 19a Abs. 1 WHG und auf die wesentliche Änderung einer Anlage nach § 19a WHG sowie auf die wesentliche Änderung des Betriebs einer solchen Rohrleitungsanlage bezieht. Bei den meisten Anlagen, die unter die Nummern 19.3 bis 19.9 der Anlage 1 fallen, handelt es sich nicht um Rohrleitungsanlagen im Sinne von § 19a WHG.

Für die Rohrleitungsanlagen nach § 19a WHG richtet sich die Frage, ob die Missachtung der Zulassungsbedürftigkeit oder der Verstoß gegen eine vollziehbare Auflage 4
zu einer Ordnungswidrigkeit nach § 41 Abs. 1 Nr. 3 WHG oder aber nach § 23 führt, zukünftig danach, ob sich die Zulassungsbedürftigkeit noch aus § 19a WHG oder aber aus § 20 Abs. 1 ergibt. § 19a Abs. 1 S. 1 WHG in der seit dem 3.8.2001 geltenden Fassung sieht vor, dass es für Rohrleitungsanlagen, für die der Genehmigungsantrag vor In-Kraft-Treten des Artikelgesetzes gestellt wurde, bei dem bisherigen Genehmigungserfordernis des § 19a Abs. 1 S. 1 WHG bleibt. Der Verstoß gegen eine vollziehbare Auflage eines auf der Grundlage dieser Übergangsregelung erteilten Genehmigung erfüllt den Bußgeldtatbestand des § 41 Abs. 1 Nr. 3 WHG.

Der Ordnungswidrigkeitentatbestand ist bereits dann erfüllt, wenn mit der Errichtung 5
eines Vorhabens im Sinne von § 20 Abs. 1 begonnen wird, wenn also z.B. Ausschachtungsarbeiten begonnen oder bereits Rohre verlegt werden.[1] Ein bußgeldbewehrter Verstoß gegen § 20 Abs. 1 oder 20 Abs. 2 S. 1 liegt nicht nur in der erstmaligen Errichtung einer Rohrleitungsanlage ohne die erforderliche Planfeststellung bzw. Plangenehmigung, sondern kann sich auch daraus ergeben, dass eine Rohrleitungsanlage nach ganzer oder teilweiser Zerstörung wieder errichtet wird. Ohne die erforderliche Planfeststellung bzw. Plangenehmigung werden die Rohrleitungsanlagen auch dann betrieben, wenn eine Befristung im Sinne von § 21 Abs. 2 S. 1 ausgelaufen oder aber die Planfeststellung bzw. Plangenehmigung aufgehoben worden ist.

Ordnungswidrig ist nach § 23 Abs. 1 Nr. 2 auch der Verstoß gegen eine vollziehbare 6
Auflage nach § 21 Abs. 2. Das Nichtbefolgen einer Bedingung im Sinne von § 21 Abs. 2 S. 1 wird in § 23 Abs. 1 Nr. 2 nicht erwähnt. Das muss jedoch nicht bedeuten, dass der Verstoß gegen eine solche Bedingung nicht zu einem Bußgeldtatbestand führt. Denn wenn es sich um eine echte Bedingung handelt, dann ist bereits § 23 Abs. 1 Nr. 1 einschlägig, weil die Errichtung und der Betrieb einer Rohrleitungsanlage unter Missachtung dieser Bedingung zu einem ungenehmigten Vorhaben führen. Handelt es sich bei der Nebenbestimmung dagegen um eine unechte Bedingung, deren Rechtscharakter eine Auflage hat, dann ist § 23 Abs. 1 Nr. 2 einschlägig.[2] Vollziehbar ist eine Auflage im Sinne von § 23 Abs. 1 Nr. 2, sobald sie rechtswirksam geworden ist. Für den Fall der Einlegung eines Rechtsmittels kommt es auf die sofortige Vollziehbarkeit an.

2 Anwendung des Ordnungswidrigkeitenrechts

Die Verfolgung und Ahndung von Ordnungswidrigkeiten bestimmen sich grundsätzlich 7
nach dem Gesetz über Ordnungswidrigkeiten – OWiG – für Ordnungswidrigkeiten nach Bundesrecht und nach Landesrecht. Ordnungswidrigkeiten werden grundsätzlich

---

1 *Czychowski*, WHG, 7. Aufl., § 41, Rn. 9; *BayObLG* v. 30.12.1985, UPR 1986, 147.
2 Siehe dazu *Dahme*, in: Sieder/Zeitler/Dahme, WHG, § 41, Rn. 20; *Czychowski*, WHG, § 41, Rn. 9.

§ 23

durch die nach Landesrecht zuständigen Verwaltungsbehörden verfolgt (§ 35 Abs. 1 OWiG). Für die Verfolgung von Ordnungswidrigkeiten gilt gemäß § 47 OWiG das Opportunitätsprinzip. Die Verfolgung liegt dementsprechend im pflichtgemäßen Ermessen der Verfolgungsbehörde. Ein abstrakter, situationsunabhängiger Verzicht auf die Einleitung eines Bußgeldverfahrens auf der Grundlage des § 23 Abs. 1 wäre allerdings nicht zulässig.

8   Die Ordnungswidrigkeit wird grundsätzlich durch Bußgeldbescheid geahndet (vgl. §§ 65 ff., 82, 83 OWiG). Gegen den Bußgeldbescheid kann der Betroffene innerhalb von zwei Wochen nach Zustellung schriftlich oder zur Niederschrift bei der Verwaltungsbehörde, die den Bußgeldbescheid erlassen hat, Einspruch einlegen (§ 67 Abs. 1 S. 1 OWiG). Für die Entscheidung über den Einspruch ist das Amtsgericht gemäß § 68 Abs. 1 OWiG zuständig, in dessen Bezirk die Verwaltungsbehörde ihren Sitz hat. Gegen die Entscheidung des Amtsgerichts findet nach Maßgabe der §§ 79, 80 OWiG die Rechtsbeschwerde an das Oberlandesgericht statt. Wird eine Geldbuße nicht gezahlt, kann unter bestimmten Voraussetzungen Erzwingungshaft bis zu sechs Wochen angeordnet werden (§ 96 OWiG). Die Verfolgung von Ordnungswidrigkeiten verjährt in drei Jahren, wenn die Ordnungswidrigkeit mit einer Geldbuße im Höchstmaß von mehr als 15.000,00 Euro bedroht sind (§ 31 Abs. 2 Nr. 1 OWiG).

9   Bußgeldbewehrt ist sowohl vorsätzliches als auch fahrlässiges Handeln. Damit wird zum Ausdruck gebracht, dass dem Vorhabenträger besondere Sorgfaltspflichten auferlegt werden. Der Verfolgung von Verstößen gegen die §§ 20, 21 Abs. 2 soll besonderer Nachdruck verliehen werden.

3 Straftatbestände

10   Ein Verstoß gegen § 20 Abs. 1, 20 Abs. 2 S. 1 und § 21 Abs. 2 kann nicht nur den Tatbestand einer Ordnungswidrigkeit nach § 23, sondern auch Straftatbestände erfüllen. Nach § 327 Abs. 2 Nr. 2 StGB wird wegen unerlaubten Betreibens einer Anlage bestraft, wer eine genehmigungsbedürftige oder anzeigepflichtige Rohrleitungsanlage zum Befördern wassergefährdender Stoffe im Sinne des Wasserhaushaltsgesetzes ohne die nach dem jeweiligen Gesetz erforderliche Genehmigung oder Planfeststellung oder entgegen einer auf dem jeweiligen Gesetz beruhenden vollziehbaren Untersagung betreibt. Wer entgegen einer zum Schutz einer Wasser- oder Heilquellenschutzgebietes erlassenen Rechtsvorschrift oder vollziehbaren Untersagung Rohrleitungsanlagen zum Befördern wassergefährdender Stoffe betreibt oder solche Stoffe befördert, kann wegen Gefährdung schutzbedürftiger Gebiete nach § 329 Abs. 2 Nr. 2 StGB bestraft werden. Führt der Verstoß gegen einen Tatbestand des § 23 zugleich zu nachteiligen Veränderungen der Eigenschaften eines Gewässers, dann ist nur 324 StGB anzuwenden. Ebenso treten Zuwiderhandlungen nach § 23 gegenüber Straftaten, z. B. nach § 327 Abs. 2 oder § 329 Abs. 2 Nr. 2 StGB, zurück. Wird eine Strafe nicht verhängt, kann jedoch die Handlung als Ordnungswidrigkeit gemäß § 21 Abs. 2 OWiG geahndet werden. In einem Strafverfahren ist die Staatsanwaltschaft auch für die Verfolgung der Tat unter dem rechtlichen Gesichtspunkt einer Ordnungswidrigkeit zuständig (§ 40 OWiG). Die Staatsanwaltschaft kann ferner die Verfolgung der Ordnungswidrigkeit gemäß § 42 OWiG übernehmen, wenn sie eine Straftat verfolgt, die mit der Ordnungswidrigkeit zusammenhängt. Für die Ahndung der Ordnungswidrigkeit ist dann das Gericht, sonst die Verwaltungsbehörde zuständig (§ 35 Abs. 2, 45 OWiG).

Teil 3 Gemeinsame Vorschriften

§ 24 Verwaltungsvorschriften

Die Bundesregierung erlässt mit Zustimmung des Bundesrates allgemeine Verwaltungsvorschriften über
1. Kriterien und Verfahren, die zu dem in den §§ 1 und 12 genannten Zweck bei der Ermittlung, Beschreibung und Bewertung von Umweltauswirkungen (§ 2 Abs. 1 Satz 2) zugrunde zu legen sind,
2. Grundsätze für die Unterrichtung über voraussichtlich beizubringende Unterlagen nach § 5,
3. Grundsätze für die zusammenfassende Darstellung der Umweltauswirkungen nach § 11 und für die Bewertung nach § 12.

Die Vorschrift erhält die Ermächtigung zum Erlass von Verwaltungsvorschriften zur Ausführung des UVP-Gesetzes. Sie wurde durch das Artikelgesetz 2001 lediglich redaktionell (im Hinblick auf die Änderung des Wortlautes von § 5) in Nr. 2 geändert und erhielt durch die Einfügung der neuen Bestimmungen in den §§ 20–23 eine andere Numerierung (vormals § 20). Die Bundesregierung hat von der Ermächtigung erst drei Jahre nach In-Kraft-Treten des UVPG im Mai 1995 Gebrauch gemacht;[1] eine Überarbeitung im Hinblick auf die aktuelle Gesetzesfassung steht noch aus. 1

Ein vom Bundesminister für Umwelt, Naturschutz und Reaktorsicherheit erarbeiteter Referentenentwurf einer Allgemeinen Verwaltungsvorschrift nach § 20 ist – in Teilen unvollständig – bereits erstmalig im Juni 1992 vorgestellt worden. Er wurde Gegenstand zum Teil erheblicher Kritik, die sich nicht zuletzt auch am beträchtlichen Umfang des Regelwerkes entzündete. Bemängelt wurde im Wesentlichen,[2] dass der Entwurf hinsichtlich der in ihm enthaltenen Umweltstandards gegen den Gesetzesvorbehalt verstoße (»unzulässige Normsetzung durch Norminterpretation«[3]) und darüber hinaus den europarechtlichen Formanforderungen, wie sie vom *EuGH* im Hinblick auf die Umsetzung von Umweltschutzrichtlinien des Gemeinschaftsrecht aufgestellt worden sind (Umsetzung nur durch Rechtsnormen und nicht durch Verwaltungsvorschriften), nicht genüge.[4] Unter europarechtlicher Perspektive ist jedoch festzuhalten, dass die UVP-Richtlinie den Mitgliedstaaten keine materiellen Maßstäbe für die Bewertung der Umweltauswirkungen von Vorhaben vorgegeben hat.[5] Aus diesem Grunde kann die 2

---

1 UVPVwV v. 17.5.1995 (GMBl. v. 29.9.1995) in Kraft getreten am 30.9.1995.
2 Vgl. *Erbguth/Schink*, UVPG, § 20 Rn. 4, 7 ff.
3 Zur Diskussion über eine Neubestimmung normkonkretisierender Verwaltungsvorschriften im System der Rechtsquellen vgl. *Di Fabio*, DVBl. 1992, 1338 ff.
4 *EuGH*, v. 28.2.1991 – Rs. C-131/88 –, EuZW 1991, 405 ff. (Gewässerschutzrichtlinie); v. 30.5.1991 – Rs. C-361/88 und C-59/89 –, EuZW 1991, 440 ff. und 442 ff. (Schwefeldioxidrichtlinie und Bleigehaltrichtlinie).
5 Vgl. oben § 12.

§ 24

Rechtsprechung des *EuGH* zu den Formanforderungen an die Umsetzung von Umweltrichtlinien der Gemeinschaft nicht übertragen werden.[6] Auch unter verfassungsrechtlichen Gesichtspunkten begegnet die UVPVwV keinen durchgreifenden Bedenken;[7] namentlich dem Gesetzesvorbehalt ist, soweit den für die UVP beachtlichen Standards angesichts der Vorbereitungsfunktion der UVP eine grundrechtliche Relevanz überhaupt bescheinigt wird, ausreichend durch die auf »die geltenden Gesetze« verweisende Bestimmung des § 12 Genüge getan.[8]

3 Nach mehrfacher Überarbeitung des Referentenentwurfs ist die UVPVwV schließlich mit wesentlich reduziertem Umfang erlassen worden.[9] Die UVPVwV ist nach allgemeinen und vorhabenspezifischen Regelungen, die sich am Katalog der Anlage zu § 3 orientieren, gegliedert. Für die Vorhaben nach Nr. 7–14 der Anlage zu § 3 liegen nach wie vor keine Regelungen vor. In diesen Bereichen lässt sich daher lediglich auf der Grundlage der allgemeinen Regelungen vor allem unter 0.4 (Unterrichtung über den voraussichtlichen Untersuchungsrahmen), 0.5 (Ermittlung, Beschreibung und zusammenfassende Darstellung der Umweltauswirkungen) sowie unter 0.6 (Bewertung der Umweltauswirkungen) arbeiten. Zu den Anforderungen der Verwaltungsvorschriften im Einzelnen wird auf die Kommentierung zu §§ 5, 11 und 12 verwiesen.[10]

---

6 *Bönker*, Umweltstandards in Verwaltungsvorschriften, S. 169 ff.; *Erbguth/Schink*, UVPG, § 20 Rn. 8 a.
7 Dazu ausführlich und überzeugend *Bönker*, Umweltstandards in Verwaltungsvorschriften, S. 173 ff.
8 *Bönker*, Umweltstandards in Verwaltungsvorschriften, S. 165 ff.
9 Zu Aufbau und Konzept des Entwurfs der UVPVwV vgl. *Feldmann*, UPR 1991, 127 ff.; die UVPVwV ist mit zahlreichen Änderungen, die der BR vorgeschlagen hat, beschlossen worden, vgl. BR-Drs. 904/94 v. 31.3.1995.
10 Insgesamt positive Stellungnahmen zur UVPVwV im Übrigen bei *Mayen*, NVwZ 1996, 319 ff.; *Spoerr*, NJW 1996, 85 ff.

§ 25 Übergangsvorschrift

(1) Verfahren nach § 2 Abs. 1 Satz 1 und Abs. 3, die der Entscheidung über die Zulässigkeit von Vorhaben dienen und die vor dem 3.8.2001 begonnen worden sind, sind nach den Vorschriften dieses Gesetzes zu Ende zu führen. Sofern für ein Vorhaben, das Gegenstand eines solchen Verfahrens ist, die Bestimmungen des Gesetzes zur Umsetzung der UVP-Änderungsrichtlinie, der IVU-Richtlinie weiterer EG-Richtlinien zum Umweltschutz vom 27. Juli 2001 (BGBl. I S. 1950) die Einrichtung von solchen Verfahren neu oder anders als bislang regeln, sind diese Bestimmungen anzuwenden und ist in diesem Rahmen die Umweltverträglichkeitsprüfung durchzuführen. Wenn im Ausgangsverfahren das Vorhaben vor dem 3. 8. 2001 bereits öffentlich bekannt gemacht worden ist, findet nur Satz 1 Anwendung.

(2) Abweichend von Absatz 1 finden die Vorschriften dieses Gesetzes in der vor dem 3.8.2001 geltenden Fassung weiterhin Anwendung, wenn
1. der Träger eines Vorhabens einen Antrag auf Zulassung des Vorhabens, der mindestens die Angaben zu Standort, Art und Umfang des Vorhabens enthalten muss, vor dem 14. März 1999 bei der zuständigen Behörde eingereicht hat; weitergehende Vorschriften über die Voraussetzungen für eine wirksame Antragstellung bleiben unberührt; oder
2. in sonstiger Weise ein Verfahren nach § 2 Abs. 1 Satz 1 und Abs. 3 vor dem 14. März 1999 förmlich eingeleitet worden ist; ist mit gesetzlich vorgeschriebenen einzelnen Schritten des Verfahrens noch nicht begonnen worden, können diese auch nach den Vorschriften dieses Gesetzes durchgeführt werden.

Satz 1 gilt auch für ein Vorhaben, das nicht in der Anlage zu § 3 dieses Gesetzes in der in Satz 1 bezeichneten Fassung, aber in dem Anhang II der Richtlinie 85/337/EWG des Rates vom 27. Juni 1985 über die Umweltverträglichkeitsprüfung bei bestimmten öffentlichen und privaten Projekten (Abl. EG Nr. L 175 S. 40) aufgelistet ist, wenn sich aufgrund überschlägiger Prüfung der zuständigen Behörde ergibt, dass das Vorhaben insbesondere aufgrund seiner Art, seiner Größe oder seines Standortes erhebliche nachteilige Umweltauswirkungen haben kann. Absatz 1 Satz 2 und 3 gilt entsprechend.

(3) Abweichend von den Absätzen 1 und 2 sind dieses Gesetz sowie seine bis zum 3. 8. geltende Fassung nicht auf Verfahren nach § 2 Abs. 1 Satz 1 und Abs. 3 anwendbar, die vor dem 3.7.1988 begonnen worden sind.

(4) Besteht nach den Absätzen 1 und 2 eine Verpflichtung zur Durchführung einer Umweltverträglichkeitsprüfung, und ist dies gemäß § 17 im Bebauungsplanverfahren nach den Vorschriften des Baugesetzbuchs durchzuführen, gilt insoweit § 245c des Baugesetzbuchs.

(5) Die Länder haben unverzüglich, spätestens innerhalb von zwei Jahren nach In-Kraft-Treten dieses Gesetzes die dem § 3d entsprechenden Vorschriften zu erlassen oder bestehende Vorschriften anzupassen. Bis zu diesem Zeitpunkt gilt § 3d in den Ländern mit der Maßgabe, dass in den Fällen, in denen in der Anlage 1 für bestimmte Vorhaben eine Verpflichtung zur Durchführung einer Umweltverträglichkeitsprüfung nach Maßgabe des Landesrechts vorgesehen ist, die Umweltverträglichkeitsprüfung nach Vorprüfung des Einzelfalls durchzuführen ist. Soweit die Länder vor Ablauf der in Satz 1 genannten Frist Regelungen hinsicht-

§ 25 Übergangsvorschrift

lich der in § 3d genannten Verfahren erlassen, tritt Satz 2 mit dem In-Kraft-Treten der jeweiligen landesrechtlichen Regelung außer Kraft.

(6) Verfahren zur Errichtung und zum Betrieb sowie zur Änderung von Rohrleitungsanlagen nach Nummer 19.3 der Anlage 1, die vor dem 25. Juni 2002 eingeleitet worden sind, sind nach den Bestimmungen des Gesetzes zur Umsetzung der UVP-Änderungsrichtlinie, der IVU-Richtlinie und weiterer EG-Richtlinien zum Umweltschutz vom 27. Juli 2001 (BGBl. I S. 1950) zu Ende zu führen.

Übersicht

		Rn.			Rn.
1.	Allgemeines	1	5.	Bauplanungsrechtliche Vorhaben (Abs. 4)	5
2.	Bereits begonnene Verfahren (Abs. 1)	2	6.	Vorläufige Regelung bis zum Erlass von Landesrecht nach § 3d (Abs. 5)	6
3.	Vor dem 14.3.1999 begonnene Verfahren (Abs. 2)	3	7.	Übergangsregelung für Rohrleitungsanlagen	7
4.	Vor dem 3.7.1988 begonnene Verfahren (Abs. 3)	4			

1 Allgemeines

1   Die Vorschrift ersetzt die bisherige Übergangsbestimmung des § 22 (UVPG 1990).[1] In zeitlicher Hinsicht sind folgende Daten beachtlich: Am 3.7.1988 lief die Umsetzungsfrist für die UVP-RL 1985 ab. Am 1.8.1990 trat das UVPG in Kraft. Am 14.3.1999 lief die Umsetzungsfrist für die UVP-Änderungsrichtlinie ab. Am 3.8.2001 trat das Artikelgesetz in Kraft (Art. 25), mit dem in Art. 1 das UVPG nach den Vorgaben der geänderten UVP-RL novelliert worden ist (UVPG 2001). Die Übergangsvorschrift knüpft an diese Zeitpunkte an: Vor dem 3.7.1988 begonnene Verfahren unterliegen keiner UVP-Pflicht, weder nach dem UVPG 1990 noch nach dem UVPG 2001 (Absatz 3). Vor dem 14.3.1999 eingeleitete, aber noch nicht abgeschlossene Verfahren richten sich nach den Bestimmungen des UVPG 1990 (Absatz 2). Nach diesem Zeitpunkt begonnene Verfahren, die am 3.8.2001 noch nicht abgeschlossen waren, unterliegen dem UVPG 2001 nach Maßgabe der Regelungen in Absatz 1. Alle nach In-Kraft-Treten der UVPG-Novelle 2001 eingeleiteten Verfahren richten sich nach den neuen Regelungen des Gesetzes. Zur Rechtslage bis zur UVPG-Novelle 2001 hatte der *EuGH* auf einen Vorlagebeschluss des *BayVGH* vom 5.11.1992 entschieden, dass die **Übergangsregelung in § 22 UVPG** jedenfalls insoweit gegen Art. 12 Abs. 1 UVP-RL verstoße, als mit ihr Vorhaben, die nach Ablauf der in Art. 12 Abs. 1 UVP-RL bestimmten Umsetzungsfrist, aber vor In-Kraft-Treten des verspätet umgesetzten UVP-Gesetzes eingeleitet wurden, von der UVP-Pflicht ausgenommen werden.[2] Der *EuGH* hat dabei Art. 12 Abs. 1 UVP-RL dahingehend ausgelegt, dass jedenfalls alle nach Ablauf der Umsetzungsfrist neu eingeleiteten Verfahren UVP-pflichtiger Vorhaben einer UVP hätten unterzogen werden müssen. Angesichts dieser für die deutschen Behörden und Gerichte bindenden Auslegung des Gemeinschaftsrechts war in gleicher Weise von der EG-Rechtswidrigkeit der besonderen

---

1   Vgl. dazu die Kommentierung von *Dienes* zu § 22 in der Vorauflage.
2   *EuGH*, v. 9.8.1994 – Rs. C-396/92 –, DVBl. 1994, 1126; vgl. auch den Vorlagebeschl. des *BayVGH* v. 5.11.1992 – 8 A 92.40017 u.a. –, DVBl. 1993, 165.

Übergangsvorschrift § 25

Übergangsregelungen nach Art. 14 Abs. 2 und 3 des UVPUmsG, nach Art. 2 der Verordnung zur Änderung der 9. BImSchV[3] und nach Art. 2 des Gesetzes zur Änderung des Bundesberggesetzes vom 12.2.1990[4] auszugehen. Die Folgen dieser Verletzung von EG-Richtlinienrecht waren z.T. umstritten: Einigkeit bestand lediglich darin, dass alle Verfahren, die nach dem 3.7.1988 eingeleitet und vor der *EuGH*-Entscheidung v. 9.8.1994 bestandskräftig abgeschlossen worden waren, durch das Fehlen einer UVP nicht zu einer nichtigen, sondern lediglich zu einer rechtswidrigen Zulassungsentscheidung geführt hatten, die nur unter den Voraussetzungen des § 48 VwVfG zurückgenommen werden konnten.[5] Im Übrigen wurde teilweise eine rückwirkende Anwendung des UVPG ab dem 3.7.1988 befürwortet,[6] sofern das Verfahren noch nicht bestandskräftig abgeschlossen war; nach anderer Auffassung fand in diesen Fällen die UVP-RL unmittelbare Anwendung.[7]

2 Bereits begonnene Verfahren (Abs. 1)

Absatz 1 kann nur als missglückt formuliert bezeichnet werden. Die unterschiedlichen Regelungen der Sätze 1 bis 3 erschließen sich nur mühsam. Rechtsfolge von Satz 1 ist die Anwendung der neuen Vorschriften »dieses Gesetzes«, mithin des UVPG. Auf diese Rechtsfolge wird in Satz 3 verwiesen (»findet nur Satz 1 Anwendung«). Demgegenüber reicht (offenbar) die Rechtsfolge nach Satz 2 über das UVPG hinaus und erfasst auch die Anwendung der übrigen Vorschriften des Artikelgesetzes 2001, also etwa die spezialgesetzlichen Verfahrensregelungen nach dem BImSchG (»sind diese Bestimmungen (sc.: des zuvor zitierten Artikelgesetzes) anzuwenden«). Demnach gilt: Bereits vor dem 3.8.2001 (nach altem Recht) begonnene, aber noch nicht abgeschlossene Verfahren nach § 2 Abs. 1 Satz 1 und Abs. 3 (das sind Zulassungsverfahren mit Umweltverträglichkeitsprüfung) werden gem. Satz 1 nach den neuen Verfahrensvorschriften des UVPG fortgeführt. Damit wird dem allgemein in § 96 Abs. 1 VwVfG geregelten Grundsatz des Verwaltungsverfahrensrechts gefolgt. Satz 2 der Vorschrift ordnet darüber hinaus an, dass auch die neuen Vorschriften des Artikelgesetzes 2001 insgesamt auf bereits nach altem Recht begonnene Verfahren anzuwenden sind; hiervon werden solche Vorhaben erfasst, für die nach altem Recht ein anderes Zulassungsverfahren galt. Damit sollen die nach geändertem Recht neu oder anders geregelten Trägerverfahren für die Umweltverträglichkeitsprüfung zur Anwendung gelangen, wenn unter altem Recht Zulassungsverfahren eingeleitet, aber nicht vor dem 3.8.2001 abgeschlossen wurden.[8] Ist jedoch im Falle des Satzes 2 das eingeleitete Vorhaben bereits vor In-Kraft-Treten des Artikelgesetz öffentlich bekannt gemacht worden, wird die UVP gem. Satz 3 in dem nach altem Recht maßgeblichen Trägerverfahren durchgeführt.

2

---

3 V. 20.3.1993, BGBl I S. 536.
4 BGBl. I S. 215.
5 *Haneklaus*, Vorauflage, Vorbemerkungen, Rn. 35; *Erbguth/Schink*, § 22, Rn 8.
6 *Haneklaus*, Vorauflage, Vorbemerkungen, Rn. 35; *OVG Rheinland-Pfalz*, v. 29.12.1994 – 1 C 10893/92 –, ZUR 1995, 147f.
7 *Dienes*, Vorauflage, § 22, Rn. 9; *Erbguth/Schink*, § 22, Rn 8.
8 Vgl. die Gesetzesbegr. in BT-Drs. 14/4599, S. 104; ferner: *Feldmann*, DVBl. 2001, 589, 600.

§ 25 *Übergangsvorschrift*

3 Vor dem 14.3.1999 begonnene Verfahren (Abs. 2)

3 Absatz 2 schränkt den Anwendungsbereich des Absatz 1 ein und ordnet an, dass das alte UVP-Recht bei begonnenen Verfahren fortgilt, wenn vor dem 14.3.1999, dem Tag des Ablaufs der Umsetzungsfrist für die UVP-Änderungsrichtlinie, der Zulassungsantrag für das Vorhaben bei der zuständigen Behörde gestellt (Satz 1 Nr. 1) oder ein UVP-pflichtiges Zulassungsverfahren in sonstiger Weise (von Amts wegen) förmlich eingeleitet worden ist (Satz 1 Nr. 2). Dabei muss der Zulassungsantrag bestimmte Mindestanforderungen erfüllen, nämlich Angaben zu Standort, Art und Umfang des Vorhabens enthalten. In Fällen nach Satz 1 Nr. 2 kann die UVP wahlweise auch nach den neuen Verfahrensbestimmungen durchgeführt werden, wenn mit gesetzlich vorgeschriebenen einzelnen Verfahrensschritten (etwa: Auslegung, Öffentlichkeits- oder Behördenbeteiligung) noch nicht begonnen worden ist. Im Übrigen stellt Satz 2 der Vorschrift sicher, dass die Vorschriften des UVPG in der bisherigen Fassung unter bestimmten Voraussetzungen auch für Verfahren gelten, die Vorhaben zum Gegenstand haben, die nicht in der bisherigen Anlage zu § 3, wohl aber im Anhang II der UVP-RL 1985 aufgelistet waren. Mit dieser Regelung wird dem Urteil des *EuGH* v. 22.10.1998 Rechnung getragen, wonach auch für die sog. Anhang-II-Projekte alten Rechts erforderlichenfalls eine UVP durchzuführen war.[9] Maßgeblich ist nunmehr für solche Verfahren, ob das Vorhaben aufgrund seiner Art, seiner Größe oder seines Standortes erheblich nachteilige Auswirkungen auf die Umwelt haben kann. Die – schwer verständlichen – Regelungen in Absatz 1 Satz 2 und 3 finden gem. Satz 3 der Bestimmung entsprechende Anwendung, um auch insoweit sicherzustellen, dass für Vorhaben nach altem Recht die ggf. neu geschaffenen Trägerverfahren zum Zuge kommen.

4 Vor dem 3.7.1988 begonnene Verfahren (Abs. 3)

4 Verfahren im Sinne von § 2 Abs. 1 S. 1 und Abs. 3 bleiben von der UVP-Pflichtigkeit ausgenommen, sofern sie vor dem 3.7.1988 begonnen worden sind. Solche »vorkonstitutionellen«[10] Verfahren unterliegen weder dem UVPG 1990 noch dem UVPG 2001. Im Umkehrschluss folgt daraus, dass für alle nach dem 3.7.1988 begonnenen Zulassungsverfahren für Vorhaben im sachlichen Geltungsbereich der UVP-RL eine UVP nach den Verfahrensbestimmungen des UVPG durchzuführen ist, und zwar, je nach Zeitpunkt der Verfahrenseinleitung, nach den Regelungen des UVPG 2001 (§ 25 Abs. 1) oder nach fortgeltendem alten UVP-Recht (§ 25 Abs. 2). Damit ist die Konsequenz aus der Rechtsprechung des *EuGH* im Urteil v. 22.10.1998 gezogen worden.[11] Der EuGH hatte allerdings in dieser Entscheidung offen gelassen, ob die Übergangsvorschrift des § 22 Abs. 1 UVPG 1990 auch insoweit gegen Art. 12 UVP-RL verstieß, als mit ihr Genehmigungsverfahren vom Anwendungsbereich des UVPG ausgenommen wurden, die innerhalb der dreijährigen Umsetzungsfrist der UVP-RL begonnen wurden, aber nach ihrem Ablauf noch nicht abgeschlossen waren. Der Gesetzgeber der UVP-Novelle 2001 hat die UVP-Pflicht in diesen Fällen verneint und sich damit nicht den Stimmen angeschlossen, die die Auffassung vertreten, dass die Mitgliedstaaten ab dem 3.7.1988

---

9 *EuGH*, v. 22.10.1998 – Rs. C-301/95 – Slg. 1998, I-6135; vgl. oben Vorbemerkungen, Rn. 10.
10 *Feldmann*, DVBl. 2001, 589, 600.
11 *EuGH*, v. 22.10.1998 – Rs. C-301/95 – Slg. 1998, I-6135.

Übergangsvorschrift § 25

kategorisch verpflichtet waren, dafür zu sorgen, dass UVP-pflichtige Vorhaben nicht mehr ohne vorherige Durchführung einer UVP zugelassen werden.[12]

5 Bauplanungsrechtliche Vorhaben (Abs. 4)

Die Vorschrift verweist für die UVP im Bebauungsplanverfahren auf die spezialgesetzliche Überleitungsvorschrift in § 245 c BauGB, deren Absätze 1 bis 3 inhaltlich den Regelungen in § 25 Abs. 1 S. 1, Abs. 2 Satz 1 Nr. 2 und Abs. 3 entsprechen.

6 Vorläufige Regelung bis zum Erlass von Landesrecht nach § 3 d (Abs. 5)

Die Vorschrift ist eine Konsequenz aus der auf Bund und Länder aufgeteilten Gesetzgebungszuständigkeit. § 3 d des Gesetzes enthält einen Regelungsauftrag an die Länder, die UVP-Pflicht für Vorhaben in den bundesrahmenrechtlichen Sachgebieten »Wasserhaushalt« sowie »Naturschutz und Landschaftspflege« durch Festlegung von Schwellenwerten, Vorprüfungen des Einzelfalls oder durch eine Kombination beider Verfahren zu regeln. Diesem Auftrag haben die Länder gem. Absatz 5 Satz 1 der Vorschrift unverzüglich, spätestens jedoch innerhalb von zwei Jahren nach In-Kraft-Treten des Artikelgesetzes nachzukommen. Absatz 5 Satz 2 der Vorschrift regelt das Verfahren bis zum Erlass solcher Landesvorschriften dahingehend, dass die UVP im Anwendungsbereich des § 3 d einstweilen nach Vorprüfung des Einzelfalls durchzuführen ist. Mit In-Kraft-Treten landesrechtlicher Regelungen tritt diese Übergangsregelung des Bundes nach Satz 2 im jeweiligen Bundesland außer Kraft (Absatz 5 Satz 3).

7 Übergangsregelung für Rohrleitungsanlagen

Durch die Änderung des UVPG vom 24.6.2002 ist in Absatz 6 eine spezielle Übergangsregelung für Verfahren zur Errichtung und zum Betrieb sowie zur Änderung von Rohrleitungsanlagen nach Nummer 19.3 der Anlage 1. eingefügt worden. Verfahren, die für diese Rohrleitungsanlagen vor dem 25.6.2002 eingeleitet worden sind, sind danach nach den Bestimmungen des Gesetzes zur UVP-Änderungsrichtlinie, der IVU-Richtlinie und weiterer EG-Richtlinien zum Umweltschutz vom 27.7.2001 (BGBl. I, S. 1950) zu Ende zu führen. Bei dieser Ergänzung handelt es sich um eine Folgeänderung im Zusammenhang mit einer Änderung des § 19a WHG. In der Neufassung des § 19a Abs. 1 S. 4 WHG vom 24.6.2002 heißt es, dass die Sätze 1–3 des § 190 Abs. 1 WHG nicht für Rohrleitungsanlagen gelten, die den Bereich eines Werksgeländes nicht überschreiten, Zubehör einer Anlage zum Umgang mit wassergefährdenden Stoffen sind oder Anlagen verbinden, die in engem räumlichen und betrieblichen Zusammenhang miteinander stehen und kurzräumig durch öffentliche Verkehrswege getrennt sind. Diese Änderung des § 19a WHG stand nicht im Zusammenhang mit der Umsetzung der Wasserrahmenrichtlinie, sondern diente einer sinnvollen Klarstellung hinsichtlich der Genehmigungsbedürftigkeit von Rohrleitungsanlagen. Die in § 190 Abs. 1 S. 4 WHG genannten Verbindungsleitungen bedürfen keiner Genehmigung nach § 19a WHG, sie gehören vielmehr der Sache nach zum Regelungsbereich der Anlagen zum Umgang mit wasser-

---

12 So z. B. *Erbguth/Schink*, § 22, Rn 3 b.

gefährdenden Stoffen nach 19g WHG. Mit der Gesetzesänderung sollten bestehende Unklarheiten beim Vollzug der Vorschrift in der Praxis beseitigt werden. Zudem wurde diese Klarstellung im Zusammenhang mit der geplanten Rohrfernleitungsverordnung für erforderlich gehalten (siehe dazu Begründung des Gesetzesentwurfes der Bundesregierung vom 7.12.2001, BT-Drs. 14/7755, S. 22 i.V. m. S. 17). Die Übergangsvorschrift in § 25 UVPG war als Folge der Änderung des § 19a WHG anzupassen, um klarzustellen, dass die bereits vor dem 25.6.2002 eingeleiteten Verfahren trotz der Gesetzesänderung in § 19a WHG nach den Bestimmungen des Gesetzes zur Umsetzung der UVP-Änderungsrichtlinie, der IVU-Richtlinie und weiterer EG-Richtlinien zum Umweltschutz vom 27.7.2001 zu Ende zu führen sind.

Anlage 1 UVPG

Übersicht

		Rn.
1	Allgemeines	1
2	UVP-relevante Tatbestände	5
2.1	Errichtung und Betrieb von technischen Anlagen	6
2.2	Bau einer sonstigen Anlage	7
2.3	Sonstige eingreifende Maßnahmen	8
3	Vorhabenkatalog	9
3.1	Wärmeerzeugung, Bergbau und Energie (Gruppe 1.)	10
3.1.1	Kraftwerke, Heizkraftwerke, Heizwerke etc. (Nr. 1.1)	12
3.1.2	Verbrennungsmotoranlagen (Nr. 1.2 und 1.3)	14
3.1.3	Gasturbinenanlagen (Nr. 1.4 bis 1.5)	15
3.1.4	Windfarmen (Nr. 1.6)	16
3.1.5	Brikettieranlagen (Nr. 1.7)	17
3.1.6	Anlagen zur Trockendestillation von Stein- oder Braunkohle, (Kokerei etc.) (Nr. 1.8)	18
3.1.7	Anlagen zur Vergasung oder Verflüssigung von Kohle oder bituminösem Schiefer (Nr. 1.9)	19
3.2	Steine und Erden, Glas, Keramik, Baustoffe (Gruppe 2.)	20
3.2.1	Steinbrüche (Nr. 2.1)	21
3.2.2	Herstellung von Zementklinkern und Zementen (Nr. 2.2)	22
3.2.3	Asbestanlagen (Nr. 2.3 und 2.4)	23
3.2.3.1	Anlagen zur Gewinnung von Asbest (Nr. 2.3)	24
3.2.3.2	Anlagen zur Bearbeitung oder Verarbeitung von Asbest oder Asbesterzeugnissen (Nr. 2.4)	25
3.2.4	Glasanlagen (Nr. 2.5)	26
3.2.5	Keramik (Nr. 2.6)	27
3.2.6	Mineralische Stoffe, Mineralfasern (Nr. 2.7)	28
3.3	Stahl, Eisen und sonstige Metalle einschließlich Verarbeitung (Gruppe 3.)	29
3.3.1	Rösten, Sintern von Erzen (Nr. 3.1)	30
3.3.2	Integrierte Hüttenwerke (Nr. 3.2)	31
3.3.3	Roheisen, Stahl (Nr. 3.3)	32
3.3.4	Nichteisenrohmetalle (Nr. 3.4)	33
3.3.5	Nichteisenmetalle (Nr. 3.5)	34
3.3.6	Warmwalzen von Stahl (Nr. 3.6)	35
3.3.7	Gießereien (Nr. 3.7)	36
3.3.8	Verzinkereien etc. (Nr. 3.8)	37
3.3.9	Galvanikanlagen (Nr. 3.9)	38
3.3.10	Hammerwerke etc. (Nr. 3.10)	39
3.3.11	Sprengverformung etc. (Nr. 3.11)	40
3.3.12	Schiffswerften (Nr. 3.12)	41
3.3.13	Schienenfahrzeuge (Nr. 3.13)	42
3.3.14	Kraftfahrzeuge (Nr. 3.14)	43
3.3.15	Luftfahrzeuge (Nr. 3.15)	44
3.4	Chemische Erzeugnisse, Arzneimittel, Mineralölraffination und Weiterverarbeitung (Gruppe 4.)	45
3.4.1	Integrierte chemische Anlagen (Nr. 4.1)	46
3.4.2	Sonstige Chemieanlagen (Nr. 4.2)	47
3.4.3	Raffinerien (Nr. 4.3)	48
3.4.4	Anstrich- oder Beschichtungsstoffe (Nr. 4.4)	49
3.5	Oberflächenbehandlung von Kunststoffen (Gruppe 5.)	50
3.6	Holz, Zellstoff (Gruppe 6.)	51
3.6.1	Zellstoff (Nr. 6.1)	52
3.6.2	Pappe, Papier (Nr. 6.2)	53
3.7	Nahrungs-, Genuss- und Futtermittel, landwirtschaftliche Erzeugnisse (Gruppe 7.)	54
3.8	Verwertung und Beseitigung von Abfällen und sonstigen Stoffen (Gruppe 8.)	56
3.8.1	Beseitigung oder Verwertung von Abfällen durch thermische Verfahren (Nr. 8.1)	57
3.8.2	Verbrennen von Stoffen aus Holz (Nr. 8.2)	57
3.8.3	Biologische Behandlung von besonders überwachungsbedürftigen Abfällen (Nr. 8.3)	57
3.8.4	Biologische Behandlung von nicht besonders überwachungsbedürftigen Abfällen (Nr. 8.4)	57
3.8.5	Chemische Behandlung von besonders überwachungsbedürftigen Anlagen (Nr. 8.5)	57
3.8.6	Chemische Behandlung von nicht besonders überwachungsbedürftigen Anlagen (Nr. 8.6)	57
3.8.7	Zeitweise Lagerung von Eisen- oder Nichteisenschrotten (Nr. 8.7)	57
3.8.8	Zeitweise Lagerung von besonders überwachungsbedürftigen Schlämmen (Nr. 8.8)	57

Anlage 1 UVPG

3.8.9	Langfristige Lagerung von Abfällen (Nr. 8.9)	57	3.12.3	Deponien für Inertabfälle (Nr. 12.3)	78
3.9	Lagerung von Stoffen und Zubereitungen (Gruppe 9.)	58	3.13	Wasserwirtschaftliche Vorhaben mit Benutzung oder Ausbau eines Gewässers (Gruppe 13.)	79
3.9.1	Lagerung brennbarer Gase (Nr. 9.1)	58	3.13.1	Abwasserbehandlungsanlagen (Nr. 13.1)	80
3.9.2	Lagerung brennbarer Flüssigkeiten (Nr. 9.2)	58	3.13.2	Intensive Fischzucht (Nr. 13.2)	80
3.9.3	Lagerung von Chlor (Nr. 9.3)	58	3.13.3	Grundwasserentnahme- und künstliche Grundwasserauffüllungssysteme (Nr. 13.3)	80
3.9.4	Lagerung von Schwefeldioxid (Nr. 9.4)	58	3.13.4	Tiefbohrung zum Zwecke der Wasserversorgung (Nr. 13.4)	80
3.9.5	Lagerung von Ammoniumnitrat und ammoniumnitrathaltigen Zubereitungen der Gruppe A (Nr. 9.5)	58	3.13.5	Wasserwirtschaftliches Projekt in der Landwirtschaft (Nr. 13.5)	80
3.9.6	Lagerung von ammoniumnitrathaltigen Zubereitungen der Gruppe B (Nr. 9.6)	58	3.13.6	Stauwerke (Nr. 13.6)	80
			3.13.7	Umleitung von Wasser (Nr. 13.7)	80
3.9.7	Lagerung von Ammoniak (Nr. 9.7)		3.13.8	Flusskanalisierungs- und Stromkorrekturarbeiten (Nr. 13.8)	80
3.9.8	Lagerung von sonstigen chemischen Erzeugnissen (Nr. 9.8)	58	3.13.9	Häfen für die Binnenschifffahrt (Nr. 13.)	80
3.10	Sonstige Industrieanlagen (Gruppe 10.)	59	3.13.10	Binnenhäfen für die Seeschifffahrt (Nr. 13.10)	80
3.10.1	Herstellung, Bearbeitung oder Verarbeitung explosionsgefährlicher Stoffe (Nr. 10.1)	60	3.13.11	Mit Binnenhafen für die Seeschifffahrt verbundene Landungsstege (Nr. 13.11)	80
3.10.2	Wiedergewinnung oder Vernichtung von explosionsgefährlichen Stoffen (Nr. 10.2)	61	3.13.12	Sonstige Häfen (Nr. 13.12)	80
3.10.3	Vulkanisieranlagen (Nr. 10.3)	62	3.13.13	Deich- oder Dammbauten (Nr. 13.13)	80
3.10.4	Vorbehandlung oder Färben von Fasern oder Textilien (Nr. 10.4)	63	3.13.14	Wasserkraftanlagen (Nr. 13.14)	80
3.10.5	Prüfstände für oder mit Verbrennungsmotoren (Nr. 10.5)	64	3.13.15	Baggerung in Flüssen oder Seen (Nr. 13.15)	80
3.10.6	Prüfstände für oder mit Gasturbinen oder Triebwerken (Nr. 10.6)	65	3.13.16	Sonstige Ausbaumaßnahmen (Nr. 13.16)	80
3.10.7	Ständige Renn- oder Teststrecken für Kraftfahrzeuge (Nr. 10.7)	66	3.14	Verkehrsvorhaben (Gruppe 14.)	81
3.11	Kernenergie (Gruppe 11.)	67	3.14.1	Bau von Bundeswasserstraßen durch Vorhaben aus Gruppe 13. (Nr. 14.1)	82
3.11.1	Kerntechnische Anlagen (Nr. 11.1)	68	3.14.2	Bau von Bundeswasserstraßen (Nr. 14.2)	83
3.11.2	Errichtung und Betrieb einer Anlage zur Sicherstellung oder zur Endlagerung radioaktiver Abfälle (Nr. 11.2)	72	3.14.3	Bundesautobahnen und Bundesstraßen (Nr. 14.3 bis 14.6)	84
			3.14.4	Schienenwege von Eisenbahnen (Nr. 14.7)	85
3.11.3	Bearbeitung oder Verarbeitung bestrahlter Kernbrennstoffe oder hochradioaktiver Abfälle (Nr. 11.3)	73	3.14.5	Betriebsanlagen von Eisenbahnen (Nr. 14.8)	86
3.11.4	Lagerung, Bearbeitung oder Verarbeitung bestimmter radioaktiver Abfälle (Nr. 11.4)	74	3.14.6	Magnetschwebebahnstrecken (Nr. 14.9)	87
3.12	Abfalldeponien (Gruppe 12.)	75	3.14.7	Sonstige Bahnstrecken für den öffentlichen spurgeführten Verkehr (Nr. 14.10)	88
3.12.1	Deponien für besonders überwachungsbedürftige Abfälle (Nr. 12.1)	76	3.14.8	Straßenbahnen etc. (Nr. 14.11)	89
3.12.2	Deponien für nicht besonders überwachungsbedürftige Abfälle (Nr. 12.2)	77	3.14.9	Flugplätze (Nr. 14.12)	90
			3.15	Bergbau (Gruppe 15.)	91
			3.16	Flurbereinigung (Gruppe 16.)	92
			3.17	Forstliche Vorhaben (Gruppe 17.)	93

Anlage 1 UVPG

3.18	Bauplanungsrechtliche Vorhaben (Gruppe 18.)	94	3.19.5	Rohrleitungsanlagen zum Befördern von Stoffen im Sinne von § 3 a des Chemikaliengesetzes (Nr. 19.6)	101
3.19	Leitungsanlagen und andere Anlagen (Gruppe 19.)	101	3.19.6	Dampf- oder Warmwasserpipelines (Nr. 19.7)	101
3.19.1	Hochspannungsfreileitungen (Nr. 19.1)	101	3.19.7	Wasserfernleitungen (Nr. 19.8)	
3.19.2	Gasversorgungsleitungen (Nr. 19.2)	101	3.19.8	Künstliche Wasserspeicher (Nr. 19.)	101
3.19.3	Rohrleitungsanlagen zum Befördern wassergefährdender Stoffe (Nr. 19.3)	101			
3.19.4	Rohrleitungsanlagen zum Befördern von verflüssigten bzw. nicht verflüssigten Gasen (Nr. 19.4 und 19.5)	101			

1 Allgemeines

Wie sich aus § 3 Abs. 1 Satz 1 (Neufassung 2001) ergibt, **gilt das UVPG** für die in der **Anlage 1** aufgeführten Vorhaben. Diese Anlage 1 ist überschrieben mit dem Titel »Liste UVP-pflichtige Vorhaben«. Im Vorspann wird erläutert, dass die aufgelisteten Vorhaben in den Anwendungsbereich des Gesetzes fallen und dass sich die allgemeine Vorprüfung oder standortbezogene Vorprüfung des Einzelfalles nach § 3 c Abs. 1 Satz 1 und 2 richtet bzw. im Falle der Verweisung auf Maßgaben des Landesrechtes nach § 3 d. Weiterhin erklärt die Legende, dass in den zugehörigen Spalten teils *Größen- oder Leistungswerte* nach § 3 b Abs. 1 S. 2, teils *Prüfwerte* für Größe oder Leistung nach § 3 c Abs. 1 S. 5 enthalten sind. Begrifflich orientiert sich die Beschreibung in der Spalte »Vorhaben« an den *Definitionen gem. § 2 Abs. 2 Nr. 1*. Danach wird wie folgt differenziert:
a) *Errichtung und Betrieb* einer technischen Anlage,
b) *Bau* einer sonstigen Anlage,
c) *sonstige* in Natur oder Landschaft eingreifende Maßnahme.

 1

Den bei weitem größten Anteil der aufgelisteten Vorhaben stellen **technische Anlagen** dar, für die es um **Errichtung und Betrieb** geht. Die Terminologie *Bau einer sonstigen Anlage* findet sich insbesondere bei den Verkehrsvorhaben und bei den bauplanungsrechtlichen Vorhaben. Die *Durchführung einer sonstigen* in Natur und Landschaft eingreifenden **Maßnahme** erfolgt u. a. bei forstlichen Vorhaben (Nr. 17.). Unter dieser Nummer ist weder der Terminus »Errichtung und Betrieb« oder »Bau« zu finden, vielmehr ist lediglich z. B. von »Erstaufforstung« bzw. »Rodung von Wald …« die Rede. Weiterhin gibt es »bergbauliche Vorhaben«. Unter Nr. 13.2 ff. ist ebenfalls in verschiedenen Varianten eine lediglich allgemeine Beschreibung enthalten.

 2

Weiterhin ergibt sich aus der Legende das maßgebliche Verständnis der Buchstaben X, A, S, L wie folgt:
X (Spalte 1) = Vorhaben ist *UVP-pflichtig*.
A (Spalte 2) = *allgemeine Vorprüfung* des Einzelfalles (s. § 3 c Abs. 1 S. 1).
S (Spalte 2) = *standortbezogene Vorprüfung* des Einzelfalles (s. § 3 c Abs. 1 S. 2).
L (Spalte 2) = UVP-Pflicht *nach Maßgabe des Landesrechts* (s. § 3 d).

Die Liste der UVP-pflichtigen Vorhaben gem. Anlage 1 ersetzt die bisherige Anlage zu § 3 UVPG a. F. und den bisherigen Anhang zu Nr. 1 der Anlage zu § 3 UVPG a. F. Damit wird eine gewisse **Vereinfachung** erreicht. Ungeachtet dessen ist – zur richtigen Einordnung des Vorhabens in das formelle Genehmigungsrecht – nach wie vor eine *doppelte Blickrichtung* erforderlich, nämlich
– auf den betr. *Zulassungstatbestand* nach dem Fachrecht,
– auf den betr. *UVP-Tatbestand* gem. Anlage 1 zum UVPG.

 3

Eine solche **parallele Betrachtung** ist u. a. bzgl. des immissionsschutzrechtlichen Anlagenkatalogs gem. dem Anhang zur 4. BImSchV und den *identisch geordneten* UVP-Tatbeständen für technische Anlagen (jeweils Nr. 1.–10.) notwendig. In weitem Umfang decken sich die Einzeltatbestände durch Wortlautidentität. Die Systematik der Kataloge und die Gruppierungen sind

Karsten Dienes 569

Anlage 1 UVPG

abgestimmt. Die ersten 10 Kategorien von technischen Anlagen (Vorhabengruppen), also die jeweiligen Nr. 1. bis 10. des Anhangs zur 4. BImSchV bzw. der Anlage 1 zum UVPG, sind übereinstimmend zusammengefasst, ungeachtet geringfügiger Abweichungen im Wortlaut (s. Nr. 9. und 10.). Bei den **Einzel-Tatbeständen** (Unterkategorien) finden sich dagegen z.T. – stets genau zu beachtende – *Abweichungen*.

Die Differenzierungen gem. Anlage 1 zum UVPG und Anhang zur 4. BImSchV richten sich nach **verschiedenen Ordnungskriterien**, nämlich:
- Der Anhang zur 4. BImSchV unterscheidet die beiden Kategorien eines *förmlichen* (Spalte 1) und *nicht förmlichen* (Spalte 2) Genehmigungsverfahrens.
- Die Anlage 1 zum UVPG differenziert nach den Kriterien **UVP-Pflicht** (Spalte 1), **Einzelfallprüfung** nach Bundesrecht (Spalte 2: A oder S) bzw. nach Maßgabe des Landesrechts (Spalte 2: L).

Eine besondere Verknüpfung ergibt sich aus dem (geänderten) § 2 Abs. 1 S. 1 Nr. 1 c) der **4. BImSchV**, wonach bei in der Spalte 2 des Anhangs genannten Anlagen, die folglich an sich nach dem Fachrecht nicht förmlich zu genehmigen sind, dann ein förmliches Verfahren mit UVP durchzuführen ist, wenn
- aufgrund einer Vorprüfung des Einzelfalls nach § 3c Abs. 1 S. 2 des UVPG,
- als Teil kumulierender Vorhaben nach § 3b Abs. 2 des UVPG oder
- als Erweiterung eines Vorhabens nach § 3b Abs. 3 UVPG

eine entsprechende **UVP-Relevanz** besteht.

Damit steht erstmalig seit Neufassung des UVPG 2001 – die **fachliche Zuordnung zu den Verfahrensarten** gem. § 2 Abs. 1 der 4. BImSchV unter dem *Vorbehalt* einer *anderen Entscheidung* nach dem *UVPG*. Die Zuordnung zum *förmlichen* Verfahren ist wegen der notwendigen *Öffentlichkeitsbeteiligung* bei der UVP in den vorgenannten Fällen geboten.

4   Die Liste der Anlage 1 hat zu einer erheblichen **Ausweitung der Vorhaben** geführt, insbesondere solcher, die gemäß Spalte 2 auf der Basis einer Einzelfallprüfung UVP-pflichtig sind. Dafür ist nur zum Teil die UVP-ÄndRL verantwortlich. Nach der Begründung zum Gesetzentwurf[1] war es das Ziel der Bundesregierung sicherzustellen, dass die Umsetzung von Anhang II der UVP-ÄndRL im Gesamtergebnis dazu führt, dass auf Grund des **Zusammenspiels** der allgemeinen und der standortbezogenen Vorprüfung des Einzelfalls und auf Grund der die Vorprüfungen eröffnenden **Prüfwerte** für Größe oder Leistung »allen Aspekten von Art, Größe und Standort von Vorhaben nach Artikel 2 Abs. 1 i.d.F. der UVP-ÄndRL Rechnung getragen wird«. Der Bestimmung der für die allgemeine Vorprüfung vorgesehenen **Prüfwerte** für Größe oder Leistung liegt aus Sicht der Bundesregierung die Beurteilung zugrunde, dass im *Regelfall* bei kleineren Anlagen **keine** erheblichen nachteiligen Umweltauswirkungen zu erwarten sind. Es sei allerdings nicht auszuschließen, dass dies im Einzelfall ausnahmsweise im Zusammenwirken mit *besonderen örtlichen Gegebenheiten* der Fall sein könnte. In der Begründung zum Gesetzentwurf wird bei den Einzel-Tatbeständen der Anlage 1 wiederkehrend auf vorstehende Grundgedanken verwiesen (s. nachfolgende Anmerkungen).

2 UVP-relevante Tatbestände

5   Die **Begriffsbestimmungen** gem. *§ 2 Abs. 2 Nr. 1. und 2. typisieren* die verschiedenen Tatbestände der in jedem Fall bzw. ggf. UVP-pflichtigen *Vorhaben*. Dabei finden sich in der Liste gem. Anlage 1 nur die Tatbestände gem. *Nr. 1.*, die – allgemein gesagt – auf die *Vorhabenerrichtung* bezogen sind. Dagegen gibt es zur Nr. 2. gem. § 2 Abs. 2, die die »Änderung, einschließlich Erweiterung« der aufgeführten Anlagen/Maßnahmen betrifft, lediglich in §§ 3b Abs. 3, 3e eine Konkretisierung. Die Tatbestände »Errichtung und Betrieb«, »Bau« und »Durchführung einer sonstigen Maßnahme« sind im UVPG nicht definiert. Vielmehr ist insoweit auf das **Fachrecht** zurückzugreifen.

---

1   BT-Drs. 14/4599, S. 106.

Anlage 1 UVPG

2.1 Errichtung und Betrieb von technischen Anlagen

Technische Anlagen stellen insbesondere die immissionsschutzrechtlichen Anlagen dar, aber auch solche des Atomrechts, Abfall- und Wasserrechts (s. Nr. 11., 12. und 13. des Anhangs 1). Weiterhin unterfallen Leitungsanlagen und andere Anlagen gem. Nr. 19. dieser Kategorie. Die UVP ist auf Grund ihrer Qualität als unselbstständiger Teil verwaltungsbehördlicher Verfahren (s. § 2 Abs. 1 S. 1) an den fachgesetzlichen Zulassungstatbeständen im einzelnen zu orientieren. Was das Immissionsschutzrecht anbetrifft, stellt § 4 Abs. 1 BImSchG, ungeachtet seiner differenzierten Anknüpfung an Errichtung und Betrieb, einen einheitlichen Genehmigungstatbestand dar. Mit der (Voll-)Genehmigung werden der Bau der Anlagen und der Betrieb, und zwar grundsätzlich auf Dauer, in einem umfassenden Sinne erlaubt. Durch die Unterwerfung bereits der Anlagenerrichtung unter die Genehmigungspflicht soll die Behörde in die Lage versetzt werden, auf ihre Gestaltung Einfluss zu nehmen.[2] Ein Genehmigungstatbestand – und damit gleichzeitig auch ein durch die UVP zu erfassender Tatbestand – liegt bereits dann vor, wenn mit tatsächlichen Handlungen zur Anlagenerrichtung begonnen wird, in der Regel mit Bauarbeiten, insbesondere dem Bodenaushub. Lediglich vorbereitende Handlungen, wie die Bestellung von Anlagenkomponenten etc., gehören nicht dazu.[3] Die in die Genehmigung integrierte UVP hat sich vor allem auf den **Betrieb** der Anlage auszurichten. Die Anlage soll so ausgestaltet werden, dass später ein ordnungsgemäßer Betrieb möglich ist.[4] Unter Betrieb ist nicht allein die Produktion im engeren Sinne zu verstehen, sondern die gesamte Betriebsweise, einschließlich z. B. der Wartung und Unterhaltung. Auf Grund der regelmäßigen **Verknüpfung** zwischen den Begriffen in Anlage 1 zum UVPG und denjenigen des Fachrechts wird im einzelnen auf die diesbezüglich einschlägige Rechtsprechung und Literatur verwiesen. Es ergibt sich nicht zuletzt aus dem Fachrecht, auf welche *Anlagenteile* und *Nebeneinrichtungen* sich das Genehmigungserfordernis erstreckt.[5]

2.2 Bau einer sonstigen Anlage

Ähnlich wie bei den technischen Anlagen sind auch die in der Anlage 1 zum UVPG enthaltenen Tatbestände des »**Baus einer ... Anlage**« fachgesetzlich zu verstehen. Terminologisch folgt dies z. B. aus § 17 Abs. 1 S. 1 FStrG, wenn es dort heißt, dass »Bundesfernstraßen ... nur **gebaut** oder geändert werden (dürfen), wenn ...«. Die Richtigkeit des Begriffs »Bau« ist insbesondere im Falle der bauplanungsrechtlichen Vorhaben (Nr. 18) offenkundig. Eine Parallele zum ergänzenden Begriff des »Betriebs« bei technischen Anlagen ergibt sich fachgesetzlich im Falle der baulichen Anlagen durch den Begriff der »Nutzung«. Anders als beim Vergleichsmodell tritt bezgl. der UVP der Nutzungsaspekt insoweit aber meist hinter den Errichtungsaspekt zurück. Ob sich in Ausnahmefällen etwas anderes ergibt, muss im Einzelnen festgestellt werden.

2.3 Sonstige eingreifende Maßnahmen

Als Beispielsfall ist insoweit der Katalog der **forstlichen Vorhaben** gem. Nr. 17. anzusehen, wo es an einem speziellen bzw. differenzierten Genehmigungstypus fehlt. § 10 BundeswaldG erklärt lediglich allgemein die »Erstaufforstung von ...« für genehmigungsbedürftig. Auch in dieser Hinsicht gilt in Folge des Integrationsprinzips der UVP in den jeweiligen Genehmigungstatbestand, dass das Vorhaben-Verständnis (gemäß den Begrifflichkeiten der Anlage 1 zum UVPG) an den fachgesetzlichen Zulassungstatbeständen zu orientieren ist.

---

2 Vgl. etwa *Kutscheidt*, Umweltrecht, § 4 Rn. 37.
3 Vgl. etwa *Kutscheidt*, Umweltrecht, § 4 Rn. 38.
4 *Jarass*, 4. Aufl. § 5 Rn. 3.
5 Vgl. dazu etwa *Erbguth/Schink*, UVPG, 2. Aufl., § 3 Rn. 13 ff.

Anlage 1 UVPG

3 Vorhabenkatalog

9   Der Katalog der Anlage 1 zum UVPG ist in insgesamt **19 Gruppen** eingeteilt mit einer großen Zahl von Unterkategorien.

3.1 Wärmeerzeugung, Bergbau und Energie (Gruppe 1.)

10   Die **Gruppe 1.** (Wärmeerzeugung, Bergbau und Energie) der Anlage 1 zum UVPG ist – einem (mit geringfügigen Ausnahmen) für alle Nr. 1. bis 10. geltenden **Prinzip** folgend – *identisch* mit der *Nr. 1. des Anhangs zur 4. BImSchV*. Unterschiede liegen im Wesentlichen bei den Unterkategorien, die sich mit *unterschiedlichen Differenzierungen* in der Anlage 1 zum UVPG und im Anhang zur 4. BImSchV finden (zur Differenzierung s. o. 1 Allgemeines).

11   Der Vergleich zwischen Gruppe 1. gem. Anlage 1 zum UVPG »Wärmeerzeugung, Bergbau und Energie« und dem Anhang zur 4. BImSchV ergibt, dass dieser fachgesetzliche Anhang in 19 Tatbestände (mit Unterfällen) aufgeteilt ist, wohingegen Anlage 1 zum UVPG **24 Einzel-Tatbestände** auseinander hält. Der nähere Vergleich der Anlagenkataloge zeigt einen *relevanten Differenzierungsbedarf*. Zum Beispiel kommt es im Falle von Windfarmen nach der 4. BImSchV lediglich auf die Zahl der Windkraftanlagen an, wohingegen gem. Nr. 1.6 der Anlage 1 zum UVPG einschränkend eine *Mindestanlagenhöhe von 35 Metern* oder eine Leistung von jeweils *mehr als 10 kW* vorausgesetzt wird.

3.1.1 Kraftwerke, Heizkraftwerke, Heizwerke etc. (Nr. 1.1)

Nr.	Vorhaben	Sp. 1	Sp. 2
1.	**Wärmeerzeugung, Bergbau und Energie:**		
1.1	Errichtung und Betrieb einer Anlage zur Erzeugung von Strom, Dampf, Warmwasser, Prozesswärme oder erhitztem Abgas durch den Einsatz von Brennstoffen in einer Verbrennungseinrichtung (wie Kraftwerk, Heizkraftwerk, Heizwerk, Gasturbine, Verbrennungsmotoranlage, sonstige Feuerungsanlage), einschließlich des jeweils zugehörigen Dampfkessels, mit einer Feuerungswärmeleistung von		
1.1.1	mehr als 200 MW,	X	
1.1.2	50 MW bis 200 MW,		A
1.1.3	20 MW bis weniger als 50 MW beim Einsatz von Heizöl EL, Methanol, Ethanol, naturbelassenen Pflanzenölen oder Pflanzenölmethylestern, naturbelassenem Erdgas, Flüssiggas, Gasen der öffentlichen Gasversorgung oder Wasserstoff, ausgenommen Verbrennungsmotoranlagen für Bohranlagen und Notstromaggregate,		S
1.1.4	10 MW bis weniger als 50 MW beim Einsatz von gasförmigen Brennstoffen (insbesondere Koksofengas, Grubengas, Stahlgas, Raffineriegas, Synthesegas, Erdölgas aus der Tertiärförderung von Erdöl, Klärgas, Biogas), ausgenommen die in Nummer 1.1.3 genannten Gase, ausgenommen Verbrennungsmotoranlagen für Bohranlagen und Notstromaggregate,		S

Anlage 1 UVPG

Nr.	Vorhaben	Sp. 1	Sp. 2
1.1.5	1 MW bis weniger als 50 MW beim Einsatz von Kohle, Koks einschließlich Petrolkoks, Kohlebriketts, Torfbriketts, Brenntorf, naturbelassenem Holz, emulgiertem Naturbitumen, Heizölen, ausgenommen Heizöl EL, ausgenommen Verbrennungsmotoranlagen für Bohranlagen und Notstromaggregate,		S
1.1.6	1 MW bis weniger als 50 MW beim Einsatz anderer als in den Nummern 1.1.3 bis 1.1.5 genannter fester oder flüssiger Brennstoffe,		A
1.1.7	100 KW bis weniger als 1 MW beim Einsatz anderer als in den Nummern 1.1.3 bis 1.1.5 genannter fester oder flüssiger Brennstoffe;		S

Unverändert gegenüber dem UVPG von 2001 sind **Kraftwerke, Heizkraftwerke, Heizwerke etc.** im Falle von mehr als **200 MW** (thermische Leistung) zwingend UVP-pflichtig (so bereits Nr. 1 des Anhangs zu Nr. 1 der Anlage zu § 3 UVPG a. F.). Demgegenüber schreibt die UVP-ÄndRL (ebenfalls unverändert) die UVP-Pflicht bei Kraftwerken erst ab 300 MW Wärmeleistung vor (Anhang I, Nr. 2.).
   Kraftwerke sind Anlagen, die ausschließlich zur Erzeugung elektrischer Energie bestimmt sind. In *Heizwerken* wird dagegen ausschließlich nutzbare Wärmeenergie erzeugt und – in Form von Heißwasser oder Dampf – außerhalb der Anlage verwendet. *Heizkraftwerke* dienen der gleichzeitigen Erzeugung beider Energieformen.
   Die maßgebliche Bezugsgröße der **Feuerungswärmeleistung** bezieht sich auf die je Stunde in die Feuerung einzubringende Brennstoffmenge, die zur Erzielung der maximalen Dauerlast erforderlich ist.[6] Nicht maßgeblich ist die tatsächliche Ausnutzung. Die Feuerungswärmeleistung errechnet sich für feste und flüssige Brennstoffe aus dem *unteren Heizwert* des verwendeten Brennstoffs, multipliziert mit der stündlich einzubringenden Brennstoffmenge, und für gasförmige Brennstoffe aus dem *Heizwert* des Gases, multipliziert mit der stündlich einzubringenden Brennstoffmenge.[7]
   Da die Stromerzeugung hinter dem Transformator endet und **Umspannwerke** zur *Stromverteilung* gehören, sind diese nicht Anlagenteile von Kraftwerken. Ob jedoch im engeren räumlichen Zusammenhang mit Kraftwerken bestehende Umspannanlagen den Kraftwerken als *Nebeneinrichtung* zuzurechnen sind, hängt von den Umständen des Einzelfalles ab. Ist die Umspannung mit nachfolgender Einspeisung in das konkret vorhandene Leitungsnetz unmittelbar mit der Stromerzeugung verbunden, ist die Umspannanlage Nebeneinrichtung. Hat die Umspannanlage keine der Stromerzeugung dienende Funktion, ist sie auch keine Nebeneinrichtung.[8] Der Anlagenkern des Kraftwerkes endet dementsprechend i. d. Regel beim *Maschinentransformator*. Bei den Umspannanlagen handelt es sich im Allgemeinen um selbstständige Betriebseinheiten, denen die elektrische Energie aus verschiedenen Kraftwerken zugeführt wird.[9] Umspannanlagen in diesem Sinne sind somit nicht UVP-pflichtig und lediglich – ab einer bestimmten Größe – im vereinfachten BImSchG-Genehmigungsverfahren zuzulassen (s. Nr. 1.8, rechte Spalte des Anhangs zur 4. BImSchV).
   Nach der Begründung zum Gesetzentwurf werden mit den Nr. 1.1.2 bis 1.1.7 allgemeine oder standortbezogene Vorprüfungen des Einzelfalls vorgesehen, um auch kleinere Anlagen zu erfassen, die aufgrund von Art, Größe oder Standort zu erheblichen nachteiligen Umweltauswirkungen führen können.[10] Dabei entsprechen die **Prüfwerte** für die *allgemeine* Vorprüfung (Buchstabe A)

12

13

---

6 *Feldhaus*/Ludwig, 4. BImSchV, zu Nr. 1.1. des Anhangs S. 6.
7 *Feldhaus*/Ludwig, 4. BImSchV, zu Nr. 1.1. des Anhangs S. 6.
8 *Länderausschuss für Immissionsschutz*, Entwurf von Verwaltungsvorschriften zur 4. BImSchV Nr. 1.1. (S. 10), abgedruckt in: NVwZ 1991, 853 ff.
9 *Feldhaus*/Ludwig, 4. BImSchV, zu Nr. 1.1. des Anhangs S. 7.
10 BT-Drs. 14/4599, S. 107.

Anlage 1 UVPG

den Schwellenwerten in der *Spalte 1* der 4. BImSchV. Die Prüfwerte für die *standortbezogene Vorprüfung* entsprechen den Schwellenwerten der Spalte 2 der 4. BImSchV.

3.1.2 Verbrennungsmotoranlagen (Nr. 1.2 und 1.3)

Nr.	Vorhaben	Sp. 1	Sp. 2
1.2	Errichtung und Betrieb einer Verbrennungsmotoranlage zum Antrieb von Arbeitsmaschinen mit einer Feuerungswärmeleistung von		
1.2.1	mehr als 200 MW,	X	
1.2.2	50 MW bis 200 MW beim Einsatz von Heizöl EL, Dieselkraftstoff, Methanol, Ethanol, naturbelassenen Pflanzenölen, Pflanzenölmethylestern oder gasförmigen Brennstoffen (insbesondere Koksofengas, Grubengas, Stahlgas, Raffineriegas, Synthesegas, Erdölgas aus der Tertiärförderung von Erdöl, Klärgas, Biogas, naturbelassenem Erdgas, Flüssiggas, Gasen der öffentlichen Gasversorgung, Wasserstoff),		A
1.2.3	1 MW bis weniger als 50 MW beim Einsatz der in Nummer 1.2.2 genannten Brennstoffe, ausgenommen Verbrennungsmotoranlagen für Bohranlagen;		S
1.3	Errichtung und Betrieb einer Verbrennungsmotoranlage zur Erzeugung von Strom, Dampf, Warmwasser, Prozesswärme oder erhitztem Dampf, ausgenommen Verbrennungsmotoranlagen für Bohranlagen und Notstromaggregate, mit einer Feuerungswärmeleistung von		
1.3.1	1 MW bis weniger als 20 MW beim Einsatz von Heizöl EL, Dieselkraftstoff, Methanol, Ethanol, naturbelassenen Pflanzenölen oder Pflanzenölmethylestern, naturbelassenem Erdgas, Flüssiggas, Gasen der öffentlichen Gasversorgung, Wasserstoff,		S
1.3.2	1 MW bis weniger als 10 MW beim Einsatz von gasförmigen Brennstoffen (insbesondere Koksofengas, Grubengas, Stahlgas, Raffineriegas, Synthesegas, Erdölgas aus der Tertiärförderung von Erdöl, Klärgas, Biogas), ausgenommen die in Nummer 1.3.1 genannten Gase;		S

14 Die Nr. 1.2 und 1.3 der Anlage 1 zum UVPG betreffen **Verbrennungsmotoranlagen** zum Antrieb von Arbeitsmaschinen bzw. Bohranlagen. Damit wird die Nr. 2. des Anhangs I zur UVP-ÄndRL (»andere Verbrennungsanlagen«) in nationales Recht umgesetzt. Der Schwellenwert von **200 MW** Feuerungswärmeleistung entspricht dem der Nr. 1.1 der Anlage 1 zum UVPG bzgl. Kraftwerken etc.

3.1.3 Gasturbinenanlagen (Nr. 1.4 bis 1.5)

Nr.	Vorhaben	Sp. 1	Sp. 2
1.4	Errichtung und Betrieb einer Gasturbinenanlage zum Antrieb von Arbeitsmaschinen mit einer Feuerungswärmeleistung von		
1.4.1	mehr als 200 MW,	X	

Anlage 1 UVPG

Nr.	Vorhaben	Sp. 1	Sp. 2
1.4.2	50 MW bis 200 MW beim Einsatz von Heizöl EL, Dieselkraftstoff, Methanol, Ethanol, naturbelassenen Pflanzenölen, Pflanzenölmethylestern oder gasförmigen Brennstoffen (insbesondere Koksofengas, Grubengas, Stahlgas, Raffineriegas, Synthesegas, Erdölgas aus der Tertiärförderung von Erdöl, Klärgas, Biogas, naturbelassenem Erdgas, Flüssiggas, Gasen der öffentlichen Gasversorgung, Wasserstoff),		A
1.4.3	1 MW bis weniger als 50 MW beim Einsatz der in Nummer 1.4.2 genannten Brennstoffe, ausgenommen Anlagen mit geschlossenem Kreislauf;		S
1.5	Errichtung und Betrieb einer Gasturbinenanlage zur Erzeugung von Strom, Dampf, Warmwasser, Prozesswärme oder erhitztem Abgas, ausgenommen Anlagen mit geschlossenem Kreislauf, mit einer Feuerungswärmeleistung von		
1.5.1	1 MW bis weniger als 20 MW beim Einsatz von Heizöl EL, Dieselkraftstoff, Methanol, Ethanol, naturbelassenen Pflanzenölen oder Pflanzenölmethylestern, naturbelassenem Erdgas, Flüssiggas, Gasen der öffentlichen Gasversorgung, Wasserstoff;		S
1.5.2	1 MW bis weniger als 10 MW beim Einsatz von gasförmigen Brennstoffen (insbesondere Koksofengas, Grubengas, Stahlgas, Raffineriegas, Synthesegas, Erdölgas aus der Tertiärförderung von Erdöl, Klärgas, Biogas), ausgenommen die in Nummer 1.5.1 genannten Gase;		S

Bezüglich der in Nr. 1.4 und 1.5 der Anlage 1 zum UVPG aufgeführten **Gasturbinenanlagen** zu den betr. Betriebszwecken gilt das Gleiche wie für die vorgenannten Verbrennungsmotoranlagen. Auch insoweit ist Anhang I, Nr. 2. der UVP-ÄndRL einschlägig. Es gilt gleichermaßen die Differenzierung gem. dem Anlagenkatalog der 4. BImSchV in – stets UVP-pflichtige – Gasturbinenanlagen von mehr als 200 MW Feuerungswärmeleistung, solche von 50 bis 200 MW (allgemeine Vorprüfung des Einzelfalles erforderlich) und solche von 1 bis 50 MW (standortbezogene Vorprüfung des Einzelfalls erforderlich). 15

3.1.4 Windfarmen (Nr. 1.6)

Nr.	Vorhaben	Sp. 1	Sp. 2
1.6	Errichtung und Betrieb einer Windfarm mit Anlagen in einer Höhe von jeweils mehr als 35 Metern oder einer Leistung von jeweils mehr als 10 KW sowie mit		
1.6.1	20 oder mehr Windkraftanlagen,	X	
1.6.2	6 bis weniger als 20 Windkraftanlagen,		A
1.6.3	3 bis weniger als 6 Windkraftanlagen;		S

Nr. 1.6 der Anlage zum UVPG erfasst mit drei Größenklassen – erstmalig mit dem UVPG 2001 – **Windfarmen**. Damit erfolgt eine Umsetzung der Nr. 3. Buchst. l) des Anhangs II zur UVP-ÄndRL (»Anlagen zur Nutzung von Windenergie zur Stromerzeugung – Windfarmen«). Die Differenzierung zwischen stets UVP-pflichtigen Windfarmen und Fällen der allgemeinen bzw. standortbezogenen Einzelfallprüfung ergibt sich aus den Nr. 1.6.1 bis 1.6.3 der Anlage 1 zum UVPG. Die unterste 16

Anlage 1 UVPG

Kategorie bilden drei Windkraftanlagen mit der angegebenen Größe bzw. Leistung der Nr. 1.6 der Anlage zum UVPG. Es sind damit z. B. zwei Windkraftanlagen in keinem Fall UVP-pflichtig, da auch keine standortbezogene Einzelfallprüfung geboten ist. Ebenso wenig sind Windfarmen mit Windkraftanlagen der UVP zu unterziehen bzw. im Wege der Einzelfallprüfung daraufhin zu untersuchen, die eine Höhe von 35 Metern oder eine Leistung von jeweils 10 kW nicht überschreiten. Die Nr. 1.6 ist so zu verstehen, dass im Falle mehrerer Windkraftanlagen alle derartigen Anlagen nicht mitzurechnen sind, die unterhalb dieser Größenkategorien liegen. Beispielsweise sind danach selbst 20 Windkraftanlagen (s. Nr. 1.6.1) mit einer Höhe von nicht mehr als 35 Metern nicht UVP-pflichtig. Gleiches gilt für die Unterkategorien gem. Nr. 1.6.2 und 1.6.3.

Im Einzelfall sind sehr zahlreiche Kombinationsmöglichkeiten denkbar, wenn Windkraftanlagen am gleichen Standort von gleichen oder unterschiedlichen Betreibern (zu)gebaut werden. Es kann sich dann um Fälle kumulierender Vorhaben gem. § 3 b Abs. 2 handeln oder auch um Anlagenerweiterungen gem. § 3 e. Da die Kumulationsregelung gem. § 3 b Abs. 2 Satz 3 voraussetzt, dass die mehreren Vorhaben jeweils für sich die Werte für die standortbezogene oder allgemeine Vorprüfung erreichen oder überschreiten, liegt kein derartiger Fall vor, wenn die Einzelvorhaben aus weniger als mindestens drei Windkraftanlagen bestehen.

Es ist weiterhin denkbar, dass durch das Hinzukommen von weiteren Windkraftanlagen ein Fall des Hineinwachsens in die UVP-Pflicht gem. § 3 b Abs. 3 vorliegt.

Eine Windfarm im Sinne des UVPG liegt – ungeachtet der Sonderregelung über kumulierende Vorhaben – regelmäßig nur im Falle der Errichtung und des Betriebs durch **einen** Betreiber vor. Demzufolge handelt es sich nicht um eine – die standortbezogene Vorprüfung auslösende – Errichtung einer Windfarm im Sinne der Ziffer 1.6.3, wenn zu 2 Windkraftanlagen *eines* Betreibers zwei weitere Anlagen durch einen anderen Betreiber hinzugebaut werden. Diese neuen zwei Anlagen sind somit lediglich nach Baurecht zu genehmigen. Würde dagegen der Betreiber der Gleiche sein, läge bei den beiden weiteren Windkraftanlagen der Fall eines Hineinwachsens in die UVP-Pflicht gem. § 3 b Abs. 3 vor.

3.1.5 Brikettieranlagen (Nr. 1.7)

Nr.	Vorhaben	Sp. 1	Sp. 2
1.7	Errichtung und Betrieb einer Anlage zum Brikettieren von Braun- oder Steinkohle;	X	

17   Die **Brikettieranlagen** gem. Nr. 1.7 der Anlage 1 zum UVPG sind aufgrund der Kennzeichnung mit X in Spalte 1 stets UVP-pflichtig. Ein Schwellenwert existiert nicht. In der UVP-ÄndRL sind Brikettieranlagen in Nr. 3, Buchst. f.) des Anhangs II enthalten (»Industrielles Pressen von Steinkohle und Braunkohle«). In Nr. 17. des Anhangs zur § 3 UVPG a. F. waren »Anlagen zum Brikettieren von Braunkohl- oder Steinkohle« ebenfalls als stets UVP-pflichtig enthalten, ohne dass ein Schwellenwert existierte. Damit hat sich insoweit an der Rechtslage nichts geändert.

3.1.6 Anlagen zur Trockendestillation von Stein- oder Braunkohle, (Kokerei etc.) (Nr. 1.8)

Nr.	Vorhaben	Sp. 1	Sp. 2
1.8	Errichtung und Betrieb einer Anlage zur Trockendestillation von Steinkohle oder Braunkohle (z. B. Kokerei, Gaswerk, Schwelerei) mit einem Durchsatz von		
1.8.1	500 t oder mehr je Tag,	X	
1.8.2	weniger als 500 t je Tag, ausgenommen Holzkohlenmeiler;		A

Anlage 1 UVPG

Die Nummer 1.8 der Anlage 1 zum UVPG betreffend **Kokereien** etc. dient der Umsetzung von Nr. 5., Buchst. a) des Anhangs II der UVP-ÄndRL (Kokereien, Kohletrocknungsdestillation). Der Schwellenwert von 500 t oder mehr je Tag für stets UVP-pflichtige Anlagen entspricht dem UVPG a. F. Unterhalb dieser Größe ist eine allgemeine Vorprüfung des Einzelfalls (Anlagen von weniger als 500 t je Tag) vorgesehen. Eine darunter liegende Schwelle ist nicht vorhanden.

3.1.7 Anlagen zur Vergasung oder Verflüssigung von Kohle oder bituminösem Schiefer (Nr. 1.9)

Nr.	Vorhaben	Sp. 1	Sp. 2
1.9	Errichtung und Betrieb einer Anlage zur Vergasung oder Verflüssigung von Kohle oder bituminösem Schiefer mit einem Durchsatz von		
1.9.1	500 t oder mehr je Tag,	X	
1.9.2	weniger als 500 t je Tag;		A

Die Nr. 1.9 der Anlage zum UVPG betreffend Anlagen zur **Vergasung oder Verflüssigung von Kohle** oder bituminösem Schiefer dient der Umsetzung von 1. des Anhangs I der UVP-ÄndRL (»... Anlagen zur Vergasung und zur Verflüssigung von täglich mindestens 500.000 t Kohle oder bituminösem Schiefer«). Der Schwellenwert von 500 t oder mehr je Tag für stets UVP-pflichtige Anlagen entspricht dem UVPG a. F. (Ziffer 4. des Anhangs zu Nr. 1 der Anlage zu § 3). Unterhalb dieser Größe ist eine allgemeine Vorprüfung des Einzelfalls vorgesehen.

3.2 Steine und Erden, Glas, Keramik, Baustoffe (Gruppe 2.)

Die **Gruppe 2.** der Anlage 1 zum UVPG deckt sich, was die Gruppierung anbetrifft, mit der Gruppe 2. der 4. BImSchV. Allerdings besteht aus den oben (s. 1 Allgemeines) dargestellten Gründen im Einzelnen ein Differenzierungsbedarf. Auch bei dieser Gruppe 2. hat der Gesetzgeber die o. g. (s. 1 Allgemeines) genannten *Differenzierungskriterien* angewandt. Im Einzelnen:

3.2.1 Steinbrüche (Nr. 2.1)

Nr.	Vorhaben	Sp. 1	Sp. 2
2.	**Steine und Erden, Glas, Keramik, Baustoffe:**		
2.1	Errichtung und Betrieb eines Steinbruchs mit einer Abbaufläche von		
2.1.1	25 ha oder mehr,	X	
2.1.2	10 ha bis weniger als 25 ha,		A
2.1.3	weniger als 10 ha, soweit Sprengstoffe verwendet werden;		S

Steinbrüche sind gem. Nr. 2.1.1 ab einer Größe von **25 ha** zwingend UVP-pflichtig. Diese Größe basiert auf Anhang I, Nr. 19. der UVP-ÄndRL (»Steinbrüche ... von mehr als 25 Hektar ...«). Außerdem war bei der nationalen Umsetzung der Anhang II, Nr. 2., Buchst. a) zu beachten, der »Steinbrüche« ohne Größenangabe erfasst.
  Unter Ziffer 2.1.2 der Anlage 1 zum UVPG gibt es die weitere Kategorie der Steinbrüche mit einer Größe zwischen 10 ha bis weniger als 25 ha, für die ggf. eine UVP entsprechend den Ergebnissen einer *allgemeinen Vorprüfung* des Einzelfalles durchzuführen ist. Nach der Begründung zum Gesetzentwurf[11] wird mit dem **Prüfwert von 10 ha** für die allgemeine Vorprüfung

---

11 BT-Drs. 14/4599, S. 107.

Anlage 1 UVPG

»eine ausreichende Menge von Anlagen erfasst, um im Regelfall auch bei der Umsetzung von Anhang II, Nr. 2., a) den Aspekten Art, Größe und Standort von Vorhaben nach Artikel 2 Abs. 1 i.d.F. der UVP-ÄndRL und nach § 3 Abs. 1 S. 2 Nr. 1 UVPG n.F. Rechnung zu tragen«. Schließlich gibt es die dritte Kategorie *kleinerer* Steinbrüche, nämlich solcher von *weniger als 10 ha*, für die dann eine standortbezogene Vorprüfung des Einzelfalles vorzunehmen ist, *wenn Sprengstoffe verwendet* werden. Dieses Kriterium der Sprengstoffverwendung findet sich im Fachrecht, nämlich im Anhang zur 4. BImSchV unter Nr. 2.1, rechte Spalte (»Steinbrüche mit einer Abbaufläche von weniger als 10 Hektar, soweit Sprengstoffe verwendet werden«). Je nach dem Ergebnis dieser Einzelfallprüfung ist für diese kleineren Steinbrüche von weniger als 10 ha folglich im Falle der Sprengstoffverwendung entweder eine immissionsschutzrechtliche Genehmigung im förmlichen Verfahren mit UVP erforderlich oder aber eine immissionsschutzrechtliche Genehmigung im vereinfachten Verfahren.

3.2.2 Herstellung von Zementklinkern und Zementen (Nr. 2.2)

Nr.	Vorhaben	Sp. 1	Sp. 2
2.2	Errichtung und Betrieb einer Anlage zur Herstellung von Zementklinkern oder Zementen mit einer Produktionskapazität von		
2.2.1	1000 t oder mehr je Tag,	X	
2.2.2	weniger als 1000 t je Tag;		A

22   Die Nr. 2.2 der Anlage 1 zum UVPG betreffend Anlagen zur Herstellung von **Zementklinkern oder Zementen** setzt Anhang II Nr. 5., Buchst. b) der UVP-ÄndRL (»Anlagen zur Zementherstellung«) in nationales Recht um. Wie aus Nr. 2.2.1 der Anlage 1 zum UVPG ersichtlich, sind Anlagen mit 1.000 t oder mehr je Tag zwingend UVP-pflichtig. Dieser Schwellenwert wurde aus dem UVPG a.F. übernommen (Nr. 6. des Anhangs zu Nr. 1 der Anlage zu § 3 UVPG a.F.). Gem. Nr. 2.2.2 der Anlage 1 zum UVPG ist bei Anlagen von weniger als 1.000 t je Tag eine *allgemeine Vorprüfung* des Einzelfalls durchzuführen. Damit werden, ohne (unteren) Prüfwert, *sämtliche kleineren Anlagen* erfasst. Der Gesetzgeber hat sich ausweislich der Begründung der Bundesregierung auch insoweit davon leiten lassen, dass auf diese Weise den Aspekten Art, Größe und Standort von Vorhaben gem. Artikel 2 Abs. 1 UVP-ÄndRL Rechnung getragen werde[12] (s.o. 1 Allgemeines).

3.2.3 Asbestanlagen (Nr. 2.3 und 2.4)

23   Die Anlage 1 zum UVPG unterscheidet zwischen Anlagen zur **Gewinnung** von **Asbest** gem. Nr. 2.3 und Anlagen zur **Bearbeitung oder Verarbeitung** von Asbest oder Asbesterzeugnissen gem. Nr. 2.4.

3.2.3.1 Anlagen zur Gewinnung von Asbest (Nr. 2.3)

Nr.	Vorhaben	Sp. 1	Sp. 2
2.3	Errichtung und Betrieb einer Anlage zur Gewinnung von Asbest;	X	

24   Gem. Nr. 2.3 der Anlage 1 zum UVPG werden Anlagen zur **Gewinnung** von Asbest **ohne Schwellenwerte** erfasst. Sie sind stets UVP-pflichtig. Zur Grundlage gem. UVP-ÄndRL s. nachfolgend.

---

12   BT-Drs. 14/4599, S. 107.

Anlage 1 UVPG

3.2.3.2 Anlagen zur Bearbeitung oder Verarbeitung von Asbest oder Asbesterzeugnissen (Nr. 2.4)

Nr.	Vorhaben	Sp. 1	Sp. 2
2.4	Errichtung und Betrieb einer Anlage zur Bearbeitung oder Verarbeitung von Asbest oder Asbesterzeugnissen mit		
2.4.1	einer Jahresproduktion von		
2.4.1.1	20.000 t oder mehr Fertigerzeugnissen bei Asbestzementerzeugnissen,	X	
2.4.1.2	50 t oder mehr Fertigerzeugnissen bei Reibungsbelägen,	X	
2.4.2	einem Einsatz von 200 t oder mehr Asbest bei anderen Verwendungszwecken,	X	
2.4.3	einer geringeren Jahresproduktion oder einem geringeren Einsatz, als in den vorstehenden Nummern angegeben;		A

Anlagen zur **Bearbeitung oder Verarbeitung** von **Asbest oder Asbesterzeugnissen** sind gem. Nr. 2.4.1 und 2.4.2 der Anlage 1 zum UVPG in folgenden Fällen *zwingend UVP-pflichtig*:
– 20.000 t oder mehr Fertigerzeugnissen bei *Asbestzementerzeugnissen* (Nr. 2.4.1.1)
– 50 t oder mehr Fertigerzeugnisse bei *Reibungsbelägen* (Nr. 2.4.1.2)
– Einsatz von 200 t oder mehr Asbest bei *anderen Verwendungszwecken* (Nr. 2.4.2).

Mit der Nr. 2.4 (das Gleiche gilt für Asbestgewinnungsanlagen gem. Nr. 2.3 der Anlage 1 zum UVPG) werden zum einen Anhang 1 Nr. 5. der UVP-ÄndRL (»Anlagen zur Gewinnung von Asbest sowie zur Be- und Verarbeitung von Asbest und Asbesterzeugnissen: bei Asbestzementerzeugnissen mit einer Jahresproduktion von mehr als 20.000 t Fertigerzeugnissen; bei Reibungsbelägen mit einer Jahresproduktion von mehr als 50 t Fertigerzeugnissen; bei anderen Verwendungszwecken von Asbest mit einem Einsatz von mehr als 200 t im Jahr«) und zum anderen Anhang II Nr. 5., Buchst. c) der UVP-ÄndRL (»Anlagen zur Gewinnung von Asbest und zur Herstellung von Erzeugnissen aus Asbest – nicht durch Anhang I erfasste Projekte«) in nationales Recht umgesetzt. Dabei entsprechen die Schwellenwerte der Nr. 2.4.1.1, 2.4.1.2 und 2.4.2 der Anlage 1 zum UVPG den Schwellenwerten des Anhangs I Nr. 5. der UVP-ÄndRL.

Die Nr. 2.4.3 der Anlage 1 zum UVPG erfasst alle **kleineren** Anlagen zur Bearbeitung oder Verarbeitung von Asbest oder Asbesterzeugnissen unterhalb der vorgenannten Schwellenwerte und unterwirft sie der *allgemeinen Vorprüfung* im Einzelfall. Für diese Einzelfallprüfung existiert kein (unterer) Prüfwert. Nach der Begründung zum Gesetzentwurf werden auf diese Weise alle kleineren Anlagen erfasst, um bei der Umsetzung des Anhangs II der UVP-ÄndRL den Aspekten Art, Größe und Standort von Vorhaben im Sinne von Art. 2 Abs. 1 UVP-ÄndRL Rechnung zu tragen.[13]

3.2.4 Glasanlagen (Nr. 2.5)

Nr.	Vorhaben	Sp. 1	Sp. 2
2.5	Errichtung und Betrieb einer Anlage zur Herstellung von Glas, auch soweit es aus Altglas hergestellt wird, einschließlich Anlagen zur Herstellung von Glasfasern mit einer Schmelzleistung von		
2.5.1	200.000 t oder mehr je Jahr oder bei Flachglasanlagen, die nach dem Floatglasverfahren betrieben werden, 100.000 t oder mehr je Jahr,	X	

---

13 BT-Drs. 14/4599, S. 108.

Anlage 1 UVPG

Nr.	Vorhaben	Sp. 1	Sp. 2
2.5.2	20 t je Tag bis weniger als in der vorstehenden Nummer angegeben,		A
2.5.3	100 kg bis weniger als 20 t je Tag, ausgenommen Anlagen zur Herstellung von Glasfasern, die für medizinische oder fernmeldetechnische Zwecke bestimmt sind;		S

26 Die Nr. 2.5 der Anlage 1 zum UVPG erfasst Anlagen zur **Herstellung von Glas**, auch soweit es aus **Altglas** hergestellt wird, einschließlich Anlagen zur Herstellung von **Glasfasern**. Mit dieser Gruppe von »Glasanlagen« wird der Anhang II, Nr. 5. Buchst. d) der UVP-ÄndRL (»Anlagen zur Herstellung von Glas einschließlich Anlagen zur Herstellung von Glasfasern«) in nationales Recht umgesetzt. Der Tatbestand orientiert sich darüber hinausgehend an der Nr. 18. des Anhangs zu Nr. 1 der Anlage zu § 3 UVPG a. F. (»Anlagen zur Herstellung von Glas, auch soweit es aus Altglas hergestellt wird, einschließlich Glasfasern mit einer Leistung von 200.000 t oder mehr je Jahr, sowie Flachglasanlagen, die nach dem Floatglasverfahren betrieben werden, mit einer Leistung von jährlich 100.000 t oder mehr je Jahr«). Der Schwellenwert von 200.000 t oder mehr je Jahr für Anlagen zur Herstellung von Glas/Glasfasern gem. UVP-ÄndRL findet sich wieder in der Nr. 2.5.1 der Anlage 1 zum UVPG n. F. Dementsprechend sind derartige Anlagen ab 200.000 t oder mehr je Jahr bei **Flachglasanlagen** in der Spalte 1 der Anlage zum UVPG n. F. erfasst, folglich *zwingend UVP-pflichtig*.

Das UVPG regelt in der Neufassung 2001 allerdings über das alte Recht hinausgehend mit den Schwellenwerten der Nr. 2.5.2 und 2.5.3 der Anlage 1 zwei Fälle notwendiger **Einzelfallprüfungen**. Bei Anlagen dieser Art mit mindestens 20 t je Tag, bis hin zu den vorgenannten Schwellenwerten von 200.000 t oder mehr je Jahr bzw. 100.000 t oder mehr je Jahr ist eine *allgemeine Vorprüfung* des Einzelfalles durchzuführen (Nr. 2.5.2). Handelt es sich um *kleinere* Anlagen von 100 kg bis weniger als 20 t je Tag wird eine *standortbezogene Vorprüfung* des Einzelfalls erforderlich. *Ausgenommen* sind dabei Anlagen zur Herstellung von *Glasfasern*, die für *medizinische und fernmeldetechnische Zwecke* bestimmt sind. Nach der Begründung zum Gesetzentwurf soll mit diesen Feststellungen der etwaigen UVP-Pflicht im Einzelfall dem Artikel 2 Abs. 1 UVP-ÄndRL Rechnung getragen werden.[14]

3.2.5 Keramik (Nr. 2.6)

Nr.	Vorhaben	Sp. 1	Sp. 2
2.6	Errichtung und Betrieb einer Anlage zum Brennen keramischer Erzeugnisse, soweit der Rauminhalt der Brennanlage		
2.6.1	4 m³ oder mehr und die Besatzdichte 300 kg oder mehr je Kubikmeter Rauminhalt der Brennanlage beträgt,		A
2.6.2	4 m³ oder mehr oder die Besatzdichte mehr als 100 kg und weniger als 300 kg je Kubikmeter Rauminhalt der Brennanlage beträgt, ausgenommen elektrisch beheizte Brennöfen, die diskontinuierlich und ohne Abluftführung betrieben werden;		S

27 Die Nr. 2.6 der Anlage zum UVPG erfasst **Anlagen zum Brennen keramischer Erzeugnisse**. Damit wird Anhang II, Nr. 5., Buchst. f.) der UVP-ÄndRL (»Herstellung von keramischen Erzeugnissen durch Brennen, und zwar insbesondere von Dachziegeln, Ziegelsteinen, feuerfesten Steinen, Fliesen, Steinzeug oder Porzellan«) in nationales Recht umgesetzt. Differenziert wird

---

14 BT-Drs. 14/4599, S. 108.

Anlage 1 UVPG

hinsichtlich der in jedem Fall notwendigen *Einzelfallprüfung* entsprechend dem **Rauminhalt der Brennanlage**. Gem. Nr. 2.6.1 und 2.6.2 ist ein *Rauminhalt der Brennanlage von 4 m³ oder mehr* vorauszusetzen. Eine *allgemeine Vorprüfung* des Einzelfalles ist geboten bei einer *Besatzdichte von 300 kg oder mehr je m³* Rauminhalt. Eine **standortbezogene Vorprüfung** des Einzelfalles ist erforderlich bei einer Besatzdichte von *mehr als 100 kg und weniger als 300 kg je m³* Rauminhalt. **Ausgenommen** sind dabei *elektrisch beheizte* Brennöfen, die *kontinuierlich und ohne Abluftführung* betrieben werden. Gem. Nr. 2.10 des Anhangs zur 4. BImSchV sind Anlagen zum Brennen keramischer Erzeugnisse ab einem Rauminhalt der Brennanlage von 4 m³ und einer Besatzdichte von 300 kg oder mehr je m³ Rauminhalt im *förmlichen* Verfahren zu genehmigen. Für die **kleineren** Anlagen zwischen 100 kg und weniger als 300 kg sieht das Immissionsschutzrecht eine Genehmigung im vereinfachten Verfahren vor (Nr. 2.10, Spalte 2 des Anhangs zur 4. BImSchV).

3.2.6 *Mineralische Stoffe, Mineralfasern (Nr. 2.7)*

Nr.	Vorhaben	Sp. 1	Sp. 2
2.7	Errichtung und Betrieb einer Anlage zum Schmelzen mineralischer Stoffe, einschließlich Anlagen zur Herstellung von Mineralfasern;		A

Die Nr. 2.7 der Anlage 1 zum UVPG erfasst Anlagen zum **Schmelzen mineralischer Stoffe**, einschließlich Anlagen zur **Herstellung von Mineralfasern**. Der Tatbestand setzt Anhang II, Nr. 5., Buchst. e) und Nr. 11., Buchst. g) der UVP-ÄndRL (Nr. 5: »Anlagen zum Schmelzen mineralischer Stoffe einschließlich Anlagen zur Herstellung von Mineralfasern«; Nr. 11.: »Anlagen zur Herstellung künstlicher Mineralfasern«) in nationales Recht um. Die etwaige UVP-Pflicht ergibt sich aufgrund einer *stets* durchzuführenden *allgemeinen Vorprüfung* des Einzelfalls. Schwellenwerte oder (untere) Prüfwerte sind im Tatbestand der Nr. 2.7 der Anlage 1 zum UVPG nicht vorgesehen. Gem. Nr. 2.11 (Spalte 1) des Anhangs zur 4. BImSchV sind »Anlagen zum Schmelzen mineralischer Stoffe einschließlich Anlagen zur Herstellung von Mineralfasern« im *förmlichen* Verfahren zu genehmigen.

28

3.3 *Stahl, Eisen und sonstige Metalle einschließlich Verarbeitung (Gruppe 3.)*

Die **Gruppe 3.** der Anlage 1 zum UVPG ist in **15 Untergruppen** eingeteilt. Darin liegt im Vergleich zum UVPG a. F. (s. Nr. 8. bis 13. u. 15. des Anhangs zu Nr. 1 der Anlage zu § 3) eine *erhebliche Differenzierung*. Entsprechend dem oben erläuterten allgemeinen Prinzip der Systematisierung (s. o. 1 Allgemeines) bestehen einerseits Ableitungen aus den *Anhängen I und II der UVPÄndRL* und andererseits Übereinstimmungen mit den Tatbeständen der *Nr. 3. des Anhangs zur 4. BImSchV* bzw. Anknüpfungen an Schwellenwerte des *UVPG a.F.*

29

3.3.1 *Rösten, Sintern von Erzen (Nr. 3.1)*

Nr.	Vorhaben	Sp. 1	Sp. 2
3.	**Stahl, Eisen und sonstige Metalle einschließlich Verarbeitung:**		
3.1	Errichtung und Betrieb einer Anlage zum Rösten (Erhitzen unter Luftzufuhr zur Überführung in Oxide) oder Sintern (Stückigmachen von feinkörnigen Stoffen durch Erhitzen) von Erzen;	X	

Die Nr. 3.1 der Anlage 1 zum UVPG setzt Anhang II, Nr. 4., Buchst. k) der UVP-ÄndRL (»**Anlagen zum Rösten und Sintern von Erz**«) in nationales Recht um. Derartige Anlagen sind *zwingend UVP-pflichtig*. Ein Schwellenwert ist nicht vorhanden. Dies entspricht dem UVPG a. F. (Nr. 8. zu Nr. 1 der Anlage zu § 3).

30

Karsten Dienes 581

Anlage 1 UVPG

3.3.2 Integrierte Hüttenwerke (Nr. 3.2)

Nr.	Vorhaben	Sp. 1	Sp. 2
3.2	Errichtung und Betrieb eines integrierten Hüttenwerkes (Anlage zur Gewinnung von Roheisen und zur Weiterverarbeitung zu Rohstahl, bei der sich Gewinnungs- und Weiterverarbeitungseinheiten nebeneinander befinden und in funktioneller Hinsicht miteinander verbunden sind);	X	

31   Die Nr. 3.2 der Anlage 1 zum UVPG erfasst Errichtung und Betrieb eines **integrierten Hüttenwerkes**, definiert als »Anlage zur Gewinnung von Roheisen und zur Weiterverarbeitung zu Rohstahl, bei der sich Gewinnungs- und Weiterverarbeitungseinheiten nebeneinander befinden und in funktioneller Hinsicht miteinander verbunden sind«. Derartige Hüttenwerke sind *zwingend UVP-pflichtig*. Mit der Nr. 3.2 der Anlage 1 zum UVPG wird Anhang I, Nr. 4., erster Anstrich der UVP-ÄndRL (»Integrierte Hüttenwerke zur Erzeugung von Roheisen und Rohstahl«) in nationales Recht umgesetzt. Ein Schwellenwert ist nicht vorhanden. Dies entspricht dem UVPG a. F. (Nr. 10. des Anhangs zu Nr. 1 der Anlage zu § 3). Die Nr. 3.2 der Anlage 1 zum UVPG entspricht fachgesetzlich der Nr. 3.2, Buchst. a) des Anhangs zur 4. BImSchV (Spalte 1).

3.3.3 Roheisen, Stahl (Nr. 3.3)

Nr.	Vorhaben	Sp. 1	Sp. 2
3.3	Errichtung und Betrieb einer Anlage zur Herstellung von Roheisen oder Stahl einschließlich Stranggießen, auch soweit Konzentrate oder sekundäre Rohstoffe eingesetzt werden, mit einer Schmelzleistung von		
3.3.1	2,5 t Roheisen oder Stahl je Stunde oder mehr,	A	
3.3.2	weniger als 2,5 t Stahl je Stunde;		S

32   Die Nr. 3.3 der Anlage 1 zum UVPG erfasst Anlagen zur **Herstellung von Roheisen oder Stahl einschließlich Stranggießen**, auch soweit *Konzentrate* oder *sekundäre Rohstoffe* eingesetzt werden, soweit eine bestimmte **Schmelzleistung** überschritten wird. Der Tatbestand dient der Umsetzung von Anhang II, Nr. 4., Buchst. a) der UVP-ÄndRL (»Anlagen zur Herstellung Roheisen oder Stahl – Primär- oder Sekundärschmelzung – einschließlich Stranggießen«) in nationales Recht. Gem. Nr. 3.3.1 der Anlage 1 zum UVPG ist eine *allgemeine Vorprüfung* des Einzelfalls durchzuführen bei Überschreiten einer Schmelzleistung von *2,5 t Roheisen oder Stahl je Stunde oder mehr*. Gem. Nr. 3.3.2 der Anlage 1 zum UVPG ist eine *standortbezogene Vorprüfung* des Einzelfalls geboten bei Schmelzleistungen von *weniger als 2,5 t Stahl je Stunde*. Nach der Gesetzesbegründung wird mit diesen Einzelfallprüfungen entsprechend den vorgegebenen Prüfwerten eine ausreichende Menge von Anlagen erfasst, um im Regelfall den Aspekten Art, Größe und Standort von Vorhaben gem. Art. 2 Abs. 1 der UVP-ÄndRL Rechnung zu tragen.[15] Die beiden Tatbestände gem. Nr. 3.3.1 und 3.3.2 der Anlage 1 zum UVPG sind in Verbindung zu bringen mit den Genehmigungstatbeständen gem. Nr. 3.2, Buchst. b) des Anhangs zur 4. BImSchV, Spalte 1 bzw. zu Nr. 3.2, Spalte 2. Die größeren Anlagen ab 2,5 t Roheisen oder Stahl je Stunde oder mehr sind – ungeachtet des Ergebnisses der Einzelfallprüfung gem. UVPG – in jedem Fall immissionsschutzrechtlich förmlich zu genehmigen, wohingegen die kleineren Anlagen unterhalb dieses Schwellenwertes im vereinfachten Verfahren zu genehmigen sind, es sei denn, die *standortbezogene Vorprüfung* des Einzelfalls *ergibt ausnahmsweise die UVP-Pflicht*. Für diesen *Ausnahmefall* wäre auch bei derartigen kleineren Anlagen mit einer Schmelzleistung von weniger als 2,5 t je Stunde das förmliche Genehmigungsverfahren mit UVP durchzuführen.

---

15   BT-Drs. 14/4599, S. 108.

3.3.4 Nichteisenrohmetalle (Nr. 3.4)

Nr.	Vorhaben	Sp. 1	Sp. 2
3.4	Errichtung und Betrieb einer Anlage zur Herstellung von Nichteisenrohmetallen aus Erzen, Konzentraten oder sekundären Rohstoffen durch metallurgische, chemische oder elektrolytische Verfahren;	X	

Die Nr. 3.4 der Anlage 1 zum UVPG erfasst Anlagen zur **Herstellung von Nichteisenrohmetallen** aus Erzen, Konzentraten oder sekundären Rohstoffen durch metallurgische, chemische oder elektrolytische Verfahren. Damit wird Anhang I, Nr. 4., zweiter Anstrich der UVP-ÄndRL (»Anlagen zur Gewinnung von Nichteisenrohmetallen aus Erzen, Konzentraten oder sekundären Rohstoffen durch metallurgische, chemische oder elektrolytische Verfahren«) in nationales Recht umgesetzt. Wie ersichtlich, besteht im Wesentlichen Wortlautidentität. Ein Schwellenwert ist nicht vorhanden. Die betreffenden Anlagen sind damit ohne Einschränkung *zwingend UVP-pflichtig*. Dies entspricht dem UVPG a. F. (Nr. 9. des Anhangs zu Nr. 1 der Anlage zu § 3).

3.3.5 Nichteisenmetalle (Nr. 3.5)

Nr.	Vorhaben	Sp. 1	Sp. 2
3.5	Errichtung und Betrieb einer Anlage zum Schmelzen, zum Legieren oder zur Raffination von Nichteisenmetallen mit einer Schmelzleistung von		
3.5.1	100.000 t oder mehr je Jahr,	X	
3.5.2	4 t oder mehr je Tag bei Blei und Cadmium oder von 20 t oder mehr je Tag bei sonstigen Nichteisenmetallen, jeweils bis weniger als 100.000 t je Jahr,		A
3.5.3	0,5 t bis weniger als 4 t je Tag bei Blei und Cadmium oder von 2 t bis weniger als 20 t je Tag bei sonstigen Nichteisenmetallen, ausgenommen – Vakuum-Schmelzanlagen, – Schmelzanlagen für Gusslegierungen aus Zinn und Wismut oder aus Feinzink und Aluminium in Verbindung mit Kupfer oder Magnesium, – Schmelzanlagen, die Bestandteil von Druck- oder Kokillengießmaschinen sind oder die ausschließlich im Zusammenhang mit einzelnen Druck- oder Kokillengießmaschinen gießfertige Nichteisenmetalle oder gießfertige Legierungen niederschmelzen, – Schmelzanlagen für Edelmetalle oder für Legierungen, die nur aus Edelmetallen oder aus Edelmetallen und Kupfer bestehen, – Schwallötbäder und – Heißluftverzinnungsanlagen		S

Die Nr. 3.5 der Anlage 1 zum UVPG erfasst Anlagen zum **Schmelzen, zum Legieren oder zur Raffination von Nichteisenmetallen** ab einer bestimmten Schmelzleistung. Damit wird Anhang II, Nr. 4., Buchst. d) der UVP-ÄndRL (»Anlagen zum Schmelzen, einschließlich Legieren von Nichteisenmetallen, darunter auch Wiedergewinnungsprodukte – Raffination, Gießen usw. – mit Ausnahme von Edelmetallen«) in nationales Recht umgesetzt. Bei den Schwellenwerten der Unterkategorien gem. Nr. 3.5.1 bis 3.5.3 wird, was die Nr. 3.5.1 anbetrifft, an das UVPG a. F. und, was die Nr. 3.5.2. und 3.5.3 anbetrifft, an das allgemeine Prinzip darunter liegender Prüfwerte angeknüpft (s. o. 1 Allgemeines). *Zwingend UVP-pflichtig* sind danach allein Anlagen der in Rede stehenden Art mit einer Schmelzleistung von mehr als *100.000 t oder mehr je Jahr*. Im Übrigen sind *allgemeine*

Anlage 1 UVPG

Vorprüfungen des Einzelfalls (Nr. 3.5.2) bzw. *standortbezogene Vorprüfungen* des Einzelfalles (Nr. 3.5.3) durchzuführen.

3.3.6 Warmwalzen von Stahl (Nr. 3.6)

Nr.	Vorhaben	Sp. 1	Sp. 2
3.6	Errichtung und Betrieb einer Anlage zum Warmwalzen von Stahl;		A

35 Die Nr. 3.6 der Anlage 1 zum UVPG erfasst Anlagen zum **Warmwalzen von Stahl**. Damit erfolgt eine Umsetzung des Anhangs II, Nr. 4., Buchst. b), Unterbuchst. i) der UVP-ÄndRL (»Anlagen zur Verarbeitung von Eisenmetallen durch Warmwalzen«) in nationales Recht. Anlagen dieser Art sind nach den Ergebnissen einer *allgemeinen Vorprüfung* des Einzelfalles ggf. UVP-pflichtig. Ein Prüfwert für Größe oder Leistung der allgemeinen Vorprüfung ist nicht vorhanden. Dies entspricht der Nr. 3.6 des Anhangs zur 4. BImSchV, Spalte 1, wonach stets ein förmliches immissionsschutzrechtliches Genehmigungsverfahren durchzuführen ist. In der Begründung zum Gesetzentwurf wird auf diese Übereinstimmung ohne weitere Konkretisierung hingewiesen.[16]

3.3.7 Gießereien (Nr. 3.7)

Nr.	Vorhaben	Sp. 1	Sp. 2
3.7	Errichtung und Betrieb einer Eisen-, Temper- oder Stahlgießerei mit einer Produktionsleistung von		
3.7.1	200.000 t Gusseisen oder mehr je Jahr,	X	
3.7.2	20 t Gussteilen oder mehr je Tag,		A
3.7.3	2 t bis weniger als 20 t Gussteilen je Tag;		S

36 Die Nr. 3.7 der Anlage 1 zum UVPG erfasst *Eisen-, Temper- oder Stahlgießereien* ab einer bestimmten Produktionsleistung. Damit wird Anhang II, Nr. 4., Buchstabe c) der UVP-ÄndRL (»Eisenmetallgießereien«) in nationales Recht umgesetzt. Anlagen mit einer Produktionsleistung von *200.000 t Gusseisen oder mehr je Jahr* sind zwingend UVP-pflichtig. Dies entspricht dem UVPG a. F. (Nr. 10., zweiter Anstrich des Anhangs zu Nr. 1 der Anlage zu § 3). Mit den in den Unterkategorien der Nr. 3.7.2 und 3.7.3 enthaltenen *Prüfwerten* wird die Durchführung einer *allgemeinen* bzw. *standortbezogenen* Vorprüfung des Einzelfalls veranlasst. Damit wird nach der Begründung zum Gesetzentwurf eine ausreichende Menge von Anlagen erfasst, um im Regelfall den Aspekten Art, Größe und Standort von Vorhaben gem. Art. 2 Abs. 1 der UVP-ÄndRL Rechnung zu tragen.[17] Entsprechend dem angewandten allgemeinen Prinzip der Verknüpfung von UVPG und Fachrecht (s. o. 1 Allgemeines) finden sich entsprechende Differenzierungen im Anhang zur 4. BImSchV. Förmlich zu genehmigen sind Anlagen dieser Art mit einer Produktionsleistung von 20 t Gussteilen oder mehr je Tag. Bei den kleineren Anlagen zwischen 2 t bis weniger als 20 t Gussteilen je Tag findet entweder eine Genehmigung im vereinfachten Verfahren statt oder aber eine förmliche Genehmigung mit UVP, wenn *ausnahmsweise* die *standortbezogene* **Vorprüfung** des Einzelfalles eine entsprechende UVP-Relevanz ergibt.

---

16 BT-Drs. 14/4599, S. 108.
17 BT-Drs. 14/4599, S. 108, 109.

3.3.8 Verzinkereien etc. (Nr. 3.8)

Nr.	Vorhaben	Sp. 1	Sp. 2
3.8	Errichtung und Betrieb einer Anlage zum Aufbringen von metallischen Schutzschichten auf Metalloberflächen mit Hilfe von schmelzflüssigen Bädern mit einer Verarbeitungsleistung von		
3.8.1	100.000 t Rohgut oder mehr je Jahr,	X	
3.8.2	2 t Rohgut je Stunde bis weniger als 100.000 t Rohgut je Jahr,		A
3.8.3	500 kg bis weniger als 2 t Rohgut je Stunde, ausgenommen Anlagen zum kontinuierlichen Verzinken nach dem Sendzimirverfahren;		S

Die Nr. 3.8 der Anlage zum UVPG erfasst Anlagen **zum Aufbringen von metallischen Schutzschichten auf Metalloberflächen** mit Hilfe von schmelzflüssigen Bädern ab einer bestimmten Verarbeitungsleistung. Damit wird Anhang II, Nr. 4., Buchst. b), Unterbuchst. iii) der UVP-ÄndRL (»Aufbringen von schmelzflüssigen metallischen Schutzschichten«) in nationales Recht umgesetzt. Gem. Nr. 3.8.1 der Anlage 1 zum UVPG sind Anlagen dieser Art mit einem *Rohgut von 100.000 t oder mehr je Jahr* zwingend UVP-pflichtig. Dieser Schwellenwert entspricht dem UVPG a. F. (Nr. 19. des Anhangs zu Nr. 1 der Anlage zu § 3). Durch die Unterkategorien gem. Nr. 3.8.2 und 3.8.3 der Anlage 1 zum UVPG wird mit den betreffenden *Prüfwerten eine allgemeine Vorprüfung* des Einzelfalles bzw. eine *standortbezogene Vorprüfung* des Einzelfalles veranlasst. Die Prüfwerte finden eine Entsprechung in der Nr. 3.9 des Anhangs zur 4. BImSchV, Spalte 1 bzw. Spalte 2. Anlagen mit mehr als 2 t Rohgut oder mehr je Stunde sind stets in einem förmlichen Verfahren zu genehmigen. Die kleineren Anlagen ab 500 kg bis weniger als 2 t Rohgut je Stunde sind entweder im nicht förmlichen immissionsschutzrechtlichen Verfahren zu genehmigen oder im förmlichen Verfahren mit UVP, wenn *ausnahmsweise eine standortbezogene Vorprüfung* des Einzelfalles die UVP-Relevanz ergibt. In letzterem Fall gem. Nr. 3.8.3 zugunsten der standortbezogenen Vorprüfung sind Anlagen *zum kontinuierlichen Verzinken nach dem Sendzimierverfahren* ausgenommen. 37

3.3.9 Galvanikanlagen (Nr. 3.9)

Nr.	Vorhaben	Sp. 1	Sp. 2
3.9	Errichtung und Betrieb einer Anlage zur Oberflächenbehandlung von Metallen durch ein elektrolytisches oder chemisches Verfahren mit einem Volumen der Wirkbäder von		
3.9.1	30 m³ oder mehr,		A
3.9.2	1 m³ bis weniger als 30 m³ bei Anlagen durch Beizen oder Brennen unter Verwendung von Fluss- oder Salpetersäure;		S

Gem. Nr. 3.9 der Anlage 1 zum UVPG sind Anlagen **zur Oberflächenbehandlung von Metallen durch ein elektrolytisches oder chemisches Verfahren** ab einem bestimmten Volumen der Wirkbäder – allerdings nur nach dem Ergebnis von *Vorprüfungen im Einzelfall* – ggf. UVP-pflichtig. Damit wird Anhang II, Nr. 4., Buchst. e) der UVP-ÄndRL (»Anlagen zur Oberflächenbehandlung von Metallen und Kunststoffen durch ein elektrolytisches oder chemisches Verfahren«) in nationales Recht umgesetzt. Nach der Begründung zum Gesetzesentwurf wird für die vorgeschriebenen Vorprüfungen des Einzelfalles eine ausreichende Menge von Anlagen erfasst, um im Regelfall den Aspekten Art, Größe und Standort von Vorhaben gem. Art. 2 Abs. 1 der UVP-ÄndRL 38

Anlage 1 UVPG

Rechnung zu tragen.[18] Die *Prüfwerte* für die Vorprüfungen im Einzelfall entsprechen der Nr. 3.10 des Anhangs zur 4. BImSchV, Spalte 1 bzw. Spalte 2. Danach sind Anlagen dieser Art mit einem Volumen der Wirkbäder von *30 m³ oder mehr* in jedem Fall förmlich zu genehmigen. Bei den kleineren Anlagen ab 1 m³ bis weniger als 30 m³ ist eine *standortbezogene Vorprüfung* des Einzelfalles dann durchzuführen, wenn die Oberflächenbehandlung *durch Beizen oder Brennen* **unter Verwendung von Fluss- oder Salpetersäure** erfolgt. In diesem Fall ist ein nicht förmliches immissionsschutzrechtliches Genehmigungsverfahren durchzuführen oder aber *ausnahmsweise* ein förmliches immissionsschutzrechtliches Verfahren mit UVP, wenn die *standortbezogene Vorprüfung* des Einzelfalls eine entsprechende UVP-Relevanz ergibt.

3.3.10   Hammerwerke etc. (Nr. 3.10)

Nr.	Vorhaben	Sp. 1	Sp. 2
3.10	Errichtung und Betrieb einer Anlage, die aus einem oder mehreren maschinell angetriebenen Hämmern oder Fallwerken besteht, wenn die Schlagenergie eines Hammers oder Fallwerkes		
3.10.1	20 Kilojoule oder mehr beträgt,		A
3.10.2	1 Kilojoule bis weniger als 20 Kilojoule beträgt;		S

39   Gem. Nr. 3.10 der Anlage 1 zum UVPG sind Anlagen, die aus einem oder mehreren **maschinell angetriebenen Hämmern oder Fallwerken** bestehen, ab einer bestimmten Schlagenergie UVP-pflichtig. Damit wird Anhang II Nr. 4., Buchst. b), Unterbuchst. ii) der UVP-ÄndRL (»Schmieden mit Hämmern«) in nationales Recht umgesetzt. Mit den beiden Unterkategorien gem. Nr. 3.10.1 und 3.10.2 der Anlage 1 zum UVPG wird ab den betreffenden *Prüfwerten* entweder eine *allgemeine Vorprüfung* oder eine *standortbezogene Vorprüfung* des Einzelfalls veranlasst. Hammerwerke etc. mit einer Schlagenergie des Hammers ab *20 Kilojoule* sind gem. Nr. 3.11 des Anhangs zur 4. BImSchV, Spalte 1, in jedem Fall förmlich zu genehmigen. Bei den kleineren Anlagen zwischen 1 Kilojoule bis weniger als 20 Kilojoule findet eine Genehmigung im nichtförmlichen immissionsschutzrechtlichen Verfahren statt oder aber *ausnahmsweise* eine Genehmigung im förmlichen Verfahren mit UVP, wenn das Ergebnis der *standortbezogenen Vorprüfung* des Einzelfalles eine entsprechende UVP-Relevanz ergibt.

3.3.11   Sprengverformung etc. (Nr. 3.11)

Nr.	Vorhaben	Sp. 1	Sp. 2
3.11	Errichtung und Betrieb einer Anlage zur Sprengverformung oder zum Plattieren mit Sprengstoffen bei einem Einsatz von 10 kg Sprengstoff oder mehr je Schuss;		A

40   Gem. Nr. 3.11 der Anlage 1 zum UVPG sind Anlagen **zur Sprengverformung oder zum Plattieren mit Sprengstoffen** ab einer gewissen Menge eingesetzten Sprengstoffs UVP-pflichtig. Damit wird Anhang II, Nr. 4., Buchst. j) der UVP-ÄndRL (»Tiefen mit Hilfe von Sprengstoffen«) in nationales Recht umgesetzt. Vorgeschrieben wird eine *allgemeine Vorprüfung* des Einzelfalls, wenn der *Prüfwert* eines Einsatzes von *10 kg Sprengstoff oder mehr* je Schuss erreicht wird. Diese Wertgrenze findet sich wieder in der Nr. 3.13 des Anhangs zur 4. BImSchV, Spalte 1. Damit ist in jedem Fall ein förmliches immissionsschutzrechtliches Genehmigungsverfahren für Anlagen ab dieser Größe durchzuführen. Außerdem muss eine UVP vorgenommen werden, wenn die *allgemeine Vorprüfung* des Einzelfalles eine entsprechende UVP-Relevanz ergibt.

---

18   BT-Drs. 14/4599, S. 109.

Anlage 1 UVPG

3.3.12 Schiffswerften (Nr. 3.12)

Nr.	Vorhaben	Sp. 1	Sp. 2
3.12	Errichtung und Betrieb einer Schiffswerft		
3.12.1	zum Bau von Seeschiffen mit einer Größe von 100.000 Bruttoregistertonnen,	X	
3.12.2	zur Herstellung oder Reparatur von Schiffskörpern oder Schiffssektionen aus Metall mit einer Länge von 20 m oder mehr, soweit nicht ein Fall der vorstehenden Nummer vorliegt;		A

Die Nr. 3.12 der Anlage 1 zum UVPG erfasst Errichtung und Betrieb einer **Schiffswerft**, wenn bestimmte Werte überschritten werden. Damit wird Anhang II, Nr. 4., Buchst. g) der UVP-ÄndRL (»Schiffswerften«) in nationales Recht umgesetzt. Entsprechend dem Schwellenwert des UVPG a. F. (Nr. 20. des Anhangs zu Nr. 1 der Anlage zu § 3) sind Errichtung und Betrieb einer Schiffswerft zum **Bau von Seeschiffen** mit einer Größe von **100.000 Bruttoregistertonnen** (zu ergänzen ist: »oder mehr«) zwingend UVP-pflichtig. Mit der Unterkategorie der Nr. 3.12.2 wird die *Herstellung oder Reparatur von Schiffskörpern oder Schiffssektionen aus Metall mit einer Länge von 20 m oder mehr* dann der *allgemeinen Vorprüfung* des Einzelfalls unterworfen, wenn keine Schiffswerft vorliegt. Letztgenannter Tatbestand stimmt mit demjenigen der Nr. 3.18 des Anhangs zur 4. BImSchV, Spalte 1, überein. Ein förmliches immissionsschutzrechtliches Genehmigungsverfahren ist damit in jedem Fall erforderlich, ggf. verbunden mit einer UVP, wenn die *allgemeine Vorprüfung* des Einzelfalls die entsprechende UVP-Relevanz ergibt. Im Gegensatz zur EG-rechtlichen Vorgabe (»Schiffswerften«) und entgegen dem Titel der Nr. 3.12 (»Errichtung und Betrieb einer Schiffswerft«) wird mit der Nr. 3.12.1 der Anlage 1 zum UVPG allein der Bau von *See*schiffen ab der betreffenden Größe erfasst.

41

3.3.13 Schienenfahrzeuge (Nr. 3.13)

Nr.	Vorhaben	Sp. 1	Sp. 2
3.13	Errichtung und Betrieb einer Anlage zum Bau von Schienenfahrzeugen mit einer Produktionsleistung von 600 oder mehr Schienenfahrzeugeinheiten je Jahr (1 Schienenfahrzeugeinheit entspricht 0,5 Lokomotive, 1 Straßenbahn, 1 Wagen eines Triebzuges, 1 Triebkopf, 1 Personenwagen oder 3 Güterwagen);		A

Die Nr. 3.13 der Anlage 1 zum UVPG erfasst Anlagen **zum Bau von Schienenfahrzeugen** ab einer bestimmten Produktionsleistung. Diese beträgt *600 oder mehr Schienenfahrzeugeinheiten je Jahr* mit der nachfolgenden Beschreibung, wie die Schienenfahrzeugeinheit zu verstehen ist. Damit wird Anhang II, Nr. 4., Buchst. i) der UVP-ÄndRL (»Bau von Eisenbahnmaterial«) in nationales Rech umgesetzt. Vorgeschrieben wird eine *allgemeine Vorprüfung* des Einzelfalles, wenn der angegebene *Prüfwert* überschritten wird. Der Tatbestand entspricht der Nr. 3.19 des Anhangs zur 4. BImSchV, Spalte 1.

42

3.3.14 Kraftfahrzeuge (Nr. 3.14)

Nr.	Vorhaben	Sp. 1	Sp. 2
3.14	Errichtung und Betrieb einer Anlage für den Bau und die Montage von Kraftfahrzeugen oder einer Anlage für den Bau von Kraftfahrzeugmotoren mit einer Leistung von jeweils 100.000 Stück oder mehr je Jahr;		A

Anlage 1 UVPG

43   Die Nr. 3.14 der Anlage 1 zum UVPG erfasst Anlagen für den **Bau** und die **Montage von Kraftfahrzeugen** oder einer Anlage für den **Bau von Kraftfahrzeugmotoren** mit einer Leistung von *100.000 Stück oder mehr je Jahr.* Damit wird Anhang II, Nr. 4., Buchst. f.) der UVP-ÄndRL (»Bau und Montage von Kraftfahrzeugen und Bau von Kraftfahrzeugmotoren«) in nationales Recht umgesetzt. Vorgeschrieben wird eine *allgemeine Vorprüfung* des Einzelfalles, wenn der betreffende *Prüfwert* erreicht wird. Der Tatbestand entspricht der Nr. 3.24 des Anhangs zur 4. BImSchV, Spalte 1. Mit der Änderung des Gesetzes vom 24.6.2002 ist in Nr. 3.14 in der Spalte »Vorhaben« vor der Angabe »100.000« das Wort »jeweils« eingefügt worden. Damit soll klargestellt werden, dass sich der Schwellenwert in Nr. 3.14 der Anlage 1 zum UVPG auf beide in dieser Vorschrift genannten Anlagentypen bezieht. Die Änderung steht im Zusammenhang mit redaktionellen Änderungen in der 4. BImSchV, die Unrichtigkeiten durch das Artikelgesetz beseitigen sollen (siehe dazu Bericht des Ausschusses für Umwelt-, Naturschutz- und Reaktorsicherheit vom 21.3.2002, BT-Drs. 14/8668, S. 17).

3.3.15   Luftfahrzeuge (Nr. 3.15)

Nr.	Vorhaben	Sp. 1	Sp. 2
3.15	Errichtung und Betrieb einer Anlage für den Bau und die Instandsetzung von Luftfahrzeugen, soweit je Jahr mehr als 50 Luftfahrzeuge hergestellt oder mehr als 100 Luftfahrzeuge repariert werden können, ausgenommen Wartungsarbeiten;		A

44   Die Nr. 3.15 der Anlage 1 zum UVPG erfasst Anlagen **für den Bau und die Instandsetzung von Luftfahrzeugen**, soweit je Jahr *mehr als 50 Luftfahrzeuge hergestellt* oder *mehr als 100 Luftfahrzeuge repariert* werden können. Ausgenommen werden Wartungsarbeiten. Damit wird Anhang II, Nr. 4., Buchst. h) der UVP-ÄndRL (»Anlagen für den Bau und die Instandsetzung von Luftfahrzeugen«) in nationales Recht umgesetzt. Vorgeschrieben wird eine *allgemeine Vorprüfung* des Einzelfalls, wenn der betreffende *Prüfwert* erreicht wird. Der Tatbestand stimmt überein mit der Nr. 3.25 des Anhangs zur 4. BImSchV, Spalte 1.

3.4   Chemische Erzeugnisse, Arzneimittel, Mineralölraffination und Weiterverarbeitung (Gruppe 4.)

45   Die **Gruppe 4.** unterteilt sich in **vier Untergruppen** mit den beiden wesentlichen Bestandteilen der Chemieanlagen und der Raffinerieanlagen. Im Gegensatz zu anderen Gruppierungen gem. Anlage 1 zum UVPG und Anhang zur 4. BImSchV bestehen gewisse Divergenzen zwischen fachgesetzlicher Ordnung und UVP-relevanten Tatbeständen. Die Begründung dafür dürfte in dem für die UVP-Tatbestände relevanten Anhang I, Nr. 6. der UVP-ÄndRL (»Integrierte chemische Anlagen, d. h. Anlagen zur …«) liegen. Dieser praktisch bedeutsame Begriff der »**integrierten chemischen Anlage**« ist, ähnlich wie bereits nach dem UVPG a. F., auch in der Nr. 4.1 der Anlage 1 zum UVPG enthalten, wohingegen in der Nr. 4.1 des Anhangs zur 4. BImSchV, Spalte 1, lediglich zahlreiche Herstellungsformen von chemischen Produkten aufgelistet werden (Buchstaben a) bis t)). Seine endgültige Fassung hat die Nr. 4.1 der Anlage 1 zum UVPG erst nach Durchlaufen des Verfahrens im Vermittlungsausschuss erhalten.[19] Der Tatbestand lautete gem. dem (ersten) Gesetzesbeschluss des Deutschen Bundestages vom 5.4.2001:

> »*Errichtung und Betrieb einer integrierten chemischen Anlage (Anlage zur Herstellung von Stoffen oder Stoffgruppen durch chemische Umwandlung im industriellen Umfang, bei der mehrere Einheiten sich nebeneinander befinden und …* (Rest i. w. unverändert; eig. Hervorhebung)«.

---

19   BT-Drs. 14/6357, Anlage, Nr. 2.

Anlage 1 UVPG

Nach dem Ergebnis des Vermittlungsverfahrens wurde der Klammerzusatz insbesondere durch Ersetzung des Wortes »Anlage« durch das Wort »*Verbund*« ersetzt.[20] Damit ist der Gedanke der integrativen Betrachtung verstärkt worden.

3.4.1 Integrierte chemische Anlage (Nr. 4.1)

Nr.	Vorhaben	Sp. 1	Sp. 2
4.	**Chemische Erzeugnisse, Arzneimittel, Mineralölraffinerien und Weiterverarbeitung**		
4.1	Errichtung und Betrieb einer integrierten chemischen Anlage (Verbund zur Herstellung von Stoffen oder Stoffgruppen durch chemische Umwandlung im industriellen Umfang, bei dem sich mehrere Einheiten nebeneinander befinden und in funktioneller Hinsicht miteinander sich mehrere Einheiten nebeneinander befinden und in funktioneller Hinsicht miteinander verbunden sind und – zur Herstellung von organischen Grundchemikalien, – zur Herstellung von anorganischen Grundchemikalien, – zur Herstellung von phosphor-, stickstoff- oder kaliumhaltigen Düngemitteln (Einnährstoff oder Mehrnährstoff), – zur Herstellung von Ausgangsstoffen für Pflanzenschutzmittel und von Bioziden, – zur Herstellung von Grundarzneimitteln unter Verwendung eines chemischen oder biologischen Verfahrens oder – zur Herstellung von Explosivstoffen dienen), ausgenommen Anlagen zur Erzeugung oder Spaltung von Kernbrennstoffen oder zur Aufarbeitung bestrahlter Kernbrennstoffe nach Nummer 11.1;	X	

Die Nr. 4.1 der Anlage 1 zum UVPG erfasst **integrierte chemische Anlagen**, verbunden mit einer in Klammern gesetzten Definition dessen, was darunter zu verstehen ist. Damit wird Anhang I, Nr. 6. der UVP-ÄndRL in nationales Recht umgesetzt mit folgendem Wortlaut:

46

> *»Integrierte chemische Anlagen, d.h. Anlagen zur Herstellung von Stoffen unter Verwendung chemischer Umwandlungsverfahren in industriellem Umfang, bei denen sich mehrere Einheiten nebeneinander befinden und in funktioneller Hinsicht miteinander verbunden sind und die i.) zur Herstellung von organischen Grundchemikalien, ii) zur Herstellung von anorganischen Grundchemikalien, iii) zur Herstellung von phosphor-, stickstoff- oder kaliumhaltigen Düngemitteln – Einnährstoff oder Mehrnährstoff –, iv) zur Herstellung von Ausgangsstoffen für Pflanzenschutzmitteln und von Bioziden, v) zur Herstellung von Grundarzneimitteln unter Verwendung eines chemischen oder biologischen Verfahrens, vi) zur Herstellung von Explosivstoffen dienen«.*

Ersichtlich lehnt sich die Tatbestandsbeschreibung der Nr. 4.1 der Anlage 1 zum UVPG eng an diejenige des EG-Rechts an. Im Gegensatz zum Wortlaut der UVP-ÄndRL wird jedenfalls mit der Umschreibung im nationalen Recht klargestellt, dass es sich um einen Anlagenverbund der beschriebenen Art handeln muss. Ob allerdings an dieser Feststellung das Vorhandensein oder das Fehlen des Wortes »Verbund« im Klammerzusatz etwas ändert, lässt sich bezweifeln. Das Verbundensein der mehreren – »integrierten« – chemischen Anlagen ergibt sich bereits aus den übrigen Umschreibungen, nämlich des *Nebeneinanderseins und der Verbindung in funktioneller Hinsicht*. Die verschiedenen, enumerativ aufgeführten **Arten der Herstellung** von chemischen

---

20 BR-Drs. 286/01 v. 20.4.2001, S. 13.

Anlage 1 UVPG

Produkten ist deckungsgleich in der Nr. 4.1 der Anlage 1 zum UVPG und dem Anhang I, Nr. 6 der UVP-ÄndRL geregelt.

Die Tatbestandsfassung weist gegenüber der Regelung des UVPG a.F. (Nr. 14. des Anhangs zu Nr. 1 der Anlage zu § 3: »Anlage zur fabrikmäßigen Herstellung von Stoffen durch chemische Umwandlung, die mindestens mit einer weiteren derartigen Anlage in einem verfahrenstechnischen Verbund stehen«) kaum sprachliche Vorzüge auf. Vorrangig dürfte die Anlehnung an die Formulierung der UVP-ÄndRL Leitgedanke gewesen sein. Zurückliegend fand der EG-rechtliche Terminus der »integrierten chemischen Anlage« keine Übernahme in das nationale Recht. Allerdings ging bereits vor der Neufassung des UVPG aus 2001 das *Verständnis* des Tatbestandes (»Anlagen zur fabrikmäßigen Herstellung von Stoffen durch chemische Umwandlung, die mindestens mit einer weiteren derartigen Anlage in einem verfahrenstechnischen Verbund steht«) dahin, dass mit dieser Formulierung der Begriff der »integrierten chemischen Anlagen« konkretisiert werde.[21] Die maßgeblichen (auslegungsbedürftigen) Tatbestandselemente ergeben sich aus den Wendungen »im industriellen Umfang«, »mehrere Einheiten nebeneinander« und »in funktioneller Hinsicht miteinander verbunden«. Der Begriff der »industriellen Herstellung« ähnelt der Wendung »zur fabrikmäßigen Herstellung« nach altem Recht und schließt Laboranlagen bzw. handwerkliche Betriebe aus. Der Begriff des Verbundenseins in funktioneller Hinsicht ist offen gefasst und nach Sinn und Zweck der Norm, nicht einzelne Anlagen zu erfassen, auszulegen. Die Wendung *»mehrere Einheiten nebeneinander«* ist nicht fachgesetzlich eng, sondern wortlautgemäß zu verstehen, d. h. die immissionsschutzrechtliche Fiktion der Bildung *einer gemeinsamen Anlage* kommt nicht zum Tragen. Anderenfalls würde der Tatbestand leerlaufen. Das UVPG spricht nicht von »Anlagen«, sondern von »Einheiten«.[22]

Da für die »integrierten chemischen Anlagen« **kein Schwellenwert** existiert, sind alle Anlagen dieser Art zwingend UVP-pflichtig. Dies ist begründet in der EG-rechtlichen Grundlage gem. Anhang I, Nr. 6. der UVP-ÄndRL.

Die Nr. 4.1 des Anhangs zur 4. BImSchV, Spalte 1, enthält, wie eingangs bereits angemerkt, eine vom UVP-Tatbestand abweichende Tatbestandsumschreibung. Nach der Begründung zum Gesetzentwurf sind Anlagen gem. Nr. 4.1 der Anlage 1 zum UVPG »im Interesse einer einheitlichen Auslegung« im Sinne der 4. BImSchV zu verstehen.[23] Dabei wird Bezug genommen auf eine Tatbestandsbeschreibung gem. Nr. 4.1, *Buchst. u)* des Anhangs zur 4. BImSchV, Spalte 1. Dieser Tatbestand gem. Buchst. u) ist aber im Laufe des Gesetzgebungsverfahrens *gestrichen* worden. Damit erfassen die fachgesetzlichen Genehmigungstatbestände nicht (mehr) den »Spezialbegriff« der »integrierten chemischen Anlagen«. Einschlägig ist vielmehr der »Sammeltatbestand« der Anlagen zur Herstellung von Stoffen oder Stoffgruppen ... insbesondere durch chemische Umwandlung zur Herstellung von ...«.

3.4.2 Sonstige Chemieanlagen (Nr. 4.2)

Nr.	Vorhaben	Sp. 1	Sp. 2
4.2	Errichtung und Betrieb einer Anlage zur Herstellung von Stoffen oder Stoffgruppen durch chemische Umwandlung im industriellen Umfang, ausgenommen integrierte chemische Anlagen nach Nummer 4.1, Anlagen nach Nummer 10.1 und Anlagen zur Erzeugung oder Spaltung von Kernbrennstoffen oder zur Aufarbeitung bestrahlter Kernbrennstoffe nach Nummer 11.1;		A

---

21 In diesem Sinne der federführende Umweltausschuss des Bundestages, BT-Drs. 11/5532, S. 40f.
22 A.A. *Hellmann*, NVwZ 2001, 1135, 1136; die Forderung europarechtskonformer (erweiternder) Auslegung geht daher ins Leere.
23 BT-Drs. 14/4599, S. 110.

Anlage 1 UVPG

Die Nr. 4.2 der Anlage 1 zum UVPG erfasst Anlagen zur **Herstellung von Stoffen oder Stoffgruppen durch chemische Umwandlung im industriellen Umfang,** wobei die integrierten chemischen Anlagen gem. Nr. 4.1 sowie Anlagen nach Nr. 10.1 (explosionsgefährliche Stoffe) und Nr. 11.1 (Kernbrennstoffe) ausgenommen werden. Damit wird Anhang II, Nr. 6., Buchst. a) und b) der UVP-ÄndRL (»a): »Behandlung von chemischen Zwischenerzeugnissen und Erzeugung von Chemikalien«; b): »Herstellung von Schädlingsbekämpfungsmitteln und pharmazeutischen Erzeugnissen, Farben und Anstrichmitteln, Elastomeren und Peroxiden«) in nationales Recht umgesetzt. Nach der Begründung zum Gesetzentwurf wurde es nicht für zweckmäßig erachtet, Größen- oder Leistungswerte für chemische Anlagen anzugeben, andererseits allein die Bezeichnung der Anlagenart nicht schon als sinnvolle Eingrenzung der UVP-Pflicht angesehen, sodass eine Vorprüfung des Einzelfalls für notwendig erachtet wurde.[24] Vorgeschrieben wird eine **allgemeine Vorprüfung** des Einzelfalles, ohne dass irgendein *Prüfwert* vorgesehen ist.

3.4.3 Raffinerien (Nr. 4.3)

Nr.	Vorhaben	Sp. 1	Sp. 2
4.3	Errichtung und Betrieb einer Anlage zur Destillation oder Raffination oder sonstigen Weiterverarbeitung von Erdöl in Mineralölraffinerien;	X	

Nr. 4.3 der Anlage 1 zum UVPG erfasst Anlagen zur **Destillation** oder zur **Raffination** oder **sonstigen Weiterverarbeitung** von **Erdöl in Mineralölraffinerien.** Damit wird Anhang I, Nr. 1. der UVP-ÄndRL (»Raffinerien für Erdöl – ausgenommen Unternehmen, die nur Schmiermittel aus Erdöl herstellen – ...«) in nationales Recht umgesetzt. Schwellenwerte sind nicht vorhanden. Damit sind alle Anlagen dieser Art *zwingend UVP-pflichtig.* Der Tatbestand der Nr. 4.3 der Anlage 1 zum UVPG deckt sich nicht vollständig mit dem entsprechenden Tatbestand gem. Nr. 4.4 des Anhangs zur 4. BImSchV, Spalte 1. Fachrechtlich wird der Genehmigungstatbestand auf weitere Anlagenvarianten erstreckt, u. a. auf Altöl- oder Schmierstoffraffinerien sowie die Gewinnung von Paraffin und Gasraffinerien. Die Frage der UVP-Pflicht ist dem gegenüber ausschließlich nach der Tatbestandsbeschreibung gem. Nr. 4.3 der Anlage 1 zum UVPG zu beantworten.

3.4.4 Anstrich- oder Beschichtungsstoffe (Nr. 4.4)

Nr.	Vorhaben	Sp. 1	Sp. 2
4.4	Errichtung und Betrieb einer Anlage zur Herstellung von Anstrich- oder Beschichtungsstoffen (Lasuren, Firnisse, Lacke, Dispersionsfarben) oder Druckfarben unter Einsatz von 25 t flüchtiger organischer Verbindungen oder mehr je Tag, die bei einer Temperatur von 293,15 Kelvin einen Dampfdruck von mindestens 0,01 Kilopascal haben;		A

Die Nr. 4.4 der Anlage 1 zum UVPG erfasst Anlagen zur **Herstellung von Anstrich- oder Beschichtungsstoffen** (Lasuren, Firnisse, Lacke, Dispersionsfarben) oder Druckfarben unter der Voraussetzung der Erreichung der betreffenden **Schwellenwerte.** Damit wird Anhang II, Nr. 6., Buchst. b) der UVP-ÄndRL (»Herstellung von Schädlingsbekämpfungsmitteln und pharmazeutischen Erzeugnissen, Farben und Anstrichmitteln, Elastomeren und Peroxiden«) in nationales Recht umgesetzt. Vorgesehen ist eine *allgemeine Vorprüfung* des Einzelfalles, wenn die betreffenden *Prüfwerte* erreicht werden.

---

24 BT-Drs. 14/4599, S. 110.

Anlage 1 UVPG

3.5 Oberflächenbehandlung von Kunststoffen (Gruppe 5.)

Nr.	Vorhaben	Sp. 1	Sp. 2
5.	**Oberflächenbehandlung von Kunststoffen:**		
5.1	Errichtung und Betrieb einer Anlage zur Oberflächenbehandlung von Kunststoffen durch ein elektrolytisches oder chemisches Verfahren mit einem Volumen der Wirkbäder von 30 m^3 oder mehr;		A

50 Die **Gruppe 5.** der Anlage 1 zum UVPG enthält lediglich *einen* Tatbestand, der mit der *Nr. 5.1* geregelt wird. Danach sind Anlagen zur **Oberflächenbehandlung von Kunststoffen** durch ein elektrolytisches oder chemisches Verfahren mit einem Volumen der Wirkbäder von **30 m^3 oder mehr** entsprechend einer *allgemeinen Vorprüfung* des Einzelfalles ggf. UVP-pflichtig. Damit wird Anhang II, Nr. 4., Buchst. e) der UVP-ÄndRL (»Anlagen zur Oberflächenbehandlung von Metallen und Kunststoffen durch ein elektrolytisches oder chemisches Verfahren«) in nationales Recht umgesetzt. Die Einzelfallprüfung findet nur statt, wenn der betreffende *Prüfwert* erreicht wird.

3.6 Holz, Zellstoff (Gruppe 6.)

Nr.	Vorhaben	Sp. 1	Sp. 2
6	**Holz, Zellstoff:**		

51 Die **Gruppe 6.** der Anlage 1 zum UVPG lässt sich aufteilen in die Untergruppen »**Zellstoff**« gem. Nr. 6.1 und »**Papier, Pappe**« gem. Nr. 6.2.

3.6.1 Zellstoff (Nr. 6.1)

Nr.	Vorhaben	Sp. 1	Sp. 2
6.1	Errichtung und Betrieb einer Anlage zur Gewinnung von Zellstoff aus Holz, Stroh oder ähnlichen Faserstoffen;	X	

52 Die Nr. 6.1 erfasst Anlagen zur **Gewinnung von Zellstoff aus Holz, Stroh oder ähnlichen Faserstoffen**, ohne das ein Schwellenwert angegeben ist. Anlagen dieser Art sind *zwingend UVP-pflichtig*. Damit werden Anhang I, Nr. 18., Buchst. a) (»Herstellung von Zellstoff aus Holz oder anderen Faserstoffen«) und Anhang II, Nr. 8., Buchst. d) der UVP-ÄndRL (»Anlagen zur Erzeugung und Verarbeitung von Zellstoff und Zellulose«) in nationales Recht umgesetzt.

3.6.2 Pappe, Papier (Nr. 6.2)

Nr.	Vorhaben	Sp. 1	Sp. 2
6.2	Errichtung und Betrieb einer Anlage zur Herstellung von Papier oder Pappe mit einer Produktionsleistung von		
6.2.1	200 t oder mehr je Tag,	X	
6.2.2	20 t bis weniger als 200 t je Tag;		A

53 Die Nr. 6.2 erfasst Anlagen zur **Herstellung von Papier oder Pappe** mit einer bestimmten Produktionsleistung. Damit wird Anhang I, Nr. 18., Buchst. b) (»Herstellung von Papier und Pappe, deren Produktionskapazität 200 t pro Tag übersteigt«) und Anhang II, Nr. 8., Buchst. d) der UVP-ÄndRL

(»Anlagen zur Erzeugung und Verarbeitung von Zellstoff und Zellulose«) in nationales Recht umgesetzt. Bei Überschreitung eines Schwellenwertes von *200 t oder mehr je Tag* sind Anlagen dieser Art *zwingend UVP-pflichtig.* Der Schwellenwert der Nr. 6.2.1 von 200 t oder mehr je Tag entspricht der EG-rechtlichen Vorgabe gem. Anhang I, Nr. 18., Buchst. b). Gem. Nr. 6.2.2 werden Anlagen dieser Art mit einer Produktionsleistung *von 20 t bis weniger als 200 t je Tag einer allgemeinen Vorprüfung* des Einzelfalls unterworfen. Dieser *Prüfwert* deckt sich weitgehend mit der Nr. 6.2 des Anhangs zur 4. BImSchV, Spalte 1 (dort wird neben Papier und Pappe noch »Karton« erfasst).

3.7 Nahrungs-, Genuss- und Futtermittel, landwirtschaftliche Erzeugnisse (Gruppe 7.)

Diese **Gruppe 7.** enthält insgesamt **29 Untergruppierungen** insbesondere den landwirtschaftlichen Bereich betreffend.

Nr.	Vorhaben	Sp. 1	Sp. 2
7.	**Nahrungs-, Genuss- und Futtermittel, landwirtschaftliche Erzeugnisse:**		
7.1	Errichtung und Betrieb einer Anlage zur Intensivhaltung von Hennen mit		
7.1.1	42.000 oder mehr Plätzen,	X	
7.1.2	15.000 bis weniger als 42.000 Plätzen, soweit sie nicht unter Nummer 7.12 fällt;		S
7.2	Errichtung und Betrieb einer Anlage zur Intensivhaltung oder -aufzucht von Junghennen mit		
7.2.1	84.000 oder mehr Plätzen,	X	
7.2.2	30.000 bis weniger als 84.000 Plätzen, soweit sie nicht unter Nummer 7.12 fällt;		S
7.3	Errichtung und Betrieb einer Anlage zur Intensivhaltung oder -aufzucht von Mastgeflügel mit		
7.3.1	84.000 oder mehr Plätzen,	X	
7.3.2	30.000 bis weniger als 84.000 Plätzen, soweit sie nicht unter Nummer 7.12 fällt;		S
7.4	Errichtung und Betrieb einer Anlage zur Intensivhaltung oder -aufzucht von Truthühnern mit		
7.4.1	42.000 oder mehr Plätzen,	X	
7.4.2	15.000 bis weniger als 42.000 Plätzen, soweit sie nicht unter Nummer 7.12 fällt;		S
7.5	Errichtung und Betrieb einer Anlage zur Intensivhaltung oder -aufzucht von Rindern mit		
7.5.1	350 oder mehr Plätzen,	X	
7.5.2	250 bis weniger als 350 Plätzen, soweit sie nicht unter Nummer 7.12 fällt;		S

Anlage 1 UVPG

Nr.	Vorhaben	Sp. 1	Sp. 2
7.6	Errichtung und Betrieb einer Anlage zur Intensivhaltung oder -aufzucht von Kälbern mit		
7.6.1	1.000 oder mehr Plätzen,	X	
7.6.2	300 bis weniger als 1.000 Plätzen, soweit sie nicht unter Nummer 7.12 fällt;		S
7.7	Errichtung und Betrieb einer Anlage zur Intensivhaltung oder -aufzucht von Mastschweinen (Schweine von 30 kg Lebendgewicht oder mehr) mit		
7.7.1	2.000 oder mehr Plätzen,	X	
7.7.2	1.500 bis weniger als 2000 Plätzen, soweit sie nicht unter Nummer 7.12 fällt;		S
7.8	Errichtung und Betrieb einer Anlage zur Intensivhaltung oder -aufzucht von Sauen einschließlich dazugehörender Ferkel (Ferkel bis weniger als 30 kg Lebendgewicht) mit		
7.8.1	750 oder mehr Plätzen,	X	
7.8.2	560 bis weniger als 750 Plätzen, soweit sie nicht unter Nummer 7.12 fällt;		S
7.9	Errichtung und Betrieb einer Anlage zur getrennten Intensivaufzucht von Ferkeln (Ferkel von 10 bis weniger als 30 kg Lebendgewicht) mit		
7.9.1	6000 oder mehr Plätzen,	X	
7.9.2	4500 bis weniger als 6000 Plätzen, soweit sie nicht unter Nummer 7.12 fällt;		S
7.10	Errichtung und Betrieb einer Anlage zur Intensivhaltung oder -aufzucht von Pelztieren mit		
7.10.1	1.000 oder mehr Plätzen,	X	
7.10.2	750 bis weniger als 1.000 Plätzen, soweit sie nicht unter Nummer 7.12 fällt;		S
7.11	Errichtung und Betrieb einer Anlage zur Intensivhaltung oder -aufzucht von Tieren in gemischten Beständen, wenn		
7.11.1	die jeweils unter den Nummern 7.1.1, 7.2.1, 7.3.1, 7.4.1, 7.5.1, 7.6.1, 7.7.1, 7.8.1, 7.9.1 und 7.1 0.1 genannten Platzzahlen nicht erreicht werden, die Summe der Vom-Hundert-Anteile, bis zu denen die Platzzahlen ausgeschöpft werden, aber den Wert von 100 erreicht oder überschreitet,	X	
7.11.2	die jeweils unter den Nummern 7.1.2, 7.2.2, 7.3.2, 7.4.2, 7.5.2, 7.6.2, 7.7.2, 7.8.2, 7.9.2 und 7.1 0.2 genannten Platzzahlen nicht erreicht werden, die Summe der Vom-Hundert-Anteile, bis zu denen die Platzzahlen ausgeschöpft werden, aber den Wert von 100 erreicht oder überschreitet;		S

Anlage 1 UVPG

Nr.	Vorhaben	Sp. 1	Sp. 2
7.12	Anlagen zum Halten oder zur Aufzucht von Nutztieren mit Plätzen für 50 Großvieheinheiten oder mehr und mehr als zwei Großvieheinheiten je Hektar der vom Inhaber der Anlage regelmäßig landwirtschaftlich genutzten Fläche oder ohne landwirtschaftlich genutzte Fläche, soweit diese Anlagen nicht unter die Nummern 7.1.1 , 7.2.1, 7.3.1, 7.4.1, 7.5.1, 7.6. 1, 7. 7.1, 7.8.1, 7.9.1 oder 7.1 0.1 fallen. Eine Großvieheinheit entspricht einem Lebendgewicht von 500 kg je Haltungsperiode;		A
7.13	Errichtung und Betrieb einer Anlage zum Schlachten von Tieren mit einer Leistung von		
7.13.1	50 t Lebendgewicht oder mehr je Tag,		A
7.13.2	0,5 t bis weniger als 50 t Lebendgewicht je Tag bei Geflügel oder 4 t bis weniger als 50 t Lebendgewicht je Tag bei sonstigen Tieren;		S
7.14	Errichtung und Betrieb einer Anlage zur Erzeugung von Speisefetten aus tierischen Rohstoffen, ausgenommen Milch, mit einer Produktionsleistung von		
7.14.1	75 t Fertigerzeugnissen oder mehr je Tag,		A
7.14.2	weniger als 75 t Fertigerzeugnissen je Tag, ausgenommen Anlagen zur Erzeugung von Speisefetten aus selbstgewonnenen tierischen Fetten in Fleischereien mit einer Leistung von bis zu 200 kg Speisefett je Woche;		S
7.15	Errichtung und Betrieb einer Anlage zum Schmelzen von tierischen Fetten mit einer Produktionsleistung von		
7.15.1	75 t Fertigerzeugnissen oder mehr je Tag,		A
7.15.2	weniger als 75 t Fertigerzeugnissen je Tag, ausgenommen Anlagen zur Verarbeitung von selbstgewonnenen tierischen Fetten zu Speisefetten in Fleischereien mit einer Leistung von bis zu 200 kg Speisefett je Woche;		S
7.16	Errichtung und Betrieb einer Anlage zur Herstellung von Fleischkonserven mit einer Produktionsleistung von		
7.16.1	75 t Konserven oder mehr je Tag,		A
7.16.2	1 t bis weniger als 75 t Konserven je Tag;		S
7.17	Errichtung und Betrieb einer Anlage zur Herstellung von Gemüsekonserven mit einer Produktionsleistung von		
7.17.1	300 t Konserven oder mehr je Tag als Vierteljahresdurchschnittswert,		A
7.17.2	10 t bis weniger als 300 t Konserven je Tag als Vierteljahresdurchschnittswert, ausgenommen Anlagen zum Sterilisieren oder Pasteurisieren dieser Nahrungsmittel in geschlossenen Behältnissen;		S
7.18	Errichtung und Betrieb einer Anlage zur fabrikmäßigen Herstellung von Tierfutter durch Erwärmen der Bestandteile tierischer Herkunft;		A

Anlage 1 UVPG

Nr.	Vorhaben	Sp. 1	Sp. 2
7.19	Errichtung und Betrieb einer Anlage zur Beseitigung oder Verwertung von Tierkörpern oder tierischen Abfällen mit einer Verarbeitungsleistung von		
7.19.1	10 t oder mehr je Tag,		A
7.19.2	weniger als 10 je Tag;		S
7.20	Errichtung und Betrieb einer Anlage zum Gerben einschließlich Nachgerben von Tierhäuten oder Tierfellen mit einer Verarbeitungsleistung von		
7.20.1	12 t Fertigerzeugnissen oder mehr je Tag,		A
7.21	Errichtung und Betrieb einer Anlage zur Herstellung von Fischmehl oder Fischöl;	X	
7.22	Errichtung und Betrieb einer Anlage zur Herstellung von Braumalz (Mälzerei) mit einer Produktionsleistung von		A
7.22.1	300 t Darrmalz oder mehr je Tag als Vierteljahresdurchschnittswert,		A
7.22.2	weniger als 300 t Darrmalz je Tag als Vierteljahresdurchschnittswert;		S
7.23	Errichtung und Betrieb einer Anlage zur Herstellung von Stärkemehlen mit einer Produktionsleistung von		A
7.23.1	300 t Stärkemehlen oder mehr je Tag als Vierteljahresdurchschnittswert,		A
7.23.2	1 t bis weniger als 300 t Stärkemehlen je Tag als Vierteljahresdurchschnittswert;		S
7.24	Errichtung und Betrieb einer Anlage zur Erzeugung von Ölen oder Fetten aus pflanzlichen Rohstoffen mit einer Produktionsleistung von		S
7.24.1	300 t Fertigerzeugnissen oder mehr je Tag als Vierteljahresdurchschnittswert,		A
7.24.2	weniger als 300 t Fertigerzeugnissen je Tag als Vierteljahresdurchschnittswert mit Hilfe von Extraktionsmitteln, soweit die Menge des eingesetzten Extraktionsmittels 1 t oder mehr je Tag als Vierteljahresdurchschnittswert beträgt;		S
7.25	Errichtung und Betrieb einer Anlage zur Herstellung oder Raffination von Zucker unter Verwendung von Zuckerrüben oder Rohzucker;		A
7.26	Errichtung und Betrieb einer Brauerei mit einem Ausstoß von		
7.26.1	3000 hl Bier oder mehr je Tag als Vierteljahresdurchschnittswert,		A
7.26.2	200 hl bis weniger als 3000 hl Bier je Tag als Vierteljahresdurchschnittswert;		S
7.27	Errichtung und Betrieb einer Anlage zur Herstellung von Süßwaren oder Sirup aus tierischen Rohstoffen, ausgenommen Milch, mit einer Produktionsleistung von		A

Anlage 1 UVPG

Nr.	Vorhaben	Sp. 1	Sp. 2
7.27.1	75 t Süßwaren oder Sirup oder mehr je Tag,		A
7.27.2	50 kg bis weniger als 75 t Süßwaren oder Sirup je Tag bei Herstellung von Lakritz;		S
7.28	Errichtung und Betrieb einer Anlage zur Herstellung von Süßwaren oder Sirup aus pflanzlichen Rohstoffen mit einer Produktionsleistung von	A	
7.28.1	300 t oder mehr Süßwaren oder Sirup je Tag als Vierteljahresdurchschnittswert,		A
7.28.2	50 kg bis weniger als 300 t Süßwaren je Tag bei Herstellung von Kakaomasse aus Rohkakao oder bei thermischer Veredelung von Kakao- oder Schokoladenmasse;		S
7.29	Errichtung und Betrieb einer Anlage zur Behandlung oder Verarbeitung von Milch mit einem Einsatz von		
7.29.1	200 t Milch oder mehr je Tag als Jahresdurchschnittswert,		A
7.29.2	5 t bis weniger als 200 t Milch je Tag als Jahresdurchschnittswert bei Sprühtrocknern zum Trocknen von Milch, von Erzeugnissen aus Milch oder von Milchbestandteilen;		S

Durch Beschlüsse des federführenden Bundestags-Umweltausschusses ist eine Reihe von Änderungen vorgenommen worden.[25] Die UVP-ÄndRL enthält folgende Vorgaben in **Anhang I; Nr. 17.**:

»*Anlagen zur Intensivhaltung oder -aufzucht von Geflügel oder Schweinen mit mehr als a) 85.000 Plätzen für Masthähnchen und -hühnchen, 60.000 Plätzen für Hennen, b) und 3.000 Plätzen für Mastschweine – Schweine über 30 kg – oder c) 900 Plätzen für Säue.*«

Außerdem sind im **Anhang II, Nr. 1., Buchst. e)**: »Anlagen zur Intensivtierhaltung – nicht durch Anhang I erfasste Projekte«, aufgelistet. Nach den Beschlüssen des Bundestags-Umweltausschusses hat sich der UVP-Gesetzgeber nicht an den *höheren* Werten des EG-Rechts gem. Anhang I; Nr. 17. orientiert, sondern vielmehr an den *Platzzahlen der Nr. 7. des Anhangs zur 4. BImSchV, Spalte 1*. Dabei wird auf die erheblichen Auswirkungen auf die Umwelt abgehoben und außerdem auf das Ziel der *Beibehaltung der Schwellenwerte der Nr. 24. des Anhangs zur Nr. 1 der Anlage zu § 3 UVPG a. F*. Im Einzelnen:

Die Gruppe der Nr. 7. der Anlage 1 zum UVPG enthält für die Untergruppe »**Intensivtierhaltung**« gem. Nr. 7.1 bis 7.9 Differenzierungen zwischen Größenklassen, bei denen *zwingend* eine UVP durchzuführen ist (Spalte 1), und solchen Größenklassen, bezüglich derer die Durchführung der UVP von einer *standortbezogenen Vorprüfung* des Einzelfalls (Spalte 2, S) abhängig gemacht wird. In den nachfolgenden Untergruppen sind *überwiegend* Fälle einer notwendigen *Vorprüfung des Einzelfalles* entweder *allgemeiner* oder **standortbezogener** Art anzutreffen. Eine zwingende UVP-Pflicht besteht *neben* den vorgenannten **großen Anlagen der Intensivtierhaltung** (also im Katalog nach Nr. 7.9) in folgenden Fällen:
– Nr. 7.10.1: Anlage **zur Intensivhaltung oder -aufzucht von Pelztieren** mit **1.000 oder mehr** Plätzen
– Nr. 7.11.1: mit einem Sammeltatbestand für **gemischte Tierbestände**
– gem. Nr. 7.21: bei Anlagen zur **Herstellung von Fischmehl oder Fischöl**.

---

25   BT-Drs. 14/5750, S. 23 ff.

Anlage 1 UVPG

In allen übrigen – zahlreichen – Fällen sind den Prüfwerten des Katalogs entsprechende *Vorprüfungen des Einzelfalles* erforderlich.

3.8 Verwertung und Beseitigung von Abfällen und sonstigen Stoffen (Gruppe 8.)

56 Die **Gruppe 8.** hat als Nachfolgetatbestand gegenüber der Nr. 26. des Anhangs zu Nr. 1 der Anlage zu § 3 UVPG a. F. (»Anlagen zur Behandlung von Abfällen zur Beseitigung im Sinne des § 27 Abs. 1 Satz 2 des Kreislaufwirtschafts- und Abfallgesetzes«) eine *wesentliche Ausdifferenzierung* erfahren. Die neue Nr. 8. enthält **neun Unterkategorien.** Diese Unterkategorien umfassen nicht nur **Abfallverbrennungsanlagen,** sondern auch die biologische und chemische **Behandlung** von Abfällen und die zeitweise **Lagerung** bestimmter Abfallstoffe sowie die langfristige Lagerung von Abfällen. Die *umfangreiche Erweiterung* der Nr. 8. (gegenüber der früheren Nr. 26.) beruht auf der Erweiterung des Anlagenkatalogs durch die UVP-ÄndRL und die weitergehende nationale Umsetzungsdogmatik. Im Anhang I dieser Richtlinie finden sich – über die UVPRL hinausgehend – zwei insoweit einschlägige Tatbestände, die zwingend zur Einführung der UVP im nationalen Recht veranlassen.
– *»Nr. 9.: »Abfallbeseitigungsanlagen zur Verbrennung, chemischen Behandlung gem. der Definition in Anhang II A Nr. D 9 der Richtlinie 75/442/EWG*[26] *[oder Deponierung] gefährlicher Abfälle (d. h. unter die Richtlinie 91/689/EWG*[27] *fallender Abfälle).*
– *»Nr. 10.: Abfallbeseitigungsanlagen zur Verbrennung oder chemischen Behandlung gem. der Definition in Anhang II A Nr. D 9 der Richtlinie 75/442/EWG ungefährlicher Abfälle mit einer Kapazität von mehr als 100 t pro Tag«.*

Der Anhang I der UVP-ÄndRL erfasst somit die genannten Abfallbeseitigungsanlagen im Falle **gefährlicher Abfälle**, ohne *Schwellenwert* und – erstmals – auch Anlagen mit **ungefährlichen Abfällen**, wenn die Kapazität *100 t pro Tag* überschreitet.

Weiterhin enthält Anhang II Nr. 11., Buchst. b), d) und e) der UVP-ÄndRL Vorgaben, die der Gesetzgeber – in einem weiten Verständnis – mit der Anlage 1 zum UVPG umgesetzt hat. Diese Vorgaben sehen wie folgt aus:

Anhang II, Nr. 11.: »sonstige Projekte
a) ...
b) Abfallbeseitigungsanlagen (nicht durch Anhang I erfasste Projekte)
c) ...
d) Schlammlagerplätze
e) Lagerung von Eisenschrott einschließlich Schrottwagen«.

In der Spalte 1 der Anlage 1 zum UVPG werden als zwingend UVP-pflichtig insbesondere die Abfallbeseitigungsanlagen mit **thermischen Verfahren** (Abfallverbrennung, Vergasung, Pyrolyse etc), die **Müllkraftwerke/Müllheizkraftwerke** ab 50 MW, größere Anlagen zur biologischen oder chemischen Behandlung sowie zur Lagerung von besonders überwachungsbedürftigen Abfällen ab einer bestimmten Kapazität erfasst.

Die **Vorgängerregelung** der Nr. 26. des Anhangs zu Nr. 1 der Anlage zu § 3 ist durch Art. 3 des 3. Gesetzes zur Änderung des BImSchG vom 11.5.1990 in das UVPG a. F. eingefügt worden.[28] Sie ist im Zusammenhang mit Art. 2 des gleichen Gesetzes zu sehen, der die Änderung des AbfG durch Einfügung eines Satzes 2 in § 4 Abs. 1 zum Inhalt hatte (erklärte die Verwertung oder Behandlung von Abfällen in überwiegend einem anderen Zweck als der Abfallentsorgung dienenden Anlagen für zulässig). Mit In-Kraft-Treten des KrW-/AbfG am 7.10.1996 wurden mit der

---

26 ABl. Nr. L 194 v. 25.7.1975, S. 39; zuletzt geändert durch die Entscheidung 94/3/EG der Kommission, ABl. Nr. L 5 v. 7.1.1994, S. 15.
27 ABl. Nr. L 377 v. 31.12.1991, S. 20; zuletzt geändert durch die Richtlinie 94/31/EG, ABl. Nr. L 168 v. 2.7.1994, S. 28.
28 BGBl 1990 I, S. 870 ff., 879.

Anlage 1 UVPG

Nr. 26. des Anhangs zu Nr. 1 der Anlage zu § 3 UVPG a.F. nicht mehr die Anlagen, die der Verwertung oder Behandlung von Abfällen im Sinne des § 4 Abs. 1 Satz 3 AbfG dienen, erfasst, sondern »Anlagen zur Behandlung von Abfällen zur Beseitigung im Sinne des § 27 Abs. 1 Satz 2 des Kreislaufwirtschafts- und Abfallgesetzes«.

Zwischen den Tatbeständen gem. Anlage 1 zum UVPG und dem Anhang zur 4. BImSchV besteht teilweise Übereinstimmung (zum Prinzip s.o. 1 Allgemeines).

Die Einzelheiten ergeben sich aus dem nachfolgenden Katalog.

3.8.1 Beseitigung oder Verwertung von Abfällen durch thermische Verfahren (Nr. 8.1)

Nr.	Vorhaben	Sp. 1	Sp. 2
8.	**Verwertung und Beseitigung von Abfällen und sonstigen Stoffen:**		
8.1	Errichtung und Betrieb einer Anlage zur Beseitigung oder Verwertung von festen, flüssigen oder in Behältern gefassten gasförmigen Abfällen oder Deponiegas mit brennbaren Bestandteilen durch		
8.1.1	thermische Verfahren, insbesondere Entgasung, Plasmaverfahren, Pyrolyse, Vergasung, Verbrennung oder eine Kombination dieser Verfahren, ausgenommen Fälle der Nummern 8.1.2 und 8.1.4,	X	
8.1.2	Verbrennen von Altöl oder Deponiegas in einer Verbrennungsmotoranlage mit einer Feuerungswärmeleistung von 1 MW oder mehr,		A
8.1.3	Abfackeln von Deponiegas oder anderen gasförmigen Stoffen,		S
8.1.4	Verbrennen von Altöl oder Deponiegas in einer Verbrennungsmotoranlage mit einer Feuerungswärmeleistung von weniger als 1 MW;		S

3.8.2 Verbrennen von Stoffen aus Holz (Nr. 8.2)

Nr.	Vorhaben	Sp. 1	Sp. 2
8.2	Errichtung und Betrieb einer Anlage zur Erzeugung von Strom, Dampf, Warmwasser, Prozesswärme oder erhitztem Abgas durch den Einsatz von gestrichenem, lackiertem oder beschichtetem Holz oder von Sperrholz, Spanplatten, Faserplatten oder sonst verleimtem Holz oder daraus angefallenen Resten, soweit keine Holzschutzmittel aufgetragen oder infolge einer Behandlung enthalten sind oder Beschichtungen nicht aus halogen-organischen Verbindungen bestehen, in einer Verbrennungseinrichtung (wie Kraftwerk, Heizkraftwerk, Heizwerk, sonstige Feuerungsanlage) einschließlich des jeweils zugehörigen Dampfkessels, mit einer Feuerungswärmeleistung von		
8.2.1	50 MW oder mehr,	X	
8.2.2	1 MW bis weniger als 50 MW;		S

Anlage 1 UVPG

3.8.3 Biologische Behandlung von besonders überwachungsbedürftigen Abfällen (Nr. 8.3)

Nr.	Vorhaben	Sp. 1	Sp. 2
8.3	Errichtung und Betrieb einer Anlage zur biologischen Behandlung von besonders überwachungsbedürftigen Abfällen, auf welche die Vorschriften des Kreislaufwirtschafts- und Abfallgesetzes Anwendung finden, mit einer Durchsatzleistung von		
8.3.1	10 t Einsatzstoffen oder mehr je Tag,	X	
8.3.2	1 t bis weniger als 10 t Einsatzstoffen je Tag;		S

3.8.4 Biologische Behandlung von nicht besonders überwachungsbedürftigen Abfällen (Nr. 8.4)

Nr.	Vorhaben	Sp. 1	Sp. 2
8.4	Errichtung und Betrieb einer Anlage zur biologischen Behandlung von nicht besonders überwachungsbedürftigen Abfällen, auf welche die Vorschriften des Kreislaufwirtschafts- und Abfallgesetzes Anwendung finden, mit einer Durchsatzleistung von		
8.4.1	50 t Einsatzstoffen oder mehr je Tag,		A
8.4.2	10 t bis weniger als 50 t Einsatzstoffen je Tag;		S

3.8.5 Chemische Behandlung von besonders überwachungsbedürftigen Anlagen (Nr. 8.5)

Nr.	Vorhaben	Sp. 1	Sp. 2
8.5	Errichtung und Betrieb einer Anlage zur chemischen Behandlung, insbesondere zur chemischen Emulsionsspaltung, Fällung, Flockung, Neutralisation oder Oxidation, von besonders überwachungsbedürftigen Abfällen, auf welche die Vorschriften des Kreislaufwirtschafts- und Abfallgesetzes Anwendung finden;	X	

3.8.6 Chemische Behandlung von nicht besonders überwachungsbedürftigen Anlagen (Nr. 8.6)

Nr.	Vorhaben	Sp. 1	Sp. 2
8.6	Errichtung und Betrieb einer Anlage zur chemischen Behandlung, insbesondere zur chemischen Emulsionsspaltung, Fällung, Flockung, Neutralisation oder Oxidation, von nicht besonders überwachungsbedürftigen Abfällen, auf welche die Vorschriften des Kreislaufwirtschafts- und Abfallgesetzes Anwendung finden, mit einer Durchsatzleistung von		
8.6.1	100 t Einsatzstoffen oder mehr je Tag,	X	
8.6.2	50 t bis weniger als 100 t Einsatzstoffen je Tag,		A
8.6.3	10 t bis weniger als 50 t Einsatzstoffen je Tag;		S

Anlage 1 UVPG

3.8.7 Zeitweise Lagerung von Eisen- oder Nichteisenschrotten (Nr. 8.7)

Nr.	Vorhaben	Sp. 1	Sp. 2
8.7	Errichtung und Betrieb einer Anlage zur zeitweiligen Lagerung von Eisen- oder Nichteisenschrotten, einschließlich Autowracks, ausgenommen die zeitweilige Lagerung bis zum Einsammeln auf dem Gelände der Entstehung der Abfälle und Anlagen nach Nummer 8.8, mit		
8.7.1	einer Gesamtlagerfläche von 15.000 m² oder mehr oder einer Gesamtlagerkapazität von 1.500 t Eisen- oder Nichteisenschrotten oder mehr,		A
8.7.2	einer Gesamtlagerfläche von 1.000 m² bis weniger als 15.000 m² oder einer Gesamtlagerkapazität von 100 t bis weniger als 1.500 t Eisen- oder Nichteisenschrotten;		S

3.8.8 Zeitweise Lagerung von besonders überwachungsbedürftigen Schlämmen (Nr. 8.8)

Nr.	Vorhaben	Sp. 1	Sp. 2
8.8	Errichtung und Betrieb einer Anlage zur zeitweiligen Lagerung von besonders überwachungsbedürftigen Schlämmen, auf welche die Vorschriften des Kreislaufwirtschafts- und Abfallgesetzes Anwendung finden, mit einer Aufnahmekapazität von 10 t oder mehr je Tag oder einer Gesamtlagerkapazität von 150 t oder mehr;		A

3.8.9 Langfristige Lagerung von Abfällen (Nr. 8.9)

Nr.	Vorhaben	Sp. 1	Sp. 2
8.9	Errichtung und Betrieb einer Anlage zur Lagerung von Abfällen, auf die Vorschriften des Kreislaufwirtschafts- und Abfallgesetzes Anwendung finden, soweit in diesen Anlagen Abfälle vor deren Beseitigung oder Verwertung jeweils über einen Zeitraum von mehr als einem Jahr gelagert werden (langfristige Lagerung), bei		
8.9.1	besonders überwachungsbedürftigen Abfällen mit		
8.9.1.1	einer Aufnahmekapazität von 10 t je Tag oder mehr oder einer Gesamtlagerkapazität von 150 t oder mehr,	X	
8.9.1.2	geringeren Kapazitäten als in Nummer 8.9.1.1 angegeben,		A
8.9.2	nicht besonders überwachungsbedürftigen Abfällen mit		
8.9.2.1	einer Aufnahmekapazität von 10 t je Tag oder mehr oder einer Gesamtlagerkapazität von 150 t oder mehr,		A
8.9.2.2	geringeren Kapazitäten als in Nummer 8.9.2.1 angegeben;		S

Anlage 1 UVPG

3.9 Lagerung von Stoffen und Zubereitungen (Gruppe 9.)

58 Die **Gruppe 9.** erfasst eine Vielzahl von Fällen der Lagerung von Stoffen, darunter insbesondere solchen, die brennbar sind oder Explosionsgefahren in sich bergen. Insgesamt werden **acht Unterkategorien** erfasst.

Die UVP-ÄndRL trifft folgende Vorgaben in den Anhängen I und II:

Anhang I Nr. 21.: »*Anlagen zur Lagerung von Erdöl, petrochemischen und chemischen Erzeugnissen mit einer Kapazität von 200.000 t und mehr.*«

Anhang II Nr. 6 c): »*Speicherung und Lagerung von Erdöl, petrochemischen und chemischen Erzeugnissen.*«

Der Schwellenwert derartiger Läger von 200.000 t oder mehr findet sich in der Gruppe 9. mehrfach wieder, d. h. bei verschiedenen Fällen der Lagerung von Stoffen, z. B. bei brennbaren Gasen oder brennbaren Flüssigkeiten, von Chlor, Schwefeldioxid etc. (s. Nr. 9.1.1, 9.2.1, 9.3.1, 9.4.1 etc). In allen diesen Fällen ist bei Überschreitung des Schwellenwertes eine UVP zwingend durchzuführen. Für den Gesetzgeber bestand insoweit kein Umsetzungsspielraum, da es um Fälle der Anlage I der UVP-ÄndRL geht.

Die Umsetzung der Vorgaben gem. Anhang II, Nr. 6., Buchst. c) der UVP-ÄndRL erfolgt durch die Nr. 9.1 ff. der Anlage 1 zum UVPG weitgehend nach einem einheitlichem Prinzip, nämlich durch Erfassung auch von Lägern kleinerer Größe. Dabei werden beinahe durchgängig sowohl ein Prüfwert für die *allgemeine Vorprüfung* des Einzelfalles vorgesehen als auch ein solcher für die *standortbezogene Vorprüfung* des Einzelfalls. Eine Ausnahme von diesem Prinzip bildet lediglich die Nr. 9.8, bei der es lediglich eine *allgemeine Vorprüfung* des Einzelfalles gibt. Teilweise sieht die Anlage eine weitere Differenzierung durch untere *Prüfwerte für die standortbezogene Vorprüfung des Einzelfalles* vor, um auf diese Weise verschiedene Gruppierungen der gelagerten Stoffe auseinander zu halten. Zwischen den Katalogen gem. Nr. 9. der Anlage 1 zum UVPG und dem Anhang zur 4. BImSchV besteht teilweise Übereinstimmung.

Die Einzelheiten ergeben sich aus dem nachfolgenden Katalog.

3.9.1 Lagerung brennbarer Gase (Nr. 9.1)

Nr.	Vorhaben	Sp. 1	Sp. 2
9.	**Lagerung von Stoffen und Zubereitungen:**		
9.1	Errichtung und Betrieb einer Anlage, die der Lagerung von brennbaren Gasen in Behältern oder von Erzeugnissen, die brennbare Gase z. B. als Treibmittel oder Brenngas in Behältern enthalten, dient, mit einem Fassungsvermögen von		
9.1.1	200.000 t oder mehr,	X	
9.1.2	30 t bis weniger als 200.000 t, soweit es sich nicht um Einzelbehältnisse mit einem Volumen von jeweils nicht mehr als 1.000 cm^3 handelt,		A
9.1.3	30 t bis weniger als 200.000 t, soweit es sich um Einzelbehältnisse mit einem Volumen von jeweils nicht mehr als 1.000 cm^3 handelt,		S
9.1.4	3 t bis weniger als 30 t, soweit es sich um Behältnisse mit einem Volumen von jeweils mehr als 1.000 cm^3 handelt;		S

Anlage 1 UVPG

3.9.2 Lagerung brennbarer Flüssigkeiten (Nr. 9.2)

Nr.	Vorhaben	Sp. 1	Sp. 2
9.2	Errichtung und Betrieb einer Anlage, die der Lagerung von brennbaren Flüssigkeiten in Behältern dient, mit einem Fassungsvermögen von		
9.2.1	200.000 t oder mehr,	X	
9.2.2	50.000 t bis weniger als 200.000 t,		A
9.2.3	5.000 t bis weniger als 50.000 t bei brennbaren Flüssigkeiten, die einen Flammpunkt unter 294,15 Kelvin haben und deren Siedepunkt bei Normaldruck (101,3 Kilopascal) über 293,15 Kelvin liegt,		S
9.2.4	10.000 t bis weniger als 50.000 t bei sonstigen brennbaren Flüssigkeiten;		S

3.9.3 Lagerung von Chlor (Nr. 9.3)

Nr.	Vorhaben	Sp. 1	Sp. 2
9.3	Errichtung und Betrieb einer Anlage, die der Lagerung von Chlor dient, mit einem Fassungsvermögen von		
9.3.1	200.000 t oder mehr,	X	
9.3.2	75 t bis weniger als 200.000 t,		A
9.3.3	10 t bis weniger als 75 t;		S

3.9.4 Lagerung von Schwefeldioxid (Nr. 9.4)

Nr.	Vorhaben	Sp. 1	Sp. 2
9.4	Errichtung und Betrieb einer Anlage, die der Lagerung von Schwefeldioxid dient, mit einem Fassungsvermögen von		
9.4.1	200.000 t oder mehr,	X	
9.4.2	250 t bis weniger als 200.000 t,		A
9.4.3	20 t bis weniger als 250 t;		S

3.9.5 Lagerung von Ammoniumnitrat und ammoniumnitrathaltigen Zubereitungen der Gruppe A (Nr. 9.5)

Nr.	Vorhaben	Sp. 1	Sp. 2
9.5	Errichtung und Betrieb einer Anlage, die der Lagerung von Ammoniumnitrat oder ammoniumnitrathaltigen Zubereitungen der Gruppe A nach Anhang V Nr. 2 der Gefahrstoffverordnung dient, mit einem Fassungsvermögen von		
9.5.1	200.000 t oder mehr,	X	
9.5.2	500 t bis weniger als 200.000 t,		A
9.5.3	25 t bis weniger als 500 t;		S

Anlage 1 UVPG

3.9.6 Lagerung von ammoniumnitrathaltigen Zubereitungen der Gruppe B (Nr. 9.6)

Nr.	Vorhaben	Sp. 1	Sp. 2
9.6	Errichtung und Betrieb einer Anlage, die der Lagerung von ammoniumnitrathaitigen Zubereitungen der Gruppe B nach Anhang V Nr. 2 der Gefahrstoffverordnung dient, mit einem Fassungsvermögen von		
9.6.1	200.000 t oder mehr,	X	
9.6.2	2.500 t bis weniger als 200.000 t,		A
9.6.3	100 t bis weniger als 2.500 t;		S

3.9.7 Lagerung von Ammoniak (Nr. 9.7)

Nr.	Vorhaben	Sp. 1	Sp. 2
9.7	Errichtung und Betrieb einer Anlage, die der Lagerung von Ammoniak dient, mit einem Fassungsvermögen von		
9.7.1	200.000 t oder mehr,	X	
9.7.2	30 t bis weniger als 200.000 t,		A
9.7.3	3 t bis weniger als 30 t;		S

3.9.8 Lagerung von sonstigen chemischen Erzeugnissen (Nr. 9.8)

Nr.	Vorhaben	Sp. 1	Sp. 2
9.8	Errichtung und Betrieb einer Anlage, die der Lagerung von anderen als den in den Nummern 9.1 bis 9.7 genannten chemischen Erzeugnissen dient, mit einem Fassungsvermögen von		
9.8.1	200.000 t oder mehr,	X	
9.8.2	25.000 t bis weniger als 200.000 t;		A

3.10 Sonstige Industrieanlagen (Gruppe 10.)

59 Die **Gruppe 10.** erfasst **verschiedene** übriggebliebene **industrielle Bereiche**, darunter in drei Fällen solche, bei denen eine UVP zwingend durchzuführen ist: Nr. 10.1, 10.2, 10.6.1. Insgesamt geht es um **sieben Unterkategorien**. Die Grundlagen in der UVP-ÄndRL finden sich ausnahmslos im *Anhang II*, und zwar in den Nr. 6, 9, 8, 11.

Anlage 1 UVPG

3.10.1 Herstellung, Bearbeitung oder Verarbeitung explosionsgefährlicher Stoffe (Nr. 10.1)

Nr.	Vorhaben	Sp. 1	Sp. 2
10.	Sonstige Industrieanlagen:		
10.1	Errichtung und Betrieb einer Anlage zur Herstellung, Bearbeitung oder Verarbeitung von explosionsgefährlichen Stoffen im Sinne des Sprengstoffgesetzes, die zur Verwendung als Sprengstoffe, Zündstoffe, Treibstoffe, pyrotechnische Sätze oder zur Herstellung dieser Stoffe bestimmt sind; hierzu gehört auch eine Anlage zum Laden, Entladen oder Delaborieren von Munition oder sonstigen Sprengkörpern, ausgenommen Anlagen im handwerklichen Umfang oder zur Herstellung von Zündhölzern sowie ortsbewegliche Mischladegeräte;	X	

Die Nr. 10.1 erfasst den Bereich der **explosionsgefährlichen Stoffe** im Sinne des Sprengstoffgesetzes, die zu verschiedenen Zwecken verwendet werden sollen. Im Einzelnen handelt es sich um einen sehr detailliert beschriebenen Anlagentatbestand. Anlagen dieser Art sind *zwingend UVP-pflichtig*. Ein Schwellenwert existiert nicht. Die UVP-ÄndRL erfasst im Anhang II, Nr. 6., Buchst. a) die »Behandlung von chemischen Zwischenerzeugnissen und Erzeugung von Chemikalien«. Ungeachtet aller etwaigen Umsetzungsspielräume hat sich der Gesetzgeber bei der Nr. 10.1 vor allem von dem Gedanken leiten lassen, dass bereits das *UVPG a. F.* derartige Anlagen ohne Schwellenwert erfasste.[29]

3.10.2 Wiedergewinnung oder Vernichtung von explosionsgefährlichen Stoffen (Nr. 10.2)

Nr.	Vorhaben	Sp. 1	Sp. 2
10.2	Errichtung und Betrieb einer Anlage zur Wiedergewinnung oder Vernichtung von explosionsgefährlichen Stoffen im Sinne des Sprengstoffgesetzes;	X	

Die Nr. 10.2 erfasst Anlagen zur **Wiedergewinnung oder Vernichtung von explosionsgefährlichen Stoffen** im Sinne des Sprengstoffgesetzes. Anlagen dieser Art sind zwingend UVP-pflichtig. Ein Schwellenwert ist nicht vorhanden. Die UVP-ÄndRL führt im Anhang II, Nr. 11., Buchst. h) »Anlagen zur Wiedergewinnung oder Vernichtung von explosionsgefährlichen Stoffen« auf. Auch insoweit hat sich der Gesetzgeber davon leiten lassen, an dem alten Rechtszustand gem. *UVPG a. F.* festzuhalten.

3.10.3 Vulkanisieranlagen (Nr. 10.3)

Nr.	Vorhaben	Sp. 1	Sp. 2
10.3	Errichtung und Betrieb einer Anlage zum Vulkanisieren von Natur- oder Synthesekautschuk unter Verwendung von Schwefel oder Schwefelverbindungen mit einem Einsatz von		
10.3.1	25 t Kautschuk oder mehr je Stunde,		A
10.3.2	weniger als 25 t Kautschuk je Stunde, ausgenommen Anlagen, in denen weniger als 50 kg Kautschuk je Stunde verarbeitet wird oder ausschließlich vorvulkanisierter Kautschuk eingesetzt wird;	S	

---

29 BT-Drs. 14/4599, S. 115.

Anlage 1 UVPG

62 Die Nr. 10.3 erfasst Anlagen zum **Vulkanisieren von Natur- oder Synthesekautschuk** unter Verwendung von Schwefel oder Schwefelverbindungen. Dabei wird durch Festlegung bestimmter Prüfwerte an die Menge des Einsatzes von Kautschuk je Stunde angeknüpft. Ab 25 t Kautschuk oder mehr je Stunde ist eine *allgemeine Vorprüfung* des Einzelfalles durchzuführen (Nr. 10.3.1). Mit der darunter liegenden Kategorie unterhalb von 25 t Kautschuk je Stunde werden *standortbezogene Vorprüfungen* des Einzelfalles veranlasst. Die UVP-ÄndRL führt im Anhang II, Nr. 9. die »Erzeugung und Verarbeitung von Erzeugnissen aus Elastomeren« auf. Bezüglich der Festlegung der Prüfwerte für die allgemeine bzw. die standortbezogene Vorprüfung hat sich der Gesetzgeber wiederum von den allgemeinen Prinzipien zur Umsetzung des EG-Rechts leiten lassen (s. o. 1 Allgemeines).

3.10.4 Vorbehandlung oder Färben von Fasern oder Textilien (Nr. 10.4)

Nr.	Vorhaben	Sp. 1	Sp. 2
10.4	Errichtung und Betrieb einer Anlage zur Vorbehandlung (Waschen, Bleichen, Mercerisieren) oder zum Färben von Fasern oder Textilien mit		
10.4.1	einer Verarbeitungsleistung von 10 t Fasern oder Textilien oder mehr je Tag,	A	
10.4.2	einer Färbeleistung von 2 t bis weniger als 10 t Fasern oder Textilien je Tag bei Anlagen zum Färben von Fasern oder Textilien unter Verwendung von Färbebeschleunigern einschließlich Spannrahmenanlagen, ausgenommen Anlagen, die unter erhöhtem Druck betrieben werden,		S
10.4.3	einer Bleichleistung von weniger als 10 t Fasern oder Textilien je Tag bei Anlagen zum Bleichen von Fasern oder Textilien unter Verwendung von Chlor oder Chlorverbindungen;		S

63 Die Nr. 10.4 erfasst Anlagen zur **Vorbehandlung** (Waschen, Bleichen, Mercerisieren) oder zum **Färben von Fasern oder Textilien** ab einer bestimmten Verarbeitungsleistung. Entsprechend den angegebenen *Prüfwerten* ist entweder eine *allgemeine* oder *standortbezogene* Vorprüfung des Einzelfalles durchzuführen. Mit den Nr. 10.4.2 und 10.4.3 erfolgt in letztgenannter Hinsicht der standortbezogenen Vorprüfung noch eine Differenzierung, je nach Einzelfall. In der UVP-ÄndRL findet sich im Anhang II, Nr. 8., Buchst. b) die Kategorie »Anlagen zur Vorbehandlung (Waschen, Bleichen, Merceresieren) oder zum Färben von Fasern oder Textilien«. Dieser Tatbestand ist – ungeachtet der fehlenden Schwellenwerte – vollinhaltlich in die Anlage 1 zum UVPG übernommen worden.

3.10.5 Prüfstände für oder mit Verbrennungsmotoren (Nr. 10.5)

Nr.	Vorhaben	Sp. 1	Sp. 2
10.5	Errichtung und Betrieb eines Prüfstandes für oder mit Verbrennungsmotoren mit einer Feuerungswärmeleistung von insgesamt		
10.5.1	10 MW oder mehr, ausgenommen Rollenprüfstände,	A	
10.5.2	300 KW bis weniger als 10 MW, ausgenommen Rollenprüfstände, die in geschlossenen Räumen betrieben werden, und Anlagen, in denen mit Katalysator oder Dieselrußfilter ausgerüstete Serienmotoren geprüft werden;		S

Anlage 1 UVPG

Die Nr. 10.5 erfasst **Prüfstände für oder mit Verbrennungsmotoren** ab einer bestimmten Feuerungswärmeleistung. Bei Überschreiten der betreffenden *Prüfwerte* hat entweder eine *allgemeine* oder *standortbezogene* Vorprüfung des Einzelfalles stattzufinden. In der UVP-ÄndRL finden sich im Anhang II, Nr. 11., Buchst. f.) »Prüfstände für Motoren, Turbinen oder Reaktoren«.

64

3.10.6 Prüfstände für oder mit Gasturbinen oder Triebwerken (Nr. 10.6)

Nr.	Vorhaben	Sp. 1	Sp. 2
10.6	Errichtung und Betrieb eines Prüfstandes für oder mit Gasturbinen oder Triebwerken mit einer Feuerungswärmeleistung von insgesamt		
10.6.1	mehr als 200 MW,	X	
10.6.2	100 MW bis 200 MW;		A

Die Nr. 10.6 erfasst **Prüfstände für oder mit Gasturbinen oder Triebwerken** ab einer bestimmten Feuerungsleistung. Anlagen mit mehr als *200 MW* Feuerungswärmeleistung sind zwingend UVP-pflichtig. Darunter befinden sich jeweils *ein Prüfwert*, ab dem eine *allgemeine Vorprüfung* des Einzelfalles, und ein weiterer *Prüfwert*, ab dem eine *standortbezogene Vorprüfung* des Einzelfalles stattzufinden hat. Die UVP-ÄndRL führt im Anhang II, Nr. 11., Buchst. f.) »Prüfstände für Motoren, Turbinen oder Reaktoren« auf (gleiche Grundlage wie für Nr. 10.5).

65

3.10.7 Ständige Renn- oder Teststrecken für Kraftfahrzeuge (Nr. 10.7)

Nr.	Vorhaben	Sp. 1	Sp. 2
10.7	Errichtung und Betrieb einer ständigen Renn- oder Teststrecke für Kraftfahrzeuge;		A

Die Nr. 10.7 erfasst **ständige Renn- oder Teststrecken für Kraftfahrzeuge**. Diese Anlagen sind einer *allgemeinen Vorprüfung* des Einzelfalls zu unterziehen. Ein *Prüfwert* ist nicht vorhanden. Die UVP-ÄndRL führt im Anhang II, Nr. 11., Buchst. a) »Ständige Renn- und Teststrecken für Kraftfahrzeuge« auf. Bei diesem Tatbestand besteht somit Übereinstimmung im Wortlaut.

66

3.11 Kernenergie (Gruppe 11.)

Die Gruppe 11. **Kernenergie** ist in vier Unterkategorien eingeteilt. Sie enthält die UVP-relevanten Tatbestände – sowohl betr. Genehmigungen als auch Planfeststellungen – aus dem Bereich des **Atomrechts**. Das UVPG a. F. kannte gem. Nr. 2. und 3. der Anlage zu § 3 des Gesetzes zwei UVP-Tatbestände, nämlich (1) bzgl. der Errichtung/des Betriebs und der Stilllegung von kerntechnischen Anlagen sowie (2) der Endlagerung radioaktiver Abfälle. Einem allgemeinem Prinzip folgend, werden die Tatbestände nach der Neufassung des UVPG 2001 nicht mehr unter Bezugnahme auf die jeweilige Vorschrift des AtG über die Genehmigung bzw. Planfeststellung beschrieben, sondern eigenständig formuliert. Die ersten drei Unterkategorien der Gruppe 11. (Nr. 11.1 bis 11.3) begründen die zwingende Durchführung einer UVP, die vierte Kategorie erfordert eine allgemeine Vorprüfung des Einzelfalles.

67

Die UVP-ÄndRL enthält im Anhang I folgende Vorgaben:

»Nr. 2.
– ...
– *Kernkraftwerke und andere Kernreaktoren einschließlich der Demontage oder Stilllegung solcher Kraftwerke oder Reaktoren* (mit Ausnahme von Forschungseinrichtungen zur Erzeugung und Bearbeitung von spaltbaren und brutstoffhaltigen Stoffen, deren Höchstleistung 1 kW thermische Dauerleistung nicht übersteigt).«

Anlage 1 UVPG

Erläuterung in einer Fußnote* zu Reaktoren:
»Kernkraftwerke und andere Kernreaktoren gelten nicht mehr als solche, wenn der gesamte Kernbrennstoff und andere radioaktiv kontaminierte Komponenten auf Dauer vom Standort der Anlage entfernt werden.«

3.11.1 *Kerntechnische Anlagen (Nr. 11.1)*

Nr.	Vorhaben	Sp. 1	Sp. 2
11.	**Kernenergie:**		
11.1	Errichtung und Betrieb einer ortsfesten Anlage zur Erzeugung oder zur Bearbeitung oder Verarbeitung oder zur Spaltung von Kernbrennstoffen oder zur Aufarbeitung bestrahlter Kernbrennstoffe sowie bei ortsfesten Anlagen zur Spaltung von Kernbrennstoffen die insgesamt geplanten Maßnahmen zur Stilllegung, zum sicheren Einschluss oder zum Abbau der Anlage oder von Anlagenteilen; ausgenommen sind ortsfeste Anlagen zur Spaltung von Kernbrennstoffen, deren Höchstleistung 1 KW thermische Dauerleistung nicht überschreitet; einzelne Maßnahmen zur Stilllegung, zum sicheren Einschluss oder zum Abbau der in Halbsatz 1 bezeichneten Anlagen oder von Anlagenteilen gelten als Änderung im Sinne von § 3 e Abs. 1 Nr. 2;	X	

68 Die Nr. 11.1 erfasst im Halbsatz 1 das gesamte Spektrum der **Genehmigungen gem. § 7 Abs. 1 AtG**. Inhaltlich entspricht dieser Tatbestand teilweise der Nr. 2. der Anlage zu § 3 UVPG a. F. Abweichend vom alten Rechtszustand wird die Stilllegung von Kernanlagen behandelt (bis 2001: »Stilllegung, der sichere Einschluss oder der Abbau einer ortsfesten kerntechnischen Anlage ...«). UVP-pflichtig sind nunmehr »die **insgesamt geplanten Maßnahmen zur Stilllegung**, zum sicheren Einschluss oder zum Abbau der Anlage oder von Anlagenteilen«. Die Gesetzesfassung entspricht nicht dem Vorbild der UVP-ÄndRL. Übereinstimmung besteht mit der Neufassung 2001 des AtG (§ 7 Abs. 3) und der AtVfV. Ein neuer § 19b Abs. 1 AtVfV regelt die Genehmigung gem. § 7 Abs. 3 AtG wie folgt:

»Die Unterlagen, die einem erstmaligem Antrag auf Erteilung einer Genehmigung nach § 7 Abs. 3 des Atomgesetzes beizufügen sind, müssen auch Angaben zu den insgesamt geplanten Maßnahmen zur Stilllegung, zum sicheren Einschluss oder zum Abbau der Anlage oder von Anlagenteilen enthalten, die insbesondere die Beurteilung ermöglichen, ob die beantragten Maßnahmen weitere Maßnahmen nicht erschweren oder verhindern und ob eine sinnvolle Reihenfolge der Abbaumaßnahmen vorgesehen ist. In den Unterlagen ist darzulegen, wie die geplanten Maßnahmen verfahrensmäßig umgesetzt werden sollen und welche Auswirkungen die Maßnahmen nach dem jeweiligen Planungsstand voraussichtlich auf in § 1a genannte Schutzgüter haben werden.«

Nachdem das Gesetz zur geordneten Beendigung der Kernenergienutzung zur gewerblichen Erzeugung von Elektrizität (AtG-Novelle) den Bau neuer Kernkraftwerke ausschließt,[30] besitzt das UVPG im Bereich des Atomrechts noch eine wesentliche Bedeutung bei *Anlagenänderungen*, der Errichtung von *Zwischenlagern*, bei der *Stilllegung von Anlagen* sowie bei der *Endlagerung*.

69 Das atomrechtliche Verfahrensrecht enthält für die Genehmigungen gem. § 7 Abs. 3 AtG *Sonderregelungen*, was die **Beteiligung Dritter** anbetrifft. Zum einen beinhaltet die geänderte Fassung des § 7 Abs. 4 S. 3 AtG mit der Neufassung 2001 nunmehr Folgendes

»Dabei kann vorgesehen werden, dass bei der Prüfung der Umweltverträglichkeit der insgesamt zur Stilllegung, zum sicheren Einschluss oder zum Abbau von Anlagen zur Spaltung

---

30 Gesetz vom 22.4.2002, BGBl. I, S. 1351, s. §§ 1, 7.

Anlage 1 UVPG

von Kernbrennstoffen oder von Anlagenteilen geplanten Maßnahmen von einem Erörterungstermin abgesehen werden kann.«

Zum anderen enthält der neugefasste § 4 Abs. 4 AtVfV eine Modifizierung:

> »Wird eine Genehmigung zur wesentlichen Veränderung einer Anlagen oder ihres Betriebes im Sinne von § 7 Abs. 1 des Atomgesetzes oder eine Genehmigung nach § 7 Abs. 3 des Atomgesetzes beantragt, kann die Genehmigungsbehörde von der Bekanntmachung und Auslegung unter den in Abs. 2 genannten Voraussetzungen absehen. Ein Absehen von der Bekanntmachung und Auslegung ist nicht zulässig, wenn nach dem Gesetz über die Umweltverträglichkeitsprüfung die Verpflichtung zur Durchführung einer Umweltverträglichkeitsprüfung besteht. Abs. 2 Satz 4 gilt entsprechend.«

Der Halbsatz 2 der Nr. 11.1 nimmt ortsfeste Anlagen zur **Spaltung von Kernbrennstoffen**, deren Höchstleistung **1 kW** thermische Dauerleistung **nicht überschreitet**, vom Anwendungsbereich aus. Diese Einschränkung deckt sich nur teilweise mit der EG-rechtlichen Vorgabe gem. Anhang I, Nr. 2., zweiter Anstrich, Klammerzusatz: »Mit Ausnahme von Forschungseinrichtungen zur Erzeugung und Bearbeitung von spaltbaren und brutstoffhaltigen Stoffen, deren Höchstleistung 1 kW thermische Dauerleistung nicht übersteigt.« Das UVPG nimmt folglich sämtliche Anlagen bis 1 kW aus, nicht nur solche von Forschungseinrichtungen.

70

Der Halbsatz 3. der Nr. 11.1 erfasst »**einzelne Maßnahmen zur Stilllegung**, zum sicheren Einschluss oder zum Abbau ...«. In Bezug auf diese einzelnen Maßnahmen regelt der Halbsatz 3, dass diese als Änderung gem. § 3 e Abs. 1 Nr. 2 UVPG gelten. Damit wird auf den Anwendungsbereich dieser Vorschrift über Anlagenänderungen abgestellt. Nach der Gesetzesbegründung wird klargestellt, dass »... in jedem Verfahren zur Erteilung einer Genehmigung nach § 7 Abs. 3 AtG die jeweils beantragten Maßnahmen einer Umweltverträglichkeitsprüfung bedürfen«.[31]

71

3.11.2 Errichtung und Betrieb einer Anlage zur Sicherstellung oder zur Endlagerung radioaktiver Abfälle (Nr. 11.2)

Nr.	Vorhaben	Sp. 1	Sp. 2
11.2	Errichtung und Betrieb einer Anlage zur Sicherstellung oder zur Endlagerung radioaktiver Abfälle;		X

Die Nr. 11.2 erfasst insbesondere die Sicherstellung und **Endlagerung radioaktiver Abfälle**. Gem. § 9 a Abs. 3, Halbsatz 2 AtG hat der Bund solche Anlagen einzurichten. Errichtung und Betrieb der Anlagen bedürfen der *Planfeststellung gem. § 9 b AtG*. In diesem Verfahren ist zwingend eine UVP durchzuführen. Die Nr. 11.2 der Anlage 1 zum UVPG entspricht – unter Berücksichtigung der Nr. 11.3 und 11.4 – der Nr. 3. der Anlage zum § 3 UVPG a. F.

72

3.11.3 Bearbeitung oder Verarbeitung bestrahlter Kernbrennstoffe oder hochradioaktiver Abfälle (Nr. 11.3)

Nr.	Vorhaben	Sp. 1	Sp. 2
11.3	außerhalb der in den Nummern 11.1 und 11.2 bezeichneten Anlagen Errichtung und Betrieb einer Anlage oder Einrichtung zur Bearbeitung oder Verarbeitung bestrahlter Kernbrennstoffe oder hoch radioaktiver Abfälle oder zu dem ausschließlichen Zweck der für mehr als zehn Jahre geplanten Lagerung bestrahlter Kernbrennstoffe oder radioaktiver Abfälle an einem anderen Ort als dem Ort, an dem diese Stoffe angefallen sind;		X

---

31 Vgl. BT-Drs. 14/4599, S. 116.

Anlage 1 UVPG

73 Die Nr. 11.3 erfasst Anlagen oder Einrichtungen zur **Bearbeitung oder Verarbeitung bestrahlter Kernbrennstoffe** oder hochradioaktiver Abfälle oder zur **Lagerung** bestrahlter Kernbrennstoffe oder radioaktiver Abfälle an einem *anderen Ort* als dem Ort, an dem diese Stoffe angefallen sind. Der Anlagenbetrieb muss zu dem ausschließlichen Zweck der Lagerung von *mehr als zehn Jahren* erfolgen. Diese Schwelle der mehr als zehn Jahre stammt offenbar aus Anhang I, Nr. 3 b), 5. Anstrich der UVP-ÄndRL (»Mit dem ausschließlichen Zweck der (für mehr als zehn Jahre geplanten) Lagerung bestrahlter Kernbrennstoffe oder radioaktiver Abfälle an einem anderen Ort als dem Produktionsort«). Anlagen dieser Art sind *zwingend UVP-pflichtig*.

3.11.4 Lagerung, Bearbeitung oder Verarbeitung bestimmter radioaktiver Abfälle (Nr. 11.4)

Nr.	Vorhaben	Sp. 1	Sp. 2
11.4	außerhalb der in den Nummern 11.1 und 11.2 bezeichneten Anlagen, soweit nicht Nummer 11.3 Anwendung findet, Errichtung und Betrieb einer Anlage oder Einrichtung zur Lagerung, Bearbeitung oder Verarbeitung radioaktiver Abfälle, deren Aktivitäten die Werte erreichen oder überschreiten, bei deren Unterschreiten es für den beantragten Umgang nach einer auf Grund des Atomgesetzes erlassenen Rechtsverordnung keiner Vorbereitung der Schadensbekämpfung bei Abweichungen vom bestimmungsgemäßen Betrieb bedarf;		A

74 Erfasst werden Anlagen zur **Lagerung, Bearbeitung oder Verarbeitung radioaktiver Abfälle**, deren *Aktivitäten* bestimmte Werte erreichen oder überschreiten. Die Nr. 11.4 dient der Umsetzung von Anhang II, Nr. 3., Buchst. g) der UVP-ÄndRL (»Anlagen zur Bearbeitung und Lagerung radioaktiver Abfälle – soweit nicht durch Anhang I erfasst). Es geht um Vorhaben, die *nicht unter die §§ 7 oder 9 b AtG fallen*. Die zugrunde gelegten Abgrenzungskriterien basieren auf § 38 StrlSchV in der Fassung der Bekanntmachung vom 30.6.1989 bzw. § 53 StrlSchV in der Neufassung vom 20.7.2001, welche die Vorbereitung der Schadensbekämpfung bei Unfällen oder Störfällen zum Gegenstand hat. Die Anlage III der StrlSchV a. F. und n. F. enthalten die Wertvorgaben für die Feststellung der relevanten Aktivitäten.

3.12 Abfalldeponien (Gruppe 12.)

75 Die **Gruppe 12.** erfasst **Deponien**. Im Rahmen der erforderlichen Planfeststellungsverfahren gem. § 31 Abs. 2 KrW-/AbfG ist im Falle der Ablagerung von *besonders überwachungsbedürftigen* Abfällen im Sinne dieses Gesetzes sowie Deponien zur Ablagerung von *nicht* besonders überwachungsbedürftigen Abfällen bei Überschreitung der betreffenden Schwellenwerte für die Ablagerungsmenge je Tag bzw. die Gesamtkapazität der Deponie *zwingend eine UVP* durchzuführen.

Damit wird insbesondere den Vorgaben gem. Anhang I, Nr. 9. der UVP-ÄndRL (»Abfallbeseitigungsanlagen zur ... Deponierung gefährlicher Abfälle (d.h. unter die Richtlinie 91/689/EWG fallende Abfälle)«) Rechnung getragen. Daneben kommt Anlage II Nr. 11., Buchst. b) der UVP-ÄndRL zum Tragen.

3.12.1 Deponien für besonders überwachungsbedürftige Abfälle (Nr. 12.1)

Nr.	Vorhaben	Sp. 1	Sp. 2
12.	Abfalldeponien		
12.1	Errichtung und Betrieb einer Deponie zur Ablagerung von besonders überwachungsbedürftigen Abfällen im Sinne des Kreislaufwirtschafts- und Abfallgesetzes;	X	

Die Nr. 12.1 erfasst **Deponien** für **besonders überwachungsbedürftige Abfälle** und macht zwingend die Durchführung einer UVP erforderlich. Ein Schwellenwert ist nicht vorhanden.

3.12.2 Deponien für nicht besonders überwachungsbedürftige Abfälle (Nr. 12.2)

Nr.	Vorhaben	Sp. 1	Sp. 2
12.2	Errichtung und Betrieb einer Deponie zur Ablagerung von nicht besonders überwachungsbedürftigen Abfällen im Sinne des Kreislaufwirtschafts- und Abfallgesetzes, mit Ausnahme der Deponien für Inertabfälle nach Nummer 12.3, mit einer Aufnahmekapazität von		
12.2.1	10 t oder mehr je Tag oder mit einer Gesamtkapazität von 25.000 t oder mehr,	X	
12.2.2	weniger als 10 t je Tag oder mit einer Gesamtkapazität von weniger als 25.000 t;		S

Die Nr. 12.2 erfasst **Deponien** für **nicht besonders überwachungsbedürftige** Abfälle. Damit wird Anhang II, Nr. 11., Buchst. b) der UVP-ÄndRL (»Abfallbeseitigungsanlagen – nicht durch Anhang I erfasste Projekte«) umgesetzt. Eine zwingende UVP-Pflicht besteht nur bei den *größeren* Deponien dieser Art, und zwar bei Ablagerung von 10 t oder mehr je Tag oder im Falle einer Gesamtkapazität der Deponie von 25.000 t oder mehr. Diese Schwellenwerte entsprechen dem geltenden Recht. Gem. Nr. 4. der Anlage zu § 3 UVPG a. F. war für Deponien dieser Größenordnung ein Planfeststellungsverfahren mit UVP durchzuführen. Aus Klarstellungsgründen (um klarzustellen, dass in diesen Fällen keine unbedeutende Deponie vorliegt) ist mit dem Artikelgesetz[32] zum § 31 Abs. 3 KrW-/AbfG ein Satz 2 wie folgt ergänzend eingefügt worden:

> »*Eine Plangenehmigung nach Satz 1 Nr. 1 kann des weiteren nicht erteilt werden für Deponien zur Ablagerung von nicht besonders überwachungsbedürftigen Abfällen mit einer Aufnahmekapazität von zehn Tonnen oder mehr pro Tag oder mit einer Gesamtkapazität von 25.000 Tonnen oder mehr; dies gilt nicht für Deponien für Inertabfälle.*«

Mit dieser fachrechtlichen Ergänzung wird sichergestellt, dass in den Fällen der Nr. 12.2.1 der Anlage 1 zum UVPG stets **Planfeststellungsverfahren mit UVP** durchgeführt werden. Bei Deponien zur Ablagerung von **nicht** besonders überwachungsbedürftigen Abfällen und Unterschreitung der Schwellenwerte gem. Nr. 12.2.2 wird eine **standortbezogene** Vorprüfung des Einzelfalls erforderlich.

3.12.3 Deponien für Inertabfälle (Nr. 12.3)

Nr.	Vorhaben	Sp. 1	Sp. 2
12.3	Errichtung und Betrieb einer Deponie zur Ablagerung von Inertabfällen im Sinne des Kreislaufwirtschafts- und Abfallgesetzes;		A

Die Nr. 12.3 erfasst **Deponien** zur Ablagerung von **Inertabfällen** im Sinne des § 3 Abs. 11 KrW-/AbfG. Die Nr. 12.3 dient der Umsetzung von Anhang II, Nr. 11., Buchst. b) der UVP-ÄndRL (»Abfallbeseitigungsanlagen – nicht durch Anhang I erfasste Projekte«). Erforderlich ist die Durchführung einer *allgemeinen* Vorprüfung des Einzelfalls.

---

32 BGBl. I, 2001, S. 2006.

Anlage 1 UVPG

3.13 Wasserwirtschaftliche Vorhaben mit Benutzung oder Ausbau eines Gewässers (Gruppe 13.)

79 Die **Gruppe 13.** enthält **16 Unterkategorien**. In erheblichem Umfange geht es um Vorhaben, für die *zwingend eine UVP* durchzuführen ist. Im Übrigen richtet sich die UVP-Pflicht nach Landesrecht.

3.13.1 Abwasserbehandlungsanlagen (Nr. 13.1)

Nr.	Vorhaben	Sp. 1	Sp. 2
13	Wasserwirtschaftliche Vorhaben mit Benutzung oder Ausbau eines Gewässers:		
13.1	Errichtung und Betrieb einer Abwasserbehandlungsanlage, die		
13.1.1	für organisch belastetes Abwasser von 9.000 kg/d oder mehr biochemischen Sauerstoff-Bedarfs in fünf Tagen (roh) oder für anorganisch belastetes Abwasser von 4.500 m^3 oder mehr Abwasser in zwei Stunden (ausgenommen Kühlwasser) ausgelegt ist,	X	
13.1.2	für organisch belastetes Abwasser von weniger als 9.000 kg/d biochemischen Sauerstoff-Bedarfs in fünf Tagen (roh) oder für anorganisch belastetes Abwasser von weniger als 4500 m^3 Abwasser in zwei Stunden (ausgenommen Kühlwasser) ausgelegt ist;		L

80 Erfasst werden **Abwasserbehandlungsanlagen**. Gem. Anhang I, Nr. 13. der UVP-ÄndRL (»Abwasserbehandlungsanlagen mit einer Leistung vom mehr als 150.000 Einwohnerwerten gem. der Definition in Artikel 2 Nr. 6 der Richtlinie 91/271/EWG«[33]) sind große Anlagen ab dem betreffenden Schwellenwert *zwingend UVP-pflichtig*. Das Fachrecht sieht Folgendes gem. § 18 c WHG (geändert durch das Artikelgesetz)[34] vor:

»*Die Errichtung und der Betrieb sowie die Änderung einer Abwasserbehandlungsanlage, für die nach dem Gesetz über die Umweltverträglichkeitsprüfung eine Verpflichtung zur Durchführung einer Umweltverträglichkeitsprüfung besteht, bedürfen einer behördlichen Zulassung. Die Zulassung kann nur in einem Verfahren erteilt werden, das den Anforderungen des Gesetzes über die Umweltverträglichkeitsprüfung entspricht.*«

Die Schwellenwerte gem. Nr. 13.1.1 des Anhangs 1 zum UVPG entsprechen dem Schwellenwert in Anhang I, Nr. 13. der UVP-ÄndRL.[35]

Im Falle von kleineren Abwasserbehandlungsanlagen unterhalb des Schwellenwertes gem. Nr. 13.1.1 ist die etwaige Durchführung einer UVP von der jeweiligen *landesgesetzlichen* Regelung abhängig (Spalte 2, Buchst. L).

3.13.2 Intensive Fischzucht (Nr. 13.2)

Nr.	Vorhaben	Sp. 1	Sp. 2
13.2	intensive Fischzucht mit Einbringen oder Einleiten von Stoffen in oberirdische Gewässer oder Küstengewässer;		L

---

33 ABl. Nr. L 135 v. 30.5.1991, S. 40.
34 BGBl. I, 2001, S. 2006.
35 Gesetzesbegründung, BT-Drs. 14/4599.

Anlage 1 UVPG

3.13.3 Grundwasserentnahme- und künstliche Grundwasserauffüllungssysteme (Nr. 13.3)

Nr.	Vorhaben	Sp. 1	Sp. 2
13.3	Entnehmen, Zutagefördern oder Zutageleiten von Grundwasser oder Einleiten von Oberflächenwasser zum Zwecke der Grundwasseranreicherung, jeweils mit einem jährlichen Volumen von		
13.3.1	10 Mio. m³ oder mehr Wasser,	X	
13.3.2	Weniger als 10 Mio. m³ Wasser;		L

3.13.4 Tiefbohrung zum Zwecke der Wasserversorgung (Nr. 13.4)

Nr.	Vorhaben	Sp. 1	Sp. 2
13.4	Tiefbohrung zum Zwecke der Wasserversorgung;		L

3.13.5 Wasserwirtschaftliches Projekt in der Landwirtschaft (Nr. 13.5)

Nr.	Vorhaben	Sp. 1	Sp. 2
13.5	Wasserwirtschaftliches Projekt in der Landwirtschaft, einschließlich Bodenbewässerung oder Bodenentwässerung;		L

3.13.6 Stauwerke (Nr. 13.6)

Nr.	Vorhaben	Sp. 1	Sp. 2
13.6	Bau eines Stauwerkes oder einer sonstigen Anlage zur Zurückhaltung oder dauerhaften Speicherung von Wasser, wobei		
13.6.1	10 Mio. m³ oder mehr Wasser zurückgehalten oder gespeichert werden,	X	
13.6.2	weniger als 10 Mio. m³ Wasser zurückgehalten oder gespeichert werden;		L

3.13.7 Umleitung von Wasser (Nr. 13.7)

Nr.	Vorhaben	Sp. 1	Sp. 2
13.7	Umleitung von Wasser von einem Flusseinzugsgebiet in ein anderes, ausgenommen Transport von Trinkwasser in Rohrleitungsanlagen, mit einem Volumen von		
13.7.1	– 100 Mio. oder mehr m³ Wasser pro Jahr, wenn durch die Umleitung Wassermangel verhindert werden soll, oder – 5 % oder mehr des Durchflusses, wenn der langjährige durchschnittliche Wasserdurchfluss des Flusseinzugsgebiets, dem Wasser entnommen wird, 2.000 Mio. m³ übersteigt,	X	
13.7.2	weniger als den in der vorstehenden Nummer angegebenen Werten;		L

3.13.8 Flusskanalisierungs- und Stromkorrekturarbeiten (Nr. 13.8)

Nr.	Vorhaben	Sp. 1	Sp. 2
13.8	Flusskanalisierungs- und Stromkorrekturarbeiten;		L

Anlage 1 UVPG

3.13.9 *Häfen für die Binnenschifffahrt (Nr. 13.)*

Nr.	Vorhaben	Sp. 1	Sp. 2
13.9	Bau eines Hafens für die Binnenschifffahrt, wenn der Hafen für Schiffe mit		
13.9.1	mehr als 1.350 t zugänglich ist,	X	
13.9.2	1.350 t oder weniger zugänglich ist;		L

3.13.10 *Binnenhäfen für die Seeschifffahrt (Nr. 13.10)*

Nr.	Vorhaben	Sp. 1	Sp. 2
13.10	Bau eines Binnenhafens für die Seeschifffahrt;	X	

3.13.11 *Mit Binnenhafen für die Seeschifffahrt verbundene Landungsstege (Nr. 13.11)*

Nr.	Vorhaben	Sp. 1	Sp. 2
13.11	Bau eines mit einem Binnenhafen für die Seeschifffahrt verbundenen Landungssteges zum Laden und Löschen von Schiffen (ausgenommen Fährschiffe), der		
13.11.1	Schiffe mit mehr als 1.350 t aufnehmen kann,	X	
13.11.2	Schiffe mit 1.350 t oder weniger aufnehmen kann;		L

3.13.12 *Sonstige Häfen (Nr. 13.12)*

Nr.	Vorhaben	Sp. 1	Sp. 2
13.12	Bau eines sonstigen Hafens, einschließlich Fischereihafens oder Jachthafens, oder einer infrastrukturellen Hafenanlage;		L

3.13.13 *Deich- oder Dammbauten (Nr. 13.13)*

Nr.	Vorhaben	Sp. 1	Sp. 2
13.13	Bau eines Deiches oder Dammes, der den Hochwasserabfluss beeinflusst;		L

3.13.14 *Wasserkraftanlagen (Nr. 13.14)*

Nr.	Vorhaben	Sp. 1	Sp. 2
13.14	Bau einer Wasserkraftanlage;		L

3.13.15 *Baggerung in Flüssen oder Seen (Nr. 13.15)*

Nr.	Vorhaben	Sp. 1	Sp. 2
13.15	Baggerung in Flüssen oder Seen zur Gewinnung von Mineralien;		L

3.13.16 Sonstige Ausbaumaßnahmen (Nr. 13.16)

Nr.	Vorhaben	Sp. 1	Sp. 2
13.16	sonstige Ausbaumaßnahmen;		L

3.14 Verkehrsvorhaben (Gruppe 14.)

Die **Gruppe 14.** erfasst **Verkehrsvorhaben**, darunter Bundesautobahnen, Bahnstrecken, Flugplätze. Die Gruppe ist in insgesamt **zwölf Unterkategorien** eingeteilt. Von diesen sind 8 Kategorien Verkehrsvorhaben, die *zwingend eine UVP* erfordern.

3.14.1 Bau von Bundeswasserstraßen durch Vorhaben aus Gruppe 13. (Nr. 14.1)

Nr.	Vorhaben	Sp. 1	Sp. 2
14.	**Verkehrsvorhaben:**		
14.1	Bau einer Bundeswasserstraße durch		
14.1.1	Vorhaben im Sinne der Nummern 13.6.1 und 13.7.1	X	
14.1.2	Vorhaben im Sinne der Nummern 13.6.2, 13.7.2, 13.8, 13.12 und 13.13 (unabhängig von einer Beeinflussung des Hochwasserabflusses);		A

Der Tatbestand der Nr. 14.1 erfasst Vorhaben von **Bundeswasserstraßen**, die **gesondert** in der Gruppe 13., auf die verwiesen wird, geregelt sind. Dabei wird mit der Nr. 14.1.1 auf Vorhaben der Nr. 13.6.1 und 13.7.1 Bezug genommen, die Wasserspeicher bzw. Wasserumleitungen ab einem bestimmten Schwellenwert beinhalten. Die dortige UVP-Pflicht (Spalte 1) findet sich wieder in der Nr. 14.1.1. Die Nr. 14.1.2 erfasst verschiedene *kleinere Vorhaben* aus der Gruppe 13. und setzt eine *allgemeine* Vorprüfung des Einzelfalls voraus.

3.14.2 Bau von Bundeswasserstraßen (Nr. 14.2)

Nr.	Vorhaben	Sp. 1	Sp. 2
14.2	Bau einer Bundeswasserstraße, die für Schiffe mit		
14.2.1	mehr als 1.350 t zugänglich ist,	X	
14.2.2	1.350 t oder weniger zugänglich ist;		A

Die Nr. 14.2 erfasst **Bundeswasserstraßen** für Schiffe mit dem betr. Schwellenwert. Bei Schiffen mit mehr als *1.350 t* ist *zwingend eine UVP* durchzuführen und in der darunter liegenden Kategorie eine *allgemeine* Vorprüfung des Einzelfalls. Damit wird Anhang I, Nr. 8., Buchst. a) der UVP-ÄndRL (»Wasserstraßen und Häfen für die Binnenschifffahrt, die für Schiffe von mehr als 1.350 t zugängig sind«) und weiterhin Anhang II, Nr. 10., Buchst. f.) der UVP-ÄndRL (»Bau von Wasserstraßen – soweit nicht durch Anhang I erfasst – Flusskanalisierungs- und Stromkorrekturarbeiten«) umgesetzt. Der Schwellenwert gem. Nr. 14.2.1 entspricht demjenigen des EG-Rechtes.

Anlage 1 UVPG

3.14.3 Bundesautobahnen und Bundesstraßen (Nr. 14.3 bis 14.6)

Nr.	Vorhaben	Sp. 1	Sp. 2
14.3	Bau einer Bundesautobahn oder einer sonstigen Bundesstraße, wenn diese eine Schnellstraße im Sinne der Begriffsbestimmung des Europäischen Übereinkommens über die Hauptstraßen des internationalen Verkehrs vom 15. 11. 1975 ist;	X	
14.4	Bau einer neuen vier- oder mehrstreifigen Bundesstraße, wenn diese neue Straße eine durchgehende Länge von 5 km oder mehr aufweist;	X	
14.5	Bau einer vier- oder mehrstreifigen Bundesstraße durch Verlegung und/oder Ausbau einer bestehenden Bundesstraße, wenn dieser geänderte Bundesstraßenabschnitt eine durchgehende Länge von 10 km oder mehr aufweist;	X	
14.6	Bau einer sonstigen Bundesstraße;		A

84 Die Nr. 14.3 bis 14.6 entsprechen der bisherigen Nr. 8 der Anlage zur § 3 UVPG a. F. (»Bau und Änderung einer Bundesfernstraße, die der Planfeststellung nach § 17 des Bundesfernstraßengesetzes oder eines Bebauungsplans nach § 9 des Baugesetzbuch bedürfen«). Die UVP-ÄndRL gibt für **Bundesautobahnen** und **Bundesstraßen** Folgendes vor:

Anhang I Nr. 7.
»b) Bau von Autobahnen und Schnellstraßen
c) Bau von neuen vier- oder mehrspurigen Straßen oder Verlegung und/oder Ausbau von bestehenden ein- oder zweispurigen Straßen zu vier- oder mehrspurigen Straßen, wenn diese neue Straße oder dieser verlegte und/oder ausgebaute Straßenabschnitt eine durchgehende Länge von 10 km oder mehr aufweisen würde«

Anhang II, Nr. 10., Buchst. e) »Bau von Straßen, Häfen und Hafenanlagen, einschließlich Fischereihäfen – nicht durch Anhang I erfasste Projekte.«

3.14.4 Schienenwege von Eisenbahnen (Nr. 14.7)

Nr.	Vorhaben	Sp. 1	Sp. 2
14.7	Bau eines Schienenweges von Eisenbahnen mit den dazugehörenden Betriebsanlagen einschließlich Bahnstromfernleitungen;	X	

85 Die Nr. 14.7 erfasst den Bau von **Schienenwegen von Eisenbahnen** mit den dazugehörigen Betriebsanlagen. Eine UVP ist *zwingend* durchzuführen. Die Nr. 14.7 dient der Umsetzung von Anhang I, Nr. 7., Buchst. a) UVP-ÄndRL (»Bau von Eisenbahnfernverkehrsstrecken und ...«) und von Anhang II, Nr. 10., Buchst. c) UVP-ÄndRL (»Bau von Eisenbahnstrecken sowie von intermodalen Umschlaganlagen und Terminals – nicht durch Anhang I erfasste Projekte«). Es werden damit alle Schienenwege von Eisenbahnen erfasst. Das UVPG a. F. betraf mit der Nr. 9. der Anlage zu § 3 »Bau und Änderung von Anlangen einer Eisenbahn des Bundes, die einer Planfeststellung nach dem Allgemeinen Eisenbahngesetz bedürfen«.

Anlage 1 UVPG

3.14.5 Betriebsanlagen von Eisenbahnen (Nr. 14.8)

Nr.	Vorhaben	Sp. 1	Sp. 2
14.8	Bau einer sonstigen Betriebsanlage von Eisenbahnen, insbesondere einer intermodalen Umschlagsanlage oder eines Terminals für Eisenbahnen, soweit der Bau nicht Teil des Baues eines Schienenweges nach Nummer 14.7 ist;		A

Die Nr. 14.8 erfasst den Bau von **sonstigen Betriebsanlagen von Eisenbahnen**, insbesondere einer 86 intermodalen Umschlagsanlage oder eines Terminals für Eisenbahnen. Vorausgesetzt wird, dass diese Einrichtung nicht Teil des Baus eines Schienenweges gem. Nr. 14.7 ist. Erforderlich wird eine *allgemeine* Vorprüfung des Einzelfalls. Die Nr. 14.8 dient der Umsetzung von Anhang II, Nr. 10., Buchst. c) der UVP-ÄndRL (»Bau von ... intermodalen Umschlaganlagen und Terminals – nicht durch Anhang I erfasste Projekte«). Damit lehnt sich der Tatbestand terminologisch an das EG-Recht an. Weitergehend werden aber auch sonstige Betriebsanlagen von Eisenbahnen erfasst.

3.14.6 Magnetschwebebahnstrecken (Nr. 14.9)

Nr.	Vorhaben	Sp. 1	Sp. 2
14.9	Bau einer Magnetschwebebahnstrecke mit den dazugehörenden Betriebsanlagen;	X	

Die Nr. 14.9 erfasst den Bau von **Magnetschwebebahnstrecken** mit den dazugehörigen Betriebs- 87 anlagen. Eine UVP ist *zwingend* erforderlich.
   Umgesetzt wird damit Anhang II, Nr. 10., Buchst. h) der UVP-ÄndRL (»... Stadtschnellbahnen in Hochlage ... oder ähnliche Bahnen besonderer Bauart, die ausschließlich oder vorwiegend der Personenbeförderung dienen«).

3.14.7 Sonstige Bahnstrecken für den öffentlichen spurgeführten Verkehr (Nr. 14.10)

Nr.	Vorhaben	Sp. 1	Sp. 2
14.10	Bau einer anderen Bahnstrecke für den öffentlichen spurgeführten Verkehr mit den dazugehörenden Betriebsanlagen;		A

Die Nr. 14.10 erfasst den Bau von **anderen Bahnstrecken für den öffentlichen spurgeführten** 88 **Verkehr** mit den dazugehörigen Betriebsanlagen. Erforderlich ist eine *allgemeine* Vorprüfung des Einzelfalls. Umgesetzt wird damit Anhang II, Nr. 10., Buchst. h) der UVP-ÄndRL (»Straßenbahnen, Stadtschnellbahnen in Hochlage, Untergrundbahnen, Hängebahnen oder ähnliche Bahnen besonderer Bauart, die ausschließlich oder vorwiegend der Personenbeförderung dienen«).

3.14.8 Straßenbahnen etc. (Nr. 14.11)

Nr.	Vorhaben	Sp. 1	Sp. 2
14.11	Bau einer Bahnstrecke für Straßenbahnen, Stadtschnellbahnen in Hochlage, Untergrundbahnen oder Hängebahnen im Sinne des Personenbeförderungsgesetzes, jeweils mit den dazugehörenden Betriebsanlagen;		A

Die Nr. 14.11 erfasst den Bau von **Bahnstrecken für Straßenbahnen etc.** Der Tatbestand entspricht 89 weitgehend dem Anhang II, Nr. 10., Buchst. h) der UVP-ÄndRL. Erforderlich ist in diesem Fällen eine *allgemeine* Vorprüfung des Einzelfalls.

Anlage 1 UVPG

3.14.9 *Flugplätze (Nr. 14.12)*

Nr.	Vorhaben	Sp. 1	Sp. 2
14.12	Bau eines Flugplatzes im Sinne der Begriffsbestimmungen des Abkommens von Chicago von 1944 zur Errichtung der Internationalen Zivilluftfahrt-Organisation (Anhang 14) mit einer Start- und Landebahngrundlänge von		
14.12.1	1.500 m oder mehr,	X	
14.12.2	weniger als 1.500 m;		A

90 Die Nr. 14.12 erfasst den Bau von **Flugplätzen** im Sinne der aufgeführten Begriffsbestimmung. Damit wird Anhang I, Nr. 7., Buchst. a) der UVP-ÄndRL (»Bau von ... Flugplätzen[36] mit einer Start- und Landebahngrundlänge von 2.100 m und mehr«) und Anhang II, Nr. 10., Buchst. d) der UVP-ÄndRL (»Bau von Flugplätzen – nicht durch Anhang I erfasste Projekte«) umgesetzt. Der Schwellenwert der Nr. 14.12.1 entspricht demjenigen des EG-Rechts. In diesen Fällen ist zwingend eine UVP durchzuführen. Das UVPG a. F. erfasste die »Anlage und Änderung eines Flugplatzes, die der Planfeststellung nach § 8 des Luftverkehrsgesetzes bedürfen« gem. Nr. 13. der Anlage zu § 3.

Ergänzend zur Anlage 1 zum UVPG ist bei Flugplätzen auch die besondere Verfahrensvorschrift des § 15 UVPG zu beachten (s. dort).

3.15 *Bergbau (Gruppe 15.)*

Nr.	Vorhaben	Sp. 1	Sp. 2
15.	Bergbau:		
15.1	Bergbauliche Vorhaben einschließlich der zu deren Durchführung erforderlichen betriebsplanpflichtigen Maßnahmen dieser Anlage nur nach Maßgabe der auf Grund des § 57c Nr. 1 des Bundesberggesetzes erlassenen Rechtsverordnung;		

91 Die **Gruppe 15. Bergbau** nimmt insoweit eine *Sonderstellung* ein, als keinerlei Kennzeichnung in den Spalten 1 oder 2 enthalten ist. Dies beruht auf der Spezialregelung des § 18 (s. dort). Danach wird eine UVP nach § 2 Abs. 1 S. 1 bis 3 im *Planfeststellungsverfahren nach dem Bundesberggesetz* durchgeführt.

3.16 *Flurbereinigung (Gruppe 16.)*

Nr.	Vorhaben	Sp. 1	Sp. 2
16.	Flurbereinigung		
16.1	Bau der gemeinschaftlichen und öffentlichen Anlagen im Sinne des Flurbereinigungsgesetzes;		A

92 Die **Gruppe 16. Flurbereinigung** enthält nur einen Tatbestand gem. Nr. 16.1: Bau der gemeinschaftlichen und öffentlichen Anlagen im Sinne des Flurbereinigungsgesetzes. Erforderlich ist die

---

36 »Flugplätze« im Sinne dieser Richtlinie sind Flugplätze gem. den Begriffsbestimmungen des Abkommens von Chicago von 1944 zur Errichtung der internationalen Zivilluftfahrt-Organisation (Anhang 14).

Durchführung einer *allgemeinen* Vorprüfung des Einzelfalles. Die Nr. 16.1 ist im Zusammenhang mit § 19 UVPG zu sehen, der *Planfeststellungsverfahren* über einen Wege- und Gewässerplan gem. § 41 des Flurbereinigungsgesetzes betrifft (s. dort).

3.17 Forstliche Vorhaben (Gruppe 17.)

Nr.	Vorhaben	Sp. 1	Sp. 2
17.	**Forstliche Vorhaben:**		
17.1	Erstaufforstung im Sinne des Bundeswaldgesetzes mit		
17.1.1	50 ha oder mehr Wald,	X	
17.1.2	weniger als 50 ha Wald;		L
17.2	Rodung von Wald im Sinne des Bundeswaldgesetzes zum Zwecke der Umwandlung in eine andere Nutzungsart mit		
17.2.1	10 ha oder mehr Wald,	X	
17.2.2	weniger als 10 ha Wald;		L

Die **Gruppe 17.** erfasst – erstmalig – **forstliche Vorhaben**. Betroffen sind **Erstaufforstungen** und **Rodungen** von Wald. Oberhalb der betreffenden Schwellenwerte ist sowohl bei der Erstaufforstung als auch bei der Waldrodung zwingend eine UVP durchzuführen. Bezüglich der unterhalb dieser Schwellenwerte liegenden forstlichen Vorhaben *kleineren* Umfangs bestimmt das *Landesrecht* die etwaige Durchführung einer UVP.

Sowohl die Nr. 17.1 als auch die Nr. 17.2 dienen der Umsetzung von Anhang II, Nr. 1., Buchst. d) UVP-ÄndRL (»Erstaufforstungen und Abholzungen zum Zweck der Umwandlung in eine andere Bodennutzungsart«). Die Schwellenwerte von 50 ha (Erstaufforstung) und 10 ha (Rodung) finden weder im EG-Recht noch im alten Rechtszustand (auf Grund der erstmaligen Einführung dieser Tatbestände) ein Vorbild. Nach der Gesetzesbegründung sollen damit »bundeseinheitlich große Vorhaben« erfasst werden.[37]

93

3.18 Bauplanungsrechtliche Vorhaben (Gruppe 18.)

Die **Gruppe 18.** erfasst die **bauplanungsrechtlichen Vorhaben** mit einer stark ausgeweiteten Zahl von Einzeltatbeständen. Insgesamt ist die Gruppe 18. in neun Unterkategorien eingeteilt.

94

Nr.	Vorhaben	Sp. 1	Sp. 2
18.	**Bauplanungsrechtliche Vorhaben:**		
18.1	Bau eines Feriendorfes, eines Hotelkomplexes oder einer sonstigen großen Einrichtung für die Ferien- und Fremdenbeherbergung, für den im bisherigen Außenbereich im Sinne des § 35 des Baugesetzbuchs ein Bebauungsplan aufgestellt wird, nur im Aufstellungsverfahren, mit		
18.1.1	einer Bettenzahl von jeweils insgesamt 300 oder mehr oder mit einer Gästezimmerzahl von jeweils insgesamt 200 oder mehr,	X	

---

37 BT-Drs. 14/4599, S. 120.

Anlage 1 UVPG

Nr.	Vorhaben	Sp. 1	Sp. 2
18.1.2	einer Bettenzahl von jeweils insgesamt 100 bis weniger als 300 oder mit einer Gästezimmerzahl von jeweils insgesamt 80 bis weniger als 200;		A
18.2	Bau eines ganzjährig betriebenen Campingplatzes, für den im bisherigen Außenbereich im Sinne des § 35 des Baugesetzbuchs ein Bebauungsplan aufgestellt wird, nur im Aufstellungsverfahren, mit einer Stellplatzzahl von		
18.2.1	200 oder mehr,	X	
18.2.2	50 bis weniger als 200;		A
18.3	Bau eines Freizeitparks, für den im bisherigen Außenbereich im Sinne des § 35 des Baugesetzbuchs ein Bebauungsplan aufgestellt wird, nur im Aufstellungsverfahren, mit einer Größe des Plangebiets von		
18.3.1	10 ha oder mehr,	X	
18.3.2	4 ha bis weniger als 10 ha;		A
18.4	Bau eines Parkplatzes, für den im bisherigen Außenbereich im Sinne des § 35 des Baugesetzbuchs ein Bebauungsplan aufgestellt wird, nur im Aufstellungsverfahren, mit einer Größe von		
18.4.1	1 ha oder mehr,	X	
18.4.2	0,5 ha bis weniger als 1 ha;		A
18.5	Bau einer Industriezone für Industrieanlagen, für den im bisherigen Außenbereich im Sinne des § 35 des Baugesetzbuchs ein Bebauungsplan aufgestellt wird, nur im Aufstellungsverfahren, mit einer zulässigen Grundfläche im Sinne des § 19 Abs. 2 der Baunutzungsverordnung oder einer festgesetzten Größe der Grundfläche von insgesamt		
18.5.1	100.000 m^2 oder mehr,	X	
18.5.2	20.000 m^2 bis weniger als 100.000 m^2;		A
18.6	Bau eines Einkaufszentrums, eines großflächigen Einzelhandelsbetriebes oder eines sonstigen großflächigen Handelbetriebes im Sinne des § 11 Abs. 3 Satz 1 der Baunutzungsverordnung, für den im bisherigen Außenbereich im Sinne des § 35 des Baugesetzbuchs ein Bebauungsplan aufgestellt wird, nur im Aufstellungsverfahren, mit einer zulässigen Geschossfläche von		
18.6.1	5.000 m^2 oder mehr,	X	
18.6.2	1.200 m^2 bis weniger als 5.000 m^2;		A
18.7	Bau eines Städtebauprojektes für sonstige bauliche Anlagen, für den im bisherigen Außenbereich im Sinne des § 35 des Baugesetzbuchs ein Bebauungsplan aufgestellt wird, nur im Aufstellungsverfahren, mit einer zulässigen Grundfläche im Sinne des § 19 Abs. 2 der Baunutzungsverordnung oder einer festgesetzten Größe der Grundfläche von insgesamt		
18.7.1	100.000 m^2 oder mehr,	X	

Anlage 1 UVPG

Nr.	Vorhaben	Sp. 1	Sp. 2
18.7.2	20.000 m² bis weniger als 100.000 m²;		A
18.8	Bau eines Vorhabens der in den Nummern 18.1 bis 18.7 genannten Art, soweit der jeweilige Prüfwert für die Vorprüfung erreicht oder überschritten wird und für den in sonstigen Gebieten ein Bebauungsplan aufgestellt, geändert oder ergänzt wird, nur im Aufstellungsverfahren;		A
18.9	Vorhaben, für das nach Landesrecht zur Umsetzung der Richtlinie 85/337/EWG des Rates über die Umweltverträglichkeitsprüfung bei bestimmten öffentlichen und privaten Projekten (ABl. EG Nr. L 175 S. 40) in der durch die Änderungsrichtlinie 97/11/EG des Rates (ABl. EG Nr. L 73 S. 5) geänderten Fassung eine Umweltverträglichkeitsprüfung vorgesehen ist, sofern dessen Zulässigkeit durch einen Bebauungsplan begründet wird oder ein Bebauungsplan einen Planfeststellungsbeschluss ersetzt;		

Die nach **altem Recht** existierenden Tatbestände bauplanungsrechtlicher Vorhaben gem. Nr. 15. und 18. der Anlage zu § 3 UVPG a. F. finden nunmehr eine Entsprechung in den Nr. 18.1 und 18.6 der Anlage 1 zum UVPG n. F. Die Tatbestände decken sich auch insoweit, als im Falle der Einkaufszentren etc. ein Schwellenwert von 5.000 m² oder mehr vorhanden ist, bei dessen Erreichung/Überschreitung zwingend eine UVP durchzuführen ist. *Alle übrigen* Tatbestände sind *neu* in die Anlage 1 zum UVPG aufgenommen worden. 95

Die **Nr. 18.1 bis 18.8** dienen der Umsetzung von Anhang II, Nr. 10., Buchst. a) und b) sowie Nr. 12., Buchst. c), d) und e) der UVP-ÄndRL mit folgendem Wortlaut: 96

»*Anhang II*
Nr. 10.
a) Anlage von Industriezonen.
b) Städtebauprojekte, einschließlich der Errichtung von Einkaufszentren und Parkplätzen.
Nr. 12.
c) Feriendörfer und Hotelkomplexe außerhalb von städtischen Gebieten und zugehörige Einrichtungen.
d) Ganzjährig betriebene Campingplätze.
e) Freizeitparks.«

Die in der Gruppe 18. erfassten bauplanungsrechtlichen Vorhaben sind in **Verbindung** mit der allgemeinen Regelung des **§ 17 UVPG** anzuwenden (s. o. § 17 Anm. 1.4.2 ff.). Insbesondere lassen sich – auch entsprechend der Systematik der Gruppe 18. der Anlage 1 zum UVPG – verschiedene **Typen** von bauplanungsrechtlichen Vorhaben bzw. Bebauungsplänen zusammenfassen, nämlich 97
– vorhabenbezogene Bebauungspläne,
– planfeststellungsersetzende Bebauungspläne,
– angebotsbezogene Bebauungspläne.

Eine besondere Kategorie bilden die Vorhaben nach den Nr. 18.1 bis 18.8 der Anlage 1 zum UVPG in Folge der besonderen Regelung gem. § 17 Satz 2. Die Besonderheit liegt darin, dass dem Bebauungsplanverfahren kein Zulassungsverfahren nachfolgt oder das nachfolgende Zulassungsverfahren die Integration einer UVP nicht vorsieht. Die UVP wird insoweit *nur im Aufstellungsverfahren* durchgeführt, wenn die betreffenden Schwellenwerte erreicht oder eine Vorprüfung des Einzelfalles die UVP-Relevanz ergibt. Beim § 17 Satz 2 ist außerdem zu differenzieren zwischen den Tatbeständen gem. Nr. 18.1 bis 18.7, die Vorhaben *im Außenbereich* betreffen, und Vorhaben, die unter die Nr. 18.8 fallen. Letztere sind solche Vorhaben, die nicht im Außenbereich, sondern im beplanten (§ 30 BauGB) oder im unbeplanten Innenbereich (§ 34 BauGB) liegen. Eine *allgemeine* Vorprüfung des Einzelfalls wird insoweit im Aufstellungsverfahren erforderlich, wenn der

Anlage 1 UVPG

jeweilige Prüfwert für die Vorprüfung gem. Nr. 18.1–18.7 erreicht oder überschritten wird. Schließlich sieht Nr. 18.9 eine UVP-Pflicht für nach *Landesrecht* zuzulassende Vorhaben vor, sofern deren planungsrechtliche Zulässigkeit durch einen Bebauungsplan begründet werden soll.

98 Die Tatbestände der **Nr. 18.1 bis 18.7** sind nach dem *Sprachgebrauch der UVP-ÄndRL* bezeichnet, sodass die Begrifflichkeiten nicht in jedem Fall eine Entsprechung im geltenden Bundesrecht finden. Der Gesetzgeber ist ausweislich der Begründung zum Gesetzentwurf davon ausgegangen, dass sich die in den Nr. 18.1 bis 18.7 beschriebenen Vorhaben durchweg über ihre Größe definieren.[38] Soweit zur Erläuterung dessen die Tatbestände »Industriezonen«, »Städtebauprojekte«, »Freizeitparks« etc. beispielhaft herangezogen werden, belegt die Begrifflichkeit sicherlich »eine gewisse räumliche Dimension«.[39] Im Übrigen liegt den Schwellenwerten für die UVP-Pflicht der Nr. 18.1 bis 18.7 die Vorstellung zugrunde, dass die UVP-Relevanz insbesondere auf der Lage des Standortes *im Außenbereich* beruht. Nach der Gesetzesbegründung wurde bei der Findung der Schwellenwerte im Wesentlichen der »Versiegelungsgrad« berücksichtigt.[40] Bezüglich der unteren Kategorien von Vorhabengrößen, für die eine *allgemeine* Vorprüfung des Einzelfalles vorgegeben wird, verweist die Gesetzesbegründung auch auf die Absicht, »bereits *mittlere* Vorhaben« zu erfassen.[41] Dies soll namentlich für Industriezonen und Städtebauprojekte im Sinne der UVP-ÄndRL gelten.

99 Bei der Ermittlung der **Grundfläche** ist ausschließlich § 19 Abs. 2 der BauNVO zugrunde zu legen, also der sich aus der festgelegten Grundflächenzahl ergebende rechnerische Anteil der überbaubaren Flächen. Die Überschreitungsmöglichkeiten gem. § 19 Abs. 4 BauNVO bleiben dabei unberücksichtigt.[42]

100 Zum Verhältnis der Tatbestände gem. **Nr. 18.1 bis 18.7 untereinander** gilt, dass für die UVP-Pflicht die Erfüllung auch nur einer der Tatbestände im jeweiligen Bebauungsplanverfahren entscheidend ist. Demzufolge ist im Falle eines Bebauungsplanes für ein Industriegebiet im bisherigen Außenbereich eine UVP bzw. Vorprüfung des Einzelfalles auch dann durchzuführen, wenn der für eine Industriezone nach Nr. 18.5 maßgebliche Schwellen- oder Prüfwert hinsichtlich der Grundfläche der Anlage nicht erreicht wird, jedoch zugleich ein Parkplatz nach Nr. 18.4 mit mindestens 0,5 ha errichtet werden soll. Die UVP bzw. die Vorprüfung des Einzelfalls ist dann allerdings, wenn auch unter Berücksichtigung des funktionalen Zusammenhangs mit dem Industriegebiet, auf die erheblichen nachteiligen Umweltauswirkungen des Parkplatzes zu beschränken.[43]

3.19 *Leitungsanlagen und andere Anlagen (Gruppe 19.)*

101 Die **Gruppe 19.** ist im Zusammenhang mit § 20 UVPG zu sehen, der sich auf diese Nummern bezieht (s. dort). Erfasst werden insbesondere Hochspannungsfreileitungen, Gasversorgungsleitungen, Rohrleitungen zur Beförderung wassergefährdender Stoffe etc., Dampf- oder Warmwasserpipelines, Wasserfernleitungen und künstliche Wasserspeicher. In *erheblichem Umfang* sind die UVP-Tatbestände *neu* in den Katalog aufgenommen worden. Dies gilt für die Nr. 19.1, 19.2, 19.4, 19.5, 19.6, 19.7, 19.8 und 19.9. Die Nr. 19.3 entspricht der bisherigen Nr. 16. der Anlage zu § 3 UVPG a. F. (»Errichtung und Betrieb einer Rohrleitungsanlage für den Ferntransport von Öl oder Gas sowie die wesentliche Änderung der Anlage oder ihres Betriebes, die der Genehmigung nach § 19a des Wasserhaushaltsgesetzes bedürfen«). Soweit im Fachrecht noch kein **Trägerverfahren** existierte, musste dies geschaffen

---

38 BT-Drs. 14/4599, S. 121.
39 BT-Drs. 14/4599, S. 121.
40 BT-Drs. 14/4599, S. 121.
41 BT-Drs. 14/4599, S. 121.
42 BT-Drs. 14/4599, S. 121.
43 In diesem Sinne die Gesetzesbegründung, BT-Drs. 14/4599, S. 122, die allerdings nur von »kann beschränkt werden« spricht.

werden, und zwar für Energieanlagen durch § 11a EnWG[44] und für die Tatbestände gem. Nr. 19.3 bis 19.9 durch ein Planfeststellungsverfahren mit UVP gem. § 20 Abs. 1. Soweit für die betreffenden Vorhaben in der Spalte 2 eine *allgemeine* oder *standortbezogene* Vorprüfung des Einzelfalles in Verbindung mit dem betreffenden *Prüfwert* vorgesehen ist, wird eine UVP dann erforderlich, wenn die entsprechende Vorprüfung des Einzelfalles die UVP-Relevanz ergibt. Mit Gesetz vom 24. 6. 2002 ist Nr. 19.3 geändert worden. Diese Änderung ist eine Folgeänderung zu einer Änderung des § 19a Abs. 1 S. 4 WHG. Diese Vorschrift regelt Ausnahmen von der Genehmigungspflicht für Rohrleitungsanlagen, die den Bereich eines Werksgeländes nicht überschreiten, Zubehör einer Anlage zum Umgang mit solchen Stoffen sind oder Anlagen verbinden, die im engen räumlichen und betrieblichen Zusammenhang miteinander stehen und kurzräumig durch landgebundene öffentliche Verkehrswege getrennt sind. Eingefügt wurde die Beschränkung auf *landgebundene* öffentliche Verkehrswege, weil bei einer Trennung durch wassergebundene öffentliche Verkehrswege davon ausgegangen werden muss, dass die getrennten Grundstücke für eine selbstständige Gewässerverunreinigung eigenständige Bedeutung haben können. Insoweit ist für eine Trennung durch wassergebundene Verkehrswege die Ausnahme von der Genehmigungspflicht nicht gerechtfertigt und deshalb vom Gesetzgeber eingeschränkt worden.

13.19.1 *Hochspannungsfreileitungen (Nr. 19.1)*

Nr.	Vorhaben	Sp. 1	Sp. 2
19.	**Leitungsanlagen und andere Anlagen**		
19.1	Errichtung und Betrieb einer Hochspannungsfreileitung im Sinne des Energiewirtschaftsgesetzes mit		
19.1.1	einer Länge von mehr als 15 km und mit einer Nennspannung von 220 kV oder mehr,	X	
19.1.2	einer Länge von mehr als 15 km und mit einer Nennspannung von 110 kV bis zu 220 kV ,		A
19.1.3	einer Länge von 5 km bis 15 km und mit einer Nennspannung von 110 kV oder mehr,		A
19.1.4	einer Länge von weniger als 5 km und einer Nennspannung von 110 kV oder mehr;		S

3.19.2 *Gasversorgungsleitungen (Nr. 19.2)*

Nr.	Vorhaben	Sp. 1	Sp. 2
19.2	Errichtung und Betrieb einer Gasversorgungsleitung im Sinne des Energiewirtschaftsgesetzes, ausgenommen Anlagen, die den Bereich eines Werksgeländes nicht überschreiten, mit		
19.2.1	einer Länge von mehr als 40 km und einem Durchmesser von mehr als 800 mm,	X	
19.2.2	einer Länge von mehr als 40 km und einem Durchmesser von 300 mm bis zu 800 mm,		A
19.2.3	einer Länge von 5 km bis 40 km und einem Durchmesser von mehr als 300 mm,		A

---

44 Artikel 20 des Artikelgesetzes, BGBl. I, 2001, S. 2006, führt die §§ 11a und 11b bezüglich eines Planfeststellungsverfahrens für Energieanlagen neu ein.

Anlage 1 UVPG

Nr.	Vorhaben	Sp. 1	Sp. 2
19.2.4	einer Länge von weniger als 5 km und einem Durchmesser von mehr als 300 mm;		S

3.19.3 Rohrleitungsanlagen zum Befördern wassergefährdender Stoffe (Nr. 19.3)

Nr.	Vorhaben	Sp. 1	Sp. 2
19.3	Errichtung und Betrieb einer Rohrleitungsanlage zum Befördern wassergefährdender Stoffe im Sinne von § 19a Abs. 2 des Wasserhaushaltsgesetzes, ausgenommen Rohrleitungsanlagen, die – den Bereich eines Werksgeländes nicht überschreiten, – Zubehör einer Anlage zum Umgang mit solchen Stoffen sind oder – Anlagen verbinden, die in engem räumlichen und betrieblichen Zusammenhang miteinander stehen und kurzräumig durch landgebundene öffentliche Verkehrswege getrennt sind, mit		
19.3.1	einer Länge von mehr als 40 km,	X	
19.3.2	einer Länge von 2 km bis 40 km und einem Durchmesser der Rohrleitung von mehr als 150 mm,		A
19.3.3	einer Länge von weniger als 2 km und einem Durchmesser der Rohrleitung von mehr als 150 mm;		S

3.19.4 Rohrleitungsanlagen zum Befördern von verflüssigten bzw. nicht verflüssigten Gasen (Nr. 19.4 und 19.5)

Nr.	Vorhaben	Sp. 1	Sp. 2
19.4	Errichtung und Betrieb einer Rohrleitungsanlage, soweit sie nicht unter Nummer 19.3 fällt, zum Befördern von verflüssigten Gasen, ausgenommen Anlagen, die den Bereich eines Werksgeländes nicht überschreiten, mit		
19.4.1	einer Länge von mehr als 40 km und einem Durchmesser der Rohrleitung von mehr als 800 mm,	X	
19.4.2	einer Länge von mehr als 40 km und einem Durchmesser der Rohrleitung von 150 mm bis zu 800 mm,		A
19.4.3	einer Länge von 2 km bis 40 km und einem Durchmesser der Rohrleitung von mehr als 150 mm,		A
19.4.4	einer Länge von weniger als 2 km und einem Durchmesser der Rohrleitung von mehr als 150 mm;		S
19.5	Errichtung und Betrieb einer Rohrleitungsanlage, soweit sie nicht unter Nummer 19.3 oder als Energieanlage im Sinne des Energiewirtschaftsgesetzes unter Nummer 19.2 fällt, zum Befördern von nichtverflüssigten Gasen, ausgenommen Anlagen, die den Bereich eines Werksgeländes nicht überschreiten, mit		

Anlage 1 UVPG

Nr.	Vorhaben	Sp. 1	Sp. 2
19.5.1	einer Länge von mehr als 40 km und einem Durchmesser der Rohrleitung von mehr als 800 mm,	X	
19.5.2	einer Länge von mehr als 40 km und einem Durchmesser der Rohrleitung von 300 mm bis zu 800 mm,		A
19.5.3	einer Länge von 5 km bis 40 km und einem Durchmesser der Rohrleitung von mehr als 300 mm,		A
19.5.4	einer Länge von weniger als 5 km und einem Durchmesser der Rohrleitung von mehr als 300 mm;		S

3.19.5 Rohrleitungsanlagen zum Befördern von Stoffen im Sinne von § 3a des Chemikaliengesetzes (Nr. 19.6)

Nr.	Vorhaben	Sp. 1	Sp. 2
19.6	Errichtung und Betrieb einer Rohrleitungsanlage zum Befördern von Stoffen im Sinne von § 3a des Chemikaliengesetzes, soweit sie nicht unter eine der Nummern 19.2 bis 19.5 fällt und ausgenommen Abwasserleitungen sowie Anlagen, die den Bereich eines Werksgeländes nicht überschreiten oder Zubehör einer Anlage zum Lagern solcher Stoffe sind, mit		
19.6.1	einer Länge von mehr als 40 km und einem Durchmesser der Rohrleitung von mehr als 800 mm,	X	
19.6.2	einer Länge von mehr als 40 km und einem Durchmesser der Rohrleitung von 300 mm bis zu 800 mm,		A
19.6.3	einer Länge von 5 km bis 40 km und einem Durchmesser der Rohrleitung von mehr als 300 mm,		A
19.6.4	einer Länge von weniger als 5 km und einem Durchmesser der Rohrleitung von mehr als 300 mm;		S

3.19.6 Dampf- oder Warmwasserpipelines (Nr. 19.7)

Nr.	Vorhaben	Sp. 1	Sp. 2
19.7	Errichtung und Betrieb einer Rohrleitungsanlage zum Befördern von Dampf oder Warmwasser aus einer Anlage nach den Nummern 1 bis 10, die den Bereich des Werksgeländes überschreitet (Dampf- oder Warmwasserpipeline), mit		
19.7.1	einer Länge von 5 km oder mehr außerhalb des Werksgeländes,		A
19.7.2	einer Länge von weniger als 5 km im Außenbereich;		S

Anlage 1 UVPG

3.19.7 Wasserfernleitungen (Nr. 19.8)

Nr.	Vorhaben	Sp. 1	Sp. 2
19.8	Errichtung und Betrieb einer Rohrleitungsanlage, soweit sie nicht unter Nummer 19.6 fällt, zum Befördern von Wasser, die das Gebiet einer Gemeinde überschreitet (Wasserfernleitung), mit		
19.8.1	einer Länge von 10 km oder mehr,		A
19.8.2	einer Länge von 2 km bis weniger als 10 km;		S

3.19.8 Künstliche Wasserspeicher (Nr. 19.)

Nr.	Vorhaben	Sp. 1	Sp. 2
19.9	Errichtung und Betrieb eines künstlichen Wasserspeichers mit		
19.9.1	10 Mio. m^3 oder mehr Wasser,	X	
19.9.2	2 Mio. m^3 bis weniger als 10 Mio. m^3 Wasser,		A
19.9.3	5000 m^3 bis weniger als 2 Mio. m^3 Wasser.		S

Anlage 2 UVPG

Kriterien für die Vorprüfung des Einzelfalls

Nachstehende Kriterien sind anzuwenden, soweit in § 3c Abs. 1 Satz 1 und 2, auch in Verbindung mit § 3e und § 3f, auf Anlage 2 Bezug genommen wird.

1. Merkmale der Vorhaben

Die Merkmale eines Vorhabens sind insbesondere hinsichtlich folgender Kriterien zu beurteilen:
1.1 Größe des Vorhabens,
1.2 Nutzung und Gestaltung von Wasser, Boden, Natur und Landschaft,
1.3 Abfallerzeugung
1.4 Umweltverschmutzung und Belästigungen,
1.5 Unfallrisiko, insbesondere mit Blick auf verwendete Stoffe und Technologien.

2. Standort der Vorhaben

Die ökologische Empfindlichkeit eines Gebiets, das durch ein Vorhaben möglicherweise beeinträchtigt wird, ist insbesondere hinsichtlich folgender Nutzungs- und Schutzkriterien unter Berücksichtigung der Kumulierung mit anderen Vorhaben in ihrem gemeinsamen Einwirkungsbereich zu beurteilen:
2.1 bestehende Nutzung des Gebietes, insbesondere als Fläche für Siedlung und Erholung, für land-, forst- und fischereiwirtschaftliche Nutzungen, für sonstige wirtschaftliche und öffentliche Nutzungen, Verkehr, Ver- und Entsorgung (Nutzungskriterien),
2.2 Reichtum, Qualität und Regenerationsfähigkeit von Wasser, Boden, Natur und Landschaft des Gebietes (Qualitätskriterien)
2.3 Belastbarkeit der Schutzgüter unter besonderer Berücksichtigung folgender Gebiete und von Art und Umfang des ihnen jeweils zugewiesenen Schutzes (Schutzkriterien):
2.3.1 im Bundesanzeiger gemäß § 10 Abs. 5 Nr. 1 des Bundesnaturschutzgesetzes bekannt gemachte Gebiete von gemeinschaftlicher Bedeutung oder europäische Vogelschutzgebiete,
2.3.2 Naturschutzgebiete gemäß § 23 des Bundesnaturschutzgesetzes, soweit nicht bereits von Nummer 2.3.1 erfasst,
2.3.3 Nationalparke gemäß § 24 des Bundesnaturschutzgesetzes, soweit nicht bereits von Nummer 2.3.1 erfasst,
2.3.4 Biosphärenreservate und Landschaftsschutzgebiete gemäß den §§ 25 und 26 des Bundesnaturschutzgesetzes,
2.3.5 gesetzlich geschützte Biotope gemäß § 30 des Bundesnaturschutzgesetzes,
2.3.6 Wasserschutzgebiete gemäß § 19 des Wasserhaushaltsgesetzes oder nach Landeswasserrecht festgesetzte Heilquellenschutzgebiete sowie Überschwemmungsgebiete gemäß § 32 des Wasserhaushaltsgesetzes,
2.3.7 Gebiete, in denen die in den Gemeinschaftsvorschriften festgelegten Umweltqualitätsnormen bereits überschritten sind,

Anlage 2 UVPG

2.3.8 Gebiete mit hoher Bevölkerungsdichte, insbesondere zentrale Orte und Siedlungsschwerpunkte in verdichteten Räumen im Sinne des § 2 Abs. 2 Nr. 2 und 5 des Raumordnungsgesetzes,

2.3.9 in amtlichen Listen oder Karten verzeichnete Denkmale, Denkmalensembles, Bodendenkmale oder Gebiete, die von der durch die Länder bestimmten Denkmalschutzbehörde als archäologisch bedeutende Landschaften eingestuft worden sind.

3. Merkmale der möglichen Auswirkungen

Die möglichen erheblichen Auswirkungen eines Vorhabens sind anhand der unter den Nummern 1 und 2 aufgeführten Kriterien zu beurteilen; insbesondere ist Folgendem Rechnung zu tragen:

3.1 dem Ausmaß der Auswirkungen (geographisches Gebiet und betroffene Bevölkerung),
3.2 dem etwaigen grenzüberschreitenden Charakter der Auswirkungen,
3.3 der Schwere und der Komplexität der Auswirkungen,
3.4 der Wahrscheinlichkeit von Auswirkungen,
3.5 der Dauer, Häufigkeit und Reversibilität der Auswirkungen.

Übersicht

		Rn.			Rn.
1	Merkmale der Vorhaben (Nr. 1.)	1	3	Merkmale der möglichen	
2	Standort der Vorhaben (Nr. 2.)	3		Auswirkungen (Nr. 3.)	5

1 Merkmale der Vorhaben (Nr. 1.)

1 Die **in Nr. 1.** aufgeführten **fünf Merkmale** sind weitgehend übereinstimmend mit der Beschreibung der Merkmale durch Anhang III UVP-ÄndRL formuliert, der Folgendes vorsieht:

> »*Merkmale der Projekte*
> *Die Merkmale der Projekte sind insbesondere hinsichtlich folgender Punkte zu beurteilen:*
> – *Größe des Projekts,*
> – *Kumulierung mit anderen Projekten,*
> – *Nutzung der natürlichen Ressourcen,*
> – *Abfallerzeugung,*
> – *Umweltverschmutzung und Belästigungen,*
> – *Unfallrisiko, insbesondere mit Blick auf verwendete Stoffe und Technologien.*«

2 Das zweite Merkmal der »**Kumulierung** mit anderen Projekten« findet sich allerdings nicht unter Nr. 1., sondern unter Nr. 2. des Anhangs III der UVP-ÄndRL (Eingangssatz). Nach der Begründung zum Gesetzentwurf erfolgt mit Nr. 2. die vorgesehene Einschränkung auf den gemeinsamen Einwirkungsbereich der betroffenen Vorhaben deshalb, weil großräumige, d. h. regional oder für das gesamte Gebiet der Bundesrepublik bedeutsame Kumulationswirkungen von Vorhaben bereits bei der Festsetzung von Schwellenwerten berücksichtigt worden seien.[1] Im Übrigen wird auf die Bedeutung der Kumulationswirkungen im Zusammenhang mit dem Standort eines Vorhabens verwiesen, sodass eine Berücksichtigung bei der Vorprüfung des Einzelfalls gem. § 3c Abs. 1 erfolgen könne.

---

1 BT-Drs. 14/4599, S. 124.

2 Standort der Vorhaben (Nr. 2.)

Die gem. Nr. 2.1 bis 2.3 genannten Merkmale entsprechen inhaltlich weitgehend denjenigen gem. Anhang III, Nr. 2. der UVP-ÄndRL, der folgenden Wortlaut hat:

> *Standort der Projekte*
> *Die ökologische Empfindlichkeit der geographischen Räume, die durch die Projekte möglicherweise beeinträchtigt werden, muss unter Berücksichtigung insbesondere folgender Punkte beurteilt werden:*
> – *bestehende Landnutzung;*
> – *Reichtum, Qualität und Regenerationsfähigkeit der natürlichen Ressourcen des Gebiets;*
> – *Belastbarkeit der Natur unter besonderer Berücksichtigung folgender Gebiete:*
>   *a) Feuchtgebiete,*
>   *b) Küstengebiete,*
>   *c) Bergregionen und Waldgebiete,*
>   *d) Reservate und Naturparks,*
>   *e) durch die Gesetzgebung der Mitgliedstaaten ausgewiesene Schutzgebiete; von den Mitgliedstaaten gemäß den Richtlinien 79/409/EWG und 92/43/EWG ausgewiesene besondere Schutzgebiete,*
>   *f) Gebiete, in denen die in den Gemeinschaftsvorschriften festgelegten Umweltqualitätsnormen bereits überschritten sind,*
>   *g) historisch, kulturell oder archäologisch bedeutende Landschaften.«*

Die gem. Nr. 2.1 genannten **Nutzungskriterien** sollen das gem. Anhang III, Nr. 2., erster Anstrich UVP-ÄndRL genannte (unbestimmte) Kriterium der »bestehenden Landnutzung« konkretisieren. Der gleiche Gedanke der Konkretisierung gilt hinsichtlich der **Qualitätskriterien** gem. Nr. 2.2 bzw. Anhang III, Nr. 2., zweiter Anstrich UVP-ÄndRL. Die **Schutzkriterien** gem. Nr. 2.3 schließlich sollen die Merkmale gem. Anhang III, Nr. 2., dritter Anstrich UVP-ÄndRL konkretisieren. Im Einzelnen besteht allerdings keine Deckungsgleichheit bei den Begriffen gem. Nr. 2. der Anlage 2 und der entsprechenden EG-rechtlichen Vorgabe. Dies erscheint aber unschädlich, da im Wesentlichen nur die deutsche fachgesetzliche Typisierung (insbesondere des Bundesnaturschutzgesetzes) aufgegriffen wird, inhaltlich aber Vergleichbarkeit besteht. Die Nr. 2.3 hebt auf die »Belastbarkeit der Schutzgüter« ab und stellt damit klar, dass nicht jede mögliche Beeinträchtigung der nachfolgend aufgeführten Gebiete automatisch die UVP-Pflicht des Vorhabens zur Folge hat.[2] Es wird damit bei der Vorprüfung des Einzelfalles insbesondere auch auf das Ausmaß des den betreffenden Gebieten sowohl im Allgemeinen als auch in dem konkreten Fall zukommenden Schutzes abzustellen sein.

3 Merkmale der möglichen Auswirkungen (Nr. 3.)

Die in **Nr. 3.** aufgeführten **Merkmale** sind weitgehend übereinstimmend mit den Merkmalen gem. Anhang III, Nr. 3. UVP-ÄndRL formuliert.

> *»Merkmale der potenziellen Auswirkungen*
> *Die potenziellen Auswirkungen der Projekte sind anhand der unter Nummern 1 und 2 aufgeführten Kriterien zu beurteilen; insbesondere ist Folgendem Rechnung zu tragen:*
> – *dem Ausmaß der Auswirkungen (geographisches Gebiet und betroffene Bevölkerung),*
> – *dem grenzüberschreitenden Charakter der Auswirkungen,*
> – *der Schwere und der Komplexität der Auswirkungen,*
> – *der Wahrscheinlichkeit von Auswirkungen,*
> – *der Dauer, Häufigkeit und Reversibilität der Auswirkungen.«*

---

2 Vgl. Begründung zum Gesetzentwurf, BT-Drs. 14/4599, S. 125.

Anlage 2 UVPG

6   Mit dem **Eingangssatz** der **Nr. 3.** (erster Halbsatz) soll klargestellt werden, dass die in den Nr. 1. bis 3. genannten Merkmale nicht isoliert nebeneinander stehen, sondern dass die Beurteilung der möglichen Auswirkungen eines Vorhabens gem. Nr. 3. auf der Grundlage der in den Nr. 1. und 2. aufgeführten Kriterien zu erfolgen hat.[3]

---

3   Vgl. Begründung zum Gesetzentwurf, BT-Drs. 14/4599, S. 125.

Vorschriften

Vorschriften I	Richtlinie des Rates vom 27.6.1985 über die Umweltverträglichkeitsprüfung bei bestimmten öffentlichen und privaten Projekten (85/337/EWG) (ABl. L 175 vom 5.7.1985, S. 40) geändert durch Richtlinie 97/11/EG des Rates vom 5.7.1997	633
Vorschriften II	Allgemeine Verwaltungsvorschrift zur Ausführung des Gesetzes über die Umweltverträglichkeitsprüfung (UVPVwV) vom 18.9.1995 (GMBl. 1995 S. 671	648
Vorschriften III	Neunte Verordnung zur Durchführung des Bundes-Immissionsschutzgesetzes (Verordnung über das Genehmigungsverfahren – 9. BImSchV) vom 29.5.1992 zuletzt geändert durch Gesetz vom 27.7.2001 (BGBl. I S. 1950) – Auszug –	696
Vorschriften IV	Verordnung über das Verfahren bei der Genehmigung von Anlagen nach § 7 des Atomgesetzes (Atomrechtliche Verfahrensverordnung – AtVfV – Auszug –	700

Vorschriften I Richtlinie des Rates vom 27.6.1985 über die Umweltverträglichkeitsprüfung bei bestimmten öffentlichen und privaten Projekten (85/337/EWG)
(ABl. L 175 vom 5.7.1985, S. 40)
geändert durch Richtlinie 97/11/EG des Rates vom 5.7.1997

Der Rat der Europäischen Gemeinschaften – gestützt auf den Vertrag zur Gründung der Europäischen Wirtschaftsgemeinschaft, insbesondere auf die Artikel 100 und 235, auf Vorschlag der Kommission,[1]
nach Stellungnahme des Europäischen Parlaments,[2]
nach Stellungnahme des Wirtschafts- und Sozialausschusses,[3]
in Erwägung nachstehender Gründe:
In den Aktionsprogrammen der Europäischen Gemeinschaften für den Umweltschutz von 1973[4] und 1977[5] sowie im Aktionsprogramm von 1983,[6] dessen allgemeine Leitlinien der Rat der Europäischen Gemeinschaften und die Vertreter der Regierungen der Mitgliedstaaten genehmigt hatten, wurde betont, daß die beste Umweltpolitik darin besteht, Umweltbelastungen von vornherein zu vermeiden, statt sie erst nachträglich in ihren Auswirkungen zu bekämpfen. In ihnen wurde bekräftigt, daß bei allen technischen Planungs- und Entscheidungsprozessen die Auswirkungen auf die Umwelt so früh wie möglich berücksichtigt werden müssen. Zu diesem Zweck wurde die Einführung von Verfahren zur Abschätzung dieser Auswirkungen vorgesehen.

Die unterschiedlichen Rechtsvorschriften, die in den einzelnen Mitgliedstaaten für die Umweltverträglichkeitsprüfung bei öffentlichen und privaten Projekten gelten, können zu ungleichen Wettbewerbsbedingungen führen und sich somit unmittelbar auf das Funktionieren des Gemeinsamen Marktes auswirken. Es ist daher eine Angleichung der Rechtsvorschriften nach Artikel 100 des Vertrages vorzunehmen.

Es erscheint ferner erforderlich, eines der Ziele der Gemeinschaft im Bereich des Schutzes der Umwelt und der Lebensqualität zu verwirklichen.

Da die hierfür erforderlichen Befugnisse im Vertrag nicht vorgesehen sind, ist Artikel 235 des Vertrages zur Anwendung zu bringen.

Zur Ergänzung und Koordinierung der Genehmigungsverfahren für öffentliche und private Projekte, die möglicherweise erhebliche Auswirkungen auf die Umwelt haben, sollten allgemeine Grundsätze für Umweltverträglichkeitsprüfungen aufgestellt werden.

Die Genehmigung für öffentliche und private Projekte, bei denen mit erheblichen Auswirkungen auf die Umwelt zu rechnen ist, soll erst nach vorheriger Beurteilung der möglichen erheblichen Umweltauswirkungen dieser Projekte erteilt werden. Diese Beurteilung hat von seiten des Projektträgers anhand sachgerechter Angaben zu

---

1 ABl. Nr. C 169 vom 9.7.1980, S. 14.
2 ABl. Nr. C 66 vom 15.3.1982, S. 89.
3 ABl. Nr. C 185 vom 27.7.1981, S. 8.
4 ABl. Nr. C 112 vom 20.12.1973, S. 1.
5 ABl. Nr. C 139 vom 13.6.1977, S. 1.
6 ABl. Nr. C 46 vom 17.2.1983, S. 1.

Vorschriften I

erfolgen, die gegebenenfalls von den Behörden und der Öffentlichkeit ergänzt werden können, die möglicherweise von dem Projekt betroffen sind.

Es erscheint erforderlich, eine Harmonisierung der Grundsätze für die Umweltverträglichkeitsprüfung vorzunehmen, insbesondere hinsichtlich der Art der zu prüfenden Projekte, der Hauptauflagen für den Projektträger und des Inhalts der Prüfung.

Projekte bestimmter Klassen haben erhebliche Auswirkungen auf die Umwelt und sind grundsätzlich einer systematischen Prüfung zu unterziehen.

Projekte anderer Klassen haben nicht unter allen Umständen zwangsläufig erhebliche Auswirkungen auf die Umwelt; sie sind einer Prüfung zu unterziehen, wenn dies nach Auffassung der Mitgliedstaaten ihrem Wesen nach erforderlich ist.

Bei Projekten, die einer Prüfung unterzogen werden, sind bestimmte Mindestangaben über das Projekt und seine Umweltauswirkungen zu machen.

Die Umweltauswirkungen eines Projekts müssen mit Rücksicht auf folgende Bestrebungen beurteilt werden: die menschliche Gesundheit zu schützen, durch eine Verbesserung der Umweltbedingungen zur Lebensqualität beizutragen, für die Erhaltung der Artenvielfalt zu sorgen und die Reproduktionsfähigkeit des Ökosystems als Grundlage allen Lebens zu erhalten.

Es ist hingegen nicht angebracht, diese Richtlinie auf Projekte anzuwenden, die im einzelnen durch einen besonderen einzelstaatlichen Gesetzgebungsakt genehmigt werden, da die mit dieser Richtlinie verfolgten Ziele einschließlich des Ziels der Bereitstellung von Informationen im Wege des Gesetzgebungsverfahrens erreicht werden.

Im übrigen kann es sich in Ausnahmefällen als sinnvoll erweisen, ein spezifisches Projekt von den in dieser Richtlinie vorgesehenen Prüfungsverfahren zu befreien, sofern die Kommission hiervon in geeigneter Weise unterrichtet wird – hat folgende Richtlinie erlassen:

Artikel 1

(1) Gegenstand dieser Richtlinie ist die Umweltverträglichkeitsprüfung bei öffentlichen und privaten Projekten, die möglicherweise erhebliche Auswirkungen auf die Umwelt haben.

(2) Im Sinne dieser Richtlinie sind:
Projekt:
– die Errichtung von baulichen oder sonstigen Anlagen,
– sonstige Eingriffe in Natur und Landschaft einschließlich derjenigen zum Abbau von Bodenschätzen;
Projektträger:
Person, die die Genehmigung für ein privates Projekt beantragt, oder die Behörde, die ein Projekt betreiben will;
Genehmigung:
Entscheidung der zuständigen Behörde oder der zuständigen Behörden, aufgrund deren der Projektträger das Recht zur Durchführung des Projekts erhält.

(3) Die zuständige(n) Behörde(n) ist (sind) die Behörde(n), die von den Mitgliedstaaten für die Durchführung der sich aus dieser Richtlinie ergebenden Aufgaben bestimmt wird (werden).

(4) Projekte, die Zwecken der nationalen Verteidigung dienen, fallen nicht unter diese Richtlinie.

(5) Diese Richtlinie gilt nicht für Projekte, die im einzelnen durch einen besonderen einzelstaatlichen Gesetzgebungsakt genehmigt werden, da die mit dieser Richtlinie verfolgten Ziele einschließlich des Ziels der Bereitstellung von Informationen im Wege des Gesetzgebungsverfahrens erreicht werden.

Artikel 2

(1) Die Mitgliedstaaten treffen die erforderlichen Maßnahmen, damit vor Erteilung der Genehmigung die Projekte, bei denen unter anderem aufgrund ihrer Art, ihrer Größe oder ihres Standortes mit erheblichen Auswirkungen auf die Umwelt zu rechnen ist, einer Genehmigungspflicht unterworfen und einer Prüfung in bezug auf ihre Auswirkungen unterzogen werden. Diese Projekte sind in Artikel 4 definiert.
(2) Die Umweltverträglichkeitsprüfung kann in den Mitgliedstaaten im Rahmen der bestehenden Verfahren zur Genehmigung der Projekte durchgeführt werden oder, falls solche nicht bestehen, im Rahmen anderer Verfahren oder der Verfahren, die einzuführen sind, um den Zielen dieser Richtlinie zu entsprechen.
(2 a) Die Mitgliedstaaten können ein einheitliches Verfahren für die Erfüllung der Anforderungen dieser Richtlinie und der Richtlinie des Rates 96/61/EG vom 24. 9. 1996 über die integrierte Vermeidung und Verminderung der Umweltverschmutzung (1) vorsehen.
(3) Unbeschadet des Artikels 7 können die Mitgliedstaaten in Ausnahmefällen ein einzelnes Projekt ganz oder teilweise von den Bestimmungen dieser Richtlinie ausnehmen.
In diesem Fall müssen die Mitgliedstaaten:
a) prüfen, ob eine andere Form der Prüfung angemessen ist und ob die so gewonnenen Informationen der Öffentlichkeit zur Verfügung gestellt werden sollen;
b) der Öffentlichkeit die Informationen betreffend diese Ausnahme zur Verfügung stellen und sie über die Gründe für die Gewährung der Ausnahme unterrichten;
c) die Kommission vor Erteilung der Genehmigung über die Gründe für die Gewährung dieser Ausnahme unterrichten und ihr die Informationen übermitteln, die sie gegebenenfalls ihren eigenen Staatsangehörigen zur Verfügung stellen.
Die Kommission übermittelt den anderen Mitgliedstaaten unverzüglich die ihr zugegangenen Unterlagen.
Die Kommission erstattet dem Rat jährlich über die Anwendung dieses Absatzes Bericht.

Artikel 3

Die Umweltverträglichkeitsprüfung identifiziert, beschreibt und bewertet in geeigneter Weise nach Maßgabe eines jeden Einzelfalls gemäß den Artikeln 4 bis 11 die unmittelbaren und mittelbaren Auswirkungen eines Projekts auf folgende Faktoren:
- Mensch, Fauna und Flora,
- Boden, Wasser, Luft, Klima und Landschaft,
- Sachgüter und kulturelles Erbe,
- die Wechselwirkung zwischen den unter dem ersten, dem zweiten und dem dritten Gedankenstrich genannten Faktoren.

Vorschriften I

Artikel 4

(1) Projekte des Anhangs I werden vorbehaltlich des Artikels 2 Absatz 3 einer Prüfung gemäß den Artikeln 5 bis 10 unterzogen.

(2) Bei Projekten des Anhangs II bestimmen die Mitgliedstaaten vorbehaltlich des Artikels 2 Absatz 3 anhand (1) ABl. Nr. L 257 vom 10.10.1996, S. 26.
a)   einer Einzelfalluntersuchung
oder
b)   der von den Mitgliedstaaten festgelegten Schwellenwerte bzw. Kriterien,
ob das Projekt einer Prüfung gemäß den Artikeln 5 bis 10 unterzogen werden muß.

Die Mitgliedstaaten können entscheiden, beide unter den Buchstaben a) und b) genannten Verfahren anzuwenden.

(3) Bei der Einzelfalluntersuchung oder der Festlegung von Schwellenwerten bzw. Kriterien im Sinne des Absatzes 2 sind die relevanten Auswahlkriterien des Anhangs III zu berücksichtigen.

(4) Die Mitgliedstaaten stellen sicher, daß die gemäß Absatz 2 getroffenen Entscheidungen der zuständigen Behörden der Öffentlichkeit zugänglich gemacht werden.

Artikel 5

(1) Bei Projekten, die nach Artikel 4 einer Umweltverträglichkeitsprüfung gemäß den Artikeln 5 bis 10 unterzogen werden müssen, ergreifen die Mitgliedstaaten die erforderlichen Maßnahmen, um sicherzustellen, daß der Projektträger die in Anhang IV genannten Angaben in geeigneter Form vorlegt, soweit
a) die Mitgliedstaaten der Auffassung sind, daß die Angaben in einem bestimmten Stadium des Genehmigungsverfahrens und in Anbetracht der besonderen Merkmale eines bestimmten Projekts oder einer bestimmten Art von Projekten und der möglicherweise beeinträchtigten Umwelt von Bedeutung sind;
b) die Mitgliedstaaten der Auffassung sind, daß von dem Projektträger unter anderem unter Berücksichtigung des Kenntnisstandes und der Prüfungsmethoden billigerweise verlangt werden kann, daß er die Angaben zusammenstellt.

(2) Die Mitgliedstaaten treffen die erforderlichen Maßnahmen, um sicherzustellen, daß die zuständige Behörde eine Stellungnahme dazu abgibt, welche Angaben vom Projektträger gemäß Absatz 1 vorzulegen sind, sofern der Projektträger vor Einreichung eines Genehmigungsantrags darum ersucht. Die zuständige Behörde hört vor Abgabe ihrer Stellungnahme den Projektträger sowie in Artikel 6 Absatz 1 genannte Behörden an. Die Abgabe einer Stellungnahme gemäß diesem Absatz hindert die Behörde nicht daran, den Projektträger in der Folge um weitere Angaben zu ersuchen.

Die Mitgliedstaaten können von den zuständigen Behörden die Abgabe einer solchen Stellungnahme verlangen, unabhängig davon, ob der Projektträger dies beantragt hat.

(3) Die vom Projektträger gemäß Absatz 1 vorzulegenden Angaben umfassen mindestens folgendes:
–   eine Beschreibung des Projekts nach Standort, Art und Umfang;
–   eine Beschreibung der Maßnahmen, mit denen erhebliche nachteilige Auswirkungen vermieden, verringert und soweit möglich ausgeglichen werden sollen;
–   die notwendigen Angaben zur Feststellung und Beurteilung der Hauptauswirkungen, die das Projekt voraussichtlich auf die Umwelt haben wird;

- eine Übersicht über die wichtigsten anderweitigen vom Projektträger geprüften Lösungsmöglichkeiten und Angabe der wesentlichen Auswahlgründe im Hinblick auf die Umweltauswirkungen;
- eine nichttechnische Zusammenfassung der unter den obenstehenden Gedankenstrichen genannten Angaben.

(4) Die Mitgliedstaaten sorgen erforderlichenfalls dafür, daß die Behörden, die über relevante Informationen, insbesondere hinsichtlich des Artikels 3, verfügen, diese dem Projektträger zur Verfügung stellen.

Artikel 6

(1) Die Mitgliedstaaten treffen die erforderlichen Maßnahmen, damit die Behörden, die in ihrem umweltbezogenen Aufgabenbereich von dem Projekt berührt sein könnten, die Möglichkeit haben, ihre Stellungnahme zu den Angaben des Projektträgers und zu dem Antrag auf Genehmigung abzugeben. Zu diesem Zweck bestimmen die Mitgliedstaaten allgemein oder von Fall zu Fall die Behörden, die anzuhören sind. Diesen Behörden werden die nach Artikel 5 eingeholten Informationen mitgeteilt. Die Einzelheiten der Anhörung werden von den Mitgliedstaaten festgelegt.

(2) Die Mitgliedstaaten tragen dafür Sorge, daß der Öffentlichkeit die Genehmigungsanträge sowie die nach Artikel 5 eingeholten Informationen binnen einer angemessenen Frist zugänglich gemacht werden, damit der betroffenen Öffentlichkeit Gelegenheit gegeben wird, sich vor Erteilung der Genehmigung dazu zu äußern.

(3) Die Einzelheiten dieser Unterrichtung und Anhörung werden von den Mitgliedstaaten festgelegt, die nach Maßgabe der besonderen Merkmale der betreffenden Projekte oder Standorte insbesondere folgendes tun können:
- den betroffenen Personenkreis bestimmen;
- bestimmen, wo die Informationen eingesehen werden können;
- präzisieren, wie die Öffentlichkeit unterrichtet werden kann, z.B. durch Anschläge innerhalb eines gewissen Umkreises, Veröffentlichungen in Lokalzeitungen, Veranstaltung von Ausstellungen mit Plänen, Zeichnungen, Tafeln, graphischen Darstellungen, Modellen;
- bestimmen, in welcher Weise die Öffentlichkeit angehört werden soll, z.B. durch Aufforderung zur schriftlichen Stellungnahme und durch öffentliche Umfrage;
- geeignete Fristen für die verschiedenen Phasen des Verfahrens festsetzen, damit gewährleistet ist, daß binnen angemessenen Fristen ein Beschluß gefaßt wird.

Artikel 7

(1) Stellt ein Mitgliedstaat fest, daß ein Projekt erhebliche Auswirkungen auf die Umwelt eines anderen Mitgliedstaats haben könnte, oder stellt ein Mitgliedstaat, der möglicherweise davon erheblich betroffen ist, einen entsprechenden Antrag, so übermittelt der Mitgliedstaat, in dessen Hoheitsgebiet das Projekt durchgeführt werden soll, dem betroffenen Mitgliedstaat so bald wie möglich, spätestens aber zu dem Zeitpunkt, zu dem er in seinem eigenen Land die Öffentlichkeit unterrichtet, unter anderem
 a) eine Beschreibung des Projekts zusammen mit allen verfügbaren Angaben über dessen mögliche grenzüberschreitende Auswirkungen,

Vorschriften I

b) Angaben über die Art der möglichen Entscheidung und räumt dem anderen Mitgliedstaat eine angemessene Frist für dessen Mitteilung ein, ob er an dem Verfahren der Umweltverträglichkeitsprüfung (UVP) teilzunehmen wünscht oder nicht; ferner kann er die in Absatz 2 genannten Angaben beifügen.

(2) Teilt ein Mitgliedstaat nach Erhalt der in Absatz 1 genannten Angaben mit, daß er an dem UVP-Verfahren teilzunehmen beabsichtigt, so übermittelt der Mitgliedstaat, in dessen Hoheitsgebiet das Projekt durchgeführt werden soll, sofern noch nicht geschehen, dem betroffenen Mitgliedstaat die nach Artikel 5 eingeholten Informationen sowie relevante Angaben zu dem UVP-Verfahren einschließlich des Genehmigungsantrags.

(3) Ferner haben die beteiligten Mitgliedstaaten, soweit sie jeweils berührt sind,

a) dafür Sorge zu tragen, daß die Angaben gemäß den Absätzen 1 und 2 innerhalb einer angemessenen Frist den in Artikel 6 Absatz 1 genannten Behörden sowie der betroffenen Öffentlichkeit im Hoheitsgebiet des möglicherweise von dem Projekt erheblich betroffenen Mitgliedstaats zur Verfügung gestellt werden, und

b) sicherzustellen, daß diesen Behörden und der betroffenen Öffentlichkeit Gelegenheit gegeben wird, der zuständigen Behörde des Mitgliedstaats, in dessen Hoheitsgebiet das Projekt durchgeführt werden soll, vor der Genehmigung des Projekts innerhalb einer angemessenen Frist ihre Stellungnahme zu den vorgelegten Angaben zuzuleiten.

(4) Die beteiligten Mitgliedstaaten nehmen Konsultationen auf, die unter anderem die potentiellen grenzüberschreitenden Auswirkungen des Projekts und die Maßnahmen zum Gegenstand haben, die der Verringerung oder Vermeidung dieser Auswirkungen dienen sollen, und vereinbaren einen angemessenen Zeitrahmen für die Dauer der Konsultationsphase.

(5) Die Einzelheiten der Durchführung dieses Artikels können von den beteiligten Mitgliedstaaten festgelegt werden.

Artikel 8

Die Ergebnisse der Anhörungen und die gemäß den Artikeln 5, 6 und 7 eingeholten Angaben sind beim Genehmigungsverfahren zu berücksichtigen.

Artikel 9

(1) Wurde eine Entscheidung über die Erteilung oder die Verweigerung einer Genehmigung getroffen, so gibt (geben) die zuständige(n) Behörde(n) dies der Öffentlichkeit nach den entsprechenden Verfahren bekannt und macht (machen) dieser folgende Angaben zugänglich:
– den Inhalt der Entscheidung und die gegebenenfalls mit der Entscheidung verbundenen Bedingungen;
– die Hauptgründe und -erwägungen, auf denen die Entscheidung beruht;
– erforderlichenfalls eine Beschreibung der wichtigsten Maßnahmen, mit denen erhebliche nachteilige Auswirkungen vermieden, verringert und soweit möglich ausgeglichen werden sollen.

(2) Die zuständige(n) Behörde(n) unterrichtet (unterrichten) die gemäß Artikel 7 konsultierten Mitgliedstaaten und übermittelt (übermitteln) ihnen die in Absatz 1 genannten Angaben.

Artikel 10

Die Bestimmungen dieser Richtlinie berühren nicht die Verpflichtung der zuständigen Behörden, die von den einzelstaatlichen Rechts- und Verwaltungsvorschriften und der herrschenden Rechtspraxis auferlegten Beschränkungen zur Wahrung der gewerblichen und handelsbezogenen Geheimnisse einschließlich des geistigen Eigentums und des öffentlichen Interesses zu beachten.

Soweit Artikel 7 Anwendung findet, unterliegen die Übermittlung von Angaben an einen anderen Mitgliedstaat und der Empfang von Angaben eines anderen Mitgliedstaats den Beschränkungen, die in dem Mitgliedstaat gelten, in dem das Projekt durchgeführt werden soll.

Artikel 11

(1) Die Mitgliedstaaten und die Kommission tauschen Angaben über ihre Erfahrungen bei der Anwendung dieser Richtlinie aus.

(2) Insbesondere teilen die Mitgliedstaaten der Kommission gemäß Artikel 4 Absatz 2 die für die Auswahl der betreffenden Projekte gegebenenfalls festgelegten Kriterien und/oder Schwellenwerte mit.

(3) Fünf Jahre nach Bekanntgabe dieser Richtlinie übermittelt die Kommission dem Europäischen Parlament und dem Rat einen Bericht über deren Anwendung und Nutzeffekt. Der Bericht stützt sich auf diesen Informationsaustausch.

(4) Die Kommission unterbreitet dem Rat auf der Grundlage dieses Informationsaustauschs zusätzliche Vorschläge, falls dies sich im Hinblick auf eine hinreichend koordinierte Anwendung dieser Richtlinie als notwendig erweist.

Artikel 12

(1) Die Mitgliedstaaten treffen die erforderlichen Maßnahmen, um dieser Richtlinie innerhalb von drei Jahren nach ihrer Bekanntgabe[7] nachzukommen.

(2) Die Mitgliedstaaten teilen der Kommission den Wortlaut der innerstaatlichen Rechtsvorschriften mit, die sie auf dem unter diese Richtlinie fallenden Gebiet erlassen.

Artikel 14

Diese Richtlinie ist an die Mitgliedstaaten gerichtet.

---

7 Diese Richtlinie wurde den Mitgliedstaaten am 3.7.1985 bekanntgegeben.

Vorschriften I

Anhang I Projekte nach Artikel 4 Absatz 1

1. Raffinerien für Erdöl (ausgenommen Unternehmen, die nur Schmiermittel aus Erdöl herstellen) sowie Anlagen zur Vergasung und zur Verflüssigung von täglich mindestens 500 Tonnen Kohle oder bituminösem Schiefer.
2. – Wärmekraftwerke und andere Verbrennungsanlagen mit einer Wärmeleistung von mindestens 300 MW sowie
   – Kernkraftwerke und andere Kernreaktoren einschließlich der Demontage oder Stillegung solcher Kraftwerke oder Reaktoren[8] (mit Ausnahme von Forschungseinrichtungen zur Erzeugung und Bearbeitung von spaltbaren und brutstoffhaltigen Stoffen, deren Höchstleistung 1 kW thermische Dauerleistung nicht übersteigt).
3. a) Anlagen zur Wiederaufarbeitung bestrahlter Kernbrennstoffe.
   b) Anlagen:
      – mit dem Zweck der Erzeugung oder Anreicherung von Kernbrennstoffen,
      – mit dem Zweck der Aufarbeitung bestrahlter Kernbrennstoffe oder hochradioaktiver Abfälle,
      – mit dem Zweck der endgültigen Beseitigung bestrahlter Kernbrennstoffe,
      – mit dem ausschließlichen Zweck der endgültigen Beseitigung radioaktiver Abfälle, mit dem ausschließlichen Zweck der (für mehr als 10 Jahre geplanten) Lagerung bestrahlter Kernbrennstoffe oder radioaktiver Abfälle an einem anderen Ort als dem Produktionsort.
4. – Integrierte Hüttenwerke zur Erzeugung von Roheisen und Rohstahl.
   – Anlagen zur Gewinnung von Nichteisenrohmetallen aus Erzen, Konzentraten oder sekundären Rohstoffen durch metallurgische, chemische oder elektrolytische Verfahren.
5. Anlagen zur Gewinnung von Asbest sowie zur Be- und Verarbeitung von Asbest und Asbesterzeugnissen: bei Asbestzementerzeugnissen mit einer Jahresproduktion von mehr als 20 000 t Fertigerzeugnissen; bei Reibungsbelägen mit einer Jahresproduktion von mehr als 50 t Fertigerzeugnissen; bei anderen Verwendungszwecken von Asbest mit einem Einsatz von mehr als 200 t im Jahr.
6. Integrierte chemische Anlagen, d.h. Anlagen zur Herstellung von Stoffen unter Verwendung chemischer Umwandlungsverfahren im industriellen Umfang, bei denen sich mehrere Einheiten nebeneinander befinden und in funktioneller Hinsicht miteinander verbunden sind und die
   i) zur Herstellung von organischen Grundchemikalien,
   ii) zur Herstellung von anorganischen Grundchemikalien,
   iii) zur Herstellung von phosphor-, stickstoff- oder kaliumhaltigen Düngemitteln (Einnährstoff oder Mehrnährstoff)
   iv) zur Herstellung von Ausgangsstoffen für Pflanzenschutzmittel und von Bioziden
   v) zur Herstellung von Grundarzneimitteln unter Verwendung eines chemischen oder biologischen Verfahrens

---

[8] Kernkraftwerke und andere Kernreaktoren gelten nicht mehr als solche, wenn der gesamte Kernbrennstoff und andere radioaktiv kontaminierte Komponenten auf Dauer vom Standort der Anlage entfernt wurden.

vi) zur Herstellung von Explosivstoffen dienen.
7. a) Bau von Eisenbahn-Fernverkehrsstrecken und Flugplätzen[9] mit einer Start- und Landebahngrundlänge von 2100 m und mehr.
   b) Bau von Autobahnen und Schnellstraßen.[10]
   c) Bau von neuen vier- oder mehrspurigen Straßen oder Verlegung und/oder Ausbau von bestehenden ein- oder zweispurigen Straßen zu vier- oder mehrspurigen Straßen, wenn diese neue Straße oder dieser verlegte und/oder ausgebaute Straßenabschnitt eine durchgehende Länge von 10 km oder mehr aufweisen würde.
8. a) Wasserstraßen und Häfen für die Binnenschiffahrt, die für Schiffe mit mehr als 1350 t zugänglich sind.
   b) Seehandelshäfen, mit Binnen- oder Außenhäfen verbundene Landungsstege (mit Ausnahme von Landungsstegen für Fährschiffe) zum Laden und Löschen, die Schiffe mit mehr als 1350 t aufnehmen können.
9. Abfallbeseitigungsanlagen zur Verbrennung, chemischen Behandlung gemäß der Definition in Anhang II A Nummer D9 der Richtlinie 75/442/EWG[11] oder Deponierung gefährlicher Abfälle (d.h. unter die Richtlinie 91/689/EWG[12] fallender Abfälle).
10. Abfallbeseitigungsanlagen zur Verbrennung oder chemischen Behandlung gemäß der Definition in Anhang II A Nummer D9 der Richtlinie 75/442/EWG ungefährlicher Abfälle mit einer Kapazität von mehr als 100 t pro Tag.
11. Grundwasserentnahme- oder künstliche Grundwasserauffüllungssysteme mit einem jährlichen Entnahme- oder Auffüllungsvolumen von mindestens 10 Mio. m³.
12. a) Bauvorhaben zur Umleitung von Wasserressourcen von einem Flußeinzugsgebiet in ein anderes, wenn durch die Umleitung Wassermangel verhindert werden soll und mehr als 100 Mio. m³/Jahr an Wasser umgeleitet werden.
    b) In allen anderen Fällen Bauvorhaben zur Umleitung von Wasserressourcen von einem Flußeinzugsgebiet in ein anderes, wenn der langjährige durchschnittliche Wasserdurchfluß des Flußeinzugsgebiets, dem Wasser entnommen wird, 2000 Mio. m³/Jahr übersteigt und mehr als 5 % dieses Durchflusses umgeleitet werden.
    In beiden Fällen wird der Transport von Trinkwasser in Rohren nicht berücksichtigt.
13. Abwasserbehandlungsanlagen mit einer Leistung von mehr als 150 000 Einwohnerwerten gemäß der Definition in Artikel 2 Nummer 6 der Richtlinie
14. Gewinnung von Erdöl und Erdgas zu gewerblichen Zwecken mit einem Fördervolumen von mehr als 500 t/Tag bei Erdöl und von mehr als 500 000 m³/Tag bei Erdgas.

---

9 »Flugplätze« im Sinne dieser Richtlinie sind Flugplätze gemäß den Begriffsbestimmungen des Abkommens von Chicago von 1944 zur Errichtung der Internationalen Zivilluftfahrt-Organisation (Anhang 14).
10 »Schnellstraßen« im Sinne dieser Richtlinie sind Schnellstraßen gemäß den Begriffsbestimmungen des Europäischen Übereinkommens über die Hauptstraßen des internationalen Verkehrs vom 15. November 1975.
11 ABl. Nr. L 194 vom 25.7.1975, S. 39. Richtlinie zuletzt geändert durch die Entscheidung 94/3/EG der Kommission (ABl. Nr. L 5 vom 7.1.1994, S. 15).
12 ABl. Nr. L 377 vom 31.12.1991, S. 20. Richtlinie zuletzt geändert durch die Richtlinie 94/31/EG (ABl. Nr. L 168 vom 2.7.1994, S. 28).

Vorschriften I

15. Stauwerke und sonstige Anlagen zur Zurückhaltung oder dauerhaften Speicherung von Wasser, in denen über 10 Mio. m³ Wasser neu oder zusätzlich zurückgehalten oder gespeichert werden.
16. Öl-, Gas- und Chemikalienpipelines mit einem Durchmesser von mehr als 800 mm und einer Länge von mehr als 40 km.
17. Anlagen zur Intensivhaltung oder -aufzucht von Geflügel oder Schweinen mit mehr als
    a) 85 000 Plätzen für Masthähnchen und -hühnchen, 60 000 Plätzen für Hennen,
    b) 3 000 Plätzen für Mastschweine (Schweine über 30 kg) oder
    c) 900 Plätzen für Sauen.
18. Industrieanlagen zur
    a) Herstellung von Zellstoff aus Holz oder anderen Faserstoffen,
    b) Herstellung von Papier und Pappe, deren Produktionskapazität 200 t pro Tag übersteigt.
19. Steinbrüche und Tagebau auf einer Abbaufläche von mehr als 25 Hektar oder Torfgewinnung auf einer Fläche von mehr als 150 Hektar.
20. Bau von Hochspannungsfreileitungen für eine Stromstärke von 220 kV oder mehr und mit einer Länge von mehr als 15 km.
21. Anlagen zur Lagerung von Erdöl, petrochemischen und chemischen Erzeugnissen mit einer Kapazität von 200 000 Tonnen und mehr.

Anhang II
Projekte nach Artikel 4 Absatz 2

1. Landwirtschaft, Forstwirtschaft und Fischzucht
   a) Flurbereinigungsprojekte.
   b) Projekte zur Verwendung von Ödland oder naturnahen Flächen zu intensiver Landwirtschaftsnutzung.
   c) Wasserwirtschaftliche Projekte in der Landwirtschaft, einschließlich Bodenbe- und -entwässerungsprojekte.
   d) Erstaufforstungen und Abholzungen zum Zweck der Umwandlung in eine andere Bodennutzungsart.
   e) Anlagen zur Intensivtierhaltung (nicht durch Anhang I erfaßte Projekte).
   f) Intensive Fischzucht.
   g) Landgewinnung am Meer.
2. Bergbau
   a) Steinbrüche, Tagebau und Torfgewinnung (nicht durch Anhang I erfaßte Projekte).
   b) Untertagebau.
   c) Gewinnung von Mineralien durch Baggerung auf See oder in Flüssen.
   d) Tiefbohrungen, insbesondere
      – Bohrungen zur Gewinnung von Erdwärme,
      – Bohrungen im Zusammenhang mit der Lagerung von Kernabfällen,
      – Bohrungen im Zusammenhang mit der Wasserversorgung, ausgenommen Bohrungen zur Untersuchung der Bodenfestigkeit.
   e) Oberirdische Anlagen zur Gewinnung von Steinkohle, Erdöl, Erdgas und Erzen sowie von bituminösem Schiefer.

EU-Richtlinie über die UVP – Anhang

3. Energiewirtschaft
   a) Anlagen der Industrie zur Erzeugung von Strom, Dampf und Warmwasser (nicht durch Anhang I erfaßte Projekte).
   b) Anlagen der Industrie zum Transport von Gas, Dampf und Warmwasser; Beförderung elektrischer Energie über Freileitungen (nicht durch Anhang I erfaßte Projekte).
   c) Oberirdische Speicherung von Erdgas.
   d) Lagerung von brennbaren Gasen in unterirdischen Behältern.
   e) Oberirdische Speicherung von fossilen Brennstoffen.
   f) Industrielles Pressen von Steinkohle und Braunkohle.
   g) Anlagen zur Bearbeitung und Lagerung radioaktiver Abfälle (soweit nicht durch Anhang I erfaßt).
   h) Anlagen zur hydroelektrischen Energieerzeugung.
   i) Anlagen zur Nutzung von Windenergie zur Stromerzeugung (Windfarmen).
4. Herstellung und Verarbeitung von Metallen
   a) Anlagen zur Herstellung von Roheisen oder Stahl (Primär- oder Sekundärschmelzung) einschließlich Stranggießen.
   b) Anlagen zur Verarbeitung von Eisenmetallen durch
      i) Warmwalzen,
      ii) Schmieden mit Hämmern,
      iii) Aufbringen von schmelzflüssigen metallischen Schutzschichten.
   c) Eisenmetallgießereien.
   d) Anlagen zum Schmelzen, einschließlich Legieren von Nichteisenmetallen, darunter auch Wiedergewinnungsprodukte (Raffination, Gießen usw.), mit Ausnahme von Edelmetallen.
   e) Anlagen zur Oberflächenbehandlung von Metallen und Kunststoffen durch ein elektrolytisches oder chemisches Verfahren.
   f) Bau und Montage von Kraftfahrzeugen und Bau von Kraftfahrzeugmotoren.
   g) Schiffswerften.
   h) Anlagen für den Bau und die Instandsetzung von Luftfahrzeugen.
   i) Bau von Eisenbahnmaterial.
   j) Tiefen mit Hilfe von Sprengstoffen.
   k) Anlagen zum Rösten und Sintern von Erz.
5. Mineralverarbeitende Industrie
   a) Kokereien (Kohletrockendestillation).
   b) Anlagen zur Zementherstellung.
   c) Anlagen zur Gewinnung von Asbest und zur Herstellung von Erzeugnissen aus Asbest (nicht durch Anhang I erfaßte Projekte).
   d) Anlagen zur Herstellung von Glas einschließlich Anlagen zur Herstellung von Glasfasern.
   e) Anlagen zum Schmelzen mineralischer Stoffe einschließlich Anlagen zur Herstellung von Mineralfasern.
   f) Herstellung von keramischen Erzeugnissen durch Brennen, und zwar insbesondere von Dachziegeln, Ziegelsteinen, feuerfesten Steinen, Fliesen, Steinzeug oder Porzellan.

Vorschriften I

6. Chemische Industrie (nicht durch Anhang I erfaßte Projekte)
   a) Behandlung von chemischen Zwischenerzeugnissen und Erzeugung von Chemikalien.
   b) Herstellung von Schädlingsbekämpfungsmitteln und pharmazeutischenErzeugnissen, Farben und Anstrichmitteln, Elastomeren und Peroxiden.
   c) Speicherung und Lagerung von Erdöl, petrochemischen und chemischen Erzeugnissen.
7. Nahrungs- und Genußmittelindustrie
   a) Erzeugung von Ölen und Fetten pflanzlicher und tierischer Herkunft.
   b) Fleisch- und Gemüsekonservenindustrie.
   c) Erzeugung von Milchprodukten.
   d) Brauereien und Malzereien.
   e) Süßwaren und Sirupherstellung.
   f) Anlagen zum Schlachten von Tieren.
   g) Industrielle Herstellung von Stärken.
   h) Fischmehl- und Fischölfabriken.
   i) Zuckerfabriken.
8. Textil-, Leder-, Holz- und Papierindustrie
   a) Industrieanlagen zur Herstellung von Papier und Pappe (nicht durch Anhang I erfaßte Projekte).
   b) Anlagen zur Vorbehandlung (Waschen, Bleichen, Mercerisieren) oder zum Färben von Fasern oder Textilien.
   c) Anlagen zum Gerben von Häuten und Fellen.
   d) Anlagen zur Erzeugung und Verarbeitung von Zellstoff und Zellulose.
9. Verarbeitung von Gummi Erzeugung und Verarbeitung von Erzeugnissen aus Elastomeren.
10. Infrastrukturprojekte
    a) Anlage von Industriezonen.
    b) Städtebauprojekte, einschließlich der Errichtung von Einkaufszentren und Parkplätzen.
    c) Bau von Eisenbahnstrecken sowie von intermodalen Umschlaganlagen und Terminals (nicht durch Anhang I erfaßte Projekte).
    d) Bau von Flugplätzen (nicht durch Anhang I erfaßte Projekte).
    e) Bau von Straßen, Häfen und Hafenanlagen, einschließlich Fischereihäfen (nicht durch Anhang I erfaßte Projekte).
    f) Bau von Wasserstraßen (soweit nicht durch Anhang I erfaßt), Flußkanalisierungs- und Stromkorrekturarbeiten.
    g) Talsperren und sonstige Anlagen zum Aufstauen eines Gewässers oder zum dauernden Speichern von Wasser (nicht durch Anhang I erfaßte Projekte).
    h) Straßenbahnen, Stadtschnellbahnen in Hochlage, Untergrundbahnen, Hängebahnen oder ähnliche Bahnen besonderer Bauart, die ausschließlich oder vorwiegend der Personenbeförderung dienen.
    i) Bau von Öl- und Gaspipelines (nicht durch Anhang I erfaßte Projekte).
    j) Bau von Wasserfernleitungen.
    k) Bauten des Küstenschutzes zur Bekämpfung der Erosion und meerestechnische Arbeiten, die geeignet sind, Veränderungen der Küste mit sich zu bringen (zum Beispiel Bau von Deichen, Molen, Hafendämmen und sonstigen Küsten-

schutzbauten), mit Ausnahme der Unterhaltung und Wiederherstellung solcher Bauten.
  l) Grundwasserentnahme- und künstliche Grundwasserauffüllungssysteme, soweit nicht durch Anhang I erfaßt.
  m) Bauvorhaben zur Umleitung von Wasserressourcen von einem Flusseinzugsgebiet in ein anderes, soweit nicht durch Anhang I erfaßt.
11. Sonstige Projekte
  a) Ständige Renn- und Teststrecken für Kraftfahrzeuge.
  b) Abfallbeseitigungsanlagen (nicht durch Anhang I erfaßte Projekte).
  c) Abwasserbehandlungsanlagen (nicht durch Anhang I erfaßte Projekte).
  d) Schlammlagerplätze.
  e) Lagerung von Eisenschrott, einschließlich Schrottwagen.
  f) Prüfstände für Motoren, Turbinen oder Reaktoren.
  g) Anlagen zur Herstellung künstlicher Mineralfasern.
  h) Anlagen zur Wiedergewinnung oder Vernichtung von explosionsgefährlichen Stoffen.
  i) Tierkörperbeseitigungsanlagen.
12. Fremdenverkehr und Freizeit
  a) Skipisten, Skilifte, Seilbahnen und zugehörige Einrichtungen.
  b) Jachthäfen.
  c) Feriendörfer und Hotelkomplexe außerhalb von städtischen Gebieten und zugehörige Einrichtungen.
  d) Ganzjährig betriebene Campingplätze.
  e) Freizeitparks.
13. Die Änderung oder Erweiterung von bereits genehmigten, durchgeführten oder in der Durchführungsphase befindlichen Projekten des Anhangs I oder II, die erhebliche nachteilige Auswirkungen auf die Umwelt haben können.
— Projekte des Anhangs I, die ausschließlich oder überwiegend der Entwicklung und Erprobung neuer Verfahren oder Erzeugnisse dienen und nicht länger als zwei Jahre betrieben werden.

Anhang III
Auswahlkriterien im Sinne von Artikel 4 Absatz 3

1. Merkmale der Projekte Die Merkmale der Projekte sind insbesondere hinsichtlich folgender Punkte zu beurteilen:
— Größe des Projekts,
— Kumulierung mit anderen Projekten,
— Nutzung der natürlichen Ressourcen,
— Abfallerzeugung,
— Umweltverschmutzung und Belästigungen,
— Unfallrisiko, insbesondere mit Blick auf verwendete Stoffe und Technologien.
2. Standort der Projekte Die ökologische Empfindlichkeit der geographischen Räume, die durch die Projekte möglicherweise beeinträchtigt werden, muß unter Berücksichtigung insbesondere folgender Punkte beurteilt werden:
— bestehende Landnutzung;

Vorschriften I

- Reichtum, Qualität und Regenerationsfähigkeit der natürlichen Ressourcen des Gebiets;
- Belastbarkeit der Natur unter besonderer Berücksichtigung folgender Gebiete:
  a) Feuchtgebiete,
  b) Küstengebiete,
  c) Bergregionen und Waldgebiete,
  d) Reservate und Naturparks,
  e) durch die Gesetzgebung der Mitgliedstaaten ausgewiesene Schutzgebiete; von den Mitgliedstaaten gemäß den Richtlinien 79/409/EWG und 92/43/EWG ausgewiesene besondere Schutzgebiete,
  f) Gebiete, in denen die in den Gemeinschaftsvorschriften festgelegten Umweltqualitätsnormen bereits überschritten sind,
  g) Gebiete mit hoher Bevölkerungsdichte,
  h) historisch, kulturell oder archäologisch bedeutende Landschaften.
3. Merkmale der potentiellen Auswirkungen Die potentiellen erheblichen Auswirkungen der Projekte sind anhand der unter den Nummern 1 und 2 aufgeführten Kriterien zu beurteilen; insbesondere ist folgendem Rechnung zu tragen:
- dem Ausmaß der Auswirkungen (geographisches Gebiet und betroffene Bevölkerung),
- dem grenzüberschreitenden Charakter der Auswirkungen,
- der Schwere und der Komplexität der Auswirkungen,
- der Wahrscheinlichkeit von Auswirkungen,
- der Dauer, Häufigkeit und Reversibilität der Auswirkungen.

Anhang IV
Angaben gemäß Artikel 5 Absatz 1

1. Beschreibung des Projekts, im besonderen:
- Beschreibung der physischen Merkmale des gesamten Projekts und des Bedarfs an Grund und Boden während des Bauens und des Betriebs,
- Beschreibung der wichtigsten Merkmale der Produktionsprozesse, z.B. Art und Menge der verwendeten Materialien,
- Art und Quantität der erwarteten Rückstände und Emissionen (Verschmutzung des Wassers, der Luft und des Bodens, Lärm, Erschütterungen, Licht, Wärme, Strahlung usw.), die sich aus dem Betrieb des vorgeschlagenen Projekts ergeben,
2. Übersicht über die wichtigsten anderweitigen vom Projektträger geprüften Lösungsmöglichkeiten und Angabe der wesentlichen Auswahlgründe im Hinblick auf die Umweltauswirkungen.
3. Beschreibung der möglicherweise von dem vorgeschlagenen Projekt erheblich beeinträchtigten Umwelt, wozu insbesondere die Bevölkerung, die Fauna, die Flora, der Boden, das Wasser, die Luft, das Klima, die materiellen Güter einschließlich der architektonisch wertvollen Bauten und der archäologischen Schätze und die Landschaft sowie die Wechselwirkung zwischen den genannten Faktoren gehören.
4. Beschreibung (1) der möglichen erheblichen Auswirkungen des vorgeschlagenen Projekts auf die Umwelt infolge
- des Vorhandenseins der Projektanlagen,

EU-Richtlinie über die UVP – Anhang

- der Nutzung der natürlichen Ressourcen,
- der Emission von Schadstoffen, der Verursachung von Belästigungen und der Beseitigung von Abfällen und Hinweis des Projektträgers auf die zur Vorausschätzung der Umweltauswirkungen angewandten Methoden.
5. Beschreibung der Maßnahmen, mit denen erhebliche nachteilige Auswirkungen des Projekts auf die Umwelt vermieden, verringert und soweit möglich ausgeglichen werden sollen.
6. Nichttechnische Zusammenfassung der gemäß den obengenannten Punkten übermittelten Angaben.
7. Kurze Angabe etwaiger Schwierigkeiten (technische Lücken oder fehlende Kenntnisse) des Projektträgers bei der Zusammenstellung der geforderten Angaben.
   (1) Die Beschreibung sollte sich auf die direkten und die etwaigen indirekten, sekundären, kumulativen, kurz-, mittel- und langfristigen, ständigen und vorübergehenden, positiven und negativen Auswirkungen des Vorhabens erstrecken.

Vorschriften II Allgemeine Verwaltungsvorschrift zur Ausführung des Gesetzes über die Umweltverträglichkeitsprüfung (UVPVwV) vom 18.9.1995
(GMBl 1995 S. 671)

Inhaltsverzeichnis
0   Allgemeine Regelungen
0.1   Anwendungsbereich
0.1.1   Betroffene verwaltungsbehördliche Verfahren
0.1.2   Regelungsgegenstand
0.2   Umweltverträglichkeitsprüfung in parallelen und gestuften Verfahren
0.3   Auswirkungen auf die Umwelt
0.4   Unterrichtung über den voraussichtlichen Untersuchungsrahmen der Umweltverträglichkeitsprüfung nach § 5 UVPG
0.4.1   Zweck
0.4.2   Einleitung der Unterrichtung
0.4.3   Ablauf der Unterrichtung
0.4.4   Mitteilung durch den Träger des Vorhabens
0.4.5   Gegenstand der Besprechung des Untersuchungsrahmens
0.4.6   Hinzuziehung anderer Behörden, Sachverständiger und Dritter
0.4.7   Unterrichtung durch die zuständige Behörde
0.4.8   Zurverfügungstellung von Informationen durch die zuständige Behörde
0.4.9   Unterrichtung nach Durchführung einer Linienbestimmung oder eines vorgelagerten Verfahrens
0.5   Ermittlung, Beschreibung und zusammenfassende Darstellung der Umweltauswirkungen nach den §§ 1, 2 Abs. 1 Satz 2 und § 11 UVPG
0.5.1   Kriterien und Verfahren nach § 20 Nr. 1 UVPG für die Ermittlung und Beschreibung
0.5.1.1   Ermittlung und Beschreibung der Umweltauswirkungen
0.5.1.2   Maßgeblicher Zeitpunkt
0.5.1.3   Verfahren (Methoden)
0.5.2   Grundsätze nach § 20 Nr. 3 UVPG für die zusammenfassende Darstellung
0.5.2.1   Form
0.5.2.2   Inhalt
0.5.2.3   Information der federführenden Behörde
0.5.2.4   Erarbeitung der zusammenfassenden Darstellung durch die federführende Behörde
0.5.2.5   Zusammenfassende Darstellung nach Durchführung einer Linienbestimmung oder eines vorgelagerten Verfahrens
0.6   Bewertung der Umweltauswirkungen nach den §§ 1 und 2 Abs. 1 Satz 2 und § 12 UVPG
0.6.1   Kriterien und Verfahren nach § 20 Nr. 1 UVPG für die Bewertung der Umweltauswirkungen
0.6.1.1   Bewertung der Umweltauswirkungen
0.6.1.2   Bewertungskriterien (Konkretisierung der gesetzlichen Umweltanforderungen)
0.6.1.3   Bewertungsverfahren
0.6.2   Grundsätze nach § 20 Nr. 3 UVPG für die Bewertung der Umweltauswirkungen
0.6.2.1   Bewertung im Hinblick auf eine wirksame Umweltvorsorge
0.6.2.2   Bewertung nach Durchführung einer Linienbestimmung oder eines vorgelagerten Verfahrens
0.6.2.3   Bewertung in parallelen Zulassungsverfahren nach § 14 Abs. 2 UVPG

1   **Vorschriften für Vorhaben nach Nummer 1 der Anlage zu § 3 UVPG (genehmigungsbedürftige Anlagen nach dem Bundes-Immissionsschutzgesetz)**
1.1   Anwendungsbereich

UVPVwV

1.2	Unterrichtung über den voraussichtlichen Untersuchungsrahmen der Umweltverträglichkeitsprüfung nach § 5 UVPG	
1.3	Bewertung der Umweltauswirkungen nach § 12 UVPG	
1.3.1	Fachgesetzliche Bewertungsmaßstäbe	
1.3.2	Medienübergreifende Bewertungsgrundsätze für Wechselwirkungen aufgrund von Schutzmaßnahmen	
2	**Vorschriften für Vorhaben nach Nummer 2 der Anlage zu § 3 UVPG (genehmigungsbedürftige Anlagen nach § 7 des Atomgesetzes)**	
2.1	Anwendungsbereich	
2.2	Unterrichtung über den voraussichtlichen Untersuchungsrahmen der Umweltverträglichkeitsprüfung nach § 5 UVPG	
2.3	Bewertung der Umweltauswirkungen nach § 12 UVPG	
2.3.1	Fachgesetzliche Bewertungsmaßstäbe	
2.3.2	Medienübergreifende Bewertungsgrundsätze für Wechselwirkungen aufgrund von Schutzmaßnahmen	
2.3.3	Medienübergreifende Bewertungsgrundsätze für Grenzbelastungen	
3	**Vorschriften für Vorhaben nach Nummer 3 der Anlage zu § 3 UVPG (planfeststellungsbedürftige Anlagen zur Sicherung und Endlagerung radioaktiver Abfälle nach § 9b des Atomgesetzes)**	
3.1	Anwendungsbereich	
3.2	Unterrichtung über den voraussichtlichen Untersuchungsrahmen der Umweltverträglichkeitsprüfung nach § 5 UVPG	
3.3	Bewertung der Umweltauswirkungen nach § 12 UVPG	
3.3.1	Fachgesetzliche Bewertungsmaßstäbe	
3.3.2	Medienübergreifende Bewertung und »Wohl der Allgemeinheit«	
3.3.3	Medienübergreifende Bewertungsgrundsätze für Wechselwirkungen aufgrund von Schutzmaßnahmen	
3.3.4	Medienübergreifende Bewertungsgrundsätze für Grenzbelastungen	
4	**Vorschriften für Vorhaben nach Nummer 4 der Anlage zu § 3 UVPG (planfeststellungsbedürftige Abfallentsorgungsanlagen nach § 7 Abs. 2 des Abfallgesetzes)**	
4.1	Anwendungsbereich	
4.2	Unterrichtung über den voraussichtlichen Untersuchungsrahmen der Umweltverträglichkeitsprüfung nach § 5 UVPG	
4.3	Bewertung der Umweltauswirkungen nach § 12 UVPG	
4.3.1	Fachgesetzliche Bewertungsmaßstäbe	
4.3.2	Medienübergreifende Bewertung und »Wohl der Allgemeinheit«	
4.3.3	Medienübergreifende Bewertungsgrundsätze für Wechselwirkungen aufgrund von Schutzmaßnahmen	
4.3.4	Medienübergreifende Bewertungsgrundsätze für Grenzbelastungen	
5	**Vorschriften für Vorhaben nach Nummer 5 der Anlage zu § 3 UVPG (zulassungsbedürftige Abwasserbehandlungsanlagen im Sinne des § 18c des Wasserhaushaltsgesetzes)**	
5.1	Anwendungsbereich	
5.2	Unterrichtung über den voraussichtlichen Untersuchungsrahmen der Umweltverträglichkeitsprüfung nach § 5 UVPG	
5.3	Bewertung der Umweltauswirkungen nach § 12 UVPG	
5.3.1	Fachgesetzliche Bewertungsmaßstäbe	
5.3.2	Medienübergreifende Bewertung und »Wohl der Allgemeinheit«	

Vorschriften II

5.3.3 Medienübergreifende Bewertungsgrundsätze für Wechselwirkungen aufgrund von Schutzmaßnahmen
5.3.4 Medienübergreifende Bewertungsgrundsätze für Grenzbelastungen

6 **Vorschriften für Vorhaben nach Nummer 6 der Anlage zu § 3 UVPG (planfeststellungsbedürftige Gewässerausbauten im Sinne des § 31 des Wasserhaushaltsgesetzes)**
6.1 Anwendungsbereich
6.2 Unterrichtung über den voraussichtlichen Untersuchungsrahmen der Umweltverträglichkeitsprüfung nach § 5 UVPG
6.3 Bewertung der Umweltauswirkungen nach § 12 UVPG
6.3.1 Fachgesetzliche Bewertungsmaßstäbe
6.3.2 Medienübergreifende Bewertung und »Wohl der Allgemeinheit«
6.3.3 Medienübergreifende Bewertungsgrundsätze für Wechselwirkungen aufgrund von Schutzmaßnahmen
6.3.4 Medienübergreifende Bewertungsgrundsätze für Grenzbelastungen

15 **Vorschriften für Vorhaben nach Nummer 15 der Anlage zu § 3 UVPG (Feriendörfer, Hotelkomplexe und sonstige große Errichtungen für die Ferien- und Fremdenbeherbergung, für die Bebauungspläne oder Satzungen über Vorhaben- und Erschließungspläne aufgestellt werden)**
15.1 Anwendungsbereich
15.2 Ermittlung und Beschreibung der Umweltauswirkungen nach § 2 Abs. 1 Satz 2 UVPG
15.3 Bewertung der Umweltauswirkungen nach § 2 Abs. 1 Satz 2 UVPG

16 **Vorschriften für Vorhaben nach Nummer 16 der Anlage zu § 3 UVPG (genehmigungsbedürftige Rohrleitungsanlagen für den Ferntransport von Öl und Gas nach § 19 a des Wasserhaushaltsgesetzes)**
16.1 Anwendungsbereich
16.2 Unterrichtung über den voraussichtlichen Untersuchungsrahmen der Umweltverträglichkeitsprüfung nach § 5 UVPG
16.3 Bewertung der Umweltauswirkungen nach § 12 UVPG
16.3.1 Fachgesetzliche Bewertungsmaßstäbe
16.3.2 Medienübergreifende Bewertungsgrundsätze für Wechselwirkungen auf Grund von Schutzmaßnahmen
16.3.3 Medienübergreifende Bewertungsgrundsätze für Grenzbelastungen

17 Inkrafttreten

Anhang 1 **Orientierungshilfen nach Nummer 0.6.1.2**
    1.1 Orientierungshilfe für die Bewertung der Ausgleichbarkeit eines Eingriffs in Natur und Landschaft
    1.2 Orientierungshilfe für die Bewertung der Auswirkungen auf Fließgewässer
    1.3 Orientierungshilfe für die Bewertung der Auswirkungen auf die stoffliche Bodenbeschaffenheit
    1.4 Orientierungshilfe für die Bewertung der Auswirkungen auf die Luftbeschaffenheit

Anhang 2 **Hinweise für die voraussichtlich beizubringenden Unterlagen bei Vorhaben mit zu erwartenden erheblichen oder nachhaltigen Beeinträchtigungen der Funktions- und Leistungsfähigkeit des Naturhaushaltes oder des Landschaftsbildes**

Anhang 3 **Hinweise für die voraussichtlich beizubringenden Unterlagen bei Vorhaben mit zu erwartenden Auswirkungen auf Gewässer**

0 Allgemeine Regelungen

0.1 Anwendungsbereich

0.1.1 Betroffene verwaltungsbehördliche Verfahren

Diese Verwaltungsvorschrift gilt für die Durchführung von Umweltverträglichkeitsprüfungen; die Umweltverträglichkeitsprüfung, die der Entscheidung über die Zulässigkeit der in der Anlage zu § 3 des Gesetzes über die Umweltverträglichkeitsprüfung (UVPG) genannten Verfahren dient, ist ein unselbständiger Teil verwaltungsbehördlicher Verfahren. Sie gilt sinngemäß für Raumordnungsverfahren, wenn von der Möglichkeit des § 16 Abs. 1 UVPG Gebrauch gemacht wird, eine Umweltverträglichkeitsprüfung durchzuführen.

Die Grundsätze der Verwaltungsvorschrift nach § 20 Nr. 2 und 3 UVPG für die Unterrichtung über den voraussichtlichen Untersuchungsrahmen (Nummer 0.4), für die zusammenfassende Darstellung (Nummer 0.5.2) und für die Bewertung (Nummer 0.6.2) sind nicht im Bebauungsplanverfahren und im Satzungsverfahren über den Vorhaben- und Erschließungsplan anzuwenden, da die §§ 5, 11 und 12 UVPG gemäß § 17 UVPG für diese Verfahren keine Anwendung finden. Im bergrechtlichen Planfeststellungsverfahren finden aufgrund des § 18 UVPG die Grundsätze nach den Nummern 0.4, 0.52 und 0.6 und im Flurbereinigungsverfahren aufgrund des § 19 UVPG die Grundsätze nach Nummer 0.4 keine Anwendung. Die Grundsätze nach den Nummern 0.4, 0.5.2 und 0.6.2 brauchen im Raumordnungsverfahren nur angewandt zu werden, wenn die nach § 16 Abs. 3 UVPG mögliche Beschränkung der Verfahrensschritte nach den §§ 5, 11 und 12 UVPG im nachfolgenden Zulassungsverfahren erreicht werden soll. Im übrigen ist die Verwaltungsvorschrift in diesen Verfahren anzuwenden.

Für die Vorhaben der Nummern 1 bis 6, 15 und 16 der Anlage zu § 3 UVPG ergibt sich der Anwendungsbereich in den Zulassungsverfahren im einzelnen aus den Nummern 1 bis 6, 15 und 16 dieser Verwaltungsvorschrift.

§ 5 UVPG und die Grundsätze der Verwaltungsvorschrift für die Unterrichtung über den voraussichtlichen Untersuchungsrahmen finden ferner keine Anwendung, wenn die für das verwaltungsbehördliche Verfahren zuständige Behörde zu der öffentlich-rechtlichen Körperschaft gehört, die Träger des Vorhabens ist (z.B. bei Bundesfernstraßen). Es kann jedoch im Einzelfall zweckmäßig sein, entsprechend diesen Grundsätzen eine Besprechung des voraussichtlichen Untersuchungsrahmens mit anderen Behörden, Sachverständigen und Dritten durchzuführen, und zwar frühzeitig bereits im Rahmen der Planung des Vorhabens.

Für Vorhaben, die der Landesverteidigung dienen, wird auf die »Richtlinie für die Durchführung von § 3 Abs. 2 UVPG in der Bundeswehr« des Bundesministeriums der Verteidigung hingewiesen.

0.1.2 Regelungsgegenstand

Die Verwaltungsvorschrift regelt nur die in § 20 UVPG genannten Kriterien, Verfahren und Grundsätze der Umweltverträglichkeitsprüfung. Sie regelt nicht die Durchführung verwaltungsbehördlicher Verfahren insgesamt. Zur Durchführung dieser Verfahren sind daher die einschlägigen Rechts- und Verwaltungsvorschriften des Fachrechts heranzuziehen.

Vorschriften II

0.1.3 Zuständigkeit

Zuständige Behörde ist die Behörde, die für das verwaltungsbehördliche Verfahren i.S.d. § 2 Abs. 1 Satz 1 UVPG zuständig ist, dessen unselbständiger Teil die UVP ist. Federführende Behörde ist die von den Ländern gemäß § 14 Abs. 1 UVPG bestimmte Behörde.

0.2 Umweltverträglichkeitsprüfung in parallelen und gestuften Verfahren

Die Prüfungen der Umweltverträglichkeit eines Vorhabens, die im Rahmen von
a) parallelen Zulassungsverfahren für Vorhaben nach den Nummern 1, 2, 5 und 16 der Anlage zu § 3 UVPG und von
b) Linienbestimmungen und Genehmigungsverfahren im Sinne des § 15 UVPG, raumordnerischen Verfahren im Sinne des § 16 Abs. 1 UVPG sowie Bebauungsplänen und Satzungsverfahren über Vorhaben- und Erschließungspläne im Sinne des § 17 Satz 1 in Verbindung mit § 2 Abs. 3 Nr. 3, 1. Alt., und Nr. 4 UVPG einerseits und von nachfolgenden Zulassungsverfahren andererseits

durchgeführt werden, sind Teilprüfungen einer einheitlichen Umweltverträglichkeitsprüfung. Gegenstand der Umweltverträglichkeitsprüfung bei der Linienbestimmung und in den vorgelagerten Verfahren nach Buchstabe b sind die raumbedeutsamen bzw. bauplanerisch bedeutsamen Umweltauswirkungen eines Vorhabens, insbesondere hinsichtlich der Eignung des Standortes oder der Linien- oder Trassenführung. Die Ergebnisse der Teilprüfungen sind in den Fällen des Buchstaben a nach den §§ 2 Abs. 1 Satz 4, 14 Abs. 2 UVPG und in den Fällen des Buchstaben b nach den §§ 2 Abs. 1 Satz 4, 12, 15 Abs. 1 und 4, 16 Abs. 2 und 3 und 17 Satz 2 und 3 UVPG zu einer Gesamtbewertung aller Umweltauswirkungen des Vorhabens zusammenzufassen. § 13 UVPG bleibt unberührt.

0.3 Auswirkungen auf die Umwelt

Auswirkungen auf die Umwelt im Sinne des § 2 Abs. 1 Satz 2 UVPG sind Veränderungen der menschlichen Gesundheit oder der physikalischen, chemischen oder biologischen Beschaffenheit einzelner Bestandteile der Umwelt oder der Umwelt insgesamt, die von einem Vorhaben im Sinne der Anlage zu § 3 UVPG verursacht werden. Auswirkungen auf die Umwelt können je nach den Umständen des Einzelfalls
a) durch Einzelursachen, Ursachenketten oder durch das Zusammenwirken mehrerer Ursachen herbeigeführt werden,
b) Folgen insbesondere der Errichtung oder des bestimmungsgemäßen Betriebes eines Vorhabens sein, ferner Folgen von Betriebsstörungen oder von Stör- oder Unfällen, soweit eine Anlage hierfür auszulegen ist oder hierfür vorsorglich Schutzvorkehrungen vorzusehen sind,
c) kurz-, mittel- und langfristig auftreten,
d) ständige oder nur vorübergehend vorhanden sein,
e) aufhebbar (reversibel) oder nicht aufhebbar (irreversibel) sein und
f) positiv oder negativ – das heißt systemfördernd (funktional) oder systembeeinträchtigend (disfunktional) – sein.

0.4 Unterrichtung über den voraussichtlichen Untersuchungsrahmen der Umweltverträglichkeitsprüfung nach § 5 UVPG
– Grundsätze nach § 20 Nr. 2 UVPG -

0.4.1 Zweck
Der Verfahrensschritt »Unterrichtung über den voraussichtlichen Untersuchungsrahmen« dient dazu, daß bereits vor Antragstellung in den Zulassungsverfahren bei dem Träger des Vorhabens und den Behörden möglichst frühzeitig Klarheit über Gegenstand, Umfang und Methoden der Umweltverträglichkeitsprüfung sowie über sonstige für deren Durchführung erhebliche Fragen besteht, insbesondere im Hinblick auf die nach § 6 UVPG beizubringenden entscheidungserheblichen Unterlagen. Dies kann auch der Akzeptanz der Zulassungsverfahren sowie ihrer Vereinfachung und Beschleunigung dienen.

0.4.2 Einleitung der Unterrichtung
Der Verfahrensschritt wird dadurch eingeleitet, daß der Vorhabenträger das geplante Vorhaben der zuständigen Behörde vor der Antragstellung oder der Planeinreichung mitteilt. Der Träger des Vorhabens kann auf die Durchführung des Verfahrensschrittes »Unterrichtung über den voraussichtlichen Untersuchungsrahmen« verzichten.

Auch sofern der Vorhabenträger auf den Verfahrensschritt verzichtet oder erst durch die Antragstellung oder Planeinreichung Mitteilung über das geplante Vorhaben macht, ist es zweckmäßig, eine Besprechung mit ihm, gegebenenfalls unter Hinzuziehung anderer Behörden, Sachverständiger und Dritter, über Gegenstand, Umfang und Methoden der Umweltverträglichkeitsprüfung gleichwohl durchzuführen, wenn die Prüfung der mit dem Antrag oder dem Plan eingereichten Unterlagen ergeben hat, daß diese für die Durchführung der Umweltverträglichkeitsprüfung nicht ausreichen, weil sie Art und Umfang möglicher Beeinträchtigungen der Umwelt nicht sicher erkennen lassen. Der Vorhabenträger ist über noch beizubringende Unterlagen zu unterrichten.

0.4.3 Ablauf der Unterrichtung
Der Verfahrensschritt des § 5 UVPG unterteilt sich in drei Abschnitte:
- Mitteilung durch den Träger des Vorhabens,
- Besprechung des Untersuchungsrahmens,
- Unterrichtung durch die zuständige Behörde.

Der Verfahrensschritt ist, soweit nicht nachfolgend besonders geregelt, an keine Form gebunden. Er ist einfach, zweckmäßig und zügig durchzuführen. Das Zusammenwirken mehrerer Behörden im Rahmen des Verfahrensschrittes nach § 5 UVPG soll im Interesse einer zügigen Durchführung möglichst mündlich erfolgen. Bei Gelegenheit der Unterrichtung über den voraussichtlichen Untersuchungsrahmen sollen Maßnahmen beraten werden, die zur Vereinfachung und Beschleunigung des Verfahrens beitragen können.

Die Unterrichtung darf nach Inhalt und Umfang nicht als eine »Vorwegnahme« des anschließenden Zulassungsverfahrens durchgeführt werden. Belange, die für die Durchführung der Umweltverträglichkeitsprüfung nicht erheblich sind (z.B. wirtschaftliche, gesellschaftliche oder soziale Auswirkungen des Vorhabens), dürfen nicht in den Verfahrensschritt eingeführt werden. Soweit derartige Belange außerhalb der Umwelt-

Vorschriften II

verträglichkeitsprüfung für die Zulassung rechtserheblich sind, bleibt ihre Berücksichtigung im Rahmen einer allgemeinen Beratung unberührt.

EDV-gestützte Informationssysteme, insbesondere geographische (raumbezogene) Systeme, sollen genutzt werden, soweit es zweckdienlich ist.

0.4.4   Mitteilung durch den Träger des Vorhabens

Der Mitteilung des Vorhabens an die zuständige Behörde sind Unterlagen –gegebenenfalls auch in Ausfertigungen für die zu beteiligenden Behörden – beizufügen, die es der zuständigen Behörde ermöglichen, in die Besprechung des Untersuchungsrahmens mit dem Träger des Vorhabens einzutreten.

Die Unterlagen brauchen noch keine Angaben im Detail – wie im anschließenden Zulassungsverfahren – zu enthalten. Es reicht vielmehr aus, wenn die Angaben in groben Zügen und unter Beschränkung auf wesentliche Probleme auf das Vorhaben und die Umweltauswirkungen eingehen.

Die Unterlagen des Vorhabenträgers für die Unterrichtung über den Untersuchungsrahmen brauchen auch kein in sich geschlossenes Dokument darzustellen. Insbesondere ist es nicht erforderlich, eine »Umweltverträglichkeitsuntersuchung« vorzulegen.

Die zuständige Behörde prüft die eingereichten Unterlagen unverzüglich auf ihre Eignung für die Besprechung des Untersuchungsrahmens und fordert ggf. geeignete Unterlagen nach; sie kann bei der Überprüfung der eingereichten Unterlagen andere Behörden hinzuziehen. Handelt es sich bei der zuständigen Behörde um die federführende Behörde (§ 14 Abs. 1 UVPG), so nimmt sie die Überprüfung im Zusammenwirken mit den Zulassungsbehörden und der Naturschutzbehörde vor, deren Aufgabenbereich durch das Vorhaben berührt wird.

0.4.5   Gegenstand der Besprechung des Untersuchungsrahmens

Die Besprechung des Untersuchungsrahmens ist unverzüglich, gegebenenfalls auch in Teilschriften, durchzuführen, sobald hierfür geeignete Unterlagen des Vorhabensträgers vorliegen. Da die Besprechung der frühzeitigen Klärung des Untersuchungsrahmens der Umweltverträglichkeitsprüfung und nicht der Behandlung von Einwendungen Dritter gegen das Vorhaben dient, darf sie keine Vorwegnahme des Erörterungstermins im Rahmen der späteren Einbeziehung der Öffentlichkeit (§ 9 UVPG) im förmlichen Zulassungsverfahren darstellen. Die Besprechung kann somit formlos mit dem Vorhabenträger erfolgen.

Bei der Besprechung sind die für die Umweltverträglichkeitsprüfung erheblichen Fragen abzuhandeln. Dabei ist auch zu klären, inwieweit nach Fachrecht Vorhaben- oder Trassenvarianten zu prüfen und welche Unterlagen in diesem Zusammenhang vorzulegen sind.

0.4.6   Hinzuziehung anderer Behörden, Sachverständiger und Dritter

Die zuständige Behörde kann andere Behörden, Sachverständige und Dritte zu der Besprechung einzeln oder gemeinsam hinzuziehen, wenn dies für die Klärung des voraussichtlichen Untersuchungsrahmens zweckdienlich ist. Insbesondere die Hinzuziehung von Standort- und betroffenen Nachbargemeinden kann zweckmäßig sein.

Die zuständige Behörde als federführende Behörde hat die Besprechung im Zusammenwirken mit den Zulassungsbehörden und der Naturschutzbehörde, deren Aufgabenbereich durch das Vorhaben berührt wird, durchzuführen (siehe auch Nummer 0.4.4 Abs. 4 Satz 1). Dritter kann jede natürliche und juristische Person sein. Zur Ermittlung von ggf. hinzuziehenden Dritten kann eine Information durch die zuständige Behörde zweckmäßig sein, daß das Vorhaben geplant ist. Vor einer solchen Mitteilung hat die zuständige Behörde den Träger des Vorhabens anzuhören. Bei der Hinzuziehung von Dritten ist das mögliche Interesse des Vorhabenträgers, seine Planungen bis zur Einbeziehung der Öffentlichkeit (§ 9 UVPG) vertraulich zu behandeln, gegen die Belange einer frühzeitigen Klärung des Untersuchungsrahmens abzuwägen. Dabei sind § 30 des Verwaltungsverfahrensgesetzes oder die entsprechenden landesrechtlichen Regelungen anzuwenden.

0.4.7 Unterrichtung durch die zuständige Behörde

Die zuständige Behörde soll unter Berücksichtigung der Ergebnisse der Besprechung den Träger des Vorhabens schriftlich über den voraussichtlichen Untersuchungsrahmen der Umweltverträglichkeitsprüfung sowie über Art und Umfang der nach § 6 UVPG oder nach den entsprechenden fachrechtlichen Vorschriften beizubringenden Unterlagen unterrichten und die hierfür maßgeblichen Rechtsgrundlagen angeben. Dabei ist zu berücksichtigen, daß Angaben nach § 6 Abs. 4 UVPG nur unter den Voraussetzungen der Erforderlichkeit und der Zumutbarkeit verlangt werden können. Ferner soll der für die Durchführung der Umweltverträglichkeitsprüfung voraussichtlich erforderliche Zeitrahmen genannt werden; fachrechtlich vorgegebene Verfahrensfristen sind zu beachten. In dem Schriftstück ist deutlich zu machen, daß der Verfahrensschritt nach § 5 UVPG abgeschlossen ist.

Die zuständige Behörde muß den Träger des Vorhabens darauf hinweisen, daß die Unterrichtung keine rechtliche Bindungswirkung entfaltet.

Wenn es zweckdienlich ist, kann die zuständige Behörde andere Behörden bei der Abfassung der schriftlichen Unterrichtung beteiligen. Dabei wirkt die zuständige Behörde als federführende Behörde mit den Zulassungsbehörden und der Naturschutzbehörde, deren Aufgabenbereich durch das Vorhaben berührt wird, zusammen. Bei unterschiedlichen Auffassungen über den Inhalt der Unterrichtung entscheidet die federführende Behörde.

Auf Verlangen des Vorhabenträgers kann die zuständige Behörde diesem einen Entwurf des Unterrichtungsschreibens vorab zur Stellungnahme zuleiten. Das Unterrichtungsschreiben ist auf Verlangen auch anderen hinzugezogenen Behörden, Sachverständigen und Dritten zuzuleiten.

0.4.8 Zurverfügungstellung von Informationen durch die zuständige Behörde

Die zuständige Behörde soll dem Träger des Vorhabens ihr verfügbare Informationen, die für die Beibringung der Unterlagen nach § 6 UVPG zweckdienlich sind, zur Verfügung stellen, soweit nicht Rechte Dritter, insbesondere Vorschriften über Geheimhaltung und Datenschutz, entgegenstehen. Zu den Informationen gehören u. a. Angaben über:
– den Ist-Zustand der von dem geplanten Vorhaben betroffenen Umwelt, z. B. aufgrund von Gutachten, Emissions-, Immissions-, Lärm-, Altlastenkatastern, Biotopkartierungen, Luftaufnahmen,

Vorschriften II

- die durch das Vorhaben zu erwartenden Auswirkungen auf die Umwelt, z. B. aufgrund von früher schon durchgeführten Umweltverträglichkeitsprüfungen,
- Möglichkeiten zur Nutzung von Informationssystemen und -sammlungen,
- weitere Informationsquellen (z. B. Landschaftspläne).

0.4.9   Unterrichtung nach Durchführung einer Linienbestimmung oder eines vorgelagerten Verfahrens

Soweit bei einer Linienbestimmung oder in einem vorgelagerten Verfahren im Sinne des § 2 Abs. 3 Nr. 2 UVPG der Verfahrensschritt »Unterrichtung über den voraussichtlichen Untersuchungsrahmen« gemäß § 5 UVPG hinsichtlich der raumbedeutsamen Umweltauswirkungen erfolgt ist, soll gemäß § 15 Abs. 4 und § 16 Abs. 3 UVPG im nachfolgenden Zulassungsverfahren von diesem Verfahrensschritt abgesehen werden. Er soll auf zusätzliche oder andere erhebliche Umweltauswirkungen – auch hinsichtlich der Eignung des Vorhabenstandortes oder der Linien- oder Trassenführung – beschränkt werden.

Bei der Besprechung ist ggf. zu klären, welche Teilprüfungen zur Umweltverträglichkeitsprüfung bereits in einem vorgelagerten Verfahren vorgenommen worden sind und insoweit nicht mehr Gegenstand der Teilprüfung im nachfolgenden Zulassungsverfahren sein sollen.

Unbeschadet der Möglichkeit, den Gegenstand der Umweltverträglichkeitsprüfung im immissionsschutzrechtlichen Genehmigungsverfahren nach § 23 a Abs. 2 der 9. BImSchV zu beschränken, ist bei der Besprechung auch zu klären, inwieweit gemäß § 16 Abs. 3 Satz 2 UVPG die Beteiligung Dritter nach § 10 Abs. 3, 4 und 6 BImSchG und nach den §§ 8, 9, 10 und 12 der 9. BImSchV sowie die Bewertung der Umweltauswirkungen nach § 20 Abs. 1b der 9. BImSchV auf zusätzliche oder andere erhebliche Umweltauswirkungen beschränkt werden kann, sofern die Dritten im raumordnerischen Verfahren entsprechend den Bestimmungen des § 9 Abs. 3 UVPG einbezogen wurden.

Soweit in einem vorgelagerten Verfahren im Sinne des § 2 Abs. 3 Nr. 3, 1. Alt., und Nr. 4 UVPG nach den dort geltenden Verfahrensvorschriften eine Unterrichtung über den voraussichtlichen Untersuchungsrahmen hinsichtlich der bauplanerisch bedeutsamen Umweltauswirkungen erfolgt ist, gelten gemäß § 17 Satz 3 UVPG die Absätze 1 und 2 entsprechend.

0.5   Ermittlung, Beschreibung und zusammenfassende Darstellung der Umweltauswirkungen nach den §§ 1, 2 Abs. 1 Satz 2 und § 11 UVPG

- Kriterien und Verfahren nach § 20 Nr. 1 UVPG -
- Grundsätze nach § 20 Nr. 3 UVPG -

0.5.1   Kriterien und Verfahren nach § 20 Nr. 1 UVPG für die Ermittlung und Beschreibung

0.5.1.1   Ermittlung und Beschreibung der Umweltauswirkungen

Durch die Ermittlung und Beschreibung der Umweltauswirkungen (§§ 1, 2 Abs. 1 Satz 2 UVPG) ist der entscheidungserhebliche Sachverhalt für die Erfüllung gesetzlicher Umweltanforderungen festzustellen; die Feststellung ist für verwaltungsbehördliche Entscheidungen in den in Nummer 0.1.1 genannten Verfahren durch die zuständige Behörde von Amts wegen zu treffen (Untersuchungsgrundsatz, vgl. § 24 VwVfG).

Gegenstand der Ermittlung und Beschreibung sind danach alle entscheidungserheblichen Umweltauswirkungen, die insbesondere durch die Errichtung oder den bestimmungsgemäßen Betrieb einer Anlage oder eines sonstigen Vorhabens, ferner durch Betriebsstörungen oder durch Stör- oder Unfälle verursacht werden können, soweit eine Anlage hierfür auszulegen ist oder hierfür vorsorglich Schutzvorkehrungen vorzusehen sind.

Die zuständige Behörde hat bei der Ermittlung und Beschreibung der Umweltauswirkungen die Annahme zugrunde zu legen, die dem allgemeinen Kenntnisstand und den allgemein anerkannten Prüfungsmethoden entsprechen.

0.5.1.2 Maßgeblicher Zeitpunkt
Grundsätzlich ist nur der aktuelle Ist-Zustand zu ermitteln und zu beschreiben. Sind wirtschaftliche, verkehrliche, technische und sonstige Entwicklungen zu erwarten, die zu einer erheblichen Veränderung des Ist-Zustandes führen können, ist der vorhersehbare Zustand zu beschreiben, wie er sich bis zur Vorhabensverwirklichung darstellen wird.

0.5.1.3 Verfahren (Methoden)
Zur Ermittlung und allgemeinverständlichen Beschreibung der voraussichtlichen Umweltauswirkungen eines Vorhabens können alle im Einzelfall geeigneten und rechtlich zulässigen qualitativen oder quantitativen Verfahren (Methoden) herangezogen werden. Die Annahmen und Randbedingungen, auf denen die Vorhersage der voraussichtlichen Auswirkungen eines Vorhabens auf die Umwelt beruht, sind darzulegen.

Soweit für die Bewertung von Umweltauswirkungen Bewertungskriterien nach Nummer 0.6.1.2 herangezogen werden, sind die Umweltauswirkungen eines Vorhabens nach den Meß- und Berechnungsverfahren zu ermitteln, die für die Anwendung dieser Kriterien vorgegeben sind.

0.5.2 Grundsätze nach § 20 Nr. 3 UVPG für die zusammenfassende Darstellung

0.5.2.1 Form
Die zusammenfassende Darstellung ist ein einheitliches, behördeninternes Schriftstück, das die erforderlichen Angaben in zusammenfassender Form enthält; auf detaillierte Angaben in den Antragsunterlagen oder im Plan kann Bezug genommen werden. Gemäß § 11 Satz 4 UVPG kann sie – unbeschadet weitergehender fachrechtlicher Vorschriften – in der Begründung der Zulassungsentscheidung erfolgen.

Falls das Verhaben der Zulassung durch mehrere Behörden bedarf, kann die zusammenfassende Darstellung in umfassender Form in der Begründung der Zulassungsentscheidung erfolgen, die nach der Anlage zu § 3 UVPG Anknüpfungspunkt für die UVP-Pflichtigkeit des Vorhabens ist. In die Begründung der übrigen Zulassungsentscheidungen können die für diese Entscheidungen bedeutsamen Teile der zusammenfassenden Darstellung eingefügt werden.

Vorschriften II

0.5.2.2 Inhalt

Die zusammenfassende Darstellung enthält die für die Bewertung erforderlichen Aussagen über die voraussichtlichen Umweltauswirkungen des Vorhabens. Hierzu gehören u. a. Aussagen der Art und Umfang sowie Häufigkeit oder – soweit durch Fachrecht geboten – Eintrittswahrscheinlichkeit bestimmter Umweltauswirkungen. Dagegen sind Aussagen darüber, ob Umweltauswirkungen »schädlich«, »nachteilig« oder »gemeinwohlbeeinträchtigend« sind, Teil der Bewertung, die erst in dem folgenden Verfahrensschritt nach § 12 UVPG vorgenommen werden darf.

Die Prüfungsmethoden zur Ermittlung des Zustandes der Umwelt und zu den zu erwartenden erheblichen Auswirkungen des Vorhabens auf die Umwelt (Messungen, Berechnungen, Schätzungen, Zeitpunkt der Ermittlungen, Entnahmen aus Plänen etc.) sollen in der zusammenfassenden Darstellung erläutert werden. Soweit die Prüfungsmethoden nicht verbindlich festgelegt sind (z. B. durch Richtlinien des Straßenbaus), sollen die Erläuterungen Hinweise auf die Aussagekraft der Prüfungsmethoden enthalten (z. B. hinsichtlich der Konservativität der Abschätzungen, des Realitätsbezugs von Berechnungsparametern, der allgemeinen Anerkennung von Berechnungsverfahren).

Die zuständige Behörde soll in der zusammenfassenden Darstellung angeben, aus welcher Informationsquelle die wesentlichen Angaben stammen (z. B. vom Träger des Vorhabens, von anderen Behörden, aus der Öffentlichkeitsbeteiligung etc.). Soweit ein entscheidungserheblicher Sachverhalt nicht aufgeklärt werden kann, ist darauf in der zusammenfassenden Darstellung einzugehen.

In der zusammenfassenden Darstellung sind – soweit entscheidungserheblich – bei den vorgenannten Angaben und Beschreibungen Aussagen zu treffen über:
- den Ist-Zustand der Umwelt,
- die voraussichtliche Veränderung der Umwelt infolge des geplanten Vorhabens bei Errichtung und bestimmungsgemäßem Betrieb, bei Betriebsstörungen und bei Stör- oder Unfällen, soweit eine Anlage hierfür auszulegen ist oder hierfür vorsorglich Schutzvorkehrungen vorzusehen sind, sowie infolge sonstiger zu erwartender Entwicklungen,
- die voraussichtliche Änderung der Umwelt bei Vorhaben- oder Trassenvarianten, soweit diese nach dem Fachrecht zu prüfen sind. Umfang und Detailschärfe der zusammenfassenden Darstellung bei Vorhaben- oder Trassenvarianten richten sich nach den Anforderungen des Fachrechts an die Variantenprüfung bei der Zulassungsentscheidung.

0.5.2.3 Information der federführenden Behörde

Bedarf ein Vorhaben der Zulassung durch mehrere Behörden und ist die gemäß § 14 Abs. 1 UVPG für die Erarbeitung der zusammenfassenden Darstellung zuständige federführende Behörde nicht für vorherige Verfahrensschritte zuständig, so ist sie unverzüglich nach Abschluß jedes dieser Verfahrensschritte zu informieren. Insbesondere sind ihr die für die Erarbeitung der zusammenfassenden Darstellung erforderlichen Unterlagen des Vorhabenträgers nach § 6 UVPG, die Stellungnahmen aus den Behördenbeteiligungen nach den §§ 7 und 8 UVPG sowie die Äußerungen der Öffentlichkeit nach § 9 UVPG und die Ergebnisse behördlicher Ermittlungen zur Verfügung zu stellen.

Sofern der federführenden Behörde die vorherigen Verfahrensschritte der Umweltverträglichkeitsprüfung nicht übertragen sind, ist es zweckmäßig, daß die dafür zuständigen Behörden diese Verfahrensschritte unter Beteiligung der federführenden Behörde durchführen.

0.5.2.4 Erarbeitung der zusammenfassenden Darstellung durch die federführende Behörde

Die federführende Behörde hat die zusammenfassende Darstellung im Zusammenwirken mit den Zulassungsbehörden und der Naturschutzbehörde, deren Aufgabenbereich durch das Vorhaben berührt wird, zu erarbeiten. Wenn es zweckdienlich ist, kann die federführende Behörde darüber hinaus andere Behörden beteiligen.

Auf der Grundlage der ihr zur Verfügung gestellten Ermittlungsergebnisse erarbeitet die federführende Behörde einen Entwurf für die zusammenfassende Darstellung und übermittelt ihn den beteiligten Behörden. Diese nehmen innerhalb einer Frist, die von der federführenden Behörde unter Berücksichtigung des § 11 Satz 3 UVPG und sonstiger fachrechtlich vorgegebener Verfahrensfristen festgesetzt wird, zu dem Entwurf Stellung; kann die Frist nicht eingehalten werden, soll dies innerhalb von zwei Wochen nach Zugang des Entwurfes der federführenden Behörde mitgeteilt werden. Die Stellungnahmen können auch im Rahmen einer gemeinsamen Besprechung abgegeben werden. Danach erarbeitet die federführende Behörde die zusammenfassende Darstellung.

0.5.2.5 Zusammenfassende Darstellung nach Durchführung einer Linienbestimmung oder eines vorgelagerten Verfahrens

Soweit bei einer Linienbestimmung oder in einem vorgelagerten Verfahren im Sinne des § 2 Abs. 3 Nr. 2 UVPG eine zusammenfassende Darstellung der raumbedeutsamen Umweltauswirkungen erarbeitet worden ist, soll gemäß § 15 Abs. 4 und § 16 Abs. 3 UVPG im nachfolgenden Zulassungsverfahren insoweit von einer erneuten Erarbeitung abgesehen werden. In diesem Verfahren soll die zusammenfassende Darstellung auf zusätzliche oder andere erhebliche Umweltauswirkungen – auch hinsichtlich der Eignung des Vorhabenstandortes oder der Linien- oder Trassenführung – beschränkt werden. Wenn es für die Gesamtbewertung im Sinne des § 2 Abs. 1 Satz 4 UVPG zweckmäßig ist, kann die Zulassungsbehörde die zusammenfassende Darstellung der raumbedeutsamen Umweltauswirkungen in ihre zusammenfassende Darstellung der Umweltauswirkungen aufnehmen.

Soweit in einem vorgelagerten Verfahren im Sinne des § 2 Abs. 3 Nr. 3, 1. Alt., und Nr. 4 UVPG nach den dort geltenden Verfahrensvorschriften unter Beachtung der Anforderungen des § 2 Abs. 1 Satz 2 UVPG eine Ermittlung und Beschreibung der bauplanerisch bedeutsamen Umweltauswirkungen erfolgt ist, gilt gemäß § 17 Satz 3 UVPG der Absatz 1 entsprechend.

0.6   Bewertung der Umweltauswirkungen nach den §§ 1 und 2 Abs. 1 Satz 2 und § 12 UVPG

   – Kriterien und Verfahren nach § 20 Nr. 1 UVPG –
   – Grundsätze nach § 20 Nr. 3 UVPG –

Vorschriften II

0.6.1 Kriterien und Verfahren nach § 20 Nr. 1 UVPG für die Bewertung der Umweltauswirkungen

0.6.1.1 Bewertung der Umweltauswirkungen
Die Bewertung der Umweltauswirkungen (§§ 1, 2 Abs. 1 Satz 2 und 4 UVPG) ist die Auslegung und die Anwendung der umweltbezogenen Tatbestandsmerkmale der einschlägigen Fachgesetze (gesetzliche Umweltanforderungen) auf den entscheidungserheblichen Sachverhalt.
Außer Betracht bleiben für die Bewertung nichtumweltbezogene Anforderungen der Fachgesetze (z.B. Belange der öffentlichen Sicherheit und Ordnung oder des Städtebaus) und die Abwägung umweltbezogener Belange mit anderen Belangen (z.B. Verbesserung der Verkehrsverhältnisse, Schaffung oder Erhalt von Arbeitsplätzen).
Die gesetzlichen Umweltanforderungen sind
– in der Regel im Wortlaut der Fachgesetze ausdrücklich formuliert (z.B. § 5 Abs. 1 Nr. 1 BImSchG),
– zum Teil im Wege der Auslegung aus den in den Gesetzen aufgeführten Zielsetzungen und Belangen, z.B. aus dem Begriff »Wohl der Allgemeinheit« nach § 31 WHG in Verbindung mit § 1a Abs. 1 WHG, sowie aus den »Zielen des Naturschutzes und der Landschaftspflege« nach 8 Abs. 2 Satz 1 BNatSchG in Verbindung mit §§ 1 und 2 BNatSchG, zu gewinnen.

0.6.1.2 Bewertungskriterien (Konkretisierung der gesetzlichen Umweltanforderungen)
Wenn Fachgesetze oder deren Ausführungsbestimmungen für die Bewertung der Umweltauswirkungen eines Vorhabens
– rechtsverbindliche Grenzwerte enthalten oder
– sonstige Grenzwerte oder nicht zwingende, aber im Vergleich zu den Orientierungshilfen in Anhang 1 anspruchsvollere Kriterien vorsehen,
sind diese Bestimmungen heranzuziehen (§ 4 UVPG).
Soweit dies nicht der Fall ist, sind bei der Bewertung der Umweltauswirkungen die in **Anhang 1** angegebenen Orientierungshilfen, die im Hinblick auf eine wirksame Umweltvorsorge (§§ 1, 2 Abs. 1 Satz 2 und 4 UVPG) eine Konkretisierung gesetzlicher Umweltanforderungen darstellen, heranzuziehen. Da die Orientierungshilfen keine Grenzwerte sind, ist bei ihrer Anwendung auf die Umstände des Einzelfalls wie Standort- und Nutzungsmerkmale abzustellen; die Umstände, insbesondere Abweichungen von den Orientierungshilfen, sind zu erläutern.
Sind Umweltauswirkungen zu bewerten, für die das Fachrecht oder Anhang 1 keine Bewertungskriterien enthalten, hat die zuständige Behörde die Umweltauswirkungen nach Maßgabe der gesetzlichen Umweltanforderungen aufgrund der Umstände des Einzelfalls zu bewerten.
Dies gilt nicht für die Bewertung der Umweltauswirkungen solcher Vorhaben, für die die Verwaltungsvorschrift keinen Besonderen Teil vorsieht.

0.6.1.3 Bewertungsverfahren
Bei der Bewertung der Umweltauswirkungen sind zur Konkretisierung der Umweltanforderungen der Fachgesetze und der Anforderungen der §§ 1 und 2 Abs. 1 Satz 2

und 4 UVPG im Einzelfall die herkömmlichen rechtlichen Auslegungsverfahren heranzuziehen.

Soweit verschiedene Vorhaben- oder Trassenvarianten vergleichend zu bewerten sind, kann es zweckmäßig sein, auch formalisierte Bewertungsverfahren (z.B. ökologische Risikoanalysen, Nutzwert-Analysen, Kosten-Wirksamkeitsanalysen) heranzuziehen, wenn die Ziele im Rahmen dieser Bewertungsverfahren aus den gesetzlichen Umweltanforderungen abgeleitet sind. Eine Bewertung von Vorhaben- oder Trassenvarianten setzt nicht voraus, daß auf die Umweltauswirkungen für jede zu prüfende Variante in gleicher Detailschärfe eingegangen wird. In vorgelagerten Verfahren ist es ausreichend, daß sich die Bewertung auf die entsprechend dem Planungsstand erheblichen Auswirkungen erstreckt; ferner kann sie auf diejenigen Varianten beschränkt werden, die entsprechend dem Planungsstand ernsthaft in Betracht kommen.

Bei der Anwendung der Kriterien für die Bewertung von Umweltauswirkungen ist die Vorbelastung einzubeziehen.

0.6.2 Grundsätze nach § 20 Nr. 3 UVPG für die Bewertung der Umweltauswirkungen

0.6.2.1 Bewertung im Hinblick auf eine wirksame Umweltvorsorge

Aus § 12 1. HS in Verbindung mit §§ 1, 2 Abs. 1 Satz 2 und 4 UVPG ergibt sich im Hinblick auf eine wirksame Umweltvorsorge nach Maßgabe der gesetzlichen Umweltanforderungen, daß die Umweltauswirkungen sowohl in bezug auf einzelne Schutzgüter im Sinne des § 2 Abs. 1 Satz 2 UVPG zu bewerten sind als auch eine medienübergreifende Bewertung zur Berücksichtigung der jeweiligen Wechselwirkungen durchzuführen ist. Dabei umfaßt Umweltvorsorge im Sinne des § 12 UVPG, Gefahren abzuwehren und dem Entstehen schädlicher Umweltauswirkungen vorzubeugen (BT-Drs. 11/3919, S. 20). Wechselwirkungen können unter anderem durch Schutzmaßnahmen verursacht werden, die zu Problemverschiebungen zwischen den Umweltgütern führen.

Grenze der Auslegung und Anwendung der geltenden Gesetze ist der Wortlaut der entscheidungserheblichen Gesetzesvorschriften. Die zuständige Behörde ist ferner an die einschlägigen Ausführungsvorschriften des Fachrechts gebunden.

Da eine quantitative Gesamtbewertung von Umweltauswirkungen mangels Verrechnungseinheiten grundsätzlich unmöglich ist, beruht eine medienübergreifende Bewertung von Umweltauswirkungen auf qualitativen Gesichtspunkten, die zueinander in Beziehung zu setzen sind. Ein bloßes Aneinanderreihen einzelner medialer Bewertungen der Umweltauswirkungen reicht nicht aus.

Für die verschiedenen Vorhaben nach den Nummern 1 bis 6 und 16 der Anlage zu § 3 UVPG gelten die Bewertungsgrundsätze der Besonderen Teile der Verwaltungsvorschrift.

0.6.2.2 Bewertung nach Durchführung einer Linienbestimmung oder eines vorgelagerten Verfahrens

Soweit bei einer Linienbestimmung oder in einem vorgelagerten Verfahren im Sinne des § 2 Abs. 3 Nr. 2 UVPG eine Bewertung der raumbedeutsamen Umweltauswirkungen eines Vorhabens vorgenommen und die Öffentlichkeit entsprechend den Bestimmun-

Vorschriften II

gen des § 9 Abs. 3 UVPG einbezogen worden ist, soll gemäß § 15 Abs. 4 und § 16 Abs. 3 UVPG die Bewertung im nachfolgenden Zulassungsverfahren auf zusätzliche oder andere erhebliche Umweltauswirkungen – auch hinsichtlich der Eignung des Vorhabenstandortes oder der Linien- oder Trassenführung – beschränkt werden. Diese Beschränkungsmöglichkeit besteht auch für das immissionsschutzrechtliche Genehmigungsverfahren (siehe Nummer 0.4.9 Abs. 3).

Soweit in einem vorgelagerten Verfahren im Sinne des § 2 Abs. 3 Nr. 3, 1. Alt., und Nr. 4 UVPG nach den dort geltenden Verfahrensvorschriften unter Beachtung der Anforderungen des § 2 Abs. 1 Satz 2 UVPG eine Bewertung der bauplanerisch bedeutsamen Umweltauswirkungen vorgenommen worden ist, gilt gemäß § 17 Satz 3 UVPG der Absatz 1 entsprechend.

0.6.2.3 Bewertung in parallelen Zulassungsverfahren nach § 14 Abs. 2 UVPG
Falls das Vorhaben der Zulassung durch mehrere Behörden in parallelen Verfahren (keine Planfeststellungsverfahren) bedarf, hat die federführende Behörde das Zusammenwirken der Zulassungsbehörden bei der Gesamtbewertung der Umweltauswirkungen eines Vorhabens sicherzustellen. Ihr ist nicht die Aufgabe übertragen, die Gesamtbewertung selbst vorzunehmen.

Grundsätzlich kommt der federführenden Behörde in organisatorischer Hinsicht die Befugnis zu, den Bewertungsschritt einzuleiten und durchzuführen. Sie entscheidet, ob die Gesamtbewertung allein im schriftlichen Verfahren erfolgen soll oder ob auch Behördenbesprechungen erforderlich sind. Fristenregelungen des Fachrechts sind zu beachten.

Zur Einleitung des Bewertungsschritts hat die federführende Behörde die Zulassungsbehörden zu Stellungnahmen aus ihrer jeweiligen fachlichen Sicht aufzufordern. Bei Meinungsverschiedenheiten der Zulassungsbehörden über die Gesamtbewertung soll die federführende Behörde einen Einigungsvorschlag unterbreiten.

Wenn sich die Zulassungsbehörden nicht einigen können, soll die federführende Behörde umgehend bei der Aufsichtsbehörde um eine Entscheidung über die Meinungsverschiedenheit nachsuchen. Wird die Meinungsverschiedenheit nicht entschieden, hat die federführende Behörde innerhalb der fachrechtlich vorgeschriebenen Fristen als Ergebnis der Gesamtbewertung festzuhalten, welche gesetzlichen Umweltanforderungen nicht erfüllt sind.

Die federführende Behörde dokumentiert nach Abschluß des Bewertungsschritts das Ergebnis der Gesamtbewertung und teilt das Ergebnis den Zulassungsbehörden schriftlich mit. Die Gesamtbewertung muß abgeschlossen sein, bevor Bewertungsergebnisse bei den Zulassungsentscheidungen berücksichtigt werden können.

1 Vorschriften für Vorhaben nach Nummer 1 der Anlage zu § 3 UVPG (genehmigungsbedürftige Anlagen nach dem Bundes-Immissionsschutzgesetz)

1.1 Anwendungsbereich

Für Vorhaben nach Nummer 1 der Anlage zu § 3 UVPG gelten – vorbehaltlich der Regelungen der 9. BImSchV – die Vorschriften der Nummer 0 und der Nummer 1

a) in Verfahren nach den §§ 4, 6 und 15 BImSchG zur Erteilung der immissionsschutzrechtlichen Genehmigung mit den nach § 13 BImSchG eingeschlossenen bundes- und landesrechtlichen Entscheidungen,
b) in Verfahren zu § 8 Abs. 10 BNatSchG, in denen Entscheidungen im Rahmen des § 8 Abs. 2 Satz 1 und Abs. 3 BNatSchG oder auf Grund von landesrechtlichen Vorschriften gemäß § 8 Abs. 9 BNatSchG getroffen werden, für Vorhaben mit erheblichen oder nachhaltigen Beeinträchtigungen von Natur und Landschaft (Eingriffe im Sinne des § 8 BNatSchG),
c) in parallelen bundes- und landesrechtlichen Zulassungsverfahren, die von der Konzentrationswirkung des § 13 BImSchG nicht erfaßt werden und deren Durchführung im Einzelfall für die Verwirklichung des Vorhabens erforderlich ist.

1.2 Unterrichtung über den voraussssichtlichen Untersuchungsrahmen der Umweltverträglichkeitsprüfung nach § 5 UVPG

Bei der Besprechung des voraussichtlichen Untersuchungsrahmens sind Art und Umfang der nach § 6 UVPG oder nach entsprechenden fachrechtlichen Vorschriften voraussichtlich beizubringenden Unterlagen zu klären. Für Genehmigungen nach § 4 BImSchG ist in immissionsschutzrechtlicher Hinsicht auf die nach den §§ 3, 4 Abs. 1 und 3, 4a bis 4e oder 9. BImSchV erforderlichen Unterlagen einzugehen; für naturschutzrechtliche und wasserrechtliche Entscheidungen kann die Klärung aufgrund der in den Anhängen 2 und 3 aufgeführten Hinweise erfolgen. Der Träger des Vorhabens kann gegenüber der Genehmigungsbehörde auf die Unterrichtung verzichten.

1.3 Bewertung der Umweltauswirkungen nach § 12 UVPG

1.3.1 Fachgesetzliche Bewertungsmaßstäbe

Maßstäbe für die Bewertung der Umweltauswirkungen des Vorhabens sind die gesetzlichen Umweltanforderungen (für den Genehmigungsanspruch). Dazu gehören insbesondere die folgenden Gesetzesvorschriften in Verbindung mit den hierzu ergangenen Rechts- und Verwaltungsvorschriften:
a) § 6 Nr. 1 in Verbindung mit § 5 BImSchG als immissionsschutzspezifische gesetzliche Umweltanforderungen
und als weitere gesetzliche Umweltanforderungen, die nach Art des Vorhabens in Betracht kommen,
b) § 6 Nr. 2 BImSchG in Verbindung mit den Vorschriften, die für die nach § 13 BImSchG von der immissionsschutzrechtlichen Genehmigung eingeschlossenen Entscheidungen gelten, insbesondere:
   - § 7a Abs. 3 WHG in Verbindung mit Landesrecht für Vorhaben mit zulassungsbedürftigen Einleitungen in öffentliche Abwasseranlagen,
   - § 19 WHG in Verbindung mit Landesrecht für Vorhaben in Wasserschutzgebieten,
   - § 19g WHG in Verbindung mit Landesrecht für Vorhaben mit Anlagen zum Umfang mit wassergefährdenden Stoffen,

Vorschriften II

- § 11 Abs. 1 Nr. 2 des Gerätesicherheitsgesetzes in Verbindung mit den hierzu geltenden Rechtsverordnungen für Vorhaben mit überwachungsbedürftigen Anlagen,
- §§ 13 Abs. 2, 14 Abs. 2, 15 Abs. 2, 17 Abs. 2, 18 Abs. 2, 20b Abs. 2, 20c Abs. 2 und 20d Abs. 3 BNatSchG in Verbindung mit Landesrecht, falls das Vorhaben naturschutzrechtlicher Genehmigungen, Erlaubnisse oder Ausnahmen bedarf,
- § 17 Abs. 2 SprengG für Vorhaben mit Lagern für explosionsgefährliche Stoffe,
- §§ 30 bis 35 BauGB für Vorhaben mit baulichen Anlagen, auch soweit sie bei nach § 38 BauGB privilegierten öffentlich zugänglichen Abfallentsorgungsanlagen als gesetzliche Umweltanforderungen zu berücksichtigen sind,
- umweltbezogene Ziele der Raumordnung und Landesplanung gemäß § 5 Abs. 4 ROG für Vorhaben öffentlicher Stellen nach § 4 Abs. 5 ROG,

c) § 8 BNatSchG in Verbindung mit Landesrecht für Vorhaben mit Eingriffen in Natur und Landschaft, soweit nicht § 8a BNatSchG – außer bei öffentlich zugänglichen Abfallentsorgungsanlagen, die nach § 38 BauGB privilegiert sind – für den Innenbereich etwas anderes regelt,

d) § 6 WHG für Vorhaben mit erlaubnis- oder bewilligungsbedürftigen Gewässerbenutzungen im Sinne des § 3 WHG,

e) § 9 BWaldG in Verbindung mit Landesrecht für Vorhaben mit Waldumwandlungen.

1.3.2 Medienübergreifende Bewertungsgrundsätze für Wechselwirkungen aufgrund von Schutzmaßnahmen

Wechselwirkungen zwischen den Umweltgütern im Sinne des § 2 Abs. 1 Satz 2 UVPG können unter anderem durch bestimmte Schutzmaßnahmen verursacht werden, die zu Problemverschiebungen führen. Ausgehend von dem in Nummer 0.6.2.1 dargelegten Grundsatz, Umweltauswirkungen sowohl in bezug auf einzelne Schutzgüter im Sinne des § 2 Abs. 1 Satz 2 UVPG zu bewerten als auch medienübergreifend eine Gesamtbewertung zur Berücksichtigung der jeweiligen Wechselwirkungen durchzuführen, ergeben sich aus § 12 UVPG in Verbindung mit den §§ 1 und 2 Abs. 1 Satz 2 und 4 UVPG für die Auslegung und Anwendung der geltenden Gesetze beispielhaft folgende Grundsätze:

a) Für den Fall, daß
- Immissionsschutzmaßnahmen zur Erfüllung der Genehmigungsvoraussetzungen nach § 5 BImSchG Reststoffe verursachen und
- die Beschaffenheit des Bodens oder der Gewässer durch die Aufbringung der Reststoffe nicht mehr den Kriterien nach Nummer 0.6.1.2 Abs. 1 zweiter Spiegelstrich oder Abs. 2 oder den Anforderungen nach Nummer 0.6.1.2 Abs. 3 entspricht,

ist § 5 Abs. 1 Nr. 3 BImSchG als medienübergreifender Bewertungsmaßstab heranzuziehen und zu prüfen, ob die Aufbringung der Reststoffe auf Böden als schadlos im Sinne dieser Vorschrift zu bewerten ist.

b) Für den Fall, daß
- Immissionsschutzmaßnahmen zur Erfüllung der Genehmigungsvoraussetzungen nach § 5 BImSchG Reststoffe verursachen und die Ablagerung der Reststoffe als Abfälle erforderlich wird, weil Vermeidung und Verwertung technisch nicht möglich oder unzumutbar sind, und

— eine geordnete Entsorgung der Abfälle gemäß § 2 AbfG nicht sichergestellt ist, insbesondere keine ausreichenden Entsorgungskapazitäten vorhanden sind, oder die Beschaffenheit des Bodens oder der Gewässer durch die Ablagerung der Abfälle nicht mehr den Kriterien nach Nummer 0.6.1.2 Abs. 1 zweiter Spiegelstrich oder Abs. 2 oder den Anforderungen nach Nummer 0.6.1.2 Abs. 3 entspricht,
ist § 5 Abs. 1 Nr. 3 BImSchG als medienübergreifender Bewertungsmaßstab heranzuziehen und zu prüfen, ob die Ablagerung als Abfallbeseitigung »ohne Beeinträchtigung des Wohls der Allgemeinheit« im Sinne dieser Vorschrift zu bewerten ist.

c) Für den Fall, daß
— Immissionsschutzmaßnahmen zur Erfüllung der Genehmigungsvoraussetzungen nach § 5 BImSchG Abwässer verursachen, die unmittelbar oder über eine öffentliche oder private Abwasseranlage in einen Vorfluter eingeleitet werden, und
— die Beschaffenheit des Vorfluters aufgrund der Abwassereinleitung nicht mehr den Kriterien nach Nummer 0.6.1.2 Abs. 1 zweiter Spiegelstrich oder Abs. 2 oder den Anforderungen nach Nummer 0.6.1.2 Abs. 3 entspricht,
sind § 5 Abs. 1 Nr. 3 BImSchG und jeweils § 6 WHG oder § 7a Abs. 3 WHG in Verbindung mit landesrechtlichen Umweltanforderungen als medienübergreifende Bewertungsmaßstäbe heranzuziehen und ist zu prüfen, ob die Abwassereinleitung als Abwasserbeseitigung ohne Beeinträchtigung des Gemeinwohls im Sinne der genannten Vorschriften zu bewerten ist.

d) Für den Fall, daß
— Abwasserbehandlungsmaßnahmen zur Erfüllung der wasserrechtlichen Umweltanforderungen nach § 6 WHG oder 7a WHG in Verbindung mit Landesrecht Luftverunreinigungen im Sinne des § 3 Abs. 4 BImSchG verursachen und
— aufgrund der Luftverunreinigungen die Luftbeschaffenheit oder die Bodenbeschaffenheit im Einwirkungsbereich der Abwasserbehandlungsmaßnahmen nicht mehr den Kriterien nach Nummer 0.6.1.2 Abs. 1 zweiter Spiegelstrich oder Abs. 2 oder den Anforderungen nach Nummer 0.6.1.2 Abs. 3 entspricht,
sind § 6 WHG oder § 7a Abs. 3 WHG in Verbindung mit landesrechtlichen Umweltanforderungen als medienübergreifende Bewertungsmaßstäbe heranzuziehen und ist zu prüfen, ob die Abwassereinleitung als Abwasserbeseitigung ohne Beeinträchtigung des Gemeinwohls im Sinne der genannten Vorschriften zu bewerten ist.

e) Für den Fall, daß
— Abwasserbehandlungsmaßnahmen zur Erfüllung der wasserrechtlichen Umweltanforderungen nach § 6 WHG oder § 7a WHG in Verbindung mit Landesrecht Abfälle im Sinne des § 1 Abs. 1 AbfG verursachen und
— eine geordnete Entsorgung der Abfälle im Sinne des § 2 AbfG – insbesondere die Einhaltung der Kriterien nach Nummer 0.6.1.2 Abs. 1 zweiter Spiegelstrich oder Abs. 2 oder der Anforderungen nach Nummer 0.6.1.2 Abs. 3 (z. B. durch Ablagerung oder Verbrennung der Abfälle) – nicht sichergestellt ist,
sind § 6 WHG oder § 7a Abs. 3 WHG in Verbindung mit landesrechtlichen Umweltanforderungen als medienübergreifende Bewertungsmaßstäbe heranzuziehen und ist zu prüfen, ob die Abwassereinleitung als Abwasserbeseitigung

Vorschriften II

ohne Beeinträchtigung des Gemeinwohls im Sinne der genannten Vorschriften zu bewerten ist.

f) Für den Fall, daß
- Immissionsschutzmaßnahmen, Abfallentsorgungsmaßnahmen oder Abwasserbehandlungsmaßnahmen zur Erfüllung von gesetzlichen Umweltanforderungen Eingriffe in Natur und Landschaft im Sinne des § 8 Abs. 1 BNatSchG verursachen (z. B. durch sicherheitstechnische erforderliche, aber flächenverbrauchende Rückhaltebecken) und
- die Eingriffe unvermeidbar sind und sie auch nicht im erforderlichen, den Kriterien nach Nummer 0.6.1.2 Abs. 1 zweiter Spiegelstrich oder Abs. 2 oder den Anforderungen nach Nummer 0.6.1.2 Abs. 3 entsprechenden Maße ausgeglichen werden können,

ist § 8 Abs. 3 BNatSchG in Verbindung mit Landesrecht als medienübergreifender Bewertungsmaßstab heranzuziehen und zu prüfen, ob die Belange des Naturschutzes und der Landschaftspflege im Sinne dieser Vorschrift oder die mit den Schutzmaßnahmen verbundenen Anforderungen an die Nutzung von Natur und Landschaft als vorrangig zu bewerten sind.

2 Vorschriften für Vorhaben nach Nummer 2 der Anlage zu § 3 UVPG (genehmigungsbedürftige Anlagen nach § 7 des Atomgesetzes)

2.1 Anwendungsbereich

Für Vorhaben nach Nummer 2 der Anlage zu § 3 UVPG gelten die Vorschriften der Nummer 0 – vorbehaltlich der Regelung der AtVfV – und der Nummer 2
a) in Verfahren nach § 7 AtG zur Erteilung der atomrechtlichen Genehmigung mit den nach § 8 Abs. 2 AtG eingeschlossenen Entscheidungen,
b) in Verfahren zu § 8 Abs. 10 BNatSchG, in denen Entscheidungen im Rahmen des § 8 Abs. 2 Satz 1 und Abs. 3 BNatSchG oder auf Grund von landesrechtlichen Vorschriften gemäß § 8 Abs. 9 BNatSchG getroffen werden, für Vorhaben mit erheblichen oder nachhaltigen Beeinträchtigungen von Natur und Landschaft (Eingriffe im Sinne des § 8 BNatSchG),
c) in parallelen bundes- und landesrechtlichen Zulassungsverfahren, die von der Konzentrationswirkung des § 8 Abs. 2 AtG nicht erfaßt werden und deren Durchführung im Einzelfall für die Verwirklichung des Vorhabens erforderlich ist.

2.2 Unterrichtung über den voraussichtlichen Untersuchungsrahmen der Umweltverträglichkeitsprüfung nach § 5 UVPG

Bei der Besprechung des voraussichtlichen Untersuchungsrahmens sind Art und Umfang der nach § 6 UVPG oder nach entsprechenden fachrechtlichen Vorschriften voraussichtlich beizubringenden Unterlagen zu klären. Für Genehmigungen nach § 7 AtG ist in nuklearspezifischer Hinsicht auf die nach § 3 AtVfV erforderlichen Unterlagen einzugehen; für naturschutzrechtliche und wasserrechtliche Entscheidungen kann die Klärung aufgrund der in den **Anhängen** 2 und 3 aufgeführten Hinweise erfolgen.

UVPVwV

2.3 Bewertung der Umweltauswirkungen nach § 12 UVPG

2.3.1 Fachgesetzliche Bewertungsmaßstäbe

Maßstäbe für die Bewertung der Umweltauswirkungen des Vorhabens sind die gesetzlichen Umweltanforderungen. Dazu gehören insbesondere die folgenden Gesetzesvorschriften in Verbindung mit den hierzu ergangenen Rechts- und Verwaltungsvorschriften:

a) § 7 Abs. 2 Nr. 3 AtG als nuklearspezifische gesetzliche Umweltanforderung, auch soweit sich diese nach § 3 Abs. 2 StrlSchV auf einen nach § 3 Abs. 1 StrlSchV genehmigungsbedürftigen Umgang erstreckt,
und als weitere gesetzliche Umweltanforderungen, die nach Art des Vorhabens in Betracht kommen,

b) § 7 Abs. 2 Nr. 6 AtG in Verbindung mit den Vorschriften, die für die nach § 8 Abs. 2 AtG von der atomrechtlichen Genehmigung eingeschlossenen Entscheidungen gelten:
 - § 6 Nr. 1 in Verbindung mit § 5 BImSchG für Vorhaben mit immissionsschutzrechtlich genehmigungsbedürftigen Anlagen,
 - § 6 Nr. 2 BImSchG und weiteren fachgesetzlichen Umweltanforderungen nach Nummer 1.3.1 Buchstabe b,

c) § 8 BNatSchG in Verbindung mit Landesrecht für Vorhaben mit Eingriffen in Natur und Landschaft, soweit nicht § 8a BNatSchG für den Innenbereich etwas anderes regelt,

d) § 6 WHG für Vorhaben mit erlaubnis- oder bewilligungsbedürftigen Gewässerbenutzungen im Sinne des § 3 WHG,

e) § 7a Abs. 3 WHG in Verbindung mit Landesrecht für Vorhaben mit zulassungsbedürftigen Einleitungen in öffentliche Abwasseranlagen,

f) § 19g WHG in Verbindung mit Landesrecht für Vorhaben mit Anlagen zum Umgang mit wassergefährdenden Stoffen,

g) § 19 WHG in Verbindung mit Landesrecht für Vorhaben in Wasserschutzgebieten,

h) § 11 Abs. 1 Nr. 2 des Gerätesicherheitsgesetzes in Verbindung mit den hierzu geltenden Rechtsverordnungen für Vorhaben mit überwachungsbedürftigen Anlagen,

i) §§ 13 Abs. 2, 14 Abs. 2, 15 Abs. 2, 17 Abs. 2, 18 Abs. 2, 20b Abs. 2, 20c Abs. 2 und 20d Abs. 3 BNatSchG in Verbindung mit Landesrecht, falls das Vorhaben naturschutzrechtlicher Genehmigungen, Erlaubnisse oder Ausnahmen bedarf,

j) § 9 BWaldG in Verbindung mit Landesrecht für Vorhaben mit Waldumwandlungen.

Zu den bundesgesetzlichen Bewertungsmaßstäben für Vorhaben mit baulichen Anlagen gehören auch die §§ 30 bis 35 BauGB (einschließlich der nach § 35 BauGB zu prüfenden Ziele der Raumordnung und Landesplanung nach § 5 ROG), deren Erfüllung im Rahmen paralleler landesrechtlicher Baugenehmigungsverfahren oder im Rahmen eingeschlossener Entscheidungen bei der Bewertung der Umweltauswirkungen zu prüfen ist.

2.3.2 Medienübergreifende Bewertungsgrundsätze für Wechselwirkungen aufgrund von Schutzmaßnahmen

Wechselwirkungen zwischen den Umweltgütern im Sinne des § 2 Abs. 1 Satz 2 UVPG können unter anderem durch bestimmte Schutzmaßnahmen verursacht werden, die zu Problemverschiebungen führen. Ausgehend von dem in Nummer 0.6.2.1 dargelegten Grundsatz, Umweltauswirkungen sowohl in bezug auf einzelne Schutzgüter im Sinne des § 2 Abs. 1 Satz 2 UVPG zu bewerten als auch medienübergreifend eine Gesamtbewertung zur Berücksichtigung der jeweiligen Wechselwirkungen durchzuführen, ergeben sich aus § 12 UVPG in Verbindung mit den §§ 1 und 2 Abs. 1 Satz 2 und 4 UVPG für die Auslegung und Anwendung der geltenden Gesetze beispielhaft folgende Grundsätze:

a) Für den Fall, daß
- nuklearspezifische Vorsorgemaßnahmen zur Erfüllung der Genehmigungsvoraussetzungen nach § 7 Abs. 2 Nr. 3 AtG nicht-radioaktive Luftverunreinigungen, Abwässer oder Eingriffe in Natur und Landschaft im Sinne des § 8 Abs. 1 BNatSchG verursachen und
- aufgrund dieser Umweltauswirkungen die Beschaffenheit der Umwelt im Einwirkungsbereich des Vorhabens nicht mehr den Kriterien nach Nummer 0.6.1.2 Abs. 1 zweiter Spiegelstrich oder Abs. 2 oder den Anforderungen im Sinne der Nummer 0.6.1.2 Abs. 3 entspricht,

sind § 7 Abs. 2 Nr. 6 AtG und gegebenenfalls § 5 BImSchG, § 6 WHG oder § 7a Abs. 3 WHG in Verbindung mit Landesrecht oder § 8 Abs. 3 BNatSchG in Verbindung mit Landesrecht als medienübergreifende Bewertungsmaßstäbe heranzuziehen und ist zu prüfen, ob die Umweltauswirkungen des Vorhabens dahingehend zu bewerten sind, daß

- »überwiegende öffentliche Interessen« im Sinne des § 7 Abs. 2 Nr. 6 AtG nicht entgegenstehen und
- bei Vorhaben mit immissionsschutzrechtlich genehmigungsbedürftigen Anlagen die Genehmigungsvoraussetzungen nach § 5 BImSchG erfüllt sind,
- bei Vorhaben mit Gewässerbenutzungen oder Einleitungen die gesetzlichen Umweltanforderungen nach § 6 WHG oder § 7a Abs. 3 WHG in Verbindung mit Landesrecht erfüllt sind oder
- bei Vorhaben mit Eingriffen in Natur und Landschaft die Belange des Naturschutzes und der Landschaftspflege im Sinne des § 8 Abs. 3 BNatSchG in Verbindung mit Landesrecht oder die mit den Schutzmaßnahmen verbundenen Anforderungen an die Nutzung von Natur und Landschaft im Range vorgehen.

b) Für den Fall, daß
- nuklearspezifische Vorsorgemaßnahmen zur Erfüllung der Genehmigungsvoraussetzungen nach § 7 Abs. 2 Nr. 3 AtG nicht-radioaktive Abfälle im Sinne des § 1 Abs. 1 AbfG verursachen und
- eine geordnete Entsorgung der Abfälle im Sinne des § 2 AbfG – insbesondere die Einhaltung der Kriterien nach Nummer 0.6.1.2 Abs. 1 zweiter Spiegelstrich oder Abs. 2 oder der Anforderungen nach Nummer 0.6.1.2 Abs. 3 (z.B. durch Ablagerungen oder Verbrennung von Abfällen) – nicht sichergestellt ist,

sind § 7 Abs. 2 Nr. 6 AtG und gegebenenfalls § 5 Abs. 1 Nr. 3 BImSchG als medienübergreifende Bewertungsmaßstäbe heranzuziehen und ist zu prüfen,

ob die Umweltauswirkungen des Vorhabens dahingehend zu bewerten sind, daß
- »überwiegende öffentliche Interessen« im Sinne des § 7 Abs. 2 Nr. 6 AtG nicht entgegenstehen und
- bei Vorhaben mit immissionsschutzrechtlich genehmigungsbedürftigen Anlagen die Genehmigungsvoraussetzungen nach § 5 Abs. 1 Nr. 3 BImSchG erfüllt sind.

c) Wenn zur Erfüllung von gesetzlichen Umweltanforderungen für Entscheidungen, die in der atomrechtlichen Genehmigung eingeschlossen sind oder in parallelen Verfahren erteilt werden, Immissionsschutzmaßnahmen, Abwasserbehandlungsmaßnahmen oder Abfallentsorgungsmaßnahmen zu den in Nummer 1.3.2 genannten Folgen für andere Umweltgüter führen, sind die dort aufgeführten Grundsätze zur Bewertung der Umweltauswirkungen entsprechend anzuwenden.

2.3.3 Medienübergreifende Bewertungsgrundsätze für Grenzbelastungen

Wenn von dem Vorhaben ausgehende Eingriffe in Natur und Landschaft sowie nichtradioaktive Luftverunreinigungen, Abwässer und Abfälle dazu führen, daß die Kriterien nach Nummer 0.6.1.2 Abs. 1 und 2 oder die Anforderungen an die Beschaffenheit von Wasser, Boden, Luft sowie Natur und Landschaft nach Nummer 0.6.1.2 Abs. 3 jeweils gerade noch eingehalten werden, ist § 7 Abs. 2 Nr. 6 AtG als medienübergreifender Bewertungsmaßstab heranzuziehen und zu prüfen, ob die Umweltauswirkungen insgesamt nach Lage des Einzelfalls so zu bewerten sind, daß »überwiegende öffentliche Interessen« im Sinne dieser Vorschrift entgegenstehen.

3 Vorschriften für Vorhaben nach Nummer 3 der Anlage zu § 3 UVPG (planfeststellungsbedürftige Anlagen zur Sicherstellung und Endlagerung radioaktiver Abfälle nach § 9b des Atomgesetzes)

3.1 Anwendungsbereich

Für Vorhaben nach Nummer 3 der Anlage zu § 3 UVPG gelten die Vorschriften der Nummern 0 und 3 in Verfahren nach § 9b AtG.

Nach § 57b Abs. 3 Satz 1 BBergG wird grundsätzlich bergrechtlichen Planfeststellungsverfahren Priorität und Exklusivität eingeräumt derart, daß nur diese Planfeststellungsverfahren durchzuführen sind; hiervon macht Satz 2 dieser Bestimmung eine die Regelung umkehrende Ausnahme. Danach hat das atomrechtliche Planfeststellungsverfahren Vorrang gegenüber dem bergrechtlichen Planfeststellungsverfahren, so daß die Entscheidung über den Rahmenbetriebsplan in der atomrechtlichen Planfeststellung eingeschlossen ist und die Umweltverträglichkeitsprüfung umfassend im atomrechtlichen Planfeststellungsverfahren durchgeführt wird. Das atomrechtliche Planfeststellungsverfahren einschließlich der Umweltverträglichkeitsprüfung erstreckt sich jedoch gemäß § 9b Abs. 5 Nr. 3 AtG nicht auf die anschließenden bergrechtlichen Haupt-, Sonder- oder Abschlußbetriebsplanverfahren. Da Umweltauswirkungen umfassend und abschließend im atomrechtlichen Planfeststellungsverfahren geprüft werden und Umweltbelange somit nicht mehr Prüfungsgegenstand in dem anschließenden bergrechtlichen Betriebsplanverfahren sind, stellen diese keine parallelen Zulassungsverfah-

Vorschriften II

ren zum atomrechtlichen Planfeststellungsverfahren dar, so daß § 2 Abs. 1 Satz 4 und § 14 UVPG keine Anwendung finden.

3.2 Unterrichtung über den voraussichtlichen Untersuchungsrahmen der Umweltverträglichkeitsprüfung nach § 5 UVPG

Bei der Besprechung des voraussichtlichen Untersuchungsrahmens sind Art und Umfang der nach § 6 UVPG oder nach entsprechenden fachrechtlichen Vorschriften voraussichtlich beizubringenden Unterlagen zu klären. Für Planfeststellungen nach § 9b AtG ist in nuklearspezifischer Hinsicht auf die nach § 9b Abs. 5 Nr. 1 Satz 2 AtG in Verbindung mit § 3 AtVfV erforderlichen Unterlagen einzugehen; für naturschutzrechtliche und wasserrechtliche Entscheidungen kann die Klärung aufgrund der in den **Anhängen 2** und **3** aufgeführten Hinweise erfolgen.

3.3 Bewertung der Umweltauswirkungen nach § 12 UVPG

3.3.1 Fachgesetzliche Bewertungsmaßstäbe

Maßstäbe für die Bewertung der Umweltauswirkungen des Vorhabens sind die gesetzlichen Umweltanforderungen. Dazu gehören insbesondere die folgenden Gesetzesvorschriften in Verbindung mit den hierzu ergangenen Rechts- und Verwaltungsvorschriften:

a) § 9b Abs. 4 Satz 1 in Verbindung mit § 7 Abs. 2 Nr. 3 und § 9b Abs. 4 Satz 2 Nr. 1 AtG als nuklearspezifische gesetzliche Umweltanforderungen

und als weitere gesetzliche Umweltanforderungen, die nach Art des Vorhabens in Betracht kommen:

b) § 6 Abs. 1 Nr. 5 StrlSchV für Vorhaben mit einem Umgang mit sonstigen radioaktiven Stoffen,

c) §§ 52 Abs. 2 a, 55 BBergG für Vorhaben mit bergbaulichen Betrieben,

d) § 6 Nr. 1 in Verbindung mit § 5 BImSchG für Vorhaben mit immissionsschutzrechtlich genehmigungsbedürftigen Anlagen,

e) § 7a Abs. 3 WHG in Verbindung mit Landesrecht für Vorhaben mit Einleitungen von Abwasser in öffentliche Abwasseranlagen,

f) § 19g WHG in Verbindung mit Landesrecht für Vorhaben mit Anlagen zum Umgang mit wassergefährdenden Stoffen,

g) § 19 WHG in Verbindung mit Landesrecht für Vorhaben in Wasserschutzgebieten,

h) § 11 Abs. 1 Nr. 2 des Gerätesicherheitsgesetzes in Verbindung mit den hierzu geltenden Rechtsverordnungen für Vorhaben mit überwachungsbedürftigen Anlagen,

i) § 8 BNatSchG in Verbindung mit Landesrecht für Vorhaben mit Eingriffen in Natur und Landschaft, soweit nicht § 8a BNatSchG für den Innenbereich etwas anderes regelt,

j) §§ 13 Abs. 2, 14 Abs. 2, 15 Abs. 2, 17 Abs. 2, 18 Abs. 2, 20b Abs. 2, 20c Abs. 2 und § 20d Abs. 3 BNatSchG in Verbindung mit Landesrecht, falls das Vorhaben naturschutzrechtlicher Genehmigungen, Erlaubnisse oder Ausnahmen bedarf,

k) § 9 BWaldG in Verbindung mit Landesrecht für Vorhaben mit Waldumwandlungen,

l) §§ 30 bis 35 BauGB für Vorhaben mit baulichen Anlagen,
m) umweltbezogene Ziele der Raumordnung und Landesplanung gemäß § 5 ROG,
n) § 6 WHG für Vorhaben mit erlaubnis- oder bewilligungsbedürftigen Gewässerbenutzungen im Sinne des § 3 WHG.

3.3.2 Medienübergreifende Bewertung und »Wohl der Allgemeinheit«
Bei der Bewertung ist der Begriff »Wohl der Allgemeinheit« nach § 9b Abs. 4 Satz 2 Nr. 1 AtG zu konkretisieren; hierzu sind nur Umweltbelange heranzuziehen. Neben den Schutzgütern nach § 1 Nr. 2 AtG sind auch die Schutzgüter nach § 2 Abs. 1 Satz 2 UVPG in die Bewertung einzubeziehen. Soweit atomrechtlich die Prüfung von Vorhabenvarianten erforderlich ist, sind deren Umweltauswirkungen daraufhin zu bewerten, welche Variante die geringsten Auswirkungen auf einzelne Umweltgüter und die Umwelt insgesamt hat. Diese Bewertung ist auf Umweltauswirkungen von besonderem Gewicht zu beschränken.
Falls das Vorhaben mit einem bergbaulichen Betrieb verbunden ist, sind darüber hinaus die Anforderungen eines vorsorgenden Umweltschutzes im Sinne des § 52 Abs. 2a Satz 3 BBergG zu berücksichtigen.

3.3.3 Medienübergreifende Bewertungsgrundsätze für Wechselwirkungen aufgrund von Schutzmaßnahmen
Wechselwirkungen zwischen den Umweltgütern im Sinne des § 2 Abs. 1 Satz 2 UVPG können unter anderem durch bestimmte Schutzmaßnahmen verursacht werden, die zu Problemverschiebungen führen. Ausgehend von dem in Nummer 0.6.2.1 dargelegten Grundsatz, Umweltauswirkungen sowohl in bezug auf einzelne Schutzgüter im Sinne des § 2 Abs. 1 Satz 2 UVPG zu bewerten als auch medienüberschreitend eine Gesamtbewertung zur Berücksichtigung der jeweiligen Wechselwirkungen durchzuführen, ergeben sich aus § 12 UVPG in Verbindung mit den §§ 1 und 2 Abs. 1 Satz 2 und 4 UVPG für die Auslegung und Anwendung der geltenden Gesetze beispielhaft folgende Grundsätze:
a) Für den Fall, daß
 – nuklearspezifische Vorsorgemaßnahmen zur Erfüllung der gesetzlichen Umweltanforderungen nach § 9b Abs. 4 Satz 1 in Verbindung mit § 7 Abs. 2 Nr. 3 AtG nicht-radioaktive Luftverunreinigungen, Abwässer oder Eingriffe in Natur und Landschaft im Sinne des § 8 Abs. 1 BNatSchG verursachen und
 – aufgrund dieser Umweltauswirkungen die Beschaffenheit der Umwelt im Einwirkungsbereich des Vorhabens nicht mehr den Kriterien nach Nummer 0.6.1.2 Abs. 1 zweiter Spiegelstrich oder Abs. 2 oder den Anforderungen im Sinne der Nummer 0.6.1.2 Abs. 3 entspricht,
sind § 9b Abs. 4 Satz 2 Nr. 1 AtG und gegebenenfalls § 5 BImSchG, § 6 WHG oder § 7a Abs. 3 WHG in Verbindung mit Landesrecht oder § 8 Abs. 3 BNatSchG als medienübergreifende Bewertungsmaßstäbe heranzuziehen und ist zu prüfen, ob die Umweltauswirkungen des Vorhabens dahingehend zu bewerten sind, daß
 – das »Wohl der Allgemeinheit« im Sinne des § 9b Abs. 4 Satz 2 Nr. 1 AtG nicht beeinträchtigen wird und
 – bei Vorhaben mit immissionsschutzrechtlich genehmigungsbedürftigen Anlagen die Genehmigungsvoraussetzungen nach § 5 BImSchG erfüllt sind,

Vorschriften II

- bei Vorhaben mit Gewässerbenutzungen oder Einleitungen die gesetzlichen Umweltanforderungen nach § 6 WHG oder § 7a Abs. 3 WHG in Verbindung mit Landesrecht erfüllt sind oder
- bei Vorhaben mit Eingriffen in Natur und Landschaft die Belange des Naturschutzes und der Landschaftspflege im Sinne des § 8 Abs. 3 BNatSchG in Verbindung mit Landesrecht oder die mit den Schutzmaßnahmen verbundenen Anforderungen an die Nutzung von Natur und Landschaft im Range vorgehen.

b) Für den Fall, daß
- nuklearspezifische Vorsorgemaßnahmen zur Erfüllung der gesetzlichen Umweltanforderungen nach § 9b Abs. 4 Satz 1 in Verbindung mit § 7 Abs. 2 Nr. 3 AtG nicht-radioaktive Abfälle im Sinne des § 1 Abs. 1 AbfG verursachen und
- eine geordnete Entsorgung der Abfälle im Sinne des § 2 AbfG – insbesondere die Einhaltung der Kriterien nach Nr. 0.6.1.2 Abs. 1 zweiter Spiegelstrich oder Abs. 2 oder der Anforderungen nach Nummer 0.6.1.2 Abs. 3 (z.B. durch Ablagerung oder Verbrennung der Abfälle) – nicht sichergestellt ist,

sind § 9b Abs. 4 Satz 2 Nr. 1 AtG und gegebenenfalls bei Vorhaben mit immissionsschutzrechtlich genehmigungsbedürftigen Anlagen § 5 Abs. 1 Nr. 3 BImSchG als medienübergreifende Bewertungsmaßstäbe heranzuziehen und ist zu prüfen, ob die Umweltauswirkungen des Vorhabens dahingehend zu bewerten sind, daß das »Wohl der Allgemeinheit« im Sinne dieser Vorschriften nicht beeinträchtigt wird.

c) Wenn zur Erfüllung von sonstigen gesetzlichen Umweltanforderungen Immissionsschutzmaßnahmen, Abwasserbehandlungsmaßnahmen oder Abfallentsorgungsmaßnahmen zu den in Nummer 1.3.2 genannten Folgen für andere Umweltgüter führen, sind die dort aufgeführten Grundsätze entsprechend anzuwenden und ist zu prüfen, ob die Umweltauswirkungen des Vorhabens – nach Lage des Einzelfalls – auch als »Beeinträchtigungen des Wohls der Allgemeinheit« im Sinne des § 9b Abs. 4 Satz 2 Nr. 1 AtG oder des § 6 WHG zu bewerten sind.

3.3.4 Medienübergreifende Bewertungsgrundsätze für Grenzbelastungen

Wenn von dem Vorhaben ausgehende Eingriffe in Natur und Landschaft sowie nicht-radioaktive Luftverunreinigungen, Abwässer und Abfälle dazu führen, daß die Kriterien nach Nummer 0.6.1.2 Abs. 1 und 2 oder die Anforderungen an die Beschaffenheit von Wasser, Boden, Luft sowie Natur und Landschaft nach Nummer 0.6.1.2 Abs. 3 jeweils gerade noch eingehalten werden, ist § 9b Abs. 4 Satz 2 Nr. 1 AtG als medienübergreifender Bewertungsmaßstab heranzuziehen und zu prüfen, ob die Umweltauswirkungen insgesamt nach Lage des Einzelfalls als »Beeinträchtigungen des Wohls der Allgemeinheit« im Sinne dieser Vorschrift zu bewerten sind.

4 Vorschriften für Vorhaben nach Nummer 4 der Anlage zu § 3 UVPG (planfeststellungsbedürftige Deponien nach § 7 Abs. 2 des Abfallgesetzes)

4.1 Anwendungsbereich

Für Vorhaben nach Nummer 4 der Anlage zu § 3 UVPG gelten die Vorschriften der Nummern 0 und 4 in Verfahren nach § 7 Abs. 2 AbfG zur Erteilung von Planfeststellungsbeschlüssen mit den ersetzten bundes- und landesrechtlichen Entscheidungen.

Die Vorschriften der Nummern 0 und 4 gelten auch für die Erteilung von – durch den Planfeststellungsbeschluß nach § 14 Abs. 1 WHG nicht ersetzten – Erlaubnissen und Bewilligungen im Sinne der §§ 2, 7 und 8 WHG für Vorhaben mit Gewässerbenutzungen im Sinne des § 3 WHG.

4.2 Unterrichtung für den voraussichtlichen Untersuchungsrahmen der Umweltverträglichkeitsprüfung nach § 5 UVPG

Bei der Besprechung des voraussichtlichen Untersuchungsrahmens sind Art und Umfang der nach § 6 UVPG oder nach entsprechenden fachrechtlichen Vorschriften voraussichtlich beizubringenden Unterlagen zu klären. Für Planfeststellungen nach § 7 Abs. 2 AbfG ist in abfallrechtlicher Hinsicht auf die nach Anhang A zur TA Abfall vom 12.03.1990 erforderlichen Unterlagen einzugehen; für naturschutzrechtliche und wasserrechtliche Entscheidungen kann die Klärung aufgrund der in den **Anhängen 2 und 3** aufgeführten Hinweise erfolgen.

4.3 Bewertung der Umweltauswirkungen nach § 12 UVPG

4.3.1 Fachgesetzliche Bewertungsmaßstäbe

Maßstäbe für die Bewertung der Umweltauswirkungen des Vorhabens sind die gesetzlichen Umweltanforderungen. Dazu gehören insbesondere die folgenden Gesetzesvorschriften in Verbindung mit den hierzu ergangenen Rechts- und Verwaltungsvorschriften:

a) § 8 Abs. 3 Satz 1 AbfG in Verbindung mit § 2 Abs. 1 Satz 3 AbfG und § 8 Abs. 3 Satz 2 Nr. 1 und 3 AbfG in Verbindung mit § 2 Abs. 1 Satz 2 Nr. 1 bis 5 AbfG als abfallspezifische gesetzliche Umweltanforderungen
und als weitere gesetzliche Umweltanforderungen, die nach Art des Vorhabens in Betracht kommen,

b) § 8 Abs. 3 Satz 2 Nr. 1 AbfG und § 2 Abs. 1 Satz 2 Nr. 1 bis 6 AbfG in Verbindung mit den Vorschriften, die für die durch die Planfeststellung ersetzten Entscheidungen gelten, insbesondere:
   – § 6 Nr. 1 in Verbindung mit § 5 BImSchG für Vorhaben mit immissionsschutzrechtlich genehmigungsbedürftigen Anlagen,
   – § 7a Abs. 3 WHG in Verbindung mit Landesrecht für Vorhaben mit Einleitungen von Abwasser in öffentliche Abwasseranlagen,
   – § 19g WHG in Verbindung mit Landesrecht für Vorhaben mit Anlagen zum Umgang mit wassergefährdenden Stoffen,
   – § 19 WHG in Verbindung mit Landesrecht für Vorhaben in Wasserschutzgebieten,
   – § 11 Abs. 1 Nr. 2 des Gerätesicherheitsgesetzes und den hierzu geltenden Rechtsverordnungen für Vorhaben mit überwachungsbedürftigen Anlagen,
   – § 8 BNatSchG in Verbindung mit Landesrecht für Vorhaben mit Eingriffen in Natur und Landschaft,
   – §§ 13 Abs. 2, 14 Abs. 2, 15 Abs. 2, 17 Abs. 2, 18 Abs. 2, 20b Abs. 2, 20c Abs. 2 und 20d Abs. 3 BNatSchG in Verbindung mit Landesrecht, falls das Vorhaben naturschutzrechtlicher Genehmigungen, Erlaubnisse oder Ausnahmen bedarf,

Vorschriften II

- § 9 BWaldG in Verbindung mit Landesrecht für Vorhaben mit Waldumwandlungen,
- §§ 30 bis 35 BauGB für Vorhaben mit baulichen Anlagen, soweit sie – unabhängig von § 38 BauGB – als gesetzliche Umweltanforderungen zu berücksichtigen sind,
- umweltbezogene Ziele der Raumordnung und Landesplanung gemäß § 5 ROG,

c) § 6 WHG für Vorhaben mit erlaubnis- oder bewilligungsbedürftigen Gewässerbenutzungen im Sinne des § 3 WHG.

Bei der Bewertung der Auswirkungen des Vorhabens auf den Boden ist zu berücksichtigen, daß Abfalldeponien ihrer Zweckbestimmung nach der Ablagerung einer Vielzahl von Stoffen dienen. Anhang 1.3 findet insoweit keine Anwendung. Die zur Bewertung der Bodenauswirkungen erforderlichen Anforderungen an die Beschaffenheit sind daher im Einzelfall qualitativ oder quantitativ festzulegen, soweit das Fachrecht keine entsprechenden Anforderungen enthält.

4.3.2 Medienübergreifende Bewertung und »Wohl der Allgemeinheit«

Bei der Bewertung ist der Begriff »Wohl der Allgemeinheit« nach § 8 Abs. 3 Satz 2 Nr. 1 AbfG zu konkretisieren; hierzu sind nur Umweltbelange heranzuziehen. Die in § 2 Abs. 1 Satz 2 AbfG enthaltenen Regelbeispiele, aus denen sich Beeinträchtigungen des Wohls der Allgemeinheit ergeben können, steuern die Bewertung bei der Prüfung der gesetzlichen Umweltanforderungen nach § 8 Abs. 3 AbfG. Dabei sind neben den Schutzgütern, die im Rahmen der Grundpflicht zur umweltgerechten Abfallentsorgung nach § 2 Abs. 1 Satz 2 AbfG zu beachten sind, auch die Schutzgüter nach § 2 Abs. 1 Satz 2 UVPG in die Bewertung einzubeziehen. Soweit abfallrechtlich die Prüfung von Vorhabenvarianten erforderlich ist, sind deren Umweltauswirkungen daraufhin zu bewerten, welche Variante die geringsten Auswirkungen auf einzelne Umweltgüter und die Umwelt insgesamt hat. Diese Bewertung ist auf Umweltauswirkungen von besonderem Gewicht zu beschränken.

In die Bewertung sind auch die Umweltauswirkungen einer nicht gesicherten Entsorgung einzubeziehen, die einträten, wenn die Abfalldeponie nicht verwirklicht werden würde.

4.3.3 Medienübergreifende Bewertungsgrundsätze für Wechselwirkungen aufgrund von Schutzmaßnahmen

Wechselwirkungen zwischen den Umweltgütern im Sinne des § 2 Abs. 1 Satz 2 UVPG können unter anderem durch bestimmte Schutzmaßnahmen verursacht werden, die zu Problemverschiebungen führen. Ausgehend von dem in Nummer 0.6.2.1 dargelegten Grundsatz, Umweltauswirkungen sowohl in bezug auf einzelne Schutzgüter im Sinne des § 2 Abs. 1 Satz 2 UVPG zu bewerten als auch medienübergreifend eine Gesamtbewertung zur Berücksichtigung der jeweiligen Wechselwirkungen durchzuführen, ergeben sich aus § 12 UVPG in Verbindung mit den §§ 1 und 2 Abs. 1 Satz 2 und 4 UVPG für die Auslegung und Anwendung der geltenden Gesetze beispielhaft folgende Grundsätze:

a) Für den Fall, daß
- Abwasserbehandlungsmaßnahmen zur Erfüllung der wasserrechtlichen Umweltanforderungen nach § 6 WHG oder § 7a Abs. 3 WHG in Verbindung mit

Landesrecht Luftverunreinigungen im Sinne des § 3 Abs. 4 BImSchG verursachen und
- aufgrund dieser Luftverunreinigungen die Luftbeschaffenheit im Einwirkungsbereich der Abwasserbehandlungsmaßnahmen nicht mehr den Kriterien nach Nummer 0.6.1.2 Abs. 1 zweiter Spiegelstrich oder Abs. 2 oder den Anforderungen nach Nummer 0.6.1.2 Abs. 3 entspricht,
2 oder den Anforderungen nach Nummer 0.6.1.2 Abs. 3 entspricht,
sind § 8 Abs. 3 Satz 2 Nr. 1 AbfG und jeweils § 6 WHG oder § 7a Abs. 3 WHG in Verbindung mit Landesrecht als medienübergreifende Bewertungsmaßstäbe heranzuziehen und ist zu prüfen, ob die Abwassereinleitung als Abwasserbeseitigung ohne Beeinträchtigung des Gemeinwohls im Sinne der genannten Vorschriften zu bewerten ist.

b) Für den Fall, daß
- Abwasserbehandlungsmaßnahmen zur Erfüllung der wasserrechtlichen Umweltanforderungen nach § 6 WHG der § 7a Abs. 3 WHG Abfälle im Sinne des § 1 Abs. 1 AbfG verursachen und
- eine geordnete Entsorgung der Abfälle gemäß § 2 AbfG, insbesondere die Einhaltung der Kriterien nach Nummer 0.6.1.2 Abs. 1 zweiter Spiegelstrich oder Abs. 2 – mit Ausnahme des nicht anwendbaren Anhangs 1.3 – oder der Anforderungen nach Nummer 0.6.1.2 Abs. 3 (z. B. durch Ablagerung oder Verbrennung der Abfälle), nicht sichergestellt ist,
sind § 8 Abs. 3 Satz 3 Nr. 1 AbfG und jeweils § 6 WHG oder § 7a Abs. 3 WHG in Verbindung mit Landesrecht als medienübergreifende Bewertungsmaßstäbe heranzuziehen und ist zu prüfen, ob die Abwassereinleitung als Abwasserbeseitigung ohne Beeinträchtigung des Gemeinwohls im Sinne der genannten Vorschriften zu bewerten ist.

c) Für den Fall, daß
- Abwasserbehandlungsmaßnahmen oder Immissionsschutzmaßnahmen zur Erfüllung von gesetzlichen Umweltanforderungen Eingriffe in Natur und Landschaft im Sinne des § 8 Abs. 1 BNatSchG verursachen (z. B. durch eine flächenverbrauchende Kläranlage für Deponiesickerwasser) und
- diese Eingriffe unvermeidbar sind und nicht im erforderlichen, den Kriterien nach Nummer 0.6.1.2 Abs. 1 und 2 oder den Anforderungen nach Nummer 0.6.1.2 Abs. 3 entsprechenden Maße ausgeglichen werden können,
ist § 8 Abs. 3 BNatSchG in Verbindung mit Landesrecht als medienübergreifender Bewertungsmaßstab heranzuziehen und zu prüfen, ob die Belange des Naturschutzes und der Landschaftspflege im Sinne dieser Vorschrift oder die mit den Schutzmaßnahmen verbundenen Anforderungen an die Nutzung von Natur und Landschaft als vorrangig zu bewerten sind.

4.3.4 Medienübergreifende Bewertungsgrundsätze für Grenzbelastungen

Wenn von dem Vorhaben ausgehende Luftverunreinigungen, Abwässer, Abfälle und Eingriffe in Natur und Landschaft dazu führen, daß die Kriterien nach Nummer 0.6.1.2 Abs. 1 und 2 – mit Ausnahme des nicht anwendbaren Anhangs 1.3 – oder die Anforderungen an die Beschaffenheit von Wasser, Boden, Luft sowie Natur und Landschaft nach Nummer 0.6.1.2 Abs. 3 jeweils gerade noch eingehalten werden, ist § 8 Abs. 3 Satz 2 Nr. 1 AbfG als medienübergreifender Bewertungsmaßstab heran-

Vorschriften II

zuziehen und zu prüfen, ob die Umweltauswirkungen insgesamt nach Lage des Einzelfalls als »Beeinträchtigungen des Wohls der Allgemeinheit« im Sinne dieser Vorschrift zu bewerten sind.

5 Vorschriften für Vorhaben nach Nummer 5 der Anlage zu § 3 UVPG (zulassungsbedürftige Abwasserbehandlungsanlagen im Sinne des § 18c des Wasserhaushaltsgesetzes)

5.1 Anwendungsbereich

Für Vorhaben nach Nummer 5 der Anlage zu § 3 UVPG gelten die Vorschriften der Nummern 0 und 5
a) in Verfahren im Sinne des § 18c WHG zur Erteilung der wasserrechtlichen Zulassung, auch soweit diese landesrechtlich als Planfeststellung oder auf Grund sonstiger Konzentrationsvorschriften andere bundes- und landesrechtliche Zulassungsentscheidungen ersetzt oder einschließt,
b) in parallelen bundes- und landesrechtlichen Zulassungsverfahren, soweit landesrechtlich keine Planfeststellung vorgesehen ist oder soweit die Verfahren von sonstigen Konzentrationsvorschriften nicht erfaßt werden und ihre Durchführung im Einzelfall für die Verwirklichung des Vorhabens erforderlich ist,
c) in Verfahren zu § 8 Abs. 10 BNatSchG, in denen Entscheidungen im Rahmen des § 8 Abs. 2 Satz 1 und Abs. 3 BNatSchG oder getroffen werden, für Vorhaben mit erheblichen oder nachhaltigen Beeinträchtigungen von Natur und Landschaft (Eingriffe im Sinne des § 8 BNatSchG).

Die Vorschriften der Nummer 0 und 5 gelten ferner für das Zulassungsverfahren nach § 18c WHG auch insoweit, als dieses landesrechtlich als Planfeststellungsverfahren der Erteilung von – durch den Planfeststellungsbeschluß nach § 14 Abs. 1 WHG nicht ersetzten – Erlaubnissen und Bewilligungen im Sinne der §§ 2, 7 und 8 WHG für Vorhaben mit Gewässerbenutzungen im Sinne des § 3 WHG dient.

5.2 Unterrichtung über den voraussichtlichen Untersuchungsrahmen der Umweltverträglichkeitsprüfung nach § 5 UVPG

Bei der Besprechung des voraussichtlichen Untersuchungsrahmens sind Art und Umfang der nach § 6 UVPG oder nach entsprechenden fachrechtlichen Vorschriften voraussichtlich beizubringenden Unterlagen zu klären. Für naturschutzrechtliche und wasserrechtliche Entscheidungen kann die Klärung aufgrund der in den **Anhängen 2** und **3** aufgeführten Hinweise erfolgen.

5.3 Bewertung der Umweltauswirkungen nach § 12 UVPG

5.3.1 Fachgesetzliche Bewertungsmaßstäbe
Maßstäbe für die Bewertung der Umweltauswirkungen des Vorhabens sind die gesetzlichen Umweltanforderungen. Dazu gehören insbesondere die folgenden Gesetzesvorschriften in Verbindung mit den hierzu ergangenen Rechts- und Verwaltungsvorschriften:

a) §§ 18a und 18b WHG in Verbindung mit Landesrecht als gewässerschutzspezifische gesetzliche Umweltanforderungen
und als weitere gesetzliche Umweltanforderungen, die nach Art des Vorhabens in Betracht kommen,
b) §§ 18a und 18b WHG in Verbindung mit § 12 UVPG und den umweltbezogenen Zielen der Raumordnung und Landesplanung gemäß § 5 ROG,
c) § 6 WHG für Vorhaben mit Gewässerbenutzungen im Sinne des § 3 WHG,
d) § 7a Abs. 3 WHG in Verbindung mit Landesrecht für Vorhaben mit Einleitungen in öffentliche Abwasseranlagen,
e) § 19g WHG in Verbindung mit Landesrecht für Vorhaben mit Anlagen zum Umgang mit wassergefährdenden Stoffen,
f) § 19 WHG in Verbindung mit Landesrecht für Vorhaben in Wasserschutzgebieten,
g) § 6 Nr. 1 in Verbindung mit § 5 BImSchG für Vorhaben mit immissionsschutzrechtlich genehmigungsbedürftigen Anlagen,
h) § 11 Abs. 1 Nr. 2 des Gerätesicherheitsgesetzes in Verbindung mit den hierzu geltenden Rechtsverordnungen für Vorhaben mit überwachungsbedürftigen Anlagen,
i) §§ 13 Abs. 2, 14 Abs. 2, 15 Abs. 2, 17 Abs. 2, 18 Abs. 2, 20b Abs. 2, 20c Abs. 2 und 20d Abs. 3 BNatSchG in Verbindung mit Landesrecht, falls das Vorhaben naturschutzrechtlicher Genehmigungen, Erlaubnisse oder Ausnahmen bedarf,
j) §§ 9 BWaldG in Verbindung mit Landesrecht für Vorhaben mit Waldumwandlungen,
k) § 8 BNatSchG in Verbindung mit Landesrecht für Vorhaben mit Eingriffen in Natur und Landschaft, soweit nicht § 8a BNatSchG bei örtlichen Vorhaben, die nicht nach den §§ 38, 246a Abs. 1 Nr. 8 BauGB privilegiert sind, für den Innenbereich etwas anderes regelt.

Soweit das Zulassungsverfahren im Sinne des § 18c WHG landesrechtlich als Planfeststellungsverfahren geregelt ist und der Planfeststellungsbeschluß andere Zulassungsentscheidungen ersetzt, ist als Bewertungsmaßstab das »Wohl der Allgemeinheit« im Sinne des § 18a WHG in Verbindung auch mit den unter Buchstaben c bis k genannten gesetzlichen Umweltanforderungen heranzuziehen. Für gesondert zu erteilende Erlaubnisse und Bewilligungen (vgl. Nummer 5.1 Satz 2) ist § 6 WHG Bewertungsmaßstab.

Zu den bundesgesetzlichen Bewertungsmaßstäben für Vorhaben mit baulichen Anlagen gehören auch die §§ 30 bis 35 BauGB, deren Erfüllung im Rahmen eines landesrechtlichen Planfeststellungsverfahrens zu § 18c WHG oder im Rahmen eines zu § 18c WHG parallelen landesrechtlichen Baugenehmigungsverfahrens bei der Bewertung der Umweltauswirkungen zu prüfen ist. Bei überörtlichen Vorhaben sind diese Vorschriften unabhängig von den §§ 38, 246a Abs. 1 Nr. 8 BauGB als gesetzliche Umweltanforderungen zu berücksichtigen.

5.3.2 Medienübergreifende Bewertung und »Wohl der Allgemeinheit«
Bei der Bewertung ist der Begriff »Wohl der Allgemeinheit« nach den §§ 18a und 6 WHG zu konkretisieren. Dabei sind neben den Schutzgütern des Wasserrechts, die im Rahmen der Grundpflicht zur umweltgerechten Wasserwirtschaft nach § 1a WHG zu beachten sind, auch die Schutzgüter nach § 2 Abs. 1 Satz 2 UVPG in die Bewertung einzubeziehen. Soweit wasserrechtlich die Prüfung von Vorhabenvarianten erforderlich

Vorschriften II

ist, sind deren Umweltauswirkungen daraufhin zu bewerten, welche Variante die geringsten Auswirkungen auf einzelne Umweltgüter und die Umwelt insgesamt hat. Diese Bewertung ist auf Umweltauswirkungen von besonderem Gewicht zu beschränken.

5.3.3 Medienübergreifende Bewertungsgrundsätze für Wechselwirkungen aufgrund von Schutzmaßnahmen

Wechselwirkungen zwischen den Umweltgütern im Sinne des § 2 Abs. 1 Satz 2 UVPG können unter anderem durch bestimmte Schutzmaßnahmen verursacht werden, die zu Problemverschiebungen führen. Ausgehend von dem in Nummer 0.6.2.1 dargelegten Grundsatz, Umweltauswirkungen sowohl in bezug auf einzelne Schutzgüter im Sinne des § 2 Abs. 1 Satz 2 UVPG zu bewerten als auch medienübergreifend eine Gesamtbewertung zur Berücksichtigung der jeweiligen Wechselwirkungen durchzuführen, ergeben sich aus § 12 UVPG in Verbindung mit den §§ 1 und 2 Abs. 1 Satz 2 und 4 UVPG für die Auslegung und Anwendung der geltenden Gesetze beispielhaft folgende Grundsätze:

a) Für den Fall, daß
 - Abwasserbehandlungsmaßnahmen zur Erfüllung der wasserrechtlichen Umweltanforderungen nach § 18a WHG und jeweils § 6 WHG oder § 7a Abs. 3 WHG in Verbindung mit Landesrecht Luftverunreinigungen im Sinne des § 3 Abs. 4 BImSchG verursachen und
 - aufgrund dieser Luftverunreinigungen die Luftbeschaffenheit im Einwirkungsbereich der Abwasserbehandlungsanlage nicht mehr den Kriterien nach Nummer 0.6.1.2 Abs. 1 zweiter Spiegelstrich oder Abs. 2 oder den Anforderungen nach Nummer 0.6.1.2 Abs. 3 entsprechen wird,

sind § 18a WHG und jeweils § 6 WHG oder § 7a Abs. 3 WHG in Verbindung mit Landesrecht als medienübergreifende Bewertungsmaßstäbe heranzuziehen und ist zu prüfen, ob die Abwasserbehandlung und -einleitung als Abwasserbeseitigung ohne Beeinträchtigung des Gemeinwohls im Sinne der genannten Vorschriften zu bewerten ist.

b) Für den Fall, daß
 - Abwasserbehandlungsmaßnahmen zur Erfüllung der wasserrechtlichen Umweltanforderungen nach § 18a WHG und jeweils § 6 WHG oder § 7a Abs. 3 WHG in Verbindung mit Landesrecht Abfälle im Sinne des § 1 Abs. 1 AbfG verursachen und
 - eine geordnete Entsorgung der Abfälle im Sinne des § 2 AbfG – insbesondere die Einhaltung der Kriterien nach Nummer 0.6.1.2 Abs. 1 zweiter Spiegelstrich oder Abs. 2 oder der Anforderungen nach Nummer 0.6.1.2 Abs. 3 (z.B. durch Ablagerung oder Verbrennung der Abfälle) – nicht sichergestellt ist,

sind § 18a WHG und jeweils § 6 WHG oder § 7a Abs. 3 WHG in Verbindung mit Landesrecht als medienübergreifende Bewertungsmaßstäbe heranzuziehen und ist zu prüfen, ob die Abwasserbehandlung und -einleitung als Abwasserbeseitigung ohne Beeinträchtigung des Gemeinwohls im Sinne der genannten Vorschriften zu bewerten ist.

c) Für den Fall, daß
 - Immissionsschutzmaßnahmen zur Erfüllung von gesetzlichen Umweltanforderungen Abfälle verursachen und ihre Ablagerung erforderlich wird und

– eine geordnete Entsorgung gemäß § 2 AbfG nicht sichergestellt ist, insbesondere die Beschaffenheit des Bodens und der Gewässer durch die Ablagerung der Abfälle nicht mehr den Kriterien nach Nummer 0.6.1.2 Abs. 1 zweiter Spiegelstrich oder Abs. 2 oder den Anforderungen nach Nummer 0.6.1.2 Abs. 3 entspricht,

ist § 18a WHG als medienübergreifender Bewertungsmaßstab heranzuziehen und zu prüfen, ob die Ablagerung als Abfallbeseitigung ohne Beeinträchtigung des »Wohls der Allgemeinheit« im Sinne dieser Vorschrift zu bewerten ist.

d) Für den Fall, daß
– Abwasserbehandlungsmaßnahmen, Abfallentsorgungsmaßnahmen oder Immissionsschutzmaßnahmen zur Erfüllung von gesetzlichen Umweltanforderungen Eingriffe in Natur und Landschaft im Sinne des § 8 Abs. 1 BNatSchG verursachen und
– diese Eingriffe unvermeidbar sind und sie auch nicht im erforderlichen, den Kriterien nach Nummer 0.6.1.2 Abs. 1 zweiter Spiegelstrich oder Abs. 2 oder den Anforderungen nach Nummer 0.6.1.2 Abs. 3 entsprechenden Maße ausgeglichen werden können,

ist § 8 Abs. 3 BNatSchG als medienübergreifender Bewertungsmaßstab heranzuziehen und zu prüfen, ob die Belange des Naturschutzes und der Landschaftspflege im Sinne dieser Vorschrift oder die mit den Schutzmaßnahmen verbundenen Anforderungen an die Nutzung von Natur und Landschaft als vorrangig zu bewerten sind.

5.3.4 Medienübergreifende Bewertungsgrundsätze für Grenzbelastungen

Wenn von dem Vorhaben ausgehende Luftverunreinigungen, Abwässer, Abfälle und Eingriffe in Natur und Landschaft dazu führen, daß die Kriterien nach Nummer 0.6.1.2 Abs. 1 und 2 oder die Anforderungen an die Beschaffenheit von Wasser, Boden, Luft sowie Natur und Landschaft nach Nummer 0.6.1.2 Abs. 3 jeweils gerade noch eingehalten werden, ist § 18a WHG als medienübergreifender Bewertungsmaßstab heranzuziehen und zu prüfen, ob die Umweltauswirkungen insgesamt nach Lage des Einzelfalls eine Beeinträchtigung des »Wohls der Allgemeinheit« im Sinne dieser Vorschrift zu bewerten sind.

6 Vorschriften für Vorhaben nach Nummer 6 der Anlage zu § 3 UVPG (planfeststellungsbedürftige Gewässerausbauten im Sinne des § 31 des Wasserhaushaltsgesetzes)

6.1 Anwendungsbereich

Für Vorhaben nach Nummer 6 der Anlage zu § 3 UVPG gelten die Vorschriften der Nummern 0 und 6 in Verfahren im Sinne des § 31 WHG zur Erteilung von Planfeststellungsbeschlüssen mit den ersetzten bundes- und landesrechtlichen Entscheidungen.

Die Vorschriften der Nummern 0 und 6 gelten auch für die Erteilung von -durch den Planfeststellungsbeschluß nach § 14 Abs. 1 WHG nicht ersetzten -Erlaubnissen und Bewilligungen im Sinne der §§ 2, 7 und 8 WHG für Vorhaben mit Gewässerbenutzungen im Sinne des § 3 WHG, die nicht nach § 3 Abs. 3 WHG als Maßnahmen gelten, die dem Gewässerausbau dienen.

Vorschriften II

6.2 Unterrichtung über den voraussichtlichen Untersuchungsrahmen der Umweltverträglichkeitsprüfung nach § 5 UVPG

Bei der Besprechung des voraussichtlichen Untersuchungsrahmens sind Art und Umfang der nach § 6 UVPG oder nach entsprechenden fachrechtlichen Vorschriften voraussichtlich beizubringenden Unterlagen zu klären. Für naturschutzrechtliche und wasserrechtliche Entscheidungen kann die Klärung aufgrund der in den **Anhängen 2 und 3** aufgeführten Hinweise erfolgen.

6.3 Bewertung der Umweltauswirkungen nach § 12 UVPG

6.3.1 Fachgesetzliche Bewertungsmaßstäbe

Maßstäbe für die Bewertung der Umweltauswirkungen des Vorhabens sind die gesetzlichen Umweltanforderungen. Dazu gehören insbesondere die folgenden Gesetzesvorschriften in Verbindung mit den hierzu ergangenen Rechts- und Verwaltungsvorschriften:

a) § 31 Abs. 1 WHG in Verbindung mit Landesrecht als ausbauspezifische gesetzliche Umweltanforderung
und als weitere gesetzliche Umweltanforderungen, die nach Art des Vorhabens in Betracht kommen,

b) § 31 Abs. 1 WHG in Verbindung mit den Vorschriften, die für die durch die Planfeststellung ersetzten Entscheidungen gelten, insbesondere:
  – § 19 WHG in Verbindung mit Landesrecht für Vorhaben in Wasserschutzgebieten,
  – § 8 BNatSchG in Verbindung mit Landesrecht für Vorhaben mit Eingriffen in Natur und Landschaft, soweit nicht § 8a BNatSchG bei örtlichen Vorhaben, die nicht nach § 38 BauGB privilegiert sind, für den Innenbereich etwas anderes regelt,
  – §§ 13 Abs. 2, 14 Abs. 2, 15 Abs. 2, 17 Abs. 2, 18 Abs. 2, 20b Abs. 2, 20c Abs. 2 und 20d Abs. 3 BNatSchG in Verbindung mit Landesrecht, falls das Vorhaben naturschutzrechtlicher Genehmigungen, Erlaubnisse oder Ausnahmen bedarf,
  – § 9 BWaldG in Verbindung mit Landesrecht für Vorhaben mit Waldumwandlungen,
  – § 9 BWaldG in Verbindung mit Landesrecht für Vorhaben mit Waldumwandlungen,
  – §§ 30 bis 35 BauGB für Vorhaben mit baulichen Anlagen, auch soweit sie bei nach § 38 BauGB privilegierten überörtlichen Vorhaben als gesetzliche Umweltanforderungen zu berücksichtigen sind,
  – umweltbezogene Ziele der Raumordnung und Landesplanung gemäß § 5 ROG

c) § 6 WHG für Vorhaben mit erlaubnis- oder bewilligungsbedürftigen Gewässerbenutzungen im Sinne des § 3 WHG.

6.3.2 Medienübergreifende Bewertung und »Wohl der Allgemeinheit«

Bei der Bewertung ist der Begriff »Wohl der Allgemeinheit« im Sinne des § 1a WHG in Verbindung mit § 31 WHG zu konkretisieren. Dabei sind neben den in § 1a Abs. 1 und § 31 Abs. 1a WHG genannten Schutzgütern auch die Schutzgüter nach § 2 Abs. 1

Satz 2 UVPG in die Bewertung einzubeziehen. Soweit wasserrechtlich die Prüfung von Vorhabenvarianten erforderlich ist, sind deren Umweltauswirkungen daraufhin zu bewerten, welche Variante die geringsten Auswirkungen auf einzelne Umweltgüter und die Umwelt insgesamt hat. Diese Bewertung ist auf Umweltauswirkungen von besonderem Gewicht zu beschränken.

6.3.3 Medienübergreifende Bewertungsgrundsätze für Wechselwirkungen aufgrund von Schutzmaßnahmen

Wechselwirkungen zwischen den Umweltgütern im Sinne des § 2 Abs. 1 Satz 2 UVPG können unter anderem durch bestimmte Schutzmaßnahmen verursacht werden, die zu Problemverschiebungen führen. Ausgehend von dem in Nummer 0.6.2.1 dargelegten Grundsatz, Umweltauswirkungen sowohl in bezug auf einzelne Schutzgüter im Sinne des § 2 Abs. 1 Satz 2 UVPG zu bewerten als auch medienübergreifend eine Gesamtbewertung zur Berücksichtigung der jeweiligen Wechselwirkungen durchzuführen, ergeben sich aus § 12 UVPG in Verbindung mit den §§ 1 und 2 Abs. 1 Satz 2 und 4 UVPG für die Auslegung und Anwendung der geltenden Gesetze beispielhaft folgende Grundsätze:

Für den Fall, daß
– Schutzmaßnahmen zur Erfüllung der ausbauspezifischen Umweltanforderungen im Sinne des § 31 WHG Luftverunreinigungen, Abfälle oder Eingriffe in Natur und Landschaft im Sinne des § 8 Abs. 1 BNatSchG verursachen und
– aufgrund dieser Umweltauswirkungen die Beschaffenheit der Umwelt im Einwirkungsbereich des Vorhabens nicht mehr den Kriterien nach Nummer 0.6.1.2 Abs. 1 zweiter Spiegelstrich oder Abs. 2 oder den Anforderungen nach Nummer 0.6.1.2 Abs. 3 entspricht,

sind § 31 WHG und gegebenenfalls § 8 Abs. 3 BNatSchG in Verbindung mit Landesrecht als medienübergreifende Bewertungsmaßstäbe heranzuziehen und ist zu prüfen, ob die Umweltauswirkungen des Vorhabens dahingehend zu bewerten sind, daß
– das »Wohl der Allgemeinheit« im Sinne des § 1 a WHG in Verbindung mit § 31 WHG nicht beeinträchtigt wird und
– bei Vorhaben mit Eingriffen in Natur und Landschaft die Belange des Naturschutzes und der Landschaftspflege im Sinne des § 8 Abs. 3 BNatSchG oder die mit den Schutzmaßnahmen verbundenen Anforderungen an die Nutzung von Natur und Landschaft im Range vorgehen.

6.3.4 Medienübergreifende Bewertungsgrundsätze für Grenzbelastungen

Wenn von dem Vorhaben ausgehende Luftverunreinigungen, Abfälle und Eingriffe in Natur und Landschaft dazu führen, daß die Kriterien nach Nummer 0.6.1.2 Abs. 1 und 2 oder die Anforderungen an die Beschaffenheit von Luft und Boden sowie Natur und Landschaft nach Nummer 0.6.1.2 Abs. 3 jeweils gerade noch eingehalten werden, ist § 1 a WHG in Verbindung mit § 31 WHG als medienübergreifender Bewertungsmaßstab heranzuziehen und zu prüfen, ob die Umweltauswirkungen insgesamt nach Lage des Einzelfalls als Beeinträchtigung des »Wohls der Allgemeinheit« im Sinne dieser Vorschriften zu bewerten sind.

15 Vorschriften für Vorhaben nach Nummer 15 der Anlage zu § 3 UVPG (Feriendörfer, Hotelkomplexe und sonstige große Einrichtungen für die Ferien- und Fremdenbeherbergung, für die Bebauungspläne oder Satzungen über Vorhaben- und Erschließungspläne aufgestellt werden)

15.1 Anwendungsbereich

Für Vorhaben nach Nummer 15 der Anlage zu § 3 UVPG gelten die Vorschriften der Nummer 0, mit Ausnahme der Nummern 0.4, 0.5.2 und 0.6.2, sowie der Nummer 15 in
a) Verfahren zur Aufstellung, Änderung oder Ergänzung von Bebauungsplänen nach den §§ 1 bis 4 und 8 bis 13 BauGB, durch die die Zulässigkeit der Vorhaben begründet werden soll, oder
b) Satzungsverfahren über den Vorhaben- und Erschließungsplan nach § 7 BauGB-MaßnahmenG.

Da gemäß § 17 UVPG lediglich – neben § 8 UVPG – § 2 Abs. 1 Satz 1 bis 3 UVPG und zur Ausführung die Kriterien und Verfahren nach § 20 Nr. 1 UVPG auf die Umweltverträglichkeitsprüfung in Bebauungsplanverfahren und Satzungsverfahren über den Vorhaben- und Erschließungsplan Anwendung finden, wird im übrigen die Umweltverträglichkeitsprüfung nach den Vorschriften des Baugesetzbuches bzw. des § 7 BauGB-MaßnahmenG durchgeführt (siehe auch Nummer 0.1.1 Abs. 2).

15.2 Ermittlung und Beschreibung der Umweltauswirkungen nach § 2 Abs. 1 Satz 2 UVPG

Es sind alle nach dem Planungsstand der Vorhaben erkennbaren Umweltauswirkungen zu ermitteln und zu beschreiben, die für die Bewertung nach den gesetzlichen Umweltanforderungen erforderlich sind.

15.3 Bewertung der Umweltauswirkungen nach § 2 Abs. 1 Satz 2 UVPG

Maßstab für die Bewertung der bauplanerisch bedeutsamen Umweltauswirkungen der Vorhaben sind unter Beachtung der Anforderungen des § 2 Abs. 1 Satz 2 UVPG die gesetzlichen Umweltanforderungen, die sich aus den Belangen des Umweltschutzes nach § 1 BauGB in Verbindung mit den hierzu ergangenen Rechts- und Verwaltungsvorschriften ergeben.

Maßstäbe können daher sein:
- das allgemeine Ziel des § 1 Abs. 5 Satz 1 BauGB, nach dem der Bauleitplan dazu beitragen soll, eine menschenwürdige Umwelt zu sichern und die natürlichen Lebensgrundlagen zu schützen und zu entwickeln,
- der Grundsatz des § 1 Abs. 5 Satz 2 Nr. 7 BauGB,
- die sog. Bodenschutzklausel nach § 1 Abs. 5 Satz 3 BauGB,
- umweltbezogene Ziele der Raumordnung und Landesplanung gemäß § 5 ROG in Verbindung mit § 1 Abs. 4 BauGB,
- umweltbezogene Darstellungen in Flächennutzungsplänen gemäß § 5 Abs. 2 Nr. 5, 6, 9 und 10 BauGB,

- umweltbezogene Aussagen in Fachplänen des Naturschutz-, Wasser- und Immissionsschutzrechtes, soweit sie für die bauleitplanerische Abwägung nach § 1 Abs. 6 BauGB von Bedeutung sind oder in Verbindung mit Landesrecht verbindlich sind,
- die Eingriffsregelung nach § 8a Abs. 1 BNatSchG,
- der Planungsleitsatz des § 50 BImSchG.

Soweit Ausführungsvorschriften für die Bewertung der Umweltauswirkungen keine Grenzwerte oder die Anwendung nicht zwingender, aber anspruchsvollerer Kriterien zur Bewertung der Umweltqualität als die Orientierungshilfen in Anhang 1 vorsehen, sind die Orientierungshilfen in **Anhang 1** (siehe Nummer 0.6.1.2) insoweit heranzuziehen, wie diese für die nach dem Planungsstand erkennbaren Umweltauswirkungen der Vorhaben bedeutsam sind.

16 Vorschriften für Vorhaben nach Nummer 16 der Anlage zu § 3 UVPG (genehmigungsbedürftige Rohrleitungsanlagen für den Ferntransport von Öl und Gas nach § 19a des Wasserhaushaltsgesetzes)

16.1 Anwendungsbereich

Für Vorhaben nach Nummer 16 der Anlage zu § 3 UVPG gelten die Vorschriften der Nummern 0 und 16
a) in Verfahren nach § 19a WHG zur Erteilung der wasserrechtlichen Genehmigung,
b) in Verfahren zu § 8 Abs. 10 BNatSchG, in denen Entscheidungen im Rahmen des § 8 Abs. 2 Satz 1 und Abs. 3 BNatSchG oder auf Grund von Vorschriften nach § 8 Abs. 9 BNatSchG getroffen werden, für Vorhaben mit erheblichen oder nachhaltigen Beeinträchtigungen von Natur und Landschaft (Eingriffe im Sinne des § 8 BNatSchG),
c) in parallelen bundes- und landesrechtlichen Zulassungsverfahren, deren Durchführung im Einzelfall zur Verwirklichung des Vorhabens erforderlich ist.

16.2 Unterrichtung über den voraussichtlichen Untersuchungsrahmen der Umweltverträglichkeitsprüfung

Bei der Besprechung des voraussichtlichen Untersuchungsrahmens sind Art und Umfang der nach § 6 UVPG oder nach entsprechenden fachrechtlichen Vorschriften voraussichtlich beizubringenden Unterlagen zu klären. Für naturschutzrechtliche und wasserrechtliche Entscheidungen kann die Klärung aufgrund der in den **Anhängen 2 und 3** aufgeführten Hinweise erfolgen.

16.3 Bewertung der Umweltauswirkungen nach § 12 UVPG

16.3.1 Fachgesetzliche Bewertungsmaßstäbe
Maßstäbe für die Bewertung der Umweltauswirkungen des Vorhabens sind die gesetzlichen Umweltanforderungen. Dazu gehören insbesondere die folgenden Gesetzesvorschriften in Verbindung mit den hierzu ergangenen Rechts- und Verwaltungsvorschriften:
a) § 19b Abs. 2 WHG als anlagenspezifische gesetzliche Umweltanforderung

Vorschriften II

und als weitere gesetzliche Umweltanforderungen, die nach Art des Vorhabens in Betracht kommen,
b) § 19 b WHG in Verbindung mit § 1 a WHG, § 12 UVPG und den umweltbezogenen Zielen der Raumordnung und Landesplanung gemäß § 5 ROG,
c) § 8 BNatSchG in Verbindung mit Landesrecht für Vorhaben mit Eingriffen in Natur und Landschaft, soweit nicht § 8 a BNatSchG bei örtlichen Vorhaben, die nicht nach den §§ 38, 246 a Abs. 1 Nr. 8 BauGB privilegiert sind, für den Innenbereich etwas anderes regelt,
d) § 6 WHG für Vorhaben mit erlaubnis- oder bewilligungsbedürftigen Gewässerbenutzungen im Sinne des § 3 WHG,
e) § 19 WHG in Verbindung mit Landesrecht für Vorhaben in Wasserschutzgebieten,
f) § 11 Abs. 1 Nr. 2 des Gerätesicherheitsgesetzes in Verbindung mit den hierzu geltenden Rechtsverordnungen, insbesondere § 7 Abs. 4 AcetV und § 9 Abs. 4 VbF, für Vorhaben mit überwachungsbedürftigen Anlagen,
g) § 55 Abs. 1 BBergG, falls für das Vorhaben die Aufstellung eines bergrechtlichen Betriebsplans gemäß § 51 BBergG erforderlich ist,
h) §§ 13 Abs. 2, 14 Abs. 2, 15 Abs. 2, 17 Abs. 2, 18 Abs. 2, 20 b Abs. 2, 20 c Abs. 2 und 20 d Abs. 3 BNatSchG in Verbindung mit Landesrecht, falls das Vorhaben naturschutzrechtlicher Genehmigungen, Erlaubnisse oder Ausnahmen bedarf,
i) § 9 BWaldG in Verbindung mit Landesrecht für Vorhaben mit Waldumwandlungen.

Zu den bundesgesetzlichen Bewertungsmaßstäben für Vorhaben mit baulichen Anlagen gehören auch die §§ 30 bis 35 BauGB, deren Erfüllung im Rahmen paralleler landesrechtlicher Baugenehmigungsverfahren bei der Bewertung der Umweltauswirkungen zu prüfen ist. Bei überörtlichen Vorhaben sind diese Vorschriften unabhängig von den §§ 38, 246 a Abs. 1 Nr. 8 BauGB als gesetzliche Umweltanforderungen zu berücksichtigen.

16.3.2 Medienübergreifende Bewertungsgrundsätze für Wechselwirkungen aufgrund von Schutzmaßnahmen

Wechselwirkungen zwischen den Umweltgütern im Sinne des § 2 Abs. 1 Satz 2 UVPG können unter anderem durch bestimmte Schutzmaßnahmen verursacht werden, die zu Problemverschiebungen führen. Ausgehend von dem in Nummer 0.6.2 dargelegten Grundsatz, Umweltauswirkungen sowohl in bezug auf einzelne Schutzgüter im Sinne des § 2 Abs. 1 Satz 2 UVPG zu bewerten als auch medienübergreifend eine Gesamtbewertung zur Berücksichtigung der jeweiligen Wechselwirkung durchzuführen, ergeben sich aus § 12 UVPG in Verbindung mit den §§ 1 und 2 Abs. 1 Satz 2 und 4 UVPG für die Auslegung und Anwendung der geltenden Gesetze beispielhaft folgende Grundsätze:
a) Für den Fall, daß
– Schutzmaßnahmen zur Erfüllung der gesetzlichen Umweltanforderungen nach § 19 b WHG Luftverunreinigungen, Abfälle oder Eingriffe in Natur und Landschaft im Sinne des § 8 Abs. 1 BNatSchG verursachen (z. B. durch erforderliche, aber flächenverbrauchende Schutzstreifen) und
– aufgrund dieser Umweltauswirkungen die Beschaffenheit der Umwelt im Einwirkungsbereich des Vorhabens nicht mehr den Kriterien nach Nummer 0.6.1.2

Abs. 1 zweiter Spiegelstrich oder Abs. 2 oder den Anforderungen nach Nummer 0.6.1.2 Abs. 3 entsprechen wird,
sind § 19 b WHG und gegebenenfalls § 8 Abs. 3 BNatSchG in Verbindung mit Landesrecht als medienübergreifende Bewertungsmaßstäbe heranzuziehen und ist zu prüfen, ob die Umweltauswirkungen des Vorhabens dahingehend zu bewerten sind, daß
- das »Wohl der Allgemeinheit« im Sinne des § 1a WHG in Verbindung mit § 19 b WHG nicht beeinträchtigt wird und
- bei Vorhaben mit Eingriffen in Natur und Landschaft die Belange des Naturschutzes und der Landschaftspflege im Sinne des § 8 Abs. 3 BNatSchG in Verbindung mit Landesrecht oder die mit den Schutzmaßnahmen verbundenen Anforderungen an die Nutzung von Natur und Landschaft im Range vorgehen.
b) Wenn zur Erfüllung von gesetzlichen Umweltanforderungen für Entscheidungen, die in parallelen Verfahren erteilt werden, Immissionsschutzmaßnahmen oder Abfallentsorgungsmaßnahmen zu den in Nummer 1.3.2 genannten Folgen für andere Umweltgüter führen, sind die dort aufgeführten Grundsätze zur Bewertung der Umweltauswirkungen entsprechend anzuwenden.

16.3.3 Medienübergreifende Bewertungsgrundsätze für Grenzbelastungen

Wenn von dem Vorhaben ausgehende Luftverunreinigungen, Abfälle und Eingriffe in Natur und Landschaft dazu führen, daß die Kriterien nach Nummer 0.6.1.2 Abs. 1 und 2 oder die Anforderungen an die Beschaffenheit von Luft und Boden sowie Natur und Landschaft nach Nummer 0.6.1.2 Abs. 3 jeweils gerade noch eingehalten werden, ist § 1a WHG in Verbindung mit § 19 b WHG als medienübergreifender Bewertungsmaßstab heranzuziehen und zu prüfen, ob die Umweltauswirkungen insgesamt nach Lage des Einzelfalls als Beeinträchtigung des »Wohls der Allgemeinheit« im Sinne dieser Vorschriften zu bewerten sind.

16a Übergangsregelung

Auf Vorhaben, bei denen bei Inkrafttreten dieser Verwaltungsvorschrift
- das Verfahren durch Vorlage der vollständigen Unterlagen bereits begonnen hat oder
- der Untersuchungsrahmen im Sinne von § 5 UVPG bereits abgestimmt war,

findet die Verwaltungsvorschrift keine Anwendung.

17 Inkrafttreten

Diese Allgemeine Verwaltungsvorschrift tritt am Tage nach der Veröffentlichung in Kraft.

Vorschriften II

Anhang 1 Orientierungshilfen nach Nummer 0.6.1.2

1.1 Orientierungshilfe für die Bewertung der Ausgleichbarkeit eines Eingriffs in Natur und Landschaft

Für die Bewertung der Ausgleichbarkeit eines Eingriffs in Natur und Landschaft werden folgende Hinweise gegeben:

Insbesondere wenn eine der nachstehenden erheblichen oder nachhaltigen Beeinträchtigungen der Funktionen des Naturhaushalts und des Landschaftsbildes zurückbleibt, kann ein nicht ausgleichbarer Eingriff im Sinne des § 8 Abs. 2 Satz 4 BNatSchG vorliegen.

Soweit das die Rahmenvorschriften des Bundesnaturschutzgesetzes ausfüllende Landesrecht weitergehende Anforderungen enthält, sind diese maßgeblich.

1.1.1 Beeinträchtigung von Funktionen des Naturhaushalts

1.1.1.1 Verlust oder erhebliche Minderung von Lebensraumfunktionen für wildlebende Tiere und Pflanzen

a) von Biotopen im Sinne des § 20c BNatSchG und naturnahen Bereichen stehender Gewässer,

b) von besonders geschützten Gebieten im Sinne der §§ 13 bis 16 BNatSchG,

c) von Naturdenkmalen im Sinne des § 17 BNatSchG und von besonders geschützten Landschaftsbestandteilen im Sinne des § 18 BNatSchG,

d) von Gebieten, die rechtlich (z.B. auf Grund von EG-Richtlinien oder internationalen Übereinkommen) einem besonderen Schutz unterliegen,

e) von Gebieten, die Lebensraum – auch in Gestalt von Abfolgen von Biotopen bestimmter Entwicklungsstufen oder -gradienten (Komplexlandschaften), Teillebensraum oder Trittsteine für Tier- oder Pflanzenarten sind, die in Roten Listen als vom Aussterben bedroht, stark gefährdet oder gefährdet aufgeführt sind,

f) von sonstigen naturraumtypischen (repräsentativen), seltenen oder gefährdeten Biotopen (z.B. ahemeroben oder oligohemeroben Biotopen),

g) von Biotopen, die zu ihrer Entwicklung mehr als dreißig Jahre benötigen (z.B. Schwingrasen und andere Verlandungsbiotope, Hangwälder mit hoher Bodendynamik, Trockenrasen, Heiden),

h) von Biotopschutzwald im Sinne der Waldfunktionskartierung.[1] (Waldareale mit schutzwürdigen Tier- und Pflanzenarten sowie seltenen Pflanzengesellschaften, z.B. Bann- und Schonwald).

1.1.1.2 Verlust oder erhebliche Minderung von Gewässern oder Wasserhaushaltsfunktionen

a) in naturnah ausgeprägten Oberflächengewässern und Gewässersystemen (einschließlich natürlicher/naturnaher Überschwemmungsgebiete),

b) in sauerstoffreichen und nährstoffarmen (oligotrophen) Oberflächengewässern,

---

[1] Siehe den Leitfaden zur Kartierung der Schutz- und Erhaltungsfunktionen des Waldes (Waldfunktionenkartierung); Arbeitskreis Zustandserfassung und Planung der Arbeitsgemeinschaft Forstentwicklung, Arbeitsgruppe Landespflege, 1974.

c) in Oberflächengewässern mit natürlicher Wasserqualität,
d) in Wasserschutzwald im Sinne der Waldfunktionenkartierung und in nach Landesrecht erklärten Wäldern mit außergewöhnlicher Bedeutung für das Klima, die Luftreinhaltung oder den Wasserhaushalt,[2]
e) durch großflächige und standortübergreifende Verringerung der Grundwasserneubildung,
f) durch Grundwasserabsenkung, verbunden mit Beeinträchtigung von Biotopen im Sinne des § 20 c BNatSchG.

1.1.1.3 Verlust oder erhebliche Minderung von Funktionen des Oberbodens
a) durch großflächigen Auftrag oder Abtrag oder großflächige Versiegelung von Böden oder erhebliche Veränderungen des Reliefs, die zu einem Verlust von mehr als 40 % des obersten Bodenhorizontes führen,
b) in Boden- und Lawinenschutzwald im Sinne der Waldfunktionenkartierung und in nach Landesrecht erfaßten Schutzwäldern,[3]
c) bei Vorkommen von Archivböden, soweit sie wissenschaftlich anerkannt dokumentiert sind.

1.1.1.4 Verlust oder erhebliche Minderung von Klimaschutzfunktionen
a) durch großflächigen Verlust von frischluftproduzierenden Flächen oder luftverbessernden Flächen (z. B. Staubfilterung, Klimaausgleich),
b) durch Unterbrechung oder Beseitigung örtlich bedeutsamer Luftaustauschbahnen,
c) in Klimaschutzwald im Sinne der Waldfunktionenkartierung,[4]
d) in nach Landesrecht erklärten Wäldern mit außergewöhnlicher Bedeutung für das Klima, die Luftreinhaltung, den Küstenschutz oder den Wasserhaushalt.

1.1.2 Beeinträchtigungen des Landschaftsbildes

1.1.2.1 Verlust oder erhebliche Minderung von besonders geschützten Gebieten im Sinne der §§ 13 bis 16 BNatSchG,

1.1.2.2 Verlust oder erhebliche Minderung von Naturdenkmalen im Sinne des § 17 BNatSchG und von besonders geschützten Landschaftsbestandteilen im Sinne des § 18 BNatSchG,

1.1.2.3 Verlust oder erhebliche Minderung von naturhistorisch bedeutsamen Formen und Objekten in typischer Ausprägung, wie
a) Bergformen, Geländestufen (z. B. Umlaufberge, Flußterrassen, Moränenwälle),
b) Tälern, Hohlformen (z. B. Klingen, Kerbtäler, Dolinen, Drumlins),
c) Dünen, Küstenformen (z. B. Binnendünen, Kliffküsten),
d) Einzelformen (z. B. Felswände, tektonische Verwertungen),

---

2 Siehe Fußnote 2.
3 Siehe Fußnote 2.
4 Siehe Fußnote 2.

Vorschriften II

1.1.2.4 Verlust oder erhebliche Minderung von historisch bedeutsamen Kulturlandschaften und Landschaftsteilen, wie

a) historischen Landnutzungsformen (z. B. Niederwälder, Heiden, Streuwiesen, Wölbäcker),
b) charakteristischen Landschaftselementen (z. B. Knicks, Heckenlandschaften, Wallhecken, typische Weinbauanlagen),
c) Einzelformen (z. B. Bäume, Baumgruppen, Alleen, Moordämme, Hohlwege),
d) Boden- und Baudenkmalen (z. B. Hügelgräber, Wallburgen, Dorfformen, Gehöfte, Parks),

soweit die Formen, Objekte und Strukturen nach Abschnitt 1.1.2.3 und 1.1.2.4 in wissenschaftlich anerkannten Publikationen (z. B. Naturräumliche Gliederung Deutschlands.,[5] Karten (z. B. geomorphologische Karten, Biotopkartierungen, Waldfunktionenkartierungen und Flächenschutzkarten der Länder) oder Plänen (z. B. Landschaftsrahmen -oder Landschaftspläne) dokumentiert sind.[6]

1.2 Orientierungshilfe für die Bewertung der Auswirkungen auf Fließgewässer

Als Orientierungshilfe für die Bewertung der Auswirkungen auf Fließgewässer werden folgende Hinweise gegeben:

1.2.1 Bei der Bewertung sind vorrangig die Anforderungen an die Gewässergüte (einschließlich Probenahme) und die Lebensgrundlagen der aquatischen Biozönosen heranzuziehen, die in den geltenden Bestimmungen festgelegt sind. Darüber hinaus sind die Güteanforderungen zugrunde zu legen, die die zuständige Behörde für das zu bewirtschaftende Gewässer festgelegt hat.

1.2.2 Soweit nach Abschnitt 1.2.1 keine Kriterien vorliegen, sind die zur Beschreibung der Gewässergüteklasse II jeweils maßgebenden Werte als Kriterien zugrunde zu legen. Zur Zeit gelten (gemäß LAWA-Gewässergütekarte, Ausgabe 1990) folgende Kriterien:

Saprobienindex	$\leq 2{,}3$	gemäß DIN 38410 Teil 2 (10.90)
BSB_5	$\leq 6{,}0$	mg/l gemäß DIN 38409 Teil 51 (05.87)
NH_4-N	$\leq 0{,}3$	mg/l gemäß DIN 38406 Teil 5 (10.83)
O_2-Minima	$\geq 6{,}0$	mg/l gemäß DIN EN 25814 (11.92)

Werden diese Kriterien während der zu erwartenden Nutzungsdauer des Vorhabens oder während eines anderen, für die Abschätzung der Auswirkungen im Einzelfall maßgeblichen Zeitraums trotz Einhaltung der Anforderungen nach § 7a WHG voraussichtlich überschritten, sind die folgenden der Güteklasse II – III (gemäß LAWA-Gewässergütekarte, Ausgabe 1990) entsprechenden Kriterien zugrunde zu legen, wenn es mit der Art des Gewässers (z. B. Cyprinidengewässer) vereinbar ist:

---

[5] Bundesforschungsanstalt für Landeskunde und Raumordnung (Hrsg.): Geographische Landesaufnahme M. 1 : 200 000, Naturräumliche Gliederung Deutschlands, ab 1964.
[6] Es bleibt unberührt, daß im Einzelfall bei Anwendung der Eingriffsregelung weitere fachlich anerkannte Werke herangezogen werden können.

Saprobienindex	≤	2,7
BSB$_5$	≤	10 mg/l
NH$_4$	≤	1 mg/l
O$_2$-Minima	≥	4 mg/l

1.2.3 Soweit nach den Vorgaben gemäß Abschnitt 1.2.1 für Schwermetalle keine Kriterien vorliegen, sind folgende Kriterien zugrunde zu legen:

Kupfer ges.	≤	50 µg/l gemäß DIN 38406 Teil 7 (09.91)
Chrom ges.	≤	50 µg/l gemäß DIN 38406 Teil 10 (06.85)
Blei ges.	≤	50 µg/l gemäß DIN 38406 Teil 6 (05.81)
Cadmium ges.	≤	5 µg/l gemäß DIN 38406 Teil 19 (07.93)
Quecksilber ges.	≤	1 µg/l gemäß DIN 38406 Teil 12 (07.80)

1.2.4 Die Kriterien nach Abschnitt 1.2.3 finden an Standorten keine Anwendung, wo sie allein durch die natürliche Schwermetallbelastung des Gewässers überschritten werden.

1.2.5 Eine Vorbelastung oberhalb der Kriterien nach Abschnitt 1.2.2 oder 1.2.3 ist für die Bewertung unbeachtlich, wenn
– sichergestellt ist, daß die Verwirklichung des Vorhabens diejenigen Schadstoffbelastungen des Gewässers vermindern wird, die die Kriterien bereits überschritten haben,
oder
– durch die prognostizierte Zusatzbelastung durch das Vorhaben nur eine unerhebliche nachteilige Veränderung der Beschaffenheit des Gewässers oder Gewässerteils zu erwarten ist
oder
– durch Sanierungsmaßnahmen des Vorhabenträgers oder Dritter die Vorbelastung innerhalb eines angemessenen Zeitraums im Umfang der Zusatzbelastung entsprechend vermindert wird.

1.3 Orientierungshilfe zur Bewertung der Auswirkungen auf die stoffliche Bodenbeschaffenheit

Als Orientierungshilfe für die Bewertung der Auswirkungen auf die stoffliche Bodenbeschaffenheit werden folgende Hinweise gegeben:

1.3.1 Der Bewertung ist zugrunde zu legen, daß der Boden in seinen natürlichen Funktionen als
1. Lebensgrundlage und Lebensraum für Menschen, Tiere, Pflanzen und Bodenorganismen,
2. Teil des Naturhaushalts, insbesondere bei seinen Wasser- und Nährstoffkreisläufen,
3. Abbau-, Ausgleich- und Aufbaumedium für stoffliche Einwirkungen aufgrund der Filter-, Puffer- und Stoffumwandlungseigenschaften

Vorschriften II

und in seinen Nutzungsfunktionen als
4. Rohstofflagerstätte,
5. Standort für die land- und forstwirtschaftliche sowie fischwirtschaftliche Nutzung,
6. Fläche für Siedlung und Erholung,
7. Standort für wirtschaftliche Nutzungen, Verkehr, Ver- und Entsorgung und
8. Archiv der Natur- und Kulturgeschichte

in seiner Leistungsfähigkeit erhalten werden soll.

Zum Zwecke der Bewertung ist daher zu prüfen, ob bei der Durchführung eines Vorhabens eine Veränderung der physikalischen, chemischen oder biologischen Beschaffenheit des Bodens auftritt, die eine nachhaltige Beeinträchtigung der natürlichen Bodenfunktionen besorgen läßt, welche unter Berücksichtigung der Nutzungsfunktionen nach Prägung des Gebiets oder den planerischen Festlegungen mit den gesetzlichen Umweltanforderungen nicht zu vereinbaren ist.

1.3.2 Für die Stoffe Arsen, Cadmium, Chrom, Kupfer, Quecksilber, Nickel, Blei, Thallium, Zink, Benzo(a)pyren und Polycyclische aromatische Kohlenwasserstoffe (PAK) werden folgende orientierende Hinweise gegeben:
Eine durch das Vorhaben verursachte prognostizierte Zusatzbelastung ist für die Bewertung unbeachtlich, wenn
- diese kleiner als 2 % der Werte der Tabelle ist, bezogen auf eine Bodentiefe von 30 cm, oder
- durch Sanierungsmaßnahmen des Vorhabenträgers oder Dritter und/oder durch natürlichen Abbau die Vorbelastung innerhalb eines angemessenen Zeitraumes im Umfang der Zusatzbelastung vermindert wird.

1.3.3 Überschreitet die Zusatzbelastung die Kriterien nach 1.3.2 und bestehen Anhaltspunkte für eine nachhaltige Beeinträchtigung der natürlichen Bodenfunktionen durch das Vorhaben, ist erforderlichenfalls zunächst der Gehalt an diesen Stoffen im Boden repräsentativ zu ermitteln (unabhängig davon, ob der Gehalt geogen oder anthropogen ist). Hierzu sind die vorliegenden Informationen über die Böden und deren Beschaffenheit auszuwerten und in der Meßplanung zu berücksichtigen. Zur Auswahl der Meßpunkte kann z. B. das »Bayerische Merkblatt zur Anlage von Bodenmeßnetzen« herangezogen werden.
Beträgt der Stoffgehalt im Boden einschließlich der Zusatzbelastung bei den Stoffen Nr. 1 bis 9 der Tabelle weniger als 60 % und bei den Stoffen Nr. 10 und 11 der Tabelle weniger als 30 % der Werte der Tabelle, so kann davon ausgegangen werden, daß die natürlichen Bodenfunktionen nicht beeinträchtigt sind; bei höheren Stoffgehalten unterhalb der Werte der Tabelle ist in der Regel eine Einzelfallprüfung durchzuführen. Liegt der Stoffgehalt einschließlich der Zusatzbelastung im Boden über den Werten der Tabelle, so ist im Einzelfall zu prüfen, ob die natürlichen Bodenfunktionen nachhaltig beeinträchtigt sind.

1.3.4 Ergibt die Prüfung nach 1.3.3, daß die natürlichen Bodenfunktionen nachhaltig beeinträchtigt sind, ist im Einzelfall zum Zwecke der Bewertung unter Berücksichtigung der Nutzungsfunktionen, nach Prägung des Gebiets oder den planerischen Festlegungen zu prüfen, ob diese nachhaltigen Beeinträchtigungen durch die Zusatzbelastung mit den gesetzlichen Umweltanforderungen zu vereinbaren sind.

Stoffe	Konzentrationen in mg/kg Trockensubstanz	Meßverfahren
Anorganische Stoffe		
1. Arsen	40	gem. DIN 38405 Teil 18 (09.85) DIN 38406 Teil 22 (03.88)
2. Cadmium	1,5	gem. DIN 38406 Teil 19 (07.93) und Teil 22 (03.88)
3. Chrom	100	gem. DIN 38406 Teil 3 (09.82) und Teil 22 (03.88)
4. Kupfer	60	gem. DIN 38406 Teil 1 (05.83) und Teil 22 (03.88)
5. Quecksilber	1,0	gem. DIN 38406 Teil 22 (03.88)
6. Nickel	50	gem. DIN 38406 Teil 22 (03.88)
7. Blei	100	gem. DIN 38406 Teil 6 (05.81) und Teil 22 (03.88)
8. Thallium	1,0	gem. DIN 38406 Teil 16 (03.90) und Teil 21 (09.80)
9. Zink	200	gem. DIN 38406 Teil 8 (10.80) und Teil 22 (03.88)
Polycyclische aromatische Kohlenwasserstoffe (PAK)		
10. Benzo(a)pyren	1,0	
11. PAK (gesamt, nach EPA-Liste)	10	

Die Werte der Tabelle beziehen sich auf Böden mit mittlerem Tongehalt (ca. 12 -18 %) sowie einem nutzungsspezifischen Humusgehalt und pH-Wert (Ackerböden ca. 2 % Humus bzw. pH 5,5 – 7).

1.4 Orientierungshilfe für die Bewertung der Auswirkungen auf die Luftbeschaffenheit

Für die Bewertung der Auswirkungen auf die Luftbeschaffenheit sind die auf Grund des Bundes-Immissionsschutzgesetzes festgelegten Immissionswerte (insbesondere der TA Luft) anzuwenden, soweit es das Fachrecht vorschreibt.

In sonstigen Fällen sind die genannten Immissionswerte nach Lage des Einzelfalls als Orientierungshilfe zur Bewertung entsprechend heranzuziehen.

Vorschriften II

Anhang 2

Hinweise für die voraussichtlich beizubringenden Unterlagen bei Vorhaben mit zu erwartenden erheblichen oder nachhaltigen Beeinträchtigungen der Funktions- und Leistungsfähigkeit des Naturhaushaltes oder des Landschaftsbildes

Bei der Besprechung des voraussichtlichen Untersuchungsrahmens nach § 5 UVPG sind in bezug auf Verfahren zu § 8 Abs. 10 BNatSchG Art und Umfang der voraussichtlich beizubringenden Unterlagen nach § 6 UVPG, soweit diese für die Anwendung der naturschutzrechtlichen Eingriffsregelung bedeutsam sind, aufgrund der folgenden Hinweise zu klären:

Art und Umfang der voraussichtlich beizubringenden Unterlagen müssen der Bedeutung des Vorhabens und seinen räumlichen Auswirkungen sowie den sich daraus ergebenden Erfordernissen zur Vermeidung und Verminderung von Beeinträchtigungen und zu Kompensationsmaßnahmen angemessen sein. Soweit nach dem für die Zulassung eines Vorhabens maßgeblichen Fachrecht die Prüfung von Vorhabenvarianten erforderlich ist, haben sich die in den nachstehenden Hinweisen genannten Angaben auch auf die Vorhabenvarianten zu beziehen.

2.1 Beschreibung von Natur und Landschaft unter Berücksichtigung des allgemeinen Kenntnisstandes und der allgemein anerkannten Prüfungsmethoden, soweit diese Beschreibung für die im Rahmen des § 8 BNatSchG zu treffenden Entscheidungen erforderlich ist und die Behörden über diese Informationen nicht bereits verfügen, insbesondere

– Angaben über die Gestalt und Nutzung von Grundflächen, insbesondere über
  o Biotope (Typen und deren Ausprägung),
  o Bestand und Bestandsentwicklung gefährdeter und bedeutsamer Tier- und Pflanzenarten und -gesellschaften,
  o Oberflächengewässer und Gewässersysteme,
  o Grundwasservorkommen, Grundwasserneubildungsgebiete und Deckschichten,
  o Bodenarten, Bodentypen, geologische Ausgangssituation,
  o Geländeklima,
  o strukturbildende Landschaftsbestandteile und Einzelelemente,
  o Geländemorphologie,
  o Nutzungsarten und -intensitäten in den Bereichen Landwirtschaft, Forstwirtschaft, Fischwirtschaft, Erholung, Wasserwirtschaft,
  o Nutzungen für Zwecke des Natur- und Landschaftsschutzes einschließlich kulturhistorischer Nutzungsformen.

2.2 Beschreibung der mit dem Vorhaben verbundenen Auswirkungen auf Natur und Landschaft und Beeinträchtigungen von Natur und Landschaft unter Berücksichtigung des allgemeinen Kenntnisstandes und der allgemein anerkannten Prüfungsmethoden, insbesondere:

– Angaben über Veränderungen der Gestalt oder der Nutzung von Grundflächen durch das Vorhaben,

- Angaben über die durch die Veränderungen beeinträchtigte Funktions- und Leistungsfähigkeit des Naturhaushaltes durch Störungen der belebten und unbelebten Faktoren des Naturhaushaltes und deren Wirkungsgefüge (z. B. Lebensraum für Tiere und Pflanzen, Wasser, Klima/Luft und Boden) in dem betroffenen Landschaftsraum,
- Angaben über das durch die Veränderungen beeinträchtigte Landschaftsbild durch Störungen der sinnlich wahrnehmbaren, die Landschaft prägenden und sie charakterisierenden Formen und Strukturen (z. B. Geländegestalt, Gewässer, Pflanzen und Tiere, Nutzungen, Luft/Klima),
- Angaben über die Erheblichkeit oder Nachhaltigkeit der Beeinträchtigungen der Flächen, Objekte und Strukturen für die Funktions- und Leistungsfähigkeit des Naturhaushaltes und für das Landschaftsbild,
- Angaben über die Dauer der Beeinträchtigungen.

2.3 Beschreibung von Maßnahmen zur Vermeidung oder Verminderung der Beeinträchtigungen von Natur und Landschaft, insbesondere:
- Angaben, ob und wann der Eingriff in Natur und Landschaft objektiv für die Verwirklichung des Vorhabens erforderlich ist,
- Angaben, ob und ggf. durch welche Maßnahmen das Maß der Beeinträchtigungen von Natur und Landschaft gemindert werden kann.

2.4 Beschreibung von Maßnahmen zum Ausgleich von unvermeidbaren Beeinträchtigungen von Natur und Landschaft, insbesondere:
- Angaben zu Maßnahmen im räumlich-funktionalen Zusammenhang des Eingriffes, die geeignet sind, die gestörten Funktionen des Naturhaushaltes gleichartig und gleichwertig wiederherzustellen,
- Angaben zu Maßnahmen, die zur Wiederherstellung oder landschaftsgerechten Neugestaltung des Landschaftsbildes führen,
- Angaben zum voraussichtlichen Zeitpunkt, in dem Ausgleichsmaßnahmen wirksam werden,
- Angaben zum voraussichtlichen Zeitpunkt, in dem auf Grund von Ausgleichsmaßnahmen keine erheblichen oder nachhaltigen Beeinträchtigungen der Leistungsfähigkeit des Naturhaushaltes mehr gegeben sind bzw. das Landschaftsbild landschaftsgerecht wiederhergestellt oder neu gestaltet ist.

Zu der Beschreibung gehören auch Angaben, inwieweit die gestörten Funktionen des Naturhaushalts und des Landschaftsbildes nicht im erforderlichen Maße und in überschaubaren und damit kontrollierbaren Zeiträumen wiederherstellbar sind. Dabei sind die im Anhang 1.1 genannten Funktionsstörungen von Natur und Landschaft zu berücksichtigen.

2.5 Beschreibung der Ersatzmaßnahmen bei nicht ausgleichbaren aber vorrangigen Eingriffen in Natur und Landschaft, insbesondere:
- Angaben zu Maßnahmen in dem vom Eingriff betroffenen Landschaftsraum, die die beeinträchtigten Funktionen möglichst ähnlich und im angemessenen Zeitraum zu den Beeinträchtigungen wiederherstellen,

Vorschriften II

– Angaben zum erweiterten Landschaftsraum, der in der Gesamtheit seiner belebten und unbelebten Bestandteile einschließlich ihrer Wechselwirkungen eine landschaftsökologische Einheit mit typischen Standortverhältnissen bildet,
– Angaben zu Maßnahmen im erweiterten Landschaftsraum, die ähnliche Funktionen haben wie Ausgleichsmaßnahmen und zu einer Verbesserung der Funktionen des Naturhaushalts und des Landschaftsbildes beitragen,
– Angaben zum voraussichtlichen Zeitpunkt, in dem die Ersatzmaßnahmen wirksam werden.

Anhang 3

Hinweise für die voraussichtlich beizubringenden Unterlagen bei Vorhaben mit zu erwartenden Auswirkungen auf Gewässer

Bei der Besprechung des voraussichtlichen Untersuchungsrahmens nach § 5 UVPG sind in bezug auf Verfahren zur Erteilung von
– Zulassungen im Sinne des § 18c WHG für Abwasserbehandlungsanlagen mit erlaubnisbedürftigen Gewässerbenutzungen im Sinne des § 3 WHG und mit Abwassereinleitungen im Sinne des § 7a Abs. 3 WHG (1),
– Planfeststellungen nach § 31 WHG für Gewässerausbauten(2),
– Genehmigungen nach § 19a WHG für Rohrleitungsanlagen für Ferntransport von Öl und Gas(3),
  sowie in bezug auf sonstige Zulassungsverfahren nach der Anlage zu § 3 UVPG mit konzentrierten oder parallelen
– Eignungsfeststellungen nach § 19h WHG für Vorhaben mit Anlagen zum Umfang mit wassergefährdenden Stoffen(4),
– Erlaubnissen oder Bewilligungen im Sinne der §§ 2, 3, 7 und 8 WHG für Vorhaben mit Gewässerbenutzungen sowie
  Zulassungen im Rahmen des § 7a Abs. 3 WHG für Vorhaben mit Einleitungen von Abwasser in öffentliche Abwasseranlagen(5),
– Ausnahmen zu Verboten und Beschränkungen im Sinne des § 19 Abs. 2 Nr. 1 WHG für Vorhaben in Wasserschutzgebieten
  o mit Gewässerbenutzungen im Sinne des § 3 WHG(6)
  o oder mit Anlagen zum Umgang mit wassergefährdenden Stoffen(7),
die voraussichtlich beizubringenden Unterlagen nach § 6 UVPG, soweit diese für die Anwendung der umweltbezogenen gesetzlichen Zulassungsvoraussetzungen bedeutsam sind, aufgrund der folgenden Hinweise zu klären:

3.1   Beschreibung der von den Vorhaben betroffenen Gewässer, ihrer Einzugsgebiete und der angrenzenden Flächen, sowie Beschreibung der zu erwartenden erheblichen Auswirkungen des Vorhabens darauf, jeweils unter Berücksichtigung des allgemeinen Kenntnisstandes und der allgemein anerkannten Prüfungsmethoden und soweit die Behörden über die Informationen nicht bereits verfügen, insbesondere:

Angaben über	1	2	3	4	5	6	7
die betroffenen Gewässer, insbesondere über die Hydrologie und Hydrogeologie sowie ihre Flora und Fauna, sowie über die Auswirkungen des Vorhabens darauf	×	×	×	×	×	×	×
die Nutzungen der betroffenen Gewässer und der Fischbestände sowie über die Auswirkungen des Vorhabens darauf	×	×	×	×	×	×	×
die Wasserbeschaffenheit sowie über die Auswirkungen des Vorhabens darauf, insbesondere über Auswirkungen von Freisetzungen wassergefährdender Stoffe	×		×	×	×	×	×
die Gewässergüte und das Selbstreinigungsvermögen der Gewässer sowie über die Auswirkungen des Vorhabens darauf	×	×		×	×		
vorhandene anthropogene Einflüsse	×	×		×	×		
Uferrandstreifen und Gewässerbett sowie über die Auswirkungen des Vorhabens darauf	×	×			×	×	
Überschwemmungsgebiete sowie über die Auswirkungen des Vorhabens darauf	×	×	×	×	×	×	×
Wasserschutzgebiete und Wasservorranggebiete sowie über die Auswirkungen des Vorhabens darauf	×	×	×	×	×	×	×
die hydraulischen Verhältnisse sowie über die Auswirkungen des Vorhabens darauf	×	×		×	×		
das Grundwasser sowie über die Auswirkungen des Vorhabens darauf	×	×		×	×		
die betroffenen Gewässergrundstücke und ihre Nutzung sowie über die Auswirkungen des Vorhabens darauf		×					
Bild und Erholungseignung der Gewässerlandschaft sowie über die Auswirkungen des Vorhabens darauf		×					
Hochwasserverhältnisse sowie über die Auswirkungen des Vorhabens darauf		×					

3.2   Soweit nach dem für die Zulassung eines Vorhabens maßgeblichen Fachrecht die Prüfung von Vorhabenvarianten erforderlich ist, haben sich die in den vorstehenden Hinweisen genannten Angaben auch auf die Vorhabenvarianten zu beziehen.

Vorschriften III Neunte Verordnung zur Durchführung des Bundes-Immissionsschutzgesetzes (Verordnung über das Genehmigungsverfahren – 9. BImSchV)
vom 29.5.1992
zuletzt geändert durch Gesetz vom 27.7.2001 (BGBl. I S. 1950)
– Auszug –

§ 4 Antragsunterlagen

(1) Dem Antrag sind die Unterlagen beizufügen, die zur Prüfung der Genehmigungsvoraussetzungen erforderlich sind. Dabei ist zu berücksichtigen, ob die Anlage Teil eines Standortes ist, für den Angaben in einer der Genehmigungsbehörde vorliegenden Umwelterklärung gemäß Artikel 5 der Verordnung (EWG) Nr. 1836/93 des Rates vom 29.6.1993 über die freiwillige Beteiligung gewerblicher Unternehmen an einem Gemeinschaftssystem für das Umweltmanagement und die Umweltbetriebsprüfung (ABl. EG Nr. L 168 S. 1) enthalten sind. Die Unterlagen nach Satz 1 müssen insbesondere die nach den §§ 4a bis 4d erforderlichen Angaben enthalten, bei UVP-pflichtigen Anlagen darüber hinaus die zusätzlichen Angaben nach § 4e.

(2) Soweit die Zulässigkeit oder die Ausführung des Vorhabens nach Vorschriften über Naturschutz und Landschaftspflege zu prüfen ist, sind die hierfür erforderlichen Unterlagen beizufügen; die Anforderungen an den Inhalt dieser Unterlagen bestimmen sich nach den naturschutzrechtlichen Vorschriften. Die Unterlagen nach Satz 1 müssen insbesondere Angaben über Maßnahmen zur Vermeidung, Verminderung oder zum Ausgleich erheblicher Beeinträchtigungen von Natur und Landschaft sowie über Ersatzmaßnahmen bei nicht ausgleichbaren, aber vorrangigen Eingriffen in diese Schutzgüter enthalten.

(3) Der Antragsteller hat der Genehmigungsbehörde außer den in Absätzen 1 und 2 genannten Unterlagen eine allgemein verständliche, für die Auslegung geeignete Kurzbeschreibung vorzulegen, die einen Überblick über die Anlage, ihren Betrieb und die voraussichtlichen Auswirkungen auf die Allgemeinheit und die Nachbarschaft ermöglicht; bei UVP-pflichtigen Anlagen erstreckt sich die Kurzbeschreibung auch auf die nach § 4e erforderlichen Angaben. Er hat ferner ein Verzeichnis der dem Antrag beigefügten Unterlagen vorzulegen, in dem die Unterlagen, die Geschäfts- oder Betriebsgeheimnisse enthalten, besonders gekennzeichnet sind.

(4) Bedarf das Vorhaben der Zulassung durch mehrere Behörden und ist auf Grund des § 14 Abs. 1 Satz 1 und 2 des Gesetzes über die Umweltverträglichkeitsprüfung eine federführende Behörde, die nicht Genehmigungsbehörde ist, zur Entgegennahme der Unterlagen zur Prüfung der Umweltverträglichkeit bestimmt, hat die Genehmigungsbehörde die für die Prüfung der Umweltverträglichkeit erforderlichen Unterlagen auch der federführenden Behörde zuzuleiten.

§ 4a Angaben zur Anlage und zum Anlagenbetrieb

(1) Die Unterlagen müssen die für die Entscheidung nach § 20 oder § 21 erforderlichen Angaben enthalten über

1. die Anlagenteile, Verfahrensschritte und Nebeneinrichtungen, auf die sich das Genehmigungserfordernis gemäß § 1 Abs. 2 der Verordnung über genehmigungsbedürftige Anlagen erstreckt,
2. den Bedarf an Grund und Boden und den Zustand des Anlagengeländes,
3. das vorgesehene Verfahren oder die vorgesehenen Verfahrenstypen einschließlich der erforderlichen Daten zur Kennzeichnung, wie Angaben zu Art, Menge und Beschaffenheit
   a) der Einsatzstoffe oder -stoffgruppen,
   b) der Zwischen-, Neben- und Endprodukte oder -produktgruppen,
   c) der anfallenden Reststoffe und darüber hinaus, soweit ein Stoff für Zwecke der Forschung und Entwicklung hergestellt werden soll, der gemäß § 16b Abs. 1 Satz 3 des Chemikaliengesetzes von der Mitteilungspflicht ausgenommen ist,
   d) Angaben zur Identität des Stoffes, soweit vorhanden,
   e) dem Antragsteller vorliegende Prüfnachweise über physikalische, chemische und physikalisch-chemische sowie toxische und ökotoxische Eigenschaften des Stoffes einschließlich des Abbauverhaltens,
4. die in der Anlage verwendete und anfallende Energie,
5. mögliche Freisetzungen oder Reaktionen von Stoffen bei Störungen im Verfahrensablauf und
6. Art und Ausmaß der Emissionen, die voraussichtlich von der Anlage ausgehen werden, wobei sich diese Angaben, soweit es sich um Luftverunreinigungen handelt, auch auf das Rohgas vor einer Vermischung oder Verdünnung beziehen müssen, die Art, Lage und Abmessungen der Emissionsquellen, die räumliche und zeitliche Verteilung der Emissionen sowie über die Austrittsbedingungen.

(2) Soweit schädliche Umwelteinwirkungen hervorgerufen werden können, müssen die Unterlagen auch enthalten:
1. eine Prognose der zu erwartenden Immissionen, soweit Immissionswerte in Rechts- oder Verwaltungsvorschriften festgelegt sind und nach dem Inhalt dieser Vorschriften eine Prognose zum Vergleich mit diesen Werten erforderlich ist;
2. im übrigen Angaben über Art, Ausmaß und Dauer von Immissionen sowie ihre Eignung, schädliche Umwelteinwirkungen herbeizuführen, soweit nach Rechts- oder Verwaltungsvorschriften eine Sonderfallprüfung durchzuführen ist.

(3) Für Anlagen, auf die die Verordnung über Verbrennungsanlagen für Abfälle und ähnliche brennbare Stoffe anzuwenden ist, müssen die Unterlagen über Absatz 1 hinaus Angaben enthalten über
1. Art (insbesondere Abfallbezeichnung und -schlüssel gemäß der Verordnung über das Europäische Abfallverzeichnis) und Menge der zur Verbrennung vorgesehenen Abfälle,
2. die kleinsten und größten Massenströme der zur Verbrennung vorgesehenen Abfälle, angegeben als stündliche Einsatzmengen,
3. die kleinsten und größten Heizwerte der zur Verbrennung vorgesehenen Abfälle,
4. den größten Gehalt an Schadstoffen in den zur Verbrennung vorgesehenen Abfällen, insbesondere an polychlorierten Biphenylen (PCB), Pentachlorphenol (PCP), Chlor, Fluor, Schwefel und Schwermetallen,
5. die Maßnahmen für das Zuführen der Abfälle und den Einbau der Brenner, so daß ein möglichst weitgehender Ausbrand erreicht wird und

Vorschriften III

6. die Maßnahmen, wie die Emissionsgrenzwerte der Verordnung über Verbrennungsanlagen für Abfälle und ähnliche brennbare Stoffe eingehalten werden.

§ 4b Angaben zu den Schutzmaßnahmen

(1) Die Unterlagen müssen die für die Entscheidung nach § 20 oder § 21 erforderlichen Angaben enthalten über
1. die vorgesehenen Maßnahmen zum Schutz vor und zur Vorsorge gegen schädliche Umwelteinwirkungen, insbesondere zur Verminderung der Emissionen, sowie zur Messung von Emissionen und Immissionen,
2. die vorgesehenen Maßnahmen zum Schutz der Allgemeinheit und der Nachbarschaft vor sonstigen Gefahren, erheblichen Nachteilen und erheblichen Belästigungen, wie Angaben über die vorgesehenen technischen und organisatorischen Vorkehrungen
   a) zur Verhinderung von Störungen des bestimmungsgemäßen Betriebs und
   b) zur Begrenzung der Auswirkungen, die sich aus Störungen des bestimmungsgemäßen Betriebs ergeben können,
3. die vorgesehenen Maßnahmen zum Arbeitsschutz,
4. die vorgesehenen Maßnahmen zum Schutz vor schädlichen Umwelteinwirkungen und sonstigen Gefahren, erheblichen Nachteilen und erheblichen Belästigungen für die Allgemeinheit und die Nachbarschaft im Falle der Betriebseinstellung und
5. die vorgesehenen Maßnahmen zur Überwachung der Emissionen in die Umwelt.

(2) Bei Anlagen, für die ein anlagenbezogener Sicherheitsbericht nach § 18 Abs. 1 der Störfall-Verordnung anzufertigen ist, muss dieser dem Antrag beigefügt werden. Soweit eine genehmigungsbedürftige Anlage Betriebsbereich oder Teil eines Betriebsbereichs ist, für die ein Sicherheitsbericht nach § 9 der Störfall-Verordnung anzufertigen ist, müssen die Teile des Sicherheitsberichts, die den Abschnitten II Nr. 1 und 3, III, IV und V Nr. 1 bis 3 des Anhangs II der Störfall-Verordnung entsprechen, dem Antrag beigefügt werden, soweit sie sich auf die genehmigungsbedürftige Anlage beziehen oder für sie von Bedeutung sind. In einem Genehmigungsverfahren nach § 16 des Bundes-Immissionsschutzgesetzes gilt dies nur, soweit durch die beantragte Änderung sicherheitsrelevante Anlagenteile betroffen sind. In diesem Fall kann die Behörde zulassen, dass sich der anlagenbezogene Sicherheitsbericht oder die vorzulegenden Teile des Sicherheitsberichts nur auf diese Anlagenteile beschränken, wenn er oder sie trotz dieser Beschränkung aus sich heraus verständlich und prüffähig erstellt werden können. Satz 1 gilt nicht, soweit die Genehmigungsbehörde dem Antragsteller schriftlich zusagt, dass er mit Genehmigungserteilung gemäß § 18 Abs. 2 der Störfall-Verordnung von den Pflichten nach § 18 Abs. 1 Satz 1 oder 3 der Verordnung ganz oder teilweise befreit wird.

(3) Bestehen Anhaltspunkte dafür, daß eine Bekanntgabe der Angaben nach den Absätzen 1 und 2 zu einer eine erhebliche Gefahr für die öffentliche Sicherheit darstellenden Störung der Errichtung oder des bestimmungsgemäßen Betriebs der Anlage durch Dritte führen kann, und sind Maßnahmen der Gefahrenabwehr gegenüber diesen nicht möglich, ausreichend oder zulässig, kann die Genehmigungsbehörde die Vorlage einer aus sich heraus verständlichen und zusammenhängenden Darstellung verlangen, die für die Auslegung geeignet ist.

§ 4c Plan zur Behandlung der Abfälle

Die Unterlagen müssen die für die Entscheidung nach § 20 oder § 21 erforderlichen Angaben enthalten über die Maßnahmen zur Vermeidung oder Verwertung von Abfällen; hierzu sind insbesondere Angaben zu machen zu
1. den vorgesehenen Maßnahmen zur Vermeidung von Abfällen,
2. den vorgesehenen Maßnahmen zur ordnungsgemäßen und schadlosen stofflichen oder thermischen Verwertung der anfallenden Abfälle,
3. den Gründen, warum eine weitergehende Vermeidung oder Verwertung von Abfällen technisch nicht möglich oder unzumutbar ist,
4. den vorgesehenen Maßnahmen zur Beseitigung nicht zu vermeidender oder zu verwertender Abfälle einschließlich der rechtlichen und tatsächlichen Durchführbarkeit dieser Maßnahmen und der vorgesehenen Entsorgungswege,
5. den vorgesehenen Maßnahmen zur Verwertung oder Beseitigung von Abfällen, die bei einer Störung des bestimmungsgemäßen Betriebs entstehen können, sowie
6. den vorgesehenen Maßnahmen zur Behandlung der bei einer Betriebseinstellung vorhandenen Abfälle.

§ 4d Angaben zur Energieeffizienz

Die Unterlagen müssen Angaben über vorgesehene Maßnahmen zur sparsamen und effizienten Energieverwendung enthalten, insbesondere Angaben über Möglichkeiten zur Erreichung hoher energetischer Wirkungs- und Nutzungsgrade, zur Einschränkung von Energieverlusten sowie zur Nutzung der anfallenden Energie.

§ 4e Zusätzliche Angaben zur Prüfung der Umweltverträglichkeit

(1) Bei UVP-pflichtigen Vorhaben ist den Unterlagen eine Beschreibung der Umwelt und ihrer Bestandteile sowie der zu erwartenden erheblichen Auswirkungen des Vorhabens auf die in § 1a genannten Schutzgüter mit Aussagen über die dort erwähnten Wechselwirkungen beizufügen, soweit diese Beschreibung für die Entscheidung über die Zulassung des Vorhabens erforderlich ist.

(2) (aufgehoben)

(3) Die Unterlagen müssen ferner eine Übersicht über die wichtigsten vom Träger des Vorhabens geprüften technischen Verfahrensalternativen zum Schutz vor und zur Vorsorge gegen schädliche Umwelteinwirkungen sowie zum Schutz der Allgemeinheit und der Nachbarschaft vor sonstigen Gefahren, erheblichen Nachteilen und erheblichen Belästigungen enthalten. Die wesentlichen Auswahlgründe sind mitzuteilen.

(4) Bei der Zusammenstellung der Angaben nach den Absätzen 1 und 3 sind der allgemeine Kenntnisstand und die für die Durchführung von Umweltverträglichkeitsprüfungen allgemein anerkannten Prüfungsschritte und -methoden zu berücksichtigen. Darüber hinaus hat der Antragsteller auf Schwierigkeiten hinzuweisen, die bei der Zusammenstellung der Angaben für die Unterlagen nach den §§ 4 bis 4e aufgetreten sind, insbesondere soweit diese Schwierigkeiten auf fehlenden Kenntnissen und Prüfmethoden oder auf technischen Lücken beruhen.

Vorschriften IV Verordnung über das Verfahren bei der Genehmigung von Anlagen nach § 7 des Atomgesetzes (Atomrechtliche Verfahrensverordnung – AtVfV
In der Fassung der Bekanntmachung vom 3. Februar 1995 (BGBl. I S. 180), geändert durch Art. 3 Abs. 3 des Gesetzes vom 25. März 2002 (BGBl. I S. 1193)
– Auszug –

§ 1a   Gegenstand der Umweltverträglichkeitsprüfung

Die Umweltverträglichkeitsprüfung umfasst die Ermittlung, Beschreibung und Bewertung der für die Prüfung der Zulassungsvoraussetzungen bedeutsamen Auswirkungen eines UVP-pflichtigen Vorhabens auf Menschen, Tiere und Pflanzen, Boden, Wasser, Luft, Klima und Landschaft, Kulturgüter und sonstige Sachgüter, sowie die Wechselwirkung zwischen den vorgenannten Schutzgütern.

§ 1b   Unterrichtung über voraussichtlich beizubringende Unterlagen

(1) Sofern der Träger eines UVP-pflichtigen Vorhabens die Genehmigungsbehörde vor Beginn des Genehmigungsverfahrens darum ersucht oder sofern die Genehmigungsbehörde es nach Beginn des Genehmigungsverfahrens für erforderlich hält, unterrichtet diese ihn entsprechend dem Planungsstand des Vorhabens und auf der Grundlage geeigneter Angaben zum Vorhaben frühzeitig über Art und Umfang der voraussichtlich nach den §§ 2 und 3 beizubringenden Unterlagen. Vor der Unterrichtung gibt die Genehmigungsbehörde dem Träger des Vorhabens sowie den nach § 7 Abs. 4 Satz 1 des Atomgesetzes zu beteiligenden Behörden Gelegenheit zu einer Besprechung über Art und Umfang der Unterlagen. Die Besprechung soll sich auch auf Gegenstand, Umfang und Methoden der Umweltverträglichkeitsprüfung sowie sonstige für die Durchführung der Umweltverträglichkeitsprüfung erhebliche Fragen erstrecken. Sachverständige und Dritte können hinzugezogen werden. Verfügen die Genehmigungsbehörde oder die zu beteiligenden Behörden über Informationen, die für die Beibringung der in § 3 genannten Unterlagen zweckdienlich sind, sollen sie diese Informationen dem Träger des Vorhabens zur Verfügung stellen, soweit nicht Rechte Dritter entgegenstehen.

(2) Bedarf ein UVP-pflichtiges Vorhaben der Zulassung durch mehrere Behörden, obliegen der atomrechtlichen Genehmigungsbehörde die in Absatz 1 und § 14a Abs. 1 beschriebenen Aufgaben nur, wenn sie auf Grund des § 14 Abs. 1 Satz 1 des Gesetzes über die Umweltverträglichkeitsprüfung als federführende Behörde bestimmt ist. Sie hat diese Aufgaben im Zusammenwirken zumindest mit den anderen Zulassungsbehörden und der Naturschutzbehörde wahrzunehmen, deren Aufgabenbereich durch das Vorhaben berührt wird. Im übrigen bleibt die Befugnis der Länder unberührt, der federführenden Behörde auf Grund des § 14 Abs. 1 Satz 2 des Gesetzes über die Umweltverträglichkeitsprüfung weitere Zuständigkeiten zu übertragen.

§ 3 Art und Umfang der Unterlagen

(1) Dem Antrag sind die Unterlagen beizufügen, die zur Prüfung der Zulassungsvoraussetzungen erforderlich sind, insbesondere
1. ein Sicherheitsbericht, der im Hinblick auf die kerntechnische Sicherheit und den Strahlenschutz die für die Entscheidung über den Antrag erheblichen Auswirkungen des Vorhabens darlegt und Dritten insbesondere die Beurteilung ermöglicht, ob sie durch die mit der Anlage und ihrem Betrieb verbundenen Auswirkungen in ihren Rechten verletzt werden können. Hierzu muß der Sicherheitsbericht, soweit dies für die Beurteilung der Zulässigkeit des Vorhabens erforderlich ist, enthalten:
    a) eine Beschreibung der Anlage und ihres Betriebes unter Beifügung von Lageplänen und Übersichtszeichnungen;
    b) eine Darstellung und Erläuterung der Konzeption (grundlegende Auslegungsmerkmale), der sicherheitstechnischen Auslegungsgrundsätze und der Funktion der Anlage einschließlich ihrer Betriebs- und Sicherheitssysteme;
    c) eine Darlegung der zur Erfüllung des § 7 Abs. 2 Nr. 3 und § 7 Abs. 2a des Atomgesetzes vorgesehenen Vorsorgemaßnahmen, einschließlich einer Erläuterung der zum Ausschluß oder zur Begrenzung von Auswirkungen auslegungsüberschreitender Ereignisabläufe vorgesehenen Maßnahmen und deren Aufgaben;
    d) eine Beschreibung der Umwelt und ihrer Bestandteile;
    e) Angaben über die mit der Anlage und ihrem Betrieb verbundene Direktstrahlung und Abgabe radioaktiver Stoffe, einschließlich der Freisetzungen aus der Anlage bei Störfällen im Sinne der §§ 49 und 50 der Strahlenschutzverordnung (Auslegungsstörfälle);
    f) eine Beschreibung der Auswirkungen der unter Buchstabe e dargestellten Direktstrahlung und Abgabe radioaktiver Stoffe auf die in § 1a dargelegten Schutzgüter, einschließlich der Wechselwirkungen mit sonstigen Stoffen;2. ergänzende Pläne, Zeichnungen und Beschreibungen der Anlage und ihrer Teile;
3. Angaben über Maßnahmen, die zum Schutz der Anlage und ihres Betriebs gegen Störmaßnahmen und sonstige Einwirkungen Dritter nach § 7 Abs. 2 Nr. 5 des Atomgesetzes vorgesehen sind;
4. Angaben, die es ermöglichen, die Zuverlässigkeit und Fachkunde der für die Errichtung der Anlage und für die Leitung und Beaufsichtigung ihres Betriebes verantwortlichen Personen zu prüfen;
5. Angaben, die es ermöglichen, die Gewährleistung der nach § 7 Abs. 2 Nr. 2 des Atomgesetzes notwendigen Kenntnisse der bei dem Betrieb der Anlage sonst tätigen Personen festzustellen;
6. eine Aufstellung, die alle für die Sicherheit der Anlage und ihres Betriebes bedeutsamen Angaben, die für die Beherrschung von Stör- und Schadensfällen vorgesehenen Maßnahmen sowie einen Rahmenplan für die vorgesehenen Prüfungen an sicherheitstechnisch bedeutsamen Teilen der Anlage (Sicherheitsspezifikationen) enthält;
7. Vorschläge über die Vorsorge für die Erfüllung gesetzlicher Schadensersatzverpflichtungen;

8. eine Beschreibung der anfallenden radioaktiven Reststoffe sowie Angaben über vorgesehene Maßnahmen
   a) zur Vermeidung des Anfalls von radioaktiven Reststoffen;
   b) zur schadlosen Verwertung anfallender radioaktiver Reststoffe und ausgebauter oder abgebauter radioaktiver Anlagenteile entsprechend den in § 1 Nr. 2 bis 4 des Atomgesetzes bezeichneten Zwecken;
   c) zur geordneten Beseitigung radioaktiver Reststoffe oder abgebauter radioaktiver Anlagenteile als radioaktive Abfälle, einschließlich ihrer vorgesehenen Behandlung, sowie zum voraussichtlichen Verbleib radioaktiver Abfälle bis zur Endlagerung;
9. Angaben über sonstige Umweltauswirkungen des Vorhabens, die zur Prüfung nach § 7 Abs. 2 Nr. 6 des Atomgesetzes für die im Einzelfall in der Genehmigungsentscheidung eingeschlossenen Zulassungsentscheidungen oder für von der Genehmigungsbehörde zu treffende Entscheidungen nach Vorschriften über Naturschutz und Landschaftspflege erforderlich sind; die Anforderungen an den Inhalt der Angaben bestimmen sich nach den für die genannten Entscheidungen jeweils maßgeblichen Rechtsvorschriften.

(2) Bei UVP-pflichtigen Vorhaben sind dem Antrag folgende Unterlagen zusätzlich beizufügen:
1. eine Übersicht über die wichtigsten, vom Antragsteller geprüften technischen Verfahrensalternativen, einschließlich der Angabe der wesentlichen Auswahlgründe, soweit diese Angaben für die Beurteilung der Zulässigkeit des Vorhabens nach § 7 des Atomgesetzes bedeutsam sein können;
2. Hinweise auf Schwierigkeiten, die bei der Zusammenstellung der Angaben für die Prüfung nach § 1a aufgetreten sind, insbesondere soweit diese Schwierigkeiten auf fehlenden Kenntnissen und Prüfmethoden oder auf technischen Lücken beruhen.

(3) Die Angaben nach Absatz 1 Nr. 3 sind getrennt vorzulegen. Enthalten die übrigen in Absatz 1 oder 2 genannten Unterlagen ein Geschäfts- oder Betriebsgeheimnis, so sind sie entsprechend zu kennzeichnen und ebenfalls getrennt vorzulegen. Ihr Inhalt muß in den nach § 6 auszulegenden Unterlagen, soweit es ohne Preisgabe des Geheimnisses geschehen kann, so ausführlich dargestellt sein, daß es Dritten möglich ist, zu beurteilen, ob und in welchem Umfang sie von den Auswirkungen der Anlage betroffen werden können.

(4) Der Antragsteller hat der Genehmigungsbehörde außer den Unterlagen nach den Absätzen 1, 2 und 3 Satz 3 eine allgemein verständliche, für die Auslegung geeignete Kurzbeschreibung der Anlage und der voraussichtlichen Auswirkungen auf die Allgemeinheit und die Nachbarschaft vorzulegen. Bei UVP-pflichtigen Vorhaben erstreckt sich die Kurzbeschreibung auch auf alle Angaben nach Absatz 1 Nr. 1, 8 und 9 sowie Absatz 2 Nr. 1. Er hat ferner ein Verzeichnis der dem Antrag beigefügten Unterlagen vorzulegen, in dem die Unterlagen, die Geschäfts- oder Betriebsgeheimnisse enthalten, besonders gekennzeichnet sind.

(5) Reichen die Unterlagen für die Prüfung nicht aus, so hat sie der Antragsteller auf Verlangen der Genehmigungsbehörde innerhalb einer angemessenen Frist zu ergänzen.

§ 4 Bekanntmachung des Vorhabens

(1) Sind die zur Auslegung (§ 6) erforderlichen Unterlagen vollständig, so hat die Genehmigungsbehörde das Vorhaben in ihrem amtlichen Veröffentlichungsblatt und außerdem in örtlichen Tageszeitungen, die im Bereich des Standortes der Anlage verbreitet sind, öffentlich bekanntzumachen. Eine zusätzliche Bekanntmachung und Auslegung ist, auch in den Fällen der §§ 18 und 19, nur nach Maßgabe der Absätze 2 und 3 erforderlich. Auf die Bekanntmachung ist im Bundesanzeiger hinzuweisen.

(2) Wird das Vorhaben während des Genehmigungsverfahrens wesentlich geändert, so darf die Genehmigungsbehörde von einer zusätzlichen Bekanntmachung und Auslegung absehen, wenn im Sicherheitsbericht keine zusätzlichen oder anderen Umstände darzulegen wären, die nachteilige Auswirkungen für Dritte besorgen lassen. Dies ist insbesondere dann der Fall, wenn erkennbar ist, daß nachteilige Auswirkungen für Dritte durch die zur Vorsorge gegen Schäden getroffenen oder vom Träger des Vorhabens vorgesehenen Maßnahmen ausgeschlossen werden oder die sicherheitstechnischen Nachteile der Änderung im Verhältnis zu den sicherheitstechnischen Vorteilen gering sind. Eine zusätzliche Bekanntmachung und Auslegung (§ 6) ist erforderlich bei
1. Änderungen, die eine Erhöhung der für den bestimmungsgemäßen Betrieb je Jahr vorgesehenen Aktivitätsabgaben und eine Erhöhung der Immissionen um mehr als 5 vom Hundert auf mehr als 75 vom Hundert der Dosisgrenzwerte des § 47 Abs. 1 der Strahlenschutzverordnung zur Folge haben können,
2. Änderung der Konzeption der Anlage oder der räumlichen Anordnung von Bauwerken, sofern die Änderungen im Rahmen der Beherrschung von Auslegungsstörfällen zu einer sicherheitstechnisch bedeutsamen Erhöhung der ursprünglich angenommenen Beanspruchung von Anlageteilen führen können; bei der Beurteilung der sicherheitstechnischen Bedeutung ist Satz 2 entsprechend anzuwenden,
3. Änderungen an Sicherheitssystemen, die besorgen lassen, daß die Zuverlässigkeit der von ihnen zu erfüllenden Sicherheitsfunktionen bei der Beherrschung von Auslegungsstörfällen nicht unwesentlich gemindert wird,
4. Erhöhung der thermischen Leistung oder des maximalen Spaltproduktinventars um mehr als 10 vom Hundert der sich aus dem vorgesehenen Vollastbetrieb ergebenden Werte oder
5. Erhöhung der vorgesehenen Lagerkapazität für bestrahlte Brennelemente um mehr als 10 vom Hundert.

Ist eine zusätzliche Bekanntmachung und Auslegung erforderlich, werden die Einwendungsmöglichkeit und die Erörterung auf die vorgesehenen Änderungen beschränkt; hierauf ist in der Bekanntmachung hinzuweisen.

(3) Wird das Vorhaben während eines Genehmigungsverfahrens, in dem eine Prüfung nach § 1a durchzuführen ist, geändert, ist ein Absehen von einer zusätzlichen Bekanntmachung und Auslegung nur zulässig, wenn bei der Änderung keine zusätzlichen oder anderen erheblichen Auswirkungen auf in § 1a genannte Schutzgüter zu besorgen sind. Absatz 2 Satz 4 gilt entsprechend.

(4) Wird eine Genehmigung zur wesentlichen Veränderung einer Anlage oder ihres Betriebes im Sinne von § 7 Abs. 1 des Atomgesetzes oder eine Genehmigung nach § 7 Abs. 3 des Atomgesetzes beantragt, kann die Genehmigungsbehörde von der Bekanntmachung und Auslegung unter den in Absatz 2 genannten Voraussetzungen absehen. Ein Absehen von der Bekanntmachung und Auslegung ist nicht zulässig, wenn nach

Vorschriften IV

dem Gesetz über die Umweltverträglichkeitsprüfung die Verpflichtung zur Durchführung einer Umweltverträglichkeitsprüfung besteht. Absatz 2 Satz 4 gilt entsprechend.

(5) Von der Bekanntmachung und der Auslegung kann ferner abgesehen werden, wenn der Antrag eine Anlage zur Spaltung von Kernbrennstoffen betrifft, deren Höchstleistung ein Kilowatt thermische Dauerleistung nicht überschreitet oder die dem Antrieb von Schiffen dient oder dienen soll.

(6) (weggefallen)

§ 7 a Verfahren bei grenzüberschreitenden Umweltauswirkungen

(1) Wenn ein UVP-pflichtiges Vorhaben erhebliche nach § 3 Abs. 1 Nr. 1 oder 9 zu beschreibende Auswirkungen auf in § 1 a genannte Schutzgüter in einem anderen Staat haben kann oder ein anderer Staat, der möglicherweise von den Auswirkungen erheblich berührt wird, darum ersucht, so werden die von dem anderen Staat benannten Behörden im Hinblick auf die Prüfung nach § 1 a zum gleichen Zeitpunkt und im gleichen Umfang wie die nach § 7 Abs. 4 Satz 1 des Atomgesetzes zu beteiligenden Behörden über das Vorhaben unterrichtet; dabei ist der zuständigen Behörde des anderen Staates eine angemessene Frist für die Mitteilung einzuräumen, ob eine Beteiligung an dem Verfahren gewünscht wird. Wenn der andere Staat die zu beteiligenden Behörden nicht benannt hat, ist die oberste für Umweltangelegenheiten zuständige Behörde des anderen Staates zu unterrichten. Die Genehmigungsbehörde hat darauf hinzuwirken, dass das Vorhaben in dem Staat auf geeignete Weise bekannt gemacht wird, dabei angegeben wird, bei welcher Behörde Einwendungen erhoben werden können, und dabei darauf hingewiesen wird, dass mit Ablauf der Einwendungsfrist alle Einwendungen ausgeschlossen sind, die nicht auf besonderen privatrechtlichen Titeln beruhen. Rechtsvorschriften zur Geheimhaltung, insbesondere zum Schutz von Geschäfts- und Betriebsgeheimnissen, bleiben unberührt; entgegenstehende Rechte Dritter sind zu beachten. Ebenfalls unberührt bleiben die Vorschriften des Bundesdatenschutzgesetzes und der Landesdatenschutzgesetze zur Datenübermittlung an Stellen außerhalb des Geltungsbereichs des Grundgesetzes. Die Genehmigungsbehörde gibt den zu beteiligenden Behörden des anderen Staates auf der Grundlage der übersandten Unterlagen nach den §§ 2 und 3 Gelegenheit, innerhalb angemessener Frist vor der Entscheidung über den Antrag ihre Stellungnahmen abzugeben; dort ansässige Personen sind im Hinblick auf ihre weitere Beteiligung am Genehmigungsverfahren Inländern gleichgestellt.

(2) Die Genehmigungsbehörde kann verlangen, dass ihr der Antragsteller eine Übersetzung der Kurzbeschreibung nach § 3 Abs. 4 sowie, soweit erforderlich, weiterer für die grenzüberschreitende Beteiligung bedeutsamer Angaben zum Vorhaben, insbesondere zu grenzüberschreitenden Umweltauswirkungen, zur Verfügung stellt, sofern im Verhältnis zu dem anderen Staat die Voraussetzungen der Grundsätze von Gegenseitigkeit und Gleichwertigkeit erfüllt sind.

(3) Soweit erforderlich oder soweit der andere Staat darum ersucht, führen die zuständigen obersten Bundes- und Landesbehörden innerhalb eines vereinbarten, angemessenen Zeitrahmens mit dem anderen Staat Konsultationen insbesondere über die grenzüberschreitenden Umweltauswirkungen des Vorhabens und über die Maßnahmen zu deren Vermeidung oder Verminderung durch.

(4) Die Genehmigungsbehörde übermittelt den beteiligten Behörden des anderen Staates die Entscheidung über den Antrag einschließlich der Begründung. Sofern die Voraussetzungen der Grundsätze von Gegenseitigkeit und Gleichwertigkeit erfüllt sind, kann sie eine Übersetzung des Genehmigungsbescheids beifügen.

(5) Weiter gehende Regelungen zur Umsetzung völkerrechtlicher Verpflichtungen von Bund und Ländern bleiben unberührt.

§ 18 Teilgenehmigung

(1) Auf Antrag kann eine Teilgenehmigung erteilt werden, wenn eine vorläufige Prüfung ergibt, daß die Genehmigungsvoraussetzungen im Hinblick auf die Errichtung und den Betrieb der gesamten Anlage vorliegen werden, und ein berechtigtes Interesse an der Erteilung einer Teilgenehmigung besteht.

(2) Ist ein Antrag im Sinne des Absatzes 1 gestellt, so kann die Genehmigungsbehörde zulassen, daß in den Unterlagen endgültige Angaben nur hinsichtlich des Gegenstandes der Teilgenehmigung gemacht werden. Zusätzlich sind Angaben zu machen, die bei einer vorläufigen Prüfung ein ausreichendes Urteil darüber ermöglichen, ob die Genehmigungsvoraussetzungen im Hinblick auf die Errichtung und den Betrieb der gesamten Anlage vorliegen werden.

(3) Betrifft der Antrag im Sinne des Absatzes 1 ein UVP-pflichtiges Vorhaben, erstreckt sich im Verfahren zur Erteilung einer Teilgenehmigung die Prüfung nach § 1 a im Rahmen der vorläufigen Prüfung im Sinne des Absatzes 1 auf die erkennbaren Auswirkungen des gesamten Vorhabens auf in § 1 a genannte Schutzgüter und abschließend auf die Auswirkungen, deren Ermittlung, Beschreibung und Bewertung Voraussetzung für Feststellungen oder Gestattungen ist, die Gegenstand dieser Teilgenehmigung sind. Ist für ein UVP-pflichtiges Vorhaben über eine weitere Teilgenehmigung zu entscheiden, ist die Anwendung der besonderen Vorschriften für UVP-pflichtige Vorhaben auf zusätzliche oder andere erhebliche Auswirkungen auf in § 1 a genannte Schutzgüter zu beschränken. Die Unterrichtung über voraussichtlich beizubringende Unterlagen nach § 1 b beschränkt sich auf den zu erwartenden Umfang der Prüfung nach § 1 a; Absatz 2 gilt auch für die dem Antrag nach § 3 2 zusätzlich beizufügenden Unterlagen.

§ 19 a Raumordnungsverfahren und Genehmigungsverfahren

(1) Die Genehmigungsbehörde hat die im Raumordnungsverfahren oder einem anderen raumordnerischen Verfahren (raumordnerisches Verfahren) nach § 16 1 des Gesetzes über die Umweltverträglichkeitsprüfung ermittelten, beschriebenen und bewerteten Auswirkungen eines UVP-pflichtigen Vorhabens auf die Umwelt nach Maßgabe des § 14a Abs. 2 bei der Entscheidung über den Antrag zu berücksichtigen.

(2) Genehmigungsverfahren soll hinsichtlich der im raumordnerischen Verfahren ermittelten und beschriebenen Auswirkungen auf in § 1a Abs. 2 genannte Schutzgüter von den Anforderungen des § 7 Abs. 4 Satz 1 des Atomgesetzes sowie der §§ 1 b, 3, 7 a und 14 a Abs. 1 insoweit abgesehen werden, als diese Verfahrensschritte bereits im raumordnerischen Verfahren erfolgt sind.

Vorschriften IV

§ 20 Übergangsvorschrift

(1) Verfahren, die vor dem Inkrafttreten einer Änderung dieser Verordnung begonnen worden sind, sind nach den Vorschriften der geänderten Verordnung zu Ende zu führen. Eine Wiederholung von Verfahrensabschnitten ist nicht erforderlich.

(2) Abweichend von Absatz 1 sind Genehmigungsverfahren für Vorhaben, auf die das Gesetz über die Umweltverträglichkeitsprüfung in der am 3.8.2001 in Kraft getretenen Fassung keine Anwendung findet, nach den bis zum vorgenannten Datum geltenden Vorschriften zu Ende zu führen.

Literatur

Abresch, J.-P.: UVP in der Flurbereinigung, UVP-report 1993, 116 ff.

Appel, I.: Emissionsbegrenzung und Umweltqualität – Zu zwei Grundkonzepten der Vorsorge am Beispiel des IPPC-Richtlinienvorschlages der EG, DVBl. 1995, 399 ff.

Appold, W.: Freiraumschutz durch räumliche Planung. Rechtliche Möglichkeiten eines landesplanerischen Gesamtkonzepts, Beiträge zum Siedlungs- und Wohnungswesen und zur Raumplanung, Bd. 122, Münster 1988, zit.: Appold, Freiraumschutz.

Auge, J.: Planspiel zur Strategischen Umweltprüfung in der Regionalplanung, UVP-Report 1999, 32 ff.

Auge, J.: Renaissance der Umwelterheblichkeitsprüfung (Screening), UVP-Report 1999, S. 36 ff.

Auge, J./Knieps, E./Schmiedecken, W.: Der Richtlinienvorschlag für eine strategische Umweltprüfung – Anforderungen und Restriktionen, in: Die UVP für Pläne und Programme, 1997, S. 5 ff.

Auge, J./Wagner D.: Porgramm-UVP in der Bundesverkehrswegeplanung – Anforderungen und Restriktionen, in: UVP-Föderverein (Hrsg.): UVP in der Bundesverkehrsplanung, Die Bedeutung der Plan-/Programm-UVP zur Sicherung einer umwelt- und sozialverträglichen Mobilität, UVP-Spezial Bd. 14.

Baedeker, H. J.: Die TA Siedlungsabfall und ihre Folgen für die Abfallwirtschaft in Nordrhein-Westfalen, NWVBL 1993, 281 ff.

Battis, U.: Umweltverträglichkeitsprüfung in der Bauleitplanung, NuR 1995, 448 ff.

Battis, U./Krautzberger, M./Löhr, R.-P.: Die Umsetzung des neuen UVP-Rechts in das Baugesetzbuch; NVwZ 2001, 961 ff.

Bechmann, A./Hartlik, J.: Die Umweltverträglichkeitsprüfung. Zwischenbilanz und Ausblick, 1998.

Bechmann, A./Hartlik, J.: Vom Gesetz zur Verwaltungsreform?, UVP-Report 1998, 246 ff.

Becker, B.: Überblick über die umfassende Änderung der Richtlinie über die Umweltverträglichkeitsprüfung, NVwZ 1997, 1167 ff.

Becker, B.: Integrierte Vermeidung und Verminderung der Umweltverschmutzung (IVU/IPPC), Loseblatt-Kommentar, Grundwerk 1997.

Becker, B.: Einführung in Inhalt, Bedeutung und Probleme der Umsetzung der Richtlinie 96/61/EG des Rates der Europäischen Union vom 24. September 1996 über die integrierte Vermeidung und Verminderung der Umweltverschmutzung, DVBl. 1997, 588 ff.

Becker, B.: Überblick über die umfassende Änderung der Richtlinie über die Umweltverträglichkeitsprüfung, NVwZ 1997, 1167 ff.

Becker, B.: Einführung in Inhalt, Bedeutung und Probleme der Umsetzung der Richtlinie 96/61/EG des Rates über die integrierte Vermeidung und Verminderung der Umweltverschmutzung, DVBl 1997, 588 ff.

Literatur

Becker, B.: Integrierte Vermeidung und Verminderung der Umweltverschmutzung, 1997, zit.: Becker, IVU/IPPC.

Becker, B.: Überblick über die umfassende Änderung der Richtlinie über die Umweltverträglichkeitsprüfung, – mehrfach integrierte Vermeidung und Verminderung der Umweltbeeinträchtigung?, NVwZ 1997, 1167 ff.

Beckmann, M.: Die UVP für Pläne und Programme im Bereich der Abfallwirtschaft, in: Die UVP für Pläne und Programme, 1997, S. 80 ff.

Beckmann, M.: Die Umweltverträglichkeitsprüfung und das rechtssystematische Verhältnis von Planfeststellungsbeschlüssen und Genehmigungsentscheidungen, DÖV 1987, 944 ff.

Beckmann, M.: Verwaltungsgerichtlicher Rechtsschutz im raumbedeutsamen Umweltrecht, Beiträge zum Siedlungs- und Wohnungswesen und zur Raumplanung, Bd. 114, Münster 1987, zit.: Beckmann, Rechtsschutz.

Beckmann, M.: Rechtsschutz Drittbetroffener bei der Umweltverträglichkeitsprüfung, DVBl. 1991, 358 ff.

Beckmann, M.: Der Rechtsschutz des Vorhabenträgers bei der Umweltverträglichkeitsprüfung, NVwZ 1991, 427 ff.

Beckmann, M.: Oberflächeneigentum und Bergbau, DVBl. 1992, 741 ff.

Beckmann, M.: Bewerten und Gesetzesanwendung bei der Umweltverträglichkeitsprüfung, DVBl. 1993, 1335 ff.

Beckmann, M.: Verfahrensrechtliche Anforderungen an die Standortsuche für Abfalldeponien, DVBl. 1994, 236 ff.

Beckmann, M./Appold, W./Kuhlmann, E.-M.: Zur gerichtlichen Kontrolle abfallrechtlicher Planfeststellungsbeschlüsse, DVBl. 1988, 1002 ff.

Bender, B./Pfaff, R.: Zur Standortproblematik im Recht der Abfallentsorgungsanlagen, DVBl. 1992, 181 ff.

Bericht über die 20. Fachtagung der Gesellschaft für Umweltrecht am 1. und 2.11.1996 in Berlin, NuR 1997, 284 ff.

Berliner Kommentar zum Baugesetzbuch: 2. Aufl., Köln 1995, zit.: Bearbeiter, in: Berliner Kommentar

Böhm-Amtmann, Edeltraud: Perspektiven des EU-Umweltrechts, WiVerw 1999/3, S. 135 ff.

Bohne, E.: Die Umweltverträglichkeitsprüfung bergbaulicher Vorhaben, ZfB 1989, 93 ff.

Boldt, G./Weller, H.: Bundesberggesetz. Ergänzungsband zum Kommentar, Berlin, New York 1992, zit.: Boldt/Weller, Erg.Bd. BbergG.

Bönker, Ch.: Umweltstandards in Verwaltungsvorschriften, Beiträge zum Siedlungs- und Wohnungswesen und zur Raumplanung, Bd. 142, Münster 1992, zit.: Bönker, Umweltstandards.

Bosselmann, A.: Umweltverträglichkeitsprüfung (UVP) durch vorgelagerte Konfliktbewältigung?, DVBl. 1988, 724 ff.

Brandt, K.: Grenzüberschreitender Nachbarschutz im deutschen Umweltrecht, DVBl. 1995, 779 ff.

Literatur

Breuer, R.: Umweltschutzrecht, in: Schmidt-Aßmann, Eberhard (Hrsg.), Besonderes Verwaltungsrecht, 11. Aufl., Berlin 1999, zit.: Breuer, Umweltschutzrecht, in: Schmidt-Aßmann (Hrsg.) BesVerwR.

Breuer, R.: Anlagensicherheit und Umweltschutz im Energiesektor, in: Dolde (Hrsg.), Umweltrecht im Wandel, Berlin 2001, S. 915 ff., zit.: Breuer, in: Dolde (Hrsg.), Umweltrecht im Wandel.

Brohm, W.: Die naturschutzrechtliche Eingriffs- und Ausgleichsregelung im Bauplanungsrecht, in. Festschrift für Werner Hoppe, München 2000, S. 511 ff.; zit.: Brohm, FS Hoppe.

Bundesministerium für Umwelt, Naturschutz und Reaktorsicherheit (Hrsg.): Umweltgesetzbuch, Entwurf der Unabhängigen Sachverständigenkommission beim Bundesministerium für Umwelt, Naturschutz und Reaktorsicherheit, Berlin 1998, zit.: Unabhängige Sachverständigenkommission für ein Umweltgesetzbuch.

Bundesverband der Deutschen Industrie e.V. (BDI): Die Auswirkungen der IVU-Richtlinie auf das nationale Anlagenzulassungsrecht unter Berücksichtigung der Novelle der UVP-Richtlinie und des Gesetzes zur Beschleunigung und Vereinfachung immissionsschutzrechtlicher Genehmigungsverfahren, 1. Fassung, Köln Januar 1997.

Bunge, Th.: Die Umweltverträglichkeitsprüfung von Projekten: Verfahrensrechtliche Erfordernisse auf der Basis der EG-Richtlinie vom 27. Juni 1985, DVBl. 1987, 819 ff.

Bunge, Th.: Umweltverträglichkeitsprüfung, in: Kimminich/v. Lersner/Storm (Hrsg.), Handwörterbuch des Umweltrechts, Bd. II, 2. Aufl., Berlin 1994, Sp. 2478 ff., zit.: Bunge, HdUR.

Calliess, Ch.: Zur unmittelbaren Wirkung der EG-Richtlinie über die Umweltverträglichkeitsprüfung und ihrer Umsetzung im deutschen Immissionsschutzrecht, NVwZ 1996, 339 ff.

Cosack,: Bergrechtliches Zulassungsverfahren und Fauna/Flora/Habitat- Verträglichkeitsprüfung, NuR 2000, 311.

Crone-Erdmann: Statement contra UVP, in: Umweltverträglichkeitsprüfung für Pläne und Programme, 1998, S. 37 f. (wird von der UVP-Gesellschaft e.V. in Hamm vertrieben und kann dort angefordert werden).

Diehl, J.: Probleme einer UVP in der Regionalplanung aus Sicht der Praxis, UVP-Report 1998, S. 89 f.

Dienes, K.: Das Gesetz über die Umweltverträglichkeitsprüfung, ET 1990, 727 ff.

Dienes, K.: Umweltverträglichkeitsprüfung und Standards aus Sicht der Energiewirtschaft, in: Bonus/Hoppe/Schreiber (Hrsg.), Umweltverträglichkeitsprüfung – Gibt es Standards? Workshop des ZUFO am 17. und 18. Juni 1991 in Münster, Münster 1992, S. 9 ff., zit.: Dienes, UVP.

Di Fabio, U.: Richtlinienkonformität als ranghöchstes Normauslegungsprinzip? – Überlegungen zum Einfluß des indirekten Gemeinschaftsrechts auf die nationale Rechtsordnung, NJW 1990, 947 ff.

Di Fabio, U.: Entscheidungsprobleme der Risikoverwaltung. Ist der Umgang mit Risiken rechtlich operationalisierbar?, NuR 1991, 353 ff.

Di Fabio, U.: Verwaltungsvorschriften als ausgeübte Beurteilungsermächtigung – Plädoyer für eine Neubestimmung der normkonkretisierenden Verwaltungsvorschriften im System der Rechtsquellen, DVBl. 1992, 1338 ff.

Literatur

Di Fabio, U.: Integratives Umweltrecht – Bestand, Ziele, Möglichkeiten, in: Dokumentation zur 21. Wissenschaftlichen Fachtagung der Gesellschaft für Umweltrecht e. V. (Berlin 1997) 1998, S. 27 ff. = NVwZ 1998, 329 ff.

Di Fabio, U.: Integratives Umweltrecht, NVwZ 1998, 329 ff.

Dolde, K.-P.: Die EG-Richtlinie über die integrierte Vermeidung und Verminderung der Umweltverschmutzung (IVU-Richtlinie) – Auswirkungen auf das deutsche Umweltrecht, NVwZ 1997, 313 ff.

Dürkop, J.: Folgen der IVU-RL für die Verordnung über genehmigungsbedürftige Anlagen, in: Neuerungen für genehmigungsbedürftige Anlagen insbesondere durch Vorschriften der Europäischen Union, Fortbildungszentrum Gesundheit und Umweltschutz (Hrsg.), 1995, S. 45–63.

Dürkop, J./Kracht H./Wasielewski, A.: Die künftige EG-Richtlinie über die integrierte Vermeidung und Verminderung der Umweltverschmutzung (IVU-Richtlinie) – Perspektiven für das deutsche Recht nach dem gemeinsamen Standpunkt des EG/Umweltministerrats, UPR 1995, 425 ff.

Eberle, Dieter: UVP in der Regional- und Landesplanung, UVP-Report 1998, S. 80 f.

Ellerbrock, H.: Gutachten zur Minimierung des Nutzungskonfliktes »Kalksteinabgrabung: Naturschutz« im Teutoburger Wald, in: Die UVP für Pläne und Programme, 1997, S. 54 ff.

Enders, A/Krings, B.: Das Artikelgesetz aus immissionsschutzrechtlicher und abfallrechtlicher Sicht, DVBl. 2001, 1242

Enders, R./Krings, M.: Zur Änderung des Gesetzes über die Umweltverträglichkeitsprüfung durch das Artikelgesetz zur Umsetzung der UVP-Änderungsrichtlinie, DVBl. 2001, 1242 ff.

Enders, R./Krings, M.: DVBl. 2000, 1242, 1247

Engelhardt, K.: Auf dem Weg zum »Umweltgesetzbuch I«: Sechste Osnabrücker Gespräche zum deutschen und europäischen Umweltrecht, NVwZ 1999, 51.

Epiney, A.: Dezentrale Durchsetzungsmechanismen im gemeinschaftlichen Umweltrecht. Dargestellt am Beispiel der UVP-Richtlinie, ZUR 1996, 229 ff.

Epiney, A.: Unmittelbare Anwendbarkeit und objektive Wirkung von Richtlinien – Zur Entscheidung des EuGH vom 11. 8. 1995 – Rs. C-431/92 – Großkrotzenburg – DVBl. 1996, 424 –, DVBl. 1996, 409 ff.

Epiney, A.: Umweltrecht in der europäischen Union, 1997, S. 213 ff.

Erbguth, W.: Das Bundesverwaltungsgericht und die Umweltverträglichkeitsprüfung, NuR 1997, 261, 265.

Erbguth, W.: Das Bundesverwaltungsgericht und die Umweltverträglichkeitsprüfung – Einige Anmerkungen, ausgehend von BVerwG, Urt. v. 21.3.1996–4 C 19.94, NuR 1996, 589 – NuR 1997, 261 ff.

Erbguth, W.: Konzeptionelle und rechtliche Konsequenzen des Gebots nachhaltiger Raumentwicklung, DÖV 1998, 673 ff.

Erbguth, W.: Die materielle Umweltverträglichkeitsprüfung in der Bauleitplanung nach Erlaß des Investitionserleichterungs- und Wohnbaulandgesetzes, NVwZ 1993, 956 ff.

Erbguth, W.: Das Bundesverwaltungsgericht und die Umweltverträglichkeitsprüfung, NuR 1997, 261 ff.

Erbguth, W.: Das UVP-Gesetz des Bundes: Regelungsgehalt und Rechtsfragen, Die Verwaltung 1991, 283 ff.

Erbguth, W.: Rechtliche Anforderungen an Alternativprüfungen in (abfallrechtlichen) Planfeststellungsverfahren und vorgelagerten Verfahren, NVwZ 1992, 209 ff.

Erbguth, W.: Informale Standortsuche für eine Hausmülldeponie und Abwägungsgebot – anhand eines praktischen Beispiels, NuR 1992, 262 ff.

Erbguth, W./Schink, A.: UVPG, 2. Aufl., § 3 Rn. 13 ff.

Erbguth, W./Schink, A.: Das Gesetz zur Umweltverträglichkeitsprüfung: Allgemeine Konsequenzen für die Zulassung von Vorhaben, EuZW 1990, 531 ff.

Erbguth, W./Schink, A.: Gesetz über die Umweltverträglichkeitsprüfung, Kommentar, 2. Aufl., München 1996, zit.: Erbguth/Schink, UVPG.

Erbguth, W./Schoeneberg, J.: Die Umsetzung der EG-Richtlinie über die Umweltverträglichkeitsprüfung vor dem Hintergrund rechtssystematischer Grundlagen der raumbezogenen Zulassungsverfahren in der Bundesrepublik Deutschland, WiVerw. 1985, 102 ff.

Fachkommission »Städtebau« der ARGEBAU: Mustereinführungserlass zur Umweltverträglichkeitsprüfung in der Bebauungsplanung, Berlin 2001

Feldmann: DVBl. 2001, 589, 593

Feldmann, F.-J.: Die Umsetzung der UVP-Änderungsrichtlinie in deutsches Recht, DVBl. 2001, 589 ff.

Feldmann, F.-J.: Umweltverträglichkeitsprüfung: EG-Richtlinie und ihre Umsetzung in Deutschland, in: Rengeling (Hrsg.): Handbuch zum europäischen und deutschen Umweltrecht, Band 1, Allgemeines Umweltrecht, 1998

Feldmann, L.: Aktueller Stand des Richlinienentwurfes für eine Strategische UVP, UVP-Report 1998. 63 f.

Feldmann, L.: Die strategische Umweltprüfung (SUP) – Der Richtlinienvorschlag, in: Die UVP für Pläne und Programme, 1997, S. 16 ff.

Feldmann, F.-J.: UVP-Gesetz und UVP-Verwaltungsvorschrift, UPR 1991, 127 ff.

Feldmann, L./Papoulias, F.: Aktivitäten der Europäischen Kommission für die UVP, UVP-Report 1997, S. 9 ff.

Feldt, W.: Änderung der europäischen UVP-Richtlinie, UVP-Report 1997, 5 ff.

Fehrmann, I./Wasielewski A.: Organisation der Industrieanlagenzulassung im Land Brandenburg, ZUR 1998, 232 ff.

Fischer: Die Strategische UVP, UVP-Report 1998, S. 69

Fluck, J.: Die Vorhabengenehmigung im Kommissionsentwurf eines Umweltgesetzbuches aus Unternehmersicht – eine erste Kritik, NVwZ 1998, 1016 ff.

Fouquet, J.: Zur UVP-Pflichtigkeit von Tagebauen, ZUR 1994, 191 ff.

Franßen, E.: Abfallrecht, in: Salzwedel (Hrsg.), Grundzüge des Umweltrechts, Berlin 1982, S. 735 ff., zit.: Franßen, Abfallrecht.

Frenz: Europäisches Umweltrecht, 1997, Rdnr. 399.

Literatur

Gaentzsch, G.: Zur Umweltverträglichkeitsprüfung von Bebauungsplänen und zu Fehlerfolgen insbesondere bei unmittelbarer Anwendbarkeit der UVP-Richtlinie, UPR 2001, 287 ff.

Gaentzsch, G.: Die bergrechtliche Planfeststellung, in: Festschrift für Horst Sendler, München 1991, S. 403 ff., zit.: Gaentzsch, FS Sendler.

Gallas, A.: Die Umweltverträglichkeitsprüfung im immissionsschutzrechtlichen Genehmigungsverfahren, UPR 1991, 214 ff.

Gassner, E.: Zur Bewertung der Auswirkungen von UVP-Projekten auf die Umwelt, UPR 1996, 429 ff.

Gassner, E.: Die medien- und verfahrensübergreifende Umweltverträglichkeitsprüfung, UPR 1990, 361 ff.

Gassner, E.: Umweltverträglichkeitsprüfung in der planerischen Abwägung, UPR 1993, 241 ff.

Gassner, E./Winkelbrandt, A.: Umweltverträglichkeitsprüfung in der Praxis, Methodischer Leitfaden, München 1990, zit.: Gassner/Winkelbrandt, UVP.

Gaßner, H./Schmidt, A.: Die Neuregelung der Zulassung von Abfallentsorgungsanlagen, NVwZ 1993, 946 ff.

Gellermann, M.: Auflösung von Normwidersprüchen zwischen europäischem und nationalem Recht, DÖV 1996, 433 ff.

Gerhold, D./Heil, H.: Das neue Bundesdatenschutzgesetz 2001, Datenschutz und Datensicherheit 2001, 7 ff.

Giemulla, E./Schmid, R.: Luftverkehrsgesetz, Kommentar, Loseblatt, Neuwied 2001, zit.: Bearbeiter, in: Giemulla/Schmid, LuftVG

Gipper, A.: Fortschreibung des Bundesverkehrswegeplans 1992 – Stand der Überlegungen/Methodische Grundlagen/Forschung zur Weiterentwicklung der Methodik, in: UVP-Föderverein (Hrsg.): UVP in der Bundesverkehrsplanung, Die Bedeutung der Plan-/Programm-UVP zur Sicherung einer umwelt- und sozialverträglichen Mobilität, UVP-Spezial Bd. 14

Gola, P./Schomerus, R.: Bundesdatenschutzgesetz, 6. Aufl., München 1997, zit.: Gola/Schomerus, BDSG

Groß, Th.: Neue Entwicklungen in der Zuordnung von Landschaftsplanung und Raumplanung, NuR 1998, 123 ff.

Groß, Th.: Die Alternativenprüfung in der Umweltverträglichkeitsprüfung, NVwZ 2001, 513 ff.

Haas, S./Weber, K.: Notwendigkeit und Chancen einer UVP in der Regionalplanung – am Beispiel Rheinland-Pfalz, UVP-Report 1998, S. 87 ff.

Hagenah, E.: Prozeduraler Umweltschutz, 1996, S. 61 ff.

Hagenah, E.: Das Umweltgesetzbuch als Motor oder Bremse der Innovationsfähigkeit in Wirtschaft und Verwaltung, DVBl. 1998, S. 87 ff.

Halmes, G.: Rechtsgrundlagen für den regionalen Integrationsprozeß in Europa, DÖV 1996, 933 ff.

Harengerd, M.: Anforderungen an die Strategische Umweltprüfung aus Sicht des verbandlichen Naturschutzes, in: Die UVP für Pläne und Programme, 1997, S. 41 ff.

Hartlik, J.: Bleibt alles anderrs? Die UVP-Änderungsrichtlinie 97/11/EG und die Konsequenzen für das deutsche UVP-Recht, UVP-Report 1999, S. 79 ff.

Hartlik, J.: Kommentierte tabellarische Gegenüberstellung der alten und geänderten UVP-Richtlinie sowie des UVP-Gesetzes, UVP-Report 1999, S. 82 ff.

Heberlein, H.: Grenznachbarschaftliche Zusammenarbeit auf kommunaler Basis, DÖV 1996, 100 ff.

Hellmann, A. A.: NVwZ 2001, 1135, 1136

Heitsch, Ch.: Durchsetzung der materiell-rechtlichen Anforderungen der UVP-Richtlinie im immissionsschutzrechtlichen Genehmigungsverfahren, NuR 1996, 453 ff.

Hermanns, C. D.: Auf dem Weg zum »Umweltgesetzbuch I«, UPR 1998, 375 ff.

Heute-Bluhm, G.: Rechtliche Vorgaben für die Standortvorauswahl bei der Zulassung von Abfallentsorgungsanlagen, VBlBW 1993, 206 ff.

Hezel, C.: IVU-Richtlinie der EU – Richtig umgesetzt kann sie allen gerecht werden, Chemie Technik 1996, Nr. 5, S. 12 ff.

Hien, J.: Die Umweltverträglichkeitsprüfung in der gerichtlichen Praxis, NVwZ 1997, 422.

Hoecht, H.: Umweltverträglichkeitsprüfung in Flurbereinigungsverfahren, NuR 1989, 379 ff.

Hofmann, K.: Die IVU-Richtlinie und ihre Bedeutung für die Wasserwirtschaft, Wasser und Abfall 1999, 38 ff.

Hoffmann-Hoepel, J.: Bericht über die 3. Osnabrücker Gespräche zum Deutschen und Europäischen Umweltrecht am 18./19.5. 1995, BayVBl. 1996, 393 ff.

Hoffmann-Riem, W.: Von der Antragsbindung zum konsentierten Optionenermessen, DVBl. 1994, 605 ff.

Hoppe, W.: Die Bedeutung von Optimierungsgeboten im Planungsrecht, DVBl. 1992, 853 ff.

Hoppe, W.: Verfassungsrechtliche Grundlagen des Verhältnisses von Oberflächeneigentum und Bergbau, DVBl. 1993, 221 ff.

Hoppe, W.: Die Umweltverträglichkeitsprüfung im Planfeststellungs- und Anlagengenehmigungsverfahren. Zur Anwendung der Art. 3 und 8 EG-Richtlinie im deutschen Recht, Berlin 1988, S. 39 ff., zit.: Hoppe, UVP.

Hoppe, W.: Bemerkungen zur Umweltgrundlagenplanung im UGB-Entwurf der Unabhängigen Sachverständigenkommission, in: Planung – Recht – Rechtsschutz, Festschrift für Willi Blümel zum 70. Geburtstag, 1999, S. 177 ff.

Hoppe, W.: Empfiehlt sich die Regelung einer eigenständigen Umweltplanung? Zugleich Anmerkung zur Umweltleitplanung im UGB-AT-ProfE und zur Umweltgrundlagenplanung im UGB-KomE, in: Dolde (Hrsg.) Umweltrecht im Wandel, Berlin 2001, S. 267 ff., zit.:# Hoppe, in: Dolde (Hrsg.) Umweltrecht im Wandel.

Hoppe, W./Appold, W.: Umweltverträglichkeitsprüfung – Bewertung und Standards aus rechtlicher Sicht, DVBl. 1991, 1221 ff.

Hoppe, W./Appold, W./Haneklaus, W.: Rechtspflicht zur Standortalternativenprüfung im Raumordnungsverfahren?, DVBl. 1992, 1203 ff.

Literatur

Hoppe, W./Beckmann, M.: Planfeststellung und Plangenehmigung im Abfallrecht, Berlin 1990, zit.: Hoppe/Beckmann, Planfeststellung.

Hoppe, W./Beckmann, M.: Zur Berücksichtigung von Standortalternativen bei der Zulassung von Abfallentsorgungsanlagen, DÖV 1990, 769 ff.

Hoppe, W./Beckmann, M.: Grundeigentumsschutz bei heranrückendem Bergbau, Köln u. a. 1988; zit.: Hoppe/Beckmann Grundeigentumsschutz.

Hoppe, W./Beckmann, M.: Zur rechtlichen Unbedenklichkeit der alternativen Übernahme des Projektentwurfs eines privaten Vorhabenträgers durch die planende Gemeinde, DVBl. 1987, 1249 ff.

Hoppe, W./Beckmann, M./Kauch, P.: Umweltrecht, 2. Aufl., München 2000, zit.: Hoppe/Beckmann/Kauch, Umweltrecht.

Hoppe, W./Püchel, G.: Zur Anwendung der Art. 3 und 8 EG-Richtlinie zur UVP bei der Genehmigung nach dem Bundes-Immissionsschutzgesetz, DVBl. 1988, 1 ff.

Hoppe, W./Schlarmann, H./Buchner, R.: Rechtsschutz bei der Planung von Straßen und anderen Verkehrsanlagen, 3. Aufl., München 2001; zit.: Hoppe/Schlarmann/Buchner, Rechtsschutz.

Hoppenstedt, A./Kraetzschmer, D.: Anforderungen und Ansätze einer UVP für Pläne und Programme der Verkehrsplanung, in: Die UVP für Pläne und Programme, 1997, S. 94 ff.

Hübler, K.-H.: Ist die Plan- und Programm-UVP der Königsweg der Umweltpolitik im Jahre 2002?, UVP-Report 1998, S. 65 ff.

Hübler, K.-H.: Statement pro UVP, in: Umweltverträglichkeitsprüfung für Pläne und Programme, 1998, S. 39 ff. f. (wird von der UVP-Gesellschaft e.V. in Hamm vertrieben und kann dort angefordert werden).

Hübler, K.-H./Otto-Zimmermann, K. (Hrsg.): Umweltverträglichkeitsprüfung – Gesetzgebung, Sachstand, Positionen, Lösungsansätze, Taunusstein 1989, zit.: *Hübler/Otto-Zimmermann, UVP.*

Hübler, K.-H./Otto-Zimmermann, K. (Hrsg.): Bewertung der Umweltverträglichkeit. Bewertungsmaßstäbe und Bewertungsverfahren für die Umweltverträglichkeitsprüfung, 2. Aufl., Gesetzgebung – Sachstand – Positionen – Lösungsansätze, Taunusstein 1991, zit.: *Hübler/Otto-Zimmermann, Bewertung der UVP.*

Jaeger, M./Kames, J.: Zur Erforderlichkeit der Prüfung von Alternativstandorten im Rahmen der Umweltverträglichkeitsprüfung (unter besonderer Berücksichtigung der Planung von Abfallentsorgungsanlagen), ZfW 1992, 269 ff.

Jakoby, Ch.: Vorschläge für eine EU-Richtlinie über die Strategische Umweltprüfung (SUP) 1990 bis 1995, Sonderheft zur Zeitschrift für angewandte Umweltforschung 7/96, S. 209–242.

Jankowski, K.: Eine Einführung in das System der Integrated Pollution Control im englischen Umweltrecht, NuR 1997, 113 ff.

Jarass, H.-D.: Aktuelle Probleme des Planfeststellungsrechts, DVBl. 1997, 795 ff.

Jarass, H. D.: Umweltverträglichkeitsprüfung bei Industrievorhaben, Recht – Technik – Wirtschaft, Köln u. a. 1987, zit.: Jarass, UVP bei Industrievorhaben.

Jarass, H. D.: Grundstrukturen des Gesetzes über die Umweltverträglichkeitsprüfung, NuR 1991, 201 ff.

Jessel, B.: Die UVP auf dem Prüfstand. Bilanz und Perspektiven der Umweltverträglichkeitsprüfung, 1997.

Jessel, B.: Die Umweltverträglichkeitsprüfung vor dem Hintergrund des Natur- und Umweltschutzes, UVP-Report 1995, S. 245 ff.

Kaltenmeier, D.: Die EG-Richtlinie über die integrierte Vermeidung und Verminderung der Umweltverschmutzung (IVU-Richtlinie) aus Sicht des Gewässerschutzes, Teil I: Korrespondenz Abwasser 1997 (44) Nr. 6 ; Teil II: Korrespondenz Abwasser 1998 (45) Nr. 4.

Kersting, A.: Integrierter und betrieblicher Umweltschutz, DVBl. 1995, 734 ff.

Kläne, C.: Screening von Bebauungsplänen, DVBl. 2001, 1031 ff.

Kleinschnittger, A.: Die abfallrechtliche Planfeststellung. Möglichkeiten der Verfahrensvereinfachung und -beschleunigung insbesondere durch Verfahrensstufung, zit.: Kleinschnittger, Planfeststellung.

Knieps E./Stein, W.: Strategische Umweltfolgenabschätzung im Verkehrsbereich, UVP-Report 1995, S. 170 ff.

Knieps E./Stein, W.: Umweltfolgenabschätzung für Pläne und Programme, UVP-Report 1998, S. 77 ff.

Knieps E./Stein, W.: Strategische UVP – Plan- und Programm-UVP, UVP-Report 1998, S. 62.

Knöchel, H.: Die Umweltverträglichkeitsprüfung bei Vorhaben des untertägigen Steinkohlenbergbaus, NWVBL 1992, 117 ff.

Kobes, St.: Das Bundes-Bodenschutzgesetz, NVwZ 1998, 786 ff.

Koch, H.-J.: Die IPPC-Richtlinie: Umsturz im deutschen Anlagengenehmigungsrecht?, Jahrbuch UTR 40 (1997) 31 ff.

Koch, H.-J./Jankowski, K.: Die IVU-Richtlinie: Umsturz im deutschen Anlagengenehmigungsrecht?, ZUR 1998, 57 ff.

Koch, H.-J./Siebel-Huffmann, H.: Das Artikelgesetz zur Umsetzung der UVP-Änderungsrichtlinie, der IVU-Richtlinie und weiterer Umweltschutzrichtlinien, NVwZ 2001, 1081 ff.

Köck, W.: Integrativer Umweltschutz im Industrieanlagenrecht: zur Organisation der Entscheidungsprozesse – eine Einführung –, ZUR 1998, S. 225 ff.

Kollmer, N.: Zustellung und Zugänglichmachen des Genehmigungsbescheides nach § 9 Abs. 2 UVPG, UPR 1995, 132 ff.

Kollmer, N.: Der öffentliche Anhörungstermin im Umweltverträglichkeits-Prüfungsverfahren (§ 9 UVPG), BayVBl. 1995, 449 ff.

Költer, J.: Umweltverträglichkeitsprüfung in der Praxis, Eine rechtsvergleichende Untersuchung in Ländern der Europäischen Union, 1997.

Kracht, H./Wasielewski, A.: Integrierte Vermeidung und Verminderung der Umweltverschmutzung, in: Rengeling (Hrsg.): Handbuch zum europäischen und deutschen Umweltrecht, Band 1, Allgemeines Umweltrecht, 1998.

Krautzberger, M.: UPR 2001, 1 ff.

Krautzberger, M./Stemmler, J.: Die Neuregelung der UVP in der Bebauungsplanung durch die UVPG-Novelle 2001, UPR 2001, 241 ff.

Literatur

*Kremer, E./Neuhaus, P.:*Bergrecht, Stuttgart 2002.

Kretz, C.: Anlagenstandort-Bestimmung und Standortverantwortlichkeit in der abfallrechtlichen Planfeststellung, UPR 1992, 129 ff.

Krings, M.: Immissionsschutzrechtliche Aspekte zur Umsetzung der IVU- und UVP-Richtlinie durch ein Erstes Buch zum Umweltgesetzbuch, in: Jahrbuch UTR 1998.

Kröger, D./Schulz, H.: Verfahrensbeschleunigung durch Plangenehmigung zulasten des – integrierten – Umweltschutzes?, NuR 1995, 72 ff.

Kühling, D./Röhrig, W.: Mensch, Kultur und Sachgüter in der UVP. Am Beispiel von Umweltverträglichkeitsstudien zu Ortsumfragen. 1996 (= UVP-Spezial, Bd. 12).

Kühne, G.: Bergrechtlicher Rahmenbetriebsplan, Anlagengenehmigungsrecht und UVP. Fragen der Bindungswirkung und Planfeststellungspflichtigkeit von Rahmenbetriebsplanzulassungen am Beispiel des Erkundungsbergwerks Gorleben, Recht – Technik – Wirtschaft, Bd. 68, Köln u. a. 1993, zit.: Kühne, RTW, Bd. 68; zit.: Kühne, Bergrechtlicher Rahmenbetriebsplan.

Kuschnerus, U.: Die Umweltverträglichkeitsprüfung in der Bauleitplanung, BauR 2001, 1211 ff., 1346 ff.

Kutscheidt, E.: Zulassung von Abfallentsorgungsanlagen – ein Schnellschuß des Gesetzgebers, NVwZ 1994, 209 ff.

Kutscheidt, E.: Anmerkungen zum Vorsorgeprinzip, in: Dolde (Hrsg.), Umweltrecht im Wandel, Berlin 2001,S. 437 ff., zit.: Kutscheidt, in: Dolde (Hrsg.), Umweltrecht im Wandel.

Ladeur, K.-H.: Umsetzung der EG-Richtlinie zur Umweltverträglichkeitsprüfung in nationales Recht und ihre Koordination mit dem Allgemeinen Verwaltungsrecht, UPR 1996, 419 ff.

Ladeur, K.-H.: Die Umsetzung der EG-Richtlinie zur Umweltverträglichkeitsprüfung in nationales Recht und ihre Koordination mit dem allgemeinen Verwaltungsrecht, K.-H.: UPR 1996, 419.

Ladeur, K.-H.: Integrativer Umweltschutz im Genehmigungsverfahren, ZUR 1998, 245 ff.

Ladeur, K.-H.: Umweltverträglichkeitsprüfung und Ermittlung von Umweltbeeinträchtigungen unter Ungewißheitsbedingungen, ZfU 1994, 1 ff.

Lande, Ch.: Die Umweltverträglichkeitsprüfung in parallelen Zulassungsverfahren, Schriften zum Umweltrecht, Bd. 53, 1995.

Lange, K.: Rechtsfolgen der Umweltverträglichkeitsprüfung für die Genehmigung oder Zulassung eines Projekts, DÖV 1992, 780 ff.

Lange, K./Karthaus A.: Medienübergreifende Umweltverantwortung. Wege zum integrierten Umweltschutz, in: Lange K. (Hrsg.): Gesamtverantwortung statt Verantwortungsparzellierung im Umweltrecht, 1997, S. 15 ff.

Lindemann, J.: Einbettung der UVP in die Raumordnung: Landesentwicklungsplanung, in: Die UVP für Pläne und Programme, 1997, S. 44 ff.

Lindemann: Plan-UVP in der Raumplanung, in: Umweltverträglichkeitsprüfung für Pläne und Programme, 1998, S. 11 f. (wird von der UVP-Gesellschaft e.V. in Hamm vertrieben und kann dort angefordert werden)

Lübbe-Wolff, G.: IVU-Richtlinie und Europäisches Vorsorgeprinzip, NVwZ 1998, 777 ff.

Lübbe-Wolff, G.: Integrierter Umweltschutz – Brauchen die Behörden mehr Flexibilität?, NuR 1999, 241 ff.

Lübbe-Wolff, G.: Anforderungen an das Umweltgesetzbuch – Zum UGB-Entwurf der Unabhängigen Sachverständigenkommission, ZAU 1998, S. 43 ff.

Lübbe-Wolff, G.: Die neue Klärschlammverordnung, IUR 1992, 156 ff.

Marr, K.: Ein Vergleich der UVP-Praxis in Großbritannien und Deutschland: das Beispiel Kläranlagen, ZAU 1997, S. 109 ff.

Marschall/Schroeter/Kastner: Bundesfernstraßengesetz, 5. Aufl., München 1998, zit.: Bearbeiter, in: Marschall/Schroeter/Kastner, FStrG

Masing, J.: Kritik des integrierten Umweltschutzes, DVBl. 1998, 549 ff.

Maucksch, W.: Die Umweltverträglichkeitsprüfung und die Flurbereinigung, Vermessungswesen und Raumordnung 1994, 164 ff.

Mayen, T.: Die Umweltverträglichkeitsprüfung nach dem UVP-Gesetz und der UVP-Verwaltungsvorschrift, NVwZ 1996, 319 ff.

Mecklenburg, W.: Linienbestimmung, UVP und Verkehrsbeschleunigungsgesetz, UPR 1997, 394 ff.

Mecklenburg, W.: Europäischer Gerichtshof entscheidet im Vorlageverfahren B 15 (neu), § 22 UVPG ungültig, UVP-Report 1995, S. 2 f.

Michler, H.-P.: Zum Entwurf eines Umweltgesetzbuches, DVBl. 1999, 816 ff.

Mitschang, St.: Die planexterne Kompensation von Eingriffen in Natur und Landschaft, NuL, 1997, 273 ff.

Mitschang, St.: Bauleitplanung, Eingriffsregelung und »Ökokonto«, ZfBR, 1995, 240 ff.

Müllmann, C.: Die Zulassung von Abfallentsorgungsanlagen nach dem Investitionserleichterungs- und Wohnbaulandgesetz, DVBl. 1993, 637 ff.

Muncke, M.: Die Umweltverträglichkeitsprüfung in der Flurbereinigung, UVP-report 1991, 88 ff.

Niehues, N.: Das Erfordernis der »Planrechtfertigung« als Instrument des verfassungsrechtlichen Eigentumsschutzes (Art. 14 Abs. 3 Satz 1 GG), WiVerw. 1985, 250 ff.

Niermann, R. P.: Betriebsplan und Planfeststellung im Bergrecht, Beiträge zum Siedlungs- und Wohnungswesen und zur Raumplanung, Bd. 143, Münster 1992, zit.: Niermann, Betriebsplan und Planfeststellung.

Orth, M.: Die UVP für Pläne und Programme in der Gebietsentwicklungsplanung/Regionalplanung, in: Die UVP für Pläne und Programme, 1997, S. 49 ff.

Ottersbach, U.: Notwendigkeit und Chancen einer UVP in der Regionalplanung, UVP-Report 1998, 82 ff.

Paetow, K.: Zur Struktur der abfallrechtlichen Planfeststellung, in: Franken, E./Rechker, K./Schlichter, D./Wile, D. (Hrsg.), Bürger – Richterstaat, Festschrift für Horst Sendler, München 1991, S. 425 ff., zit.: Paetow, FS Sendler.

Paetow, St.: Beschleunigungsmaßnahmen bei der Fernstraßenplanung, ZUR 1996, 57 ff.

Peters, H.-J.: Das Recht der Umweltverträglichkeitsprüfung, Bd. 1 – Vorschriftensammlung mit Einführung in das UVP-Recht, 1995.

Literatur

Peine, F.-J.: DVBl. 1998, 157 ff.

Peters, H.-J.: Das Recht der Umweltverträglichkeitsprüfung, Bd. 2, UVP-Kommentar, 1996.

Peters, H.-J.: Zum gesamthaften Ansatz in der gesetzlichen Umweltverträglichkeitsprüfung, NuR 1996, 235 ff.

Peters, H.-J.: Die Vorhabengenehmigung nach dem künftigen Umweltgesetzbuch, ZUR 1998, 295 ff.

Peters, H.-J.: Umweltverträglichkeitsprüfung und Umweltgesetzbuch, NuR 1999, 203 ff.

Peters, H.-J.: Das Recht der Umweltverträglichkeitsprüfung im Übergang, UPR 1999, 294 ff.

Peters, H.-J.: Folgen der Nichtumsetzung der UVP-Änderungsrichtlinie, UVP-Report 1999, S. 38 f.

Peters, H.-J.: Das Recht der UVP, Bd. 2, UVP-Kommentar, Baden-Baden 1996.

Peters, H.-J.: Die UVP-Richtlinie der EG und die Umsetzung in das deutsche Recht. Gesamthafter Ansatz und Bewertung der Umweltauswirkungen, Baden-Baden 1994, zit.: Peters, UVP-Richtlinie.

Peters, H.-J.: Zur Direktwirkung der geänderten UVP-Richtlinie der Europäischen Union, UPR 2000, 172 ff.

Peters, H. J.: UVPG, Handkommentar, 2. Aufl., Baden-Baden 2002; zit.: Peters, UVPG.

Peters, H. J.: Das Recht der UVP im Übergang, UPR 1999, 294.

Piens, R./Schulte, H.-W./Graf Vitzthum, W.: Bundesberggesetz. Kommentar, Stuttgart u. a. 1983, zit.: Piens/Schulte/Graf Vitzthum, BbergG.

Püchel, G.: Die materiell-rechtlichen Anforderungen der EG-Richtlinie zur Umweltverträglichkeitsprüfung. Eine Untersuchung der Auswirkungen auf die Zulassung gemäß §§ 4 ff. BImSchG und §§ 17 ff. FStrG, Beiträge zum Siedlungs- und Wohnungswesen und zur Raumplanung, Bd. 127, Münster 1989, zit.: Püchel, UVP.

Quadflieg, F.: Recht der Flurbereinigung, Kommentar zum Flurbereinigungsgesetz mit weiteren Vorschriften zur ländlichen Bodenordnung, Loseblatt, Köln u.a.. Stand: April 1989, zit.: Quadflieg, FlurbG.

Rebentisch, M.: Abfallvermeidung durch Reststoff-Vermeidung und Reststoff-Verwertung nach § 5 Abs. 1 Nr. 3 BImSchG, UPR 1989, 209 ff.

Rebentisch, M.: Die immissionsschutzrechtliche Genehmigung – ein Instrument integrierten Umweltschutzes, NVwZ 1995, 949 ff.

Rebentisch, M.: Bundesimmissionsschutzgesetz, Kommentar (Hrsg. Feldhaus) zu § 13.

Rengeling, H./W. (Hrsg.): Integrierter und betrieblicher Umweltschutz. Verfahrensrecht und materielles Recht unter Berücksichtigung der Verfahrenserleichterung, der vorgesehenen IVU/ bzw. IPPC/Richtlinie des EG/Umweltaudits und der UVP, 1996.

Rengeling, H.-W.: Die Bundeskompetenzen für das Umweltgesetzbuch I, DVBl. 1998, 997 ff.

Rengeling, H.-W. (Hrsg.): Auf dem Weg zum Umweltgesetzbuch I (Sechste Osnabrücker Gespräche zum deutschen und europäischen Umweltrecht vom 17. bis 19.6.1998) 1999, S. 167 ff. (im Erscheinen).

Rengeling, H.-W./Gellermann M.: Gestaltung des europäischen Umweltrechts und seine Implementation im deutschen Rechtsraum, Jb. UTR 36 (1996).

Rehbinder, E.: Umweltfolgenprüfung, in: Koch (Hrsg.), Auf dem Weg zum Umweltgesetzbuch, Baden-Baden 1992, S. 58 ff., zit.: Rehbinder, Umweltfolgenprüfung.

Repkewitz, U.: Beschleunigung der Verkehrswegeplanung, Verw.Arch 1997, 137 ff.

Rhein, K. U./Zach M.: Zur UVP-Pflichtigkeit, UVP-Report 1998, S. 254.

Richter: Notwendigkeit und Chancen einer UVP in der Regionalplanung, UVP-Report 1998, S. 84 ff.

Röckinghausen, M.: Der Bestandsschutz von immissionsschutzrechtlichen Genehmigungen – u.a. im Lichte der geplanten IPPC-Richtlinie, UPR 1996, 50 ff.

Rosenbach, H.-J.: Anmerkungen zum Beitrag »Aktuelle Probleme des Planfeststellungsrechts« von Universitätsprofessor Dr. Hans D. Jarass in DVBl. 1997, 795 ff., DVBl. 1997, 1223 ff.

Ruffert, M.: Subjektive Rechte und unmittelbare Wirkung von EG-Umweltschutzrichtlinien, ZUR 1996, 235 ff.

Runge, K.: Die Umweltverträglichkeitsuntersuchung. Internationale Entwicklungstendenzen und Planungspraxis, 1998.

Runge: Kumulative Umweltbelastungen – eine Aufgabe der UVP von Plänen und Programmen, UVP-Report 1995, S. 174 ff.

Runkel, P.: DVBl. 2001, 1377 ff.

Runkel, P.: Neuregelung des Rechts der Raumordnung, DVBl. 1996, 699 ff.

Runkel, P.: Umweltverträglichkeitsprüfung in der Bebauungsplanung, DVBl. 2001, 1377 ff.

Sach, K.: IVU/Richtlinie, in: Rudischhauser, K. (Hrsg.): Abfallrecht der EU, 1997.

Salje, P.: UPR 1998, 201 ff.

Schäfer, K.: Zum integrierten Konzept der IVU-Richtlinie, UPR 1997, 444 ff.

Schink, A.: Folgen der EG-Rechtswidrigkeit der Übergangsvorschriften zum UVP-Gesetz, NVwZ 1995, 953 ff.

Schink, A.: Die Umweltverträglichkeitsprüfung – offene Konzeptfragen, DVBl. 2001, 321 ff.

Schink, A.: Gemeinschaftsrechtliche Fortentwicklung der UVP, DVBl. 1995, 73 ff.

Schink, A.: Die Entwicklung des Umweltrechts im Jahre 1995, ZAU 1996, 357 ff.

Schink, A.: Die Entwicklung des Umweltrechts im Jahre 1996, ZAU 1997, 488 ff.

Schink, A.: Umweltverträglichkeitsprüfung in der Bauleitplanung, ZfBR 1998, 284 ff.

Schink, A.: Die Berücksichtigung von Umweltbelangen in der Bauleitplanung, BauR 1998, 1163 ff.

Schink, A.: Die Umweltverträglichkeitsprüfung – eine Bilanz –, NuR 1998, 173 f.

Schink, A.: Die Umweltverträglichkeitsprüfung – eine Bilanz –, NuR 1998, 174 ff.

Schink, A.: Bedeutung der UVP in der Bundesrepublik und Auswirkungen des EG-Rechts auf die Umweltverträglichkeitsprüfung nach deutschem Recht, in: Oebbecke, J./Bauer, J./Faber, A. (Hrsg.): Umweltrecht und Kommunalrecht, 1998, S. 39 ff.

Literatur

Schink, A.: Bedeutung der UVP in der Bundesrepublik und Auswirkungen des EG-Rechts auf die Umweltverträglichkeitsprüfung nach deutschem Recht, in: Oebbecke, J./Bauer, J./Faber, A. (Hrsg.), Umweltrecht und Kommunalrecht, Köln 1998, S. 39 ff., zit.: Schink, Bedeutung der UVP

Schink, A.: Die Entwicklung des Umweltrechts im Jahre 1997 – Zweiter Teil – ZAU 1998, S. 407 ff.

Schink, A.: Auswirkungen des EG-Rechts auf die Umweltverträglichkeitsprüfung nach deutschem Recht, NVwZ 1999, 11 ff.

Schink, A.: Die Entwicklung des Umweltrechts im Jahre 1996, ZAU 1997, S. 488, 496 ff.

Schink, A.: Die Entwicklung des Umweltrechts im Jahre 1998 – Erster Teil –, ZAU 1999, S. 183, 185 ff.

Schink, A.: Kodifikation des Umweltrechts – Zum Entwurf der Sachverständigenkommission Umweltgesetzbuch (UGB-KomE), DÖV 1999, 1 ff.

Schlaberg-Koch, D.: Die Flurbereinigungs-UVP in Nordrhein-Westfalen, UVP-report 1993, 122 ff.

Schlarmann, L.: Die Alternativenprüfung im Planungsrecht, Beiträge zum Siedlungs- und Wohnungswesen und zur Raumplanung, Bd. 139, Münster 1991, zit.: Schlarmann, Alternativenprüfung.

Schlarmann, L.: Die Rechtsprechung zur Alternativenprüfung im Planungsrecht, DVBl. 1992, 871 ff.

Schlarmann, H./Hildebrandt, B.: Die »integrierte« Umweltverträglichkeitsprüfung (UVP), NVwZ 1999, 350 ff.

Schliepkorte, J.: Der Vorhaben- und Erschließungsplan, 3. Auflage, Bonn 2001; zit.: Schliepkorte, Vorhaben- und Erschließungsplan.

Schliepkorte, J./Stemmler, J.: Das Baugesetzbuch und die Umweltverträglichkeitsprüfung, Bonn 2001; zit.: Schliepkorte/Stemmler, BauGB und UVP.

Schmidt, A.: Investitionserleichterung und UVP. Zur Verdrängung der Umweltverträglichkeitsprüfung, ZUR 1993, 197 ff.

Schmidt-Aßmann, E.: Umsetzung der UVP-Richtlinie, in: Festschrift für Karl Doehring 1989, 889 ff., zit.: Schmidt-Aßmann, FS Doehring.

Schmidt, Alexander: Das Umweltrecht der Zukunft, 1996.

Schmidt, I./Stockmann, K.: Neue Entwicklungen des Umweltrechts, DVBl. 1996, 1309 ff.

Schmidt, M.: Umsetzungsfragen bei der strategischen Umweltprüfung (SUP) in nationales Recht, DVBl. 2002, 357 ff.

Schmidt-Preuß, M.: Veränderungen grundlegender Strukturen des deutschen (Umwelt-)Rechts durch das »Umweltgesetzbuch I«, DVBl. 1998, 857 ff.

Schmidt-Preuß, M.: Der verfahrensrechtliche Charakter der Umweltverträglichkeitsprüfung, DVBl. 1995, 485 ff.

Schneider, J.-P.: Nachvollziehende Amtsermittlung bei der Umweltverträglichkeitsprüfung. Zum Verhältnis zwischen dem privaten Träger des Vorhabens und der zuständigen Behörde bei der Sachverhaltsermittlung nach dem UVPG, Schriften zum Umweltrecht, Bd. 19, Berlin 1991, zit.: Schneider, UVP.

Schöne, H.: Verfahrensbeschleunigung bei der Zulassung von Industrie- und Entsorgungsanlagen durch Projektmanagement, UPR 1996, 94 f.

Schoeneberg, J.: Umweltverträglichkeitsprüfung und Raumordnungsverfahren, Beiträge zum Siedlungs- und Wohnungswesen und zur Raumplanung, Bd. 96, Münster 1984, zit.: Schoeneberg, UVP und Raumordnungsverfahren.

Scholten, Ch.: Integrierte Vorhabengenehmigung und naturschutzrechtliche Eingriffsregelung, DÖV 1997, 701 ff.

Schrader, Ch.: Die Vorhabengenehmigung im Kommissionsentwurf für ein Umweltgesetzbuch, NuR 1998, 285 ff.

Schulte, H.: Bergbau, Umweltrecht, Raumplanung, ZfB 1987, 178 ff.

Schulte, H.: Zum Verhältnis Bergwerkseigentum – Grundeigentum, NVwZ 1989, 1138 ff.

Schulz, H. A.: Medienübergreifendes Industrieanlagenzulassungsrecht nach europäischen und deutschem Recht, 1997, S. 177 ff.

Schwab, J.: Die UVP in der behördlichen Praxis, NVwZ 1997, 428 ff.

Seehusen, A./Schwede, Th. C.: Flurbereinigungsgesetz, Kommentar, 7. Aufl., Münster 1997, zit.: Seehusen/Schwede, FlurbG.

Sendler, H.: Die Bedeutung des Abwägungsgebotes in § 1 Abs. 6 BauGB für die Berücksichtigung der Belange des Umweltschutzes in der Bauleitplanung, UPR 1995, 41 f.

Sendler, H.: Zur Umsetzung der IVU- und der UVP-Richtlinie durch ein Umweltgesetzbuch I, in: Marburger, P./Reinhardt, M./Schröder, M. (Hrsg.): Jahrbuch des Umwelt- und Technikrechts 1998, S. 7 ff.

Sendler, H.: Verwaltungsverfahrensgesetz und Umweltgesetzbuch, NVwZ 1999, 132 ff.

Soell, H./Dirnberger, F.: Wieviel Umweltverträglichkeit garantiert die UVP?, Bestandsaufnahme und Bewertung des Gesetzes zur Umsetzung der EG-Richtlinie über die Umweltverträglichkeitsprüfung, NVwZ 1990, 705 ff.

Spoerr, W.: Die allgemeine Verwaltungsvorschrift zur Ausführung des Gesetzes über die Umweltverträglichkeitsprüfung, NJW 1996, 85 f.

Staupe, J.: Anwendung der UVP-Änderungsrichtlinie nach Ablauf der Umsetzungsfrist, NVwZ 2000, 508 ff.

Stein, W.: Verkehrsplanung und Umwelt in den Bundesländern, in: UVP-Föderverein (Hrsg.): UVP in der Bundesverkehrsplanung, Die Bedeutung der Plan-/Programm-UVP zur Sicherung einer umwelt- und sozialverträglichen Mobilität, UVP-Spezial Bd. 14, S. 93 ff.

Steinberg, R.: Chancen zur Effektuierung der Umweltverträglichkeitsprüfung durch die Gerichte, DÖV 1996, 221 ff.

Steinberg, R.: Zeit, Umwelt und Beschleunigung bei der Planung von Verkehrswegeprojekten, NuR 1996, 6 f.

Steinberg, R.: Zulassung von Industrieanlagen im deutschen und europäischen Recht, NVwZ 1995, 209 ff.

Steinberg, R.: Zulassung von Industrieanlagen im deutschen und europäischen Recht, NVwZ 1995, 209, 217 ff.

Literatur

Steinberg, R.: IVU-Richtlinie und immissionsschutzrechtliche Genehmigung, DVBl. 1997, 973 ff.

Steinberg, R.: Standards des integrierten Umweltschutzes, NuR 1999, 192 ff.

Steinberg, R.: Bemerkungen zum Entwurf eines Bundesgesetzes über die Umweltverträglichkeitsprüfung, DVBl. 1988, 995 ff.

Steinberg, R.: Die Bewertung der Umweltauswirkungen eines Vorhabens nach dem Gesetz über die Umweltverträglichkeitsprüfung (UVPG), DVBl. 1990, 1369 ff.

Steinberg, R.: Rechtsfragen der raumordnerischen Umweltverträglichkeitsprüfung, DÖV 1992, 321 ff.

Steinberg, R.: Fachplanung: Das Recht der Fachplanung unter Berücksichtigung des Nachbarschutzes und der Umweltverträglichkeitsprüfung, Baden-Baden 1993, zit.: Steinberg, Fachplanung.

Steinberg/Kloepfer: IVU-Richtlinie und immissionsschutzrechtliche Genehmigung, DVBl. 1997, 973 ff.

Steinhauer, M.: Einige Forschungsarbeiten mit Bezug zur Programm-/Plan-Umweltverträglichkeitsprüfung, in: UVP-Föderverein (Hrsg.): UVP in der Bundesverkehrsplanung, Die Bedeutung der Plan-/Programm-UVP zur Sicherung einer umwelt- und sozialverträglichen Mobilität, UVP-Spezial Bd. 14, S. 72 ff.

Stelkens, P./Bonk, H. J./Sachs, M.: Verwaltungsverfahrensgesetz, Kommentar, 6. Aufl., München 2001, zit.: Stelkens/Bonk/Sachs, VwVfG.

Steppan: Die UVP-Verwaltungsvorschrift und das immissionsschutzrechtliche Genehmigungsverfahren, KGV-Rundbrief 1996, S. 16 ff.

Stiens, C.: Betriebsplan und Planfeststellung im Bergrecht, Münster 1992, zit.: Stiens Betriebsplan.

Stüer, B.: Der UVP-pflichtige Bebauungsplan, BauR 2001, 1195 ff.

Stüer, B.: Handbuch des Bau- und Fachplanungsrechts, 2. Aufl., München 1998, zit.: Stüer, Handbuch.

Stüer, B./Hermanns, C. D.: Fachplanungsrecht – Grundlagen, DVBl. 2002, 435 ff.

Stüer, B./Hermanns, C. D.: Fachplanungsrecht: Natur- und Umweltschutz – Verkehrswege, DVBL. 2002, 514 ff.

Stüer, B./Probstfeld, W.: Anhörungsverfahren bei straßenrechtlichen Großvorhaben, DÖV 2000, 701 ff.

Stüer, B./Hermanns C. D.: Immissionsschutz zwischen Integrationskonzept und Verfahrensbeschleunigung – 4. Leipziger Umweltrechts-Symposium –, DVBl. 1999, 972 ff.

Tettinger, P.J.: (Hrsg.), Umweltverträglichkeitsprüfung bei Projekten des Bergbaus und der Energiewirtschaft, Stuttgart u. a. 1989, zit.: Tettinger (Hrsg.), UVP.

Vallendar, W.: Planungsrecht im Spiegel der aktuellen Rechtsprechung des Bundesverwaltungsgerichts, UPR 1997, 129 ff.

Vallendar, W.: Bewertung von Umweltauswirkungen – Gibt § 12 UVPG sein Geheimnis preis? –, UPR 1993, 417 ff.

Veltrup, Werner/Marquardt-Kuron, Arnulf (Hrsg.): UVP und UVS als Instrument der Umweltvorsorge, Material zur angewandten Geographie, Bd. 31, 1995.

Volkmann, U.: Umweltrechtliches Integrationsprinzip und Vorhabengenehmigung, VerwArchiv 89 (1998), S. 363 ff.

Vorwerk: Die Bewertung von Umweltauswirkungen im Rahmen der Umweltverträglichkeitsprüfung nach § 12 UVPG, Die Verwaltung 1996, 241 ff.

Wagner, D.: Forschungsergebnisse zur Plan- und Programm-UVP auf deutscher und europäischer Ebene, in: Die UVP für Pläne und Programme, 1997, S. 24 ff.

Wagner, J.: Strategische Umweltprüfung – ein neuer Anlauf, UVP-Report 1995, S. 166 ff.

Wagner, J.: Privilegierung von Windkraftanlagen im Außenbereich und ihre planerische Steuerung durch die Gemeinde, UPR 1996, 370 ff.

Wagner, J.: Der Entwurf der Novelle des Baugesetzbuchs, DVBl. 1996, 705 ff.

Wagner, J.: UVP und andere umweltschützende Verfahren im Rahmen der BauGB-Novelle, UVP-Report 1996, S. 227 ff.

Wagner, J.: UVP in Europa, Eine Einführung, UVP-Report 1997, S. 4.

Wagner, J.: UVP für Pläne und Programme, UVP-Report 1997, S. 12 ff.

Wagner, J.: Integration umweltschützender Verfahren in das Baugesetzbuch, UPR 1995, 203 ff.

Wagner, J.: Umweltverträglichkeitsprüfung in der Bauleitplanung – zu den Auswirkungen einer künftigen Plan-UVP-Richtlinie, in: Die UVP für Pläne und Programme, 1997, S. 68 ff.

Wagner, J./Mitschang, St.: Novelle des BauGB 1998: Neue Aufgaben für die Bauleitplanung und Landschaftsplanung, DVBl. 1997, 1137 ff.

Wahl, R, : *Materiell-integrierte Anforderungen an die Anlagenzulassung – Anforderungen und Umsetzung der IVU-Richtlinie,* NVwZ 2000, 502.

Wasielewski, A.: Die versuchte Umsetzung der IVU-Richtlinie in das deutsche Recht – eine Bilanz, in: Dolde (Hrsg.), Umweltrecht im Wandel, Berlin 2001, S. 213 ff., zit.: Wasielewski, in: Dolde (Hrsg.), Umweltrecht im Wandel.

Wasielewski, A.: Die geplante IPC-Richtlinie der EU, Stand der Beratungen einer Richtlinie über die integrierte Vermeidung und Verminderung der Umweltverschmutzung (IVU) am Ende der deutschen Präsidentschaft, UPR 1995, 90 ff.

Wasielewski, A.: Stand der Umsetzung der UVP-Änderungs- und der IVU-Richtlinie, in: Gesellschaft für Umweltrecht (Hrsg.), Die Vorhabenzulassung nach der UVP-Änderungs- und der IVU-Richtlinie: Dokumentation zur Sondertagung der Gesellschaft für Umweltrecht e.V. Berlin.

Wegener, B. W.: Urteilsanmerkung zum BVerwG Urteil vom 21. März 1996 – 4 C 19.94, ZUR 1996, 324 ff.

Weiland, U.: Strategische Umweltprüfung als Beitrag zu einer dauerhaft-umweltgerechten Entwicklung, UVP-Report 1998, S. 74 ff.

Weiland, J.: Sachgüter als Schutzgut in der UVP, UVP-Report 1995, S. 236 ff.

Weinerich, D.: Integration versus Flexibilisierung der umweltrechtlichen Zulassungsverfahren: Menü oder à la carte?, NVwZ 1997, 949 ff.

Weller, H.: Zur Frage der Anwendbarkeit des § 52 Abs. 2a BBergG auf laufende Betriebe in den neuen Bundesländern, ZfB 1994, 1 ff.

Literatur

Wende, W.: Die Umweltverträglichkeitsprüfung in der Bundesrepublik Deutschland – Anzahl und Verteilungsstrukturen von UVP-Verfahren zu Vorhabenstypen und Bundesländern, ZAU 1999, S. 248 ff.

Wickel, M.: Symbolische Gesetzgebung in der Verkehrswegeplanung? – Anmerkung zur erneuten Verlängerung des Verkehrswegeplanungsbeschleunigungsgesetzes, NVwZ 2001, 16 ff.

Wilde, M.: Verhältnis zwischen Bergrecht und Naturschutzrecht, DVBl. 1998, 1321.

Wulfhorst, R.: Auswirkungen der Umweltverträglichkeitsprüfung auf das Bebauungsplanverfahren, UPR 2001, 246 ff.

Ziekow, J.: Strategische Umweltverträglichkeitsprüfung – ein neuer Anlauf, UPR 1999, 287 ff.

Zierock, K.-H./Salomon, N.: Die Umsetzung des Art. 16 Abs. 2 der EG-IVU-Richtlinie auf internationaler und nationaler Ebene, ZUR 1998, 227 ff.

Zöttl, J.: Die EG-Richtlinie über die integrierte Vermeidung und Verminderung der Umweltverschmutzung, NuR 1997, 157 ff.

Zöttl, J.: Integrierter Ansatz für den Umweltschutz in der Industrie 1998: Europäischer Kongreß zur nachhaltigen Entwicklung in der Industrie in Straßburg, NVwZ 1999, 49 f.

Sachregister

Die **fetten Zahlen** bezeichnen Paragraphen. Die mageren Zahlen bezeichnen die Randziffern.

A

Abbau kerntechnischer Anlagen **Anlage 1**, 70
Abfall
– Behandlung **Anlage 1**, 55
– Beseitigungsanlagen **Anlage 1**, 55, 74
– biologische Behandlung **Anlage 1**, 97
– Deponien **Anlage 1**, 74
– gefährlicher **Anlage 1**, 55
– radioaktiver **Anlage 1**, 78
– Verbrennungsanlagen **Anlage 1**, 55
Abhängigkeit des Fachrechts vom UVPG **3**, 3
Ablagerung von besonders überwachungsbedürftigen Abfällen **Anlage 1**, 74
Abschlussbetriebsplan **18**, 19 f., 28
Abschneidewerte **3c**, 8
Abschnitts- und Stufenbildung **18**, 28
Absehensmöglichkeiten von Raumordnungsverfahren **16**, 27
Abwägungsgebot **1**, 9, **12**, 102, **17**, 165
Abwasserbehandlungsanlagen **Anlage 1**, 79
Änderung, Begriff **2**, 70
Agrarstrukturplanung **19**, 4
Allgemeine Verwaltungsvorschrift **3c**, 4
allgemeine Vorprüfung **2**, 81
Allgemeinwohlverträglichkeit **21**, 8
Alternativprüfung **12**, 43, 117, 125, **15**, 5, **16**, 34 f.
Alternativenvergleich **12**, 117
Alternativlösung **12**, 8
Alternativprüfung **1**, 11, **15**, 15
Altglas **Anlage 1**, 25
Altölraffinerien **Anlage 1**, 47
andere raumordnerische Verfahren **16**, 81
Änderungen und Erweiterungen eines Vorhabens **3e**, 1
Änderungsgenehmigung
– Einzelfallprüfung **3c**, 5
– Einzelfall **3c**, 6
– Standortbezogene Deutung **3c**, 8
– Verfahren **3c**, 5
Anfechtbarkeit UVP-Pflicht **3a**, 8
Anhörung
– Behörde **9**, 16, 20
– Gegenstand **9**, 17

– Öffentlichkeit **9**, 16
– Termin **9b**, 13
– verfahren **22**, 15
Anhörung der Öffentlichkeit **9**, 18
Anlage
– Anlagenänderungen **3b**, 22, **3c**, 5
– Anstrich- oder Beschichtungsstoffen **Anlage 1**, 48
– Eisenbahnen **Anlage 1**, 85
– für den Bau und die Instandsetzung von Luftfahrzeugen **Anlage 1**, 43
– für den Bau und die Montage von Kraftfahrzeugen **Anlage 1**, 42
– gemeinsame **3b**, 16
– gleichartige Technik **3b**, 14
– integrierte chemische Anlage **Anlage 1**, 45
– kleine **3**, 4
– derselben Art **3b**, 13
– Sonstige Anlagen von Eisenbahnen **Anlage 1**, 85
– sonstiger Hafen **Anlage 1**, 80
– sonstiger Industrieanlagen **Anlage 1**, 58
– sonstige **2**, 69
– zum Aufbringen von metallischen Schutzschichten auf Metalloberflächen **Anlage 1**, 36
– zum Bau von Schienenfahrzeugen **Anlage 1**, 41
– zum Brennen keramischer Erzeugnisse **Anlage 1**, 26
– zum Färben von Fasern oder Textilien **Anlage 1**, 62
– zum Schmelzen mineralischer Stoffe **Anlage 1**, 27
– zum Schmelzen, zum Legieren oder zur Raffination von Nichteisenmetallen **Anlage 1**, 33
– zum Vulkanisieren von Natur- oder Synthesekautschuk **Anlage 1**, 61
– zum Warmwalzen von Stahl **Anlage 1**, 34
– zur Destillation von Erdöl **Anlage 1**, 47
– zur fabrikmäßigen Herstellung von Stoffen durch chemische Umwandlung **Anlage 1**, 45

725

Sachregister   Fette Zahlen = Paragraphen; magere Zahlen = Randziffern

- zur Gewinnung von Zellstoff **Anlage 1**, 51
- zur Herstellung von Anstrich- oder Beschichtungsstoffen **Anlage 1**, 48
- zur Herstellung von Glasfasern **Anlage 1**, 25
- zur Herstellung von Glas **Anlage 1**, 25
- zur Herstellung von Mineralfasern **Anlage 1**, 27
- zur Herstellung von Papier und Pappe **Anlage 1**, 52
- zur Herstellung von Roheisen **Anlage 1**, 31
- zur Intensivtierhaltung **Anlage 1**, 54
- zur Lagerung von Erdöl, petrochemischen und chemischen Erzeugnissen mit einer Kapazität von 200.000 t und mehr **Anlage 1**, 57
- zur Oberflächenbehandlung von Kunststoffen **Anlage 1**, 49
- zur Oberflächenbehandlung von Metallen **Anlage 1**, 37
- zur Raffination von Erdöl **Anlage 1**, 47
- zur Spaltung von Kernbrennstoffen **Anlage 1**, 69
- zur Sprengverformung **Anlage 1**, 39

Anlage **2**, 66, 68
Antragsgegenstand **3b**, 27
Anwendungsbereich des Gesetzes **3**, 8
Anzeigeverfahren **2**, 73
Anzeigeverfahren gemäß § 15 BImSchG **3c**, 5
Art des Vorhabens **3b**, 4
Asbest
- Erzeugnisse **Anlage 1**, 24
- Gewinnungsanlagen **Anlage 1**, 24

Asbest **Anlage 1**, 22
Atomrecht
- Planfeststellungsverfahren **18**, 27
- Verfahrensrecht **Anlage 1**, 66, 68

Aufgabenbereich **7**, 25
Aufnahme neuer Vorhaben **3**, 10
Aufstellung von Bebauungsplänen **12**, 9
Ausgleichs- und Ersatzmaßnahmen **11**, 9
Ausgleichsmaßnahmen **11**, 9
Auslegung
- Frist **15**, 33
- Ort **9**, 20, 34
- Zeitraum **9**, 20, 34

Auslegung **9**, 19f., **22**, 19
Ausnahmen
- für bestimmte Vorhaben des Bauplanungsrechts **3e**, 13

- für Industriezonen und Städtebauprojekte **3b**, 30

Ausschluss **3**, 16
- der Anwendung des UVPG **3**, 16
- wirkung **22**, 36

Auswahlkriterien **3**, 5, **3c**, 2
Auswirkung, Begriff **2**, 12, 13
Auswirkungen
- mittelbare **2**, 2, **11**, 8
- umfassend **1**, 34
- Auswirkungen, Begriff **2**, 13

B
Baggerung in Flüssen oder Seen **Anlage 1**, 80
Bahnen besonderer Bauart **Anlage 1**, 86
Bahnstrecken für den öffentlichen spurgeführten Verkehr **Anlage 1**, 86
Bau von Seeschiffen **Anlage 1**, 40
Baugenehmigungsverfahren **17**, 28
Bauleitplanung **12**, 128
Bauleitplanverfahren **11**, 4
Bauplanungsrechtliche Vorhaben **Anlage 1**, 93
Bearbeitung
- oder Verarbeitung bestrahlter Kernbrennstoffe **Anlage 1**, 72
- oder Verarbeitung von Asbest **Anlage 1**, 24
- und Lagerung radioaktiver Abfälle **Anlage 1**, 73

Bebauungsplan **2**, 77
- Aufstellung **12**, 9
- vorhabenbezogener **2**, 79

Bebauungsplantypen **17**, 24
- Angebotsbebauungspläne **17**, 28
- bauplanungsrechtliche Vorhaben **17**, 26
- planfeststellungsersetzende Bebauungspläne **17**, 27
- vorhabenbezogene Bebauungspläne **17**, 25

Bebauungsplanverfahren **17**, 40
Befristung des Raumordnungsverfahrens **16**, 9
Behandlung von Abfällen **Anlage 1**, 55
Behörde
- Begriff **7**, 15
- behördeneigene Ermittlung **11**, 7
- behördliche Feststellung der UVP-Pflicht **3a**, 2
- behördliche Verfahrenshandlungen **3a**, 8
- behördliches Verlangen **18**, 30
- grenzüberschreitende Beteiligung **18**, 38

Beizen oder Brennen **Anlage 1**, 37

Fette Zahlen = Paragraphen; magere Zahlen = Randziffern   Sachregister

Bekanntgabe der Feststellung der UVP-Pflicht **3a**, 7
Bekanntgabe des Unterbleibens der UVP **3a**, 7
Bekanntmachung im anderen Staat **9a**, 12
Bekanntmachung **9**, 19, 25, 34, **9b**, 16
Benehmen **7**, 21, 27
Bergbauliche Vorhaben **12**, 10
Bergbau **Anlage 1**, 90
Bergrechtliche Planfeststellungsverfahren **11**, 4
Bergrechtliche Planfeststellung **18**, 24
Berücksichtigungsgebot **1**, 38f., **16**, 53, 57
Beschreibung **1**, 31
Beschreibung der Umweltauswirkungen **2**, 53
Beseitigung oder Verwertung von Abfällen durch thermische Verfahren **Anlage 1**, 57
Besonders überwachungsbedürftige Abfälle **Anlage 1**, 55
Bestand der vorhandenen Anlagen **3b**, 29
Bestandsschutz **3b**, 27
Beteiligung **8**, 19
Beteiligung der Öffentlichkeit bei ausländischen Vorhaben **9b**, 15
Beteiligung von Behörden bei ausländischen Vorhaben **9b**, 9
Betrieb **2**, 66, 68
Betriebsanlagen von Eisenbahnen **Anlage 1**, 85
Betriebseinrichtungen, gemeinsame **3b**, 16
Betriebsgeheimnis **10**, 18
Betriebsgelände
Bewertungsmaßstäbe **2**, 58, **12**, 20
Bewertung **1**, 31, **2**, 54
Binnenhäfen für die Seeschifffahrt **Anlage 1**, 80
Biotop-Kartierungen **12**, 30
Boden **2**, 21
Bodenfunktionen **2**, 21
Braunkohlenplanverfahren **18**, 49
Brennbare Flüssigkeiten **Anlage 1**, 57
Brennbare Gase **Anlage 1**, 57
Brikettieranlagen **Anlage 1**, 17
Bußgeldtatbestand **23**, 3
Bundesminister der Verteidigung, jährliche Unterrichtung **3**, 15
Bundestag **3**, 13
Bundeswasserstraßen **Anlage 1**, 81f.
Bundeswasserstraßen für Schiffe **Anlage 1**, 82
Bürgerbeteiligung im Bebauungsplanverfahren **17**, 44

C
Chemieanlagen **Anlage 1**, 44, 46
Chemische Behandlung von nicht besonders überwachungsbedürftigen Anlagen **Anlage 1**, 57

D
Dampfpipelines **Anlage 1**, 100
Datenschutzgesetz **10**, 14, **20**f.
Deich- oder Dammbauten **Anlage 1**, 80
Deponie
– für besonders überwachungsbedürftige Abfälle **Anlage 1**, 75
– für Inertabfälle **Anlage 1**, 75
– **Anlage 1**, 74
– richtlinie **Anlage 1**, 75
Duldungswirkung **22**, 37

E
ECE-Abkommen **8**, 1, 7, 11, 20f., **9a**, 4ff., **9b**, 1, 4f.
Einbeziehung der Öffentlichkeit **9**, 33, **15**, 3, **16**, 20
einfache raumordnerische UVP **16**, 22
Eingriffe in Natur und Landschaft **2**, 70
Eingriffsregelung im Bebauungsplanverfahren **17**, 176
Eingriffsregelung **11**, 9
Einheit des bestehenden Vorhabens mit der Änderung **3e**, 12
Einkaufszentrum **Anlage 1**, 93
Einvernehmen **7**, 21, 27
Einwendungen **9**, 19ff., **22**, 21
– Befugnis **9**, 21
– Frist **9**, 22, **15**, 35
Einzelfallprüfung
– bei Änderungsgenehmigungen **3c**, 5
– Grundsätze und Verfahren **3c**, 14
Einzelfalluntersuchung **3**, 5, **3c**, 2
Einzelhandelsbetrieb **Anlage 1**, 93
Eisen-, Temper- oder Stahlgießereien **Anlage 1**, 35
Eisenschrott **Anlage 1**, 57
Endlagerung **Anlage 1**, 67
Energieversorgung **2**, 73
Energiewirtschaftsgesetz **20**, 2
Enteignung **12**, 96
– enteignungsrechtliche Vorwirkung **22**, 38
– Verfahren **12**, 56
Entscheidungserheblichkeit **2**, 50
Entscheidung **2**, 71

Sachregister   Fette Zahlen = Paragraphen; magere Zahlen = Randziffern

Entwicklungs- und Erprobungsvorhaben **3f**, 3
Enumerationsprinzip **3**, 2
Erfordernisse der Raumordnung **16**, 33
Erfüllung zwischenstaatlicher Verpflichtungen **3**, 16
Ergebnis der UVP **1**, 37
Ergebnisorientiertheit der UVP **1**, 37
Ermessensentscheidung **12**, 129
Ermessen **12**, 80, **21**, 2
Ermittlung **1**, 31, **2**, 46
Erörterungstermin **9**, 23ff., **22**, 22
Errichtung **2**, 68
Ersatzmaßnahmen **11**, 9
Erstaufforstung **Anlage 1**, 8, 92
Erweiterung **2**, 70
Explosionsgefährliche Stoffe **Anlage 1**, 59

F
Federführende Behörde **1**, 35, **2**, 65, **7**, 13, **11**, 25
Feriendorf **Anlage 1**, 93
Feststellende Entscheidung über die UVP-Pflicht **3a**, 1
Feststellung der UVP-Pflicht im Einzelfall **3c**, 9
Feuerungswärmeleistung **Anlage 1**, 13
FFH-Gebiete **11**, 9, **12**, 51
FFH-Richtlinie **18**, 4
Fischmehl oder Fischöl **Anlage 1**, 54
Fischzucht, intensive **Anlage 1**, 80
Flächennutzungsplan **2**, 78
Flachglasanlage **Anlage 1**, 25
Flugplätze **Anlage 1**, 89
Flurbereinigung **Anlage 1**, 91
Flüssigkeiten, brennbare **Anlage 1**, 57
Flusskanalisierungsarbeiten **Anlage 1**, 80
Folgeänderungen in Bezugnahmen **3**, 11
Formelle Kriterien des Fachrechts **3**, 3
formelle Präklusion **7**, 33
Förmliche Verfahren **3**, 3
Förmliches immissionsschutzrechtliches Genehmigungsverfahren **3c**, 5
forstliche Vorhaben **Anlage 1**, 8, 92
Freizeitpark **Anlage 1**, 93
Fristenregelung **7**, 29
Frühzeitigkeit **1**, 10, 32, **2**, 74, **9**, 32, 45, **15**, 4f., **16**, 5

G
Galvanikanlagen **Anlage 1**, 37
Gase, brennbare **Anlage 1**, 57

Gasraffinerien **Anlage 1**, 47
Gasturbinenanlagen **Anlage 1**, 15
Gasversorgungsleitung **Anlage 1**, 100, **20**, 1
Gebot der Frühzeitigkeit **9**, 32, 45, **15**, 4, 5, **16**, 5
Geeignete Angaben zum Vorhaben **3a**, 4
Gefährdungsprofile **12**, 32
Gefahrenabwehr **1**, 23
Gegenmaßnahmen **12**, 8
Gegenseitigkeit **8**, 20, 22, **9a**, 15, 16, **9b**, 14
Geheimnis **10**, 11ff.
– Begriff **10**, 13
– Schutz **10**, 11, 12, 18
Gelegenheit zur Äußerung **9**, 35
Gemeinsames Vorhaben **3b**, 8
Genehmigungsverfahren
– förmliches, immissionsschutzrechtliches **3c**, 5
– immissionsschutzrechtliches **3c**, 5
Gesamtanlage **3b**, 16
Gesamtbewertung **1**, 35, **2**, 64, **12**, 35
Geschäfts- und Betriebsgeheimnis **10**, 19
Gesetzlicher Auftrag **3c**, 4
Gestaltungswirkung **22**, 32, 35
Gewässer **2**, 23
Gewinnung von
– Asbest **Anlage 1**, 23
– Paraphin **Anlage 1**, 47
Gießereien **Anlage 1**, 35
Glasanlagen **Anlage 1**, 25
Gleichartige Anlagentechnik **3b**, 14
Gleichbehandlungsprobleme **3c**, 11
Gleichwertigkeit **8**, 20, 22, **9a**, 15, 16, **9b**, 14
Gleichzeitige Verwirklichung **3b**, 15
Grenzüberschreitende
– Beteiligung **9a**, 9
– Öffentlichkeitsarbeit **9a**, 10
– Unterrichtung **8**, 16
Grenzüberschreitende Beteiligung **9a**, 9
– Behördenbeteiligung **18**, 38
– Öffentlichkeitsbeteiligung **11**, 1
Größenwert **2**, 79, **3b**, 5, 27
Grundfläche **Anlage 1**, 98
Grundsatz
– der Verhältnismäßigkeit **2**, 51
– des § 2 Abs. 2 Nr. 8 ROG **16**, 75
– des § 2 Abs. 2 ROG **16**, 47
Grundwasserauffüllsysteme, künstliche **Anlage 1**, 80
Grundsätze des § 2 Abs. 2 ROG **16**, 48
Grundwasserentnahmesysteme **Anlage 1**, 80

Fette Zahlen = Paragraphen; magere Zahlen = Randziffern   *Sachregister*

H
Häfen für die Binnenschifffahrt   **Anlage 1**, 80
Hammerwerke   **Anlage 1**, 38
Handelsbetrieb   **Anlage 1**, 93
Hängebahnen   **Anlage 1**, 87
Hauptbetriebsplan   **18**, 19 f.
Heizkraftwerke   **Anlage 1**, 12
Heizwerke   **Anlage 1**, 12
Herstellen von
– Nichteisenrohmetallen   **Anlage 1**, 32
– Stoffen oder Stoffgruppen durch chemische Umwandlung   **Anlage 1**, 46
Herstellung und Bearbeitung oder Verarbeitung explosionsgefährlicher Stoffe   **Anlage 1**, 59
Hochspannungsfreileitungen   **20**, 1, **Anlage 1**, 100
Hotelkomplex   **Anlage 1**, 93

I
Immissionsschutzrechtliche Genehmigungsverfahren   **3 c**, 5
Industriezone für Industrieanlagen   **Anlage 1**, 93
Informationsquelle   **11**, 12
Insgesamt geplante Maßnahmen zur Stilllegung   **Anlage 1**, 67
Integration   **1**, 34, **2**, 39, 66
– integrierte chemische Anlagen   **Anlage 1**, 45
– integrierte Hüttenwerke   **Anlage 1**, 30
– Prüfansatz   **2**, 10
– Prüfauftrag   **2**, 33
– Umweltgüterschutz   **1**, 6
– Umweltschutz   **1**, 12, 14
– UVP   **2**, 77
Intensivtierhaltung   **Anlage 1**, 54
Intermodale Umschlagsanlage   **Anlage 1**, 85
IVU-Richtlinie   **1**, 2, 12, **2**, 7

J
»Jedermann«-Beteiligung   **9**, 41, **9 a**, 19
Juristisch-deduktiver Bewertungsbegriff   **2**, 55

K
Keramik   **Anlage 1**, 26
Kernenergie   **Anlage 1**, 66
Kernkraftwerke   **Anlage 1**, 67
Kerntechnische Anlagen   **Anlage 1**, 66
Klassen der in Anhang II der UVP-ÄndRL aufgeführten Projekte   **3**, 6
Kleine Anlagen   **3**, 4
Klima   **2**, 27

Kohletrocknungsdestillation   **Anlage 1**, 18
Kokereien   **Anlage 1**, 18
Kompensationsmöglichkeiten   **12**, 115
Konsultation   **8**, 21, **9 b**, 18
Kontrollerlaubnis   **12**, 80, 112, **18**, 19, 26
Konzentrationswirkung   **12**, 82, **18**, 25, **22**, 34
Konzeptalternativen   **12**, 42
Konzept   **3**, 1
Kraftfahrzeuge   **Anlage 1**, 42
Kraftfahrzeugmotoren   **Anlage 1**, 42
Kulturgüter und sonstige Sachgüter   **2**, 31
Kumulationseffekte   **2**, 40
Kumulierende Vorhaben   **3 b**, 6

L
Lagerung
– bestrahlter Kernbrennstoffe   **Anlage 1**, 72
– brennbarer Flüssigkeiten   **Anlage 1**, 58
– und Bearbeitung oder Verarbeitung radioaktiver Abfälle   **Anlage 1**, 73
– von Abfallstoffen   **Anlage 1**, 55
– von Ammoniak   **Anlage 1**, 58
– von ammoniumnitrathaltigen Zubereitungen   **Anlage 1**, 58
– von Ammoniumnitrat   **Anlage 1**, 58
– von Chlor   **Anlage 1**, 58
– von Schwefeldioxid   **Anlage 1**, 58
– von sonstigen chemischen Erzeugnissen   **Anlage 1**, 58
– von Stoffen und Zubereitungen   **Anlage 1**, 57
Landesgesetzliche Normierung   **3 d**, 1
Landesplanungsbehörde   **16**, 18 ff.
Landschaft   **2**, 29
Landschaftsbild   **2**, 29
Landschaftspflege   **3 d**, 1
Landungssteg   **Anlage 1**, 80
Landwirtschaftliche Erzeugnisse   **Anlage 1**, 53
Langfristige Lagerung von Abfällen   **Anlage 1**, 57
Leistungswert   **3 b**, 5, 27
Leitbild der Umweltpolitik   **1**, 19
Linienbestimmungsverfahren   **15**, 16, 22, 30, 42
Luft   **2**, 25
Luftfahrzeuge   **Anlage 1**, 43
Luftverkehrsrechtliche Genehmigungsverfahren   **15**, 17
Luftverkehrsrechtliche Genehmigung   **15**, 20
Luftverkehrsrechtliches Genehmigungsverfahren   **15**, 24

729

Sachregister   Fette Zahlen = Paragraphen; magere Zahlen = Randziffern

M
Magnetschwebebahnstrecken **Anlage 1**, 86
Maschinentransformator **Anlage 1**, 13
Massenverfahren **9**, 28
Materielle Präklusion **9**, 22, **9a**, 14
materielle Präklusionsregelung **7**, 30
medienübergreifender
– Prüfansatz **2**, 7, 10, 80–81
– Prüfauftrag **2**, 33
– Prüfungsansatz **1**, 11
– Umweltgüterschutz **1**, 6
Menschen, Auswirkungen auf **2**, 17
Merkmale der Projekte **Anlage 2**, 1
Merkmale **3**, 5, **3b**, 4
Methoden und Verfahren **2**, 15, 61
Mindestangaben **11**, 12
Mineralfasern **Anlage 1**, 27
Mineralische Stoffe **Anlage 1**, 27
Mitgliedstaaten **8**, 6, 20, **9**, 6
Müllheizkraftwerke **Anlage 1**, 55

N
Nachbarstaaten **8**, 16 ff., **9a**, 9, **9b**, 10
Nahrungs-, Genuss- und Futtermittel **Anlage 1**, 53
Nationale Verteidigung **3**, 14
Naturhaushalt **2**, 29, 41
Natürliche Umwelt **1**, 30
Naturwissenschaftlicher Begriff **2**, 34
Negative Wirkung **2**, 12
Neue Verfahren oder neue Erzeugnisse **3f**, 3
Neukonzeption **3**, 4
Nichteisenmetalle **Anlage 1**, 33
Nichteisenrohmetalle **Anlage 1**, 32
Nichteisenschrott **Anlage 1**, 57
Nochmalige Anhörung **9**, 29
Null-Variante **12**, 42, 50
Nutzungskriterien **Anlage 2**, 4

O
Öffentlichkeit **2**, 63
Öffentlichkeitsbeteiligung **18**, 36
Ökosystem **2**, 37
ökosystemarer Umweltbegriff **2**, 11
Offenbarungsbefugnis **10**, 16
Öffentliche Auslegung **22**, 20
öffentliche **9**, 30
Öffentlicher spurgeführter Verkehr **Anlage 1**, 87
Öffentlichkeit **9a**, 9
– Einbeziehung **9**, 33, **15**, 3, **16**, 20
Öko-Konto **17**, 178

Optimierungsgebot **12**, 104, **17**, 144
Ortsübliche Bekanntmachung **15**, 34

P
Pappe, Papier **Anlage 1**, 52
Parkplatz **Anlage 1**, 93
Pelztiere **Anlage 1**, 54
personenbezogene Daten **10**, 21 f.
Plan-UVP **17**, 1
Planänderung **22**, 42
Planerischer Gestaltungsfreiraum **12**, 86
Planfeststellung gem. § 9 b AtG **Anlage 1**, 71
Planfeststellungs- und Genehmigungsverfahren **3**, 7
Planfeststellungsbeschluss **22**, 28
Planfeststellungsentscheidung **12**, 80
Planfeststellungsersetzende Bebauungspläne **2**, 78
Planfeststellungsverfahren mit UVP **Anlage 1**, 76
Planfeststellungsverfahren **12**, 52
Plangenehmigung **Anlage 1**, 75, **20**, 2, 30
Plangenehmigungsverfahren **9**, 43, **15**, 19
Planrechtfertigung **12**, 93
Planungsalternativen **1**, 9
Planungsleitlinien **17**, 143
Planungsleitsätze **12**, 100
Planvorbehalt **22**, 29
Plattieren mit Sprengstoffen **Anlage 1**, 39
Positive Wirkung **2**, 12
Präklusionsregelung **7**, 29
Präklusion **7**, 37
Prinzip des Umweltrechts **1**, 21
Problemverschiebungen **2**, 40
Produktionsalternativen **12**, 49
Prognose **2**, 47, **11**, 14
Projektalternativen **1**, 8
Projektbeschreibungen **3**, 7
Projekte **3**, 6
– Kumulierung **3b**, 7
– Merkmale **Anlage 2**, 1 f.
Prüfstände für oder mit Gasturbinen oder Triebwerken **Anlage 1**, 64
Prüfstände für oder mit Verbrennungsmotoren **Anlage 1**, 63
Prüfung, überschlägige **3c**, 7
Prüfungsgegenstand des Raumordnungsverfahrens **16**, 32
Prüfungsgegenstand **3b**, 27
Prüfungsprogramm des UVPG **3**, 17
Prüfwert **2**, 79
Pyrolyse **Anlage 1**, 55

Fette Zahlen = Paragraphen; magere Zahlen = Randziffern   Sachregister

Q
Qualifizierte raumordnerische UVP **16**, 62
Qualitative Änderungen **3 b**, 27
Qualitätskriterien **Anlage 2**, 4

R
Raffinerieanlagen **Anlage 1**, 44
Rahmenbetriebsplan **18**, 19
Rahmengesetzliche Vorgabe **3 d**, 1
Rahmenregelung **3 d**, 1
Raumbedeutsame Auswirkungen **16**, 44
Raumbedeutsame Umweltauswirkungen **16**, 72
Räumlicher und betrieblicher Zusammenhang **3 b**, 19
Raumordnung
– Gesamtabwägung **16**, 18, 50, 56, 80
– UVP **15**, 11 f., **16**, 50, 61 ff.
Raumordnungsverfahren **2**, 75, **11**, 6, **17**, **12**, 127, **15**, 10 ff., 42, **16**, 16, 23, 27, **18**, 48
– Einleitung **16**, 40
– Ergebnis des Verfahrens **16**, 53, 58
Raumordnungsverordnung **16**, 25, 65
Raumordnungsverträglichkeitsprüfung **17**, 16
Raumverträglichkeitsprüfung **16**, 50
Rechtsakte des Rates oder der Kommission **3**, 10
Rechtsbegriff **2**, 38
Rechtsbegriffe des Fachrechts **3**, 7
Rechtsharmonisierung **1**, 28, **3**, 7
Rechtsschutz gegen das Ergebnis des Raumordnungsverfahrens **16**, 59
Rechtsverordnung der Bundesregierung **3 c**, 4
Regelungsauftrag an die Länder **3 d**, 1
Regelungsspielraum der Festlegung von Größen- oder Leistungswerten **3 d**, 1
Regelungsvorgaben für landesgesetzliche Ausfüllung **3 d**, 1
Reibungsbeläge **Anlage 1**, 24
Richtlinien des Bundesministeriums der Verteidigung **3**, 16
Risikoabschätzung **2**, 55, **12**, 19
Risikobewertung **2**, 55, **12**, 19
Rodungen **Anlage 1**, 92
Roheisen **Anlage 1**, 31
Rohrleitungen zur Beförderung wassergefährdender Stoffe **Anlage 1**, 100
Rohrleitungsanlage **20**, 1
Rösten, Sintern von Erzen **Anlage 1**, 29
Rote Listen **12**, 30

S
Saldierung **12**, 37
Schienenfahrzeuge **Anlage 1**, 41
Schienenwege **Anlage 1**, 85
Schienenwege von Eisenbahnen **Anlage 1**, 84
Schiffswerften **Anlage 1**, 40
Schmieden mit Hämmern **Anlage 1**, 38
Schmierstoffraffinerien **Anlage 1**, 47
Schutz vor erheblichen nachteiligen Umweltauswirkungen **3**, 17
Schutzgebietsverordnung **12**, 27
Schutzgüter **2**, **12**, 16
Schutzkriterien **Anlage 2**, 4, **3 c**, 8
Schutzstandards **2**, 60
Schutzwürdigkeitsprofile **12**, 32
Scoping-Termin **18**, 30
Scoping-Verfahren **1**, 4, **11** ff.
Screening-Verfahren **2**, 79, **3 c**, 1
Seeschiffe, Bau von **Anlage 1**, 40
Sicherer Einschluss **Anlage 1**, 70
Sicherstellung radioaktiver Abfälle **Anlage 1**, 71
Sonderbetriebsplan **18**, 19 f.
sonstige Anlagen **2**, 69
sonstige Ausbaumaßnahmen **Anlage 1**, 80
sonstige Betriebsanlagen von Eisenbahnen **Anlage 1**, 85
sonstige Erfordernisse **16**, 75
Sprengstoffverwendung **Anlage 1**, 20
Sprengverformung **Anlage 1**, 39
Städtebauprojekt **Anlage 1**, 93
Stadtschnellbahnen **Anlage 1**, 86 f.
Stahl, Eisen und sonstige Metalle **Anlage 1**, 28
Stahl **Anlage 1**, 31
Stand der Technik **3 c**, 10, **11**, 9, **12**, 5, **21**, 8, 12
Standardsetzung **12**, 22
Ständige Renn- oder Teststrecken für Kraftfahrzeuge **Anlage 1**, 65
Standort
– alternativen **12**, 42, 51, 62, 126
– Standortbezogene Vorprüfung **2**, 81, **3 c**, 8
– suche **12**, 61
– Vorhaben **Anlage 2**, 3
Standortsuchverfahren **12**, 66
Stauwerke **Anlage 1**, 80
Stellungnahme einer federführenden Behörde **9 b**, 12
Stellungnahme **7**, 22 ff., **8**, 15 ff.
Stillegung von Anlagen **Anlage 1**, 67
– Einzelne Maßnahmen **Anlage 1**, 70

731

Sachregister Fette Zahlen = Paragraphen; magere Zahlen = Randziffern

– insgesamt geplante Maßnahmen **Anlage 1**, 70
Straßenbahnen **Anlage 1**, 88
Stranggießen **Anlage 1**, 31
Stromkorrekturarbeiten **Anlage 1**, 80
Subsidiarität des UVPG **4**, 2
Sukzessive Vorhabenserweiterung **3 b**, 24
synergetische Effekte **2**, 40

T
TA Siedlungsabfall **12**, 26
Teilgenehmigung **2**, 72, **18**, 47
Teilprüfung **2**, 64 ff.
Teilzulassung **2**, 72, **11**, 5, 15
Terminal für Eisenbahnen **Anlage 1**, 85
thermische Verfahren **Anlage 1**, 55
Tiefbohrung zum Zwecke der Wasserversorgung **Anlage 1**, 80
Tierbestände, gemischte **Anlage 1**, 54
Tiere und Pflanzen **2**, 19
Torfabbau **3**, 6
Trägerverfahren **3**, 3
Trockendestillation von Stein- oder Braunkohle **Anlage 1**, 18

U
Überörtliche Bedeutung **16**, 25, 65
Überschlägige Prüfung **3 c**, 8 ff.
Überschlägige Vorausschau **3 c**, 7
Übersetzung **8**, 18 f., **9 a**, 17
umfassender Prüfcharakter **1**, 6, 34
Umleitung von Wasser **Anlage 1**, 80
Umspannanlagen **Anlage 1**, 13
Umwelt **1**, 30
Umweltauswirkungen
– bezüglich des Standortes **3**, 6
– erheblich nachteilige **3 c**, 7, **3 e**, 1
– irrelevant kleine **3 c**, 9
– natürliche **1**, 30
Umweltauswirkungen offensichtlich ausgeschlossen **3 c**, 9
Umweltauswirkungen **1**, 30, **2**, 11
Umweltbegriff **1**, 1 f., 30 f., **2**, 31
Umweltbericht **17**, 82
Umweltbezogener Aufgabenbereich **7**, 18
Umweltgüterschutz **1**, 6
Umweltschutzverbände **7**, 17, **9**, 21
Umweltvorsorge **1**, 18, 25, **2**, 54, **12**, 64
unbestimmte Rechtsbegriffe **2**, 58
Ungefährliche Abfälle **Anlage 1**, 55
unmittelbare Auswirkungen **2**, 5

Unselbständige Verfahrensentscheidung **3 a**, 8
Untergrundbahnen **Anlage 1**, 87
Unterlagen, Ersuchen um **9 b**, 9
Unterlaufen der UVP-Pflicht **3 b**, 24
Unterrichtung der Öffentlichkeit **9**, 36
Unterrichtung **7**, 23 f., **8**, 15
Untersuchungsgrundsatz **7**, 22
Untersuchungsrahmen **2**, 51
UVP-Änderungsrichtlinie **1**, 2
UVP-Pflicht
– Anfechtbarkeit **3 a**, 8
– bestehendes Vorhaben **3 e**, 8
– Hineinwachsen in **3 b**, 22
– im Einzelfall **3 c**, 1
– von Projekten **3**, 6

V
Verbrennen von Stoffen aus Holz **Anlage 1**, 57
Verbrennungsmotorenanlagen zum Antrieb von Arbeitsmaschinen bzw. Bohranlagen **Anlage 1**, 14
Verfahren
– andere raumordnerische **16**, 7
– Beschleunigung **3**, 13
– fakultative **3**, 1
– förmliche **3**, 3
verfahrensmäßige Anforderungen **3**, 4
Verfahrensstufung **18**, 43
Verfahrenstechnischer Verbund **Anlage 1**, 45
Vergasung **Anlage 1**, 55
Vergleichbarer Zweck **3 b**, 20
Verhältnismäßigkeitsgrundsatz **12**, 77
Verhältnismäßigkeit **1**, 24
Verhandlungsleiter **9**, 26
Verkehrsvorhaben **Anlage 1**, 80
Verlagerungseffekte **2**, 40
Verlagerungswirkungen **2**, 7
Verlangensbescheid **18**, 30
Vermeidungs- und Verminderungsmaßnahmen **3 c**, 9
Veröffentlichung des Unterbleibens der UVP **3 a**, 7
Verordnungsermächtigung **3**, 11
Versagungsgrund **22**, 20
Verstoß der Bundesrepublik Deutschland **3**, 6
Verwertung und Beseitigung von Abfällen **Anlage 1**, 55
Verwirklichung, gleichzeitige **3 b**, 15
Verzahnung von UVPG und Fachrecht **3**, 3

Fette Zahlen = Paragraphen; magere Zahlen = Randziffern   *Sachregister*

Verzicht auf die Einbeziehung der Öffentlichkeit   **15**, 43
Verzicht auf die raumordnerische UVP   **16**, 21
Verzinkerei   **Anlage 1**, 36
Vier- oder mehrstreifige Bundesstraße   **3 b**, 31
Vogelschutzgebiete   **11**, 9, **12**, 51
Vollgenehmigung   **11**, 15
Vollständigkeit   **11**, 26
Vorbehandlung oder Färben von Fasern oder Textilien   **Anlage 1**, 62
Vorbescheid   **11**, 5, 15, **18**, 47
Vorgängerregelung   **Anlage 1**, 56
vorgelagerte Verfahren   **1**, 33, **2**, 74
Vorhaben
– Bebauungsplan   **2**, 79
– Begriff   **2**, 2, 67
– der Landesverteidigung   **3**, 14
– derselben Art   **3 b**, 12
– gemeinsames   **3 b**, 8
– Herausnahme von   **3**, 10
– kumulierende   **3 b**, 6
– mehrere Träger   **3 b**, 8, 16
– mit UVP   **3**, 7
– sukzessive Vorhabenserweiterungen   **3 b**, 24
Vorhaben- und Erschließungsplan   **17**, 93
Vorhabenalternativen   **1**, 8
Vorhabenarten   **3**, 8
Vorprüfung des Einzelfalls   **3 c**, 4
Vorrang   **12**, 65
Vorsorge   **21**, 8
Vorsorgeprinzip   **1**, 5, 18
Vorsorgestandards   **2**, 60
Vorzeitiger Beginn   **18**, 43
Vulkanisieranlagen   **Anlage 1**, 61

W
Wärmeerzeugung, Bergbau und Energie   **Anlage 1**, 10
Warmwalzen von Stahl   **Anlage 1**, 34
Warmwasserpipelines   **Anlage 1**, 100
Wasser   **2**, 23
Wasserfernleitungen   **Anlage 1**, 100
Wasserhaushalt   **3 d**, 1

Wasserkraftanlagen   **Anlage 1**, 80
Wasserspeicher   **20**, 1
Wasserwirtschaftliche Projekte in der Landwirtschaft   **Anlage 1**, 80
Wasserwirtschaftliche Vorhaben   **Anlage 1**, 78
Wechselwirkung   **1**, 34, **2**, 10, 33 ff., **11**, 1, 14, **12**, 120
Weiterverarbeitung von Erdöl in Mineralölraffinerien   **Anlage 1**, 47
Wiedereinsetzung in den vorigen Stand   **9**, 22
Wiedergewinnung oder Vernichtung von explosionsgefährlichen Stoffen   **Anlage 1**, 60
Windfarmen   **Anlage 1**, 16
Windkraftanlagen   **Anlage 1**, 16
Wirksame Umweltversorgung   **12**, 67
wirksame Umweltvorsorge   **1**, 26
Wirkungsforschung   **2**, 34
Wohl der Allgemeinheit   **21**, 10

Z
Zeitweise Lagerung von Eisen- oder Nichteisenschrotten   **Anlage 1**, 57
Zellstoff   **Anlage 1**, 51
Zementherstellung   **Anlage 1**, 21
Zementklinker   **Anlage 1**, 21
Ziele der Raumordnung   **16**, 28
Zugänglichmachung der Öffentlichkeit   **3 a**, 6
Zulassung
– des vorzeitigen Beginns   **18**, 28
– von Ausnahmen   **3**, 16
Zulassungsbeeinflussende Bebauungspläne   **2**, 78
Zusammenfassende Darstellung   **18**, 40, **22**, 26
Zusammenfassung   **9 a**, 15
Zusammenhang, Begriff
– enger zeitlicher Zusammenhang   **3 b**, 31
– enger   **3 b**, 19
Zusätzliche Angaben   **11**, 12
zuständige Behörde   **7**, 11 f.
Zustimmung des Bundestags   **3**, 12
Zuverlässigkeit   **21**, 1